2020年9月

土浦日本大学高等学校

帰国国際生入学試験（国内入試）

2021年
1月16日（土）
@土浦日本大学高等学校

～日本の受験学力を問う国数英入試～

国語　数学　英語　面接

お問い合わせ　〒300-0826 茨城県土浦市小松ヶ丘町4番46号

情報入試部　TEL.+81-29-823-4439

ホームページ　https://www.tng.ac.jp/tsuchiura/

E-mail　kouhou@tng.ac.jp

上記QRコードから
ホームページに
アクセスできます

土浦日本大学中等教育学校

帰国国際生入学試験（国内入試）

2021年
1月27日（水）
@土浦日本大学中等教育学校

A方式　英語　本人面接　保護者面接

B方式　国語　算数　本人面接

お問い合わせ　〒300-0826 茨城県土浦市小松ヶ丘町4番46号

情報入試部　TEL.+81-29-835-3907

ホームページ　https://www.tng.ac.jp/sec-sch/

E-mail　sec-sch@tng.ac.jp

上記QRコードから
ホームページに
アクセスできます

南山大学

◆人 文 学 部：キリスト教学科／人類文化学科
心理人間学科／日本文化学科
◆外国語学部：英米学科
スペイン・ラテンアメリカ学科※1
フランス学科※1／ドイツ学科※1
アジア学科※1
◆経 済 学 部：経済学科
◆経 営 学 部：経営学科
◆法　学　部：法律学科
◆総合政策学部：総合政策学科
◆理 工 学 部：ソフトウェア工学科
データサイエンス学科※2
電子情報工学科※2
機械システム工学科※2
◆国際教養学部：国際教養学科

※1　2専攻制
※2　2021年4月新設

問い合わせ先■南山大学 入試課
〒466-8673 愛知県名古屋市昭和区山里町18
Phone 052-832-3013　Fax 052-832-3592
URL https://www.nanzan-u.ac.jp/admission/

人間の尊厳のために

南山大学のビジョン・キーフレーズ「個の力を、世界の力に。」には、人間の尊厳、多様性の確保、そして共生・協働の精神が示されており、周囲の人々と協調しながら目の前の課題に挑み、解決していける人材、豊かな国際力と専門性を併せ持った人材を育成するための改革を行っています。帰国生徒のための入試制度もあり、積極的に受け入れを行っています。

南山国際高等学校
南山国際中学校

●帰国生徒の受け入れを主たる目的として設置された学校●

世界から南山国際へ。
世界へ羽ばたくために！

■2020年度編入学試験
試験日：④2021年１月13日（水）
■2021年度編入学試験
試験日：①2021年３月24日（水）
②2021年７月７日（水）
③2021年10月20日（水）
④2022年１月19日（水）

問い合わせ先■
〒470-0375 愛知県豊田市亀首町八ッ口洞13-45
Phone 0565-46-5300　Fax 0565-46-5303
URL http://www.nanzan-kokusai.ed.jp

本校の特色

年に４回、編入学試験を実施
中高一貫の少人数教育
帰国生徒と外国人生徒のみ受け入れ
カトリックの宗教教育
充実した外国語・情報教育

※2020年度より南山国際中学校の募集を停止しています。

〈南山大学への推薦制度あり〉

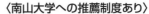

国際バカロレア・ディプロマ・プログラム（IBDP）認定校
2017年より日本語DPを導入

文部科学省 スーパーサイエンスハイスクール（SSH）指定校（2期目）

帰国生受け入れ校としての41年間の経験とノウハウを活かし、文武両面でいっそうの飛躍を始めています。

◆筑波大学の同窓会“茗溪会”が設立した中高一貫男女共学校です

秋葉原からTXで45分、筑波研究学園都市という科学と自然にあふれたロケーションで、筑波大学とだけでなく近隣の国立研究所やJICAなどとの交流・連携ができる素晴らしい知的環境です。

◆寮もある学校です

学校の隣接敷地に4～5階建て4棟の学寮があり、現在約250人、全校生徒の約8%の寮生が生活しています。中高男女に分かれた約20人単位の“フロア”にハウスマスターが住み込みで指導にあたっています。中学生は3人～4人部屋、高校1･2年生は2人～3人部屋、3年生は個室または2人部屋です。食事は完全給食、長期休暇中も在寮可能です。各フロアにインターネット回線を配備、電子メールでの連絡が可能です。夜は希望者は有料補習を受講でき、中学生は授業補習、高校生は受験対策が可能です。希望者は音楽レッスンを受講できます。

◆帰国後も英語力を伸ばせます

中学英語帰国生クラス、高校英語EECクラスで英語力をさらに伸ばすことができます。
ネイティブ教員によるオーラル･イングリッシュの中学英語帰国生クラス、高校英語帰国生クラスを設置し、英語力のブラッシュ･アップをしながら、さらに英語運用能力の伸長を図っていきます。

◆Study Skillsを評価し伸ばす学校です

フィールドワークや実体験、調査活動を通じて自主的に思索し行動する能力を段階的に身に付けます。高校2年では1年間をかけて、自分の将来の進路に関わるテーマを研究し論文にまとめる個人課題研究に取り組みます。
海外帰国生で、すでにこのようなStudy Skillsの前段階を身に付けている場合は評価します。

◆部活動が盛んな文武両道の学校です

知育は勿論、芸術･体育も非常に高度なレベルの教育が受けられます。部活動も盛んで、関東大会･全国大会レベルの運動部（ラグビー･剣道･器械体操･テニス･バドミントンなど）や文化部（美術･書道･吹奏楽･無線工学など）が熱心に活動しています。学校行事･諸活動･部活動を通じて、生徒全員に「文武両道」を目指しています。

きちんと日本の教育を受けさせ、しかも画一的でなく個性を伸ばし、Study Skillsを身に付けさせたい。英語力を維持発展させ、自分の適性を体験的に探求させ将来の夢をみつけさせたい。困難に直面しても明るく前向きに乗り越える知的な青年に育てたい。それには茗溪学園が最適です。

2021年度入試日程

英=英語エッセイ　Gコース=グローバルコース
AC=アカデミアクラス　MG=茗溪ジェネラルクラス

中学校

			募集人数	出願期間	試験日	試験内容		合格発表
Gコース	専願	AC	25名	10/30～11/17	英 11/27 算 12/12	英算	面接（本人・保護者同伴）	一次 11/30 最終 12/15
		MG			11/27	英		11/30
	併願	AC		12/2～9 12/15～16	1/10	英算		1/13
		MG				英		
推薦			AC30名 MG65名	11/19～12/1	12/12	国算 面接（本人）※		12/15
帰国生 英語資格		第1回	特に定めず（推薦に含む）					
		第2回	特に定めず（一般第1回に含む）	12/2～9 12/15～16	1/10	国算※		1/13
一般		第1回	AC35名 MG55名			国算社理※		
		第2回	AC 5名 MG10名	1/6～14	1/23	総合学力試験 面接（本人）※		1/26

※寮生・帰国生は本人面接・保護者同伴面接

高校

		募集人数	出願期間	試験日	試験内容	合格発表
帰国生	第1回	特に定めず（一般に含む）	10/30～11/17	11/27	英 面接（本人・保護者同伴）	11/30
	第2回		11/19～12/1	12/12		12/15
推薦		15名	12/2～9	1/9	面接（本人）※	1/10
一般		25名	1/6～14	1/23	国英数※	1/26
IB		若干名（一般に含む）			国英数 面接（本人・保護者同伴）	

※寮生・帰国生は本人面接・保護者同伴面接

海外生特別選抜

11/21（土）中学･高校･IB
オンラインテストを実施

転編入試

ほぼ毎月実施。
入試日程は入試部まで
お問い合わせください。

お問い合わせ　茗溪学園入試部
〒305-8502 茨城県つくば市稲荷前1－1
TEL：+81-29-851-6611（代）
FAX：+81-29-851-5455
e-mail：kouhou@meikei.ac.jp
ホームページ：http://www.meikei.ac.jp/

共立女子第二中学校高等学校

海外の広いキャンパスで学ばれた帰国生の皆さん、共立女子第二をご存じですか？

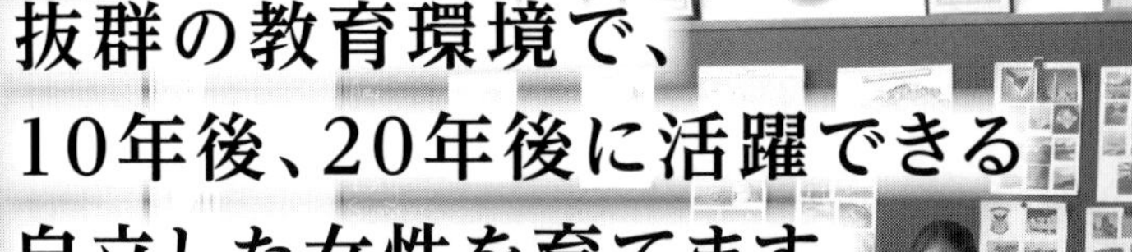
抜群の教育環境で、
10年後、20年後に活躍できる
自立した女性を育てます。

■特色

- 東京ドーム５個分のキャンパスに広がる恵まれた学習環境
- 女子教育の130年の伝統と、体験重視のリベラルアーツ教育の展開
- 毎年の現役進学率95％
- 共立女子大学はもちろん、外部大学への進学実績も堅調
- 転編入試験にも随時対応（メール・電話でお問い合わせください）

■2021年度 入試要項（抜粋）

	中学入試		高校入試
	海外帰国生入試	英語入試（4技能型）	海外帰国生入試
入試日程	2020年11月23日㈷、2021年1月7日㈭	2021年2月1日㈪	2020年11月23日㈷、2021年1月7日㈭
試験科目	国語（作文） 算数（計算中心のテスト） 日本語面接（受験生のみ）	英語・日本語作文・英語面接（受験生のみ） ※英検準2級以上の取得者は 英語・英語面接を免除。	国語（作文）・数学（計算中心のテスト） 英語・日本語面接（受験生のみ） ※英検2級以上の取得者は英語の試験を免除。

※他に一般入試もあります。※海外帰国生入試を2回受験することはできません。　※1月7日㈭はオンライン入試にも対応します。
※各入試の内容の詳細は、公式HPを確認してください。

帰国生入試および転編入に関するお問い合わせ

〒193-8666　東京都八王子市元八王子町1-710

JR八王子駅または JR・京王線高尾駅より スクールバス運行（無料）

- ●相談ダイヤル　042-661-9952　+81 42-661-9952
- ●問い合わせメール　k2kouhou@kyoritsu-wu.ac.jp
- ●公式ホームページ　http://www.kyoritsu-wu.ac.jp/nichukou/
- ●資料請求にも対応しています（無料）。

個性と多様性の尊重
根底からの学び
多彩な進学先

●帰国生の比率が約2割です

学園創立から間もない1935年には早くも帰国生の受け入れを開始。以来、多くの帰国生がのびのびと学び、多彩な進路へ巣立っています。現在、中学1年(4月、9月)、2年(4月)、高校1年(4月)、2年(4月)に帰国生を受け入れています。

中学生は1学年のうち50名ほど(約2割)が帰国生であり、なかでも1964年設立の「国際学級」(中学1年のみ)は世界各地の現地校、International School 出身者15名によって構成される特色ある学級です。国際学級の生徒たちも授業以外のすべての学園生活、行事やクラブ活動は全員一緒になるので、自然に日本の学校に適合していけるような配慮がなされています。

中学2年になると国際学級にいた生徒たちは一般学級に入りますが、英語だけは特別授業を継続します。高校には別クラスはありませんが、中学校同様2割ほどの生徒が帰国生で、英語は1年次が2段階、2・3年次が3段階のグレード別編成です。

●多彩な進路を支える教育システム

リベラルな教養、また最善の進路選択のためには、文化、科学の根底から学ぶ偏りのない授業カリキュラムのもとで、自らの興味関心を発見するプロセスが重要です。中学校段階から社会は「歴史」「地理」「公民」、理科は「物理」「化学」「生物」「地学」の専門分野に分かれて授業を行います。高校2年で文・理コースを選択、高校3年では18種類のコースから一つを選択し、希望する進路の実現を目指します。

このように、成蹊大学へ進学する30%の生徒と全国の国公私立大学へ進む70%の生徒の両方に対応するよう念入りに計画されたカリキュラムと、卒業生の協力を得た様々な進路ガイダンスなどの行事とが組み合わされて、医歯薬、芸術分野を含む多彩な進路が実現しています。

●再度の海外赴任の時には

1学期間以上通学した生徒が保護者の勤務のために外国の学校へ転出する場合、中学・高校6年間のうち通算3年以内ならば帰国後に再受け入れできます。この期間中の授業料等は不要です。

2021年度 中学校入試　募集要項

入試区分	試験日	選考内容
一般(第1回)	2月1日(月)	国語、算数、社会、理科
一般(第2回)	2月4日(木)	
一般(帰国生)	2月1日(月)	国語、算数、面接(本人のみ)
国際学級(1年・4月入学)	1月8日(金)	国語、算数、英語、面接(本人のみ)
中2帰国生編入	1月8日(金)	国語、数学、英語、面接(本人のみ)
国際学級(1年・9月入学)	7月上旬	

2021年度 高等学校入試　募集要項

入試区分	試験日	選考内容
一般	2月10日(水)	国語、数学、英語(リスニング含む)、面接(本人のみ)
推薦	1月22日(金)	書類審査、適性検査〈国語、数学、英語(リスニング含む)〉、面接(本人のみ)
帰国生	1月22日(金)	国語(古典は除く)、数学 英語(リスニング含む)、面接(本人のみ)
高2編入	3月11日(木)	国語総合、数学Ⅰ・A、英語Ⅰ、面接(本人のみ)

※募集要項の詳細はHPをご覧ください。

成蹊中学・高等学校

〒180-8633　東京都武蔵野市吉祥寺北町3-10-13　TEL：0422-37-3818
URL：https://www.seikei.ac.jp/jsh/　MAIL：chuko@jim.seikei.ac.jp

加藤学園暁秀中学校・高等学校

バイリンガル・コース

International Baccalaureate
MYP（2000年～）/DP（2002年～） 認定校

〒410-0011 静岡県沼津市岡宮中見代1361-1
TEL:055-924-1900　　FAX: 055-924-3303
e-mail: gyoshuHS@katoh-net.ac.jp
Home page : http://www.bi-lingual.com/

☆帰国子女積極受け入れ☆

本文の本校紹介ページ
本文P.175とP.357を参照

＊英語で実施される授業割合

中1 55%	中2 55%	中3 45%	高1 75%	高2 75%	高3 75%

＊卒業時英語運用力到達　TOEFL(iBT):100点 、STEP英検:1級

バイリンガル・コースこれまでの大学合格例

Harvard University★/Yale University/Columbia University★★/Duke University★★/MIT/Harvey Mudd College★/Pennsylvania State University-University Park/University of British Columbia★/University of Virginia/University of Toronto/McGill University/Brandeis University/University of Michigan/Wesleyan University★★/Australian National University/University of Melbourne/University of New South Wales/The University of Queensland/University of Edinburgh/University of Birmingham/University of London/University of Sheffield/University of York/University of Nottingham/National University of Singapore★★/The Hong Kong University of Science and Technology ★部分給付奨学金 ★★全学給付奨学金

東京大学／大阪大学／名古屋大学／ICU／青山学院大学／慶應義塾大学／上智大学／中央大学／津田塾大学／東京理科大学／藤田保健衛生大学／早稲田大学

★詳細は、ご遠慮なくお問い合わせください。★

　きめ細やかに　―お子様の生活をお護りします。

24時間の安全管理■■■完全な個室制■■■通学に便利なロケーション■■■

市ヶ谷女子学生ハイツ

教科書の実教出版経営

市ヶ谷駅徒歩2分

最高の文教地区に通学至便の立地。
耐震補強工事終了。
充実の共用施設と機能的な個室で
快適な一人暮らしをお約束。
経験豊富な職員が24時間常駐します。

安心　安全　快適　便利

POINT 館生専用レストラン
専門の栄養士が考えるバランスのとれたおいしいメニューを手頃なお値段でご提供しています。

〒102-0076 東京都千代田区五番町5-18　TEL：03-3234-1881　FAX：03-3234-5529

文京カテリーナ

www.katerina.gr.jp/

一人の時間も、友達との時間も…
プライベートとコミュニケーション空間が両立した、心豊かで充実した学生生活を
地下1階・地上9階・学生室156室オートロックを遥かに超える入出場セキュリティーシステム

都心ながら随一閑静な高台の安全な立地に建ち
当たり前の日常生活を心を込めてお届けします
※スーパー・コンビニ徒歩1～3分圏内

完全個室

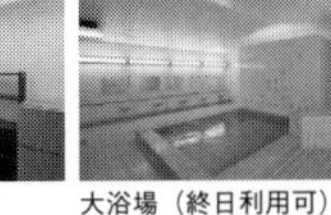
大浴場（終日利用可）

東京大・お茶の水女子大・
早稲田大・上智大や理系・医学部の
学生にも多く利用されています。

万全の防犯・防災システム　フロントスタッフ常駐（24時間管理）　安心の朝食・夕食提供あり

女子学生会館 文京カテリーナ
〒112-0011 東京都文京区千石2-30-12
TEL.03-3942-2291　FAX.03-3945-2281

全室超高速ネット回線 年内開通予定!!
（2021年度より無料提供）

武蔵野女子学生会館

ＪＲ中央線・総武線（始発）及び地下鉄
東西線（乗入れ始発）三鷹駅徒歩5分で通学至便。

都心部と多摩地区の学校の併願受験でも、
どちらにも通学しやすい便利な立地で、
玄関前に救急病院、通学路に警察署、安心の住環境。

完全防音のピアノ室やダンススタジオ、食堂代わりの
隣接レストラン・シズラーなど設備も充実。

〒180-0006 東京都武蔵野市中町2-4-17
TEL.0422（53）4610　FAX.0422（56）1741
http://www.hakuei-gakusei.co.jp/　E-mail gakusei@hakuei-gakusei.co.jp

帰国子女のための

学校便覧2021

区分	学校数
小学校	99
中学校	302
中等教育学校	14
高等学校	463
高等専門学校	24
大学	312
短期大学	48
その他	16
私立在外教育施設	7
計	1285

公立小・中教育委員会	47
公立高等学校教育委員会	44
計	91

公益財団法人　海外子女教育振興財団

はじめに

本書はこの2021年度版で49冊目となります。この間、国内の帰国子女の受け入れ体制は大幅に改善され、帰国子女を受け入れる学校も年々増加してきました。

本書が創刊された頃は、日本の学校生活へ円滑に適応させることが最も重要な目的とされていましたが、最近では、海外における学習や生活体験を尊重し、その児童生徒の特性を伸ばすことが重要視されてきています。また、学校が国際化を目指す、国内出身者との相互啓発をはかるなどの目的で帰国子女を受け入れるところも多くなってきています。

この『帰国子女のための学校便覧2021』は、帰国時の年齢の多様化にも対応できるよう、小学校から大学に至るすべての段階での受入校を可能な限り網羅し、その数は1,285校となりました。また、91地域に及ぶ市・区の教育委員会、高等学校で受け入れをする都道府県の教育委員会の情報も掲載しています。

本書を十分ご活用いただき、帰国子女の皆様が充実した学校生活を送られることを、心から願っております。なお、編集に際して、掲載校および教育委員会の担当者の方々から格別のご協力をいただきましたことに、深く感謝申し上げます。

※本書に掲載している各学校の内容事項については、できる限り最新のものを掲載しておりますが、受け入れ方針、定員数などが掲載後に変わる場合がありますので、詳細については必ず当該校・教育委員会にご確認ください（特に、現在新型コロナウイルス感染拡大に伴い、未定のものもありますのでご注意ください）。

公益財団法人　海外子女教育振興財団

海外子女教育振興財団は、1971年に財界の主導で財団法人として設立され、海外の日本人学校・補習授業校へ運営支援・協力および海外赴任者・帰任者とその家族のために、教育相談、教科書配付、通信教育、出国前指導教室、外国語保持教室ならびに海外子女教育の専門誌月刊「海外子女教育」の発行などの事業を行っております。2011年4月に公益財団法人に移行しました。

＜表紙写真の紹介＞

ストックホルム補習授業校　運動会（ソーラン節）

なお、海外子女教育振興財団では海外での教育から帰国後の学校選択まで、
最新情報をもとに、海外子女・帰国子女教育専門の相談員が具体的な相談に応じています。

相談日／東京・大阪：月～金曜日、名古屋：原則、毎月第2木（・金）曜日
面談・電話・オンライン相談は予約制（1家族1時間）
仙台・浜松・広島・福岡・北九州（不定期・出張面談・日程はホームページでご確認ください）

＜相談の予約・お問合せ＞

東京（名古屋・浜松ほか）　/TEL 03-4330-1352　FAX 03-4330-1355
大阪（広島・福岡・北九州）　/TEL 06-6344-4318　FAX 06-6344-4328

※なお、新型コロナウイルス感染拡大に伴い、現在（2020年9月末時点）、面談での相談は行っておりません。状況が改善されましたら、通常の対応に戻る予定ですが、詳細についてはホームページでご確認ください。

本書の使い方や学校選択の際のポイントを「帰国後の入学・編入学の進め方」として分かりやすく説明

小学校・中学校・中等教育学校編

帰国子女の受け入れを推進、または多数在籍している小・中学校・中等教育学校の個別情報を国・私・公立別に掲載

高等学校編

・帰国子女の受け入れを推進、または多数在籍している高等学校の個別情報を国・私・公立別に掲載
・帰国子女の受け入れ制度を持つ主要都道府県の公立高等学校の募集概要を一括掲載

高等専門学校編

受け入れに際し、帰国子女に何らかの配慮をする学校の募集概要を掲載

大学編

国・公・私立別に募集概要を掲載

短期大学編

主な募集概要を一覧表にまとめて掲載

その他の学校編

各種学校、大学校、外国学校日本校などを掲載

私立在外教育施設編

資料編

寮のある学校、日本における国際バカロレア認定校などの一覧を掲載

※都道府県別に北から南に順を追って掲載しています。

読者の声
娘の帰国後の学校選択を考えているときに、友人からすすめられて購入しました。
中身がわかりやすくまとまっていることと、帰国子女を受け入れている学校が全国にこんなにたくさんあることにびっくりしました。　（30代 女性）

本書の使い方

●掲載内容は、各学校からの提供資料（入試要項等）に基づいています。

小学校・中学校・中等教育学校・高等学校・高等専門学校編

入学は 入 、編入学は 編 のツメを表示しました。

併設校がある場合、▷▷ で示しています。

JOES の「学校会員」の会員校は学校情報をすぐにご覧いただけるよう、QR コードを表示しました。
学校情報の枠上に国・公・私立別、男女別・共学・別学、寮の有無を示しています。
また、（株）は株式会社立を示しています。

〈学校情報〉

①帰国子女受入制度開始年度
②学校名
③帰国子女受け入れ担当者名
④学校所在地
⑤最寄駅
⑥電話番号
⑦ FAX 番号
⑧ URL
⑨児童・生徒数
⑩帰国子女在籍者数

〈帰国子女のための入学について〉

入学のための項目は以下のとおりです。

●出願資格・条件
2021.3.31：2021 年 3 月 31 日

●出願書類

●日程等

募集	出願	試験	発表	選考方法
募集人員	出願期間	試験日	合格発表	選考方法

〈帰国子女応募状況（国立・私立）〉

〈編入学について〉

●編入学時期・定員
●出願資格・条件
●出願書類
●選考方法
●帰国子女編入学者数

〈受入後の指導、教育方針、特色〉

〈進学特例条件、卒業生（帰国生徒）の進路状況〉

私立 共学　▷▷ 高 375P 大 660P

① 受入開始　2003 年度

② 立命館宇治中学校（りつめいかんうじ）

③（担当：木越貴之）

④ 〒 611-0031
京都府宇治市広野町八軒屋谷 33 番 1

⑤ ▶▶（近鉄京都線大久保駅、JR 奈良線新田駅・宇治駅、京阪宇治駅）

⑥ TEL 0774-41-300 ⑦ FAX 0774-41-3555

⑧ URL https://www.ritsumei.ac.jp/ujc/

⑨ 生徒数　男 287　女 250　合計 537

⑩ 帰国子女在籍者数

1 年	2 年	3 年	計
42	43	37	122

入学

●**出願資格・条件**　2009.4.1 以前に生まれた者で、日本の義務教育期間における海外就学期間が 1 カ年以上の者で、次のいずれかに該当（1）日本の小学校もしくは海外の全日制日本人学校の小学部を卒業もしくは 2021 年 3 月に卒業見込みの者（2）外国の学校教育もしくは国内の小学校と同等のインターナショナルスクールにおける 6 学年の課程を修了した者、または 2021 年 6 月までに修了見込みの者

●**出願書類**　・入学願書・志願者身上書・成績証明書補足調書・修学状況報告書・自己推薦書・在学証明書・成績証明書過去 3 年分（コピー不可）など

●**日程等**（WEB 出願）

区分	募集	出願	試験	発表	選考方法
11月	40	10/26～11/9	11/28	12/4	A 方式：小論文、面接 B 方式：国・算、面接 国際自己推薦一般：小論文、面接 IP 方式（国際自己推薦 IP 方式含む）：小論文（英語）、算（英語）、面接
1月		12/14～1/8	1/16	1/19	

※選考方法は、海外就学歴によって分かれる。
※面接は保護者 1 名同伴。
※ 11 月は海外入試を実施。募集は全日程、全方式合わせて 40 名。国際自己推薦についての詳細はお問い合わせ（要事前資格確認）

●**応募状況**

年度＼人数	募集人員	出願者	受験者	合格者	入学者
2019	40	78	77	55	37
2020	40	82	82	61	40

編入学

●**編入学時期・定員**　〔1 ～ 3 年生〕原則 4、9 月（3 年は 4 月のみ）。若干名
※帰国に合わせての編入試験も可能
※ IB コース入学希望者のみ 3 年 9 月も可能。

●**出願資格・条件・出願書類**　入学に準ずる

●**選考方法**　A 方式：小論文（日本語・英語事前選択）・面接 IP 方式・IB 方式（中 3）：〈小論文（英語）・算数（英語）（中 2、3 は数学）、面接〉

● **2019 年度帰国子女編入学者数**

1 年	2	2 年	5	3 年	4

受入後

●**指導**　現地校、インター校経歴の長い生徒に対して、国語・社会・数学・理科の放課後補習授業。IP 方式入学者は数学・社会・理科は英語での授業。英語はグレード別授業 3 年間継続。

●**教育方針**　自由と清新の理念のもとに、国際化・情報化に対応したカリキュラムを実践し、世界水準の人間形成をすすめる。

●**特色**　中 3 までに獲得すべき学習目標を設定した学力形成。総合学習において文化に親しむ講座と全員でのオーストラリア研修旅行（ホームステイ）。

●**進学特例条件**　立命館宇治高校へ内部推薦により進学が可能。

●**卒業生（帰国生徒）の進路状況**　立命館宇治高校へ進学している。

大学編

入学は 入 、編入学は 編 のツメを表示しました。

JOESの「学校会員」の会員校は学校情報をすぐにご覧いただけるよう、QRコードを表示しました。
学校情報の枠上に国・公・私立別、男女別・共学、寮の有無を示しています。

私立 共学

① 学習院大学（がくしゅういん）

③ 〒171-8588 ②（担当：アドミッションセンター）
東京都豊島区目白1-5-1
④ TEL 03-5992-1083 ⑤ FAX 03-5992-9237
03-5992-9226
⑥ URL https://www.univ.gakushuin.ac.jp/admissions/

●入学時期　4月

●募集学部（学科）・募集人員
法学部、経済学部、文学部、理学部……各学科若干名

●出願資格・条件
日本語による講義を理解する能力を有する者
※海外帰国生徒（日本の高等学校出身者）と外国高等学校出身者（日本国籍を有する者または日本への永住権を有する外国籍の者であること。日本国内にある外国学校出身者は不可）の出願資格・条件、さらに海外帰国生徒の出願学部による出願資格・条件はそれぞれ異なるので、詳細は募集要項を参照の上、確認すること

●出願書類
〈全員必須〉志願票①②・写真票兼入学検定料受取書（大学提出用）・出願資格を証明するのに必要な外国学校の成績証明書（高等学校全期間）・出願資格を証明するのに必要な外国学校の在籍期間証明書
※その他、志望する学部・外国高等学校出身者・海外帰国生徒により提出書類が異なります。詳細は募集要項を参照の上、確認すること

●日程等

	出願	試験	発表	選抜方法
法学部	8/19～21	10/3	10/9	※
経済学部		10/3	10/9	
文学部				
理学部	11/1～5	11/29	12/11	

※ 出願期間内必着。郵送に限る。
※ 選抜方法は学部・学科によって異なる。
※ 法学部と経済学部は第1次選考（書類選考）を行う。
※ 出願は、1つの学部・学科に限ります。
最終選考は
〔法〕小論文（日本語）、面接（日本語）
〔経済〕外国語（英文和訳）、面接（日本語）
〔文〕外国語、日本語および小論文（日本語）、面接（日本語、一部外国語の場合もあり）
〔理〕筆記試験　物理学科：物理・数学、化学科：化学・数学、数学科：数学・面接（日本語のみ）、生命科学科：理科（出願時に生物・化学・物理のうち1科目を選択）、面接（日本語のみ）

●応募状況

年度＼人数	募集人員	出願者	受験者	合格者	入学者
2019	若干名	109	100	40	22
2020	若干名	122	112	49	25

〈学校情報〉

①学校名　④電話番号
②問い合わせ先の名称　⑤FAX番号
③所在地　⑥URL

〈帰国子女募集学部（学科）および募集人員〉

〈出願資格・条件〉

資格を箇条書きに列記しています。

〈出願書類〉

書類名とその詳細を箇条書きに列記しています。統一試験の成績評価証明書等の具体的表示がある場合は、略号で記載しています。略号一覧はP.507をご覧ください。

〈日程等〉

出願	試験	発表	選抜方法
出願期間	試験日	合格発表	選抜方法

〈帰国子女応募状況〉

学校会員について

JOESでは、数多くの帰国子女教育の推進に積極的な受入校に、学校会員として「維持会員」に加わっていただいています（巻末にて2020年9月末時点の学校会員を紹介しています）。「学校会員」は、共通の目的に向かって共に歩むパートナーとして位置付けており、相互の緊密な連携をもとに定期的な情報提供のほか「講演会」「協議会」「学校説明会・相談会（国内・海外）」などを幅広く実施し、帰国子女教育の充実・強化に努めてまいります。

なお、本便覧中では掲載ページにQRコードの表示をしています。

WEB de 学校便覧
ー帰国子女受入校検索ーの使い方

「WEB de 学校便覧」では、『帰国子女のための学校便覧 2021』のデータをもとに、帰国子女受入校の情報を学校名、都道府県、男女区分、設立区分、受入区分、寮の有無等の条件で検索できます。さらに、JOES 学校会員につきましては、学校からのメッセージや動画などをご覧いただけます。

① 検索条件を入力

［検索条件］

①都道府県等
②学校名
③会員区分
④学校区分 ※複数選択可
⑤設立区分 ※複数選択可
⑥男女区分
⑦寮区分

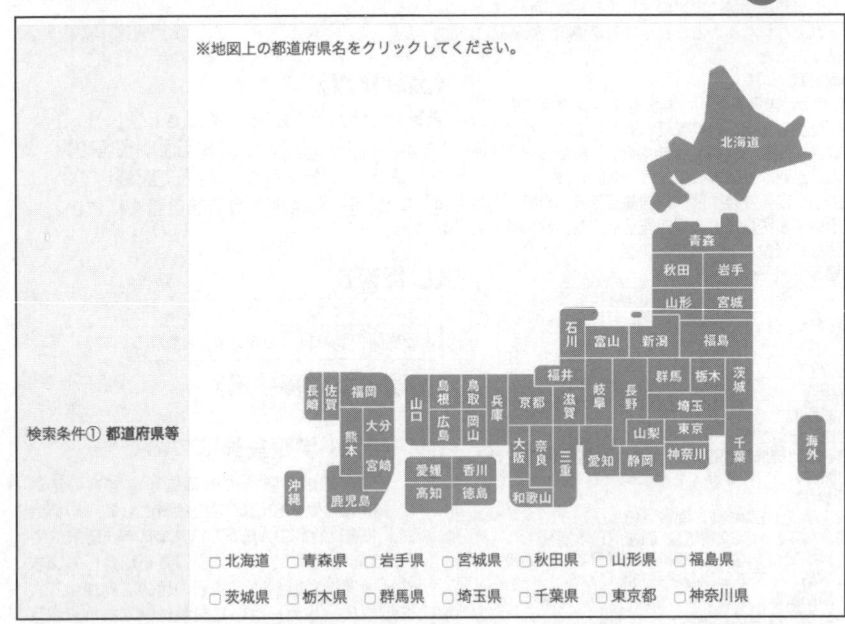

WEB de 学校便覧はこちら▶▶
https://www.joes.or.jp/g-kokunai

② 検索結果の学校名をクリック

［検索結果］ 学校名をクリックすると学校の HP にアクセスできます。

- 帰国子女受入校

検索結果

会員区分	都道府県	学校名	設立区分	男女区分	学校区分	寮区分	詳細
会員	東京都	品川翔英高等学校	私立	共学	高等学校	無し	・学校詳細ページへ
非会員	東京都	中央大学附属中学校・高等学校	私立	共学	中学校・高等学校	無し	
会員	東京都	武蔵野大学附属千代田高等学院	私立	共学	高等学校	無し	
会員	東京都	ドルトン東京学園中等部・高等部	私立	共学	中学校・高等学校	無し	・学校詳細ページへ
会員	東京都	駒込中学高等学校	私立	共学	中学校・高等学校	無し	
会員	東京都	上野学園中学校・高等学校	私立	共学	高等学校	無し	
非会員	東京都	早稲田大学系属早稲田実業学校中等部・高等部	私立	共学	中学校・高等学校	無し	
会員	東京都	わせがく高等学校	私立	共学	高等学校	無し	・学校詳細ページへ
非会員	東京都	代々木高等学校	私立	共学	高等学校	無し	
会員	東京都	目白研心中学校・高等学校	私立	共学	中学校・高等学校	無し	・学校詳細ページへ
非会員	東京都	明蓬館高等学校	私立	共学	高等学校	無し	
会員	東京都	明治大学付属明治高等学校・中学校	私立	共学	中学校・高等学校	無し	

③ ▶学校詳細ページへ をクリック

学校からのメッセージや動画にアクセスできます。
（学校詳細ページは JOES 学校会員のみ掲載しています）

国際基督教大学高等学校

会員 ｜ 東京都 ｜ 私立 ｜ 共学 ｜ 高等学校 ｜ 寮

帰国子女受入校検索

所在地	〒184-8503 東京都小金井市東町１－１－１
最寄り駅	JR中央線　武蔵境駅（南口） JR中央線　三鷹駅（南口） 京王線　調布駅（北口）
電話番号	0422-33-3401
URL	http://www.icu-h.ed.jp/
寮	有り

担当者からのメッセージ

ICU高校は、「帰国生受入れを主たる目的とする高校」です。海外での貴重な生活経験や学びを自身のアイデンティティの大切な一部として育むことができるよう、帰国生が3分の2集まる環境の中で、伸びやかにすごしてほしいと願います。海外での日々をご家族や友人と豊かに楽しみつつ、目の前の学習環境に全力で取り組んでほしいと願い、帰国生徒入試の中心は、中学三年間の学びを総合的に評価する「書類審査」の形式です。

もくじ

小学校・中学校・中等教育学校編

●小学校（国立・私立）

●中学校（国立・私立）

●中等教育学校（国立・公立・私立）

高 等 学 校 編

●高等学校（国立・私立）

〔主要都道府県別公立高等学校帰国子女入学・編入学概要〕

もくじ

高等専門学校編

大学編

短期大学編

その他の学校編

●その他の学校（インター校）

●その他の学校（大学校）

●その他の学校（外国学校日本校）

私立在外教育施設編

小 学 校

もくじ

中　学　校

●千葉県●

●東京都●

もくじ

●神奈川県●

もくじ

も く じ

中等教育学校

もくじ

高等学校

●国　立/私　立●

もくじ

●公　立●

●通信制●

高等専門学校

●国　立／私　立●

大学

●国　立●

●公　立●

●私　立●

も

く
じ

もくじ

その他の学校

私立在外教育施設

帰国に備えて

1. 滞在中に心がけること ―海外体験を豊かなものに―

海外滞在中は充実した生活を送ることが大切です。日々の生活をはじめ、学校生活や学校外での活動には積極的に取り組みましょう。海外での様々な経験は人間を成長させ、人生を豊かなものにします。その貴重な体験や学校での活動をできるだけ記録に留めておくことも重要なことです。帰国後、海外で得たことを振り返ることができ、その後の学校生活にも役立たせることができます。

受験に際しても、中学校・高等学校の入学・編入学試験で、作文・小論文・面接など海外体験をまとめて表現する場面は多々ありますし、ほとんどの大学では学部を問わず小論文を課しています。帰国子女に最も期待されることは、海外体験に基づく豊かな国際性です。そのためにも、いろいろなことにチャレンジして、体験したこと、感じたこと、考えたことなどをその都度整理しておくことに努めてください。

2. 帰国子女受入校等の情報収集

滞在が短い場合は、出国時に帰国時期を想定して予め調べ、帰国後の計画を立てていることでしょうが、滞在が長期になる場合や帰国時期が定まらない場合は、帰国後の教育についての関心が薄くなり、受入校等に関する情報を持っていない場合が見られます。しかし、帰国を前提に、帰国時期をいくつか想定し、それに対応する情報を早めに収集することが大切でしょう。

国内の教育は今、小学校から大学まであらゆる段階の教育が大きく変わりつつあります。教育制度や内容がどのように変わるのかということも理解し、その中で帰国子女の受け入れについて、大まかに把握する必要があります。また、受け入れ体制は地域差がありますので、帰国先が決まらない場合でも、いくつかを想定して調べておくことが必要です。

(1) 本書『帰国子女のための学校便覧』の活用

本書は、学校段階ごとに、学校選びに必要な情報を掲載しています。本書をよく読み、学校の概要をしっかり把握してください。この内容からさらに得たい情報は、本書記載のQRコードやURL（ホームページ）、電話などで直接学校や教育委員会に問い合わせ、学校案内・募集要項などを取り寄せて、情報を確実なものにしてください。

(2) 学校説明会・相談会の活用

海外子女教育振興財団では、『学校説明会・相談会』を毎年、開催しています。帰国子女受入校の小～大学の担当者から直接、学校の受け入れ姿勢はもとより、新しい情報が得られます。国内では東京、名古屋、大阪にて毎年7月下旬に実施しています。海外では5 ～ 6月ごろにアジア・ヨーロッパ・アメリカ等で行っています。

※なお、2020年度は新型コロナウイルス感染拡大に伴い、国内・海外ともに対面での開催は取りやめ、8月にオンライン上で開催しました。

(3) インターネットの活用

ほぼ全ての学校や教育委員会がホームページを持っています。ホームページには、教育目標・特色・教育活動の概要・学校生活の様子などの学校が知らせたい情報が掲載されています。海外子女教育振興財団のホームページには、本書掲載校の検索ページがあります。

● WEB de 学校便覧
https://www.joes.or.jp/g-kokunai

(4) 公的機関のガイドブックを活用

帰国子女の比較的多い都道府県および市区町村教育委員会では、ガイドブックなどを作成しています。帰国先が決まり、公立学校へ入学・編入学する場合は、各教育委員会に問い合わせてください。

(5) その他の情報を活用

各地の帰国した保護者のボランティア団体が受け入れ校の案内書を、また、塾・予備校等が入試情報のデータ集を発行しています。

学校を選ぶために

1. 小学校・中学校の受け入れ体制

国の施策　文部科学省は、帰国児童生徒について単に国内の学校生活への円滑な適応を図るだけでなく、海外における学習・生活体験を尊重した教育を推進するために、帰国児童生徒の特性の伸長・活用を図るとともに、その他の児童生徒との相互啓発を通じた国際理解教育を促進するような取り組みが必要であるとの見地から公立学校などでさまざまな施策を行っています。

公立学校　帰国後所定の手続きをとれば、いつでも地域公立学校の年齢相当の学年に編入学ができます。原則として教育委員会が就学すべき学校を指定する「学区制」が実施されていますが、近年は「学校選択制」を実施する自治体が増え、公立でも学校を選ぶことが可能な地域もあります。指導上特別な配慮が必要な子どもの特別支援学校・学級への学区外通学が認められるケースもあるので、教育委員会とよく相談し指示に従ってください。

国立大学附属学校　帰国児童生徒に対する教育的配慮に基づく指導とそのための実践的研究を行う目的で帰国子女教育学級を設置しています。学習の回復と学校生活への適応を目的に普通学級とは異なるカリキュラムを用いる学校や、普通学級への混合受入方式で個々の子どもの状況に応じた指導を行う学校があります。いずれの学校も通学区域や通学時間に制約があります。

私立学校　受け入れについて別枠の定員を設けるなど、特別の配慮のもとに教育を行っている私立学校があります。それぞれの学校は独自の教育方針のもとで教育を行っていますので、指導の様子をよく調べ、理解を深めてください。入学・編入学には試験等の選考を伴いますので、各校の受け入れ方を調べて対処してください。本書に掲載されている以外にも多くの私立学校に帰国生が在籍していますので、個々の学校に問い合わせてください。

●「公立学校における帰国・外国人児童生徒等に対するきめ細かな支援事業」（補助事業）

文部科学省が2007年度から帰国・外国人児童生徒の公立学校における受入体制の整備を目的として実施してきた「帰国・外国人児童生徒受入促進事業」の取組は、2013年度より、「公立学校における帰国・外国人児童生徒に対するきめ細かな支援事業」として実施しています。

本事業は、帰国・外国人児童生徒等の受入れから卒業後の進路までの一貫した指導・支援体制の構築を図るため、各自治体が行う受入促進・日本語指導の充実・支援体制の整備に関する取組を支援しています。

●「外国人児童生徒受入れの手引き」

文部科学省では、帰国・外国人児童生徒の公立学校への円滑な受入れに資することを目的として、「外国人児童生徒受入れの手引き」を作成しています。

●情報検索サイト「かすたねっと」

各都道府県・市町村教育委員会等で公開されている、多言語による文書や日本語指導、特別な配慮をした教科指導のための教材等、様々な資料を検索することができます。

https://casta-net.mext.go.jp

2. 高等学校の受け入れ体制

高等学校への入学・編入学は、選抜のための学力検査等を受けなければなりません。選抜方法は公立の場合は都道府県、国立と私立は学校ごとに異なります。日本人学校出身者と現地校・国際学校出身者の別なく同じ方法で選抜する学校もありますが、異なる方法で選抜する学校もあります。国内とほぼ同じカリキュラムで学習してきた日本人学校出身者は、帰国生の資格で受験できますが、国内生と同じ一般の試験を受けることも十分可能です。ただし、現地校や国際学校で学んできた帰国生には一般受験はかなり厳しいものとなりますから、ほとんどが帰国生特別選抜を実施している学校を受けているのが現状です。

公立高等学校　都道府県ごとに異なり、帰国子女の多い都道府県では海外で学習したことを考慮し、受験科目に配慮した特別選抜を実施していますが、国内生と同じ受験科目を課している県もあります。県内すべての公立高校で受け入れている例もある一方、多くの都道府県では一部の学校を受け入れ校に指定しています。募集学科・人数、出願資格・条件、出願書類・手続、選抜方法など、都道府県ごとに違いますので十分注意してください。

国立大学附属高等学校　帰国子女に対して特別の受け入れ枠を持つ高等学校は、東京に3校、埼玉に1校、愛知に1校、大阪に1 校あります。このほか、東京学芸大学附属国際中等教育学校の後期課程では、高校3年の4月まで編入生を受け入れています。

私立高等学校　帰国生受け入れの歴史が古く、優れた指導を実践している学校が多く見受けられます。選抜方法や受け入れ後の教育内容はそれぞれに異なり、特色ある帰国子女教育が行われています。帰国生の学力補充と特性伸長に十分配慮している学校から、特別な配慮はなく一般生と同じ扱いで進学実績を目指す学校まで様々です。

(1) 志望校の選択

志望校の選択にあたっては、まず学校の特色をしっかり把握することが第一です。国立･公立･私立学校それぞれの教育目標、教育活動、行事等その学校がもつ特色を、いろいろな角度から検討し学校理解を深めることが大切です。その上で、帰国生受け入れの方針、選抜方法、入学後の指導や配慮などをみて、また、本人の能力・適性を十分踏まえ、最も適した学校を選ぶことが重要です。

(2) 出願にあたって

①すでに国内の中学校へ編入している帰国子女は、その学校の指導で出願手続きをします。現地校等に通学していた場合は、在籍期間中の成績表など忘れずに持ち帰ってください。

②日本人学校から直接受験する場合は、国内の中学校と同様日本人学校の指導のもとで行うことになります。

③現地校や国際学校から直接受験する場合、出願資格は原則としてその国の学校教育9年の課程を修了または3月末までに修了見込みであることが条件となっています。出願等は各自で行うことになりますので、募集要項・願書など早めに取り寄せて内容を理解しておくことが大切です。資格審査・出願期間・試験日などの日程を十分考慮して、帰国の日程を考えてください。

なお、公立は帰国後居住する予定の都道府県にしか出願できません。

(3) 選抜方法の形態

入試の日程は毎年変動がありますので、募集要項でよく確認してください。これまで併願できていた学校の日程が重なり、受験できなくなることもあります。

選抜は提出された成績等の記録と試験・面接等を総合して判定されるのが一般的です。選抜方法の形態はさまざまで、大きく分けると次の3つのタイプがあります。

Aタイプ：外国語による小論文または作文と面接
Bタイプ：国語・数学・英語3教科の試験と面接
Cタイプ：国語・数学・英語・社会・理科5教科の試験と面接

このＡＢＣの中間的なタイプあるいはいずれにも属さない方法で選抜しているところもあります。

学科試験の内容・難易度は一様ではありませんが、中学３年までの基礎基本の理解度を試す例が多く見られます。ただし、英語に関しては一般試験に比べて高いレベルを出題する傾向が見られます。作文や面接では海外で何を経験し、どのような考え方を身につけているかなどを求めていますので、日本語あるいは外国語でしっかりと表現できるよう事前の準備をしておくことです。

編入学について

①編入学の概要

編入学による受け入れ体制は国立・公立・私立ともに様々です。一般に欠員募集という考え方が多く見られます。なかには東京都や神奈川県の公立受け入れ校や一部の私立のように、１年生の９月入学や後期入学制度を持っているところもあります。欠員募集のケースでも学級定員を緩やかに考えて編入学を受け付けるところもあります。編入学の詳細については、公立は都道府県の教育委員会へ、国立・私立は各学校へ問い合わせてください。

②募集学年

１年生と２年生を対象とした学校が多く、３年生を募集する学校は極めて少ないのが現状です。これは学年の進行に応じて学習内容が高度になり、編入後の短期間で卒業に必要な単位を習得することが困難になると考えられているからです。なかには途中編入を一切受け付けない学校もあります。

③編入学試験の時期

編入学の時期は一般に学期初めの４月・９月が多く、したがって出願・試験の日程はそれより早く２～３月と７ ～ ８月になります。一部の受け入れ校では随時受付を実施しています。また、公募はしていないが、希望者があればその都度検討して対処してくれるところもあります。

④編入学試験

編入学試験を入試と同じ方法で行うところもありますが、多くは国語・数学・英語と面接で判定します。この場合の学科試験は編入学後、授業についていくことを前提にその学校の生徒と同じ程度のレベルを求めるのが一般的のようです。帰国子女の学習歴を十分考慮して学科試験は行わず、書類・作文・面接による選考を実施している学校もあります。

教育制度の違いから、高校受験の時期に現地校・国際学校の９年生を修了見込でない場合は、高校１年の２学期から編入、また、保護者の駐在任期の関係で現地校等の高校途中で帰国し、２年または３年に編入する例も年々増えています。このいずれの場合にも途中編入学することになりますが、高校受験同様、試験が行われます。学年が上がるほど編入学校数・募集人数枠が狭くなり困難さは増しますので、予めよく調べておく必要があります。

3. 大学（短大）の受け入れ体制

(1) 受験準備
―海外で行うべきこと―

①将来の進路と情報収集

大学へ進学する目的は将来の進路と大きくかかわっていることは言うまでもありません。将来を考え大学で何を学ぶべきか、どのような学部へ進むべきかを見極めることが大事です。そのために、大学にどのような学部・学科があり、そこで何を学び研究することができるか、情報収集しておくことが大切です。

②現地校等での学習と統一試験

現地校や国際学校での成績や統一試験（SAT・IB・GCE A レベル・アビトゥア・バカロレアなど）のスコアは選抜に大きく影響しますので、よい成績を取ることも必要となります。統一試験は客観性が高いという点から、「必要」「提出が望ましい」としている大学がかなりあります。

③日本語力と小論文対策

国語の力はあらゆる場面での鍵になるので、論理的な思考を深め、表現力を養うことが必要です。志望学部にかかわることや「異文化理解」「国際情勢」「現代的課題」などのテーマを、海外体験を基にどれだけ理解しているかを論述したり、どのような考えを持っているかを表現することが求められます。

④現地から持ち帰る出願書類

必要書類は募集要項で確かめ、現地校等に依頼する書類には時間の余裕をみて対処してください。

卒業証明書・成績証明書・推薦状・海外在留証明書・統一試験成績評価証明書などが必要で、なかでも、推薦状は大学独自の用紙で提出を求めることが多く、帰国後、現地へ依頼しなければならないこともありますので、注意が必要です。

(2) 志望大学・学部の選択

特別選抜を実施している大学（短大）の数ばかりでなく、学部の種類も従来の文学・法学・経済学・工学・理学・医学などの学部に加えて、新しい時代に対応する国際関係・人間関係・総合政策・総合情報・社会福祉などの学部が新設され、帰国生に門戸を開いています。これらの大学・学部の内容をよく理解し、将来の希望進路と合致する大学の選択を目指してください。

(3) 出願の資格・要件

「外国において学校教育における 12 年の課程を修了する」「国際バカロレア、アビトゥア、バカロレアまたは GCE・A レベルを保有する」という条件を満たしていれば、18 歳に達していなくても入学資格が認められます。海外の高等学校の 12 年の教育課程を修了せず途中で帰国した場合は、国内の高等学校に編入して卒業するか、高等学校卒業程度認定試験に合格する必要があります。

帰国生入試の出願資格（海外での学校種別、海外の学校での在籍期間、帰国前後の日本の高校の在籍期間、高校卒業後の経過年数、単身残留）は、大学・学部・学科によって異なりますので募集要項で確認してください。

(4) 選抜の形態

①小論文

ほとんどの大学、学部で日本語（一部英語あり）による小論文が課されます。

②学科試験

試験科目は、大まかには文系では小論文のみが多く、小論文に代えて英語または国語を課すところなどがあります。理系では小論文のほか数学・理科を課すところが多く、大学により数学の範囲や理科の科目数に違いが見られます。

③面接

ほとんどの大学で面接を実施します。面接は人物・適性・意欲・目的意識など学科試験では見られない素養を把握することがねらいですので、言葉や態度でどう表現するか、何を学びたいのかなどしっかりした志望動機を持つことも重要です。また、学科試験の代わりに面接時の口頭試問で学力を問う学部も一部ありますので、面接の内容は事前に確認をしておく必要があります。

④総合型選抜（旧 AO 入試）

学科試験は行わず、受験生から提出された学習の成績・統一試験のスコア・小論文などを専任の職員が厳密に精査して評価したものと面接とで総合的に判定する形態です。近年多くの大学でこの方式を導入しています。外国の学校に在籍して習得した外国語力、学習体験などを積極的に示すことが大切です。ただし、そのすべてが帰国生を対象としているとは限りませんので、受験資格を大学に問い合わせてください。

小学校・中学校
中等教育学校編

私立 共学

桜の聖母学院小学校

さくら せい ぼ がく いん

(担当：武藤浩之)

〒960-8112
福島県福島市花園町 4-8
▶▶ (JR 東北本線福島駅)
TEL 024-535-1301 FAX 024-535-1302
URL http://www.ssg.ac.jp
児童数 男 40 女 122 合計 162

帰国子女在籍者数	1年	2年	3年	4年	5年	6年	計
	0	0	0	1	0	0	1

入学

●出願資格・条件
日常生活に必要な程度の日本語会話ができること。
本校の教育方針、指導内容に賛同できる保護者の子女であること

●出願書類
・入学願書・健康診断票・戸籍抄本（入学後提出）

●日程等

募集	出願	試験	発表	選考方法
特に定めず	特に定めず	特に定めず	特に定めず	学力検査、親子の面接

※海外在住中の経験を充分に考慮して判断する

●応募状況

年度＼人数	募集人員	出願者	受験者	合格者	入学者
2019	特に定めず	0	0	0	0
2020	特に定めず	0	0	0	0

編入学

●編入学時期・定員 〔1～5年生〕随時。特に定めず。

●出願資格・条件 日常生活に必要な程度の日本語会話ができること、本校の教育方針、指導内容に賛同できる保護者の子女であること、編入試験の結果、本校の生活に適応できると認められること

●出願書類 ・編入学願書・海外校の成績表（またはこれに準ずるもの）

●選考方法 国・算、面接
※海外在住中の経験を充分考慮して判断する

● 2019年度帰国子女編入学者数

1年	0	2年	0	3年	0	4年	0	5年	0	6年	0

受入後

●指導・教育方針・特色
原則として年齢相応の学年に編入し、一般児童と同様の指導をする。補習を要する教科については個別指導を行う。日本の学校生活に慣れるように、家庭との連携をはかりながら生活指導を行う。

●進学特例条件
中・高等部への進学は、内部選考で行う。

▷▷ 高 265P

私立 共学

受入開始 2000 年度

作新学院小学部

さく しん がく いん

(担当：八島禎宏)

〒320-8525
栃木県宇都宮市一の沢 1-1-41
▶▶ (JR 東北線宇都宮駅・東武宇都宮線宇都宮駅)
TEL 028-647-4576 FAX 028-648-1823
URL https://www.sakushin.ac.jp
児童数 男 196 女 201 合計 397

帰国子女在籍者数	1年	2年	3年	4年	5年	6年	計
	0	1	0	0	0	0	1

編入学

●編入学時期 〔2～4年生〕4、9月。欠員がある場合。

●出願資格 保護者の海外在留に伴って海外に滞在し、日本の小学校に相当する当該の国の学校の課程に在学中の者
※その他の条件・資格については、相談に応じる

●出願書類 転入学願書一式（本学所定のもの）・海外における学校の在籍証明書・海外における学校の成績証明書（日本人学校の場合は調査書）・その他本学が必要と認める証明書など

●選考方法 転入学・編入学に準じて、書類審査、学力検査及び面接の結果を総合的に判断する。「特別枠」を設けることや、学力検査等において特別な扱いはしない

●応募状況

年度＼人数	募集人員	出願者	受験者	合格者	入学者
2019	若干名	0	0	0	0
2020	若干名	0	0	0	0

● 2019年度帰国子女編入学者数

1年	0	2年	0	3年	0	4年	0	5年	0	6年	0

受入後

●教育方針
「知育・徳育・体育のバランスのとれた教育」を理念とし、人を思いやる優しさや心の豊かさを持った人となれるよう指導している。一校一家の校風のもとに、幼・中・高との連携教育の中で人格形成に努めている。

●特色
開設当初より国際化を見据えて、ネイティブの英語教師を導入して、質の高い生きた英語の習得を目指している。現在２人のネイティブ教師と日本人教師による複数教科担任制をとり、丁寧な指導を行っている。

▷▷ 中 79P 高 267P

受入開始　2005 年度

ぐんま国際（こくさい）アカデミー初等部

〒 373-0033　（担当：津田尚美）

群馬県太田市西本町 69-1

▶▶（東武伊勢崎線太田駅）

TEL 0276-33-7711　FAX 0276-33-7710

URL http://www.gka.ed.jp/

児童数　男 303　女 301　合計 604

帰国子女在籍者数	1 年	2 年	3 年	4 年	5 年	6 年	計
	6	3	2	2	4	4	21

入学

●**出願資格・条件**　一般入学試験に準ずる

●**出願書類**　入学願書一式

●**日程等**

募集	出願	試験	発表	選考方法
90	9/14 ~ 30	11/13・14	11/20 郵送	一般入学入試（適性検査、集団行動、児童面接等）に準ずる

●**応募状況**

年度＼人数	募集人員	出願者	受験者	合格者	入学者
2019	若干名	3	3	0	0
2020	若干名	6	6	6	6

編入学

●**編入学時期・定員**　〔1 ~ 6 年生〕基本的に 4 月と 9 月。状況により他の月可

※欠員がある場合試験を実施。受け入れ枠の有無については直接学校に問い合わせのこと（随時）

●**出願資格・条件**

(1) 本校は英語イマージョン教育を行っているため、学年進行に伴い漸次高まる在校生の英語力と同等、もしくはそれ以上（帰国子女相当）の英語力を有している者。また、在校生と同様の日本語力がある者

(2) 本校の授業進度に参加できる十分な資質が見込まれる者（算数、国語、他の科目の学力が在校生の平均レベル以上と認められること）

(3) 原則として、在学中（入学後）は本校まで 1 時間以内で通学可能な地域に保護者と同居し通学できる者

●**出願書類**　・入学願書一式・現在校の成績表の写し・現在校の資料（学校案内等）・活動の記録（表彰、英語検定試験合格証等）

●**選考方法**　国語、算数（日本語・英語）、英語、児童面接（日本語・英語）、保護者面接

● **2019 年度帰国子女編入学者数**

1 年	2	2 年	0	3 年	1	4 年	1	5 年	0	6 年	0

受入後

●**指導・教育方針・特色**　教員免許を所有する外国人教師により一般教科の 7 割を英語で学ぶイマージョン教育を実践（国語は日本人教師が担当）。これにより、日本人としてのアイデンティティーを持った上で、国際社会においてリーダーとして活躍できる国際人を育成する。 その他、オープン教育、コンピュータクラス、「ジャンプライトイン」方式の音楽教育、小中高 12 年間一貫教育など、独自性豊かな教育を行う。 高等部では 2012 年 4 月より IB ディプロマ・プログラム開始。

●**進学特例条件**　小中高12年間一貫校児童として受け入れる。

▷▷ 中 80P 高 268P

受入開始　1965 年度

青山学院大学系属

浦和（うらわ）ルーテル学院（がくいん）小学校

〒 336-0974　（担当：近藤秀明）

埼玉県さいたま市緑区大崎 3642

▶▶（JR京浜東北線北浦和駅、JR 武蔵野線・埼玉高速鉄道東川口駅よりスクールバス、東武スカイツリーライン北越谷駅よりスクールバス）

TEL 048-711-8221　FAX 048-812-0012

URL https://www.uls.ed.jp/

児童数　男 133　女 201　合計 334

帰国子女在籍者数	1 年	2 年	3 年	4 年	5 年	6 年	計
	0	0	0	1	0	1	2

入学

●**出願資格・条件**

原則として次の項目に該当する者。事情により考慮するので相談すること。

(1) 外国の学校に継続して 2 年以上在籍していること。

(2) 帰国後 1 年以内であること

●**出願書類**　・入学願書一式・海外在留証明書・海外で在籍した学校の成績を証明するもの

●**日程等**

募集	出願	試験	発表	選考方法
75	web 8/1 ~ 31 郵送 9/3 まで	9/25 および 26 または 27	9/29	〈受験児〉 知力テスト、 巧緻性テスト、 運動能力テスト、 グループ活動テスト、 面接 〈保護者〉面接
	web 9/30 ~ 10/8 郵送 10/8 まで	10/17	10/20	

※第 1 回・第 2 回とも受付終了

●**応募状況**

年度＼人数	募集人員	出願者	受験者	合格者	入学者
2019	特に定めず	0	0	0	0
2020	特に定めず	0	0	0	0

受入後

●**指導・教育方針・特色**

キリスト教主義、12 年一貫教育、きめ細かい少人数教育、小 1 からの英語教育、国際交流等が特色。途中編入した帰国生たちも楽しく学んでいる。米国人教師との交流を通し、英語力向上に努めることができる。 学習の遅れに対しては放課後や長期休業中の補習を行っている。

●**進学特例条件**

6 年 2 学期までの学習成績、学習生活態度を総合的に判定し、併設中学校への推薦を行う。

●**卒業生（帰国児童）の進路状況**

ほぼ全員併設中学校へ。

入 編

私立 共学

▷▷ 中 80P

受入開始　2004 年度

開智小学校（総合部）
（かいち）

（担当：有田祐介）

〒 339-0004
埼玉県さいたま市岩槻区徳力 186
▶▶（東武野田線　東岩槻駅）
TEL 048-793-0080　FAX 048-793-0081
URL https://kaichigakuensougoubu.com/
児童数　男 335　女 271　合計 606

帰国子女在籍者数	1 年	2 年	3 年	4 年	5 年	6 年	計
	1	1	3	5	1	2	13

入学

●**出願資格・条件**　一般入試に準ずる
ただし、一般入試とは別に実施する国際生入試の受験資格は以下のいずれかを満たすこととする。
・海外在留経験が連続して 1 年以上（帰国後 2 年以内）の者
・国内インターナショナルスクール（プリスクール含む）に 1 年以上在籍した者
・英検 3 級以上を取得、もしくは、同程度の英語力を有する者
●**出願書類**　本校ホームページより WEB での出願
●**日程等**

区分	募集	出願	試験	発表	選考方法
一般入試	120	①7/31～ ②9/29～ ③10/27～	①9/26 ②10/24 ③12/19	①9/29 ②10/27 ③12/22	ペーパー・作業・行動観察・運動・面接等
国際生入試	一般入試含めて120	7/31～	10/24	10/27	ペーパー・行動観察・面接等

※一般入試と国際生入試を両方と も受験することも可能
　国際生入試については、発問も英語で行う
　入試日に帰国が難しい場合は、個別の日程調整も応相談

編入学

●**編入学時期・定員**　随時
●**出願資格・条件**　一般編入試験準ずる
ただし、一般編入試験とは別に実施する国際生編入試験の受験資格は以下のいずれかを満たすこととする。
・海外在留経験が連続して 1 年以上（帰国後 2 年以内）の者
・国内インターナショナルスクール（プリスクール含む）に 1 年以上在籍した者
・英検 3 級以上を取得、もしくは、同程度の英語力を有する者
●**出願書類**　本校ホームページより WEB での出願
●**選考方法**　＜一般編入試験＞
国語・算数・面接（小 4 以上は英語も実施）
＜国際生編入試験＞
国語・算数・英語・面接（面接は日本語と英語両方で実施）
※一般試験か国際生試験かどちらかをお選びいただきます。
※入試日に帰国が難しい場合は、個別の日程調整も応相談

●**2019 年度帰国子女編入学者数**

1年	2年	3年	4年	5年	6年
0	0	2	2	0	0

受入後

●**指導**　ネイティブ教員と日本人教員が 2 人体制で担任につき、スムーズに学校生活に慣れるように配慮。英語については身につけた英語力を維持向上できるように習熟度別クラスで授業を行い、特に能力の高い児童については放課後に取り出し活動も行う。 また苦手科目などがある場合は、必要に応じて補習などのフォローも行う 。
●**教育方針**
国際社会に貢献する、心豊かな、創造型・発信型のリーダーを育てる
●**特色**　「思いっきり遊び、じっくり学ぶ」を コンセプトに、4-4-4 制による小中高 12 年一貫教育や、異学年齢学級（Team）、探究学習といった独自のカリキュラムを編成。
また英語についても小学校 1 年生から週 5 コマの授業を行い、英語の活用者を育てることを目指す。
●**進学特例条件**　原則として、開智学園中高一貫部に進学する。
●**卒業生（帰国児童）の進路状況**
2020 年 3 月卒業生の主な進学実績（中高一貫部）
東京大 8 名、一橋大 1 名、京都大 2 名、東京工業大 1 名、早稲田大 59 名、慶應義塾大 26 名、上智大 31 名、医学部 42 名など

入 編

私立 共学

▷▷ 中 84P 高 273P 大 564P

受入開始　2011 年度

西武学園文理小学校
（せいぶがくえんぶんり）

（担当：下田崇夫、長嶋孝之）

〒 350-1332
埼玉県狭山市下奥富 600
▶▶（西武新宿線新狭山駅）
TEL 04-2900-1800　FAX 04-2968-0030
URL https://www.seibubunri-es.ed.jp
児童数　男 187　女 143　合計 330

帰国子女在籍者数	1 年	2 年	3 年	4 年	5 年	6 年	計
	0	1	0	2	2	4	9

入学

●**出願資格・条件**
①原則、海外に在籍していた児童であること
②本校の教育方針に賛同できる保護者の子女
●**出願書類**
本校ホームページの転編入学試験にエントリーした方に、入試日が決定次第配布する
●**日程等**

募集	出願	試験	発表	選考方法
若干名	一般入試と同じ			ペーパーテスト、制作テスト、運動テスト、行動観察テスト、面接（保護者同伴）

●**応募状況**

年度＼人数	募集人員	出願者	受験者	合格者	入学者
2019	特に定めず	1	1	1	1
2020	特に定めず	0	0	0	0

編入学

●**編入学時期・定員**　〔1 ～ 5 年生〕欠員がある場合、随時。若干名
●**出願資格**　入学試験に準ずる
●**出願書類**　入学試験に準ずる
●**選考方法**　国語・算数・英語、活動（行動観察試験）
●**2019 年度帰国子女編入学者数**

1年	2年	3年	4年	5年	6年
0	0	0	0	0	0

受入後

●**指導**
普通学級に編入し、他の児童と同様の指導を行う。
●**教育方針**
「心を育てる」「知性を育てる」「国際性を育てる」
学園全体では「すべてに誠をつくし、最後までやり抜く強い意思を養う」を教育方針としている。
●**特色**
1 年生から週 2 ～ 3 時間の英語の授業を実施。さらに音楽、図工、体育の授業もできる限り英語で行う。これらの授業は日本人専科教員等と外国人英語講師によるティームティーチング。
●**進学特例条件**
併設の文理中学校へ、進学基準を満たした者が入学できる。

国立 共学

▷▷ 中 88P 大 514P

受入開始　1980 年度

千葉大学教育学部附属小学校

（担当：主幹教諭）
〒 263-8522
千葉県千葉市稲毛区弥生町 1-33
▶▶（JR 総武線西千葉駅、京成電鉄みどり台駅）
TEL 043-290-2462　FAX 043-290-2461
URL http://www.el.chiba-u.jp/

児童数　男 320　女 316　合計 636

帰国子女在籍者数	1 年	2 年	3 年	4 年	5 年	6 年	計
	／	／	／	2	3	6	11

編入学

●編入学定員
〔4 ～ 6 年生〕各若干名（定員は各 15 名）

●出願資格・条件
・日本国籍を有し、本人の海外生活が原則として 2 年以上にわたる者・在外期間中、最終学年を含め 2 年以上の間、現地校または海外のインターナショナルスクールに在籍していた者・帰国後、他の学校への編入歴がなく、直接入学を希望する者・日本における相当学年の年齢の者・本校が定める学区内において、通学所要時間が片道 1 時間以内の場所に、保護者とともに常時居住または居住予定の者（徒歩または公共の交通機関に限る）

●出願書類
・入学願書一式（本校所定の用紙）・在外地勤務期間を証明する書類（保護者の所属機関長等の証明するもの）・現地校の在学証明書か成績証明書等、海外での就学歴が証明できる書類

●選考方法　筆記、面接（本人及び保護者）

●日程等

募集	出願	試験	発表	選考方法
〔4～6 年〕各若干名（定員は各 15 名）	随時	随時	随時	筆記調査、面接（子・親別）

※定期入学調査は 3 月下旬頃に行う（公示は 3 月上旬頃）

●応募状況

年度＼人数	募集人員	出願者	受験者	合格者	入学者
2019	各若干名	1	1	1	1
2020	各若干名	2	2	2	2

● 2019 年度帰国子女編入学者数

1 年	／	2 年	／	3 年	／	4 年	0	5 年	2	6 年	1

受入後

●指導・教育方針・特色
本校の帰国子女教育は、海外から帰国した児童のうち、その在外生活経験と、日本における初等教育の状況が著しく相違する児童に対し、日本の環境に適応させるための指導、ならびにその研究を行うことを目的とする。指導にあたっては、特に次の点に留意している。(1) 日本語の習得 (2) 日本の生活習慣への適応 (3) 学習諸能力の向上 (4) 海外で身につけた好ましい考え方、生活態度等の保持・育成。また一般学級とは学校・学年行事や教科学習を通して交流をはかっている。

●進学特例条件
本学級から千葉大学教育学部附属中学校への連絡進学の制度はない。

私立 共学

受入開始　2009 年度

幕張インターナショナルスクール

（担当：竹下）
〒 261-0014
千葉県千葉市美浜区若葉 3-2-9
▶▶（JR 京葉線海浜幕張駅より徒歩約 10 分）
TEL 043-296-0277　FAX 043-296-0186
URL http://www.mis.ed.jp

児童数　男 155　女 127　合計 282

帰国子女在籍者数	1 年	2 年	3 年	4 年	5 年	6 年	計
	24	24	21	34	21	25	149

入学

●出願資格・条件　保護者の海外在留に伴って外国で教育を受け、外国における滞在期間が半年以上である者
※その他の条件・資格については相談に応じる

●出願書類
・入学願書（本学所定のもの）・海外における学校の推薦状・テスト結果・成績表等の記録・パスポートのコピー（顔写真記載ページ）・住民票謄本・追加情報フォーム・スクールバス利用調査票

●日程等

募集	出願	試験	発表	選考方法
若干名 ※	11/2～6	11/21	12 月上旬	書類選考＊、面接、筆記試験(英語・算数)

※学年によっては、満席によりウェイティング受付のみ
＊海外から出願する場合は、基本的に書類選考のみ

●応募状況

年度＼人数	募集人員	出願者	受験者	合格者	入学者
2019	若干名	25	25	15	12
2020	若干名	17	17	11	10

編入学

●編入学時期・定員〔1 ～ 6 年生〕随時

●出願資格・出願書類・選考方法　入学に準ずる

● 2019 年度帰国子女編入学者数

1 年	1	2 年	3	3 年	0	4 年	2	5 年	2	6 年	0

受入後

●指導（帰国生受入後の学習指導など）
帰国生と外国人の児童が共に学ぶ環境で、国際性を育む。また、語学力等帰国生の特色を生かす教育を行っている。国語の時間は、教科書に沿って、日本人として必要な国語力を身につけるよう指導している。

●教育方針
すべての子どもがそれぞれに固有の能力と素質をもつ、かけがえのない存在であると信じ、個々の才能を十分に伸ばすことを目指して教育を行う。意欲を引き出す刺激に満ち、思いやりがあり、楽しくかつ安全な環境を提供する。生涯を通してグローバルな視野を持って学び続ける基礎となる力を育てる。

●特色
国語（日本語）以外の教科の授業を英語で実施。日本で初めて学校教育法によって認定を受けたインターナショナルスクール（小学校）。日本と他国のカリキュラムを統合しながらユニークで創造的な要素を取り入れた教育を行う。

入 編

私立 共学

日出学園小学校（ひのでがくえん）

〒272-0824 （担当：北村小百合）
千葉県市川市菅野 3-23-1
▶▶（JR 京成線菅野駅、JR 総武線市川駅）
TEL 047-322-3660 FAX 047-322-3651
URL http://www.hinode.ed.jp

児童数 男 343 女 260 合計 603

帰国子女在籍者数	1年	2年	3年	4年	5年	6年	計
	0	0	0	1	0	1	2

入学

●**出願資格・条件**
一般入試に準ずる
●**出願書類**
一般入試に準ずる
●**日程等**

区分	募集	出願	試験	発表	選考方法
第一志望	102	Web 出願 10/1～13 12:00	10/15	10/16	知能テスト、集団行動観察ほか、面接（子・親別）
一般第1回		Web 出願 10/1～19 12:00	10/21	10/22	
一般第2回		Web 出願 10/1～11/19 12:00	11/21	11/24	

●**応募状況**

年度＼人数	募集人員	出願者	受験者	合格者	入学者
2019	−	0	0	0	0
2020	−	−	−	−	−

編入学

●**編入学時期・定員** 〔2～5年生〕4、9、1月
〔6年生〕4月。欠員がある場合。
●**出願資格** 一般入試に準ずる
●**出願書類** 願書一式
●**選考方法** 国語・算数のペーパーテスト、面接（親子別室にて）

● **2019年度帰国子女編入学者数**

1年	2年	3年	4年	5年	6年
0	0	0	0	0	0

受入後

●**指導**
年齢相応の学年（普通学級）に編入し、在籍児童と同様の指導を行う。
●**教育方針**
校訓「なおく、あかるく、むつまじく」の精神を常に発揚できる心身共に健全な児童の育成。
●**特色**
人づくりにつながる道徳教育に力を注ぐだけでなく、体育・音楽・図工など、専科制度による質の高い授業を展開している。
●**進学特例条件**
併設中学校への推薦制度あり。

入 編

私立 共学 寮

▷▷ 中 91P 高 282P

受入開始 1996 年度

暁星国際小学校（ぎょうせいこくさい）

〒292-8565 （担当：丸山）
千葉県木更津市矢那 1083
▶▶（JR 内房線木更津駅）
TEL 0438-52-3851 FAX 0438-52-3856
URL http://www.gis.ac.jp

児童数 男 152 女 151 合計 303

帰国子女在籍者数	1年	2年	3年	4年	5年	6年	計
	5	4	5	8	6	7	35

入学

●**出願資格・条件**
①原則 1 年以上海外に在籍した児童（男女）であること
②本校の教育方針に賛同できる保護者の子女
●**出願書類** ・入学願書・家庭調査書
●**日程等**

区分	募集	出願	試験	発表	選考方法
1回	60	9/28～10/2	10/10	10/14	ペーパーテスト、個別テスト、面接、集団行動観察、運動テスト
2回	若干名	10/28～11/1	11/7	11/11	

●**応募状況**

年度＼人数	募集人員	出願者	受験者	合格者	入学者
2019	特に定めず	7	7	7	7
2020	特に定めず	5	5	5	5

編入学

●**編入学時期** 〔1年生〕9～3月
●**出願資格・条件** 〔2～6年生〕随時。欠員がある場合。
●**選考方法** 入学に準ずる
国語・作文（日本語または英語）・算数（日本語または英語）、面接（日本語または英語、保護者同伴）

● **2019年度帰国子女編入学者数**

1年	2年	3年	4年	5年	6年
0	4	1	1	0	0

受入後

●**指導**
帰国生のためのクラス編成はなし。個々の児童の状況により補習授業を行う。
●**教育方針**
カトリック精神に基づいた教育、信・望・愛の精神を育成し、新しい時代に適 応する自主的で個性豊かな児童をめざしている。
●**特色**
インターナショナルコースとレギュラーコースの 2 コースがあり、インターナショナルコースは国語以外の主要教科は英語で授業。レギュラーコースは週 6 時間の英語と週 3 時間の仏語の授業。他の教科は指導要領に準じ、月～土の時間割で実施。
●**進学特例条件**
男女共に併設中学校進学の際、配慮する。インターナショナルコース、特別進学コースへ推薦あり。

私立 共学

▷▷ 中 105P 高 298P 大 606P

受入開始 2011 年度

文教大学付属小学校（ぶんきょうだいがくふぞく）

〒 145-0065　（担当：田中宏一）
東京都大田区東雪谷 2-3-12
▶▶（東急池上線石川台駅）
TEL 03-3720-1097 FAX 03-3720-1117
URL http://www.bunkyo.ac.jp/bkshogak/
児童数　男 146　女 180　合計 326

帰国子女在籍者数	1 年	2 年	3 年	4 年	5 年	6 年	計
	0	0	0	0	2	1	3

入 学

●出願資格・条件
一般入試に準ずる　※日本語で会話ができ、授業での指示が理解できること

●出願書類
・入学願書（一般入試に準ずる）

●日程等

区分	募集	出願	試験	発表	選考方法
第1回	50※	10/19～11/5	11/7	11/8	面接、ペーパーテスト、個別行動テスト
第2回	若干名※	11/12～18	11/20	11/21	

※一般入試に含む

●応募状況

年度＼人数	募集人員	出願者	受験者	合格者	入学者
2019	特に定めず	0	0	0	0
2020	特に定めず	0	0	0	0

編 入 学

●編入学時期・定員　〔1 ～ 5 年生〕欠員がある場合、随時。
●出願資格・出願書類　入学に準ずる
●選考方法　面接、編入学年の国語と算数のペーパーテスト

● 2019 年度帰国子女編入学者数

1 年	0	2 年	0	3 年	0	4 年	2	5 年	0	6 年	0

受 入 後

●指導
普通学級に編入し、在籍している児童と同様の指導を行う。

●教育方針
建学の精神は「人間愛」。他の人へのやさしさや思いやりの心を基盤として、思考力や判断力をもって、正義を貫く強い意志や行動力のある人間を育てることを目指している。

●特色
思考力や判断力、表現力を育てるために、探究や活用ができるように学習活動を工夫し、学ぶ喜びや意欲を高めている。また、体験や活動、体験的な学習を効果的に行っている。少人数できめ細やかな指導が特徴。

▷▷ 中 112P 高 304P

国本小学校（くにもと）

〒 157-0067　（担当：小辻康子、吉田茂雄）
東京都世田谷区喜多見 8-15-33
▶▶（小田急線喜多見駅）
TEL 03-3416-4729 FAX 03-3415-1333
URL http://www.kunimoto.ed.jp/es/
児童数　男 168　女 134　合計 302

帰国子女在籍者数	1 年	2 年	3 年	4 年	5 年	6 年	計
	0	0	2	1	0	0	3

編 入 学

●編入学時期・定員
〔1 ～ 5 年生〕欠員がある場合、随時（学期末に行うことが多い）

●出願資格・条件
その学年の学齢の児童であること。一般の編入と同じ扱いとなる（帰国子女ということで特別な扱いはない）。入学希望の学年に相当する学力があるかを、国語・算数・面接の各試験で見る

●出願書類
所定の入学願書（学園事務室窓口で配布）

●選考方法
国語（文章読解と文法および漢字）・算数、面接（本人と保護者を別に実施）

● 2019 年度帰国子女編入学者数

1 年	0	2 年	0	3 年	0	4 年	1	5 年	0	6 年	0

受 入 後

●指導
一般の児童と同じクラスで学ぶ。英語は 1・2 年が週 1 時間 3・4 年が週 2 時間、5・6 年が週 3 時間、ネイティブスピーカー（1 人）と日本人教員（2 人）の 3 人体制により授業が行われる。国語・算数を中心に必要に応じて不足としている部分の補習を行う。

●教育方針
知育と同様に徳育や体育にも目をしっかりと向け、感謝の心、素直な心、思いやりのある心をもった明るく元気な子どもを育てる。

●特色
1 クラス 25 名（2 クラス編成）の少人数制教育を実施している。全校 300 名で 2 泊 3 日の林間学校を行い、学年を越えた縦のつながりを大切にしている。

●進学特例条件
一般の児童と同じ条件。

●卒業生（帰国児童）の進路状況
2019 年度の卒業生は帰国子女なし。

入 編

私立 共学

▷▷ 中 114P

しょうわじょしだいがくふぞくしょうわ
昭和女子大学附属昭和小学校

〒154-8533
東京都世田谷区太子堂 1-7-57
▶▶(半蔵門線・東急田園都市線 三軒茶屋駅)
TEL 03-3411-5114 FAX 03-3411-5356
URL https://es.swu.ac.jp/
児童数 男 93 女 556 合計 649

帰国子女在籍者数	1年	2年	3年	4年	5年	6年	計
	4	2	1	3	0	2	12

入学

●出願資格・条件 ・一般入試に準ずる
・昭和小学校の教育方針・指導内容に賛同できるご家庭の児童
●出願書類 ・入学志願票（写真、検定料収納証明書を貼付）
・受験票郵送用封筒
●日程等

区分	募集	出願	試験	発表	選考方法
A	特別	10/1～5	11/1	11/1	発育調査、保護者面接 ※
B	一般A		11/2	11/2	
C	一般B		11/3	11/3	

※ A は 6/29（月）～7/3（金）の間に 8/29（土）の体験入学の申し込みが必要

●応募状況

年度＼人数	募集人員	出願者	受験者	合格者	入学者
2020	−	−	−	−	4

編入学

●編入学時期・定員 〔1～5年生〕随時
●出願資格 ・一般入試に準ずる
・日本国籍を有し、該当学年相当の日本語力を有する児童
・昭和小学校の教育方針・指導内容に賛同できるご家庭の児童
●出願書類 ・志願票（写真、検定料収納証明書を貼付）
・現在通っている学校の成績証明書
・これまでに在籍した小学校の通知表のコピー
●選考方法 ・発育調査（国語・算数・簡単な運動）
・保護者面接

● 2019年度帰国子女編入学者数

1年	2年	3年	4年	5年	6年
1	0	2	0	0	2

受入後

●指導 入学後は、通常の一般クラスの中に入り、仲間とコミュニケーションを取りながら、一緒に向上していきます。礼儀を大切にしながら、明るくのびのびと育っていくよう、指導しています。
●教育方針 学園の建学の精神「世の光となろう」を実現するため、小学校では３つの目標「めあてをさして進む人」「まごころを尽くす人」「からだを丈夫にする人」を定めています。グローバルな感覚を身につけるためにアメリカの昭和ボストンでの研修、キャンパス内にあるブリティッシュスクールや昨年から敷地内に移転してきたテンプル大学のインターシップ生との交流など、多くの国の人々と直接学びあう「昭和ならでは」の教育活動を行っています。
●特色 小学校時代に最も大切なことは、『堅実な基礎能力の育成』と考えています。各学年とも学級担任の他に副担任を配し、また、音楽、理科、体育、英語などはそれぞれスペシャリストが担当するなど、一人の児童を多くの教師が多面的に見る指導を行っています。総合学習は１年生から、コース別体育とコンピュータ教育は４年生から実施。学内にアフタースクー ルを設置し、放課後や長期休業中に子どもたちが安全で充実した生活体験ができるようになっています。また、2019 年９月からは、マルチメディアルームを新設し、壁全面ホワイトボード上にプロジェクターを６台設置しました。 主体的で深い学びができるよう、子供たちが育つ環境が整っています。毎朝、始業前の富士山マラソンと朝の会に目の体操を行い、食育としては給食を完食することが、子供たちの毎日の日課になっています。子供たちは、心身ともに健康で、明るく元気よく、気持ちよく毎日を過ごします。帰国生特別クラスを検討中です。
●進学特例条件・卒業生（帰国生徒）の進路状況
女子は、併設の昭和女子中学へ推薦制度があります。男子は、他校受験をし、進学率を伸ばしています。

入 編

私立 女子

▷▷ 中 124P 高 312P

かわむら
川村小学校

（担当：石川充）
〒171-0031
東京都豊島区目白 2-22-3
▶▶(JR 山手線目白駅、東京メトロ副都心線雑司が谷駅)
TEL 03-3984-8321 FAX 03-3984-9131
URL https://www.kawamura.ac.jp/
児童数 女 435 合計 435

帰国子女在籍者数	1年	2年	3年	4年	5年	6年	計
	0	3	2	2	4	0	11

入学

●出願資格・条件
2014.4.2 ～ 2015.4.1 までに生まれた女児
●出願書類
・（インターネット出願）・健康調査票・自己推薦書（自己推薦個別審査のみ）
●日程等

区分	募集	出願	試験	発表	選考方法
A	約 25	10/1～29	11/1	11/1	行動観察・運動機能、親子面接
B	約 40	10/1～29	11/1	11/1	行動観察・運動機能、保護者面接
			11/2	11/2	
C	約 15	10/1～11/4	11/5	11/5	

※ A：自己推薦個別審査　B・C：一般個別審査
※選考の際、滞在地とその期間を十分に考慮する

●応募状況

年度＼人数	募集人員	出願者	受験者	合格者	入学者
2019	若干名	1	1	1	1
2020	若干名	0	0	0	0

編入学

●編入学時期・定員 〔1～6年生〕随時。若干名
※欠員の状況によって実施時期・受入時期は異なる
●出願資格 該当学年に在籍の女子、および該当学年と同等の学力を有する児童
●出願書類 ・入学願書・受験票・健康調査票・在学証明書
●選考方法 学科試験（算数必修、国語・英語より１科目選択）、面接（保護者同伴）

● 2019年度帰国子女編入学者数

1年	2年	3年	4年	5年	6年
1	2	1	3	0	4

受入後

●指導 個々の状況に応じ、問題があった場合はその都度対応 している。
●教育方針 「感謝の心」「女性の自覚」「社会への奉仕」を建学の精神とし、考える力、自己を律する力を培うことで知・徳・体の調和の取れた、豊かな感情と品格を兼ね備えた女性を育成している。
●進学特例条件
学校長が推薦する者はすべて併設校への推薦資格を得ることができる。
●卒業生（帰国児童）の進路状況
一貫校のため、ほとんどの児童が併設校へ進学している。

私立 共学 ▷▷ 中 128P 高 315P

受入開始 1983 年度

新渡戸文化小学校
（にとべぶんか）

（担当：校長 杉本竜之）

〒164-8638
東京都中野区本町 6-38-1
▶▶（東京メトロ丸ノ内線東高円寺駅）
TEL 03-3381-0124 FAX 03-3381-0125
URL http://www.el.nitobebunka.ac.jp
児童数 男 191 女 160 合計 351

帰国子女在籍者数	1 年	2 年	3 年	4 年	5 年	6 年	計
	0	1	3	2	1	1	8

入 学

●出願資格・条件
(1) 日常生活に必要な程度の日本語会話ができること
(2) 本校の教育方針、指導内容に協力できること
(3) 編入テストの結果、将来本校の生活に適応できると認められること

●出願書類　・入学願書一式等

●日程等

募集	出願	試験	発表	選考方法
若干名	10/1～29	11/3	11/3	親子面接、集団観察等 国語･算数（小2～5）
	10/3～30	11/14	11/14	
	11/5～7	12/12	12/12	

※帰国子女は、一定の考慮が払われる

●応募状況

年度＼人数	募集人員	出願者	受験者	合格者	入学者
2019	若干名	3	3	3	3
2020	若干名	0	0	0	0

編 入 学

●編入学時期・定員　〔1 ～ 6 年生〕随時（欠員のある時のみ）。若干名（欠員ある学年）

●出願資格・条件　入学に準ずる

●出願書類　・入学願書一式（所定の用紙）・海外校在籍当時の成績通知表またはこれに準ずる書類・海外に通っていた学校の在学証明書またはこれに準ずる書類

●選考方法　国・算、行動観察、面接

● 2019 年度帰国子女編入学者数

1年	2年	3年	4年	5年	6年
0	0	0	0	0	0

受 入 後

●指導・教育方針・特色
(1) 年齢相当の学年に編入し、一般クラス児童と一緒に指導をする
(2) 必要な場合、国語・算数を中心に、専任教諭のもとで週 2 ～ 3 回の補習をする
(3) 日本の学校生活に慣れるまで、常時生活の指導に気を配る
(4) 全学年外国人講師による英語の授業があり、外国語を生かす機会が多い。

国立 共学

受入開始 1969 年度

東京学芸大学附属大泉小学校
（とうきょうがくげいだいがくふぞくおおいずみ）

〒178-0063 （担当:岩浅健介、河口雅史、鬼塚晶子、太田風馬）
東京都練馬区東大泉 5-22-1
▶▶（西武池袋線大泉学園駅）
TEL 03-5905-0200 FAX 03-5905-0209
URL http://www.es.oizumi.u-gakugei.ac.jp/
児童数 男 298 女 291 合計 589

帰国子女在籍者数	1 年	2 年	3 年	4 年	5 年	6 年	計
	1	3	9	12	14	12	51

編 入 学

●編入学時期・定員（募集しないこともあります）
〔1・2 年生〕9 月〔3 ～ 5 年生〕4、9、1 月
〔6 年生〕4、9 月。定員は〔1・2 年生〕若干名（一般学級に混入）〔3 ～ 6 年生〕若干名（国際学級）

●出願資格・条件
次の A または B に該当する者。A は次の①②③⑤⑥の全て、B は次の④⑤⑥の全ての要件に該当している者
①次の期間に帰国・入国の者（一時帰国・入国を除く）4 月編入学は 2020.12.1 ～ 2021 年 3 月中旬、9 月編入学は 2021 年 3 月中旬～ 2021 年 8 月中旬、1 月編入学は 2021 年 8 月中旬～ 2021 年 12 月中旬
②本人の海外生活経験が 0 ～ 2 歳時を除き、合計 2 年 6 ヵ月以上で、日本の小学校に通った経験が 1 年以内の者※帰国・入国後から編入学調査までの間に日本の小学校に通うことはできる。長期休暇等で一時的に帰国した際に、体験的に短期間、日本の小学校に通級した場合も応募できる
③在外期間中の在学校・言語環境について（ア）（イ）のいずれかに該当する者
（ア）現地校または海外のインターナショナルスクールに在学し、日本語以外の言語で学習していた者
（イ）全日制の日本人学校に通学していたが、家庭で主に使っている言語が日本語ではない者
④国内のインターナショナルスクールに在学し、両親または両親のどちらかが外国人で、家庭で主に使っている言語が日本語ではない者
⑤徒歩または公共の交通機関を使って、自宅から本校まで児童が片道 40 分以内で通学できる地域に、保護者と共に居住する者
⑥応募時現在で、日本における相当学年の年齢の者

●出願書類　・入学志願書・編入学調査票・健康診断書（以上は本校所定）・現在通っている学校の成績証明書または通知表のコピー 3 年間分・パスポートコピー（入国日が確認できるページのコピー）・現住所における住民票（同居家族について記載があるもの）
※帰国後に国内の小学校に在学している者は、受検を認める在学小学校長の許可書（本校所定）

●選考方法　筆記調査、児童面接、保護者面接

●応募状況（国際学級のみ）

年度＼人数	募集人員	出願者	受験者	合格者	入学者
2019	若干名	11	11	9	9
2020	若干名	22	18	12	12

● 2019 年度帰国子女編入学者数

1年	2年	3年	4年	5年	6年
2	3	5	6	2	6

受 入 後

●指導・教育方針・特色
国際学級では、長期海外生活を経験した児童に対して、特設学級のメリットを生かし、身につけている個の力に応じて、適応指導を生活面と学習面から行う。一般学級児童との交流学習も盛んにすすめ、お互いによさを認めあったり伸ばしあったりすることで、国際社会に主体的に対応し、活躍することのできる豊かな心と確かな学力を育成することをめざしている。外国語の会話力の保持を行ったり、特別な受験教育を行う学級ではない。

●進学特例条件
この調査で編入学した児童については、東京学芸大学附属国際中等教育学校への連絡進学は若干名、また、東京学芸大学附属の他中学校への連絡進学資格はないが、受験する資格は有する。

●卒業生（帰国児童）の進路状況
児童の実態に合う進路指導を実施している。

私立 共学

東京三育小学校

〒177-0053 （担当：教頭・横山宏樹）
東京都練馬区関町南 2-8-4
▶▶（JR 中央線吉祥寺駅、西武新宿線武蔵関駅）
TEL 03-3920-2450 FAX 03-3928-2909
URL https://www.tokyosaniku.ed.jp/
児童数 男 69 女 95 合計 164

帰国子女在籍者数	1年	2年	3年	4年	5年	6年	計
	0	2	0	1	2	3	8

入学

●**出願資格・条件**
一般入学試験に準ずる
●**出願書類**
・入学願書一式・健康診断書
●**日程等**（一般入試）

区分	募集	出願	試験	発表	選考方法
AO	25	10/7～29	11/3	11/4	知能検査、運動機能検査、集団行動観察、面接（保護者・本人）
一期		10/7～11/12	11/15	11/16	
二期		11/16～12/3	12/6	12/7	

※上記に限らず、事情に合わせて相談に応じる

●**応募状況**

年度＼人数	募集人員	出願者	受験者	合格者	入学者
2019	−	1	1	1	1
2020	−	−	−	−	−

編入学

●**編入学時期・定員**［1～4年生］欠員がある場合、随時
●**出願資格・条件・出願書類** 入学に準ずる
●**選考方法** 国・算、作文、面接（本人・保護者）
● **2019年度帰国子女編入学者数**

1年	2年	3年	4年	5年	6年
1	0	0	1	1	0

受入後

●**指導**
一般児童と同クラスで指導。必要に応じて個別に指導する。
●**教育方針**
聖書の教えを基に、個性を重んじ、知・徳・体の円満な発達を図り、社会に貢献する人間性豊かな人物の育成を目指す。
●**特色**
・1 クラス 25 人の少人数教育
・キリスト教を中心土台とし、豊かな心を育てる教育
・週 5 日毎日 20 分の英語授業を 6 年間継続

国立 共学

受入開始 1978 年度

お茶の水女子大学附属小学校

〒112-8610 （担当：副校長 神戸佳子）
東京都文京区大塚 2-1-1
▶▶（地下鉄丸ノ内線茗荷谷駅、有楽町線護国寺駅）
TEL 03-5978-5874 FAX 03-5978-5872
URL http://www.fs.ocha.ac.jp/
児童数 男 311 女 322 合計 633

帰国子女在籍者数	1年	2年	3年	4年	5年	6年	計
	0	0	0	3	6	5	14

編入学

●**出願資格・条件**
主として外国の学校（現地校）に在学していた者で、次のすべてに該当する者
・日本国籍を有する者
・本人の海外生活が 3 年以上、帰国後 6 か月以内の者
・2020 年度編入
　第 4 学年：2011.4.2 から 2012.4.1 までに生まれた者
　第 5 学年：2010.4.2 から 2011.4.1 までに生まれた者
　第 6 学年：2009.4.2 から 2010.4.1 までに生まれた者
・下記の通学区域内に、保護者とともに居住する者
　東京 23 区、西東京市、武蔵野市、三鷹市、調布市、狛江市
・帰国直前の 3 年以上を外国の学校に在学していた者
　（日本人学校を除く）
●**出願書類**
・入学願書一式（所定用紙）・住民票・在学期間証明書・成績証明書（所定用紙）・在学証明書および成績証明書（帰国後国内の小学校に在学した者のみ）・本人のパスポートの提示
●**日程等** 定員に満たない場合、下記の日程で募集を行う

区分	募集	出願	試験	発表	選考方法
A	4・5・6年	8/21・24	8/25	8/25	作文、面接等
B		未定	未定	未定	
C		未定	未定	未定	

A: 2020 年度 9 月編入（参考）
B: 2020 年度 1 月編入
C: 2021 年度 4 月編入
※定員は各学年とも男女合わせて 15 名
　（ただし、どちらも 8 名を超えないものとする）
※定員に欠員がある場合、8・1・3 月に追加募集を行う
　（6 年生の 4 月編入が最終）

●**応募状況**

年度＼人数	募集人員	出願者	受験者	合格者	入学者
2019	35	6	4	3	3
2020	34	5	5	3	3

● **2019 年度帰国子女編入学者数**

1年	2年	3年	4年	5年	6年
0	0	0	6	1	0

受入後

●**指導・教育方針・特色**
海外で生活し学んだことを生かせるように、独自の教育課程のもとで学習活動を展開している。 また、個に応じた言語の習得、生活習慣への適応を援助しながら、個性を伸ばし、協調性・創造性を大事にする教育を行っている。 現在、多文化共生教育の一環として、5・6 年生では合同学習を行っている。

入 編

私立 共学

受入開始　1955 年度

愛育学園小学部

2019 年 4 月より校名変更（旧 愛育養護学校）（特別支援学校）

〒 106-0047　（担当：高石史子）
東京都港区南麻布 5-6-8
▶▶（東京メトロ日比谷線広尾駅）
TEL 03-3473-8319　FAX 03-3473-8474
URL http://www.aiiku-gakuen.ac.jp/

児童数　男 12　女 6　合計 18

帰国子女在籍者数	1 年	2 年	3 年	4 年	5 年	6 年	計
	0	0	0	0	0	0	0

入 学

●出願資格・条件
発達になんらかの遅れがあり、個別の教育が必要と思われること。本校の教育を理解し、小学部に在籍を希望すること

●出願書類
・入学願書・本人の写真

●日程等

区分	募集	出願	試験	発表	選考方法
A	特に定めず	10/1~11/13	11/14	11/20	本人の自由活動、保護者の面接
B	特に定めず	11/21 ~	1/16	1/22	

※帰国の日程により、必要に応じて別の日を設定することもできる

●応募状況

年度＼人数	募集人員	出願者	受験者	合格者	入学者
2019	特に定めず	0	0	0	0
2020	4	5	5	5	5

編 入 学

●編入学時期・定員　［2 ～ 6 年生］随時受付。定員は特に定めず
●出願資格・条件　入学に準ずる
●出願書類　入学に準ずる
●選考方法　入学に準ずる

● 2019 年度帰国子女編入学者数

1 年	0	2 年	0	3 年	0	4 年	0	5 年	0	6 年	0

受 入 後

●指導
一人ひとりが興味、関心のある活動を中心に、それぞれのペースで学べるようにしている。

●教育方針
自信を持って楽しく生きる力を育てる。
①自分の存在に自信を持つ。
②人を信頼する。
③自分で考え、探究し、決定する。
④社会の中で気持ちよく生きる。
⑤人と楽しむ。
⑥創造する意欲、表現する意欲を育てる。

●特色
幼稚部、小学部のみの小規模校。 自由活動を主とし、子どもの個性・自主性を大事にしている。 子どもと丁寧に関わることにより、一人ひとりが自分らしい生活を送り、広く社会に関わることを目指している。

入 編

私立 女子

▷▷ 中 135P 大 575P

聖心女子学院初等科

〒 108-0072
東京都港区白金 4-11-1
▶▶（東京メトロ南北線白金台駅）
TEL 03-3444-7671　FAX 03-5793-3239
URL http://www.tky-sacred-heart.ed.jp

児童数　女 634　合計 634

帰国子女在籍者数	1 年	2 年	3 年	4 年	5 年	6 年	計
	12	7	10	5	9	15	58

入 学

●出願資格・条件・2014.4.2 ～ 2015.4.1 までに誕生した女子
・通学時間 60 分以内の自宅通学を原則とする
●出願書類　・入学願書・健康診断書
●日程等

募集	出願	試験	発表	選考方法
96	10/1 ~ 2	11/1	11/3	試験、面接（保護者同伴）

編 入 学

●編入学時期・定員　［1 ～ 4 年生］随時、欠員がある場合若干名。
［5 年生］4 月　毎年約 24 名

● 5年生募集の日程等

募集	出願	試験	発表	選考方法
約 24	12/8 ~ 9	1/16	1/17	国語・算数、作文、面接

●出願資格
1 ～ 4 学年は、初等科入学試験実施時に海外に在住していて、初等科の入学試験を受けられなかった児童で、翌年 4 月から（または途中から）本学院に編入学が可能な帰国子女児童。通学時間 60 分程度。新 5 学年は、海外の学校に在学 または、以前在学していて、翌年 4 月から本学院に編入が可能な児童。通学時間が 90 分程度で、自宅通学が可能であること。

●出願書類
・入学願書・健康診断書・在学校の成績証明書

●選考方法
国語、算数の学科試験を各 45 分。面接は志願者および保護者で行う。さらに、新 5 年生の学科試験では、活用力を見る作文を 45 分と志願者数名によるグループ面接も行う。

● 2019 年度帰国子女編入学者数

1 年	0	2 年	1	3 年	0	4 年	0	5 年	5	6 年	0

受 入 後

●指導
互いの経験を生かし共に学べるよう全員一般学級へ入学。新 5 年生に関しては、入学前に英語、宗教の補講を含むオリエンテーションを実施し、安心して学校生活に臨めるよう配慮する。

●教育方針
学業と生活全般を通して、しっかりとした知性、堅実な実行力、謙遜の心を育て、これを神への信仰に根を下ろして、隣人愛に開花することを教育の目的としている。

●特色
創立時よりカトリック学校として一貫したゆるぎない人間教育を続けてきた。100 周年を機に 12 年間という長いスパンで児童・生徒の成長に応じたより確かで一貫性を持ったカリキュラムを作り教育内容の充実に努める。1 年より週 2 回、英語授業あり。

●進学特例条件
原則として全員が併設の中等科へ進学。特に入学試験は行わない。

●卒業生（帰国児童）の進路状況
併設中・高等科への進学を経て、併設の大学および他大学へ推薦や受験後、進学。

入 編

私立 共学 ▷▷ 中 138P 高 326P 大 604P

受入開始 2000 年度

トキワ松学園小学校
（まつ がくえん）

〒 152-0003 （担当：田村和也）
東京都目黒区碑文谷 4-17-16
▶▶（東急東横線都立大学駅）
TEL 03-3713-8161 FAX 03-3713-8400
URL http://www.tokiwamatsu.ed.jp

児童数 男 168 女 108 合計 276

帰国子女在籍者数	1年	2年	3年	4年	5年	6年	計
	1	0	1	0	0	0	2

入 学

●出願資格・条件
日本語で会話ができ、授業についていけそうであれば受験できる

●出願書類
・入学願書・海外在留証明書・在学校の通知表の写し

●日程等

出願	試験	発表	選考方法
10/1～29	11/1・2	11/2	一般入試と同じ

※学力的なもの、巧緻性、推理・思考、集団性で判断

●応募状況

年度＼人数	募集人員	出願者	受験者	合格者	入学者
2020	特に定めず	－	－	－	－

編 入 学

●編入学時期・定員 7月、2月。欠員がある場合
●出願資格 日本語で会話ができ、授業についていけそうであれば受験できる
●出願書類 ・入学願書・海外在留証明書・在学校の通知表の写し
●選考方法 一般入試に準ずる（国・算・保護者面接）

● 2019 年度帰国子女編入学者数

1年	2年	3年	4年	5年	6年
－	－	－	－	－	－

受 入 後

●指導
在籍している児童と同様の指導を行うが、状況に応じて個別指導は随時行う。

●教育方針
「健康」「感謝」「親切」「努力」の教育目標のもと、子どもの心を深く育み、身体をきたえ、知性と感性のバランスのとれた教育を実践している。

●特色
一クラス 23 人の少人数学級編成、土の校庭とまとまった遊び時間の確保、体験学習の重視、一単位を 15 分としてその組み合わせによって長短の授業による学習効果をあげるモジュール制、家庭的な雰囲気。アフタースクール開校。

●進学特例条件
トキワ松学園中学校（女子）への進学。希望すれば学校長が推薦して全員進学ができる。

入 編

私立 共学 ▷▷ 中 139P 高 327P

受入開始 1940 年度

啓明学園初等学校
（けい めい がく えん）

〒 196-0002 （担当：国際教育センター）
東京都昭島市拝島町 5-11-15
▶▶（JR 八王子駅（スクールバス）・西武線拝島駅・立川駅）
TEL 042-541-1003 FAX 042-546-5881
URL http://www.keimei.ac.jp

児童数 男 101 女 127 合計 228

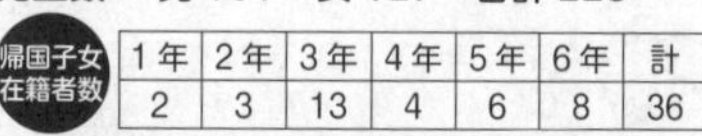

帰国子女在籍者数	1年	2年	3年	4年	5年	6年	計
	2	3	13	4	6	8	36

入 学

●出願資格・条件
(1) 国籍は問わない (2) 保護者の海外勤務に伴って海外に在住し、原則として海外の学校（現地校、国際学校、日本人学校）に 1 年以上在学した児童 (3) その他、相談に応じる ※私費留学は資格なし

●出願書類 ・入学願書

●日程等

区分	募集	出願	試験	発表	選考方法
1回	50 ※	10/2～15 10/21・22	11/2	11/4	個別作業、グループ活動、面接、別途、保護者面接あり
2回	若干名※	11/6～12	11/14	11/14	

※一般入試に含む

●応募状況

年度＼人数	募集人員	出願者	受験者	合格者	入学者
2019	若干名	8	8	6	6
2020	若干名	9	9	7	7

編 入 学

●編入学時期・定員
〔1 ～ 6 年生〕随時（事前に相談）。定員は特に定めず

●出願資格 入学に準ずる

●出願書類 (1) 入学願書※ (2) 帰国・外国籍児童生徒履歴データ、志望理由書、在籍学校からのスクールレポート※ ※用紙はウェブサイトからダウンロードできる (3) 在籍した学校（補習校も含む）の成績証明書・または通知表の写し (4) その他志願者を理解する助けになるもの

●選考方法
国・算、面接（日本語、外国語）、作文（日本語または現地で使用していた言語による）
編入試験に先立って、学校見学・面接の機会をもつ

●応募状況
現地校または国際学校からが多いが、日本人学校からもある

● 2019 年度帰国子女編入学者数

1年	2年	3年	4年	5年	6年
1	1	0	1	0	3

受 入 後

●指導・教育方針・特色
帰国児童は一般学級に所属しながら、国語・算数・英語等を国際学級で取り出し、学校全体で帰国児童を育てている。
(1) 外国で修得した言語を維持、伸長させるため、国際学級で特別授業を行う（英語国際）。(2) 帰国子女の国語力および学習経験は千差万別なので、国際学級での授業は個別指導（日本語国際）。(3) 算数など未学習の授業も国際学級で個別指導を行う。(4) 国際学級では、児童が安心して学校生活が送れるよう、心のケアに努めている。

●卒業生（帰国児童）の進路状況
ほとんどが推薦により啓明学園中学校に進学する。

入 編

私立 共学

国立学園小学校

（担当：酒井満希子）

〒186-0004
東京都国立市中 2-6
▶▶（JR 中央線国立駅）
TEL 042-575-0010 FAX 042-575-0321
URL http://www.kunigaku.ac.jp
児童数 男 390 女 206 合計 596

帰国子女在籍者数	1年	2年	3年	4年	5年	6年	計
	1	0	0	3	3	3	10

入学

●出願資格・条件
2014.4.2 から 2015.4.1 までに出生した者

●出願書類
・入学願書

●日程等

募集	出願	試験	発表	選考方法
105 ※	10/1 ～ 9 ※	11/1 か 2 ※ (午前か午後)	11/3	ペーパーテスト グループテスト 運動能力テスト

※募集人員は約 25 人の内部進学者を含む
郵送は 10/1 ～ 8 の消印のみ有効
試験日は希望日・希望時間帯を選択できる
※児童・保護者面接を 10/13 ～ 23 の間に行う予定

編入学

●編入学時期・定員 〔1 年生〕9、1 月 〔2 ～ 4 年生〕4、9、1 月。欠員がある場合

●出願資格・条件 その学年の学齢の者

●出願書類 ・入学願書

●選考方法 ペーパーテスト（国・算）、児童・保護者面接

● 2019 年度帰国子女編入学者数

1年	2年	3年	4年	5年	6年
0	0	2	1	2	0

受入後

●特色
復学制度があり、毎年何人かの児童がこの制度を利用している。

入 編

私立 共学

▷▷ 中 96P 高 290P 大 572P 短 668P

受入開始 2006 年度

帝京大学小学校

（担当：等々力將仁）

〒206-8561
東京都多摩市和田 1254-6
▶▶（京王線聖蹟桜ヶ丘駅・高幡不動駅、京王線・小田急線多摩センター駅）
TEL 042-357-5577 FAX 042-357-5727
URL https://www.teikyo-sho.ed.jp
児童数 男 170 女 111 合計 281

帰国子女在籍者数	1年	2年	3年	4年	5年	6年	計
	2	0	3	2	4	4	15

入学

●出願資格・条件
・日常生活に必要な基本的な日本語会話ができること・本校の教育方針を理解し、協力できること・今後将来にわたって学校に適応できると認められる者 ※国籍は問わない

●出願書類 ・入学願書一式（学校指定の様式）

●日程等

募集	出願	試験	発表	選考方法
若干名	随時			総合的な能力検査、面接（児童・保護者）

●応募状況

年度＼人数	募集人員	出願者	受験者	合格者	入学者
2019	特に定めず	0	0	0	0
2020	特に定めず	2	2	2	2

編入学

●編入学時期・定員
〔1 ～ 5 年生〕随時。要相談。若干名

●出願資格 入学に準ずる

●出願書類 ・入学願書・海外校在籍時の成績通知書または通知表に準ずるもの・海外の在籍校の在学証明書

●選考方法 国語・算数、面接（保護者同伴）

● 2019 年度帰国子女編入学者数

1年	2年	3年	4年	5年	6年
0	0	0	0	0	0

受入後

●指導
・年齢相当のクラスに編入し、一般児童と一緒に学習する。
・必要に応じて国語・算数を専任の教諭のもとで補習をする。
・英語の時間などで外国語を生かす機会をつくる。また、国際理解教育を推進する。
・生活指導上の問題が生じないように教師全員で気を配りながら指導する。

●教育方針
強 く よく考え、最後までやり抜くつよい子
優しく 慈しみ、思いやりのある優しい子
美しく 正しく行動し、感動できる美しい子

●特色
・国際性豊かな子どもを育てる英語教育で、1 ～ 4 年生は週 2 時間、5 ～ 6 年生は週 3 時間の英語授業を行う。
・電子黒板を使った先進的な授業を取り入れており、子どもたちの可能性を最大限に引き出す。
・個に応じたきめ細かな指導を行う。教員を複数配置（TTorTA）し、学力の定着を図る
・大学に隣接する立地を生かし、大学、教職大学院および幼稚園との連携を図った授業を展開する。

●進学特例条件 系列校のいずれかへ推薦入学（帝京大学中学高等学校・帝京中学高等学校・帝京八王子中学高等学校）。
※帝京大学中学高等学校については推薦基準あり。
※ 4 年生までの編入者については系列校への推薦入学が可能。5 年生編入者については帝京中学高等学校・帝京八王子中学高等学校に推薦入学が可能

●卒業生（帰国児童）の進路状況 帝京大学中学校、帝京八王子中学校、広尾学園中学校、明大中野中学校、明大明治中学校、成城学園中学校

私立 共学

受入開始　2021 年度

晃華学園小学校
（こうかがくえん）

（担当：片桐有志司）

〒 182-8550
東京都調布市佐須町 5-28-1
▶▶（京王線つつじケ丘駅）

TEL 042-483-4506 **FAX** 042-485-9937
URL https://es.kokagakuen.ac.jp/
児童数　男 106　女 367　合計 473

帰国子女在籍者数	1 年	2 年	3 年	4 年	5 年	6 年	計
	1	1	0	1	4	3	10

編入学

●編入学時期・定員〔1 年生〕9 月〔2 ～ 4 年生〕4、9 月。欠員がある場合

●出願書類　・入学願書・海外での成績表（これに準ずるもの）・面接資料

●日程等

募集	出願	試験	発表	選考方法
若干名	1/29 ~ 2/5	2/13	2/13	国語・算数、作文、面接

●応募状況

年度＼人数	募集人員	出願者	受験者	合格者	入学者
2019	特に定めず	3	3	3	3
2020	特に定めず	0	0	0	0

● 2019 年度帰国子女編入学者数

1年	2年	3年	4年	5年	6年
0	0	3	0	0	0

受入後

●指導
年齢相応の学年に編入し、一般児童と一緒に指導。必要に応じて個別指導を行う。

●教育方針
一人ひとりが神様から愛されていることを知り、自分を大切にすると共に人を大切にする気持ちを育てる。基礎基本を身につけ、知・情・意・体のバランスのとれた児童の育成をはかる。

●特色
・宗教教育（カトリック）
・授業の充実
・英語教育（1 年生から週 3 時間の英語の授業）
・体験学習の重視

●進学特例条件
女子の場合は併設中学への推薦基準を満たした上で推薦される。
男子の場合は協定校（暁星中学、静岡聖光学院中学校など）への推薦制度あり。

▷▷ 中 146P 高 333P

私立 共学

自由学園初等部
（じゆうがくえん）

（担当：高橋出）

〒 203-8521
東京都東久留米市学園町 1-8-15
▶▶（西武池袋線ひばりが丘駅）

TEL 042-422-3116 **FAX** 042-422-3116
URL http://www.jiyu.ac.jp/
児童数　男 82　女 98　合計 180

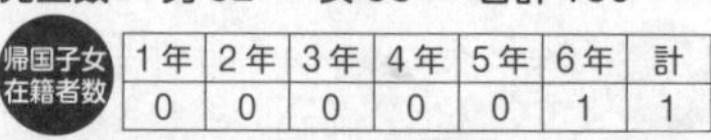

帰国子女在籍者数	1 年	2 年	3 年	4 年	5 年	6 年	計
	0	0	0	0	0	1	1

入学

●出願資格・条件
2014.4.2 ～ 2015.4.1 までに生まれた者

●出願書類
・願書
・健康診断書

●日程等

区分	募集	出願	試験	発表	選考方法
一回	若干名	10/1 ~ 15	11/1	11/2 速達	行動観察 記憶、数、常識、運動、作業 面接(保護者・親子)
二回	若干名	10/1 ~ 11/2	11/7	11/8 速達	
三回	若干名	12/7 ~ 16	12/21	12/21 速達	

※別途保護者面接あり

●応募状況

年度＼人数	募集人員	出願者	受験者	合格者	入学者
2019	特に定めず	0	0	0	0
2020	特に定めず	0	0	0	0

編入学

●編入学時期・定員〔1 ～ 4 年生〕随時。
〔5 年生〕1 学期末のみ。欠員がある場合に若干名。

●出願資格　なし

●出願書類　・願書
・健康診断書

●選考方法　国語、算数、面接、運動能力

● 2019 年度帰国子女編入学者数

1年	2年	3年	4年	5年	6年
0	0	0	0	1	0

受入後

●指導
必要に応じて、不足している部分の補習を行う。

●教育方針
キリスト教に根ざした一貫教育、「よくみる・よくきく・よくする」をモットーにしている。

●特色
生活から・本物から学ぶ体験を通して学習する・少人数教育・縦割りで昼食、掃除、遠足などの行事に取り組む。自然豊かな環境の中で子どもらしい時代をバランスよく過ごす。

●卒業生（帰国児童）の進路状況
併設の中学へ約 7 割が進学する。

私立 共学

受入開始 1970 年度

むさしの学園小学校

（担当：青木洋介）

〒 183-0002
東京都府中市多磨町 1-19-1
▶▶（西武多摩川線多磨駅）
TEL 042-361-9655 FAX 042-361-7288
URL http://www.musashino-gakuen.com/
児童数 男 119 女 87 合計 206

帰国子女在籍者数	1 年	2 年	3 年	4 年	5 年	6 年	計
	0	0	1	1	1	1	4

入学

●**出願資格・条件**
日常生活に必要な日本語ができること
●**出願書類**
入学願書ほか
※詳しくは問い合わせること
●**日程等**

区分	募集	出願	試験	発表	選考方法
A	特に定めず	10/19〜11/9	11/11 か 12	11/12	行動力観察、ペーパーテスト、児童面接、保護者面接
B		11/17〜12/10	12/12	12/12	

※ B は二次募集
●**応募状況**

年度 ＼ 人数	募集人員	出願者	受験者	合格者	入学者
2019	特に定めず	0	0	0	0
2020	特に定めず	0	0	0	0

編入学

●**編入学時期・定員** 〔1 ～ 6 年生〕随時。欠員があるとき。要相談。
●**出願資格・条件** 入学に準ずる。教育方針・指導に協力できるもの
●**出願書類** 入学に準ずる。
●**選考方法** 筆記試験（国語・算数）、保護者面接
● **2019 年度帰国子女編入学者数**

1 年	0	2 年	1	3 年	1	4 年	1	5 年	1	6 年	0

受入後

●**指導**
一般児童と共に指導するが、可能な限り個別に対応する。
●**教育方針**
進んで取り組む姿勢を大切にする。
●**特色**
しっかりと遊び、しっかりと学ぶ。
●**卒業生（帰国児童）の進路状況**
学力に従って、日本の国公私立中学校に進学。
日本のインターナショナルスクールに進む者もいる。

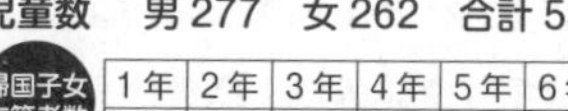

私立 共学

▷▷ 中 147P

受入開始 1967 年度

明星小学校

（担当：渡邊保）

〒 183-8531
東京都府中市栄町 1-1
▶▶（京王線府中駅・JR 中央線・西武国分寺線国分寺駅）
TEL 042-368-5119 FAX 042-364-6801
URL http://www.meisei.ac.jp/
児童数 男 277 女 262 合計 539

帰国子女在籍者数	1 年	2 年	3 年	4 年	5 年	6 年	計
	0	0	0	2	2	1	5

編入学

●**編入学時期・定員**
〔1 ～ 5 年生〕欠員がある場合随時。若干名
●**出願資格・条件**
日常生活に必要な日本語の会話ができ、友だちと仲良く遊べる子。本校の教育方針に賛同し、教育内容に協力できる家庭の児童
・現地校、日本人学校の別は問わない
・帰国直後、他校（公立・私立）に在籍した者は、年度末の欠員時転入希望者扱いとなる
●**出願書類**
・入学願書一式・海外校での成績表（これに準ずるものでも可）
●**選考方法**
国・算、親子面接
※国内の就学児とは別の判定基準を設定
●**応募状況**

年度 ＼ 人数	募集人員	出願者	受験者	合格者	入学者
2019	若干名	0	0	0	0
2020	若干名	2	2	2	2

● **2019 年度帰国子女編入学者数**

1 年	0	2 年	0	3 年	0	4 年	0	5 年	0	6 年	0

受入後

●**指導・教育方針・特色**
・年齢相応の学年に受け入れ、一般児童と一緒に生活する。
・必要に応じ、補充する教科については、個別指導をする。
・英語圏からの帰国児童には英語の授業（1 年生から実施）を十分活用し活躍させる。文部科学省認定の実用英語技能検定の結果も、3 級合格はもとより準 2 級にも合格している。
●**進学特例条件**
併設中学校に優先入学している。
●**卒業生（帰国児童）の進路状況**
併設中学校・私立中学校に在学中あるいは、再度親の転勤で海外校に在学中である。

私立 共学 ▷▷ 中 148P 高 335P 大 598P

玉川学園小学部
(たまがわがくえん)

〒194-8610 (担当：学園入試広報課)
東京都町田市玉川学園 6-1-1
▶▶（小田急線玉川学園前駅、田園都市線青葉台駅よりバス）
TEL 042-739-8931 FAX 042-739-8929
URL https://www.tamagawa.jp/academy

児童数 男 331 女 392 合計 723

帰国子女在籍者数	1年	2年	3年	4年	5年	6年	計
	2	4	8	3	6	9	32

編入学（入学を含む）

●編入学時期・定員
欠員時のみ各学年若干名。帰国生の入学時期については要相談。詳しくはホームページ参照のこと
一般クラス：1～6年生
BLES クラス：1～5年生

●出願資格・条件
学校へ問い合わせのこと

●出願書類
・志願書・在学校の通知表の写し・海外在留証明書

●選考方法
1年生：試験内容は入学試験実施時期により異なります。お問い合わせください。
〈一般クラス〉2～6年生
国語、算数、面接（保護者同伴）
〈BLES クラス〉2～5年生
国語・算数・英語、面接（保護者同伴）

●応募状況（一般入試の帰国生応募状況）

年度＼人数	募集人員	出願者	受験者	合格者	入学者
2019	特に定めず	ー	ー	ー	未調査
2020	特に定めず	ー	ー	ー	未調査

● 2019年度帰国子女編入学者数

1年	2年	3年	4年	5年	6年
3	1	0	1	5	0

受入後

●指導 お互いの経験を活かし、共に成長していくことを目指すために、一般生と同じクラスで学ぶ。英語の授業時間数は一般クラスも BLES クラスも同じ週5時間。BLES クラスではさらに国語科、社会科以外の教科学習を英語主体で学ぶ。一般クラスの教科学習は日本語主体で学ぶ。主体となる言語が違っても各教科の学習内容は同じ。

●教育方針
学問・道徳・芸術・宗教・身体・生活を合わせた6つの価値を偏りなく学びながら、調和のとれた優れた人格を形成する教育を目指す。

●特色
知育、徳育、体育を兼ね備えたバランスの取れた人間形成を目指す。2016年より、既存のクラスに加え、日本語と英語のバイリンガルプログラム「BLES（ブレス）」クラスを小学1年生から順に展開（文部科学省「教育課程特例校」）。また、5年生までの希望者を対象にした放課後の延長教育プログラムも実施。

●進学特例条件
併設中学部へは、進級規定を満たした上で推薦される。

入編

私立 共学 ▷▷ 大 598P

受入開始 1997年度

和光鶴川小学校
(わこうつるかわ)

〒195-0051 (担当：成田寛)
東京都町田市真光寺町 1282-1
▶▶（小田急線鶴川駅）
TEL 042-736-0036 FAX 042-737-7125
URL http://www.wako.ed.jp/e2/

児童数 男 230 女 163 合計 393

帰国子女在籍者数	1年	2年	3年	4年	5年	6年	計
	0	0	0	0	0	3	3

入学

●出願資格・条件
一般入試に準ずる

●出願書類
一般入試に準ずる

●日程等

区分	募集	出願	試験	発表	選考方法
1次	特に定めず	10/13～20	11/4	11/4	子供の面接式対話試験と保護者面接
2次		11/10～12	11/15	11/15	
3次		11/29～12/2	12/5	12/5	

●応募状況

年度＼人数	募集人員	出願者	受験者	合格者	入学者
2019	特に定めず	0	0	0	0
2020	特に定めず	0	0	0	0

編入学

●編入学時期〔1～6年生〕欠員がある場合に若干名
●出願資格・条件・出願書類 一般入試に準ずる
●選考方法 一般入試に準ずる（子供の面接式対話試験と保護者面接）

● 2019年度帰国子女編入学者数

1年	2年	3年	4年	5年	6年
0	0	0	0	0	0

受入後

●指導・教育方針
帰国子女として入学した者は普通学級に編入し、在籍している児童と同様の指導を行う。

●特色
一人ひとりの教師が子供の発達に即した「手作り教育」を進めている。子供の学びへの要求に応える授業づくり、教育課程づくりの中で、生き生きと学び、活動する学校生活を実現している。

●進学特例条件
併設中学校への優先進学制度がある。

私立 共学 ▷▷中 148P 高 336P

明星学園小学校

みょうじょうがくえん

（担当：入江潤、小林枝里子）
〒181-0001
東京都三鷹市井の頭 5-7-7
▶▶（JR 中央線吉祥寺駅・三鷹駅、京王井の頭線吉祥寺駅・井の頭公園駅）
TEL 0422-43-2197 FAX 0422-47-6905
URL http://www.myojogakuen.ed.jp/

児童数 男 144 女 182 合計 326

帰国子女在籍者数	1年	2年	3年	4年	5年	6年	計
	0	1	0	1	0	1	3

入学

●**出願資格** 特に定めず
(日本語で会話ができ、授業での指示が理解できるようであれば受け入れる。国籍は問わない)

●**出願書類**
・志願書・在園する園長による報告書（A入試のみ）・志望理由書（A入試のみ）・健康診断書・振込受付証明書

●**日程等**

区分	募集	出願	試験	発表	選考方法
A	A・B 合わせて 最大 72 名	10/1～27	11/1	11/2	からだを使った活動（運動・ゲームなど)、親子面接
B		10/1～11/5	11/8	11/9	からだを使った活動（運動・ゲーム・図形・描画など)、親子面接

A 入試：本校を第一志望とするもの　B 入試：一般生対象の入試

●**応募状況**

年度＼人数	募集人員	出願者	受験者	合格者	入学者
2019	若干名	0	0	0	0
2020	若干名	3	3	3	3

編入学

●**編入学時期・定員**
〔1～5年生〕4、9、1月（時期については相談可)。定員あり

●**出願資格** 特に定めず

●**出願書類** ・志願書・健康調査票・教育環境調査書

●**選考方法** 面接、本の朗読、計算・漢字ペーパーテストなど

● **2019年度帰国子女編入学者数**

1年	2年	3年	4年	5年	6年
－	－	－	－	－	／

受入後

●**指導**
1クラス最大36名、1人の教師が受けもって授業していく一斉授業。討論、表現、体験を柱とし、考えることを重視。遅れがある場合は放課後などで個別指導を行う。英語の授業は全学年で週2時間。オーストラリア短期留学有。英語キャンプ有。留学生受け入れプログラム有。

●**教育方針・特色**
教育理念は「個性尊重」「自己自立」「自由平等」。たくましい自己の確立のため、確かな学力と社会性を身につけていけるよう、明るくのびのびとした教育を実践。一人ひとりの子どもの好奇心を大切にし、感性に基く知識の形成を行う。

●**進学特例条件**
志望者は全員併設の中学・高等学校に進学できる。

●**卒業生**
併設の中学・高等学校は国際交流（留学）にも力を入れており、上級学校に進学している。

私立 共学 ▷▷中 149P 高 337P 大 600P

受入開始 1935 年度

成蹊小学校・国際学級

せいけい こくさいがっきゅう

（担当：マッケンジー藍）
〒180-8633
東京都武蔵野市吉祥寺北町 3-3-1
▶▶（JR 中央線吉祥寺駅）
TEL 0422-37-3839 FAX 0422-37-3861
URL https://elementary.seikei.ac.jp/

児童数 男 346 女 358 合計 704

帰国子女在籍者数	1年	2年	3年	4年	5年	6年	計
	／	／	／	11	0	0	11

編入学

●**出願資格・条件**
(1) 保護者の勤務の都合で、2年以上海外に在住した児童
(2) 海外の小学校（現地校・インターナショナルスクール・日本人学校）に通算2年以上在学した児童
(3) 帰国1年以内（2020年3月1日以降）で、保護者と共に居住できる児童（保護者の一方のみが児童と共に帰国予定、または帰国している場合も受験は可能です。）
(4) 日本の義務教育における小学校相当学年の学齢児童

●**出願書類**（インターネット出願）
・家庭調査書・在外勤務証明書（以上所定用紙）・外国での在学証明書・外国で在学した期間の成績証明書または通知表の写し

●**日程等**

区分	募集	出願	試験	発表	選考方法
Ⅰ期	16名	1/8～2/10	3/6	3/8	面接（保護者)、学力検査（国・算)、能力検査、集団検査、運動能力検査
Ⅱ期	未定	未定	未定	未定	

※募集は4年生。Ⅰ期は4月入学生、Ⅱ期は9月入学生。Ⅱ期については2021年4月頃発表予定

●**応募状況**（Ⅰ期）

年度＼人数	募集人員	出願者	受験者	合格者	入学者
2019	16	21	21	10	9
2020	16	22	21	11	11

● **2019年度帰国子女編入学者数**

1年	2年	3年	4年	5年	6年
－	－	－	13	0	0

受入後

●**指導・教育方針・特色**
・「子どもは子どもたちのなかで育つ」という子ども同士の教育力を大切に生かそうという考えから、一定のオリエンテーションの後に一般学級へ混入することを基本としている。
・必要に応じて国際学級担任が一般学級担任の協力のもと「取り出し指導」を行う。
・海外で習得した 外国語のレベルを維持するための取り出し英語クラスを設置している。

▷▷ 中 140P

受入開始 2005 年度

武蔵野東小学校（むさしのひがし）

〒180-0012
東京都武蔵野市緑町 2-1-10
▶▶（JR 中央線三鷹駅、西武新宿線西武柳沢駅）
TEL 0422-53-6211 FAX 0422-53-9526
URL http://www.musashino-higashi.org/

児童数 男 342 女 213 合計 555

帰国子女在籍者数	1年	2年	3年	4年	5年	6年	計
	0	0	0	1	0	1	2

編入学

●編入学時期
〔1～6 年生〕随時
※武蔵野東中学校への進学を希望する場合は、5 年生以上で受験を認めることがある

●出願資格
・該当学年に相当する学齢の児童
・本校の教育方針と指導内容に賛同できる家庭の児童

●出願書類
・入学願書・最終在籍校の成績を示す書類のコピー

●選考方法
保護者面接、国語、算数、運動

● 2019 年度帰国子女編入学者数

1年	2年	3年	4年	5年	6年
0	0	0	0	0	0

受入後

●指導
・帰国生クラスを設けず、通常クラスの中で個々に応じたカリキュラムを組んで対応している。
・専科制、5 年生以上は教科担任制をとり、複数の先生が学習指導にあたる。
・1 年生から英語の授業があり、ネイティブの先生も在校し気軽に関わることができる。
・武蔵野東中学校との連携カリキュラムで充実した英語指導。

●特色
・健常児と自閉症児の混合教育が最大の特徴。生きた福祉、思いやりの心を学ぶことができる小学校。
・小中一貫 9 カ年教育。各教科カリキュラムが整い、高校受験に向けた進学指導が行われている。

●進学特例条件
併設中学校（小金井市）への推薦制度がある。

私立 共学

▷▷ 中 152P 高 339P

受入開始 2017 年度

関東学院六浦小学校（かんとうがくいんむつうら）

（担当：石塚武志（教頭））
〒236-0037
神奈川県横浜市金沢区六浦東 1-50-1
▶▶（京浜急行線・シーサイドライン 金沢八景駅）
TEL 045-701-8285 FAX 045-783-5342
URL http://www.kgm-es.jp

児童数 男 140 女 105 合計 245

帰国子女在籍者数	1年	2年	3年	4年	5年	6年	計
	0	0	1	0	0	1	2

入学

●出願資格・条件 2021 年 4 月 1 日に就学年齢に達している児童
●出願書類 志願票・受験票（インターネット出願のため来校や郵送する必要はありません。ペーパーでの提出は不要です。）
●日程等

区分	募集	出願	試験	発表	選考方法
A日程	30 名 一般を含む	8/31～9/11	10/20	インターネット発表（当日）	適性検査 親子面接
B日程	30 名 一般を含む		10/21		
C日程	8 名 一般を含む	8/31～10/23	10/24		

※面接日は A・B 日程：10/1～3（面接日は応相談）
C 日程は考査日に実施
※一般入試を受験していただきます。合否判定において帰国子女であることを配慮します。適性検査に筆記がありますが文字の読み書きはありません。クレヨンで線や丸を書きます。

●応募状況

年度＼人数	募集人員	出願者	受験者	合格者	入学者
2019	特に定めず	0	0	0	0
2020	特に定めず	0	0	0	0

編入学

●編入学時期・定員 随時。※ 5 年生 1 月からの編入および 6 年生からの編入は併設中学校への推薦ができない場合があります。
●出願資格 原則として海外生活が 1 年以上であること。本校の教育に賛同するご家庭の子女であること。
●出願書類 志願票・受験票
●選考方法 学科試験（国語・算数）、面接試験（児童・保護者それぞれ）

● 2019 年度帰国子女編入学者数

1年	2年	3年	4年	5年	6年
0	0	0	0	0	0

受入後

●指導 児童の実情に応じ、保護者と相談しながら進めます。
●教育方針
「人になれ 奉仕せよ」を校訓とし、キリスト教の教えによって人格を磨き、キリストの愛の精神をもって他者のために奉仕する人材を育てます。10 年後、20 年後を見据え、キリスト教に基づいた奉仕する心とともに、奉仕できる力を身につける、これが本校の目指す教育です。
●特色
○キリスト教に基づいた教育。
○少人数（1 クラス 20～25 名）によるきめ細やかな教育により一人ひとりの個性を尊重。
○「六浦小モデル 19-23 プラン」による個人・グループ探求と発表。
○放課後・長期休み預りあり。自家用車による送迎 OK。
○全校文集を発行し、文章を書く、そのための思考を重視。
○1 年生から週 2 時間の英語。
○各種検定試験（英検・漢検・算数思考力検定）を実施。
●進学特例条件 併設の関東学院六浦中学校・関東学院中学校への推薦入学
●卒業生（帰国児童）の進路状況
男子校：栄光学園、聖光学院、浅野、麻布、暁星、サレジオ学院、逗子開成
女子高：洗足学園、共立女子、湘南白百合学園、横浜共立学園、品川女子 東京女学館、フェリス女学院、鎌倉女学院、清泉女学院、捜真女学校、神田女学園 共学校：青山学院、青山横浜英和、中央大学附属横浜、桐光学園、法政、日本大学、日本大学藤沢、山手学院
国公立：横浜国大附属横浜、横浜市立南高附属

▷▷ 中 154P

私立　共学

聖（せい）ヨゼフ学園（がくえん）小学校

（担当：河野健一郎）

〒 230-0016
神奈川県横浜市鶴見区東寺尾北台 11-1
▶▶（JR 京浜東北線鶴見駅）
TEL 045-581-8808　FAX 045-584-0831
URL https://www.st-joseph.ac.jp/

児童数　男 183　女 211　合計 394

帰国子女在籍者数	1 年	2 年	3 年	4 年	5 年	6 年	計
	0	0	0	0	0	0	0

入学

●出願資格・条件
日常生活で求められる日本語で会話ができること。
一般入試での受入れとなり、特に資格・条件は定めていない（通学時間は 1 時間以内が望ましい）

●出願書類
一般入試に準ずる

●日程等

募集	出願	試験	発表	選考方法
70	8/24～9/26	10/20	当日発送	面接（三者）、口頭試問、行動観察
若干名	11/6～19	11/21	当日発送	
若干名	1/12～20	1/23	当日発送	

●応募状況

年度＼人数	募集人員	出願者	受験者	合格者	入学者
2019	若干名	0	0	0	0
2020	若干名	0	0	0	0

編入学

●編入学時期・定員　〔1 年生〕1 月〔2 ～ 4 年生〕9、1 月。欠員がある場合、若干名

●出願資格　特に定めていない。日本語による日常会話ができればよい

●出願書類　入学願書

●選考方法　面接（三者）。当該学年児童に対して実施している標準的なテストと同程度のテスト

● 2019 年度帰国子女編入学者数

1 年	2 年	3 年	4 年	5 年	6 年
0	0	0	0	0	0

※本校では編入試験で帰国子女入試を行っていません。また、要項については編入試験を受ける人のみお送りしています

受入後

●指導
当該学年に受け入れ、在学児童と同等に扱う。必要に応じて放課後の個別指導を行う場合もある。

●教育方針
(1) カトリックの教えに基づき、愛の心を涵養する。
(2) 知性、徳性を高め、心を鍛え、社会に貢献する人を育てる。
(3) 神にいただいた個々の賜物に気づき、生かそうとする姿勢を育てる。

●進学特例条件
希望者は、併設中学へは審査の上、推薦制で進学できる。

▷▷ 中等 221P 高 341P 大 603P

私立　共学

受入開始　1987 年度

桐蔭（とういん）学園（がくえん）小学校

（担当：井下泰伸）

〒 225-8502
神奈川県横浜市青葉区鉄町 1614
▶▶（東急田園都市線市が尾駅・あざみ野駅、小田急線柿生駅・新百合ケ丘駅）
TEL 045-972-2221　FAX 045-971-1490
URL http://www.cc.toin.ac.jp/GAKUEN/

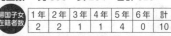

児童数　男 395　女 234　合計 629

帰国子女在籍者数	1 年	2 年	3 年	4 年	5 年	6 年	計
	2	2	1	1	4	0	10

編入学

●編入学時期・定員　〔1 ～ 4 年生〕随時。
定員は特に定めず。
欠員がある場合に試験を実施

●出願資格・条件
・国籍は問わないが、学年相応の学力と社会性を備え、日常生活に支障のない日本語を身につけていること
・日本における相当学年の年齢の者

●出願書類
・入学願書一式（所定の用紙。試験当日に提出）・本人及び家族に関する情報（ホームページから指定フォームに入力）・在学中の成績表写し（事前に提出）

●選考方法　国語と算数の 2 教科を実施。在校生のレベルと比較しつつ海外での状況に応じて配慮する。小学校校長面接を実施

●応募状況（4 月入学）

年度＼人数	募集人員	出願者	受験者	合格者	入学者
2019	特に定めず	6	4	3	3
2020	特に定めず	3	2	2	2

● 2019 年度帰国子女編入学者数

1 年	2 年	3 年	4 年	5 年	6 年
0	1	0	0	1	0

※編入のお問い合わせは、上記担当まで

受入後

●指導・教育方針・特色
年齢適応学年に編入させる混入方法をとっている。
具体的な指導は下記のとおりである。
〔学級での指導〕
帰国子女の体験を生かし、国際性を高める指導。
〔教科指導〕
アクティブラーニング型授業を中心とした協同学習と、学習点検の時間（放課後）を使って個別指導を実施。

●卒業生（帰国児童）の進路状況
中等教育学校（共学）には、中等教育学校が示す基準に達して小学部からの推薦を受けられた場合、中等教育学校への進学が優先的に認められる。

私立 共学

▷▷ 中 156P

受入開始　1978 年度

森村学園初等部
（もりむらがくえん）

（担当：宮下路乃）

〒 226-0026
神奈川県横浜市緑区長津田町 2695
▶▶（東急田園都市線つくし野駅）
TEL 045-984-2509　FAX 045-984-6996
URL http://www.morimura.ed.jp
児童数　男 335　女 376　合計 711

帰国子女在籍者数	1年	2年	3年	4年	5年	6年	計
	1	1	1	0	0	2	5

入学

●出願資格・条件
(1) 海外在住の理由は、父または母の、勤務上あるいは職業上の必要によるものであること
(2) 入学考査時または入学時までに、2 年以上海外に在住したこと
(3) 入学考査時より 1 年前以降に帰国したか、あるいは入学時までに帰国予定であること
※相談・協議に応じる

●出願書類
入学願書一式（所定の用紙）

●日程等

募集	出願	試験	発表	選考方法
特に定めず	9/10～15（郵送必着）	10/24（女子）10/25（男子）	10/26（郵送）	知能テスト、総合テスト、面接（保護者）

※総合テストは適応力・社会性をみる
※帰国子女は選考の際、配慮する

●応募状況

年度＼人数	募集人員	出願者	受験者	合格者	入学者
2019	特に定めず	1	1	1	1
2020	特に定めず	1	1	1	1

編入学

●編入学時期・定員〔1 ～ 5 年生〕6、11、2 月。欠員がある場合。
●出願書類　・入学願書一式（所定の用紙）
・学習成績表
●選考方法　国・算、面接。選考の際配慮する

● 2019 年度帰国子女編入学者数

1年	2年	3年	4年	5年	6年
0	0	0	0	0	0

受入後

●指導
本人と一般学級での混入方式による指導を行う。学力に遅れのある場合、個別に補習を行う。海外帰国子女のための特別な講座は設けていない。

●教育方針・特色
基礎学力の充実、体力・精神力の養成、情操豊かな人格の育成を教育方針の 3 本の柱とし、児童一人ひとりを大切にして、きめの細かい指導を行う。

●進学特例条件
併設中等部への推薦進学制度がある。

私立 共学

▷▷ 中 150P 高 338P

青山学院横浜英和小学校
（あおやまがくいんよこはまえいわ）

（担当：教頭　大和友子）

〒 232-8580
神奈川県横浜市南区蒔田町 124
▶▶（市営地下鉄蒔田駅）
TEL 045-731-2863　FAX 045-743-3353
URL https://www.yokohama-eiwa.ac.jp/shougakkou/
児童数　男 94　女 297　合計 391

帰国子女在籍者数	1年	2年	3年	4年	5年	6年	計
	0	0	0	2	2	2	6

編入学

●編入学時期・定員〔1 ～ 4 年生〕欠員がある場合、年 1 回実施
●出願資格・条件　・日本国籍を有する者で、保護者の海外勤務に伴って外国に滞在した者
・学区は問わないが通学可能区域であること
・編入学年相応の国語力を身に着けていること
●出願書類　・入学願書一式（所定の用紙）
・海外で在学した学校の在学証明書および成績証明書

●日程等

区分	出願	試験	発表	選考方法
※	1/18～22	2/15	2/17	国・算、面接、知能検査、保護者面接

※ 4 月編入（2020 年度）欠員が生じた場合のみ実施

●応募状況

年度＼人数	募集人員	出願者	受験者	合格者	入学者
2019	特に定めず	5	5	0	0
2020	特に定めず	0	0	0	0

● 2019 年度帰国子女編入学者数

1年	2年	3年	4年	5年	6年
0	0	0	0	0	0

受入後

●指導・教育方針・特色
帰国子女として本校に入学した者は、特別扱いせず普通学級に編入する。学力の遅れについては、できるだけ配慮して補習等を行うこともある。

●進学特例条件
併設校への進学は推薦により行う。

国立 共学

受入開始 1983年度

横浜国立大学教育学部附属横浜小学校

(よこはまこくりつだいがくきょういくがくぶ ふぞくよこはま)

〒231-0845 （担当：帰国編入担当者）
神奈川県横浜市中区立野 64
▶▶（JR 根岸線山手駅）
TEL 045-622-8322 **FAX** 045-622-3617
URL http://www.yokosyo.ynu.ac.jp
児童数 男 314 女 309 合計 623

帰国子女在籍者数	1年	2年	3年	4年	5年	6年	計
				2	4	7	13

編入学

●編入学時期・定員
新4年生以上各学年15名まで（学年途中であっても欠員がある場合は随時編入を行う。
ただし、6年生については、4月の時点で編入が可能な場合のみとする）

●出願資格・条件
〔新4年生〕2011.4.2から2012.4.1までに生まれた者、
〔新5年生〕2010.4.2から2011.4.1までに生まれた者、
神奈川県在住で、通学時間が片道1時間以内（山手駅から本校までの所要時間7分を含む）の者、保護者（親権者またはこれに代わる者）と同居している者、在外生活経験年数 2カ年以上で、出願日からさかのぼって1年以内に帰国している者、保護者の勤務地の移動に伴い帰国している者

●出願書類
・入学志願票・健康診断書・調査票（以上所定用紙）
・住民票の写し（同居家族についても記載のあるもの）
・海外生活を証明する書類（保護者の所属機関の長の証明するもの）
・帰国後国内の小学校に在学している者は、当該校の在学証明書および成績通知書またはこれに相当するもの
・海外における最終学校の在学証明書および成績通知書またはこれに相当するもの

●日程等

募集	出願	試験	発表	選考方法
若干名	3月末（未定）	3月末（未定）	3月末（未定）	面接、作文、既習内容の調査等

※詳細については、2020年度募集要項またはHPを参照のこと（2020年度1月公示予定）

受入後

●指導・教育方針・特色
海外在留によって生じた未学習内容の補充、基本的生活習慣、行動様式等の適応に重点を置き、個性の伸長をはかることを目的とする。
(1) 学校生活を中心として、生活適応の促進をはかる。
(2) 海外での教育課程の違い等に伴う未学習内容を補充する。
(3) 児童同士の交流をはかり、相互に向上を目指す態度を育てる。
(4) 日本語の知識、能力の不足を補充する。
以上のような指導目標のもと普通学級へ編入し、個人差に応じた指導を行っている。

私立 共学

横浜三育小学校

(よこはまさんいく)

〒241-0802 （担当：金谷正信）
神奈川県横浜市旭区上川井町 1985
▶▶（東急田園都市線青葉台駅、JR横浜線十日市場駅、JR根岸線桜木町駅、相鉄線三ツ境駅よりスクールバス）
TEL 045-921-0447 **FAX** 045-922-2504
URL http://www.yokohama-san-iku.ed.jp/
児童数 男 50 女 32 合計 82

帰国子女在籍者数	1年	2年	3年	4年	5年	6年	計
	0	0	0	0	0	1	1

入学

●出願資格・条件
一般入学試験に準ずる

●出願書類
・入学願書

●日程等（一般入試で受け入れ）

区分	募集	出願	試験	発表	選考方法
1期	20	10/12～23	10/25	10/26	適性検査、面接（本人、保護者同伴）
2期		11/2～13	11/15	11/16	

※選考方法はお問い合わせ下さい

●応募状況

年度＼人数	募集人員	出願者	受験者	合格者	入学者
2019	−	0	0	0	0
2020	−	0	0	0	0

編入学

●編入学時期・定員〔1～4年生〕欠員がある場合、随時
●出願資格・条件・出願書類 入学に準ずる
●選考方法 国、算、作文、面接
●2019年度帰国子女編入学者数

1年	0	2年	0	3年	0	4年	0	5年	0	6年	0

受入後

●指導
一般生と同じクラスで指導し、必要な場合は個別に指導。

●教育方針
「徳育・知育・体育のバランスのとれた伸長」を教育理念とし、聖書を基盤としたキリスト教教育と、本質の理解を重視した学力教育、生涯を見つめた健康教育により、能力と人格に優れた人材を育成する。

●特色
・1クラス20人の少数教育
・礼拝（土曜日）や聖書の授業を通して、心を育てる教育
・恵まれた自然を生かした遊び、運動、労作を通して自然と親しみ、たくましい子どもをつくる。

●進学特例条件
併設中学校へ優先的に進学できる。

私立 共学

▷▷ 中 163P

受入開始　1963 年度

カリタス小学校

（担当：倭文覚）

〒 214-0012
神奈川県川崎市多摩区中野島 4-6-1
▶▶（小田急線・JR 南武線登戸駅・中野島駅）
TEL 044-922-8822　FAX 044-922-8752
URL http://www.caritas.or.jp/es/

児童数　男 76　女 569　合計 645

帰国子女在籍者数	1年	2年	3年	4年	5年	6年	計
	1	1	1	1	3	4	11

編入学

●編入学時期・定員
〔1 年生〕9、1 月〔2 ～ 4 年生〕4、9、1 月
〔5 年生〕4、9 月。転編入希望者（帰国子女及び東京都を除く 県外からの転居者）については欠員の状況により年 3 回（7・12・3 月）編入試験を実施

●出願資格・条件
該当学年相応の学力を有する者

●出願書類
本校所定の願書

●選考方法
適性検査、面接（本人と両親）。帰国子女は、状況に応じ配慮する

●応募状況

年度＼人数	募集人員	出願者	受験者	合格者	入学者
2019	若干名	1	1	1	1
2020	若干名	4	4	4	4

● 2019 年度帰国子女編入学者数

1年	2年	3年	4年	5年	6年
0	0	1	0	0	1

受入後

●指導・教育方針・特色
創立当初より真に国際的な人間の育成を目指して、キリスト教的世界観、人間観にのっとり神と人とを愛する心の教育と、磨かれた知性の育成、正しい良心と、堅固な意志の錬磨を教育の主眼としてきた。

(1) カトリック教育
人は皆神のみ前で兄弟であることを教え、他者への思いやりの心と奉仕の心を育成している。

(2) 基礎学力の重視
どの子どもにも基礎学力を定着させるために、個人指導の徹底をはかっている。 また、国語、算数、社会以外の教科においては、専科制をとっている。

(3) 総合教育活動
子どもたちが体験的学習を通して、人や自然のふれあいの中に自発性と創造性を身につけ、問題を解決していく実践力を培っている。

(4) 語学教育
男子、女子共に 1 年生から英語・フランス語を学び、正しい発音で日常生活に親しみながら、外国語の基礎力を体得していく。

●進学特例条件　カリタス女子中学高等学校への進学に際しては、内部認定学 カテストがあるが、例年 90% 程度が進学している。

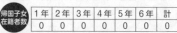

私立 共学

▷▷ 中 163P

受入開始　2007 年度

洗足学園小学校

せんぞくがくえん

〒 213-8580
神奈川県川崎市高津区久本 2-3-1
▶▶（JR 南武線武蔵溝ノ口駅・東急田園都市線・大井町線溝の口駅）
TEL 044-856-2964　FAX 044-856-2979
URL http://www.senzoku.ed.jp/

児童数　男 231　女 238　合計 469

帰国子女在籍者数	1年	2年	3年	4年	5年	6年	計
	0	0	0	0	0	0	0

編入学

●編入学時期・定員
〔2 ～ 5 年生〕4 月。欠員がある場合のみ

●出願資格・条件
在外期間中、現地校もしくはインターナショナルスクール・日本人学校等に在籍した者

●出願書類
・入学願書
・親子面接資料
・在外期間中の在学証明書

● 2019 年度帰国子女編入学者数

1年	2年	3年	4年	5年	6年
―	0	0	0	0	0

受入後

●特色
英語の授業では、一般で入学した児童と編入で入学した児童とが、同じ教室で学んでいく。

入 編

(株) 共学

受入開始　2008 年度

LCA 国際(こくさい)小学校

〒 252-0132　（担当：渋谷浩一）

神奈川県相模原市緑区橋本台 3-7-1

▶▶(京王相模原線、JR 横浜線・相模線橋本駅よりバス)

TEL 042-771-6131　FAX 042-771-6132

URL http://www.lca-elementary.com/

児童数　男 165　女 132　合計 297

帰国子女在籍者数	1年	2年	3年	4年	5年	6年	計
	0	1	4	2	8	10	25

入 学

●出願資格・条件

本校は日本人としてのアイデンティティーを持って国際社会で活躍する人材を育てている。国語を重視しつつ、外国人の担任のもと英語での授業が中心で、児童はバイリンガルである。また、教育方法・運営は日本式である。以上の教育方針に賛同することが条件。

●出願書類　入学願書一式（本学所定のもの）

●日程等

募集	出願	試験	発表	選考方法
約 60	10/19～23	11/3	受験後3日以内	※
	1/13～18	1/23		

※模擬授業（日本語・英語）を通して子どもの様子とコミュニケーション力を中心にみる。その他、保護者面接あり

●応募状況

年度＼人数	募集人員	出願者	受験者	合格者	入学者
2019	特に定めず	1	1	1	1
2020	特に定めず	0	0	0	0

編 入 学

●編入学時期・定員　〔1 ～ 5 年生〕随時。若干名

●出願資格　入学条件に準ずるが、該当学年の在学児童の英語力・日本語力と同等、もしくはそれ以上

●出願書類　入学願書一式（本学所定のもの）

●選考方法　国語・算数・英語、保護者面接

● 2019 年度帰国子女編入学者数

1年	0	2年	0	3年	0	4年	0	5年	1	6年	0

受 入 後

●教育方針・特色

・外国人が担任となり、低学年は国語以外の教科を全て英語で指導。高学年になると国語に加え算数・社会を日本語で、理科を英語と日本語の両方で指導。

・1 クラス約 20 人とし、個々の理解度に合わせた丁寧な指導を行う。

・家庭での時間を大切にし、運動や芸術系の習い事を続けながら、塾に通わず中学受験を可能にする教育を実施。

・自然とのふれあいや、本物の芸術に直接触れる機会を永続的に取り入れ、感動する心と豊かな好奇心を持った人間を育成。

入 編

私立 共学

受入開始　2011 年度

湘南学園(しょうなんがくえん)小学校

〒 251-8505　（担当：寺田 友）

神奈川県藤沢市鵠沼松が岡 4-1-32

▶▶（小田急線鵠沼海岸駅、江ノ電鵠沼駅）

TEL 0466-23-6613　FAX 0466-23-6670

URL https://www.shogak.ac.jp/

児童数　男 300　女 293　合計 593

帰国子女在籍者数	1年	2年	3年	4年	5年	6年	計
	1	0	2	2	3	2	10

入 学

●出願資格・条件

日常生活に必要な程度の日本語会話ができること

●出願書類

・入学願書一式・調査書・健康に関する調査書・受験票

●日程等

区分	募集	出願	試験	発表	選考方法
A入試	60名	9/7～19	10/20	10/20 web発表	「個別・集団・運動等」と親子面接
B入試	10名	9/7～19	10/21	10/21 web発表	
C入試	若干名	10/22～30	10/31	10/31 web発表	

※帰国の日程に応じて別の日を設定することもできる。詳細は学校ＨＰ参照

●応募状況

年度＼人数	募集人員	出願者	受験者	合格者	入学者
2019	－	0	0	0	0
2020	－	1	1	1	1

編 入 学

●編入学時期・定員　〔1 年生〕9 月〔2 ～ 4 年生〕4、9 月〔5 年生〕4、9 月。欠員がある場合
※海外からの帰国生については転入試験・時期について 相談に応じる

●出願資格・条件・出願書類　入学に準ずる

●選考方法　国・算、面接。学習指導要領に基づいて出題、応相談

受 入 後

●指導

必要に応じて個別指導の実施。

●教育方針

豊かな学力と人間性の追求。

●特色

1933 年創立。保護者と教職員による共同経営の幼～高までの一貫教育。初代学園長小原國芳。1 年生から、音図体は専科教員による指導。英語は 1 年生 から。

●進学特例条件

中高進学は、小学校の推薦による。毎年約 8 割程度が進学。

私立 共学

▷▷ 中 169P 高 351P

聖セシリア小学校

（せい）

〒 242-0006 （担当：上田義和）
神奈川県大和市南林間 3-10-1
▶▶（東急田園都市線中央林間駅、小田急線南林間駅）
TEL 046-275-3055 FAX 046-278-3356
URL http://www.st-cecilia-e.ed.jp
児童数 男 29 女 127 合計 156

帰国子女在籍者数	1年	2年	3年	4年	5年	6年	計
	0	0	0	1	0	1	2

入学

●**出願資格・条件** 特に定めず
●**出願書類** 入学願書
●**日程等**

区分	募集	出願	試験	発表	選考方法
A日程	一般に含む	9/24～10/6	10/20	10/21	面接※、筆記テスト（30分程度）、行動観察テスト
B日程			10/21	10/22	
C日程		1/14～25	1/30	1/30	

※面接は受験生のみと保護者同伴。
面接日はA日程 10/16・20、B日程 10/16・21より選択。C日程は考査日に実施
※ご希望の方は相談（随時）

●**応募状況**

年度＼人数	募集人員	出願者	受験者	合格者	入学者
2019	特に定めず	0	0	0	0
2020	特に定めず	0	0	0	0

編入学

●**編入学時期・定員**〔1～4年生〕9、1、4月。若干名
●**出願資格** 特に定めず
●**出願書類** 入学願書
●**選考方法** 筆記試験（国語・作文・算数）、面接
● **2019年度帰国子女編入学者数**

1年	0	2年	0	3年	0	4年	0	5年	0	6年	0

受入後

●**指導**
普通学級に編入し、在籍している児童と同様の指導を行う。
●**教育方針**
カトリック精神にもとづき、「信じ、希望し、愛深く」を心の糧として知育・徳育・体育の調和のとれた総合教育をめざす。
●**特色**
カトリック教育を通して、思いやりや優しさを育むとともに、少人数のクラス編成や専科の教員による専門的な授業、1年生からの英語教育など、「学ぶ楽しさ」を通して、確かな学力を育む。
●**進学特例条件**
併設中学校への内部推薦制度がある。

私立 共学

▷▷ 中 170P

横須賀学院小学校

（よこすかがくいん）

〒 238-8511 （担当：重村徹太郎）
神奈川県横須賀市稲岡町 82
▶▶（京浜急行線横須賀中央駅・JR 横須賀線横須賀駅）
TEL 046-822-3218 FAX 046-825-1925
URL http://www.yokosukagakuin.ac.jp/
児童数 男 80 女 96 合計 176

帰国子女在籍者数	1年	2年	3年	4年	5年	6年	計
	0	0	2	0	0	0	2

入学

●**出願資格・条件**
入学年の1月中に帰国している者
●**出願書類**
入学願書一式等
●**日程等**

募集	出願	試験	発表	選考方法
特に定めず	随時	随時	随時	適性検査 知能検査 面接（保護者同伴）

※帰国子女には、入学後の期待度が加算される
●**応募状況**

年度＼人数	募集人員	出願者	受験者	合格者	入学者
2019	特に定めず	2	2	2	2
2020	特に定めず	0	0	0	0

編入学

●**編入学時期・定員**〔1～5年生〕欠員がある場合、随時。定員は特に定めず
●**出願資格・条件**
・現地校、国際学校、日本人学校の別は問わない
・帰国後、いったん他校に在籍した者については、年度末の転入希望者と同等に扱う
●**出願書類**
・入学願書一式等
・海外での成績表（またはこれに準ずるもの）
●**選考方法** 相当学年の国語・算数の学力検査（5年生は理科・社会あり）、知能検査、面接（保護者・児童）
※編入後の期待度も加算して合否の判定をする
● **2019年度帰国子女編入学者数**

1年	0	2年	2	3年	0	4年	0	5年	0	6年	0

受入後

●**指導・教育方針・特色**
・年齢相当の学年に編入し、一般児童と同様の指導を受ける。
・保護者との連絡を密にし、学習・生活面の指導に気を配る。
●**進学特例条件**
・小学校の推薦に基づいて、内部中学校・高校へ進学することができる。

私立 女子

▷▷ 中 170P 高 352P

かん れい しら ゆ り がく えん

函嶺白百合学園小学校

〒 250-0408 (担当：帰国子女係)

神奈川県足柄下郡箱根町強羅 1320

▶▶（箱根登山鉄道強羅駅）

TEL 0460-87-6611 **FAX** 0460-82-5747

URL http://www.kanrei-shirayuri.ed.jp/p/

児童数 女 104 合計 104

帰国子女在籍者数	1年	2年	3年	4年	5年	6年	計
	–	–	–	–	–	–	–

2021 年度生より児童の募集はありません

転入希望者（現 1 ～現 5 年生）については、保護者の方と相談して日程調整いたします。

編 入 学

●編入学時期・定員〔現 1 ～ 5 年生〕随時。若干名

●出願資格・条件 該当学年の受験時期までの学習をある程度マスターしていること。たとえば在学期間 (1 年以上)・帰国後の期間（1 年以内）・学年・学齢相応のレベルに達していること。

●出願書類 ・入学願書・添付書類・成績表・海外在住を証明できるもの（パスポート等のコピー）

●選考方法 国・算（各 40 分）、面接
※一般受験生と同じであるが、個別事情を前向きに評価する

● 2019 年度帰国子女編入学者数

1年	2年	3年	4年	5年	6年
–	–	–	–	–	–

受 入 後

●指導・教育方針・特色

・他の児童とともに同じ学習内容のものを指導する。
・必要に応じて個別指導を行う。
・小学校 1 年生 2 学期から 6 年生まで、週 2 時間の英語の授業を実施。

●進学特例条件

原則として全員併設中学校へ進学できる。

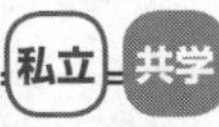

私立 共学

▷▷ 中 175P 高 357P

か とう がく えん ぎょうしゅう

加藤学園暁秀初等学校

〒 410-0022 (担当：佐藤誠一、Mike Bostwick)

静岡県沼津市大岡自由ヶ丘 1979

▶▶（JR 東海道本線沼津駅）

TEL 055-922-0720 **FAX** 055-925-4316

URL http://www.katoh-net.ac.jp/

児童数 男 241 女 264 合計 505

帰国子女在籍者数	1年	2年	3年	4年	5年	6年	計
	4	0	3	5	4	11	27

入 学

●出願資格・条件

・将来、本校の生活に適応できると認められること
・保護者が本校の教育方針・教育方法に賛同できること

●出願書類 入学願書一式等

●日程等

募集	出願	試験	発表	選考方法
90 (一般に含む)	9/9～11	10/9・10	10/21	個別検査、 適性検査、面接

※海外在住中の経験を充分考慮して判断する

●応募状況

年度＼人数	募集人員	出願者	受験者	合格者	入学者
2019	特に定めず	1	1	1	1
2020	特に定めず	4	4	4	4

編 入 学

●編入学時期・定員〔1 ～ 5 年生〕欠員がある場合。随時。定員は特に定めず

●出願資格・条件 ・基礎学力（国・算）がある
・将来本校の生活に適応できると認められるとき
・保護者が本校の教育方針・教育方法に賛同できること

●出願書類 ・願書・志願票

●選考方法 国語・算数、英語テスト（イマージョンクラスのみ）、親子面接
※現在の力よりも将来の可能性を考慮して選考

● 2019 年度帰国子女編入学者数

1年	2年	3年	4年	5年	6年
0	1	0	0	1	0

受 入 後

●指導・教育方針・特色

原則として、年齢相当学年に編入し、同クラスの児童と同様の指導を受ける。イマージョンクラスでは授業の 70%(1 ～ 3 年)、50%(4 年以上）を英語で行うので英語圏より帰国の児童は外国語の力を十分生かし、日本の教育を受けることができる。オープン・プランクラスでも週 3 時間の英語の授業が行われている。

●進学特例条件

併設中学校への進学の際は英語力が十分考慮される。

●卒業生（帰国児童）の進路状況

併設中学校へ進学。

入 編

私立 共学

受入開始　2020 年度

聖隷クリストファー小学校

（担当：総務部）

〒 433-8558
静岡県浜松市北区三方原町 3453
▶▶（JR 浜松駅）
TEL 053-436-5311　FAX 053-436-5355
URL https://www.seirei.ac.jp/elementary-school/
児童数　男 40　女 51　合計 91

帰国子女在籍者数	1年	2年	3年	4年	5年	6年	計
	−	−	−	−	−	−	−

入学

●**出願資格・条件**　本校の教育方針・教育方法に適していると判断される者。
●**出願書類**　入学願書一式
●**日程等**

区分	募集	出願	試験	発表	選考方法
1期	1年生：60名	9/28～10/3	10/15～11/14	11/20	保護者面接
	2年生：5名				
	3年生：30名				
	4年生：5名				
	5年生：30名				
	6年生：10名				
2期	1年生：若干名	2/1～3	2/9～11	2/17	保護者面接
	2年生：若干名				
	3年生：若干名				
	4年生：若干名				
	5年生：若干名				
	6年生：若干名				

※入学者の選考は、願書・検査・面接等を総合的に判断致します。

編入学

●**編入学時期**　〔1・3・5 年生〕随時
〔2・6 年生〕2021 年度より随時
●**出願資格**　本校の教育方針・教育方法にご理解いただける方。
●**出願書類・選考方法**　上記、入学に準ずる
●**2019 年度帰国子女編入学者数**

1年	−	2年	−	3年	−	4年	−	5年	−	6年	−

受入後

●**指導**　2020 年 4 月開校。
キリスト教精神に基づく隣人愛の精神を基盤に、英語イマージョン教育・探究型の学びを実施し、グローバル社会で活躍する人材を育成します。
1 学級 30 名に対し、2 名の教員（日本人教員・外国人教員）を配置し、多国籍教員の異なる文化・習慣・価値観に触れながら、帰国生も他の児童と同様に学びます。
●**進学特例条件**
英語イマージョン・探究型の学びを続けて学べるコースとして、中学、高校に続く「グローバルスクール」を構想しています。

編

国立 共学

受入開始　1982 年度

愛知教育大学附属名古屋小学校

（担当：帰国部長）

〒 461-0047
愛知県名古屋市東区大幸南 1-126
▶▶（地下鉄名城線砂田橋駅・市バス砂田橋）
TEL 052-722-4616　FAX 052-722-3690
URL http://www.np.aichi-edu.ac.jp
児童数　男 319　女 305　合計 624

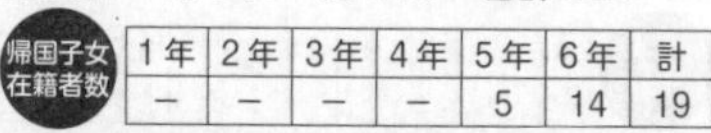

帰国子女在籍者数	1年	2年	3年	4年	5年	6年	計
	−	−	−	−	5	14	19

編入学

※詳細については、令和 3 年度募集要項を参照のこと。（HP 上で公示済）
●**出願資格・条件**
・日本国籍を有する者
・本人が帰国後 1 年以内であり、帰国直前の海外生活が 2 年以上である者
・在留国での通学校が現地校及び国際学校であった者
・徒歩及び公共交通機関を用いて 1 時間程度で通学することが可能な者で、保護者とともに居住する者
・第 5・6 年生の児童（6 年生は前期中のみ編入可）
●**出願書類**
・入学願書・住民票・海外生活を証明する書類・海外における最終在学校の在学証明書および成績通知表またはこれに相当するもの・健康診断書・帰国後国内の小学校に在学している者は当該校の在学証明書も必要。
●**日程等**

募集	出願	検定	発表	選考方法
5 年 若干名 6 年 若干名	個別に日程調整を行う			学力調査、面接（親子別にして実施）

※定員に満たない場合は、随時に検定を行う
●**応募状況**

年度＼人数	募集人員	出願者	受験者	合格者	入学者
2019	若干名	−	−	−	非公表
2020	若干名	−	−	−	非公表

●**2019 年度帰国子女編入学者数**

1年	−	2年	−	3年	−	4年	4	5年	8	6年	4

受入後

●**指導・教育方針・特色**
※詳細については、令和 3 年度帰国学級概要を参照のこと。（HP 上で公示済）
・15 人以下で編成された少人数学級で指導を行い、個々の実態に応じた支援をしている。
・日本の生活習慣への適応を目指し、運動会などの行事や一部の教科（体育・音楽・図工・理科等）では、一般学級とともに指導している。
・日本語の知識や表現・理解の能力の伸長を図る指導を帰国学級 2 学年合同で行っている。
・海外で身につけた好ましい知識・態度等の保持・育成を図る指導として、言語保持活動や特性を生かす指導を行っている。
●**卒業生（帰国児童）の進路状況**
海外生活の期間や帰国の時期および児童の今後の目的によって、附属、公立・私立中学のいずれかを選択し、進学している。

入 編

私立 女子

▷▷大 621P

受入開始　2012 年度

椙山女学園大学附属小学校

すぎやま じょがくえんだいがく ふぞく

（担当：教頭）

〒464-0832
愛知県名古屋市千種区山添町 2-2
▶▶（地下鉄東山線覚王山駅）
TEL 052-751-5451　FAX 052-751-5461
URL http://www.sugiyama-u.ac.jp/shogaku/
児童数　女 494　合計 494

1年	2年	3年	4年	5年	6年	計
0	0	3	3	2	1	9

入学

●出願資格・条件　一般入試に準ずる
●出願書類　一般入試に準ずる
●日程等（TEL で確認）

区分	募集	出願	試験	発表	選考方法
AO専願	若干名	9/14～18	9/28～10/2	10/7	書類審査、面接（保護者同伴）
1次		10/2～8	10/24・25	10/28	適性検査、面接（保護者同伴）
2次		12/4～10	12/17	12/19	

※一般入試を受験するが、帰国子女については、判定時に配慮する

●応募状況

年度＼人数	募集人員	出願者	受験者	合格者	入学者
2019	特に定めず	1	1	1	1
2020	特に定めず	0	0	0	0

編入学

●編入学時期・定員
〔1～6年生〕各学年若干名、欠員があれば随時
出願期間：2020/12/4～10　試験日：12/17
合格発表：12/19
●出願資格
(1) 日常生活に必要な日本語ができること
(2) 保護者の勤務上あるいは職業上の必要により、海外に 2 年以上在住した経験を有すること
(3) 入学時までに帰国後 1 年以内であること、または入学時までに帰国予定であること
(4) 本校の教育方針に賛同し、協力できること
●出願書類
・入学願書一式（所定様式）・海外生活を証明する書類（保護者の所属機関の長の証明するもの）・海外における最終在学校の在学証明書および成績証明書（成績表の写しでも可）・帰国後国内の小学校に在籍した者は、その在学証明書
●選考方法　学力検査（国語・算数）、面接（保護者同伴）

● 2019 年度帰国子女編入学者数

1年	2年	3年	4年	5年	6年
0	1	1	1	0	0

受入後

●指導　普通学級に編入し、一般児童と同じクラスで学ぶ。状況に応じて、日本語の個別指導を実施する場合がある。
●教育方針　1 学級 30 名の学級編成を基盤に、15 名ずつの少人数指導や、一部専科制による専門性を生かした授業を実施。女子のみの利点を生かし、思いやりと品位があり、社会的貢献ができる人間性豊かな児童を育成する。
●特色　創立 60 周年を迎え、ネイティブ講師による少人数での毎日英語の実施、3 年生以上で iPad 個人持ちを導入、歌声の響く学校など、個性と共生を育む多彩な教育活動を実施している。
●進学特例条件　併設の中学校への推薦入学制度あり。

入 編

私立 共学

受入開始　2014 年度

名進研小学校

めい しん けん

（担当：小田悠祐）

〒463-0009
愛知県名古屋市守山区緑ヶ丘 853-1
▶▶（ゆとりーとライン小幡緑地駅・市バス緑ヶ丘住宅）
TEL 052-758-5558　FAX 052-794-5055
URL http://www.meishinken.ed.jp/
児童数　男 294　女 226　合計 520

1年	2年	3年	4年	5年	6年	計
0	0	0	0	0	3	3

入学

●出願資格・条件　一般入試に準ずる
※日常生活に必要な日本語会話が出来ること。本校の教育理念・教育方針に賛同できる保護者の子女であること。
●出願書類　入学願書一式
●日程等

区分	募集	出願	試験	発表	選考方法
面接	約 90	10/1～10	10/31・11/1	—	面接
考査			11/7	11/9 発送	筆記、クラフト運動、行動観察等

●応募状況

年度＼人数	募集人員	出願者	受験者	合格者	入学者
2019	若干名	0	0	0	0
2020	若干名	0	0	0	0

編入学

●編入学時期・定員
〔1～5年生〕欠員がある場合随時相談を受付
●出願資格・条件
日常生活に必要な日本語会話ができること。本校の教育理念・教育方針に賛同できる保護者の子女であること。授業内容が理解できること。
●出願書類　転編入試験願書一式
●選考方法　筆記試験および親子面接

● 2019 年度帰国子女編入学者数

1年	2年	3年	4年	5年	6年
0	0	0	0	0	0

受入後

●指導
帰国生のためのクラス編成はありません。一般児童と同等の学習指導を行います。
●教育方針
自律と感謝の気持ちで、社会に貢献する人を育てる
・学ぶ楽しさと大切さを感じ、叡智と品格を兼ね備えた児童
・他利の精神で人の役に立つ喜びを感じ、主体的に考え、行動できる児童
・「心技体」を大切にし、自律した明るくたくましい児童
●特色
・子ども司会で自ら学ぶ力を身に付けます
・日本の伝統文化を 6 年間にわたって学びます
・豊かな自然の中で、生命を尊ぶ心を育みます
・保護者が安心する授業時間数
・通塾なしで名門中学へ
●進学特例条件
本校は小学校だけの学校法人。併設校・関係学校はありません。
●卒業生（帰国児童）の進路状況
帰国児童の卒業実績はありません。

私立 共学

暁小学校（あかつき）

〒510-8022 （担当：教頭　伊藤俊雅）
三重県四日市市時田 3-3-37
▶▶（近鉄名古屋線川越富洲原駅）
TEL 059-365-3664　FAX 059-365-7116
URL http://www.akatsuki.ed.jp/
児童数　男 188　女 204　合計 392

帰国子女在籍者数	1年	2年	3年	4年	5年	6年	計
	1	0	1	0	1	3	6

入学

●出願資格・条件
日本語で会話ができる。ある程度、ひらがなの読み書きができる

●出願書類
一般入試に準ずる

●日程等

募集	出願	試験	発表	選考方法
一般に含む	10/26～11/7	11/22 11/23	11/25	口頭試問、社会性、親子面接

※親子面接（11/22）、入学考査（11/23）
※その他帰国子女は随時受付

●応募状況

年度＼人数	募集人員	出願者	受験者	合格者	入学者
2019	特に定めず	2	2	2	2
2020	特に定めず	1	1	1	1

編入学

●編入学時期　〔1～5年生〕随時
〔6年生〕1学期まで

●出願資格　日本語で会話ができる。ある程度、ひらがな及び当該学年の漢字の読み書きができる

●出願書類　一般入試に準ずる

●選考方法　学力試験（国語・算数）、作文、面接

● 2019年度帰国子女編入学者数

1年	0	2年	1	3年	0	4年	1	5年	0	6年	0

受入後

●指導
普通学級に編入し、在籍児童と同様に指導する。

●教育方針
学園綱領「人間たれ」に基づく全人教育。人を愛し、学問を愛し、美を愛する豊かな人間を目指す人づくり。

●特色
一年生から外国人教師を中心とした英語の授業が週2時間。(5,6年生は週3時間)。アフタースクールでも英語学習の取り組みあり。

●進学特例条件
学園上級学校への推薦入学制度あり。

私立 共学

京都女子大学附属小学校（きょうとじょしだいがくふぞく）

〒605-8501 （担当：校長、教頭、教務、事務）
京都府京都市東山区今熊野北日吉町 6-3
▶▶（京阪電鉄七条駅）
TEL 075-531-7387　FAX 075-531-7381
URL http://fusho.kyoto-wu.ac.jp/
児童数　男 144　女 333　合計 477

帰国子女在籍者数	1年	2年	3年	4年	5年	6年	計
	0	0	0	1	0	0	1

編入学

●編入学時期・定員
〔1～6年生〕随時。欠員がある場合、若干名

●出願資格・条件
帰国後2年未満の1学年～6学年の男女であること

●出願書類　入学願書一式

●日程等

募集	出願	試験	発表	選考方法
若干名	随時	随時	随時	原則として国語（作文を出題）、算数、体育、および面接

※入学希望の時は学校に問い合わせること

●応募状況

年度＼人数	募集人員	出願者	受験者	合格者	入学者
2019	若干名	1	1	1	1
2020	若干名	0	0	0	0

● 2019年度帰国子女編入学者数

1年	0	2年	0	3年	0	4年	0	5年	0	6年	0

受入後

●指導・教育方針・特色
創立以来、建学の精神である仏教精神（親鸞聖人の教え）をもとに「こころの教育」を実践し、心豊かな人格づくりと基礎学力の育成に重点をおいている。品位をもった自立と協調性を具現できる力の育成を重視している。国語力はすべての教科の基礎となるだけでなく、人間関係を豊かにし、人生に潤いをもたらすものであると考え、国語力育成に力を入れている。高い学力、確かな進路を実現するため、学年ごとの発達と特性に配慮した学年編成や、複数担任制（3・4年）、学年担任制・教科担任制など（5・6年）を導入し、個性を大切にしたきめ細かな指導を行っている。
また、同一敷地内に幼稚園から大学まであるという利点をいかした、総合学園ならではの連携教育を実施している。

●進学特例条件
同じ法人内の京都女子中学校へ女子約30～40名の推薦入学制度がある。推薦には一定の選抜を行っている。

●卒業生（帰国児童）の進路状況
京都市内を中心に府下、大阪市・府、神戸市内の私立中学校へ進学している。

入 編

私立 共学

▷▷ 中 184P 高 373P

京都聖母学院小学校（きょうとせいぼがくいん）

〒 612-0878　（担当：募集対策部　北岡知美）
京都府京都市伏見区深草田谷町 1
▶▶（京阪電鉄藤森駅）
TEL 075-645-8102　FAX 075-642-9586
URL http://www.seibo.ed.jp/kyoto-es/

児童数　男 256　女 471　合計 727

帰国子女在籍者数	1年	2年	3年	4年	5年	6年	計
	4	8	9	9	7	18	55

入 学

●**出願資格・条件**　一般入試に準ずる
●**出願書類**　一般入試に準ずる
●**日程等**

区分	募集	出願	試験	発表	選考方法
A	約 100	7/8 ~ 8/20	8/27・28・29 のいずれか 1 日と 9/2	9/3	適性検査、親子面接
B	約 20	10/13 ~ 20	10/31	11/2	
C	若干名	1/19 ~ 25	1/27	1/28	

※一般入試を受験するが、帰国子女については判定時に配慮する
※募集人員は一般入試・内部幼稚園からの進学者を含む

●**応募状況**

年度＼人数	募集人員	出願者	受験者	合格者	入学者
2019		8	8	7	7
2020		4	4	4	4

編 入 学

●**編入学時期・定員**
〔1 ～ 6 年生〕欠員がある場合、随時。若干名
●**出願資格・条件**　海外在住期間が 1 年以上で、帰国後 2 年以内。帰国後、一旦他校に在籍していても帰国後 2 年以内なら出願可。
●**出願書類**　一般入試に準ずる
●**選考方法**　国語・算数・面接（保護者・本人）
※国際コース希望には英語力テストも行う（本人のみ）
● **2019 年度帰国子女編入学者数**

1年	2年	3年	4年	5年	6年
0	0	1	0	1	0

受 入 後

●**指導・教育方針・特色**　原則として年齢相当の学年に編入し、同クラスの児童と同様に指導を受ける。カトリック校としての建学の精神を基盤に、祈りを通して愛の教育を実践する。国際コースでは、国語以外の多くの教科を英語で学習するので英語圏よりの帰国児童は、語学力を十分に生かし、日本の教育を受けることができる。授業はネイティブ教員と日本人教員のペア担任制。また高学年では中学入試に向けて国算理社は日本語で、副教科は続けて英語で学習する。総合コース（2021 年 4 月より総合フロンティアコース）でも週 2 時間の英語授業を行い、4 年生以上の選択授業で英語を選択した児童は週 2.5 時間程度英語を学ぶことができる。また休み時間にネイティブと遊ぶイングリッシュチャットの時間も設けている。
●**進学特例条件**
小学校の推薦に基づいて内部の中学高等学校に進学することができる。国際コースも設置されている。
●**卒業生（帰国児童）の進路状況**
語学力を生かしながら、児童の実態に合う進路指導を実施している。

入 編

私立 共学

▷▷ 大 626P

受入開始　1954 年度

ノートルダム学院小学校（がくいん）

〒 606-0847　（担当：建林美紀子）
京都府京都市左京区下鴨南野々神町 1-2
▶▶（地下鉄烏丸線松ヶ崎駅）
TEL 075-701-7171　FAX 075-712-6170
URL http://www.notredame-e.ed.jp

児童数　男 382　女 311　合計 693

帰国子女在籍者数	1年	2年	3年	4年	5年	6年	計
	10	5	10	9	11	9	54

入 学

●**出願資格・条件**
原則 1 年以上海外に在籍した児童、日本の相当学年の学力と著しく差のない児童
●**出願書類**　入学願書一式
●**日程等**

募集	出願	試験	発表	選考方法
随時	随時	随時	数日内口頭	就学時に必要な能力選考（国・算のテスト）・面接

※詳細は、学校に直接問い合わせる
●**応募状況**

年度＼人数	募集人員	出願者	受験者	合格者	入学者
2019	特に定めず	3	3	3	3
2020	特に定めず	4	4	4	4

編 入 学

●**編入学時期・定員**　〔1 ～ 6 年生〕定員に満たない場合（欠員が生じた場合）のみ実施する。実施する時は、ホームページ等で発表する
●**出願資格・条件**　相談する
●**出願書類**
・日本人学校出身者は学校発行の書類
・現地校出身者は在学証明書
・成績証明書など
●**選考方法**　学校長面接（本人・両親）、テスト（国語・算数）
● **2019 年度帰国子女編入学者数**

1年	2年	3年	4年	5年	6年
－	－	－	－	－	－

受 入 後

●**指導・教育方針・特色**
年齢相当の学年への受け入れを原則としている。放課後の英語アクティビティを設け、学年間でも交流を深めている。学力差は原則担任が個別指導をすることにより、解決するよう努力している。また保護者に綿密な連絡をとり、協力を要請し、いち早く適応できるようにしている。
●**進学特例条件**
併設校（ノートルダム女学院中学・高等学校）は女子校である。併設校への内部進学制度がある。また、男子校の洛星中学高等学校と協定を結び、進学の道が広がっている。
●**卒業生（帰国児童）の進路状況**
男子は進学に有利なところを選択するよう指導している。女子は本人のさまざまな状態を考慮し、内部進学を重視しつつ他校進学の道もある。

入 編

私立 共学

▷▷ 他 676P

受入開始 2011 年度

同志社国際学院初等部

(どうししゃこくさいがくいん)

〒 619-0225 （担当：Admission Office）
京都府木津川市木津川台 7-31-1
▶▶（近鉄京都線新祝園駅、JR 学研都市線祝園駅、近鉄けいはんな線学研奈良登美ヶ丘駅）
TEL 0774-71-0810 FAX 0774-71-0815
URL https://www.dia.doshisha.ac.jp/
児童数 男 146 女 201 合計 347

帰国子女在籍者数	1年	2年	3年	4年	5年	6年	計
	9	5	11	21	11	21	78

入学

●出願資格・条件
帰国児童等、国際的な生育背景を持つ志願者に対し、「I 選抜」を設けている。2014.4.2 ～ 2015.4.1 に生まれた者で、志願者が満 4 歳の誕生日以降に 1 年以上海外での生活を体験している場合、または国内在住者であっても保護者のいずれか、もしくは両方が外国籍の場合は「I 選抜」への出願が可能。条件はホームページで確認すること。

●出願書類
・入学志願書・写真票・受験票・出願志望書・I 選抜受験資格確認書・海外在住証明書・プリスクール等の 1 年以上の在籍証明

●日程等

区分	募集	出願	試験	発表	選考方法
I 選抜	約10	7/27~8/6	9/18	9/24	書類、Academic Exam、Interview

※考査内容の一部は出願時に「日本語」・「英語」のいずれかを選択。Interview は志願者・保護者対象

編入学

●編入学時期・定員 〔1 年生〕8 月〔2 ～ 5 年生〕4、8 月。欠員がある場合のみ。詳細はホームページで確認すること。
●出願資格・条件 帰国後 1 年以内で海外在住 1 年以上または 6 歳の誕生日以降に 2 年以上海外在住している児童
●出願書類 入学に準ずる
●選考方法 書類、Interview（志願者、保護者）、Writing Task（日・英）

受入後

●指導
知的好奇心を育み「自ら学ぶ」児童主体の学びを尊重。

●教育方針
「Learning for Life, Learning for the World, Learning for Love」をモットーとして掲げた教育を行う。

●特色
文部科学省より「教育課程特例校」の認定を受けて実施される日英バイリンガル教育（50%以上の授業を英語で実施）と国際バカロレアに基づく「探究型の学び」を実践している（認定校）。

●進学特例条件
同一法人内の 4 中学校への推薦制度を有している。

入 編

私立 共学

▷▷ 中 187P 高 378P 大 630P

大阪信愛学院小学校

(おおさかしんあいがくいん)

〒 536-8585 （担当：荒井祐子）
大阪府大阪市城東区古市 2-7-30
▶▶（地下鉄新森古市駅）
TEL 06-6939-4391 FAX 06-6939-7141
URL http://el.osaka-shinai.ed.jp/
児童数 男 37 女 212 合計 249 2018 年より共学

帰国子女在籍者数	1年	2年	3年	4年	5年	6年	計
	0	0	0	0	0	0	0

入学

●出願資格・条件
日常生活に支障のない程度の日本語会話ができる・本校の教育方針に賛同できる保護者・特に資格、条件、国籍は問わない

●出願書類
・入学願書（所定用紙）・医師による健康診断書（所定用紙）・入学合否通知用封筒

●日程等 随時 相談に応じる

●応募状況

年度＼人数	募集人員	出願者	受験者	合格者	入学者
2019	－	0	0	0	0
2020	－	0	0	0	0

編入学

●編入学時期 随時〔来年度 1 ～ 4 年生〕男女〔5 年生〕女子のみ
●出願資格 外国の学校教育に通学の者・在学教育施設に通学の者・他は入学と同じ
●出願書類 成績表・他は入学と同じ
●選考方法 作文、親子面接、運動

● 2019 年度帰国子女編入学者数

1年	2年	3年	4年	5年	6年
0	0	0	0	0	0

受入後

●指導
帰国生のための特別クラスは編成していない。個々の児童の状況により、特別授業や抽出授業を行っている。また、英語を身につけて帰国した児童には外国人教諭と積極的に会話できるような場を設けている。

●教育方針
カトリック精神に基づく人生観をもたせ、豊かな心を養うとともに、物事を正しく判断して行動し、すすんで国際社会に奉仕できる明朗で健康な人を育てることを目指す。

●特色
保育園から短大まで一貫した方針をもとに「マリアの心を生きる」教育の充実を目指す。英語学習やたてわり活動を通して、国際的な視野に立つ素地・社会貢献への自覚と態度等を養う。

私立 共学

▷▷ 中 188P 高 379P

建国小学校

けん　こく

(担当：黄 裕錫)

〒558-0032

大阪府大阪市住吉区遠里小野 2-3-13

▶▶(南海高野線 我孫子前駅、JR 阪和線 杉本町駅)

TEL 06-6691-1231　FAX 06-6606-4808

URL http://www.keonguk.ac.jp/

児童数　男 90　女 75　合計 165

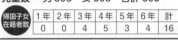

帰国子女在籍者数	1年	2年	3年	4年	5年	6年	計
	0	0	0	0	0	0	0

編入学

●**編入学時期・定員**　随時

●**出願資格・条件**　特になし

●**出願書類**　本校規定用紙にて提出

●**選考方法**　面談（本人・保護者）

● **2019 年度帰国子女編入学者数**

1年	2年	3年	4年	5年	6年
2	2	2	2	2	0

受入後

●**指導**

◯韓国語…1・2年生は2グループに分かれて、基礎から韓国語を学びます。3年生以上は1班・2班の2班に分け、1班は韓国式の韓国語教育を、2班では同じ教科書を使いながら外国語としての韓国語を学習します。

◯英語…ネイティブの先生による授業を実施。

●**教育方針**

1. 私立学校の独自性と在日韓国人学校としての特殊性を十分に生かし、知・徳・体の円満な発達を図る
2. 在日韓国人としての誇りを持って国際社会に適応できる幅広い能力を備え、社会に貢献する有能な人材を育成する

●**特色**

こども一人ひとりが誇りをもって楽しく過ごせる空間があり、自分のルーツに誇りを持てる心を育てます

国立 共学

受入開始　1996 年度

大阪教育大学附属池田小学校

おおさかきょういくだいがくふぞくいけだ

(担当：荒川真一)

〒563-0026

大阪府池田市緑丘 1-5-1

▶▶（阪急電鉄宝塚線池田駅）

TEL 072-761-3591　FAX 072-761-3594

URL http://www.ikeda-e.oku.ed.jp

児童数　男 303　女 305　合計 608

1年	2年	3年	4年	5年	6年	計
0	0	4	5	3	4	16

編入学

●**編入学時期・定員**

〔3～5年生〕4月。試験は3月末。

各学年最大5名、以後都度確認

●**出願資格・条件**

・外国在住期間が連続して2年以上で、帰国後1年以内の者（期間の認定については、本校に要問い合わせ）

・本校所定の通学区域内に現に保護者と居住している者（現在、外国に居住する者は、通学区域内への転居予定も認める）

・本校の教育上の特色および帰国児童編入学募集の趣旨を理解し、入学を希望する者

●**出願書類**

(1) 入学願書

(2) 外国生活報告書

(3) 住民票記載事項証明書（以上本校所定の用紙。ただし帰国予定児童については (3) は必要ない）

(4) 保護者および児童の海外での在留を証明するもの

(5) 返送用封筒（切手 532 円分を貼付し、宛名・住所を記入したもの）

●**選考方法**

日本語による面接（児童、保護者別々に実施）、作文、算数の筆記試験

●**応募状況**

年度＼人数	募集人員	出願者	受験者	合格者	入学者
2020	7	8	8	5	5

● **2019 年度帰国子女編入学者数**

1年	2年	3年	4年	5年	6年
－	－	5	0	0	－

受入後

●**指導・教育方針・特色**

研究課題として、「社会とつながり、明日を切り拓く資質、能力の育成」を掲げ、人間教育を担う学校のあり方について実践的な研究に取り組んでいる。

編入された帰国児童については、普通学級に入り外国での生活体験から得た、文化・言語・価値観を大切にし、学校生活の中で生かすとともに、日本の文化や習慣を理解することをねらいとしている。学習は、普通学級での活動を基本にして学習適応・生活適応をはかっている。

●**進学特例条件**

特になし。一般児童と同様の扱い。

私立 共学

受入開始 1960年度

賢明学院小学校
（けんめいがくいん）

（担当：安達貞夫）
〒590-0812
大阪府堺市堺区霞ケ丘町 4-3-27
▶▶（JR阪和線上野芝駅）
TEL 072-241-2657 FAX 072-241-5059
URL https://kenmei.jp

児童数 男161 女157 合計318

帰国子女在籍者数	1年	2年	3年	4年	5年	6年	計
	0	0	0	1	1	0	2

編入学

●編入学時期・定員 欠員がある場合。

●出願資格・条件
・海外での滞在期間が半年以上であること
・生活や授業参加に最低限必要な日本語の聞き取り、会話が可能であること
・帰国後、3ヶ月以内であること
・本校の教育方針に賛同し、教育内容に協力できる家庭であること

●出願書類
・入学願書・海外在留証明書（推薦書でも可）

●選考方法
国語・算数、面接（保護者同伴）

● 2019年度帰国子女編入学者数

1年	2年	3年	4年	5年	6年
0	0	0	1	0	0

受入後

●指導
・年齢相応の学年に編入し、一般児童 といっしょに指導する。

●教育方針
「祈り、学び、奉仕しましょう！」
一人ひとりが、最上を目指して最善の努力をし、自に見えるもののうらにある見えないものを見抜く力を伸ばせるように。

●進学特例条件
併設中学校へは、推薦入学制度がある。

私立 共学

受入開始 2021年度

はつしば学園小学校
（がくえん）

（担当：坂口弘昭、中道雅夫）
〒599-8125
大阪府堺市東区西野 194-1
▶▶（南海高野線 北野田駅）
TEL 072-235-6300 FAX 072-235-6302
URL https://www.hatsushiba.ed.jp/primary/

児童数 男285 女233 合計518

帰国子女在籍者数	1年	2年	3年	4年	5年	6年	計
	–	–	–	–	–	–	–

入学

●出願資格・条件
2014年4月2日～2015年4月1日までに生まれた者。日本語で日常的な会話ができること。保護者が本校の教育方針に賛同できること。

●出願書類
A日程：WEB出願（本校ホームページより出願）
B日程：窓口による出願（入学願書一式）※相談に応じます。

●日程等

区分	募集	出願	試験	発表	選考方法
A	若干名	WEB出願 9/28 12:00～10/31 12:00	11/7	11/9	幼児向け知的テスト 親子面接（試験日当日）
B	若干名	随時（11/1以降）郵送等	12/5	12/7	

○A日程は、一般入試（2次）です。国内受験者も同日程で受験あります。
○B日程は、帰国子女の方のみ対象です。（同日、編入試験も行う予定）
※受験希望がある方で両日程ともに都合がつかない場合は、個別にご相談ください。

編入学

●編入学時期・定員 〔2～5年生〕4月。若干名
●出願書類 転入学志願書一式（窓口による出願）※相談に応じます。
●日程等 出願：随時（11/1以降）試験：A 12/5、B 1/16
●選考方法 筆記試験（国語・算数）※試験範囲は、事前にお知らせします
親子面接（試験日当日に行います）

受入後

●指導 一般児童と同じクラスに編入（基本的に、在学生と生活を共にする中で同じ指導を行います）

●教育方針
個性を大切にした教育基本方針～きくからはじまる はつ小の学び～
子ども達は、一人ひとりその子にしかない個性を持っています。一人ひとりその成長の速さも質も異なります。私達教師は、その異なる今を丁寧に見とり、伸びやかに大きく花咲かせたいと考えています。自らの個性を大切にすると共に、他者の個性をも自分と同様に尊重できる人、そのような子どもを育てたいと思います。さらに、子ども達は、周りの人と関わる中で、思いを聴き合い・認め合い、ともに学び合うことが、確かな学力を形成すると考えています。

●特色 未来を見据えた はつしば教育
子どもたちの今を見て、将来の子どもたちの姿を想定した教育活動を展開
「英語教育」：1年で週4時間、年間120時間の授業時間。ネイティブ講師によるオールイングリッシュの授業。「聞く」「話す」「読む」「書く」の4技能に対応した授業カリキュラム【GrapeSEED】を採用
「グループ・ペア学習」：一人ひとりの考えを聴き合い・高め合う学習、相手に寄り添う、ひとりでは解けない、答えが多様にあるなど社会で通じる高い課題に向き合う学習
「はつしばサイエンス」：1年からのサイエンス教育。科学する心を育てる
「プログラミング的思考」：教科の学びの中でICT機器を主体的に活用し、解を求める活動。その活動の中で試行錯誤を繰り返し、論理的思考力、表現力を育成する

●進学特例条件 系列3校（初芝立命館・初芝富田林・初芝橋本）へ、内部進学として優位な条件で校長の推薦を受け受験することにより入学することができる。毎年、ほぼ全員が受験資格を得ている。さらに、外部中学校への入学希望者については、内部校を併願校として推薦を受けた上で受験することができる。

入 編

私立 共学

▷▷ 中 194P 高 385P

受入開始 2017 年度

香里(こうり)ヌヴェール学院(がくいん)小学校

〒 572-8531 （担当：募集対策部）
大阪府寝屋川市美井町 18-10
▶▶（京阪電鉄香里園駅）
TEL 072-831-8451 FAX 072-834-7944
URL http://www.seibo.ed.jp/nevers-es/
児童数 男 218 女 295 合計 513

帰国子女在籍者数	1年	2年	3年	4年	5年	6年	合計
	0	0	1	0	0	0	1

入学

●**出願資格・条件・書類** 一般入試に準ずる。
●**日程等**

募集	出願	試験	発表	選抜方法
約 80 名	8/24～28	9/5・11・12のいずれか一日と9/18	9/19	適性検査・行動観察・親子面接
約 10 名	10/14～16	10/23・24	10/25	適性検査・行動観察・親子面接
若干名	1/27～29	2/5・2/6	2/7	適性検査・行動観察・親子面接

※一般入試を受験。帰国子女については判定時に配慮する。募集人数は一般入試・内部幼稚園及びプリスクールからの進学者を含む。

●**応募状況**

年度＼人数	募集人員	出願者	受験者	合格者	入学者
2019	特に定めず	0	0	0	0
2020	特に定めず	0	0	0	0

編入学

●**編入学時期・定員** 〔1～4年生〕欠員がある場合、随時。
●**出願資格・条件** 海外在住期間が1年以上で、帰国後2年以内。帰国後、一旦他校に在籍していても、帰国後2年以内であれば出願可。
●**出願書類** 一般入試に準ずる。通学（通園）する学校（園）の在籍を証明する書類が必要。
●**選考方法** 国語、算数、面接（保護者・本人）、英語カテスト（本人）

● **2019 年度帰国子女編入学者数**

1年	2年	3年	4年	5年	6年
0	0	0	0	0	0

受入後

●**指導** 原則として年齢相当の学年に編入し、同クラスの児童と同様に指導を受ける。カトリック校としての建学の精神を基盤に、世界でそして未来で活躍できる力を育む「21 世紀型教育（グローバル教育）」を実践する。
●**教育方針** カトリックの宗教的価値観を基盤とし、「人を愛し、自らを高める強い意志と豊かな心をもつ子どもを育成する」ことを目指して、宗教教育を核とした心の教育の充実に努めている。「21 世紀型教育（グローバル教育）」により、未来の社会で活躍できる能力を養成し、新しい時代、世界に貢献できる人材を育てる。
●**特色** スーパーイングリッシュコースでは、国語以外の多くの教科を英語で学習するため、英語圏からの帰国児童は語学力を生かし、日本の教育を受けることができる。授業は外国人教員と日本人教員の2人担任制。スーパースタディズコースでも週4時間の英語授業を行い、外国人教員と日本人教員の2人担任制としている。
●**進学特例条件** 小学校の推薦に基づいて内部の中学校・高等学校に進学することができる。中学校・高等学校にもスーパーイングリッシュコースを設置している。

入 編

私立 共学

▷▷ 中 194P 高 386P

アサンプション国際(こくさい)小学校

〒 562-8543 （副校長：三宅理磨）
大阪府箕面市如意谷 1-13-23
▶▶（阪急箕面駅・北千里駅、北大阪急行・大阪モノレール千里中央駅・彩都西駅よりスクールバスあり）
TEL 072-723-6150 FAX 072-722-9757
URL https://www.assumption.ed.jp/primary/
児童数 男 91 女 212 合計 303

帰国子女在籍者数	1年	2年	3年	4年	5年	6年	計
	1	4	0	1	3	0	9

入学

●**出願資格・条件**
日本語の日常会話ができること（日本語が聞き取れること）
●**出願書類** ・入学願書・受験票
●**日程等**

区分	募集	出願	試験	発表	選考方法
A日程	約80（一般も含む）	8/31～9/5	9/12	9/14	総合テスト、面接（受験生と保護者）
B日程		8/31～9/5 10/5～10	10/17	10/17	

※面接日は相談・協議に応じる

●**応募状況**

年度＼人数	募集人員	出願者	受験者	合格者	入学者
2019	若干名	0	0	0	0
2020	若干名	1	1	1	1

編入学

●**編入学時期・定員** 〔2～5年生〕相談により随時。若干名
●**出願資格・条件** （1）日本語の日常会話ができること
（2）該当学年相当の学力があること
●**出願書類** ・入学願書・受験票
●**選考方法** 国語・算数・体育、面接（本人および保護者）

● **2019 年度帰国子女編入学者数**

1年	2年	3年	4年	5年	6年
1	0	0	0	0	0

受入後

●**指導**
従来の英語教育は、ネイティブ教員と日本語教員によるティーム・ティーチングを行い、放課後には、ネイティブ教員による主に帰国子女を対象とした特別クラス（Advanced English Program）がある。昨年度より、イマージョン教育を行うコースを新設し、教科としての英語だけではなく、多くの教科を英語で行う「イマージョン教育」を導入。ネイティブ教員と日本語教員のティーム・ティーチングで行う。
●**教育方針**
カトリック精神に基づく小・中高の一貫教育の中で、人格形成の基盤づくりに努める。「心身ともに健やかで愛に生きる子」を教育目標として、「世界に貢献する人間の育成」を目指す

入 編

私立 女子 ▷▷ 中 199P 高 395P

百合学院小学校
（ゆりがくいん）

（担当：福中千鶴）
〒661-0974
兵庫県尼崎市若王寺 2-18-2
▶▶（阪急神戸線園田駅）
TEL 06-6491-7033 FAX 06-6491-2229
URL http://www.yuri-gakuin.ac.jp/

児童数 女 117 合計 117

帰国子女在籍者数	1年	2年	3年	4年	5年	6年	計
	0	0	0	0	0	1	1

入学

●出願資格・条件
特に定めず

●出願書類
・入学願書・身体調査書・海外における在学証明書
・成績証明書

●日程等

区分	募集	出願	試験	発表	選考方法
A	40名	8/25～9/4	9/12	9/13	ペーパーテスト、行動観察、運動等、保護者面接
B	20名	9/14～23	9/26	9/27	
C	若干名	1/18～29	2/6	2/7	

※A日程：専願を主とする志願者対象
※B・C日程：併願を主とする志願者対象

●応募状況

年度＼人数	募集人員	出願者	受験者	合格者	入学者
2019	特に定めず	1	1	1	1
2020	特に定めず	0	0	0	0

編入学

●編入学時期・定員 〔1～5年生〕8、1、4月。若干名
●出願資格・条件 入学に準ずる
●出願書類 入学に準ずる
●選考方法 国語・算数の試験、作文（200～400字程度）

● 2019年度帰国子女編入学者数

1年	2年	3年	4年	5年	6年
0	0	0	0	1	0

受入後

●特色
・週3時間の英語教育（5・6年生は2時間）
・キリスト教の精神を基盤とする教育

入 編

私立 女子 ▷▷ 中 199P 高 395P 大 575P

受入開始 1990年度

小林聖心女子学院小学校
（おばやしせいしんじょしがくいん）

（担当：河本周介）
〒665-0073
兵庫県宝塚市塔の町 3-113
▶▶（阪急今津線小林駅）
TEL 0797-71-7321 FAX 0797-72-5716
URL http://www.oby-sacred-heart.ed.jp

児童数 女 423 合計 423

帰国子女在籍者数	1年	2年	3年	4年	5年	6年	計
	0	0	7	8	2	4	21

入学

●出願資格・条件
保護者が、本学院の教育方針の下で教育を受けることに熱意を持っている・外国からの帰国子女で、海外在住2年以上、帰国後1年以内・保護者（父母）のもとから通学し、通学所要時間90分以内

●出願書類
入学願書・受験票・帰国子女調査書・健康診断書（合格後に提出）いずれも本校所定のものに限る

●日程等 ※募集人員は一般入試に含む

区分	募集	出願	試験	発表	選考方法
A日程	約60※	8/18～26	9/12	9/13	思考力・基礎的な発達・生活力・表現力・協調性を見る
B日程		8/18～26	9/14	9/15	

※出願期間は日曜を除く

●応募状況 ※帰国子女枠はありません

年度＼人数	募集人員	出願者	受験者	合格者	入学者
2019	90	3	3	3	3
2020	90	3	3	3	3

編入学

●編入学時期・定員 〔1年生〕9、1月
〔2～5年生〕4、9、1月
●出願資格・条件 入学に準ずる
●出願書類 入学書類に準ずるが、在学・成績等を証明する書類、または、それに準ずるものが必要
●選考方法 国語、算数、作文、朗読、面接

● 2019年度帰国子女編入学者数

1年	2年	3年	4年	5年	6年
0	0	1	0	2	0

受入後

●指導
一般学級での混入方式による指導を行います。学力に遅れのある場合、個別に補習を行います。英語が堪能な帰国子女は、ネイティブの先生との会話を楽しむ時間を週1回持っています。

●教育方針
聖心女学院は、一人ひとりが神の愛を受けたかけがえのない存在であることを知り、世界の一員としての連帯感と使命感を持って、より良い社会を築くことに貢献する賢明な女性の育成をめざします。

●特色
小中高12年間の一貫教育を行う学校です。その12年間のカリキュラム内容を4・4・4制とし、3つのステージの発達段階に合わせて、「知性を磨き」「魂を育て」「実行力を養い」ます。2008年に新校舎が完成し、1～3年生は30名3クラス、4・5年生は36名3クラスの定員です。

●卒業生（帰国児童）の進路状況
ほぼ全員が併設校へ進学。

私立 共学

甲子園学院小学校（こうしえんがくいん）

〒663-8104　（担当：澤井良彦）
兵庫県西宮市天道町 10-15
▶▶(JR 神戸線甲子園口駅、阪急神戸線西宮北口駅)
TEL 0798-67-2366　FAX 0798-67-6814
URL http://www.koshiengakuin-e.ed.jp
児童数　男 73　女 24　合計 97

帰国子女在籍者数	1年	2年	3年	4年	5年	6年	計
	0	0	0	0	1	0	1

入学

●**出願資格・条件**　一般入学試験に準ずる
●**出願書類**
入学願書（写真貼付・現住所は住民票記載の住所を記入）
●**日程等**

区分	募集	出願	試験	発表	選考方法
1次	約 60	8/19～21	9/12	9/13	筆記・運動、個別・社会性面接テスト
2次		1/27・28	2/6	2/7	

※面接は、1 次は 8/24～28、2 次は 1/29～30 に実施
※ 2 次以降、帰国生については相談に応じる

●**応募状況**

年度＼人数	募集人員	出願者	受験者	合格者	入学者
2019	若干名	1	1	1	1
2020	若干名	0	0	0	0

編入学

●**編入学時期・定員**〔1～4 年生〕随時。若干名
●**出願資格・条件**　本校の入学・転入試験を受験していない者
●**出願書類**　入学に準ずる
●**選考方法**　国語、算数、体育実技、親子面接等。選考日は本校が指定した日
●**2019 年度帰国子女編入学者数**

1年	2年	3年	4年	5年	6年
0	0	0	1	0	0

受入後

●**指導**
帰国生の海外で習得した外国語力（英語）は、各学年週 2 時間の英語の時間に、大いにその力を発揮できるよう工夫した授業を行う。また、教科学習については、補習など個別に対応する。
●**教育方針**
独自の教育課程に基づき、高い学力を目指すとともに道徳教育や個性を生かした教育にも重点を置いている。「学校は勉強するところ」として、自主的に学習する姿勢を身につけさせる。
●**特色**
習熟度別学習や校内模試を取り入れ、私立中学校受験のための支援を行っている。学校行事では、異学年交流を重視し、学年を越えた人間関係の構築に取り組んでいる。
●**卒業生（帰国児童）の進路状況**
甲陽学院中、白陵中などに進学。

▷▷大 647P

私立 共学

受入開始　2003 年度

帝塚山小学校（てづかやま）

〒631-0034　（担当：野村至弘）
奈良県奈良市学園南 3-1-3
▶▶（近鉄奈良線学園前駅）
TEL 0742-41-9624　FAX 0742-41-9634
URL http://www.tezukayama-e.ed.jp/
児童数　男 143　女 309　合計 452

帰国子女在籍者数	1年	2年	3年	4年	5年	6年	計
	0	0	0	0	0	0	0

入学

●**出願資格・条件**
帰国子女であること。本校の教育に理解をもつ保護者であり、通学可能な範囲に居住していること
●**出願書類**
・入学願書・志願票
●**日程等**

募集	出願	試験	発表	選考方法
若干名	特に定めず	特に定めず	特に定めず	ペーパーテスト、運動能力テスト、集団テスト等

※例年学年末に行う。
事前に学校に連絡をしてから、出願可能かどうかを問い合わせること。

編入学

●**編入学時期・定員**
〔2～5 年生〕3 月。欠員がある場合
●**出願資格・条件**　入学に準ずる。
●**出願書類**　入学に準ずる。
●**選考方法**　入学に準ずる
●**2019 年度帰国子女編入学者数**

1年	2年	3年	4年	5年	6年
0	0	0	0	0	0

受入後

●**教育方針**
本校の教育には、「じっくり考える力のある子ども」を育てるという大きな指標があります。そして、その実現のために、次の三つの大きな教育の柱を立て、「根っこの部分を鍛えぬく」教育をめざします。
①倫理観を育む心の教育
生命を尊重する心・他者への思いやりや正義感・美しいものや自然の営みに感動する心など、倫理観や社会性を備えた豊かな人間性の育成。
②高い学力・豊かな学力をつける英知の教育
学習の習慣化・基礎学力の徹底・発展的な思考力の育成・読書指導の徹底・自己教育力の育成・生活体験学習や自然体験学習の重視・国際理解教育や情報教育、自然環境教育の重視・個性化教育の重視、等。
③強い体・ねばり強い心を育てる教育
一人ひとりの子どもを、徳育・知育・体育のバランスのとれた教育を通じて、生き生きと表情の輝く、力と気品に満ちた感性豊かな子どもの育成に取り組んでいる。

入 編

私立 共学 ▷▷ 大 649P

ノートルダム清心(せいしん)女子大学附属小学校(じょしだいがくふぞく)

〒 700-8516 （担当：服部和也）
岡山県岡山市北区伊福町 2-16-9
▶▶（JR 山陽本線・JR 山陽新幹線岡山駅）
TEL 086-252-1486 FAX 086-252-9080
URL https://www.ndsu-e.ed.jp

児童数　男 124　女 218　合計 342

帰国子女在籍者数	1年	2年	3年	4年	5年	6年	合計
	1	1	1	1	0	0	4

入学

●出願資格・条件
・2014.4.2 ～ 2015.4.1 に生まれた者
・保護者が本校の教育方針の下で教育を受けることに賛同していること
・保護者のもとから通学し、所要時間が 1 時間以内であること

●出願書類
・入学願書一式・健康診断書

●日程等

区分	募集	出願	試験	発表	選考方法
第1回	60名	10/28～29	11/14	11/18	面接、適性検査（国際コースの場合は英語のテストを加える）
第2回	若干名	1/5	1/9	1/13	

※面接は保護者・子で別々に実施
※ 募集 60 名で 2 学級編成

●応募状況

年度＼人数	募集人員	出願者	受験者	合格者	入学者
2019	若干名	1	1	1	1
2020	若干名	3	3	3	3

編入学

●編入学時期・定員
随時。欠員のある場合

●出願資格・条件
・保護者が本校の教育方針の下で教育を受けることに賛同していること
・保護者のもとからの通学所要時間が 1 時間以内
・過去に本校を受験していないこと

●出願書類　入学願書一式・健康診断書・最新の通知表もしくはそれに代わるもの・在留期間が分かるもの

●選考方法
国、算、英（国際コース希望者のみ）、面接

● 2019 年度帰国子女編入学者数

1年	0	2年	1	3年	0	4年	0	5年	1	6年	0

受入後

●特色
国際コースでは、算数、理科、英語の授業を英語で行っている。

●進学特例条件
併設姉妹校に英語特別プログラムがある。本校からの推薦入学制度あり。

入 編

私立 共学 ▷▷ 中 207P 高 402P 大 650P

受入開始　2003 年度

なぎさ公園(こうえん)小学校

〒 731-5138 （担当：教頭　橋國浩之）
広島県広島市佐伯区海老山南 2-2-30
▶▶（JR 山陽本線五日市駅）
TEL 082-943-0001 FAX 082-943-0004
URL http://www.nagisa.ed.jp/elementary/

児童数　男 199　女 213　合計 412

帰国子女在籍者数	1年	2年	3年	4年	5年	6年	計
	1	1	1	1	0	2	6

入学

●出願資格・条件
保護者の海外赴任など、本人の意志以外のやむをえない理由により、2 年以上の海外在留期間があり、帰国後 1 年以内の者（グローバル入試）

●出願書類
・入学志願書

●日程等

募集	出願	試験	発表	選考方法
若干名	10/1～3	10/31	11/4	面接（保護者同伴）、適性検査 A、適性検査 B

●応募状況

年度＼人数	募集人員	出願者	受験者	合格者	入学者
2019	若干名	1	1	1	1
2020	若干名	1	1	1	1

編入学

●編入学時期・定員〔1 ～ 5 年生〕随時。欠員がある場合、若干名

●出願資格・条件・出願書類・選考方法　入学に準ずる

● 2019 年度帰国子女編入学者数

1年	0	2年	0	3年	1	4年	1	5年	0	6年	0

受入後

●指導
個別の状況に応じて対応する。（一般児童と混成学級）

●教育方針
「常に神と共に歩み、社会に奉仕する」人間育成。

●特色
・21 世紀型「高学力」を育てたい
・グローバル生活人を育てたい
・ふるえる心（感性）を育てたい
・たくましいリーダーを育てたい
　に基づき、子どもたちの可能性を無限大に伸ばします。
・2019 年度入試より「グローバル入試」を新設。

●卒業生（帰国児童）の進路状況
ほとんどが併設の広島なぎさ中学校へ進学する。

●進学特例条件
希望すればほとんど推薦で入学できるが、入学試験を受けなければならない。

私立 共学

受入開始　2012 年度

安田（やすだ）小学校

（担当：一木寛之）

〒 730-0001
広島県広島市中区白島北町 1-41
▶▶（JR 山陽本線新白島駅、アストラムライン白島駅）
TEL 082-221-5472　FAX 082-221-7699
URL http://www.yasuda-u.ac.jp/es/

児童数　男 227　女 265　合計 492

帰国子女在籍者数	1年	2年	3年	4年	5年	6年	計
	0	0	0	1	0	0	1

編入学

●編入学時期・定員　〔1 ～ 5 年生〕7、12、3 月。欠員がある場合
●出願資格・条件　海外で半年以上生活、帰国して半年以内
●出願書類　・願書・在籍が証明できるもの
●選考方法　英語、面接（本人・保護者別）

●応募状況

年度＼人数	募集人員	出願者	受験者	合格者	入学者
2020	80(帰国子女含む)	0	0	0	0

● 2019 年度帰国子女編入学者数

1年	0	2年	0	3年	0	4年	0	5年	0	6年	0

受入後

●指導
通常のクラスに編入する。学習指導および生活指導は実態を見て必要であれば個別指導する。

●教育方針
心遣い、気配り、思いやりといった、人間の品格と意志、知識、技術など自分を支える実力の両方を併せ持ち、それらを知恵に変えて進んでいく実現力を育てる。

●特色
・基礎基本の力と自己教育力を伸ばすカリキュラム
・人としての品格を育てる教科「くすのき」の授業
・5・6 年全教科担任制
・オーストラリアの姉妹校との交流（ホームステイ・テレビ電話など）

●卒業生（帰国児童）の進路状況
国立・私立中学校へ進学、または併設中学校への進学（女子）

▷▷ 中 209P 高 403P

私立 共学

英数学館（えいすうがっかん）小学校

（担当：吉光）

〒 721-8502
広島県福山市引野町 980-1
▶▶（JR 山陽本線大門駅）
TEL 084-941-4115　FAX 084-941-4143
URL http://www.eisu-ejs.ac.jp

児童数　男 103　女 80　合計 183

帰国子女在籍者数	1年	2年	3年	4年	5年	6年	計
	0	1	2	0	0	1	4

入学

●出願資格・条件
・2014.4.2 ～ 2015.4.1 までに出生した者
●出願書類　・入学願書一式
●日程等

区分	募集	出願	試験	発表	選考方法
1 期	若干名	8/17 ~ 31	9/12	9/16	適性検査、本人・保護者面接
2 期		12/14 ~ 31	1/9	1/13	

●応募状況

年度＼人数	募集人員	出願者	受験者	合格者	入学者
2019	若干名	0	0	0	0
2020	若干名	3	3	3	3

編入学

●編入学時期・定員　〔1 ～ 6 年生〕随時。若干名
●出願資格　該当学年の学力を有していること
●出願書類　・入学願書一式
●選考方法　本人・保護者面接及び国語・算数・英語

● 2019 年度帰国子女編入学者数

1年	0	2年	0	3年	1	4年	0	5年	0	6年	1

受入後

●指導
国際教育や英語教育のプログラムを充実させた環境の中で、児童が探究型の学びや教科横断型のプログラムに取り組み、主体的、協働的に学んでいくことで、グローバル社会に貢献できる国際人を育成する。

●特色
国際バカロレアのプログラムと英語イマージョンプログラムを導入。各学級には日本人担任と外国人担任がおり、日本語と英語で授業を分担。様々な教科を英語で学習し、日常生活の中でも英語を使用する場面を多く作り出すことで、自然と英語を身につける環境を提供。

●進学特例条件
併設中・高、さらに関連学園の運営する大学への入学特典制度あり。

入 編

国立 共学

受入開始 1981 年度

福岡教育大学附属福岡小学校

（ふくおかきょういくだいがくふぞくふくおか）

（担当：大村拓也、永松聖子）

〒 810-0061
福岡県福岡市中央区西公園 12-1
▶▶（地下鉄空港線唐人町駅）
TEL 092-741-4731 FAX 092-722-2553
URL http://ww1.fukuoka-edu.ac.jp/~fukuokas/
児童数 男 226 女 222 合計 448

帰国子女在籍者数	1年	2年	3年	4年	5年	6年	計
	−	−	1	4	2	2	9

入学

●出願資格・条件　(1) 日本国籍を有する者で、原則として、志願者本人の海外生活が 2 年以上にわたり、帰国後 1 年以内の者 (2) 日本における相当学年の年齢の者 (3) 保護者とともに、居住または居住予定者で、自宅から福岡教育大学附属福岡小学校まで徒歩及び公共交通機関を利用した通学が可能な者

●出願書類　・所定の願書と受験票・海外生活を証明する書類（保護者が所属する機関の長の発行する在外勤務証明証または海外在留証明書）・住民票（本人と保護者が同居していることがわかるもの）・海外における最終在学校の在学証明書か成績通知票またはこれらに相当するもの ・ 帰国後、国内の小学校に在学中で出願する者は、当該校の在学証明書・受験にあたっての確認書・健康診断書（所定の用紙）

●日程等
詳細はウェブサイトにてご確認ください。

●応募状況

年度＼人数	募集人員	出願者	受験者	合格者	入学者
2019	若干名	5	5	5	3
2020	−	−	−	−	−

編入学

●編入学時期　〔4 ～ 6 年生〕随時
●出願資格・条件・出願書類・選考方法　入試に準ずる
● 2019 年度帰国子女編入学者数

1年	2年	3年	4年	5年	6年
−	−	1	0	1	0

受入後

●指導　(1) 児童の海外における教育歴や生活環境、学習進度と能力等を考慮し、少人数学級で児童の実情に応じた指導を行う (2) 言語・生活習慣等の面で、早く日本の生活に親しませ、日本の小学校生活に適応させるため、帰国子女教育学級における指導とともに、できるだけ通常学級児童との交流を図る。そのため、一部の教科等は通常学級と一緒に指導 (3) 児童の海外における経験を生かし、国際理解を促進し、国際性を伸長するように留意 (4) 学習及び生活が、通常学級において支障なく行えると認められた時点で、転校を含めた進路についての指導を行う

●教育方針　海外から帰国した児童のうち、その在外生活経験と、日本における初等教育の状況が著しく相違する児童に対し、日本の環境に適応させるための指導、ならびにその研究を行うことを目的とする。指導にあたっては、特に次の点に留意する。(1) 日本語の習得を図る (2) 日本の生活環境への適応を図る (3) 学習諸能力の向上を図る (4) 海外で身につけた、好ましい生活態度や言語等の保持・育成を図る

●特色　(1) 学校教育法に基づいて初等普通教育を行う (2) 福岡教育大学の学生が教育実習を行う学校 (3) 福岡教育大学と連携しながら、教育研究を行う学校。したがって、特別な教育計画を決めて行うことがある

●進学特例条件　本併設校として福岡教育大学附属福岡中学校があるが、入学のためには、他の児童同様試験を受ける必要がある。

●卒業生（帰国児童）の進路状況　附属福岡中学校や公立校に進学。

入 編

▷▷ 中 214P 高 408P

私立 女子

福岡雙葉小学校

（ふくおかふたば）

（担当：教頭・教務）

〒 810-0027
福岡県福岡市中央区御所ヶ谷 7-1
▶▶（JR 博多駅より西鉄バス）
TEL 092-531-1215 FAX 092-531-1245
URL http://www.fukuokafutaba.ed.jp/elem/
児童数 女 518 合計 518

帰国子女在籍者数	1年	2年	3年	4年	5年	6年	計
	1	2	0	0	1	2	6

入学

●出願資格・条件
2014.4.2 ～ 2015.4.1 生まれの女子で、学校生活に適応できる十分な体力を有する者

●出願書類　・入学願書・志願書

●日程等

募集	出願	試験	発表	選考方法
115 ※	10/13～20	11/8	11/9	※

※募集人員は一般入試・附属幼稚園からの進学者を含む
※雙葉コースは総合テスト、面接（保護者同伴）。グローバルコミュニケーションコースは総合テスト、英語による口頭試問（本人のみ）、面接（ 保護者同伴）
※帰国子女であることを考慮したうえで、一般に準じた試験を実施

●応募状況（帰国子女）

年度＼人数	募集人員	出願者	受験者	合格者	入学者
2019	特に定めず	0	0	0	0
2020	特に定めず	1	1	1	1

編入学

●編入学時期　〔1 ～ 5 年生〕随時
●出願資格　一般入試に準ずる
●出願書類　入学願書一式（本校指定）
海外の学校での成績表
●選考方法　一般入試に準ずるが、英語圏からの帰国児童には、英語による口頭試問と算数の筆記試験（英文）も行う。

● 2019 年度帰国子女編入学者数

1年	2年	3年	4年	5年	6年
2	0	0	1	2	／

受入後

●指導　年齢相当のクラスに編入し、在籍児童と同様に指導を行う。海外での体験を生かすことができる場を多く設けている。

●特色　カトリックの精神に基づいた女子教育のもと、グローバルシティズンの育成をめざす。1 年生から週 2 時間の英語学習を行い、国際交流にも力を入れている。2012 年度以降は、イマージョン教育をとり入れ、そのコースは外国人教師と日本人教師が担任をしている。

●進学特例条件　併設の中学・高校へは推薦制により進学することができる。

●卒業生（帰国児童）の進路状況
中学・高校でも海外留学を希望する生徒が多く、海外の大学に進学する者も増加している。

入 編

私立 共学 寮

▷▷ 中等 224P

受入開始 2004 年度

リンデンホールスクール小学部

〒818-0125
福岡県太宰府市五条 6-16-58
▶▶（西鉄天神大牟田線西鉄二日市駅・西鉄太宰府線西鉄五条駅）
TEL 092-918-0111 FAX 092-918-0101
URL http://www.e.lindenhall.ed.jp
児童数 男 91 女 80 合計 171

帰国子女在籍者数	1 年	2 年	3 年	4 年	5 年	6 年	計
	0	2	1	1	1	1	6

入 学

●出願資格・条件 本校の教育方針および学校生活に適していると判断される児童

●出願書類
・願書一式・受験者本人の滞在国での成績表の写し

●日程等

募集	出願	試験	発表	選考方法
若干名	9/6～30	保護者面接 10/25 または 11/1 児童試験 10/11	11/5 速達で郵送	英語面接、英語、国語、算数、保護者面接

●応募状況

年度＼人数	募集人員	出願者	受験者	合格者	入学者
2019	若干名	0	0	0	0
2020	若干名	0	0	0	0

編 入 学

●編入学時期・定員
〔1 ～ 6 年生〕随時。各学年若干名。

●出願資格・条件
入学に準ずる。3 年生以上は、実用英語技能検定 3 級以上または同等以上の能力を有する児童。

●出願書類・選考方法 入学に準ずる

● 2019 年度帰国子女編入学者数

1 年	2	2 年	1	3 年	1	4 年	1	5 年	0	6 年	1

受 入 後

●指導
一般のクラスに入学するが、必要に応じて個別指導を行う。

●教育方針
全クラスが英語イマージョンクラスで、国語以外は英語で授業を行う。日本のアイデンティティーを教育し、国際舞台で活躍できる個性豊かな逸材を育成する。日本人教師とネイティブスピーカーによるダブルチューター制を導入。また、世界に通用する国際的プログラムをカリキュラムに採用。「個性を伸ばし、自信をつけて、世界に送り出す」それが私たちの夢であり、使命である。

●特色
1 クラス 20 名前後の少人数制クラス。スクールバスを運行し、電車通学者は教職員が引率するなど、児童のセキュリティーには最善の注意をはらう。放課後に宿題・英会話の指導を行うアフタースクールや、ピアノ、バイオリン、ヒップホップダンス、サッカーのレッスンを実施している。

●進学特例条件 2010 年 4 月、中高学部が開校した。12 年間の一貫教育となる。

▷▷ 高 256P 大 575P

札幌聖心女子学院中学校

（さっぽろせいしんじょしがくいん）

（担当：畑尻麻紀）

〒 064-8540
北海道札幌市中央区宮の森２条16-10-1
▶▶（地下鉄東西線円山公園駅）
TEL 011-611-9231　FAX 011-612-0980
URL https://spr-sacred-heart.ed.jp
生徒数　女 71　合計 71

帰国子女在籍者数	1年	2年	3年	計
	–	–	–	–

入学

●出願資格・条件
・保護者の勤務に伴い海外の教育機関に１年以上通学し、現在海外滞在中または帰国後３年以内の女子
・帰国後も保護者が海外勤務の場合は寄宿舎から通学すること

●出願書類　・入学願書・受験票・現在海外に滞在中の場合は、英語または日本語による成績証明書・現在日本にいる場合は海外での在学証明書および調査書・保護者の海外勤務証明書

●日程等

募集	出願	試験	発表	選考方法
60	12/1～26	1/7	1/8	国語、算数、面接（保護者同伴）

※募集人員は、本校入試・首都圏入試を含む

●応募状況

年度＼人数	募集人員	出願者	受験者	合格者	入学者
2019	一般に含む	0	0	0	0
2020	一般に含む	1	1	1	0

編入学

●編入学時期・定員〔1～3年生〕欠員がある場合、随時
●出願資格・出願書類　入学に準ずる
●選考方法　A方式：国語・数学・英語
B方式：英作文・日本語作文
A・Bとも個別面接（保護者同伴）

● 2019年度帰国子女編入学者数

1年	0	2年	0	3年	0

受入後

●指導　基本的には一般入学生徒と同等の扱いをするが、実情に応じ、適宜個人指導による補習を行う。
●教育方針　カトリックの価値観と女子教育の実績を土台に、心を育て、知性を磨き、社会に貢献する実行力を身につけた生徒を育てる。
●特色　世界に広がる「聖心ネットワーク」を活かした教育活動。学んだ知識を活用し、自分のことばで自分の考えを発信する力を育む授業。一人ひとりに目が届く家庭的な教育。充実の指定校推薦。AO入試にも強い個別指導・探究学習。快適で温かな雰囲気の寄宿舎を完備。
●進学特例条件　原則、併設高校へ進学できる。
●卒業生(帰国児童)の進路状況　聖心女子大学などへ進学。

入 編

私立 男子 寮

▷▷ 高 258P

函館ラ・サール中学校

（はこだて）

（担当：井上治）

〒 041-8765
北海道函館市日吉町 1-12-1
▶▶（函館市電 湯の川電停）
TEL 0138-52-0365　FAX 0138-54-0365
URL https://www.h-lasalle.ed.jp/
生徒数　男 222　合計 222

帰国子女在籍者数	1年	2年	3年	計
	1	1	2	4

入学

●出願資格・条件
2021年3月小学校卒業見込みの男子

●出願書類
①入学願書②郵便振替払込受付証明書③受験票④通知表のコピー⑤自己報告書

●日程等（一般入試での受入）

区分	募集	出願	試験	発表	選考方法
1次	80	12/1～12	1/8	1/10	1次…国算社理または国算理 2次…国算社理または国算理または国算
2次		1/19～23	2/3	2/4	

※英検準1級取得者は入学者選抜において優遇する

●応募状況

年度＼人数	募集人員	出願者	受験者	合格者	入学者
2019	特に定めず	–	–	–	–
2020	特に定めず	–	–	–	–

編入学

●編入学時期〔1～3年生〕随時
●出願資格　中学校在学中の男子
●出願書類　・転編入照会書
・成績証明書（ともに在学校作成のもの）
●選考方法　国・数・英の学科試験、面接（志望理由等）

● 2019年度帰国子女編入学者数

1年	0	2年	0	3年	0

受入後

●指導　実情に応じ、適宜補習を行います。
●教育方針　「ファミリー・スピリット」、学校を1つの家族のように考え、生徒たちに行動上の自覚をうながし、学校の名誉を重んずる態度を養います。
●特色
①人間教育重視の教育伝統～カトリック校として、学力に偏らない全人格的成長を図ると共に、問題を抱えた生徒をあくまでも支援
②トップクラスの全国区性～中学は全国一とも言われている（生徒の過半数が関東関西出身）
③全国唯一の大部屋寮生活～柔軟で逞しい人間関係力と一生の友人が得られる
④恵まれた生活・学習環境～函館は北海道の豊かな自然と歴史的情緒に溢れた魅力的な港町
⑤低廉な経費～都会での通学通塾生活より経済的（授業料寮費合わせて月11万円）
●進学特例条件　併設高校への進学原則可

私立 男子 寮

▷▷ 高 260P 大 557P

受入開始 1990 年度

東北学院中学校

(とうほくがくいん)

〒 983-8565 (担当：入試対策室)
宮城県仙台市宮城野区小鶴字高野 123 番 1
▶▶ (JR 仙石線小鶴新田駅)
TEL 022-786-1231 FAX 022-786-1460
URL https://www.jhs.tohoku-gakuin.ac.jp/

生徒数 男 465 合計 465

帰国子女在籍者数	1年	2年	3年	計
	0	0	1	1

入 学

●出願資格・条件
①日本国籍を持ち、1 年以上にわたって海外の正規の教育機関に就学していて帰国後 6 ヵ月以内の生徒
②小学校 6 年を修了したと認められる者
※出願希望者は事前に相談すること

●出願書類
・入学志願書・編入学事由書・調査書または成績証明書

●日程等

募集	出願	試験	発表	選抜方法
若干名	12/1 ～ 21	1/7	1/8	国・算 面接（保護者同伴）

※帰国生の選考については別途考慮する。

●応募状況

年度＼人数	募集人員	出願者	受験者	合格者	入学者
2019	若干名	0	0	0	0
2020	若干名	0	0	0	0

編 入 学

●編入学時期・定員 〔1 年生〕 8、10、1 月
〔2・3 年生〕 4、8、10、1 月。若干名
※上記以外の時期も応相談

●出願資格・条件 上記①と同じ

●出願書類 入学に準ずる

●選考方法 国語・数学・英語・面接（保護者同伴）

● 2019 年度帰国子女編入学者数

1年	0	2年	0	3年	0

受 入 後

●指導
一般生と同じクラスで指導する。

●特色
東北学院は 130 年の伝統と歴史を持つキリスト教主義の学校で、「キリスト教精神に基づく人格教育」を教育の基本としている。あらゆる機会をとらえて豊かな人間性を磨き、知的資質を向上させることにより、広く社会に貢献できるよう大学進学を特に奨励している。PC 一人一台環境を早期より導入し、コースごとに特色あるカリキュラムで効率的・効果的に学力を向上させるシステムが構築されている。

私立 女子

▷▷ 高 260P 大 558P

受入開始 1985 年度

宮城学院中学校

(みやぎがくいん)

〒 981-8557 (担当：平林健)
宮城県仙台市青葉区桜ケ丘 9-1-1
▶▶ (JR 東北線仙台駅)
TEL 022-279-1331 FAX 022-279-5113
URL http://www.miyagi-gakuin.ac.jp

生徒数 女 173 合計 173

帰国子女在籍者数	1年	2年	3年	計
	0	0	0	0

入 学

●出願資格・条件 保護者の海外駐在などに伴い、現地校または日本人学校で教育を受けた者。英語入試は英検 4 級相当の資格を有していること

●出願書類
・入学願書（本校所定のもの）
・海外で在学していた学校の成績証明書
・帰国後、国内の小学校に在籍した者は、その学校の成績を証明するもの
・英語入試の場合は英検 4 級相当の資格を証明するもの（コピー）

●日程等

募集	出願	試験	発表	選考方法
若干名	12/1～14	1/7	1/8	※

※ 2 教科型…国・算、面接
思考力型…総合問題、作文、面接
英語入試…英語面接、作文、面接
※一般と同様だが、配慮する。

●応募状況

年度＼人数	募集人員	出願者	受験者	合格者	入学者
2019	若干名	0	0	0	0
2020	10	0	0	0	0

編 入 学

●編入学時期・定員 〔1 ～ 3 年生〕随時

●出願資格 県外からの一家転住者
海外からの帰国子女

●出願書類 ・在学証明書・本校既定の願書

●選考方法 学科試験（英・数・国）面
（詳しくはお問合せ下さい）

● 2019 年度帰国子女編入学者数

1年	0	2年	0	3年	0

受 入 後

●指導・教育方針・特色 本人の特性を見ながら、良い面を伸ばし不足している面を補充するように努める。キリスト教精神に基づく人格教育により、国際精神を養い、人類の福祉と世界の平和に貢献する女性を育成する。英語入試で入学した生徒は英語の授業時間が多くなる（8 時間、またそのうち 5 時間をネイティブ教師が担当する）。

●進学特例条件 宮城学院高等学校へは受験することなく入学できる。その後、宮城学院女子大への推薦入学制度、キリスト教主義の同盟校への指定校推薦の道がある。

●卒業生（帰国児童）の進路状況 宮城学院高等学校に進学。

▷▷ 高 259P

受入開始　2003 年度

秀光中学校

（※ 2021 年 4 月開校予定〈認可申請中〉現 秀光中等教育学校）

（担当：髙橋澄夫）

〒 983-0045
宮城県仙台市宮城野区宮城野二丁目 4-1
▶▶（JR 仙石線 宮城野原駅）
TEL 022-256-4141 FAX 022-299-2408
URL https://www.sendaiikuei.ed.jp/shukoh/
生徒数 男 53 女 41 合計 94

帰国子女在籍者数	1 年	2 年	3 年	4 年	5 年	6 年	計
	0	0	0	0	0	0	0

入学

●出願資格・条件 2021 年 3 月に小学校卒業見込みの児童及び同等の学力を持つ者。

●出願書類 ※インターネット出願
・入学願書及び受験票、写真、検定料 14,000 円（出願サイトにて入力、手続きを済ませてください。）

●日程等

区分	募集	出願	試験	発表	選考方法
適性検査型	80	12/1～1/5	1/7	1/8	総合問題、作文、個人面接
秀光トライアル		12/1～1/3	1/11	1/13	1次：4科筆記試験（国・算・社・理） 2次：オンライン面接
秀光PA入試		12/1～1/21	1/23	1/24	総合問題、個人面接

※ 1 回分の検定料納入で、3 回まで受験可能。秀光トライアルは、1 次試験無料で、オンライン実施の場合もあり。
令和 3 年 1 月 11 日（月）に国外で居住している帰国生は、1 次試験もオンラインで受験できます。

●応募状況

年度＼人数	募集人員	出願者	受験者	合格者	入学者
2019	80	0	0	0	0
2020	80	0	0	0	0

編入学

●編入学時期・定員 〔1 ～ 3 年生〕随時。
●出願資格 ・編入学を希望する学年に相当する学力を有する者
・日本語が理解できる者
●出願書類 在学中の学校での学習状況を証明する書類
●選考方法 学力試験・個人面接
● 2019 年度帰国子女編入学者数

1年	0	2年	0	3年	0	4年	–	5年	–	6年	–

受入後

●指導 一般在学生徒と同じ
●教育方針 「高度な学力・豊かな感性・生涯学習者としての自覚を持ち、持続可能な社会の構築に至誠によって貢献するグローバルシティズン」の育成を図ることが本校の教育目標です。本校は国際バカロレア (IB) の学習プログラムである MYP(Middle Years Programme：11 ～ 16 歳対象）の東北初の認定校として、MYP に則った教育活動を通して、教育目標の具体化を目指します。
●特色
① "Language, Music & Science" を教育の軸として、世界の人々と異文化の中で協調するグローバルリテラシー（異文化理解能力）を育てます。
② IB 学習プログラムによる探究型概念学習を通し、英語力・探究力・問題解決能力・自己表現能力・論理的思考力を培い、生徒一人ひとりの学ぶ力を高めるとともに、新大学入試制度に対応できる実力を養います。
③一人に 1 台のノート PC と最新の ICT 環境のもとで、英語でのコミュニケーションスキルやプレゼンテーションスキルを養成します。
●進学特例条件 内部進学選抜制度により、併設高校の各コースへ進学が可能です。

入 編

私立 共学

▷▷ 高 262P

受入開始　1993 年度

清真学園中学校

（担当：押見弘一）

〒 314-0031
茨城県鹿嶋市宮中伏見 4448-5
▶▶（JR 鹿島線鹿島神宮駅）
TEL 0299-83-1811 FAX 0299-83-6414
URL http://www.seishin-web.jp
生徒数 男 201 女 214 合計 415

帰国子女在籍者数	1 年	2 年	3 年	計
	1	1	0	2

入学

●出願資格・条件
(1) 2 年以上引き続き外国の学校に在学しているもの
(2) 2 年以上引き続き外国の学校に在学していたもので、帰国後 6 カ月に満たないもの
(3) 3 年以上引き続き外国の学校に在学し、帰国後 12 ヶ月に満たないもの
(4) 5 年以上引き続き外国の学校に在学し、帰国後 18 ヶ月に満たないもの
※ (1) ～ (4) のいずれかで、かつ在学校長の推薦がある者

●出願書類
・入学願書（本校所定）・在学証明書（外国の学校のもの）
・学校長の推薦書・成績報告書

●日程等

募集	出願	試験	発表	選考方法
学年定員の 3% 以内	11/28～12/2（日曜日は除く。郵送可）	1/6	1/8	算数、作文（日本語）、面接（日本語・英語）

※判定基準は、国内生徒とは別に設定

●応募状況

年度＼人数	募集人員	出願者	受験者	合格者	入学者
2019	若干名	1	1	1	1
2020	若干名	1	1	1	1

編入学

●編入学時期・定員 〔1 年生〕10、1 月
〔2 年生〕4、10、1 月
〔3 年生〕4、10 月
各学年定員の 3% 以内
●出願資格・条件・出願書類 入学に準ずる
●選考方法 入学に準ずる
● 2019 年度帰国子女編入学者数

1年	0	2年	0	3年	0

受入後

●指導・教育方針・特色
他の一般生徒と同じ扱い。必要に応じて補習等の配慮をする。
●進学特例条件
清真学園高等学校に全員進学できる。
●卒業生（帰国児童）の進路状況
清真学園高等学校に進学。

▷▷ 高 262P

受入開始　1979 年度

茗溪学園中学校
（めいけいがくえん）

〒 305-8502　（担当：松崎秀彰）
茨城県つくば市稲荷前 1-1
▶▶（JR 常盤線ひたち野うしく駅・荒川沖駅、TX つくば駅）
TEL 029-851-6611(代)　FAX 029-851-5455
URL http://www.meikei.ac.jp
e-mail entry@meikei.ac.jp

生徒数　男 337　女 363　合計 700

帰国子女在籍者数	1 年	2 年	3 年	計
	48	55	48	151

入学

●**出願資格・条件**　2021 年 3 月に小学校卒業見込み、またはそれに準ずる者で、海外在留期間が次のいずれかに該当する者① 2015 年 4 月～ 2021 年 3 月の間の海外在留期間が 3 年以上② 2017 年 4 月～ 2021 年 3 月の間の海外在留期間が 2 年以上③出願時に現地校・インター校に在学し、2021 年 3 月までの在学期間が 1 年以上・自宅から通学する場合は親との同居が条件

※海外在留期間は通算。長期休暇による一時帰国は在留期間に含む

●**出願書類**　(Web 出願）・国内外における小学校課程の 5・6 年生の成績資料（海外の日本人学校を卒業または卒業見込みの者および帰国後国内の学校に在籍した者は本校所定の報告書、現地校・インター校出身者はその成績表及び各学期末・各教科のレポート等）・報告書は郵送またはアップロード

●**日程等**（募集人数は要項をご確認ください）

区分	出願	試験	発表	選考方法
A	11/19～12/1	12/12	12/15	国・算、面接
B				
C	12/2～9 ·15·16	1/10	1/13	国・算、面接
D	12/2～9 ·15·16	1/10	1/13	国・算・社・理、面接
E	1/6～14	1/23	1/26	総合学力試験、面接
GC専願	10/30～11/17	11/27	11/30	英語エッセイ、面接
GC併願	12/2～9 ·15·16	1/10	1/13	

※ A：推薦入試　B：帰国生入試①、英語資格入試①
　C：帰国生入試②、英語資格入試②　D・E：一 般入試①②
　GC：グローバルコー ス専願・併願（面接は本人及び保護者同伴）
※ 11/21 海外会場で海外生特別選抜あり。詳細は問い合わせ

●**応募状況**

年度＼人数	募集人員	出願者	受験者	合格者	入学者
2019	特に定めず	114	89	56	37
2020	特に定めず	142	102	84	14

編入学

●**編入学時期・定員**　〔1 ～ 3 年生〕随時。若干名
●**出願資格・条件**　入学に準ずる
●**出願書類**
・入学願書・海外在留証明書・成績証明書など
●**選考方法**
英語、面接または、国語・数学・英語、面接のいずれか
※長期休暇、一時帰国の際に、学園を訪問し、相談して頂きたい。教育方針をよく理解し受験して頂きたい
●**問い合わせ**　entry@meikei.ac.jp
● **2019 年度帰国子女編入学者数**

1 年	9	2 年	6	3 年	0

受入後

●**指導**
一定レベル以上の英語力を保持している生徒は選抜試験を実施の上、週 6 時間の全ての授業を特別クラスで受ける。国語の授業は抜き出し、特別クラスで基礎を学習できる。数学のフォローが必要な場合は、放課後に行う。

▷▷ 高 263P

私立　共学

受入開始　1987 年度

江戸川学園取手中学校
（えどがわがくえんとりで）

〒 302-0025　（担当：貝森大輔）
茨城県取手市西 1-37-1
▶▶（JR 常磐線取手駅）
TEL 0297-74-0111　FAX 0297-73-4851
URL http://www.e-t.ed.jp

生徒数　男 475　女 429　合計 904

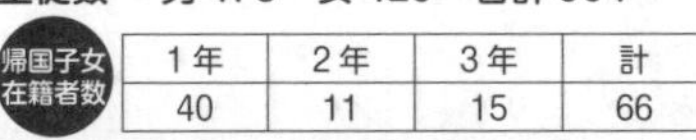

帰国子女在籍者数	1 年	2 年	3 年	計
	40	11	15	66

入学

●**出願資格・条件**　小学校卒業見込みの者で、
①帰国生入試の条件
　海外の学校に通算 1 年以上在籍し、帰国後 3 年以内の者
②帰国生調査の方法
　小 1 以降で 1 年以上の海外生活の経験がある生徒
●**出願書類**
・入学願書一式（インターネット出願）
・帰国生受験者カード（インターネット出願）
●**日程等**

区分	募集	出願	試験	発表	選考方法
第 1 回	若干名（特に定めず）	11/20～1/16	1/17	1/19	国・算・英＋面接
第 2 回			1/25	1/26	
第 3 回			2/5	2/6	

※出願はインターネットのみ。1/17 ～ 24 に第 2 回追加インターネット受付、1/25 ～ 2/4 に第 3 回追加インターネット受付を行う。
※ 3 回分同時申し込み可。1 回 2 万円、複数回 3 万円。
※東大ジュニア、医科ジュニア、難関大ジュニアの 3 コースに編成

●**応募状況**

年度＼人数	募集人員	出願者	受験者	合格者	入学者
2019	特に定めず	7	4	3	2
2020	特に定めず	5	4	2	1

編入学

●**編入学時期・定員**〔1・2 年生〕随時（2 年生は 8 月まで）。若干名（特に定めず）
●**出願資格・条件・出願書類**
入学に準ずるが、帰国後他の国内の学校に入学すると受験資格はなくなる。詳細は相談のこと
●**選考方法**　国・数・英、面接
● **2019 年度帰国子女編入学者数**

1 年	0	2 年	0	3 年	−

受入後

●**指導・教育方針・特色**
特別な取り出し指導は行っていない。個別対応。
●**進学特例条件**
6 年一貫教育を実施しているため、原則として学校長の推薦で高等部へ進学する。

私立 共学

▷▷ 高 264P

受入開始　1985 年度

茨城キリスト教学園中学校

(担当：北見充)

〒 319-1295
茨城県日立市大みか町 6-11-1
▶▶ (JR 常磐線大甕駅)
TEL 0294-52-3215　FAX 0294-54-1610
URL http://www.icc.ac.jp/ich

生徒数　男 75　女 173　合計 248

帰国子女在籍者数	1年	2年	3年	計
	0	0	0	0

入学

●出願資格・条件
2021 年 3 月に小学校卒業見込みの者で、次のいずれかに該当する者（要事前相談）
・海外の学校に通算 1 年以上在籍し、帰国後 2 年以内（小学校 4 年 11 月以後に帰国）の者
・中学・高校 6 年間通して学習できる者

●出願書類
・入学願書一式（所定の用紙）

●日程等

募集	出願	試験	発表	選考方法
若干名	(郵)11/11～16 (窓)11/16・17	11/28	12/2	国・算、個人面接 保護者面接

※単願入試と同日程で同じ問題（判定基準で配慮）

●応募状況

年度＼人数	募集人員	出願者	受験者	合格者	入学者
2019	若干名	0	0	0	0
2020	若干名	0	0	0	0

編入学

●編入学時期・定員　〔1・2 年生〕9、1 月
欠員がある場合のみ、若干名
●出願資格・条件　一家転住の場合のみ
●出願書類　・在学証明書・学習成績表・照会状
●選考方法　国・数・英、個人面接、保護者面接

● 2019 年度帰国子女編入学者数

1年	0	2年	0	3年	0

受入後

●指導・教育方針・特色
帰国生は一般生と同じクラスで同じ授業を受けるが、状況に応じて対応し、心豊かで、実力のある自立した国際人を育成する。なお、2004 年度より男女共学に移行した。

●進学特例条件
2004 年度より、完全中高一貫 6 年制教育を行っている。

私立 共学

▷▷ 高 265P

宇都宮短期大学附属中学校

(担当：萩原俊和)

〒 320-8585
栃木県宇都宮市睦町 1-35
▶▶ (JR 宇都宮線・東武宇都宮線宇都宮駅)
TEL 028-634-4161　FAX 028-635-3540
URL http://www.utanf-jh.ed.jp

生徒数　男 62　女 110　合計 172

帰国子女在籍者数	1年	2年	3年	計
	0	0	0	0

入学

●出願資格・条件
原則として海外在住期間が 2 年以上で、帰国後 2 年以内の者。または現在海外在留中で、日本人学校、現地校、国際学校に在籍し、2021 年 3 月までに帰国する者

●出願書類　・入学願書一式・海外における学校の成績証明書または国内小学校の調査書

●日程等

募集	出願	試験	発表	選考方法
若干名	11/2～5	11/22	11/23	国・算、適性検査
若干名	12/7～10	1/6	1/7	国・算・理・社

※一般生徒と同じ試験を受験。ただし合否判定の際に個々の状況に応じて配慮する

●応募状況

年度＼人数	募集人員	出願者	受験者	合格者	入学者
2019	若干名	3	0	0	3
2020	若干名	0	0	0	0

編入学

●編入学時期　随時
●出願資格　応募する学年に相当する年数の学校教育を受け、かつ現在海外に在住し、帰国が決定またはその可能性が強い者で、帰国までの在住期間が 1 年を越える見込みの者
●出願書類　海外における学校の在学証明書および成績証明書
●選考方法　英語・作文、面接

● 2019 年度帰国子女編入学者数

1年	0	2年	0	3年	0

受入後

●指導
特別な指導はしないが、必要に応じ個別に対応する。

●特色
栃木県で初めての 6 カ年の中高一貫教育。6 年間というゆとりを持った学園生活の中で、自分の個性を伸ばしながら先を見通した計画的なカリキュラムを通し、「ものをじっくりと考える心」を育てていく。

●進学特例条件
併設高校への進学。

私立 共学

▷▷ 高 266P 短 667P

新島学園中学校

にいじまがくえん

（担当：永井）

〒 379-0116
群馬県安中市安中 3702
▶▶（JR 信越線安中駅）
TEL 027-381-0240　FAX 027-381-0630
URL http://www.neesima.ac.jp/
生徒数　男 242　女 301　合計 543

帰国子女在籍者数	1 年	2 年	3 年	計
	1	2	2	5

入学

●出願資格・条件
保護者の海外勤務により海外日本人学校または現地校に 2 年以上在学した者。 また、2 年以上在学した後に帰国し、1 年以内の者。入学後保護者として父母のいずれかが常時いっしょに生活できる者

●出願書類
・入学志願票・日本人学校または現地校における過去 2 年間の成績証明書・校長または担任の推薦書
※成績証明書および推薦書は調査書で代えることができる

●日程等

募集	出願	試験	発表	選考方法
特に定めず	11/18・19 1/5・6	12/5(AO) 1/16	12/10(AO) 1/21	AO は面接、国（作文含む）・算、面接
	2/3・4	2/13	2/17	

※英語圏出身者には英語による面接を実施することがある
※上記は一般入試日程であり、帰国子女については判定の際考慮する。入学希望者は学校へ問い合わせること

●応募状況

年度 ＼ 人数	募集人員	出願者	受験者	合格者	入学者
2019	特に定めず	2	2	2	2
2020	特に定めず	1	1	1	1

編入学

●編入学時期・定員〔1 ～ 3 年生〕随時。特に定めず
●出願資格・条件・出願書類　入学に準ずる
●選考方法　国、数（算）、英、面接

● 2019 年度帰国子女編入学者数

1 年	0	2 年	1	3 年	1

受入後

●指導・教育方針・特色
一般生徒といっしょに学習するが、学力の遅れが明らかな場合は必要に応じて補習がある。教育方針・特色については学校案内を参照のこと

●進学特例条件
生活指導上の問題がなく、高等学校でも勉学に取り組める見通しがあれば進学できる（ほぼ全員）

●卒業生（帰国生徒）の進路状況
併設の新島学園高等学校に進学

私立 共学

▷▷ 小 37P 高 267P

受入開始　2008 年度

ぐんま国際アカデミー中等部

こくさい

（担当：半田聖子）

〒 373-0813
群馬県太田市内ヶ島町 1361-4
▶▶（東武伊勢崎線太田駅）
TEL 0276-47-7711　FAX 0276-47-7715
URL https://www.gka.ed.jp
生徒数　男 117　女 151　合計 268

帰国子女在籍者数	1 年	2 年	3 年	計
	1	0	1	2

編入学

●編入学時期・定員
〔1 ～ 3 年生〕基本的には 4 月。状況により他の月可
※欠員がある場合試験を実施。受け入れの枠の有無については直接学校に問い合わせのこと（随時）

●出願資格・条件
(1) 本校は英語イマージョン教育を行っているため、英語および日本語で、在校生とともに授業に参加することが可能な語学力がある者
(2) 本校の授業進度に参加できる十分な資質が見込まれる者（数学、国語、他の科目の学力が在校生の平均レベル以上と認められること）
(3) 原則として、在学中（入学後）は本校まで 1 時間以内で通学可能な地域に保護者と同居し通学できる者

●出願書類
・入学願書一式・現在校の成績表の写し・現在校の資料（学校案内等）・活動の記録（表彰、英語検定試験合格証等）

●選考方法
国語・数学（日本語・英語）・英語、受験生および保護者面接

●応募状況　※ 4/1 入学

年度 ＼ 人数	募集人員	出願者	受験者	合格者	入学者
2019	若干名	0	0	0	0
2020	若干名	1	1	1	1

● 2019 年度帰国子女編入学者数

1 年	0	2 年	0	3 年	0

受入後

●指導・教育方針・特色
教員免許を所有する外国人教師により一般教科の約 7 割を英語で学ぶイマージョン教育を実践（国語は日本人教師が担当）。これにより、日本人としてのアイデンティティーを持った上で、国際社会においてのリーダーとして活躍できる国際人を育成する。その他、オープン教育、「ジャンプライトイン」方式の音楽教育、小中高 12 年間一貫教育など、独自性豊かな教育を行う。高等部では 2012 年 4 月より IB ディプロマ・プログラムを開始。

●進学特例条件
小中高 12 年間一貫校生徒として受け入れる。

私立 共学

▷▷ 小 37P 高 268P

青山学院大学系属

浦和ルーテル学院中学校

（うらわ　がくいん）

〒 336-0974　（担当：増田 諭）

埼玉県さいたま市緑区大崎 3642

▶▶（JR京浜東北線北浦和駅、JR 武蔵野線・埼玉高速鉄道東川口駅よりスクールバス、東武スカイツリーライン北越谷駅よりスクールバス）

TEL 048-711-8221　FAX 048-812-0012

URL https://www.uls.ed.jp/

生徒数　男 98　女 132　合計 230

帰国子女在籍者数	1年	2年	3年	計
	0	0	0	0

入学

●**出願資格・条件**

原則として次の項目に該当する者。事情によって考慮するので相談すること。

(1) 外国の学校に継続して２年以上在籍していること。

(2) 帰国後１年以内であること

●**出願書類**　・入学願書一式（所定の用紙）・海外在留証明書・海外で在籍した学校の成績を証明するもの

●**日程等**

募集	出願	試験	発表	選考方法
10	12/21～1/7	1/10	当日夜出願サイトで合否照会	①４科型（国･算･理･社）または②英検利用型 国･算･理･社＋英検級
10	12/21～1/11	1/12		
5	12/21～1/28	2/1		

※①②面接あり。

※英検利用型：準１級…50 点、２級…48 点、準２級…45 点、３級…40 点　４科との合計で 300 点満点

●**応募状況**

年度＼人数	募集人員	出願者	受験者	合格者	入学者
2019	若干名	0	0	0	0
2020	若干名	0	0	0	0

受入後

●**指導・教育方針・特色**

キリスト教主義、12 年一貫教育、きめ細かい少人数教育、小１からの英語教育、国際交流等が特色。途中編入した帰国生たちも楽しく学んでいる。米国人教師との交流を通し、英語力向上に努めることができる。学習の遅れに対しては放課後や長期休業中の補習を行っている。

●**進学特例条件**

中学３年の２学期までの学習成績、学習生活態度を総合的に判定し、併設高等学校への推薦を行う。

●**卒業生（帰国生徒）の進路状況**

ほぼ全員併設高等学校へ進学。

私立 共学

▷▷ 小 38P

受入開始　1997 年度

開智中学校

（かいち）

〒 339-0004　（担当：菅沼健児）

埼玉県さいたま市岩槻区徳力 186

▶▶（東武野田線東岩槻駅）

TEL 048-795-0777　FAX 048-795-0666

URL http://www.kaichigakuen.ed.jp

生徒数　男 1173　女 752　合計 1925

帰国子女在籍者数	1年	2年	3年	計
	0	3	6	9

入学

●**出願資格・条件**　①および②の条件を満たす方

① 2020 年 12 月１日（火）時点で、日本国外に２年程度在住し帰国後４年以内の方

②英語で面接が可能な方

●**出願書類**　入学試験申込書

●**日程等**

区分	募集	出願	試験	発表	選考方法
先端１	110	12/1 9:00～ 各試験当日 8：30まで	1/10	1/10	国･算･社･理、面接＊
先端特待	30		1/11	1/11	
算数特待	10		1/11	1/11	算数、面接＊
先端Ａ	90		1/13	1/13	国･算･社･理、面接＊
先端２	40		1/14	1/14	

※入試問題は一般受験生と同じです

※帰国生入試は本校会場のみ実施。

＊帰国生入試受験生には英語の面接を実施します（最初に受験する回でのみ実施）。各入試回の全体平均点の１割を上限に面接点を加点します。

●**応募状況**

年度＼人数	募集人員	出願者	受験者	合格者	入学者
2019	特に定めず	8	8	3	3
2020	特に定めず	8	7	3	0

編入学

●**編入学時期・定員**　〔1 ～ 3 年生〕随時。特に定めず

●**出願資格・条件**　入学に準ずる

●**出願書類**　問い合わせること

●**選考方法**　国語・数学・英語、面接

● **2019 年度帰国子女編入学者数**

1年	0	2年	0	3年	0

受入後

●**指導**　一般生徒と同じ学級に入るが、英検２級程度の学力のある場合には取り出し授業を行い、個々の能力に応じた指導を行うことがある。

●**教育方針**　「創造型・発信型の 21 世紀の心豊かな国際的リーダー」を目指し、豊かな地球社会を創ることが生きがいとなる本物の力を育てる。

●**特色**　質の高い教科型学習と探究テーマ、フィールドワークなどの探究・発信型学習を行い、創造的主体的に物事に取り組む資質を育てる。

●**進学特例条件**

基本的に開智高等学校一貫部に全員進学できる。

●**卒業生（帰国生徒）の進路状況**

東京大、慶應義塾大、早稲田大、上智大、千葉大、東京理科大、青山学院大、立教大、明治大等

私立 共学

受入開始 2004 年度

埼玉栄中学校
（さいたまさかえ）

（担当：森山豊）
〒 331-0078
埼玉県さいたま市西区西大宮 3-11-1
▶▶（JR 埼京（川越）線西大宮駅下車徒歩 4 分）
TEL 048-621-2121 FAX 048-621-2123
URL http://www.saitamasakae-h.ed.jp/

生徒数 男 289 女 211 合計 500

帰国子女在籍者数	1 年	2 年	3 年	計
	1	0	0	1

入学

●出願資格・条件

・2021 年 3 月小学校卒業見込みの者で、海外に在留した経験のある者（原則として在留期間が 1 年以上で、帰国後 1 年以内の者）
・埼玉栄高等学校に進学を希望する者
・出願前に、本校国際教育担当者までご相談ください。

●出願書類

海外在留証明書を出願時にダウンロードし、試験当日持参してください。

●日程等

募集	出願	試験	発表	選考方法
若干名	2020.12/10 9:00 ～2021.1/9 13:00	1/10	★	①作文（日本語または英語）②算数 ③面接（日本語または英語）
	2020.12/10 9:00 ～2021.1/10 24:00	1/11	★	

★発表（インターネット）
第 1 回 1/10(日) 22：00（予定）
第 2 回 1/11(月) 18：00（予定）
※出願方法はインターネット受付のみ
※作文、算数および面接の結果と外国での就学状況等を考慮し、総合的に判定

●応募状況

年度＼人数	募集人員	出願者	受験者	合格者	入学者
2019	若干名	0	0	0	0
2020	若干名	1	1	1	1

受入後

●特色

修学旅行やスポーツ、文化活動を通して、世界各国の人たちとの交流があります。

国立 共学

受入開始 1979 年度

埼玉大学教育学部附属中学校
（さいたまだいがくきょういくがくぶふぞく）

〒 336-0021
埼玉県さいたま市南区別所 4-2-5
▶▶（JR 埼京線中浦和駅・京浜東北線浦和駅）
TEL 048-862-2214 FAX 048-865-6484
URL http://www.jhs.saitama-u.ac.jp/

生徒数 男 230 女 234 合計 464

帰国生徒在籍者数	1 年	2 年	3 年	計
	3	7	14	24

入学

●出願資格・条件

2021 年 3 月末までに、わが国の小学校の教育課程、あるいはこれと同程度の課程を修了または修了見込みの者で下記の資格をすべて有する者
・海外生活経験年数が連続 2 年以上、帰国後 1 年以内の者で、日本国籍を有する者
・2007.4.2 から 2009.4.1 までに生まれた者
・帰国後、保護者とともに本校の定める区域内に居住する者（さいたま市、川口市、蕨市、戸田市）
・本校の一般入試に出願していない者

●出願書類

・入学願書（所定用紙）
・身上書（所定用紙）
・入学志願理由書（所定用紙）
・海外生活地および期間を証明する公的書類（旅券など）
・出身学校長の作成する「入学志願者報告書」あるいは海外における最終在学校の成績証明書の写し・またはこれに代わるもの

●日程等（昨年度例）

募集	出願	試験	発表	選考方法
15	1/14・15	2/1	2/2	国語・算数、作文、面接（親子別にして実施）

※ 2021 年度については 11 月 2 日以降、要項にて確認

●応募状況

年度＼人数	募集人員	出願者	受験者	合格者	入学者
2019	15	9	7	7	7
2020	15	6	3	3	3

編入学

●編入学時期・定員〔1 ～ 2 年生〕欠員があれば随時行うので、問い合わせのこと

●出願資格・条件 入学に準ずる
※国立大学の附属学校としての使命があるので、教育方針をよく理解し受検すること

● 2019 年度帰国生徒編入学者数

1 年	0	2 年	0	3 年	−

受入後

●指導・特色

・帰国生徒の受け入れを積極的に行っている
・一般生と同じクラスで学習を行う
・毎週木曜日放課後、帰国生徒学習会を実施する
・毎学期、帰国生徒 PTA を実施
※学習内容については、本校ホームページを参照

▷▷ 高 269P

受入開始　2008 年度

栄東中学校
（さかえひがし）

（担当：市原貴紀）
〒 337-0054
埼玉県さいたま市見沼区砂町 2-77
▶▶（JR 宇都宮線東大宮駅）
TEL 048-667-7700　FAX 048-667-7676
URL http://www.sakaehigashi.ed.jp/

生徒数　男 558　女 367　合計 925

帰国子女在籍者数	1年	2年	3年	計
	24	35	20	79

入学

●出願資格・条件
2021 年 3 月小学校卒業見込みの者またはそれに準ずる者
・試験日までに海外在留期間が継続して 1 年以上で帰国後 3 年以内の者

●出願書類
入学願書一式・海外帰国生徒調査票・海外在留期間を証明するもの（滞在国における学校の成績証明書の写し、もしくは保護者の海外在留証明書など）

●日程等

区分	募集	出願	試験	発表	選考方法
第1回	若干名	(Web) 12/1～1/8	1/12	1/13	国語・算数または英語・算数、日本語面談もしくは英語面接
第2回		(Web) 12/1～1/17	1/18	1/19	

※国内入試と同日
　国・算は同問題

●応募状況

年度＼人数	募集人員	出願者	受験者	合格者	入学者
2019	若干名	130	126	66	19
2020	若干名	31	26	10	3

編入学

●編入学時期・定員〔1 ～ 3 年生〕随時
●出願資格・条件　海外滞在 1 年以上帰国後 3 年以内
●出願書類　入学に準ずる

● 2019 年度帰国子女編入学者数

1年	0	2年	3	3年	0

受入後

●指導
一般生と同じクラスに在籍するが、必要な場合は個別に指導する。英語は取り出し授業。

●特色
個性と応用力を育むという観点からアクティブ・ラーニング（AL）を導入している。自ら課題を見つけ、解決していく学びを積極的に取り入れ、すべての授業を学習者中心の視点から展開していくことで、自立的な学習態度が身につけられるとともに、学習内容の確かな定着が期待できる。課題研究やグループワーク、ディスカッション、プレゼンテーションなど、生徒が能動的に学ぶ。

私立　共学

▷▷ 高 271P

受入開始　2005 年度

春日部共栄中学校
（かすかべきょうえい）

（担当：星善博）
〒 344-0037
埼玉県春日部市上大増新田 213
▶▶（東武スカイツリーライン・アーバンパークライン春日部駅）
TEL 048-737-7611　FAX 048-737-8093
URL http://www.k-kyoei.ed.jp/jr

生徒数　男 188　女 164　合計 352

帰国子女在籍者数	1年	2年	3年	計
	1	0	0	1

入学

●出願資格・条件
小学校時、海外に引き続き 1 年以上滞在し、帰国後 1 年以内の者で日本国内の小学校あるいはこれと同程度の日本人学校もしくは外国の学校課程を卒業または見込みの者。

●出願書類　入学願書一式（本学所定のもの）

●日程等

区分	募集	出願	試験	発表	選考方法
1回	特に定めず	12/1～各試験前日の23時59分まで	1/10	1/10	午前：4 科（国算社理） 午後：4 科または 2 科（国算）
2回			1/11	1/11	午前：4 科 午後：4 科または 2 科（国算）
3回			1/13	1/13	午前：2 科（国算）
4回			2/3	2/3	午後：2 科（国算）

※インターネット出願のみ

●応募状況

年度＼人数	募集人員	出願者	受験者	合格者	入学者
2019	特に定めず	0	0	0	0
2020	特に定めず	1	1	1	1

編入学

●編入学時期〔1 ～ 3 年生〕随時。欠員があるとき。
●出願資格　一家転住等の事由がある者。その他、入学に準ずる。
●出願書類・選考方法　入学に準ずる

● 2019 年度帰国子女編入学者数

1年	0	2年	0	3年	0

受入後

●指導
一般生徒と同じクラスに在籍するが、必要に応じて個別指導を行うことがある。

●教育方針
「至誠一貫」。「世界」「英語」「専門」をキーワードに、思考力・判断力・表現力を養う。

●特色
本校独自の「グローバルリーダーズプログラム」に基づき、各界の第一人者を招いて開催する年間 6 回の講演会あり。また、中 1 から高 2 まで、英語力を養い異文化理解を深める多様な国際教育プログラムを実施。

●進学特例条件　春日部共栄高校に全員進学できる。

私立 男子 ▷▷ 高 271P 大 563P 570P 短 667P

受入開始　2010 年度

城西川越中学校

じょうさいかわごえ

（担当：渡辺聡）

〒 350-0822
埼玉県川越市山田東町 1042
▶▶（JR 川越駅、東武東上線川越駅・坂戸駅、西武新宿線本川越駅、JR 桶川駅）
TEL 049-224-5665　FAX 049-223-2371
URL http://www.k-josai.ed.jp
生徒数　男 214　合計 214

帰国子女在籍者数	1 年	2 年	3 年	計
	0	0	0	0

入学

●出願資格・条件
次の①と②の条件をともに満たしている者
①6 カ年の教育課程を 2020 年 4 月～ 2021 年 3 月の間に修了もしくは修了見込みの者で、2018.4.1 ～ 2021.3.31 の期間中に海外の学校に継続して 1 年以上在籍の者
②入学後は保護者または保証人の自宅から通学できる者

●出願書類
・入学志願票一式・帰国生学習履歴・海外在留証明書（本校指定のもの）

●日程等

募集	出願	試験	発表	選考方法
若干名	12/12～1/9 (Web 出願のみ)	1/10	1/10 23:00 HP にて	国語・算数、面接 (英語・日本語)

●応募状況

年度＼人数	募集人員	出願者	受験者	合格者	入学者
2019	若干名	0	0	0	0
2020	若干名	0	0	0	0

編入学

●編入学時期・定員　〔1 年生〕7、12、3 月〔2 年生〕7、12、3 月〔3 年生〕7 月。欠員がある場合のみ
●出願資格・条件　次の①と②の条件をともに満たしている者①6 カ年の教育課程を修了し、海外の学校に 1 年以上継続して在籍している者②入学後は保護者または保証人の自宅から通学できる者
●出願書類　入学に準ずる
●選考方法　英・国・数、面接（英語・日本語）

● 2019 年度帰国子女編入学者数

1 年	0	2 年	0	3 年	0

受入後

●指導
語学力養成のための「特別プログラム」を受講できる。

●教育方針
校是は「報恩感謝」で、「心豊かな人間の育成」、「個性・学力の伸長」が教育方針。自らの可能性を拡げ努力していくことが、その恩に報いることであるというのが「報恩感謝」の精神。

●特色
生徒と教員の距離が近いことが城西川越の特徴で、生徒と教員の信頼関係がとても強い。色々な施設とすべてのグラウンドが同じ敷地内にまとまっているオールインワンの学校で、生徒が安心して、クラブ活動と学業に取り組める教育環境が整っている。

●進学特例条件　城西大学付属川越高等学校へ進学。

入 編

私立 共学 ▷▷ 高 272P 大 564P 646P

受入開始　2001 年度

獨協埼玉中学校

どっきょうさいたま

（担当：入試対策部）

〒 343-0037
埼玉県越谷市恩間新田寺前 316
▶▶（東武スカイツリ ーラインせんげん台駅）
TEL 048-977-5441　FAX 048-970-5588
URL http://www.dokkyo-saitama.ed.jp
生徒数　男 281　女 211　合計 492

帰国子女在籍者数	1 年	2 年	3 年	計
	1	1	0	2

入学

●出願資格・条件
A 条件：
2 年以上海外に在住し、現地校またはインターナショナルスクールに在学し、日本の小学校で 5 年次または 6 年次の就学年齢に帰国した者（帰国予定を含む）
B 条件：
2 年以上海外に在住し、日本人学校に在学し、日本の小学校で 5 年次または 6 年次の就学年齢に帰国した者（帰国予定を含む）
※ A·B 条件とも、海外での就学歴がわかる通知表コピー（A4 サイズ）などを受験当日に持参すること

●日程等

区分	募集	出願	試験	発表	選考方法
第1回	160 ※1	(Web) 12/1～1/10	1/11	1/11	国・算、面接 ※2・3
第2回		(Web) 12/1～1/11	1/12	1/12	
第3回		(Web) 12/1～1/16	1/17	1/17	

※ 1　帰国子女の募集枠は、一般募集枠に含む。必ず事前に問い合わせること
※ 2　日本語・英語での面接（ネイティブと日本人教員）を実施。A 条件は最大 20 点、B 条件は最大 10 点加点
※ 3　第 3 回目は帰国子女入試の対象ではなく、国·算·社·理の 4 科となる

●応募状況

年度＼人数	募集人員	出願者	受験者	合格者	入学者
2019	一般に含む	2	2	2	1
2020	一般に含む	1	1	1	1

編入学

●編入学時期・定員〔1 年生〕7､12､3 月〔2 年生〕7､12 月。欠員がある場合のみ
●出願資格・条件　一家転住等により転学を余儀なくされている者
●出願書類　願書・成績証明書
●選考方法　筆記試験（国・数・英）・英語による面接

● 2019 年度帰国子女編入学者数

1 年	–	2 年	–	3 年	–

受入後

●教育方針
全人的発達を目指して教育を行う。

●特色
基礎的な科目は全員に履修させる（基礎学力の充実）。少人数による英会話。

▷▷ 小 38P 高 273P 大 564P

受入開始 2005 年度

西武学園文理中学校
（せいぶがくえんぶんり）

（担当：入試広報）

〒 350-1336
埼玉県狭山市柏原新田 311-1
▶▶（西武新宿線新狭山駅）
TEL 04-2954-4080 FAX 04-2952-7015
URL https://www.bunri-s.ed.jp
生徒数 男 180 女 133 合計 313

帰国子女在籍者数	1年	2年	3年	計
	―	―	―	非公開

入 学

●**出願資格・条件** ※帰国生受験枠なし
(1) 本学園の建学の精神に賛同し、国公立大学等の難関大学への進学を目指す者
(2) 2021 年 3 月小学校卒業見込みの者
(3) 入学後、保護者のもとから通学できる者

●**出願書類**
インターネット出願。調査書を別途郵送

●**日程等**

区分	出願	試験	発表	選考方法
第 1 回	12/7～1/8	1/10	1/11	国語 算数 理科・社会
特待	12/7～1/8	1/10	1/11	
第 2 回	12/7～1/11	1/12	1/13	
第 3 回	12/7～1/14	1/15	1/16	
適性検査型	12/7～1/16	1/17	1/21	適性検査Ⅰ・Ⅱ
思考力	12/7～1/23	1/24	1/26	思考力Ⅰ・Ⅱ
英語4技能	12/7～1/23	1/24	1/25	英語Ⅰ・Ⅱ・Ⅲ

※英検取得者は入試合計得点に加点。合格証コピーを郵送にて提出。
2 級以上 15 点、準 2 級 10 点、3 級 5 点

<感染症り患者に対する代替入試（第 1～3 回入試のみ）>
試験日：2/7 出願：～2/6 必着 発表：2/8
出願書類：
・感染症り患者に対する代替入試受験申請書
・感染症等にり患またはその疑いにより、入院の勧告・措置や待機措置等を受け試験日に受験できなかったことを証明する医療機関の診断書

●**応募状況**

年度＼人数	募集人員	出願者	受験者	合格者	入学者
2019	若干名	10	6	6	非公開
2020	若干名	2	2	2	非公開

編 入 学

●**編入学時期・定員** 若干名。要相談
●**出願資格・条件・出願書類** 入学に準ずる
● **2019 年度帰国子女編入学者数**

1年	0	2年	1	3年	0

受 入 後

●**指導** 入学後は一般生徒との区別はしない。

私立 男子

▷▷ 大 586P

受入開始 2000 年度

立教新座中学校
（りっきょうにいざ）

〒 352-8523
埼玉県新座市北野 1-2-25
▶▶（東武東上線志木駅、JR 武蔵野線新座駅）
TEL 048-471-2323 FAX 048-473-0455
URL https://niiza.rikkyo.ac.jp/
生徒数 男 620 合計 620

帰国子女在籍者数	1年	2年	3年	計
	1	3	5	9

入 学

●**出願資格・条件**
次のいずれかの条件に該当する者
①海外在留期間が継続して 1 年以上で、帰国後 1 年以内の者
②海外在留期間が継続して 2 年以上で、帰国後 2 年以内の者

●**出願書類**
・海外在留期間証明書（所属する機関の証明するもの）・成績証明書（海外在学の最終のもの）・報告書（日本の小学校または日本人学校に籍がある場合）・調査書
※出願手続きと合格発表を Web で行います。詳細は本校 Web サイトをご覧ください。

●**日程等**

募集	出願	試験	発表	選考方法
若干名	12/18～1/18	1/25	1/26	国・算、面接

※面接は本人のみ

●**応募状況**

年度＼人数	募集人員	出願者	受験者	合格者	入学者
2019	若干名	20	16	7	3
2020	若干名	15	15	4	1

受 入 後

●**指導**
入学後、一般の生徒とは同じクラスとなる。帰国生に対する学力の補充は、教科担当者等の判断で随時補習を行う。英語は、1 年次より能力別授業を行っており、養った語学力を維持できるよう努めている。

●**教育方針**
キリスト教に基づく人間教育を教育目標とし、生徒ひとりひとりの個性・特性を重んじている。グローバル教育とリーダーシップ教育を柱とし、世界の人々と共に生きる力をそなえたグローバルリーダーを育てる。

●**特色**
広いキャンパスに充実した施設を配置し、のびのびと学校生活が送れる。校則は厳しくなく、自由と自律の精神のもと、生徒自身が考えて生活するよう促している。

私立 共学 寮

▷▷ 高 274P

受入開始　1985 年度

自由の森学園中学校

（担当：中野裕、内沼博）

〒 357-8550
埼玉県飯能市小岩井 613
▶▶（西武池袋線飯能駅、JR 八高線東飯能駅）
TEL 042-972-3131　FAX 042-973-7103
URL http://www.jiyunomori.ac.jp
生徒数　男 141　女 110　合計 251

帰国子女在籍者数	1年	2年	3年	計
	2	0	0	2

入学

●**出願資格・条件**　2021 年 3 月に小学校卒業見込みで、小学校時に 1 年以上の在外経験のある人
●**出願書類**　・入学願書・報告書・志望理由書
●**日程等**

区分	募集	出願	試験	発表	選考方法
A	全体で78名	募集要項でご確認ください			基礎的考査（国算）、理社体音美から1科の授業、グループ面接
B					基礎的考査（国算）、理社体音美から1科の授業、個人面接
X					数理社の横断的総合問題（適正型）、面接
C					基礎的考査（国算）、面接

A･B：授業入試（A は単願のみ評定 3.0 以上）X：適性型 C：一般入試

●**応募状況**

年度＼人数	募集人員	出願者	受験者	合格者	入学者
2019	特に定めず	0	0	0	0
2020	特に定めず	3	3	2	2

編入学

●**編入学時期・定員**　〔1 年生〕10 月〔2 年生〕10 月
●**出願資格・条件・出願書類**　中 1 または中 2 の学年に相当する年齢で、1 年以上の在学経験のある人　※詳細は問い合わせること
●**選考方法**　国語・数学・英語、面接
● **2019 年度帰国子女編入学者数**

1年	0	2年	0	3年	0

受入後

●**指導**　クラスや授業において帰国生に対する特別なことは設定していません。他の在外経験のない生徒とともに、日常生活をつくります。授業の理解に時間がかかる場合は、必要に応じて補習などを行います。
●**教育方針**　「学ぶ」ことで人は変わっていくものです。テストによって子ども同士を競争させれば学力はっきますが、「学びたい」「学ぼう」という気持ちは萎えていくように感じます。競争原理に頼ることなく、学びの世界に足を踏み入れ、「学ぶ」という行為そのものを深めることによって、「じぶん」がつくられていきます。
教室の中での「学び」に出会うだけでなく、芸術・表現の力を借りたり、外での体験にも意図的に時間を割くようにしています。人が育つには、十分な時間をかけなければいけません。
●**特色**　ちょうど山ひとつ分が学校の敷地になっていて、自然にめぐまれた環境です。「自然を学ぶ」ことを通して「自然から学ぶ」ことに気づくことがたくさんあります。学校周辺の環境や、ここに集う人たちでつくられていく「場」の力を感じることもしばしば。ひとりひとりの生徒たちの成長のために、いろいろな種類の「授業」や「体験」をつくっています。
●**進学特例条件**　帰国生に限らず、中学校の卒業生は自由の森学園高等学校に進学する資格を持ちます。
●**卒業後（帰国生徒）の進路状況**　自由の森学園高等学校に進学。

私立 共学

▷▷ 高 275P

受入開始　2006 年度

本庄東高等学校附属中学校

（担当：教頭）

〒 367-0025
埼玉県本庄市西五十子大塚 318
▶▶（JR 高崎線岡部駅よりスクールバス）
TEL 0495-27-6711　FAX 0495-27-6741
URL http://www.honjo-higashi.ed.jp
生徒数　男 157　女 145　合計 302

帰国子女在籍者数	1年	2年	3年	計
	1	2	2	5

入学

●**出願資格・条件**　2021 年 3 月に小学校を卒業見込みの児童で、本庄東高等学校への進級を前提とした中高一貫教育を希望し、学園生活全般に意欲を持って取り組むことのできる男女
・海外在住期間が継続して 1 年以上あり、帰国後 3 年以内（2018 年 4 月 1 日以降に帰国、または帰国予定）の児童
●**出願書類**　・入学願書（本校所定）・小学校 6 年生 1 学期または 2 学期（前後期制の場合は前期）の成績通知表の表裏全てを A4 判の用紙にコピー したもの。ただし、通知表に出欠席日数の記載が無い場合は、小学校 6 年生 1 学期または 2 学期（前後期制の場合は前期）の出欠席の日数が証明できる書類を添付
●**日程等**

区分	募集	出願	試験	発表	選考方法＊
第1回	若干名	12/18～1/8	1/10	1/10	4 教科（国・算・社・理）または 2 教科（国・算）、第 2 回のみ総合型または 2 教科、面接（保護者 1 名同伴）
第2回		12/18～1/11	1/13	1/13	
第3回		12/18～1/21	1/23	1/23	

※第 1 回から 3 回の各日程内の定員内数で、学科試験は一般試験と同一。海外在住の状況と日本語、外国語の修得、運用能力などを考慮して、学科試験の得点について配慮する
＊第 2 回のみ、2 教科または総合型

●**応募状況**

年度＼人数	募集人員	出願者	受験者	合格者	入学者
2019	若干名	0	0	0	0
2020	若干名	1	1	1	1

編入学

●**編入学時期・定員**　〔1 ～ 3 年生〕欠員がある場合随時
●**出願資格**　日本国内の義務教育年代であること
●**出願書類**　・現在通学中の学校の在学証明書・通知表等、成績を証明する書類（コピーでも可）
●**選考方法**　英語と数学または国語の筆記試験、および面接（数学、国語は受験者により個別に決定）
● **2019 年度帰国子女編入学者数**

1年	0	2年	1	3年	0

受入後

●**指導**　本人の日本語運用能力、外国語修得および運用能力を考慮し、学校生活、各教科の授業などの各面で個別にサポートを行う。
●**教育方針**「素直な心」「感謝の心」といった人間形成の根幹となる「心」を育み、帰国生には特に海外在住時の経験を生かして主体的かつ意欲的な学園生活を送ることにより、自己の個性と能力を大きく伸長させる。
●**特色**　国際理解教育のプログラムにより、英語圏の文化などの学習をアクティブ・ラーニングを中心に展開していて、海外帰国生にはその経験を生かした個性的な学びが確立できる。
●**進学特例条件**　一般入学生と同等に、中学修了後は本庄東高等学校に無試験で進学。
●**卒業生（帰国生徒）の進路状況**　2016 年度大学入試　東京大学（理Ⅱ）1 名、早稲田大学（国際教養）1 名

私立 共学

受入開始　1997 年度

埼玉平成中学校（さいたまへいせい）

〒 350-0435　（担当：今村辰雄、森田茂）
埼玉県入間郡毛呂山町下川原 375
▶▶（東武越生線川角駅）
TEL 049-294-8080　FAX 049-294-8050
URL http://www.saitamaheisei.ed.jp
生徒数　男 19　女 14　合計 33

帰国子女在籍者数	1 年	2 年	3 年	計
	0	1	0	1

入学

●出願資格・条件
2021 年 3 月小学校卒業見込みの者。本校の建学の精神に賛同し、学校の教育活動に意欲的に取り組むことができる者。

●出願書類　・web 出願

●日程等※帰国生については、事前にご相談ください。

区分	募集	出願	試験	発表	選考方法
A	若干名	12/14～1/7	1/10 午前	1/11	2 科・4 科選択 専願は国・算・面接 一般は国・算または国・算・社・理
B		12/14～当日朝 8：30 まで	1/16 午前	1/16	
C		12/14～当日朝 8：30 まで	2/6 午前	2/6	2 科：専願は国・算・面接、一般は国・算
D		12/14～当日朝 8：30 まで	1/11 午前	1/11	※

※プラクティカル入試：（英語）英語によるリスニング・会話・筆記（STEM）科学的な実験・観察
※プラクティカル入試は、それぞれでも両方でも受験可

●応募状況

年度＼人数	募集人員	出願者	受験者	合格者	入学者
2019	若干名	1	1	1	1
2020	若干名	0	0	0	0

編入学

●編入学時期・定員　〔1 年生〕9、1 月〔2 年生〕4、9、1 月〔3 年生〕4 月。若干名

●出願資格・条件　要事前相談

●出願書類　入学願書・在学証明書・成績証明書（または通知表）

●選考方法　国語・数学・英語の筆記試験、面接試験（受験生本人のみ）、作文（30 分・600 字程度）による総合判定

● 2019 年度帰国子女編入学者数

1 年	0	2 年	0	3 年	0

受入後

●指導　帰国生の語学力保持のため、英語検定・GTEC・TOEFL 等を積極的に受験させる。また、数学・国語等遅れている教科があれば、個別にフォローアップ（補習）を行う。

●教育方針　2016 年に創立 20 年を迎えた学校で、「為すことによって学ぶ」を建学の精神とし、「思考力・判断力・表現力」を育み、令和の時代をたくましく生き抜く、しっかりとした「人間力」を身に付けることを教育目標とする。体験学習を重視すると共に、難関大学受験にあわせた中高一貫 6 年間のカリキュラムを組んでいる。2008 年に東京大学（理一）に、2017 年に東北大学（医）に合格。

●特色　自然豊かな武蔵野の大地に広がる広大なキャンパスに建つ、ヨーロッパ調の瀟洒な校舎は生徒達の誇りとなり、快適な環境と最新の設備を備えた校内は、効率的な学習を支えている。少人数制クラス編成の面倒見の良い親切な指導の下、豊富な授業時間と特別講習により個々の生徒の能力を最大限に伸ばす中高一貫のゆとりある教育を行っている。
令和元年より埼玉大学と連携し「STEM 教育」を実践している。

入 編

▷▷ 高 277P

私立 共学

受入開始　2011 年度

昌平中学校（しょうへい）

〒 345-0044　（担当：前田紘平）
埼玉県北葛飾郡杉戸町下野 851
▶▶（東武日光線杉戸高野台駅、JR 宇都宮線久喜駅）
TEL 0480-34-3381　FAX 0480-34-1050
URL http://www.shohei.sugito.saitama.jp/contents/jhs
生徒数　男 176　女 144　合計 320

帰国子女在籍者数	1 年	2 年	3 年	計
	5	9	4	18

入学

●出願資格・条件　次の (A)(B) ともに満たす者
(A) 保護者の海外勤務に伴い、海外に継続して 2 年以上在住し、帰国後 3 年以内の者
(B) 国の内外を問わず、通常の課程による 6 年間の学校教育を修了、または 2021 年 3 月末までに修了見込みの者

●出願書類・入学願書、受験票（本校指定）・海外在留証明書（本校指定）・帰国子女調査票（本校指定）

●日程等

募集	出願	試験	発表	選考方法
5	12/1 ～ 19 (Web)	12/24	12/24	A：英語、面接 B：国語・算数、面接

※ 選考方法 A または B のいずれかを選択

●応募状況

年度＼人数	募集人員	出願者	受験者	合格者	入学者
2019	特に定めず	6	6	5	4
2020	特に定めず	4	4	4	3

編入学

●編入学時期・定員〔1 ～ 3 年生〕随時

●出願資格　要相談

●出願書類　入学願書ほか

●選考方法　英語・数学・国語の学力試験と面接

● 2019 年度帰国子女編入学者数

1 年	0	2 年	0	3 年	1

受入後

●指導　英語力の高い生徒に対しては取り出し授業を実施している。他教科の補習が必要な生徒については映像授業の活用等を含め、個々の状況に合わせて対応。

●教育方針　「手をかけ 鍛えて 送り出す」を教職員モットーとし、塾や予備校に頼らなくても希望進路を実現できるよ うな取り組みをしている。

●特色
① IB（国際バカロレア教育）：埼玉県初の IB 認定校（MYP）として現地校やインターナショナルスクール出身者がなじみやすい発表、ディスカッション等、生徒主体の授業を実施している。
② Power English Project：全校生徒が英語を得意科目にできるよう全教職員が取り組んでいる。 国内、海外で英語に関する様々な行事があり、生徒が英語を学ぶ意欲を持ち続ける取り組みがある。

●卒業生（帰国生徒）の進路状況
東京大、一橋大、早稲田大、慶應義塾大、上智大、学習院大、明治大 等

▷▷ 高 277P

受入開始　2013 年度

大妻嵐山中学校
（おお つま らん ざん）

〒 355-0221　（担当：榎本克哉、高橋智）
埼玉県比企郡嵐山町菅谷 558
▶▶（東武東上線武蔵嵐山駅）
TEL 0493-62-2281　FAX 0493-62-1138
URL http://www.otsuma-ranzan.ed.jp/

生徒数　女 172　合計 172

帰国子女在籍者数	1 年	2 年	3 年	計
	0	1	2	3

入学

●出願資格・条件

・2021 年 3 月に小学校を卒業見込みの女子
・継続して 1 年以上海外に在留経験のある女子
［参考資格］英検 3 級など

●出願書類　・出願書類一式・受験生本人の海外在留期間を証明する書類

●日程等

募集	出願	試験	発表	選考方法
若干名	11/2～30	12/5	12/5	面接（英語・日本語）

●応募状況

年度＼人数	募集人員	出願者	受験者	合格者	入学者
2019	若干名	1	1	1	1
2020	若干名	0	0	0	0

編入学

●編入学時期・定員〔1 ～ 3 年生〕随時

●出願資格、条件、出願書類、選考方法
※詳細は問い合わせること

● 2019 年度帰国子女編入学者数

1 年	0	2 年	0	3 年	0

受入後

●指導
一般生徒と同じクラスで学習する。必要があれば個別に対応して、面談・補習等を実施する。

●教育方針
世界につながる、科学する心、表現する力を持ち、思いやりの心で行動する、自立した女性を育てる。

●進学特例条件
全員が併設高校に進学。高校は併設の大妻女子大学に約 3 分の 1 の生徒が優先的に進学（AO 入試・指定校）。

▷▷ 高 278P

受入開始　1986 年度

渋谷教育学園幕張中学校
（しぶ や きょういく がく えん まく はり）

〒 261-0014　（担当：入試対策室・国際部）
千葉県千葉市美浜区若葉 1-3
▶▶（JR 京葉線海浜幕張駅、JR 総武線・京成線幕張駅）
TEL 043-271-1221　FAX 043-271-7221
URL https://www.shibumaku.jp/

生徒数　男 566　女 310　合計 876

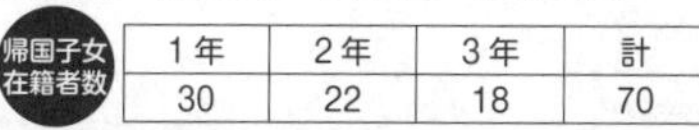

帰国子女在籍者数	1 年	2 年	3 年	計
	30	22	18	70

入学

＜ 2020 年度参考＞ 2021 年度入学試験の募集要項は本校主催の入試説明会実施日までに本校ホームページで発表します。

●出願資格・条件
下記のア、イ、のいずれかに該当する者
ア、2020 年 3 月に小学校を卒業見込みの者
イ、2007 年 4 月 2 日から 2008 年 4 月 1 日までに生まれた者

●出願書類
・入学願書および帰国生カード（所定用紙）
・海外での最終学年の成績書類（写しでも可）

●日程等

募集	出願	試験	発表	選考方法
約 20	12/15～1/10	1/20	1/24	英（筆記・リスニング・エッセイ）面接（英語・日本語）

●応募状況

年度＼人数	募集人員	出願者	受験者	合格者	入学者
2019	約 20	147	141	34	20
2020	約 20	147	140	39	30

編入学

●出願資格・条件・出願書類
(1) 本校中学校に転編入を希望する場合，過去に本校の中学入学試験や中学校の転編入試験を受験していない者。本校高等学校に転編入を希望する場合，過去に本校の高校入学試験や高校の転編入試験を受験していない者。（転編入試験を複数回受験することはできません。）
(2) 日本国内の中学校または高等学校，中等教育学校等に在籍し，保護者の転勤等で本校の通学可能圏外から通学可能圏内に一家で転住する者。
(3) 海外の現地校・日本人学校・国際学校等に在籍し，保護者の転勤等で日本に帰国し，本校の通学可能圏内に一家転住する者（ただし，帰国時期にすでに転編入試験が終了していたため，一旦，日本国内の中学や高校等に在籍している場合は，相談の上で応募条件を確認します。）
(4) 上記に加えて，試験に合格した場合，原則として初日の登校日から登校ができる者。
(5) その他，本校が受験資格を認める者。

●出願書類　入学願書・学業成績を証明するもの・在学証明書・活動記録報告書

●選考方法　入学後、〈英語の取り出し授業を希望する場合〉英語・数学・国語、面接（日本語・英語）〈英語の取り出し授業を希望しない場合〉英語・数学・国語、面接（日本語）

学年（若干名）	出願	試験	発表	初日登校日
1・2・3 年	6/20～29	7/22	当日	8/20 予定
1・2年	11/10～18	12/10	当日	1/7 予定
1・2年	2/10～18	3/10	当日	4/6 前後

● 2019 年度帰国子女編入学者数

1 年	0	2 年	0	3 年	1

受入後

●指導・教育方針・特色
・中高 6 カ年一貫教育システムにより独自のカリキュラムで学習。卒業後は全員高等学校に進学する。
・海外の生活で獲得した言語習慣を失わないように、英語の特別カリキュラムによる指導を行っている。
・3 年次より中国語、フランス語、スペイン語、ドイツ語、ハングルの課外コースを設けている。

国立 共学

千葉大学教育学部附属中学校
（ちばだいがくきょういくがくぶふぞく）

（担当：庶務係）

〒263-8522
千葉県千葉市稲毛区弥生町 1-33
▶▶（JR 総武線西千葉駅、京成電鉄みどり台駅）
TEL 043-290-2493　FAX 043-290-2494
URL http://www.jr.chiba-u.ac.jp
生徒数　男 226　女 227　合計 453

帰国子女在籍者数	1年	2年	3年	計
	12	12	12	36

入学

●出願資格・条件
令和 3（2021）年 3 月末日までに、日本の小学校教育課程又はこれと同程度の教育課程を修了又は修了見込みの者で、下記の条件にすべて該当する者。
⑴ 平成 27（2015）年 4 月 1 日から令和 3（2021）年 3 月 31 日までの期間中において、在外生活が 2 年以上にわたる者。
⑵ 平成 30（2018）年 3 月 1 日から令和 3（2021）年 3 月 31 日までに、帰国又は帰国予定の者。
⑶ 平成 20（2008）年 4 月 2 日から平成 21（2009）年 4 月 1 日までに生まれた者。
⑷ 日本国籍を有する者。
⑸ 帰国後、千葉市・習志野市・船橋市・市川市・八千代市・四街道市・佐倉市・市原市に保護者とともに居住し、かつ通学に要する時間が公共の交通機関（自転車や自家用車は不可）を使って片道 60 分以内の者。
【注意】上記⑸以外の者で、令和 3（2021）年 3 月末日までに、上記⑸に該当する見込みのある者は、必要書類を応募書類に添えて提出し、本校が応募資格ありと認めた場合は、応募することができます。
また、一般生入試、帰国生入試の両方に出願することはできません。

●出願書類
⑴ 入学願書・受検票・調査書受領証
⑵ 志願者の身上書
⑶ 住民票の写し（コピーしたものは無効）
⑷ 調査書（開封無効。在籍学校長が作成したものであって、最終在学校の成績証明を含むもの。または、それに代わるもの）
⑸ 海外生活期間を証明する書類（保護者の所属する機関の長の証明したもの等）
⑹ 検定料の納入

●日程等

募集	出願	試験	発表	選考方法
12	1/5～6	1/22	2/12	作文（日本語による記述）、面接（保護者同伴）

●応募状況

年度＼人数	募集人員	出願者	受験者	合格者	入学者
2019	12	18	18	12	12
2020	12	19	18	12	12

※詳細はウェブサイトの入試要項を参照のこと

私立 共学

▷▷ 高 279P

受入開始　2009 年度

市川中学校
（いちかわ）

（担当：高田敏行）

〒272-0816
千葉県市川市本北方 2-38-1
▶▶（JR 総武線本八幡駅・西船橋駅、JR 武蔵野線市川大野駅）
TEL 047-339-2681　FAX 047-337-6288
URL http://www.ichigaku.ac.jp
生徒数　男 623　女 382　合計 1005

帰国子女在籍者数	1年	2年	3年	計
	50	49	45	144

入学

●出願資格・条件　次の①②すべての要件を満たす者。
① 2021 年 3 月に小学校を卒業見込みの者。もしくはこれに準ずる学校に在籍し、日本の学齢で小学校 6 年生に該当する者。
②〔12 月帰国生〕海外滞在期間が 1 年以上の者。もしくはこれに準ずる者。
〔1 月 4 科帰国生〕2015 年 4 月 1 日から受験日までに、海外滞在期間が 1 年以上の者。もしくはこれに準ずる者。

●出願書類　・入学願書・出願資格を証明するもの（滞在国の学校の成績証明書の写しまたは海外在留証明書など）

●日程等

区分	募集	出願	試験	発表	選考方法
12月帰国生入試	若干名	11/12～12/2	12/6	12/7	英Ⅰ・英Ⅱ・国・算
第1回	280名に含む	12/17～1/16	1/20	1/22	国・算・社・理

●応募状況

年度＼人数	募集人員	出願者	受験者	合格者	入学者
2019	一般に含む	186	184	74	30
2020	一般に含む	185	176	70	28

編入学

●編入学時期・定員　〔1 年生〕9 月〔2・3 年生〕4、9 月。若干名
●出願資格・条件　状況に応じて対応する（担当：高田）
●出願書類　・資格を証明する書類
・志願者エントリーシート
●選考方法　英・数・国 3 教科の合計点と面接
● 2019 年度帰国子女編入学者数

1年	2	2年	1	3年	0

受入後

●指導　帰国生も国語・算数の入試は全員必修なので中学入学後も心配はいらない。また一般の入学生と全て同じ授業を受けることによって区別（差別）はしない。英語の授業（週 7 時間）はネイティブの教員と日本人教員とのティームティーチングでの取り出し授業を実施。放課後のネイティブの英会話レッスン講座がある（無料）。また、英・数は毎週補習があるので心配はいらない。
●教育方針　本校では自ら意欲的主体的に学ぶ第三教育こそが生涯続く学びの力と考えている。「自分で自分を教育する」理念の 第三教育の力を磨くことに力を入れている。
●特色　2019 年度、SSH（スーパーサイエンスハイスクール）3 期目指定校となる。ALICE プロジェクト（Active Learning for ICHIKAWA Creative Education）として市川型のアクティブラーニング授業を進めており、生徒が積極的に活動し、真の学力・人間力・サイエンス力・グローバル力・教養力の向上を促している。

私立 共学

▷▷ 高 279P

受入開始　2020 年度

昭和学院中学校
(しょうわがくいん)

〒 272-0823　（担当：大橋、三部、倉田）
千葉県市川市東菅野 2-17-1
▶▶（JR 総武線・都営新宿線 本八幡駅 京成本線 京成八幡駅 他）
TEL 047-323-4171　FAX 047-326-5310
URL https://www.showa-gkn.ed.jp/js/
生徒数　男 172　女 272　合計 444

帰国子女在籍者数	1年	2年	3年	計
	7	1	1	9

入学

●出願資格・条件
(1) 令和 3 年（2021 年）3 月小学校を卒業見込みの児童、またはこれに準じる児童
(2) 海外に 1 年以上滞在し、帰国後 3 年以内（2019 年以降帰国）の児童またはこれに準ずる児童
(3) 本人および保護者が本校の教育方針に賛同し、本校の中学校・高等学校 6 カ年一貫教育を希望する児童

●出願書類　・受験票（控）・海外在留報告書・通知票の写し（6 年次のもの）※英語資格の取得者は、その合格書やスコア証明書のコピー

●日程等

区分	募集	出願	試験	発表	選考方法
帰国生入試①	20	11/18～29	12/1	12/2	①
帰国生入試②		1/6～17	1/20	1/21	②
帰国生入試③		1/6～21	1/25	1/26	③

※①2 科（国・算・英から 2 科目選択）＋面接
　面接は日本語、英語の選択可
②プレゼンテーション及び質疑応答
　プレゼンテーション及び質疑応答は日本語、英語の選択可
③2 科（国・算・英から 2 科目選択）＋面接または 4 科（国・算・英から 2 科目選択＋理・社）＋面接
※英語資格取得者は、①③では英語のみなし得点、②では加点あり。

●応募状況

年度＼人数	募集人員	出願者	受験者	合格者	入学者
2019	－	－	－	－	－
2020	20	7	7	7	7

編入学

●編入学時期・定員　要相談
●出願資格・条件　生徒の海外での生活状況・学習状況等から総合的に判断
●出願書類　現地での学習の状況がわかる書類
●選考方法　本人の学習状況に応じ対応<過去の選考の一例>
・算数・国語の筆記試験及び面接
・自己表現文及びプレゼンテーション　等

● 2019年度帰国子女編入学者数

1年	0	2年	2	3年	1

受入後

●指導　本校では日頃休み時間や放課後に、生徒が質問に来ればいつでも答える体勢はとっています。また、現在では放課後の補習授業なども英・数・国を中心に実施しています。自習室も完備しており、放課後の時間を利用した学習サポートも受けることができます。

●教育方針　本校の目標は、建学の精神「明敏謙譲」の教育の理念の下、「知・徳・体」のバランスのとれた全人教育を実践し、「自ら考え、自ら学び、自ら行動できる生徒」「高い志をもって、学習・スポーツ・文化活動に励む、文武両道を目指す生徒」「自らを律することができ、思いやりを持って人に接することができる人間性豊かな生徒」を育てている。

●特色　千葉県市川市にある共学校。2020年に創立80周年を迎える。「インターナショナルアカデミー」「トップグレードアカデミー」「アドバンストアカデミー」「アスリートアカデミー」「ジェナラルアカデミー」の多彩な5つのコースを設置し、生徒一人ひとりの個性を大切にしている。また県内有数の規模と充実度を誇る教育施設を持ち、7 つの理科実験・実習施設、75,000 冊の蔵書を誇るメディアセンター、全教室に完備された電子プロジェクターと電子黒板、全生徒に配布される iPad などの学習施設、また、3 つの体育館、温水プール、専用の野球場やサッカー場などのスポーツ関連施設も充実しており、多彩な教育活動が展開されている。

●進学特例条件　併設校　昭和学院短期大学
昭和学院高等学校の在校生対象の特別入試あり

私立 女子

▷▷ 高 280P

和洋国府台女子中学校
(わようこうのだいじょし)

〒 272-8533　（担当：教務部）
千葉県市川市国府台 2-3-1
▶▶（JR 市川駅、松戸駅、京成線 国府台駅、北総線 矢切駅）
TEL 047-371-1120　FAX 047-371-1128
URL https://www.wayokonodai.ed.jp/
生徒数　女 258　合計 258

帰国子女在籍者数	1年	2年	3年	計
	2	0	1	3

入学

●出願資格・条件
5 年生以降に帰国し、2021 年 3 月小学校卒業見込の児童。本人および保護者ともに本校の教育方針に賛同し、中高一貫教育を希望し、健康で意欲のある児童。事前に要面談

●出願書類
入学願書・受験票

●日程等

募集	試験	発表	選考方法
若干名	2020 年 12 月 1 日	試験当日	国・算の基礎学力テスト（各 40 分）、個人面接

●応募状況

年度＼人数	募集人員	出願者	受験者	合格者	入学者
2019	若干名	0	0	0	0
2020	若干名	0	0	0	0

編入学

●編入学時期・定員　〔1 年生〕9 月〔2 年生〕4、9 月〔3 年生〕4 月　定員は特に定めず
●出願資格・条件　事前に要面談
●出願書類　入学願書・家庭調査書・在学証明書・成績証明書
●選考方法　国語・数学・英語テスト（各 50 分）、個人面接

● 2019 年度帰国子女編入学者数

1年	0	2年	0	3年	0

受入後

●教育方針
「凛として生きる」をモットーに、よき日本女性としての気品と世界にはばたく知性をそなえた人間を育てる。

●特色
日本の伝統文化を取り入れた情操教育（礼法・琴・茶道）を展開している。また、生きた英語に触れる機会を多く設け、国際化時代の素養を中学時代から磨いている。

中学校 千葉県

私立 共学 ▷▷ 高 281P 大 574P

受入開始 1999 年度

芝浦工業大学柏中学校

〒 277-0033 （校長：野村春路）
千葉県柏市増尾 700
▶▶（東武野田線新柏駅）
TEL 04-7174-3100 FAX 04-7176-1741
URL http://www.shibaura-it.ac.jp/kashiwa/
生徒数 男 384 女 197 合計 581

帰国子女在籍者数	1年	2年	3年	計
	2	3	2	7

入学

●**出願資格・条件**
原則として、海外に 2 年以上在住し、かつ帰国後 2 年以内の者
●**出願書類** ・入学願書・海外在留証明書
●**日程等**

区分	募集	出願	試験	発表	選考方法
第1回	若干名	12/17～1/18	1/23	1/24	国･算･社･理
第2回		12/17～1/25	1/27	1/28	
課題作文入試		12/17～2/3	2/4	2/4	課題作文、面接

※選考方法は一般の受験者と同一問題で同日に実施。点数で考慮（第 1 回・第 2 回）
※面接は本校会場のみで実施
※すべて Web 出願

●**応募状況**

年度＼人数	募集人員	出願者	受験者	合格者	入学者
2019	若干名	18	9	5	3
2020	若干名	10	10	2	2

編入学

●**編入学時期・定員**〔1 ～ 2 年生〕随時（欠員時）
●**出願資格・条件** 現地校、国際学校、日本人学校の別は問わない
●**出願書類** 入学願書・成績証明書（またはこれに準ずるもの）
●**選考方法** 国語・数学・英語、面接（保護者同伴）
● **2019 年度帰国子女編入学者数**

1年	0	2年	0	3年	0

受入後

●**指導**
補習、講習、サマースクールにより学習面の充実。TOEIC Bridge、TOEIC により英語力の一層アップ。漢字検定、文章検定により国語力の安定。生活面や精神面でもきめ細かなバックアップをしている。
●**教育方針**
建学の精神「創造性の開発と個性の発揮」を目指す。一人ひとりを大切にし、知識に偏らず、体験や経験に裏付けられた厚みのある学力を養成する。情報・環境・国際がキーワード。

私立 共学 ▷▷ 高 282P 大 569P

麗澤中学校

〒 277-8686 （担当：入試広報部）
千葉県柏市光ヶ丘 2-1-1
▶▶（JR 常磐線南柏駅）
TEL 04-7173-3700 FAX 04-7173-3716
URL https://www.hs.reitaku.jp/
生徒数 男 221 女 221 合計 442

帰国子女在籍者数	1年	2年	3年	計
	2	2	3	7

入学

●**出願資格・条件** 下記の条件に該当する受験生
海外の学校に通算 1 年以上在籍し、帰国後 3 年以内
●**出願書類** インターネット出願、海外の学校に在学していた事実を証明する書類等（成績証明書、または成績表コピー等）を試験日に提出
●**日程等**

区分	募集	出願	試験	発表	選考方法
1回	特に定めず	インターネット 12/17～1/20	1/21	1/21	国・算、理・社または英
2回		インターネット 12/17～1/24	1/25	1/25	
3回		インターネット 12/17～1/27	1/28	1/29	国･算（2 科型）
4回		インターネット 12/17～1/31	2/1	2/2	

※全て一般の受験生と同様に行う。
合格点について配慮（総合点に AE コースは 5 点、EE コースは 15 点加点。）
※全体の募集定員は 1 回 55 名、2 回 55 名、3 回 20 名、4 回 10 名。なお、エッセンシャル叡智コース 1 ～ 2 回の英語選択者枠（受験資格：英検 3 級以上）は 1 回 3 名、2 回 2 名

●**応募状況**

年度＼人数	募集人員	出願者	受験者	合格者	入学者
2019	特に定めず	46	38	4	0
2020	特に定めず	29	24	8	2

編入学

●**編入学時期・定員** 随時。若干名
●**出願資格・条件** 募集学年に相当する年齢で、海外の学校に 1 年以上在籍し、帰国前または帰国直後の生徒
●**出願書類** 入学に準ずる
●**選考方法** 国語・数学・英語、面接（本人および保護者）
● **2019 年度帰国子女編入学者数**

1年	0	2年	2	3年	1

受入後

●**指導** 一般生徒とともに学習するが、個人の状況により個別指導、個別相談を行う。
●**教育方針**「感謝の心、思いやりの心、自立の心」の 3 つの「心の力」を育て鍛えることを通じて、知力・道徳心・体力のバランスの取れた生徒を育成することを基本としている。
●**特色** アドバンスト叡智コース（1 学級）、エッセンシャル叡智コース（3 学級）の 2 コース制で、Language・Logical thinking・Liberal arts・Literacy・Leadership を鍛え、グローバル社会で活躍する人物を育成する。6 年間を 2 年ずつの 3 つの 3 つのステージに分け、中高一貫のメリットを生かした適切な教育課程を編成している。

▷▷ 小 40P 高 282P

受入開始　1981 年度

暁星国際中学校（ぎょうせいこくさい）

〒 292-8565　（担当：林知道）
千葉県木更津市矢那 1083
▶▶（JR 内房線木更津駅）
TEL 0438-52-3291　FAX 0438-52-2145
URL http://www.gis.ac.jp

生徒数　男 114　女 84　合計 198

帰国子女在籍者数	1 年	2 年	3 年	計
	4	5	5	14

入学

●出願資格・条件
(1)2021 年 3 月小学校を卒業見込みの者、または外国の学校教育における第 6 学年、またはそれに相当する課程を修了した者（修了見込みの者）
(2) 保護者の海外勤務・研究等に付随して、1 年以上継続して海外に在留し､帰国後の期間が 3 年未満であること（入学時）
※通学希望者は保護者との同居が条件

●出願書類　・入学願書一式・海外在籍校の成績証明書または成績表のコピー・帰国後、国内の学校に在籍している者は在籍小学校の成績表

●日程等

区分	人数	出願	発表	試験	選考方法
推薦入試	20	11/20～27	12/1	12/5	①
1期 A（一般入試）	30	1/9～16	1/20	1/23	②
1期 B（一教科入試）	20	1/9～21	1/24	1/27	③
1期 C（特待生入試）	若干名	1/9～22	1/26	1/29	④
2期（後期入試）	若干名	2/10～18	2/22	2/25	⑤

※① 国語・算数・（英語）・面接
② 国語・算数・（英語）・面接
③ 国語・算数・理科・社会・英語・面接
④ 国語・算数・（英語）面接・保護者面接
⑤ 国語・算数・（英語）・面接

●応募状況

年度＼人数	募集人員	出願者	受験者	合格者	入学者
2019	若干名	8	8	8	7
2020	若干名	5	5	5	4

編入学

●編入学時期・定員　〔1 年生〕9､1 月〔2 年生〕 4､9､1 月〔3 年生〕 4 月。若干名。帰国時期など個別に相談に応じ、内容により随時試験日を設ける。
見学：帰国の日程にあわせて個別対応もできる。まずは、電話・メールで相談。

●出願資格・条件・選考方法
特進・進学コース：国語・数学・英語・面接
インターコース：英語・英語の作文・面接

●出願書類　入学に準ずる。その他、海外在留証明書、健康診断書、在学証明書

● 2019 年度帰国子女編入学者数

1 年	0	2 年	3	3 年	1

受入後

●指導・教育方針・特色　開校以来、帰国生を積極的に受け入れている。特色ある 4 コースが選べる学校。特進・進学コースは難関大学合格を目指した徹底指導、インターナショナルコースは外国人を中心として主要教科を英語により授業している。ヨハネ研究の森コースは一斉授業を廃止した個別学習を主体とするコース。寮生が 8 割を占めており学習面のみならず、生活面もきめ細かな対応を行っている。

●進学特例条件
ほぼ全員が学内進学判定に合格し、併設高校へ進学。

▷▷ 高 283P

受入開始　1992 年度

翔凜中学校（しょうりん）

〒 299-1172　（担当:入試広報部 小林真佐美）
千葉県君津市三直 1348-1
▶▶（JR 内房線君津駅）
TEL 0439-55-1200　FAX 0439-55-1225
URL https://www.shorin-global.ed.jp/

生徒数　男 57　女 105　合計 162

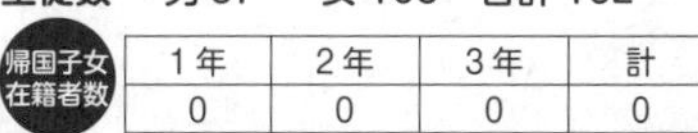

帰国子女在籍者数	1 年	2 年	3 年	計
	0	0	0	0

入学

●出願資格・条件
一定期間（特に期間は定めない）国外に居住し、現地の学校に在学していた者（日本人学校・現地校とも可）

●出願書類　・入学願書・在学証明書・成績証明書（通知票コピー可）・推薦書（推薦入試のみ）

●日程等

区分	募集	出願	試験	発表	選考方法
推薦	30	11/15～22	12/1	12/4	国語・算数 面接
一般	一般に含む	1/15～17	1/21	1/23	

※外国生活経験者、英語力のある者は最優先で合格させる

●応募状況

年度＼人数	募集人員	出願者	受験者	合格者	入学者
2019	若干名	0	0	0	0
2020	若干名	0	0	0	0

編入学

●編入学時期・定員　〔1 年生〕9 月〔2・3 年生〕9、4 月。若干名

●出願資格・条件　特に資格は問わない。希望者は誰でも受験できる

●出願書類　・願書・在学証明書・成績証明書・通知表コピー

●選考方法　英・国・数、面接（外国生活経験者、英語力のある者は特別配慮して受け入れる）

● 2019 年度帰国子女編入学者数

1 年	0	2 年	0	3 年	0

受入後

●指導・教育方針・特色
日本人教師による授業だけでなく、2 名の専任ネイティブ教師による英会話授業が週 2 時間と充実。さらに英検・TOEIC・TOEFL・GTEC 対策などの特色ある授業や、英語集中特訓、ホームステイ研修など体験しながら学習する機会が多くある。修学旅行はシンガポール・マレーシアへ。日頃の成果が海外でどれだけ出せるか、現地校との交流会や地元の大学生と 1 日散策などを実施。空港から始まり、買い物や食事の時、ホテルの中での会話や国境を越える時など、すべて英語を試すことができる（今年度は状況に鑑み国内とする）。学生寮も完備しており、充実した学校生活を送ることができる。また、高校 3 年次の「グローバル理解」の授業では、日本をグローバルな視点でとらえている。世界に目を向けるだけでなく、日本人としての誇りを忘れない。そのような国際人へ成長させる教育を行っている。

●進学特例条件
付属高校では、英語は公立学校の約 2 倍の授業時数であるため、国際系・外国語系の大学では優遇される。

●卒業生（帰国生徒）の進路状況
併設の翔凜高等学校がおもな進学先である。

私立 共学

入 編

▷▷ 高 283P

受入開始　2000 年度

東邦大学付属東邦中学校

とうほうだいがくふぞくとうほう

（担当：上野唯一）

〒 275-8511
千葉県習志野市泉町 2-1-37
▶▶（京成線京成大久保駅、JR 総武線津田沼駅）
TEL 047-472-8191 FAX 047-475-1355
URL http://www.tohojh.toho-u.ac.jp

生徒数　男 566　女 393　合計 959

帰国子女在籍者数	1年	2年	3年	計
	16	17	12	45

入 学

●出願資格・条件

※海外在留期間が 1 年以上で帰国後 3 年以内または海外就学期間 2 年以上
・2016 年 4 月以降、転・編入した者で、日本国内の小学校を卒業見込みの者
・海外の日本人学校小学部を卒業見込みの者
・海外のインターナショナルスクールまたは現地校に在籍し、小学校 6 年の年齢に該当する者

●出願書類

・入学願書一式
・帰国生調査票（保護者記入）

●日程等

区分	募集	出願	試験	発表	選考方法
帰国生	若干名	11/9～13	12/1	12/2	国・算・英
推薦	特に定めず	11/9～13	12/1	12/2	国・算・理・社
前期		12/3～1/12	1/21	1/23	
後期		1/23～2/2	2/3	2/4	

※第一志望は自己推薦が必要
※帰国生についてはボーダーラインで優遇する

●応募状況

年度＼人数	募集人員	出願者	受験者	合格者	入学者
2019	特に定めず	103	101	52	−
2020	特に定めず	61	61	35	−

編 入 学

●編入学時期・定員〔1 年生〕9 月〔2 年生〕4、9 月〔3 年生〕4、9、1 月。若干名

●出願資格・条件・出願書類　入学に準ずる

●選考方法　国語・数学・英語、面接

● 2019 年度帰国子女編入学者数

1年	0	2年	2	3年	1

受 入 後

●教育方針

(1)「自然・生命・人間」の尊重を建学の精神とする。
(2) 中高 6 ヵ年一貫の教育課程を編成し、精選した学習内容と多様な学習活動を通じて、真に豊かな学力を培う。

●進学特例条件

併設の高等学校へ原則として全員入学できる。
東邦大学医・薬・理学部などへの特別推薦制度がある。

私立 共学

入 編

▷▷ 高 284P

受入開始　2018 年度

西武台千葉中学校

せいぶだいちば

（担当：逆井芳男、福島英行）

〒 270-0235
千葉県野田市尾崎 2241-2
▶▶（東武野田線（アーバンパークライン）川間駅）
TEL 04-7127-1111 FAX 04-7127-1138
URL http://seibudai-chiba.jp

生徒数　男 48　女 78　合計 126

帰国子女在籍者数	1年	2年	3年	計
	0	0	0	0

入 学

●出願資格・条件

2021 年 3 月小学校卒業見込みの者で、本校の教育方針を理解し、意欲的かつ積極的に中学校生活に取り組む意志があること。
ア．外国での在住期間が継続して 2 年以上 4 年未満で、帰国から 2021 年 1 月 1 日までの期間が、原則として 1 年以内の者
イ．外国での在住期間が継続して 4 年以上で、帰国から 2021 年 1 月 1 日の期間が、原則として 2 年以内の者

●出願書類

・志願票・通知表全部のコピー（6 年 1 学期末または前期末）・英検・漢検・数検・算検の合格証書のコピー（該当者のみ）

●日程等

募集	出願	試験	発表	選考方法
5	11/18～12/5	12/6	12/7	国語・算数、親子面接、書類審査

※第一志望入試（専願）のみ。

編 入 学

欠員がある場合のみあり。

● 2019 年度帰国子女編入学者数

1年	0	2年	0	3年	0

受 入 後

●指導

生徒個々の状況に応じてサポートしていきます。

●教育方針

「学習活動」「部活動」「体験活動（教養）」を 3 本柱に据え、バランスの良い人材育成を目指しています。そして、それらの活動は、本校の校章の文字イニシャル「武」の精神＝「礼儀正しさ」「相手を慮る気持ち」「他人の役に立つために自らを律し、高めようとする強い精神力」等を意識して行われています。

●特色（総合コース）

教育課程は中高 6 年間を 2 年ごとの 3 ステージに分け、中高一貫教育という私学の特性を活かし大学進学に最適となるように編成。
第 1 ステージでは基礎基本を徹底させ、第 2 ステージでは特選コースと進学コースに分け、自分のレベルに合ったコース選択ができます。第 3 ステージでは文理に分かれ選択科目を設け、バランスの良い学習に取り組みます。

●進学特例条件　併設高校には学内選考により進学。

▷▷ 高 285P 大 571P 短 668P

受入開始　1985 年度

光英VERITAS中学校

(こうえい ヴェリタス)

(2021 年度より校名変更。旧 聖徳大学附属女子中学校)

〒 270-2223　(担当：本間明信)
千葉県松戸市秋山 600
▶▶ (北総線北国分駅・秋山駅、JR 松戸駅・市川駅)
TEL 047-392-8111　FAX 047-392-8116
URL https://koei-veritas.jp/
生徒数　男　　女 132　合計 132 ※2021年度より共学化

帰国子女在籍者数	1年	2年	3年	計
	0	0	0	0

入 学

●**出願資格・条件**
(1) 令和 3 年 3 月小学校卒業見込みの者
(2) 海外の学校に通算 1 年以上在籍し、帰国後 3 年以内の者

●**出願書類**
(1) 入学志願票　(2) 海外の在留期間を証明するもの

●**日程等**（詳細は募集要項をご確認ください）

区分	出願	試験	発表	選考方法
第一志望入試	11/1～30	12/1	12/2	2 科（国算）または 4 科（国算社理）、面接
帰国子女入試		12/1	12/2	2 科（国算）と面接
第1回(特待)	12/2～1/19	1/20	1/20	2 科・4 科選択
適性検査型		1/20	1/20	適正検査型 I・II・III
理数特待選抜		1/20	1/20	算数と理科の融合問題
第2回	12/2～1/21	1/22	1/22	2 科・4 科選択
算数入試 英語入試		1/22	1/22	英語または算数
特待選抜入試	12/2～1/23	1/24	1/24	2 科・4 科選択
第3回	12/2～2/2	2/3	2/4	2 科（国算）

※帰国生または英語検定・資格取得者には優遇措置あり

●**応募状況**

年度＼人数	募集人員	出願者	受験者	合格者	入学者
2019	特に定めず	2	2	1	1
2020	特に定めず	0	0	0	0

編 入 学

●**編入学時期・定員**　〔1・2 年生〕随時（2 年生は 9 月まで）。欠員がある場合のみ、若干名
●**出願資格・条件**　入学出願資格・条件に準ずる
●**出願書類**　帰国生転編入試験志願票一式
●**選考方法**　面接、学科（国・英・数）面接
※判定基準に配慮

● **2019 年度帰国子女編入学者数**

1年	0	2年	0	3年	0

受 入 後

●**指導・教育方針・特色**　クラス配置、授業体制は一般生と原則同一。キャッチアップ補習は個別に実施。補講は習熟度別に実施。

●**進学特例条件**　併設高校（普通科 高 2 から「Global Language Art コース」・「Medical Science コース」）・大学への内部入学制度・入学金減免制度あり。

私立　共学

▷▷ 高 286P

受入開始　1981 年度

秀明大学学校教師学部附属秀明八千代中学校

(しゅうめいだいがくがっこうきょうしがくぶ ふぞくしゅうめいやちよ)

〒 276-0007　(担当：教頭)
千葉県八千代市桑橋 803
▶▶ (東葉高速鉄道八千代緑が丘駅)
TEL 047-450-7001　FAX 047-450-7009
URL http://www.shumeiyachiyo.ed.jp/home.htm
生徒数　男 54　女 36　合計 90

帰国子女在籍者数	1年	2年	3年	計
	0	0	0	0

入 学

●**出願資格・条件**
・2021 年 3 月小学校卒業見込みの者
・現地校で 6 年の課程を修了見込みの者

●**出願書類**
・小学校 4 ～ 6 年次の通知表写し
・現地校出身者は、現地校所定の成績等を証明する書類

●**日程等**

募集	出願	試験	発表	選考方法
特に定めず	(1)11/15～25	12/1	12/2	国・算・英の中から 2 科目選択、面接
	(2)1/6～16	1/20	1/21	国語・算数、面接
	(3)1/19～25	1/29	1/30	
	(4)1/30～2/2	2/6	2/7	

※出願はインターネットのみで受付
※ (1) 専願 (2) 一般 A 日程 (3) 一般 B 日程、(4) 一般 C 日程
※現地校出身者は海外での学習や体験等の良い面や、特に英語能力を重視して判定する

●**応募状況**

年度＼人数	募集人員	出願者	受験者	合格者	入学者
2019	特に定めず	0	0	0	0
2020	特に定めず	0	0	0	0

編 入 学

●**編入学時期・定員**　特に定めず。欠員の状況により随時実施
●**出願資格・条件・出願書類・選考方法**　入学に準ずる
※ネット出願不可

● **2019 年度帰国子女編入学者数**

1年	0	2年	0	3年	0

受 入 後

●**指導・教育方針・特色**
帰国生徒は受け入れ後、一般生徒と同じクラスに入るが、補習等で進度の遅れを補っている。英語教育を重視し、現在イギリス人教師 7 名と日本人教師とのチームティーチングを行っている。また、学習面のみでなく心の学習も重視し、教科外活動や学校行事を充実させ、調和のとれた豊かな人間形成を期している。2 年生は 2 週間のイギリス英語研修に全員が参加。

●**進学特例条件**
併設の高等学校には全員進学できる。

私立 共学

▷▷ 高 286P

八千代松陰中学校

(やちよしょういん)

(担当：森弓彦、中田隆)

〒276-0028
千葉県八千代市村上 727
▶▶(京成線・東葉高速鉄道勝田台駅)
TEL 047-482-1234 FAX 047-485-8864
URL https://www.yachiyoshoin.ac.jp
生徒数 男 343 女 345 合計 688

帰国子女在籍者数	1年	2年	3年	計
	3	6	6	15

入学

●**出願資格・条件** 帰国子女
●**出願書類**
・通知表のコピー（自己推薦の場合、原本証明してあるもの）・推薦書（学科推薦の場合）
●**日程等**

募集	出願	試験	発表	選考方法
若干名	11/1～16	12/1・2	即日	書類選考・学科試験・面接
	12/3～2/4	1/20・21 25・2/5	即日	

●**応募状況**（応相談）

年度＼人数	募集人員	出願者	受験者	合格者	入学者
2019	特に定めず	0	0	0	0
2020	特に定めず	4	4	3	3

編入学

●**編入学時期・定員**〔1・2年生〕随時。特に定めず
●**出願資格・条件** 特に定めていない。ただし、保護者と同居していて自宅から無理なく通学できる範囲であること
●**出願書類** ・成績証明書・在学証明書
●**選考方法** 国・数・英、面接（保護者同伴）
※海外在住中の期間等を考慮し、筆記試験と面接で総合的に判定する
●**2019年度帰国子女編入学者数**

1年	1	2年	1	3年	0

受入後

●**指導・教育方針・特色**
授業（主要5教科）は、生徒の理解度に合わせた学力別クラスで行うため、編入学者はそのレベルに応じたクラスで学ぶ。
●**進学特例条件**
併設の高等学校へ全員進学。
●**卒業生（帰国生徒）の進路状況**
中高一貫教育のため、併設の高等学校へ進学。
●**備考**
帰国子女のみを対象とする募集はなし。

入 編

私立 女子

▷▷ 高 288P

受入開始 2005 年度

北豊島中学校

(きたとしま)

(担当：塩川広之、梅本晃章)

〒116-8555
東京都荒川区東尾久 6-34-24
▶▶(JR北千住駅、王子駅、田端駅、東京メトロ町屋駅)
TEL 03-3895-4490 FAX 03-3819-3569
URL http://kitatoshima.ed.jp
生徒数 女 49 合計 49

帰国子女在籍者数	1年	2年	3年	計
	1	0	0	1

入学

●**出願資格・条件**
①海外生活経験者
②国内インターナショナルスクール在籍者
③日本国内に合法的に1年以上滞在査証のある外国籍生徒
④国内の学校（小学校）で特に英語学習の進んでいる生徒
※事前相談が必要
●**出願書類**
・入学願書・出願資格①～④を証明できる資料
●**日程等**

募集	出願	試験	発表	選考方法
特に定めず	10/21～28	10/31	11/1 速達	国・数または国・英または算・英、面接
	12/9～16	12/19	12/20 速達	

※必ず事前に本校に問い合わせの上、学校見学、事前相談をして頂きたい
●**応募状況**

年度＼人数	募集人員	出願者	受験者	合格者	入学者
2019	特に定めず	0	0	0	0
2020	特に定めず	1	1	1	1

編入学

●**編入学時期・定員** 個々に合わせて対応するので、問い合わせのこと
●**2019年度帰国子女編入学者数**

1年	0	2年	0	3年	0

受入後

●**指導**
他の生徒と全く同じで、日本語力に不足がある場合は、取り出し授業を行う。
●**教育方針・特色**
少人数制教育で、1人ひとりを大切にする授業展開をしている。英語教育には定評があり、1クラス20人前後を原則とし、徹底した少人数制教育を行っている。リベラルアーツ教育を推進し、「学び続ける力」を育成する。
●**進学特例条件**
学校生活に支障のない者は、本学「特進コース」「総合コース」「国際英語コース」のいずれかに進学できる。

私立 共学

▷▷ 高 289P

受入開始　2005 年度

淑徳中学校
（しゅくとく）

〒 174-8643　（担当：平山千晶）
東京都板橋区前野町 5-14-1
▶▶（東武東上線ときわ台駅、都営三田線志村三丁目駅、JR 赤羽駅よりバス、西武池袋線練馬高野台駅よりスクールバス）
TEL 03-3969-7411　FAX 03-3558-7992
URL http://www.shukutoku.ed.jp/
生徒数　男 250　女 285　合計 535

帰国子女在籍者数	1 年	2 年	3 年	計
	9	12	11	32

入 学

●出願資格・条件
・保護者の海外勤務に伴い、1 年以上在留
・帰国後 3 年以内

●出願書類
・成績に関する書類（海外在学校の最終学年の写し）
・海外生活証明書（保護者勤務先が発行したもの）
・英語検定取得級、TOEIC　Bridge（または TOEIC）スコア証明書の写し（任意・優遇有）
※出願手続や書類については応相談

●日程等

募集	出願	試験	発表	選考方法
若干名	11/17～30	12/5	12/7	国・算、面接〈（日本語・英語選択制）生徒のみ個別〉

※スーパー特進東大選択（セレクト）コース・スーパー特進コースのコース編成で、入試によって所属コースが決定。
スーパー特進東大選択（セレクト）コース合格者のうち成績優秀者は特待生に該当し、授業料などが免除となる。
※帰国生対象ではありませんが、英語入試あり。
試験科目：書類（英語資格）・算数（四則計算）・作文（日本語）・面接（英語）
詳細は HP をご覧ください。

●応募状況

年度＼人数	募集人員	出願者	受験者	合格者	入学者
2019	若干名	32	32	31	12
2020	若干名	42	42	35	9

編 入 学

●編入学時期・定員〔1 ～ 3 年生〕欠員時随時
●出願資格　入学に準ずる
●選考方法　入学に準ずる
● 2019 年度帰国子女編入学者数

1 年	0	2 年	0	3 年	0

受 入 後

●指導・教育方針・特色
高校留学コースがあるため、海外経験者が学年に 40 名在籍するという、帰国子女が珍しくない国際感覚豊かな校風。英語教育は中 1 から 1 週 7 時間授業を確保し、英検対策授業を実施。洋書ライブラリーやイングリッシュ・スタジオも設置している。また、教育理念 3 つの L（Life・Love・Liberty）を通じて心の教育を大切にしている。

入

私立 男子

▷▷ 高 289P

受入開始　2016 年度

城北中学校
（じょうほく）

〒 174-8711　（担当：鈴木邦彦）
東京都板橋区東新町 2-28-1
▶▶（東武東上線　上板橋駅）
TEL 03-3956-3157　FAX 03-3956-9779
URL http://www.johoku.ac.jp
生徒数　男 849　合計 849

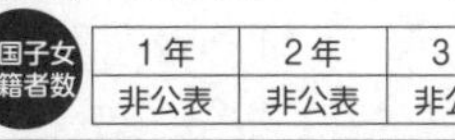

帰国子女在籍者数	1 年	2 年	3 年	計
	非公表	非公表	非公表	非公表

入 学

●出願資格・条件
・1 年を超える期間海外に在留し、帰国後 3 年以内の日本国籍の者
　または
・1 年を超えて海外に在留中の日本国籍の者

●出願書類　海外在留証明書

●日程等

募集	出願	試験	発表	選考方法
115（1 回）	1/10～30	2/1	2/1	国算社理
125（2 回）	1/10～2/1	2/2	2/2	
30（3 回）	1/10～2/3	2/4	2/4	

※帰国生は学力試験の合計点数に 10 点加点します。

●応募状況

年度＼人数	募集人員	出願者	受験者	合格者	入学者
2019	−	26	20	9	−
2020	−	22	19	9	−

私立 共学 ▷▷ 小 47P 高 290P 大 572P 短 668P

受入開始 1998 年度

帝京中学校（ていきょう）

〒173-8555 （担当：髙梨憲一、白川千絵）
東京都板橋区稲荷台 27-1
▶▶（JR 埼京線十条駅・都営地下鉄三田線板橋本町駅）
TEL 03-3963-6383 FAX 03-3963-2430
URL https://www.teikyo.ed.jp
生徒数 男 163 女 113 合計 276

帰国子女在籍者数	1年	2年	3年	計
	0	1	0	1

入学

●出願資格・条件
2021 年 3 月小学校卒業見込みの児童で、海外での生活が 1 年以上かつ帰国後 3 年以内の者

●出願書類
・入学願書・帰国生入試海外生活アンケート

●日程等

募集	出願	試験	発表	選考方法
若干名	12/1～13	12/14	12/14	英話、作文（日本語）、面接（日本語・英語）

●応募状況

年度＼人数	募集人員	出願者	受験者	合格者	入学者
2019	若干名	1	1	1	1
2020	若干名	1	1	1	0

編入学

●編入学時期〔1 ～ 3 年生〕随時
●出願資格・条件 一家転住
●出願書類 編入学願書
●選考方法 英・国か数、面接
● 2019 年度帰国子女編入学者数

1年	0	2年	0	3年	0

受入後

●指導 英語力を維持するために、OC（オーラルコミュニケーション）は取り出し授業を行います。文法は海外での生活が長くてもあやふやな分野があることが多いので国内生と一緒に受けます。国語・社会・数学・理科などで必要な場合は、個別に対応します。7 時間目や、長期休暇などで時間を取って補習します。

●教育方針 文武両道の精神で、多くの体験を通して、生徒の可能性を最大限に引き出す「一貫進学コース」と、高いレベルのカリキュラムと万全のサポート体制で［GMARCH 以上の難関大学合格］を目指す「一貫特進コース」の 2 コースを展開しています。どちらのコースも、生徒一人ひとりを支えて目標達成を実現します。

●特色 今まで、帝京中学校では多数の編入生を受け入れてきました。さまざまな国や地域からの編入生です。その編入生もすぐに溶け込める土壌があります。違う感性を持った生徒を自然に受け止め、仲間として受け入れる寛容さを持った生徒が多くいます。すぐに仲間になれます。

●進学特例条件 一貫特進コース、一貫進学コースともに一貫校なので、帝京高校へ全員進学できます。一貫進学コースからは、高校進学時に、帝京高校インターナショナルコースに進学することもできます。

私立 女子 ▷▷ 高 290P 大 573P 短 668P

受入開始 2015 年度

東京家政大学附属女子中学校（とうきょうかせいだいがくふぞくじょし）

〒173-8602 （担当：教頭 渡邉 健）
東京都板橋区加賀 1-18-1
▶▶（JR 埼京線十条駅、都営三田線新板橋駅、東武東上線下板橋駅）
TEL 03-3961-0748 FAX 03-3962-8646
URL https://www.tokyo-kasei.ed.jp/
生徒数 女 184 合計 184

帰国子女在籍者数	1年	2年	3年	計
	0	1	0	1

入学

●出願資格・条件
1）保護者に伴って海外に連続して 1 年以上在住し、帰国後 3 年以内の者
2）国内外を問わず、通常の課程による 6 年間の学校教育を修了または 2021 年 3 月末までに修了見込みの者
※いずれも満たし、帰国後保護者との同居の必要があります。

●出願書類
入学願書（学校指定）・海外在留証明書（保護者勤務先のもの）・在籍校の成績証明書（成績報告書）または通知表・各種検定合格証（コピー可）

●日程等

募集	出願※	試験	発表	選考方法
若干名	12/2～23	12/26	当日	国語・算数・英語（2 科目選択）、作文、面接

※ (web)12/2 ～ 23 (郵送)12/2 ～ 23 必着
(窓口)12/2 ～ 23 9：00 ～ 16：00 土日を除く
・試験日：12/26 集合時間 8：30 試験開始 9：00
・合格発表：試験当日 本校 web サイトにて
・合格書類交付：12/28 9：00 ～ 15：00
・入学手続き：12/28 15：00 まで

●応募状況

年度＼人数	募集人員	出願者	受験者	合格者	入学者
2019	一般に含む	0	0	0	0
2020	若干名	0	0	0	0

編入学

●編入学時期〔1 ～ 3 年生〕随時。欠員がある場合
●出願資格・条件 一家転住者。
その他は入学に準ずる
●出願書類 入学に準ずる
●選考方法 国語・数学・英語、面接
● 2019 年度帰国子女編入学者数

1年	1	2年	0	3年	0

受入後

●指導
通常のクラスに入り、一般生徒と同様の学習をする。

●教育方針
建学の精神「自主自律」を目標に、3 つの生活信条である「愛情・勤勉・聡明」の実践によって未来を創造し、世界で輝く女性を育みます。

私立 女子

▷▷ 高 291P 大 583P 短 668P

受入開始　2000 年度

日本大学豊山女子中学校
（にほんだいがくぶざんじょし）

（担当：我妻）

〒 174-0064
東京都板橋区中台 3-15-1
▶▶（東武東上線上板橋駅、都営三田線志村三丁目駅）
TEL 03-3934-2341　FAX 03-3937-5282
URL http://www.buzan-joshi.hs.nihon-u.ac.jp

生徒数　　女 368　合計 368

帰国子女在籍者数	1 年	2 年	3 年	計
	0	0	2	2

入学

●出願資格・条件　次の (1) ～ (3) をすべて満たす者
(1) 2008 年 4 月 2 日から 2009 年 4 月 1 日までに出生した女子
(2) 海外在住期間が原則として 1 年以上で、帰国後 3 年以内（2017 年 12 月 1 日以降帰国）であること
(3) 入学後、保護者と同居し、そこから通学できること

●出願書類
・現地校発行の「在学（在籍）証明書」および「成績証明書」

●日程等（詳細は募集要項をご確認ください）

区分	出願	試験	発表	選考方法
帰国子女	12/1~11	12/12 午前	12/12	面接（英語）
4 科・2 科	12/20～1/30	2/1 午前	2/1	国算または国算社理
適性検査型		2/1 午前	2/2	適性検査Ⅰ・Ⅱ・Ⅲ
2 科①		2/1 午後	2/1	国・算
2 科選択型	12/20～2/2	2/2 午前	2/2	国算社理より 2 科選択
英語インタビュー型		2/2 午前	2/2	面接（英語）
2 科②		2/2 午後	2/2	国・算
プレゼン(課題発見)型		2/2 午後	2/2	テーマについて発表
2 科③	12/20~2/5	2/5 午後	2/5	国・算
思考力(プレゼン)型	12/20~2/11	2/11 午前	2/11	テーマについて発表

※帰国子女：面接（英語）は受験生のみ。

●応募状況

年度＼人数	募集人員	出願者	受験者	合格者	入学者
2019	若干名	0	0	0	0
2020	若干名	2	2	2	0

受入後

●指導・教育方針・特色
帰国生（子女）が入学する場合、事前面接（入学試験時、必要があれば入学手続後・入学後にも実施）によって、生徒本人の生活環境、学力・志向状況および保護者の意見や教育方針等をうかがい、十分に理解・把握した上で適切に対応している。ただし、他の生徒と区別したり、特別な扱いをすることはない。

●教育方針
本校の教育の目標は、本質的な意味での「自律」である。「個性の教育を尊重しながらも、集団の中で責任を持って人と協調できる人間に育ってほしい。」これが本校のめざす学校教育である。結果として、多くの卒業生が社会のリーダーとして活躍している。

●進路状況
例年、卒業生の約 5 割が日本大学への付属推薦制度を利用して進学している。また、4・6 年制大学への現役での進学率は約 93% となっている。理数科の生徒をはじめ、伝統的に医療系大学への進学者が多く、医療の現場で活躍している。詳細は、本校ホームページで確認のこと。

私立 女子

▷▷ 高 291P

受入開始　1995 年度

江戸川女子中学校
（えどがわじょし）

（担当：菊池今次、小笠原敦）

〒 133-8552
東京都江戸川区東小岩 5-22-1
▶▶（JR 総武線小岩駅、京成線江戸川駅）
TEL 03-3659-1241　FAX 03-3659-4994
URL http://www.edojo.jp

生徒数　　女 539　合計 539

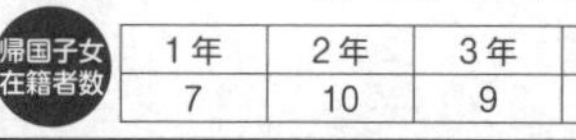

帰国子女在籍者数	1 年	2 年	3 年	計
	7	10	9	26

入学

●出願資格・条件　海外生活経験があり、帰国が小学校の入学式以降であること

●出願書類　①志願票 ②小学校 6 年生の通知表のコピー ③本人・保護者記載の海外在留期間証明書（保護者の勤務先にて発行のもの）または海外の在籍校の成績報告書のコピー ④英検 4 級以上、TOEIC450 点以上を取得している場合は、その証明書のコピー

●日程等

募集	出願	試験	発表	選考方法
特に定めず	11/1～22	11/23 AM	11/23	【英語特化型】英語筆記（英語検定 2 級レベル）、日本語・英語面接（受験生のみ）
		11/23 PM		【基礎学力型】基礎学力国語・算数、または英語・基礎学力国語・算数

●応募状況

年度＼人数	募集人員	出願者	受験者	合格者	入学者
2019	特に定めず	55	54	43	10
2020	特に定めず	48	47	38	7

編入学

●編入学時期・定員〔1・2 年生〕随時相談可（2 年生は 7 月まで）。若干名（欠員時）

● 2019 年度帰国子女編入学者数

1 年	0	2 年	0	3 年	0

受入後

●指導・教育方針・特色　一般生徒と同じ学校生活を送る「一般クラス」と、2021 年度に新設される「国際コース」がある。国際コースへは英語特化型の合格者と、基礎学力型の合格者で英検 3 級以上を持っているか、合格後に行う英語チャレンジテストに合格すると入学できる。国際コースでは副担任はネイティブの教員で、クラスを 2 分割してレベル別の英語の授業を行う。また美術・音楽の授業はネイティブ教員とのティームティーチングで行い、第 2 外国語として中国語の勉強もできる。

●進学特例条件　在学中に一定の成績を修め向上心を持って学校生活を送った者は、併設の高等学校に進学できる。中学 3 年次に一般・選抜・国際の選択が、高校 2 年次に理系・文系・国際の選択が本人の希望と適性を考慮して選択できる。

●卒業生（帰国生徒）の進路状況　京都大、東京外国語大、早稲田大、慶應義塾大、上智大等へ進学。

私立 共学

▷▷ 高 292P

さくらがおか
桜丘中学校

〒114-8554 （担当：髙橋知仁）
東京都北区滝野川 1-51-12
▶▶（JR 王子駅、地下鉄都営三田線西巣鴨駅）
TEL 03-3910-6161 FAX 03-3949-0677
URL https://sakuragaoka.ac.jp/

生徒数 男 136 女 120 合計 256

帰国子女在籍者数	1年	2年	3年	計
	3	2	2	7

入学

●出願資格・条件

・保護者の勤務などにより、1 年以上海外に在住し、日本の小学校 6 年生に該当する学齢の者
・入学後、楽しく学校生活を送ることができる者
※詳細については問い合わせること

●出願書類

・海外在留証明書・通知表・英検合格証（英語選択者で英検取得者）

●日程等（web 出願）

募集	出願	試験	発表	選考方法
若干名	11/1～12/1	12/13	12/13	国・算もしくは英・算

●応募状況

年度＼人数	募集人員	出願者	受験者	合格者	入学者
2019	若干名	2	2	2	1
2020	若干名	10	10	10	1

受入後

●指導・教育方針・特色

2004 年 4 月より、男女共学制を実施。
中高一貫 6 カ年教育のカリキュラムに沿って、大学進学を目指す教育を行う。英語教育・情報教育を積極的に展開している。特別に指導の必要な生徒に対しては放課後等を利用して個人指導する。

●進学特例条件

中学校から併設高等学校への進学は、推薦制により行われ、原則として全員進学する。

私立 共学

▷▷ 高 292P

受入開始 2000 年度

じゅん てん
順天中学校

〒114-0022 （担当：片倉敦）
東京都北区王子本町 1-17-13
▶▶（JR 京浜東北線・地下鉄南北線王子駅）
TEL 03-3908-2966 FAX 03-3908-2691
URL http://www.junten.ed.jp

生徒数 男 190 女 144 合計 334

帰国子女在籍者数	1年	2年	3年	計
	6	9	11	26

入学

●出願資格・条件

海外生活 1 年以上、帰国後 3 年以内の者・日本の小学校またはこれに準ずる外国における学校を卒業見込みの者・海外生活を通して、一定の英語力を身につけた者

●出願書類

・入学願書一式（所定のもの）・成績証明書または通知書の写し（コピー可）・海外帰国児童としての略歴書（所定のもの）

●日程等

募集	出願	試験	発表	選考方法
若干名	11/9～11/30	12/5	12/5	算・英、作文、面接
	1/10～2/1	2/4	2/5	算・英、面接

※英語の問題内容は、1 回は英語検定 2 級程度、
2 回は 3 級程度とする（リスニング含む）。
また判定は帰国子女のみで行う

●応募状況

年度＼人数	募集人員	出願者	受験者	合格者	入学者
2019	若干名	17	17	11	3
2020	若干名	12	10	6	2

編入学

●編入学時期・定員 〔1 ～ 3 年生〕随時（3 年生の 4 月まで）。若干名

●出願資格・条件 原則として、外国での滞在期間が 1 年以上の者

●出願書類 入学に準ずる

●選考方法 国・数・英、面接（保護者も含む）
※英語の力を重視する

● 2019 年度帰国子女編入学者数

1年	1	2年	2	3年	1

受入後

●指導・教育方針・特色

・一般生徒とともに学習するが、状況により個別指導を行い、学習の遅れを取り戻せるよう努める。また、英語は取り出し授業を行い、より高度な内容を学習する。
・中高一貫教育を中心に、英語・数学・国語は完全習熟を実現するために (1) 学習内容をラセン構造化した授業 (2) 三段階の少人数制（習熟度）(3) 授業・小テスト・補習による完全習得の系統学習の展開、社会・理科の探究学習、芸術・技家・保体・道徳の授業とリンクしたワークショップの統合学習を通して国際・福祉の課題に取り組み、創造的な問題解決力やコミュニケーションを養成する。

●進学特例条件

順天高等学校へ優先入学し、一貫指導をする。

入 編

▷▷ 大 561P

私立 女子

受入開始 2005 年度

女子聖学院中学校

(じょしせいがくいん)

（担当：佐々木恵）

〒 114-8574
東京都北区中里 3-12-2
▶▶（JR 山手線・東京メトロ南北線駒込駅、JR 京浜東北線上中里駅）
TEL 03-3917-2277 FAX 03-3917-3680
URL http://www.joshiseigakuin.ed.jp/

生徒数　女 379　合計 379

帰国子女在籍者数	1 年	2 年	3 年	計
	1	2	4	7

入学

●**出願資格・条件**
・原則として、海外在住 1 年以上かつ帰国後 3 年以内
・小学校卒業者および 2021 年 3 月卒業見込者で自宅から通学可能であること
※帰国後の年数、国内インターナショナルスクールに在籍の方は相談に応じる

●**出願書類**
・入学願書および調査書（本校所定）
・海外在留証明書（本校所定）

●**日程等**

募集	出願	試験	発表	選考方法
若干名	11/11～24	11/25	11/25	提出書類、①算数基礎②日本語作文、面接（日本語）の総合判定

※面接は本人および保護者同伴。（面接重視）
※英検取得者には加点あり
※英語資格試験及び漢字能力検定・実用数学技能検定取得者には英検に準じて加点します。

●**応募状況**

年度＼人数	募集人員	出願者	受験者	合格者	入学者
2019	若干名	3	3	3	2
2020	若干名	2	2	2	1

編入学

●**編入学時期・定員**　随時。若干名。
国内インターナショナルスクールに在籍の方は相談に応じる

●**選考方法**　「国語・数学・英語」又は「数学基礎・日本語作文」又は「数学基礎・英語」、面接

● **2019 年度帰国子女編入学者数**

1 年	0	2 年	0	3 年	1

受入後

●**指導**
ベテランネイティブ教師との連携で 4 技能（読む・聞く・書く・話す）をバランスよく高めていく。2015 年度より稼働している JSG ラーニングセンター（チューター常駐の学習室）では、19 時まで自学習に取り組めるほか、チューターが個別の質問にも応じ、つまずきはその日のうちに解消できる体制が整っている。また、希望者は一人ひとりのニーズに応じた個別指導のサポートを受けることもできる。

●**教育方針・特色**「自分のことばで発信する教育～ Be a Messenger ～」を目標に掲げ、国際理解教育や課題探究型学習を通して主体的に他者とかかわる力を育てている。

入 編

▷▷ 高 293P

私立 共学

受入開始 1992 年度

駿台学園中学校

(すんだいがくえん)

（担当：橋口光一郎 広報室長（中等部長代理））

〒 114-0002
東京都北区王子 6-1-10
▶▶（JR 京浜東北線・東京メトロ南北線王子駅）
TEL 03-3913-5735 FAX 03-3912-2810
URL http://www.sundaigakuen.ac.jp

生徒数　男 141　女 46　合計 187

帰国子女在籍者数	1 年	2 年	3 年	計
	0	0	0	0

入学

●**出願資格・条件**　海外滞在 2 年以上で、帰国後 1 年以内を原則としているが、事情により考慮する

●**出願書類**　入学志願書

●**日程等**

区分		募集	出願登録	試験	発表	選考方法
第1回	2 科・4 科型	20	12/18～各試験前日まで	2/1 午前	2/1	※
第2回	得意科目選択型	10		2/1 午後	2/1	
第3回	2 科・4 科型	20		2/2 午前	2/2	
第4回	得意科目選択型	10		2/2 午後	2/2	
第5回	得意科目選択型	10		2/4 午前	2/4	
第6回	得意科目選択型	10		2/11 午前	2/11	

※「2 科・4 科型」：国・算（2 科）または国・算・社・理（4 科）を選択。
「得意科目選択型」国・算から 1 科を選択。
※入学試験は、一般入試と同様で、同時に実施するが、帰国子女には特別な配慮をする

区分	募集	出願登録	試験	発表	選考方法
総合型 1 回	10	12/18～各試験前日まで	2/1 午後	2/1	作文
総合型 2 回	10		2/2 午後	2/2	英語コミュニケーションまたはプレゼンテーション
総合型 3 回	10		2/3 午後	2/3	プレゼンテーション
総合型 4 回	10		2/4 午前	2/4	英語コミュニケーション

●**応募状況**

年度＼人数	募集人員	出願者	受験者	合格者	入学者
2019	若干名	0	0	0	0
2020	若干名	0	0	0	0

編入学

●**編転入学時期・定員**〔1 ～ 3 年生〕随時（3 年生は 7 月まで）

●**出願資格・条件・出願書類**　・入学志願書・成績証明書・在学証明書もしくは修了証明書

●**選考方法**　国語・数学・英語、面接
※学力試験・面接・調査書による総合判定

● **2019 年度帰国子女編入学者数**

1 年	0	2 年	0	3 年	0

受入後

●**指導・教育方針・特色**　帰国子女のためのカリキュラム、学級編制等については特別な配慮はしていないが、必要に応じて個別に対応している。本校は、生徒が選んだ希望の大学への進学を目指して教育を行う。また英語力を充実させ、将来国際的に活躍できる人材を育成する。さらにあらゆる教育の前提に人間教育を置き、豊かな人間性と人格の形成に特段の配慮をしている。

●**進学特例条件**
原則として併設高等学校に全員進学予定。

▷▷ 高 293P 大 561P

受入開始　2004 年度

聖学院中学校
（せいがくいん）

（担当：児浦良裕）

〒114-8502
東京都北区中里 3-12-1
▶▶（JR 山手線・東京メトロ南北線駒込駅）
TEL 03-3917-1121　FAX 03-3917-1438
URL http://www.seig-boys.org/
生徒数　男 452　合計 452

帰国子女在籍者数	1 年	2 年	3 年	計
	10	16	16	42

入学

●出願資格・条件　・小学校卒業（卒業見込）の男子または同等の学力を有する者
・海外における在住期間が原則として 1 年以上で帰国後 3 年以内（在住期間が 4 年以上の場合は帰国後の期間を配慮）の者

●出願書類（インターネット出願）
・海外在留証明書（保護者勤務先発行）

●日程等

募集	出願	試験	発表	選考方法
5	11/7～12/7	12/8	12/8	英語・算数、面接（英語）
15				国語・算数、面接（日本語）

●応募状況

年度＼人数	募集人員	出願者	受験者	合格者	入学者
2019	20	16	14	13	7
2020	20	13	11	9	2

編入学

●編入学時期・定員〔1・2・3 年生〕6、11、2 月に実施。若干名。帰国にあわせて応相談。

●出願資格・条件　原則として海外在住期間が 1 年以上の者

●出願書類　・入学願書・在学校の成績証明書
・海外在留証明書および報告書

●選考方法　国・数・英、面接

● 2019 年度帰国子女編入学者数

1 年	0	2 年	3	3 年	2

受入後

●指導
中学 1 年次は、極めて高い英語力を有する帰国生 SS コースと英検準 2 級以上の英語経験者クラス、初めて英語を学ぶクラスに分かれてスタート。中学 2 年次からは、学習到達度によってクラスの入れ替えが行われ、きめ細かな指導のもと、英語力の保持とレベルアップを図っている。また、帰国生 SS コースでは、週 6 時間の英語の授業のうち 4 時間がネイティブスピーカー、残り 2 時間を日本人の教員が担当している。

●教育方針
1906 年の創立以来、キリスト教精神に基づく "Only One" 教育を実践してきた。それは、一人ひとりの個性と感性を磨き、「唯一無二の自分」を確立すると同時に、"Only One for Others"（他者のために生きる個人）の育成を目指すものである。

●進学特例条件　ほぼ全員が併設高等学校へ進学。

入 編

私立 女子

受入開始　1997 年度

星美学園中学校
（せいびがくえん）

（担当：大石和敏）

〒115-8524
東京都北区赤羽台 4-2-14
▶▶（JR 赤羽駅、東京メトロ南北線・埼玉高速鉄道赤羽岩淵駅）
TEL 03-3906-0054　FAX 03-3906-0765
URL https://www.jsh.seibi.ac.jp/
生徒数　女 149　合計 149

帰国子女在籍者数	1 年	2 年	3 年	計
	0	0	0	0

入学

●出願資格・条件
(1) 海外在留期間が原則として 2 年以上で、帰国後 2 年以内である者。もしくは、海外在留期間が原則として 2 年以上であり、2021.3.31 までに帰国する者
(2) 2021 年 3 月までに小学校 6 年の教育課程を修了した者、または修了見込みのある者
(3) 本校の教育方針を理解し、これに賛同する家庭の子女
(4) 中学及び高等学校の 6 か年の課程を本校において履修する者

●出願書類　・本校所定の入学願書・海外在住期間証明書・成績通知表コピー

●日程等

募集	出願	試験	発表	選考方法
若干名	12/1～3	12/5	12/7	※

※算数（学力試験）、作文（日本語）、面接（受験生、保護者 1 名同伴）。

●応募状況

年度＼人数	募集人員	出願者	受験者	合格者	入学者
2019	若干名	0	0	0	0
2020	若干名	0	0	0	0

編入学

● 2019 年度帰国子女編入学者数

1 年	0	2 年	0	3 年	0

受入後

●指導
習熟度別クラス編成による数学の授業。
イギリス出身の男性教師による英会話授業。国語・数学など不足教科については、必要に応じ個別に指導。

●教育方針
創立者聖ヨハネ・ボスコが示した「予防教育法」による「共に生きる」を実践しながら、「よいキリスト者、誠実な社会人」の育成を目的とし、国際的な広い視野をもって世界に貢献できる、聡明で心豊かな女性の育成を目指している。

●特色
イタリア・ローマに本部を置く「サレジアン・シスターズ」を母体としたカトリック・ミッションスクールで世界 94 か国に姉妹校を持つ。都内にありながら緑溢れる環境のもと、1 学年 2 クラスの家庭的雰囲気で教育。

●卒業生（帰国生徒）の進路状況　併設高等学校へ進学。

私立 共学

▷▷ 大 571P

受入開始　2008 年度

東京成徳大学中学校
（とうきょうせいとくだいがく）

（担当：中村雅一）
〒 114-8526
東京都北区豊島 8-26-9
▶▶（東京メトロ南北線王子神谷駅）
TEL 03-3911-2786　FAX 03-3911-3747
URL http://www.tokyoseitoku.jp

生徒数　男 146　女 129　合計 275

帰国子女在籍者数	1年	2年	3年	計
	0	0	1	1

入学

●**出願資格・条件**　次の①、②に該当する者
①海外における在住期間が 1 年以上で、帰国後 3 年以内の者
②日本の小学校または、これに準ずる外国における学校を卒業見込みの者

●**出願書類**
・入学願書（本校所定のもの）
・海外生活における報告書（本校所定のもの）

●**日程等**

募集	出願	試験	発表	選考方法
若干名	11/1～27	11/28	11/28	算数･選択（英語･国語）、面接（保護者同伴）

※英語はリスニング含む

●**応募状況**

年度＼人数	募集人員	出願者	受験者	合格者	入学者
2019	若干名	1	1	1	0
2020	若干名	1	1	1	0

編入学

●**編入学時期・定員**〔1 ～ 3 年生〕各学期末（7 月、12 月、3 月）。若干名

● **2019 年度帰国子女編入学者数**

1年	0	2年	0	3年	1

受入後

●**指導**
一般生徒と同じ学級に入る。海外経験を生かし、個性を伸長できるよう配慮する。

●**教育方針**
教育テーマは「創造性と自律」。不透明な未来にも柔軟に自分を発揮しながら、賢く、逞しく道を切り拓いていける人間力に溢れた人格の養成を大きな目標としている。

●**特色**
建学の精神「成徳＝徳を成す」を具現化させるための『自分を深める学習』という授業を展開している。

●**進学特例条件**
完全中高一貫校なので、高校へはそのまま進級する。

私立 共学

▷▷ 高 294P

受入開始　2007 年度

かえつ有明中学校
（ありあけ）

（担当：山田英雄）
〒 135-8711
東京都江東区東雲 2-16-1
▶▶（りんかい線東雲駅）
TEL 03-5564-2161　FAX 03-5564-2162
URL https://www.ariake.kaetsu.ac.jp/

生徒数　男 340　女 234　合計 574

帰国子女在籍者数	1年	2年	3年	計
	56	65	44	165

入学

●**出願資格・条件**
一般財団法人　東京私立中学高等学校協会の示す基準に準ずる。

●**出願書類**
志願票・カルテ・海外在留証明書・直近 2 学年分の成績のコピー

●**日程等**

試験区分	出願	試験	発表	選考方法
国際生 Advanced 選考	10/24～11/16	11/22	11/25 10：00	英語（作文・筆記・面接）日本語（作文・面接）
国際生 Regular 選考	10/24～11/16	11/22	11/25 10：00	算数・国語・日本語面接
国際生 Honors 選考	10/24～11/30	12/6	12/8 10：00	英語（作文・筆記・面接）日本語（作文・面接）

●**応募状況**

年度＼人数	募集人員	出願者	受験者	合格者	入学者
2019	40	563	480	366	60
2020	40	668	570	401	52

編入学

●**編入学時期・定員**　〔1 年生〕9、1 月〔2･3 年生〕4、9、1 月。若干名。詳細は、本校 HP を参照のこと

●**出願資格・条件・出願書類・選考方法**　入学試験に準ずる

● **2019 年度帰国子女編入学者数**

1年	8	2年	5	3年	3

受入後

●**指導**　英語教育は、「国際標準カリキュラム」を根幹としたレベルの高い指導。未学習科目（国・数・理・社など）は放課後に特別指導があり、別途費用がかかる。

●**教育方針**　「生徒一人ひとりが持つ個性と才能を生かして、より良い世界を創りだすために主体的に行動できる人間へと成長できる基盤の育成」を目指す教育理念の下、Global な自分と日本人としての自分という二つの自分を身につけ、グローバル社会で生き抜く力を養うことを目標としている。

●**特色**　「サイエンス」という各教科連携の横断型カリキュラムを構築。世界の人々と協働できるグローバル力を身につける。

●**進学特例条件**　併設の大学への進学基準（嘉悦大学ー評定平均値 3.0 以上）。国際生には、「国際併願」をめざしてグローバルな進学を支援する（国際併願とは、海外の大学と日本の大学を併願すること）。

●**卒業生（帰国生徒）の進路状況（2020 年度）**　国際教養大学、東京外国語大学、東京大学、一橋大学、千葉大学、防衛大学校、東京海洋大学、長崎大学、早稲田大学、慶應義塾大学、上智大学、東京理科大学、国際基督教大学 (ICU)、学習院大学、明治大学、青山学院大学、立教大学、中央大学、法政大学、津田塾大学、立命館アジア太平洋大学、北里大学、聖マリアンナ医科大学、東邦大学、順天堂大学、California Baptist University、Michigan State University、Temple University、The University of Melbourne、Queen' s University, Belfast、The University of Wisconsin、Province University、Northwest College、Hochschule für Musik und Darstellende Kunsut Mannheim

私立 共学

▷▷ 高 294P 大 574P

受入開始 1985 年度

しばうらこうぎょうだいがくふぞく

芝浦工業大学附属中学校

（担当：杉山賢児）

〒135-8139
東京都江東区豊洲 6-2-7
▶▶（東京メトロ有楽町線豊洲駅・東京臨海新交通臨海線ゆりかもめ新豊洲駅）

TEL 03-3520-8501 **FAX** 03-3520-8504
URL http://www.ijh.shibaura-it.ac.jp/
生徒数 男 1,072 女 56 合計 1,128 ※2021 年度より共学

帰国子女在籍者数	1年	2年	3年	計
	5	0	2	7

入学

●出願資格・条件
入学年度の 4 月 1 日で満 12 歳以上に達している者で、以下の条件のいずれかを満たす者
イ）海外の学校に連続して 2 年間以上在籍し、出願時点で海外在住の者
ロ）海外の学校に連続して 2 年間以上在籍し、出願時点で帰国後 2 年以内の者

●出願書類
Web での出願手続きを済ませた後、以下の書類を出願期間内に提出すること
①在学証明書（海外の学校のもの）
②海外赴任証明書（試験当日に持参も可）

●日程等

募集	出願	試験	発表	選考方法
5名	11/27～12/8	12/15	12/19	国・算、面接

※面接は保護者同伴

<シンガポール会場>

募集	出願	試験	発表	選考方法
5名	10/1～18	10/31	11/7	算数、面接

●応募状況（12 月実施の海外在住帰国子女入試結果）

年度＼人数	募集人員	出願者	受験者	合格者	入学者
2019	若干名	13	13	6	0
2020	若干名	14	12	8	5

受入後

●指導・教育方針・特色
入学後は一般生徒と同じクラスに受け入れ指導する。帰国子女のための特別カリキュラムは用意してはいない。国際理解教育に重点を置いている。

●進学特例条件
中・高等学校を通して 6 カ年一貫教育、高等学校卒業後芝浦工業大学への推薦制度がある。

私立 女子

▷▷ 高 295P

受入開始 2019 年度

なかむら

中村中学校

（担当：江藤健、早川則男）

〒135-8404
東京都江東区清澄 2-3-15
▶▶（東京メトロ半蔵門線・都営大江戸線清澄白河駅）

TEL 03-3642-8041 **FAX** 03-3642-8048
URL https://www.nakamura.ed.jp/
生徒数 女 114 合計 114

帰国子女在籍者数	1年	2年	3年	計
	0	0	0	0

入学

●出願資格・条件
2021 年 3 月までに小学校を卒業見込みの女子。または日本人学校、外国の学校の 6 ヶ年の課程を修了または修了見込みの女子で、以下の条件を満たす者。
・保護者の転勤に伴い海外に 1 年以上滞在した者
・保護者のもとから通学可能な者（保護者が同時に帰国しない場合は、保護者に準じる身元引受人がいること）

●出願書類
・入学願書（所定用紙）・成績証明書または通知表のコピー・海外在留証明書（所定用紙）

●日程等

区分	募集	出願	試験	発表	選抜方法
帰国生入試	若干名	11/25～12/4	12/4	12/4	国・英から 1 科目選択／面接
国算エクスプレス入試	7名	1/10～2/2	2/2	2/2	国・算 ※オンラインで実施
ポテンシャル入試	7名	1/10～2/1	2/1	2/1	作文・面接・書類 ※オンライン可
		1/10～2/5	2/5	2/5	

編入学

●編入学時期・定員〔1～3 年生〕随時。若干名。
●出願資格・条件・書類 入学に準ずる。
●選考方法 国語・数学・英語・面接

受入後

●指導 ・ホームルームは一般生との混入方式。
・英語については習熟度別授業を実施。特に上位クラスにおいては、ネイティブ教員による授業を一層充実。
・国語については、放課後に国語補習を実施。状況によってはJSL 対応を含む。
・数学については、習熟度別授業を実施。

●教育方針 「機に応じて活動できる女性の育成」を建学の精神とし、「清く、直く、明るく」を校訓としている。教育活動全般を通して、地球規模で考え、地に足をつけて行動できる地球市民の育成を目指す。

●特色 一般生と混合クラスにすることで、多様性を認め合い、集団として切磋琢磨しながら自己肯定感を高めていくことを期待している。また一人ひとりの個性やバックグラウンドを尊重し、国内の教育や社会に適応できるサポートを心がけている。

●進学特例条件 全員が併設高等学校へ進学。

●卒業生（帰国生徒）の進路状況
77.0%の生徒が現役で 4 年制大学へ進学。また、大学進学者のうち、44.8%の生徒が日東駒専以上の難関大学へ進学している。

私立 男子

受入開始 1990 年度

攻玉社中学校
（こうぎょくしゃ）

（担当：教頭）
〒 141-0031
東京都品川区西五反田 5-14-2
▶▶（東急目黒線不動前駅）
TEL 03-3493-0331 FAX 03-3495-4004
URL https://www.kogyokusha.ed.jp/

生徒数 男 758 合計 758

帰国子女在籍者数

1年	2年	3年	計
42	45	42	129

入学

●出願資格・条件

2008.4.2 から 2009.4.1 までに生まれた者。
2021.1.1 現在、継続して海外生活 5 年以上の者は帰国後 3 年以内、継続して海外生活 2 年以上 5 年未満の者は帰国後 2 年 6 カ月以内。個々の事情やケースについては個別に相談のこと

●出願書類

・入学願書（所定用紙）・海外生活を証明する保護者の勤務先からの証明書（受験生を含む）・作文（300 字～ 400 字）・身上書（所定用紙）

●日程等

募集	出願	試験	発表	選考方法
40（国算 20、英 20）	12/7 ～ 12	1/10	1/10	国・算または英（リスニング含む）の選択、親子面接

●応募状況

年度＼人数	募集人員	出願者	受験者	合格者	入学者
2019	40	204	172	77	46
2020	40	181	145	70	42

受入後

●指導・教育方針・特色

異なる国で海外生活を送った子どもたちは日本の画一的な授業では育たないという観点から、海外帰国子女のための国際学級をつくり、語学（英語）を伸ばして大学進学に対応できる学力をつけること、個性を潰さないように育てることを方針とする。英語・国語・数学などの主要教科については、進度に応じて補習授業・取り出し授業等を実施。中学 3 年間で一般入学者と同レベルになるようにし、高等学校では選択教科が多いので一般生と混合する。

●卒業生（帰国生徒）の進路状況

全員が併設高等学校へ進学。高校 2 年生で文・理のコース別になり、それぞれの希望大学に合格している。
東京大、東京工業大、一橋大、慶應義塾大、早稲田大、上智大 その他多数

私立 女子

▷▷高 295P

受入開始 1978 年度

香蘭女学校中等科
（こうらんじょがっこう）

（担当：髙橋英子）
〒 142-0064
東京都品川区旗の台 6-22-21
▶▶（東急池上線・大井町線旗の台駅）
TEL 03-3786-1136 FAX 03-3786-1238
URL http://www.koran.ed.jp

生徒数 女 531 合計 531

帰国子女在籍者数

1年	2年	3年	計
0	0	1	1

入学

●出願資格・条件

原則として海外在住 1 年以上、帰国後 2 年以内の者

●出願書類

・入学志願票一式（所定の用紙）

●日程等

募集	出願	試験	発表	選考方法
特に定めず	1/10～27	2/1・2	2/1・3	学科試験

※学科試験は国・算または国・算・社・理の選択
※帰国子女も一般受験生と同じ試験を受け、選考の際考慮する

●応募状況

年度＼人数	募集人員	出願者	受験者	合格者	入学者
2019	特に定めず	5	2	0	0
2020	特に定めず	5	5	0	0

編入学

●編入学時期・定員〔1 年生〕9、1 月〔2 年生〕4、9、1 月〔3 年生〕4、9 月。若干名

●出願資格・条件・出願書類 入学に準ずる

●選考方法 国・数・英、面接

● 2019 年度帰国子女編入学者数

1年	0	2年	0	3年	0

受入後

●指導・教育方針・特色

学習の遅れに対して、補習を実施したり、課題を与えたりして指導を行う。外国語の能力の維持・伸長にも努めている。

●進学特例条件

全員、併設高等科へ進学。

私立 女子　▷▷ 高 297P

受入開始　1994 年度

品川女子学院中等部（しながわじょしがくいん）

（担当：平川悟）

〒140-8707
東京都品川区北品川 3-3-12
▶▶（JR・京急品川駅、京急北品川駅）
TEL 03-3474-4048 **FAX** 03-3471-4076
URL http://shinagawajoshigakuin.jp/
生徒数　女 668　合計 668

帰国子女在籍者数	1 年	2 年	3 年	計
	3	7	4	14

入学

●出願資格・条件　次のすべての条件を満たす者
・2021 年 3 月に小学校を卒業見込の者（現地校から出願の場合、日本の学齢で同等の資格を有すること）
・保護者の海外勤務にともない、継続して 1 年以上、現地校、日本人学校を問わず海外の小学校に在学したもの（在学中も可）
・小学 3 年生の 11 月 16 日以降に帰国した者（2021 年 3 月末までに帰国予定を含む）

●出願書類　web 出願のみ
1，願書
2，海外における最終学校最終学年の通知表コピーおよび日本の小学校に在籍している場合は、小学校 6 年生 1 学期または前期の通知表のコピー（氏名、学校名、成績状況、出席状況がわかる面をコピーしてください。サイズ問わず。両面コピー可）
3，海外在留証明書（本校所定の用紙をダウンロードして使用してください。）

●日程等

募集	出願	試験	発表	選考方法
特に定めず	11/2～13	11/15	11/16	国、算、面接※

※試験科目：国語（読解・作文）・算数、
面接：受験生のみ（日本語）

●応募状況

年度＼人数	募集人員	出願者	受験者	合格者	入学者
2019	特に定めず	20	20	11	7
2020	特に定めず	12	11	8	3

※ 2018 年：一般受験の募集人員に含まれる。
今年度より 11/15 に帰国生入試を実施

編入学

●編入学時期・定員〔3 年生〕3 月。帰国生のみ

● 2019 年度帰国子女編入学者数

1 年	−	2 年	−	3 年	1

受入後

●指導
一般生の指導と同じ。

●教育特色
「私たちは世界をこころに、能動的な人生を創る日本女性の教養を高め、才能を伸ばし、夢を育てます。」を教育目標とし、社会で活躍する女性の育成を目指している。スーパーグローバルハイスクール指定校。

私立 共学　▷▷ 高 297P

受入開始　1995 年度

青稜中学校（せいりょう）

（担当：伊東充）

〒142-8550
東京都品川区二葉 1-6-6
▶▶（東急大井町線下神明駅、JR 京浜東北線大井町駅）
TEL 03-3782-1502 **FAX** 03-3784-7571
URL http://www.seiryo-js.ed.jp/
生徒数　男 362　女 215　合計 577

帰国子女在籍者数	1 年	2 年	3 年	計
	10	13	7	30

入学

●出願資格・条件
2021 年 3 月小学校卒業見込者、原則として海外在留 1 年以上、帰国後 3 年以内の者。

●出願書類
確認票（WEB 出願後、受験票と共にプリントアウトしたもの）・海外在留期間を証明できる書類（帰国生入試のみ）

●日程等（2021 年度詳細未定：参考 2020 年度）

区分	募集	出願	試験	発表	選考方法
帰国生	若干名	12/13～24 (WEB)	1/4 午前	1/7	2 科、面接
1A	50	1/10～31 (WEB)	2/1 午前	2/1	2 科または 4 科
1B	60		2/1 午後	2/1	2 科または 4 科
2A	40	1/10～2/1 (WEB)	2/2 午前	2/2	2 科または 4 科
2B	50	1/10～2/1 (WEB)	2/2 午後	2/2	2 科または 4 科

※募集人員は一般入試に含む
※ 2 科は国・算、4 科は国・算・社・理

●応募状況

年度＼人数	募集人員	出願者	受験者	合格者	入学者
2019	若干名	47	47	29	12
2020	若干名	110	107	77	10

編入学

●編入学時期・定員〔1・2 年生〕随時。欠員がある場合。若干名
●出願資格・条件　保護者の転移に伴うこと
●出願書類　海外における成績証明書
●選考方法　国・数・英、面接

● 2019 度帰国子女編入学者数

1 年	0	2 年	0	3 年	0

受入後

●指導
一般生と同じクラスで学習する。英語に関しては一定の基準以上で取り出し授業（希望者のみ）を実施している。

●教育方針
主体的に生きる個の確立を目指して、「意志の教育」「情操の教育」「自己啓発の教育」を教育目標とする。

私立 共学

▷▷ 小 41P 高 298P 大 606P

受入開始　2013 年度

文教大学付属中学校

（ぶんきょうだいがくふぞく）

（担当：銅谷新吾）

〒142-0064
東京都品川区旗の台 3-2-17
▶▶（東急線 旗の台駅、都営浅草線 中延駅）
TEL 03-3783-5511　FAX 03-3783-1362
URL https://www.bunkyo.ac.jp/jsh/
生徒数　男 323　女 207　合計 530

帰国子女在籍者数	1年	2年	3年	計
	2	2	0	4

入学

●**出願資格・条件**
2021 年 3 月小学校卒業、または同等の教育機関を卒業見込みで、保護者の転勤・転居に伴い海外に 1 年以上滞在し、帰国後 3 年以内の者。または帰国予定の者。もしくはこれに準ずる者。帰国後保護者の元から通学できる者。

●**出願書類**
・出願票（顔写真貼付）
・保護者の勤務先が作成する「海外在留証明書」

●**日程等**

区分	出願	試験	発表	選考方法
A 方式	Web 出願 後日公表	12/20	12/20	算数 英語面接
B 方式	Web 出願 後日公表	12/20	12/20	算数・国語 日本語面接

※海外よりのオンライン受験も可、要相談。

●**応募状況**

年度＼人数	募集人員	出願者	受験者	合格者	入学者
2019	特に定めず	3	3	3	2
2020	若干名	8	7	7	3

編入学

●**編入学時期・定員**　〔1 年生〕9、1 月〔2 年生〕4、9、1 月〔3 年生〕4、9 月。欠員がある場合のみ
●**出願資格**　入学に準ずる（詳細は問い合わせること）
●**出願書類**　入学に準ずる
●**選考方法**　未定

●**2019 年度帰国子女編入学者数**

1年	0	2年	0	3年	0

受入後

●**指導**
基本的には、一般生徒と変わりなく指導する。

●**教育方針**
特に英語が優秀な生徒には、その力を伸ばせるように配慮する。

私立 女子

▷▷ 高 299P 大 597P 短 668P

受入開始　1982 年度

実践女子学園中学校

（じっせんじょしがくえん）

（担当：中学校教頭 金子 勉）

〒150-0011
東京都渋谷区東 1-1-11
▶▶（JR・地下鉄・私鉄各線渋谷駅）
TEL 03-3409-1771　FAX 03-3409-1728
URL http://hs.jissen.ac.jp/
生徒数　女 739　合計 739

帰国子女在籍者数	1年	2年	3年	計
	1	2	5	8

入学

●**出願資格・条件**
・2021 年 3 月小学校卒業見込みの者
・本校の教育方針に賛同するご家庭の女子・海外在留期間が 1 年以上、帰国後出願までに 3 年以内の者（相談可）

●**出願書類**　・海外在留証明書・自己 PR シート

●**日程等**

区分	募集	出願	試験	発表	選考方法
帰国生入試(第1回) 来校型 or オンライン型	10	11/7 ～20	11/23	11/23	自己 PR シートに基づく面接
帰国生入試(第2回) オンライン型のみ		12/18 ～1/7	1/10	1/10	自己 PR シートに基づく面接

●**応募状況**

年度＼人数	募集人員	出願者	受験者	合格者	入学者
2019	20	21	19	18	3
2020	20	7	6	6	0

編入学

●**編入学時期・定員**　〔1 ～ 3 年生〕随時。若干名（欠員がある場合）
●**出願資格・条件**　海外在住経験者で帰国後 3 年以内の者
●**出願書類**　成績証明書（通知表コピー可）、在学証明書、海外在留証明書
●**選考方法**　学力試験（国・英）、面接（保護者同伴）

●**2019 年度帰国子女編入学者数**

1年	0	2年	0	3年	0

受入後

●**指導・教育方針・特色**
「帰国生の能力・資質の伸長」「品格ある日本女性の育成」「学校全体をグローバル教育の舞台に」の 3 つを帰国生受け入れの目的として掲げる。伝統の女子教育を基盤にグローバル教育を推進し、世界を舞台に活躍できる品格ある日本女性の育成に努めている。
英語の授業はレベル別少人数授業を実施しており、自分の英語力に合わせて力を伸ばしていくことができる。また、礼法や日本文化実習があり、日本文化に親しむ機会がある。放課後にはクラブ活動のほか、英語上級者を対象とする「Advanced English Class」やさらにハイレベルな活動の「Global Perspectives」など目的に合わせて様々な講座や活動が行われており、自らの興味に合わせて活動の幅を広げていくことのできる環境である。

▷▷ 高 300P

受入開始　1996 年度

しぶ や きょういく がく えん しぶ や
渋谷教育学園渋谷中学校

〒150-0002　（担当：鈴木一真、伊藤幸子）
東京都渋谷区渋谷 1-21-8
▶▶（各線渋谷駅、東京メトロ千代田線明治神宮前駅）
TEL 03-3400-6363　FAX 03-3486-1033
URL https://www.shibushibu.jp

生徒数　男 279　女 322　合計 601

帰国子女在籍者数	1 年	2 年	3 年	計
	27	31	31	89

入 学

●**出願資格・条件**　2021 年 3 月小学校卒業見込みの者またはそれに準ずる者で、試験日までに海外在留 2 年以上、帰国後 2 年以内の者。この資格に近い状況の者は応相談。

●**出願書類**　・入学願書・在留期間を証明するもの（保護者勤務先の証明書または受験者本人の滞在国での成績表の写し 2 カ年分）

●**日程等**

募集	出願	試験	発表	選考方法
12	1/12～24	1/27	1/28	※

※選考方法は英・国・算・英語面接または国・算・作文・面接の選択式。
※筆記試験、活動記録、面接等を総合して選考する。

●**応募状況**

年度＼人数	募集人員	出願者	受験者	合格者	入学者
2019	12	262	252	58	25
2020	12	253	235	65	27

編 入 学

●**編入学時期・定員**　〔1 年生〕9、1 月〔2 年生〕4、9、1 月〔3 年生〕4、9 月。若干名
●**出願資格・条件**　入学に準ずる
●**出願書類**　入学時のものに加え「海外における在留期間証明書・成績証明書」
●**選考方法**　国・数・英、面接
● **2019 年度帰国子女編入学者数**

1 年	7	2 年	1	3 年	0

受 入 後

●**指導・教育方針・特色**
・英・国・数では取り出し授業を行っている。
・帰国生英語のシラバスは北米の現地校のものをベースとし、授業目標や学習内容も同学年と同じものに設定している。Language Arts の授業を通して、英語の運用能力を維持・向上させることを目標としている。

●**進学特例条件**　併設高等学校へ進学する。

●**卒業生（帰国生徒）の進路状況**
東京大、一橋大、東京外国語大、お茶の水女子大、早稲田大、慶應義塾大、東京芸術大、上智大、Stanford Univ.、Harvard Univ.、Yale Univ.、Boston College、NewYork Univ.、Massachusetts Institute of Technology など。

受入開始　2003 年度

とう きょう じょ がっ かん
東京女学館中学校

〒150-0012　（担当：桑原明子）
東京都渋谷区広尾 3-7-16
▶▶（JR 山手線・東急等渋谷駅、日比谷線広尾駅）
TEL 03-3400-0867　FAX 03-3407-5995
URL http://www.tjk.jp/mh/

生徒数　女 755　合計 755

帰国子女在籍者数	1 年	2 年	3 年	計
	17	11	11	39

入 学

●**出願資格・条件**
2021 年 3 月に小学校卒業見込みの女子またはそれに準ずる者で、保護者と共に海外在住期間が 1 年以上あり、2017.12.1 以降に帰国していること（2021 年 3 月末までに帰国予定を含む）

●**出願書類**
・写真付き受験票（学校控）・通知表のコピー（A 4 サイズ）（小学校 6 年 1 学期の成績。通知表がない学校の場合は成績証明書等。外国の学校から帰国して 1 年未満の場合は、外国最後の学年の成績も添付）・海外在留証明書・英検合格証のコピー（準 2 級以上の方のみ）

●**日程等**

募集	出願	試験	発表	選考方法
18	インターネット 11/9～12/5 ※	12/6	12/6	算数・英語または国語、面接（本人）

※出願はインターネットのみ。
出願期間は 11/9(0：00) ～ 12/5(16：00)。
海外から郵送の場合はあらかじめ中高事務室まで電話で連絡（03-3400-0867）
※英検準 2 級以上の取得者は希望により英語の試験免除（準 2 級 40 点、2 級 45 点、準 1 級以上 50 点とします。）

●**応募状況**

年度＼人数	募集人員	出願者	受験者	合格者	入学者
2019	18	57	56	42	12
2020	18	80	78	54	17

編 入 学

●**編入学時期**　〔1 年生〕9 月〔2 年生〕4、9 月。欠員がある場合
● **2019 年度帰国子女編入学者数**

1 年	1	2 年	2	3 年	0

受 入 後

●**指導・教育方針・特色**　本校教育目標の一つ「国際的視野の育成」をさらに高めるのが国際学級です。独自の英語カリキュラムにより実践的な高い英語運用能力を身につけ、国際的に活躍できるリーダーシップを持った女性の育成を目指します。帰国生と一般生が共に学び合う語学教育に特化したクラスです。

●**進学特例条件**
中学から高等学校への推薦試験は、中学 3 年 2 学期の学業成績、生活を審議し、推薦入学を認める制度です。

●**卒業生（帰国生徒）の進路状況**
東京外国語大、慶應義塾大、早稲田大、上智大、立教大、津田塾大、青山学院大、アメリカ・カナダの大学など

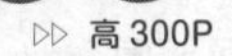

私立 女子

▷▷ 高 300P

ふじみがおか
富士見丘中学校

（担当：佐藤一成）

〒151-0073
東京都渋谷区笹塚 3-19-9
▶▶（京王線・都営新宿線笹塚駅）
TEL 03-3376-1481 FAX 03-3378-0695
URL https://www.fujimigaoka.ac.jp/
生徒数 女 127 合計 127

帰国子女在籍者数	1年	2年	3年	計
	14	4	7	25

入 学

●出願資格・条件 ・2021 年 3 月小学校卒業見込みの女子、またはこれに準ずる者で、以下のいずれかに該当する女子
1. 現在日本に在住し、原則として海外在学期間 1 年以上、帰国後 3 年以内の者
2. 現在海外に在住し、帰国が決定しており、帰国までの在学期間が 1 年を超える者
3. 国内のインターナショナルスクールに在学する者

●出願書類 ・入学願書・海外在学期間報告書・海外活動報告書・小学校 6 年次の通知表コピー（または小学校 6 年次に相当する期間の成績資料のコピー）・保護者の海外在留証明書・WILL 入試出願理由書（WILL 入試出願者のみ）

●日程等

区分	募集	出願	試験	発表	選考方法
帰国	20	10/5～11/2	11/7	11/10	A：英語作文、基礎日本語作文、面接※
		12/14～1/8	1/13	1/13	B：国・算、面接※

※ A：英語特別コースは英語口頭試問あり
　B：英語特別コースは英語、英語口頭試問あり

●応募状況

年度＼人数	募集人員	出願者	受験者	合格者	入学者
2019	20	18	18	18	4
2020	20	42	41	40	14

編 入 学

●編入学時期・定員 〔1 年生〕9、1 月〔2・3 年生〕4、9、1 月。若干名

●出願資格・条件
・海外に在住し、帰国までの在住期間が 1 年を越える見込みの者
・日本に在住し、海外在住 1 年以上、帰国後 1 年以内の者

●出願書類 ・入学願書・受験票・学校控・成績証明書または通知表コピー・海外在学期間報告書・保護者の海外在留証明書・海外活動報告書

●選考方法 A 方式：英語エッセイ、基礎日本語作文、面接 B 方式：英・国・数、面接

● 2019 年度帰国子女編入学者数

1年	2	2年	1	3年	1

受 入 後

●指導 7 校時は授業科目フリーの "Study7"。自由参加の補講や、授業進度から遅れぎみの生徒のための補習等が毎日開講され、生徒各自の学習状況に応じた勉強が進められている。特に帰国生には帰国生専門の学習サポーターが、Study7 の時間に学習すべき講座を必要に応じてコーディネートする。

●教育方針 「思いやりの心」を持った「個性豊かな若き淑女」の育成を教育目標に掲げている。どのような状況下においても、グローバルな視野に立った理知的な判断、行動、発言ができる女性が理想。

●特色 英語と数学の授業を、全クラスで同じ曜日の同じ時間に行うのが特徴。クラスを習熟度別に細かく編成し直し、25 名未満の少人数で授業を行う。生徒各人の実力に合った授業が、大きな効果を生み出している。

●進学特例条件 富士見丘高等学校へ進学。

●卒業生(帰国生徒)の進路状況 早稲田大、慶應義塾大、上智大など。

私立 男子

受入開始 1987 年度

かいじょう
海城中学校

（担当：中田大成）

〒169-0072
東京都新宿区大久保 3-6-1
▶▶（JR 山手線新大久保駅、東京メトロ副都心線西早稲田駅）
TEL 03-3209-5880 FAX 03-3209-6990
URL https://www.kaijo.ed.jp/
生徒数 男 987 合計 987

帰国子女在籍者数	1年	2年	3年	計
	40	30	32	102

入 学

●出願資格・条件
保護者の海外勤務に伴って外国に滞在し、下記の条件に該当する方
・2021 年 3 月小学校卒業見込みの方
・同居の保護者または保護者の認める成人のもとから通学できる方
・2015 年 4 月 1 日から 2021 年 3 月 31 日までの間に 2 年以上海外に在住し、かつ 2018 年 7 月 1 日以降に帰国した方

●出願書類（インターネット出願）
・海外生活証明書・面接カードは 12 月 18 日(金) 必着

●日程等

区分	募集	出願	試験	発表	選考方法
A	30	12/1～12/15	1/7	1/8	国・算、面接
B					国・算・英、面接

※学力考査成績・面接の結果を総合して A・B 別々に合格者を決める
※面接時に「生活していた国や地域と日本との違い」について日本語による 2 分程度のスピーチあり。

●応募状況

年度＼人数	募集人員	出願者	受験者	合格者	入学者
2019	30	198	193	67	30
2020	30	180	169	74	40

編 入 学

●編入学時期・定員〔1 年生〕9 月〔2 年生〕4、9 月。若干名

●出願資格・条件 入学に準ずる

● 2019 年度帰国子女編入学者数

1年	0	2年	1	3年	−

受 入 後

●指導・教育方針・特色
一般生と同じクラスで指導し、帰国生としての貴重な体験を一般生に、一般生からは学校生活や学習面のアドバイスなど、互いに良い影響をもたらすよう指導する。学習面での問題があれば速やかな対応を考える。英語力を維持・増強するための放課後講習を設置。メンタル・教科・海外進学支援のためのグローバル教育部も設置。

▷▷ 大 576P 585P

受入開始　1977 年度

学習院女子中等科
（がくしゅういんじょし）

〒162-8656　（担当：教務課）
東京都新宿区戸山 3-20-1
▶▶（JR 山手線・西武新宿線高田馬場駅、地下鉄東西線早稲田駅、地下鉄副都心線西早稲田駅）
TEL 03-3203-1901　FAX 03-3203-8783
URL https://www.gakushuin.ac.jp/girl/
生徒数　女 616　合計 616

帰国子女在籍者数	1 年	2 年	3 年	計
	17	14	16	47

入学

●出願資格・条件
・2021 年 3 月小学校卒業見込みの者（現地校から出願の場合は日本の学齢で同等の資格を有する者）
・保護者の海外勤務または海外在留により、本人が下記の（ア）または（イ）の条件を満たす者
（ア）すでに帰国している児童の場合、2018.12.1 以降国内の小学校に転・編入した児童で、海外在留期間が①帰国日からさかのぼり継続して 2 年以上②2014.9.1 以降に通算 3 年以上のいずれかであること
（イ）現在海外在留中の児童の場合、海外在留期間が① 2020.12.1 時点で継続 2 年以上② 2014.9.1 ～2020.12.1 までに通算 3 年以上のいずれかであり、2021.3.31 までに帰国予定の児童
・親元から通学できる者

●出願書類
・入学願書・海外在留証明書・海外帰国生調査表（以上は所定の用紙に記入）・海外の学校における成績通知表のコピー・6 年生 1 学期の成績通知表のコピー（小学校 6 年生 1 学期終了時までに国内小学校に転入した者）・出席状況証明書（出願時に国内小学校在籍の者）

●日程等

募集	出願	試験	発表	選考方法
約 15	11/20～12/1	1/23	1/26	作文、国・算、面接（保護者 1 名同伴）

※作文の試験の使用言語は日本語または英語です。英語圏の現地校やインターナショナル校に 2 年以上通学された方は、英語による作文をお勧めします

●応募状況

年度＼人数	募集人員	出願者	受験者	合格者	入学者
2019	約 15	77	43	20	17
2020	約 15	75	37	18	10

受入後

●指導・教育方針・特色　入学後、帰国生は一般生と同じクラスに所属する。英語の授業は、英語圏の現地校やインターナショナル校に 2 年以上在籍した帰国生を一般クラスより取り出して行い、中等科 1・2 年では週 5 時間、3 年では 6 時間設けられている。

●進学特例条件
一定の基準を満たせば、学習院大、学習院女子大に推薦される。他大学（慶應義塾大、上智大、早稲田大、東京女子医科大など）への指定校推薦枠もある。

●卒業生（帰国生徒）の進路状況
東京大学、慶應義塾大、早稲田大、上智大、ICU、学習院大、海外の大学など

▷▷ 高 301P

受入開始　1989 年度

目白研心中学校
（めじろけんしん）

〒161-8522　（担当：齋藤圭介〈教頭〉）
東京都新宿区中落合 4-31-1
▶▶（西武新宿線中井駅・地下鉄東西線落合駅・大江戸線落合南長崎駅）
TEL 03-5996-3133　FAX 03-5996-3186
URL https://mk.mejiro.ac.jp/
生徒数　男 44　女 82　合計 126

帰国子女在籍者数	1 年	2 年	3 年	計
	1	1	1	3

入学

●出願資格・条件
(1) 原則として、海外居住期間が 1 年以上で帰国後 2 年以内。海外の学校（現地校、日本人学校など）に 1 年以上在籍した者
(2) 保護者のもとから通学できる者

●出願書類　・入学志願書・成績証明書（出身学校発行）または成績が判断できる出身学校発行の文書（間に合わない場合は成績表のコピーでも可）・海外在留証明書（指定用紙）・英検、TOEIC、TOEFL の点数を証明するものがある場合はそのコピー

●日程等

募集	出願	試験	発表	選考方法
若干名	10/22～29	10/31	10/31	A：英語 B：国語・算数、面接（保護者同伴）
	11/19～26	11/28	11/28	

※ A 試験は英語圏の現地校・インターナショナルスクール通学者対象、B 試験は日本人学校通学者対象

●応募状況

年度＼人数	募集人員	出願者	受験者	合格者	入学者
2019	若干名	2	2	2	1
2020	若干名	3	3	3	1

編入学

●編入学時期・定員　〔1 年生〕9、1 月〔2 年生〕4、9、1 月〔3 年生〕4、9 月。若干名
●選考方法　英語、数学、国語、面接（保護者同伴）
● 2019 年度帰国子女編入学者数

1 年	0	2 年	0	3 年	1

受入後

●指導・教育方針・特色
20 校以上から選べる留学制度があり、より生徒たちの可能性を広げている。国公立・早慶上理などへの合格を目指す特進コースと、GMARCH などへの合格を目指す総合コースと、海外の生徒と対等にコミュニケーションをとれる生徒を育てる Super English Course の 3 つのコースを中 3 時より選択でき、総合コースは高 2 から文系・理系・英語難関クラスの 3 つに分かれる。学習支援センターが設置され、単元別ビデオ講座やプリント学習で放課後の学習をサポート。また、部活動は全国大会常連のチアリーディング部をはじめ、野球部など約 25 の部活があり、全員が勉強とクラブの両立に挑戦している。
●進学特例条件　併設高等学校、大学、短期大学部へ優先入学可。
●卒業生の進路状況　東北大、東京学芸大、信州大、早稲田大、慶應大、立教大、上智大、東京理科大、青山学院大、学習院大、中央大、法政大、明治大、日本大、東邦大、駒澤大、専修大等、難関をはじめ中堅校まで多数合格。

私立 男子

▷▷ 大 577P

受入開始 1986 年度

早稲田中学校（わせだ）

〒162-8654 （担当：鈴木正徳）
東京都新宿区馬場下町 62
▶▶（東京メトロ東西線早稲田駅）
TEL 03-3202-7674 FAX 03-3202-7692
URL https://www.waseda-h.ed.jp/
生徒数 男 950 合計 950

帰国子女在籍者数	1年	2年	3年	計
	7	2	5	14

入学

●**出願資格・条件**
・日本国籍を有し、保護者の海外勤務に同伴し、継続して 2 年以上 3 年未満外国に在住し、2020.1.1 以降帰国した者、または、継続して 3 年以上外国に在住し、2019.1.1 以降帰国した者
・2021 年 3 月に日本人学校小学部卒業見込み、および卒業者、または外国学校で 6 年の課程を修了見込みの者および修了者

●**出願書類**
・インターネット出願・海外在留証明書（本校書式にて作成し、保護者の勤務先の証明印を受ける。また、海外勤務の保護者と受験生の在留期間が 2 ヶ月以上異なる場合は、理由書（本校書式）を提出）・パスポートの写し・海外最終学校の在学を証明する書類（通知表、在学証明書、成績証明書などのコピー）・帰国後日本の小学校に在学した場合は 6 年生の 1、2 学期分の通知書のコピー

●**日程等**

区分	募集	出願	試験	発表	選考方法
1回	若干名	1/10～15	2/1	2/2	国・算・社・理
2回			2/3	2/4	

※合格点について考慮する。

●**応募状況**

年度＼人数	募集人員	出願者	受験者	合格者	入学者
2019	若干名	22	18	4	2
2020	若干名	30	24	10	7

受入後

●**指導・教育方針・特色**
入学後は一般生徒と同じクラスに受け入れ指導する。
〔教育の特色〕
（1）中・高一貫教育を施し、生徒の心身の発育に留意するとともに、学力の向上をはかっている。
（2）一般的教養を高めるとともに、全員が大学進学を希望していることも考慮して、教科配当、特別教育活動および学校行事を編成している。高学年では生徒の進路・適性に応じて、その志望を達成できるよう教育課程に特別の配慮をしている。
（3）所定の推薦基準に基づき、高等学校課程修了時に人物・学力のすぐれた者を早稲田大学各学部に推薦する。

私立 女子

光塩女子学院中等科（こうえんじょしがくいん）

〒166-0003 （担当：烏田信二）
東京都杉並区高円寺南 2-33-28
▶▶（JR 中央線・総武線・東京メトロ東西線高円寺駅、東京メトロ丸の内線東高円寺駅・新高円寺駅）
TEL 03-3315-1911 FAX 03-5377-1977
URL https://www.koen-ejh.ed.jp/
生徒数 女 464 合計 464

帰国子女在籍者数	1年	2年	3年	計
	－	－	－	約 10

入学

●**出願資格・条件**
特に定めず。帰国子女であること

●**出願書類**（WEB 出願）
・受験票・第 6 学年の通知表のコピー

●**日程等**

区分	募集	出願	試験	発表	選考方法
1回	特に定めず	1/10～28	2/1	2/1	総合、国語基礎、算数基礎
2回		1/10～28	2/2	2/2	国・算・社・理、面接（保護者同伴）
3回		1/10～2/3	2/4	2/4	国・算・社・理、面接（保護者同伴）

※帰国子女の枠はないが、国・算の成績を重視する。

編入学

●**編入学時期・定員** 〔1 ～ 2 年生〕欠員がある場合
●**出願資格** 特に定めず
●**出願書類** 入学願書・通知表のコピーまたは成績証明書・健康の記録
●**選考方法** 英語・数学・国語の学科試験、面接（保護者同伴）

● **2019 年度帰国子女編入学者数**

1年	0	2年	0	3年	0

受入後

●**指導**
英語、数学は習熟度別コース編成により、帰国生に対応。その他の科目については必要な場合は個別指導。

●**教育方針**
人は誰もがかけがえのないものとして神から命を与えられ、大切にされている。自分と他者の価値に目覚め、自己を開いて他者に関わること。このような人間観に基づいて教育が営まれている。

●**特色**
生涯教育につながる確かな基礎学力と、自分の進路を自主的に選択するための学力を伸ばすことを目標に、カリキュラムが組まれている。英語教育にも力を入れており、6 人の教師が 1 学年を担任する共同担任制をとっている。

私立 男子

▷▷ 高 302P

受入開始　2015 年度

佼成学園中学校

こう せい がく えん

〒 166-0012　（担当：青木謙介、簗瀬誠、南井秀太）
東京都杉並区和田 2-6-29
▶▶（東京メトロ丸ノ内線方南町駅）
TEL 03-3381-7227　FAX 03-3380-5656
URL http://www.kosei.ac.jp/boys/
生徒数　男 405　合計 405

帰国子女在籍者数	1年	2年	3年	計
	5	6	5	16

入 学

●出願資格・条件
1. 保護者の勤務等により海外で 1 年以上在留している者または、保護者の勤務等により海外で 1 年以上在留し、帰国後 3 年以内の者（相談可）
2. 2021 年 3 月小学校卒業見込みの者、またはそれに相当すると認められる者
3. 帰国後、保護者のもとまたは本校が認める場所から通学できる者

●出願書類　次の書類を出願期間内に郵送にてお送りください。
①「海外在留証明書」（本校所定用紙・勤務先の捺印があるもの。本校ＨＰからダウンロードしてください。）②「写真票」（志願者顔写真 1 枚を貼付または取り込んだもの）③在籍校の成績証明書または通知表のコピー④自己 PR シート（本校所定用紙・本校ＨＰからダウンロードしてください。）⑤本校の作文課題に解答した本人自筆の作文
【SE クラス（Super English クラス）の受講を希望する場合】
⑥英語検定準 2 級以上の合格証のコピー、または、それに相当する英語力を証明するもの

●日程等（オンライン帰国生入試）

区分	募集	出願	試験	発表	選考方法
第 1 回	30名	9/27～10/12	10/17	試験後3日以内	作文、面接（日本語）
第 2 回		10/25～11/9	11/14		
第 3 回		11/29～12/14	12/19		
第 4 回		12/20～1/6	1/9		

受 入 後

●指導　2021 年より「グローバルコース」を設置し、帰国生や海外に興味のある生徒を受け入れる。中高 6 年間で多様な価値観や文化を体験しながら真のグローバルリーダーを育成するコースである。英語の授業では、中学入学者で英語の運用能力の高い（英検準 2 級レベル以上）生徒に関して、一般生（国内生）とは別クラスの授業を設定している（SE クラス）。また、学習サポートは、現役東大生をはじめ多くの難関大学へ進学した大学生が毎日チューターとして学校に出勤している。英語はもちろんのこと文系科目、理系科目ともに家庭教師並みに対応するシステムを導入している。中学ではラーニングコモンズ「学びの森（自習室）」を用意し少人数での学習フォローを行っている。

●教育方針　1954 年の創立以来、生徒と教師のコミュニケーションを大切にしながら、感謝の心、思いやりの心をもった生徒の育成を行っている。最先端の「ICT 教育」を実現させ、「1 人 1 台 iPad」を持つことにより「見える学校」・「分かる授業」をコンセプトに教育改革を進めている。ICT の中でも特に「C」すなわちコミュニケーションを一番に考えている。生徒にはしっかりと自己肯定感を持てるように教職員が声をかけるように努め、そして学校の情報はできるだけ保護者の方にも見てもらうシステムを作った。授業ではアクティブラーニングをより多くの授業で取り入れ、21 世紀型能力を涵養する。

●特色　生徒に 1 人 1 台 iPad を導入。授業ではアクティブラー ニングが活発化、未来を見据えた教育活動を推進し、大学入試改革対応をはじめ、社会で活躍する人物の育成を行う。また、クラウドを利用することによって学校・生徒・家庭間での情報の共有や連絡がスムーズとなり、生徒とはどこよりも声をかけることをモットーに信頼と安心を高めた教育活動を実践している。環境の変化に対して精神的に疲れてしまわないように、教員が常に声をかけるなど生徒の様子に目配せする。ネイティブの教員の所には自由にいける環境作りやスクールカウンセラーをおいて心のケアまでしっかり行う。

●卒業生（帰国生徒）の進路状況　昨年度実績で国公立約 30 名、早慶上理約 42 名、GMARCH 85 名の合格。
東京大学、一橋大学、東北大学など国公立大学に多数合格実績あり。

私立 別学

▷▷ 高 302P

受入開始　2010 年度

国学院大学久我山中学校

こく がく いん だい がく く が やま

〒 168-0082　（担当：三戸治彦）
東京都杉並区久我山 1-9-1
▶▶（京王井の頭線久我山駅）
TEL 03-3334-1151　FAX 03-3335-1233
URL http://www.kugayama-h.ed.jp/
生徒数　男 623　女 384　合計 1007

帰国子女在籍者数	1年	2年	3年	計
	23	21	25	69

入 学

●出願資格・条件　次の①から③の要件を全て満たしていること① 2021 年 3 月日本の小学校またはこれに準ずる海外の学校を卒業見込みの者（保護者のもとからの通学を原則とする）②保護者に伴う海外在留期間が 1 年以上あり、2018 年 4 月以降に帰国、または帰国予定の者③本校の教育を支障なく受けられる者

●出願書類・成績通知書のコピー・海外在留証明書・志望理由書（日本語で記入）
[インターネット＋郵送出願]
事前に web 入力し、受験料の支払いを済ませた上で、必要書類を郵送

●日程等

募集	出願（Web 入力後、郵送出願）	試験	発表	選考方法
若干名	12/10～21（郵送必着）	1/10	1/10	算、国または英、面接

※保護者面接を学科試験中に実施

●応募状況

年度＼人数	募集人員	出願者	受験者	合格者	入学者
2019	若干名	21	18	7	5
2020	若干名	35	27	8	4

編 入 学

●編入学時期・定員　〔1 年生〕9、1 月〔2・3 年生〕4、9、1 月。欠員がある場合、若干名
※対象学年については状況により異なる場合がある
(詳細は HP で確認・要問い合わせ)

●出願資格・条件　一家転住による転入希望の者

●出願書類　・転入学願書・在学証明書・成績証明書（当該年度の欠席・遅刻の日数を明記したもの）・転学照会（所定のもの）

●選考方法　入学に準ずる

受 入 後

●指導　一般クラス（男子）、CC クラス（女子）、または ST クラス（男子・女子）に入り、一般生と同様に指導するが、個別の事情に対応し、特別指導をしていく（国語・算数など）。

●教育方針　「きちんと青春」は国学院久我山のキャッチフレーズ。久我山生は学業・部活動・学校行事・生徒会活動など自分に関わる全てに全力を注ぎ、のびのびと学園生活を謳歌している。

●特色　都内では希少な男女別学校。男子部では礼節を知るために武道を、女子部では日本の伝統文化である華道、茶道、能楽、日本舞踊などを体験する。その日本文化の根底にある感謝や思いやりの心を学び、英語で世界に発信できる優れた国際感覚を育んでいく。

●進学特例条件　付属校の特典として、文学部・神道文化学部・法学部・経済学部・人間開発学部への「優先入学推薦制度」がある。また、法学部には他大学との併願もできる大学入試センター試験利用の「有試験選抜」もある。

私立 共学

▷▷ 高 303P

受入開始　1986 年度

文化学園大学杉並中学校

ぶんかがくえんだいがくすぎなみ

（担当：西田真志）

〒 166-0004
東京都杉並区阿佐谷南 3-48-16
▶▶（JR 中央線阿佐ヶ谷駅・荻窪駅）
TEL 03-3392-6636　FAX 03-3391-8272
URL https://bunsugi.jp/
生徒数　男 98　女 191　合計 289

帰国子女在籍者数	1 年	2 年	3 年	計
	36	13	16	65

入学

●**出願資格・条件**
海外在留期間 1 年以上、帰国後 3 年以内の男女
●**出願書類**
・入学願書・在留証明書・成績通知表等の写し
●**日程等**

募集	出願	試験	発表	選考方法
特に定めず	10/28～11/10	11/15	11/16	国・算・英の 3 科目を受験し、高得点の2科目で判定。英検 2 級以上は英語を満点扱い。
	10/28～12/8	12/13	12/14	

※面接は日本語または英語（どちらか選択可）
※一般入試も受験可。その際、帰国子女であることを考慮し、優遇する

●**応募状況**

年度＼人数	募集人員	出願者	受験者	合格者	入学者
2019	特に定めず	54	54	45	9
2020	特に定めず	77	76	73	19

編入学

●**編入学時期・定員**　〔1 ～ 3 年生〕随時（帰国後 1 年以内）。若干名
●**出願資格・条件**　中学校生徒に相当する年齢に達し、本校当該学年生徒と同等の学力があり、心身ともに健康な者
※保護者等が、事前に相談されることが望ましい
●**出願書類**　入学に準ずる
●**選考方法**　筆記試験（国・数・英　等）の成績、調査書または成績通知表等および面接の結果を総合して判定

● **2019 年度帰国子女編入学者数**

1 年	1	2 年	0	3 年	0

受入後

●**特色**
・教員、卒業生チューターによる学習フォローアップ
・BC プログラム
・日本とカナダのダブルディプロマ取得可
・中学校 3 年間は完全給食制
●**卒業生（帰国生徒）の進路状況**　千葉大、東京学芸大、首都大東京、埼玉大、早稲田大、上智大、国際基督教大、法政大、青山学院大、明治大、中央大、文化学園大、学習院大、UBC、ユトレヒト大学など

私立 女子

▷▷ 大 586P

受入開始　1994 年度

立教女学院中学校

りっきょうじょがくいん

（担当：髙嶺京子）

〒 168-8616
東京都杉並区久我山 4-29-60
▶▶（京王井の頭線三鷹台駅）
TEL 03-3334-5103　FAX 03-3334-5468
URL https://hs.rikkyojogakuin.ac.jp/
生徒数　女 595　合計 595

帰国子女在籍者数	1 年	2 年	3 年	計
	20	22	20	62

入学

●**出願資格・条件**
・2021 年 3 月に小学校を卒業見込みの者、または小学校を卒業した者
・入学後、常時保護者と同居できる者
・本校の教育方針に賛同し、全ての教育活動に参加できること（宗教、家庭状況、通学時間などは問わない）
・日本国籍を有するもの
・保護者の転勤に伴って日本から海外に赴任し、保護者の所属する機関の長が証明した本学所定の海外在留証明書を提出できる者、および次の①②のいずれかを満たす者
① 2019 年 4 月 1 日以降国内の小学校へ編入（通学）し、直近の海外在留期間が継続して 2 年以上の者。
②現在、海外在留中で 2021 年 3 月 31 日までに帰国予定であり、かつ、海外在留期間が継続して 2 年以上になる者。
●**出願書類**　・入学願書・受験票・6 年次（相当分）の通知表の写し・海外在留証明書・海外帰国生調査票
※詳細は募集要項参照
●**日程等**

募集	出願	試験	発表	選考方法
約 20 名	11/26～12/3（消印有効）	12/21	12/21	国・算・作文(日本語)、面接（保護者同伴）

※海外帰国生徒特別枠により判定（国内の生徒は別）

●**応募状況**

年度＼人数	募集人員	出願者	受験者	合格者	入学者
2019	約 20 名	70	67	32	22
2020	約 20 名	87	85	33	20

編入学

●**編入学時期・定員**　〔1 年生〕9 月〔2・3 年生〕4 、9 月。欠員があり、募集する場合は学校 HP に掲載。

● **2019 年度帰国子女編入学者数**

1 年	0	2 年	0	3 年	0

受入後

●**指導・教育方針・特色**
クラス・授業ともに一般生徒と同じ。英語は 5 学級をそれぞれ二分割し、10 クラスの少人数編成でスタートし習熟度別へ。週 1 回外国人講師による帰国生対象の英語特別課外授業がある。（習熟度別）
●**進学特例条件**
併設の高等学校には、原則として進学できる。立教大学へは、一定の要件を満たした進学志望者が、121 名まで推薦入学進学できる。

私立 女子 ▷▷ 高 304P

受入開始　1970 年度

鷗友学園女子中学校
（おうゆうがくえんじょし）

（担当：大内まどか）

〒 156-8551
東京都世田谷区宮坂 1-5-30
▶▶（小田急線経堂駅・東急世田谷線宮の坂駅）
TEL 03-3420-0136　FAX 03-3420-8782
URL https://www.ohyu.jp/
生徒数　女 754　合計 754

帰国子女在籍者数	1年	2年	3年	計
	19	13	28	59

入学

●出願資格・条件
外国での滞在期間が 1 年以上で帰国後 3 年以内の原則に関わらず相談が可能

●出願書類
・入学願書一式（所定の用紙）
・自己申告書

●日程等

募集	出願	試験	発表	選考方法
特に定めず	Web 1/10 0:00～29 24:00	2/1	2/2	国・算・社・理
	Web 1/10 0:00～2/2 24:00	2/3	2/4	

※入試選考に際しては、一般入試と同問題で行われるが、事前の保護者のみの面接の結果により、海外在住の条件を勘案して、筆記試験の合格点に 5 ～ 20 点程度加算するなど、できる限りの配慮を加えている。
詳細は電話にて問い合わせのこと

●応募状況

年度＼人数	募集人員	出願者	受験者	合格者	入学者
2019	特に定めず	58	49	20	18
2020	特に定めず	69	40	22	19

編入学

●編入学時期・定員〔1・2 年生〕4、9 月。欠員がある場合のみ。ただし、ここ数年実績はない

●出願資格・条件・出願書類　外国での滞在期間が 1 年以上で帰国後半年以内の者が原則だが、当てはまらない場合は相談可

●選考方法　国・数・英、面接（保護者とも）

● 2019 年度帰国子女編入学者数

1年	0	2年	0	3年	0

受入後

●指導
入学後、特別の学習形態は取っていないが、学力の伸びている者が多い。

●進学特例条件
卒業者は本学園高等学校へ優先入学ができる。

入 編

私立 女子 ▷▷ 小 41P 高 304P

受入開始　2013 年度

国本女子中学校
（くにもとじょし）

（担当：石橋 瑛）

〒 157-0067
東京都世田谷区喜多見 8-15-33
▶▶（小田急線喜多見駅）
TEL 03-3416-4722　FAX 03-3416-4771
URL http://www.kunimoto.ed.jp/
生徒数　女 24　合計 24

帰国子女在籍者数	1年	2年	3年	計
	4	0	0	4

入学

●出願資格・条件　DD（ダブルディプロマ）コースのみ実施
①入学後、保護者のもとから通学できる者。
②保護者の海外在留等に伴い、1 年以上海外に在住した者。
③帰国後 3 年以内の者、または、2021 年 3 月 31 日までに帰国予定の者。
④日本または海外で教育を受け、2021 年 3 月小学校を卒業見込みの者、または同等の資格を有する者。

●出願書類　①入学願書②海外在留証明書（本校所定用紙、勤務先等の捺印があるもの）③小学 6 年生の通知表のコピー、または現地校の成績証明書（最新のもの）

●日程等

区分	募集	出願	試験	発表	選考方法
1回	20	10/1～14	10/16	当日	①英語（筆記および面接）＋英語によるグループ面接 ②国・算
2回		10/1～11/12	11/14	当日	
3回		10/1～12/17	12/19	当日	
4回		10/1～1/15	1/17	当日	

※英語筆記はリスニングあり。3 級以上の英検取得者に優遇制度あり（3 級 70 点、準 2 級 80 点、2 級 90 点）。

オンライン入試						
区分	募集	出願	試験	発表	選考方法
1回	若干名	10/1 ～ 試験日2日前	10/29～31	翌日	書類審査（通知表・事前課題）、オンライン面接（日本語・英語）
2回			11/15～17	翌日	
3回			12/3～5	翌日	

※オンライン入試の出願資格・書類・選考方法・優遇制度の詳細は入試要項をご確認ください
※英検 3 級以上、または英検 3 級相当以上の資格を持っている者。
※事前に入試広報部との個別相談があり、自宅等にテレビ会議用の通信システムの通信環境があること。

●応募状況

年度＼人数	募集人員	出願者	受験者	合格者	入学者
2019	若干名	0	0	0	0
2020	10	9	9	4	3

編入学

●編入学時期・定員　随時相談を受付
●出願資格・条件　その学年の学齢の生徒であること。入学希望の学年に相当する学力があるかを、各試験で判断する。
●出願書類　所定の入学願書（電話にて問い合わせ）
●選考方法　国語・数学・英語、面接（本人のみ）
● 2019 年度帰国子女編入学者数

1年	0	2年	0	3年	0

受入後

●指導　週 12 時間の英語の授業のうち中 1 では、5 時間はカナダ・アルバータ州認定教員が担当。
知識・技能だけでなく、思考力・表現力・判断力を身につける。

●教育方針　校訓を柱に、情操を育む教育に加え、日本とカナダの授業を同時に受けることにより、日本人としての価値観をしっかり身につけるとともに、グローバルに活躍できる人材を育成する。

●特色　2020 年度よりダブルディプロマコースが開設され、日本にいながら、日本とカナダの両方の高校卒業資格が取得できる。大学入試においても、海外の大学だけでなく、帰国生枠入試が可能になり、選択肢が広がる。

●進学特例条件　一般生徒と同じ条件

入 編

私立 女子 ▷▷ 高 305P 大 593P

けいせんじょがくえん
恵泉女学園中学校

（担当：新入学 德山元子、編入学 江田雅幸）

〒156-8520
東京都世田谷区船橋 5-8-1
▶▶（小田急線経堂駅・千歳船橋駅）
TEL 03-3303-2115 FAX 03-3303-9644
URL https://www.keisen.jp
生徒数 女 625 合計 625

帰国子女在籍者数	1年	2年	3年	計
	3	5	6	14

入学

●出願資格・条件
① 2021 年 3 月小学校卒業見込みの者もしくはこれと同等以上の学力を有する者
②小学校教育を 1 年以上海外で受けた者（第 1 回の帰国生枠は更に帰国後 3 年以内の者）

●出願書類 ・入学願書一式（所定の用紙）・通知表（成績表）のコピー・海外在留証明書（第 1 回の帰国生枠のみ）

●日程等

区分	募集	出願	試験	発表	選考方法
A	約 10	1/10～30	2/1(午後)	2/1	※
B	特に定めず	1/10～2/1	2/2(午前)	2/2	
C	特に定めず	1/10～2/2	2/3(午後)	2/3	

※ A：第 1 回 B：第 2 回 C：第 3 回
A：2 科（国算）・帰国生枠のみ面接
B：4 科（国算社理）
C：2 科（国算）
※一般入試と同じ。海外での生活・教育を配慮する
※面接は保護者同伴

●応募状況

年度＼人数	募集人員	出願者	受験者	合格者	入学者
2019	―（約 10）	30(8)	25(8)	12(6)	5(5)
2020	―（約 10）	46(9)	30(8)	8(4)	4(1)

※小学校教育を 1 年以上海外で受けた者。（ ）内は、更にその中で帰国後 3 年以内の、帰国生枠の人数。

編入学

●編入学時期・定員 〔3 年〕8 月。欠員のある場合。若干名。
●出願資格・条件 保護者の海外勤務に伴い海外に 1 年以上在住し、現地の学校・国際学校・日本人学校の相当学年に在籍中で帰国予定の者、または帰国直後の者
●出願書類 ・入学願書・成績証明書・在学証明書
・保護者および志願者の海外在留証明書
・帰国生学歴記入用紙
●選考方法 筆記試験（国語、数学、英語）、面接（保護者同伴）、成績証明書

● 2019 年度帰国子女編入学者数

1年	0	2年	1	3年	0

受入後

●指導・教育方針・特色
教育方針は、世界に目を向け、平和を実現する女性になるために「自ら考え、発信する力を養う」こと。蔵書 9 万冊のメディアセンターで自立的学習を助ける。中 1 では「園芸」の授業があり、命の大切さや身体を動かすことの大事さを実感する。英語は 4 技能をバランスよく伸ばす。中 1 の英語・数学等は少人数で基礎を固めた上で応用力をつける。週 5 日制で、土曜日はクラブ・課外、特別講座、補習などが行われる。
制服はない。
●進学特例条件 原則として併設の高等学校へ進学する。

入 編

私立 女子 ▷▷ 高 305P

受入開始 2003 年度

こうせいがくえんじょし
佼成学園女子中学校

（担当：楓淳一郎）

〒157-0064
東京都世田谷区給田 2-1-1
▶▶（京王線千歳烏山駅）
TEL 03-3300-2351 FAX 03-3309-0617
URL https://www.girls.kosei.ac.jp/
生徒数 女 138 合計 138

帰国子女在籍者数	1年	2年	3年	計
	6	1	0	7

入学

●出願資格・条件 出願の前に本校 HP「中学帰国生入試概要」ページから「事前登録フォーム」にご登録ください。 登録されたメールアドレスに受験資格の有無等、お知らせいたします。
① 2021 年 3 月に小学校卒業見込み、またはそれに相当すると認められる者
② 下記 (1) ～ (3) のいずれかに該当する者
(1) 海外での滞在経験 1 年以上、帰国後 3 年以内の者
(2) 海外の学校、あるいは国内インターナショナルスクール卒業（卒業予定）の者
(3) 上記に準ずる海外生活経験のある者
●出願書類 写真票
●日程等 ※海外在住の方はオンライン受験が可能（時差を考慮）

募集	出願	試験	発表	選考方法
特に定めず	10/16～29	10/31	10/31	英語または国・算、面接
	11/5～18	11/20	11/20	
	11/19～12/2	12/4	12/4	
	12/25～1/7	1/9	1/9	

※本校が第一志望の受験生は優遇いたします。
※英語検定などの各種検定は、合計点に対して以下のように加点いたします。
4 級 105%、3 級 110%、準 2 級 115%、2 級以上 120%（ケンブリッジ英検、GTEC、IELTS、TEAP、TOEFL、TOEIC なども可）

●応募状況

年度＼人数	募集人員	出願者	受験者	合格者	入学者
2020	特に定めず	8	8	8	6

編入学

●出願資格・条件 出願の前に、本校 HP「転編入試験」ページ内の「事前登録フォーム」にご登録ください。以下のいずれかに該当する者
※いずれにも該当しない場合はご相談ください。
①一家転住②海外帰国③国内インターナショナルスクール在籍 （出願書類等詳細は要項をご確認ください）

学年	出願	試験	通学開始日	選考方法
1･2･3	2020.6/23～7/6	7/8	9/1	国・英・数、面接（オンライン受験可）
	2020.11/19～12/4	12/7	1/8	
新2･新3	2021.2/17～3/2	3/4	4/8	

● 2019 年度帰国子女編入学者数

1年	0	2年	1	3年	0

受入後

●指導・教育方針・特色
・常勤のネイティブ教員による万全のサポート、英語力のキープはもちろん、英検 1 級～準 1 級へレベルアップ可能
・日本語をはじめ補習が必要な教科は必要に応じて個別指導を実施
・中学 3 年間、英語と数学は習熟度別 3 段階授業編成のため一人ひとりに合った授業が受けられる。さらに音楽と美術はネイティブ教員によるオールイングリッシュの「イマージョン授業」を展開している。
・高校進学時は特色ある 4 種類のクラスから選択。1 年間ニュージーランドで学ぶ留学クラス、少人数による課題解決型授業で国際感覚を養うスーパーグローバルクラス、難関大学合格を目指してハイレベルな授業を行う特進クラス、学業と部活動を両立しやすい進学クラスがある。
・大学受験に向けては放課後の「校内予備校」が充実しており、学校内だけで受験勉強を完結できる。
●進学特例条件 原則的に全員が併設の高等学校へ進学できる。
● 2020 年度卒業生の進路状況 （国公立大）お茶の水女子大、東京学芸大、国立看護大、山梨県立大、前橋工科大、都留文科大、新潟県立大、横浜市立大、静岡県立大、群馬県立女子大（私立大）早稲田大、慶應義塾大、上智大、東京理科大、学習院大、明治大、青山学院大、立教大、中央大、法政大、津田塾大、東京女子大、日本女子大 他

私立　女子

▷▷ 小 42P

受入開始　2018 年度

昭和女子大学附属昭和中学校

（しょうわじょしだいがくふぞくしょうわ）

〒 154-8533　（担当：杉村真一朗、玉井頌子、小西泰）
東京都世田谷区太子堂 1-7-57
▶▶（東急田園都市線三軒茶屋駅）
TEL 03-3411-5115　FAX 03-3411-5532
URL http://jhs.swu.ac.jp

生徒数　女 645　合計 645

帰国子女在籍者数	1 年	2 年	3 年	計
	10	6	7	23

入学

●出願資格・条件

- ・海外在住 1 年以上、帰国後 3 年以内
- ・2021 年 3 月に小学校卒業見込みで併設の高等学校に進学を希望する女子

●出願書類

- ・海外在留証明書
- ・志願票・受験票

●日程等

募集	出願	試験	発表	選抜方法
特に定めず	10/20 〜 11/5	11/7	11/7	2 教科又は 3 教科の選択・面接 2 教科…国・算 3 教科…国・算・英

●応募状況

年度＼人数	募集人員	出願者	受験者	合格者	入学者
2019	特に定めず	23	23	22	6
2020	特に定めず	40	40	31	10

編入学

●編入学時期　〔1 〜 3 年生〕随時。

●出願資格・条件　海外帰国（首都圏外からの転居）

●出願書類　・入学願書一式
　・海外在留証明書

●選考方法　国・算・英・面接（本人のみ）

● 2019 年度帰国子女編入学者数

1 年	0	2 年	2	3 年	2

受入後

●指導　英・数は習熟度別授業を行なっている。英語は取り出し授業を行っている。

●教育方針

「世の光になろう」を学校目標に校訓「清き気品、篤き至誠、高き識見」の下、全人教育を行なっている。体験学習の場を多く用意し、学習と生活の両面から生徒の成長を支援している。

●特色

「本科コース」「グローバル留学コース」「スーパーサイエンスコース」の 3 コースを設定。

中高縦割りのグループで行う「朋友班活動」、中 1 〜高 2 が学年ごとに共同生活を送る「学寮研修」、中 2 全員がボストンで研修を行うプログラムも特色。

●進学特例条件　併設高校への進学

●卒業生（帰国生徒）の進路状況　まだ実績はございません。

私立　共学

受入開始　2013 年度

成城学園中学校

（せいじょうがくえん）

〒 157-8511　（担当：中村雅浩、青柳圭子、本吉剛）
東京都世田谷区成城 6-1-20
▶▶（小田急線成城学園前駅）
TEL 03-3482-2104　FAX 03-3482-5100
URL http://www.seijogakuen.ed.jp/chukou/

生徒数　男 370　女 363　合計 733

帰国子女在籍者数	1 年	2 年	3 年	計
	21	13	5	39

入学

●出願資格・条件　以下の二つの条件に両方とも該当していること。①海外での勤務や研究を目的として日本を出国し、海外に在留している者または現在在留している者を保護者とする児童であること。② 1 年を超える期間、海外に在留し、帰国後 3 年以内（2018 年 3 月以降に帰国）であること。

●出願書類　・帰国生調査票（本校所定）・海外在留証明書（本校所定）

●日程等

募集	出願	試験	発表	選考方法
約 10 名	Web+ 郵便 12/11 〜 17	1/9	1/10	基礎学力試験（国・算）、面接

●応募状況

年度＼人数	募集人員	出願者	受験者	合格者	入学者
2019	約 10	40	33	26	14
2020	約 10	65	53	33	21

編入学

●編入学時期・定員〔2・3 年生〕欠員がある場合

●出願資格・条件・出願書類

欠員が出た際、HP にて告知

●選考方法　国、数、英、面接

● 2019 年度帰国子女編入学者数

1 年	0	2 年	0	3 年	0

受入後

●指導　初等学校から進学した生徒および一般受験で入学した生徒と同じクラスで学び、特別扱いはしない。苦手教科などは他生徒と同様、講習などを利用して個別に対応していく。

●教育方針　創設者の掲げた「個性尊重の教育」「自然と親しむ教育」「心情の教育」「科学的研究を基とする教育」に磨きをかけ、豊かな人間形成を促進する。真の学力を身につけさせ、すべての生徒の学力向上をはかる。

●特色　中 1 の 35 名学級（高等学校は 40 名学級）など少人数教育に力を入れている。海・山の学校をはじめとした様々な行事が生徒の心身を鍛え、見聞を広めている。幼稚園児から大学院生までがワンキャンパスの明るい自然の中で学んでいる。

●進学特例条件　中高一貫のため大多数の生徒は学園高校に進学する。また、高校卒業後は成城大学へ推薦で進学するほかに、推薦権を保持したまま他大学への受験も認めているため、他大学への進学者も約 4 割に上っている。

私立　女子

▷▷ 高 306P

受入開始　2020 年度

聖(せい)ドミニコ学園(がくえん)中学校

（担当：千葉恵一郎）
〒 157-0076
東京都世田谷区岡本 1-10-1
▶▶（東急田園都市線 用賀駅から徒歩または二子玉川駅からバス、小田急線 成城学園前駅）
TEL 03-3700-0017　FAX 03-5716-4646
URL https://www.dominic.ed.jp/highschool/

生徒数　女 177　合計 177

帰国子女在籍者数	1 年	2 年	3 年	計
	3	2	1	6

入学

●出願資格・条件
2021 年 3 月小学校卒業見込み、またはそれに準ずる女子で、以下に該当する者
・保護者の転勤等に伴い、海外に継続して 1 年以上在住した者

●出願書類
・写真票（出願サイトから印刷したもの）・海外在留証明書・在学履歴報告書・成績表の写し（海外最終滞在 1 年分の成績通知表と、現在通っている小学校の受験直近の成績通知表）

●日程等

募集	出願	試験	発表	選考方法
特に定めず	11/5～26	11/28	11/28 14：30	英語：筆記（算数要素のある問題含む）口頭（インタビュー）日本語作文、面接（本人および保護者）

※日本語作文は参考程度に見ます

●応募状況

年度＼人数	募集人員	出願者	受験者	合格者	入学者
2019	10 名	2	2	2	1
2020	若干名	―	―	―	―

編入学

●編入学時期・定員〔1～2年生〕7、12、3月〔3年生〕7月

●出願資格・条件・出願書類・選考方法
受け入れ時期前に問い合わせ

● 2019 年度帰国子女編入学者数

1年	0	2年	0	3年	0

受入後

●特色
カトリックの精神に基づいた、少人数制のミッションスクールです。インターナショナルコースでは、英語・数学・理科の授業を、ネイティブスピーカーが ALL ENGLISH で行います。アカデミックコースは、全教科日本人教員が担当します。 両コースとも教科毎の授業時間数は同じで、21 世紀型の教育を実践しています。
中学時はフランス語も必修。複言語教育によりグローバルな視野を養います。留学制度も充実。

●進学特例条件　中高一貫教育を基本としています。

私立　女子

▷▷ 高 307P

玉川聖学院(たまがわせいがくいん)中等部

（担当：笠井）
〒 158-0083
東京都世田谷区奥沢 7-11-22
▶▶（東急東横線自由が丘駅、大井町線九品仏駅）
TEL 03-3702-4141　FAX 03-3702-8002
URL https://www.tamasei.ed.jp

生徒数　女 307　合計 307

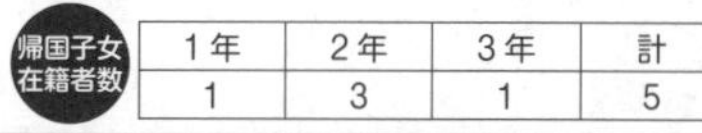

帰国子女在籍者数	1 年	2 年	3 年	計
	1	3	1	5

入学

●出願資格・条件
・2021 年 3 月小学校卒業見込みの女子
・原則として 1 年以上海外に滞在し、帰国後 3 年以内の者とする（A 日程）
・外国での生活体験が 1 年以上の者で、その体験が自分の成長につながった自覚のある者（B 日程）

●出願書類
・入学願書・帰国子女調査書（所定用紙）・海外在留証明書

●日程等

区分	募集	出願	試験	発表	選考方法
A 日程	若干名	インターネット 12/1～16	12/19 AM	12/19	国・算、面接
B 日程	特に定めず	インターネット 1/10～27	2/1 PM	インターネット 2/1	国・算、面接 または 英・算、面接

●応募状況

年度＼人数	募集人員	出願者	受験者	合格者	入学者
2019	若干名	3	3	3	3
2020	若干名	1	1	1	1

編入学

●編入学時期・定員〔1・2 年生〕定員に空きがある場合、随時

●出願資格・条件・出願書類　入学に準ずる

●選考方法　国語・数学・英語、面接

● 2019 年度帰国子女編入学者数

1年	0	2年	0	3年	0

受入後

●指導　帰国生のための特別クラスやプログラムは特に持たず、一般生と同じ指導をする。学校生活に自然と溶け込む中で各自の海外経験や語学力が生かされる環境である。

●教育方針　聖書に基づいて一人ひとりを素晴らしい存在と認め、自分と違った存在と共に生きることを大切にしている。

●特色　異文化体験を豊かな経験として学ぶ校風があるため、帰国生が自分のペースで自己表現し活躍できる日常がある。英語教育や国際理解を深める体験プログラムも多く、帰国経験を世界に生かすヒントも多く得られる。

●進学特例条件　併設大学はないが高大連携や指定校推薦枠がキリスト教系大学等に 350 名以上ある。国際基督教大、青山学院大、明治学院大、東京女子大、東洋英和女学院大、法政大、学習院大、成蹊大、武蔵大、國學院大他。

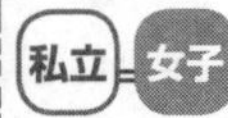

受入開始 1990年度

田園調布学園中等部

（担当：細野智之）

〒158-8512
東京都世田谷区東玉川2-21-8
▶▶（東急東横線田園調布駅、東急池上線雪谷大塚駅）
TEL 03-3727-6121 FAX 03-3727-2984
URL http://www.chofu.ed.jp
生徒数 女639 合計639

帰国子女在籍者数	1年	2年	3年	計
	8	13	4	25

入学

●出願資格・条件
・海外の学校在籍期間が通算1年以上で、小学校4年生の4月1日以降に帰国の女子

●出願書類
・入学願書・受験票（本校指定の用紙）
・海外における最終学校の成績を証明するもの（すでに日本の学校に在籍中の者は通知表のコピーも提出すること）
・海外在留証明書
・面接カード

●日程等

募集	出願	試験	発表	選考方法
若干名	11/20～30	12/6	12/6	(国・算）または（英・算)、面接（保護者同伴）

●応募状況

年度＼人数	募集人員	出願者	受験者	合格者	入学者
2019	若干名	38	36	30	10
2020	若干名	20	19	14	8

編入学

●編入学時期・定員〔1～3年生〕随時。若干名
●出願資格・条件 特になし
●出願書類 入学に準ずる
●選考方法 国・数・英、面接
● 2019年度帰国子女編入学者数

1年	1	2年	0	3年	0

受入後

●指導・教育方針・特色
入試で英語を選択した場合は、英語の授業を取り出しで実施。ネイティブによる少人数制授業で中1は週4時間（うち1時間は日本人教諭）、中2・中3は週3時間、高校では週2時間行います。他の授業は、一般生と同じクラスで授業を受ける。アクティブラーニングを取り入れた授業を行い、生徒の思考力、表現力を伸ばすことを目指している。

●進学特例条件
内部推薦制度があり、ほぼ全員が田園調布学園高等部に進学する。

▷▷ 高308P 大579P

東京都市大学等々力中学校

（担当：二瓶克文）

〒158-0082
東京都世田谷区等々力8-10-1
▶▶（東急大井町線等々力駅）
TEL 03-5962-0104 FAX 03-3701-2197
URL http://www.tcu-todoroki.ed.jp/
生徒数 男329 女321 合計650

帰国子女在籍者数	1年	2年	3年	計
	21	23	22	66

入学

●出願資格・条件
現在国内に在住し、海外在住1年以上で帰国後3年以内の者、または現在海外に在住し、2021.4.1までの在住期間が1年以上の者

●出願書類
成績証明書又は通知表のコピー（海外在籍校のもの）・海外在留証明書（指定のもの）・身上書（指定のもの）

●日程等

募集	出願	試験	発表	選考方法
20	11/24～12/5	12/10	12/10	算数、国語または英語、作文(日本語)、面接(グループ)

※ 英語は英検2級～ 準1級程度
※インターネット出願後、出願書類を郵送すること

●応募状況

年度＼人数	募集人員	出願者	受験者	合格者	入学者
2019	20	169	164	111	22
2020	20	213	207	123	20

編入学

●編入学時期・定員〔1年生〕9、1月〔2年生〕4、9、1月〔3年生〕4、9月。若干名
●出願資格・条件・出願書類 入学に準ずる
●選考方法 国・英・数、面接（本人）
● 2019年度帰国子女編入学者数

1年	0	2年	0	3年	1

受入後

●指導
・英語の授業は習熟度に分けて実施
・多読を基本とした英語学習
・ネイティブによるイングリッシュサロンの開室
・国際教育室による定期的な面談を実施
・夏季休暇中にはイングリッシュシャワー講座を開講

●教育方針 ノブレス・オブリージュの精神に基づき、誇り高く、責任感のある人材を育成する。同時に、このグローバル社会において自主的かつ自律的に活躍でき、より高みに向かって努力し続ける人材を育成する。

●特色 生徒の自学自習力を高めるように指導。学習支援エリアには進路情報センターがあり、夜8時まで利用できるセパレートタイプの自習室がある。質問の対応のためのチューターを配置している。

●進学特例条件 東京都市大学への付属推薦制度あり。併設高校には原則全員が入学。

私立 男子

▷▷ 大 579P

受入開始　2014 年度

東京都市大学付属中学校

（とうきょうとしだいがくふぞく）

〒157-8560　（担当：松尾浩二）
東京都世田谷区成城 1-13-1
▶▶（小田急線成城学園前駅）
TEL 03-3415-0104　FAX 03-3749-0265
URL http://www.tcu-jsh.ed.jp

生徒数　男 776　合計 776

帰国子女在籍者数	1 年	2 年	3 年	計
	40	44	47	131

入学

●**出願資格・条件**　2008.4.2 ～ 2009.4.1 までに生まれた男子で、次の①、②を満たす者①日本の義務教育期間における海外就学期間が通算 1 年以上の者② 2021 年度入学試験の出願時点で、日本への帰国から 3 年以内の者※その他応相談

●**出願書類**　①入学願書②志願者身上書③成績を証明するもの（海外での最終学年次のもの必須。成績表などのコピー可）④語学検定の合格証またはスコアのコピー（但し、お持ちの方のみ）
※①②はインターネット上での入力

●**日程等**

募集	出願	試験	発表	選考方法
若干名	12/1 ～ 1/6	1/6	1/6	A 方式〔国語型〕算・英・国、面接〔作文型〕算・英・作文（日本語）、面接
				B 方式 2 教科（国算）、または 4 教科（国算社理）、面接

※募集人員は、Ⅱ類（最難関国公立大）、Ⅰ類（難関国公立私大）いずれも若干名
※出願時に A 方式〔国語型〕〔作文型〕、B 方式〔2 教科型〕〔4 教科型〕から 1 つ選択。A 方式と B 方式の算数、A 方式〔国語型〕と B 方式の国語は同一問題。面接は保護者同伴

●**応募状況**

年度＼人数	募集人員	出願者	受験者	合格者	入学者
2019	若干名	267	255	145	44
2020	若干名	283	271	151	40

編入学

●**編入学時期・定員**　〔1 年生〕9、1 月〔2・3 年生〕4、9、1 月
※なお、高校からの編入学も同時に募集する。但し、いずれの学年も、編入希望の学年に欠員がある場合のみ。

●**出願資格・条件**　海外の学校から本校への編入学を強く希望し、かつ優れた才能や成績を有する者

●**選考方法**　筆記試験及び面接試験

※その他、出願書類、選考方法等の詳細は直接問い合わせること

● **2019 年度帰国子女編入学者数**

1 年	0	2 年	0	3 年	0

受入後

●**指導**　英語の取り出し授業は、希望者を対象に行う。その他に、学校として登録している「e- ラーニング」学習システムによって、自宅や学校で英検準 1 級までの自学自習が可能。また、各学年において英語・数学の苦手な生徒のための指名制補習が年間を通して行われており、特に帰国生には、それぞれの学力に合わせて随時個別指導を行う。なお、放課後の自習室には東大生のチューターが常駐。

●**特色**　通常の授業の中に実験が毎週 1 回相当あり、中学 3 年間で約 60 テーマに及ぶ実験がある。実験は少人数で実施され、記述式レポートの提出が義務付けられている。実験のための設備も大変充実しており、丁寧な個別添削指導を行う。この他にも、中学 3 年次の「キャリアスタディ」や高校 1 年次の「中期修了論文」など、全ての教科・行事において、書くことと発表することが求められており、新しい大学入試制度に十分対応できる内容となっている。

●**進学特例条件**　2020 年春卒業生の約 8% が、東京都市大学へ進学した。一定の基準に達していれば、原則進学が可能。ただし、今年度入学者のほぼ全ての生徒が、東京都市大学以外の進学を希望している。

入 編

私立 共学

▷▷ 高 309P 短 668P

受入開始　2015 年度

三田国際学園中学校

（みたこくさいがくえん）

〒158-0097　（担当：今井誠）
東京都世田谷区用賀 2-16-1
▶▶（東急田園都市線用賀駅）
TEL 03-3700-2183
URL http://www.mita-is.ed.jp

生徒数　男 296　女 399　合計 695

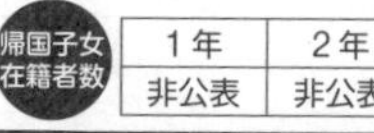

帰国子女在籍者数	1 年	2 年	3 年	計
	非公表	非公表	非公表	非公表

入学

●**出願資格・条件**　2021 年 3 月小学校卒業見込みの者または同等以上の学力がある者で、以下に該当する者。
・2008 年 4 月 2 日～ 2009 年 4 月 1 日に生まれた者。
・保護者の転勤等に伴い、海外に継続して 1 年以上在住し、帰国後 3 年以内（2018 年 4 月以降帰国）の者。またはそれに準ずる海外在住経験者等※
※海外在住経験等ある方は、本校 HP にある「国際生入試事前登録フォーム」より申込みが必要です。

●**出願書類**
・履歴報告書・海外在留証明書・成績証明書の写し・出願資格確認のために求められた補足書類

●**日程等（国際生入試）**

区分	募集	出願		試験	選考方法
第 1 回	インターナショナルクラス 70 名に含む	事前登録と出願資格認定登録期間	11/6 まで	11/27	英語、面接（日・英）
第 2 回			11/20 まで	12/15	

●**応募状況**

年度＼人数	募集人員	出願者	受験者	合格者	入学者
2019	20	347	335	66	非公表
2020	20	377	367	75	非公表

編入学

●**編入学時期・定員**（学校 HP に掲載する）
〔1 年生〕9、1 月〔2・3 年生〕4、9、1 月

●**出願資格・条件・出願書類・選考方法**
学校 HP 掲載の募集要項をご確認下さい

● **2019 年度帰国子女編入学者数**

1 年	非公表	2 年	非公表	3 年	非公表

受入後

●**指導**
英語・数学・理科・社会の授業では、帰国生を対象にネイティブスピーカーの教員が授業を行う。国語は基礎レベルの授業を設置。

●**教育方針**
グローバル化が進展する世界の中で活躍できるリーダーを育成するために、コミュニケーション能力、論理的思考能力、表現力、異文化を理解する能力等をバランス良く育んでいく。

●**特色**
HR、部活動、行事などのさまざまな場面において、ネイティブスピーカーの教員と関わることができる。

私立 女子

受入開始 2013年度

目黒星美学園中学校

（めぐろせいびがくえん）

（担当：小西恒）

〒157-0074
東京都世田谷区大蔵2-8-1
▶▶（小田急線祖師ヶ谷大蔵駅、二子玉川駅よりスクールバス）
TEL 03-3416-1150 FAX 03-3416-3899
URL http://www.meguroseibi.ed.jp/

生徒数 女208 合計208

帰国子女在籍者数	1年	2年	3年	計
	0	0	1	1

入学

●**出願資格・条件**
2021年3月小学校卒業見込みの女子で、海外在留期間1年以上、帰国後3年以内の女子。

●**出願書類**
・海外で在学した最終学校の成績証明書のコピー
・6年次通知表の全ページのコピー（表紙含む）

●**日程等**

募集	出願	試験	発表	選考方法
女子若干名	12/1～8	12/10	12/10 17：00	英語筆記（50分）、面接（15分）

●**応募状況**

年度＼人数	募集人員	出願者	受験者	合格者	入学者
2019	若干名	0	0	0	0
2020	若干名	0	0	0	0

編入学

●**編入学時期・定員** 随時
●**出願資格・条件** 海外帰国子女
●**出願書類** 願書・海外で在学した最終学校の成績証明書のコピー
●**選考方法** 国語・数学・英語（各50分）の筆記試験
●**2019年度帰国子女編入学者数**

1年	0	2年	0	3年	0

受入後

●**指導**
個々に応相談。

●**教育方針**
教職員・友人との家族的な交わりの中で自己肯定感を育てつつ、“Faccio io !”（ファッチョイオ：私がやります！）と言える真の主体性を持った女性を育成している。

●**特色**
砧公園に隣接し、世田谷美術館や大蔵運動公園にほど近い、緑豊かで文教的な環境にある中高一貫女子校。カトリックの福音的価値観にもとづき、1クラス約30名、1学年3クラスの少人数教育を実施。活発なボランティア活動や防災活動を通して、社会と接点を得ていることも特色の一つ。

●**卒業生（帰国生徒）の進路状況**
昭和女子大国際学部

私立 共学

▷▷ 高309P

受入開始 2017年度

上野学園中学校

（うえのがくえん）

（担当：伊藤直木）

〒110-8642
東京都台東区東上野4-24-12
▶▶（JR上野駅、東京メトロ日比谷線・銀座線上野駅、京成線京成上野駅）
TEL 03-3847-2201 FAX 03-3847-2013
URL https://www.uenogakuen.ed.jp/

生徒数 男62 女59 合計121

帰国子女在籍者数	1年	2年	3年	計
	0	0	0	0

入学

●**出願資格・条件** 原則として海外在留期間1年以上。帰国後3年以内の者

●**出願書類** ・調査書・通知票（帰国後在籍した学校があれば）または成績証明書・海外在住証明書

●**日程等**

出願	試験	発表	選考方法
1/10～30 ※音～25	2/1午前	2/1	2科
			適性検査
	2/1午後		得意2科（国･算･社･理から2科）
1/10～2/1	2/2午前	2/2	得意2科（国･算･英から2科）
1/10～28			自己表現
1/10～2/3	2/4午前	2/4	得意1科（国･算から1科）
			特待チャレンジ（2科･4科選択）
1/10～2/1			2科 音コース
1/10～2/5	2/6午前	2/6	2科

※入学試験は一般入試と同様で、同時に実施するが、帰国子女には特別な配慮をする
※音楽専門希望者は専門実技等のレベル判定（2/1または2/4午後）あり

●**応募状況**

年度＼人数	募集人員	出願者	受験者	合格者	入学者
2019	若干名	0	0	0	0
2020	若干名	0	0	0	0

受入後

●**指導**
通常のクラスに入り、一般生徒と同様の学習をする。大学進学を目指す教育を行う。

●**教育方針**
建学の精神は「自覚」。自らを深く見つめ、"本当の自分"である個性を見出して自らを高め、責任感と創造性を持って自らを世に問い、前向きに努力する人間の育成を教育の目標としている。

●**特色**
21世紀型スキルを磨き、芸術の学びのある進学校。

●**進学特例条件**
併設校の上野学園大学音楽学部、及び上野学園大学短期大学部への優先入学ができる。

●**卒業生（帰国生徒）の進路状況** 併設高等学校進学。

公立 共学

受入開始　2018 年度

とうきょうと りつ はくおうこうとう がっ こう ふ ぞく

東京都立白鷗高等学校附属中学校

（担当：小山克之、田中幸徳、吉岡智春）

〒 111-0041
東京都台東区元浅草 1-6-22
▶▶（都営大江戸線・つくばエクスプレス新御徒町駅、銀座線稲荷町駅）
TEL 03-3843-5678　FAX 03-3841-6925
URL http://hakuo.ed.jp/web/
生徒数　男 218　女 258　合計 476

帰国子女在籍者数	1 年	2 年	3 年	計
	24	24	23	71

入学

●出願資格・条件
保護者（原則として父母）に伴って海外に連続して２年以上在住している者。または、海外に連続して２年以上在住した者で、入学日現在帰国後原則として２年以内の者。

●出願書類
・海外在留証明書
・志願者と保護者（両親）のパスポート
・海外在学２年分以上の成績証明書・通知表・レポートカードのいずれか
・海外帰国生徒相談票（本校 web サイトからダウンロード）

●日程等

募集	出願	試験	発表	選抜方法
24 名（男女問わない）	1/11 1/12 窓口へ持参	1/25	1/29	作文（日本語又は英語を選択）面接（日本語及び英語による。流ちょうさは問わない。）

●応募状況

年度＼人数	募集人員	出願者	受験者	合格者	入学者
2019	24	72	69	24	24
2020	24	53	52	24	24

受入後

●指導
本校はダイバーシティ（多様性）の尊重を基盤に、教育活動を行なっています。このためクラスも様々な背景をもつ生徒が同じクラスで学習する形態で編成します。生徒のみなさんの「たくさん友だちを作りたい」という素直な気持ちと、新しい文化に触れたいという好奇心により、入学後はすぐに本校に適応できるようになります。
もちろん教職員も、生徒が充実した学校生活を送るためのサポートを全力で行います。

●教育方針・特色
伝統・文化を大切にし、日本に根ざした価値観をもちながら、グローバルに活躍できる人材育成を目指した教育プログラムを組んでいます。これにより自己のアイデンティティとダイバーシティ（多様性）の尊重を基盤に、国際的な「競争」と「協働」の両方ができるリーダーを育てていくことで、これからの国際社会の中で活躍できる人材育成を行います。

●卒業生（帰国生徒）の進路状況
併設高校へは希望者全員が進学できる。

入　編

私立 共学

受入開始　2015 年度

かい ち に ほん ばし がく えん

開智日本橋学園中学校

（担当：広報部）

〒 103-8384
東京都中央区日本橋馬喰町 2-7-6
▶▶（JR 総武線・都営浅草線浅草橋駅、都営新宿線馬喰横山駅、JR 総武線快速馬喰町駅）
TEL 03-3662-2507　FAX 03-3662-2506
URL http://www.kng.ed.jp
生徒数　男 229　女 257　合計 486

帰国子女在籍者数	1 年	2 年	3 年	計
	21	25	23	69

入学

●出願資格・条件
・原則海外在住経験が１年以上あり、帰国後３年以内の帰国生、または国内のインターナショナルスクールに在籍する生徒（応相談）

●出願書類
・入学願書（所定の書類）・通知表のコピー（日本に在籍の者のみ）・現地校の成績証明書（コピー可）・海外在留証明書（本校指定の用紙）・英検など語学の資格を示すもの（任意コピー可）

●日程等

区分	募集	出願	試験	発表	選考方法
第1回	若干名	11/5～19	11/23	11/23	エッセイ（英語）、国語・算数（基礎学力）、口頭試問・面接（英語・日本語）
第2回			12/12	12/12	

※募集クラスは GLC（グローバルリーディングクラス）のみ

●応募状況

年度＼人数	募集人員	出願者	受験者	合格者	入学者
2019	非公表	217	169	58	22
2020	20	242	193	60	21

編入学

●編入学時期・定員〔1～4 年生〕4、9、1 月。若干名
●出願資格・条件・出願書類・選考方法　入学に準ずる
● 2019 年度帰国子女編入学者数

1 年	1	2 年	1	3 年	0

受入後

●指導
日本語力の測定およびサポートを実施

●教育方針
生徒が主体的・能動的に学習する学びの創造
〈授　業〉教師の指導をもとに、生徒が主体的に自ら考え、活動し、探究し、発信し、自己評価できる授業の創造
〈行　事〉教師のアドバイスをもとに、生徒主体の実行委員会が企画・準備・運営し主体的に活動する行事の創造
〈学校生活〉「生きる」「学ぶ」「ルール」など、その意味・意義を考え、自分で決め、自分の責任で行動できる学びの創造

●特色
国際バカロレア（IB）MYP・DP 認定校。

●進学特例条件　併設校への進学

私立 女子

受入開始　1995 年度

大妻中学校（おおつま）

（担当：長谷）

〒102-8357
東京都千代田区三番町 12
▶▶（JR 中央線・地下鉄各線市ヶ谷駅、東京メトロ半蔵門線半蔵門駅）
TEL 03-5275-6002　FAX 03-5275-6230
URL http://www.otsuma.ed.jp/
生徒数　女 859　合計 859

帰国子女在籍者数	1 年	2 年	3 年	計
	9	15	7	31

入 学

●出願資格・条件
保護者の海外在留のため、本人が継続して 1 年以上海外に在住し、帰国後 3 年以内（2018 年 3 月 1 日以降に帰国）の者

●出願書類
（インターネット出願申し込みの上）・海外在留証明書（本校所定）・海外における最終学校、最終学年の通知表のコピー。および帰国後日本の学校に在籍している場合は、通知表のコピーも併せて提出する

●日程等

募集	出願	試験	発表	選考方法
若干名	11/17〜12/8	12/13	12/14	国・算・英より 2 教科選択、面接（保護者 1 名同伴）

※合否は海外在留によって生じる受験上の不利を考慮し、一般生とは別に試験を行う。面接、筆記試験を総合的に評価して判定する

●応募状況

年度＼人数	募集人員	出願者	受験者	合格者	入学者
2019	若干名	75	73	43	15
2020	若干名	104	93	49	9

受 入 後

●指導
試験科目で英語を選択し、一定の点数を取った場合、GLAP（英語取り出し授業）の対象となります。「英語で考え、英語で探求する」を活動軸とし、世界標準のアカデミックイングリッシュを育成します。プロジェクト型の学習を行い、模擬国連にも積極的に参加していきます。
国英受験者には数学、算英受験者には国語の補習を実施します。

●教育方針
社会に貢献できる良き社会人の育成を目指す。充実した学校生活を通じて「自律と自立の精神」「協働の心」を身につけ、通常の授業に加え、補習・再試（指名制）や講習（希望制）を実施し、確かな学力を養成する。独自の「進路学習プログラム」で将来の夢の実現に向けたサポートを行う。

●特色
中学では 5 教科を中心に幅広く学び、小テストや予習復習に主眼を置く。高校では、難関国公立大学をはじめ、希望進路の実現に向け実力を養う。国際交流プログラムを拡充し、海外も視野に入れて進路を考える生徒をバックアップしている。

▷▷ 高 310P

私立 女子

受入開始　2013 年度

神田女学園中学校（かんだじょがくえん）

（担当：佐藤晋）

〒101-0064
東京都千代田区神田猿楽町 2-3-6
▶▶（JR・地下鉄：水道橋駅・神保町駅）
TEL 03-6383-3751　FAX 03-3233-1890
URL https://www.kandajogakuen.ed.jp
生徒数　女 91　合計 91

帰国子女在籍者数	1 年	2 年	3 年	計
	4	1	2	7

入 学

●出願資格・条件　原則、海外滞在期間が 1 年以上あり帰国後 3 年以内の帰国生、または国内のインターナショナルスクールに在籍する生徒（応相談）

●出願書類
通知表のコピー（日本に在籍の者のみ）、現地校の成績証明書コピー、海外在留証明書（本校指定用紙）、英検など語学の資格を示すもの（任意：コピー可）

●日程等

募集	出願	試験	発表	選考方法
若干名	11/1〜12	11/14	11/14	日・英・中・韓の中から 2 言語選択 面接(日本語･選択言語)
	11/1〜12/10	12/12	12/12	

●応募状況

年度＼人数	募集人員	出願者	受験者	合格者	入学者
2019	若干名	3	1	1	1
2020	若干名	6	6	6	3

編 入 学

●編入学時期・定員〔1 年生〕9、1 月〔2 年生〕4、9、1 月〔3 年生〕4 月。若干名

●出願資格・条件・出願書類・選考方法　入学に準ずる

● 2019 年度帰国子女編入学者数

1 年	0	2 年	0	3 年	1

受 入 後

●指導・教育方針・特色
「自らの意思で行動し、多様な価値観を尊ぶ女性」を育成するため、言語学習を軸としたリベラルアーツ教育に取り組んでいます。帰国生は一般生徒と同じクラスに所属しますが、滞在した国や期間は各々異なるため、主要科目は習熟度にあわせ 3 分割すると共に、個々の理解度・定着度に合わせ補習授業や個別指導も実施します。また 2020 年度からは、帰国生・外国籍生のために、教科としての『日本語』の授業もスタートしました。本コースは全員留学必須のカリキュラムで、中学 3 年では 3 週間のニュージーランド短期留学を実施。高校で行う長期留学に関しては、期間も半年〜1 年半の中から選べるとともに、ダブル・ディプロマプログラムではアイルランド・NZ・カナダの現地校に 1 年半以上在籍し、2 か国の卒業資格取得を目指します。クラスはネイティブ＆日本人のチーム担任制を採用、生徒の留学準備と帰国後の学習をフルサポートします。また全てのコースで中学 3 年から「トリリンガル教育」を行っており、「フランス語・中国語・韓国語」の中から 1 言語を選択し 4 年間学びます。

入 編

私立 男子

受入開始　1978 年度

暁星中学校（ぎょうせい）

（担当：光藤賢）

〒102-8133
東京都千代田区富士見 1-2-5
▶▶（JR 中央線・地下鉄各線飯田橋駅、地下鉄各線九段下駅）
TEL 03-3262-3291　FAX 03-3222-0269
URL https://www.gyosei-h.ed.jp
生徒数　男 520　合計 520

帰国子女在籍者数	1年	2年	3年	計
	3	4	3	10

入学

●出願資格・条件
保護者の海外勤務に伴って外国に滞在した者のうち、居住区域について特に規定はないが、小学校 4・5・6 年次に帰国または帰国見込みの者で、小学校時の海外生活が通算 2 年以上の者であり、かつ、2020 年 3 月に小学校あるいはこれと同程度の日本人学校、もしくは外国の学校の課程（6 カ年の学校教育課程）を卒業した者および卒業見込みの者

●出願書類（ネット出願のみ）
・入学願書一式・海外における学校の在学証明書（海外の在留期間を証明するもの）・成績証明書（郵送）

●日程等

募集	出願	試験	発表	選考方法
特に定めず	11/20～27	12/5	12/8	国・算・外（英・仏）、面接

※面接（受験生 1 名、試験官 2 名）は語学を中心とした総合力をみる。入学後は混合クラス

●応募状況

年度＼人数	募集人員	出願者	受験者	合格者	入学者
2019	5 名以内	7	6	2	2
2020	10	24	24	13	3

編入学

●編入学時期・定員　〔1 年生〕9 月〔2 年生〕4、9 月〔3 年生〕4 月（欠員数に応じての募集）

●出願資格・条件　海外在住が 2 年以上で、帰国後 1 年以内の者・転勤・転居による一家転住者
※事前面談が必要

●出願書類　編入学願書・在学（卒業）証明書（海外の在留期間を証明するもの）・成績証明書

●選考方法　国語（作文含む）・数学・外国語（英語か仏語）、面接（外国語　英 / 仏）

● 2019 年度帰国子女編入学者数

1年	0	2年	0	3年	1

受入後

●進学特例条件
品行・学業成績等相当と認められた者は暁星高等学校への入学を許可される。

入

私立 女子

▷▷ 大 581P 短 668P

受入開始　2003 年度

共立女子中学校（きょうりつじょし）

（担当：久永靖之）

〒101-8433
東京都千代田区一ツ橋 2-2-1
▶▶（都営・東京メトロ神保町駅、東京メトロ竹橋駅）
TEL 03-3237-2744　FAX 03-3237-2782
URL http://www.kyoritsu-wu.ac.jp/chukou/
生徒数　女 992　合計 992

帰国子女在籍者数	1年	2年	3年	計
	24	18	22	64

入学

●出願資格・条件
原則として保護者の海外転勤により、本人が継続して 1 年以上海外に在留し、帰国して 3 年以内の者

●出願書類
・入学志願者報告書・海外在留証明書・成績証明書
※詳細は入試要項参照（Web 出願または簡易書留）

●日程等

募集	出願	試験	発表	選考方法
25	10/10～11/27	11/29	11/29	国語 or 英語、算数

●応募状況

年度＼人数	募集人員	出願者	受験者	合格者	入学者
2019	20	165	162	118	18
2020	25	131	127	99	24

受入後

●指導
帰国生の特別学級は設置せず、一般入試の入学生と同様の学級生活を送る（ただし英検準 2 級レベル以上の希望者は、英会話取り出し授業あり）。学習面で問題があれば、個々に対応する。

●教育方針
建学の精神である、社会に有意で自立できる女性の育成を目指し、一人一人の個性を大切にして、きめ細かな指導を行っている。

●特色
大学受験科目以外にも美術・音楽・家庭などの実技科目も啓発に富んだ深みのある授業を展開している。日本文化の心と形を学ぶ礼法の授業が隔週で取り入れられているのも特色。

●進学特例条件
併設の高校へは、学習・生活面の条件を満たせば原則として全員進学できる。共立女子大・短大には優遇制度があり、合格した後でも、他大学を受験できる。国公立大や早稲田・慶應義塾大等の他大学へ約 85% が現役進学しており、共立女子大への進学は約 17% 程度。

私立 女子

▷▷ 高 310P

受入開始　2015 年度

麹町学園女子中学校

こうじまち がく えん じょ し

（担当：上田翼）

〒 102-0083
東京都千代田区麹町 3-8
▶▶（東京メトロ有楽町線麹町駅、半蔵門線半蔵門駅）
TEL 03-3263-3011　FAX 03-3265-8777
URL http://www.kojimachi.ed.jp

生徒数　女 257　合計 257

帰国子女在籍者数	1 年	2 年	3 年	計
	0	3	0	3

入学

●出願資格・条件
・保護者の海外在留に伴って外国で教育を受け、外国における在住期間が 1 年以上で帰国後 3 年以内の者で、2008 年 4 月 2 日 ～ 2009 年 4 月 1 日に生まれた者。
・【オンライン型のみ】英検 3 級以上の取得者。（それに準じる英語スコアを有する者）

●出願書類
1. 海外における最終学校の 1 年分の成績証明書 (成績通知書のコピーも可)
2. 海外在留証明書 (本校所定の用紙、もしくはそれに準ずるもので志願者本人を証明するもの)
3. 英語資格（スコア）証明書：取得した資格（スコア）を出願サイトの記入欄に入力し、その資格（スコア）を証明するものを提出してください。

●日程等

区分	出願	試験	発表	選考方法
オンライン型	10/9～23	10/24	10/24	面接（受験生・保護者）
来校型	10/9～30	10/31	10/31	算数・国語または英語、面接（受験生・保護者）

※来校型で英語型を受験される方で、英検 3 級以上の取得者（それに準じる英語スコアを有する者）は、事前に証明証（写し）を提出することで、面接試験のみとなります。

●応募状況

年度＼人数	募集人員	出願者	受験者	合格者	入学者
2019	若干名	3	3	3	3
2020	若干名	2	2	2	0

編入学

●編入学時期・定員〔1 ～ 3 年生〕随時。若干名

●出願資格・条件
・日本国籍を有し、保護者の海外在留に伴って出国し、2 年以上海外での滞在期間があり、本校の該当する学年の者と同等以上の学力が認められる者
・帰国直後であり、他校へ編入していない者
・本校に通学するに際し、保護者のもとから通える者

●出願書類
・編入学願書・海外における学校の在学証明書・海外における学校の成績証明書・学習した科目の内容報告書

●選考方法　国語・数学・英語（ただし英語の試験は中学 1 年 3 学期以降）、面接（本人及び保護者）

● 2019 年度帰国子女編入学者数

1 年	0	2 年	0	3 年	0

受入後

●指導　入学後は一般生徒と同じクラスで授業を受ける。必要に応じて補習、個別指導を行う。入試科目に英語を選択し合格した生徒の英語の授業は別クラスで行う。

●教育方針　「聡明、端正」の校訓のもと、「豊かな人生を自らデザインできる自立した女性の育成」を教育理念としている。

●特色　「みらい型学力」を身につけ、多様化する社会に自信を持って羽ばたき、そのステージで鮮やかな輝きを放つ女性を育成する取り組みを行っている。

入 編

私立 女子

受入開始　1985 年度

白百合学園中学校

しら ゆ り がく えん

（担当：入試広報部）

〒 102-8185
東京都千代田区九段北 2-4-1
▶▶（JR 総武線・地下鉄各線飯田橋駅、地下鉄各線九段下駅）
TEL 03-3234-6661　FAX 03-3234-6970
URL http://www.shirayuri.ed.jp

生徒数　女 539　合計 539

帰国子女入試による帰国子女在籍者数	1 年	2 年	3 年	計
	15	14	17	46

入学

●出願資格・条件
2021 年 4 月までに 12 歳になる者で 2021.3.31 までに継続して 1 年 10 ヶ月以上海外に在住し、2018.3.1 以降に帰国した者、または 2021.3.31 までに帰国予定の者。保護者のもとから通学できる者

●出願書類 インターネット出願

●日程等

募集	出願	試験	発表	選考方法
約 15	10/5～12/7	1/8	1/8	国・算・外国語（英語かフランス語）、面接

※インターネット出願のみ
※筆記試験は 3 教科の合計点で判定。面接は本人と保護者 1 名同伴
※発表は 1/8　20 時にホームページ上で行う

●応募状況

年度＼人数	募集人員	出願者	受験者	合格者	入学者
2019	約 12	74	56	31	13
2020	15 程度	71	53	36	15

編入学

●編入学時期・定員〔1 年生〕9 月〔2 年生〕4、9 月（いずれも欠員がある場合。ただし、一度入学し、その後保護者の転勤で転学した場合は、欠員の有無にかかわらず編入試験の受験可）。若干名

●出願資格・条件　海外在住 2 年以上。詳細はお問い合わせ下さい。

●出願書類　・入学願書（所定）・成績証明書または成績通知表のコピー（2 学年分）
※英語・フランス語は翻訳不要

●選考方法　国・数・外国語（英語かフランス語）、面接

● 2019 年度帰国子女編入学者数

1 年	－	2 年	－	3 年	－

受入後

●指導・教育方針・特色
中学 3 年間は英語を週 5 時間、フランス語を週 1 時間学びますが、帰国生については、平成 25 年度より中 1 ～ 3 の 3 年間、英語の取り出し授業を実施。他教科は一般生との混合授業です。

●進学特例条件
併設高等学校へ推薦認定制でほぼ全員進学できます。

●卒業生（帰国生徒）の進路状況　（2019 年度 11 名）
［文系］東大 1、慶應義塾 6、東京外大 1 上智大 1
［理系］埼玉医科大 1、浜松医科大 1

私立 女子

▷▷ 高 311P

受入開始 1984 年度

三輪田学園中学校
（みわだがくえん）

（担当：湯原弘子）

〒 102-0073
東京都千代田区九段北 3-3-15
▶▶（JR・地下鉄市ヶ谷駅・飯田橋駅、地下鉄九段下駅）
TEL 03-3263-7801 FAX 03-3239-8270
URL http://www.miwada.ac.jp
生徒数 女 585 合計 585

帰国子女在籍者数	1 年	2 年	3 年	計
	1	4	2	7

入 学

●出願資格・条件
① 2008 年 4 月 2 日～ 2009 年 4 月 1 日生まれの女子。
②父母の転勤・転任に伴い 1 年以上海外に在住した方で、帰国後 3 年以内の方。（小学校 3 年生の 11 月以降に帰国）
③入学後父母のいずれかが保護者として常時国内に居住できる方。

●出願書類 web 出願
・小学校 6 年生の成績表のコピー（3 学期制の場合は 1 学期まで、2 学期制の場合は前期まで）
・海外で通学した学校の帰国前 1 年間の成績表のコピー
・海外在留証明書（指定用紙）
・英検 2 級合格証のコピー（英語試験免除の方）
※ 2018 年第 1 回（6 月）以降に取得した英検級（スコア）に限ります。

●日程等

募集	出願	試験	発表	選考方法
若干名	11/2～20	11/21	11/21	A・B ※

※ A：国語（作文）・算数・保護者同伴面接
　B：英語（※英検 2 級取得者は試験免除）・算数・保護者同伴面接

●応募状況

年度＼人数	募集人員	出願者	受験者	合格者	入学者
2019	若干名	10	10	9	4
2020	若干名	3	3	3	1

編 入 学

●編入学時期・定員 欠員がある場合のみあり。
※現在欠員なし
1 年～ 3 年生募集なし

● 2019 年度帰国子女編入学者数

1 年	0	2 年	0	3 年	1

受 入 後

●指導・教育方針・特色 一般生と同じクラスで指導。英語入試で入学した生徒には、英語の取り出し授業を行う他、英・数は習熟度別授業を実施。補習や放課後学習システムも整っている。英検級によって参加可能なネイティブによる特別講座もある。

●進学特例条件
併設の三輪田学園高等学校へ全員入学できる。編入学の詳細については、担当に問い合わせること。

●卒業生（帰国生徒）の進路状況（過去 4 年間）
上智大 1、ICU 1、東京女子大 1、東洋大 1、東邦大、獨協大 1 等へ進学

私立 女子

和洋九段女子中学校
（わようくだんじょし）

（担当：上崎雅美）

〒 102-0073
東京都千代田区九段北 1-12-12
▶▶（東京メトロ東西線・半蔵門線、都営新宿線九段下駅）
TEL 03-3262-4161 FAX 03-3262-4160
URL http://www.wayokudan.ed.jp
生徒数 女 194 合計 194

帰国子女在籍者数	1 年	2 年	3 年	計
	2	2	3	7

入 学

●出願資格・条件
・2021 年 3 月までに小学校卒業及び卒業見込の女子
・原則として海外の学校に 1 年以上在籍し、帰国後 3 年以内の者

●出願書類
・入学願書（本校所定）
・海外在留期間を証明できる書類（勤務先発行の在留証明書・海外の学校の成績表のコピーなど）

●日程等

区分	募集	出願	試験	発表	選考方法
第1回	募集人員は本科・グローバルあわせて 5 名	11/2～12	11/14	11/14	国語・算数・英語から 2 科目選択もしくは英語、面接
第2回		11/2～12/24	12/26	12/26	

●応募状況

年度＼人数	募集人員	出願者	受験者	合格者	入学者
2019	10	6	6	5	3
2020	5	8	7	7	2

編 入 学

●編入学時期 〔1 ～ 3 年生〕随時
●出願資格 帰国生入試に準ずる
●出願書類 願書
●選考方法 国・数・英、面接

● 2019 年度帰国子女編入学者数

1 年	0	2 年	0	3 年	0

受 入 後

●指導・教育方針・特色
2017 年 4 月から「グローバルクラス」「本科クラス」という 2 つのクラス制がスタートしました。海外の大学進学を視野に入れた「グローバルクラス」では、英語の授業を中学 1 年で週 8 時間、中学 2、3 年で週 9 時間設け、レベル別で指導をします。英検準 2 級レベルの英語力をもつ生徒には、オールイングリッシュの授業を行い、高校卒業時は、CEFR C1 レベルの英語力が身に付けられるよう指導します。その一方で、日本語能力に不安のある生徒に対しては、取り出し授業で、しっかり対応します。今年度より UPAA（海外大学指定校推薦制度）に加盟しており、イギリス、アメリカの大学への推薦入学も可能です。

●進学特例条件 ほぼ全員が併設高等学校へ進学。

私立 男子

▷▷ 大 585P

受入開始　1980 年度

学習院中等科（がくしゅういん）

（担当：井上博行）

〒171-0031
東京都豊島区目白 1-5-1
▶▶（JR 山手線目白駅）
TEL 03-5992-1032　FAX 03-5992-1016
URL https://www.gakushuin.ac.jp/bjh/

生徒数　男 599　合計 599

帰国子女在籍者数	1年	2年	3年	計
	19	21	19	59

入学

●出願資格・条件
日本の小学校第 6 学年に相当し、2021 年 3 月末までに帰国予定の児童であり、次のいずれかの条件を満たす者
①保護者の海外勤務に伴い海外に在住し、2018.6.1 以降国内の小学校に転・編入学した児童であり、海外在留期間が、帰国した日からさかのぼって継続して 2 年以上、または 2014.9.1 以降に通算して 3 年以上の者
②保護者の海外勤務に伴い海外に在住している期間が、2020.12.4 までに継続して 2 年以上、または 2014.9.1 以降 2020.12.4 までに通算して 3 年以上の者
※新型コロナウイルスの影響による一部緩和あり（HP 参照）

●出願書類　（WEB 出願）
成績証明書（国内在学中の者は帰国した日から遡って 1 年間分、海外在学中の者は出願前の 1 年間分。成績通知表の写しでも可）・海外生活期間証明書（保護者の勤務先の長が証明するもの）など

●日程等

募集	出願	試験	発表	選考方法
約 15	11/1 ～ 20	12/4	12/5 17：00	書類、国（作文を含む）・算、面接①②

※一般生徒と同じレベルで学習できると思われる生徒を選抜。試験内容は国語が小学校教科書 5 年レベル、算数が 6 年レベル（空間図形を除く）で、一般の入試問題よりやさしくしてある。積極的に現地に溶け込み、ことばや人種の壁をこえてたくましく育ち、学力的にも劣っていない児童は合格率が高い。国語・算数の試験は教科書の内容をしっかり学習しておくことが必要。
面接は①共通面接と②選択面接を実施。選択面接では「海外体験を問う」と「英語力を問う」のいずれかを選ぶ

●応募状況

年度＼人数	募集人員	出願者	受験者	合格者	入学者
2019	約 15	107	105	55	21
2020	約 15	78	77	50	19

編入学

●編入学時期・定員　欠員がある場合のみあり

● 2019 年度帰国子女編入学者数

1年	0	2年	0	3年	0

受入後

●指導　一般生徒と同じ。必要に応じて補習実施。イングリッシュセミナー等英語力を向上させる機会多数。
●教育方針　基礎学力の充実と基本的な生活習慣の重視。高校では、交換留学制度（1 年間、2 名）もある。
●特色　英語・数学は 2 分割した習熟度別教育を実施。帰国入試は 40 年近くの実績があり、一般生徒でも海外生活経験のある生徒が多く、受け入れ体制は整っている。
●卒業生（帰国生徒）の進路状況
学習院高等科へほぼ全員進学している。

私立 女子

▷▷ 小 42P 高 312P

川村中学校（かわむら）

（担当：石川充）

〒171-0031
東京都豊島区目白 2-22-3
▶▶（JR 山手線目白駅、東京メトロ副都心線雑司が谷駅）
TEL 03-3984-8321　FAX 03-3984-9131
URL https://www.kawamura.ac.jp/

生徒数　女 157　合計 157

帰国子女在籍者数	1年	2年	3年	計
	2	0	1	3

入学

●出願資格・条件　2021 年 3 月小学校卒業見込みの女子で、保護者と同居し、自宅から通学できる児童（事情のある場合は要相談）
●出願書類（インターネット出願）・自己表現エントリーシート（科目選択者のみ）
●日程等

募集	出願	試験	発表	選考方法
30	1/10 ～ 31	2/1	2/1	国語・算数・英語・自己表現から 2 科目、面接
10	1/10 ～ 31	2/1	2/1	国語・算数・英語から 2 科目、面接
	1/10 ～ 2/2	2/3	2/3	
	1/10 ～ 2/9	2/10	2/10	

※面接は保護者同伴
※選考の際、滞在地とその期間を十分に考慮する
※特待生制度、奨学奨励金制度（海外語学研修）あり
※上記の他に適性検査型入試（10 名）を 2/10 に行う

●応募状況

年度＼人数	募集人員	出願者	受験者	合格者	入学者
2019	若干名	1	1	0	0
2020	若干名	0	0	0	0

編入学

●編入学時期　〔1 年生〕9、1 月〔2 年生〕4、9、1 月〔3 年生〕4、9、1 月
●出願資格　該当学年に在籍の女子、および該当学年と同等の学力を有する児童
●出願書類　・入学願書・受験票・在学証明書・成績証明書
●選考方法　学科試験（国語・数学・英語から 2 科）、面接（保護者同伴）

● 2019 年度帰国子女編入学者数

1年	0	2年	1	3年	2

受入後

●指導　個々の状況に応じ、問題があった場合はその都度対応している。
●教育方針　「感謝の心」「女性の自覚」「社会への奉仕」を建学の精神とし、考える力、自己を律する力を培うことで知・徳・体の調和の取れた、豊かな感情と品格を兼ね備えた女性を育成している。
●進学特例条件　学校長が推薦する者はすべて併設校への推薦資格を得ることができる。
●卒業後（帰国生徒）の進路状況　一貫校のため、ほとんどの生徒が併設の川村高等学校へ進学している。

私立 女子

▷▷ 高 312P 大 565P

受入開始 1992 年度

十文字中学校

（じゅうもんじ）

（担当：原瀬裕一）

〒 170-0004
東京都豊島区北大塚 1-10-33
▶▶（JR 山手線大塚駅・巣鴨駅）
TEL 03-3918-0511 FAX 03-3576-8428
URL https://js.jumonji-u.ac.jp/

生徒数 女 549 合計 549

帰国子女在籍者数	1年	2年	3年	計
	2	5	5	12

入学

●出願資格・条件
日本国籍を有し、保護者の海外在留に伴って外国で教育を受けた者・外国における滞在期間が 1 年以上で、かつ帰国後 3 年以内の者・日本または外国において通算 6 か年の学校教育を修了、または修了見込みの者・日本における相当学年の年齢の者

●出願書類
受験申込書（本校指定のもの）・海外在留を証明する書類（保護者の勤務先の長の証明するもの）

●日程等

募集	出願	試験	発表	選考方法
10	11/5～13	11/15	11/15	国・算、面接または英・国、面接または算・英、面接

●応募状況

年度＼人数	募集人員	出願者	受験者	合格者	入学者
2019	10	6	6	6	5
2020	10	4	4	4	2

編入学

●編入学時期・定員 〔1 年生〕9、1 月〔2 年生〕4、9、1 月〔3 年生〕4、9 月
定員は特に定めず

●出願資格・条件 日本国籍を有し、保護者の海外在留に伴って外国で教育を受けた者で、日本における相当学年の年齢の者

●出願書類 入学に準ずる

●選考方法 国・数・英、面接（生徒・保護者）

※入試日程・入試科目などは一般の転編入学と同じであるが選考は別途に行う

● 2019 年度帰国子女編入学者数

1年	0	2年	0	3年	0

受入後

●指導・教育方針・特色
帰国生徒は一般生徒と変わりなく学習するが、英語の授業では、英語の学力によって「Advanced Placement English Class」に入ることができる。また、希望により「帰国生英語特別講座」で個別に指導する。

●進学特例条件
併設校の十文字高等学校へ優先入学。

私立 共学

▷▷ 高 313P

淑徳巣鴨中学校

（しゅくとくすがも）

（担当：木村忠徳）

〒 170-0001
東京都豊島区西巣鴨 2-22-16
▶▶（JR 埼京線板橋駅、都営三田線西巣鴨駅、東武東上線北池袋駅）
TEL 03-3918-6451 FAX 03-3918-6033
URL http://shukusu.ed.jp

生徒数 男 151 女 178 合計 329

帰国子女在籍者数	1年	2年	3年	計
	5	1	5	11

入学

●出願資格・条件
原則として海外在住期間が 1 年以上で、帰国後 3 年以内、かつ本校を第 1 志望校としている者。

●出願書類 所定の出願書類のほかに、
・海外での在学証明書または成績証明書（通知表のコピーなどそれに代わるものでも可）
・作文（400 字詰め原稿用紙 < 本校所定 > 2 枚程度）

●日程等

区分		募集	出願	試験	発表	選考方法
帰国生		若干名	12/1～4	12/5	12/9	国・算・英または国・算・理・社、面接（本人及び保護者）
スーパー選抜	1回		1/10～2/1	2/1	2/2	国・算または国・算・社・理
	2回		1/10～2/2	2/2	2/3	国・算または国・算・社・理
	3回		1/10～2/3	2/3	2/4	国・算・英または国・算・社・理
特進	1回		1/10～2/1	2/1	2/1	国・算
	2回		1/10～2/2	2/2	2/3	思考の基礎力、展開力検査
	3回		1/10～2/4	2/4	2/4	国・算

※ WEB 出願または窓口出願（郵送不可）
※スーパー選抜コースはスカラシップ入試

●応募状況

年度＼人数	募集人員	出願者	受験者	合格者	入学者
2019	若干名	0	0	0	0
2020	若干名	1	1	1	1

編入学

●編入学時期・定員 〔1 ～ 3 年生〕欠員がある場合は随時。
定員は特に定めず

●出願資格・条件・出願書類 入学に準ずる

●選考方法 国・数・英、面接

● 2019 年度帰国子女編入学者数

1年	0	2年	0	3年	0

受入後

●指導
通常のクラスに入り一般生徒と同様の学習をする。

●教育方針
「感恩奉仕」の精神を基本に、こころの教育を重視し、生徒が将来への夢を膨らませ、その実現のための「気づき」の教育を大切にする。

●特色 将来国際社会で活躍するのに必要な「読み・書き・ディスカッションする」ことのできる英語力を身につけていく。

入 編

私立 共学 ▷▷ 大 563P 570P 短 667P

受入開始 2011 年度

城西大学附属城西中学校
じょうさいだいがくふぞくじょうさい

(担当：坂本純一)
〒 171-0044
東京都豊島区千早 1-10-26
▶▶(東京メトロ有楽町線・副都心線要町駅、西武池袋線椎名町駅)
TEL 03-3973-6331 FAX 03-3973-8374
URL https://josaigakuen.ac.jp

生徒数 男 173 女 94 合計 267

帰国子女在籍者数	1年	2年	3年	計
	2	2	0	4

入学

●出願資格・条件
・日本国籍を有し、海外に所在する機関及び事業所等に勤務、研究、研修を目的として在留、帰国（見込）の者の子である者
・海外在留 1 年以上、帰国後 3 年以内の者
・入学日までに日本に在住見込みの者
・日本語によるコミュニケーションが可能な者

●出願書類
・入学志願票および受験票・通知表の写し（または成績証明書）・海外在留証明書・在籍教育機関調査書・住民票（帰国後）

●日程等

募集	出願	試験	発表	選考方法
5名	11/1～1/11 各試験日の 2日前まで	以下から選択 12/11 1/13	各試験 当日 18 時 までに通知	国語・算数、面接 または国語・算数・英語のうち高得点 2科を評価、面接

※重複受験は不可
※帰国日の都合で受験日程が合わない場合は個別対応可
※ CEFR A2 以上の資格所持者は英語の試験点を 70 点分保証

●応募状況

年度＼人数	募集人員	出願者	受験者	合格者	入学者
2019	10名	2	2	2	2
2020	10名	5	5	4	2

編入学

●編入学時期・定員 〔1 年生〕9、1 月〔2 年生〕4、9、1 月〔3 年生〕4、9 月。欠員がある場合若干名
●出願資格・条件・出願書類 入学に準ずる
●選抜方法 国語・英語・数学・面接

● 2019 年度帰国子女編入学者数

1年	0	2年	0	3年	0

受入後

●指導
・出願前に本人を交えて面談を行い、入学後必要なサポートがどの程度必要か打ち合わせを行う。状況に応じて国語や数学などの学習に関する個別にサポートを行っている。
・英語の授業週 7 時間のうち 3 時間はネイティブ教員が実施。特に英語力の高い方に対しては、本校ネイティブ教員によるハイレベルな英検や TOEIC 等の資格取得を目指す講座を用意している。

●教育方針
大正自由主義教育の実践校として「天分の伸長」「個性の尊重」「自発活動の尊重」を掲げ、体験を通した人間教育を行う学校として 1918 年に創立。学年全体に帰国生やネイティブ教員を配置し、グローバル教育を学校全体で行う。帰国生、国内生、海外からの留学生が一緒に生活できるクラス環境をつくり、国際的な視野を広げる教育を目指す。

●特色
100 周年を迎え、新たな中高一貫教育プログラムとして Josai Future Global Leader Program がスタート。「義務教育の終わりに親元を離れ、海外で生活できた自信をつける」ことを目指し、中学 3 年次には全員が 2 週間の海外研修に参加。オーストラリアでホームステイしながら現地校のクラスに参加し、現地の中学生と同じ生活を体験する。中 1、2 年次はこの海外研修に向けて様々な授業や行事に取り組み、学力を向上させるとともに精神的な自立を促す。高校では各クラスに 1 名は海外からの留学生が在籍している環境で視野を広げ、中期、長期の留学に挑戦することもできる。

●卒業生の進路状況 ほぼ全員が併設高校（城西大学附属城西高等学校）に進学。高校卒業後は約 1 割が系列大学（城西大学、城西国際大学、日本医療科学大学）を希望して進学、約 8 割が他大学に進学。

入 編

私立 男子 ▷▷ 高 313P

受入開始 1989 年度

巣鴨中学校
すがも

(担当：大山聡)
〒 170-0012
東京都豊島区上池袋 1-21-1
▶▶（JR 山手線大塚駅、JR・私鉄各線池袋駅）
TEL 03-3918-5311 FAX 03-3918-5305
URL http://www.sugamo.ed.jp/

生徒数 男 629 合計 629

帰国子女在籍者数	1年	2年	3年	計
	4	2	0	6

入学

●出願資格・条件
海外在住 1 年以上で、帰国後 3 年以内の者。または 1 年以上の現海外在住者

●出願書類（いずれか一通）
1. 海外日本人学校校長又は海外現地校校長が発行した書類で、在学期間の分かるもの（書式自由）
2. 帰国後小学校に在学している者は、小学校校長が発行した書類で、在住先国名・地名・在学校名・在学期間の分かるもの（書式自由）

●日程等（予定）

区分	出願	試験	発表	選考方法
第Ⅰ期	1/10～31	2/1	2/1	国・算・理・社
算数選抜	1/10～31	2/1	2/1	算数
第Ⅱ期	1/10～2/1	2/2	2/2	国・算・理・社
第Ⅲ期	1/10～2/3	2/4	2/4	国・算・理・社

※入学試験は一般受験生と同じ。出願書類を精査し、入試成績合計点に 10 点加えたうえ合否を決定する（算数選抜を除く）

●応募状況

年度＼人数	募集人員	出願者	受験者	合格者	入学者
2019	特に定めず	12	9	6	2
2020	特に定めず	29	24	6	4

編入学

● 2019 年度帰国子女編入学者数

1年	0	2年	0	3年	0

受入後

●指導
一般入試による入学者と同じ。

●教育方針
国際的視野に立つ有為な人材の養成を目指し、何事によらず親心を教育の根幹に置き、家族的温情と家庭的厳格さを教育の場に併存させ、師弟互いに敬愛し規律厳正にして品格の高い躾を保ち、質実剛健の伝統的努力主義の校風を堅持している。

●進学特例条件
併設高等学校へ特別なことがないかぎり、全員が進学する。

入 編

私立 女子　▷▷高 314P

受入開始　1987 年度

豊島岡女子学園中学校
（としまがおかじょしがくえん）

（担当：岸本行生）

〒170-0013
東京都豊島区東池袋 1-25-22
▶▶（JR・地下鉄・西武・東武線池袋駅）
TEL 03-3983-8261　FAX 03-3983-5628
URL https://www.toshimagaoka.ed.jp
生徒数　女 810　合計 810

帰国子女在籍者数	1 年	2 年	3 年	計
	0	3	3	6

入学

●出願資格・条件
・日本国籍を有し、海外に所在する機関及び事業所等への勤務、もしくは海外における研究・研修を目的として日本を出国し、海外に在留していた者または現在在留している者の子女で、海外滞在期間が 1 年以上で 2018 年 4 月以降に帰国した者

●出願書類
所属長の在留期間を証明する書類

●日程等

区分	募集	出願	試験	発表	選考方法
1 回	特に定めず	WEB 出願 1/10 ～ 31	2/2	2/2HP	国・算・社・理
2 回		WEB 出願 1/10 ～ 2/2	2/3	2/3HP	
3 回		WEB 出願 1/10 ～ 2/3	2/4	2/4HP	

※出願最終日は 12 時まで
※一般入試と同じ扱いになるが、本人の入試総得点に 5 点加算する優遇措置をとっている

●応募状況

年度＼人数	募集人員	出願者	受験者	合格者	入学者
2019	特に定めず	31	23	5	3
2020	特に定めず	15	6	4	0

編入学

●編入学時期・定員　〔1 ～ 3 年生〕欠員がある場合。定員は特に定めず

●出願資格・条件　入学に準ずる　※学力が合うことを第一に考え、個々に話を聞く

●出願書類　入学に準ずる。書類の不足等については、相談のこと

●選考方法　国・数・英　※個々の事情を聞いてから試験を受けてもらう

● 2019 年度帰国子女編入学者数

1 年	0	2 年	0	3 年	0

受入後

●指導・教育方針・特色
一般生と同じ学級に入り、特別の扱いはしていない。教科の遅れなどは担当の教員が補習などで手当てする。英語弁論大会や English Language Table 等がある。

●進学特例条件
併設高等学校に原則として全員が進学する。

入

私立 男子　▷▷大 586P

受入開始　1987 年度

立教池袋中学校
（りっきょういけぶくろ）

（担当：増田毅）

〒171-0021
東京都豊島区西池袋 5-16-5
▶▶（JR・地下鉄・西武・東武線池袋駅）
TEL 03-3985-2707　FAX 03-3971-4930
URL https://ikebukuro.rikkyo.ac.jp
生徒数　男 435　合計 435

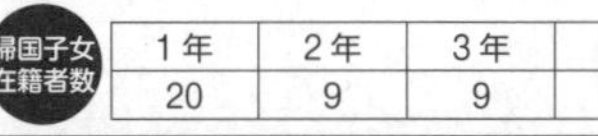

帰国子女在籍者数	1 年	2 年	3 年	計
	20	9	9	38

入学

●出願資格・条件
次の両方の条件に該当する児童
※海外在留証明書の提出が必要となる
・原則として試験日の時点で、海外在留期間中、または帰国してから 2 年以内の学齢児童であること
・海外在留中は、日本人学校または現地校等に在籍し、その中の小学校以上に当たる学年に継続して 2 年以上の在籍経験があること
※上記条件に近い場合、または日本国内のインターナショナルスクール在籍者、経験者は相談に応じます。

●出願書類
・入学志願書・受験票・帰国児童報告書・海外在留証明書（保護者の所属する機関の長の証明するもの）

●日程等

募集	出願	試験	発表	選考方法
約 20	web 11/9~20 郵送書類は 11/9~ 20 必着	12/3	12/5	国語・算数・児童面接（個人）※

※英語（外国語）力は、希望者のみ個人面接時に口頭で実施

●応募状況

年度＼人数	募集人員	出願者	受験者	合格者	入学者
2019	約 20	106	104	36	10
2020	約 20	100	99	34	20

受入後

●指導・教育方針・特色
帰国生が海外における経験を生かし、個性を伸ばしていけるように配慮している。特にアメリカからの短期留学生の受け入れや海外キャンプなどでは、リーダーとなって活躍している。また、英語圏からの帰国生も本校独自のカリキュラムやネイティブ・スピーカー教師の授業で英語力を維持・向上させている。
入学後、不得手な教科がある場合、選科で学力補充することができる。また、特に英語力に秀でた者には、中学 3 年間特別クラスで英語の授業を行う。

●進学特例条件
一般生と同じ扱いである。

●卒業生（帰国生徒）の進路状況
立教大学進学

私立 女子

▷▷ 高 315P

受入開始 2002 年度

おおつまなかの

大妻中野中学校

〒164-0002 (担当：諸橋隆男、篠原洋二)
東京都中野区上高田 2-3-7
▶▶ (JR 中央線中野駅、西武新宿線新井薬師前駅)
TEL 03-3389-7211 FAX 03-3386-6494
URL https://www.otsumanakano.ac.jp/

生徒数 女 756 合計 756

帰国子女在籍者数	1年	2年	3年	計
	28	23	29	80

入学

●出願資格・条件 グローバル入試は帰国資格のない方も受験できます。11/7・1/9 入試は本人が継続して1年以上海外に在留し、2018 年 4 月 1 日以降に帰国した者。

●出願書類 入学願書一式（本校指定用紙）・海外在留証明書

●日程等

区分	募集	出願	試験	発表	選考方法
グローバル	36	1/10~試験前日	2/1・3	2/1・3	国・算・英
1回		10/28～11/4	11/7	11/7	国・算、面接または英、面接
2回		12/16～1/6	1/9	1/9	

※ 10/25 シンガポール会場 11/15 ニューヨーク会場入試あり
※面接は保護者 1 名同伴。英語受験者は英検 2 級以上または CSE2.0_1980 点以上、TOEIC L&R 600 点以上、TOEFL junior 745 点以上、IELTS 4.0 以上の取得者は面接試験のみ行う。〔NYC 会場は別途要項を参照〕

●応募状況

年度＼人数	募集人員	出願者	受験者	合格者	入学者
2019	36	115	115	111	21
2020	36	136	135	129	27

編入学

●編入学時期・定員 〔1 年生〕9、1 月〔2・3 年生〕4、9、1 月。10月シンガポール会場編入試験 11 月ニューヨーク会場編入試験（各回若干名）
※編入には事前相談が必要

●出願資格 保護者の海外勤務のため、本人が継続して 1 年以上海外に在留した者

●出願書類 ・入学願書一式・海外在留証明書・成績証明書

●選考方法 国・数・英、面接（保護者同伴）
英検 2 級、または CSE2.0_1980 点以上、TOEIC L&R 550 点以上、TOEFL iBT 52 点以上、IELTS 4.0 以上は英語筆記試験免除

● 2019 年度帰国子女編入学者数

1年	0	2年	2	3年	0

受入後

●指導 帰国生は原則グローバルリーダーズコースに在籍するが、一般コースへの入学も可能。詳細は Web サイトへ。

●特色・教育環境
ユネスコスクール校としての教育プログラム。タブレット一人一台、最先端の ICT 環境が整っている。

●進学特例条件 原則すべての生徒が併設高校へ進学できる。

●卒業生（帰国生徒）の進路状況 帰国生全員が大妻中野高校へ進学。高校卒業後は難関大学に多数進学。

私立 共学

▷▷ 小 43P 高 315P

にとべぶんか

新渡戸文化中学校

〒164-8638 (担当：奥津憲人)
東京都中野区本町 6-38-1
▶▶ (地下鉄丸ノ内線東高円寺駅)
TEL 03-3381-0408 FAX 03-3381-0508
URL http://www.el.nitobebunka.ac.jp/

生徒数 男 18 女 31 合計 49

帰国子女在籍者数	1年	2年	3年	計
	0	0	0	0

入学（編入学を含む）

●出願資格・条件
・2021 年 3 月に小学校卒業見込みの者
・海外の学校を 2020 年 6 月卒業の者または、2021 年 6 月卒業見込みの者
・保護者とともに海外在住 1 年以上で帰国後 3 年以内の者
・保護者のもとから通学できる者

●出願書類
・入学願書一式（所定の用紙）・海外在学を証明できる書類（在学証明書、成績証明書のコピーなど）・通知表のコピー

●日程等

募集	出願	試験	発表	選考方法
若干名	試験日前日まで	12/15(火) 3/8(月)	当日	英語、国語、数学、面接

※面接は受験生のみ。

●応募状況

年度＼人数	募集人員	出願者	受験者	合格者	入学者
2019	若干名	0	0	0	0
2020	若干名	0	0	0	0

● 2019 年度帰国子女編入学者数

1年	0	2年	1	3年	0

受入後

●教育方針
「私は太平洋の架け橋となりたい」こうした情熱、そして生き方を受け継ぎ、グローバル化が加速する現代社会に通用する人財の育成を目標とする。
・併設高校は、特進医療理系・特進文系・美術・音楽・クッキング・スポーツの 6 コース、幅広いキャリアに対応。
・オンラインを含め世界とつながる授業、スタディーツアーが多数。
・中学校は完全給食を実施。

●卒業生（帰国生徒）の進路状況
併設高等学校に進学。

私立 共学

▷▷ 高 316P

受入開始 2007 年度

宝仙学園中学校（ほうせんがくえん）

共学部 理数インター

〒164-8628 （担当：中野望）

東京都中野区中央 2-28-3

▶▶（東京メトロ丸ノ内線・都営地下鉄大江戸線中野坂上駅）

TEL 03-3371-7109 FAX 03-3371-7128

URL https://www.hosen.ed.jp/

生徒数 男 323 女 307 合計 630

帰国子女在籍者数	1年	2年	3年	計
	21	14	9	44

入学

●出願資格・条件・出願書類
入試方式によって出願資格・書類が異なります。
※詳細は募集要項をご確認ください。
〔海外帰国生入試方式〕①帰国生等 日本入試 ②帰国生等 世界スカウト入試（世界現地入試）③帰国生等 世界スカウト入試（世界オンライン入試）

●日程等

区分	出願	試験	発表	選考方法
A	11/16～12/9	12/12	12/17	2科（英算または国算）＊
B	11/16～12/9	12/12	12/17	書類選考、面接（英語・日本語）
C	10/1～15	10/17	10/24	書類選考、オンラインによる面接（日本語）
D	10/30～11/13	11/15	11/23	
E	10/16～11/6	11/9～21	試験日より1週間	

※ A：日本入試（選択 2 科型）、B：日本入試（グローバル型）、C：世界現地入試（シンガポール）、D：世界現地入試（シアトル）、D：世界オンライン入試
＊グローバルコース希望者は英語・算数、面接（英語）

●応募状況

年度＼人数	募集人員	出願者	受験者	合格者	入学者
2019	10+若干名	36	33	26	8
2020	15+若干名	55	53	45	9

編入学

●編入学時期 〔1～3年生〕応相談

●出願資格 入学の出願資格・条件に準ずる

●出願書類 ・調査書
・英語エッセイ（※グローバルコース希望者のみ）

●選考方法 英語または国語、算数の学科試験、面接（英語面接：グローバルコース希望者のみ）
※学科試験の出題範囲は問い合わせ時に知らせる

● 2019年度帰国子女編入学者数

1年	4	2年	5	3年	0

受入後

●特色 帰国生は一クラスに集め、生徒の日本の学校への対応具合などを把握したうえで対応。理数的思考力の育成と共に、高い学力と豊かな心を身につけることを教育方針としている。理系のみではなく、文系にも対応する国立進学の学校。

●卒業生の進路状況 2020 年春 188 名卒業
国公立大学 44 名 医学部医学科 10 名 早慶上理・ICU 103 名 GMARCH 160 名

私立 女子

▷▷ 高 316P

受入開始 2002 年度

東京女子学院中学校（とうきょうじょしがくいん）

〒177-0051 （担当：教頭 小林伸嘉）

東京都練馬区関町北 4-16-11

▶▶（西武新宿線武蔵関駅）

TEL 03-3920-5151 FAX 03-5991-0632

URL http://www.tjg.ac.jp/

生徒数 女 44 合計 44

帰国子女在籍者数	1年	2年	3年	計
	0	0	0	0

入学

●出願資格・条件 ・2021 年 3 月小学校卒業見込みまたはこれと同等の者・保護者の海外勤務に伴って小学校課程の間に1年以上海外に居住し帰国 3 年以内の者・授業を理解できる程度の日本語力を有する者 ※出願前の事前相談が必要

●出願書類
・入学願書一式・在外勤務証明書・外国における在学証明書

●日程等

区分	試験	選考方法
帰国生入試①	12/12	国語・算数・英語から2科目選択と面接
帰国生入試②	1/9	

区分	募集	出願	試験	発表	選考方法
1回	若干名	1/10～各試験日前日	2/1 午前	当日	国語・算数・英語から2科目選択と面接
2回			2/2 午前		
3回			2/6 午前		

※面接は本人のみ
※選抜にあたっては、海外年数、経験等を十分に配慮する

●応募状況

年度＼人数	募集人員	出願者	受験者	合格者	入学者
2019	若干名	0	0	0	0
2020	若干名	0	0	0	0

編入学

●編入学時期・定員 〔1～3年生〕随時。若干名

●出願資格・条件 ・保護者の海外勤務に伴って 1 年以上海外に居住し帰国 3 年以内の者・授業を理解できる程度の日本語力を有するもの
※出願前の事前相談が必要

●出願書類 入学に準ずる

●選考方法 国語・数学・英語、面接
※一般転編入試験と同じ問題で実施し、海外年数、経験に十分に配慮する

● 2019年度帰国子女編入学者数

1年	0	2年	0	3年	0

受入後

●指導
一般の生徒と同じ学級生活を送る。始業前のアチーブメント、放課後のプログレッシブおよびチュータリングの 3 つのプログラムを通して学力の不足を補い、また伸長を図る。また本校独自の英語教育を通し、英語力をさらに伸ばす。

●教育方針
礼法、華道、第 2 外国語（フランス語、中国語）等の特色ある授業を通し、日本人としてのアイデンティティを持ちながら海外でも活躍できる国際的視野に立つ女性を育成する。

●特色 4 年制大学希望者の現役進学率 100%。

●進学特例条件 併設高校へは全員が進学する。

●卒業生（帰国生徒）の進路状況 東京外国語大、上智大など。

私立 女子

▷▷ 高 317P

富士見中学校
（ふじみ）

（担当：村上聡子）
〒 176-0023
東京都練馬区中村北 4-8-26
▶▶（西武池袋線中村橋駅）
TEL 03-3999-2136 FAX 03-3999-2129
URL http://www.fujimi.ac.jp

生徒数 女 735 合計 735

帰国子女在籍者数	1 年	2 年	3 年	計
	1	5	4	10

入 学

●出願資格・条件

①海外滞在期間 1 年以上、帰国後 3 年以内で、滞在期間が帰国後の期間より長いこと②海外滞在期間は小学校 1 年より起算する③海外滞在期間が複数回ある場合は、その期間を累計する

●出願書類

・入学願書一式および海外帰国子女調査票（本学所定）
・海外での就学期間を証明できる書類

●日程等

募集	出願	試験	発表	選考方法
特に定めず	WEB 出願 1/10~試験前日	2/1・2・3	試験当日	国語・算数

※ 12 月・1 月の事前面接を必須とし、国語・算数の 2 科目で受験。
※試験日は選択。すべてを受験することも可能。

●応募状況

年度＼人数	募集人員	出願者	受験者	合格者	入学者
2019	特に定めず	6	6	5	4
2020	特に定めず	3	3	1	1

編 入 学

●編入学時期・定員 〔1 年生〕9、1 月〔2 年生〕4、9、1 月〔3 年生〕4、9 月。欠員がある場合のみ。定員は特に定めず

●出願資格・条件・出願書類 入学に準ずる

●選考方法 国語・数学・英語、面接（保護者同伴）

● 2019 年度帰国子女編入学者数

1 年	0	2 年	0	3 年	0

受 入 後

●指導・教育方針・特色

個々にはきめ細かな指導が行われるものの、原則として、一般生徒といっしょの学校生活になるので、本人の努力や家庭の協力が望まれる。

●進学特例条件

併設高等学校へは特別なことがないかぎり原則として全員進学する。

私立 女子

▷▷ 大 587P

受入開始 1999 年度

跡見学園中学校
（あとみがくえん）

（担当：小河琢磨）
〒 112-8629
東京都文京区大塚 1-5-9
▶▶（東京メトロ丸ノ内線茗荷谷駅）
TEL 03-3941-8167 FAX 03-3941-8685
URL http://www.atomi.ac.jp/jh/

生徒数 女 669 合計 669

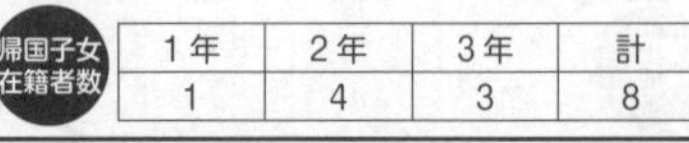

帰国子女在籍者数	1 年	2 年	3 年	計
	1	4	3	8

入 学

●出願資格・条件

・2008.4.2 から 2009.4.1 までの間に出生した女子
・父母の勤務に伴い海外在住期間が 1 年以上で、原則として帰国後 3 年以内（2017.12.1 以降に帰国）の者
・入学後、少なくとも保護者の 1 名と同居し、そこから通学できる者

●出願書類

・帰国生経歴書・海外在住証明書（勤務先責任者の署名・公印が必要）・英検 3 級以上を有する者は、認定証のコピー

●日程等

募集	出願	試験	発表	選考方法
10	12/16～21	12/24	12/25	国・算、作文、面接

※学科試験・作文（日本語）・面接（受験生と保護者 1 名）の結果を総合判定する。
※英検 3 級以上、その他これと同等以上の資格を有する者は考慮する。

●応募状況

年度＼人数	募集人員	出願者	受験者	合格者	入学者
2019	若干名	8	8	8	4
2020	10	4	4	4	1

編 入 学

●編入学時期・定員 〔現 1・2 年生〕3 月。若干名

●出願資格・条件 原則として、父母の勤務に伴い海外在住期間が 1 年以上で帰国後 1 年以内の者。そのほかは入学に準ずる

●出願書類 ・成績証明書・その他は入学に準ずる

●選考方法 国語・数学・英語（英検 3 級以上の者は英語の試験は免除）

● 2019 年度帰国子女編入学者数

1 年	0	2 年	0	3 年	0

受 入 後

●指導・教育方針・特色

入学後は普通生と同じ扱いになる。ただし、必要であれば、放課後を利用して補習を実施している（無料）。英語では中 1 は 1 クラス 2 分割の少人数授業を、中 2・3 は習熟度別分割授業を行うほか、帰国生には取り出し授業を行う。また、7 時限目に英会話教室・英語特別クラスを実施（無料）。学年にこだわらないレベル別クラス編成でネイティブによる指導を行っている。また、英検講座も設け、学年を越えて前向きに努力する生徒の学習意欲に対応している。ネイティブスピーカーによるリーディング・ライティング・スピーキング力の強化を行っている。

●進学特例条件 ほぼ全員が併設高等学校へ進学。

私立 共学 寮

▷▷高 318P

受入開始　1979 年度

郁文館中学校

(担当：津々見雄一)

〒 113-0023

東京都文京区向丘 2-19-1

▶▶(地下鉄三田線白山駅、千代田線千駄木駅、南北線東大前駅)

TEL 03-3828-2206　FAX 03-3828-1261

URL https://www.ikubunkan.ed.jp

生徒数　男 241　女 160　合計 401

帰国子女在籍者数	1 年	2 年	3 年	計
	2	4	2	8

入学

●出願資格・条件

日本国籍を有し、以下の条件を満たす男子・女子。

・2021 年 3 月末日までに小学校を卒業見込みの者、または外国において学校教育における 6 カ年の課程を修了または修了見込みの者

・保護者の海外勤務に伴って海外に在住した者

・在外 1 年以上で帰国後 3 年以内の者

・保護者が同時に帰国しない場合は、その代理人として、志願者と同居することができる身元保証人がいること

●出願書類

・入学願書（所定用紙）・帰国子女身上書（所定用紙）・受験票・受験生保護者票・海外在留証明書（所定用紙）・志願者のみ帰国する場合は帰国に関する申告書および身元保証人承諾書（所定用紙）

●日程等

区分	募集	出願	試験	発表	選考方法
第1回	若干名	試験日前日まで	12/5	試験当日	国・英
第2回			1/9		国・英

※在外期間・在外学校での生活状態、帰国生合否判定基準によって決定する

●応募状況

年度＼人数	募集人員	出願者	受験者	合格者	入学者
2019	若干名	5	4	4	3
2020	若干名	4	4	4	2

編入学

●編入学時期・定員　〔1 年生〕 9 月〔2 年生〕 4、9 月〔3 年生〕 4 月。若干名

●出願資格・条件　保護者の海外勤務に伴って海外に在住した者。1 年以上在外で、帰国後日本の中学校に転編入していない者

●出願書類　入学に準ずる

●選考方法　国・数・英、面接

● 2019 年度帰国子女編入学者数

1 年	3	2 年	5	3 年	3

受入後

●指導・教育方針・特色

個々の必要に応じての個別対応を徹底している。2015 年度よりグローバルリーダー特進クラスを新設。

国立 共学

受入開始　1979 年度

お茶の水女子大学附属中学校

(担当：渡邉智紀、大塚みずほ)

〒 112-8610

東京都文京区大塚 2-1-1

▶▶(東京メトロ丸ノ内線茗荷谷駅、有楽町線護国寺駅)

TEL 03-5978-5862　FAX 03-5978-5863

URL http://www.fz.ocha.ac.jp/ft/

生徒数　男 100　女 236　合計 336

帰国子女在籍者数	1 年	2 年	3 年	計
	12	14	11	37

入学

●出願資格・条件

・日本国籍を有する者

・海外生活が 2 年以上で 2020.1.1 以降帰国した者（ただし、2015.4.1 ～ 2021.3.31 の期間において海外生活 4 年以上の場合は、2019.7.1 以降に帰国した者）

・2020 年度に小学校課程を修了する者、またはこれらと同等と認められる者

・指定通学区域内に保護者と居住し、同所より通学予定の者

●出願書類

・入学願書一式（所定の用紙）・海外生活を証明する書類（所属機関の長の証明するもの）・成績証明書（外国の学校に在学した者）・在学（または卒業）証明書および成績証明書（帰国後国内の学校に在学した者）、国籍を証明できるもの等

●日程等（予定）

募集	出願	試験	発表	選考方法
15	1/14・15	2/5	2/6	筆答、面接（本人および保護者）

●応募状況

年度＼人数	募集人員	出願者	受験者	合格者	入学者
2019	15	18	14	10	10
2020	15	15	11	9	8

編入学

●編入学時期・定員　〔1 年生〕 9 月（検定は 7 月）。〔2 年生〕 4、9 月（それぞれ検定は 2、7 月）。欠員がある場合

●出願資格・条件・出願書類・選考方法　入学出願資格・条件に準ずる

● 2019 年度帰国子女編入学者数

1 年	2	2 年	1	3 年	–

受入後

●指導・教育方針・特色

本校では、各生徒の海外在留地における教育歴や生活環境、または学習能力の違いに配慮し、生徒の実態を判断しながら個々の実情に応じた個別の指導を重視する。学級編成は、1 年次は特設学級を設け、2 年次は帰国生を二分し、それぞれ普通学級へ混入する方式をとり、3 年次には各クラスに 3 ～ 4 名ずつ配属する方式をとってきている。

一方、1 年次より委員会・部活動などへの参加を通して積極的に一般生との交流をはかり相互理解を促進している。多くの場合、生活面・学習面ともに適応は早く、特別活動などにおいても力を発揮している。

▷▷高 319P

受入開始　1992 年度

京華中学校（けいか）

〒112-8612　（担当：永見利幸）
東京都文京区白山 5-6-6
▶▶（地下鉄三田線白山駅、地下鉄南北線本駒込駅）
TEL 03-3946-4451　FAX 03-3946-7219
URL http://www.keika.ed.jp
生徒数　男 405　合計 405

帰国子女在籍者数	1年	2年	3年	計
	4	0	1	5

入学

●出願資格・条件　・保護者の海外在住に伴って外国で教育を受けた者で、外国における滞在期間が原則として継続して1年以上、帰国後2年以内の者で、国内の小学校の第6学年に在籍している男子
・日本人学校、現地校、国際学校に在籍している男子（国籍は問わない）

●出願書類
・入学願書（本校所定用紙）・成績証明書（海外における最終学校のもの、または代わるもの）・海外生活証明書（本校所定用紙。保護者の所属する機関の代表者等が証明したもの）・海外生活の記録（本校所定用紙）

●日程等

募集	出願	試験	発表	選考方法
5	12/1～10	12/11	12/11	国・算、もしくは英・算、面接（受験生・保護者別）
若干名	1/10～31	2/1	2/1	国・算・面接（受験生・保護者別）
若干名	1/10～2/1	2/2	2/2	

※資格確認のため、出願の際、必ず事前に連絡すること
※出願方法：WEB 出願＋出願書類郵送
※出願書類：郵送必着

●応募状況

年度＼人数	募集人員	出願者	受験者	合格者	入学者
2019	10	2	2	1	0
2020	5	9	9	9	4

編入学

●編入学時期・定員〔1・2年生〕6、11、3月。各若干名
〔3年生〕6月。若干名

●出願資格・条件・出願書類　入学に準ずる

●選考方法　英・国・数、面接（受験生・保護者別）
※判定基準で配慮する

● 2019年度帰国子女編入学者数

1年	0	2年	0	3年	0

受入後

●指導・教育方針・特色
入学後は一般受験生と同一のクラスとなるため、一般の生徒とまったく同じ扱いとなる。各定期試験の結果で英・数の不振者には指名補習が行われている。また、語学力をより必要とする者には課外で個別の指導が受けられる。さらに、各教科の到達度に応じ、適宜補習を行う。

●卒業生（帰国生徒）の進路状況　京華高等学校に進学。

私立　女子

▷▷高 319P

受入開始　1995 年度

京華女子中学校（けいかじょし）

〒112-8613　（担当：塩谷耕、岡田一顕）
東京都文京区白山 5-13-5
▶▶（都営地下鉄三田線千石駅、東京メトロ南北線本駒込駅）
TEL 03-3946-4434　FAX 03-3946-4315
URL https://www.keika-g.ed.jp
生徒数　女 128　合計 128

帰国子女在籍者数	1年	2年	3年	計
	0	0	0	0

入学

●出願資格・条件　(1) 保護者の海外在留に伴って外国で教育を受け、外国における滞在期間が原則として、継続1年以上、帰国後2年以内の者で、国内の小学校6年に在籍している女子 (2) 日本人学校、現地校、国際学校に在籍している女子 (3) 国籍は問わない
※その他、資格・条件については相談に応じる。資格確認のため、出願に際しては事前に問い合わせること

●出願書類　・入学願書・海外における最終学校の成績証明書・海外在留証明書・海外生活の記録

●日程等

募集	出願	試験	発表	選考方法
若干名	12/1～9	12/11	12/11	2科（国算・算英・国英から選択）、面接
	1/10～31	2/1 午前・午後	2/1	適性検査型または国・算または国算社理、面接
	1/10～2/1	2/2	2/2	英検資格＋国・算、または国・算または国算社理、面接

※面接は受験生のみ

●応募状況

年度＼人数	募集人員	出願者	受験者	合格者	入学者
2019	5名＋若干名	0	0	0	0
2020	5名＋若干名	0	0	0	0

編入学

●編入学時期・定員〔1年生〕9、1月〔2年生〕4、9、1月
〔3年生〕4月。若干名
※帰国日程に合わせて相談により随時

●出願資格・条件・出願書類・選考方法　入学に準ずる

● 2019年度帰国子女編入学者数

1年	0	2年	0	3年	0

受入後

●指導・教育方針
入学後は一般生徒と同じクラスで授業を受ける。必要な場合には個別に指導する。

●特色
一人ひとりの個性を最大限に伸ばすきめ細かな指導により、大学現役合格をめざす。本校独自の教育プログラム EHD 教育により、21 世紀を生きる真に賢い女性を育成している。

●進学特例条件　併設高等学校へ原則として全員進学する。

私立 共学

▷▷ 高 320P

受入開始　2017 年度

駒込中学校

（担当：本田靖）

〒 113-0022
東京都文京区千駄木 5-6-25
▶▶（千代田線千駄木駅、都営三田線白山駅、南北線本駒込駅）
TEL 03-3828-4141　FAX 03-3824-5685
URL http://www.komagome.ed.jp/
生徒数　男 264　女 136　合計 400

帰国子女在籍者数	1 年	2 年	3 年	計
	1	1	0	2

入 学

●出願資格・条件　・海外における在住期間が 1 年以上で、帰国後 3 年以内・日本の小学校または、これに準ずる外国における小学校を卒業及び、卒業見込みの者・日本語によって他者とコミュニケー ションをとることができる者・入学後は保護者と同居できること※その他のケースは要相談

●出願書類　Web 出願の上、下記の書類を提出（当日持参）
・海外在留証明書・成績証明書または通知表のコピー

●日程等

区分	募集	出願	試験	発表	選考方法
A	若干名	11/30～12/7	12/10	12/10	作文・算数、面接
B	※	1/10～2/3	2/4	2/4	作文・算数、面接

A：帰国生入試　B：国際先進枠入試
※国際先進枠入試の募集人員は各回の募集人員に含む。

●応募状況

年度＼人数	募集人員	出願者	受験者	合格者	入学者
2020	若干名	4	3	2	1

編 入 学

●編入学時期　〔1 ～ 3 年生〕4、9、1 月。欠員がある場合のみ

●出願資格・条件　滞在期間が 1 年以上の者。すでに国内の学校に在学している者は対象とはならない。要事前相談

●出願書類　・入学願書・海外在留証明書・成績証明書または通知表のコピー

●選考方法　国語・数学・英語、面接

● 2019 年度帰国子女編入学者数

1 年	0	2 年	0	3 年	0

受 入 後

●指導　入学後は、一般生徒と同じクラスに受け入れ指導する。必要に応じて放課後を利用して補習、個別指導を行うこともある。

●教育方針　駒込学園は、伝教大師・最澄の「国宝とはなにものぞ - 一隅を照らす、これすなわち国宝なり」という言葉を建学の精神として、330 余年の伝統を守り続けている。私たちは宇宙からみると、点のような小さなところ（一隅）で生きている。たとえ、小さくてもいい、今こそ、私たち一人ひとりがこの一隅でお互いが、かけがえのない貴い存在であることを認め合い、さらなる向上心をもって生きていく " 一隅を照らす光り輝く人間 " になるべきときである。私たちは、このように考え、人間としてのあるべき姿を求め続けている。

●特色　6 カ年教育の中ではインプットとアウトプットの両面から学習を支援する。まず、基礎学力の充実を図るために、容易にかつ深く理解するために生徒一人一人がタブレット端末を利用して、知的好奇心を刺激しながら解りやすい授業を心がける。そして、その基礎を確かに定着させるために、ペアやグループでの話し合い、個々の発言や発表を大切にして、自ら学び知る喜びを体感できる能動的学習、アクティブラーニングにつなげていく。英語の授業一部では ALT の先生も含めたティームティーチングのオールイングリッシュの授業も実施。中 3 ではセブ島語学研修もある。

●進学特例条件　併設の駒込高等学校に全員が進学する。

私立 男子

▷▷ 高 322P 大 564P 646P

受入開始　1986 年度

獨協中学校

（担当：教頭）

〒 112-0014
東京都文京区関口 3-8-1
▶▶（JR 山手線目白駅、地下鉄有楽町線護国寺駅）
TEL 03-3943-3651　FAX 03-3943-9119
URL https://www.dokkyo.ed.jp
生徒数　男 628　合計 628

帰国子女在籍者数	1 年	2 年	3 年	計
	0	0	1	1

入 学

●出願資格・条件
・保護者の海外在留のため、本人が 1 年以上海外に在住し、現地校または現地の日本人学校に通学していた者
・2018.4.1 以降に帰国の者

●出願書類
・入学願書（一般生に同じ）・帰国児童としての受験希望書（本校所定）・受験希望書の内容を確認できる、保護者の勤務先が発行する在住期間を証明する書類

●日程等

募集	出願	試験	発表	選考方法
特に定めず	1/10～31	2/1	2/1	国・算・社・理
	1/10～2/1	2/2	2/2	
	1/10～2/3	2/4	2/4	

※すべて web 出願
※一般生とは別の基準で総合判定

●応募状況

年度＼人数	募集人員	出願者	受験者	合格者	入学者
2019	特に定めず	4	2	0	0
2020	特に定めず	1	1	0	0

編 入 学

●編入学時期・定員〔1 年 生 〕9 月〔2・3 年 生 〕4、9 月。欠員がある場合

● 2019 年度帰国子女編入学者数

1 年	0	2 年	0	3 年	0

受 入 後

●指導・教育方針・特色
帰国子女のためのカリキュラム、クラス編成等については特別な配慮はしていないが、学力向上のため、課外授業・講習等を課すこともある。
〔教育方針〕
「心構えは正しく、身体は健康、知性に照らされた善意志と豊かな情操とを持つ、上品な人間の育成を目指す。」という教育方針の下、グローバル社会の中で、より良い社会づくりに貢献できる「社会の優等生」の育成に力を注いでいる。

●進学特例条件
獨協高等学校にはほぼ全員進学している（進学規定による）。

私立 女子

▷▷ 高 322P 大 590P

受入開始 2010 年度

文京学院大学女子中学校
（ぶんきょうがくいんだいがくじょし）

（担当：髙石和人）

〒 113-8667
東京都文京区本駒込 6-18-3
▶▶（JR 山手線・三田線巣鴨駅、JR 山手線・南北線駒込駅）
TEL 03-3946-5301 FAX 03-3946-7294
URL http://bgu.ac.jp/
生徒数 女 303 合計 303

帰国子女在籍者数	1年	2年	3年	計
	0	1	0	1

入学

●出願資格・条件
保護者の海外在留のため、外国で教育を受けた者で、海外における滞在期間が 1 年以上の者。日本人学校、現地校、国際学校に在籍している者、または帰国して国内の小学校 6 年に在籍している者。海外生活 1 年以上、帰国後 3 年以内の者※受験前に学校説明、事前面談を行う

●出願書類・入学願書（本校所定のもの）・海外における最終学校の成績証明書・海外生活証明書

●日程等

区分	募集	出願	試験	発表	選考方法
第1回	特に定めず	11/27～12/3	12/5	12/5	面接（本人・保護者同伴）、学力試験※
第2回		11/27～12/24	12/25	12/25	
第3回		1/10～2/2	2/2	2/2	

※ A 方式：英語（100 点）
B 方式：国語（必須）・算数または英語（各 50 点）
A·B とも面接を重視
※海外の経験を生かせる入試制度で、帰国子女であることを考慮し優遇する
※英語検定取得、または TOEFL の得点等を考慮する

●応募状況

年度＼人数	募集人員	出願者	受験者	合格者	入学者
2019	特に定めず	1	1	1	1
2020	特に定めず	0	0	0	0

編入学

●編入学時期・定員 9月・4月。（受験希望者は要事前面談）〔編入学試験日〕2020.7/6、2021.3/9 定員は特に定めず ※事情によっては随時編入学試験を行う

●出願資格・条件・出願書類 入学に準ずる

●選考方法 国語・数学・英語、面接（保護者同伴）

● 2019 年度帰国子女編入学者数

1年	0	2年	0	3年	0

受入後

●指導 本校国際塾で英語力を維持、向上できるよう指導する。また、国語・社会等の学習支援活動を行う。

●特色 国際塾は英語運用能力を高めるための学習指導、進路指導を行う独自の取り組み。グローバルスタディーズを希望し、英語検定 2 級程度の場合は取り出し授業の対象者となる場合がある。

●進学特例条件 文京学院大学女子高校に進学できる。

私立 女子

▷▷ 高 324P

受入開始 1986 年度

頌栄女子学院中学校
（しょうえいじょしがくいん）

（担当：亀村英俊、湯原和則）

〒 108-0071
東京都港区白金台 2-26-5
▶▶（都営地下鉄浅草線高輪台駅）
TEL 03-3441-2005
URL http://www.shoei.ed.jp/
生徒数 女 686 合計 686

帰国子女在籍者数	1年	2年	3年	計
	53	46	53	152

入学

●出願資格・条件
2021 年 3 月に小学校を卒業見込の者（現地校から出願の場合、日本の学齢で同等の資格を有する者）で、保護者の転勤に伴い海外に在住し、2 年以上英語圏の現地校に在籍した帰国生。英語圏でない場合は、2 年以上現地のインターナショナル・アメリカン・ブリティッシュスクール等（英語で授業が行われる学校）に在籍した帰国生。尚、原則として帰国後 3 年以内である者。

●出願書類
・入学願書等所定の書類・通知表のコピー（日本の小学校に在籍していなければ不要）・現地校の成績表のコピー（2 年分）・海外在留証明書

●日程等

募集	出願	試験	発表	選考方法
特に定めず	11/9～24	12/5	12/6	英語（筆記、英会話）、面接（保護者同伴）
	1/10～26	2/1	2/2	

●応募状況

年度＼人数	募集人員	出願者	受験者	合格者	入学者
2019	特に定めず	194	184	93	49
2020	特に定めず	227	212	95	53

編入学

●編入学時期・定員〔1 年生〕9月〔2・3 年生〕4、9月。欠員がある場合

●出願資格・条件・出願書類 入学に準ずる

●選考方法 国語・数学・英語、面接（保護者同伴）

● 2019 年度帰国子女編入学者数

1年	0	2年	0	3年	0

受入後

●指導・教育方針・特色
帰国生は一般生と同じ HR クラスに入るが、英会話と英語の授業は帰国生のみのクラスで行う。

●進学特例条件
併設高等学校に優先入学できる。高等学校からは併設の英国ウィンチェスター頌栄カレッジに優先入学できる。また、キリスト教学校教育同盟の大学への推薦入学（指定校）制度がある。

●卒業生（帰国生徒）の進路状況
大部分の生徒が併設高等学校に進学する。

私立 女子

▷▷ 小 45P 大 575P

聖心女子学院中等科
（せいしんじょしがくいん）

〒108-0072
東京都港区白金 4-11-1
▶▶（東京メトロ南北線白金台駅）
TEL 03-3444-7671 FAX 03-3444-0094
URL http://www.tky-sacred-heart.ed.jp
生徒数 女（中高）706 合計 706

帰国子女在籍者数	1年	2年	3年	計
	3	5	3	11

入学

●出願資格・条件

①2021 年 3 月に小学校を卒業見込みの者（現地校在学中の場合、日本の学齢で上記の者と同等の資格を有する者）
②保護者の海外転勤または海外在住により、本人が次の A）または B）のいずれかの条件を満たす者
A）継続して 2 年以上海外に在留し、2018.3.1 以降に帰国した者
B）出願時に海外在留中で、在留期間が継続して 2 年以上となり、2021 年 3 月末日までに帰国予定の者
③保護者のもとから通学することを原則とし、通学時間は 1 時間 30 分以内

●出願書類

・入学願書（本校指定の様式）・成績証明書・在留証明書

●日程等

募集	出願	試験	発表	選考方法
10 名程度	11/16～12/4	12/21	12/21	国語・算数、作文、面接

※作文は日本語または英語。面接は受験生と保護者

●応募状況

年度＼人数	募集人員	出願者	受験者	合格者	入学者
2019	10 名程度	13	11	8	5
2020	10 名程度	16	13	8	3

● 2019 年度帰国子女編入学者数

1年	0	2年	2	3年	0

受入後

●教育理念

一人ひとりが神の愛を受けたかけがえのない存在であることを知り、世界の一員としての連帯感と使命感を持って、より良い社会を築くことに貢献する賢明な女性の育成をめざす。

●特色

中等科の 3 年間は週 6 時間英語を学び、その後、高等科において英米文学にも親しむ。世界各地にある姉妹校へ短期留学するプログラムが用意され、多様な言語環境を経験することもできる。

●指導

個々の生徒の状況に応じて、補習・課題などの指導を行う。ICT 機器を用いて OL 授業も取り入れている。

●進学特例条件

希望者は併設の高等科へ進学することができる。高等科では、聖心女子大学への特別推薦制度がある。

私立 男子

受入開始 2006 年度

高輪中学校
（たかなわ）

〒108-0074 （担当：松崎武志）
東京都港区高輪 2-1-32
▶▶（浅草線・京急線 泉岳寺駅、三田線・南北線 白金高輪駅、JR 山手線・京浜東北線 高輪ゲートウェイ駅）
TEL 03-3441-7201 FAX 03-3441-6699
URL https://www.takanawa.ed.jp/
生徒数 男 722 合計 722

帰国子女在籍者数	1年	2年	3年	計
	11	9	14	34

入学

●出願資格・条件

次の①または②に該当し、本校の教育課程を履修できる者で、入学後、保護者の元から通学できること。
【① すでに帰国している場合】
2021 年 3 月小学校卒業見込みの者で、2 年以上継続して海外に在留し、その在留より帰国後試験日まで 2 年 7 ヶ月以内の者 (2018 年 6 月 1 日以降帰国の者)。
【② 現在、海外に在留している場合】
試験日まで 2 年以上継続して海外に在留し、2021 年 3 月 31 日までに帰国する予定の者で、2021 年 4 月 1 日までに 12 歳になる者。

●出願書類

Web 出願
・受験生の海外生活を証明する保護者の勤務先からの証明書（本校指定）※なお、現在海外に在留する者は、在学する学校の在学証明書

●日程等

募集	出願	試験	発表	選考方法
10	12/10～1/10	1/12	1/12	国語・算数または国語・算数・英語

●応募状況

年度＼人数	募集人員	出願者	受験者	合格者	入学者
2019	10	31	27	19	9
2020	10	30	27	16	11

受入後

●指導

中高 6 年を 3 期に分け、入学後は一般生との混合クラス。必要に応じて補習、個別指導を実施する。

●教育方針

「高く、大きく、豊かに、深く」国際的な視野を持ち、心の広い思いやりのある人間として自己の良心に従い積極的かつ主体的に行動し、真理を求めて生涯にわたり学び続けていく人間の育成をめざしている。

入 編

私立 女子

▷▷ 高 324P

受入開始　2018 年度

東京女子学園中学校

とうきょうじょ　し　がく えん

〒 108-0014　（担当：立原寿亮、村田英二）
東京都港区芝 4-1-30
▶▶（JR 山手線・京浜東北線 田町駅、都営三田線・浅草線 三田駅）
TEL 03-3451-0912　FAX 03-3451-0902
URL https://www.tokyo-joshi.ac.jp/

生徒数　女 48　合計 48

帰国子女在籍者数	1 年	2 年	3 年	計
	0	0	0	0

入学

●出願資格・条件
① 2021 年 3 月小学校を卒業する見込みの女子で、原則として保護者のもとから通学できる者
②原則として、1 年以上海外に滞在し、帰国後 3 年以内の者（要相談）
③保護者の海外在留に伴って外国で教育を受けた者で、日本の小学校またはこれに準ずる外国における学校を卒業見込みの者
※国内のインターナショナルスクールに在籍の方はご相談に応じます

●出願書類　①入学願書②通知表または成績が証明できるものの写し

●日程等

区分	募集	出願	試験	選考方法
第 1 回	若干名	11/9～19	11/22	国語・算数・英語・スマホ持ち込み OK 入試（ICT 思考力）から 1 つ選択＋受験生・保護者面接
第 2 回	若干名	11/24～12/2	12/4	
第 3 回	若干名	12/21～1/6	1/8	
第 4 回	若干名	12/20～1/31	2/1 午前	
第 5 回	若干名	12/20～2/1	2/1 午後	
第 6 回	若干名	12/20～2/1	2/2 午前	
第 7 回	若干名	12/20～2/2	2/2 午後	

●応募状況

年度＼人数	募集人員	出願者	受験者	合格者	入学者
2019	若干名	0	0	0	0
2020	若干名	0	0	0	0

編入学

●編入学時期・定員　〔1 ～ 3 年生〕随時

●出願資格・条件
①中学 1 年生・2 年生・3 年生で、原則として保護者のもとから通学できる者
②原則として、1 年以上海外に滞在し、帰国後 3 年以内の者（要相談）
③保護者の海外在留に伴って外国で教育を受けた者で、日本の小学校またはこれに準ずる外国における学校を卒業見込みの者
※国内のインターナショナルスクールに在籍の方はご相談に応じます。

●出願書類
①入学願書
②通知表または成績が証明できるものの写し

●選考方法　国語・算数・英語・スマホ持ち込み OK 入試（ICT 思考力）から 1 つ選択＋受験生・保護者面接

● 2019 年度帰国子女編入学者数

1 年	0	2 年	0	3 年	0

受入後

●指導　語学力をさらに向上させるため、英語授業は取り出しで対応する。（オールイングリッシュ）苦手科目は個別にサポート

●教育方針　世界とつながる人の育成
どのような時代においても、自分を肯定し、前向きに歩むことの出来る知識と思考力、コミュニケーション能力を養成 します。

●特色
・海外研修制度を多く取り入れ、語学力だけでなく異文化理解を深めて多様性を身に付ける。
・座学で知識を得るだけでなく、地域や企業と連携し、将来のビジョンに必要な能力を養成する。
・国内外への大学進学のサポート（海外大学指定校推薦 70 校用意）

入 編

私立 女子

▷▷ 高 325P

東洋英和女学院中学部

とう よう えい　わ　じょ がく いん

〒 106-8507　（担当：野村正宣、中村健二）
東京都港区六本木 5-14-40
▶▶（都営大江戸線・東京メトロ南北線麻布十番駅、東京メトロ日比谷線六本木駅）
TEL 03-3583-0696　FAX 03-3587-0597
URL https://www.toyoeiwa.ac.jp

生徒数　女 599　合計 599

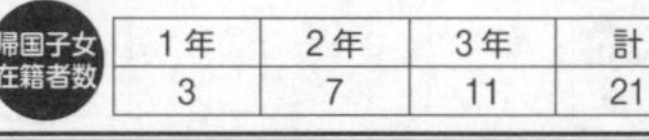

帰国子女在籍者数	1 年	2 年	3 年	計
	3	7	11	21

入学

●出願資格・条件
・2021 年 3 月 小学校卒業見込みの者（現地校から出願の場合、日本の学齢で上記の者と同等の資格を有する者）
・保護者の海外勤務または海外在住により、本人が下記の①または②の条件を満たす者
①すでに帰国している児童の場合
継続して 1 年以上海外に在住し、2019 年 3 月 1 日以降に帰国した者
②現在海外に在住している児童の場合
2021 年 3 月 31 日までに継続して 1 年以上海外に在住し、2021 年 3 月 31 日までに帰国予定の者
・年間を通して 8:00 までに登校できる者
・保護者のもとから通学できる者

●提出書類（インターネット出願時にアップロード）
1.2020 年 4 月から 12 月までの通知表（表紙から裏表紙までの全ページ、2 校以上の学校に在籍した場合はそのすべて）
2. 海外在留証明書（本校所定の用紙で、保護者の勤務先に発行を依頼してください）
3. 海外帰国生調査票（本校所定用紙）

●日程等

募集	出願	試験	発表	選抜方法
若干名	1/10 ～ 24	2/1	2/1（HP）	筆記試験（国語・算数）面接（本人・保護者、日本語）

●応募状況

年度＼人数	募集人員	出願者	受験者	合格者	入学者
2019	若干名	6	6	3	3
2020	若干名	12	10	3	2

編入学

●編入学時期・定員　〔1 ～ 3 年生〕欠員時。随時。3 年生は 1 月まで。

●出願資格・条件
・募集に該当する学年で、保護者の転勤に伴って海外から帰国し、編入学を希望する者
・年間を通して 8:00 までに登校できる者
・保護者のもとから通学できる者

●出願書類
・事前に本校事務室に電話またはメールで出願資格等をご確認ください。
・受験を認められた場合には、出願書類を郵送あるいはメールに添付し送ります。

●選考方法　英語・国語・数学・面接（保護者同伴）

● 2019 年度帰国子女編入学者数

1 年	2	2 年	2	3 年	0

受入後

●指導　制度としてはないが個別に実施している。

●進学特例条件　特になし。

●卒業生（帰国生徒）の進路状況
東洋英和女学院高等部に進学

私立 共学

▷▷ 高 325P

受入開始　1973 年度

広尾学園中学校

（ひろおがくえん）

〒 106-0047　（担当：岩崎・島本）

東京都港区南麻布 5-1-14

▶▶（東京メトロ日比谷線広尾駅）

TEL 03-3444-7272　FAX 03-3444-7192

URL http://www.hiroogakuen.ed.jp

生徒数　男 339　女 484　合計 823

帰国子女在籍者数	1年	2年	3年	計
	－	－	－	約 100

入学

●**出願資格・条件**　2008.4.2 ～ 2009.4.1 に生まれた者。原則、在外経験 1 年以上、帰国後 3 年以内の児童（インター AG は、英検 2 級以上あるいは他試験で同等以上の英語力を有する者）。（注）上記の基準に達しない場合一般入試への出願は可能。国内インターナショナルスクールに在学する生徒、外国籍の生徒、その他相談に応じる

※中学 1 年から高校 3 年までの 6 年間で、最大 3 回まで受験が可能

●**出願書類**　・入学願書・在外最終 1 年間分在籍した学校の成績表＋現在在籍している学校の最新 1 年間の成績表または海外経験がない場合は在籍している学校の成績表（成績証明書、通知表など）・国際生履歴データ・TOEFL スコア票、英検合格証、地域統一試験結果、優等生表彰状など（任意）

●**日程等**

募集	出願	試験	発表	選考方法
インターAG30 他 10	11/24～12/4	インターAG 12/17 他 12/18	12/19	インターAG：英・算（英語による出題）・国（日本語による出題）、面接（英語・日本語） 他コース：国算、面接（すべて日本語）

※一般入試への出願も可能

●**応募状況**

年度＼人数	募集人員	出願者	受験者	合格者	入学者
インターAG2019	30	276	264	65	29
インターAG2020	30	312	295	72	39

編入学

●**編入学時期・定員**　〔1 年生〕9、1 月〔2・3 年生〕4、9、1 月。若干名

●**出願資格・条件**　在外 1 年、帰国後 1 年以内

●**選考方法**　インター AG：英語による「英語」「数学」「面接」、日本語による「国語」
他コース：英数国、面接（すべて日本語）

● **2019 年度帰国子女編入学者数**

1年	－	2年	－	3年	－

受入後

●**指導・教育方針・特色**

・インターナショナルコースは、主に帰国子女などすでに英語力のある生徒のための「アドバンスト・グループ」、これから英語力を身につけたいと望む生徒のための「スタンダード・グループ」で編成されている。「アドバンスト・グループ」は、英文学、数学、理科を英語で学び、社会は英語・日本語併用で学ぶ。美術、IT、体育、音楽は「スタンダード・グループ」との合同授業を実施している。美術、IT は英語、体育・音楽は日本語で学び、英語と日本語をバランスよく学ぶことができる。

・国際生が本来もっている柔軟性と想像力を伸ばし、主体性を育んでいる。

・海外経験豊富な教員が多い。

・諸外国の大使館や施設・宿舎などが並ぶ、国際色豊かな環境。閑静な住宅街にありながら、交通至便。

●**進学特例条件**　併設高等学校にほぼ全員進学できる。

私立 女子

普連土学園中学校

（ふれんどがくえん）

〒 108-0073　（担当：広報部長 池田雄史）

東京都港区三田 4-14-16

▶▶（JR 山手線・京浜東北線田町駅、都営三田線・浅草線三田駅、東京メトロ南北線白金高輪駅）

TEL 03-3451-4616　FAX 03-3453-2028

URL https://www.friends.ac.jp/

生徒数　女 403　合計 403

帰国子女在籍者数	1年	2年	3年	計
	1	0	2	3

入学

●**出願資格・条件**

2021 年 3 月に小学校を卒業見込で（あるいは海外で同等の資格を有し）、継続して 1 年以上海外に在留し、2018 年 3 月 1 日以降に帰国の女子。

●**出願書類**

※ WEB 出願のため、出願時に提出が必要な書類はありませんが、合格後の入学手続きの際、以下の書類が必要となります。

・通知表コピー（第 6 学年 1 ～ 2 学期分、または 2 学期制の場合は前期分）
　※表紙を含んだ全ての面を原寸大でコピー。

・海外最終学校の成績証明書

●**日程等**

区分	募集	出願	試験	発表	選抜方法
1 日午前	若干名	1/10～31	2/1	2/1	学科試験（算数・国語）、作文、面接（保護者 1 名同伴）
4 日午前	若干名	1/10～2/3	2/4	2/4	学科試験（算数・国語）、作文、面接（保護者 1 名同伴）

●**応募状況**

年度＼人数	募集人員	出願者	受験者	合格者	入学者
2019	若干名	1	0	0	0
2020	若干名	3	2	1	1

編入学

●**編入学時期・定員**　〔1 ～ 3 年生〕欠員ある場合、随時。
※ただし、中学 3 年生の 12 月以降に受験の場合、入学時期は翌年度の 4 月となります。

●**出願資格・条件**　通学圏外から保護者の転勤等により通学圏内に移動があった中学 1 ～ 3 年生。

●**出願書類**　・転入学志願票（本校所定の用紙）
・質問票（本校所定の用紙）
・学校長からの書類（ア）在学証明書、（イ）成績証明書

●**選考方法**　国語・数学・英語の学科試験、面接（保護者同伴）

● **2019 年度帰国子女編入学者数**

1年	0	2年	0	3年	0

私立 女子

▷▷ 高 326P

受入開始　2005 年度

山脇学園中学校

(やま わき がく えん)

（担当：鎗田謙一）
〒 107-8371
東京都港区赤坂 4-10-36
▶▶（東京メトロ銀座線・丸ノ内線赤坂見附駅、千代田線赤坂駅）
TEL 03-3582-5937　FAX 03-3585-3914
URL http://www.yamawaki.ed.jp/

生徒数　女 857　合計 857

帰国子女在籍者数	1 年	2 年	3 年	計
	0	6	13	19

入学

●出願資格・条件
2021 年 3 月小学校卒業見込み、海外に 1 年以上在住し、海外の学校に 1 年以上在学した方。または 2021 年 3 月までに 1 年以上在住・在学することになる方。
出願時に原則として帰国後 3 年以内で 2021 年 3 月に小学校卒業見込みの方、または 2021 年 3 月までに帰国する方。

●出願書類　・入学願書・第 6 学年 1 学期（または前期）の成績表のコピー（海外在学校（最終学年）の成績表のコピーでも可）・海外在留証明書・英検などの合格証のコピー

●日程等【帰国生入試：Ⅰ期・Ⅱ期】

区分	募集	出願	試験	発表	選考方法
Ⅰ期	40	11/16～28	11/28	11/28	①～③より選択
Ⅱ期A		1/10～2/1	2/1	2/1	国語・算数
Ⅱ期B		1/10～2/2	2/2	2/2	
Ⅱ期C		1/10～2/4	2/4	2/4	

※Ⅰ期 帰国生入試：①国語・算数②国語・面接③算数・面接
※Ⅱ期 帰国生入試 A～C は英検 3 級相当以上の合格証コピーの提出は任意。
※募集人数は英語入試と合わせて 40 名
※英語入試含む

●応募状況

年度＼人数	募集人員	出願者	受験者	合格者	入学者
2019	40 ※	37	36	30	6
2020	40 ※	27	27	21	0

受入後

●教育方針・内容・特色　中 1 次、帰国生入試・英語入試で入学された方で「クロスカルチャークラス」を編成。国社理のフォローアップを実施。帰国生と国内生とがお互いの経験を尊重し合い、文化を学び合う教育効果により、国際社会で活躍する女性のリーダーの育成を目指しています。英語コミュニケーション施設「イングリッシュアイランド」を拠点として、オールイングリッシュで行う授業や、語学研修、校外学習、総合学習など、英語をツールとした多様な学習を行っています。高校では、海外・国際系の大学進学を目指すカリキュラム以外に、サイエンスアイランドでの学習活動を経て、理系も含めた多様な進路のカリキュラムを選択することも可能です。豊かな教育環境のもと、帰国生はクラブ活動や行事などにも積極的に取り組み、スクールライフを楽しんでいます。

●指導
帰国生には、様々なニーズに応じた指導を実施しています。
①イングリッシュアイランドという環境を活かした英語力保持のプログラムと、入学時の力に応じた英語の 3 段階グレード授業
②社会・理科の放課後補習・国語の取り出し授業
③帰国生の専門スタッフによる、様々なサポート体制

入 編

私立 女子

▷▷ 小 46P 高 326P 大 604P

トキワ松学園中学校

(まつ がく えん)

（担当：教頭　松本理子）
〒 152-0003
東京都目黒区碑文谷 4-17-16
▶▶（東急東横線都立大学駅）
TEL 03-3713-8161　FAX 03-3793-2562
URL https://tokiwamatsu.ac.jp

生徒数　女 164　合計 164

帰国子女在籍者数	1 年	2 年	3 年	計
	1	1	1	3

入学

●出願資格・条件
・父母（保護者）の海外勤務に伴い、継続して 1 年以上海外に在留し、2018 年 4 月 1 日以降に帰国した者
・2021 年 3 月に小学校を卒業見込みの児童

●出願書類
・入学願書（所定用紙）
・成績証明書（成績通知表の写し可）
・海外在留証明書（保護者の勤務先の証明書等）

●日程等

募集	出願	試験	発表	選考方法
若干名	12/6～16	12/19	12/19	国・算・英会話より 2 科、面接
	1/10～2/1	2/1	2/1	

※海外在住中の経験を考慮して判断する。

●応募状況

年度＼人数	募集人員	出願者	受験者	合格者	入学者
2019	若干名	1	1	1	1
2020	若干名	2	2	2	1

編入学

●編入学時期・定員〔1 年生〕9、1 月〔2 年生〕4、9、1 月〔3 年生〕4、9 月。若干名

●出願資格・条件・出願書類・選考方法　入学に準ずる

● 2019 年度帰国子女編入学者数

1 年	0	2 年	0	3 年	0

受入後

●指導・教育方針
入学後の指導については、一般生徒と同じ扱いが原則。

●特色
①英語の授業（週 6 時間）のうち、2 時間は複数のネイティブ教員と日本人教員 1 名で英会話を中心とした独自の授業（Listening & Speaking）。
②高校の「Global Studies」では、ネイティブ教員と世界で起こっている諸問題を英語で学び、調べ、プレゼンする力を養います。
③特別推薦制度で海外大学へスムーズに進学。
④希望者する帰国生にネイティブ教員が講座を開催。

●進学特例条件
成績、行動、出欠状況に問題のない者は併設高等学校へ推薦される。

私立 共学

▷▷ 小 46P 高 327P

受入開始　1941 年度

啓明学園中学校（けいめいがくえん）

〒 196-0002　（担当：国際教育センター）
東京都昭島市拝島町 5-11-15
▶▶（JR 八王子駅・拝島駅(スクールバス)、JR 立川駅）
TEL 042-541-1003　FAX 042-546-5881
URL http://www.keimei.ac.jp

生徒数　男 79　女 99　合計 178

帰国子女在籍者数	1 年	2 年	3 年	計
	20	23	27	70

入学

●出願資格・条件
1 年以上海外に滞在し、原則として帰国後 3 年以内の者、あるいは 1 年以上の海外在住の後、帰国する予定の者

●出願書類
・入学願書・履歴データ・志望理由書・在籍学校からの推薦書（厳封）・海外在留証明書（以上本校指定のフォームに記入）・成績証明書または通知表の写し（3 年間分）・補習校の成績証明書または通知表の写し（3 年間分。補習校通学者のみ）・その他資格や表彰状など自己 PR できるもの

●日程等

募集	出願	試験	発表	選考方法
一般第1回とあわせて 50	11/16～12/3	12/22	12/23 10:00～	①英語筆記試験、ライティング、日本語作文、面接（英）②国語・算数 ③作文（外国語・日本語）・面接（外）

※入試前にプレインタビューを実施（予約制）
※外国語試験は学習言語による作文
※選考は海外在住中の経験を考慮して判断
※ 2 年以内に英検 2 級を取得した者は、英語筆記試験免除（スコア要提出）

●応募状況

年度＼人数	募集人員	出願者	受験者	合格者	入学者
2019	※	8	8	7	7
2020	※	5	5	5	3

※男女合わせて 60 名。一般入試第 1 回募集人員に含む

編入学

●編入学時期・定員　〔1 ～ 3 年生〕随時。特に定めず
●出願資格・条件・出願書類・選考方法　入学に準ずる
● 2019 年度帰国子女編入学者数

1 年	2	2 年	6	3 年	1

受入後

●指導・教育方針・特色
ホームルームは一般生との混入方式。国数理社は取り出し授業を用意し、日本の教育へのソフトランディングを目指す。国際英語クラスは、欧米のテキストを使ったネイティブによるレベル別授業。外国語保持クラス（中、韓、西、仏、独）もあり。

●備考　随時編入実施。全校生徒の約 3 割が国際生（帰国子女・国内インター出身者・外国籍）。2014 年に文科省よりスーパーグローバルハイスクールアソシエイト校に認定。ラウンドスクエア加盟校。イギリスとアメリカの協定大学への学内推薦制度もあり。

私立 共学

▷▷ 高 327P 大 577P

受入開始　1979 年度

早稲田大学系属（わせだだいがくけいぞく）
早稲田実業学校中等部（わせだじつぎょうがっこう）

〒 185-8505　（担当：教頭・教務部）
東京都国分寺市本町 1-2-1
▶▶（JR 中央線・西武線国分寺駅）
TEL 042-300-2121　FAX 042-300-1123
URL https://www.wasedajg.ed.jp

生徒数　男 451　女 260　合計 711

帰国子女在籍者数	1 年	2 年	3 年	計
	5	2	5	12

入学

●出願資格・条件
・海外勤務者子女を対象とし、日本国籍を有する男女・国の内外を問わず通常の課程による 6 ヵ年の学校教育を修了した者または修了見込みの者で 2021.4.1 までに 12 歳になる者・外国での滞在期間が継続して 1 年 9 ヵ月以上 3 年未満で 2020 年 1 月以降に帰国した者（予定者を含む）・外国での滞在期間が継続して 3 年以上で 2019 年 1 月以降に帰国した者（予定者を含む）

●出願書類
・入学願書一式（所定用紙、報告書を含む）
・海外生活を証明する書類（所属機関の長の証明するもの）
・海外滞在状況報告書（所定の用紙に保護者が記入）

●日程等

募集	出願	試験	発表	選考方法
3 以内	1/10～15	2/1	2/3	国・算・社・理

※一般の受験者と同一時に同一問題で行うが、本校の内規（非公表）に従って考慮する。

●応募状況

年度＼人数	募集人員	出願者	受験者	合格者	入学者
2019	3 以内	13	12	3	2
2020	3 以内	11	11	5	4

受入後

●指導・教育方針・特色
(1) 中・高一貫教育を施しているが、先取り教育はあまりせず、勉強面と運動面のバランスのとれた教育を目指している。
(2) 21 世紀とともに迎えた創立 100 周年を機に、歴史と伝統を尊重しつつも新しい時代にふさわしい中等教育の場を求めて、2001 年 4 月国分寺に校地を移転した。
(3) 校則には比較的厳しさはないが、遅刻・欠席者は少なく、中等部入学生の約 4 分の 1 が 6 ヵ年皆勤者である。

●進学特例条件
2019 年度高等部卒業生のうち 97% が早稲田大学へ推薦入学している。

●卒業生（帰国生徒）の進路状況
中等部からはほぼ 100% が高等部に進学している。

▷▷ 高 329P 大 595P

受入開始　2019 年度

中央大学附属中学校

（ちゅうおう だい がく ふ ぞく）

〒184-8575
東京都小金井市貫井北町 3-22-1
▶▶（JR 中央線武蔵小金井駅、西武新宿線小平駅）
TEL 042-381-5413　FAX 042-383-4840
URL https://chu-fu.ed.jp/

生徒数　男 238　女 283　合計 521

帰国子女在籍者数	1年	2年	3年	計
	7	6	0	13

入学

●出願資格・条件　次の①～⑥を全て満たすこと。

①日本国籍を有する者（日本国の永住許可を得ている者を含む）
② 2007 年 4 月 2 日から 2009 年 4 月 1 日の間に出生した者。
③国内外の小学校課程を修了、または修了見込みであること。ただし、本校が、小学校卒業と同等以上の学力があると認めた者についてはこの限りではない。
④本校の教育方針に賛同し、全ての教育活動に参加できること。
⑤保護者の海外転勤または海外在留により、下記の（ア）、（イ）のいずれかを満たすこと。
（ア）2018 年 4 月～ 2021 年 3 月における海外在留期間の合計が 1 年 6 ヶ月以上であること。
（イ）上記（ア）における海外在留期間合計が 1 年 6 ヶ月に満たない場合は、2016 年 4 月～ 2021 年 3 月における海外在留期間の合計が 3 年以上であること。
※志願者本人のみの留学などを在留期間に含めることはできない。
⑥入学後、保護者のもとより通学可能な者。
※出願前に本校ホームページより出願資格認定の申請を行い、認定結果及び認定番号を受理すること。
出願資格認定申請期間：11 月 1 日～ 11 月 30 日

●出願書類

・海外在留期間証明書
・成績証明書もしくは通知書の写し
・（日本国の永住許可を得ている場合は）在留カードもしくは特別永住者証明書の写し

●日程等

区分	募集	出願	試験	発表	選抜方法
1 次	若干名	12/8～14	12/21	12/21※	国語・算数
2 次			12/22	12/23	資料の読み取りを踏まえたグループディスカッションおよび個別面接

※ 12/21　21:00（予定）～ 12/22 正午

●応募状況

年度＼人数	募集人員	出願者	受験者	合格者	入学者
2019	若干名	35	35	10	6
2020	若干名	32	30	10	7

受入後

●指導　本校は一昨年より、帰国生入試を導入したが、入学する生徒には特別なコースを設定していない。他の入学生と同じく、本校が行っている、将来の生徒にとって本当に必要な知識、学力、物の見方とは何か、という視点で展開されている授業を受けてもらう。これまで一般入試で入学してきた帰国生も何ら問題なく順応している。

●教育方針　中央大学は建学の精神「實地應用ノ素ヲ養フ」つまり実学の探究を大事にしてきた大学である。実学とは単に理論を先行させるのではなく、実社会において本当に役立つ学問を意味する。当然ながら、この伝統は附属中高においても継承され、至る所で活かされている。

私立　共学

▷▷ 小 52P

受入開始　2003 年度

武蔵野東中学校

（む さし の ひがし）

（担当：笹倉真軌）
〒184-0003
東京都小金井市緑町 2-6-4
▶▶（JR 中央線東小金井駅）
TEL 042-384-4311　FAX 042-384-8451
URL http://www.musashino-higashi.org/chugaku

生徒数　男 170　女 127　合計 297

帰国子女在籍者数	1年	2年	3年	計
	2	4	4	10

入学

●出願資格・条件　・日本国籍を有し、保護者の海外勤務に伴い海外に在住した者・2008 月 4 月 2 日から 2009 年 4 月 1 日までに生まれた者・通算 1 年以上海外に在住し、帰国後 3 年以内の者・2021 年 3 月末までに日本国内の小学校を卒業見込みの者、または海外で日本の 6 ヵ年の義務教育に相当する教育を受けた者・2021 年 3 月までに帰国予定の者は、入学後父母いずれかが本人と同居できること

●出願書類　・入学願書・志願理由書・最終在籍校の成績を示す書類の写し・英検、TOEIC、TOEFL 取得者は取得を証明するもの

●日程等

区分	募集	出願	試験	発表	選考方法
帰国生	若干名	12/1～1/7	1/13	1/13	※
A	※定員に含む	1/10～28	2/1	2/1	
B	※特待合格のみ	1/10～2/3	2/4	2/4	
C-1	オンライン入試①（4 月入学）試験:2021年1月				
C-2	オンライン入試②（9 月入学）試験:2021年6月				
C-1・C-2：海外在住者で入試時期に帰国できない事情がある受験生対象。要事前相談。科目は「帰国生」に準じる。					

※帰国生：国・算または英・算、面接（本人、保護者別）
A: イングリッシュエキスパート①・B: イングリッシュエキスパート②：英語（グループ面接）、算数基礎、面接（本人）
※帰国生入試は英検準 2 級相当、イングリッシュエキスパート①②は英検 2 級相当で英語の科目を免除。

●応募状況

年度＼人数	募集人員	出願者	受験者	合格者	入学者
2019	若干名	1	1	0	0
2020	若干名	2	2	2	2

編入学

●編入学時期・定員　〔1・2 年生〕欠員時、随時実施。2 年次 1 月入学が最終受入れ

●出願資格・条件　海外在住期間が通算 1 年以上、帰国後 1 年以内。その他は入学に準ずる

●出願書類　・入学願書・最終在籍校の成績を示す書類の写し・志願理由書

●選考方法　国・数または英・数、面接（本人、保護者別）

● 2019 年度帰国子女編入学者数

1年	0	2年	2	3年	0

受入後

●指導　英語と数学は少人数制習熟度別の授業を実施、英語特別コースでは英検準 1 級や TOEIC の受験を目指す。未習範囲があれば個別指導を行う。普通高校を併設せず、高校進学に向けては校内指導にて万全の態勢を整えている。

●教育方針　独自の「生命科」や「探究科」で個の才能を磨き、幅広い人間性を養って国際社会に貢献できる人間を育成する。自閉児と共に学ぶ混合教育を実践。（自閉症児クラスは別課程・別入試）

●特色　英語重視のカリキュラム。生徒一人一人が使用するオリジナルの『プランノート』は、自らの意思で計画しやり遂げる力を培う。生徒主体の行事や部活動も盛ん。

●卒業生（帰国生徒）の進路状況

主な合格校：東京学芸大附属、日比谷、戸山、西、国立、国際（IB コース）、ICU、早稲田実業など

私立 女子

受入開始　2007 年度

白梅学園清修中学校

しら うめ がく えん せいしゅう

〒 187-8570　(担当：鈴木邦夫)
東京都小平市小川町 1-830
▶▶（西武国分寺線鷹の台駅）
TEL 042-346-5129　FAX 042-346-5693
URL https://seishu.shiraume.ac.jp/

生徒数　女 67　合計 67

帰国子女在籍者数	1 年	2 年	3 年	計
	0	1	0	1

入学

●出願資格・条件

小学校 1 年生からの海外在住期間が通算 2 年以上で 3 年未満の者。2021 年 3 月に国内の小学校卒業見込み、またはこれと同等以上の学力の者
※個々の事情や特別なケースについては相談のこと
※必ず出願前に帰国生入試担当との事前相談を行うこと

●出願書類

・入学願書、海外生活を証明する書類

●日程等

募集	出願	試験	発表	選考方法
若干名	12/5～10	12/12	12/12	①国語・算数、面接（本人） ②英語、面接（本人）

●応募状況

年度＼人数	募集人員	出願者	受験者	合格者	入学者
2019	若干名	1	1	1	1
2020	若干名	0	0	0	0

編入学

●編入学時期・定員〔1 年生〕9、1 月
〔2・3 年生〕4、9、1 月
詳細は問い合わせのこと。要事前相談

● 2019 年度帰国子女編入学者数

1 年	0	2 年	0	3 年	0

受入後

●指導

一般生との混合クラス。帰国子女としての特別な補講は行わないが個別サポートは行う。

●教育方針

ヒューマニズムの精神の下、心豊かで気品のある人材、夢と希望をいだき、行動する人材の育成が目標。

●特色

・少人数制（60 名募集）
・中学の英語はネイティブが中心
・電子ボード双方向授業

私立 女子

▷▷ 高 329P

受入開始　2015 年度

大妻多摩中学校

おお つま た ま

〒 206-8540　(担当:辻豊仁、川村敏洋、小玉武志)
東京都多摩市唐木田 2-7-1
▶▶（小田急多摩線 唐木田駅）
TEL 042-372-9113　FAX 042-372-9986
URL https://www.otsuma-tama.ed.jp/

生徒数　女 486　合計 486

帰国子女在籍者数	1 年	2 年	3 年	計
	10	11	10	31

入学

●出願資格・条件

〈帰国生〉海外在住経験が 1 年以上あり、次のいずれかの条件を満たすこと。
①国内の小学校に 4 ～ 6 年生で編入帰国した児童であること。(帰国時期に関しては応相談)
②現在海外に在留中の場合、2021 年 4 月 6 日 (火) までに帰国し、4 月 7 日 (水) の入学式以降出席できること。
〈国際生〉（本校独自のもの）次のいずれかの条件を満たすこと。
①海外在住経験が累積で約 1 年以上あり、2013 年～ 2018 年 3 月に帰国した児童であること。（帰国時期に関しては応相談）
②国内のインターナショナルスクール等を卒業見込みの児童であること。

●出願書類　・入学願書・受験票（本校所定）・海外在留身上書（本校所定）・海外での在留を証明する書類 または海外在留証明書（本校所定）

●日程等

区分	募集	出願	試験	発表	選考方法
A	若干名	11/16～28	11/29	11/29	日本語作文（50 分） 計算力確認試験（20 分） 面接（約 10 分）＊受験者対象 英語または日本語を選択
B	10	11/16～28	11/29	11/29	英語(リスニングとライティング50分) 計算力確認試験（20 分） 日本語面接（約 10 分） ＊受験者対象
C	若干名	1/10～31	2/1	2/1	国語、算数、理科、社会

※〈11 月帰国生入試〉A：総合進学入試　B：国際進学入試
〈2 月帰国生・国際生入試〉C：総合進学入試

●応募状況

年度＼人数	募集人員	出願者	受験者	合格者	入学者
2020	若干名	27	27	27	10

編入学

●編入学時期　〔1 年生〕9 月〔2 年生〕4 月、9 月〔3 年生〕4 月

●出願資格・条件・出願書類　海外在住経験が累積で 1 年以上あり、日本国内の学校にすでに編入していない者。または、帰国後、編入試験までの短い期間を国内の学校に在籍している者（期間については応相談）。※但し、中学 1 年への編入については、編入年度の本校中学入試を受験していない者に限る。

●選考方法　国語、算数、英語（リスニングも含む）、面接。事前に出題分野を提示する。編入後、本校の授業についてくることができるかどうかをみる

● 2019 年度帰国子女編入学者数

1 年	0	2 年	1	3 年	0

受入後

●指導　入学後は、帰国生だけを分離することはせず、国内生と混合のクラスにします。お互いの持っているもので影響を与え合い助け合ってほしいからです。ただ、中学 1 年生の英語の授業 (週 6 時間) だけは、全て分割少人数制の習熟度別授業となり、英語を必要とする国際進学入試で合格された方は、一番上のグループに入ります。このグループは、4 時間が日本人教師による教科書の授業、2 時間がネイティブ教師によるスピーキングとリスニングの授業となり、ある程度の英語力 (英検 3 級以上の英語力を想定) を持った生徒が少し高いスタート地点から英語学習を始め、その力をさらに伸ばせるようになっています。英語を必要としない総合進学入試で合格された方は、入学前に英語のレベルチェックを受けていただき、英語の授業クラスを決めます。授業開始後の試験の結果や英検等の外部英語技能試験の結果を基に、英語の習熟度クラスは学期毎に変更します。
中学 2 年生からは、学年 4 クラスの内の 1 クラスが「国際進学クラス」となり、6 時間の英語授業の半分の 3 時間がクラスを 2 分割にしたネイティブ教師による洋書を使った授業となり、残りの 3 時間が日本人教師による授業となります。他の 3 クラスは「総合進学クラス」となり、5 時間が日本人教師による教科書とリスニングの授業、1 時間がクラスを 2 分割にしたネイティブ教師のスピーキング授業となります。「国際進学クラス」は高校 2 年生で文理別のクラスに分かれるまで 3 年間続きますが、試験や外部英語技能試験の結果や希望で入れ替えます。国内生もそうですが、近年入学前にある程度の英語力を身につけて入学される方が増える傾向にあり、英語教育のスタートを横並びとはせず、最終的には英検準 1 級レベル以上、海外大学への進学も視野に入れられる英語力を育てる指導体制にしました。

●教育方針　「自立自存」、「寛容と共生」、「地球感覚」を教育理念として、伝統の女子中高一貫校として「あいさつ」や「マナー」などを大切にしながらも、様々な行事やキャリア教育を通して生徒達が自分たちの力で主体的に協働して関わり、のびのびと育てることを教育方針としています。女子だけということで気兼ねもないので、明るく活発な生徒が多いです。

●特色　3 つの教育理念の下、職業調べやマナー講座、探究授業などの基礎教養の授業や講座を通して幅の広い教養を養成しています。その土台の上に、多摩の自然や多くの実験を活かした理科教育、6 年間の「英語・国際プログラム」が特色です。

●進学特例条件　大妻女子大の内部推薦枠有り。

●卒業生（帰国生徒）の進路状況　帰国子女受入開始が 2015 年度からのため、帰国生、国際生入試で入学した卒業生はまだおりません。

私立 女子

▷▷ 高 330P

受入開始　1959 年度

桐朋女子中学校

（とうほうじょし）

〒 182-8510　（担当：国際教育センター）
東京都調布市若葉町 1-41-1
▶▶（京王線仙川駅）
TEL 03-3300-2111(代)　FAX 03-3300-4266
URL http://www.toho.ac.jp
生徒数　　女 464　合計 464

帰国子女在籍者数	1 年	2 年	3 年	計
	7	12	9	28

入学

●**出願資格・条件**　（A：帰国生対象特別入試第 1・2 回 B：中学入学試験）A：保護者の転勤・留学等に伴って海外で生活した者で、海外での生活がおよそ 1 年以上で、2018 年 4 日 1 日以降に少なくとも保護者の 1 人と帰国。B：小学校の段階で海外での経験のある者すべてを帰国生として扱っている（試験・判定の際相当考慮する）。A・B：2021 年 3 月に小学校を卒業見込み（外国の学校に在籍した者は学齢相当であること）で保護者と同居し、そこから通学できること
※ A は出願資格等の確認のため本校国際教育センターまで問い合わせること

●**出願書類**　A：入学願書一式、海外の学校の成績証明書（過去の 2 年分）、面接試問に関する 2 種類の作文、海外在留期間証明書　B:入学願書一式、通知表のコピー（それに代わる成績証明書）

●**日程等**

区分	募集	出願	試験	発表	選考方法
①	約 10	11/18 ~ 24	12/6	12/6	外国語作文（英・仏・独いずれか）、面接試問
	約 10	1/4 ~ 8	1/22	1/22	
②	特に定めず	1/10 ~ 26	2/1	2/1	口頭試問、筆記試験（国語と算数）

①:帰国生対象特別入試（1・2 回）　②:A 入試（Web 出願のみ）
※①の出願書類は郵送のみ。詳細は問い合わせること

●**応募状況**

年度＼人数	募集人員		出願者	受験者	合格者	入学者
2020	①	約 10	4	4	4	2
		約 10	2	1	1	0
	②特に定めず		2	2	2	1

編入学

●**編入学時期・定員**　〔1 年生〕9、1月、各約 5 名〔2・3 年生〕4、9、1月、各約 5 名

●**出願資格・条件**　・希望学年の年齢相当であること・保護者のうち少なくとも一人と同居し、そこから通学できること・帰国後約 1 年以内。

●**出願書類**　入学願書一式・海外における学校の成績証明書（過去 2 年分・コピー可）・保護者の勤務先作成の海外在留期間証明書

●**選考方法**　A、B どちらかを選択する。
A：外国語（英・独・仏のいずれか）による作文、面接　B：英・数・国、面接

● **2019 年度帰国子女編入学者数**

1 年	0	2 年	0	3 年	0

受入後

●**指導・教育方針・特色**　受け入れは「混入方式」である。これは一般生徒との接触を通して、できるだけ早く学校生活に適応させるためである。また一方では、帰国子女が海外で身につけてきた生活習慣・思考様式を一般生徒に還元させることにより、国際理解を深める意味を持つ。関係する教員が多くなることも受け入れをスムーズにする上で役に立っている。外国で得た語学力を保持するための外国人講師による取り出し授業および会話教室を設けている。また、国語・数学のサポート授業がある。
2019 年度中学 1 年より英語アドバンストコース開設

私立 共学

受入開始　2019 年度

ドルトン東京学園中等部

（とうきょうがくえん）

〒 182-0004　（担当：高野淳一、吉田早苗）
東京都調布市入間町 2-28-20
▶▶（小田急線成城学園前駅、京王線つつじヶ丘駅）
TEL 03-5787-7945　FAX 03-5490-5901
URL https://www.daltontokyo.ed.jp
生徒数　男 154　女 87　合計 241

帰国子女在籍者数	1 年	2 年	3 年	計
	11	2	−	13

入学

●**出願資格・条件**　原則として、海外在籍期間が 1 年以上あり、日本に帰国後 3 年以内である者。

●**出願書類**
①通知表のコピー（6 年 1・2 学期又は 6 年前期のもの、もしくは出願時から過去 1 年分の成績と出欠が記されている公的な文書。A 4 サイズにコピーしたもの、複数枚数可）
②海外で最後に在籍していた学校の在籍証明書あるいは卒業証明書、その学校での最後の 1 年分の通知表
③教育等の履歴（指定フォーム）
④海外在留証明書（指定フォーム）
⑤〔任意〕各種検定の合格証やスコア等
※英検準 1 級相当以上を保有する、英語試験免除の該当者は必須

●**日程等**

区分	募集	出願	試験	発表	選考方法
※帰国生型海外	若干名	11/14 ~ 24	11/30	12/3	作文（日本語・英語、事前に提出）、オンライン面接（日本語・英語、および保護者同伴）
			12/2	12/5	
帰国生型国内		11/27 ~ 12/7	12/12	12/12	
		11/27 ~ 12/16	1/7	1/7	

※帰国生型海外の出願は、受験時に海外に居住している者に限る

●**応募状況**

年度＼人数	募集人員	出願者	受験者	合格者	入学者
2019	若干名	5	5	4	2
2020	若干名	15	14	14	11

編入学

●**編入学時期・定員**　〔1・2 年生〕随時。若干名
●**出願資格・条件・出願書類**　入学に準ずる
●**選考方法**　国・数・英作文・面接

● **2019 年度帰国子女編入学者数**

1 年	−	2 年	−	3 年	−

受入後

●**指導**
1 クラス 25 名・学年 100 名の少人数教育。帰国生も一般生と同じクラス・ハウス（異学年コミュニティ）で学校生活を送る。英語は 2 クラスを 3 展開する習熟度別編成。ネイティブ教員を主担当とする上級クラスの英語は、海外の中等学校と同等の授業内容。週 2 ~ 4 コマのラボラトリーでは、教員のサポートを受けながら各自の学習テーマを自由に設定し、追求することができる。細かい校則を設けず、生徒が自ら判断し主体的に行動することを奨励している。

●**教育方針**
米国の教育家ヘレン・パーカストが提唱した学習者中心の教育メソッド、「ドルトンプラン」を実践する日本で唯一の中高一貫校として、2019 年 4 月に開校。教育理念は「自由と協働」。生涯にわたって学び続け成長する人、他者と協働しながら積極的に新しい価値を創造し社会に貢献できる人を育てる。

私立 共学 ▷▷ 高 330P 大 584-585P

受入開始　2008 年度

明治大学付属明治中学校
（めいじだいがくふぞくめいじ）

（担当：齊藤信弘）
〒 182-0033
東京都調布市富士見町 4-23-25
▶▶（JR 中央線三鷹駅、京王線調布駅・飛田給駅、JR 南武線矢野口駅）
TEL 042-444-9100　FAX 042-498-7800
URL http://www.meiji.ac.jp/ko_chu/

生徒数　男 294　女 229　合計 523

帰国子女在籍者数	1 年	2 年	3 年	計
	0	1	1	2

入学

●**出願資格・条件**
・2021 年 3 月に日本の小学校またはこれに準ずる海外の学校を卒業見込みの者で、2 年以上継続して海外に在住し、2019 年 3 月 1 日以降に帰国の者には加点措置優遇
・入学後、保護者のもとから通学可能であること

●**出願書類**
一般入試の出願書類に加え、本校所定の海外滞在証明書および海外最終学校の成績証明書（成績通知表の写しも可）

●**日程等**

区分	募集	出願	試験	発表	選考方法
第 1 回	一般に含む	1/12～27	2/2	2/2	国・算・理・社
第 2 回			2/3	2/3	

●**応募状況**

年度＼人数	募集人員	出願者	受験者	合格者	入学者
2019	一般に含む	6	6	0	0
2020	一般に含む	6	5	1	0

※一般入試と同じ試験を行い、5 ～ 10 点の優遇が受けられる

受入後

●**指導**
一般入試による入学者と同じ

私立 共学 ▷▷ 高 331P

受入開始　2009 年度

武蔵野大学中学校
（むさしのだいがく）

（担当：入試広報部）
〒 202-8585
東京都西東京市新町 1-1-20
▶▶（JR 中央線三鷹駅、西武新宿線田無駅）
TEL 042-468-3284　FAX 042-468-3348
URL https://www.musashino-u.ed.jp/

生徒数　男 100　女 275　合計 375

帰国子女在籍者数	1 年	2 年	3 年	計
	7	3	1	11

入学

●**出願資格・条件**
①1 年以上海外に滞在し、帰国後 3 年以内の者
②日本国籍を有する者
③入学後、保護者のもとから通学できる者

●**出願書類**　①海外在留証明書 ②海外生活の報告書 ③英検 3 級以上の合格書のコピー（下記選考方法 B 方式選択者のみ）

●**日程等**

区分	募集	出願	試験	発表	選考方法
帰国生入試	男女10名	11/24～12/11	12/13	12/15	A・B・C

※ A：国語／算数／個人面接（日本語）
　B：英語／算数／個人面接（日本語）
　C：エッセイ（英語）／個人面接（英語）

編入学

●**編入学時期・定員**　試験日 7 月 21 日（火）【2020 年 9 月編入】
中 1・中 2：若干名　※中学 3 年生は募集しません。

●**出願資格**　下記に準ずる場合は、ご相談ください。
①募集に該当する学年であること
②日本国籍を有していること
③転勤等による一家転住であること
④保護者のもとから通学できること
⑤海外の学校に在籍していること

●**出願書類**
①入学願書（本校書式）②成績を証明できる書類（在学校で作成）③海外在留証明書（本校書式<別書式でも可>）④海外生活の報告書（本校書式）⑤その他必要書類

●**選考方法** 3 科（英語／国語／数学）、個人面接（日本語）
※合格発表は 7/12　14：00 予定

受入後

●**教育方針**　「自分が力をつけてこの世界を救う、世界に貢献する」という気概のある生徒を世に送り出したいと願っています。その目標を達成するために、本校は生徒たちの自由な発意が生かされる刺激的な学びの環境を用意し、新しいことに失敗を恐れずチャレンジする機会をたくさんつくります。

●**特色**　高校はハイグレード、PBL インターナショナル、本科の 3 コース制。「ハイグレード」は医学部、国公立大学や難関私立大学をめざすコース。高 2 に進級するタイミングで文系か理系かを選び、各分野のスペシャリストを育成。薬学部など医療系への進学を志す生徒が多く在籍している。「PBL インターナショナル」は、PBL（課題解決型学習 Project Based Learning）の手法を用いて、目の前の社会課題を解決するプロセスの中から深い学びを習得するコースです。問題解決を通じて幅広い視野を身につけると同時に、自らのアイデアを的確に表現するためのスピーチ力や発信力を養成します。また、希望者は本校の豊富な留学実績をもとに、長期海外留学を行うことができます。「本科」は大学受験を前提にしながら、学習やクラブ活動、学校行事にバランス良く打ち込みたい生徒のためのコース。

●**進学特例条件**　12 学部 20 学科をもつ併設大学（武蔵野大学）へは、コースにより優先的に入学できる制度がある。

▷▷ 高 331P

受入開始　1987 年度

穎明館中学校
（えいめいかん）

（担当：青木寛）

〒 193-0944
東京都八王子市館町 2600
▶▶（JR 中央線・京王高尾線高尾駅）
TEL 042-664-6000　**FAX** 042-666-1101
URL https://www.emk.ac.jp
生徒数　男 357　女 215　合計 572

帰国子女在籍者数	1年	2年	3年	計
	5	7	8	20

入学

●出願資格・条件
保護者の在留に伴って外国で教育を受けた者で、原則として、外国における滞在期間が継続して1年以上であり、帰国後3年以内の適齢生徒であること

●出願書類（※ WEB 出願後、出願書類を郵送して下さい）
・海外在留証明書・海外における在学証明書・海外における成績証明書

●日程等

区分	募集	出願	試験	発表	選考方法
帰国生	10名	2020.12/1～16	1/5	1/5	国・算・面接

※帰国生入試に加えて一般入試と同時にグローバル入試（2/1 のみ）も行います。

●応募状況

年度＼人数	募集人員	出願者	受験者	合格者	入学者
2019	10	10	10	9	7
2020	10	6	5	4	4

編入学

●編入学時期　〔1 年生〕8 月下旬
〔2・3 年生〕4、8 月下旬
●出願資格・条件　海外滞在 1 年以上、帰国後 1 年以内
●出願書類　入学に準ずる
●選考方法　英・国・数、面接
● 2019 年度帰国子女編入学者数

1年	0	2年	1	3年	0

受入後

●指導・教育方針・特色
本年度中学 1 年生より、取り出し授業（GE クラス）を実施している。帰国生入試とグローバル入試で合格した生徒の中で、希望者が 1 週間に 6 時間の英語の授業のうち 3 時間を GE クラスで学習している。このクラスでは、ネイティブスピーカーの教師が洋書の教科書を使い、英語で授業を行っている。

私立　女子

▷▷ 高 332P 大 581P 短 668P

受入開始　2013 年度

共立女子第二中学校
（きょうりつじょしだいに）

（担当：戸口義也）

〒 193-8666
東京都八王子市元八王子町 1-710
▶▶（JR 八王子駅、JR・京王線 高尾駅）
TEL 042-661-9952　**FAX** 042-661-9953
URL http://www.kyoritsu-wu.ac.jp/nichukou/
生徒数　女 191　合計 191

帰国子女在籍者数	1年	2年	3年	計
	1	1	0	2

入学

●出願資格・条件
以下の 2 つの条件を有する者
①国公立もしくは学校法人設立の小学校またはそれに準ずる海外教育機関を 2021 年 3 月までに卒業見込の者のうち、女子。
②原則として保護者の海外勤務により、本人が継続して 1 年を超える期間海外に在留し、帰国して 3 年以内の者（受験日を起算点とする）。現海外在住者を含む。
※出願資格についてご不明な点があれば、事前に入試事務室までご相談ください。
TEL　042-661-9952
MAIL　k2kouhou@kyoritsu-wu.ac.jp

●出願書類
・入学願書（WEB 出願）
・海外在留証明書

●日程等

募集	出願	試験	発表	選考方法
5 名	11/1～22	11/23	11/23	国語（作文）・算数（計算力中心のテスト）、面接（日本語）
5 名	11/1～1/6	1/7	1/7	

※ 1/7 はオンライン入試あり。

●応募状況

年度＼人数	募集人員	出願者	受験者	合格者	入学者
2019	10	1	1	1	1
2020	5	2	2	2	1

編入学

●編入学時期〔1 ～ 3 年生〕随時
●出願資格・条件・出願書類・選考方法　入学に準ずる
● 2019 年度帰国子女編入学者数

1年	0	2年	0	3年	0

受入後

●教育方針
誠実・勤勉・友愛の校訓のもと、伝統ある女子教育を推し進め、社会的に自立した女性を育成する。
●特色
八王子の丘陵地に広がる抜群の環境の中で、伸びやかで多様な学びを実現できる。
●進学特例条件
進学率はほぼ 100% で、そのうち共立女子大学へは約半分の生徒が進学している。併設校ならではの有利な進学制度があり、共立女子大学の優遇を保持したままでも、外部大学を受験することができる。

私立 共学

▷▷ 高 332P 大 576P

受入開始 2014 年度

工学院大学附属中学校

こうがくいんだいがくふぞく

(担当:水川賢二、中村倫子)
〒 192-8622
東京都八王子市中野町 2647-2
▶▶(新宿 シャトルバス、八王子・北野・南大沢・拝島 スクールバス)
TEL 042-628-4914 FAX 042-623-1376
URL https://www.js.kogakuin.ac.jp/

生徒数 男 195 女 65 合計 260

帰国子女在籍者数	1年	2年	3年	計
	21	18	22	61

入 学

●**出願資格・条件**
海外での滞在経験が 1 年以上あり、帰国後 3 年以内の者
※上記に準ずる海外生活経験のある者に関しては応相談

●**出願書類** ・入学願書・帰国生出願者就学歴（以上本校所定のもの）・各種検定合格証の写し（教科試験免除対象者のみ）

●**日程等**

募集	出願	試験	発表	選考方法
35※	11/11～29	12/5	12/5	①国語・算数・英語より 2 科目選択＋面接②英語＋面接③思考力テスト＋面接（面接は、本人及び保護者）
	11/11～1/3	1/7	1/7	

※ハイブリッドインターナショナル、ハイブリッド特進、ハイブリッド特進理数合わせて 35 名。出願はインターネット
※英検準 1 級以上、TOEFL iBT 72～94 以上、IELTS5.5～6.5 のスコア所持で英語入試免除。

●**応募状況**

年度＼人数	募集人員	出願者	受験者	合格者	入学者
2019	35	27	19	19	13
2020	35	51	39	35	19

編入学

●**編入学時期** 〔1～3 年生〕7 月・10 月・12 月・3 月

●**出願資格・条件** 入学試験に準じる。応募する学年に相当の年数の教育を受け、帰国が決定またはその可能性が高いもの

●**出願書類** 入学試験に準ずる。そのほか、成績証明書及び在学証明書（現在通学中の学校が定める書式による。在籍期間、出欠席明記のこと）

●**選考方法** (A 方式・B 方式どちらか該当する方を選択)
A 方式（海外現地校出身者）：思考力を問う作文（基礎的な数学の問題を含む）〔英語及び日本語〕、面接（本人及び保護者）、
B 方式（海外現地校出身者以外）：国語・英語・数学、面接（本人及び保護者）

● **2019 年度帰国子女編入学者数**

1年	2	2年	0	3年	2

受入後

●**教育方針**
Challenge（挑戦）・Creation（創造）・Contribution（貢献）。グローバルな時代の変化に挑戦し、さらなる変化を創造し、それを通して社会や世界に貢献していく。

●**特色** 2015 年度より新コース設置。特に「ハイブリッドインターナショナルクラス」では英数理をネイティブによるオールイングリッシュでの授業を実践していく。詳細は HP・説明会にて。

●**進学特例条件** ・工学院大学への進学内定を確保した上で、国立・私立の他大学へのチャレンジができる。

私立 共学

▷▷ 高 333P

受入開始 2012 年度

八王子学園八王子中学校

はちおうじがくえんはちおうじ

(担当：教頭)
〒 193-0931
東京都八王子市台町 4-35-1
▶▶(JR 中央線西八王子駅)
TEL 042-623-3461 FAX 042-626-5646
URL http://www.hachioji.ed.jp

生徒数 男 155 女 149 合計 304

帰国子女在籍者数	1年	2年	3年	計
	0	0	0	0

入 学

●**出願資格・条件**
原則として、1 年以上海外に滞在し帰国後 3 年以内の者。入学後の学習及び評価に関しては配慮しない
※英検・国連英検・TOEIC 等の取得レベルにより入試結果を優遇
※出願資格については、在籍校の履修・修得状況によっては資格がない場合もあるため、事前に問い合わせること

●**出願書類**
インターネット出願

●**日程等**

募集	出願	試験	発表	選考方法
105	※詳細は学校公式サイト参照			4 科（国算理社）or 2 科（国算）or 適性検査型より選択

※事前面接

●**応募状況**

年度＼人数	募集人員	出願者	受験者	合格者	入学者
2019	一般に含む	0	0	0	0
2020	一般に含む	0	0	0	0

編入学

●**編入学時期** 〔1・2 年生〕随時

●**出願資格・条件** 入学に準ずる。在籍校により次のように配慮
※日本人学校・現地校の学期途中で帰国の場合は、転入学試験を受験

●**出願書類** ・在学証明書・成績証明書及び単位修得証明書・海外在留証明書・英検、TOEIC 等の証明書の写し

●**選考方法** 国語・数学・英語

● **2019 年度帰国子女編入学者数**

1年	0	2年	0	3年	0

受入後

●**教育方針** 日本国憲法および教育基本法に基づいてよりよい人格の完成を目指す。広い視野に立って物事を考え、人類の平和のために貢献する。生徒それぞれのよい資質を伸ばし、個性を生かす教育を行う。

●**特色** 中学入試と同時に 6 年後に向けて学習をスタート。高校進学時には文理コース特進クラスの内進生クラスに進む。

▷▷ 小 48P 高 333P

受入開始　2003 年度

自由学園中等科（じゆうがくえん）

〒 203-8521　　（担当：藤 清人）
東京都東久留米市学園町 1-8-15
▶▶（西武池袋線ひばりケ丘駅）
TEL 042-428-2123　FAX 042-422-1070
URL http://www.jiyu.ac.jp
生徒数　男 104　女 109　合計 213

帰国子女在籍者数	1年	2年	3年	計
	2	3	1	6

入学

●**出願資格・条件**
海外に 1 年以上在住し、日本における当該学年の学齢児童で、以下のいずれかに該当する者
(1) 現在海外の学校に在籍し、当該学年の児童が修得すべき年数の初等教育を受けている者
(2) 海外より帰国して 3 年経過しない者で当該学年の児童が修得すべき年数の初等教育を受けている者

●**出願書類**
・入学願書・成績証明書・小学校長報告書・作文 1 篇（自己紹介と自由学園入学を希望する動機を書いたもの）

●**日程等**

募集	出願	試験	発表	選考方法
若干名	10/30～11/6	11/14	11/15	男子は国算英から 2 科、女子は国算、集団考査、面接
	1/12～28	2/1	2/2	

※男子・女子共に同日程
※必ず事前に来校し、受験前に面談を受けること

●**応募状況**

年度＼人数	募集人員	出願者	受験者	合格者	入学者
2019	若干名	2	2	2	2
2020	若干名	2	2	2	2

編入学

●**編入学時期・定員**〔1 ～ 3 年生〕随時。若干名
●**出願資格・条件・出願書類・選考方法**　中等科 1 年入学試験に準ずる（ただし、中学校調査書も必要）※応相談

●**2019 年度帰国子女編入学者数**

1年	0	2年	1	3年	0

受入後

●**指導**
日本語の指導が必要な場合、個別に指導する。
●**教育方針**
毎朝の礼拝を通し、また、一日 24 時間の生活のなかで、頭と心と身体を自ら鍛える人間教育を目指す。実物に触れ、自分で考えることを大切にしている。
●**特色**
10 万平方メートル（3 万坪）の豊かな自然に恵まれた環境の中、少人数教育を行う。生徒が中心になって友と協力しながら毎日の学校生活の運営を行う。地方生のためと、順番に経験する生徒委員のための寮がある。1 日 24 時間が教育。男子は入学後 1 年は全寮制。寮は創立以来の自治寮。

▷▷ 高 334P

受入開始　2010 年度

明法中学校（めいほう）

〒 189-0024　　（担当：早川哲生）
東京都東村山市富士見町 2-4-12
▶▶（西武新宿線久米川駅・拝島線東大和市駅・JR 立川駅よりバス、西武拝島線小川駅）
TEL 042-393-5611　FAX 042-391-7129
URL http://www.meiho.ed.jp/
生徒数　男 92　合計 92

帰国子女在籍者数	1年	2年	3年	計
	0	1	0	1

入学

●**出願資格・条件**　次の①～③のすべてを満たしていること
①保護者の海外在留に伴って外国で教育を受けた者で、外国における滞在期間が原則として、継続して 1 年以上であること
②帰国後 3 年以内の者。または帰国が決定しており、日本人学校、現地校または国際学校に在籍している者
③日常生活に不自由しない程度に日本語を身につけていること

●**出願書類**
・入学願書・海外在留証明書・6 年生の通知表コピー

●**日程等**

募集	出願	試験	発表	選考方法
特に定めず	12/20～1/19	1/22	1/22	国・算、面接

※一般入試（2/1・2/2・2/3）も受験できる

●**応募状況**

年度＼人数	募集人員	出願者	受験者	合格者	入学者
2019	特に定めず	1	1	1	1
2020	特に定めず	0	0	0	0

編入学

●**編入学時期・定員**　〔1 年生〕9、1 月〔2 年生〕4、9、1 月〔3 年生〕4、9 月。定員は特に定めず
●**出願資格**　入学に準ずる
●**出願書類**　・入学願書・海外在留証明書
・在学証明書・在学校における成績等が確認できるもの・転学照会書
●**選考方法**　国語・英語・数学、面接

●**2019 年度帰国子女編入学者数**

1年	0	2年	0	3年	0

受入後

●**指導**
中学では、ロボット・プログラミングを中心とした取組みで問題解決力や科学的思考力、表現力を養うサイエンス GE プログラムがある。プログラム生は外部のロボット大会などにも参加し、日本大会や国際大会にも出場を果たしている。また、中 1 から少人数英会話授業が行われ、中 3 から希望者対象にメルボルン語学研修がある。
高校に入ると、「世界に挑む日本人」を育成する GSP（グローバル・スタディーズ・プログラム）が用意されている。このプログラムでは、高 1 で 3 ヶ月間のカナダ留学が行われる他、英検準 1 級を目指す講座も用意。このプログラムからは英検 1 級合格者も出ており、海外国立大学への進学者も出ている。
●**特色**
1964 年創立以来、少人数教育を貫く進学校。中学は男子のみで、高校は共学校。東京ドームの 1.2 倍ある校地に点在する施設・設備（400m トラックのとれる大グラウンドや理科専用棟・音楽専用棟など）も充実しており、のびのびと落ち着いた学校生活を送ることができるキャンパス。
※高校のみ共学

私立 共学

▷▷ 小 49P

受入開始 1988 年度

明星(めいせい)中学校

(担当：黒瀬勝利)

〒 183-8531
東京都府中市栄町 1-1
▶▶(京王線府中駅、JR 中央線・西武線国分寺駅)
TEL 042-368-5201 FAX 042-368-5872
URL http://www.meisei.ac.jp/hs/

生徒数 男 200 女 188 合計 388

帰国子女在籍者数	1 年	2 年	3 年	計
	1	0	0	1

入 学

●出願資格・条件

①保護者の勤務等により、1 年以上海外に在留している者、または 1 年以上の海外在留経験があり、帰国後 3 年以内の者
②本校入学後、保護者と同居していること
③ 2021 年 3 月、日本の小学校、または海外で同等の学校を卒業見込みの者
④本人、家族ともに本校の教育方針に賛同していること

●出願書類 入学願書・海外在留証明書・在籍小学校の通知表の写し

●日程等

募集	出願	試験	発表	選考方法
若干名	11/9～13	11/14	11/14	国・算または国・英、面接（本人)、書類

※保護者と事前に面接を行う

●応募状況

年度＼人数	募集人員	出願者	受験者	合格者	入学者
2019	特に定めず	0	0	0	0
2020	特に定めず	3	3	2	1

編 入 学

●編入学時期・定員 〔1・2 年生〕随時。若干名

●出願資格・条件
・保護者の海外勤務に伴い、1 年以上海外に滞在し、現地の学校の相当学年に在籍し、帰国予定、あるいは帰国後 1 年以内の者
・帰国後は保護者と同居し、そこから通学できること
※書類提出の際、保護者と事前面談を行う

●出願書類 入学願書、海外在留証明書（保護者勤務先発行のもの)、成績証明書または最終学年通知表の写し

●選考方法 国語・数学・英語、面接（本人のみ)

● 2019 年度帰国子女編入学者数

1 年	0	2 年	0	3 年	0

受 入 後

●指導・教育方針・特色

学力が不足しているところは、各教科で担当教員が朝、放課後等を利用し、個々に指導している。

入 編

私立 共学

▷▷ 高 334P 大 597P

受入開始 1947 年度

桜美林(おうびりん)中学校

(担当：若井一朗)

〒 194-0294
東京都町田市常盤町 3758
▶▶(JR 横浜線淵野辺駅)
TEL 042-797-2668 FAX 042-797-0195
URL http://www.obirin.ed.jp

生徒数 男 296 女 271 合計 567

帰国子女在籍者数	1 年	2 年	3 年	計
	3	1	1	5

入 学

●出願資格・条件

・2008 年 4 月 2 日から 2009 年 4 月 1 日の間に生まれた児童
・海外に 1 年以上滞在し、帰国後 3 年以内の児童
・2021 年 3 月末までに帰国し、保護者と同居を予定している児童

●出願書類（web 出願）

受験票と写真票（志願票）を印刷し、海外在留証明書と一緒に試験当日に提出

●日程等

区分	募集	出願	試験	発表	選考方法
帰国生入試	若干名	12/2～12	12/17	12/18	国・算・英から 2 科選択、面接※

※面接は本人のみ（日本語 /15 分)：将来の夢や希望、自己アピールなど

●応募状況

年度＼人数	募集人員	出願者	受験者	合格者	入学者
2019	特に定めず	0	0	0	0
2020	特に定めず	11	11	8	3

編 入 学

●編入学時期・定員 〔1 年生〕7、12、3 月
〔2 年生〕7、12、3 月〔3 年生〕7 月。

●出願資格・条件
①保護者の転勤に伴う海外帰国生徒（海外在留 1 年以上・帰国 1 年以内)
②保護者の転勤に伴う国内遠隔地からの一家転住の生徒

●出願書類 入学に準ずる

●選考方法 国語・数学・英語、面接

● 2019 年度帰国子女編入学者数

1 年	0	2 年	1	3 年	0

受 入 後

●指導

帰国子女の学習その他の悩みや補充については必要に応じて個別に対応。外国人教員が多く、海外での体験で身についた力を大いに発揮できる環境にある。また、放課後の 7 時間目に特別英語 Class を設ける。

▷▷ 小 50P 高 335P 大 598P

たま がわ がく えん

玉川学園中学部

（担当：学園入試広報課）

〒194-8610
東京都町田市玉川学園 6-1-1
▶▶（小田急線玉川学園前駅、田園都市線青葉台駅よりバス）
TEL 042-739-8931 FAX 042-739-8929
URL https://www.tamagawa.jp/academy
生徒数 男 248 女 277 合計 525

帰国子女在籍者数	1年	2年	3年	計
	8	7	12	27

入学

●**出願資格・条件**（詳細は、必ず「入学試験要項」でご確認ください。）
【一般入試】
① 2021 年 3 月小学校を卒業見込みの者、および同等の資格を有する者
②本学園入学後、保護者（父母等）のもとから通学できる者
※外国人学校（インターナショナルスクールを含む）に在籍している児童はご相談ください。
〈海外帰国生のみ以下の条件も追加〉
保護者の転勤に伴い、海外在住 1 年以上かつ帰国後 3 年以内（2018 年 4 月以降帰国）の者、または受験日現在、保護者の転勤に伴い、海外在住 1 年以上で、2021 年 3 月 31 日までに帰国予定の者。
【帰国生入試 (IB クラス)】
①保護者の転勤に伴い、海外在住 1 年以上かつ帰国後 3 年以内（2018 年 4 月以降帰国）の者。または受験日現在、保護者の転勤に伴い、海外在住 1 年以上で 2021 年 3 月 31 日までに帰国予定の者
② 2021 年 3 月小学校を卒業見込みの者、および同等の資格を有する者
③本学園入学後、保護者（父母等）のもとから通学できる者

●**出願書類**　志願書・成績通知表のコピー・海外在留証明書・評価表（国際バカロレア（IB）クラスのみ）

●**日程等**

区分	募集			出願	試験	発表	選考方法
中学	一般クラス	第1回	65名	WEB 出願 1/7～30 郵送 1/12～27 窓口 1/28・29・31 10：00～14：00	2/1 午前	2/1	4科 or2科※1、面接
		第2回			2/1 午後	2/1	2 科、面接
		第3回	45名		2/2 午前	2/2	4科 or2科※1、面接
		第4回			2/2 午後	2/2	2 科、面接
	IBクラス	帰国生	各10名	★	12/5 午後	12/7	国 or 英、算、理・社 面接
		第1回		一般クラスと同じ	2/1 午前	2/1	
		第2回			2/2 午後	2/2	

★ WEB 出願：11/19 ～ 27、郵送：11/20 ～ 28
※ 1 国算入試（国・算）or 英語型入試（英・国 or 英・算）or 算理入試（算・理）
※ IB クラスは帰国生入試と一般入試 1,3 回と同日程で募集。帰国生入試では国語または英語、算数、理・社（国語以外は英語による出題）。一般入試では国語または英語（英語は英語による出題）、算数、理・社（日本語または英語による出題選択可）。面接は受験生面接と保護者同伴面接
※全教科 IB クラス独自の問題
※海外帰国生も同日程・同一問題で受験し、合否判定の際考慮する。詳細は「入学試験要項」で確認。

●**応募状況**（帰国生入試および一般入試の帰国生）

年度＼人数	募集人員	出願者	受験者	合格者	入学者
2020	一般入試に含む	0	0	0	0

編入学

●**編入学時期・定員**　一般クラス・国際バカロレア（IB）クラス、欠員時のみ各学年若干名。帰国生の入学時期については要相談。詳しくはホームページ参照のこと
●**出願資格・条件**　学校へ問い合わせのこと
●**出願書類**　「入学」に準ずる
●**選考方法**　一般クラス：国・数・英、保護者同伴面接
IB クラス：国または英・数、理・社（国以外は英語による出題）、受験生面接（英語面接あり）および保護者同伴面接

● **2019 年度帰国子女編入学者数**

1年	2	2年	1	3年	1

受入後

●**指導**　全ての授業が図書や資料などの関連教材を常備した専門教室で行われ、各教室に教科の専任教員が常駐しいつでも質問に対応できる環境が整っている。一般クラスは国語・数学・英語を「習熟度別授業」で実施。英語は個に応じて外国人の英語教師による授業の割合を変え、高い表現力・コミュニケーション能力を目指した授業を進めている。また、IB ワールドスクール認定校であるメリットを生かし、その指導方法や評価法（ルーブリック）を取り入れている。
●**教育方針**　「全人教育」「探究型学習」「世界標準の教育」を教育の柱とし、主体的・対話的で深い学びを実現し、大学の学修に必要な資質・能力を身につける。
●**特色**　61 万㎡の広大なキャンパスに幼稚部から大学・大学院までが集う総合学園。①スーパーサイエンスハイスクール（SSH）指定校（13 年目：3 期指定期間 2018 ～ 2022 年度）② IB ワールドスクール（MYP・DP）認定校③国際規模の私立学校連盟ラウンドスクエアメンバー校　年間 204 名の生徒を海外に派遣、135 名の海外の生徒を受け入れる。学園内では日常的に国際交流が行われ、国際感覚が磨かれる。
●**卒業生（帰国生徒）の進路状況**　高等学校段階には、進級規定を満たした上で進級できる。

入 編

▷▷ 小 51P 高 336P

受入開始　2003 年度

みょうじょう がく えん

明星学園中学校

（担当：河野尚子）

〒181-0001
東京都三鷹市井の頭 5-7-7
▶▶（JR 中央線吉祥寺駅・三鷹駅、京王井の頭線吉祥寺駅・井の頭公園駅）
TEL 0422-43-2196 FAX 0422-47-6905
URL http://www.myojogakuen.ed.jp/
生徒数 男 221 女 204 合計 425

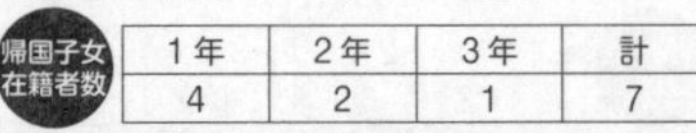

帰国子女在籍者数	1年	2年	3年	計
	4	2	1	7

入学

●**出願資格・条件**
2021 年 3 月に小学校卒業見込みの児童で、小学校教育期間中に 1 年以上の在外経験のあるもの
●**出願書類**　web 出願
●**日程等**

募集	出願	試験	発表	選考方法
若干名	11/23～27	11/28	11/28～30	算数、作文、面接

※面接は受験生 2 名 1 組で行う。

●**応募状況**

年度＼人数	募集人員	出願者	受験者	合格者	入学者
2019	若干名	2	2	2	2
2020	若干名	5	5	5	4

編入学

欠員がある場合のみ

● **2019 年度帰国子女編入学者数**

1年	0	2年	0	3年	0

受入後

●**指導**
基本的には、帰国生のみを特別に扱う（クラス編成や授業）ことはない。明星生として一緒に学んでいくが、補いが必要な場合は、補習を通してクラス授業に追いつくよう手助けしていく。
●**教育方針**
開校以来、「生徒の気持ちを尊重する」ことを教育の基本とし、管理的な制度やルールは最小限にとどめ、「若葉を出そうとする力をサポートし、よりよい土壌を作ること」に努めている。
●**特色**
中学では短期留学、高校では交換留学制度、長期留学制度、短期留学経験など。学校行事であるインターナショナルウィークは、海外の学生との交流や外国人講師の方とのフリートークを行う国際色豊かな 1 週間となっている。
●**卒業生（帰国生徒）の進路状況**
併設高等学校へ進学。

私立 共学

▷▷ 高 336P

受入開始 1994 年度

聖徳学園中学校
（しょうとくがくえん）

（担当：新宿仁洋）

〒180-8601
東京都武蔵野市境南町 2-11-8
▶▶（JR 中央線・西武多摩川線武蔵境駅）
TEL 0422-31-5121 FAX 0422-33-9386
URL https://jsh.shotoku.ed.jp
生徒数 男 169 女 96 合計 265

帰国子女在籍者数	1年	2年	3年	計
	2	2	1	5

入学

●**出願資格・条件** ※事前教育相談が必要（要予約）
・2021 年 3 月小学校卒業見込みの者，またはこれと同等であること
・充実した学校生活を過ごしていること
・原則として 1 年以上海外に滞在し，帰国後 3 年以内であること（滞在国・日本人学校・現地校・インターナショナルを問わない）

●**出願書類**（WEB 出願）
①海外生活の証明書（本校所定の書式）
②本校所定の写真票（試験当日持参）

●**日程等**

区分	募集	出願	試験	発表	選考方法
第1回	若干名	11/7～18	11/21	当日	国語・算数・英語から 2 科目選択、面接
第2回		12/2～13	12/16		
第3回		1/6～17	1/20		

	出願	試験	選考方法
オンライン	試験 2 週間前～3 日前	随時（11/21～1/20）	課題提出、面接

※英検 3 級以上取得者またはそれと同等の資格をお持ちの方は英語試験の免除・優遇あり

●**応募状況**

年度＼人数	募集人員	出願者	受験者	合格者	入学者
2019	若干名	3	3	3	2
2020	若干名	3	2	2	2

編入学

●**編入学時期・定員**〔1 ～ 3 年生〕随時。若干名
●**出願資格・条件** 1 年以上海外に滞在し、帰国した者。
●**出願書類** 海外に滞在したことを証明できる書類、在籍校での成績を証明できる書類。
●**選考方法** 国・英・算、面接
●**2019 年度帰国子女編入学者数**

1年	0	2年	0	3年	0

受入後

●**指導** 国語・算数の学習に遅れている生徒に対して補習のほか、希望者には個別に対応。希望者を対象にネイティブによる英語力維持活動を行っている。
●**教育方針** 自らの強みを伸ばし、世界とつながり、新しい価値を生み出す人材の育成
●**特色**
(1) STEAM 教育を通し、創造力・論理的思考力・発信力など、これからの社会で必要となるスキルを養っている。
(2) 中学校 1・2 年次における 2 名担任制。
(3) 英語と数学では、習熟度別授業の実施。
●**進学特例条件** 併設高等学校に原則全員進学できる。

私立 共学

▷▷ 小 51P 高 337P 大 600P

受入開始 1964 年度

成蹊中学校
（せいけい）

（担当：中高入試部）

〒180-8633
東京都武蔵野市吉祥寺北町 3-10-13
▶▶（JR 中央線・京王井の頭線吉祥寺駅）
TEL 0422-37-3818 FAX 0422-37-3863
URL https://www.seikei.ac.jp/jsh/
生徒数 男 429 女 390 合計 819

帰国子女在籍者数	1年	2年	3年	計
	31	39	40	110

入学

●**出願資格・条件**
国際学級 (1) 保護者の勤務の都合で 2 年以上海外に在住した者 (2) 現地校またはインターナショナル校（幼稚園は除く）に 2 年以上在籍していた者 (3) 2018.12.1 以降に帰国した者、または帰国予定の者 (4) 2007.4.2 から 2009.4.1 までに生まれた者※
一般入試（帰国生枠）(1) 保護者の勤務の都合で 1 年以上海外に在住していた者 (2) 海外の学校（現地校、日本人学校、インターナショナル校等）に 1 年以上在籍していた者（幼稚園は除く）(3) (4) は共通

●**出願書類** ※ web 出願サイトから出願のうえ、書類を提出
・志願者シート（一般入試 帰国生枠のみ）・志願者学歴書・在外勤務証明書・在学証明書等

●**日程等**

区分	募集	出願	試験	発表	選考方法
国際学級	約15	12/4～11 書類提出 12/4～15	1/8	web 1/8 掲示板 1/9	国･算･英、面接
一般（帰国枠）	若干	1/10～18 書類提出 1/10～21	2/1	2/2	国・算、面接

●**応募状況**（1 年生）

年度＼人数	募集人員	出願者	受験者	合格者	入学者
2019	約15+若干名	59	50	27	15
2020	約15+若干名	65	58	29	13

編入学

●**編入学時期・定員**〔1 年生〕9 月編入（7 月入試）。若干名
〔2 年生〕4 月編入（1 月入試）。若干名
●**出願資格・条件・出願書類** 問い合わせのこと
●**選考方法** 国語・数学・英語、面接
●**2019 年度帰国子女編入学者数**

1年	3	2年	3	3年	－

受入後

●**指導・教育方針・特色** 国際学級は定員 15 名という少人数クラスであり、家庭的な雰囲気のなかで日本の教育への早期適応を目指す。クラブ活動や行事については、一般学級と区別されていない。中 2 からは全員が一般学級へ移行するが、中 2・中 3 の英語の授業は、一般学級の英語の授業と並行する形で「帰国生英語特設クラス」を実施する。2016 年度より、中 1 から一般学級に属する「一般入試（帰国生枠）」を新設。併設の高等学校への推薦入学が原則の中高一貫教育である。なお、再び保護者が外国へ転勤する場合、一学期間以上の在籍者は、3 年以内なら再受入れが認められる（中学を出て高等学校へ戻るのも可）。

私立 女子

▷▷ 高 337P

受入開始 2015 年度

藤村女子中学校
（ふじむらじょし）

〒 180-8505　（担当：今本、広瀬）
東京都武蔵野市吉祥寺本町 2-16-3
▶▶（JR 中央線・総武線吉祥寺駅）
TEL 0422-22-1266 FAX 0422-22-7680
URL http://www.fujimura.ac.jp
生徒数　女 62　合計 62

帰国子女在籍者数	1年	2年	3年	計
	0	1	0	1

入学

●**出願資格・条件**
海外在留期間 1 年以上、帰国後 3 年以内の女子
●**出願書類**（インターネット出願）
・成績のわかる書類・海外在留報告書
●**日程等**

募集	出願	試験	発表	選考方法
特に定めず	～12/3	12/5	12/5	A・Bのいずれか A：算数、作文、面接 B：作文、英語、面接
	～1/9	1/12	1/12	

※事前に問い合わせること
●**応募状況**

年度＼人数	募集人員	出願者	受験者	合格者	入学者
2019	特に定めず	1	1	1	0
2020	特に定めず	0	0	0	0

編入学

●**編入学時期**〔1 年生〕9、1 月〔2 年生〕4、9、1 月〔3 年生〕4、9 月
●**出願資格・条件** 特になし（要事前問い合わせ）
●**出願書類** 願書
●**選考方法** 筆記試験（国語・数学・英語）、面接
● **2019 年度帰国子女編入学者数**

1年	0	2年	0	3年	0

受入後

●**指導**
学校に設置している学習センターにて補習などを実施。※学習センターは教員と東大生をはじめとするチューターによる、授業時間以外での学習指導を行っている
●**教育方針**
逆境に耐え抜く意志と人を思いやる寛容と慈悲の心を備え、主体性を持って行動する個性豊かな人間形成を目指している。
●**特色**
中高一貫の中学・高校。中学では特別選抜コース（高校 1 年までの先取りカリキュラムを実施）と特進コースを設置。クラブ活動が盛んで、新体操・器械体操・柔道・水泳などの運動部、吹奏楽・クッキング・茶道・児童文化などの文化部も盛ん。
●**進学特例条件**
併設校へは全員優先入学。

私立 共学

▷▷ 小 54P 高 338P

受入開始 1986 年度

青山学院横浜英和中学校
（あおやまがくいんよこはまえいわ）

〒 232-8580　（担当：細田孝充）
神奈川県横浜市南区蒔田町 124
▶▶（横浜市営地下鉄蒔田駅）
TEL 045-731-2862 FAX 045-721-5340
URL http://www.yokohama-eiwa.ac.jp/chukou/
生徒数　男 135　女 557　合計 692　※2018年度より共学

帰国子女在籍者数	1年	2年	3年	計
	19	11	14	44

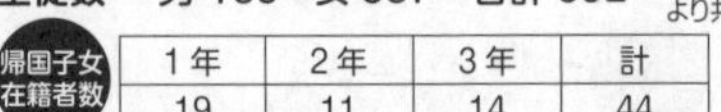

入学

●**出願資格・条件**
・海外滞在 1 年以上、2017 年 3 月 1 日以降に帰国
●**出願書類**
・入学志願書（本学院所定）
・在学証明書・海外在留証明書・成績証明書
●**日程等**

募集	出願	試験	発表	選考方法
10名程度	1/6～1/30	2/1	2/1	国語・算数、面接

●**応募状況**

年度＼人数	募集人員	出願者	受験者	合格者	入学者
2019	10	24	24	9	4
2020	10	21	20	5	2

編入学

●**編入学時期・定員** 欠員がある場合のみ
●**出願資格・条件** ・海外滞在 1 年以上、帰国直後の者
●**出願書類** ・志願書・成績証明書・在学証明書
・海外在留証明書
●**選考方法** 国・数・英、面接（保護者同伴）
● **2019 年度帰国子女編入学者数**

1年	0	2年	0	3年	2

受入後

●**指導・教育方針・特色**
希望者を対象に、国語・数学を中心に補講を実施。英語力の維持・向上を目的に外国人専任教員による「英語特別講座」を開講。取り出し授業も行っている。
●**進学特例条件**
併設高等学校へ推薦入学を原則としている。

私立 女子

受入開始　2003 年度

神奈川学園中学校
（かながわがくえん）

（担当：米谷隆治）

〒221-0844
神奈川県横浜市神奈川区沢渡 18
▶▶（JR 線・東急・京急・相鉄・地下鉄横浜駅、東急反町駅）
TEL 045-311-2961　**FAX** 045-311-2474
URL http://www.kanagawa-kgs.ac.jp
生徒数　女 567　合計 567

帰国子女在籍者数	1 年	2 年	3 年	計
	3	1	3	7

入学

●出願資格・条件
父母の海外勤務に伴い、継続 1 年以上滞在し、帰国後 3 年以内の児童（児童の海外での出身校については問わない）

●出願書類（試験当日持参）
・入学志願票、受験票（本校所定）
・海外における最終学校の在学を証明するもの

●日程等

募集	出願	試験	発表	選考方法
若干名	インターネット 12/1～17	12/19	12/19	国語・算数、面接、英語または作文

※面接：本人・保護者面接（英語面接は可能な方に実施）
　英語もしくは作文：書類提出時に伝える

●応募状況

年度＼人数	募集人員	出願者	受験者	合格者	入学者
2019	若干名	11	11	11	1
2020	若干名	12	12	11	3

編入学

●編入学時期・定員〔1 年生〕9、1 月〔2･3 年生〕4、9、1 月。欠員がある場合、若干名
●出願資格・出願書類　入学に準ずる
●選考方法　英語・国語・数学、面接、受験生・保護者面接を総合的に判断する

● 2019 年度帰国子女編入学者数

1 年	0	2 年	0	3 年	0

受入後

●指導
帰国生の入試は 12 月に実施。帰国生の入試は一般に比べて若干平易。入学後の学習指導などは特に実施していない。ただし、個別の事情に応じて、5 教科中心に個別指導のシステムを整えている。

●進学特例条件
一般生と同様に併設高校に進学。

●卒業生（帰国生徒）の進路状況
全ての生徒は 4 年制大学に進学。

私立 共学

▷▷ 大 601P

受入開始　1988 年度

神奈川大学附属中学校
（かながわだいがくふぞく）

（担当：小林道夫）

〒226-0014
神奈川県横浜市緑区台村町 800
▶▶（JR 横浜線中山駅、相模鉄道鶴ヶ峰駅）
TEL 045-934-6211　**FAX** 045-934-6509
URL http://www.fhs.kanagawa-u.ac.jp
生徒数　男 349　女 321　合計 670

帰国子女在籍者数	1 年	2 年	3 年	計
	2	3	4	9

入学

●出願資格・条件
・2021 年 3 月に小学校を卒業見込みで、2021 年 4 月 1 日時点で通学圏内に居住している児童。
・保護者の海外在留に伴って海外で教育を受け、滞在期間が帰国時まで継続して 1 年以上、かつ 2017 年 4 月以降に帰国した者。

●出願書類
・入学願書一式
・海外在留証明書（保護者勤務先作成：書式自由）
・帰国生報告書（本校所定）

●日程等

募集	出願	試験	発表	選考方法
若干名	12/1～18	12/22	12/22	算数・英語

●応募状況

年度＼人数	募集人員	出願者	受験者	合格者	入学者
2019	10	6	6	3	3
2020	10	12	12	6	2

編入学

●編入学時期・定員　2 年・3 年　若干名。12 月
●出願資格・条件・出願書類　入学に準ずる
●選考方法　国語・数学・英語の学力検査、面接および成績証明書により選考する

● 2019 年度帰国子女編入学者数

1 年	0	2 年	0	3 年	1

受入後

●指導・教育方針・特色
中・高一貫教育を推進している。受け入れ後の指導として特別なことは行わないが、補習などの必要があるときは、随時、個別指導を行う。

▷▷ 高 339P 大 602P

受入開始　1975 年度

関東学院中学校

（担当：鍬塚浩一）

〒 232-0002
神奈川県横浜市南区三春台 4
▶▶（京浜急行線黄金町駅、市営地下鉄阪東橋駅）
TEL 045-231-1001　FAX 045-231-6628
URL http://www.kantogakuin.ed.jp/
生徒数　男 545　女 252　合計 797

帰国子女在籍者数	1年	2年	3年	計
	10	6	3	19

入学

●出願資格・条件
保護者の勤務等により海外に転住した経験があり、2019 年 1 月以降に帰国した者で、日本の小学校 6 年生に相当する者

●出願書類
・志願票一式（出願終了 1 ヶ月前までにメールでお問い合わせください）
・海外在留証明書（本校指定用紙）

●日程等

募集	出願	試験	発表	選考方法
若干名	12/1～4	12/12	12/12 インターネット	作文、計算、漢字、面接

※出願はインターネットのみ

●応募状況

年度＼人数	募集人員	出願者	受験者	合格者	入学者
2019	若干名	6	6	6	6
2020	若干名	15	14	12	10

編入学

●編入学時期・定員〔1 ～ 3 年生〕随時。若干名
●出願資格・条件　海外在留 2 年以上、帰国後 3 ヶ月未満の者
※出願前に教頭と面接
●出願書類　・入学願書一式（本校所定のもの）
・海外における学校の在学証明書および成績証明書
●選考方法　英・数・国、面接（保護者同伴）

● 2019 年度帰国子女編入学者数

1年	0	2年	0	3年	0

受入後

●指導・教育方針・特色
本人が次学年に進級するまでを本校への適応期間と考え、評定および進級について、特別の措置をとり適宜個人指導を行う。適応期間解除後は、一般生徒と同じ扱いである。

●進学特例条件
併設高等学校へ進学。

私立　共学

▷▷ 小 52P 高 339P

受入開始　2011 年度

関東学院六浦中学校

（担当：野本幸靖）

〒 236-8504
神奈川県横浜市金沢区六浦東 1-50-1
▶▶（京浜急行線金沢八景駅）
TEL 045-781-2525　FAX 045-781-2527
URL http://www.kgm.ed.jp
生徒数　男 268　女 165　合計 433

帰国子女在籍者数	1年	2年	3年	計
	3	2	0	5

入学

●出願資格・条件
・海外在住期間が 1 年以上で、すでに帰国している場合は帰国後 3 年以内の者（またはこれに準ずる者）
・2021 年 3 月 小学校卒業見込みの者
・本校の教育基本方針に賛同する者
※出願資格についてご不明な点がある場合は、出願前に学校へお問い合わせください。

●出願書類
入学願書・受験票（WEB 出願）
海外在留証明書
海外在留に関する調査書

●日程等

募集	出願	試験	発表	選抜方法
男女若干名	2020/11/20～ Ⅰ期：2020/12/8 Ⅱ期：2021/1/13	Ⅰ期：2020/12/12 Ⅱ期：2021/1/16	Ⅰ期：2020/12/12～12/14 Ⅱ期：2021/1/16～1/18	・日本語による作文 ・算数 ・面接（本人・保護者同席）

●応募状況

年度＼人数	募集人員	出願者	受験者	合格者	入学者
2019	若干名	4	4	4	2
2020	若干名	3	3	3	3

編入学

●編入学時期・定員　欠員がある場合。
〔1 年生〕 9、1 月〔2 年生〕 4、9、1 月〔3 年生〕 4、9 月。
※帰国生は随時相談を受け付けます
●出願資格・条件　海外に 1 年以上在住し、かつ現地校または日本人学校に在籍している者
●出願書類　志願票・受験票、海外在留証明書、海外校の在籍証明書
●選考方法　国語、数学、英語、面接

● 2019 年度帰国子女編入学者数

1年	0	2年	0	3年	0

受入後

●指導　1 年次・2 年次は英語で取り出し授業があります。
※ 2021 年度から中学 3 学年でも英語の取り出し授業実施予定

私立 男子

▷▷ 高 340P

受入開始　2020 年度

横浜中学校

（担当：館山和央、佐藤政一）

〒 236-0053
神奈川県横浜市金沢区能見台通 46-1
▶▶（京浜急行　能見台駅）
TEL 045-781-3396　FAX 045-785-1541
URL https://www.yokohama-jsh.ac.jp/
生徒数　男 1035　女 534　合計 1569　※中高合算

帰国子女在籍者数	1年	2年	3年	計
	―	―	―	―

入学

●出願資格・条件
原則として、海外在住経験が 1 年以上。帰国後 3 年以内の者。

●出願書類
・海外在留証明書
・成績証明書
※詳細は要問い合わせ

●応募状況

年度＼人数	募集人員	出願者	受験者	合格者	入学者
2019	―	―	―	―	―
2020	―	―	―	―	―

受入後

●指導
一般入試による入学者と同じ。

●教育方針
「思いやりあふれる青少年の育成」と「社会で活躍できるグローバル人財の育成」を掲げ、21 世紀を生き抜く力を身につけさせます。

●特色
アドバンスコースにおいては、英語の授業を外国人教員と日本人教員の TT によるクラスを設けています。英検準 2 級取得が条件となるため、指導レベルも一定に保たれています。

●進学特例条件
6 つの海外大学（アメリカ・オーストラリア・フィリピン）へ、英検 2 級と在学中のプログラム参加で進学が可能となります。

私立 共学 寮

受入開始　1993 年度

公文国際学園中等部

（担当：広報室）

〒 244-0004
神奈川県横浜市戸塚区小雀町 777
▶▶（JR 東海道線・横須賀線・根岸線大船駅）
TEL 045-853-8200　FAX 045-853-8220
URL https://kumon.ac.jp/k-gakuen/kokusai/
生徒数　男 256　女 266　合計 522

帰国子女在籍者数	1年	2年	3年	計
	30	36	36	102

入学

●出願資格・条件　（帰国生入試枠の場合）2015 年 4 月以降、海外の教育機関に 1 年以上在籍した生徒。国内インターナショナルスクール生もこれに準ずる

●出願書類　・入学願書（インターネット出願）・海外居住、インターナショナルスクール在籍証明書（帰国生入試のみ）・自己推薦書（A 入試〈国語・数学または国語・英語または数学・英語〉の受験者で希望者のみ提出）

●日程等

区分	募集	出願	試験	発表	選考方法
帰国生	10	12/14～1/8	1/14	1/15	適性検査・英語・面接
A入試	110	1/8～27	2/1	2/2	国・算または国・数または国・英または数・英
B入試	40	1/8～2/2	2/3	2/4	国・算・理・社

●応募状況（一般入試も含む）

年度＼人数	募集人員	出願者	受験者	合格者	入学者
2019	160	541	441	244	178
2020	160	547	457	230	184

編入学

●編入学時期・定員　〔1 年生〕9 月〔2・3 年生〕4、9 月　若干名。募集のない学年もある。（あらかじめ確認のこと）

●出願資格・条件　県外からの一家転住または海外帰国生（条件あり）

●出願書類　・入学願書・海外居住証明書

●選考方法　国語・数学・英語、面接

● 2019 年度帰国子女編入学者数

1年	0	2年	2	3年	0

受入後

●指導　①中 1 ～中 3 までは始業前朝学習タイム（8：20 ～ 8：40）を設け、中 2 までは公文式教材を学習する②授業外に、週 1 回公文式放課後教室（中 2 まで必修）、必要に応じて公文式教材を使ったキャッチアップ講座（指名制）や夏期講習、高 3 放課後学習ゼミ（希望制）などがある。

●教育方針・特色　「自ら学び、考え、判断し、行動する」「異質の他者を理解する」をモットーに、国際社会で活躍できる人材の育成を目指す。制服も校則もない自由な雰囲気。4 ヶ月の寮体験プログラム（希望制）、多種多彩な総合学習や模擬国連活動等他校にはない特徴的な学校行事が多数ある。2014 年度～ 2018 年度文部科学省スーパーグローバルハイスクール（SGH）指定校。現在生徒の 5 人に 1 人が 1 年以上海外滞在経験者。

私立 男子

受入開始 2002 年度

聖光学院中学校（せいこうがくいん）

〒231-8681 （担当:工藤誠一、吉岡敏子）
神奈川県横浜市中区滝之上 100
▶▶（JR 根岸線山手駅）
TEL 045-621-2051 FAX 045-621-2286
URL http://www.seiko.ac.jp
生徒数 男 688 合計 688

帰国子女在籍者数	1年	2年	3年	計
	25	26	21	72

入学

●**出願資格・条件**
2015 年 4 月以降の海外在住期間が通算 1 年以上。2021 年 3 月に小学校を卒業する男子で、本校において高等学校まで継続して勉学し、さらに上級学校への進学を希望する、原則として自宅通学の可能な者

●**出願書類**
インターネットによる出願

●**日程等**

募集	出願	試験	発表	選考方法
若干名	12/2～1/7	1/9	1/10	算数・英語または国語

●**応募状況**

年度＼人数	募集人員	出願者	受験者	合格者	入学者
2019	若干名	179	175	47	26
2020	若干名	165	162	39	25

受入後

●**指導**
一般生徒のクラスに混入するが、英語の授業については、中学生の間は帰国生のみの少人数クラスを編成し、ネイティブスピーカーあるいは同レベルの教員によるカリキュラムを実施し、海外で培った英語力の発展を図る。

●**教育方針**
キリスト教のカトリック精神を生かし、中・高一貫教育の下、将来社会に貢献できる健全で有為な人材の育成を目指す。

●**進学特例条件**
学内の進級基準を満たしていれば、併設高校へ進学できる。

私立 共学

▷▷ 小 53P

受入開始 2002 年度

聖ヨゼフ学園中学校（せいがくえん）

〒230-0016 （担当:多田信哉（入学）、武田けい子（編入））
神奈川県横浜市鶴見区東寺尾北台 11-1
▶▶（JR 京浜東北線鶴見駅）
TEL 045-581-8808 FAX 045-584-0831
URL http://www.st-joseph.ac.jp/
生徒数 男 20 女 121 合計 141 ※2020 年より共学

帰国子女在籍者数	1年	2年	3年	計
	3	4	3	10

入学

●**出願資格・条件**
(1) 2021 年 3 月小学校卒業見込みの男女
(2) 1 年以上海外もしくは国内のインターナショナル・スクールの小学校相当の学校に在籍した者
(3) 帰国後、保護者もしくは代理となる者の元から通学できる者

●**出願書類**・入学願書（学園所定のもの）・小学校 6 年時の通知表（表裏）のコピー、直前まで海外に在住している場合は現地の通知表のコピー・テーマ作文「小学校生活で成長した私」もしくは自由作文（いずれも 800 字以内、英文の場合は 250 ワード程度） ※すべて WEB 出願

●**日程等**

区分	募集	出願	試験	発表	選考方法
12月 1月	併せて5	11/16～29 12/11～27	12/1 1/6	12/1・2 1/6・7	算、面接
第1回	15名	1/8～29	2/1AM	2/1・2	国算または国算社理、面接
第2回	10名	1/8～29	2/2AM	2/2・3	国・算、面接
第3回	10名	1/8～2/2	2/3AM	2/3・4	国・算、面接

※試験の中で優遇措置をとる（作文を加点）
※面接は保護者同伴。日時は出願時に知らせる

●**応募状況**

年度＼人数	募集人員	出願者	受験者	合格者	入学者
2019	5	5	3	3	2
2020	5	6	4	4	3

編入学

●**編入学時期・定員** 〔1 年生〕9、1 月〔2 年生〕4、9、1 月〔3 年生〕4、9 月。若干名

●**出願資格・条件** 海外に 1 年以上滞在し、日本の中学校に相当する外国の学校に在学しているか、年度内に卒業見込みの男女（中 2・中 3 は女子）。要相談

●**出願書類** 入学試験に準ずる

●**選考方法** 筆記試験（国・数・英）、面接（保護者同伴）

●**2019 年度帰国子女編入学者数**

1年	0	2年	1	3年	0

受入後

●**指導** 入学後、帰国生も一般生と同じ授業を受ける。ただし英会話の授業など一部の授業で取り出しを行い、国語を学習することもある。

●**教育方針**
(1) カトリックの教えに基づき、愛の心を涵養する。
(2) 知性、徳性を高め、心身を鍛え、社会に貢献する人を育てる。
(3) 神にいただいた個々の賜物に気づき、生かそうとする姿勢を育てる。

●**特色** 1 学年 2 クラスの小規模なカトリック校。2019 年、国際バカロレア（IB）中等教育プログラム（MYP）候補校、2020 年より共学化。6 年間で全員の顔と名前が一致するため、一人ひとりのタレント（才能）を磨き伸ばすことができる環境である。

●**進学特例条件** 白百合女子大学に姉妹校推薦があり、一定の成績を修め、定員の枠内であれば、入学できる。

●**卒業生（帰国生徒）の進路状況** 上智大、聖心女子大、白百合女子大などカトリック系の大学に進学する生徒が多い。

私立 女子

受入開始 1993 年度

捜真女学校中学部

（そうしんじょがっこう）

〒 221-8720　（担当：島名恭子）
神奈川県横浜市神奈川区中丸 8
▶▶（東急東横線反町駅、市営地下鉄ブルーライン三ツ沢下町駅）
TEL 045-491-3686 FAX 045-491-6715
URL http://soshin.ac.jp/

生徒数　女 370　合計 370

帰国子女在籍者数	1年	2年	3年	計
	0	2	2	4

入 学

●**出願資格・条件**
在外 1 年以上、2018 年 1 月以降帰国した児童

●**出願書類**
・入学志願票（本校所定）・受験票（本校所定）

●**日程等**

募集	出願	試験	発表	選考方法
若干名	未定	未定	未定	2 科、面接（本人のみ）
	未定	未定	未定	

●**応募状況**

年度＼人数	募集人員	出願者	受験者	合格者	入学者
2019	若干名	4	4	4	2
2020	若干名	1	1	1	0

編 入 学

●**編入学時期・定員**　欠員がある場合に随時。若干名

●**出願資格・条件**　・中学入学試験時に本校の受験可能地域に居住していなかった児童・学校の別（現地校、インターナショナル校、日本人学校）は問わない

●**出願書類**　在外校の在学証明書・成績証明書・報告書（本校所定）

●**選考方法**　国・数・英、英会話、面接（本人のみ）

● **2019 年度帰国子女編入学者数**

1年	0	2年	0	3年	1

受 入 後

●**指導・教育方針・特色**
一般生徒と同じクラスに入るが、海外で習得したものの保持伸長をはかるよう指導を心がけている。

●**進学特例条件**
3 年生 2 学期の成績により併設高等学部への進学が決定される。高 3 卒業時の大学への指定校推薦への応募は一般生徒と同様に扱う。

●**卒業生（帰国生徒）の進路状況**
本校の高等学部に進学。最近では、早稲田大、上智大、立教大、聖心女子大、明治学院大などに進学した。

▷▷ 高 342P 大 583P 短 668P

私立 共学

受入開始 2017 年度

日本大学中学校

（にほんだいがく）

〒 223-8566　（担当：教頭 鈴木 仁）
神奈川県横浜市港北区箕輪町 2-9-1
▶▶（東急東横線、目黒線、横浜市営地下鉄グリーンライン 日吉駅）
TEL 045-560-2600 FAX 045-560-2610
URL http://www.yokohama.hs.nihon-u.ac.jp

生徒数　男 368　女 297　合計 665

帰国子女在籍者数	1年	2年	3年	計
	19	10	7	36

入 学

●**出願資格・条件**
本校の教育方針を理解し，すべての教育活動に参加できる者，かつ次の (1) ～ (3) のいずれかの条件を満たしている者。ただし，2008 年 4 月 2 日～ 2009 年 4 月 1 日に生まれた者に限る。
(1) 2020 年 11 月 1 日現在，海外での滞在期間が 1 年以上あり，2017 年 3 月以降に帰国の者
(2) 2020 年 11 月 1 日現在，海外の学校（海外現地学校・全日制日本人学校・インターナショナル校）に 1 年以上在籍している者

●**出願書類**　なし（インターネット出願）
※試験日に本校所定の「海外在留証明書」を持参して下さい。

●**日程等**

募集	出願	試験	発表	選考方法
若干名	11/16～12/7 (16:00)	12/13	HP 12/14 17:00 掲示 12/15 10:00～11:00	学力試験 国・算 または 英・算

●**応募状況**

年度＼人数	募集人員	出願者	受験者	合格者	入学者
2019	若干名	37	37	30	非公表
2020	若干名	64	61	39	非公表

受 入 後

●**指導**
クラスは一般生と同じです。クラスでは一緒に様々な活動に取り組みます。帰国生には日本のクラスを経験してもらい、さらには日本の文化や伝統について学んでほしいと願っています。逆に一般生には帰国生との触れ合いを通して国際感覚を育んでほしいと願っています。

●**特色**
Global Students Support Center(GSSC) を設置し、補習のみでなく、きめ細やかかなフォローアップをおこなっています。また一人一台タブレットを持つことで、学内のみでなく、学外、家庭でも 2 万本以上用意された学習動画や web テストなどを利用することができ、無理なく日本での学習にキャッチアップできます。

私立 男子

武相中学校

（担当：岩田佑介）

〒222-0023
神奈川県横浜市港北区仲手原 2-34-1
▶▶（東急東横線妙蓮寺駅、市営地下鉄岸根公園駅）
TEL 045-401-9042 FAX 045-401-3746
URL http://buso.ac.jp/
生徒数 男 35 合計 35

帰国子女在籍者数	1年	2年	3年	計
	0	0	0	0

入学

●**出願資格・条件**
帰国生入試は行っていないが一般入試の第１回～４回にて帰国生の受け入れを行っている。

●**出願書類**
①写真票
②６年次の通知表の写し（表裏コピー）
③得意１教科＋自己PR型入試（第２回・第４回）は面接でアピールしたい賞状などのコピー等がある場合はご提出ください。
※出願は事前の WEB 出願もしくは入試当日出願

●**日程等（一般入試）**

区分	募集	出願	試験	発表	選考方法
第1回	20	1/8～29	2/1	当日	国語・算数
第2回	20	1/8～29	2/2	当日	国算理社から1教科選択、受験生面接
第3回	10	1/8～29	2/3	当日	国語・算数
第4回	10	1/8～29	2/5	当日	国算理社から1教科選択、受験生面接

※第１回：国算２教科型①
第２回：得意１教科＋自己PR 型①
第３回：国算２教科型②
第４回：得意１教科＋自己PR 型②

●**応募状況**

年度＼人数	募集人員	出願者	受験者	合格者	入学者
2019	若干名	0	0	0	0
2020	若干名	0	0	0	0

編入学

●**編入学時期・定員**〔1・2 年生〕9、3 月。特に定めず
●**出願資格・条件・出願書類・選考方法** 入学に準ずる
●**2019年度帰国子女編入学者数**

1年	0	2年	0	3年	0

受入後

●**指導** 個別に指導を行う場合がある。
●**教育方針**
国際人として活躍のできる人材の育成を目標としている。
●**特色**
１年次から体系的なキャリアガイダンスを実施し、将来を見据えた目標を設定できるように指導している。

▷▷ 小 54P

私立 共学

受入開始 1990 年度

森村学園中等部

（担当：小澤宗夫）

〒226-0026
神奈川県横浜市緑区長津田町 2695
▶▶（東急田園都市線つくし野駅）
TEL 045-984-2505 FAX 045-984-2565
URL http://www.morimura.ac.jp
生徒数 男 265 女 316 合計 581

帰国子女在籍者数	1年	2年	3年	計
	7	6	1	14

入学

●**出願資格・条件**
2021 年３月に小学校卒業見込みで、海外に１年以上滞在し、2017 年１月以降に帰国した児童

●**出願書類**
インターネット出願（入学願書入力、ホームページからダウンロードした学園指定の海外在留証明書記入）

●**日程等**

募集	出願	試験	発表	選考方法
若干名	インターネット 12/1～18	12/20	12/20	A 型：国語・算数 B 型：国語・算数および英語資格検定試験のスコア

●**応募状況**

年度＼人数	募集人員	出願者	受験者	合格者	入学者
2019	若干名	28	28	17	6
2020	若干名	39	37	25	7

編入学

●**編入学時期・定員** 欠員がある場合のみ
●**2019年度帰国子女編入学者数**

1年	0	2年	0	3年	0

受入後

●**指導**
世界標準の母語教育である Language Arts（言語技術）、英語ルート別授業、放課後イマージョンプログラム、海外大学進学講座などにより、グローバル時代にふさわしいコミュニケーションスキルを養う。
●**教育方針・特色**
正直、親切、勤勉の校訓の下で、社会に役立つ生徒を育む。
●**進学特例条件**
一定の学力を備え、生活上の問題がない場合、推薦によって本学園高等部に進学できる。
●**卒業生（帰国生徒）の進路状況**
University of Toronto をはじめ、海外大学に 11 名が合格。

私立 共学

受入開始　1999 年度

横浜翠陵中学校（よこはますいりょう）

（担当：庄大介）

〒 226-0015
神奈川県横浜市緑区三保町 1
▶▶(JR 横浜線十日市場駅、東急田園都市線青葉台駅)
TEL 045-921-0301　FAX 045-921-1843
URL http://www.suiryo.ed.jp
生徒数　男 91　女 47　合計 138

帰国子女在籍者数	1 年	2 年	3 年	計
	0	0	1	1

入学

●出願資格・条件
原則として海外在留 2 年以上で帰国後 2 年以内とする

●出願書類
・海外在留を証明する書類
・海外生活の略歴（形式は自由）
・入学願書一式

●日程等

募集	出願	試験	発表	選考方法
若干名	1/7 ~ 31	2/1	2/1	A 方式：国語・算数、面接
	1/7 ~ 31	2/2	2/2	B 方式：国語・算数・英語、面接

※ A 方式と B 方式のどちらかを選択。面接は本人のみ。
※ B 方式では、面接試験の中で英語による質問を実施。

●応募状況（一般に含む）

年度＼人数	募集人員	出願者	受験者	合格者	入学者
2019	若干名	0	0	0	0
2020	若干名	0	0	0	0

編入学

●編入学時期・定員〔1 年生〕9、1 月〔2 年生〕4、9、1 月〔3 年生〕4、9 月。若干名

●出願資格・条件 ①保護者の転勤等による遠隔地からの転住者
②海外からの帰国生徒（現地校・日本人学校出身は問わない）

●出願書類　入学に準ずる

●選考方法　国語・数学・英語、親子面接

● 2019 年度帰国子女編入学者数

1 年	0	2 年	0	3 年	0

受入後

●進学特例条件
成績優秀者に対する高校進学時の特待制度（入学金・施設設備費・授業料等免除）あり。

入 編

国立 共学

受入開始　1978 年度

横浜国立大学教育学部附属横浜中学校（よこはまこくりつだいがくきょういくがくぶふぞくよこはま）

〒 232-0061
神奈川県横浜市南区大岡 2-31-3
▶▶（市営地下鉄線・京浜急行線弘明寺駅）
TEL 045-742-2281　FAX 045-742-2522
URL http://yokochu-ynu.com
生徒数　男 ―　女 ―　合計 375

帰国子女在籍者数	1 年	2 年	3 年	計
	15	15	15	45

この入試情報は 2020 年度実施内容
※詳細は 10 月下旬に配付される 2021 年度帰国生徒募集要項を確認すること

入学

●出願資格・条件
2021 年 3 月末日までに日本の小学校（学校教育法第 1 及び第 2 条が定める「学校」）あるいはこれと同程度の日本人学校もしくは外国の学校の課程（6 ヵ年の初等教育課程）を修了見込みの者で、下記の条件をすべて満たした者
(1) 在外生活経験年数が 2 年以上（730 日以上継続して海外に在住）の者
(2)2018.8.1 から 2021.3.31 までに帰国または帰国予定の者
(3) 神奈川県内に保護者と共に居住し、その住居が指定地域内にあるか、指定小学校学区内（在籍は問わない）に住居があること（入学後、上記の条件を欠いた場合は転校となる）
(4)2008.4.2 から 2009.4.1 までに生まれた者で、日本国籍を有する児童

●出願書類　入学願書一式・海外生活期間を証明する書類・海外における最終在学校の成績証明書の写しまたはこれに代わるもの

●日程等（募集人員、日程は 2020 年度のもの）

募集	出願	試験	発表	選考方法
15	1/6 ~ 10	2/3	2/5	国・算、自己アピール※、提出書類

※自己アピールは、3 分程度で自分が生活した国のことを話す。資料等の持ち込み可

●応募状況

年度＼人数	募集人員	出願者	受験者	合格者	入学者
2019	15	27	19	15	15
2020	15	35	27	15	15

編入学

●編入学時期・定員　欠員時（募集する場合は HP に掲載）

●出願資格・条件・出願書類・選考方法　入学に準ずる

● 2019 年度帰国子女編入学者数

1 年	0	2 年	0	3 年	0

受入後

●指導・教育方針・特色
(1) 日本語による言語活動の不足を補充する。
(2) 学校生活を中心として、日本国民としての生活適応をはかる。
(3) 海外での教育条件に伴う学習内容の相違を調整する。
(4) 生徒同士のコミュニケーションを通して、相互に向上を目指す生活指導に重点を置く。
(5) 海外で身につけた文化を集団生活の中で生かし、国際的視野の育成を目指す。

▷▷ 高 344P

私立 女子

受入開始 1998 年度

横浜女学院中学校
（よこはまじょがくいん）

（担当：佐々木準、川澄良男）
〒 231-8661
神奈川県横浜市中区山手町 203
▶▶（JR 根岸線石川町駅）
TEL 045-641-3284 FAX 045-651-7688
URL http://www.yjg.y-gakuin.ed.jp/

生徒数 女 471 合計 471

帰国子女在籍者数	1年	2年	3年	計
	4	3	3	10

入学

●出願資格・条件
原則として、保護者の海外勤務に伴い、継続して１年以上海外に在留し、帰国後３年以内の者。在外期間に応じて帰国後の年数は相談に応じる
※受験資格は在外期間などを考慮し、相談に応じる

●出願書類
入学願書・成績通知表の写し（全ページ）・海外在留地と期間証明書・帰国生調査カード

●日程等

募集	出願	試験	発表	選考方法
若干名	11/16～12/7	12/8	12/8	国・算または国・英または算・英から選択、作文、面接
	2/5～24	2/25	2/25	

※出願前に予め要相談
※別途、一般入試もあり
※別途オンライン入試を実施。詳細は決定次第 HP にて発表します。

●応募状況

年度＼人数	募集人員	出願者	受験者	合格者	入学者
2019	若干名	12	12	12	3
2020	若干名	20	20	19	4

編入学

●編入学時期・定員〔2・3 年生〕随時。若干名
●出願資格・条件・出願書類 入学に準ずる
●選考方法 ①国・英・数 ②国・英 ③数・英
※上記から一つ選択
作文（日本語）、面接（本人のみ）

● 2019 年度帰国子女編入学者数

1年	0	2年	0	3年	1

受入後

●指導
一般生と一緒の授業。英語については「アドバンストクラス」で実施。

●教育方針
様々な経験を持つ生徒の個性と可能性を引き出す。

●特色
キリスト教教育に基づく「愛と誠」を校訓とし、「学習・共生・キリスト教」を柱とする。

●進学特例条件 中学卒業後は、併設高校へ進学。

●卒業生（帰国生徒）の進路状況
高等学校卒業後はほとんどの生徒が大学へ進学を希望し、国公立及び私立難関大学への合格者数も年々増加している。

▷▷ 高 345P

私立 共学

横浜富士見丘学園中学校
（よこはまふじみがおかがくえん）

（担当：中山憲一）
〒 241-8502
神奈川県横浜市旭区中沢 1-24-1
▶▶（相鉄線二俣川駅）
TEL 045-367-4380 FAX 045-367-4381
URL http://www.fujimigaoka.ed.jp

生徒数 男 49 女 83 合計 132

帰国子女在籍者数	1年	2年	3年	計
	0	1	1	2

入学

●出願資格・条件
・2008 年 4 月 2 日～ 2009 年 4 月 1 日に出生の児童
・海外滞在１年以上の者（原則）

●出願書類
・志願票（本校所定）
・海外在学校の通知表（調査書）
・海外滞在を証明する書類（保護者）

●日程等
随時。
※帰国生特別方式での募集あり（担当にお問い合わせください）

●応募状況

年度＼人数	募集人員	出願者	受験者	合格者	入学者
2019	若干名	1	1	1	1
2020	若干名	0	0	0	0

編入学

●編入学時期〔1 ～ 3 年生〕随時。
●出願資格・条件 事前に本校にお問い合わせください。
●選考方法 作文・面接・筆記試験（国・数・英）

● 2019 年度帰国子女編入学者数

1年	1	2年	0	3年	0

受入後

●指導
週２回リーディングの授業で取り出し授業を実施。

●教育方針
敬愛・誠実・自主の校訓のもと、全員が英語でコミュニケーションが図れる環境づくり、基礎学力の充実と大学合格力の養成、理数教育の強化、ジェネリックスキルの育成のカリキュラムポリシーでたくましくしなやかに 22 世紀を創造する人材育成を目指す。

●特色
2019 年度より男女共学化。男子は理数特進クラス、女子はリベラルアーツクラスの募集。
中 1･2 年はネイティブ副担任制やチューター制を導入。
中 3 はオンライン英会話必修。
中 3 で女子は AUS 研修、男子は USA 研修がある。

●進学特例条件
併設高等学校へは、原則として希望者全員進学。

私立 女子

横浜雙葉中学校（よこはまふたば）

〒231-8653　（担当：吉田敦子）
神奈川県横浜市中区山手町 88
▶▶（みなとみらい線元町中華街駅、JR 石川町駅）
TEL 045-641-1004　FAX 045-663-1650
URL https://www.yokohamafutaba.ed.jp/
生徒数　女 558　合計 558

帰国子女在籍者数	1年	2年	3年	計
	14	15	19	48

入学

●**出願資格・条件**
海外での生活を 2 年以上経験し、出願時に帰国後 2 年以内の者

●**出願書類**
・入学志願票・小学校 6 年の通信簿のコピー・本人の海外における在学期間証明書・滞在国での最終の成績証明書

●**日程等**

募集	出願	試験	発表	選考方法
若干名	1/6～20 ※	2/1	2/2	国語・算数、A（作文・聞きとりテスト）または B（理科・社会）、面接（本人および保護者）

※インターネット（Web）出願
※面接は筆記試験に先立って 1 月に実施

●**応募状況**

年度＼人数	募集人員	出願者	受験者	合格者	入学者
2019	若干名	14	13	8	8
2020	若干名	4	3	1	1

受入後

●**教育方針**
校訓「徳においては純真に　義務においては堅実に」のもと、生徒一人ひとりが自己のかけがえのない価値に目覚め、他者との深い人間関係に生き、内心の声に従って正しく行動することのできる、成熟した精神性を持った人間に成長するよう教育を行っている。また、生徒たちが与えられた資質、能力を人々の幸福のために生かしつつ、奉仕的な生き方を通して地球社会に貢献することができるよう促すことを教育目標としている。創立にかかわったシスターたちが、東洋と西洋との出会いと一致という思いを「雙葉」という名前に託したように、常にグローバルな視点からものごとをとらえ考えさせ、人生全体を見すえた価値観を培うよう導いている。

●**特色**
中学校と高等学校の 6 年間をトータルにとらえたカリキュラムを設定。特に中学校のカリキュラムでは、環境、情報、国際化といった視点から総合的にとらえた授業を展開している。塾や予備校に行かなくても大学進学ができるように中学・高校を通してサポートしている。

●**卒業生（帰国生徒）の進路状況**
横浜雙葉高等学校に進学。

私立 共学

受入開始　1984 年度

相洋中学校（そうよう）

〒250-0045　（担当：渡邉祐一）
神奈川県小田原市城山 4-13-33
▶▶（JR 東海道線・小田急線・大雄山線・箱根登山線小田原駅）
TEL 0465-23-0214　FAX 0465-23-7282
URL http://www.soyo.ac.jp/
生徒数　男 69　女 51　合計 120

帰国子女在籍者数	1年	2年	3年	計
	0	0	0	0

入学

●**出願資格・条件**
学年相当年齢で、2021 年 4 月中学校入学の者。また、海外在留期間が 1 年以上で帰国後 3 年以内の者

●**出願書類**
・入学志願票（本校指定の用紙）
・海外在籍時の成績表の写しと日本での 6 年次 2 学期（前期）までの通知表の表面と裏面の写し
・海外留学を証明する書類（保護者の勤務先の長の証明するもの）

●**日程等**

募集	出願	試験	発表	選考方法
若干名	12/7～12	1/6	1/6	国語・算数、面接

※国語・算数の試験は 30 分、各 100 点
※上記の他、一般入試（合否判定で考慮）でも受験可能

●**応募状況**

年度＼人数	募集人員	出願者	受験者	合格者	入学者
2019	若干名	0	0	0	0
2020	若干名	0	0	0	0

編入学

●**編入学時期・定員**〔1 ～ 3 年生〕随時。若干名
●**出願資格・条件・出願書類**　入学試験に準ずる
●**選考方法**　国・数・英、面接
● **2019 年度帰国子女編入学者数**

1年	0	2年	0	3年	0

受入後

●**指導**
入学後は一般生徒と同じクラスに受け入れて指導する。

●**教育方針**
・基礎学力を徹底的に身につけさせる
・学習を一つずつ確実なものにする
・自分で考え、解決する力を育てる
・将来につながる、豊かな人間形成をめざす
・心身ともに逞しい人間に育てる
を目標に、一人ひとり丁寧で親身な指導を行う。また、1 年次よりネイティブスピーカーによる実践英会話の実力養成を行う。

▷▷ 高 345P

受入開始　1980 年度

鎌倉学園中学校

（かまくらがくえん）

〒 247-0062　（担当：武田隆）
神奈川県鎌倉市山ノ内 110
▶▶（JR 横須賀線北鎌倉駅）
TEL 0467-22-0994　**FAX** 0467-24-4352
URL https://www.kamagaku.ac.jp/
生徒数　男 515　合計 515

帰国子女在籍者数	1 年	2 年	3 年	計
	4	3	10	17

入学

●出願資格・条件
原則海外滞在 1 年以上、帰国後約 2 年以内（選考日まで）で、2008 年 4 月 2 日～ 2009 年 4 月 1 日に出生した男子。海外の日本人学校小学部を卒業見込みの者、または海外の現地校およびインターナショナルスクールに在籍し、小学校 6 年の年齢に該当する者。

●出願書類（インターネット出願）
・海外滞在を証明する書類（受験当日の朝提出）

●日程等

募集	出願	試験	発表	選考方法
若干名	1/8～30	2/1	2/1	国語・算数・理科・社会（国・算 2 教科での判定も可）
	1/8～2/1	2/2	2/2	
	1/8～2/3	2/4	2/4	

※一般入試と同様だが、帰国子女については選考時に十分配慮する

●応募状況

年度＼人数	募集人員	出願者	受験者	合格者	入学者
2019	特に定めず	12	12	6	2
2020	特に定めず	15	15	9	4

編入学

●編入学時期・定員　〔1 ～ 3 年生〕原則 4、9、1 月。若干名。入学時期は相談に応じる
欠員がある場合のみ募集

●出願資格　海外帰国者

●出願書類　志願票・成績証明書・転校照会（可能なら）

●選考方法　数・英・国・面接（本人）

● 2019 年度帰国子女編入学者数

1 年	1	2 年	3	3 年	－

受入後

●指導・教育方針・特色
入学後各クラスに 1 名ずつ入れて、一般生とまったく同じ扱いにする。帰国生だけのための特別な補習授業はしていない。特に必要な場合は放課後等に個別指導を行う。

●卒業生（帰国生徒）の進路状況
全員併設高校へ進学。

私立　女子

▷▷ 高 346P

鎌倉女学院中学校

（かまくらじょがくいん）

〒 248-0014　（担当：根岸真由美）
神奈川県鎌倉市由比ガ浜 2-10-4
▶▶（JR 横須賀線鎌倉駅）
TEL 0467-25-2100　**FAX** 0467-25-1358
URL http://www.kamajo.ac.jp
生徒数　女 494　合計 494

帰国子女在籍者数	1 年	2 年	3 年	計
	10	9	20	39

入学

●出願資格・条件
・保護者のもとから通学できること
・日常生活に不自由しない程度に日本語を身につけていること
・日本における相当学年の年齢の者
・小学校、あるいはこれと同じ程度の日本人学校もしくは外国の学校の課程を修了した者

●出願書類　・入学願書一式（所定の用紙）・帰国生調査カード・通知表のコピー

●日程等

区分	募集	出願	試験	発表	選考方法
1 次	若干名	10月発表予定	2/2	2/3	国語・算数・英語、面接（保護者同伴）
2 次		10月発表予定	2/4	2/5	

●応募状況

年度＼人数	募集人員	出願者	受験者	合格者	入学者
2019	若干名	13	10	5	3
2020	若干名	7	4	2	1

編入学

●編入学時期・定員　〔1・2 年生〕随時
〔3 年生〕9 月（欠員がある場合）。
海外からの直接の一家転住者に限る

●選考方法　国語・数学・英語

● 2019 年度帰国子女編入学者数

1 年	0	2 年	0	3 年	2

受入後

●指導・教育方針・特色
心身ともに健康で、国際性豊かな人間教育を目標に生徒各人の能力を自らの努力によって伸ばし、社会に貢献できる生徒を育成するよう努めている。6 か年一貫の 4 年制大学進学を目指した教育課程を編成、英語教育を重視し、時間数を標準より大幅に増やし、英会話、高学年においては分割クラスによる少人数教育によって指導の徹底をはかっている。また、ネイティブ教師による生きた英語の習得にも力を入れている。帰国生の取り出し授業を行い、英語力の推進に効果をあげている。充実した語学教育に加え、21 世紀に活躍する人材を育成するべく、「国際理解教育」「情報教育」「環境教育」「日本伝統文化理解教育」の 4 分野を軸とした新しいプロジェクトを実施。中学では鎌倉学、高校では国際・環境学を特徴とし、各教科、学校行事、課外活動でさまざまな手法を用いて展開している。

私立 女子 ▷▷ 高 346P

受入開始　2016 年度

鎌倉女子大学中等部
かまくらじょしだいがく

〒 247-8511　（担当：入試広報部）
神奈川県鎌倉市岩瀬 1420
▶▶（JR 東海道線、横須賀線、京浜東北線・根岸線、湘南モノレール 大船駅 /JR 京浜東北線、根岸線 本郷台）
TEL 0467-44-2113　**FAX** 0467-44-2103
URL http://www.kamakura-u-j.ed.jp/
生徒数　女 74　合計 74

帰国子女在籍者数	1 年	2 年	3 年	計
	1	0	0	1

入学

●出願資格・条件
海外滞在 1 年以上、帰国後 3 年以内
●出願書類
・入学願書（本校所定）・海外在留証明書（本校所定）
●日程等

募集	出願	試験	発表	選考方法
若干名	11/18～12/17	12/18	12/18	自己 PR 作文・面接
若干名	1/6～2/9	2/10	2/10	自己 PR 作文・面接

●応募状況

年度 ＼ 人数	募集人員	出願者	受験者	合格者	入学者
2019	若干名	0	0	0	0
2020	若干名	1	1	1	1

編入学

●編入学時期・定員〔1 ～ 3 年生〕随時、若干名
●出願資格・出願書類・選考方法　入学に準ずる
● 2019 年度帰国子女編入学者数

1 年	0	2 年	0	3 年	0

受入後

●指導　通常学級での学習。
●教育方針
建学の精神にもとづき「豊かな人間性を育む」、「自立して活躍できる確かな学力を育む」、「国際社会で活躍できる語学力・表現力を育む」という 3 つを柱とする教育活動を展開しています。
●特色
2021 年夏、新しい校舎が完成します。2020 年 4 月から「国際教養クラス」と「プログレスコース」の 2 つの新しいコースを設置しました。「国際教養コース」では、帰国生の受け入れを行います。「国際教養コース」では、異文化理解の見識を備えた世界に通用する真の国際人を育成していくコースで、国公立大学や早慶上理、海外大学への進学を目指します。英語教育については、Z 会出版の「NEW TREASURE」を使用し、レベルの高い発展的な学習を行います。また、マンツーマンでのオンライン英会話や iPad などの ICT 機器を活用した授業、カナダ語学研修旅行などのアクティビティを積極的に取り入れ、英語 4 技能を伸ばし、グローバル社会のリーダーとして、国際社会で活躍できる人材を育成します。
●進学特例条件　一定の学力を備え、生活上の問題がない場合、推薦によって本学高等部に進学できる。

私立 女子 ▷▷ 高 347P

北鎌倉女子学園中学校
きたかまくらじょしがくえん

〒 247-0062　（担当：教務部）
神奈川県鎌倉市山ノ内 913
▶▶（JR 横須賀線北鎌倉駅）
TEL 0467-22-6900　**FAX** 0467-23-6900
URL https://www.kitakama.ac.jp
生徒数　女 92　合計 92

帰国子女在籍者数	1 年	2 年	3 年	計
	0	0	1	1

入学

●出願資格・条件
・2008.4.2 から 2009.4.1 までに生まれた女子
・2020 年 12 月末現在で、原則として海外生活が継続して 1 年以上で、帰国後 2 年以内の者
・入学後、保護者が同居する者
※海外での通学校に関しての条件はない
●出願書類
・入学志願票（本校所定）・受験票（本校所定）・海外在留証明書（保護者勤務先発行）
●日程等

募集	出願	試験	発表	選考方法
若干	Web 出願	2/1	2/1	2 科（国算）、面接
若干	Web 出願	2/2	2/2	2 科（国算）、面接

※募集定員は、先進コース募集定員に含む。面接は保護者 1 名同伴
●応募状況

年度 ＼ 人数	募集人員	出願者	受験者	合格者	入学者
2019	若干	0	0	0	0
2020	若干	0	0	0	0

編入学

●編入学時期・定員〔1 年生〕8 月末、1 月
〔2 年生〕4、8 月末、1 月
〔3 年生〕4、8 月末。
随時相談可。若干名
●出願資格・条件　現地校、日本人学校ともに可
●出願書類　・願書（所定用紙）・在学証明書・成績証明書・海外在留証明書
●選考方法　学科試験、面接の総合結果で判断
● 2019 年度帰国子女編入学者数

1 年	0	2 年	0	3 年	0

受入後

●指導・教育方針・特色
科学的・合理的な思考力、判断力をもった知性の涵養、やさしく、明るく、潤いと安らぎを与える心の育成、健康的な身体と強い体力に裏づけされた強い意志による実践力の充実を目指す。帰国生には遅れている科目があれば、補習を実施する。
●進学特例条件　併設高等学校へ進学。

▷▷ 高 347P 大 575P 611P 短 669P

受入開始　1994 年度

清泉女学院中学校

（せいせんじょがくいん）

〒 247-0074　（担当：中学入試・広報部）
神奈川県鎌倉市城廻 200
▶▶（JR 東海道線・横須賀線・根岸線大船駅）
TEL 0467-46-3171　FAX 0467-46-3157
URL http://www.seisen-h.ed.jp
生徒数　女 549　合計 549

帰国子女在籍者数	1年	2年	3年	計
	12	10	13	35

入学

●出願資格・条件
(1)2021 年 3 月、小学校（日本人学校小学部を含む）卒業見込みの女子、または外国の学校で 6 年の課程を修了見込み、及び修了した女子
(2) 1 年以上海外に在留し、3 年生の 4 月 1 日以降に国内の小学校に転・編入学した女子

●出願書類　※すべて web 出願
・活動報告書
・出願資格を確認できる書類のみ郵送

●日程等

募集	出願	試験	発表	選考方法
15 名程度	10/9～12/1	12/5PM	12/5	日本語による作文、算または英、面接
	1/8～2/2	2/3PM	2/4	

●応募状況

年度＼人数	募集人員	出願者	受験者	合格者	入学者
2019	10 名程度	34	29	26	10
2020	15 名程度	26	24	20	12

編入学

●編入学時期・定員　〔1・2・3 年生〕7、12、3月。定員は特に定めず。
●出願資格・条件　事前に学校に問い合わせること
●出願書類　※ web 出願
・活動報告書・海外現地校の場合はその学校の成績書類の写し
●選考方法　国語（50 分）・数学（50 分）・英語（60 分、リスニング 10 分を含む）、面接（本人および保護者）

● 2019 年度帰国子女編入学者数

1年	0	2年	2	3年	0

受入後

●指導・教育方針・特色
「帰国生（B 方式試験合格者）およびグローバル入試合格者の中 1・中 2 を対象に、週 6 時間の英語の授業全てを別のカリキュラムで実施しています。
5 時間はネイティブスピーカー、1 時間は日本人教員による授業を、少人数で行っています。
いずれも海外で身に付いた生きた英語力を発展させるハイレベルな授業です。
中 3 からは High advanced class に属し、習熟度の高い一般生とともに学びます。

入 編

国立 共学

受入開始　1980 年度

横浜国立大学教育学部附属鎌倉中学校

（よこはまこくりつだいがくきょういくがくぶ ふぞくかまくら）

〒 248-0005　（担当：校内教頭）
神奈川県鎌倉市雪ノ下 3-5-10
▶▶（JR 横須賀線鎌倉駅）
TEL 0467-22-2033　FAX 0467-23-5216
URL http://www.kamajhs.ynu.ac.jp
生徒数　男 226　女 233　合計 459

帰国子女在籍者数	1年	2年	3年	計
	3	10	9	22

入学（2020 年度参考）

●出願資格・条件
本校に志願する者は、次のすべてに該当する者
・2021 年 3 月末日までに、小学校（学校教育法第 1 条及び第 2 条が定める）の課程あるいはこれと同程度の課程を修了または修了見込みの者で、日本国籍を有する者
・在外生活経験 2 カ年以上で、原則 2018.8.1 から 2021.3.31 までに帰国または帰国予定の者
・2008.4.2 ～ 2009.4.1 までに生まれ、かつ帰国後日本の中学校に在学していない者
・志願者が保護者と同居し、神奈川県内に居住していること
(注)「神奈川県外」に居住しているが、入学までに「神奈川県内」に転居することが明らかな場合は、「理由書」（本校所定のもの）を提出すれば志願できる

●出願書類
入学志願票・家庭報告書・海外生活期間を証明する書類・自己 PR 書・報告書（海外における最終在学校の成績証明書の写し等）

●日程等

募集	出願	試験	発表	選考方法
9/28（月）に学校ホームページにて公示				

※詳しくは、ホームページで確認もしくは学校へ問い合わせること

●応募状況

年度＼人数	募集人員	出願者	受験者	合格者	入学者
2019	15	7	7	7	7
2020	15	2	2	2	2

編入学

●編入学時期　〔1 ～ 3 年生〕欠員のある場合随時
※ 3 年生については 1 学期のみ編入可
●出願資格・条件・出願書類・選考方法　入学に準ずる

● 2019 年度帰国子女編入学者数

1年	1	2年	3	3年	0

受入後

●指導・教育方針・特色
普通学級への混入方式をとることにより、帰国生徒・一般生徒がお互いの中で一緒に伸びていくことを目指す。生活適応の面では、実態把握と早期の指導に当たる。学習適応の面では、一斉授業において国際理解促進の観点から帰国生徒の特性を生かす授業を実践し、未学習内容については放課後等に補充指導を行っている。

私立 女子

▷▷小 56P

受入開始　1998 年度

カリタス女子（じょし）中学校

（担当：引地一男）

〒214-0012
神奈川県川崎市多摩区中野島 4-6-1
▶▶(JR 南武線中野島駅・登戸駅、小田急線登戸駅)
TEL 044-911-4656　FAX 044-911-9517
URL https://www.caritas.ed.jp/
生徒数　女 570　合計 570

帰国子女在籍者数	1 年	2 年	3 年	計
	8	8	6	22

入学

●出願資格・条件
【12 月試験】 海外に 1 年以上滞在し、2021 年 3 月に小学校等を卒業見込み（もしくは同年齢）の者（帰国時期は問いません）
【2 月試験】 海外に 1 年以上滞在し、2021 年 3 月に小学校等を卒業見込み（もしくは同年齢）の者で、2018 年 3 月以降に小学校等へ転編入したか、現在も海外在住の者

●出願書類（web 出願）
・海外在住記録（入試要項内にある本校の所定の用紙）
・海外在学校の通知表（海外で在籍していた学校の最後の 1 年分）のコピーを 1 部

●日程等

募集	出願	試験	発表	選考方法
12月オンライン試験	12/1～10	12/12 午後	12/12	日本語作文・算数・外国語（英語、フランス語から 1 科目選択）、面接（保護者同伴）
12月試験	12/1～18	12/19 午前	12/19	
2月試験 2/1 午前 2/1 午後	1/12～31	2/1 午前 2/1 午後	2/1	国語・算数、面接（保護者同伴）
2月試験 2/2 午後	1/12～2/2	2/2 午後	2/2	国語・算数 / 理科 / 英語から選択、面接（保護者同伴）
2月試験 2/3 午前	1/12～2/3	2/3 午前	2/3	国語・算数、面接（保護者同伴）

※ web 出願のみ
※ 2 月試験については判定基準を一般（国内）生徒とは別に設定

●応募状況

年度＼人数	募集人員	出願者	受験者	合格者	入学者
2019	特に定めず	26	26	22	10
2020	特に定めず	20	19	19	8

編入学

●編入学時期・定員〔1 年生〕9、1 月〔2・3 年生〕4、9、1 月。若干名。
●出願資格・条件 海外から帰国前および帰国直後の生徒を受け付ける
●出願書類 入学に準ずる
●選考方法 国語・数学・英語またはフランス語、面接
※判定基準を国内生徒とは別に設定

● 2019 年度帰国子女編入学者数

1 年	0	2 年	0	3 年	0

受入後

●指導・教育方針・特色 帰国子女に対しては、原則として一般生徒と同じ扱いであるが、英語については「英語アドバンストクラス」を設置。カナダのケベック州のカリタス修道女会を母体とするカトリックの女子校。中学・高校 6 年一貫教育の中で、キリストの教えである「愛」を実践できる人間を育てる教育を展開している。中学では全員が英語と仏語の複言語を学び、高校からはどちらかを第一外国語として履修する。生徒一人ひとりの個性を伸ばす教育を実践している。
●進学特例条件 併設高等学校へは、原則として、希望者全員進学。

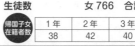

私立 女子

▷▷小 56P

受入開始　1994 年度

洗足学園（せんぞくがくえん）中学校

（担当：玉木大輔、松田大祐）

〒213-8580
神奈川県川崎市高津区久本 2-3-1
▶▶（JR 南武線武蔵溝ノ口駅、東急田園都市線・大井町線溝の口駅）
URL https://www.senzoku-gakuen.ed.jp
生徒数　女 766　合計 766

帰国子女在籍者数	1 年	2 年	3 年	計
	38	42	40	120

入学

●出願資格・条件
2008.4.2 ～ 2009.4.1 に生まれた女子
●出願書類（インターネット出願）
・海外在学最終学年の成績表コピー
●日程等

募集	出願	試験	発表	選考方法
20	11/30～12/25	1/9	1/9 HP	A 方式：英語、面接 B 方式：英語・国語・算数、面接

※面接：英語での質疑応答
※帰国生入試を検討している小学校 6 年生を対象に 10/24・11/28・12/19 に Zoom による模擬面接を実施（要申込）

●応募状況

年度＼人数	募集人員	出願者	受験者	合格者	入学者
2019	20	198	188	72	42
2020	20	232	217	76	38

編入学

●編入学時期・定員〔1 年生〕9、1 月〔2・3 年生〕4、9、1 月。欠員がある場合、定員は特に定めず
●選考方法 入学に準ずる
● 2019 年度帰国子女編入学者数

1 年	0	2 年	0	3 年	0

受入後

●指導・教育方針・特色
入学後、2 クラスにわかれて在籍する。語学力維持のため、英語の授業（週 5 時間）は ELL の授業となる。また授業、放課後の補習を通して TOEFL 受験の指導を行い、年 1 回の TOEFL 受験を義務づけている。
その他、国語・数学については、到達度の遅い生徒は希望制で土曜補習を行っている。
完全中・高一貫教育をおこない、6 年間のスタンスで教育課程その他学事計画を立てている。
●進学特例条件
内部高等学校へは、原則全員が進学できる。
●卒業生（帰国生徒）の進路状況（2020 年春）
New York University 1、Yale-NUS College 1
慶應義塾大 4、早稲田大 7、東京大 3、一橋大 2、京都大 1 等に進学

私立 別学　▷▷ 高 348P

受入開始　1982 年度

桐光学園中学校

（とうこうがくえん）

（担当：三浦敏行）

〒 215-8555
神奈川県川崎市麻生区栗木 3-12-1
▶▶（小田急多摩線栗平駅）
TEL 044-987-0519　FAX 044-989-6625
URL http://www.toko.ed.jp
生徒数　男 760　女 456　合計 1216

帰国子女在籍者数	1 年	2 年	3 年	計
	33	42	39	114

入学

●出願資格・条件
保護者の海外在留に伴う海外在住期間が通算 1 年以上で、2017 年 1 月以降に帰国した者。またはそれに準ずる者（国内インターナショナルスクールに 4 年以上在籍している者）。また、入学後は保護者もしくはそれに準ずるところから通学可能な者。

●出願書類
web 出願（必要事項を記入）

●日程等

募集	出願	試験	発表	選考方法
男 20 女 10	インターネット 12/12～1/4	1/5	1/6	国・算・英から 2 科目選択、面接（日本語）

※面接は受験生のみ

●応募状況

年度＼人数	募集人員	出願者	受験者	合格者	入学者
2019	30	86	86	68	27
2020	30	124	124	87	24

編入学

●編入学時期・定員　〔1 年生〕7、12 月〔2 年生〕3、7、12 月〔3 年生〕3 月。若干名

●出願資格・条件　一家転住に伴う海外帰国生徒

●出願書類　(1) 転学照会（1 通）(2) 成績証明書（1 通）(3) 願書
※ (1)(2) は在学中の学校からそろえる。(3) は本人の写真貼付、本校所定のもの
※英検等の資格を有する場合は、その証明書の写し

●選考方法　国語・数学・英語、面接（本人・保護者）

● 2019 年度帰国子女編入学者数

1 年	4	2 年	1	3 年	1

受入後

●指導・教育方針・特色
欧米及びアジア圏からの帰国生は在校生の約 10%。希望者には英語特別授業を実施。池上彰氏・羽生善治氏等を招いた「大学訪問授業」、ケンブリッジ大学やイートン校などへの国際プログラム、高校では塾・予備校を必要としない 600 を超える講習制度有り。Chromebook を活用した授業も多い。
文化部 31 種、運動部 20 種。

●卒業生（帰国生徒）の進路状況
東大、一橋、筑波、早稲田、慶応、ICU、MARCH など。

私立 女子　▷▷ 高 348P

受入開始　1997 年度

日本女子大学附属中学校

（にほんじょしだいがくふぞく）

（担当：町 妙子）

〒 214-8565
神奈川県川崎市多摩区西生田 1-1-1
▶▶（小田急線読売ランド前駅）
TEL 044-952-6705　FAX 044-954-5450
URL http://www.jwu.ac.jp/hsc/
生徒数　女 749　合計 749

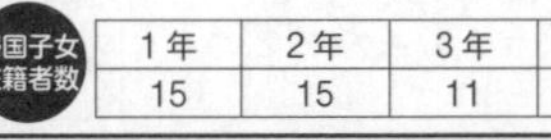

帰国子女在籍者数	1 年	2 年	3 年	計
	15	15	11	41

入学

●出願資格・条件　2008 年 4 月 2 日から 2009 年 4 月 1 日までに生まれ、入学後保護者の元から通学できる者。次の条件のいずれか (1a、1b、2a、2b) を満たすこと。
1. 現在海外の学校に在籍中の者で、2021 年 3 月末までに、
　a. 継続して 2 年以上海外の学校に在籍していること。
　b. 小学校生活のうち通算 3 年以上海外の学校に在籍していること。
2. 小学校 5 年生 4 月以降に日本の小学校に戻った者で、
　a. 帰国直前まで継続して 2 年以上海外の学校に在籍していること。
　b. 小学校生活のうち通算 3 年以上海外の学校に在籍していること。

●出願手続
※［1］の手続と［2］の提出、両方が必要となります。
[1] インターネット出願（2021.1.6 ～ 1.27）
　①出願情報入力
　②入学検定料の納入
　③受験票・出願確認票・郵送用宛名用紙の印刷
[2] 郵送での書類提出（2021.1.28 必着）
　①通知表のコピー
　　1. 海外の学校に在学中の者
　　　その学校における成績証明書（直近 1 年分、出欠の記録を含む）のコピー
　　2. 帰国後国内の小学校に在学中の者
　　　(1) 小学校第 6 学年の通知表（出欠の記録を含む）の表紙およびすべてのページのコピー
　　　(2) 海外在住時の成績表（出欠の記録を含む）過去（直近）1 年分のコピー
　②保護者の在外勤務証明書
　③自己紹介書
　（②，③は本校 HP よりダウンロード）
　④出願確認票

●日程等

募集	出願	試験	発表	選考方法
約 10	1/6～27	2/1	2/2	国・算、面接（本人）

●応募状況

年度＼人数	募集人員	出願者	受験者	合格者	入学者
2019	約 10	16	15	11	11
2020	約 10	11	9	7	7

受入後

●指導・教育方針・特色　国・数・英を中心に、ティームティーチングや分割クラスの授業など、きめ細やかな指導を行っている。海外生活が長い生徒も、中学入学後の日本の学校生活スタイルに順応できるよう助言を与えている。帰国生徒としての特別扱いはしないが、海外で体得した積極性や忍耐強さ、語学力、許容力などの面で、内部進学生や一般入試の生徒に良い影響を与えている。

●進学特例条件
希望者は原則として、全員附属高等学校へ進学可。

●卒業生（帰国生徒）の進路状況
中学校卒業者はほとんど附属高等学校へ進学。

私立 共学　▷▷ 高 349P 大 584P

受入開始　2016 年度

法政大学第二中学校
（ほうせいだいがくだいに）

（担当：入試広報委員会）

〒211-0031
神奈川県川崎市中原区木月大町 6-1
▶▶（JR 南武線・横須賀線武蔵小杉駅、東急東横線・目黒線武蔵小杉駅）
TEL 044-711-4321　FAX 044-733-5115
URL http://www.hosei2.ed.jp
生徒数　男 427　女 242　合計 669

帰国子女在籍者数	1 年	2 年	3 年	計
	26	18	19	63

入学

●**出願資格・条件**
保護者の海外在留に伴う海外期間（出国から帰国日まで）が 1 年以上で、帰国が 2018 年 3 月以降である受験生

●**出願書類**　① WEB 出願 ②海外在留証明書（指定書式）③海外帰国生用調査票（指定書式）
※②③は学校 HP よりダウンロード可能

●**日程等**

募集	出願	試験	発表	選考方法
若干名	12/11 ~ 18	1/10	1/12	国語・算数、面接（保護者同伴）

※ 2 教科の結果を基本として、面接も含めて総合的に判断

●**応募状況**

年度＼人数	募集人員	出願者	受験者	合格者	入学者
2019	若干名	81	70	30	18
2020	若干名	86	78	35	26

受入後

●**指導**　一般入試の受験生と同じ扱いとなる。英語を含めた全教科において、習熟度別の授業など特別編成のクラスを行わない。中学は英語・数学において分割授業を実施（クラスを 2 分割）。

●**教育方針**　法政二中高の教育は、多様な個性がぶつかりあいながら、それぞれの違いを認めあい、互いに成長していくことを大切にしている。クラスの中には、理系の得意な生徒もいれば、帰国生もいる。スポーツで全国級の活躍をする者もいれば、芸術の才に秀でたものもいる。これが本校の特徴。なお、様々な入試経路で入学した生徒（男女含め）が満遍なくバランスのとれたクラス編成になるよう留意している。

●**特色**　中学、高校の 6 年間の学校生活を通じて、「主権者としての基本を獲得し、多様化する社会及び課題に対して、他者と共同・協力しつつ、自分たちの未来を自ら切り開いていこうとする生徒」を育てる。そのためには、学習活動はもちろんのこと、クラス活動や諸行事、更には部活動をはじめとした自主活動を通じて「総合的」に、また中学・高校の発達段階を踏まえて育てていく。

●**進学特例条件**　一定の条件を満たしていれば、法政大学第二高等学校へ無試験で進学可能。

●**卒業生（帰国生徒）の進路状況**
ほぼ 100% 法政大学第二高等学校へ進学。

私立 男子

受入開始　2003 年度

逗子開成中学校
（ずしかいせい）

（担当：小西信行）

〒249-8510
神奈川県逗子市新宿 2-5-1
▶▶（JR 横須賀線 逗子駅、京浜急行線 逗子・葉山駅）
TEL 046-871-2062　FAX 046-873-8459
URL https://www.zushi-kaisei.ac.jp
生徒数　男 840　合計 840

帰国子女在籍者数	1 年	2 年	3 年	計
	25	24	21	70

入学

●**出願資格・条件**
2021 年 3 月に小学校卒業見込みで原則として自宅通学の可能な男子。日本国籍を持ち、保護者の海外在留に伴って外国で教育を受け、外国における滞在期間が継続して 1 年以上で、2018 年 4 月以降に帰国した者

●**出願書類**
インターネット出願の上、下記書類を提出
・海外における最終学校の 1 年分の成績証明書（成績通知表のコピー可）
・海外在留証明書（本校指定のもの）
・作文「海外生活で学んだこと」600 字（面接の資料として使用。本校指定の用紙に自筆のこと）
※資格等があれば、出願時に入力し、証明するものを提出すること（コピー可）

●**日程等**

募集	出願	試験	発表	選考方法
若干名	12/1 ~ 15	12/26	12/26	国・算または英・算、面接

※これからの国際化社会において帰国生入試の意義は大きいと考える。受験生の成長の可能性を見ることを主眼にした入試となる

●**応募状況**

年度＼人数	募集人員	出願者	受験者	合格者	入学者
2019	若干名	47	46	33	8
2020	若干名	67	63	29	14

編入学

●**編入学時期・定員**　〔1 年生〕10 月〔2・3 年生〕4、10 月。若干名（要問い合わせ）
●**出願資格・条件**　保護者の海外在住に伴って外国で教育を受けた者で、外国における滞在期間が原則として継続して 1 年以上である者
●**出願書類**　・海外において在学した学校の成績証明書・海外在留証明書
●**選考方法**　筆記試験（国・英・数）と面接（保護者同伴）

● **2019 年度帰国子女編入学者数**

1 年	0	2 年	1	3 年	1

受入後

●**教育方針**
クラスは一般生と同じだが、教科によっては個別指導等で対応する。

私立 女子

▷▷ 高 349P

受入開始　1982 年度

聖和学院中学校

（担当：広報　栢本さゆり）

〒 249-0001
神奈川県逗子市久木 2-2-1
▶▶（JR 横須賀線逗子駅、京浜急行線新逗子駅）
TEL 046-871-2670　FAX 046-873-5500
URL https://www.seiwagakuin.ed.jp
生徒数　女 41　合計 41

帰国子女在籍者数	1 年	2 年	3 年	計
	0	0	0	0

入学

●出願資格・条件　日本国籍を有する者のうち保護者の海外勤務に伴って外国に滞在した者で、次に該当する者
・海外に引き続き 1 年以上滞在した者で、帰国後 3 年以内の者
●出願書類　・入学志願票一式（本学所定のもの）
・帰国後国内の小学校に在籍した者は、その調査書
●日程等

名称	募集	出願	試験	発表	選考方法
A 入試	15	1/9～31	2/1 午前	2/1	①②③⑤⑦⑧
B【特待選抜】入試	10	1/9～31	2/1 午後	2/1	①②③
C 入試	10	1/9～2/1	2/2 午前	2/2	①⑥⑦
D【特待】入試	10	1/9～2/1	2/2 午後	2/2	①③
E 入試	5	1/9～2/2	2/3 午後	2/3	④⑦⑧
F【特待】入試	10	1/9～2/4	2/4 午後	2/4	①③⑤⑥

① 2 科型＝国・算
② 4 科型＝国・算・理・社
③英語型＝作文＋イングリッシュスピーチまたは筆記
④得意科目 2 科選択型＝国・算・理・社より 2 科選択
⑤表現力・総合型
⑥プレゼンテーション入試＝作文（日本語または英語）＋自己PR（日本語または英語によるプレゼンテーション）
⑦英語インタラクティブ入試＝作文（日本語または英語）＋英語インタラクティブテスト
⑧英語プログラミング入試＝事前説明＋英語プログラミングテスト
※帰国子女については、一般入試の枠内だが、配慮する。なお、事前相談に応じる

●応募状況

年度＼人数	募集人員	出願者	受験者	合格者	入学者
2019	若干名	0	0	0	0
2020	若干名	0	0	0	0

編入学

●時期・定員　〔1 ～ 2 年生〕4、9、1 月 若干名
●出願資格・条件　入学に準ずる
●選考方法　英語、面接（生徒本人）
● 2019 年度帰国子女編入学者数

1 年	0	2 年	0	3 年	0

受入後

●指導　基本的に他の生徒と分け隔てなく接するが、一人ひとりにあった柔軟な対応をしている。授業開始前や放課後等、授業時間以外にそれぞれの生徒にあった補習を行っている。
●教育方針　「使える英語を通した国際理解教育・聖書を通した心の教育・教養教育」を通して、主体的に学び、国際社会で幅広く活躍できる、日本女性としての豊かな感性、表現力を備えた国際人を育てていく。
●特色　聖和学院の英語教育には定評がある。特に併設の高等学校には神奈川県私学では唯一「英語科」という英語に特化した科を設置。海外滞在の経験を生かし、さらに英語力を伸ばすことができる。
●卒業生（帰国生徒）の進路状況　国際教養大、慶應義塾大、上智大、早稲田大、青山学院大、立教大、明治大、中央大、法政大など。

私立 共学

▷▷ 高 349P

受入開始　1999 年度

アレセイア湘南中学校

（担当：小林直樹）

〒 253-0031
神奈川県茅ケ崎市富士見町 5-2
▶▶（JR 東海道本線辻堂駅・茅ヶ崎駅）
TEL 0467-87-7760　FAX 0467-86-0496
URL http://www.aletheia.ac.jp/jr/
生徒数　男 78　女 62　合計 140

帰国子女在籍者数	1 年	2 年	3 年	計
	0	1	1	2

入学

●出願資格・条件　・帰国生のための入試は、グローバル入試、ポテンシャル入試として実施。海外在留期間等の条件はないが、入試で面接を行う・入学後、保護者と同居が原則・在校生と同一カリキュラムで学習できる者
●出願書類　インターネット出願のみ
●日程等

区分	募集	出願	試験	発表	選考方法
第 1 回ポテンシャル	若干名	1/8～当日集合時間30分前まで	2/1	2/1	国・算、面接（日本語）
第 2 回ポテンシャル			2/2	2/2	
グローバル			2/1	2/1	英・国または英・算、面接（日本語）

●応募状況

年度＼人数	募集人員	出願者	受験者	合格者	入学者
2019	若干名	1	1	1	1
2020	若干名	0	0	0	0

編入学

●編入学時期　〔1 年生〕9、1 月〔2 年生〕4、9、1 月〔3 年生〕4、9 月
●出願資格・条件　県外からの一家転住・海外からの帰国生
●出願書類　・入学志願書・成績証明書・在学証明書・前期（1 学期）の通知表の写し・中学 2、3 年生は前年度の通知表の写し
●選考方法　国語・数学・英語、面接
※原則各学期試験実施の直前までの試験範囲
● 2019 年度帰国子女編入学者数

1 年	0	2 年	0	3 年	0

受入後

●指導　一人ひとりの状況に応じて指導している。ネイティブから英語を学ぶチャンスは多い。
●教育方針　"アレセイア" とは、ギリシア語で「真理」を意味する。「真理はあなたたちを自由にする」（ヨハネによる福音書 8 章 32 節）に示される教育理念に基づき、「精神の自由（真の知性）」と「良心の自由（人間としての品位）」を育て、生徒達がこの自由を胸に「喜びある人生」に向かうことを目指す。
●特色　『「小さな平和」から「大きな平和」を』をコンセプトに、「自分の意見を持ち、日本語と英語とで主張できる力」を伸ばす。中学では社会福祉体験、平和学習、職業体験、広島研修旅行など、高校では青年海外協力隊講座、NGO 訪問などを行う。専門家から学びを深め、ワークショップやディスカッション、プレゼンテーションの経験を積み重ねる。生徒たちはこの繰り返しの中から、自分の意見を持ち、主張できるようにと成長してく。
　ネイティブ教師による英語学習として、中学では週 3 時間の少人数制授業を、さらに放課後には英語プラス、国際英語塾を行っている。国際英語塾は高 3 まで続く国際大学連合と提携したプログラムで、英語で考え、英語でプレゼンすることを繰り返し、「使える英語力」を育てる。

私立 共学 ▷▷ 高 350P 大 590P 607P

受入開始 1992 年度

けいおうぎじゅくしょうなんふじさわ
慶應義塾湘南藤沢中等部

〒 252-0816 (担当：事務室)
神奈川県藤沢市遠藤 5466
▶▶(小田急線相鉄線横浜市営地下鉄湘南台駅よりバス、JR 東海道線辻堂駅よりバス)
TEL 0466-49-3585
URL http://www.sfc-js.keio.ac.jp
生徒数 男 301 女 294 合計 595

帰国子女在籍者数	1 年	2 年	3 年	計
	41	34	37	112

入学

●出願資格・条件
以下の条件をすべて満たしている者に限る
1. 2008.4.2 ～ 2009.4.1 までに生まれた者
2. 次の①か②の条件のいずれかを満たしている者
 ① 2018.4.1 ～ 2021.3.31 までの 3 年間に通算 1 年 6 ヶ月以上、国外に在住した者
 ② 2014.9.1 ～ 2021.3.31 までの 6 年 7 ヶ月の間に通算 3 年間以上国外に在住した者
3. 入学後、父、母または親権者のもとから通学できる者
※在住期間に関し不明な点は問い合わせること
※帰国生入試の出願資格がある者は、一般入試への出願はできません。

●出願書類
入学志願書・整理票綴り・調査書（所定用紙、所定用紙で作成できない部分は、第 5・6 学年の学習状況がわかる成績表コピー）・活動報告書・調査書受領報告用はがき

●日程等

区分	募集	出願	試験	発表	選考方法
1次	約 30	12/1～14	2/2	2/3	3 科または 4 科
2次			2/4	2/5	面接、体育（実技）

※ 1 次試験の 3 科：国・英・算。4 科：国・社・理・算。
※ 2 次試験は、女子・男子の順。面接は保護者同伴

●応募状況

年度＼人数	募集人員	出願者	受験者	合格者	入学者
2019	約 30	198	160	42	34
2020	約 30	185	153	50	41

受入後

●指導・教育方針・特色
中・高一貫教育の長所を生かした計画に基づき、生徒の個性の伸長を継続的、発展的にはかりながら社会的責任を自覚し、知性・感性・体力にバランスのとれた教養人の育成を目指す。そのためにも慶應義塾大学進学にふさわしい生徒一人ひとりの基礎学力の育成を重視するとともに、自分自身で問題を発見し、自ら考え、解決していく能力の育成を目指すため、きめ細やかな教育を実施する。さらに、異年齢間の相互交流を重視し、知育のみに偏らず社会性を持った多様で個性的な生徒の育成をはかる。

●進学特例条件
推薦により併設高等部へ進学できる。

私立 女子 ▷▷ 高 351P

受入開始 1988 年度

しょうなんしらゆりがくえん
湘南白百合学園中学校

〒 251-0034 (担当：林和)
神奈川県藤沢市片瀬目白山 4-1
▶▶(湘南モノレール片瀬山駅、JR・小田急線藤沢駅よりバス片瀬山入口)
TEL 0466-27-6211 FAX 0466-27-4482
URL http://www.shonan-shirayuri.ac.jp
生徒数 女 520 合計 520

帰国子女在籍者数	1 年	2 年	3 年	計
	15	12	8	35

入学

●出願資格・条件
(1) 2021 年 3 月小学校を卒業見込みの女子（現地校等からの出願の場合は同等の資格を有する者）で、保護者の元から通学できる者
(2) 通算して 1 年以上海外の学校に在学した者
(3) 2017 年 3 月以降に帰国した者、もしくはそれに準ずる者

●出願書類 以下の書類はインターネット出願時にアップロードするか、コピーを簡易書留で郵送
(1) 海外在住時の成績通知表（受験日に最も近いもので、表紙を含む全頁）
(2) 現在国内小学校在籍者は、(1) に加え、小学校 6 年の 1 学期（前期）の成績通知表（表紙を含む全頁）
(3) 取得している英語資格がある場合は、資格証明書

●日程等

募集	出願	試験☆	発表	選考方法
10	WEB 出願 11/1～30	12/19	HP 12/19	A 方式【必須】英語、面接 【選択】国語または算数 B 方式【必須】国語·算数、面接

☆インターネットを利用した自宅受験
※【英語】記述課題（事前提出）＋英語での口頭試問（20 分程度）
※【国語】記述課題（事前提出）＋日本語での口頭試問（10 分程度）
※【算数】記述課題（事前提出）＋日本語での口頭試問（10 分程度）
※【面接】保護者 1 名同伴で日本語による面接（5 分程度）
※国語と算数の試験は A・B 方式共通

●応募状況

年度＼人数	募集人員	出願者	受験者	合格者	入学者
2019	10	40	34	33	10
2020	10	38	36	35	15

編入学

●編入学時期・定員 〔各学年とも〕4 月（試験実施 2 月)、9 月（試験実施 7 月)、若干名。欠員がある場合のみ実施する。
●出願資格・条件・出願書類 入学に準ずる
●選考方法 国・数・英、面接
● 2019 年度帰国子女編入学者数

1 年	1	2 年	0	3 年	0

受入後

●指導
・英語取り出し授業を実施。帰国生や英語が堪能な生徒を対象とした極少人数のクラス編成。ネイティブ教員による授業を多く設定し、海外のテキストを使用している。主体的活動量の多い、オールイングリッシュのハイレベルな授業を通して生徒の可能性を最大限に引き出すものである。
・模擬国連、ディベート大会、英字新聞発行など帰国生の活躍の場は多い。
・種々の語学研修に加え、中 3 ではターム留学を導入（一定の条件あり)。
・オンライン英会話実施。

●教育方針 キリスト教の精神に根ざした価値観を養い、神と人の前に誠実に歩み、愛の心を持って社会に奉仕できる女性を育成する。
●卒業生（帰国生徒）の進路状況 本学園高等学校へ進学後、東京大、東京外国語大、東工大などの首都圏国公立大の他、早慶上理などの難関私大への進学者は多数。また医学部医学科への進学者が多いことが特徴。海外大学への進学者も増加傾向にある。

私立 男子

受入開始 2012年度

藤嶺学園藤沢中学校

とうれいがくえんふじさわ

(担当：島貫和夫)

〒251-0001
神奈川県藤沢市西富1-7-1
▶▶(JR東海道線・小田急線・江ノ電線藤沢駅、小田急線藤沢本町駅)
TEL 0466-23-3150 FAX 0466-25-7935
URL https://tohrei-fujisawa.ed.jp

生徒数 男290 合計290

帰国子女在籍者数	1年	2年	3年	計
	0	1	0	1

入学

●出願資格・条件
海外に継続して1年以上在留し、2018年1月以降に帰国した、現在小学6年生の児童(帰国後3年以内)

●出願書類
・入学志願票(WEB出願)・海外における最終学校の1年分の成績証明書(成績通知表のコピーでも可)・海外在留証明書(本校指定のもの)・課題作文

●日程等(予定)

募集	出願	試験	発表	選考方法
若干名	12/8～16	12/19	12/19	国語・算数、面接

●応募状況

年度＼人数	募集人員	出願者	受験者	合格者	入学者
2019	若干名	2	2	2	1
2020	若干名	2	2	2	0

編入学

●編入学時期・定員〔1年生〕9月〔2年生〕4、9月。欠員がある場合

●出願資格・条件・出願書類・選考方法 入学に準ずる

●2019年度帰国子女編入学者数

1年	0	2年	0	3年	0

受入後

●教育方針
茶道・剣道が必修というカリキュラムを履修し、日本人としての意識を培い、世界へ…と発信できる豊かな人間性を兼ね備えた新時代のリーダーを育成する。

●特色
様々な背景を持った帰国生と国内生がお互いによい刺激を与えあい、切磋琢磨できるように、あえて分けずに混合クラスにしている。

●進学特例条件
ほぼ全員が併設の高等学校への進学となる。

私立 女子

受入開始 2013年度

聖園女学院中学校

みそのじょがくいん

(担当：鐵尾千恵)

〒251-0873
神奈川県藤沢市みその台1-4
▶▶(小田急線藤沢本町駅、善行駅)
TEL 0466-81-3333 FAX 0466-81-4025
URL https://www.misono.jp/

生徒数 女220 合計220

帰国子女在籍者数	1年	2年	3年	計
	3	7	6	16

入学

●出願資格・条件
2008年4月2日～2009年4月1日に生まれた女子

●出願書類
全日程インターネット(web)出願
・海外在留証明書または海外在学最終学年の成績表コピー

●日程等

区分	募集	出願	試験	発表	選考方法
A	10	11/7～12/3	12/4	12/4	日本語の作文または英語(作文・スピーキング)・計算力確認試験、面接
B	若干名	11/7～1/4	1/5	1/5	

※面接は、面接官2名による保護者(1名以上)同伴の20分間の個別面接

●応募状況

年度＼人数	募集人員	出願者	受験者	合格者	入学者
2020A	5	7	7	7	1
2020B	若干名	3	3	2	0

編入学

●編入学時期・定員〔1～3年生〕随時、若干名

●出願資格・条件・出願書類・選考方法 入学に準ずる

●2019年度帰国子女編入学者数

1年	1	2年	0	3年	0

受入後

●指導
入学後、教員との面談を実施し、希望者には個々の状況に合わせて学習指導を行う。英語は取り出し授業を行う。

●教育方針
カトリック精神に基づく調和のとれた人間形成を教育目標にしている。卒業後も、それぞれの置かれた場で凛とした姿勢で自分の務めを果たしながら周囲と協力し合い、あらゆる環境に対応できる柔軟さをもって活躍できるよう育成している。

●特色
聖園女学院は、四季の草花が咲く緑豊かな丘陵地にある。校地面積は83,000㎡あり、西に富士山、南に江ノ島を臨むことができる。教師と生徒、生徒同士の信頼感から生まれる距離の近さがあり、学院全体がまるで一つの家族のような温かさで包まれている。

▷▷ 小 58P 高 351P

私立 女子

受入開始 1993 年度

聖セシリア女子中学校

（せいせしりあじょしちゅうがっこう）

〒 242-0006 （担当：大橋貴之）
神奈川県大和市南林間 3-10-1
▶▶（小田急線南林間駅、東急田園都市線中央林間駅）
TEL 046-274-7405 FAX 046-274-5070
URL https://www.cecilia.ac.jp/
生徒数 女 290 合計 290

帰国子女在籍者数	1 年	2 年	3 年	計
	5	5	5	15

入学

●**出願資格・条件**
海外在住 1 年以上（原則）かつ 2018 年 1 月以降に帰国した者（国・地域、現地校・日本人学校は不問）。
●**出願書類** 入学願書（本校所定）・学習状況を記録した書類（通知表のコピー、成績証明書）
●**日程等**

募集	出願	試験	発表	選考方法
若干名	12/1～12	12/13	12/14	国･算･英より 2 科目選択、面接（保護者同伴）

●**応募状況**

年度＼人数	募集人員	出願者	受験者	合格者	入学者
2019	若干名	5	4	4	4
2020	若干名	2	2	2	1

編入学

●**編入学時期・定員** 〔1 ～ 3 年生〕随時（欠員が生じた場合）。定員は特に定めず
●**出願資格・条件** 海外生活期間が 1 年以上、帰国後半年以内であること
●**出願書類** 願書・在学／成績証明書（成績証明書、通知表のコピー、調査書など）
●**選考方法** 国・数・英、面接（校長・教頭、保護者同伴）。
多様な帰国子女の状況に対応するため面接を重視
● **2019 年度帰国子女編入学者数**

1 年	0	2 年	1	3 年	0

受入後

●**指導・教育方針・特色**
(1) 1 クラス約 30 名の 3 ～ 4 クラス制。家庭的な校風の中で一人ひとりに対する指導は充実している。(2) 少人数制の中で、帰国子女に対する特別なプログラムはなく、一般生と同じかかわりとなる。(3) 中高 6 年一貫のカリキュラムを実施し、希望する者のほぼ全員が高等部へ進学するシステムである。(4) ほとんどの生徒が大学・短大への進学希望者であり、そのため英語を中心として、選択教科・コース別授業・補習・講習の特別授業が実施されている。
●**進学特例条件**
高等部への進学は、推薦制度により入学。
●**卒業生（帰国生徒）の進路状況**
ほぼ全員が高等部へ進学。

私立 女子

受入開始 2001 年度

緑ヶ丘女子中学校

（みどりがおかじょしちゅうがっこう）

〒 238-0018 （担当：縄田利寿、佐久間 隆）
神奈川県横須賀市緑が丘 39
▶▶（京浜急行線汐入駅、JR 横須賀線横須賀駅）
TEL 046-822-1651 FAX 046-825-0915
URL http://www.midorigaoka.ed.jp/
生徒数 女 27 合計 27

帰国子女在籍者数	1 年	2 年	3 年	計
	10	10	7	27

入学

●**出願資格・条件**
海外で生活したことのある女子（英語圏）
●**出願書類** 通常の願書のみ
●**日程等**

募集	出願	試験	発表	選考方法
若干名	12/8～10	12/14	12/14	英語の口頭試問と作文

※詳細は問い合わせのこと
●**応募状況**

年度＼人数	募集人員	出願者	受験者	合格者	入学者
2019	若干名	0	0	0	0
2020	若干名	0	0	0	0

編入学

●**編入学時期** 〔1 ～ 3 年生〕随時
●**出願資格・条件** 海外で生活したことのある女子
●**出願書類** 本校で用意する願書
●**選考方法** その都度対応する
● **2019 年度帰国子女編入学者数**

1 年	0	2 年	0	3 年	0

受入後

●**指導**
本校の英語ネイティブ講師が通常の授業の他、放課後は TOEFL 基礎講座・SAT 基礎力養成講座等や補習を月～ 金に毎回 60 分程度、放課後に希望者に実施。
●**教育方針**
一人ひとりの成長に合わせてきめ細やかな指導を実践し、生徒の輝かしい未来に向けてさまざまなサポート体制で取り組んでいる。
●**特色**
隔週で行われる茶道（裏千家）を学ぶ『作法』の時間を通じて日本文化も学んでいる。

▷▷ 小 58P

私立　共学

受入開始　2008 年度

横須賀学院中学校
（よこすかがくいん）

〒 238-8511　（担当：森尚美、蛭田雅晴、谷中哲也）
神奈川県横須賀市稲岡町 82
▶▶（京浜急行 横須賀中央駅、JR 横須賀駅）
TEL 046-822-3218　FAX 046-828-3668
URL http://www.yokosukagakuin.ac.jp
生徒数　男 186　女 127　合計 313

帰国子女在籍者数	1 年	2 年	3 年	計
	1	1	4	6

入学

●**出願資格・条件**　以下の条件をすべて満たしていること。
(1) 保護者の海外在留に伴う海外在住期間がおおむね 1 年以上等。
(2) 2008 年 4 月 2 日～ 2009 年 4 月 1 日に生まれた男女。
(3) 入学後、保護者もしくはそれに準ずる方の所から通学可能であること。
(4) 横須賀学院の教育理念、ミッションステートメントに賛同していただける方。

●**出願書類**（1）入学願書（2）海外在学最終学年の成績表

●**日程等**

募集	出願	試験	発表	選抜方法※
若干名	12/1～23 8：30	12/23	12/23	国語・算数（各100 点）の筆記試験、面接（保護者同伴）

※ただし、英検 4 級以上、JET3・4 級、TOEIC Bridge 110 点以上等の資格がある場合は、国語・算数のいずれか 1 科目で受験可

●**応募状況**

年度＼人数	募集人員	出願者	受験者	合格者	入学者
2019	若干名	2	2	2	1
2020	若干名	3	2	1	1

編入学

●**編入学時期・定員**　〔1 ～ 2 年生〕4、9、1 月〔3 年生〕4 月。※欠員がある場合のみあり
●**出願資格**　入学に準ずる（年齢は学年に対応）
●**出願書類**　入学に準ずる
●**選考方法**　・国語・数学・英語（各 50 点）の筆記試験（現地校の場合は、その状況に応じる）・面接（保護者同伴）

● **2019 年度帰国子女編入学者数**

1 年	0	2 年	0	3 年	0

受入後

●**指導**　放課後学習室にて、専属の職員による学習のサポート有り。（インターナショナルスクールのボランティア〈春・夏〉をはじめ、国内外語学研修プログラム等、英語力の保持、向上の機会あり。）
●**教育方針**　「敬神・愛人」の教育の理念のもと、キリスト教の香りと、あたたかな雰囲気の中で、神を敬い自分を愛するように他者を愛する心を育て、隣人愛を実践していく人間の育成を目指す。
●**特色**　中高 6 年一貫教育の中で、「世界の隣人と共に生きる」グローバル教育を推進。国内外語学研修の充実、日本語・英語のプレゼンテーション活動、葉山インターナショナルスクールでのボランティア活動など、グローバル人材育成につながる様々な活動を展開している。
●**卒業生（帰国生徒）の進路状況**　中央大学　応用生物学部 1　青山学院大学　地球社会共生学部 1（2018 年度）法学部 1（2017 年度）、経営学部 1（2015 年度）

入　編

▷▷ 小 59P 高 352P

私立　女子　寮

受入開始　2004 年度

函嶺白百合学園中学校
（かんれいしらゆりがくえん）

〒 250-0408　（担当：浅野 大）
神奈川県足柄下郡箱根町強羅 1320
▶▶（箱根登山鉄道強羅駅）
TEL 0460-87-6611　FAX 0460-87-6614
URL http://www.kanrei-shirayuri.ed.jp
生徒数　女 77　合計 77

帰国子女在籍者数	1 年	2 年	3 年	計
	0	0	2	2

入学

●**出願資格・条件**
・海外での在住期間が通算で 1 年以上。
●**出願書類**
・入学願書及び添付書類（所定用紙）・成績表（①海外在住時の成績表（写し））1 年分②帰国後、日本の小学校在籍者は①と小学校 6 年生の通知表（写し））・海外在住に関する記録票（海外勤務証明書等）
●**日程等**

募集	出願	試験	発表	選考方法
若干名	12/11～24	1/6	1/6	（A）国・算（面）（B）英※・作文（面）※英検 4 級以上合格者は試験免除

●**応募状況**

年度＼人数	募集人員	出願者	受験者	合格者	入学者
2019	若干名	0	0	0	0
2020	若干名	0	0	0	0

編入学

●**編入学時期**〔1 ～ 3 年生〕随時（3 年生は 9 月まで）
●**出願資格・条件・出願書類・選考方法**　入学に準ずる
● **2019 年度帰国子女編入学者数**

1 年	0	2 年	0	3 年	0

受入後

●**指導**
小さな学校なので、個々に親身になって対応するとともに、異文化の貴重な体験者として、在校生にも発信する機会を増やしている。
●**教育方針**
キリスト教（カトリック）的精神に基づいて、正しい世界観と道徳的信念を養い、神のみ前に誠実に生き、愛をもって人類社会に奉仕できる人間の育成を目的としている。
●**特色**
生徒たちは、箱根という恵まれた自然環境の中で、「一流の国際人」を目指して、心豊かに成長している。

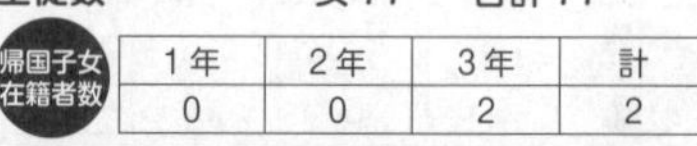

入 編

私立 共学 寮

▷▷ 高 353P

受入開始 2012 年度

片山学園中学校

（かたやまがくえん）

〒 930-1262 （担当：望月尚志、杉林功一）
富山県富山市東黒牧 10
▶▶（富山地方鉄道上滝線月岡駅）
TEL 076-483-3300 FAX 076-483-8700
URL http://www.katayamagakuen.jp/
生徒数 男 120 女 122 合計 242

帰国子女在籍者数	1 年	2 年	3 年	計
	0	0	0	0

入学

●**出願資格・条件** 特になし（一般入試で受け入れ予定）
●**出願書類** 一般入試に準ずる
●**日程等**

区分	募集	出願	試験	発表	選考方法
推薦	120 名（試験種別ごとの定員は定めず）	12/9～18	12/20	12/22	作文、面接
国内①		12/14～28	1/8	1/11	国語・算数・理科・社会
国内②			1/8		国語・算数・理科
一般（前期）		1/12～22	1/24	1/26	国語・社会・算数・理科、面接（グループ）
一般（後期）		1/27～2/5	2/7	2/9	国語・社会・算数・理科

国内①：関東・東海・関西 A（4 教科型）
国内②：関西 B（3 教科型）
※ 1 科 50 点満点、4 科計 200 点満点において、98 点以上で合格。なお国内（関西）は 3 教科 150 点満点において 78 点以上で合格

●**応募状況**

年度＼人数	募集人員	出願者	受験者	合格者	入学者
2019	若干名	0	0	0	0
2020	若干名	0	0	0	0

編入学

● **2019 年度帰国子女編入学者数**

1 年	0	2 年	0	3 年	0

受入後

●**指導**
国語・社会の特別授業（個別）
●**教育方針**
・世界で活躍できる人材育成
・教育理念「考・思・徳」に則った行動様式の育成
●**特色**
・難関大学合格率は北陸で No.1
・塾が創った学校
●**進学特例条件**
基準を超えている生徒には優先的に指定校推薦枠を活用

入 編

私立 共学

▷▷ 高 354P

受入開始 1996 年度

駿台甲府中学校

（すんだいこうふ）

〒 400-0026 （担当：小高淳）
山梨県甲府市塩部 2 丁目 8-1
▶▶（JR 甲府駅）
TEL 055-253-6233 FAX 055-253-6235
URL http://www.sundai-kofu.ed.jp/junior/
生徒数 男 268 女 204 合計 472

帰国子女在籍者数	1 年	2 年	3 年	計
	1	0	1	2

入学

●**出願資格・条件**
2021 年 3 月小学校卒業見込みの者
（専願入試は、本校が第一志望で、在籍する小学校長が推薦できる者に限る）
●**出願書類**
入学志願表、調査書など
（本校に直接お問い合わせください）
●**日程等**

区分	募集	出願	試験	発表	選考方法
A	特に定めず	11/27～12/18	1/9	1/12	国語・算数・理科・社会、面接(児童のみ)
B	特に定めず	1/6～15	1/16	1/19	

※ A 区分は専願入試、B 区分は一般入試（併願可能）

編入学

※本校に直接お問い合わせください。

● **2019 年度帰国子女編入学者数**

1 年	0	2 年	0	3 年	1

受入後

●**特色**
高校では 2017 年より新コース制をスタートした。
中学校は 2019 年 4 月に塩部キャンパスに移転。

▷▷ 高 354P

私立 女子

受入開始　2016 年度

山梨英和中学校（やまなしえいわ）

〒 400-8507　（担当：山田博久、角田理絵）
山梨県甲府市愛宕町 112
▶▶（JR 中央線 甲府駅、JR 身延線 甲府駅）
TEL 055-254-1590　FAX 055-252-6449
URL https://www.yamanashi-eiwa.ac.jp/jsh/
生徒数　女 181　合計 181

帰国子女在籍者数	1年	2年	3年	計
	1	1	0	2

入学

●出願資格・条件　下記の①②③④の条件を満たす者
① 2021 年（令和 3 年）3 月小学校卒業見込みの学齢児童② 6 ヵ年一貫教育の学校として入学する意志のある者③本校のみに出願し、合格した場合に必ず入学する者④本人が継続して 1 年以上海外に在留し、帰国して 2 年以内の者、または本人が継続して 1 年以上海外に在留中で今年度末までに帰国予定の者。

●出願書類
①志願票および受験票（本校所定の様式 1　写真貼付）
　＊海外在留中の場合は国内の連絡先を必ず記入
②家庭報告書（本校所定の様式 2　写真貼付）
③学校調査書（本校所定の様式 3　厳封）
　＊海外在留中の場合は要相談
④銀行振込証明書貼付票（本校所定の様式 5）
　＊海外在留中の場合は要相談
⑤受験票返信封筒（404 円分の切手を貼付のこと）
　＊国内の連絡先に郵送
⑥志願者の海外生活期間証明書
　＊保護者の勤務先が証明するもの。書式は要相談。

●日程等

募集	出願	試験	発表	選考方法
70 名 自己推薦、専願、一般、海外帰国生入試合わせて	郵送：11/30～12/11 消印有効	1/9	1/11	※

※【必須】国語、算数 A、日本語面接（保護者同伴）
　【選択】算数 B または英語
※志願者が実用英語技能検定（英検）3 級以上取得している場合、検定料が免除。

●応募状況

年度＼人数	募集人員	出願者	受験者	合格者	入学者
2019	若干名	1	1	1	1
2020	若干名	1	1	1	1

編入学

●編入学時期・定員　随時
●出願資格・出願書類　入学に準ずる
●選考方法　国語、数学、英語、日本語面接（保護者同伴）
● 2019 年度帰国子女編入学者数

1年	0	2年	0	3年	0

受入後

●指導　入学後は一般生徒と同じクラスで授業を受ける。一人ひとりの能力や経験に基づき、各々に必要な場合には個別に指導する。
●教育方針　キリスト教信仰に基づき、豊かな人間教育を揺るぎない教育理念とし、創立当初から現在に至るまでグローバルスタンダードな女子教育を実践。韓国、オーストラリア、ドイツに姉妹校を持ち、交換留学やホームステイ、またカナダへの語学研修、JICA 研修などで異文化交流、国際理解を深め、国際的視野を身につけます。
●特色　2012 年よりユネスコスクール加盟校。2013 年～2018 年文部科学省よりスーパーサイエンスハイスクール（SSH）研究校に中高一貫として認定。生徒一台 iPad を所有し、プレゼンテーション力、探求力、論理的思考力、発信力を育み、自ら考え、解決していく能力の育成「国際的な視野に立ち、社会に貢献できる自立した女性を育てる」
●進学特例条件　ほぼ全員が一貫校の山梨英和高等学校の進学許可を受け進学する。

▷▷ 高 355P

私立 共学 寮

佐久長聖中学校（さくちょうせい）

〒 385-0022
長野県佐久市岩村田 3638
▶▶（JR 北陸新幹線佐久平駅、JR 小海線岩村田駅）
TEL 0267-68-6688　FAX 0267-68-6140
URL http://sakuchosei.ed.jp/
生徒数　男 185　女 161　合計 346

帰国子女在籍者数	1年	2年	3年	計
	3	4	5	12

入学

●出願資格・条件
2021 年 3 月卒業見込みの者
●出願書類
・Web（インターネット）出願
●日程等

区分	募集	出願	試験	発表	選考方法
A	140	12/14～1/4 必着	① 1/11 ② 1/12	① 1/14 ② 1/15	国語・算数・理科・社会
B		1/13～20 必着	1/23	1/27	国語・算数・理科・社会

※ A：東京・大阪入試　B：本校入試

編入学

●編入学時期　〔1・2 年生〕随時
●出願資格　中高一貫校出身者
　※ご家族の都合による
●出願書類　入学試験に準ずる
●選考方法　国語・数学・英語、面接（保護者同伴）
　※編入時期により随時判断するため、詳細は問い合わせ
● 2019 年度帰国子女編入学者数

1年	0	2年	0	3年	0

受入後

●指導
・併設の高校へは全員が進級
・一般生と同じ授業だが、問題のある教科は放課後補習を行う。

入 編

▷▷ 高 355P

鶯谷中学校

うぐいすだに

〒 500-8053　（担当：南谷和宏、加藤繁樹）
岐阜県岐阜市鶯谷町 7
▶▶（JR 東海道本線・高山線 岐阜駅・名古屋鉄道名古屋本線 名鉄岐阜駅）
TEL 058-265-7571　FAX 058-266-5485
URL http://uguisu.acs3.mmrs.jp/
生徒数　男 128　女 124　合計 252

帰国子女在籍者数	1年	2年	3年	計
	0	0	1	1

入学

●出願資格・条件
・令和 3 年 3 月小学校卒業予定者
・外国において小学校教育を受け、令和 3 年 3 月に小学校卒業と同等の資格を持つと見込まれる者
・一般受験：国語、算数、理科、社会
・グローバル受験：国語、算数、英語各種検定資格（英検 4 級以上、級に応じて点数化）
※いずれかを選択

●出願書類
・インターネット出願
・窓口出願・郵送出願
入学願書、入試結果通知用封筒、英語検定資格の資格証の写し（グローバル受験のみ）、受験票返送封筒（郵送出願のみ）

●日程等

区分	募集	出願	試験	発表	選考方法
A	特に定めず	12/14～23	1/11	1/13	一般受験：国・算・社・理 グローバル受験：国・算・英語検定資格
B	特に定めず	1/6～9	1/11	1/13	
C	特に定めず	12/17～1/7	1/11	1/13	

※ A：インターネット出願 B：窓口出願 C：郵送出願

●応募状況

年度＼人数	募集人員	出願者	受験者	合格者	入学者
2019	若干名	0	0	0	0
2020	若干名	0	0	0	0

編入学

●選考方法　相談に応じる

● 2019 年度帰国子女編入学者数

1年	0	2年	0	3年	0

受入後

●指導　一般生と同じクラスで学習する。英語では中 1 から習熟度での授業を行う。日本語が心配な場合には、学級担任、ネイティブ教員らが連携を取りながら、個別に相談に応じている。

●教育方針　心豊かでたくましく自ら考え行動できる優れたリーダーとなれる人間育成を目指し、「一人ひとりを見つめた質の高い教育システム」「心のふれあいを大切にする人間教育」「生徒の学ぶ意欲に応える教育環境」を柱とした中高一貫教育を行っている。

●特色　グローバルな視点に立って物事を考えたり、意見したりできる力を育てる。英語力を身につけるために、学年毎に様々な英語体験研修を行う。希望者にはイギリス研修を実施。

入 編

▷▷ 高 356P 大 569P

受入開始　1992 年度

麗澤瑞浪中学校

れいたくみずなみ

〒 509-6102　（担当：松本兼太朗）
岐阜県瑞浪市稲津町萩原 1661
▶▶（JR 中央本線瑞浪駅）
TEL 0572-66-3111　FAX 0572-66-3100
URL https://www.mz.reitaku.jp/
生徒数　男 96　女 76　合計 172

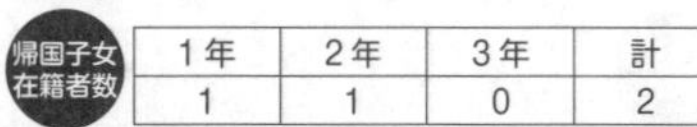

帰国子女在籍者数	1年	2年	3年	計
	1	1	0	2

入学

●出願資格・条件
海外での滞在期間が 1 年以上、帰国後 3 年以内の者。寮生希望者は入学前の学校（寮）見学を条件とする

●出願書類　・入学願書一式・出願資格を証明するもの（海外の学校の在学証明書等）

●日程等

募集	出願	試験	発表	選考方法
若干名	12/14～1/5	1/9	1/12	2科・3科・4科選択、面接
	1/13～2/1	2/6	2/8	国・算、面接

※学科試験において多少配慮する

●応募状況

年度＼人数	募集人員	出願者	受験者	合格者	入学者
2019	若干名	1	1	1	1
2020	若干名	1	1	1	1

編入学

●編入学時期・定員〔1 ～ 3 年生〕要相談。若干名

●出願資格・条件
・本校の教育課程を履修する能力を備えていること
・寮生希望者は、寄宿舎での生活に支障がないこと

●出願書類
・願書一式
・調査書（日本人学校での成績を証明する書類）

●選考方法　国語・数学・英語のほかに面接を重視。帰国子女のみ編入学を行う

● 2019 年度帰国子女編入学者数

1年	0	2年	0	3年	0

受入後

●指導　他の生徒と同様とし、特別な扱いはしないが、必要に応じて個別指導を行う。

●教育方針・特色　本校は、中学校・高等学校一貫の教育体制をとっている。また生徒の多くが寮に入っている（寮生 60%、通学生 40%）ため、共同生活を通じて、他人への思いやりや人間性の陶冶に重点が置かれる。入学後はそれぞれ生活する寮の担当教員がきめ細かく指導するので、帰国子女に対しても学力・生活両面からさまざまなアドバイスが可能である。

●進学特例条件　麗澤瑞浪高校への進学は、全員無条件で可能である。麗澤大学へは、高校 3 年間の成績が一定基準以上の者については、特別推薦（優先入学）できる。

▷▷ 高 356P

受入開始　1981 年度

静岡聖光学院中学校
しずおかせいこうがくいん

(担当：教頭　杉森正弘)

〒 422-8021
静岡県静岡市駿河区小鹿 1440
▶▶ (JR 東海道本線静岡駅・東静岡駅)
TEL 054-285-9136　**FAX** 054-283-8668
URL http://www.s-seiko.ed.jp/
生徒数　男 233　合計 233

帰国子女在籍者数	1 年	2 年	3 年	計
	2	2	1	5

入 学

●出願資格・条件
(1) 日常生活に支障がない程度の日本語の能力を身につけている者（国籍は問わない）(2) 家族の海外在留に伴って外国に滞在した者で、出願から遡って 5 年以内の者 (3) 居住区域の規定はないが、通学不可能な者は生徒寮に入寮すること（下宿は認めない）
●出願書類　・入学願書一式（所定用紙）・海外における学校の成績証明書または通知表のコピー・身上書
●日程等

区分	出願	試験	発表	選考方法
Ⅰ期	11/23～1/7	1/9 午前 静岡・東京	1/11	国・数または 国・数・理・社
帰国生入試	11/1～30	12/6	12/7	国語又は英語、算数、面接有り
21世紀型入試	11/23～1/7	1/9 午後 静岡	1/11	思考・表現・創造を問う問題
Ⅱ期	1/12～23	1/24 午前	1/25 午後	国語・算数
特待生	11/23～1/7	1/10 午後	1/12	国語・算数

※募集定員は、一般募集 110 名に含む
※帰国子女については配慮する。

●応募状況

年度＼人数	募集人員	出願者	受験者	合格者	入学者
2019	一般に含む	0	0	0	0
2020	一般に含む	2	2	2	2

編 入 学

●編入学時期・定員　〔1 年生〕1 月〔2 年生〕4、9、1 月〔3 年生〕4、9 月。各学年とも若干名
●出願資格・条件・出願書類　入学に準ずる
●選考方法　国語・数学・英語、面接（保護者同伴）
※帰国子女については配慮する（出願における成績の基準がない）

● 2019 年度帰国子女編入学者数

1 年	0	2 年	0	3 年	0

受 入 後

●指導　英語・数学・国語等の学力補充については、放課後の個別指導を行うこともある。
●教育方針・特色　活発な生徒活動と自由な校風の中高一貫男子校のミッションスクール。献身の精神と高度の学識を備えた社会の成員を育成。「基本的生活習慣づくり・基礎的学習」「立志・研究的学習」「進路学習」の三層三段階教育を通し、精神的価値を尊重する探求心・アカデミックな姿勢を身につけさせる。
●進学特例条件　併設の高等学校に全員進学。
●卒業生（帰国生）の進路　4 年制大学へ進学。

私立　女子　寮

▷▷ 高 357P 大 575P

受入開始　2001 年度

不二聖心女子学院中学校
ふじせいしんじょしがくいん

(担当：清水哲)

〒 410-1126
静岡県裾野市桃園 198
▶▶ (JR 御殿場線裾野駅)
TEL 055-992-0213　**FAX** 055-993-6937
URL https://www.fujiseishin-jh.ed.jp/
生徒数　女 254　合計 254

帰国子女在籍者数	1 年	2 年	3 年	計
	5	1	6	12

入 学

●出願資格・条件
①本人並びに保護者が、本校の教育方針の下で教育を受けることに熱意を持っていること。
②出願から遡って 5 年以内に、通算して 1 年以上海外の学校に在籍した方、または国内のインターナショナルスクール等で 2 年以上教育を受けた方。
③ 2021 年 3 月末日までに、日本の小学校、あるいはこれと同程度の課程を修了、または修了見込みの者。
④原則として、2021 年 4 月 1 日に保護者が帰国していること。
⑤その他、通学時間等の制限がある
●出願書類　WEB 出願後に次の書類を郵送。
①成績証明書（海外校作成）または通知表の写し
②海外勤務証明書（書式は自由）
●日程等

募集	出願	試験	発表	選考方法
若干名	12/8～1/8	1/9	1/10	学力検査、面接、提出書類

※学力検査は国算または英算の選択。面接は保護者同伴。
※合格発表は本校専用ウェブサイトにより行う。

●応募状況

年度＼人数	募集人員	出願者	受験者	合格者	入学者
2019	若干名	3	3	3	1
2020	若干名	6	6	6	6

編 入 学

●編入学時期・定員　〔1 ～ 3 年生〕若干名。欠員がある場合
●出願資格　出願から遡って 5 年以内に、通算して 1 年以上海外の学校に在籍した方、または国内のインターナショナルスクール等で 2 年以上教育を受けた方。
●出願書類　入学に準ずる
●選考方法　国・英・数、面接（個人、保護者同伴）

● 2019 年度帰国子女編入学者数

1 年	0	2 年	1	3 年	0

受 入 後

●指導　状況や必要に応じて、個別指導を行う。
●教育方針　一般生徒と同じ扱い。
●卒業生（帰国生徒）の進路状況
全員本校の高校へ進学し、聖心女子大学や留学などをしている。

▷▷ 小 59P 高 357P

かとうがくえんぎょうしゅう
加藤学園暁秀中学校

バイリンガルコース （担当：ウェンドフェルト延子、渡邉喜徳）

〒410-0011 静岡県沼津市岡宮字中見代 1361-1
▶▶（JR 東海道本線沼津駅、三島駅）
TEL 055-924-1900 **FAX** 055-924-3303
URL http://www.katoh-net.ac.jp
http://bi-lingual.com

生徒数 男 131 女 139 合計 270

帰国子女在籍者数	1年	2年	3年	計
	0	5	4	9

入学（編入学を含む）

●出願資格・条件
文部科学省の定める中学校就学年齢該当者、日英バイリンガル、基礎学力に富む者（海外で家族とともに1年以上生活し、受験年度内の3月末までに帰国予定の者）

●出願書類
入学（編入学）願書（ホームページから印刷可能）、在学校の成績証明書、在学校の学校案内・説明書、英検・TOEFL・スポーツ・芸術などの活動の記録、在学校教員の推薦書

●日程等 随時
募集：若干名
試験：国語・数学・英語、面接（保護者同伴）、書類審査

●応募状況（4月入学）

年度＼人数	募集人員	出願者	受験者	合格者	入学者
2019	若干名	5	5	5	5
2020	若干名	0	0	0	0

● 2019年度帰国子女編入学者数

1年	0	2年	0	3年	3

受入後

●指導
国際バカロレア MYP を英語イマージョン方式で実施。授業の約半数を英語で学習。英語力の一層の伸長を目指します。帰国生対象の国語・数学サポートとして入学（編入学）後、放課後、国語・数学補習を用意。

●教育方針 世界水準の教育を提供する。

●特色
小学校英語イマージョンで自由な発想を重んじる学習をしてバイリンガルに成長した生徒が大半を占めるクラス。カリキュラムの約半分を英語圏で教員経験があるベテランの教員が担当する。他の半分は日本語による授業。
「知識の詰込みではなく、自分たちで答えを出す方法を探したり、調べたりし、意見交換することでいろいろな考え方やものの捉え方がわかり勉強が楽しかった。培った視野の広さは一生の宝」（卒業生の言葉）

●進学特例条件 意欲的に学校生活全般に取組む者は、加藤学園暁秀高校へ優先して入学できる。

●卒業生の進路状況
国内：東京大、大阪大、名古屋大、北海道大、早稲田大、慶應義塾大、上智大、津田塾大、ICU、立命館大、青山学院大
海外：ハーバード大、エール大、UCLA、MIT、コロンビア大、エジンバラ大、ANU、ロンドン大、シンガポール国立大

入 編

▷▷ 高 358P

はままつかいせいかん
浜松開誠館中学校

（担当：入試広報課）

〒430-0947
静岡県浜松市中区松城町 207-2
▶▶（JR 浜松駅）
TEL 053-456-7111 **FAX** 053-455-1660
URL https://www.kaiseikan.ed.jp/

生徒数 男 164 女 71 合計 235

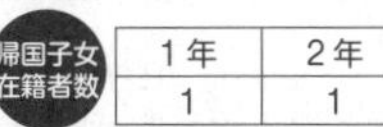

帰国子女在籍者数	1年	2年	3年	計
	1	1	1	3

入学

●出願資格・条件
2021年3月までに小学校卒業見込みの者。
本校の教育過程を日本語で履修する能力を有する者。

●出願書類 ・調査書

●日程等

募集	出願	試験	発表	選抜方法
若干名	11/23～12/24	1/9	1/15	一般入試（学力検査・面接検査） 未来力特別入試（未来力検査・面接検査）

●応募状況

年度＼人数	募集人員	出願者	受験者	合格者	入学者
2019	0	0	0	0	0
2020	特に定めず	1	1	1	1

編入学

●編入学時期 随時。

●出願資格・条件 受験しようとする学年の学齢に相当する者で、相応の教育課程を修了していると認められる者。

●出願書類 ・編入願書（本校事務室で交付）・成績証明書・継続して1年以上海外に在住していたことを証明する書類

●選考方法 英語・国語・数学、面接（保護者1名同伴）
※詳細は問い合わせること

● 2019年度帰国子女編入学者数

1年	1	2年	0	3年	0

受入後

●指導 一般生徒と同様の指導をする。必要に応じて、教科指導の範囲内で個別指導を行う。
グローバルコースでは、ネイティブの担任を配置しており、帰国生の特性を生かしたグローバル教育や英語授業を実施する。

●教育方針 校訓 誠心・敬愛
未来を育む教育
徳育・知育・体育・グローバルの教育が文武両道の成果となり、自ら、己の未来を見つける力を育み、社会が求めている、また、必要としている社会人へと成長させる教育を実践している。

●特色 グローバルコース：教員免許状を持つ正規のネイティブ教師を充実させ、日常的に生きた英語に触れる機会を数多く創り出している。本物の英語に接し続けることで、いつの間にか英語で思考するようになり、飛躍的に対話力・表現力が身についていく。
ICT 教育：生徒全員が iPad を購入し、アクティブラーニングなど、生徒主体の授業を推し進めている。生徒の主体性・思考力・表現力など、これからの社会で必要とされる能力を育む。

●卒業生 中高一貫校のため、併設高等学校への進学。

私立 共学

▷▷ 高 359P

受入開始 2013年度

浜松学芸中学校
（はままつがくげい）

〒430-0905 （担当：内田敏勝）
静岡県浜松市中区下池川町 34-3
▶▶（JR 浜松駅）
TEL 053-471-5336 FAX 053-475-2395
URL https://www.gakugei.ed.jp

生徒数 男 46 女 102 合計 148

帰国子女在籍者数	1年	2年	3年	計
	0	0	2	2

入学

●**出願資格・条件**
2021年3月までに小学校卒業見込みの者

●**出願書類**
・入学願書・調査書

●**日程等**

募集	出願	試験	発表	選考方法
若干名	12/8～1/7	1/30	2/3	国語・算数、面接

●**応募状況**

年度＼人数	募集人員	出願者	受験者	合格者	入学者
2019	若干名	0	0	0	0
2020	若干名	0	0	0	0

編入学

●**編入学時期** 〔1～3年生〕随時

●**出願資格・条件** 6ヵ年一貫教育のカリキュラムを修得するのに必要とされる基本的な学習能力を備えている者

●**出願書類** ・成績等を証明する書類
・海外在留を証明する書類

●**選考方法** 数学・国語、面接

● **2019年度帰国子女編入学者数**

1年	0	2年	0	3年	0

受入後

●**指導**
原則、一般生と同様の指導を実施する。

●**教育方針**
知性のみではなく、感性、道徳性を重視して人間を調和的・全面的に発展させる「全人教育」を基本としている。

●**特色**
中高の重複部分を省き、質の高い独自の一貫教育により、6年かけて一人ひとりの能力を引き伸ばす。

●**進学特例条件**
6年一貫教育のため、本学園の高校課程へ進学するが、その際に普通科にするか、芸術科にするか選択することができる。

●**卒業後（帰国生徒）の進路状況**
6年一貫教育のため、本学園高校課程へ進学している。

入 編

私立 共学 寮

▷▷ 高 359P

受入開始 2012年度

浜松修学舎中学校
（はままつしゅうがくしゃ）

〒430-0851 （担当：長田安輝朗）
静岡県浜松市中区向宿 2-20-1
▶▶（JR 浜松駅）
TEL 053-461-7356 FAX 053-461-7559
URL http://www.shugakusha.ed.jp

生徒数 男 43 女 22 合計 65

帰国子女在籍者数	1年	2年	3年	計
	0	0	0	0

入学

●**出願資格・条件**
・2021年3月までに小学校卒業見込みの者
・保護者の海外在留に伴って、外国で教育を受けた者のうち、英語圏は帰国後2年以内、その他の語学圏は帰国後1年以内であること

●**出願書類**
・入学願書（本校所定）・調査書（出身学校の成績書）
・海外在留証明書

●**日程等**

募集	出願	試験	発表	選考方法
50	11/24～1/5	1/9	1/14	国語・算数・理科・社会、面接（保護者同伴）
	12/10～1/24	1/25	1/30	
	12/10～2/21	2/27	2/27	

●**応募状況**

年度＼人数	募集人員	出願者	受験者	合格者	入学者
2019	ー	0	0	0	0
2020	ー	0	0	0	0

編入学

●**編入学時期** 〔1～3年生〕随時

●**出願資格・条件・出願書類・選考方法** 入学に準ずる

● **2019年度帰国子女編入学者数**

1年	0	2年	0	3年	0

受入後

●**指導**
生徒の特性に応じた教育を実施している。卒業時には卒業論文を作成する。

●**教育方針**
校訓『人格･学修』のもと3つの教育理念を掲げている。
①世の中のあらゆる困難に負けない自立人の育成
②生涯学習を育成する実践指導
③他人を思いやる人間としての成長

●**進学特例条件**
学力、性行などに特に問題がないかぎり、本学園の高校課程へ進む（中高6ヶ年一貫教育）

●**卒業生（帰国生徒）の進路状況**
一貫校のため、ほとんどの生徒が併設校へ進学している。

私立 共学 寮

▷▷ 高 361P

藤枝明誠中学校
（ふじえだめいせい）

〒426-0051 （担当：櫻井昭裕、仲田憲弘）
静岡県藤枝市大洲 2-2-1
▶▶（JR 東海道本線藤枝駅）
TEL 054-635-8155 FAX 054-635-8494
URL http://www.fgmeisei.ed.jp

生徒数 男 131 女 86 合計 217

帰国子女在籍者数	1年	2年	3年	計
	2	2	0	4

入学

●出願資格・条件
保護者の勤務等により国外に居住して、現地の学校に在学していた者（日本人学校、現地校とも可）

●出願書類 ・入学願書・成績証明書等
※事前の問い合わせによる

●日程等（本校での入試）

区分	募集	出願	試験	発表	選考方法
1次	特に定めず	12/8～14	1/9	1/14	国、算 / 英・英面接、作文、親子面接
2次		1/20～21	1/23	1/27	

●応募状況

年度＼人数	募集人員	出願者	受験者	合格者	入学者
2019	特に定めず	2	2	2	2
2020	特に定めず	2	2	2	2

編入学

●編入学時期 随時相談

●出願資格 在外日本人学校または現地校に在籍している者

●出願書類 入学に準ずる

●選考方法 筆記試験（国語・数学・英語・英面接）、面接（親子面接）

● 2019 年度帰国子女編入学者数

1年	0	2年	0	3年	0

受入後

●教育方針
・高度に知・徳・体のバランスがとれた人材を形成
・国際化・情報化のフロントランナー
・社会貢献・国際貢献のできるフェアなリーダーを育成する

●特色
・ゆとりをもって可能性を引き出す「中高一貫システム」
・発展学習とドリル
・定期テスト＋復習テスト
・フィールドワーク
・修学旅行 3 泊 4 日（奈良・京都等）
・宿泊研修
・武道（男子：柔道、女子：剣道）
・放課後の個別指導等によるサポート
・全館冷暖房完備
・人工芝グラウンド
・男子寮完備

●卒業生（帰国生徒）の進路状況
外国語（主に英語）を活かした学部・学科への大学進学。

私立 共学

▷▷ 高 361P 大 621P 短 669P

愛知中学校
（あいち）

〒464-8520 （担当：小川禎洋、竹嶌幹浩）
愛知県名古屋市千種区光が丘 2-11-41
▶▶（地下鉄名城線自由が丘駅）
TEL 052-721-1521 FAX 052-721-1692
URL http://www.aichi-h.ed.jp

生徒数 男 317 女 203 合計 520

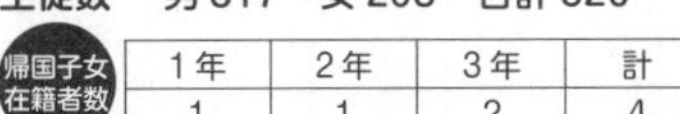

帰国子女在籍者数	1年	2年	3年	計
	1	1	2	4

編入学

●編入学時期
〔1～3年生〕随時

●出願資格・条件
・保護者等の転勤に伴う海外からの一家転住

●出願書類
・成績証明書
・在学証明書

●選抜方法
学科試験（国語・数学・英語）各 50 分、面接

● 2019 年度帰国子女編入学者数

1年	1	2年	0	3年	1

受入後

●教育方針
仏教に基づく人間教育を展開し、「賢さ（智慧）」と「思いやりの心（慈悲）」を育む。

●特色
中高 6 年一貫教育を展開。標準授業時間を大きく超える時間数の授業の中で、きめの細かい指導と反復練習で、基礎学力をしっかり定着させます。授業後の全員参加の講習や、土曜講座も魅力ある特色の一つです。
通年行事である土曜講座では、プレゼンテーション能力の育成に努めています。各学年ごとに設定されたテーマに沿って、調べ学習やフィールドワークを行い、1・2 年生はグループで、3 年生は個人で発表します。特別講師を招いてプレゼンテーションの講演を聞き、よりよく相手に伝えるためにはどうするのが効果的かということを学び、それを実践していきます。1 年の最後には、各学年の代表者による土曜講座全校発表会が行われます。
英語の授業で学んだことを活かす場として「英語スピーチコンテスト」を行います。全学年とも、題材も文章も自分で考え、英語で表現豊かに発表することを目標にとりくみます。日頃から英語の 4 技能をバランスよく学習し、このスピーチコンテストへとつなげていきます。
国語の授業の中で、客観的な論理的思考力を身につけつつ、与えられた課題の背後にある多様な観点を考察し、物事を立体的に捉える思考法「クリティカルシンキング」を導入しています。

私立 共学

▷▷ 高 365P 大 620P

受入開始　2021 年度

愛知工業大学名電中学校

〒464-8540　（担当：伊藤真哉）
愛知県名古屋市千種区若水 3-2-12
▶▶（地下鉄東山線　池下駅）
TEL 052-721-0201　FAX 052-711-3871
URL https://www.aitech-j.ed.jp/

生徒数　男 321　女 40　合計 361

帰国子女在籍者数	1年	2年	3年	計
	0	0	0	0

入学

●出願資格・条件
2021 年 3 月小学校卒業見込みの者

●出願書類
インターネット出願
1/23PM 入試のみ、自己申告書

●日程等

区分	募集	出願	試験	発表	選考方法
A	105名	1/13～20	1/23AM	1/26	国・算・理・社
B		1/13～20	1/23PM	1/26	国・算+理または社、自己申告書、面接
C		1/13～20	1/24	1/26	国・算・理・社

※募集は一般入試に含まれる
※自己申告書にて特技や資格、海外での活動履歴等を自己アピールすることができる。

●応募状況

年度＼人数	募集人員	出願者	受験者	合格者	入学者
2019	特に定めず	0	0	0	0
2020	特に定めず	0	0	0	0

編入学

●編入学時期・定員　欠員がある場合のみ
※学校に直接お問い合わせください

●選考方法　国語・数学・英語・面接

● 2019 年度帰国子女編入学者数

1年	0	2年	0	3年	0

受入後

●指導
入学後は一般の生徒と同じクラスで学習し、特別な指導は行わない。

●教育方針
校訓である「誠実・勤勉」のもと、自尊心とともに社会的連帯感を持ち、心豊かで健康な、実践力のある生徒を育成する。6 年間の中高一貫教育を通じて、生徒の個性を生かし、確かな学力の定着を図ると同時に、思いやり、社会への奉仕の心を持った、想像力豊かなリーダを育てる教育を行う。

●特色
学年、教科における到達目標を明確にして、基礎学力の定着を図る。実験教室やプログラミング教室など工業系大学の附属校ならではのプログラムが充実。

●卒業生（帰国生徒）の進路状況　ほぼ全員が、愛知工業大学名電高校中高一貫コースへ進学

入 編

国立 共学

受入開始　1980 年度

愛知教育大学附属名古屋中学校

〒461-0047　（担当：帰国生徒教育部）
愛知県名古屋市東区大幸南 1-126
▶▶（地下鉄名城線砂田橋駅）
TEL 052-722-4613　FAX 052-722-3812
URL https://www.nj.aichi-edu.ac.jp

生徒数　男 218　女 251　合計 469

帰国子女在籍者数	1年	2年	3年	計
	15	7	15	37

入学

●出願資格・条件
(1) 保護者の海外勤務に伴う在外生活経験年数が継続して 3 か年以上、帰国後 1 か年以内とし、日本国籍を有する者
(2) 在留国での通学校が現地校および国際学校（インターナショナルスクール）であった者
(3) 原則 2008.4.2 から 2009.4.1 までに生まれた者
(4) 保護者とともに居住し、通学時間に無理のない者
※事前に来校し、相談が必要

●出願書類　・入学願書・海外生活を証明する書類（所属機関の長の証明するもの）・海外における最終在学校の成績証明書（写可）・健康診断書・入学志願者身上書・住民票・受検票

●日程等

募集	出願	試験	発表	選考方法
15 ※	12/23～25	未定	未定	国語・算数、面接（保護者同伴）
	2/1～26	未定	未定	

※ただし愛知教育大学附属名古屋小学校からの入学予定者若干名を含む

●応募状況

年度＼人数	募集人員	出願者	受検者	合格者	入学者
2019	15	3	3	3	3
2020	15	4	4	4	4

編入学

●編入学時期・定員　当該学年に欠員のある場合、本校の定める日程に従って行う（5、6、8、10、12、1、3 月で設定）

●出願書類　入学に準ずる

●選考方法　国語・数学・英語、面接

● 2019 年度帰国子女編入学者数

1年	1	2年	6	3年	0

受入後

●指導・教育方針・特色
海外生活で身につけた個性や能力の伸長・活用および日本における学習・生活への早期適応を目指して指導に当たり、そのために定員を 15 名とした少人数によるきめ細かい指導を心がけている。また、外国人講師による英会話の時間や未学習内容等を補う学力補充の時間を設けたり、一般学級の子どもたちとの交流を進めたりするなど、帰国生徒にとって魅力ある学級づくりを目指して取り組んでいる。
※帰国子女在籍者数は 2020 年 7 月現在

私立 女子

▷▷ 高 362P

受入開始　1979 年度

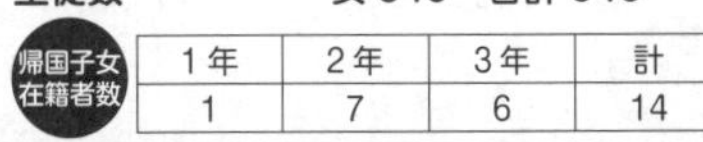

愛知淑徳中学校

あいちしゅくとく

（担当：高橋）

〒 464-8671
愛知県名古屋市千種区桜が丘 23
▶▶（地下鉄東山線星ヶ丘駅）
TEL 052-781-1151　FAX 052-783-1632
URL http://aichishukutoku-h.jp
生徒数　女 846　合計 846

帰国子女在籍者数	1 年	2 年	3 年	計
	1	7	6	14

入学

●**出願資格・条件**
保護者の海外勤務に伴って海外に 1 年以上在留し、帰国後 1 年以内の者（5 年生の 12 月 1 日以降に帰国した場合を含む）

●**出願書類**
・入学願書一式（本校所定）
・調査書（本校所定、ただし現地校出身者については、その学校長の発行する調査書に代わりうる成績証明書）
・在学証明書
・帰国子女調査票

●**日程等**

募集	出願	試験	発表	選考方法
若干名	1/4～15	1/24	1/27（郵送・インターネット）	国語・算数・社会・理科、面接

※選考については配慮する。

●**応募状況**

年度＼人数	募集人員	出願者	受験者	合格者	入学者
2019	若干名	5	5	4	3
2020	若干名	4	4	2	1

編入学

●**編入学時期・定員**　〔1 年生〕9、1 月〔2・3 年生〕4、9、1 月。基本的には 7 月、12 月、3 月にテストを実施。若干名（事前相談が必要）
※該当学年の在籍生徒数によっては、実施できない場合がある

●**出願資格・条件**　入学に準ずる

●**出願書類**　・入学願書一式・成績証明書・在学証明書

●**選考方法**　国語・数学・英語、面接（本人のみ）

● **2019 年度帰国子女編入学者数**

1 年	1	2 年	2	3 年	0

受入後

●**指導・教育方針・特色**
一般生徒と同じ学級に入れ、特別な指導は原則として行わない。

●**進学特例条件**
中学校からの併設高校への進学は推薦制により行い、例年ほぼ全員が進学している。

私立 女子

▷▷ 高 362P 大 615P

金城学院中学校

きんじょうがくいん

（担当：野々垣慎治）

〒 461-0011
愛知県名古屋市東区白壁 3-24-67
▶▶（市バス白壁）
TEL 052-931-0821　FAX 052-937-8165
URL http://www.hs.kinjo-u.ac.jp/
生徒数　女 982　合計 982

帰国子女在籍者数	1 年	2 年	3 年	計
	11	16	13	40

入学

●**出願資格・条件**
2021 年度入試より「英語利用入試」を実施
小学校時に保護者の海外転勤に伴い、海外の学校に 2 年以上在学した者、もしくは国内で生活している者で英検準 2 級以上相当を取得している者

●**出願書類**　・願書・調査書

●**日程等**（インターネット出願のみ）

募集	出願	試験	発表	選考方法
一般に含む	1/7～14	1/23	1/26	①四科入試 ②英語利用入試

※①四科入試：国・算・理・社、面接（保護者同伴）
②英語利用入試：国・算・英、筆記・リスニング、面接（保護者同伴：受験生〈英語〉保護者〈日本語〉で面接）

編入学

●**編入学時期・定員**　〔1 ～ 3 年生〕随時。
在籍者が 336 名以下のとき、編入学試験を行う（定員 320 名）

●**出願資格**　海外の学校で保護者の海外在留に伴って滞在期間が 1 年以上で、本校の該当する学年の者と同等以上の学力があると認められる者。帰国直後に限る
（一旦、他校へ編入した者の資格は認めない）

●**出願書類**　・海外における学校の在学証明書
・海外における学校の成績証明書（日本人学校の場合は調査書）
・編入学志願票（本校より交付）

●**選考方法**　国語・数学・英語、面接（保護者同伴）

●**応募状況（編入試験）**

年度＼人数	募集人員	出願者	受験者	合格者	入学者
2019	特に定めず	5	5	4	4
2020	特に定めず	2	2	2	2

● **2019 年度帰国子女編入学者数**

1 年	0	2 年	2	3 年	0

受入後

●**指導**　適宜、本人に適した補習を実施している。

●**教育方針**
キリスト教精神に基づき、生きる力にあふれた女性のリーダーを育成することをめざし、「科学的思考」「表現」「協働」の 3 つの力を身につけ、社会に参画し主体的に生きる女性を育成しています。

●**教育の特色**
キリスト教をベースとする Dignity（ディグニティ：生き方学習）をバッグボーンに学習内容を削除しない充実した教科学習を行っている。

私立 男子

▷▷ 高 363P

受入開始　2015 年度

名古屋中学校

（担当：青山明広）

〒 461-8676
愛知県名古屋市東区砂田橋 2-1-58
▶▶（地下鉄名城線砂田橋駅）
TEL 052-721-5271　FAX 052-721-5277
URL http://www.meigaku.ac.jp/
生徒数　男 815　　　合計 815

帰国子女在籍者数	1 年	2 年	3 年	計
	4	1	3	8

入学

●**出願資格・条件**　2021 年 3 月小学校卒業見込みの男子で、次の①～③のいずれかに該当する者
① 2021 年 3 月小学校卒業見込みの者またはそれに準ずる者で、保護者の勤務に伴う海外在住が試験日までに概ね 2 年以上、かつ帰国後概ね 2 年以内の者
②実用英語技能検定準 2 級以上を有している者
③芸術分野において、世界・全国レベルの大会・コンクールに出場し入賞した者（予選を通過した上で、世界・全国大会が行われる大会・コンクールに限る）

●**出願書類**
Web 出願（詳細は 10 月以降ホームページに掲載）
・出願資格ごとの証明書類等①海外在住を証明する書類（学校や企業が発行する証明書）並びに海外における最終学校の成績証明書の写し②合格証の写し③賞状及び大会要項等、実施内容がわかるものの写し

●**日程等**

募集	出願	試験	発表	選考方法
若干名	1/4～15	1/30	2/2	国・算・社・理、面接

※一般入試の受験生と同一日時に同一問題で実施

編入学

欠員がある場合のみ

● **2019 年度帰国子女編入学者数**

1 年	0	2 年	1	3 年	0

受入後

●**指導**　夏期・冬期の長期休暇には、進学講座が実施される。基本的に特別クラス編制で、授業形式、教科型の講座だけでなく、教養型の講座も実施する。夏期休暇後半の進学講座では、2 学期の学習を始める。
この他、英語検定、漢字検定、そして校外模擬試験と様々な試験を通じて学習の成果を確認していく。

●**教育方針**　真理をつかむ力を養うために名古屋中学校では多くの知識を伝える。高い能力があればあるほど社会で大きな力を発揮できる可能性が高まり、社会に貢献することができる、からである。

●**特色**　夏休みにイギリスのイートン・カレッジ、イギリス・ヘイスティングスのバックスウッド・スクール、カナダ・ビクトリアのセント・マイケルズ・ユニバーシティスクール、春休みにオーストラリアのアイオナ・カレッジでの異文化交流・国際理解プログラムを実施しており、約 80 名から約 100 名が参加している。なお、イギリスの 2 コースは寮生活、カナダ、オーストラリアはホームステイ。

●**進学特例条件**　名古屋高校は関西難関 3 私立大学と特別協定を結んでいる。同志社大、関西学院大、立命館大の 3 大学と特別協定を結んでいるのは東海地方では本学だけである。また、名古屋高校は他にも多数の有名大学の指定校となっている。

国立 共学

受入開始　2014 年度

名古屋大学 教育学部附属中学校

（担当：佐藤俊樹）

〒 464-8601
愛知県名古屋市千種区不老町
▶▶（名古屋市営地下鉄・名城線名古屋大学駅）
TEL 052-789-2680　FAX 052-789-2696
URL http://www.highschl.educa.nagoya-u.ac.jp
生徒数　男 119　女 119　合計 238

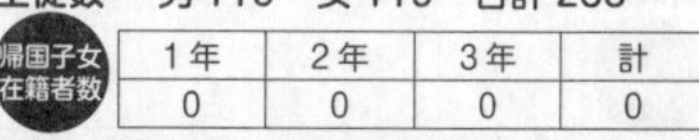

帰国子女在籍者数	1 年	2 年	3 年	計
	0	0	0	0

入学

●**出願資格・条件**
〈資格〉次の条件をともに備えていること
(1)2008.4.2 から 2009.4.1 までに出生した者
(2)2021 年 3 月末までに日本国内の小学校を卒業見込みの者。または、外国において日本の義務教育 6 ヵ年相当の教育を受け、日本の中学校に在学したことがない者。
〈条件〉次の条件をともに備えていること
(1) 本人・保護者ともに本校入学が第一志望であること
(2) 入学までに、片道通学時間 70 分以内のところに保護者と居住していること

●**出願書類**
・入学願書・受検票・写真票・調査書
・誓約書（出願時に片道通学 70 分を超えるところに居住している場合）

●**日程等**

募集	出願	試験	発表	選考方法
男子 40 女子 40	郵送：12/21～24 消印 持参：12/23・24・25 （25 日は午前のみ）	1/10・11	1/19	検査Ⅰ～Ⅲ※

※検査Ⅰ：小学校で学習した内容　検査Ⅱ：作文等
　検査Ⅲ：面接
※帰国子女枠などはなく、一般入試の中で行っている

●**応募状況**

年度＼人数	募集人員	出願者	受験者	合格者	入学者
2019	－	－	－	－	－
2020	－	－	－	－	－

受入後

●**教育方針**
・自由と自主を尊重し、個性と能力の伸長を目指す
・こころ豊かで主体性のある人間形成を目的にしている
・確かな基礎学力とそれぞれの生き方をつかみ、自立する力を育てる

●**特色**
・中学校は各学年 2 学級、高等学校が各学年 3 学級編成で、国立大学法人唯一の普通科の併設型中高一貫校
・名古屋大学と同じキャンパス内に立地
・2006 年度からスーパーサイエンスハイスクール（SSH）の指定を受ける
・2010 年 7 月にユネスコスクールに登録される
・2015 年度からスーパーグローバルハイスクール（SGH）の指定を受けた

●**進学特例条件**　全員が併設されている名古屋大学教育学部附属高等学校へ進学

私立 共学

▷▷ 高 364P

受入開始　2005 年度

名古屋国際中学校

（なごやこくさい）

（担当：内藤）

〒 466-0841
愛知県名古屋市昭和区広路本町 1-16
▶▶（地下鉄桜通線・地下鉄鶴舞線御器所駅）
TEL 052-858-2200　FAX 052-853-5155
URL https://www.nihs.ed.jp/

生徒数　男 148　女 82　合計 230

帰国子女在籍者数	1 年	2 年	3 年	計
	6	12	12	30

編入学

●編入学時期・定員
〔1 ～ 3 年生〕随時（但し 3 年生は年内に要問い合わせ）。各学年 5 名。

●出願資格・条件　以下の条件をすべて満たしている者
(1) 本校を専願とし合格後必ず入学手続きする者。
(2) 受験しようとする学年の学齢に相当する者で、相応の教育課程を修了していると認められる者。
(3) 出願日が帰国してから 1 年 6 ヶ月以内の者、または出願日までに帰国予定の者で、帰国日からさかのぼって海外在住期間が継続して 1 年を超える者。（不明な点がある場合は、問い合わせのこと）。海外在住者とは保護者の勤務に伴う海外在住のみをさす。
(4) 本校に入学後、保護者のもとから通学できる者。
(5) 日本語での授業を受けることができる者。

●出願書類
入学志願書、志望理由書、郵送用ラベル、パスポートのコピー、成績証明書、海外在職証明書

●選考方法
書類選考、国語・数学・英語、面接（保護者同伴）

●応募状況

年度＼人数	募集人員	出願者	受験者	合格者	入学者
2019	各学年 5	3	3	3	3
2020	各学年 5	3	3	3	2

● 2019 年度帰国子女編入学者数

1 年	1	2 年	3	3 年	1

受入後

●教育方針
「世界と日本の未来を担う国際人になるために」をスクール・ポリシーとして掲げ、多彩な国際教育を展開しています。名古屋商科大学への系列校入試も実施しており、教育の国際化を推進する国内外の大学への進学を目指します。
2021 年度より、インターナショナルクラス（仮称）を 1 クラス募集します。このクラスは英語上位層（帰国子女やインターナショナルスクール出身者など）と外国人子女（愛知県に拠点を置くスタートアップ企業の子女などを想定）によるクラスです。詳細は本校入試担当者にお問い合わせください。

●進学特例条件
中学 3 年修了後、無試験で併設の名古屋国際高等学校へ進学します。普通科 国際バカロレアコースへの進学を希望する者は、内部選抜試験があります。

私立 女子

▷▷ 高 371P

受入開始　1990 年度

セントヨゼフ女子学園中学校

（じょしがくえん）

（担当：奥山奈美）

〒 514-0823
三重県津市半田 1330
▶▶（近鉄名古屋線津新町駅、JR 紀勢線阿漕駅）
TEL 059-227-6465　FAX 059-227-6466
URL https://sjjg.ac.jp/

生徒数　女 203　合計 203

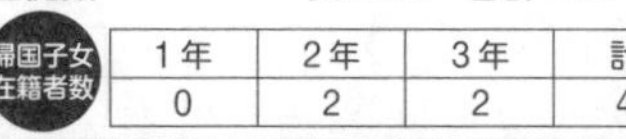

帰国子女在籍者数	1 年	2 年	3 年	計
	0	2	2	4

入学

●出願資格・条件
原則として海外在住 1 年以上、帰国後 3 年未満

●出願書類
・入学願書・海外在住期間中の学歴の記録・海外在学校の最終の学業成績証明書もしくは通知表のコピー

●日程等

区分	募集	出願	試験	発表	選考方法
一般	特に定めず	12/14～19 12/21～24 1/6～8	1/9	1/12	国・算・理・社、面接（生徒のみ）
AO	特に定めず	12/14～19 12/21～24	1/4･5	1/6	国・算、保護者同伴面接

※選考に際しては海外での状況に応じて配慮する

●応募状況

年度＼人数	募集人員	出願者	受験者	合格者	入学者
2019	特に定めず	0	0	0	0
2020	特に定めず	0	0	0	0

編入学

●編入学時期・定員　〔1 ～ 3 年生〕4、8 月。定員は特に定めず

●出願資格・条件　海外在学期間 1 年以上、帰国後に他中学校に編入学していないこと

●出願書類　海外在学校の学業成績書類、編入学願書

●選考方法　国語・数学・英語、生徒のみ面接。海外での状況に応じて配慮する

● 2019 年度帰国子女編入学者数

1 年	0	2 年	1	3 年	0

受入後

●進学特例条件
原則として併設高等学校へ全員入学。

●卒業生（帰国生徒）の進路状況
併設高等学校へ全員入学。

私立 共学

▷▷ 高 371P

受入開始 1997 年度

四日市メリノール学院中学校

（よっかいち がくいん）

（担当：辻善幸）

〒 512-1205
三重県四日市市平尾町 2800
▶▶（近鉄四日市駅）
TEL 059-326-0067 FAX 059-326-8345
URL http://www.maryknoll.ed.jp/
生徒数 男 57 女 131 合計 188

帰国子女在籍者数	1年	2年	3年	計
	1	0	0	1

入 学

●出願資格・条件
・日本の小学校教育課程またはこれと同程度の教育課程を修了した者、または修了見込みの者
・海外の学校に継続して 2 年以上在籍し、帰国 1 年以内の者で、保護者のもとから通学できる者を原則とする
・日本語による授業に困難を生じない者であること

●出願書類
・入学願書・海外における最終学校の成績証明書
・海外在留状況証明書

●日程等

募集	出願	試験	発表	選考方法
若干名	随時	－	－	国語・算数、面接（本人及び保護者）

●応募状況

年度＼人数	募集人員	出願者	受験者	合格者	入学者
2019	特に定めず	0	0	0	0
2020	特に定めず	0	0	0	0

編 入 学

●編入学時期・定員〔1 ～ 3 年生〕随時。若干名
●出願資格 入学に準ずる
●出願書類 入学に準ずる
●選考方法 国語・数学・英語、面接（本人及び保護者）

● 2019 年度帰国子女編入学者数

1年	0	2年	0	3年	0

受 入 後

●教育方針
・学力の向上・徳性の涵養・体位の向上
・奉仕の精神の育成

●特色
・キリスト教精神に基づいた人格教育
・深い人格と高い知性を目指す人間教育
・個に応じた教育
・生きた英語教育

●卒業生（帰国生徒）の進路状況
・併設校の四日市メリノール学院高等学校への進学可

私立 共学

▷▷ 高 372P

受入開始 1985 年度

近江兄弟社中学校

（おうみきょうだいしゃ）

（校長：中島薫）

〒 523-0851
滋賀県近江八幡市市井町 177
▶▶（JR 琵琶湖線近江八幡駅）
TEL 0748-32-3444 FAX 0748-32-3979
URL https://www.vories.ac.jp/
生徒数 男 182 女 233 合計 415

帰国子女在籍者数	1年	2年	3年	計
	1	0	0	1

入 学

●出願資格・条件
・原則として自宅から通学できる者
・本人の生活態度に特に問題のないこと、学園生活に熱意があると認められる者。さらに保護者の全面的な協力・理解が得られること
・外国における滞在期間が 1 年以上で帰国後 1 年以内の者
・外国の学校教育における 6 カ年の学校教育課程を修了した者または海外の日本人学校小学部を卒業した者および卒業見込みの者で、本校において小学校を卒業した者と同等以上の学力があると認められた者
・帰国後の期間が 1 年を超える場合でも、長期間にわたり海外に在留した者については別途考慮する
・応募に先立ち、相談を受ける必要がある

●出願書類 ・入学願書・帰国生徒調査書（本校所定用紙）・海外在留を証明する書類（保護者の所属機関の長の証明するもの）・帰国後、日本の学校に在籍した者は在学証明書または卒業証明書および指導要録写し・当該外国の学校における全成績表写し

●日程等

募集	出願	試験	発表	選考方法
若干名	12/3～1/12	1/16	1/19	国・算・社・理、面接(児童・保護者個別)

※要事前相談。事前相談のない場合は出願できない

●応募状況

年度＼人数	募集人員	出願者	受験者	合格者	入学者
2019	若干名	0	0	0	0
2020	若干名	1	1	1	1

編 入 学

●編入学時期・定員〔1 ～ 3 年生〕年齢相当学年、欠員のある場合随時。若干名
●出願資格・条件 入学時に加え、1 年あるいは 2 年の課程を修了した者で、それに見合う学力があると認められた者
●出願書類 入学に準ずる
●選考方法 英語・国語・数学、面接（本人と保護者）

● 2019 年度帰国子女編入学者数

1年	0	2年	0	3年	0

受 入 後

●進学特例条件 ほぼ半数が併設高等学校へ進学している。若干の優遇措置をとっている。

私立 共学　▷▷ 高 372 P 大 660P

りつ めい かん もり やま
立命館守山中学校

〒 524-8577　（担当：山内優馬）
滋賀県守山市三宅町 250
▶▶（JR 守山駅）
TEL 077-582-8000　FAX 077-582-8038
URL http://www.ritsumei.ac.jp/mrc/
生徒数　男 237　女 266　合計 503

帰国子女在籍者数	1年	2年	3年	計
	2	1	1	4

入学

●出願資格・条件
<u><帰国生入試></u>出願者は保護者の海外赴任に同行し、現地に滞在していること。また、その期間、海外の教育機関で就学し、下記の (1)(4)(5) 、または (2)(3)(4)(5) の要件を満たしていること。
(1)2020 年 4 月 1 日から 2021 年 3 月 31 日までの間に、満 12 歳となる者
(2) 文部科学大臣の指定を受けた海外の全日制日本人学校小学部の第 6 学年に在籍中の者
(3) 文部科学大臣の指定を受けた海外の全日制日本人学校小学部を対象年度に卒業見込みの者
(4) 海外の教育機関に 6 ヶ月以上在籍し、出願時にも在籍している者
(5) 本校入学後は保護者のもとから通学する者
※在籍期間は海外在住期間全てを算入できます。
※日本国内の小学校から帰国生徒入学試験への出願はできません。
<u><かがやき 21 入試></u>
(1) 海外日本人学校小学部に在籍する者。
(2) 事前の「かがやき 21 推薦資格確認審査」において、資格を確認された者。（日本人学校小学部の成績と海外在住歴等により審査される）
(3) 本校を第一志望として受験し、保護者のもとから通学できる
「かがやき 21 推薦資格確認」において「資格確認者」となるためには、下記の 2 つの要件を満たす必要があります。
第 1 要件▶小学校「5 年生 3 学期・6 年生 1 学期」の通知表の成績が本校の定める学力水準に到達している者。
第 2 要件▶「学術・学芸（模試の成績など）、文化・芸術、スポーツ」などで実績を有する者。
注意▶第 1 要件をクリア → 第 2 要件を評価 → 総合評価 → 出願資格申請
[かがやき 21 入試資格確認書類提出期間]
2020 年 10 月 1 日（木）～ 12 月 3 日（木）必着

●日程等　AM：アカデメイア　FT：フロンティア

区分		コース	出願	試験	発表	選考方法
A1	かがやき21	AM	12/7 ~1/8	1/16	1/18	21 世紀型作文(500 字) 個人面接
	かがやき21特別推薦	FT				
	かがやき21+FT受験	AM FT				【4 科型】国・算・理・社 【3 科型】国・算・理または国・算・英 ※「かがやき 21 + F T 受験」では個人面接（本人のみ）も実施。
	一般	AM FT※				
A2	一般	AM FT※		1/16	1/18	国・算
B				1/17	1/18	国・算
C				1/19	1/20	適性検査Ⅰ･Ⅱ

※ FT の出願者は AM・FT 両コースの合否判定を行います。

●応募状況　※国内生含む

年度＼人数	募集人員	出願者	受験者	合格者	入学者
2019	160 ※	1	1	1	1
2020	160 ※	7	7	3	2

編入学

●編入学時期・定員　〔1 年生〕9 月〔2 年生〕4、9 月。若干名
●出願資格・条件・出願書類・選考方法　詳細は募集要項を確認
● 2019 年度帰国子女編入学者数

1年	0	2年	1	3年	3

入 編

国立 共学　受入開始　1975 年度

きょう と きょういく だい がく ふ ぞく もも やま
京都教育大学附属桃山中学校

〒 612-0071　（担当：入試広報部）
京都府京都市伏見区桃山井伊掃部東町 16
▶▶（京阪電鉄京阪本線・近鉄京都線丹波橋駅）
TEL 075-611-0264　FAX 075-611-0371
URL http://www.kyokyo-u.ac.jp./MOMOCHU/index.html
生徒数　男 202　女 196　合計 398

帰国子女在籍者数	1年	2年	3年	計
	13	16	15	44

入学

●出願資格・条件
①義務教育年限を超えない者で、2009.4.1 以前に生まれ、6 か年の義務教育を修了したと認められる者
②原則として日本国籍を有する者
③義務教育の就学期間において、在外期間が 2 年 5 ヶ月以上で帰国後 2 か年（24 ヶ月）以内の者（日本人学校に在籍していた場合は、在外期間が 3 年 5 ヶ月以上の者）
④通学に要する時間がほぼ 1 時間までの地域に保護者と同居している者
※事前に資格確認を含めた入級相談を行うので、問い合わせること
●出願書類　・入学願書・入学志願者調査書（所定用紙）・海外生活を証明する書類（保護者の所属機関の長の証明するもの）・住民票記載事項証明書（志願者本人のもの）・在学証明書（国内の中学校に在籍した者）
※合格発表後に「海外における全期間の成績表の写し」を提出する
●日程等

募集	出願	試験	発表	選考方法
15	1/6・7	1/9	1/13	筆記検査（国、算、作文）、面接

●応募状況

年度＼人数	募集人員	出願者	受験者	合格者	入学者
2019	15	18	18	18	15
2020	15	12	12	12	11

編入学

●編入学時期・定員　〔1・2 年生〕欠員がある場合、随時（2 年生の 12 月まで）。若干名
●出願資格・条件・出願書類・選考方法　入学に準ずる
● 2019 年度帰国子女編入学者数

1年	1	2年	0	3年	−

受入後

●指導・教育方針・特色　1・2 年生は特設学級、3 年生は混合編成学級。教育課程は基本的に一般学級と同じだが、生徒の実情に応じて、個人や学級対象の特別指導を行う。学校行事・生徒会活動・部活動は一般学級生徒とともに行い、互いに学び合うことができるよう配慮している。海外生活で身につけた力の保持・伸長を図り、国際教育を推進する。自信を持って自己表現できる力を身につけることをめざしている。
●進学特例条件　附属高校への内部進学の制度あり。

私立 女子

▷▷ 小 63P 高 373P

きょうと せい ぼ がく いん
京都聖母学院中学校

（担当：入試広報部）

〒 612-0878
京都府京都市伏見区深草田谷町 1
▶▶（京阪 藤森駅）
TEL 075-645-8103 **FAX** 075-641-0805
URL http://www.seibo.ed.jp/kyoto-hs/
生徒数 女 341 合計 341

帰国子女在籍者数	1年	2年	3年	計
	0	1	1	2

入学

●出願資格・条件
・入学後、保護者と同居する自宅からの通学が可能な女子児童
・現地校、日本人学校のどちらかの在籍者でも可能であるが、日本語での授業に不都合がないこと

●出願書類 ・学校所定の入学願書

●日程等

区分	募集	出願	試験	発表	選考方法
A1 A2	特に定めず	Web 11/29～1/15	1/16	1/17 （A2は1/18）	A1：国算理社または国算
B1 B2		Web 11/29～1/16	1/17	1/18	B1：国算理社または国算理または国算
C		Web 1/18～27	1/28	1/28	A2·B2:国算または英 ※ C:国算

※Ⅰ類・GSC は英語 1 科型入試を選択可能
※Ⅲ類・Ⅱ類を志望する場合は 4 科型・3 科型・2 科型のいずれかを選択
※自己推薦入試は A1 日程で作文・面接（要事前相談・オンラインでの事前相談可）
※一般入試で受け入れる（試験は他の一般生徒と同じ内容）

●応募状況

年度＼人数	募集人員	出願者	受験者	合格者	入学者
2019	特に定めず	1	1	1	1
2020	特に定めず	0	0	0	0

編入学

●編入学時期 〔1 ～ 3 年生 2 学期開始頃まで〕随時
●出願資格・条件 入学に準ずる
●出願書類 ・在籍証明書
・出席状況のわかる成績証明書
・学校所定の編入学願書
●選考方法 筆記試験（国語・数学・英語）、面接（保護者同伴）

● 2019 年度帰国子女編入学者数

1年	0	2年	1	3年	0

受入後

●指導 学習進度に応じて補習を行う。
●教育方針 カトリックの人間観・世界観にもとづく教育を通して、真理を探究し、愛と奉仕と正義に生き、真に平和な世界を築くことに積極的に貢献する人間を育成する。
●特色
アットホームな環境のもと、きめ細やかな学習・生活指導を行っている。1 クラスの人数が少なめで、海外日本人学校で過ごした生徒もなじみやすい環境。また、英語に特化したグローバルスタディーズコースも用意されている。
●進学特例条件
京都聖母学院高等学校への特別推薦による進学が可能。

入編

私立 共学

受入開始 2011 年度

はな ぞの
花園中学校

（担当：教頭 森坂幸博）

〒 616-8034
京都府京都市右京区花園木辻北町 1
▶▶（JR 嵯峨野線花園駅）
TEL 075-463-5221 **FAX** 075-464-9469
URL http://www.kyoto-hanazono-h.ed.jp/
生徒数 男 110 女 77 合計 187

帰国子女在籍者数	1年	2年	3年	計
	0	1	0	1

入学

●出願資格・条件
・2021 年 3 月に小学校を卒業見込みの者で、文部科学大臣の指定を受けた海外の全日制日本人学校の小学部で 1 カ年以上就学した者
・本校への入学を希望し、入学後の勉学や課外活動等について明確な熱意を持ち、それにふさわしい能力を備えた者

●出願書類
・入学願書・日本人学校在籍証明書（書式不問）

●日程等

募集	出願	試験	発表	選考方法
若干名	11/1～12/24	随時	相談の上	総合問題（作文・算数基礎）、面接

●応募状況

年度＼人数	募集人員	出願者	受験者	合格者	入学者
2019	若干名	0	0	0	0
2020	若干名	0	0	0	0

編入学

●編入学時期・定員 海外帰国子女については随時対応する。ただし、欠員がある場合のみ
●出願資格・出願書類 入学に準ずる
●選考方法 英・数・国

● 2019 年度帰国子女編入学者数

1年	0	2年	1	3年	0

受入後

●指導
一般生徒と同じクラスで指導するが、英語と数学はグレード制を導入し、少人数でそれぞれのレベルに応じた指導を行う。また放課後には特別指導も行う。
●教育方針
自らの潜在する可能性を発見し、自らの能力を最大限に生かせる目標を設定し、目標の達成に邁進する。この禅の精神「己事究明」を推進し、グローバル人材を育成する。特に、新設のスーパーグローバル ZEN コースでは、海外大学への進学を目指す。
●特色
中 1：スーパーグローバル ZEN（SGZ）コースとディスカバリー（D）コースの 6 年一貫
中 2・中 3：中 2 進級時にコース変更可能
●進学特例条件
花園高等学校一貫コースへの内部進学

入 編

私立 男子

受入開始　2015 年度

東山中学校
（ひがしやま）

（担当：澤田寛成）

〒 606-8445
京都府京都市左京区永観堂町 51
▶▶（京都市営地下鉄東西線蹴上駅）
TEL 075-771-9121（代） FAX 075-771-7217
URL https://www.higashiyama.ed.jp/
生徒数　男 554　合計 554

帰国子女在籍者数	1年	2年	3年	計
	1	0	1	2

入学

●**出願資格・条件**　令和 3 年 3 月小学校卒業見込みの男子で、原則として海外在住 1 年以上、かつ帰国後約 2 年以内（受験日まで）の者

●**出願書類**
・入学願書、海外生活証明書（保護者の属する機関の長が証明する書類、またはこれに代わるもの）

●**日程等**

募集	出願	試験	発表	選考方法
若干名	WEB 出願のみ 12/12～1/6	1/17	1/18	国語・算数、作文、面接（本人と保護者）

※作文は海外体験を含めた自己推薦文。学力試験、作文、面接を総合して判断し、合格者決定。

●**応募状況**

年度＼人数	募集人員	出願者	受験者	合格者	入学者
2019	若干名	3	3	3	0
2020	若干名	1	1	1	1

受入後

●**指導**　強く、たくましく、幸せに生きるための「土台力」の養成に力を入れている。「修養会・スキー教室」などの数多くの宿泊行事、「入部率 9 割」を誇る活発なクラブ活動、「キャリアに学ぶ」や「企業訪問」などの社会体験を通して、宗教情操教育を柱に「共に生きる」精神を持った人物へと育成する。一般生徒と同じクラスで指導し、帰国生としての体験を一般生に、一般生からは学校生活のアドバイスなど、お互いを助け合い能力・資質を伸ばすように努める。

●**教育方針**　夢を描き自ら実現する力「セルフ・リーダーシップ」を培うことを教育目標に掲げている。自ら情熱と主体性をもって行動すべく、個々を大切に教育を行っている。「ほめる」「見守る」「認める」「支える」の 4 つを意識した教育が特徴。

●**特色**　「男子校なればこそ」を意識しており、男子が伸びる教育を展開することによって、理系を中心に進学実績も伸び続け、国公立大合格者数が 10 年前と比べ 180%となった。国公立大学進学志望者が大半を占めるようになり、「スポーツの盛んな進学校」として注目を集めている。

●**進学特例条件**　併設の高等学校へ進学する。

●**卒業生の進路状況**
東京大、京都大、東工大、大阪大、東北大、北海道大、大阪府立大、大阪市立大、京都府医大（医・医）、滋賀医大（医・医）など。国公立計 73 名、私立計 772 名。

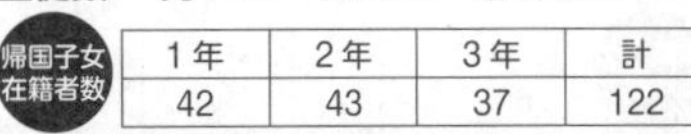

入 編

私立 共学

▷▷ 高 375P 大 660P

受入開始　2003 年度

立命館宇治中学校
（りつめいかんうじ）

（担当：木越貴之）

〒 611-0031
京都府宇治市広野町八軒屋谷 33 番 1
▶▶（近鉄京都線大久保駅、JR 奈良線新田駅・宇治駅、京阪宇治駅）
TEL 0774-41-3000　FAX 0774-41-3555
URL https://www.ritsumei.ac.jp/ujc/
生徒数　男 287　女 250　合計 537

帰国子女在籍者数	1年	2年	3年	計
	42	43	37	122

入学

●**出願資格・条件**　2009.4.1 以前に生まれた者で、日本の義務教育期間における海外就学期間が 1 カ年以上の者で、次のいずれかに該当（1）日本の小学校もしくは海外の全日制日本人学校の小学部を卒業もしくは 2021 年 3 月に卒業見込みの者（2）外国の学校教育もしくは国内の小学校と同等のインターナショナルスクールにおける 6 学年の課程を修了した者、または 2021 年 6 月までに修了見込みの者

●**出願書類**　・入学願書・志願者身上書・成績証明書補足調書・修学状況報告書・自己推薦書・在学証明書・成績証明書過去 3 年分（コピー不可）など

●**日程等**（WEB 出願）

区分	募集	出願	試験	発表	選考方法
11月	40	10/26～11/9	11/28	12/4	A 方式：小論文、面接 B 方式：国・算、面接
1月		12/14～1/8	1/16	1/19	国際自己推薦一般：小論文、面接 IP 方式（国際自己推薦 IP 方式含む）：小論文（英語）、算（英語）、面接

※選考方法は、海外就学歴によって分かれる。
※面接は保護者 1 名同伴。
※ 11 月は海外入試を実施。募集は全日程、全方式合わせて 40 名。国際自己推薦についての詳細はお問い合わせ（要事前資格確認）

●**応募状況**

年度＼人数	募集人員	出願者	受験者	合格者	入学者
2019	40	78	77	55	37
2020	40	82	82	61	40

編入学

●**編入学時期・定員**　〔1 ～ 3 年生〕原則 4、9 月（3 年は 4 月のみ）。若干名
※帰国に合わせての編入試験も可能
※ IB コース入学希望者のみ 3 年 9 月も可能。

●**出願資格・条件・出願書類**　入学に準ずる

●**選考方法**　A 方式：小論文（日本語・英語事前選択）・面接 IP 方式・IB 方式（中 3）：〈小論文（英語）・算数（英語）（中 2、3 は数学）、面接〉

● **2019 年度帰国子女編入学者数**

1年	2	2年	5	3年	4

受入後

●**指導**　現地校、インター校経歴の長い生徒に対して、国語・社会・数学・理科の放課後補習授業。IP 方式入学者は数学・社会・理科は英語での授業。英語はグレード別授業 3 年間継続。

●**教育方針**　自由と清新の理念のもとに、国際化・情報化に対応したカリキュラムを実践し、世界水準の人間形成をすすめる。

●**特色**　中 3 までに獲得すべき学習目標を設定した学力形成。総合学習において文化に親しむ講座と全員でのオーストラリア研修旅行（ホームステイ）。

●**進学特例条件**　立命館宇治高校へ内部推薦により進学が可能。

●**卒業生（帰国生徒）の進路状況**　立命館宇治高校へ進学している。

▷▷ 高 376P 大 628-629P

受入開始　1988 年度

同志社国際中学校
（どうししゃこくさい）

〒 610-0321 （担当：アドミッションズセンター春日、帖佐、朴元）
京都府京田辺市多々羅都谷 60-1
▶▶（近鉄京都線興戸駅、JR 学研都市線同志社前駅）
TEL 0774-65-8911 **FAX** 0774-65-8990
URL http://www.intnl.doshisha.ac.jp
生徒数　男 168　女 248　合計 416

帰国子女在籍者数	1 年	2 年	3 年	計
	50	83	80	213

入学

●出願資格・条件
①次の a、b のいずれかに該当する者
a. 日本国籍、または特別永住者の資格を有する者
b. 日本の法律に定める「永住者」「日本人の配偶者等」「永住者の配偶者等」「定住者」に該当する者
② 2009.4.1 以前に生まれた者（ただし義務教育年限を越えない者）で、次の a ～ d のいずれかに該当する者
a. 外国の学校教育（国内の外国学校を含む）における 6 年生の課程を修了、または修了見込みの者
b. 文部科学大臣の指定を受けた海外の全日制日本人学校小学部を卒業、または卒業見込みの者
c. 国内小学校を卒業、または卒業見込みの者
d. その他、相当年齢に達し、本校において小学校を卒業した者と同等の学力があると認めた者
〔帰国生徒としての認定〕
次のいずれかに該当する者
・海外在住期間が 1 年 6 ヶ月以上の者で、帰国後の期間が海外在住期間を越えない者
・海外在住期間が 5 年 6 ヶ月以上の者

●出願書類　・入学願書・海外在住証明書・成績表など（選考方法 A、B により提出書類が異なる）

●日程等

区分	募集	出願	試験	発表	選考方法
12月A〈専願〉	約55	10/12～23	12/9	12/14	英語資格、面接、書類
12月A〈併願〉					面接、作文、書類
2月A〈併願〉		1/5～12	2/9	2/11	
B		11/16～24	1/19	1/20	国・算と理・社・英の1教科

※ A、B 重複出願可能。面接：保護者同伴　作文：海外で習得した外国語による　書類審査：海外・国内の学校の全成績表。

●応募状況

年度＼人数	募集人員	出願者	受験者	合格者	入学者
2019	約 55	98	85	56	48
2020	約 55	106	94	44	36

編入学

●編入学時期・定員　〔1 年生〕夏〔2・3 年生〕4 月、夏（夏編入試験は 6 月末または 7 月に実施）。若干名
●出願資格・条件・出願書類・選考方法　入学に準ずる
● 2019 年度帰国子女編入学者数

1 年	12	2 年	11	3 年	11

受入後

●卒業生（帰国生徒）の進路状況
同志社大、同志社女子大、早稲田大、慶應義塾大、ICU、青山学院大、中央大、上智大、海外の大学など

▷▷ 高 377P

受入開始　2016 年度

大阪学芸高等学校附属中学校
（おおさかがくげいこうとうがっこうふぞく）

（担当：高田義之）
〒 558-0003
大阪府大阪市住吉区長居 1-4-15
▶▶（地下鉄御堂筋線・JR 阪和線長居駅）
TEL 06-6693-6301 **FAX** 06-6693-5173
URL http://www.osakagakugei.ac.jp/junior/
生徒数　男 87　女 109　合計 196

帰国子女在籍者数	1 年	2 年	3 年	計
	0	0	0	0

入学

●出願資格・条件
海外の現地校、インターナショナルスクール、日本人学校等に小学校 6 年の一部を含め 2 年以上在籍した経験があり、小学校 6 年途中から日本の国公立小学校に在籍していること。

●出願書類
・在留地、在籍期間がわかる在留証明書等
・入学願書
・通知表（写し。小学校 5 年学年末、6 年 1 学期または前期の成績と出席状況が明記されたもの）

●日程等

募集	出願	試験	発表	選考方法
約 80（一般に含む）	11/16～1/14	1/16・17	1/18	国語、算数、面接
	11/16～2/9	2/11	2/12	

※事前に受験生・保護者ともに個別相談会に参加の上、受験資格確認の申請をすること

●応募状況

年度＼人数	募集人員	出願者	受験者	合格者	入学者
2019	特に定めず	0	0	0	0
2020	特に定めず	0	0	0	0

受入後

●指導
授業はすべて一般生徒と同一になる。

●教育方針
「静かで、落ち着いた学習環境」を保障し、高校内容の先取り学習を行わず、中学校課程の内容を焦らず、じっくりと学習する。また、英語教育を重視し、4 技能のバランスの取れた習得を目指す。

▷▷ 高 377P 大 630P 短 670P

受入開始　1968 年度

大阪女学院中学校

おおさかじょがくいん

〒 540-0004　（担当：日下智行）
大阪府大阪市中央区玉造 2-26-54
▶▶（JR 大阪環状線・地下鉄長堀鶴見緑地線玉造駅）
TEL 06-6761-4451　FAX 06-6761-3354
URL http://www.osaka-jogakuin.ed.jp
生徒数　女 512　合計 512

帰国子女在籍者数	1年	2年	3年	計
	3	3	2	8

編入学

●編入学時期・定員　〔1～3年生〕若干名。1学期編入（4～7月）、2学期編入（9～12月）、3学期編入（1～3月）。3年生は1学期編入のみ募集

●出願資格・条件
・保護者の海外在留に伴い本人の海外生活が引き続き1年6カ月以上で、保護者と共に帰国する者
・帰国後1カ月以内に面接を受けて受験を認められた者
・中学1年に1学期編入を希望する場合は、小学校5年（相当）時の1月以降に帰国し、帰国後6カ月以内に面接を受けて受験を認められた者。中1の4～7月の間に、帰国予定の者
・帰国後保護者と同居する者・編入試験に合格した場合、必ず入学する意思のあること（専願受験）
※出願には面接での受験許可を要する。受験を認められた者にのみ願書を渡す

●出願書類
・海外生活を証明する書類（保護者の所属する機関の長が発行するもの）
・海外における最終在籍校の在学（または卒業）証明書、および成績証明書またはこれに相当するもの
・中学校1年に1学期編入を希望する者で、帰国後国内の小学校に在籍している者は、当該校の在学（または卒業見込み）証明書

●日程等

区分		出願	試験	発表	選考方法
A	1～3年	～試験日の5日前	3/6	当日	国語・英語・数学
B	1・2年		7月下旬		
C	1・2年		12/5		

※ A：1学期編入、B：2学期編入、C：3学期編入
※試験科目＝4月に中学校1年編入志望者のみ国語・算数の2教科

●応募状況（4月入学）

年度＼人数	募集人員	出願者	受験者	合格者	入学者
2019	若干名	2	2	2	2
2020	若干名	5	5	5	5

● 2019 年度帰国子女編入学者数

1年	0	2年	0	3年	0

受入後

●指導・教育方針・特色
帰国生徒のみの特別学級を設けず、一般生徒とともに学習する混合方式をとっている。

▷▷ 小 64P 高 378P 大 630P

受入開始　1997 年度

大阪信愛学院中学校

おおさかしんあいがくいん

〒 536-8585　（担当：下中一将）
大阪府大阪市城東区古市 2-7-30
▶▶（京阪電鉄関目駅、地下鉄今里筋線新森古市駅）
TEL 06-6939-4391　FAX 06-6939-4587
URL http://www.osaka-shinai.ac.jp
生徒数　女 68　合計 68

帰国子女在籍者数	1年	2年	3年	計
	0	0	0	0

入学

●出願資格・条件
日本国籍を有する者、または日本で永住許可を受けている者で、2009.4.1 以前に生まれた者で、次のいずれかに該当する者
・外国の学校教育における6年目の課程を修了した者または 2021 年3月末日までに修了見込みの者
・文部科学大臣の認定を受けた海外の全日制日本人学校小学部卒業者または 2021 年3月末日までに卒業見込みの者
・海外在住期間が小学校4・5・6年のうち1年以上の者で、国内小学校を卒業した者または卒業見込みの者

●出願書類
・入学願書一式・入学志願者身上書
・海外在住証明書（あるいはパスポートの写しなどによる証明書）

●日程等

募集	出願	試験	発表	選考方法
若干名	12/14～24 1/6～14	1/16	1/17	国語、算数（選択で英語もあり）、面接

※面接は保護者同伴。募集定員は専願者のみ。

●応募状況

年度＼人数	募集人員	出願者	受験者	合格者	入学者
2019	若干名	0	0	0	0
2020	若干名	0	0	0	0

編入学

●編入学時期・定員　申し出によりその都度応じる。若干名
●出願資格・条件・出願書類　入学に準ずる
●選考方法　国語、数学・英語、面接

● 2019 年度帰国子女編入学者数

1年	0	2年	0	3年	0

受入後

●指導
一般生徒と同じクラスで指導する。

私立 共学

▷▷ 小 65P 高 379P

建国中学校

（けんこく）

（担当：洪 隆男）

〒 558-0032
大阪府大阪市住吉区遠里小野 2-3-13
▶▶（南海高野線 我孫子前駅、JR 阪和線 杉本町駅）
TEL 06-6691-1231 FAX 06-6606-4808
URL http://www.keonguk.ac.jp/
生徒数 男 33 女 57 合計 90

帰国子女在籍者数	1年	2年	3年	計
	0	0	0	0

編入学

● **編入学時期・定員** 随時
● **出願資格・条件** 特になし
● **出願書類** 本校規定用紙にて提出
● **選考方法** 面談（本人・保護者）
● **2019年度帰国子女編入学者数**

1年	3	2年	3	3年	3

受入後

● **指導**
少人数の学級編成により、学力はもちろんのこと、民族教育、多言語教育にも力を注ぎ、個々に応じた指導を実施しています。
基礎をかため、応用へと導くとともに、さまざまな国際交流体験を通して豊かな人格形成をはぐくみ、これからの中高 6 年間、進んで学習に取り組む自主性と、幅広い知識、教養に裏付けられた人間性豊かな生徒を育てます。
中学校時代に英検準 2 級、韓国語能力試験 3 級（日常会話レベル）をはじめ、漢字能力検定試験、韓国史能力試験など各検定試験にも積極的に挑戦し、社会につながっていく、より高い意識を養います。

私立 女子

▷▷ 高 380P 大 633P

受入開始 2001 年度

帝塚山学院中学校

（てづかやまがくいん）

（担当：太田）

〒 558-0053
大阪府大阪市住吉区帝塚山中 3-10-51
▶▶（南海電鉄高野線帝塚山駅）
TEL 06-6672-1151 FAX 06-6672-1155
URL https://www.tezukayama.ac.jp
生徒数 女 740 合計 740

帰国子女在籍者数	1年	2年	3年	計
	0	0	0	0

入学

● **出願資格・条件**
(1) 保護者の海外在住に伴って外国に滞在した者
(2) 外国での滞在期間が約 2 年以上で帰国後約 1 年半以内である者
(3) 入学許可後、父母いずれか（または父母に代わる保護者）と同居する者
(4) 日本における当該学年に相当する年齢に達している者
(5) 日本語による日常会話が可能である者
(6) 専願である者
(7) 出願前に保護者（または同等の代理人）が来校し相談できる者

● **出願書類**
・入学志願書
・本人の履歴書
・海外の学校での在学証明書
・海外の学校での成績証明書・家族で海外に在留したことを証明する書類

● **日程等**

募集	出願	試験	発表	選考方法
若干名	11/6～1/15	1/16	1/17	日本語の作文、算数、面接

※ヴェルジェコース プルミエのみ募集

● **応募状況**

年度＼人数	募集人員	出願者	受験者	合格者	入学者
2019	若干名	0	0	0	0
2020	若干名	0	0	0	0

受入後

● **指導・教育方針・特色**
特別学級は設けず、一般生徒と同じ学級生活を送る。放課後・長期休業中に特別指導を行い、基礎学力定着のための補講を実施。3 年生対象の海外語学研修、海外からの留学生の受け入れ等、国際理解を重視する。
● **進学特例条件**
併設の高校・大学への進学志望者には優遇措置があり、推薦規定条件を満たせば推薦を受けることが可能。

私立 女子

受入開始 1989 年度

プール学院中学校

〒 544-0033 （担当：藤本雪絵）
大阪府大阪市生野区勝山北 1-19-31
▶▶（JR 環状線桃谷駅）
TEL 06-6741-7005 FAX 06-6731-2431
URL https://www.poole.ed.jp
生徒数 女 163 合計 163

帰国子女在籍者数	1 年	2 年	3 年	計
	0	0	0	0

入学

●出願資格・条件 次のすべてに該当する者
(1) 保護者の海外在留に伴って外国に滞在した者
(2) 入学許可後、父母またはそのいずれか（父母ともに海外に滞在している場合には父母にかわる保護者）と同居する者
(3) 外国における滞在期間が 2 年以上で帰国後 2 年以内である者
(4) 日本における当該学年に相当する年齢に達している者
(5) 日本語による日常会話が可能である者
(6) 専願（合格すれば本校に入学する者）

●対象コース 総合特進コース

●出願書類 ・入学願書一式（本校指定）・本人の履歴書・海外における学校の在学を証明するものおよび成績証明書・海外在留を証明する書類（保護者の所属機関の長の証明するもの）
※出願前に、保護者またはそれに代わる方が来校してご相談下さい

●日程等

区分	募集	出願	試験	発表	選考方法
1 次 A	若干名	12/17 ~ 1/15	1/16 AM	1/17	国語・算数、面接

●応募状況

年度＼人数	募集人員	出願者	受験者	合格者	入学者
2019	若干名	0	0	0	0
2020	若干名	0	0	0	0

編入学

●編入学時期・定員 〔1 年生〕9、1 月〔2･3 年生〕4、9、1 月（欠員時）。若干名 ※学年は要確認

●出願資格・条件 入学に準ずる

●選考方法 国・数・英、面接（英語圏からの帰国生には英語面接もあり）

● 2019 年度帰国子女編入学者数

1 年	0	2 年	0	3 年	0

受入後

●指導・教育方針・特色
常設の国際教育係が帰国生徒の指導にあたり、早期適応をはかるために普通学級に混合受け入れをしている。女子一貫教育、宗教教育、個性尊重、国際的視野の育成。

●進学特例条件 プール学院高等学校へは、在学中の成績および出席日数に特に問題のない場合、進学できる。

国立 共学

受入開始 1995 年度

大阪教育大学附属池田中学校

〒 563-0026
大阪府池田市緑丘 1-5-1
▶▶（阪急宝塚線池田駅）
TEL 072-761-8690 FAX 072-761-1104
URL http://www.ikeda-j.oku.ed.jp
生徒数 男 218 女 215 合計 433

帰国子女在籍者数	1 年	2 年	3 年	計
	6	7	6	19

入学

●出願資格・条件
日本人学校の場合は連続して 3 年以上、現地校（インターナショナルスクールを含む）の場合は連続して 2 年以上在籍し、いずれも帰国後 2 年以内で、かつ以下 (1) (2) (3) を満たす者(期間の認定については本校に問い合わせること)
(1) 2008.4.2 ～ 2009.4.1 に生まれた者
(2) 通学地区内に住み、1 時間 30 分以内で通学可能な者
(3) 本校の教育上の特色および国際枠募集の趣旨を理解し、入学を希望する者

●出願書類
成績証明書及び在籍証明書・海外生活報告書・成績等補足調書

●日程等

区分	募集	出願	試験	発表	選考方法
面接	8 名以内	郵送：11/30 ~ 12/11 Web：12/12 ~ 18	1/13･14･15	1/28	面接（本人、保護者）
筆記			1/23		国・算

※選考および提出書類による総合判断

●応募状況

年度＼人数	募集人員	出願者	受験者	合格者	入学者
2019	8 名以内	15	10	5	5
2020	8 名以内	12	12	7	6

編入学

●編入学時期 1 年生の 8 月から 2 年生の 12 月まで学校行事と調整し随時

●出願資格・条件 保護者の転勤により帰国した者で、日本人学校の場合は連続して 3 年以上、現地校（インターナショナルスクールを含む）の場合は連続して 2 年以上在籍した者で、両親とともに校区内に居住すること

●出願書類 要項に準ずる。その他、海外在留証明書等

● 2019 年度帰国子女編入学者数

1 年	0	2 年	2	3 年	0

受入後

●指導・教育方針・特色
一般の生徒と混合学級で同じカリキュラムの授業を受けているが、特に問題はない。また未学習部分の補習については、必要な教科を放課後等に個別に行っている。学校カウンセラーも常駐。

●進学特例条件
附属高校への連絡入試については、一般枠生徒と同じ扱いになる。

私立 共学

▷▷ 高 381P

受入開始　2020 年度

関西大倉中学校

かんさいおおくら

〒 567-0052　（担当：松村健司）
大阪府茨木市室山 2-14-1
▶▶（JR 京都線・茨木駅、阪急京都線・茨木市駅、阪急宝塚線・石橋阪大前駅、阪急千里線・北千里駅、北大阪急行・大阪モノレール・千里中央駅よりスクールバス（20 ～ 25 分））
TEL 072-643-6321　FAX 072-643-8375
URL https://www.kankura.jp/
生徒数　男 214　女 163　合計 377

帰国子女在籍者数	1年	2年	3年	計
	0	0	0	0

入学

●**出願資格・条件**　海外の全日制日本人学校小学部卒業見込みの者、または国内小学校卒業見込みの者。
●**出願書類**　入学願書一式・卒業見込証明書・海外在住証明書
●**日程等**

区分	募集	出願	試験	発表	選考方法
A1	若干名	12/11～1/14	1/16AM	1/17	＊
A2		12/11～1/16	1/16PM	1/17	国・算
B		12/11～1/17	1/17	1/18	国・算
C		12/11～1/19	1/19	1/20	国・算

＊国・算・理・社（2 科・3 科・4 科を選択）
※帰国生としての配慮を希望する志願者は必ず事前に電話で連絡すること

●**応募状況**

年度＼人数	募集人員	出願者	受験者	合格者	入学者
2019	−	−	−	−	−
2020	−	−	−	−	−

編入学

●**編入学時期**　〔1 ～ 2 年生〕随時
●**出願資格・条件**　下記の条件を満たす者
・大阪府以外の地域の中学校に在学中の者
・保護者の転勤に伴う者
・本校を専願で受験する者
●**出願書類**　・照会書（在籍中の学校で作成したもの）・入学願書・成績証明書
●**選考方法**　国語・数学・英語・面接
● **2019 年度帰国子女編入学者数**

1年	0	2年	0	3年	0

受入後

●**指導**　日々の成績不振者への補習、高校では難関国公立や私立大学などの希望者に沿った学習会や長期休暇中の講習会などが充実しています。
●**教育方針**　5 つの教育目標
(1) 一人ひとりの個性・才能を生かし、知力・体力を育成する。
(2) 自ら考え、責任ある行動がとれる人間を育成する。
(3) 誠実で品性の高い教養のある人間を育成する。
(4) 男女・民族、言葉の違いを越え、互いの人権を尊重し、平和を願う人間を育成する。
(5) 自然に親しみ、自然とともに生きることが大切だと思える心を育成する。
●**特色**　宿泊行事や体験学習、高校では企業探究や学問体感などのキャリア教育も充実。広大なキャンパスの中、勉強やクラブ、行事など伸びやかに過ごすことができます。
●**進学特例条件**　毎年、全国の私立大学より 550 以上の指定校推薦枠をいただいており、進学のサポートをしています。（学内選考には基準があります）
●**卒業生（帰国生徒）の進路状況**　関西大倉高等学校へ進学

入 編

私立 共学 寮

▷▷ 高 382P 大 577P

受入開始　1985 年度

早稲田摂陵中学校

わせだせつりょう

〒 567-0051　（担当：吉野勝之）
大阪府茨木市宿久庄 7-20-1
▶▶（大阪モノレール彩都西駅徒歩 15 分）
TEL 072-643-6363　FAX 072-640-5571
URL http://www. waseda-setsuryo.ed.jp/
生徒数　男 55　女 17　合計 72

帰国子女在籍者数	1年	2年	3年	計
	1	4	1	6

入学

＜2021 年度入試以降募集停止＞

●**出願資格・条件**　・保護者の海外勤務に伴って外国に 1 年以上滞在し帰国後 3 年以内の者
●**出願書類**
・入学願書一式
・海外における学校の在学証明書等
・帰国後、国内の中学校に在籍した者は、その調査書
●**日程等**

募集	出願	試験	発表	選考方法
特に定めず	Web 12/9~1/24	1/18 ~25	Web 1/18~25	基礎学力テスト、面接（保護者同伴）

※ 1/14 早大 所沢・名古屋でも入試を行う。
※帰国子女は事前に相談。学力試験、面接を総合して判断。

●**応募状況**

年度＼人数	募集人員	出願者	受験者	合格者	入学者
2019	特に定めず	5	5	5	4
2020	特に定めず	2	1	1	1

編入学

●**編入学時期・定員**〔1・2 年生〕学期ごと。定員は特に定めず
●**出願資格・条件**　入学に準ずる
●**選考方法**　国語・数学・英語、面接、書類
● **2019 年度帰国子女編入学者数**

1年	0	2年	0	3年	0

受入後

●**指導・教育方針・特色**
・本校は平成 21 年度から早稲田大学の系属校となり、早稲田スピリットと呼ばれる自主独立の精神など、その教育理念を共有し、早稲田大学の中核を担うモチベーションの高い生徒を育成する。また、21 世紀の役割として早稲田大学が掲げている人類社会に貢献できるグローバルリーダーの育成を共有すると共に高い知性と豊かな個性の涵養に努める。
・早稲田大学の高質な教育実践と、本校独自の手作り教育を融合して、早稲田大学、及び難関国公立大・私立大に進学できる質の高い学力を養成する、高校 2 年次から文理別のクラス編成とし、全員が早稲田大学、及び国公立大学をめざすカリキュラムを履修する。
☆早稲田大学推薦入学枠 40 名程度。また、指定校推薦枠約 500(2020 年度実績）あり。
※生徒寮（約 114 名収容）あり。

▷▷ 高 382P

受入開始　2011 年度

清教学園中学校

（せいきょうがくえん）

〒 586-8585　（担当：入試部）
大阪府河内長野市末広町 623
▶▶（南海高野線・近鉄長野線河内長野駅）
TEL 0721-62-6828　FAX 0721-63-5048
URL https://www.seikyo.ed.jp/
生徒数　男 267　女 228　合計 495

帰国子女在籍者数	1年	2年	3年	計
	0	5	8	13

入学

●出願資格・条件
2021 年 3 月小学校卒業見込みの者で、次の 5 点を全て満たす者
①保護者の海外在住に伴って外国で教育を受けた者のうち、外国滞在期間が 1 年以上、帰国後 3 年以内
②入学許可後、保護者と同居しそこから通学できる者
③授業に対応できる日本語力を有する者
④海外の日本人学校・インターナショナル校・現地校に在籍していた者
⑤本校を前期専願とする者
●出願書類　・志願書・受験票　※ウェブ出願方式
●日程等

募集	出願	試験	発表	選考方法
若干名	12/8～1/13	1/16	1/16	4科（国算理社）または3科（国算理）、グループ面接（専願のみ）

※合格基準点の 9 割を合格点とする

●応募状況

年度＼人数	募集人員	出願者	受験者	合格者	入学者
2019	若干名	0	0	0	0
2020	若干名	0	0	0	0

編入学

●編入学時期・定員　〔1 ～ 3 年生〕随時。欠員がある場合、若干名
●出願資格・出願書類・選考方法　入学に準ずる
● 2019 年度帰国子女編入学者数

1年	0	2年	0	3年	0

受入後

●指導
中高 6 年間のスパンで捉えられた教育プログラムに無理なく溶け込めるよう、個別指導を必要に応じて行う。また、本校独自の探究的カリキュラムにより、海外で培った賜物を生かせる機会を設けている。
●教育方針
教育目標
・キリスト教精神に基づき「心」の教育を大切にします
・個性を尊重し一人ひとりの成長をサポートします
・真理を追究し知性を磨きます

▷▷ 高 384P

受入開始　2021 年度

初芝立命館中学校

（はつしばりつめいかん）

〒 599-8125　（担当：新井、上野、大西）
大阪府堺市東区西野 194-1
▶▶（南海高野線　北野田駅）
TEL 072-235-6400　FAX 072-235-6404
URL https://www.hatsushiba.ed.jp/ritsumeikan/
生徒数　男 213　女 102　合計 315

帰国子女在籍者数	1年	2年	3年	計
	―	―	―	―

入学

●出願資格・条件　次の (1) と (2) に該当する者
(1)2009 年 4 月 1 日以前に生まれ、日本の義務教育期間における海外就学期間が 1 年以上、あるいは 1 年以上になる見込みの者で、次の①、②、③のいずれかに該当する者
①2021 年 3 月に国内の小学校卒業見込みの者
②文部科学大臣の指定を受けた海外の全日制日本人学校小学部を 2021 年 3 月に卒業見込みの者
③外国の学校教育における 6 学年の課程（日本の義務教育の小学校課程に相当）を 2021 年 6 月までに修了見込みの者
(2) 事前に必要書類を提出し、受験資格を確認された者
●出願書類
〔資格確認申請時に必要なもの〕：①帰国生資格確認申請書②志望理由書③ 4 年生、5 年生および 6 年生の通知表のコピー④各種資格証明書のコピー、学術・文化・芸術・スポーツ等の実績があれば賞状のコピーなど
〔出願時に必要なもの〕：①入学願書②成績証明書・修学状況報告書③在学証明書
●日程等

募集	出願	試験	発表	選考方法
若干名	11/1～21	12/6	12/8	国語・算数、個人面接(保護者1名同伴)

※出願は、事前に資格確認申請をして資格を認められた者のみが出願できる

編入学

●編入学時期・定員　〔1・2 年生〕9 月。若干名
●出願資格・出願書類　入学試験に準ずる
●選考方法　書類審査、学力試験（英数国）、面接で総合的に評価して判断する。
● 2019 年度帰国子女編入学者数

1年	0	2年	0	3年	0

受入後

●指導　一般生徒と同じクラスに入り、教科により遅れている場合には必要に応じて補習等で対応する。
●教育方針　「夢と高い志、挑戦、そして未来創造！」を教育理念に掲げています。自治と責任を重んじ、謙譲と礼儀を尊ぶ人格を涵養し、急速に進む国際化、多様化する現代社会に即応できる優れた人材の育成を目指しています。
●特色　学校法人立命館の提携校として、高校立命館コースの生徒は成績基準を満たせば全員が立命館大学あるいは APU に進学することができます。立命館コース以外では難関国公立から有名私大まで現役合格をめざし、生徒の進路実現の為に成果を上げています。
●進学特例条件　本校が定める成績基準を満たす者は全員併設高校に進学

私立 共学

受入開始 2017 年度

金蘭千里中学校

（担当：中村聡太）

〒 565-0873
大阪府吹田市藤白台 5-25-2
▶▶（地下鉄堺筋線・阪急千里線北千里駅、地下鉄御堂筋線・北大阪急行千里中央駅）
TEL 06-6872-0263 FAX 06-6872-7134
URL http://www.kinransenri.ed.jp/
生徒数 男 214 女 372 合計 586

帰国子女在籍者数	1 年	2 年	3 年	計
	5	5	7	17

入学

●**出願資格・条件** 2021 年 3 月小学校卒業見込みで次のいずれかに該当する者
① 2015 年 4 月 1 日以降、合計 1 年以上海外で居住していた者
② 2019 年 4 月 1 日以降、合計 6 か月以上海外で居住していた者
●**出願書類** ・インターネット出願の上、海外在籍校の証明書もしくはそれに準ずるもの（写し可）、または保護者の勤務先が発行する海外在留証明書などを提出
※どちらの取得も難しい場合は、本校指定の書式を使用のこと
●**日程等**

募集	出願	試験	発表	選考方法
若干名	12/14～1/12	1/17	1/18	日本語試験（読解・リスニング）、適性検査、面接

※帰国生入試の合否判定は、各検査の総合判定で行う
※入試に際して、英語に関する資格の有無および英語力については一切問わない
※本校前期入試との併願可

編入学

●**編入学時期・定員** 欠員がある場合のみ。
● **2019 年度帰国子女編入学者数**

1 年	0	2 年	0	3 年	0

受入後

●**指導** より早期の適応をはかるため、入学後は普通学級に混合して在籍する。学習面での不安がある者には、必要に応じて別途放課後個別指導などを実施。また生活面についても、学校が保護者と緊密な連携を取りながら、適切なサポートを行うよう留意している。
●**教育方針・特色** 1 学級 30 人の少人数制をとり、学習面生活面ともに、徹底した細やかな個別対応を実施。定期考査は行わず、毎朝の 20 分テストで着実な学力の向上を図りながら学習習慣を確立させることから、どこよりも「伸ばす」進学校として、最難関大学や医学部医学科に高い合格実績を持つ。また課外活動も盛んで、毎学年の宿泊行事のほか、充実した約 25 のクラブ活動があり、中高ともに約 7 割の入部率で活発に活動している。文化祭・体育祭などは、生徒で組織する委員会が中心となり生徒が主体とした運営を行う中で、当事者意識・行動力・責任感などを育む。
●**進学特例条件**
原則として併設の金蘭千里高等学校へ進学する。

▷▷ 高 384P

私立 女子

受入開始 1997 年度

大阪薫英女学院中学校

（担当：西村正弘）

〒 566-8501
大阪府摂津市正雀 1-4-1
▶▶（阪急正雀駅、JR 京都線岸辺駅、大阪モノレール摂津駅）
TEL 06-6381-5381 FAX 06-6381-5382
URL http://www.kun-ei.jp/
生徒数 女 92 合計 92

帰国子女在籍者数	1 年	2 年	3 年	計
	0	0	0	0

入学

●**出願資格・条件** 原則として保護者の海外在留に伴って外国で教育を受けた者で、外国の滞在期間が継続して 1 年以上、帰国後 3 年以内の者（別枠で判断）
●**出願書類** ・入学願書一式（本校規定のもの。写真添付）・海外帰国子女入試調査書・海外における学校の在学証明書（コピー可）・単身帰国の場合は、身元保証人の承諾書（保護者と同居が原則）
●**日程等**

募集	出願	試験	発表	選考方法
若干名	1/5～各入試日前日まで	1/16 午前 1/17 午前	各入試日当日に掲示	国・算、作文、面接

※出願は入試日前日まで（日曜・祝祭日除く）
※面接は保護者同伴で、外国人教師による英語面接を含む。作文は自己推薦作文（日本語）。英語検定推薦入試制度もあり
※併願している場合は入試日付で結果を郵送する

●**応募状況**

年度＼人数	募集人員	出願者	受験者	合格者	入学者
2019	若干名	0	0	0	0
2020	若干名	0	0	0	0

編入学

●**編入学時期** 〔1 ～ 3 年生〕随時
●**出願資格** 入学に準ずる
●**出願書類** ・入学志願書（写真 1 枚添付）・編転入希望調査書・成績及び在学証明書
●**選考方法** 国・数・英、面接（保護者同伴）
● **2019 年度帰国子女編入学者数**

1 年	0	2 年	0	3 年	1

受入後

●**指導**
基本的には在学生と同じ。本人の学力の秀でた面は生かし、不足面は補う。在校生には国際化（国際交流）に重点を置き、3 年時よりニュージーランドへ 1 年間留学する国際・進学コース、またはゆとりの 5 教科 7 科目対応 3 ヶ月留学の国際・進学コースを選べる。
●**教育方針・特色**
「ひとりで勉強しない」を合言葉に、友情や自立を育てることから学力づくりをする。優れた外国人スタッフも含めた質の高い内容の教育を充実。体育祭や文化祭などの行事を通して、友達をたくさんつくり、一緒に勉強して英検や大学合格等の実績を上げている。
●**進学特例条件** 大阪人間科学大に特別推薦制度あり。各大学より指定校制度の人数枠多数。

私立 共学

受入開始　2013 年度

高槻(たかつき)中学校

(担当：神田宮壱)

〒 569-8505
大阪府高槻市沢良木町 2-5
▶▶ (JR 高槻駅、阪急高槻市駅)
TEL 072-671-0001　FAX 072-671-0081
URL https://www.takatsuki.ed.jp

生徒数　男 536　女 275　合計 811

帰国子女在籍者数	1 年	2 年	3 年	計
	8	10	5	23

入学

●**出願資格・条件**
・**「帰国生入試」ではなく、「英語選択型入試」となります**
・2021 年 3 月小学校卒業見込みで、2021 年 4 月以降、自宅からの通学が可能であること
●**出願書類**　Web 出願後、以下の書類を郵送
・HP に掲載の英語学習歴調査書・志願理由書・活動実績報告書・保有資格証明書類
●**日程等**

募集	出願	試験	発表	選考方法
若干名	12/7～1/6	1/16	1/17	国語･算数･英語、本人英語で面接

※英語選択型入試での評価点は、国語 120 点、算数 120 点、英語 160 点の合計点
●**応募状況**（英語選択型入試）

年度＼人数	募集人員	出願者	受験者	合格者	入学者
2019	若干名	26	23	16	13
2020	若干名	23	21	12	8

編入学

●**編入学時期・定員**　〔1 年生〕9、1 月〔2･3 年生〕4、9、1 月。欠員がある場合
●**出願資格**　・学年相当の年齢に達していること
・保護者の他府県（海外）から大阪近郊への転勤による者
・在籍校で相当の成績を修めた者
●**出願書類**　・保護者の転勤証明書・在籍校の成績証明書（通知簿のコピーも可）・願書
●**選考方法**　英語・数学・国語
● **2019 年度帰国子女編入学者数**

1 年	0	2 年	0	3 年	0

受入後

●**指導**　1 年次は英語ができる生徒を 1 組に集めました。
●**教育方針**　卓越した語学力と国際的な視野を持って世界を舞台に活躍できる次世代のリーダーを養成する。①難関国立 10 大学進学 130 名②国公立医学部＋大阪医科大進学 40 名③中学 3 年次修了時に英検 2 級合格者 130 名
●**特色**　勉強とクラブ活動の両方に力を入れる文武両道が特色。2014 年と 2019 年にスーパーサイエンスハイスクールに指定。また、英語教育に力を入れている。2016 年にスーパーグローバルハイスクールに指定。高校では難関国公立大学や医学部進学を目標にしっかり教育している。
●**進学特例条件**　一定の成績をクリアすれば併設高槻高等学校へほぼ全員が進学できる。
●**卒業生（帰国生徒）の進路状況**　帰国生は従来から在籍していて、比較的優秀であり、東大、滋賀医科大などに進学。

▷▷ 高 385P

私立 共学

受入開始　1993 年度

初芝富田林(はつしばとんだばやし)中学校

(担当：入試部)

〒 584-0058
大阪府富田林市彼方 1801
▶▶ (近鉄長野線滝谷不動駅)
TEL 0721-34-1010　FAX 0721-34-1090
URL http://www.hatsushiba.ed.jp/tondabayashi/

生徒数　男 164　女 125　合計 289

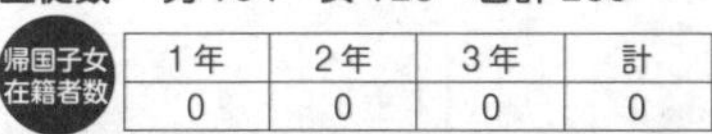

帰国子女在籍者数	1 年	2 年	3 年	計
	0	0	0	0

入学

●**出願資格・条件**
・日本の小学校第 6 学年に相当する児童であること
・外国での滞在期間が 2 年以上で帰国後 1 年以内の者
・入学後保護者と同居し得る者
●**出願書類**　・入学願書・海外における学校の成績証明書（日本人学校の場合は調査書）・帰国後国内小学校に滞在した者はその成績証明書・海外在留証明書
●**日程等**

区分		出願	試験	発表	選考方法
前期	A 日程(特色･英語重視型)	12/17～1/13	1/16AM	1/17 速達発送・HP に速報掲載	事前エントリー必要 面接、小論文
	B 日程	11/29～1/13	1/16AM		国語･算数、面接
	C 日程	11/29～1/16	1/16PM		
後期	A 日程(適性検査型)	11/29～1/17	1/17AM	1/18 速達発送・HP に速報掲載	
	B 日程	11/29～1/17	1/17PM		
	C 日程	11/29～1/18	1/18PM	1/19 速達発送･HPに速報掲載	

※インターネットによる出願
※理科・社会を免除
※合否発表はいずれもホームページにて速報。翌日または当日に速達で発送

●**応募状況**

年度＼人数	募集人員	出願者	受験者	合格者	入学者
2019	特に定めず	0	0	0	0
2020	特に定めず	0	0	0	0

編入学

●**編入学時期・定員**　〔1 年生〕9、1 月〔2 年生〕4、9、1 月〔3 年生〕4 月。定員は特に定めず
●**出願資格・条件**　・日本人学校もしくは現地校（外国）の該当学年に在学中の者
・外国での滞在期間が 2 年以上で帰国後 1 年以内の者
・入学後保護者と同居し得る者
●**出願書類**　入学に準ずる
●**選考方法**　国語・数学、面接
※理科・社会を免除。その他海外等での学業成績を参考にして総合的に合否を決定する
● **2019 年度帰国子女編入学者数**

1 年	0	2 年	0	3 年	0

受入後

●**指導・教育方針・特色**　一般生徒と同じクラスへ編入。
●**進学特例条件**　併設高等学校へ進学。

私立 共学

▷▷ 小 67P 高 385P

香里ヌヴェール学院中学校

（こうり がくいん）

（担当：龍美圭樹）

〒 572-8531
大阪府寝屋川市美井町 18-10
▶▶（京阪香里園駅）
TEL 072-831-8452 FAX 072-833-2537
URL http://www.seibo.ed.jp/nevers-hs
生徒数 男 53 女 93 合計 146

帰国子女在籍者数	1年	2年	3年	計
	0	0	2	2

入学

●**出願資格・条件**
①保護者又は 20 歳以上の保護者に相当する方（または父母に代わる保護者）のもとから通学可能であること
②日本における相当学年の年齢の者
③合格した場合は必ず入学すること（専願）
●**出願書類**
・入学願書一式（学校所定のもの）
・在籍する学校の在籍証明書及び最新の成績がわかるもの
●**日程等**

募集	出願	試験	発表	選考方法
若干名	随時			学科試験（国語・算数・英語)、面接（保護者同伴）

※面接は両親でなくてもよい。日本人学校に通っている場合は、必ず事前に相談すること
●**応募状況**

年度＼人数	募集人員	出願者	受験者	合格者	入学者
2019	若干名	0	0	0	0
2020	若干名	0	0	0	0

編入学

●**編入学時期**〔1～3年生〕随時
●**出願資格・条件** 入学に準ずる
●**出願書類** 入学に準ずる
●**選考方法** 入学に準ずる
● **2019 年度帰国子女編入学者数**

1年	0	2年	1	3年	0

受入後

●**指導**
一般生徒と同様

私立 共学

▷▷ 小 67P 高 386P

受入開始 2017 年度

アサンプション国際中学校

（こくさい）

（担当：副校長）

〒 562-8543
大阪府箕面市如意谷 1-13-23
▶▶（阪急箕面線箕面駅、北大阪急行・大阪モノレール千里中央駅）
TEL 072-721-3080 FAX 072-723-8880
URL https://www.assumption.ed.jp/jsh/
生徒数 男 70 女 90 合計 160

帰国子女在籍者数	1年	2年	3年	計
	1	0	2	3

入学

●**出願資格・条件**
原則、海外在住 1 年以上で帰国後 3 年以内、もしくはそれに準ずる経験のある者
●**出願書類**
・入学願書
・出願資格を証明するもの（保護者の在外勤務証明書等）
●**日程等**（本帰国前で日本にいないなどの場合は応相談）

募集	出願	試験	発表	選考方法
若干名	12/14～1/13	1/16	1/18	①英語型：英語筆記、英語インタビュー、面接 ②教科型：国語・算数、面接

●**応募状況**

年度＼人数	募集人員	出願者	受験者	合格者	入学者
2019	－	－	－	－	－
2020	若干名	1	1	1	1

編入学

●**編入学時期・定員** 欠員がある場合のみ
● **2019 年度帰国子女編入学者数**

1年	0	2年	0	3年	0

受入後

●**教育方針**
カトリック精神に基づく中・高一貫教育の中で人格形成の基盤づくりに努める。「世界の平和に貢献する人の育成」を教育目標とし、個性豊かな国際人として社会に貢献する人の育成を目指す。
●**特色**
世界 30 か国以上に広がる Assumption（聖母被昇天）ネットワークを活用し、国際交流の場を多く持つ。2017 年度より、「主要教科を英語で授業するイマージョン（英語）教育」「主体的に学び、人間力を高める能動的学習法、PBL（課題解決型授業）」「タブレット端末等を活用し、個性に応じた教育が可能な ICT 教育」を採り入れた、21 世紀型教育を進める。
●**進学特例条件**
併設高校への進学については特例はなく、特に問題がなければそのまま進学する。併設高校では、関西学院大学への進学に関して協定校推薦入学制度があり、関西学院大学全学部へ合計 25 名の推薦進学が可能となっている。

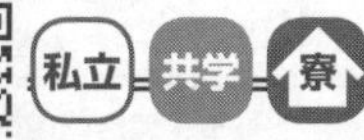

私立 共学 寮 ▷▷ 高 388P 大 645P

受入開始 1991 年度

関西学院千里国際中等部
（かんせいがくいんせんりこくさい）

（担当：彦坂のぼる）

〒 562-0032
大阪府箕面市小野原西 4-4-16
▶▶（阪急千里線北千里駅）
TEL 072-727-5070 FAX 072-727-5055
URL http://www.senri.ed.jp
生徒数 男 102 女 140 合計 242

帰国子女在籍者数	1 年	2 年	3 年	計
	23	38	33	94

入学

●出願資格・条件
・海外在留期間が 1 年以上で、帰国後の期間が本校の内規に適合している者
※個人留学は別規定

●出願書類 ・入学願書一式・受験資格確認書・活動報告および志望理由書・志願者調書・評価書（2 通）・海外在留証明書（以上は所定の用紙）・成績書類（2 年分）・在籍証明書（日本人学校日本国内学校）

●日程等

募集	出願	試験	発表	選考方法
帰国生入試	6/4～9	6/20	6/22	書類、生徒面接保護者面接
	11/26～12/1	1/6	1/7	
	12/14～16、1/7～8	1/17	1/18	※
帰国生特別入試	8/6～7	8/17	8/17	書類、生徒面接保護者面接
	10/26～27	11/22	11/22	
	3/15～16	3/23	3/23	
海外生入試	10/22～27	11/22	12/1	

※帰国生 1/17 入試は書類、筆記試験（国語・算数）、生徒面接、保護者面接
※帰国生特別入試は本校を第一志望とし、合格後、必ず直後の学期に入学できる者対象

●応募状況

年度＼人数	募集人員	出願者	受験者	合格者	入学者
2019	特に定めず	35	35	28	25
2020	特に定めず	31	28	22	19

編入学

●編入学時期・定員 〔1 年生〕8、11 月〔2・3 年生〕4、8、11 月。定員は特に定めず
●出願資格・条件・出願書類 本校所定の「受験資格確認書」にて事前に確認のこと。成績以外は所定の用紙にて出願
●選考方法 書類、面接
● 2019 年度帰国子女編入学者数

1 年	5	2 年	6	3 年	6

受入後

●指導・教育方針・特色
異なった文化を背景とした帰国生・外国籍生徒が多く、日常的に相互啓発が展開されている。少人数を前提に教科（国語・英語）によっては習熟度別を実施。音楽・美術・体育の授業は、併設校のインターナショナルスクールの生徒と合同で英語による指導。中 3 以上が入寮可能。
●進学特例条件 中・高一貫教育を基本としている。
●卒業生の進路状況 京都大、東京都立大、国際教養大、神戸大、弘前大（医）、慶應義塾大、早稲田大、上智大、国際基督教大、立命館大、関西学院大、海外の大学等に進学。

私立 共学 ▷▷ 高 389P

啓明学院中学校
（けいめいがくいん）

（窓口：入試広報部）

〒 654-0131
兵庫県神戸市須磨区横尾 9-5-1
▶▶（神戸市営地下鉄妙法寺駅）
TEL 078-741-1501 FAX 078-741-1512
URL https://www.keimei.ed.jp
生徒数 男 241 女 274 合計 515

帰国子女在籍者数	1 年	2 年	3 年	計
	7	16	18	41

入学

●出願資格・条件
(1)2021 年 3 月までに日本の小学校に相当する教育課程を修了または修了見込みの者。2021 年 3 月の時点で海外校 G6・Y6 に在籍の場合はご相談下さい。
(2) 海外の日本人学校・インターナショナル校・現地校のいずれかに 2 年以上在籍していること（帰国後 2 年以内）
(3) 出願を希望する場合は、事前にお問い合わせください

●出願書類
入学願書一式（所定の用紙）、調査書、海外在留証明書、志願理由および推薦書、作文『海外在留中の生活体験』

●日程等

募集	出願	試験	発表	選考方法
若干名	12/16～1/8	1/16	1/17	下記参照

※選考方法：国語・算数、英語面接及び保護者同伴面接
※海外における学習の状況に応じて配慮する
※上記の他、2020 年 11 月 22 日に実施

●応募状況

年度＼人数	募集人員	出願者	受験者	合格者	入学者
2019	若干名	14	14	9	7
2020	若干名	5	5	4	1

編入学

●編入学時期・定員 申し出のあった時点で、本人・保護者と面談のうえ決める。定員は特に定めず
●出願資格・条件・出願書類・選考方法 入学に準ずる
● 2019 年度帰国子女編入学者数

1 年	2	2 年	3	3 年	0

受入後

●指導 授業に関しては一般生徒と共通であるが、海外における学習の状況に応じて補充を行うなど、個別の指導に配慮する。
●教育方針・特色 啓明学院の五つの柱 ①人間教育 - キリスト教主義に基づく愛と希望 ②読書教育 - スタディスキルを身につけ知の探求者をめざす ③英語教育 - グローバル・スタンダードにおける基礎学力 ④保健体育教育 - 人生を、心身のバランスよく楽しく生きる基礎健康力 ⑤芸術教育 - 人生の豊かさ、感動とインスピレーション
●進学特例条件 関西学院大学継続校として、啓明学院内の推薦基準を満たした者は、推薦判定会議の審議、校長面接を経て関西学院大学へ全員推薦する。
●卒業生の進路状況 2019 年度卒業生 243 名のうち 228 名関西学院大。その他、山口大、ICU、北里大、東京音大、神戸薬科大、立命館大、岡山理科大、法政大など。

▷▷ 高 389P

受入開始　1991 年度

神戸国際中学校（こうべこくさい）

（担当：猿丸義彦）

〒 654-0081
兵庫県神戸市須磨区高倉台 7-21-1
▶▶（JR 神戸線・山陽電鉄須磨駅、地下鉄妙法寺駅）
TEL 078-731-4665　FAX 078-731-4888
URL http://www.kis.ed.jp
生徒数　女 132　合計 132

帰国子女在籍者数	1 年	2 年	3 年	計
	0	1	0	1

入学

●出願資格・条件　「特色 GS 入試」として試験を行う。
・2021 年 3 月に小学校を卒業見込みの者または、小学校を卒業した者
・本校を第 1 志望とし、合格した場合は本校に必ず入学する者
・以下のいずれかの基準を満たしている者
①英検 4 級以上、TOEIC 250 点以上、TOEFL PRIMRY STEP2 206 点以上
②海外のインターナショナルスクールまたは現地日本人学校に通算 1 年以上在籍していた者
③日本国内のインタナショナルスクールに通算 1 年以上在籍し、卒業見込みの者
④①～③の該当者以外で、英検や小学校スピーチコンテストなど、語学学習や国際社会の理解に強い関心があり、かつ①～③と同等レベルの英語によるコミュニケーション能力が備わっている者
※ 2021 年度より帰国子女入試（オンライン入試）を実施。

●出願書類
①入学願書（本校指定用紙に保護者が必要事項を記入し、3 ヶ月以内に撮影した正面顔写真を貼付してください）
②受験票返送用封筒（郵送出願の場合のみ、本校指定封筒に出願者の住所・氏名を記入し、郵便切手を貼付）
③志望理由書（本校指定の用紙　400 字程度）
④出願資格を満たしていることを証明できるもの（コピー）を添付した用紙

●日程等

区分	出願	試験	発表	選考方法
特色 GS	11/16～30	1/16	1/17	国または算、面接
	12/7～11	1/16	1/17	
帰国子女	10/26～11/14	11/22	―	プレゼン、個人面接

※面接＝個人面接　学力検査、面接および提出書類により総合的に選考する

●応募状況

年度＼人数	募集人員	出願者	受験者	合格者	入学者
2019	若干名	1	1	1	1
2020	若干名	0	0	0	0

編入学

●編入学時期・定員　〔1 ～ 3 年生〕随時（欠員がある場合）
●出願資格・条件・出願書類・選考方法　入学に準ずるが、帰国後日本の中学に転編入した者は出願資格はない。本校専願に限る

● 2019 年度帰国子女編入学者数

1 年	0	2 年	0	3 年	1

受入後

●指導・教育方針・特色
一般生徒および帰国生徒、外国人子女と混成学級をつくり、互いに体験を伝え合い、長所を学び合うことを目的とする。帰国生徒は、単に海外生活によるハンディキャップを解消するために国内教育に適応させるだけではなく、国際化時代の今日、更に必要となる国際性豊かな人材の育成という観点から、帰国生徒の豊かな国際感覚や優れた外国語能力等を維持・伸展させる。

私立　女子

▷▷ 高 390P

受入開始　1979 年度

神戸山手女子中学校（こうべやまてじょし）

（担当：近藤隆郎（教務部長））

〒 650-0006
兵庫県神戸市中央区諏訪山町 6-1
▶▶（JR・私鉄各線三宮駅または元町駅）
TEL 078-341-2133　FAX 078-341-1882
URL http://www.kobeyamate.ed.jp
生徒数　女 41　合計 41

帰国子女在籍者数	1 年	2 年	3 年	計
	0	0	0	0

入学

●出願資格・条件　・国籍・学区は問わない
①帰国子女入試
・2021.3.31 までに、外国の教育機関を含む 6 カ年の学校教育課程を修了又は修了見込みの者
・2021.3.31 までに、海外の日本人学校小学部を卒業見込みの者
・保護者に同伴して 1 年以上海外に在留した経験を持つ者で、帰国後 2 年を経ていない者（2021 年 3 月までに帰国予定の者も含む）
②グローバル方式入試
・概ね 1 年以上の海外在住経験を持つ者。または英検 4 級以上を保有しているか、それと同等以上と見なされる者
③一般方式
・2021.3.31 までに、日本国内の小学校を卒業見込みの者

●出願書類
・入学願書一式（ネット出願・所定の用紙）・海外在留時の最終在籍校の在籍証明書、成績証明書、またはこれに準ずるもののいずれか

●日程等

募集	出願	試験	発表	選考方法
若干名	12/21～1/15	1/16	1/16	国・算

※グローバル方式入試は英語での作文、面接
※帰国子女については特別に配慮する。事前の面接で出願資格を確認する

●応募状況

年度＼人数	募集人員	出願者	受験者	合格者	入学者
2019	若干名	0	0	0	0
2020	若干名	0	0	0	0

編入学

●編入学時期・定員　〔1 年生〕9、1 月〔2 年生〕4、9、1 月〔3 年生〕4、9 月。若干名。
●出願資格・条件　入学に準ずる
●出願書類　・本校所定の転（編）入学願書・在学証明書・成績証明書
●選考方法　英語･国語･数学 ※グローバル方式:英語

● 2019 年度帰国子女編入学者数

1 年	0	2 年	0	3 年	0

受入後

●進学特例条件　神戸山手女子高等学校から併設の関西国際大学への進学は特別に配慮される。

▷▷ 高 391P 大 643P

受入開始　2000 年度

松蔭（しょういん）中学校

（担当：小林裕典）
〒 657-0805
兵庫県神戸市灘区青谷町 3-4-47
▶▶（JR 神戸線灘駅、阪急電鉄王子公園駅）
TEL 078-861-1105　FAX 078-861-1887
URL http://www.shoin-jhs.ac.jp

生徒数　　女 283　合計 283

帰国子女在籍者数	1 年	2 年	3 年	計
	0	0	1	1

入学

●**出願資格・条件**　入学前年度の 3 月 31 日現在、保護者と共に海外在住 2 年以上で、帰国後 1 年以内の女子。ただし、海外在住 3 年以上で帰国後 2 年以内の者も可（このほかにも受験資格を認める場合がある）。
海外において、日本の小学校の教育課程、またはこれと同等の課程を修了した者、または修了見込みの者。
※単身留学は不可。
※保護者またはそれに代わる方は予め学校に問い合わせること。

●**出願書類**　入学願書等・成績証明書・海外在住を証明する書類（転勤証明書、住民票の写し等）

●**日程等**

募集	出願	試験	発表	選考方法
若干名	郵 12/14～1/10 窓 12/14～1/17	1/18	1/19	学力検査（国語・算数）・作文・面接 または 学力検査（英語）・作文・面接

※合否判定は、筆記試験と面接により総合的に判断。

●**応募状況**

年度＼人数	募集人員	出願者	受験者	合格者	入学者
2019	若干名	0	0	0	0
2020	若干名	0	0	0	0

編入学

●**編入学時期・定員**〔1 ～ 3 年生〕随時。若干名
●**出願資格・条件・出願書類**　入学に準ずる
●**選考方法**　国語・数学・英語の学力検査および面接
※ただし、海外での学習状況によって試験内容は考慮する場合がある。

● **2019 年度帰国子女編入学者数**

1 年	0	2 年	0	3 年	0

受入後

●**指導**　帰国生は普通科クラスに編入。ただし、必要に応じて学級担任、教科担当者、国際交流担当者が別途指導する。
●**特色**　入学から卒業まで行われる礼拝形式の式典のもとで、強制ではなく、自然にキリスト教の精神に触れることを目指している。週 1 回「聖書」の授業がある。中高一貫教育で、それぞれの個性に応じた教育を心がけている。
●**進学特例条件**　併設の松蔭高等学校に進み、神戸松蔭女子学院大学には希望者のほぼ全員が進学できる。

入　編

私立　女子

▷▷ 高 391P 大 643P

受入開始　2019 年度

親和（しんわ）中学校

（担当：橋本、森上、塩崎）
〒 657-0022
兵庫県神戸市灘区土山町 6-1
▶▶（阪急神戸線・六甲駅、JR 神戸線・六甲道駅）
TEL 078-854-3800　FAX 078-854-3804
URL https://www.kobe-shinwa.ed.jp/

生徒数　　女 524　合計 524

帰国子女在籍者数	1 年	2 年	3 年	計
	1	3	1	5

入学

●**出願資格・条件**
次の（1）～（3）の条件を満たし、本校を第一志望とする女子。
（1）日本の小学校、文部科学省が認可する海外日本人学校、及びこれと同等の修業年数を有する外国の学校の課程を 2021 年 3 月までに修了した者又は修了見込みの者。
（2）海外勤務者の子女で、保護者とともに海外で 1 年（程度）以上の居住歴のある者で、出願時において帰国後 2 年以内の者。
（3）出願が 2020 年内の場合は、2020 年 1 学期の 4 教科（国語・算数・理科・社会）の通知簿の平均値、又は出願が 2021 年 1 月以降の場合は、2020 年 2 学期の 4 教科（国語・算数・理科・社会）の通知簿の平均値が 2.5 以上（S コース志望者は算数の通知簿が 3、かつ 4 教科の通知簿の平均値 2.75 以上）を満たす者。ただし、この成績基準に満たない者、及び成績基準が異なる者については、保護者またはこれに代わる者と、本校担当者との事前の相談により出願を認める場合がある。

●**出願書類**　・入学志願書・受験票・成績証明書・在校期間証明書・海外在留証明書・志願理由書・保有している資格等を証明する書類の写し（取得者のみ）

●**日程等**

会場	出願		試験	発表	選考方法
海外入試オンライン	① 10/5～9 ※1		10/24	10/29	・作文 ・個別面接 ・特別加点 （検定等で認定を受けている者は、内容により、評価点 0 ～ 50 点を加点する）
	② 11/16～20 ※1		12/6	12/11	
国内入試本校	① 12 月入試	11/16～20	12/6	12/7	
	② 1 月入試	1/5～12 ※2	1/16	1/18	
	③ 2 月入試	2/1～5 ※3	2/20	2/20	
	④ 3 月入試	3/1～5 ※3	3/24	3/24	

（※ 1）オンライン対応につき、国・地域は限定いたしません。
学校行事や時差等の関係で日程が不都合な場合は、上記事前相談期間にご相談ください。
（※ 2）1 月入試は、三宮会場（三宮研修センター）で実施します（本校では実施しません）。
（※ 3）2 月入試・3 月入試は、募集人数を充足している場合は、実施しません。

●**応募状況**

年度＼人数	募集人員	出願者	受験者	合格者	入学者
2019	若干名	4	1	1	1
2020	若干名	1	1	1	1

編入学

●**編入学時期・定員**〔1 年生〕9 月〔2 年生〕4、9 月〔3 年生〕4 月
●**出願資格・条件・出願書類・選考方法**　入学に準ずる

● **2019 年度帰国子女編入学者数**

1 年	0	2 年	1	3 年	0

受入後

●**教育方針**　誠実（まことの心）、堅忍不抜（耐え忍ぶ心）、忠恕温和（思いやりの心）、の校訓のもと、国際社会で活躍する、そしていつも輝く女性を育成する
●**特色**　多彩な国際プログラムと充実した ICT 環境の中で、新時代を生き抜く力を育成する。豊富な学習時間を確保した S コースと総合的な力を身につける総合進学コースがある。
●**進学特例条件**　併設の高等学校へ進学。

私立 共学

▷▷ 高 393P

芦屋学園中学校

(あしやがくえん)

〒 659-0011　（担当：宇井雅子）
兵庫県芦屋市六麓荘町 16-18
▶▶（JR 神戸線・阪神電鉄芦屋駅、阪急神戸線芦屋川駅）
TEL 0797-31-0666　FAX 0797-31-6641
URL http://www.ashiya.ed.jp
生徒数　男 46　女 37　合計 83

帰国子女在籍者数	1年	2年	3年	計
	0	0	0	0

入学

●**出願資格・条件**　個々の状況が異なるので、個別に相談に応じる　※事前面接あり

●**出願書類**　・願書・成績証明書・外国での居住を証明する書類・海外生活報告書（本校所定の用紙）

●**日程等**

区分	募集	出願	試験	発表	選考方法
A	若干名	12/14～1/15	1/16	1/18	国語・算数、面接
B		12/14～1/15	1/16	1/18	
C		12/14～1/19	1/20	1/21	

※特別枠は設けていないので、一般入試を受ける。帰国生の事情により科目を含めて配慮をする

●**応募状況**

年度＼人数	募集人員	出願者	受験者	合格者	入学者
2019	若干名	0	0	0	0
2020	若干名	0	0	0	0

編入学

●**編入学時期・定員**〔1 年生〕9、1 月〔2 年生〕4、9、1 月。定員は特に定めず

●**出願資格・条件・出願書類**
願書、海外校の在籍・成績証明書

●**選考方法**　国語・算数の試験を行うが、その前に必ず面接を受けること

● **2019 年度帰国子女編入学者数**

1年	0	2年	0	3年	0

受入後

●**指導・教育方針・特色**
「独立と自由」「創造と奉仕」「遵法と敬愛」の実践綱領を掲げ、豊かでのびのびとした心を育てる。豊かな感性、のびやかな心を育む。「人づくり」「思い出づくり」「夢づくり」の三本柱を中心に学園生活が送れるよう、さまざまな行事・校外学習・日本文化（茶道・華道）体験など特別カリキュラムを実施し、学力だけに偏らない指導にあたる。英語ネイティブスピーカーによる授業を数多く実施し、日頃の学校生活全般を通しての異文化体験による英語力を向上させる。

●**進学特例条件**
本校は、高校・大学の併設校があり、内部選考により優先的に進学することは可能である。

●**卒業生（帰国生徒）の進路状況**
併設高校へ約 95% が進学する。

私立 男子

▷▷ 高 394P 大 640P

受入開始　1976 年度

甲南中学校

(こうなん)

〒 659-0096　（担当：塩見恵介）
兵庫県芦屋市山手町 31-3
▶▶（阪急神戸線芦屋川駅、J R 東海道線芦屋駅）
TEL 0797-31-0551　FAX 0797-31-7458
URL http://www.konan.ed.jp
生徒数　男 534　合計 534

帰国子女在籍者数	1年	2年	3年	計
	0	1	1	2

入学

●**出願資格・条件**
・海外勤務者の子弟で①～③のいずれかに該当する者
①海外に 1 年以上在住し、帰国後半年以内であること
②海外に 2 年以上在住し、帰国後 1 年以内であること
③海外に 4 年以上在住し、帰国後 2 年以内であること
・出願時に国内の小学校第 6 学年に相当する学齢児童であること

●**出願書類**
入学志願票（本校所定）・入学希望調書（本校所定）・成績証明書（海外で在学した学校の成績証明書。帰国後に日本の学校に在学した者は本校所定の調査書）

●**日程等**

区分	募集	出願	試験	発表	選考方法
Ⅰ期	若干名	郵12/21～1/8 持参1/12・13	1/16	1/17	国語・算数・親子面接
Ⅱ期			1/17	1/18	
Ⅲ期	若干名	郵12/21～1/13 持参1/19	1/19	1/20	国語・算数・親子面接

※出願を希望する保護者、または事情のわかる代理人が事前に照会すること。持参の受付時間は 1/12・13 は 10：00 ～ 15：00、1/19 は 13：00 ～ 15：00

●**応募状況**

年度＼人数	募集人員	出願者	受験者	合格者	入学者
2019	若干名	2	2	1	1
2020	若干名	0	0	0	0

編入学

●**編入学時期・定員**〔1 年生〕9 月〔2・3 年生〕4、9 月。若干名

●**出願資格・条件・出願書類**　入学に準ずる

●**選考方法**　国語・数学・英語、面接

● **2019 年度帰国子女編入学者数**

1年	0	2年	0	3年	0

受入後

●**指導・教育方針・特色**　入学後は一般入学生と同じ扱いとなるが、国語、数学など適応しにくい科目があれば、教科ごとに放課後の補習に参加させている。また、友人をつくり、早く学校になれることができるように、できるだけクラブに入部するようすすめている。学校生活面の相談は、クラス担任が保護者と連絡をとりながら担当し、学校生活にいち早く適応できるよう留意している。

●**進学特例条件**　高校 3 年間の成績、実力テストなどで甲南大学へ推薦入学できる。

●**卒業生（帰国生徒）の進路状況**
(2020 年 3 月卒業生実績) ロンドン大学 1

入 編

私立 女子 ▷▷ 小 68P 高 395P

受入開始 1994 年度

百合学院中学校
（ゆりがくいん）

（担当：坂口巧）
〒 661-0974
兵庫県尼崎市若王寺 2-18-2
▶▶（阪急神戸線園田駅、JR 宝塚線塚口駅）
TEL 06-6491-6298 FAX 06-6491-6607
URL http://www.yuri-gakuin.ac.jp/

生徒数 女 117 合計 117

帰国子女在籍者数	1 年	2 年	3 年	計
	0	0	0	0

入 学

●**出願資格・条件**
・海外在留期間 1 年以上で帰国後 1 年以内の児童
・本学院中学校・高等学校の一貫教育で学び、大学進学を目指す者

●**出願書類** ・入学願書（本校指定のもの）・海外在住を証明するもの・検定料 20,000 円

●**日程等**

募集	出願方法と期間	試験	発表	選考方法
若干名（専願のみ）	原則として窓口受付 出願期間についてはお問い合わせください。	願書受け付けの際に本人に通知。		・筆記試験 国語・算数※、・面接（受験生のみ）

※海外からの転編入の場合は国語・数学・英語
英語圏の帰国生の場合：日本語作文（600 字程度）と英語エッセー（300 語程度）でも可

●**応募状況**

年度＼人数	募集人員	出願者	受験者	合格者	入学者
2019	若干名	0	0	0	0
2020	若干名	0	0	0	0

編 入 学

●**編入学時期・定員**〔1 年生〕9、1 月〔2 年生〕4、9、1 月〔3 年生〕4 月。試験は学期末に実施。欠員がある場合のみ若干名

●**出願資格・条件・出願書類・選考方法** 入学に準ずる

● **2019 年度帰国子女編入学者数**

1 年	0	2 年	0	3 年	0

受 入 後

●**指導** 混入方式をとり、特別なカリキュラムは定めない。ただし、英・国・数は習熟度（到達度）別クラスに分け授業をしている。土曜日には指名制の補習と希望制のハイレベル講習を実施し、学力の定着と伸長を図っている。学級担任を中心に、保護者、教科担当者と連絡を密にしながら、個々の貴重な体験が生かされるよう努力している。

●**特色** 本校の特色としては、以下のものがあげられる。
・モットーは「純潔」と「愛徳」
・基礎学力の充実と実力の養成
・心のふれあいを大切にするミッションスクール

●**進学特例条件** 高校入学時入学金免除。
・選抜特進コース：国公立大学・難関私立大学への進学を目指すコース
・特進コース：自分の特性を探究し、最も適した大学への進学を目指すコース

入 編

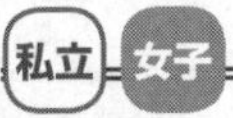

私立 女子 ▷▷ 小 68P 高 395P 大 575P

受入開始 1989 年度

小林聖心女子学院中学校
（おばやしせいしんじょしがくいん）

（担当：黄田みどり）
〒 665-0073
兵庫県宝塚市塔の町 3-113
▶▶（阪急今津線小林駅）
TEL 0797-71-7321 FAX 0797-72-5716
URL http://www.oby-sacred-heart.ed.jp

生徒数 女 314 合計 314

帰国子女在籍者数	1 年	2 年	3 年	計
	4	4	7	15

入 学

●**出願資格・条件** ・志願者ならびに保護者が本学院の教育方針のもとで教育を受けることに熱意を持っていること・海外勤務者の子女で、原則として保護者とともに 2 年以上海外に在住し、帰国後 1 年以内であること（ただし、第 1 学年のみ海外在住期間が 4 年以上の場合は帰国後 2 年以内であること）・2021 年 3 月末日までに、現在の学年に相当する日本の学校教育課程か同程度の課程を修了または修了見込みであること・通学所要時間は 1 時間半以内とし、保護者のもとから通学すること・本校を第一志望としていること

●**出願書類** ・入学願書（本校所定）・成績証明書（ア）海外で在学した学校の成績証明書（イ）帰国後、日本の学校に入学した者は調査書（本校所定）・保護者の海外勤務または帰国辞令を証明する書類（所属長の証明等）・健康診断書（在学校の写し）

●**日程等**

募集	出願	試験	発表	選考方法
若干名	11/16～27	1/8	1/8	国語・算数、作文（英語可）、面接、提出書類

●**応募状況**

年度＼人数	募集人員	出願者	受験者	合格者	入学者
2019	若干名	1	1	1	1
2020	若干名	0	0	0	0

編 入 学

●**編入学時期・定員**〔1 年生〕9 月〔2・3 年生〕4、9 月。若干名。編入学試験は 7、1 月とする。妥当な事情があると認められた場合は、3 月 1 日を最終日として出願を認めることがある。欠員の生じた場合のみ。

●**出願資格・条件** 海外在住期間 2 年以上、帰国後 1 年以内の者。

●**出願書類** 入学に準ずる。

●**選考方法** 国語・数学・英語、面接、提出書類。
※帰国子女としての入学、編入学を希望する場合は、帰国子女調査書（本校所定用紙）に基づいての懇談を行い、お互いに了解してから願書を提出すること。

● **2019 年度帰国子女編入学者数**

1 年	1	2 年	0	3 年	0

受 入 後

●**指導**
希望により英会話の時間に必要に応じた補習を行う。

私立 共学

▷▷ 高 396P

受入開始　1953 年度

雲雀丘学園中学校

（ひばりがおか がくえん）

〒 665-0805
兵庫県宝塚市雲雀丘 4-2-1
▶▶（阪急宝塚線雲雀丘花屋敷駅）
TEL 072-759-1300　FAX 072-755-4610
URL https://hibari.jp
生徒数　男 217　女 309　合計 526

帰国子女在籍者数	1 年	2 年	3 年	計
	1	3	3	7

入学

●出願資格・条件
(1) 志願する学年に相当する年数の学校教育を受けていること
(2)1 年 6 ヵ月以上海外に在留した経験をもち、かつ帰国後 3 年以内の者（2021 年 3 月までに帰国予定の者を含む）
(3) 保護者宅より通学できること
※入試合計点を 1.1 倍にして、提出書類をもとに総合判定する

●出願書類　海外在留を証明する書類・海外在留時の最終在籍校が発行する在籍証明書および成績証明書（またはこれに準ずるもの）

●日程等

募集	出願	試験	発表	選考方法
特に定めず	12/18～1/11	1/16	1/17	国･算･理(＋社)あるいは国･算
		1/17	1/18	国･算･理あるいは国･算･英

※募集定員は一般募集定員内。

●応募状況

年度＼人数	募集人員	出願者	受験者	合格者	入学者
2019	特に定めず	8	8	6	3
2020	特に定めず	13	13	10	1

編入学

欠員がある場合のみ

● 2019 年度帰国子女編入学者数

1 年	0	2 年	0	3 年	0

受入後

●指導・教育方針・特色
受け入れ後は他の生徒と同じように扱い、特に遅れている教科については個人指導をする。学級担任を中心として保護者、教科担当者と連絡を密にとりながら対応している。

●進学特例条件
ほぼ全員が併設の雲雀丘学園高等学校進学の推薦を受け、進学する。

私立 共学

▷▷ 高 396P 大 645P

関西学院中学部

（かんせい がくいん）

（担当：藤原康洋）
〒 662-8501
兵庫県西宮市上ヶ原一番 1-155
▶▶（阪急今津線甲東園駅・仁川駅）
TEL 0798-51-0988　FAX 0798-51-0892
URL http://www.kwansei.ac.jp
生徒数　男 419　女 318　合計 737

帰国子女在籍者数	1 年	2 年	3 年	計
	1	1	1	3

入学

●出願資格・条件
・2021 年 3 月に小学校卒業見込みの児童（男女）
・小学校中・高学年における海外での在住年数が 2 年以上で、現地校またはインターナショナル・スクールに在籍していた者が望ましい
・原則として事前に中学部長もしくは副部長と面談が望ましい

●出願書類
・入学願書（本学指定用紙）
・出身学校の成績書
・海外生活体験作文
・海外帰国生入学志願調書（本学指定用紙）
・海外在留証明書（企業体などが発行したもの）

●日程等

募集	出願	試験	発表	選考方法
若干名	郵 12/7～18 窓 1/6～8	1/16	1/17	国・算、英語面接、保護者同伴面接

●応募状況

年度＼人数	募集人員	出願者	受験者	合格者	入学者
2019	若干名	2	2	1	1
2020	若干名	1	1	1	1

受入後

●指導・教育方針・特色
帰国生徒には、国語・数学については基礎学力を養うために放課後特設授業を 1 年間にわたって実施する。英語力保持のため、英語弁論大会・英語礼拝等も実施している。

●進学特例条件
中学部の全課程を修めたと認められた者は高等部へ推薦する。ほぼ全員進学できるが、無条件ではない。
また、高等部から関西学院大学（11 学部）への推薦も同じである。

入 編

私立 共学

▷▷ 高 397P

仁川学院中学校
（にがわがくいん）

〒 662-0812　（担当：本田徹也）
兵庫県西宮市甲東園 2-13-9
▶▶（阪急線甲東園駅・仁川駅）
TEL 0798-51-3410　FAX 0798-52-5674
URL http://www.nigawa.ac.jp/
生徒数　男 73　女 46　合計 119

帰国子女在籍者数	1 年	2 年	3 年	計
	0	0	0	0

入学

●出願資格・条件　次のすべてに該当する者
(1) 日本国籍を有する者で保護者の海外在留に伴って外国で教育を受けた者
(2) 保護者のもとから通学できること
(3) 日常生活に不自由しない程度に日本語を身につけていること
(4) 外国における滞在期間が継続して 1 年以上で帰国後 1 年以内の者
(5) 2021.3.31 までに国の内外を問わず通常の課程による 6 年の学校教育を卒業見込みの者
※相談、協議に応じる

●出願書類　・入学願書一式

●日程等

区分	出願	試験	発表	選考方法
1 次	1/12～14	1/16	1/17	国・算・理
2 次	1/12～17	1/17	1/18	国・算・総合問題
3 次	1/12～18	1/18	1/19	国・算基礎
4 次	1/12～20	1/20	1/21	国・算
ファイナル	1/12～23	1/23	1/24	国・算

●応募状況

年度＼人数	募集人員	出願者	受験者	合格者	入学者
2019	特に定めず	0	0	0	0
2020	特に定めず	0	0	0	0

編入学

●編入学時期・定員　帰国子女入試については随時相談を受付

●出願資格・条件・出願書類　入学に準ずる

●選考方法　国語・数学・英語、面接

● 2019 年度帰国子女編入学者数

1 年	0	2 年	0	3 年	0

受入後

●指導・教育方針・特色　海外在留中の教育と日本の教育との学力差の補充および日本人としての生活習慣・態度・思考様式の育成・順応を図り、生活条件の差異による個人差を理解し、相互に学び合う気風を養うようにしている。帰国子女の受け入れは混入方式をとり、特別なカリキュラムは定めない。学習・生活両面とも生徒の状況に応じて個別に指導している。

●進学特例条件　仁川学院高等学校のアカデミアコース・カルティベーション S コース・カルティベーションコースに進学。

入 編

私立 女子

▷▷ 高 397P

受入開始　1987 年度

武庫川女子大学附属中学校
（むこがわじょしだいがくふぞく）

〒 663-8143　（担当：吉位敬介）
兵庫県西宮市枝川町 4-16
▶▶（阪神電鉄甲子園駅・鳴尾駅）
TEL 0798-47-6436　FAX 0798-47-2244
URL https://jhs.mukogawa-u.ac.jp/
生徒数　女 476　合計 476

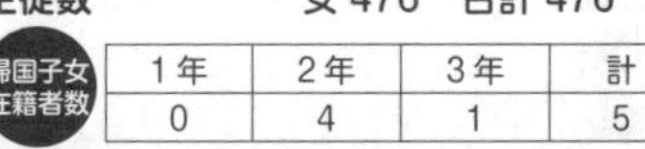

帰国子女在籍者数	1 年	2 年	3 年	計
	0	4	1	5

入学

●出願資格・条件　志願者および、保護者が本学院の教育方針に賛同し、かつ本学院の高等学校・大学への進学を希望し、まじめに努力する意志が強固である者。
次の (1) もしくは (2) の条件を満たし、事前の調査用紙をもとに、出願が認められること。
(1) 現在、海外に在留しており、2021 年 3 月までに日本の小学校にあたる教育課程を修了または修了見込みで、下記のいずれかの条件を満たすこと。
①海外の日本人学校・インターナショナルスクール・現地校のいずれかに 2 年以上在籍していること。
②海外の日本人学校・インターナショナルスクール・現地校のいずれかに 2 年以上在籍し、2020 年 11 月現在で修了後 6 ヶ月以内であること。
(2) 2021 年 3 月までに日本の小学校にあたる教育課程を修了または修了見込みであり、保護者がこれまでに海外勤務をしていて、共に海外で 3 年以上在住し、帰国後 2 年以内もしくは、1 年 6 ヶ月以上在住し、帰国後 1 年以内であること。

●出願書類
入学願書・入学考査票・調査書・海外在留証明書・志願理由書及び資格・特性等活動履歴報告書・考査料振込証明もしくは、考査料の海外送金受領書の写し

●日程等

会場	募集	出願	試験	発表	選考方法
本校	若干名	12/9～18	12/24	12/25	※

※① A 方式：専願かつ英検 3 級以上→国 or 算＋面接（本人）ただし CS コース希望者は算数を受験
② B 方式：①以外→国＋算＋面接（本人）※専・併可能
英検 4 級は +5 点、3 級は +10 点、準 2 級は +15 点、2 級は +20 点

●応募状況

年度＼人数	募集人員	出願者	受験者	合格者	入学者
2019	若干名	5	4	4	3
2020	若干名	0	0	0	0

編入学

●編入学時期・定員　〔1 年生〕8、1 月〔2 年生〕4 、8、1 月〔3 年生〕4 月　若干名

●出願資格・条件・出願書類　入学に準ずる

●選考方法　国語・数学・英語、面接（親子）

● 2019 年度帰国子女編入学者数

1 年	0	2 年	1	3 年	1

受入後

●指導・教育方針・特色
2006 年度から文部科学省よりスーパーサイエンスハイスクール (SSH) の指定を受け続け、現在に至る。2007 年度よりスーパーイングリッシュコースを設置し、グローバル人材を育成してきた。そこで培った教育方法をレベルアップし、現在の創造グローバル (CG)・創造サイエンス (CS) コースで、世界で活躍する女性を育成している。また部活動も活発で、多くの生徒が自分の目標・夢を持ち、文武両道で頑張っている。

●進学特例条件　真面目に努力すれば、併設の武庫川女子大学附属高校に進学できる（校内入試は行わない）。

私立 女子

受入開始 2007年度

賢明女子学院中学校

（けんめいじょしがくいん）

〒670-0012　（担当：守田悠紀）
兵庫県姫路市本町68
▶▶（JR姫路駅、山陽電鉄山陽姫路駅）
TEL 079-223-8456　FAX 079-223-8458
URL https://www.himejikenmei.ac.jp/
生徒数　女306　合計306

帰国子女在籍者数	1年	2年	3年	計
	0	2	0	2

入学

●出願資格・条件
2021年3月に小学校卒業見込みの者であり、原則として①海外在住2年以上で帰国後2年以内が望ましい※要事前連絡
●出願書類　・入学願書・帰国生調査書（本校所定用紙）
●日程等

区分	募集	出願	試験	発表	選考方法
A日程	若干名	インターネット 12/14～1/14	1/16	1/17	国語・算数、作文（英文可）、面接（保護者同伴）
B日程		インターネット 12/14～1/16	1/17	1/18	
C日程		インターネット 12/14～1/19	1/20	1/20	

●応募状況

年度＼人数	募集人員	出願者	受験者	合格者	入学者
2019	若干名	2	2	2	2
2020	若干名	0	0	0	0

編入学

●編入学時期・定員　〔1年生〕9、1月〔2・3年生〕4、9、1月。欠員のある場合。
●出願資格　・本校の通学区域外から保護者の転勤、転職等により本校の通学区域に転住してくる者・転入、編入希望の学年と同等の学年に在学し、かつ相当の学力を有する者
●出願書類　入学願書（本校所定用紙、写真貼付）・在学校の成績証明書（様式は問わない。高校は教育課程、単位修得状況が明記してあること）
●選考方法　①書類選考（成績証明書により筆記試験受験の可否を決定）②筆記試験（国・数・英は必須。理・社は必要と認める場合に実施。試験時間は1教科50分を原則とする）③面接（保護者同伴）

● 2019年度帰国子女編入学者数

1年	0	2年	0	3年	0

受入後

●指導　原則として、特別な学習形態はとらない。必要な科目は補習実施。条件、環境が整えば、取り出し授業を行う場合もある。
●特色　(1)カトリック教育（心の教育）と奉仕活動(2)きめ細かい教科教育(3)6年一貫の女子教育(4)姫路城中濠内の緑豊かな文化ゾーンに位置する
●進学特例条件　併設高校へ全員進学
●卒業生の進路状況
2020年度大学進学実績（卒業生108名）は、国公立大17名、上智4名、関々同立47名など。
●備考　※2018年よりコース制になりました。
ソフィアJr.コース／ルミエールJr.コース

私立 共学

▷▷ 高398P 大589P

受入開始 2014年度

東洋大学附属姫路中学校

（とうようだいがくふぞくひめじ）

〒671-2201　（担当：黒河潤二、上角嘉孝）
兵庫県姫路市書写1699
▶▶（JR姫路駅）
TEL 079-266-2626　FAX 079-266-4590
URL https://www.toyo.ac.jp/himeji/jh/
生徒数　男106　女75　合計181

帰国子女在籍者数	1年	2年	3年	計
	2	1	0	3

入学

●出願資格・条件
(1)2021年3月小学校卒業見込みまたはそれと同程度の学力があると認められる男女で、保護者のもとから通学できる者
(2)日本国籍を有し、かつ海外に所在する機関及び事業所等に勤務もしくは海外における研究・研修を目的として日本を出国し、海外に在留していた者又は現在なお在留して帰国見込みの者の子女
(3)外国において継続1年を超える期間在留していたこと
(4)帰国後3年以内であること
(5)入学日までに日本に在住見込みであること
●出願書類・入学志願票・受験票・帰国子女調査票（本校所定の様式）・海外在留証明書（本校所定の様式）
●日程等

募集	WEB出願	試験	発表	選考方法
若干名	12/11～1/15	1/16	1/17	国語、算数、理科、面接、書類

※前期および帰国子女枠受験生のうち、英検3級取得者は10点、準2級以上取得者は20点を加点する。該当者は、入試当日に英検合格証明書の写しを提出すること。

●応募状況

年度＼人数	募集人員	出願者	受験者	合格者	入学者
2019	若干名	0	0	0	0
2020	若干名	2	2	2	2

受入後

●指導　定員60名2クラスの少人数編成で、帰国生徒に限らず一人ひとりに応じた丁寧な指導をしている。英語・数学の一部の授業ではさらに少人数で習熟度別授業を展開し、苦手分野の克服には放課後の自学自習の時間に各教科担当が指導する。この他、eラーニング教材（自立学習支援システム「すらら」）や様々なサポート体制を準備。この春卒業した帰国生徒は、国立大学と難関私立大学に進学した。
●教育方針　「諸学の基礎は哲学にあり」という東洋大学の建学の理念を継承し、「考えるを、学ぶ。」をスローガンに掲げ、物事の本質に向かって深く考える力を育てる「哲学教育」、語学力を高め、国内外の社会に貢献する人財を育てる「国際化」、大学入学から就職までを見据えた「キャリア教育」の3つを柱に、主体的に考え、意欲をもって社会で力を発揮できる人財の育成をめざしている。そのために「共育」をモットーに生徒と保護者、教職員が共に成長し続け、進化し続ける学校づくりをしている。
●特色　兵庫県姫路市内唯一の男女共学中高一貫校。週6日制で公立中学の約1.3倍（英語・国語・数学は1.5倍）にあたる豊富な授業時間を確保し、そのうち3日は7時間授業の後、18時まで自学自習を行う。さらに、夏期・冬期・春期補習を行いながら難関国公立大学現役合格をめざす学力を養成する。また、社会に出てから活躍できる豊かな人間力を育む「キャリア・フロンティア」と「国際交流」プログラムを準備。考える力、聴く力、まとめる力、課題をみつける力、人に伝える力を育て、主体的に課題を見つけ、調べ、考え、計画し、行動できる人財を育成する。

▷▷ 高 398P

受入開始　2017 年度

育英西中学校
（いくえいにし）

〒 631-0074　（担当：北野 恵）
奈良県奈良市三松 4-637-1
▶▶（近鉄奈良線富雄駅）
TEL 0742-47-0688　FAX 0742-47-2689
URL http://www.ikuei.ed.jp/ikunishi/

生徒数　女 219　合計 219

帰国子女在籍者数	1 年	2 年	3 年	計
	1	0	0	1

入学

●出願資格・条件
- 日本の小学校第 6 学年に相当する児童であること。
- 保護者の海外在留に伴って、海外の日本人学校、現地校、国内外のインターナショナルスクールのいずれかに 2 年以上在籍していること。
- 帰国後 2 年を経ていない者（2021 年 3 月に帰国予定の者も含む）。
- 入学後、父母のいずれか（または父母に代わる保護者）と同居する者。
- 事前に保護者面談を実施し、受験を認められた者にのみ申請書類・願書を渡す。

●出願書類　・入学願書（本校所定）・申請書（本校所定）・在籍証明書（在籍校の様式）・成績証明書（在籍校の様式）

●日程等

募集	出願	試験	発表	選考方法※
特に定めず	12/1～1/15	1/16	1/17	国語・算数、面接

※英検 3 級以上の合格者を加点優遇（3 級：10 点、準 2 級：20 点、2 級以上：30 点）
※特設コース希望者は算数の試験を①基礎学力重視型 ②一般入試型から選択可能。

編入学

●編入学時期　〔1・2 年生〕随時〔3 年生〕4 ～ 8 月。欠員がある場合のみ

●出願資格・条件　帰国後、他中学校に編入学していないこと。事前に面談を実施し、出願資格を確認された者。それ以外は入学に準ずる

●出願書類　・編入学願書（本校所定）・在籍証明書（在籍校の様式）・成績証明書（在籍校の様式）

●選考方法　・英語・国語・数学、面接

受入後

●指導
- 特別学級は設けず一般生徒と同じクラスで指導。帰国生と国内一般生徒がともに学ぶ環境を通して、お互いの個性を尊重し、それぞれの才能を伸ばすことを目標としている。
- 放課後、長期休業中に補習や特別指導を実施。

●教育方針　「豊かな教養と純真な人間愛をもって、社会に貢献できる女性の育成」

●特色　立命館大学と連携し自立した女性を育成
国際バカロレア教育の中学生向けプログラム（MYP）の候補校として、さまざまな取り組みを行っています。立命館大学との連携により大学進学を保証した上で、受験勉強にとらわれない独自の教育を実践しています。本校での活動を通して、日本や世界の現状を知り、実際に「誰かに貢献する」経験を重ねることで、将来社会で活躍できる「自立女子」を育成することを目指しています。

●進学特例条件　併設の高等学校へ進学。

●卒業生の進路状況
立命館コースの進学率：2017 ～ 2019 年度 99% 以上

▷▷ 高 399P

受入開始　1988 年度

西大和学園中学校
（にしやまとがくえん）

〒 636-0082　（担当：飯田光政）
奈良県河合町薬井 295
▶▶（JR 大和路線王寺駅、近鉄生駒線王寺駅、近鉄田原本線大輪田駅）
TEL 0745-73-6565　FAX 0745-73-1947
URL http://www.nishiyamato.ed.jp

生徒数　男 586　女 135　合計 721

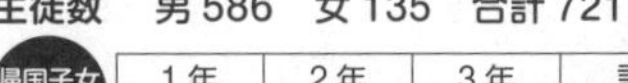

帰国子女在籍者数	1 年	2 年	3 年	計
	12	10	11	33

入学

●出願資格・条件　保護者の海外在留に伴って外国で教育を受け、下記の条件にすべて該当する者
① 2021 年 3 月小学校卒業見込みの者
②①に準じる学校に在籍し、日本の学齢で小学校 6 年生に該当する者

●出願書類（インターネット出願）・外国語（英語）検定試験結果証明書（英語重視型 B のみ）

●日程等

区分	募集	出願	試験	発表	選考方法
A	男子約 180 女子約 40 (一般を含む)	12/7～24	1/8	1/11	英語重視型 A･B
B			1/10	1/13	英語重視型 B
C			1/11	1/14	英語重視型 B
D		12/7～1/6	1/17	1/18	英語重視型 A･B

※ A：東京・東海（愛知）・岡山、B：福岡・広島、C：札幌、D：本校
※ ［英語重視型 A］英（筆記、エッセイ）・国・算、面接（英語）
［英語重視型 B（英検 2 級に相当する英語力を有する者）］国・算、面接（日本語）
※詳しくは、受験年度の募集要項を確認すること

●応募状況

年度＼人数	募集人員	出願者	受験者	合格者	入学者
2019	男子約 180 女子約 40 (一般を含む)	59	51	23	16
2020		37	37	12	4

編入学

●編入学時期　〔1 ～ 3 年生〕随時（男子寮有り）

●出願資格・条件・出願書類・選考方法　入学に準ずる
※詳細は問い合わせること

受入後

●指導　受け入れは混合方式をとっている。これはいち早く国内教育への適応を推し進めることと、帰国生と一般生が共同参加できる「場」で積極的に活動できるようにするためである。帰国生・一般生ともに個人的なフォロー体制は充実している。詳細については要問い合わせ。

●進学特例条件
中学校からの入学者は原則全員が高校へ進学する。

●卒業生の進路状況
2019 年度大学入試：東京大 42 名、京都大 34 名、
その他　国公立大 260 名、内国公立大医学部医学科 37 名合格。
2020 年度大学入試：東京大 53 名、京都大 52 名、
その他　国公立大 269 名、内国公立大医学部医学科 42 名合格。

私立　共学

受入開始　1994 年度

初芝橋本中学校（はつしばはしもと）

〒 638-0005
和歌山県橋本市小峰台 2-6-1
▶▶（南海高野線林間田園都市駅、JR 和歌山線 橋本駅）
TEL 0736-37-5600　FAX 0736-37-0210
URL http://www.hatsushiba.ed.jp/hatsuhashi/
生徒数　男 48　女 20　合計 68

帰国子女在籍者数	1年	2年	3年	計
	0	0	0	0

入学

●出願資格・条件
2021 年 3 月、小学校卒業見込みの者で、次の資格のうち、いずれかに該当する者
(1) 外国の学校教育における 6 カ年の課程を修了した者
(2) 文部科学大臣の指定を受けた海外の日本人学校初等部卒業見込みの者
［帰国生徒としての認定］
①海外在留期間が 2 年以上で、帰国後の期間が 1 年間以内の者
②本校において、①に準ずると認めた者

●出願書類
・入学志願書（本校ホームページによるインターネット出願）
・海外在住証明書（学校所定用紙）

●日程等

区分		募集	出願	試験	発表	選考方法
A	専願（推薦含む）	60	12/12～1/15	1/16	1/16	※
B	専願 併願			1/17	1/17	
C				1/17	1/21	
D			12/12～1/22	1/23	1/23	

※選考方法
A：〈専願〉国・算、面接（本人）〈自己推薦〉国・算もしくは作文、面接（本人）
B：〈専願〉国・算、面接（本人）〈併願〉国・算
C：〈専願・併願〉適性検査（国・算・理・社の総合問題）、面接（本人・専願のみ）
D：〈専願〉国・算、面接（本人）〈併願〉国・算

●応募状況

年度＼人数	募集人員	出願者	受験者	合格者	入学者
2019	特に定めず	0	0	0	0
2020	特に定めず	0	0	0	0

編入学

●編入学時期　〔2 年生〕4、9月〔3 年生〕4 月。欠員がある場合
※編入時期については要相談

●出願資格・条件　相当年齢に達していること、前学年の課程を修了した者と同等以上の学力があると認められた者

●出願書類　・編入学願・在学証明書・成績証明書・その他学校長が必要と認めるもの

●選考方法　英語・数学・国語、保護者同伴の個人面接を実施

● 2019 年度帰国子女編入学者数

1年	0	2年	0	3年	0

受入後

●指導
一般生徒と同じクラスに編入し、教科により遅れている場合は補習をおこなう。
帰国生の特性を学校の中でも積極的に活かすとともに、最大限伸ばす教育を進める

私立　共学

受入開始　2020 年度

米子北斗中学校（よなごほくと）

〒 683-0851　（担当：本池格、金山文隆）
鳥取県米子市夜見町 50
▶▶（JR 境線河崎口駅）
TEL 0859-29-6000　FAX 0859-29-6609
URL http://www.yonagohokuto.ed.jp
生徒数　男 45　女 59　合計 104

帰国子女在籍者数	1年	2年	3年	計
	0	0	0	0

入学

●出願資格・条件
国籍は問わないが、保護者の海外在留に伴って外国に在住した者。帰国後なるべく早いうちに相談・協議すること

●出願書類　・入学願書一式・在学証明書・成績証明書等　※相談時に指示する

●日程等

区分	募集	出願	試験	発表	選考方法
A	特に定めず	12/2～8	12/13	12/17	作文・面接
B	特に定めず	1/25～28	1/31	2/4	国語・算数・面接

※ A：専願のみ　B：専願または併願の選択
※入試日程：その他、状況に応じて随時。
選考方法：海外在住中の状況を考慮（特に英語・国語に関して）。おおむね算数・国語で実施。面接（保護者同伴）あり

●応募状況

年度＼人数	募集人員	出願者	受験者	合格者	入学者
2019	特に定めず	0	0	0	0
2020	特に定めず	0	0	0	0

編入学

●編入学時期・定員〔1 ～ 3 年生〕随時。定員は特に定めず（若干名）

●出願資格・条件・出願書類　入学に準ずる

●選考方法　英語、数学、国語

● 2019 年度帰国子女編入学者数

1年	0	2年	0	3年	0

受入後

●指導・教育方針・特色
帰国子女の特別学級は設けず、一般生徒と同じ学級、生活の中で授業その他の活動に参加させる。ただし、帰国子女の状況によっては、教科担当・担任が個別指導を実施。地方都市にある学校なので、過去帰国子女の編入学者数は数少ないが、希望があればその都度状況に応じ、最大限に考慮する。

●進学特例条件
中・高一貫校のため、全員北斗高校へ進学。

私立 共学

▷▷ 高 401P

受入開始　2010 年度

岡山学芸館清秀中学校

(おかやまがくげいかんせいしゅう)

（担当：上田肇）

〒704-8502
岡山県岡山市東区西大寺上 1-19-19
▶▶（JR 赤穂線 西大寺駅）
TEL 086-942-4916　FAX 086-280-5918
URL http://www.gakugeikan.ed.jp/seishu/

生徒数　男 98　女 73　合計 171

帰国子女在籍者数	1年	2年	3年	計
	0	0	0	0

入学

●出願資格・条件
保護者の海外在留に伴って外国で教育を受け、2021.3.31 までに小学校あるいはこれと同程度の日本人学校もしくは外国の学校の教育課程を修了した者、および修了見込みの者
※そのほかの条件・資格については相談に応じる。

●出願書類
入試方法により異なります。詳細は募集要項をご確認ください。

●日程等

区分	出願	試験	発表	選考方法
A日程	11/21～26	12/5	12/6	※
B日程	12/5～10	12/19	12/20	
C日程	12/16～21	1/5	1/6	

※【清秀コース】
3 教科型入試：国語・算数・理科または英語
適性検査型入試：適性検査Ⅰ・Ⅱ、グループ面接
【学芸館コース】
基礎学力型入試：国語基礎・算数基礎、グループ面接
自己推薦型入試：作文、親子面接、自己推薦書

●応募状況

年度＼人数	募集人員	出願者	受験者	合格者	入学者
2019	若干名	0	0	0	0
2020	若干名	1	1	1	0

編入学

●編入学時期・定員　〔1～3 年生〕随時。若干名
●出願資格　要相談
●出願書類　入学に準ずる
●選考方法　入学に準ずるが、面接や海外在学中の学習状況などを考慮したうえで総合的に判断する。

● 2019 年度帰国子女編入学者数

1年	0	2年	0	3年	0

受入後

●指導　帰国生の海外での貴重な体験や習得した外国語力を大切な財産と考えている。その上で、他の教科の学習にも力を入れ、不足している教科については、個別に補講を行い、確かな学力が身につくように指導する。

●教育方針
(1) 日本の伝統文化に根ざした価値観を身につけ、高い倫理・道徳観を備えた誇りある日本人を育成
(2) 高い学力を育成し、品格ある教養を高める
(3) 世界に通用する高度な英語力と異文化理解力を身につける

●特色　[清秀コース] 中高一貫の 6 年間の教育で先取り授業を行い、放課後の補習で授業の振り返りを行い定着させる。また、英語と理数の学習に重点をおき、特に英語は外国人教師によりコミニカティブな英語学習を基本とする。
[学芸館コース] 探究活動や思考力を養い多面的スキルを修得する。経験重視で生徒の自己実現を目指す学習環境を整えている。

●進学特例条件
[清秀コース] 岡山学芸館高等学校普通科清秀高等部に全員進学する。[学芸館コース] 岡山学芸館高等学校に進学する。

●卒業生の進路状況　東京大、京大、大阪大、横浜国立大、広島大、岡山大、早稲田大、明治大、青山学院大、立教大、中央大、法政大、同志社大、立命館大、関西学院大ほか

私立 女子 寮

▷▷ 小 70P 高 401P 大 649P

受入開始　1981 年度

清心中学校

(せいしん)

（担当：森雅子）

〒701-0195
岡山県倉敷市二子 1200
▶▶（JR 山陽本線中庄駅）
TEL 086-462-1661　FAX 086-463-0223
URL http://www.nd-seishin.ac.jp

生徒数　女 257　合計 257

帰国子女在籍者数	1年	2年	3年	計
	6	3	0	9

入学

●出願資格・条件
・志願者および保護者が、本学園の教育方針に賛同し、本校への入学を強く希望している意志の強固な者
・保護者の海外勤務などで保護者とともに海外に原則として 2 年以上在住し、帰国後 1 年以内の者
・志願する学年の年齢に達しており、しかもその学年に相当する学校教育を受けている者
・事前に保護者またはこれに代わる者が来校し、事情を説明して出願を認められた者

●出願書類　・入学願書・海外における学校の在学証明書または卒業（見込み）証明書・海外における学校の成績証明書（日本人学校の場合は調査書）・帰国後、国内の小学校に在籍した者は、その在学証明書または卒業（見込み）証明書

●日程等〈1 次 A：1 次適性検査型、1 次 B：1 次教科型〉

区分	募集	出願	試験	発表	選考方法
1次A	100	11/24～30	12/6	12/9	適性検査Ⅰ･Ⅱ、グループ面接
1次B		11/24～12/7	12/13	12/16	※
2次		1/12～21	1/24	1/27	国･算、グループ面接

※ 1 次教科型で帰国子女などを対象にした入試（国・算・英）（NELP 入試）を実施している。入試科目は、国算または国算理または国算理社から選択、グループ面接

●応募状況

年度＼人数	募集人員	出願者	受験者	合格者	入学者
2019	特に定めず	2	2	2	2
2020	特に定めず	0	0	0	0

編入学

●編入学時期　〔1 年生〕9、1 月〔2･3 年生〕4、9、1 月。
※日程の都合がつかない場合、別途相談に応じる。

●出願資格・条件・出願書類　入学に準ずる。専願者であること

●選考方法　国語・数学・英語、面接

● 2019 年度帰国子女編入学者数

1年	0	2年	0	3年	0

受入後

●指導・教育方針・特色　2006 年度より帰国子女等を対象にした英語プログラム（NELP）が始まった。

●進学特例条件
清心女子高等学校への進学が保証されている。

私立 共学 寮

受入開始 2007 年度

AICJ 中学校

〒 731-0138 (担当：教頭)
広島県広島市安佐南区祇園 3-1-15
▶▶（JR 可部線下祇園駅）
TEL 082-832-5037 FAX 082-875-5364
URL http://www.aicj.ed.jp
生徒数 男 157 女 163 合計 320

帰国子女在籍者数	1年	2年	3年	計
	0	5	2	7

入学

●出願資格・条件
・2021 年 3 月に小学校を卒業見込みと同程度の資格を有する児童
・原則として保護者とともに海外に 2 年以上居住し、帰国後 1 年以内の者
※その他の条件・資格については、相談のこと

●出願書類（自己推薦入試を受ける場合は、それに従うこと）
・入学願書一式（本校所定のもの）・海外在籍校の在学証明書または卒業（見込み）証明書・海外在籍校の成績証明書または調査書・保護者の海外在留証明書

●日程等

募集	出願	試験	発表	選考方法
若干名	担当者と相談の上、決定			国語・算数・英語、面接

●応募状況

年度＼人数	募集人員	出願者	受験者	合格者	入学者
2019	若干名	2	2	2	2
2020	若干名	2	2	0	0

編入学

●編入学時期・定員〔1 ～ 3 年生〕随時。若干名
●出願資格・条件・出願書類・選考方法 入学に準ずる
● 2019 年度帰国子女編入学者数

1年	1	2年	0	3年	1

受入後

●指導
特別なクラス編成やカリキュラムは設定していないが、必要に応じ、補習等を行う。

●教育方針
「自立」と「貢献」の教育理念のもと、高い学力、リーダーシップや英語力を養うだけでなく、道徳心や文化に関する教育を積極的に行い、日本国内のみならず世界で通用する知的能力を備えたリーダーを育てる。

●特色
・中学在学中、徹底した英語のイマージョン教育を実施
・英語のリスニング、スピーキング能力を重視し、英語を用いたプレゼンテーション能力を育成
・東大や国立大医学部で要求される高度な英語力の養成

●進学特例条件
併設高等学校へは、中学在学中、一定の成績を取った者は全員進学。

入 編

私立 男子 寮

受入開始 1989 年度

広島城北中学校
（ひろしまじょうほく）

〒 732-0015
広島県広島市東区戸坂城山町 1-3
▶▶（JR 芸備線戸坂駅）
TEL 082-229-0111 FAX 082-229-0112
URL http://www.hiroshimajohoku.ed.jp
生徒数 男 507 合計 507

帰国子女在籍者数	1年	2年	3年	計
	0	0	0	0

入学

●出願資格・条件 2021 年 3 月に小学校を卒業見込みと同等の資格を有する男子児童で、原則として、1 年以上継続して海外に居住し、帰国予定または帰国後、国内での居住が 1 年以内の者
●出願書類 ・入学願書一式・海外在籍校の成績証明書・帰国生徒特別選考願
●日程等

試験の名称	出願	試験	発表	選考方法
推薦入試	本校へ持参	1/10	1/11	総合問題・親子面接
4 教科入試	インターネット出願	1/17	1/18	国・算・理・社
2 教科入試	インターネット出願	1/29	1/30	国・算・面接

※推薦入試は、医学科進学コースのみ
　4 教科入試は、医学科進学コースと進学コースの選択制
　2 教科入試は、進学コースのみ
※募集人員について
　推薦入試と 4 教科入試で医学科進学コースと進学コースあわせて 200 名
　2 教科入試の募集人員は、若干名

●応募状況

年度＼人数	募集人員	出願者	受験者	合格者	入学者
2019	若干名	0	0	0	0
2020	若干名	0	0	0	0

編入学

●編入学時期〔1 年生〕9、1 月〔2 年生〕4、9、1 月〔3 年生〕4 月
●出願資格・条件・出願書類 入学に準ずる
●選考方法 英語・国語・数学、作文、面接
● 2019 年度帰国子女編入学者数

1年	0	2年	0	3年	0

受入後

●指導・教育方針・特色
・帰国生徒のためのカリキュラムやクラス編成等特別な配慮はしないが、必要に応じて補習などを行う。
・円満で豊かな人間を育てるためのクラブ活動の奨励と豊かな学校行事を用意している。

●教育方針 「生徒一人ひとりの人格を認め、人権を尊重し、人命を守る」ことを教育実践の根底に置き、校訓に謳う師弟同行の教育環境のもと、学問的・人間的な豊かさを身につけさせる中で、建学の精神を体現し、ひいては国際社会に貢献し得る有能な人材を育成するために、次のミッションを策定する。
「英才教育（進路の実現）」・良質な授業の展開・主体的な進路意識の育成・確かな進路学力の育成
「人間教育（心の教育）」・基本的生活習慣の定着・人権感覚、国際感覚の育成・部活動の活性化

●進学特例条件 併設高等学校へは中学在学中、一定の成績を取った者全員進学。

●卒業生（帰国生徒）の進路状況 2006 年 東北大 2007 年早稲田大 2010 年電気通信大 2012 年山口大

私立 女子

▷▷ 大 651P

受入開始　1982 年度

広島女学院中学校

（ひろしまじょがくいん）

（担当：中学教頭）
〒 730-0014
広島県広島市中区上幟町 11-32
▶▶（JR 山陽新幹線・JR 山陽本線広島駅）
TEL 082-228-4131　FAX 082-227-5376
URL http://www.hjs.ed.jp/

生徒数　　女 637　合計 637

帰国子女在籍者数	1 年	2 年	3 年	計
	1	0	0	1

入学

●出願資格・条件
海外居住 2 年以上、帰国後 2 年以内、小学校 6 年在学中の女子

●出願書類（Web 出願）
・特別選考願書
・誓約書
・海外での成績を証明する書類（コピー可）
・保護者の海外在留証明書

●日程等

募集	出願	試験	発表	選考方法
若干名	12/7～31	1/23	1/24	国・算・社・理、作文、面接

●応募状況

年度＼人数	募集人員	出願者	受験者	合格者	入学者
2019	若干名	0	0	0	0
2020	若干名	1	1	1	1

編入学

●編入学時期・定員　各学年学期末に行う。中 3 のみ 3 学期末は行わない。若干名

●出願資格・条件　2 年以上外国に居住した者

●出願書類
・編入学願書
・帰国子女編入学願書
・誓約書
・保護者の海外在留証明書
・成績、在籍証明書
・学習した教科の内容報告書

●選考方法　国語・英語・数学、面接

● 2019 年度帰国子女編入学者数

1 年	0	2 年	0	3 年	0

受入後

●指導・教育方針・特色
平和活動「英語による原爆慰霊碑めぐりボランティア」、文化祭での海外生活体験発表などがある。

●進学特例条件
原則として、併設の高校へ全員進学できる

▷▷ 小 70P 高 402P 大 650P

受入開始　2013 年度

広島なぎさ中学校

（ひろしま）

（担当：斉藤健一）
〒 731-5138
広島県広島市佐伯区海老山南 2-2-1
▶▶（JR 山陽本線五日市駅）
TEL 082-921-2137　FAX 082-924-3020
URL http://www.nagisa.ed.jp

生徒数　男 322　女 250　合計 572

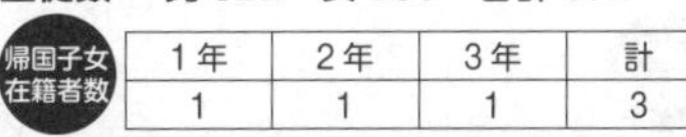

帰国子女在籍者数	1 年	2 年	3 年	計
	1	1	1	3

入学

●出願資格・条件
・2021 年 3 月に小学校卒業見込みの男女
・外国における在住期間が 2 年以上で、帰国後の期間が 1 年以内の者
・合格すれば必ず入学する者

●出願書類　Web にて出願の後、以下の書類を郵送あるいは窓口にて提出
・外国における在学中の成績を証明するもの
・外国在留を証明する書類・帰国生徒受験者情報

●日程等

募集	出願	試験	発表	選考方法
若干名	12/11～1/5	1/19	1/21	国語・算数、作文、面接

※国語・算数、作文、面接および提出された書類により、総合的に判断して合格者を決定

●応募状況

年度＼人数	募集人員	出願者	受験者	合格者	入学者
2019	若干名	1	1	非公開	非公開
2020	若干名	1	1	非公開	非公開

編入学

●編入学時期・定員　〔1・2 年生〕若干名〔3 年生〕7/10 まで

●出願資格・条件　外国における日本人学校等の中等部の該当学年か、外国の学校教育機関で日本の中学校に相当する学年に在籍している者。または、外国における在住期間が 2 年以上で、現在、国内の中学校の第 1･2 学年に在籍し、帰国後の期間が 4 ヶ月以内の者。合格した場合は必ず入学する者
※欠員がある場合のみに実施する。

●出願書類　・入学願書一式・転学照会書・在学証明書・海外在留を証明する書類・成績証明書（外国における在学中の成績を証明するもの）

●選考方法　書類審査、学力検査（国語・数学・英語）、作文、面接により、総合的に判断して合格者を決定

● 2019 年度帰国子女編入学者数

1 年	1	2 年	1	3 年	1

受入後

●指導　帰国生徒のための特別なカリキュラムやクラス編成などは行っていないが、必要に応じて補習などを実施。

●教育方針　建学の精神「教育は愛なり」に基づき、「21 世紀型高学力の養成」、「国際性の涵養」「創造力の錬磨」「人間力の育成」を 4 つの教育目標としている。その目標達成に必要な教材やプログラムを手作りして教育を展開している。

●進学特例条件　特に問題がなければ、広島なぎさ高等学校へ全員進学できる。

私立 女子 寮

▷▷ 高 402P

受入開始　2003 年度

山陽女学園中等部

（さんようじょがくえん）

（担当：校長 石井具巳）

〒738-8504
広島県廿日市市佐方本町 1-1
▶▶（JR 山陽本線廿日市駅、広電宮島線山陽女学園前駅）
TEL 0829-32-2222　FAX 0829-32-7683
URL http://www.sanyo-jogakuen.ed.jp/
生徒数　女 109　合計 109

帰国子女在籍者数	1年	2年	3年	計
	0	0	0	0

入学

●出願資格・条件
原則として、保護者とともに外国に在留し、現地の学校に在籍した者で、2021 年 3 月小学校卒業見込みの者、または外国において小学校と同等の教育課程を修了したと本校が認める者。合格した場合、本校への入学が確約できる者

●出願書類　入学願書・外国在留期間または外国の学校における在籍期間を証明するもの

●日程等

募集	出願	試験	発表	選考方法
若干名	9/1 ～ 3/31 まで随時対応			基礎学力テスト、面接

●応募状況

年度＼人数	募集人員	出願者	受験者	合格者	入学者
2019	若干名	0	0	0	0
2020	若干名	0	0	0	0

編入学

●編入学時期　〔1 ～ 3 年生〕随時
●出願資格・条件　原則として、保護者とともに外国に在留し、帰国する女子
●出願書類　・編入学願書
・成績証明書
●選考方法　基礎学力テスト、面接
● 2019 年度帰国子女編入学者数

1年	0	2年	0	3年	0

受入後

●教育方針
「未来に輝く女性を育てる」という建学の精神に基づき、個性豊かな人材育成を目指した女子教育を行う。
●特色
中高一貫 6 年コース制により、進学指導を行う。
●進学特例条件
山陽女学園高等部　理数科 S 特進コースへ進学。

私立 共学 寮

▷▷ 高 403P

武田中学校

（たけだ）

（担当：山﨑央）

〒739-2611
広島県東広島市黒瀬町大多田 443-5
▶▶（JR 山陽本線八本松駅）
TEL 0823-82-2331　FAX 0823-82-2457
URL https://takeda.ed.jp/
生徒数　男 73　女 82　合計 155

帰国子女在籍者数	1年	2年	3年	計
	0	0	0	0

入学

●出願資格・条件
・保護者の海外在留に伴い、在外公的教育機関で 1 年以上の教育を受け、帰国後 3 年以内の者で本学入学を第一志望とする者
・日本語での授業を理解できる日本語運用能力を有する者

●出願書類
・入学願書一式
・海外での在学期間の成績を証明できる書類

●日程等

募集	出願	試験	発表	選考方法
若干名	応相談	応相談	適時	算数、国語の基礎問題、面接

●応募状況

年度＼人数	募集人員	出願者	受験者	合格者	入学者
2019	若干名	0	0	0	0
2020	若干名	0	0	0	0

編入学

●編入学時期・定員〔1 ～ 3 年生〕随時。若干名
●出願資格・条件・出願書類　入学に準ずる
●選考方法　既習内容に応じた学力試験と面接（面接を重視）
● 2019 年度帰国子女編入学者数

1年	0	2年	0	3年	0

受入後

●指導
学級へは一般生徒との混入方式で行うが、生徒の実情に応じて個別指導や補習によって学力補充を行う。
●教育方針
校是「世界的視野に立つ国際人の育成」に基づき、教科学力のみならず、イングリッシュキャンプ、豪州語学研修、体験型フィールドトリップ、留学生の受け入れなど、国際力を培うプログラムを多数用意している。
●特色
習熟度別授業形態を取り入れ、個々の生徒の学力、目標に応じた授業展開を行っている。毎年ほぼ全員の卒業生が併設の高等学校に進学している。常勤の外国人教員が 3 名おり、中国語にも対応できる。

入 編

▷▷ 小 71P 高 403P

私立 共学 寮

受入開始　2013 年度

英数学館中学校

（えいすうがっかん）

（担当：隅田）

〒 751-8502
広島県福山市引野町 980-1
▶▶（JR 山陽本線大門駅）
TEL 084-941-4115　FAX 084-941-4143
URL http://www.eisu-ejs.ac.jp
生徒数　男 39　女 44　合計 83

帰国子女在籍者数	1 年	2 年	3 年	計
	0	1	1	2

入 学

●出願資格・条件
2021 年 3 月に小学校卒業見込みまたは卒業した児童。帰国子女等で上記の出願資格に該当しない場合は問い合わせ。

●出願書類
・入学願書（所定用紙）

●日程等

募集	出願	試験	発表	選考方法
60 名	11/30～12/9	12/12	12/18	国語・算数・英語、面接※
	2/9～16	2/20	2/26	

※面接は本人（英語と日本語）及び保護者（同時）
※一般の国内児童と同様に試験を実施
※帰国子女入試については随時相談を受付

編 入 学

●編入学時期　〔1 年生〕9、1 月〔2 年生〕4、9、1 月〔3 年生〕4 月
※帰国子女入試については随時相談を受付

●出願資格　保護者の海外勤務に伴って海外に 1 年以上在住して、現地校または日本人学校に通学していた生徒。帰国後 1 年以内の者。

●出願書類　・編入学願書・海外校の在籍証明書と成績証明書

●選考方法　国語・数学・英語、面接
※面接は受験生（日本語と英語）と保護者（個別）
※一般の国内生徒と同様に試験は実施

● 2019 年度帰国子女編入学者数

1 年	0	2 年	0	3 年	0

受 入 後

●指導　小学校から早期英語教育を受けた生徒とともに、外国人教師による教科の教育を通じて、一層の英語力の伸長を目指す。

●教育方針　グローバル社会に生きる上で必要とされる、多面的に物事を考える力や、自ら新しい課題に積極的に取り組もうとする姿勢を養うことで、「国際社会に貢献する人材」を育成する。

●特色　IM クラスは、日本の学習指導要領に沿ったカリキュラムで英語、数学、理科、技術などの教科を外国人教師から学ぶ。

●進学特例条件　英数学館高等学校へ進学。

編

▷▷ 高 404P

私立 女子

受入開始　1980 年度

福山暁の星女子中学校

（ふくやまあけのほしじょし）

（担当：西原辰規）

〒 721-8545
広島県福山市西深津 3-4-1
▶▶（JR 山陽新幹線・山陽本線福山駅）
TEL 084-922-1682　FAX 084-925-1533
URL http://www.akenohoshi.ed.jp
生徒数　女 185　合計 185

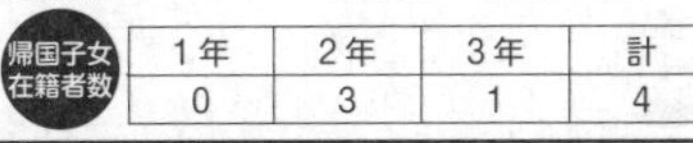

帰国子女在籍者数	1 年	2 年	3 年	計
	0	3	1	4

編 入 学（入学を含む）

●編入学時期・定員
〔1 ～ 3 年生〕随時。
※中学 1 年の 4 月からの入学希望の場合は、別途、相談すること

●出願資格・条件
・海外の学校に 1 年以上在籍し、帰国後 1 年以内の者

●出願書類
・入学願書一式
・成績証明書

●日程等
担当者との相談の上、決定する

●選考方法
英語・国語・数学、面接

●応募状況

年度＼人数	募集人員	出願者	受験者	合格者	入学者
2019	特に定めず	1	1	1	1
2020	特に定めず	0	0	0	0

● 2019 年度帰国子女編入学者数

1 年	1	2 年	0	3 年	0

受 入 後

●指導
学習面、生活面で必要に応じて個人指導を行う。

●教育方針・特色
キリスト教精神に基づき、他者のために生きる女性「Women for Others」の育成を目指している。また、創立以来、英語教育を重視し、グローバル社会に対応できる英語力の習得に取り組んでいる。海外修学旅行、短期留学制度（アメリカ、ドイツ、ニュージーランド、フィリピン）などがある。

私立 共学 寮

▷▷ 高 404P

受入開始 2004 年度

如水館中学校

じょ すい かん

（担当：江口史憲）

〒 723-8501
広島県三原市深町 1183
▶▶（JR 山陽本線三原駅）
TEL 0848-63-2423 FAX 0848-64-1102
URL http://www.josuikan.ed.jp

生徒数 男 81 女 69 合計 150

帰国子女在籍者数	1 年	2 年	3 年	計
	0	0	0	0

入 学

●出願資格・条件
・原則として海外に勤務する保護者に同伴し、1 年以上継続して海外に居住し、帰国した者
・2021 年 3 月小学校卒業見込みの者
・日本の小学校卒業と同程度の学校教育を受け、入学を希望する年度の 4 月 1 日において満 12 歳以上の者
・原則として帰国後 1 年以内であること（相談に応じる）
・保護者または保護者に代わる人と同居ができる者

●出願書類 ・入学願書・調査表・成績証明書・海外在留証明書・海外の学校の在学証明書

●日程等

区分	募集	出願	試験	発表	選考方法
A	若干名	12/15～25	1/5	1/7	※
B	若干名	1/18～2/5	2/7	2/8	

※ A：第 1 回入試 B：第 2 回入試（11 月に AO 入試も実施〈要：事前問い合わせ〉）
※国・算、面接（第 1 回入試のみ国・算、面接または国・算・理・社）、国・算・英での受験も可能

●応募状況

年度＼人数	募集人員	出願者	受験者	合格者	入学者
2019	若干名	0	0	0	0
2020	若干名	0	0	0	0

編 入 学

●編入学時期・定員 〔1 年生〕9、1 月〔2 年生〕4、9、1 月。〔3 年生〕4、9 月。若干名

●出願資格・条件 ・原則として海外に勤務する保護者に同伴し、1 年以上継続して海外に居住し、帰国した者・中学 1 年に編入学を希望する者については、日本の小学校卒業と同程度の学校教育を受け、編入学を希望する年度の 4 月 1 日において満 12 歳の者。また、中学 2 年・3 年に編入学を希望するものについては、当該学年と同程度の学校教育を受け、当該学年の年齢に達している者・原則として帰国後 1 年以内であること・保護者または保護者に代わる人と同居ができる者

●出願書類 入学に準ずる

●選考方法 一次：書類審査、二次：国語・数学・英語（英語による教育を受けた者）、面接

● 2019 年度帰国子女編入学者数

1 年	0	2 年	0	3 年	0

受 入 後

●指導 放課後、希望があれば補習で対応。寮あり（ただし、中学生は原則自宅通学）。

●特色 「学習演習」「英語国際」「舞台芸術」「スポーツ」から 1 つを選択し、週 4 時間、個性を伸ばしていく。

私立 共学 寮

受入開始 1979 年度

広島三育学院中学校

ひろ しま さん いく がく いん

（担当：木盛健司）

〒 729-1493
広島県三原市大和町下徳良 296-2
▶▶（JR 山陽本線河内駅）
TEL 0847-33-0311 FAX 0847-33-1451
URL https://www.saniku.ac.jp/hiroshima/

生徒数 男 32 女 21 合計 53

帰国子女在籍者数	1 年	2 年	3 年	計
	0	0	1	1

入 学

●出願資格・条件
・本校中学校の教育課程を履修する能力を備えている者
・2021 年 3 月に日本人学校小学部卒業見込み、および卒業者、また外国学校で 6 カ年の課程を修了見込みの者および修了者・本校の建学精神を理解し、学ぶ意志のある者

●出願書類 入学願書一式（所定の用紙）・健康調査票・入学志願者に関する参考資料・通知表の写し（小学校 5 年生の年間及び 6 年生の 1 学期又は前期のもの）

●日程等

区分	募集	出願	試験	発表	選考方法
Ⅰ期	若干名	12/7～1/11	1/17	1/22	国・算、作文、面接
Ⅱ期		1/25～2/1	2/7	2/11	
Ⅲ期		2/15～22	2/28	3/3	

※ AO 入試も実施。詳細は学校に直接問い合わせること
※ I 期は本校以外（東京、関西、九州）で実施する場合がある
※寮での宿泊体験を実施している
※願書、学科試験、面接（本人・保護者）による総合判定。帰国子女に配慮する

●応募状況

年度＼人数	募集人員	出願者	受験者	合格者	入学者
2019	若干名	0	0	0	0
2020	若干名	0	0	0	0

編 入 学

●編入学時期・定員 〔1・2 年生〕随時。若干名

●出願資格・条件・出願書類・選考方法 入学に準ずる。日本語能力には配慮する

● 2019 年度帰国子女編入学者数

1 年	0	2 年	0	3 年	0

受 入 後

●指導・教育方針・特色
入学後は一般生徒と同じクラスに受け入れ指導するが、国語については個別特別補習を行う。
(1) 中高一貫教育
(2)E.C.C.（英語カルチャーセンター）に外国人専任教師 3 名を有し、特に外国で学んだ英語力を維持、向上させる場としている
(3) 知育偏重の教育を避け、知育・徳育・体育のバランスを重視した教育方針を貫いている
(4) 全寮制でキリスト教主義に基づき、明るく自由な校風がある

●進学特例条件
併設の広島三育学院高等学校には国際英語コースがあり、卒業後、アメリカ・イギリス・ニュージーランド・オーストラリア等の姉妹校への留学ができる。

私立 共学 寮　　▷▷ 高 405P

受入開始 2004 年度

広島新庄中学校（ひろしましんじょう）

〒 731-2198
広島県山県郡北広島町新庄 848
▶▶（浜田自動車道大朝 IC）
TEL 0826-82-2323 FAX 0826-82-3273
URL http://www.shinjou.jp/
生徒数 男 64 女 56 合計 120

帰国子女在籍者数	1 年	2 年	3 年	計
	0	0	0	0

入 学

●出願資格・条件
現在海外在留中の者で、2021 年 3 月に日本人学校を卒業見込みの者。または海外在住経験 1 年以上で、帰国後 3 年以内の者

●出願書類
・入学願書・成績証明書

●日程等

区分	募集	出願	試験	発表	選考方法
Ⅰ期	若干名	12/4～25	1/9	1/13	国・算、作文、面接
Ⅱ期	若干名	1/27～2/3	2/6	2/9	

●応募状況

年度＼人数	募集人員	出願者	受験者	合格者	入学者
2019	若干名	0	0	0	0
2020	若干名	0	0	0	0

編入学

●編入学時期・定員〔1・2 年生〕欠員があれば随時
●出願書類　・編入学願書
　・以前在籍していた学校の成績証明書
●選考方法　国・数、作文、面接
● 2019 年度帰国子女編入学者数

1 年	0	2 年	0	3 年	0

受入後

●指導
年齢相当の学年において、他児童・生徒と共通の学習を行う。特に英語力の維持・発展を図るために、個別的な指導を行う。

●進学特例条件
生活指導上の問題が特にない限り、新庄高校へ全員進学できる。

私立 共学 寮　　▷▷ 高 405P

愛光中学校（あいこう）

（担当：杉浦正洋）

〒 791-8501
愛媛県松山市衣山 5-1610-1
▶▶（伊予鉄道西衣山駅）
TEL 089-922-8980 FAX 089-926-4033
URL https://www.aiko.ed.jp
生徒数 男 442 女 205 合計 647

帰国子女在籍者数	1 年	2 年	3 年	計
	1	0	0	1

入 学

●出願資格・条件
2021 年 3 月小学校卒業見込みの者

●出願書類
・web 出願

●日程等

募集	出願	試験	発表	選考方法
200	12/1～13	1/9	1/11	算数・国語・理科 または算数・国語・理科・社会

※募集人員は一般入試に含む。東京・大阪・福岡会場あり

受入後

●教育方針
世界的教養人を育成する。
全国 36 都道府県から生徒が集まり、全校生徒の約 3 割（男子のみ）が寮生活を送っている

●備考
入試要項の公表は 10/1 頃の予定です。
（試験日は HP にてすでに発表しています）

私立 共学 寮

▷▷ 高 406P

土佐塾中学校

(とさじゅく)

(担当：山中)

〒780-8026
高知県高知市北中山 85 番地
▶▶（JR 高知駅）
TEL 088-831-1717 FAX 088-831-1573
URL http://www.tosajuku.ed.jp/
生徒数 男 306 女 192 合計 498

帰国子女在籍者数	1年	2年	3年	計
	0	0	0	0

入学

●出願資格・条件
県内入試：下記①②の要件をともに満たす方
① 2021 年 3 月小学校卒業見込みで、土佐塾高等学校卒業後、大学進学を目指す方
②本校の教育方針に賛同される方の子女

●出願書類
県内入試：①入学願書 ②受験票 ③選抜料（10,000 円）

●日程等

区分	募集	出願	試験	発表	選考方法
C1	150	2/1～16	2/20·21	2/22	国算理社、面接
C2	10	2/22～26	2/27	2/28	国算、面接

※ C1：県内入試前期、C2：県内入試後期
※ 2021 年入試に「まなび創造コース」新設
募集 30 人 出願 1/9 ～ 2/6 試験 2/20 発表 2/22
選抜方法：自作動画提出・面接（オンライン）

●応募状況

年度＼人数	募集人員	出願者	受験者	合格者	入学者
2019	一般に含む	0	0	0	0
2020	一般に含む	0	0	0	0

編入学

●編入学時期・定員〔1 ～ 3 年生〕欠員時、随時
●出願資格・条件 海外または高知県外に在住する者
●出願書類 個別に対応する
●選考方法 学科試験、面接や海外（県外）在学中の学習状況などを考慮したうえで総合的に判断する

● 2019年度帰国子女編入学者数

1年	0	2年	0	3年	0

受入後

●指導 各教科、放課後等を使い、適宜個別に指導。
●教育方針
生徒の創造性を重視しながら資質を見極め、自学自習の意志力を引き出すこと。設立母体の塾の特性を学校教育に取り入れ、生徒一人ひとりに目を行き届かせ、常識や既成概念にとらわれることのない学習方法を実践している。
●特色
英語を中心に、また必要に応じて国理社にも習熟度別少人数授業を組み入れ、個別添削指導や補習、長期休暇には特別講座なども行い、学習意欲を高めていく。

私立 共学 寮

▷▷ 高 406P

受入開始 1994 年度

明徳義塾中学校

(めいとくぎじゅく)

(担当：澤田美木)

〒785-0195
高知県須崎市浦ノ内下中山 160
▶▶（JR 土讃線高知駅）
TEL 088-856-1211 FAX 088-856-3214
URL http://www.meitoku-gijuku.ed.jp
生徒数 男 158 女 39 合計 197

帰国子女在籍者数	1年	2年	3年	計
	0	0	0	0

入学

●出願資格・条件
2021 年 3 月小学校卒業見込み（海外入試は現地の日本人小学校または現地の学校およびインターナショナルスクールの相当学年・学齢に達している者）で、保護者の海外在留のため、本人が継続して 1 年以上海外に在留し、帰国後 3 年以内の者、または 2021 年 3 月までに帰国予定の者で、本校の教育方針と校則に従って勉学に精励する意志のある者。
●出願書類 ・入学志願書・志願者身上書
●日程等

区分	募集	出願	試験	発表	選考方法
A	若干名	8/31～10/20	国別	11/18	国・算、面接（保護者同伴）
B	60	10/30～12/1	12/5	12/7	
C		1/4～2/18	2/20	2/22	

※ A：海外入学試験（海外帰国生のみ）
B：県外入学試験（県外・海外帰国生徒のみ）
C：一般入学試験（県内・県外・海外帰国生徒）

●応募状況（4 月編入は含まない）

年度＼人数	募集人員	出願者	受験者	合格者	入学者
2019	特に定めず	3	3	1	0
2020	特に定めず	2	2	0	0

編入学

●編入学時期・定員〔1 ～ 3 年生〕随時。定員は特に定めず
●出願資格・条件 入学に準ずる
●出願書類 入学に準ずる
●選考方法 国・算・英、面接（保護者同伴）

● 2019年度帰国子女編入学者数

1年	0	2年	0	3年	0

受入後

●教育方針
「徳・体・知」三位一体の情理円満な人格の育成を目標とする。
●特色
母語としての日本語教育を行っている。3 年次にオーストラリア短期研修あり（希望者）。
●進学特例条件 併設校への優先入学。
●卒業生（帰国生徒）の進路状況 明徳義塾高等学校。

入 編

私立 共学

▷▷ 大 581-582P

受入開始　2002 年度

上智福岡中学校（じょうちふくおか）

（担当：住田恭治）

〒 810-0032
福岡県福岡市中央区輝国 1-10-10
▶▶（地下鉄桜坂駅）
TEL 092-712-7181　FAX 092-716-5036
URL https://www.sophia-fukuoka.ed.jp/

生徒数　男 537　女 439　合計 976

帰国子女在籍者数	1 年	2 年	3 年	計
	1	3	2	6

入学

●出願資格・条件
2021 年 3 月小学校卒業見込み、またはそれに相当する学業を修めた児童。海外滞在期間および帰国後の猶予、国籍については特に制限はない。原則として自宅から通学する者

●出願書類
入学願書

●日程等

募集	出願	試験	発表	選考方法
若干名	12/14～1/5	1/12	1/14	国・算・英、面接（英語）

●応募状況

年度＼人数	募集人員	出願者	受験者	合格者	入学者
2019	若干名	10	10	4	3
2020	若干名	6	5	2	1

編入学

●編入学時期・定員〔1 ～ 3 年生〕随時。欠員のある場合
●出願資格・条件　個別にご相談ください
（窓口：教務部長　村上）

● 2019 年度帰国子女編入学者数

1 年	0	2 年	0	3 年	0

受入後

●指導
一人ひとりの能力に応じて個別に指導している。例えば、英語の取り出し授業、国語力の補強、また、ネイティブの教員がさらに英語力を鍛えるなどしている。2012 年 4 月より男女共学化。

●卒業生（帰国生徒）の進路状況
2016 年度卒業生（1 名）は、上智大学国際教養学部へ進学。

入 編

私立 共学

▷▷ 高 407P 大 655P

受入開始　2017 年度

西南学院中学校（せいなんがくいん）

（担当：西嶋正智）

〒 814-8512
福岡県福岡市早良区百道浜 1-1-1
▶▶（福岡市営地下鉄　西新駅）
TEL 092-841-1317　FAX 092-845-6295
URL https://hs.seinan.ed.jp/

生徒数　男 314　女 321　合計 635

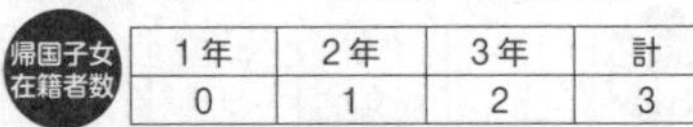

帰国子女在籍者数	1 年	2 年	3 年	計
	0	1	2	3

入学

●出願資格・条件
(1) 海外就学期間が 2 ヵ年以上あり、2019 年 1 月 1 日以降に帰国した者
(2) 2020 年 4 月から 2021 年 3 月末日までに小学校（外国の学校機関または文部科学大臣の指定を受けた海外の日本人学校を含む）を卒業見込み、または卒業した者
(3) 保護者のもとから通学できる者（原則として、保護者代理は不可）
※出願の際は、応募資格を確認しますので、必ず事前に本校教頭までご連絡ください。

●出願手続　インターネット出願に限ります。

●出願書類
a. 卒業証明書または卒業見込み証明書
b. 入学志願者身上書　本校所定用紙に保護者が記入してください。
c. 成績を証明する書類（通知表など）
d. その他　本校が選考上必要と認める書類
※出願時に書類確認を実施いたします。

●日程等

募集	出願	試験	発表	選考方法
若干名	12/18～1/6	1/14	1/16	国語・算数、面接（面接は保護者同伴）

●応募状況

年度＼人数	募集人員	出願者	受験者	合格者	入学者
2019	若干名	4	4	3	1
2020	若干名	2	2	0	0

編入学

欠員がある場合のみ。

● 2019 年度帰国子女編入学者数

1 年	0	2 年	0	3 年	0

受入後

●教育方針
教育精神はキリスト教であり、創立者 C.K. ドージャー先生の学院に遺された「西南よ、キリストに忠実なれ」という言葉を建学の精神として、キリスト教に立脚した健全な人生観、世界観と豊かな奉仕の精神を持つ良き社会人を育成することを使命としている。

●卒業生（帰国生徒）の進路状況
本校は全員、西南学院高等学校へ進学する中高一貫校です。入学に際してはその趣旨を十分ご理解ください。

私立 女子 寮

▷▷ 高 408P

受入開始　2003 年度

福岡女学院中学校

ふく おか じょ がく いん

〒 811-1313
福岡県福岡市南区日佐 3-42-1
▶▶（西鉄線井尻駅、JR 南福岡駅）
TEL 092-575-2470 FAX 092-575-2498
URL http://www.fukujo.ac.jp/js/
生徒数　女 279　合計 279

帰国子女在籍者数	1 年	2 年	3 年	計
	1	0	1	2

入学

※ 2021 年度
出願資格・条件・出願書類・日程等については学校にお問い合わせください

●**応募状況**

年度＼人数	募集人員	出願者	受験者	合格者	入学者
2019	若干名	0	0	0	0
2020	若干名	1	1	1	1

編入学

編入学については学校にお問い合わせください。

● **2019 年度帰国子女編入学者数**

1 年	0	2 年	0	3 年	0

受入後

●**指導**
日本語その他、必要と思われる教科のサポート指導を行う。
●**教育方針**
キリスト教主義教育に基づき、豊かな知性と感性を持ち、国際化が進む社会を担う、次の時代を生きる女性を育てることを目的としている。
●**特色**
ハイレベルな英語教育を展開している。総合的に高い学力と表現力・感性の育成を目標とする芸術教育を行っている。
●**進学特例条件**
併設高校・大学・看護大学への推薦入学制度がある。

私立 女子

▷▷ 小 72P 高 408P

受入開始　1933 年度

福岡雙葉中学校

ふく おか ふた ば

（担当：髙嵜良子）
〒 810-0027
福岡県福岡市中央区御所ヶ谷 7-1
▶▶（福岡市営地下鉄薬院大通駅）
TEL 092-531-0438 FAX 092-524-2408
URL http://www.fukuokafutaba.ed.jp/
生徒数　女 344　合計 344

帰国子女在籍者数	1 年	2 年	3 年	計
	6	2	7	15

入学

●**出願資格・条件**
海外からの一家転住者（ただし、海外在住期間 2 年以上で、帰国後 1 年半の者）
●**出願書類**
編入学に準ずる
●**日程等**

募集	出願	試験	発表	選考方法
若干名	随時	随時	随時	英語・数学・国語、面接（保護者同伴）

●**応募状況**

年度＼人数	募集人員	出願者	受験者	合格者	入学者
2019	若干名	1	1	1	1
2020	若干名	6	6	6	6

編入学

●**編入学時期**〔1 ～ 3 年生〕随時
●**出願資格・条件** 入学に準ずる
●**出願書類**
・編入学願書（書類は事務室に請求）
・編入学の理由書（形式自由）
・在学証明書
・成績証明書
・学校長の推薦状
●**選考方法**　入学に準ずる
● **2019 年度帰国子女編入学者数**

1 年	2	2 年	0	3 年	1

受入後

●**教育方針**
グローバルシティズンの育成（感謝・自覚・行動）
・宗教教育を通しての人間形成
・英語教育・国際コミュニケーション能力の強化
・生徒・保護者の目線に立った指導
●**特色**
・充実したカリキュラム・国際理解教育
・国際交流・宗教教育・情操教育

私立 共学 寮　▷▷ 高 409P 大 577P

受入開始　2010 年度

早稲田佐賀中学校
（わせださが）

（担当：広報室）

〒 847-0016
佐賀県唐津市東城内 7-1
▶▶（JR 筑肥線・唐津線唐津駅）
TEL 0955-58-9000　FAX 0955-65-8690
URL https://www.wasedasaga.jp
生徒数　男 261　女 108　合計 369

帰国子女在籍者数	1 年	2 年	3 年	計
	8	0	2	10

入学

●出願資格・条件　以下の条件をすべて満たすこと
1. 海外滞在期間等の条件：次の（1）または（2）に該当すること
 (1) 海外滞在期間が継続して 1 年 8 ヶ月以上 3 年未満の場合、帰国日（予定日含）2020.1.1 以降
 (2) 海外滞在期間が継続して 3 年以上の場合、帰国日（予定日含）2019.1.1 以降
2. 2008.4.2 ～ 2009.4.1 までに生まれていること
3. 海外勤務者を保護者とする帰国生で、日本国籍を有し、本校への入学を希望していること
4. 2021 年 3 月までに、国の内外を問わず、学齢相当の 6 ヶ年の学校教育課程を修了または修了見込みであること
5. 入学後、学校からの緊急連絡などに対応できる保護者等が日本国内に居住していること

●出願書類　・入学願書・海外在留証明書・海外最終学校の在学を証明する書類・帰国生海外生活調査書・帰国生就学歴記入票（詳細は募集要項確認のこと）

●日程等（予定）

募集	出願	試験	発表	選考方法
若干名	11/30～12/18	1/11	1/15	国語・算数、面接

●応募状況

年度＼人数	募集人員	出願者	受験者	合格者	入学者
2019	若干名	1	1	0	0
2020	若干名	13	13	9	8

受入後

●指導　帰国子女のための特別なカリキュラムは設定せずに、一般の生徒と共に学ぶ環境となっている。

●教育方針　確かな学力と豊かな人間性を兼ねた「グローバルリーダー」を育成する。より高い目標に向けて常に挑戦すると言う早稲田大学の精神を尊重し、将来如何に世界に貢献するかを考え、発信力を鍛えながら、心（人や自然を愛する豊かな心）・知（積極的に知を学ぶ姿勢）・体（世に貢献する健全な体）を育む。中高一貫校として、中学校においては知識や思考力・判断力につながる基礎的な学力を徹底的に重視した教育を行い、その上に、一人ひとりの個性を伸ばす。

●特色
①唐津の自然と文化のもと、早稲田スピリットによるグローバルな視野を持った人間形成②中高一貫教育による学力強化と部活動や学校行事による心身の育成③早稲田大学 130 年の伝統と実績、知的財産の活用による学際的総合力の養成④専門家や実習による実社会向け特別授業や英会話力の育成、丁寧な個別指導⑤難関国公立大学や医学部及び早稲田大学などへの進学の指導⑥寮生活で培うたくましい人間性と、かけがえのない友情の育成

●進学特例条件　中高一貫校のため、早稲田佐賀高等学校への進学を原則としている。

●卒業生（帰国生徒）の進路状況
早稲田佐賀高等学校へ進学。

私立 共学 寮　入 編　▷▷ 高 410P

受入開始　1961 年度

熊本マリスト学園中学校
（くまもと がくえん）

（担当：有働道生）

〒 862-0911
熊本県熊本市東区健軍 2-11-54
▶▶（JR 豊肥線新水前寺駅）
TEL 096-368-2131　FAX 096-365-7850
URL http://www.marist.ed.jp
生徒数　男 67　女 59　合計 126

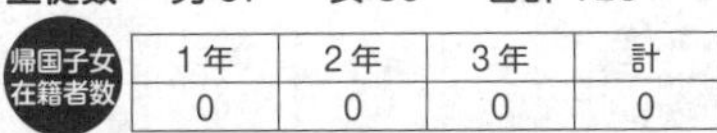

帰国子女在籍者数	1 年	2 年	3 年	計
	0	0	0	0

入学

●出願資格・条件
帰国生徒等で、次のいずれかに該当する者
①帰国生徒で、原則として、外国に継続して 1 年を超える期間在住して帰国し、かつ帰国後 1 年以内の者
②外国人生徒で、原則として、入国後の在日期間が 3 年以内の者

●出願書類
・入学願書・出願資格・条件を証明する書類

●日程等

募集	出願	試験	発表	選考方法
若干名	11/16～20	11/28	12/2	国語・算数、面接（保護者同伴）

※面接は参考程度。選考にあたっては、帰国生徒の事情を十分配慮する
※詳細は個別に相談すること

●応募状況

年度＼人数	募集人員	出願者	受験者	合格者	入学者
2019	若干名	0	0	0	0
2020	若干名	0	0	0	0

編入学

●編入学時期・定員　〔1 ～ 3 年生〕7、3 月。若干名
●出願資格・条件　・原則として、外国に継続して 1 年を超える期間在住し、かつ帰国後 1 年以内の者
・外国人生徒で、原則として入国後の在日期間が 3 年以内の者
●出願書類　・入学願書・出願資格・条件を証明する書類
●選考方法　国語、英語、数学および面接（保護者同伴）

● 2019 年度帰国子女編入学者数

1 年	0	2 年	0	3 年	0

受入後

●指導　一般生徒と同様に扱う。ただし、必要に応じて日本語の個別指導等を行う。

●教育方針　カトリックのミッションスクールとして、社会に貢献する人材を育成するため、校訓「信望愛」のもと、「われらの目標」（鍛えよう精神と身体、努めよう完全学習、励もう朋友責善の道、守ろう礼節と言責、誇ろうマリストの愛徳精神）の具現化に努める。

●特色　新テストに向けて新学力観（価値観・知識・知恵・英語 4 技能）を身につけるため、思考力・判断力・表現力の育成を意識した授業に取組んでいる。また、それに伴い、マリステリアプログラム（日本語の言語活動など）を通して全ての教育活動の活性化を図る。

▷▷ 高 410P

受入開始　2012 年度

岩田中学校

(いわた)

(担当：橋本隆史)

〒 870-0936
大分県大分市岩田町 1-1-1
▶▶（JR 日豊本線大分駅）
TEL 097-558-3007　FAX 097-556-8937
URL http://www.iwata.ed.jp/
生徒数　男 88　女 107　合計 195

帰国子女在籍者数	1年	2年	3年	計
	0	0	0	0

入 学

●出願資格・条件
・2021 年 3 月小学校卒業見込みの男女

●出願書類
・入学願書（本校所定のもの）
・通知表の写し

●日程等

募集	出願	試験	発表	選考方法
135（一般に含む）	12/1 ~ 8	1/4	1/6	国語・算数・理科・社会

●応募状況

年度＼人数	募集人員	出願者	受験者	合格者	入学者
2019	特に定めず	0	0	0	0
2020	特に定めず	0	0	0	0

編 入 学

●編入学時期・定員　〔1 ～ 3 年生〕欠員がある場合、随時。

●出願資格・条件　保護者の海外駐在に伴い、日本人学校または現地校に在籍している生徒で事前相談で受験を許可された者

●出願書類　・編入学願書（本校所定のもの）・調査書（又は成績証明書）・自己推薦書

●選考方法　英語・数学・国語の筆記試験、面接（保護者同伴）
※英検等の取得級数も参考にする

● 2019 年度帰国子女編入学者数

1年	0	2年	0	3年	0

受 入 後

●指導
実情に応じ、適宜補習・個別指導・個別添削を実施。

●教育方針
「ゆっくり急げ」をモットーに、あせらず着実に学力や社会性を身につけさせる。また、社会に有為な人材の育成に努める。

●特色
中高一貫教育により、学力と人間力を磨く。

●進学特例条件
岩田中学校長の推薦により、岩田高等学校に進学できる。

▷▷ 高 411P

受入開始　2000 年度

沖縄尚学高等学校附属中学校

(おきなわしょうがくこうとうがっこうふぞく)

(担当：与座宏章、屋比久秀正)

〒 902-0075
沖縄県那覇市国場 747
▶▶（那覇バスで真和志小学校前下車、沖縄大学前下車）
TEL 098-832-1767　FAX 098-834-2037
URL https://www.okisho.ed.jp/
生徒数　男 379　女 452　合計 831

帰国子女在籍者数	1年	2年	3年	計
	7	6	2	15

入 学

●出願資格・条件
・2021 年 3 月に小学校卒業見込みの者またはこれと同等の者
・国内のインターナショナルスクール在籍者
・本校のカリキュラムで学習できる日本語の能力を備えている者

●出願書類
・志願票・国内外の学校の成績資料（日本人学校は調査書）
・入学確約書（推薦入試受験者、一般入試専願の者）

●日程等

区分	募集	出願	試験	発表	選考方法
A	特に定めず	調整中	12月予定	試験の3日後に通知書を発送	国語・算数、面接（保護者同伴）
B		調整中	1月予定		国語・算数・理科・社会、面接（保護者同伴）
C		調整中	2月予定		

※ A：推薦　B：一般（前期）　C：一般（後期）
※一般（前期）については東京で受験できる

●応募状況

年度＼人数	募集人員	出願者	受験者	合格者	入学者
2019	特に定めず	12	12	6	6
2020	特に定めず	13	13	7	7

編 入 学

●編入学時期　〔1 ～ 3 年生〕随時

●出願資格　入学に準ずる

●出願書類　・志願票・現在の学校の成績表のコピー

●選考方法　国語・数学・英語、面接（保護者同伴）

● 2019 年度帰国子女編入学者数

1年	0	2年	0	3年	0

受 入 後

●指導　一般生と同じクラスに受け入れ、授業を行う。英語はバイリンガルの生徒を対象に少人数授業（ネイティブ教員による特別カリキュラム）を実施。併設の高等学校に原則として入学できる。高校の国際文化科学コースでは 2015 年より国際バカロレア・ディプロマ・プログラムを導入。

●特色・「習得目標（Learning Goals)」を明示した授業やコース制、充実した課外補講・個別指導により全員を伸ばす指導。2020 年度の合格者数は国公立大・大学校 176 (132) 名、難関私大100 (87) 名、海外大 84 (84) 名。国公立大・大学校医学科には 22 (10) 名が合格。
※ () 内は現役生の人数。
・英検対策や MELS（本校独自の英語習得プログラム）による徹底した英語指導。昨年度の中 3 生は 75%が準 2 級以上を取得（準 1 級 7 名・2 級 115 名・準 2 級 92 名）。
・文化力を育むために沖縄伝統空手(型)を必修化。昨年度は 629 名(二段 185 名・初段 444 名）が黒帯を取得。
・安心、充実の直営寮。「尚学グローバル寮」には毎日 TA（外国人講師）が交代で宿泊し、イングリッシュ・アワーを利用して寮生と異文化交流を実施。1 部屋を 2 名でルームシェア。
「尚学舎」は学校から徒歩 7 分の場所にあり、1 ユニットに 4 名が生活（4 つの個室あり）

●卒業生（帰国生）の進路状況　東京学芸大、琉球大、鹿児島大、国際教養大、防衛医科大（看護）、慶應義塾大、早稲田大、国際基督教大、上智大、明治大、青山学院大、玉川大、関西外国語大、立命館アジア太平洋大、University of Idaho、Washington State University、Michigan Technological University など

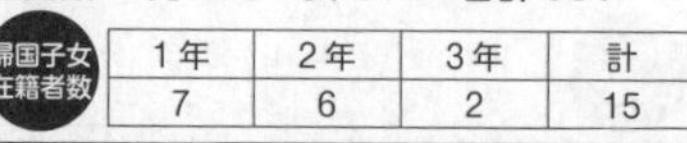

受入開始　2008 年度

智学館中等教育学校

(ちがくかん)

(担当：大津浩美)

〒 310-0914
茨城県水戸市小吹町 2092
▶▶ (JR 常磐線水戸駅、JR 常磐線赤塚駅)
TEL 029-212-3311　FAX 029-212-3300
URL http://www.tokiwa.ac.jp/~chigakukan/
生徒数　男 59　女 79　合計 138

帰国子女在籍者数	1年	2年	3年	4年	5年	6年	計
	0	0	1	1	0	0	2

入学

●出願資格・条件
詳しくはお問い合わせください。

●出願書類
入学願書・通知表の写し・海外在住証明書等
※詳しくはお問い合わせ下さい。

●日程等

区分	募集	インターネット出願	試験	発表	選考方法
第1回	若干名※	10/26～11/17	11/22	11/26	(I)国・算・社・理(II)国・算・英(口頭試問)のいずれかから選択
第2回	若干名※	11/26～12/14	12/19	12/23	適性I・II
第3回	若干名※	12/23～1/12	1/16	1/19	国・算

※募集人数内

●応募状況

年度＼人数	募集人員	出願者	受験者	合格者	入学者
2019	若干名	0	0	0	0
2020	若干名	0	0	0	0

編入学

●編入学時期・定員　随時。定員内

●出願資格・条件・出願書類・選考方法
詳しくはお問い合わせ下さい。

● 2019 年度帰国子女編入学者数

1年	0	2年	0	3年	0	4年	0	5年	0	6年	0

受入後

●指導・教育方針
①人間の尊厳を大切にし、世界的視野で考え行動できる人材を育てる。
②日本人としてのアイデンティティーの確立を図ると共に、異文化体験から得た知識や感性を授業や行事等を通して他生徒と共有できる環境を提供する。
③外国人教師による英語指導を通して、総合的言語能力の育成を図る。
④教科指導に重点を置き、バランスの取れた高い学力を身につけさせる。
⑤能力、適性等を十分に見極め、個人に適した進路指導を行う。

▷▷ 高 263P 大 583P 短 668P

受入開始　2003 年度

土浦日本大学中等教育学校

(つちうらにほんだいがく)

(担当：三浦哲郎)

〒 300-0826
茨城県土浦市小松ケ丘町 4-46
▶▶ (JR 土浦駅)
TEL 029-835-3907　FAX 029-835-3905
URL https://www.tng.ac.jp/sec-sch/
生徒数　男 369　女 333　合計 702

帰国子女在籍者数	1年	2年	3年	4年	5年	6年	計
	4	2	5	3	2	5	21

入学

●出願資格・条件　2008.4.2 ～ 2009.4.1 に生まれた者で、下記のいずれかに該当する者
①海外在住期間が 2 年以上で、帰国後 3 年以内の者
②海外在住期間が 1 年以上で、その期間中、現地校またはインターナショナルスクールに在籍し、帰国後 3 年以内の者
③国内のインターナショナルスクール在籍者、国内の学校で、特に英語学習が進んでいる者

●出願書類　・入学願書・受験票・受験料納入証明書・学習履歴書・海外で在籍していた学校の在学証明書・応募資格を満たすことを証明するもの(コピー可)・本校所定の調査書(5･6 年)

●日程等

区分	募集	出願	試験	発表	選考方法
A	10(第2回一般入試と合わせて)	12/15～1/22	1/27	1/29	英、面接(本人･保護者)
B					国・算、面接(本人)

※選考方法は A･B 方式より選択

●応募状況

年度＼人数	募集人員	出願者	受験者	合格者	入学者
2019	若干名	12	12	11	2
2020	若干名	7	7	7	2

編入学

●編入学時期・定員　〔1 ～ 5 年生〕随時。若干名

●出願資格・条件　①現在、日本国外に在住する生徒で、日本人学校、インターナショナルスクールまたは現地校に在籍している者。
②国内のインターナショナルスクールに在籍する者。
③海外在住から帰国後 3 年以内の者

●出願書類　①帰国生等編入学志願者身上書②学習履歴書③成績証明書(原則として過去 3 年分)④在学証明書⑤海外在留証明書
※上記①～⑤の書類が不足する場合はご相談ください

●選考方法　入学に準ずる

● 2019 年度帰国子女編入学者数

1年	0	2年	0	3年	1	4年	0	5年	0	6年	0

受入後

●指導
英語に秀でた生徒は、英語のみ抜き出しクラスで指導。他は一般生と同じクラスで指導し、必要に応じて個別指導で対応。

●教育方針
6 年間で「学力・国際力・人間力」を育み、英国研修の体験を通じ、日本や世界のリーダーを育む学校を目指す。

●特色　道徳・LHR・合同 HR 等の重視やボランティア活動、スポーツを通じてこころの成長を期す。1 年次は校長自らが道徳の授業を担当。

●進学特例条件
6 年一貫教育のため、高校からの入学はありません。

●卒業生(帰国生徒)の進路状況　日本大学、筑波大学等に進学。

私立 共学

▷▷ 高 266P 大 583P 短 668P

受入開始　2006 年度

佐野日本大学中等教育学校
（さのにほんだいがく）

〒327-0192　（担当：長島正志）

栃木県佐野市石塚町 2555

▶▶（JR 両毛線・東武佐野線 佐野駅）

TEL 0283-25-0111　FAX 0283-25-0441

URL http://www.sanonihon-u-h.ed.jp

生徒数　男 196　女 224　合計 420

帰国子女在籍者数	1年	2年	3年	4年	5年	6年	計
	1	0	0	0	1	2	4

入学

●**出願資格・条件**
2021 年 3 月小学校卒業見込み者または海外の日本人学校、現地校および帰国後、国内の小学校に在籍し、日本の小学校卒業と同等の資格を持つ学齢の者で、試験日までに海外在住が小学校学齢以降 1 年間以上にわたる者

●**出願書類**
・入学願書・成績証明書・海外在住証明書・志願者調査書

●**日程等**

募集	出願	試験	発表	選考方法
特に定めず	10/31 ～ 11/8	11/23	11/23	2 科（国算）または 4 科（国算理社）、面接
	10/31 ～ 12/6	12/13	12/13	2科（国算）または 4 科（国算理社）または 1 科目選択（国数英より）と作文、面接
	10/31 ～ 1/17	1/24	1/24	2 科（国算）、面接
	10/31 ～ 2/3	2/7	2/7	2 科（国算）、面接

●**応募状況**

年度＼人数	募集人員	出願者	受験者	合格者	入学者
2019	特に定めず	0	0	0	0
2020	特に定めず	1	1	1	1

編入学

●**編入学時期・定員**　〔1 年生〕7 月〔2 年生〕4、7 月〔3 年生〕4 月。定員は特に定めず

●**出願資格・条件**　海外に勤務する保護者に同伴し、現在も海外に在留中の者。本年 3 月以降に帰国した者。または 2020 年 6 月卒業の者

●**出願書類**　・入学願書・成績証明書・海外在住証明書・在学証明書

●**選考方法**　国語・数学・英語・面接

● **2019 年度帰国子女編入学者数**

1年	2年	3年	4年	5年	6年
0	0	0	0	0	0

受入後

●**指導**　一般生徒と同様に授業に参加するが、必要に応じて担任及び教科担当者が、面談や個別指導等を放課後に行う。

●**教育方針**　「自主創造」「文武両道」「師弟同行」を校訓とし、心身共に健康で国家社会の発展に貢献できる人を養成する。

●**特色**　本校は「中等教育学校」という新しいかたちの 6 カ年一貫教育校。従来の中学校と高等学校をひとつの学校とし、効果的・効率的な教育課程を編成、確かな学力と語学力（英語コミュニケーション能力）の養成、豊かな人間性の育成に力を入れている。

●**進学特例条件**　6 カ年一貫教育校であるため、3 年生終了後は、そのまま無試験で 4 年生（高校課程に相当）へと進級する。さらに大学受験の際は、日本大学付属学校の特典である、日本大学への推薦入学制度を活用した進学も可能。また、併設の佐野短期大学への推薦入学制度もある。

公立 共学

受入開始　2019 年度

さいたま市立大宮国際中等教育学校
（しりつおおみやこくさい）

〒330-0856　（担当：難波孝史、根岸君和）

埼玉県さいたま市大宮区三橋 4-96

▶▶（大宮駅：JR埼京線・京浜東北線・宇都宮線・高崎線・ニューシャトル、東武アーバンパークライン）

TEL 048-622-8200　FAX 048-622-6700

URL http://www.city-saitama.ed.jp/ohmiyakokusai-h/

生徒数　男 160　女 159　合計 319

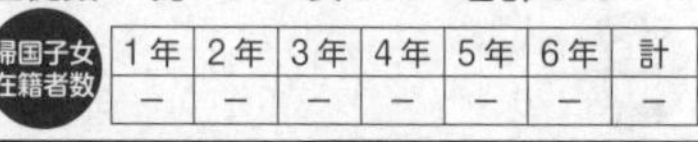

帰国子女在籍者数	1年	2年	3年	4年	5年	6年	計
	－	－	－	－	－	－	－

入学

●**出願資格・条件（概要）**

<一般選抜>

①令和 3 年 3 月に学校教育法で規定する小学校またはこれに準ずる学校若しくは特別支援学校の小学部を卒業する見込みの者

②出願時に保護者と同居している者で、さいたま市内に住所を有し、引き続き原則さいたま市に居住し、かつ通学することができる者

上記①②の資格に加え、次に該当する者は特別選抜として受検可能

<帰国生特別選抜>

日本国外における在住期間が、帰国時からさかのぼり、継続して 2 年以上で、帰国後 2 年以内の者（帰国後 2 年以内は、令和 3 年 4 月 1 日を基準とする）。

<外国人特別選抜>

在日期間が令和 3 年 4 月 1 日現在で通算して 3 年以内の者で、外国籍を有する者。

●**出願書類**
入学願書、受検票、調査書、特別選抜資格審査申請書、就学等状況報告書、在籍証明書（現地校に在籍していることを証明する書類）、海外在住の開始時期・期間・場所を確認できる公的書類（パスポート等）

●**日程等**

区分	募集	出願	試験	発表	選考方法
一次	－	1/5、1/6	1/17	1/21	適性検査、面接
二次	160	－	1/23	1/28	適性検査、集団活動

受入後

●**教育目標・指導・特色**
校訓「Grit Growth Global」を掲げ、国際バカロレアの教育プログラムを導入し、現在、MYP の候補校である。生涯にわたって自ら学び続ける力や自分の頭で考え抜き、新しい価値を生み出す力など、国際的な視野に立って多様性を理解して探究し続ける「真の学力」を 6 年間通してはぐくんでいく。
授業は、同一教科 2 時間連続の授業を行い、約 26 人の 6 グループでの少人数編成を実施し、探究活動や伝えあう活動を重視している。学校独自のイマージョン教育「English Inquiry」は、英語ネイティブ教員がオールイングリッシュの授業を行っている。また、「3G Project」は、生徒自ら課題を発見し、課題の解決に向かって取り組み、互いにディスカッションし、協働で最適解を見つける力を養う。他にも、「LDT」は、土曜日の隔週で行われ、自分で自分の学習をプロデュースし、外部団体にインタビューをしたり、生徒自らワークショップを開催したりしている。
充実した ICT 環境が整えられており、一人一台のタブレットパソコンを貸与したり、各教室や特別教室にプロジェクターを配置したりして、積極的に生徒及び教員が活用している。

公立 共学

受入開始　2008 年度

とうきょう と りつたち かわこくさい
東京都立立川国際中等教育学校

（担当：荒井（副校長））
〒190-0012
東京都立川市曙町 3-29-37
▶▶(JR中央線立川駅、立川バス「北町行」「立川国際中等教育学校」下車)
TEL 042-524-3903
URL http://www.tachikawachuto-e.metro.tokyo.jp

生徒数　男 452　女 470　合計 922

1年	2年	3年	4年	5年	6年	計
30	30	30	30	30	30	180

入学

●出願資格・条件（概要）

・日本国籍を有する者：
令和３年３月末まで保護者に伴って海外に２年以上在住しているか、海外に２年以上在住した者で帰国後２年以内の者

・外国籍を有する者：
令和３年３月に小学校を卒業する見込みで入国後２年以内の者、または外国または日本国内の外国人学校において日本の義務教育相当の教育を受けた者

・保護者と同居し入学後も引き続き都内から通学することが確実な者

●出願書類

入学願書・海外における最終学校の成績証明書（小学校に在籍している者は報告書）・海外在留証明書・生活の記録・応募資格審査関係書類（現在都内に在住していない場合などに必要となる）

●日程等

募集	出願	検査	発表	選考方法
30	1/11・12	1/25	1/29	日本語または英語による作文、面接

※出願に先立ち、志願希望者対象で応募資格確認のための事前相談を実施。詳細はホームページで告知
※出願は窓口のみ
※面接の一部でパーソナルプレゼンテーションを行う
※編入学制度はなし

●応募状況

年度＼人数	募集人員	出願者	受検者	合格者	入学者
2019	30	56	54	30	30
2020	30	64	62	30	30

受入後

●教育目標

国際社会に貢献できるリーダーとなるために必要な学業を修め、人格を陶冶する。

●指導

一般枠で入学した生徒と同じクラスで学習。週に１度、「質問の部屋」で帰国枠生徒への支援を行うとともに、国語と数学で取り出し授業や、教科ごとに対象者に補習を行っている。

●特色

海外帰国枠生徒や在京外国人枠生徒と一般枠で入学した生徒が共に学ぶ、公立の中高一貫教育校。教養主義と国際教育を重視し、難関国公立大を目指す生徒も多い。

国立 共学

受入開始　2007 年度

東京学芸大学附属国際中等教育学校

（とうきょうがくげいだいがくふぞくこくさい）

〒 178-0063
東京都練馬区東大泉 5-22-1
▶▶（西武池袋線　大泉学園駅）
TEL 03-5905-1326　FAX 03-5905-0317
URL http://www.iss.oizumi.u-gakugei.ac.jp/

（担当：深澤祐美子）

生徒数　男 260　女 479　合計 739

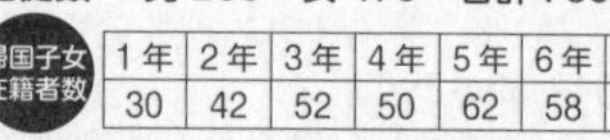

帰国子女在籍者数	1 年	2 年	3 年	4 年	5 年	6 年	計
	30	42	52	50	62	58	294

入学

●出願資格・条件

本校に入学を志望することのできる者は、下記の (1)(2) の事項に示す資格をあわせもつ者

(1)2008.4.2 ～ 2009.4.1 までの間に出生した者

(2) 次の a か b のいずれかに該当する者

a.2021 年 3 月に日本国内の小学校を卒業する見込みの者

b. 日本の義務教育 6 か年相当の教育を受けた者

●出願書類

・入学願書・志願理由書・在校歴申告書

・2019 年 4 月以降の全ての期間の成績を証明する書類（報告書・成績証明書等※）

・履修科目申告書（2019 年 4 月以降に在籍していた海外現地校・インターナショナルスクールについて提出）

・活動実績申告書（資格等については、内容を証明できる資料（証明書のコピー等）を添付）

※日本国内の小学校および日本人学校小学部の成績についてのみ報告書（本校所定）を提出、海外現地校およびインターナショナルスクールの成績については成績証明書（コピーまたは通知表のコピーでも可）を提出

※成績が出ない場合は在籍証明書を当該学校の様式で発行すること

●日程等

区分	募集	出願	試験	発表	選考方法
A	約30	1/5～8	2/3	2/5	外国語作文、基礎日本語作文、面接
B	約30				適性検査Ⅰ・Ⅱ、面接

※外国語作文の言語は、出願時に英語・フランス語・ドイツ語・スペイン語・中国語・韓国語／朝鮮語のうちから一つ選択

※面接は志願者のみの集団面接で、原則として日本語で実施

※書類審査、作文検査または適性検査、面接の結果を点数化した総合成績をもとに入学者を決定する

●応募状況（A 方式：外国語作文入試）

年度＼人数	募集人員	出願者	受験者	合格者	入学者
2019	30	206	185	37	33
2020	30	192	172	33	29

編入学

●編入学時期・定員

〔1 年生〕9 月〔2 ～ 5 年生〕4、9 月

〔6 年生〕4 月。定員あり

●出願資格・条件〔4 月編入学の場合〕

・該当学年相当の年齢

・編入の場合は 1 ～ 6 年まで出願締め切りの時点で 1 年と 1 日以上の海外教育機関に在籍する必要あり

(1 ～ 4 年生) 2020.1.1 以降に帰国または来日、あるいはその予定の者

(5 年生以上)

・令和 2 年（2020 年）1 月 30 日以降に帰国・来日、あるいはその予定の者。今年度は COVID-19 の影響を受けた生徒の特別措置として応募資格を一部緩和します。詳細は募集要項でご確認ください。

(4 年生以上)

・既に 9 ～ 11 年の学校教育課程を修了した者、および、2021 年 3 月末までに 9 ～ 11 年の学校教育課程を修了見込みの者。なお、9 ～ 11 年の学校教育課程を修了した者と同等以上の学力があると本校が認めた者を含む

※ 9 月編入学については、4 月編入学に準ずるが、帰国日の条件は異なる

●出願書類　入学に準ずる

※ 4 年生以上で、出願時までに第 9 学年の成績が間に合わない場合は修了見込書、2021 年 3 月末までに 9 ～ 11 年の教育課程を修了せず、修了見込書が提出できない場合はその理由書も提出

●日程等（4 月編入学）

出願	試験	発表	選考方法
1/5～8	2/3	2/5	外国語作文、基礎日本語作文、面接

※外国語作文の言語は、出願時に英語・フランス語・ドイツ語・スペイン語・中国語・韓国語／朝鮮語のうちから一つ選択

※面接は志願者のみの集団面接（原則として日本語で実施）

※書類審査、作文検査、面接の結果をもとに決定

● 2019 年度帰国子女編入学者数

1 年	2 年	3 年	4 年	5 年	6 年
3	9	11	10	6	1

※ 1 年は 9 月編入のみ。6 年は 4 月編入のみ

受入後

●教育方針

多様で異なる人々と共生・共存でき、進展する内外の国際化の中で活躍する力を持った生徒を育てる。

●特色

国際バカロレア機構 (IB) の考えをもとに国際理解・人間理解・理数探究という 3 つの柱で構成された「国際教養」という学習領域を設定。「課題解決学習」の重視。少人数・習熟度別の英語教育。日本語が充分でない海外教育体験生徒への教科日本語指導 (JSL) を実施。2015 年 3 月、DLDP 校として認定される。また、2014 年度には SSH 指定校、2015 年度には SGH 指定校となる。

▷▷ 小 53P 高 341P 大 603P

受入開始　2003 年度

桐蔭学園中等教育学校

（とういんがくえん）

〒225-8502　（担当：入試対策・広報部）
神奈川県横浜市青葉区鉄町 1614
▶▶（小田急線柿生駅、東急田園都市線市が尾駅・青葉台駅）
TEL 045-971-1411　FAX 045-974-0287
URL http://toin.ac.jp/ses/

生徒数　男 998　女 178　合計 1176 ※2019年共学化

帰国子女在籍者数	1年	2年	3年	4年	5年	6年	計
	30	30	14	22	19	22	137

入学

●**出願資格**
2008.4.2 ～ 2009.4.1 に出生、2016 年 4 月以降に帰国して、海外在留 1 年以上
※帰国日や在留期間などについて相談がある場合は、問い合わせること

●**出願書類**
出願手続の一部がインターネットでの手続きとなる
※詳細は募集要項を確認

●**日程等**

募集	出願	試験	発表	選考方法
男 10 女 10	12/5～1/5	1/8	1/8～9 （ネット）	国・算または英・算 （出願時に選択） および出願書類

●**応募状況**

年度＼人数	募集人員	出願者	受験者	合格者	入学者
2019	20	71	62	34	–
2020	20	81	75	50	–

編入学

●**編入学時期・定員**　〔1 ～ 3 年生〕欠員がある場合、随時。若干名。詳細は教務部まで問い合わせること

●**出願資格**　保護者の海外在留に伴い外国で教育を受けた、滞在期間が 1 年以上の者。帰国直後に限る（いったん他校へ編入した場合は不可）

●**出願書類**　在学証明書・成績証明書（日本人学校の場合は調査書）・本校より交付する各種書類（志願票・編入生履歴データ・編入生学習言語状況・海外在留証明書）

●**選考方法**　国語・数学・英語
※筆記試験合格者は面接（保護者同伴）

●**2019 年度帰国子女編入学者数**

1年	2年	3年	4年	5年	6年
1	0	1	0	0	0

受入後

●**指導・教育方針・特色**
英語・数学・理科については、習熟度別編成（変動制）を実施。英語は帰国生を対象に取り出し授業を実施。ただし、2019 年度以降の新入学年の取り出し授業は 2 年次まで。

受入開始　2004 年度

自修館中等教育学校

（じしゅうかん）

〒259-1185　（担当：佐藤信）
神奈川県伊勢原市見附島 411
▶▶（小田急小田原線愛甲石田駅、JR 東海道線平塚駅）
TEL 0463-97-2100　FAX 0463-97-2200
URL https://www.jishukan.ed.jp

生徒数　男 442　女 238　合計 680

帰国子女在籍者数	1年	2年	3年	4年	5年	6年	計
	6	5	3	4	1	0	19

入学

●**出願資格・条件**
・海外在住の経験があり 2015.4.1 ～ 2021.3.31 までに帰国（予定）の者
・2021 年 3 月に小学校を卒業する見込みの者
・自宅から通学が可能な者
・本校で 6 年生まで継続して勉学する意志があり、さらに高等教育への進学を希望する者
※海外での出身校は一切問わない
※個々の事情や特別なケースについては相談に応じる

●**出願書類**
・入学願書・海外在留証明書の写し（公的機関または勤務先が発行したもの）・海外在学校成績証明書の写し（通知表の写しも可）

●**日程等**

募集	出願	試験	発表	選考方法
若干名	12/1～10	12/12	12/12	国・算・英から 2 科目選択、面接　※

※国・算・英各 100 点、各 40 分
※面接は受験生のみ、参考程度（主に日本語で行うが、英語での質問あり）。点数化しない

●**応募状況**

年度＼人数	募集人員	出願者	受験者	合格者	入学者
2019	若干名	非公表	非公表	非公表	非公表
2020	若干名	非公表	非公表	非公表	非公表

編入学

●**編入学時期・定員**　〔1 ～ 6 年生〕随時。若干名

●**出願資格**　特になし（個別に判断）

●**出願書類**　海外在留証明書（写）、海外在学校成績証明書（写）

●**選考方法**　特に定めなし（個々の状況に応じて学科試験や面接を行う）

受入後

●**指導**
・特別クラスは組まない（通常のクラスに入る）
・英語の取り出し（英語力の維持）
・その他、4 教科のフォロー体制（入学前のギャップを埋める）

●**教育方針**　自主・自律の精神に富み、自学・自修・実践できる「生きる力」を育成する。21 世紀が求める、人間性豊かでグローバルな人材を創出する。

●**特色**　帰国生の状況に応じて個別の対応ができる。

私立 男子 寮

受入開始　2006年度

海陽中等教育学校

（担当：西村英明）

〒443-8588
愛知県蒲郡市海陽町3-12-1
▶▶（JR東海道本線 三河大塚駅）
TEL 0533-58-2406　FAX 0533-58-2408
URL https://www.kaiyo.ac.jp/
生徒数　男503　合計503

帰国子女在籍者数	1年	2年	3年	4年	5年	6年	計
	1	4	4	3	2	3	17

入学

●出願資格・条件
・2021年3月小学校卒業見込みで2008.4.2～2009.4.1生まれの男子
・海外在住経験2年以上、かつ帰国後3年以内の者（期間は目安）。もしくは出願より遡って5年以内に国内の外国学校において教育を2年以上受けた者。
・具体的な資格については要相談。

●出願書類　海陽学園の出願サイトよりインターネットにより出願し、郵送で以下の書類提出が必要。
①身上書（本校指定用紙）
②海外在住を証明する証明書など
③小学校4～6年に相当する期間の通知表の写し（4年生以前に外国の学校教育を受けた場合は、当該学校の成績表も提出）
④各種資格・検定の証明など自己PRできる書類の写し、在籍した学校の推薦書など（任意）
※帰国生入試（12月）を専願で出願の場合、①～④に加えて
⑤志望理由書（本校指定用紙）
⑥直近の模擬試験の成績の写し
⑦学力面で優れていることを示す資料（任意）も提出が必要

●日程等

区分	募集	出願	資料等郵送	試験	発表	選考方法
11月	若干名	10/19/0:00～10/29/15:00	10/29必着	11/1	11/3	国・算・英・英語面接または国・算
12月	若干名	11/30/0:00～12/23/15:00	12/23必着	12/26	12/28	

※11月入試は上海・シンガポール・本校蒲郡、12月入試は東京・名古屋・大阪で実施
※専願は12月入試のみ

●応募状況

年度＼人数	募集人員	出願者	受験者	合格者	入学者
2019	若干名	12	10	7	6
2020	若干名	3	3	2	1

編入学

●編入学時期・定員　〔1～4年生〕各若干名
※詳細は要問い合わせ

●出願資格・条件・出願書類・選考方法　web上の要項参照又は、学校へお問い合わせ下さい。

● 2019年度帰国子女編入学者数

1年	0	2年	0	3年	1	4年	0	5年	－	6年	－

受入後

●指導　帰国生向けに英語AEC(Advanced English Class)を全学年で設置。必要に応じ、国語・数学等の補講、海外進学支援を実施。

●教育方針・特色　次代のリーダーに必要な人格と学力を養うために、完全な全寮制による6年間の教育を行う。学習面では、とくに英数国の授業や、補講に十分な時間を確保し、基礎学力を養う。また、多数の教職員が豊富な社会人・海外経験を有し、充実したキャリア教育を展開。生徒は仲間との共同生活を通して、協調性や、自らの意見を的確に主張する能力を養う。日本人としてのアイデンティティを大切にしつつ、国際感覚を維持・発展させたい帰国生に適した教育環境を提供。

私立 共学

受入開始　2017年度

鈴鹿中等教育学校

（担当：小林佳史）

〒513-0831
三重県鈴鹿市庄野町1230
▶▶（近鉄線平田町駅、JR関西本線加佐登駅）
TEL 059-370-0760　FAX 059-370-4820
URL http://suzukakyoei.ed.jp/suzuka6/
生徒数　男373　女334　合計707

帰国子女在籍者数	1年	2年	3年	4年	5年	6年	計
	1	0	0	2	0	1	4

入学

●出願資格・条件
保護者の海外勤務により、2年以上海外に在留し、帰国後2年以内の者

●出願書類
海外の学校に在学していたことの証明書、成績書類。その他、一般受験者に準ずる

●日程等

募集	出願	試験	発表	選考方法
若干名	12/1~1/10	1/11	1/12	国・算・社・理、面接

※4教科のうち高得点2教科で判定。教科入試後、本人と保護者の面接を実施

●応募状況

年度＼人数	募集人員	出願者	受験者	合格者	入学者
2020	若干名	2	2	1	1

編入学

●編入学時期・定員　随時。若干名。
欠員がある場合のみ

●出願資格・条件　保護者の海外勤務等により2年以上海外に在留し、帰国した者、または帰国予定の者

●出願書類　・成績等を証明する書類
・在外在留を証明する書類

●選考方法　国語・英語・数学を基本にするが、学年・時期・その他異なることもあるので、事前に面談する

● 2019年度帰国子女編入学者数

1年	0	2年	0	3年	0	4年	0	5年	0	6年	0

受入後

●指導
特別な指導は行っていない。一般生徒と同様であるが、現在特に問題はない。授業進度の差がある場合は、補講を実施する場合もある。

国立 共学

受入開始　1970 年度

神戸大学附属中等教育学校
（こうべだいがくふぞく）

〒 658-0063
兵庫県神戸市東灘区住吉山手 5-11-1
▶▶（阪急神戸線御影駅）
TEL 078-811-0232　**FAX** 078-851-9354
URL http://www.edu.kobe-u.ac.jp/kuss-top/
生徒数　男 352　女 385　合計 737

帰国子女在籍者数	1 年	2 年	3 年	4 年	5 年	6 年	計
	1	1	11	11	6	11	41

入学

●出願資格・条件
・保護者の海外勤務に伴って外国で教育を受けた者
・外国における滞在期間が継続して 2 年以上で帰国後 1 年以内の者。
・満 12 歳以上。
・本校での 6 年間の学びを強く希望する者。保護者とともに居住し、公共交通機関あるいは徒歩で本校始業時刻（午前 8 時 45 分）までに無理なく登校できる者
※必ず出願資格の確認をメールで行い、本校の教育方針を理解した上で出願すること

●出願書類
・入学願書・身上書（本校所定）・保護者の海外生活を証明する書類・海外の最終在学校の通知票等の写し

●日程等（グローカル適性検査）

募集	出願	試験	発表	選考方法
5 名程度	11/24 ～ 26	12/19	12/20	言語表現、数理探究、作文

●応募状況

年度＼人数	募集人員	出願者	受験者	合格者	入学者
2019	若干名	24	23	3	0
2020	5	22	21	4	4

編入学

●編入学時期・定員　〔1 年生〕10 月〔2 ～ 4 年生〕4、10 月。若干名
●出願資格・条件　外国における滞在期間が継続して 2 年以上で帰国後 1 年未満の者。
それ以外は入学に準ずる
●出願書類　入学に準ずる
●選考方法　国語・数学・英語、面接

● 2019 年度帰国子女編入学者数

1 年	0	2 年	0	3 年	0	4 年	0	5 年	／	6 年	／

受入後

●指導
一般生と混入の学級で生徒相互のかかわりを通して学習することを促す。今まで特設学級で行ってきた支援を混入クラスに活かし、補充学習や個別課題を出すこともある。

●教育方針
・中等教育学校の教育計画に基づき、学校行事・部活動・生徒会活動などすべての活動を普通学級の生徒と同様に行う。生徒相互のふれあいにより、早く日本の生活に親しむように配慮する。
・海外における教育事情や個々の生徒の実態に配慮した学習指導を行う。
・生徒が海外生活で得た貴重な生活体験や国際的な感覚を活かし、身につけた知識や教養を尊重する指導を行う。

入 編

公立 共学

受入開始　2003 年度

兵庫県立芦屋国際中等教育学校
（ひょうごけんりつあしやこくさい）

〒 659-0031
兵庫県芦屋市新浜町 1-2
▶▶（阪神打出駅、JR 芦屋駅、阪急芦屋川駅）
TEL 0797-38-2293　**FAX** 0797-38-2295
URL http://www.hyogo-c.ed.jp/~ashiyai-ss/
生徒数　男 152　女 316　合計 468

帰国子女在籍者数	1 年	2 年	3 年	4 年	5 年	6 年	計
	38	38	40	33	30	26	205

入学

●出願資格・条件
・通学区域：県下全域
・2021 年 3 月に小学校又はこれに準ずる学校を卒業見込みの者、または小学校に在籍していない者で、2008.4.2 ～ 2009.4.1 までに生まれた者
・6 年間を継続して本校で学ぶ意欲があり、2015 年 4 月 1 日以降に帰国し、かつ継続して 1 年以上海外に居住した児童（保護者の海外勤務等に伴い、海外における在住期間がある者）
・通学区域内に保護者（本人に対して親権を行う者）とともに居住している者

●出願書類　・入学願書・受験票・志願理由書・推薦書・海外在留証明書

●日程等

募集	出願	試験	発表	選考方法
30	未定	2/6	2/11	作文及び個人面接

※海外からの出願は別途指示するので問い合わせること

●応募状況

年度＼人数	募集人員	出願者	受験者	合格者	入学者
2019	30	－	－	－	非公開
2020	30	－	－	－	非公開

編入学

●編入学時期・定員
〔1 ～ 3 年生〕選考は原則として毎月 1 回、別に定める日。欠員がある時のみ
〔4 ～ 5 年生〕選考は原則として 5、7、9、11、1、3 月の各月 1 回、別に定める日（5 年次は 9 月まで）。欠員がある時のみ

●出願資格・条件　外国にある学校などから編入学しようとする者で、編入学しようとする課程の年齢に相当し、保護者の海外勤務等に伴い、海外における在住期間がおおむね 1 年以上で帰国後 1 か月以内の者。ただし、兵庫県内に保護者と居住または編入学する日までに転居を予定している者

●出願書類　・編入学願書・受験票・志願理由書・推薦書・住民票記載事項証明書（日本在住者のみ）・海外在留証明書・在学証明書（後期課程のみ）・単位取得証明書（5 年次への編入希望者のみ）など
※出願時に海外に居住し、編入学する日までに保護者と共に兵庫県内に転居予定の者は、事前に申し出ること

●選考方法
前期課程：作文、面接、必要に応じて日本語審査
後期課程：日本語による作文、面接、適性検査（国・数・英）

● 2019 年度帰国子女編入学者数

1 年	1	2 年	2	3 年	3	4 年	－	5 年	－	6 年	－

受入後

●教育方針・特色　異なる言語環境や文化的背景のもとに育った生徒が、一般の中学校・高等学校にあたる前期課程・後期課程の 6 年間を通じて、能力や適性に応じて弾力的に学ぶ中高一貫校として、教育活動を展開する。

私立 共学 寮

受入開始　2018 年度

朝日塾中等教育学校

あさひじゅく

(担当：石川、杉原)

〒709-2136
岡山県岡山市北区御津紙工 2590
▶▶ (JR 津山線 金川駅)
TEL 086-726-0111　FAX 086-726-0400
URL https://m-asahijuku.ed.jp/
生徒数　男 109　女 62　合計 171

帰国子女在籍者数	1年	2年	3年	4年	5年	6年	計
	0	0	0	1	0	0	1

入学

●**出願資格・条件**　海外にある教育機関に在籍していた期間が連続して 1 年と 1 日以上の者。
●**出願書類**　①転学照会状 ②在学証明書（または卒業証明書）③成績を証明する書類（成績証明書等）④在校歴申告書（本校ホームページからダウンロード）⑤入学願書（本校ホームページからダウンロード）入学希望時期等の関係で、事前に PDF をメールで添付送信いただき、後日、原本を持参いただく場合があります。
●**日程等**

区分	募集	出願	試験	発表	選考方法
A	10名程度	随時	出願書類到着後、試験日を決定・ご連絡	試験日から5日以内	①日本語作文（40 分・50 点）②英語（もしくは中国語）作文(40 分·50 点) ③面接（30 分・50 点）※面接試験は、途中から保護者同伴
B	10名程度				

区分＝ A:(中学 1 年～中学 3 年)　B:(高校 1 年～高校 2 年)
※書類選考、作文（日本語、英語［もしくは中国語]）、面接（日本語）の結果で合否判定する人物重視型の選考です。

編入学

●**編入学時期**　〔中等部 1 年～高等部 2 年生〕
●**出願資格・条件**　入学に準ずる
●**出願書類**　入学に準ずる
●**選考方法**　①日本語作文（40 分・50 点）
②英語（もしくは中国語）作文（40 分・50 点）
③面接（30 分・50 点）
※面接試験は、途中から保護者同伴

● **2019 年度帰国子女編入学者数**

1年	2年	3年	4年	5年	6年
0	0	0	1	0	0

受入後

●**指導**　他の生徒と同様、特別扱いはしませんが、より丁寧な説明を心がけます。 留学生指導のノウハウを活かして、日本語指導（N3・N2・N1 レベル）や教科補習、英語習熟度別授業を必要に応じて行います。
●**教育方針**　中等教育学校は、将来の国際社会を担う「国際人の卵」を育成することを目指しています。そのために独自のカリキュラムのもとに少人数制の授業を行い、生徒一人ひとりの「個性を伸ばす教育」を行います。また、生徒たちが真理の探究の道を厳しい勉学で歩むと共に、他者をいたわり思いやりの心にもとづいた徳の高い人物になるための教育を目標としています。
●**特色**　留学生を受け入れている国際的な環境下で、6 年間の中高一貫教育を少人数制で実施してきました。学校に男子寮と女子寮が併設されており、学習習慣を定着させる生活指導を行い、教職員が自己実現を全面バックアップしています。また、各レベルにあわせた日本語対策授業も開講しています。2018 年度からは IB（MYP）候補校、2019 年度からは IB(DP) 候補校にもなりました。少人数教育による懇切丁寧な質の高い指導を進め、一人ひとりの生徒を大切に、「利他」「叡智」「剛健」を兼備した次代を担う人間へと育てていくことを最大の特長としています。

私立 共学 寮

▷▷ 小 73P

受入開始　2010 年度

リンデンホールスクール中高学部

(担当：末次兼七)

〒818-0056
福岡県筑紫野市二日市北 3-10-1
▶▶ (西鉄五条駅)
TEL 092-929-4558　FAX 092-929-4585
URL http://h.lindenhall.ed.jp/
生徒数　男 46　女 34　合計 80

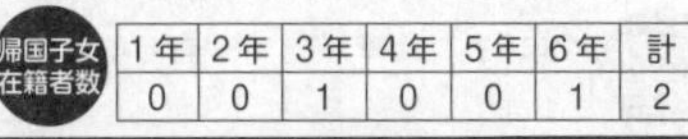

帰国子女在籍者数	1年	2年	3年	4年	5年	6年	計
	0	0	1	0	0	1	2

入学

●**出願資格・条件**
本校の規定による（応相談）
●**出願書類**
・入学願書一式（本学所定のもの）・海外における在籍証明書・海外における学校の成績証明書など
●**日程等**

募集	出願	試験	発表	選考方法
特に定めず	1/4～9	1/17	1/18	英·国（作文を含む）·算数、面接

※面接は日本語と英語、保護者面接を含む

●**応募状況**

年度＼人数	募集人員	出願者	受験者	合格者	入学者
2019	30	1	1	1	0
2020	30	1	1	1	1

編入学

●**編入学時期**　〔1 ～ 4 年生〕
●**出願資格・条件**　本校の規定による（応相談）
●**出願書類**　入学に準ずる
●**選考方法**　入学に準ずるが、面接や海外在学中の学習状況などを考慮したうえで、総合的に判断する

● **2019 年度帰国子女編入学者数**

1年	2年	3年	4年	5年	6年
0	0	0	1	0	0

受入後

●**指導**
海外での貴重な体験や習得した外国語力を大切な財産と考え、身につけた語学力をより伸ばすシステムを整えて帰国生を幅広く受け入れていく。
●**教育方針**
日本人としてのアイデンティティーを土台とし、国際的視野を持ち、世界で活躍できる個性輝く逸材を育てるという教育方針に基づき、中高部を開校した。
●**特色**
2013 年 10 月に国際バカロレアにおけるディプロマプログラムの認定校となり、2014 年 4 月より IBDP を実施している。2016 年から卒業生を出しており、国内・海外有名大学に進学しています。

主要市区町別公立小・中学校
帰国子女入学・編入学概要

牛久市立小・中・義務教育学校

【問い合わせ先】▶ 牛久市教育委員会　学校教育課
〒300-1292 茨城県牛久市中央 3-15-1
TEL 029-873-2111　FAX 029-872-2550

小・中(公立) 茨城県

入学・編入学

●資格・条件
学区内居住者

●必要書類
教育委員会発行の入学通知書、指導要録の写し＊、健康診断票および歯の検査票＊、在学証明書、教科書給与証明書＊
＊は日本人学校出身者のみ

●受け入れ配慮等
○市内小・中学校で以下のような配慮がなされている。
日本語指導教室の設置　小学校 3 校　中学校 1 校
(学校との相談によりスクールアシスタントの配置も可能)

牛久市立牛久小学校

（うしくしりつうしく）

〒300-1221　(担当：山根雅美)
茨城県牛久市牛久町 2619
▶▶ (JR 常磐線 牛久駅)
TEL 029-872-0004　FAX 029-871-5526
URL http://www.ushiku.ed.jp/page/page000253.html

児童数　男 218　女 220　合計 438

帰国子女在籍者数	1年	2年	3年	4年	5年	6年	計
	0	0	0	0	1	2	3

受入後

●指導
日本語指導を必要とする児童に対して、当該学年の普通学級との交流を行う。学級の中でのふれあいを通して、お互いの違いや良さに気づき、尊重しあう心を育てていくよう心がけている。
基本的には、一般児童とともに学習するが、実態に応じて国際ルームにおいて「取り出し指導」を行う。
また、学習や生活に楽しく取り組めるよう担任と日本語指導担当が、児童・保護者との相談を行っている。

●教育方針
教育目標として「豊かな関わりを通して、自己を高め、互いに学び合い未来に輝く児童の育成」を掲げ、
・共に学び合い、確かな学力を育む児童
・適切な言葉や態度を考えて行動できる児童
・挑戦を支え合い、共に育ち合う児童
を目指す子どもの姿としている。
主体的協働的な学習を取り入れ、児童一人一人に質の高い学びを保障し、人間関係を整え、学力の向上を図る実践・研究を行っている。

牛久市立牛久第三中学校

（うしくしりつうしくだいさん）

〒300-1223　(担当：工藤奈那)
茨城県牛久市城中町 1830-1
▶▶ (JR 常磐線 牛久駅)
TEL 029-873-4699　FAX 029-871-5536
URL http://www.ushiku.ed.jp/page/page000263.html

児童数　男 181　女 189　合計 370

帰国子女在籍者数	1年	2年	3年	計
	4	4	3	11

受入後

●指導
日本語指導を必要とする生徒に対して、当該学年の普通学級との交流を行う。基本的には、一般生徒とともに学習するが、実態に応じて日本語指導教室『国際ルーム』において「取り出し指導」を行う。生活言語と学習言語の学習を行い、集団への適応能力と生活習慣の育成を図っている。

●教育方針
学校教育目標として、「誠実でかしこく、たくましい生徒の育成」を掲げ、
・「誠実」物事に誠実に向き合い努力する生徒
・「賢明」ともに学ぼうとする心と力をもつ生徒
・「剛健」心身ともに強く健やかな生徒
の育成に取り組んでいる。

つくば市立小・中・義務教育学校

【問い合わせ先・教育相談窓口】▶ つくば市教育局 学び推進課
〒305-8555 茨城県つくば市研究学園 1-1-1
TEL 029-883-1111(内線 4712) FAX 029-868-7609
URL http://www.tsukuba.ed.jp/

入学・編入学

●資格・条件
学区内居住者

●必要書類
教育委員会発行の入学通知書、指導要録の写し＊、健康診断票および歯の検査票＊、在学証明書
＊は日本人学校出身者のみ

●受け入れ配慮等
○市内には配慮が可能な小・中学校・義務教育学校が複数ある。詳しくは学び推進課まで。
〈適応指導、取り出し指導、入り込み指導、日本語指導ボランティアの学校への配置等〉

守谷市立小・中学校

【問い合わせ先】▶ 守谷市教育委員会
〒302-0198 茨城県守谷市大柏 950-1
TEL 0297-45-1111 FAX 0297-45-5703

入学・編入学

●資格・条件
(1) 日本国籍を有する者。
(2) 保護者の海外勤務に伴い、海外に継続して 1 年以上在留し、帰国後 3 年以内の者。
(3) 原則として学区内居住者。

●必要書類
指導要録の写し＊、健康診断票および歯の検査票＊、在学証明書
＊は日本人学校出身者のみ

●受け入れ配慮等
○市内小・中学校で以下のような配慮がなされている。
〈適応指導、帰国家族や帰国児童生徒に対する実態調査の実施〉

宇都宮市立小・中学校

【問い合わせ先】▶ 宇都宮市教育委員会事務局 学校管理課
〒320-8540 栃木県宇都宮市旭 1-1-5
TEL 028-632-2724 FAX 028-639-7159

入学・編入学

●資格・条件
・原則として宇都宮市内居住者
・区域外就学の許可基準に該当するものがあり、教育委員会の承認があれば、区域外からも通学可
※詳細は問い合わせ

●必要書類
教育委員会発行の編入学通知書、在学証明書＊、教科用図書給与証明書＊、指導要録の写し＊、健康診断票および歯の検査票＊
＊は日本人学校出身者のみ

●受け入れ配慮等
○日本語指導教室の開設
○日本語指導講師・ボランティアの学校への派遣

浦安市立小・中学校

【問い合わせ先】▶ 浦安市教育委員会　指導課
〒279-8501 千葉県浦安市猫実 1-1-1
TEL 047-351-1111 FAX 047-351-5200

入学・編入学

●資格・条件
(1) 市内居住者。
(2) 学齢に達している者。

●必要書類
教育委員会発行の入学通知書、在学証明書、指導要録の写し＊、健康診断票および歯の検査票＊
＊は日本人学校出身者のみ

●受け入れ配慮等
○市立小・中学校で以下のような配慮がなされている。
〈日本語指導〉
諸外国から編入・入学してきた児童・生徒の内、日本語指導を必要とする者に適切な学校教育の機会を確保するため、当該小・中学校へ原則として週２回、１回当たり２時間程度、日本語指導員を派遣している。

船橋市立小・中学校

【問い合わせ先】▶ 船橋市教育委員会学務課　指導課
〒273-8501 千葉県船橋市湊町 2-10-25
TEL 047-436-2865 FAX 047-436-2866

入学・編入学

●資格・条件
(1) 市内居住者。
(2) 学齢に達している者。

●必要書類
日本人学校出身者：教育委員会発行の入学通知書、指導要録の写し、健康診断票及び歯の検査票
現地校、国際学校出身者：健康診断票および歯の検査票、学習成績表、在学証明書

●受け入れ配慮等
○帰国子女受け入れのための、学校向けの資料等を作成・配布。
○日本語を話せない帰国児童生徒の在籍する学校に日本語指導員等を派遣している。
○市内小・中学校で以下のような配慮がなされている。〈船橋市は帰国子女教育の研究を始めて長年の歴史がある。帰国児童生徒の受け入れについては、どの学校でも受け入れが可能で、学区の学校に編入する〉

八千代市立小・中学校

【問い合わせ先】▶ 八千代市教育委員会　学務課学事班
〒276-0045 千葉県八千代市大和田 138-2
TEL 047-481-0302 FAX 047-486-3199

入学・編入学

●資格・条件
・原則として学区内居住者
※外国籍の者は就学申請が必要

●必要書類
教育委員会発行の入学通知書または編入学通知書、在学証明書＊、指導要録の写し＊、健康診断票および歯の検査票＊
＊は日本人学校出身者のみ

●受け入れ配慮等
○日本語指導の必要な帰国児童生徒が在籍する学校に外国人児童生徒等教育相談員を派遣し、日本語指導や学習面・生活面の適応等の相談活動を行っている（時間数に制限あり）

足立区立小・中学校

【問い合わせ先】▶ 足立区教育委員会　学務課就学係

〒120-8510 東京都足立区中央本町 1-17-1

TEL 03-3880-5969 FAX 03-3880-5606

入 学・編入学

●資格・条件

1. 原則として学区内居住者。
2. 教育委員会の承認があれば、小学校については通学区域に隣接する学校、中学校については区内のすべての学校に通学可。

●必要書類

指導要録の写し＊、健康診断票及び歯の検査票＊、在学証明書、教科書給与証明書＊

＊は日本人学校出身者のみ。

入国が確認できる書類（パスポート等）

●受け入れ配慮等

1. 日本語学級の設置
2. 日本語適応指導講師の派遣

板橋区立小・中学校

【問い合わせ先】▶ 板橋区教育委員会事務局　学務課学事係

〒173-8501 東京都板橋区板橋 2-66-1

TEL 03-3579-2611 FAX 03-3579-4214

URL https://www.city.itabashi.tokyo.jp/kyoikuiinkai/nyugaku/etnkou/1012219.html

入 学・編入学

●資格・条件

原則として学区内居住者。

●必要書類

入国が確認できる書類（パスポート等）

●受け入れ配慮等

○日本語が不自由な外国人及び帰国児童・生徒を対象に、日本語学級（通級）を設置している。小学校 3 校、中学校 2 校

江戸川区立小・中学校

【問い合わせ先】▶ 江戸川区教育委員会　事務局 学務課 学事係

〒132-8501 東京都江戸川区中央 1-4-1

TEL 03-5662-1624　FAX 03-3674-5874

入 学・編入学

●資格・条件

原則として学区内居住者

●必要書類

詳細はお問い合わせください

●受け入れ配慮等

区内小・中学校では以下のような配慮がなされている。

・日本語学級の設置（通級指導・原則 2 年間）小学校 2 校・中学校 2 校

・日本語適応指導のための指導者の派遣（時間数に制限あり）

北区立小・中学校

【問い合わせ先】▶ 北区教育委員会事務局　教育振興部学校支援課学事係

〒114-8546 東京都北区滝野川 2-52-10

TEL 03-3908-1541　FAX 03-3906-8755

入 学・編入学

●資格・条件

1. 原則として学区内居住者

●必要書類

1. 就学通知書
2. 海外の学校から持参した資料

●受け入れ配慮等

日本語が不自由な外国籍及び帰国した児童・生徒を対象として、日本語適応指導教室（通級）を設置している。小学校 3 校、中学校 2 校（小学校低学年及び通級が困難な場合には講師派遣対応）

●その他

北区は指定校制度をとっており、住所により就学する学校を指定している。

日本語学級設置校

学校名	〒	所在地	最寄駅	TEL
西が丘小学校	114-0031	東京都北区十条仲原 4-5-17	JR 赤羽駅、東十条駅	03-3900-8866
西ヶ原小学校	114-0024	東京都北区西ヶ原 4-19-21	JR 赤羽駅、東十条駅	03-3910-5204
赤羽岩淵中学校	115-0045	東京都北区赤羽 2-6-18	JR 赤羽駅、南北線 赤羽岩淵駅	03-5249-4071
堀船小学校	114-0004	北区堀船 2-11-9	JR 王子駅	03-3912-2868
明桜中学校	114-0002	北区王子 6-3-23	JR 王子駅、南北線 王子神谷駅	03-5959-0031

品川区立小・中・義務教育学校

【問い合わせ先】▶ 品川区教育委員会事務局　学務課学事係
〒140-8715 東京都品川区広町 2-1-36
TEL 03-5742-6828 **FAX** 03-5742-0180
URL https://www.city.shinagawa.tokyo.jp

入 学・編入学

●資格・条件
1. 原則として学区内居住者
2. 教育委員会の承認があれば学区外からも通学可

●必要書類
教育委員会発行の学齢児童生徒就学届書、日本人学校出身者は、指導要録の写し、健康診断票および歯の検査票、教科書給与証明書、在学証明書

●受け入れ配慮等
日本語がまだ話せない、話せるけれど学校で使われる日本語が理解できない児童・生徒のために、日本語指導協力者による日本語教育を行っている（会場：山中小学校）。

新宿区立小・中学校

【問い合わせ先】▶ 新宿区教育委員会事務局　学校運営課　学校運営支援係
〒160-8484 東京都新宿区歌舞伎町 1-5-1
TEL 03-5273-3089 **FAX** 03-5273-3580
URL https://www.city.shinjuku.lg.jp

入 学・編入学

●資格・条件
原則として学区内居住者

●必要書類
1. 当区が発行する入学通知書
2. 海外の学校から持参した書類（あれば指導要録の写し、健康診断票、歯の検査票及び在学証明書）

●受け入れ配慮等
日本語が理解できない児童・生徒に対し、母語を話す指導員を短期間に集中して配置し、日本語及び日本での学校生活に関する指導を行う、日本語サポート指導を実施している。

杉並区立小・中学校

【問い合わせ先】▶ 杉並区教育委員会　済美教育センター・学務課
【教育相談窓口】▶ 〈教育相談等〉（済美教育センター ）
〒166-0013 東京都杉並区堀ノ内 2-5-26
TEL 03-3311-0021（代表） FAX 03-3311-0402
〈就学申請等〉（学務課学事係）
〒166-8570 東京都杉並区阿佐谷南 1-15-1
TEL 03-5307-0760（直通） FAX 03-5307-0692
URL http://www.city.suginami.tokyo.jp/

入 学・編入学

●資格・条件
原則として学区内居住者

●必要書類
1. 教育委員会発行の転入学通知書
2. 海外の学校から持参した書類（お持ちであれば）

●受け入れ配慮等
○区立小・中学校で以下のような配慮がなされている。〈指導員派遣による適応指導・日本語指導（取り出し授業）、日本語を中心とした補充指導（主に放課後）〉

世田谷区立小・中学校

【問い合わせ先】▶ 世田谷区教育委員会　教育指導課・学務課
【教育相談窓口】▶ 帰国・外国人教育相談室
〒156-0043 東京都世田谷区松原 6-5-11 梅丘中学校内
TEL 03-3322-7776 FAX 03-3322-7776

入 学・編入学

●資格・条件
世田谷区立小学校・中学校に在籍する外国人及び海外から帰国した児童・生徒、保護者を対象とする

●必要書類
教育委員会発行の学校指定通知書、指導要録の写し＊、健康診断票および歯の検査票＊
＊は日本人学校出身者のみ（お持ちであれば）

●受け入れ配慮等
○「帰国・外国人教育相談室」を開設し、相談員が、教育相談・日本語指導・教科補習・通訳者派遣等の支援を行っている。「帰国・外国人教育相談室」の具体的な事業は次のとおりである。
①教育相談の対応
②日本語指導補助員の派遣
③訪問指導（小学生対象）
④通級指導（中学生対象）
⑤補習教室
・土曜教室…小・中学生対象
・水曜教室…中学生対象
⑥通訳者の派遣（保護者対象）

帰国・外国人教育相談室の事業を支援する学校

世田谷区には４校の指導支援学校があります。各学校の担当教員は、相談室の補習教室等の講師として加わり、帰国・外国人児童・生徒の支援をしています。
○上北沢小学校　○八幡小学校　○千歳小学校　○梅丘中学校

台東区立小・中学校

【問い合わせ先】▶ 台東区教育委員会　学務課学事係

〒110-8615 東京都台東区東上野 4-5-6

TEL 03-5246-1411・1412　FAX 03-5246-1409

URL http://www.city.taito.lg.jp/index/kurashi/kyoiku/kuritsushocyugakko/index.html

入学・編入学

●資格・条件

1. 原則として区内居住者。
2. 基本は居住地の指定校に入学。例外として教育委員会等の承認を得れば、指定学区外の学校に通学可。

●必要書類

(1) 入国が確認できる書類（パスポート等）
(2) 海外の学校から持参した書類（あれば）
※詳細はお問い合わせください

●受け入れ配慮等

区内小・中学校で以下のような配慮がされている。
○日本語指導講師派遣

豊島区立小・中学校

【問い合わせ先】▶ 豊島区教育委員会　学務課
【教育相談窓口】▶ 教育センター

〒171-8422 東京都豊島区南池袋 2-45-1

TEL 03-3981-1111　FAX 03-3981-3049

入学・編入学

●資格・条件

1. 原則として区内居住者。
2. 基本は居住地の指定校に入学。例外として教育委員会等の承認を得れば、指定学区外の学校に通学可。

●必要書類

(1) 入国が確認できる書類（パスポート等）
(2) 海外の学校から持参した書類（あれば）
※詳細はお問い合わせください

●受け入れ配慮等

○外国人子女等に含めて帰国子女にも適用する形で、必要に応じて、通訳の派遣、教育センターにおける日本語指導。
○区内小学校で以下のような配慮がなされている。
日本語学級の設置 (2 校)
〈教員加配、日本語指導に関する教室の設置、取り出し授業、ティームティーチング〉

日本語学級設置校

学校名	〒	所在地	URL	TEL
豊成小学校	170-0012	東京都豊島区上池袋 1-18-24	http://toshima.schoolweb.ne.jp/housei_e/	03-3918-2315
池袋小学校	171-0014	東京都豊島区池袋 4-23-8	http://toshima.schoolweb.ne.jp/ikebukuro_e/	03-3986-2858

中野区立中学校

【問い合わせ先】▶　中野区教育委員会　学校教育課
〒164-8501 東京都中野区中野 4-8-1
TEL 03-3228-5459　FAX 03-3228-5680

入学・編入学

●資格・条件
原則として学区内居住者だが、校長面接後教育委員会等の承認があれば学区外からも通学可。

●必要書類
教育委員会発行の入学通知書、指導要録の写し＊
＊は日本人学校出身者のみ

●受け入れ配慮等
○帰国生の受け入れについては、中野東中学校を紹介、下記のとおり対応
〈適応指導、日本語指導（取り出し授業)、土曜学習補充教室、適応指導に関する教室の設置、日本語指導に関する教室の設置、国際理解教育教室の設置、カウンセリング、年3回の帰国生徒保護者会・国際交流教室の実施。〉

中野区立中野東中学校

〒164-0003　（担当：副校長　辻 成一郎）
東京都中野区東中野 5-12-1
▶▶（JR中央総武線・都営大江戸線東中野駅、地下鉄東西線落合駅）
TEL 03-3362-5236　FAX 03-3362-5237
URL http://nk-nakanohigashi-j.la.coocan.jp/

生徒数　男 167　女 164　合計 331

帰国子女在籍者数	1年	2年	3年	計
	4	7	7	18

受入後

①混入方式による指導：一般生徒との混入方式で日本の学校生活に早く親しめるよう配慮している。自主的な生徒の活動や学校行事などが早期適応を促している。
②適応の促進をはかる教育相談：必要に応じて、随時教育相談を行う。
③日本語教室：教科の学習への適応の基礎となる日本語の習熟度を高めるため、生徒の状況に合わせて、平常授業中に個別指導を行う。その他、放課後等にも個別指導を行う。
④国際交流教室：放課後約1時間、国際交流の機会を設けている。外部より外国人講師を迎えている。
⑤帰国生徒保護者会：毎年4月、9月、3月に帰国生徒保護者会を開き、保護者同士の情報交換の場を設けている。
⑥日本語学習支援：中野区国際交流協会より講師を招いて、必要に応じて日本語指導を行っている。

◀本校は、来年9月より、以下の住所の新校舎に移転いたします。
《新校舎住所》
〒164-0011　中野区中央 1-41-1
《アクセス》
地下鉄丸ノ内線・大江戸線
中野坂上駅 下車　徒歩2分

練馬区立小・中学校

【問い合わせ先】▶ 練馬区教育委員会事務局　学務課学事係

〒176-8501 東京都練馬区豊玉北 6-12-1

TEL 03-5984-5659 FAX 03-3993-1196

入 学・編入学

●**資格・条件**

1. 原則として学区内居住者。
2. 教育委員会の承認があれば学区外からも通学可。

●**必要書類**

詳細はお問い合わせください。

●**受け入れ配慮等**

日本語等指導講師の派遣（時間数に制限あり）

文京区立小・中学校

【問い合わせ先】▶ 文京区教育委員会　学務課学事係

〒112-8555 東京都文京区春日 1-16-21

TEL 03-5803-1295 FAX 03-5803-1367

URL https://www.city.bunkyo.lg.jp/

入 学・編入学

●**資格・条件**

原則として区内居住者

※詳細は問い合わせ

●**必要書類**

海外の学校から持参した書類（お持ちであれば）

●**受け入れ配慮等**

日本語指導協力員の派遣（時間数に制限あり）

港区立小・中学校

【問い合わせ先】▶ 港区教育委員会事務局　学校教育部　学務課
〒105-8511 東京都港区芝公園 1-5-25
TEL 03-3578-2111 FAX 03-3578-2759
URL https://www.city.minato.tokyo.jp/kodomo/gakko/index.html

入学・編入学

●資格・条件
1. 原則として区内居住者
2. 教育委員会の承認があれば、小学校については通学区域に隣接する学校、中学校については区内のすべての学校に通学可

●必要書類
入国日が確認できる書類（パスポート等）
※詳細はお問い合わせください

●受け入れ配慮等
区内小・中学校で以下のような配慮がなされている
・日本語学級（通級）の設置　小学校 2 校、中学校 1 校（原則 2 年間）
・日本語適応指導のための指導者の派遣（時間数に制限あり）

日本語学級設置校

港区立麻布小学校
（みなとくりつあざぶ）

〒106-0041
東京都港区麻布台 1-5-15
▶▶（南北線 六本木一丁目駅）
TEL 03-3583-0014　FAX 03-3583-7223
URL http://azabu-es.minato-tky.ed.jp/
児童数　男 163　女 138　合計 301

港区立笄小学校
（みなとくりつこうがい）

〒106-0031
東京都港区西麻布 3-11-16
▶▶（日比谷線 広尾駅）
TEL 03-3404-1530　FAX 03-3408-4079
URL http://kougai-es.minato-tky.ed.jp/
児童数　男 260　女 227　合計 487

港区立六本木中学校
（みなとくりつろっぽんぎ）

〒106-0032
東京都港区六本木 6-8-16
▶▶（日比谷線・大江戸線 六本木駅）
TEL 03-3404-8855　FAX 03-3404-8856
URL http://roppongi-js.minato-tky.ed.jp/
生徒数　男 120　女 90　合計 210

目黒区立小・中学校

【問い合わせ先】▶ 目黒区教育委員会事務局 教育指導課（入学後）学校運営課（入学・編入学）
〒153-8573 東京都目黒区上目黒 2-19-15
TEL 03-5722-9313 FAX 03-3715-6951（教育指導課）
TEL 03-5722-9304 FAX 03-5722-9333（学校運営課）

入学・編入学

●資格・条件
原則として学区内居住者

●必要書類
詳細はお問い合わせください

●受け入れ配慮等
○区内小・中学校で状況に応じて対応している

目黒区立東山小学校

〒153-0043 （担当：副校長）
東京都目黒区東山 2-24-25
▶▶（東急田園都市線池尻大橋駅）
TEL 03-3719-2694 FAX 03-3719-5406
URL http://www.meguro.ed.jp/mehgymeh/
児童数 男 509 女 478 合計 987

受入後

●教育方針
「ふるさととしての学校づくり」を合い言葉に教育活動を進めている。今を生き、未来にはばたく子供たちの心のふるさとになるよう「安心・安全で楽しい学校」「生きる力を確実に育む学校」「地域に開かれた学校」を築いている。

●配慮事項
(1) 編入学時の面談（校長・副校長）。
(2) 普通学級に編入する。
(3) 必要に応じて、日本語指導担当による個別指導を行う。未学習の教科指導や集団生活への不安を取り除くため、授業時間帯に取り出しによる学習指導を実施。
(4) 国際理解教育活動として、東山フェスティバル、国際理解委員会の活動などを実施。

目黒区立東山中学校

〒153-0043 （担当：副校長）
東京都目黒区東山 1-24-31
▶▶（東急東横線中目黒駅、田園都市線池尻大橋駅）
TEL 03-3711-8794 FAX 03-3711-8896
URL http://www.meguro.ed.jp/meghyjhs/
生徒数 男 227 女 158 合計 385

帰国子女在籍者数	1年	2年	3年	計
	16	20	20	56

受入後

●教育方針
(1) 帰国生は普通学級に編入させ、特別な学級編成はしない。
(2) 生徒の実態に応じた個別のサポート（漢字練習、音読による音声指導など）を行う。
(3) 教育相談の機会を常に設け、個別指導の充実を図る。
(4) 学級においては、生活条件の差異による個人差を相互に理解し、学び合う気風を養う。

●受け入れ条件
(1) 中学生として徒歩 20 分程度で通学が可能な場所（学区域もしくは隣接区域）に住居があり、登校下校時において、安全上問題がない。
(2) 本校が、人員的に帰国生徒を受け入れる余裕がある。
(3) 日本人学校に通学しなかった。（日本語があまり理解できない状況である）
(4) 海外滞在期間が 3 年以上である。

あきる野市立小・中学校

【問い合わせ先】▶ あきる野市教育委員会教育総務課　学務係
〒197-0814 東京都あきる野市二宮 350
TEL 042-558-1111（内線 2912・2913） FAX 042-558-1560
URL http://www.city.akiruno.tokyo.jp/

入学・編入学

●資格・条件
原則として市内居住者
●必要書類
詳細は問い合わせ
●受け入れ配慮等
事前、または受入時に転入学に関する相談や面談などを行い、必要に応じて対応
●その他
可能であれば事前に問い合わせること

国立市立小・中学校

【問い合わせ先】▶ 国立市教育委員会　教育総務課　学務保健係
〒186-8501 東京都国立市富士見台 2-47-1
TEL 042-576-2111（内線 332） FAX 042-576-3277
URL http://www.city.kunitachi.tokyo.jp/

入学・編入学

●資格・条件
・原則として学区内居住者
※詳細は問い合わせ
●必要書類
パスポート、在学証明書等＊
＊は日本人学校出身者のみ。
※詳細は問い合わせ
●受け入れ配慮等
外国籍および海外帰国児童・生徒の中で、日本語の初期指導が必要な者に対し、日本語指導員を派遣している。

国分寺市立小・中学校

【問い合わせ先】▶　国分寺市教育委員会　学務課

〒185-0034 東京都国分寺市光町 1-46-8

TEL 042-574-4042 FAX 042-574-4055

URL http://www.city.kokubunji.tokyo.jp/

入学・編入学

●資格・条件
原則として学区内居住者
※詳細は問い合わせ

●必要書類
在学証明書＊、教科書給与証明書＊、パスポート
＊は日本人学校出身者のみ

●受け入れ配慮等
日本語指導が必要な児童・生徒に、日本語指導員を派遣している。

小平市立小・中学校

【編入学の問い合わせ先】▶　小平市教育委員会　学務課（学事担当）

〒187-8701 東京都小平市小川町 2-1333

TEL 042-346-9570 FAX 042-346-9578

【日本語指導の問い合わせ先】▶　小平市教育委員会　指導課教育相談担当

〒187-8701 東京都小平市小川町 2-1333

TEL 042-346-9271 FAX 042-343-9410

入学・編入学

●資格・条件
原則として学区内居住者。詳細は問い合わせ。

●必要書類
指導要録の写し、健康診断票および歯の検査票、在学証明書。詳細は問い合わせ。

●日本語指導
○講師を在籍校に派遣。詳細は問い合わせ。

調布市立小・中学校

【編入学の問い合わせ先】▶ 調布市教育委員会　教育部学務課
〒182-0026 東京都調布市小島町 2-36-1　教育会館 1 階
TEL 042-481-7474 FAX 042-481-7739
E-mail: gakumu@w2.city.chofu.tokyo.jp
【編入後の指導等に関する相談等の問い合わせ先】▶ 調布市教育委員会　教育部指導室
〒182-0026 東京都調布市小島町 2-36-1　教育会館 5 階
TEL 042-481-7480 FAX 042-481-6466
URL http://www.city.chofu.tokyo.jp/
E-mail: sidou@w2.city.chofu.tokyo.jp

入学・編入学

●資格・条件
学区内居住者
●必要書類
対象児童・生徒自身のパスポート、転校書類（在学証明書）等。詳細は問い合わせ
※「転校書類」は、今まで通っていた学校が日本人学校（日本人補習校を含む）の時のみ必要
●受け入れ配慮等
○調布市立学校日本語指導教室の開設
調布市立学校における海外からの帰国および外国籍児童・生徒等のうち、日本語による会話等に困難を有する児童・生徒等に日本語指導等を行い、学校生活への早期適応を図ることを目的として、毎週水・土曜日（一部変更あり）の 2 時間程度、主に個別指導による日本語の読み書き・作文と日常の生活語等の基本的な日本語の指導を、一定の講座・研修等を受けた指導員が行っている。 会場は調布市教育会館内。
入級は随時可能だが、在籍校を通じて教育委員会に申し込むこと
○日本語指導臨時講師の派遣
日本語学習指導を必要とする帰国子女等に対して、日本語学習指導講師を派遣している。(日本語の習得状況に応じて、20 ～ 50 時間)

東久留米市立小・中学校

【編入学の問い合わせ先】▶ 東久留米市教育委員会　学務課
【受け入れ配慮の問い合わせ先】▶ 東久留米市教育委員会 指導室
〒203-8555 東京都東久留米市本町 3-3-1
TEL 042-470-7777 FAX 042-470-7811
URL http://www.city.higashikurume.lg.jp

入学・編入学

●資格・条件
学区内居住者
●必要書類
・在学証明書
・健康診断票
・指導要録の写し
※詳細は問い合わせ
●受け入れ配慮等
日本語学習指導を必要とする帰国子女等に対して、日本語学習指導講師を派遣している。

武蔵野市立小・中学校

【編入学の問い合わせ先】▶ 武蔵野市教育委員会　教育支援課学務係
〒180-8777 東京都武蔵野市緑町 2-2-28
TEL 0422-60-1900 FAX 0422-51-9264
【教育相談窓口】▶ 帰国・外国人教育相談室
〒180-0001 東京都武蔵野市吉祥寺北町 5-11-41 武蔵野市立第四中学校学習センター 3F
TEL 0422-54-8626 FAX 0422-54-8626

入学・編入学

●資格・条件
原則として市内居住者。
※詳細についてはお問い合わせください。
●必要書類
詳細についてはお問い合わせください。
●受け入れ配慮等
教育委員会教育支援課に帰国・外国人教育相談室を置き、編入学の相談や市内小・中学校に在籍する帰国家庭および外国籍、国際結婚家庭の児童・生徒に対する適応の支援を行っている。

＜帰国・外国人教育相談室支援内容＞
○適応についての個別相談
○学校からの依頼による個別対応の日本語指導
○学校からの依頼による通訳・翻訳など言語援助
○学習支援教室（週 1 回）
○帰国児童生徒編入時、保護者と教員に向けたアドバイス資料を配布

八王子市立小・中学校

【問い合わせ先】▶ 八王子市教育委員会 学校教育部 教育支援課 学事担当
〒192-8501 東京都八王子市元本郷町三丁目 24-1
TEL 042-620-7339 FAX 042-627-8813

入学・編入学

●資格・条件
原則として市内居住者
※詳細についてはお問い合わせください。
●必要書類
詳細についてはお問い合わせください。

●受け入れ配慮等
・日本語学級の設置（小学校 1 校、中学校 1 校）
・日本語巡回指導員の派遣
・日本の学校生活に円滑に適応するための外国籍等児童生徒就学時支援者の派遣（小学生 50 時間、中学生 70 時間まで）

横浜市立小・中・義務教育学校

【問い合わせ先】▶ 横浜市教育委員会 小中学校企画課

〒231-0005 神奈川県横浜市中区本町 6-50-10

TEL 045-671-3588 FAX 045-664-5499

入学・編入学

●資格・条件
原則として学区内居住者。

●必要書類
入学通知書＊1、在学証明書、指導要録の写し＊2、健康診断票および歯の検査票＊2、学習成績表（現地校やインターナショナルスクール出身者の場合）
＊1は市内の区役所で発行
＊2は日本人学校出身者のみ

●受け入れ配慮等
○帰国家族・本人向けおよび学校や教員向けの「帰国児童生徒教育ガイド」を横浜市ホームページで公開。
○市内の小・中・義務教育学校で以下のような配慮がなされている。
〈日本語指導に関する教室の設置〉

鎌倉市立小・中学校

【問い合わせ先】▶ 鎌倉市教育委員会 学務課
【教育相談窓口】▶ 鎌倉市教育委員会 教育指導課

〒248-8686 神奈川県鎌倉市御成町 18-10

TEL 0467-23-3000（内線 2661〈学務課〉、2468〈教育指導課〉） FAX 0467-24-5569

入学・編入学

●資格・条件
1. 日本国籍を有する者。
（外国籍でも就学申請により同様に扱う）
2. 原則として学区内居住者。

●必要書類
教育委員会発行の転入学通知書、在学証明書＊、教科書無償給与証明書＊、指導要録の写し＊、健康診断票及び歯の検査票＊
＊は日本人学校出身者のみ

●受け入れ配慮等
市内小・中学校で次のような配慮がなされている。〈適応指導（生活面、学習面）、カウンセリング、帰国家庭や帰国児童生徒に対する実態調査の実施、状況に合わせた外部ボランティアと連携した日本語指導等の実施〉

川崎市立小・中学校

【問い合わせ先】▶ 川崎市教育委員会　教育政策室　人権・多文化共生教育
〒213-0001 神奈川県川崎市川崎区宮本町６番地 明治安田生命ビル 3F
TEL 044-200-3758　FAX 044-200-3950

入学・編入学

●資格・条件
(1) 原則として学区内居住者。

●必要書類
(1) 指導要録の写し＊
(2) 健康診断票および歯の検査票＊
(3) 在学証明書
＊は日本人学校出身者のみ

●受け入れ配慮等
○帰国児童生徒受け入れのための、学校や教員向けのパンフレット等を作成・配布
○市内小・中学校で以下のような配慮がなされている。〈適応指導、教育相談、国語教室の設置・日本語指導巡回講師派遣、日本語指導初期支援員（母語支援）の配置〉

横須賀市立小・中学校

【問い合わせ先】▶ 横須賀市教育委員会　学校教育部　支援教育課
〒238-8550 神奈川県横須賀市小川町 11
TEL 046-822-8513　FAX 046-822-6849

入学・編入学

●資格・条件
・日本国籍を有するもの。（外国籍でも就学申請により同様に扱い）
・原則として学区内居住者。

●必要書類
・指導要録の写し＊
・健康診断票及び歯の検査票＊
・在学証明書
＊は日本人学校出身者のみ

●受け入れ配慮等
・児童生徒の実態に応じて、学校生活適応支援員または日本語指導員を派遣。
学校生活適応支援員…支援対象児童生徒の母語で学校生活適応のための生活支援等を行う。
日本語指導員…一斉指導の授業に参加できるよう、原則週１回１時間程度、個別で日本語指導を行う。

黒部市立小・中学校

【問い合わせ先】▶黒部市教育委員会　学校教育課
〒938-8555　富山県黒部市三日市1301
TEL 0765-54-2701　FAX 0765-54-2702

【教育相談窓口】▶黒部市教育センター
〒938-0861　富山県黒部市宇奈月町下立2361
TEL 0765-65-0029　FAX 0765-65-2008

入学・編入学

●必要書類
教育委員会発行の入学通知書、指導要録の写し＊、健康診断票および歯の検査票＊、学習成績表（現地校やインターナショナルスクール出身者の場合）、在学証明書
＊は、日本人学校出身者のみ

●受け入れ配慮等
○帰国家族・本人向けのハンドブック等を作成・配布。
○帰国児童生徒受け入れのための研究協議会を開催（黒部市帰国児童生徒教育研究会）。
○市内小・中学校で以下の配慮がなされている。〈指導員等が巡回指導、適応指導、日本語指導、教科の特別指導、取り出し指導、国際理解教育に関する展示コーナーの設置、カウンセリング、帰国児童生徒に対する実態調査・追跡調査の実施、研究協議会の実施〉
○帰国・外国人児童生徒の保護者会を開催。
○帰国・外国人児童と保護者を対象にしたサマースクールを開催。

●その他
小1・小2で「英会話」、
中1～中3で「英会話科」の学習を実施。

黒部市立中央小学校（くろべしりつちゅうおう）

〒938-0014　（担当：入井孝幸、石橋卓也）
富山県黒部市植木118
▶▶（北陸新幹線黒部宇奈月温泉駅、富山地方鉄道電鉄黒部駅、あいの風とやま鉄道黒部駅）
TEL 0765-54-1321　FAX 0765-54-1322
URL http://www.kurobe-chuo-e.tym.ed.jp

児童数　男253　女213　合計466

帰国子女在籍者数	1年	2年	3年	4年	5年	6年	計
	4	4	0	2	4	8	22

受入後

38年に渡り、「帰国児童教育」「国際理解教育」を実践している。

受け入れに際しては、普通学級へ分散して受け入れる混入方式を取り、学級での入り込み指導と併わせて、必要に応じて専任教師による個別指導を行う体制をとっている。

在留国での生活や学習体験を調査し、その実態をもとに帰国児童一人一人に合わせた指導計画を立て、個に応じた指導を行っている。

平成18年度から教育特区、平成21年度から令和元年度まで教育課程特例校として、小学校1年生からの英語教育に取り組んできた。令和2年度も引き続きALT等との交流活動や英会話の学習等全教育活動を通して、国際理解教育を推進している。また、収集した資料や教材は学習活動に活用できるようにしている。

長野市立小・中学校

【問い合わせ先】▶ 長野市教育委員会　学校教育課
〒380-8512 長野市大字鶴賀緑町 1613 番地
TEL 026-224-5063　FAX 026-224-5086
URL https://www.city.nagano.nagano.jp/soshiki/gakukyou/

入学・編入学

●資格・条件
原則として市内に居住する学齢児童生徒（就学先は居住地により決定）

●必要書類
詳細はお問い合わせください

●受け入れ配慮等
日本語指導が必要な児童生徒に、巡回指導員等による日本語指導を実施

浜松市立小・中学校

【問い合わせ先】▶ 浜松市教育委員会指導課　教育総合支援センター　外国人支援グループ
【教育相談窓口】▶ 教育総合支援センター　外国人支援グループ
〒430-0929 静岡県浜松市中区中央 1-2-1 イーステージ浜松 オフィス棟 7 階
TEL 053-457-2429　FAX 050-3737-5229
URL http://www.city.hamamatsu.shizuoka.jp/kyoiku/kyoiku/yochien-gakko/index.html

入学・編入学

●資格・条件
(1) 保護者の海外勤務に伴い、1 年間以上同伴して海外で在留した者
(2) 帰国後浜松市内に居住を予定する者

●必要書類
(1) 教育委員会窓口
・住民票を異動しないで出国した場合はパスポートと印鑑
・住民票を異動して出国した場合は、市役所で住民登録をするのみで必要書類なし
(2) 学校必要書類
○現地校より…在学証明書または在学期間証明書、成績証明書
○在外施設校 (日本人学校) より…在学証明書、指導要録の写し

●受け入れ配慮等
○教育総合支援センターによる相談
・帰国後日本の学校に転入することに関して (準備する物・心構え・不安へのアドバイス)
・転入後の学校適応に関して (必要に応じてセンター相談員が学校と連絡を取り合い対処)
○初期適応支援
・日本語が不十分で学校適応に支障をきたす児童生徒については、原則として 10 日間バイリンガル支援者による適応支援をする制度

牧之原市立小・中学校

【問い合わせ先】▶ 牧之原市教育委員会　学校教育課
【教育相談窓口】▶ 牧之原市教育委員会　学校教育課
〒 421-0592 静岡県牧之原市相良 275
TEL 0548-53-2645 FAX 0548-53-2657
Email: kyoiku@city.makinohara.shizuoka.jp

入学・編入学

●資格・条件
原則として学区内居住者
●必要書類
教育委員会発行の入学通知書、指導要録の写し＊、健康診断票および歯の検査票＊、在学証明書
＊は日本人学校出身者のみ
●受け入れ配慮等
○市内小・中学校で以下のような配慮がなされている。〈指導員等の巡回指導、適応指導、日本語指導（ただし、ポルトガル語のみ）〉

豊田市立小・中学校

【問い合わせ先】▶ 豊田市教育委員会　学校教育課
【教育相談窓口】▶ 豊田市教育委員会　学校教育課
〒 471-8501 愛知県豊田市西町 3-60
TEL 0565-34-6662 FAX 0565-31-9145
Email: gakkou_k@city.toyota.aichi.jp

入学・編入学

●資格・条件
原則として学区内居住者。
●必要書類
教育委員会発行の入学指定通知書、指導要録の写し＊、健康診断票および歯の検査票＊、在学証明書＊
＊は日本人学校出身者のみ
●受け入れ配慮等
○帰国・出国児童生徒およびその保護者に対して「帰国児童生徒保護者教育懇談会」を年一回実施しているが、2020 年度は紙面による情報提供。
○日本語指導が必要な帰国児童生徒に、学校日本語指導員を派遣。
○帰国・出国児童生徒、保護者への相談窓口の開設。
○外国人児童生徒・帰国児童生徒の受け入れと相互啓発を目指して、国際理解教育推進のための研究協議会（豊田市教育国際化推進連絡協議会）を開催。
○市内小・中学校での配慮。〈国際理解教育に関する「ワールドルーム」のような教室の設置、帰国家族や帰国児童生徒に対する実態調査・追跡調査の実施、保護者・教師による情報資料の提供〉
○海外出国中の児童生徒への教材の送付。

名古屋市立小・中学校

【問い合わせ先】▶ 名古屋市教育委員会　指導部指導室
〒 460-8508 愛知県名古屋市中区三の丸 3-1-1
TEL 052-972-3232　**FAX** 052-972-4177
【教育相談窓口】▶ 子ども教育相談「ハートフレンドなごや」（名古屋市教育センター内）
〒 456-0031 愛知県名古屋市熱田区神宮 3-6-14
TEL 052-683-8222

名古屋市立笹島小学校

〒 450-0002　（担当：加藤泰之）
愛知県名古屋市中村区名駅 4-19-1
▶▶（JR・近鉄・名鉄・地下鉄名古屋駅）
TEL 052-565-1155　**FAX** 052-561-2193
URL http://www.sasashima-e.nagoya-c.ed.jp
児童数 男 75　女 90　合計 165

帰国子女在籍者数	1年	2年	3年	4年	5年	6年	計
	4	2	4	4	5	9	28

受入後

●帰国児童に対する指導
ア．取り出し指導
対象：学年相応の日本語を十分に理解することができない児童
教科：日本語の指導（国語）、数の指導（算数）※他教科は学級で学習する　指導法：少人数で別室指導
イ．イングリッシュクラブ
内容：英語の歌、ゲームなど（適応指導の一環として実施）

●「帰国児童受入学級」入級基準
ア．日本国籍を有する子どもで、保護者とともに名古屋市内に在住する者
イ．海外に勤務する保護者とともに、連続 1 年以上海外に在留し、帰国後 3 年以内の者
ウ．日本語（学習言語）の指導が必要と判断される者
エ．小 1 ～ 3 年は保護者の送り迎えが可能な者

●「入級に際して必要な書類」
・現地の学校の成績証明書・在籍証明書等
・海外で勤務していたことを証明できる書類
笹島小学校・笹島中学校 は同一敷地内にある小中一貫教育校です。

名古屋市立笹島中学校

〒 450-0002　（担当：井上将孝）
愛知県名古屋市中村区名駅 4-19-1
▶▶（JR・近鉄・名鉄・地下鉄名古屋駅）
TEL 052-582-4725　**FAX** 052-561-2194
URL http://www.sasashima-j.nagoya-c.ed.jp/
生徒数 男 25　女 30　合計 55

帰国子女在籍者数	1年	2年	3年	計
	2	5	6	13

受入後

●帰国生徒に対する指導
ア．取り出し指導
対象：学年相応の日本語や学習言語を十分に理解することができない生徒
教科：国語、社会を中心に指導
指導法：少人数で別室指導
イ．イングリッシュクラブ
内容：校内行事への参加に向けての英語練習
ウ．ジャパニーズクラブ
内容：日本文化に親しむ体験活動

●「帰国生徒受入学級」入級基準
ア．日本国籍を有する子どもで、保護者とともに名古屋市内に在住する者
イ．海外に勤務する保護者とともに、連続 1 年以上海外に在留し、帰国後 3 年以内の者
ウ．日本語（学習言語）の指導が必要と判断される者
エ．卒業年次に笹島小学校に帰国児童として在籍している者

京都市立小・中学校

【問い合わせ先】▶ 京都市教育委員会　学校指導課
【教育相談窓口】▶ 京都市教育委員会　学校指導課
〒604-8161 京都市中京区烏丸通三条下ル饅頭屋町 595-3　大同生命ビル 7F
TEL 075-222-3815 FAX 075-231-3117
URL https://www.city.kyoto.lg.jp/kyoiku/

入 学・編入学

●要件
原則として市内に居住する学齢児童生徒（就学先は居住地により決定）
●必要書類
・区役所・支所で発行する転入学通知書
●受け入れ配慮等
○帰国児童生徒等受け入れのための、学校や教員向けの手引書を作成・配布。
○日本語の理解が不十分な児童生徒を支援するため、来日・帰国直後の児童生徒に対して、日本語指導担当教員（教員免許を有する者）による教育課程内での抽出指導を行っている。また、学校長からの申請に基づき、日本語指導ボランティア及び通訳ボランティアの派遣等も行っている。

大阪市立小・中学校

【問い合わせ先・教育相談窓口】▶ 大阪市教育委員会　指導部教育活動支援担当　人権・国際理解教育グループ
〒530-8201 大阪府大阪市北区中之島 1-3-20
TEL 06-6208-8129 FAX 06-6202-7055

帰国・来日した子どもは、居住学区内の大阪市立小・中学校に編・転入学し、一定期間、プレクラスへ通級する。その後、日本語指導協力者や日本語指導教育センター校での初期日本語指導をうけることができる。

入 学・編入学

●資格・条件
原則として学区内居住者。
●必要書類
日本国籍の場合：就学通知書
外国籍の場合：入学申請書又は就学通知書
※ともに、居住区の区役所で発行
指導要録の写し＊、健康診断票＊、在学証明書＊、教科書給与証明書＊　＊は日本人学校出身者のみ
●受け入れ配慮等
○編・転入学の教育相談で、通訳者の支援を実施。
○市内 4 つの共生支援拠点で 10 日間、学校生活やサバイバル日本語等を学ぶプレクラスを実施。
○日本語指導協力者支援（小学校 1 年生から 3 年生対象）、市立小学校 6 校・中学校 6 校「日本語指導が必要な子どもの教育センター校」（小学校 4 年生から中学校 3 年生対象）の通級をすすめる。
○小学校 5 年生以上の児童生徒を対象に教科における日本語指導と母語による日本語習得のための支援。

長池小学校

〒545-0013 (担当：喜多村恵子・井上清子)
大阪府大阪市阿倍野区長池町 20-26
▶▶(地下鉄御堂筋線西田辺駅、JR 阪和線南田辺駅)
TEL 06-6622-6445 FAX 06-6622-7564

日本語・適応指導教室通級者数	1年	2年	3年	4年	5年	6年	計
	0	0	0	9	6	6	21

木川小学校

〒532-0012 (担当：矢山美和)
大阪府大阪市淀川区木川東 3-7-32
▶▶(地下鉄御堂筋線西中島南方駅、阪急京都線南方駅)
TEL 06-6308-6311 FAX 06-6302-1299

日本語・適応指導教室通級者数	1年	2年	3年	4年	5年	6年	計
	0	0	0	5	6	3	14

西九条小学校

〒554-0012 (担当：渡邊勇、谷仁見)
大阪府大阪市此花区西九条 4-3-41
▶▶(JR 環状線西九条駅)
TEL 06-6468-3731 FAX 06-6468-0259

日本語・適応指導教室通級者数	1年	2年	3年	4年	5年	6年	計
	0	1	0	4	13	9	27

大国小学校

〒556-0014 (担当：小椋靖美)
大阪府大阪市浪速区大国 1-9-3
▶▶(地下鉄御堂筋線 四つ橋線 大国町駅、JR 環状線 今宮駅)
TEL 06-6631-0171 FAX 06-6631-0362

日本語・適応指導教室通級者数	1年	2年	3年	4年	5年	6年	計
	1	0	3	4	6	2	16

小路小学校

〒544-0002 (担当：末永晶子)
大阪府大阪市生野区小路 2-24-40
▶▶(地下鉄鉄千日前線 小路駅)
TEL 06-6752-0061 FAX 06-6751-8751

日本語・適応指導教室通級者数	1年	2年	3年	4年	5年	6年	計
	0	1	0	3	5	3	12

東都島小学校

〒534-0021 (担当：森川久子)
大阪府大阪市都島区都島本通 4-24-20
▶▶(地下鉄谷町線 都島駅 野江内代駅、JR おおさか東線 JR 野江駅)
TEL 06-6921-2955 FAX 06-6925-3958

日本語・適応指導教室通級者数	1年	2年	3年	4年	5年	6年	計
	0	0	0	1	1	1	3

市岡中学校

〒552-0003 (担当：松田和典、俵 史恵)
大阪府大阪市港区磯路 1-5-21
▶▶(地下鉄中央線・JR 環状線弁天町駅)
TEL 06-6572-7231 FAX 06-6572-2768

日本語・適応指導教室通級者数	1年	2年	3年	計
	12	5	10	27

阿倍野中学校

〒545-0011 (担当：浅野真希子、矢嶋ルツ)
大阪府大阪市阿倍野区昭和町 3-2-4
▶▶(地下鉄御堂筋線昭和町駅・谷町線文の里駅・JR 阪和線南田辺駅)
TEL 06-6628-0505 FAX 06-6628-0507

日本語・適応指導教室通級者数	1年	2年	3年	計
	8	8	7	23

豊崎中学校

〒531-0074 (担当：角野麻美、巖晶子)
大阪府大阪市北区本庄東 3-4-8
▶▶(阪急・地下鉄堺筋線・谷町線天神橋筋 6 丁目駅)
TEL 06-6375-8167 FAX 06-6375-8167

日本語・適応指導教室通級者数	1年	2年	3年	計
	6	12	16	34

木津中学校

〒556-0013 (担当：山田美佐子)
大阪府大阪市浪速区戎本町 1-3-46
▶▶(地下鉄御堂筋線 四つ橋線 大国町駅、南海高野線 今宮戎駅)
TEL 06-6632-5765 FAX 06-6632-6866

日本語・適応指導教室通級者数	1年	2年	3年	計
	7	6	6	19

旭陽中学校

〒535-0031 (担当：薗山 友貴美)
大阪府大阪市旭区高殿 5-9-31
▶▶(地下鉄谷町線 関目高殿駅)
TEL 06-6951-5531 FAX 06-6951-5635

日本語・適応指導教室通級者数	1年	2年	3年	計
	2	2	1	5

大池中学校

〒544-0005 (担当：西谷 順)
大阪府大阪市生野区中川 6-3-6
▶▶(地下鉄千日前線・今里筋線 今里駅、JR 環状線 桃谷駅)
TEL 06-6752-3451 FAX 06-6751-9581

日本語・適応指導教室通級者数	1年	2年	3年	計
	4	5	6	15

※大阪市の「帰国した子どもの教育センター校」は「日本語指導が必要な子どもの教育センター校」に変わりました。
また、小学校では新たに大阪市立都島小学校もセンター校になりました。(小学校６校・中学校６校になりました。)

八尾市立小・中学校・義務教育学校

【問い合わせ先】▶ 八尾市教育委員会　指導課

〒581-0003 大阪府八尾市本町 1-1-1
TEL 072-924-3891 **FAX** 072-923-2934
URL http://city.yao.osaka.jp/

入学・編入学

●資格・条件
(1) 入学時において、日本国の義務教育年齢に相当する者
(2) 通学区域に居住していること

●必要書類
在学証明書、指導要録の写し、児童生徒健康診断票（一般・歯・口腔）
※詳細は問い合わせ

●受け入れ配慮等
心配事があればご相談

●その他
転入学の学年は生年月日により決定

神戸市立小・中学校

【問い合わせ先】▶ 神戸市教育委員会　学校教育課
【教育相談窓口】▶ 神戸市教育委員会　学校教育課　人権教育担当

〒650-0044 兵庫県神戸市中央区東川崎町 1-3-3 神戸ハーバーランドセンタービル ハーバーセンター 4 階
TEL 078-984-0708 **FAX** 078-984-0717

入学・編入学

●資格・条件
原則として学区内居住者。

●必要書類
指導要録の写し＊、健康診断票および歯の検査票＊、各区役所発行の就学通知書
＊は日本人学校出身者のみ

●受け入れ配慮等
○日本語指導が必要な児童生徒を支援するため、学校からの要請に応じ、母語を介する支援員やサポーターを派遣して円滑な学校適応につなげている。

西宮市立小・中学校

【入学・編入学に関する窓口】▶ 西宮市教育委員会 学校教育部 学事課
【受け入れ配慮等に関する窓口】▶ 西宮市教育委員会 学校教育部 学校教育課

〒662-8567 兵庫県西宮市六湛寺町 3-1 市役所東館 7F
学 事 課 TEL 0798-35-3850
学校教育課 TEL 0798-35-3857 **FAX** 0798-22-7019
URL https://www.nishi.or.jp/kosodate/kyoiku/gakkokyoiku/index.html

入 学・編入学

●資格・条件
原則として学区内居住者。

●必要書類
教育委員会発行の就学通知書、在学証明書、指導要録の写し＊健康診断票および歯の検査票＊、教科用図書給与証明書＊、成績証明書など
＊は日本人学校出身者のみ

●受け入れ配慮等
《西宮市教育委員会の取組み》
○帰国・外国人児童生徒受け入れにおけるサポートおよびアドバイス……日本語指導が必要な帰国・外国人児童生徒に対して、母語による授業等の支援（生活・学習相談員）。日本語指導が必要な帰国・外国人児童生徒に対して、放課後に日本語教室の開設
○帰国・外国人児童生徒の受け入れのための研修会の開催……帰国・外国人幼児児童生徒についての実態調査。国際教育担当者会の開催

北九州市立小・中学校

【問い合わせ先】▶ 北九州市教育委員会　指導第一課
〒803-8510 福岡県北九州市小倉北区大手町 1-1
TEL 093-582-2368　**FAX** 093-581-5873

【教育相談窓口】▶ 各区子ども家庭相談コーナー ー
小倉北区 093-563-0115　門 司 区 093-332-0115
小倉南区 093-951-0115　戸 畑 区 093-881-0115
八幡東区 093-661-0115　若 松 区 093-771-0115
八幡西区 093-642-0115

入学・編入学

●資格・条件
1. 保護者の海外勤務に伴い、海外に在留し、帰国した者。
2. 原則として校区内居住者。
3. 教育委員会等の承認があれば校区外からも通学可。

●必要書類
教育委員会発行の就学通知書、指導要録の写し＊、健康診断票および歯の検査票＊、学習成績表（現地校やインターナショナルスクール出身者の場合）、在学証明書
＊は日本人学校出身者のみ

●受け入れ配慮等
○帰国子女受け入れのための協議会を設置（北九州市帰国・外国人児童生徒教育推進協議会）。
○指定校制度があり下記５校がセンター校。
○センター校では以下のような配慮がなされている。〈日本語指導等のための教室の設置、帰国・外国人児童生徒教育専任教員の配置、日本語指導を含む適応指導の実施〉

各校別情報

小倉中央小学校（こくらちゅうおう）

〒802-0005　（担当：教頭 光武典子）
福岡県北九州市小倉北区堺町 2-4-1
▶▶（JR 鹿児島本線小倉駅）
TEL 093-521-1079　**FAX** 093-521-0492

帰国子女在籍者数	1年	2年	3年	4年	5年	6年	計
	2	2	3	6	3	4	20

光貞小学校（みつさだ）

〒807-0805　（担当：下野未希）
福岡県北九州市八幡西区光貞台 1-4-1
▶▶（JR 鹿児島本線折尾駅）
TEL 093-603-4511　**FAX** 093-603-4512

帰国子女在籍者数	1年	2年	3年	4年	5年	6年	計
	0	0	1	2	0	2	5

あやめが丘小学校（おか）

〒804-0093　（担当：三橋道子）
福岡県北九州市戸畑区沢見 2-3-1
▶▶（JR 鹿児島本線九工大前駅）
TEL 093-881-3003　**FAX** 093-881-3028
URL http://www.kita9.ed.jp/ayamegaoka-e/index.html

帰国子女在籍者数	1年	2年	3年	4年	5年	6年	計
	1	0	0	2	0	0	3

菊陵中学校（きくりょう）

〒802-0023　（担当：鞍馬由紀子、富崎千賀）
福岡県北九州市小倉北区下富野 1-2-1
▶▶（JR 鹿児島本線小倉駅）
TEL 093-521-0623　**FAX** 093-521-5319
URL http://www.kita9.ed.jp/kikuryo-j/main.htm

帰国子女在籍者数	1年	2年	3年	計
	1	2	3	6

浅川中学校（あさかわ）

〒807-0871　（担当：濱崎加津子）
福岡県北九州市八幡西区浅川学園台 2-4-1
▶▶（JR 鹿児島本線折尾駅）
TEL 093-601-9323　**FAX** 093-601-3498
URL http://www.kita9.ed.jp/asakawa-j/

帰国子女在籍者数	1年	2年	3年	計
	1	2	0	3

福岡市立小・中・特別支援学校

【問い合わせ先】▶ 福岡市教育委員会　学校指導課
〒810-8621 福岡県福岡市中央区天神 1-8-1
TEL 092-711-4638 **FAX** 092-733-5780
URL http://www.city.fukuoka.lg.jp/kyouiku/

入学・編入学

●資格・条件
原則として市内に居住する学齢児童生徒（就学先は居住地により決定）

●必要書類
区役所で発行する転入学通知書

●受け入れ配慮等
《福岡市子ども日本語サポートプロジェクト》
福岡市立小・中学校・特別支援学校（小・中学部）に在籍する日本語指導が必要な児童生徒が、日本語で学校生活を営み、日本語での学習に取り組めるようになることを目的とし、日本語指導等のサポートを行っています。

高等学校編

私立 女子 寮

▷▷ 中 74P 大 575P

さっぽろせいしんじょしがくいん
札幌聖心女子学院高等学校

〒 064-8540　（担当：畑尻麻紀）
北海道札幌市中央区宮の森２条16-10-1
▶▶（地下鉄東西線円山公園駅）
TEL 011-611-9231　FAX 011-612-0980
URL https://spr-sacred-heart.ed.jp
生徒数　女 96　合計 96

帰国子女在籍者数	1年	2年	3年	計
	−	−	−	−

入学

●**出願資格・条件**
帰国後も保護者が海外勤務の場合は寄宿舎から通学すること
※特別入試は実施しないが、配慮する

●**出願書類**
・入学願書・受験票・現在海外に滞在中の場合は、英語または日本語による成績証明書・現在日本にいる場合は海外での在学証明書および調査書・保護者の海外勤務証明書等

●**日程等**

区分	募集	出願	試験	発表	選考方法
推薦 単願	A40 B20	1/12～19	1/23	1/26	面接
一般		1/18～2/4	2/16	2/22	国語・数学・英語（リスニング含む）、面接

※ A：ソフィア・サイエンスクラス　B：グローバルクラス
※募集人員は内部進学生・全ての入試を含む
※推薦、単願の受験資格 A: 評定平均 3.5 以上 B: 英検準２級以上
※中学校からの推薦書が必要な「推薦」のほか、自己推薦文による「単願」があります。
※面接は、推薦・単願・一般とも寄宿希望者は保護者同伴

●**応募状況**

年度＼人数	募集人員	出願者	受験者	合格者	入学者
2019	一般に含む	0	0	0	0
2020	一般に含む	0	0	0	0

編入学

●**編入学時期・定員**〔1・2年生〕欠員がある場合、随時
●**出願資格・出願書類**　入学に準ずる
●**選考方法**　国語・数学・英語、面接
●**2019年度帰国子女編入学者数**

1年	0	2年	1	3年	0

受入後

●**指導**　基本的には一般入学生徒と同等の扱いをするが、実情に応じ、適宜個人指導による補習を行う。
●**教育方針**　カトリックの価値観と女子教育の実績を土台に、心を育て、知性を磨き、社会に貢献する実行力を身につけた生徒を育てる。
●**特色**　世界に広がる「聖心ネットワーク」を活かした教育活動。学んだ知識を活用し、自分のことばで自分の考えを発信する力を育む授業。一人ひとりに目が届く家庭的な教育。
充実の指定校推薦。AO 入試にも強い個別指導・探求学習。快適で温かな雰囲気の寄宿舎を完備。
●**進学特例条件**　聖心女子大学へ推薦で進学できる（成績条件あり）。
●**卒業生（帰国生徒）の進路状況**　聖心女子大学などへ進学。

私立 共学 寮

受入開始　2017 年度

あさひかわめいせい
旭川明成高等学校

〒 070-0823　（担当：奥村、長谷川）
北海道旭川市緑町 14
▶▶（JR 旭川駅）
TEL 0166-51-3220　FAX 0166-52-2151
URL http://www. takarada.ed .jp/meisei/
生徒数　男 269　女 315　合計 584

帰国子女在籍者数	1年	2年	3年	計
	0	0	0	0

入学

●**出願資格・条件**
① 2021 年 3 月中学校卒業見込みの生徒および中学校（中学校に準ずる学校）を卒業した生徒
②原則として入学後、本校学生寮に入寮する生徒
③本校を専願し、入学する生徒

●**出願書類**
・入学願書・国内外の学校の成績資料（日本人学校は調査書）・入学確約書・志望理由書

●**日程等**

募集	出願	試験	発表	選考方法
若干名	10/13～23	11/8	11/13	面接（保護者同伴）

※試験会場：東京（私学会館）、旭川（旭川明成高等学校）

編入学

●**編入学時期**〔1・2 年生〕随時
●**出願資格・条件・出願書類**　入学に準ずる
●**選考方法**　面接（保護者同伴）

受入後

●**指導**　国語・数学・英語は、中学校の基礎レベルから高校の応用レベルまで合わせて、classi 学習動画を主とした個別の学習メニューで対応。
●**教育方針**「温而健（おんにしてけん）」の精神のもと、優しく、穏やかで、かつ心身ともに健康で強靱な意志を持った生徒を育てる。
●**特色**
①全国随一の ICT 教育環境：生徒全員に iPad を配布。校内 Wi-Fi 完備。全教室にホワイトボードとプロジェクター設置。
②最新の寮生活：2016 年 3 月に新設されたばかり。男 16 名・女 16 名完全個室。寮費 7 万円（土日祝日完全 3 食付き）。机、ベッド、整理ダンス備え付け。
③総合学科：多くの選択肢の中から自分で学びたい科目を選び、進路に合わせた時間割を作成することができる。
④安心・安全の立地：旭川は地震がほとんどなく、台風や強風の影響が少ない。
⑤過ごしやすい校内環境：全教室にエアコンを完備。
●**進学特例条件**　指定校推薦枠
大学：立教大学、関西大学、関西学院大学、東洋大学、龍谷大学、北海学園大学　他 120 校
短期大学：大妻女子大学短期大学部、大月短期大学、京都光華女子大学短期大学、北海道武蔵女子短期大学　他 29 校

私立 共学 寮

受入開始 2010 年度

とわの森三愛高等学校

（担当：真田）

〒 069-8533
北海道江別市文京台緑町 569
▶▶（JR 函館本線大麻駅）
TEL 011-386-3111 FAX 011-386-1243
URL https://www.san-ai.ed.jp/

生徒数 男 466 女 358 合計 824

帰国子女在籍者数	1年	2年	3年	計
	0	0	2	2

入 学

●出願資格・条件 2021 年 3 月までに中学校の課程を修了もしくは修了見込みの者。またはこれと同等と認めた者 (2021.4.1 現在で満 15 歳以上)。ただし推薦入試は本校を第一志望とし、合格した場合は必ず入学するものとする

●出願書類 ・入学願書・志望理由書・海外在住証明書・受験票および合否通知返送先票・入学検定料送金通知書（以上、所定書式）・調査書または成績証明書（在籍学校発行のもの）・推薦書（推薦入試受験者）

●日程等

区分	募集	出願	試験	発表	選考方法
A	特に定めず	12/14～1/15	1/23	1/28	推薦：書類、作文、面接 単願、獣医・理数専願：国・数・英、面接
B	特に定めず	1/18～2/5	2/19	3/2	書類、国・数・社・理・英

※ A: 推薦入試、単願入試、獣医・理数専願入試
B: 一般入試

●応募状況

年度＼人数	募集人員	出願者	受験者	合格者	入学者
2019	特に定めず	1	1	1	1
2020	若干名	0	0	0	0

編 入 学

●編入学時期・定員〔1・2 年生〕随時、[3 年生]4 月

●出願資格・条件・出願書類 入学に準ずる

●選考方法 学科テスト（履修状況を勘案する）、面接

● 2019 年度帰国子女編入学者数

1年	0	2年	2	3年	0

受 入 後

●指導 国語・数学 英語は、中学時の基礎レベルから高校の応用レベルにまで合わせて、e- ラーニング教材を主とした個別の学習メニューで（キャッチアップから受験進学まで）対応。日本語運用能力は、日本語検定 2 級程度を求める。

●教育方針 「愛神、愛人、愛土」の三愛精神と「健土健民」の理念を掲げ、高校生の多感な時期に実学教育を柱として学ぶカリキュラムを誇る。自己実現を個々に合わせて獲得する教育内容。

●特色 獣医・理数、フードクリエイト、総合進学、トップアスリート健康、機農（酪農 / 作物園芸専攻）などのコースがある。

●進学特例条件 獣医学部を持つ大学の中でトップクラスの国家試験合格者数を誇る獣医学類への進学枠 10 名をはじめ、管理栄養士のコースなど、特色ある食と農と環境を学ぶ酪農学園大学へ附属高校としての進学枠あり。

※近未来に人類が必ず直面する食料、環境等を学び研究する酪農学園大学の附属高校として、大学への入学金免除。

▷▷ 大 660P

私立 共学 寮

受入開始 1996 年度

立命館慶祥高等学校

（担当：吉田恒）

〒 069-0832
北海道江別市西野幌 640-1
▶▶（JR 千歳線新札幌駅、地下鉄東西線新さっぽろ駅）
TEL 011-381-8888 FAX 011-381-8892
URL https://www2.spc.ritsumei.ac.jp/

生徒数 男 527 女 456 合計 983

帰国子女在籍者数	1年	2年	3年	計
	28	14	17	59

入 学

●出願資格・条件

〈海外入試〉次の 3 つの条件を満たした者。
(1) 2021 年 3 月までに学校教育における中学校の課程を修了または修了見込みの者、および、本校がこれと同等と認めた者で、2021 年 4 月 1 日時点で満 15 歳以上の者。
(2) 現在、海外の現地校等（インターナショナルスクール、日本人学校を含む）に在籍している者。
(3) 2021 年 3 月末までに帰国する者。
※ 2021 年 3 月末までに帰国できない場合やご不明な点はご相談下さい。

〈帰国生 11 月入試〉次の 3 つの条件を満たし、事前資格審査で出願が認められた者。
(1) 2021 年 3 月までに、学校教育における中学校の課程を修了または修了見込みの者、および、本校がこれと同等と認めた者で、2021 年 4 月 1 日時点で満 15 歳以上の者。
(2) 北海道以外の所在地にある中学校に在籍し、小学 1 年生から中学 3 年生までの期間に、海外の現地校等（インターナショナルスクール、日本人学校を含む）に 1 年以上在籍した経験のある者。（在籍期間は海外在住期間全てを算入できます）
※北海道内の所在地にある中学校に在籍している者は受験できません。
(3) 2021 年 3 月末までに帰国する者、もしくは、既に帰国している者。
※ 2021 年 3 月末までに帰国できない場合やご不明な点はご相談下さい。
※事前資格審査について：期間内 (2020 年 8/31 ～ 9/28) に、ホームページより web 登録してください。なお証明書類を郵送ご希望の方は本校入試事務局宛に郵送してください。

●日程等

区分	募集	出願	試験	発表	選考方法
A B	特に定めず	10/15～31	11/9	11/15	国・数・英、面接※

※ A: 海外入試（バンコク）、B: 海外入試・帰国 11 月入試（東京）
※面接は本人のみ
※海外校在籍の方は海外入試を選択してください

●応募状況

年度＼人数	募集人員	出願者	受験者	合格者	入学者
2019	特に定めず	35	35	28	14
2020	特に定めず	56	54	48	25

編 入 学

●編入学時期・定員〔1・2 年生〕7、9、3 月。若干名

●出願資格・条件 詳細は HP で確認

●選考方法 国・数・英、面接

● 2019 年度帰国子女編入学者数

1年	0	2年	0	3年	1

受 入 後

●指導 生徒専用寮（男子・女子）があり、生活および学習指導により寮生活をサポート

●進学特例条件 学内推薦で、立命館大、立命館アジア太平洋大へ全員進学可能（推薦基準あり）

●卒業生（帰国生徒）の進路状況 立命館大、立命館アジア太平洋大、東京大、京都大、北海道大、札幌医科大、旭川医科大、早稲田大、慶應義塾大、上智大など

▷▷ 大 583P 短 668P

受入開始　2015 年度

札幌日本大学高等学校
（さっぽろにほんだいがく）

（担当：柴崎浩志）

〒061-1103
北海道北広島市虹ヶ丘５丁目 7-1
▶▶（JR 千歳線 上野幌駅）
TEL 011-375-2611　FAX 011-375-3305
URL http://www.sapporonichidai.ed.jp/
生徒数　男 580　女 478　合計 1058

帰国子女在籍者数	1年	2年	3年	計
	3	5	3	11

入学

●出願資格・条件　2006 年４月１日以前に生まれ、海外に勤務等により在住する保護者に同伴し、出願時において海外に在住しており、次の①および②のいずれかに該当する者で、日本の義務教育期間における海外就学期間が 2021 年３月末で１年以上の者。
①文部科学省の指定を受けた海外の全日制日本人学校の中学部を卒業した者、または卒業見込みの者。
②海外の学校教育における９学年の課程（日本の義務教育の課程に相当するもの）を修了した者、あるいは 2021 年３月または６月までに修了見込みの者。
※外国籍を有する生徒につきましては、事前に本校広報募集本部にて出願資格の認定を受けてください。

●出願書類
①入学願書・受験票・受験料納入証明書　②個人調査書　③志願者身上書
④成績証明書または通知表の写し（受験生全員）
海外現地校およびインターナショナル校に在籍する者は、日本の中学校の課程に相当する過去３年間の成績を証明したもの、もしくは同期間の通知表の写しを提出してください。なお、国内の中学校に在籍していた期間がある場合は、そのときの成績証明書も含めて提出してください（通知表の写し可）。
※日本語・英語以外の言語で記載されているものは、必ず日本語訳を添付してください。
⑤海外在留（勤務）証明書
保護者が勤務する企業の代表者等が証明したもの（書式自由）。
※企業の代表者と保護者の氏名が同一であっても構いません。
※代表者の発行にお時間がかかる場合、関連部署の責任者が証明したものでも構いません。
⑥ TOEFL のスコア用紙あるいは実用英語検定の合格書のコピー
提出可能な者のみ提出してください。合否判定の補足資料となります。

●日程等

募集	出願	試験※	発表	選考方法
特に定めず	2020.8/5～10/16	A:10/24 B:10/26	11/6	国・数・英、面接（帰国生入学試験）

※ A：本校会場・シンガポール会場　B：ジャカルタ会場

編入学

随時受け付けています。メールまたはお電話でお問い合わせください。

受入後

●指導
・プレミアＳコース、特進コースでは実力別に習熟度別授業を行っています。英検は全員受験となっており、２次試験の対策は授業内で行うとともに、放課後に英語教員が個別に指導を行っています。
・帰国生に対してキャッチアップとして補習授業も行っています。定期考査後、補習または再テストを行っており、補習要素を含んだ学習に参加することができます。
・海外生活年数にもよりますが、文化等の違いによる戸惑いがないよう配慮しています。また、学校生活を快適に送ることができるよう特に気にかけて対応しています。

●教育方針　「世界に貢献する人材の育成」一人ひとりの生徒を大切にすることを基本とし、国際性を身につけるなど豊かな感性を培い、進路実現のため、具体的かつ実践的な指導方針を定めて教育活動を推進している。

●特色
理数系教育の最先端 ＳＳＨ（スーパーサイエンスハイスクール）
グローバルリーダーの育成 ＳＧＬ（スーパーグローバルリベラルアーツプログラム）
文部科学省指定　本校は「ＳＳＨ」指定校です。
理数系教育の充実をはかるとともに幅広いグローバル人材の育成に力を入れています。例年、帰国生が入学しており、男子寮および女子寮も完備していますので、安心して通える学校です。
・多種多様な国際交流
・姉妹校が多数（オーストラリア３校・中国の上海、青島・韓国の仁川に各１校）
・指定校推薦枠（大学入試）が多く、有名私大などから全体で 300 以上（2020 年度入試で GMARCH だけで計 27 名）全国にあるグローバル教育への大学を目指す生徒が多数。
・日本大学に行きやすい（以下を参照）

●進学特例条件　日本大学への推薦入試制度（３つの推薦入試方式）
1. 基礎学力選抜方式：
基礎学力到達度テスト（高校在籍期間中４回実施。１年次４月・２年次４月・３年次４月９月）２・３年次の結果により推薦
2. 付属特別選抜方式
調査書の内容・取得資格、部活動・生徒会活動等に重点を置いて推薦
3. 国公立併願方式
国公立大学と併願で基礎学力到達度テスト２・３年次の結果により推薦（国公立大学合格の場合辞退可能）

●卒業生（帰国生徒）の進路状況　日本大学、筑波大学、慶應義塾大学、青山学院大学、立教大学、中央大学、法政大学、関西学院大学など

入　編

私立　男子　寮

▷▷ 中 74P

函館ラ・サール高等学校
（はこだて）

（担当：井上治）

〒041-8765
北海道函館市日吉町 1-12-1
▶▶（函館市電　湯の川電停）
TEL 0138-52-0365　FAX 0138-54-0365
URL https://www.h-lasalle.ed.jp/
生徒数　男 354　　合計 354

帰国子女在籍者数	1年	2年	3年	計
	2	2	1	5

入学

●出願資格・条件
2021 年３月中学校卒業見込みの男子または 2020 年３月中学校を卒業した男子

●出願書類
・入学願書・調査書・受験票

●日程等

募集	出願	試験	発表	選考方法
特に定めず	10/24～11/7	11/22	11/25	国・数・英

※英検準１級取得者は入学者選抜において優遇
※試験会場はバンコク・上海・香港・シンガポール

●応募状況

年度＼人数	募集人員	出願者	受験者	合格者	入学者
2019	特に定めず	7	7	7	3
2020	特に定めず	4	4	0	0

編入学

●編入学時期　〔1～3年生〕随時
●出願資格　高等学校在学中の男子
●出願書類　・転編入照会書（在学校作成のもの）
・成績証明書（在学校作成のもの）
●選考方法　国語・数学・英語、面接（志望理由等）

● 2019 年度帰国子女編入学者数

1年	0	2年	0	3年	0

受入後

●指導　実情に応じ、適宜補習を行う。

●教育方針　「ファミリー・スピリット」、学校を一つの家族のように考え、生徒たちに行動上の自覚を促し、学校の名誉を重んずる態度を養う。

●特色
①人間教育重視の教育伝統～カトリック校として、学力に偏らない全人格的成長を図ると共に、問題を抱えた生徒をあくまでも支援
②トップクラスの全国区性～中学は全国一とも言われている（生徒の過半数が関東関西出身）
③全国唯一の大部屋寮生活～柔軟で逞しい人間関係力と一生の友人が得られる
④恵まれた生活・学習環境～函館は北海道の豊かな自然と歴史的情緒に溢れた魅力的な港町
⑤低廉な経費～都会での通学通塾生活より経済的（授業料寮費合わせて月 11 万円）
※入学金免除制度・授業料無償制度に加えてラ・サール会奨学金・同窓会奨学金（共に返還義務なし）
※県外特別入試（英数国。全国に試験会場あり）
※推薦入試（他校入試との併願可。面接なし・英数国の筆記試験のみ。全国に試験会場あり）

私立 女子

聖ドミニコ学院高等学校

(担当：棚野祐二)
〒980-0874
宮城県仙台市青葉区角五郎 2-2-14
▶▶(各線仙台駅、JR 仙山線国見駅)
TEL 022-222-6337 FAX 022-221-6203
URL http://www.dominic.ac.jp

生徒数　女 198　合計 198

帰国子女在籍者数	1年	2年	3年	計
	0	0	0	0

入学

●出願資格・条件
保護者とともに外国に滞在し教育を受けた者で、国の内外を問わずに通常の課程による9年の学校教育を修了し、本校において中学校を卒業した者と同等以上の学力があると認められた者。入学許可後、父母またはそれに代わる保護者と同居する者

●出願書類
・入学願書一式（本学所定のもの）・海外における学校の在学証明書・海外における学校の成績証明書（日本人学校の場合は調査書）・帰国後、国内の中学校に在籍した者は、その調査書

●日程等

区分	募集	出願	試験	発表	選考方法
A	特に定めず	12/21～1/6	1/13	1/14	書類審査、面接
B		12/21～1/22	2/2	2/8	国・数・英、書類審査
C			2/4		

※ A: 推薦入試　B・C: 一般入試（A・B 日程）
※学科と面接を総合して決定する
※定員は①特別進学コース 35 人②総合進学コース 35 人③幼児保育進学コース 25 人④キャリアデザインコース 60 人
※出願は、土・日・祝を除く
※本校は帰国子女対象の入試（編入学試験含む）を実施しておりませんが、受け入れはしております。

●応募状況

年度＼人数	募集人員	出願者	受験者	合格者	入学者
2019	特に定めず	0	0	0	0
2020	特に定めず	0	0	0	0

編入学

●編入学時期・定員〔1・2 年生〕6、9、12、2 月。若干名
●出願資格・条件・出願書類　入学に準ずる
● 2019 年度帰国子女編入学者数

1年	0	2年	0	3年	0

受入後

●指導　学力向上のため課外補習・講習を課すが、一般生徒と同じ指導。
●教育方針　カトリック的世界観に基づく心の教育・国際理解教育・情報教育。
●進学特例条件　主にカトリック系大学・短期大学など多数の推薦指定校がある。

私立 共学 寮

▷▷ 中 76P

受入開始　1990 年度

仙台育英学園高等学校

(担当：小川彰)
〒983-0045
宮城県仙台市宮城野区宮城野 2-4-1
▶▶(JR 仙石線宮城野原駅・中野栄駅)
TEL 022-256-4141 FAX 022-299-2408
URL https://www.sendaiikuei.ed.jp

生徒数　男 1913 女 1481 合計 3394

帰国子女在籍者数	1年	2年	3年	計
	0	0	0	0

入学

●出願資格・条件
2021 年 3 月中学校卒業見込みの者、および 2020 年 3 月中学校卒業の者

●出願書類
・現地在学校からの在学証明書・成績証明書
・本学所定の入学願書

●日程等

区分	募集	出願	試験	発表	選考方法
A	特に定めず	12/1～1/7	1/13	1/14	専願：面接 併願：国・数・英・社・理
B		12/1～1/19	2/2	2/8	
			2/4		

※ A: 推薦入試　B: 一般入試
※帰国子女については考慮する

●応募状況

年度＼人数	募集人員	出願者	受験者	合格者	入学者
2019	特に定めず	0	0	0	0
2020	特に定めず	0	0	0	0

編入学

●編入学時期・定員〔1 ～ 2 年生〕随時。特に定めず
●出願資格・条件　入学に準ずる
●出願書類　現地在学校の在学証明書・成績証明書・本校所定の願書
●選考方法　英語・国語・数学の筆記試験、面接(本人)
● 2019 年度帰国子女編入学者数

1年	0	2年	0	3年	0

受入後

●指導
IB 教育プログラムによる探究型の概念学習を通して、論理的思考力、問題解決能力、コミュニケーション能力、表現力等を養うとともに、新大学入試制度にも対応できる実力を育てます。

●教育方針
生活の基本的習慣の確立と自主的に判断する能力・態度を養い、ボランティア活動を通して自然環境保護の重要性を理解できる人間を育成する。

●特色
文武両道を常に心がけ、目標達成に向けて努力を惜しまない考えを身につけさせる

●卒業生（帰国生徒）の進路状況
国際教養大、上智大、青山学院大、東京外国語大など。

私立 男子 寮

▷▷ 中 75P 大 557P

受入開始　1990 年度

東北学院高等学校

とうほくがくいん

（担当：入試対策室）

〒 983-8565
宮城県仙台市宮城野区小鶴字高野 123 番 1
▶▶（JR 仙石線小鶴新田駅）
TEL 022-786-1231　FAX 022-786-1460
URL https://www.jhs.tohoku-gakuin.ac.jp/
生徒数　男 961　合計 961

帰国子女在籍者数	1 年	2 年	3 年	計
	2	0	0	2

入学

●出願資格・条件
①日本国籍を持ち、1 年以上にわたって海外の正規の教育機関に就学していて帰国後 6 ヵ月以内の生徒
②中学校 3 年を修了したと認められる者
※出願希望者は事前に相談すること

●出願書類
・入学志願書・編入学事由書・調査書または成績証明書

●日程等

募集	出願	試験	発表	選考方法
若干名	12/21 ～ 1/19	2/2 または 2/4	2/8	国・数・社・英・理、面接（保護者同伴）

※帰国生の選考については別途考慮する

●応募状況

年度＼人数	募集人員	出願者	受験者	合格者	入学者
2019	若干名	1	1	1	0
2020	若干名	1	1	1	0

編入学

●編入学時期・定員　〔1 年生〕8、10、1 月
〔2 年生〕4、8、10、1 月
〔3 年生〕4 月。若干名
※上記以外の時期も応相談（3 年生除く）

●出願資格・条件　上記①と同じ

●出願書類　入学に準ずる

●選考方法　国語・数学・英語、面接（保護者同伴）

● 2019 年度帰国子女編入学者数

1 年	0	2 年	0	3 年	0

受入後

●指導
一般生と同じクラスで指導する。

●特色
東北学院は 130 年の伝統と歴史を持つキリスト教主義の学校で、「キリスト教精神に基づく人格教育」を教育の基本としている。あらゆる機会をとらえて豊かな人間性を磨き、知的資質を向上させることにより、広く社会に貢献できるよう大学進学を特に奨励している。PC 一人一台環境を早期より導入し、コースごとに特色あるカリキュラムで効率的・効果的に学力を向上させるシステムが構築されている。

私立 女子 寮

▷▷ 中 75P 大 558P

受入開始　1975 年度

宮城学院高等学校

みやぎがくいん

（担当：平林健）

〒 981-8557
宮城県仙台市青葉区桜ヶ丘 9-1-1
▶▶（JR 東北本線仙台駅、地下鉄南北線旭ヶ丘駅）
TEL 022-279-1331　FAX 022-279-5113
URL http://www.miyagi-gakuin.ac.jp/
生徒数　女 371　合計 371

帰国子女在籍者数	1 年	2 年	3 年	計
	1	5	2	8

入学

●出願資格・条件　下記の条件をすべて満たしていること。
A) 2006 年 4 月 1 日以前に生まれた日本国籍の女子、または日本人学校在籍者女子。
B) 日本国内の中学校または文部科学大臣の認定を受けた海外日本人学校および在外教育施設の中学校、または居住国の政府機関が認める現地中学及びインターナショナルスクールを 2021 年 3 月までに卒業見込みの女子生徒、または卒業した女子生徒。（※ 1）
C) 入学後に学校指定の国際寮に入寮するか、身元保証人と共に通学可能な場所に居住できる女子生徒。
※ 1 インターナショナルスクール、現地校等の場合は卒業している必要はありません。
グローバルコミュニケーションの場合、上記条件の他に以下の条件も満たしていること。
D) 英語検定（日本英語検定協会）準 2 級以上（※ 2）、TOEIC 345 点以上、TOEIC Bridge 130 点以上
※ 2 志願票の裏面にスコアシートまたは合格証のコピーを貼付してください。

●出願書類　入学願書一式（本学所定のもの）・海外在留証明書・海外における学校の成績証明書（日本人学校の場合は調査書）

●日程等
〈出願〉2020 年 9 月 1 日（火）から 12 月 1 日（火）
〈選考方法〉
帰国生入試および帰国生編入試において調査書のみの書類審査とする。
〈基準〉
・総合進学コース 2・3 年次 5 教科評定合計 30 以上（評定平均 3.0）
・特別進学コース 2・3 年次 5 教科評定合計 38 以上（評定平均 3.8）
・グローバルコミュニケーションは更に英検準 2 級以上の資格を有すること
在籍校が現地校の場合は上記に準ずる
〈合格発表〉志願票到着後 2 週間以内

●応募状況

年度＼人数	募集人員	出願者	受験者	合格者	入学者
2019	若干名	10	10	9	5
2020	10	6	6	6	1

編入学

●編入学時期・定員　〔1・2 年生〕随時〔3 年生〕7 月まで

●出願資格　県外からの一家転住者・海外からの帰国子女

●出願書類　・在学証明書・本校既定の願書

●選考方法　学科試験（英・数・国）面
（詳しくはお問合せ下さい）

● 2019 年度帰国子女編入学者数

1 年	0	2 年	0	3 年	0

受入後

●指導　一般生と同じクラスで指導し、必要な場合は個別に指導する。

●進学特例条件　宮城学院女子大に推薦制度あり。この他、指定校推薦で明治大、立教大、青山学院大、法政大、国際基督教大、日本女子大、東京女子大、同志社大など。

●卒業生（帰国生徒）の進路状況　全員大学に進学している（宮城学院女子大、東北学院大、立教大など）。

私立 共学 寮

受入開始 1991年度

九里学園高等学校
（くのりがくえん）

（担当：髙橋 左和明）

〒992-0039
山形県米沢市門東町1-1-72
▶▶（JR山形線米沢駅）
TEL 0238-22-0091 FAX 0238-22-0092
URL http://www.kunori-h.ed.jp/
生徒数 男218 女217 合計435

帰国子女在籍者数	1年	2年	3年	計
	0	0	0	0

入学

●出願資格・条件
海外校在籍期間が1年以上で、帰国後1年以内の者

●出願書類
・本校所定の入学願書一式・海外校における在学期間を証明する書類および成績証明書

●日程等

募集	出願	試験	発表	選考方法
若干名	1/18	1/29	2/3	国・数 英（リスニング含む）、面接

※筆記試験および面接、海外校からの書類等で総合的に検討して合否を判定する
※帰国の日程などで上記の日程で受験できなかったり書類が間に合わない場合は、3月末まで対応する

●応募状況

年度＼人数	募集人員	出願者	受験者	合格者	入学者
2019	若干名	0	0	0	0
2020	若干名	0	0	0	0

編入学

●編入学時期・定員〔1～3年生〕随時。若干名
●出願資格 海外の学校から、本校の相当学年に該当すると認定される者
●出願書類 本校からの指示
●選考方法 面接、国・数・英（リスニング含む）等で総合的に判定

● 2019年度帰国子女編入学者数

1年	0	2年	0	3年	0

受入後

●指導
グローバル社会で活躍する人材の育成に力を入れている。帰国子女の受け入れ後は、一般生徒と同じクラスで指導し、必要な場合は個別指導を行う。

入 編

私立 共学 寮

受入開始 2006年度

鹿島学園高等学校
（かしまがくえん）

（担当：齋藤一樹）

〒314-0042
茨城県鹿嶋市田野辺141-9
▶▶（JR鹿島線鹿島神宮駅）
TEL 0299-83-3211 FAX 0299-83-3219
URL https://kgh.ed.jp
生徒数 男124 女80 合計672

帰国子女在籍者数	1年	2年	3年	計
	0	0	0	0

入学

●出願資格・条件
①保護者の海外在留に伴って外国で教育を受けた者
②海外における滞在期間が1年以上、帰国後2年以内の者
③資格確認のため、出願に際しては事前に相談を行う
※入寮・通学のどちらも可

●出願書類
①入学願書（本校所定）②調査書：全日制日本人学校、日本の中学校に在籍している者（本校所定）③成績証明書：海外現地校およびインターナショナル校に在籍している者※必ず日本語訳を添付すること④海外在住証明書（本校所定）

●日程等

募集	出願	試験	発表	選考方法
若干名（帰国子女・正規留学生・一般生合わせて240名）	12/1～1/29	1/30	2/4	筆記試験（単願者は国語・英語・数学、併願者は英語・数学・国語・理科・社会）および面接試験

●応募状況

年度＼人数	募集人員	出願者	受験者	合格者	入学者
2019	若干名	0	0	0	0
2020	若干名	0	0	0	0

編入学

●編入学定員〔1・2年生〕若干名
●出願資格 一家で転住してきた者や海外帰国子女など
●出願書類 ・成績証明書・単位取得証明書・海外在住証明書
●選考方法 入学に準ずる

● 2019年度帰国子女編入学者数

1年	0	2年	0	3年	0

受入後

●指導 帰国子女の特別クラスは設けず、一般生徒と同じ学級生活に参加。学力向上のために補習を課すこともある。
●教育方針 3年間の高校生活を通して、確かな学力を身につけ、リーダーとして国際社会に貢献できる人材の育成をめざしている。
●特色 生徒の習熟度にあわせて、選抜、一般のクラスを設置。授業は各教科において思考力や応用能力を養う「考えさせる授業」「指名制の授業」を実践する。

私立 共学

▷▷ 中 76P

受入開始 1993 年度

清真学園高等学校
(せいしんがくえん)

(担当：入試広報部 押見弘一)
〒 314-0031
茨城県鹿嶋市宮中伏見 4448-5
▶▶（JR 鹿島線鹿島神宮駅）
TEL 0299-83-1811 FAX 0299-83-6414
URL http://www.seishingakuen.ed.jp

生徒数 男 245 女 244 合計 489

帰国子女在籍者数	1年	2年	3年	計
	0	1	1	2

入学

●出願資格・条件

(1) ～ (2) のいずれかで、かつ在学校長の推薦がある者
(1) 2 年以上引き続き外国の学校に在学している者
(2) 2 年以上引き続き外国の学校に在学していた者で帰国後 12 ヶ月に満たない者
※上記以外の場合、在学期間および帰国後の経過期間等を考慮し、学校長が判断する

●出願書類

・入学願書・成績報告書・学校長の推薦書・外国の学校に在籍していたことを示す公的文書

●日程等

区分	募集	出願	試験	発表	選考方法
一般	若干名	12/3～1/12（日曜日は除く。郵送可）	1/19	1/21	国・数・英（含リスニング）
推薦			1/19	1/21	国・数・英（含リスニング）

※評定基準を国内生徒とは別に設定

●応募状況

年度＼人数	募集人員	出願者	受験者	合格者	入学者
2019	若干名	1	1	1	1
2020	※	0	0	0	0

※学年定員の 3%以内

編入学

●編入学時期・定員 〔1 年生〕 10 、1 月 [2 年生] 4 、1 0 、1 月 [3 年生] 4 、10 月。各学年定員の 3 % 以内

●出願資格・条件・出願書類・選考方法 入学に準ずる

● 2019 年度帰国子女編入学者数

1年	0	2年	0	3年	0

受入後

●指導

他の一般生徒と同じ扱い。必要に応じて補習等の配慮をする。

●進学特例条件

指定校推薦枠があるが、一般国内生と同じ基準で選考される。

●卒業生（帰国生徒）の進路状況

東京医科歯科大学、大阪大学、筑波大学、早稲田大学、慶應義塾大学等合格

私立 共学 寮

▷▷ 中 77P

受入開始 1979 年度

茗溪学園高等学校
(めいけいがくえん)

(担当：松崎秀彰)
〒 305-8502
茨城県つくば市稲荷前 1-1
▶▶（JR 常磐線ひたち野うしく駅・荒川沖駅、TX つくば駅）
TEL 029-851-6611(代) FAX 029-851-5455
URL URL http://www.meikei.ac.jp
E-mail entry@meikei.ac.jp

生徒数 男 434 女 413 合計 847

帰国子女在籍者数	1年	2年	3年	計
	58	65	50	173

入学

●出願資格・条件

<推薦入試>2006.4.1 以前に生まれた者で、次の①～③のいずれかに該当する者 ①国内中学校または日本人学校を 2021 年 3 月に卒業見込みで、中学 2 年及び中学 3 年 1 学期（前期）の 9 科 4.4 以上かつ英数 4 以上 ②国内中学校または日本人学校を 2021 年 3 月に卒業見込みで、中学 2 年及び中学 3 年 1 学期（前期）の 9 科 3.8 以上かつスポーツ分野の高い評価を得た者 ③出願時現在現地校や国際校に在学し、学業成績優秀で、2021 年 3 月までの在学期間が 2 年以上の者または 2017 年 4 月～ 2021 年 3 月に現地校・国際校に在学し、海外在留期間が 2 年以上の者で、英検準 1 級以上または TOEFLiBT 70 以上、IELTS 5.5 以上、TOEIC 800 以上のいずれかを取得した者
<帰国生入試・一般入試>・2006.4.1 以前に生まれた者
・2021 年 3 月に中学校卒業見込みの者またはそれに準ずる者
・海外在留中に現地校・国際校に在学し、次の①～③のいずれかに該当する者 ① 2015 年 4 月～ 2021 年 3 月の間の在留期間が 3 年以上の者 ② 2017 年 4 月～ 2021 年 3 月の間の在留期間が 2 年以上の者 ③出願時に現地校・国際校に在学し、2021 年 3 月までの在学期間が 1 年以上の者
・推薦・帰国生・一般入試とも通学の場合は保護者と同居できる者
※期間の起算日や在留期間の通算の仕方については問い合わせ

●出願書類（Web 出願）・海外在留証明書・国内外の学校の成績資料（日本人学校は調査書）・帰国後の中学校の調査書・推薦書（推薦のみ）・志望理由書（推薦のみ）・活動報告書（推薦のみ）などは郵送またはアップロード

●日程等

区分	募集	出願	試験	発表	選考方法
帰国生	特に定めず	10/30～11/17 11/19～12/1	11/27 12/12	11/30 12/15	英語、面接
推薦	15	12/2～9	1/9	1/10	面接
一般	25	1/6～14	1/23	1/26	国・英・数、面接
IB	若干名	1/6～14	1/23	1/26	

※他に 11/21 に香港・上海・シンガポール・バンコク・シカゴ・ロンドンで実施の〈海外生特別選抜〉あり。詳細は問い合わせ

●応募状況

年度＼人数	募集人員	出願者	受験者	合格者	入学者
2019	特に定めず	65	63	49	18
2020	特に定めず	115	104	73	23

編入学

●編入学時期・定員 〔1 年生〕随時〔2 年生〕4 月のみ。
IB：〔1 年生〕7 月、2 月。定員は特に定めず

●出願書類 入学に準ずる

●選考方法 英語、面接 IB：国・数・英、面接
※問い合わせ entry@meikei.ac.Jp

● 2019 年度帰国子女編入学者数

1年	1	2年	5	3年	0

受入後

●特色 普通学級への混合方式の受け入れを実施。国語、数学は取り出し授業によって不足分野を補充。英語は Extended English Class で海外大学進学も選択肢とできる。

入 編

私立 共学 寮 ▷▷ 中等 217P 大 583P 短 668P

受入開始 2004 年度

土浦日本大学高等学校
(つちうらにほんだいがく)

(担当:赤松浩二)

〒 300-0826
茨城県土浦市小松ヶ丘町 4-46
▶▶ (JR 常磐線土浦駅)
TEL 029-823-4439 FAX 029-825-4455
URL https://www.tng.ac.jp/tsuchiura/
生徒数 男 1144 女 842 合計 1986

帰国子女在籍者数	1 年	2 年	3 年	計
	30	31	30	91

入学

●**出願資格・条件**
【海外入試】2006.4.1 以前に生まれ、海外に勤務等により在住する保護者に同伴し、出願時において海外に在住しており、次の①及び②のいずれかに該当する者で、日本の義務教育期間における海外就学期間が、2021 年 3 月末で 1 年以上の者
①文部科学大臣の指定を受けた海外の全日制日本人学校の中学部を卒業した者、又は卒業見込みの者
②海外の学校教育における 9 学年の課程(日本の義務教育の課程に相当するもの)を修了した者、あるいは 2021 年 3 月または 6 月までに修了見込みの者
【国内入試】出願資格は海外入試と異なる。募集要項を確認すること

●**出願書類**
入学願書一式・志願者身上書・調査書・成績証明書または通知表の写し・海外在留証明書
※その他、詳しくは募集要項を参照

●**日程等** ※ web 出願エントリーが必要です。

区分	募集	出願	試験	発表	選考方法
海外※1	30 名	郵 9/7 ~ 10/19 窓 9/7 ~ 10/19	★	11/10	書類選考(併願のみ)、面接試験
国内	特に定めず	郵 12/21 必着 窓 1/8	1/16	1/20	国語・数学・英語、面接 ※ 2

★ 書類選考 10/26(併願のみ)、面接試験 10/31
※ 1 海外試験は海外アドミッションズ・オフィス入試にリニューアル
※ 2 国語・英語・数学はマークシート方式で実施

●**応募状況**

年度＼人数	募集人員	出願者	受験者	合格者	入学者
2019	特に定めず	234	234	216	30
2020	特に定めず	268	266	251	30

編入学

●**編入学時期・定員** 〔1・2 年生〕9 月。定員は特に定めず。特別な事情により一家転住で帰国される場合は、9 月以外も相談に応じる。教務部に要事前問い合わせ

●**出願資格・出願書類** 入学に準ずる

● **2019 年度帰国子女編入学者数**

1 年	2	2 年	0	3 年	0

受入後

●**指導** 「帰国生の育ってきた教育事情を考慮し、生徒一人ひとりの成長履歴や進路観に基づく継続指導を展開。教科指導面では習熟度に応じた個別指導を実施。英語力の向上に特化したプログラムも導入。

●**卒業生の進路状況** 筑波大、一橋大、九州大、北海道大、東京外国語大、東北大、埼玉大、茨城大、早稲田大、慶應義塾大、明治大、上智大、青山学院大、中央大、同志社大、東京理科大、学習院大、Univ of Queensland、University of Manchester などの他大進学者と日大進学者が半数。

入 編

私立 共学 ▷▷ 中 77P

受入開始 1988 年度

江戸川学園取手高等学校
(えどがわがくえんとりで)

(担当:関貴之)

〒 302-0025
茨城県取手市西 1-37-1
▶▶ (JR 常磐線取手駅)
TEL 0297-74-8771 FAX 0297-73-4851
URL http://www.e-t.ed.jp/
生徒数 男 730 女 577 合計 1307

帰国子女在籍者数	1 年	2 年	3 年	計
	1	1	3	5

入学

●**出願資格・条件**
海外の学校に通算 1 年以上在籍し、帰国後 3 年以内の生徒

●**出願書類**
・調査書(最終的に国内中学校に在籍の場合のみ)
・海外の学校の成績証明書(出席日数が判るもの)
・帰国生受験カード(出願ページよりダウンロード)

●**日程等**

区分	募集	出願	試験	発表	選考方法
A	若干名	11/20 ~ 1/7	1/9	1/10	推薦入試＊
B		11/20 ~ 1/13	1/15	1/18	一般試験・帰国生試験
C		11/20 ~ 1/18	1/20	1/21	一般試験のみ

※帰国子女は一般試験・帰国生試験を選択できます。帰国生試験は英語の筆記・口述試験、英語・日本語による面接を行います。一般試験は英数国理社の 5 科目、もしくは英数国の 3 科目となります。
※アドミッション試験も行っています。詳しくは本校入試担当者にご相談ください。
※ 2019 年度より医科・東大・難関大の 3 コース制となりました。
＊推薦入試は難関コースのみ。英数国(一括配布)と面接試験です 。

●**応募状況**

年度＼人数	募集人員	出願者	受験者	合格者	入学者
2019	若干名	2	2	2	1
2020	若干名	3	3	3	1

編入学

●**編入学時期・定員** 〔1・2 年生〕随時(2 年生は 9 月まで)。特に定めず

●**出願資格・条件・出願書類・選考方法** 入学に準ずる

● **2019 年度帰国子女編入学者数**

1 年	0	2 年	0	3 年	0

受入後

●**指導**
(1) 本校は「規律ある進学校」として、「心豊かなリーダーの育成」を目指して「心力」「学力」「体力」の三位一体の教育を実践している。
(2) 医科を設置しており、在学生の医学志向は高く、普通科からも歯・薬等への進学実績がある。

●**卒業生(帰国生徒)の進路状況** 東京大、早稲田大、慶應義塾大、東京理科大、上智大、明治大など。

私立 共学

▷▷ 中 78P

茨城キリスト教学園高等学校

(いばらき きょうがくえん)

〒 319-1295 (担当：安嶋龍孝)
茨城県日立市大みか町 6-11-1
▶▶（JR 常磐線大甕駅）
TEL 0294-52-3215 FAX 0294-53-9927
URL http://www.icc.ac.jp
生徒数 男 317 女 483 合計 800

帰国子女在籍者数	1年	2年	3年	計
	2	1	0	3

入学

●出願資格・条件
推薦入試の受験資格を有し、かつ次の①～③のいずれかに当てはまる者。（ただし、卒業の時期については日本人学校通学者の場合は、推薦入試と同じで、現地校通学者の場合は、個別の相談に応じる）
外国における滞在期間（在学期間）が、帰国時からさかのぼり継続して、①1年以上2年未満の者で、帰国後1年以内の者 ②2年以上4年未満の者で、帰国後2年以内の者 ③4年以上の者で、帰国後3年以内の者※その他、帰国子女入試の出願手続・学力試験、入学手続等は、すべて推薦入試と同じ
※出願資格・条件について、事前に問い合わせること

●出願書類
(1) 入学願書一式（所定用紙）
(2) 海外生活を証明する書類（保護者の所属機関の長の証明するもの）
(3) 調査書（所定用紙）
(4) 受験者氏名一覧表

●日程等

募集	出願	試験	発表	選考方法
若干名	11/1～12/7 web 出願	1/9	1/13	英・国・数、面接

※推薦入試と一般入試があり、推薦入試で受験すれば考慮する

●応募状況

年度＼人数	募集人員	出願者	受験者	合格者	入学者
2019	若干名	1	1	1	1
2020	若干名	1	1	1	1

編入学

●編入学時期 〔1・2年生〕随時

● 2019年度帰国子女編入学者数

1年	0	2年	0	3年	0

受入後

●指導
一般生と同じクラスで指導する

私立 女子

受入開始 1993年度

宇都宮海星女子学院高等学校

(うつのみや かいせいじょし がくいん)

〒 321-3233 (担当：久保正彦)
栃木県宇都宮市上篭谷町 3776
▶▶（JR 宇都宮線宇都宮駅）
TEL 028-667-0700 FAX 028-667-6985
URL http://www.u-kaisei.ed.jp
生徒数 女 168 合計 168

帰国子女在籍者数	1年	2年	3年	計
	5	3	5	13

入学

●出願資格・条件
2021年3月中学校卒業見込みの女子および中学校を卒業した女子で以下の条件を満たす生徒 (1) 心身ともに健康な女子 (2) 海外の学校に継続して2年以上在籍し、出願時帰国後2年以内の女子

●出願書類
①入学願書一式（本校所定のもの）・海外における最終学校の成績証明書・帰国後に、国内の中学校に在籍した者は調査書
※出願までに必ず事前相談を受けること

●日程等

募集	出願	試験	発表	選考方法
若干名	11/24～12/2	1/5	1/7	作文(600字程度)、面接（受験生のみ）

●応募状況

年度＼人数	募集人員	出願者	受験者	合格者	入学者
2019	若干名	1	1	1	1
2020	若干名	2	2	2	2

編入学

●編入学時期・定員〔1・2年生〕随時。若干名
●出願資格・条件・出願書類 入学に準ずる
●選考方法 国語・数学・英語、面接（受験生・保護者）

● 2019年度帰国子女編入学者数

1年	0	2年	0	3年	0

受入後

●教育方針
「真理と愛に生きる」を校訓とし、キリストの「愛」に学び、学院の保護者聖母マリアの姿を理想とした女性の育成をめざす。いつの時代にあっても変わることのない価値観を学び、良き家庭人・良き社会人・良き国際人として、正しい価値判断ができる「高い教養と品格のある女性の育成」に努める。

●特色 ・北関東における唯一のカトリック・ミッションスクール・リベラル・アーツ教育を実践し、生徒自ら考え、判断し、問題解決が図れる力の涵養に努めている。・国際的なコミュニケーション力を高めるための語学教育に努めている。

●進学特例条件 成績、人物ともに優秀な者に対しては、上智大、南山大、聖心女子大、白百合女子大、清泉女子大、ノートルダム清心女子大などへの、特別推薦指定制度がある。

●卒業生（帰国生徒）の進路状況 上智大、国際基督教大、中央大、南山大、獨協大、東京女子大ほか

私立 共学

▷▷ 中 78P

うつのみやたんきだいがくふぞく 宇都宮短期大学附属高等学校

（担当：萩原俊和）
〒 320-8585
栃木県宇都宮市睦町 1-35
▶▶（JR 宇都宮線・東武宇都宮線宇都宮駅）
TEL 028-634-4161 FAX 028-635-3540
URL http://www.utanf-jh.ed.jp

生徒数 男 1138 女 1318 合計 2456

帰国子女在籍者数	1年	2年	3年	計
	1	0	0	1

入 学

●出願資格・条件
原則として海外在住期間が 1 年以上で、帰国後 2 年以内の者。または現在海外在留中で、日本人学校、現地校、国際学校に在籍し、2021 年 3 月までに帰国する者

●出願書類
・入学願書一式・海外における学校の成績証明書または国内中学校の調査書

●日程等

募集	出願	試験	発表	選考方法
若干名	11/24～12/2	1/4 または 5	1/9	英・国・数・面接

●応募状況

年度＼人数	募集人員	出願者	受験者	合格者	入学者
2019	若干名	0	0	0	0
2020	若干名	8	8	8	1

編 入 学

●編入学時期　〔1 ～ 3 年生〕随時
●出願資格　応募する学年に相当する年数の学校教育を受け、かつ現在海外に在住し、帰国が決定またはその可能性が強い者で、帰国までの在住期間が 1 年を越える見込みの者
●出願書類　海外における学校の在学証明書および成績証明書
●選考方法　英語・作文、面接

● 2019 年度帰国子女編入学者数

1年	0	2年	0	3年	0

受 入 後

●指導　特別な指導はしないが、必要に応じ個別に対応する。
●教育方針　生徒一人ひとりの個性を精いっぱい伸ばし、磨いていく教育を目指す。生徒の資質を活かす、特色と専門性ある 5 つの学科を設置し、大学でいうならユニバーシティ、つまり「総合高校」としての独自性を発揮している。
●進学特例条件　一般の生徒と同じ扱い。併設校への内部推薦制度があるほか、指定校推薦制度がある。

私立 共学

▷▷ 小 36P

受入開始　2000 年度

さくしんがくいん 作新学院高等学校

（担当：塩野谷英彦）
〒 320-8525
栃木県宇都宮市一の沢 1-1-41
▶▶（JR 宇都宮線宇都宮駅・東武宇都宮線宇都宮駅）
TEL 028-648-1811 FAX 028-648-8408
URL https://www.sakushin.ac.jp

生徒数 男 1902 女 1635 合計 3537

帰国子女在籍者数	1年	2年	3年	計
	4	6	5	15

入 学

●出願資格・条件
(1)2021 年 3 月中学校卒業見込みの生徒。中学校卒業者および同等以上の学力があると本校が認めた者。なお、単願受験者は 2021 年 3 月中学校卒業見込みの生徒
(2) 外国における在住期間が 2 年以上、帰国後 2 年以内の者
(3) 本学院の判断により出願資格が認められた者

●出願書類（詳細につきましては、「入学試験要項」をご覧ください。）
(1) インターネット出願期間　2020.11.24(火)～ 12.2(水)
(2)「受験票・出願票」発行期間　2020.11.24(火)～ 12.2(水)
(3)「調査書」等出願書類提出期間　2020.12.7(月)～ 12.10(木)
（海外在住の方で、郵送が間に合わない場合はお問い合わせください。）
①出願票
②海外帰国子女等特別措置申請書（入学試験）
③調査書：栃木県中学校長会の定める「栃木県私学統一調査書」
※現地校・在外教育施設（日本人学校）などで指定の調査書作成が困難な場合は、これに代わるものを提出してください。
(4) 受験料　13,000 円

●日程等

募集	インターネット出願	試験	発表	選考方法
特に定めず	11/24～12/2	1/6・7	1/11	国数英、面接

●応募状況

年度＼人数	募集人員	出願者	受験者	合格者	入学者
2019	若干名	19	19	19	5
2020	若干名	19	19	19	4

編 入 学

●編入学時期・定員　〔1 ～ 3 年生〕原則 4、9 月。状況により随時受入可能※ 3 年次は 4 月のみ
●出願資格　入学に準ずるとともに編入希望の学年相当の年齢で同等以上の学力があると認められ、日本国籍を有すること
●出願書類　・願書・生徒調査書・海外生活を証明する書類・成績証明書
●選考方法　英語・国語・数学と面接試験により、総合的に判断する

● 2019 年度帰国子女編入学者数

1年	1	2年	1	3年	2

受 入 後

●指導　一般生徒と同じ。必要に応じ個別指導を行う。
●教育方針「一校一家」の校風のもと、「自学自習」「誠実勤労」を教育方針とし、未来をつくる人材を育む。
●特色　進路希望に応じ特色のある 4 つの部、難関大学を目指すトップ英進部、英進部、大学進学と部活動の両立ができる総合進学部、実業系の情報科学部から成立する。トップ英進部、英進部、総合進学部、情報科学部普通科総合選択コースは普通科で習熟度別授業を実施。
●進学特例条件
一般生徒と同じ扱い。併設大学への内部進学制度あり。
●卒業生（帰国生徒）の進路状況
東北大学、千葉大学、早稲田大学、中央大学 等へ進学。

私立 共学

▷▷ 中等 218P 大 583P 短 668P

受入開始　2007 年度

佐野日本大学高等学校
（さのにほんだいがく）

（担当：片岡哲哉）

〒 327-0192
栃木県佐野市石塚町 2555
▶▶（JR 両毛線・東武佐野線佐野駅）
TEL 0283-25-0111　FAX 0283-25-0441
URL http://www.sanonihon-u-h.ed.jp
生徒数　男 881　女 452　合計 1333

帰国子女在籍者数	1年	2年	3年	計
	5	2	1	8

入学

●出願資格・条件
2006 年 4 月 1 日以前に生まれ、海外在住が小学校の学齢以降 1 年間以上にわたる者で、海外現地校およびインターナショナル校における 9 学年の課程を修了した者、海外の全日制日本人学校中学部を卒業した者または 2021 年 3 月卒業見込みの者。

●出願書類
・成績証明書・海外在住証明書・中学校課程修了証明書または修了見込み証明書

●日程等（インターネット出願）

区分	募集	出願	試験	発表	選考方法
1回	特に定めず	12/1～16	1/6	1/8	国・数・英
2回		1/4～14	1/19	1/20	
3回		1/15～28	1/31	2/3	

●応募状況

年度＼人数	募集人員	出願者	受験者	合格者	入学者
2019	特に定めず	2	2	1	0
2020	特に定めず	5	5	5	5

編入学

●編入学時期・定員　〔1 年生〕7 月〔2 年生〕4、7月。定員は特に定めず
●出願資格　海外に勤務する保護者に同伴し、現在も海外に在留中の者。
●出願書類　・入学願書・成績証明書・海外在住証明書・在学証明書
●選考方法　国・数・英、面接
● 2019 年度帰国子女編入学者数

1年	2	2年	0	3年	0

受入後

●指導
一般生徒と同様に授業に参加しているが、担任および教科担当者が放課後特別に面談などで指導する。

●教育方針
「自主創造」「文武両道」「師弟同行」を校訓とし、心身共に健康で国家社会の発展に貢献できる人を養成する。

●特色
特色ある 3 コース（特別進学・スーパー進学・進学）により、生徒それぞれの実力に合った効果的な学習ができる環境にあり、生徒一人ひとりの希望する進路の実現を強力にバックアップする。

●進学特例条件
付属高校の特典を活かした日本大学進学、佐野日本大学短期大学推薦入学の特典がある。

●卒業生（帰国生徒）の進路状況　日本大

私立 共学

▷▷ 中 79P 短 667P

新島学園高等学校
（にいじまがくえん）

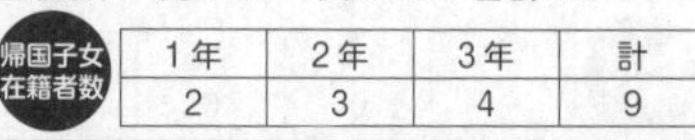

（担当：永井）

〒 379-0116
群馬県安中市安中 3702
▶▶（JR 信越本線安中駅）
TEL 027-381-0240　FAX 027-381-0630
URL http://www.neesima.ac.jp/
生徒数　男 337　女 370　合計 707

帰国子女在籍者数	1年	2年	3年	計
	2	3	4	9

入学

●出願資格・条件
保護者の海外勤務により海外の日本人学校または現地校に 2 年以上在学した者、または 2 年以上在学したのち帰国し、1 年以内の者で 2021 年 3 月に卒業予定の者。入学後保護者として父母のいずれかが常時一緒に生活できる者。在籍した学校長の推薦を受ける者。第一志望で、合格したら必ず入学する者。

●出願書類
・入学志願票・受験票・調査書・推薦書・活動報告書

●日程等

募集	出願	試験	発表	選考方法
若干名	12/15～17	1/15	1/21	学力試験（国英数）または作文、面接

※面接は、英語圏出身者には英語面接を実施する場合がある
※将来性を考え合わせ、特別の考慮がある

●応募状況

年度＼人数	募集人員	出願者	受験者	合格者	入学者
2019	特に定めず	−	−	−	−
2020	特に定めず	1	1	1	1

編入学

●編入学時期・定員　〔1 年生〕随時〔2 年生〕4 月。特に定めず
●出願資格・条件　海外 2 年以上、帰国後 1 年以内で、高校 1 年生まで。入学後、父母のいずれかが常時一緒に生活できる者。
●出願書類　願書、成績証明書、推薦書
●選考方法　国・数・英、面接
● 2019 年度帰国子女編入学者数

1年	0	2年	0	3年	0

受入後

●指導
一般生徒と一緒に学習するが、学力の遅れが明らかな場合は補習する。

●進学特例条件
一般生徒と同じ基準（評点）により、併設短大への推薦制度がある。

●卒業生（帰国生徒）の進路状況
英語系学部・学科のある大学に多く進学。

私立 共学

▷▷ 小 37P 中 79P

受入開始 2011 年度

ぐんま国際アカデミー高等部

（担当：半田聖子）

〒 373-0813
群馬県太田市内ヶ島町 1361-4
▶▶（東武伊勢崎線太田駅）
TEL 0276-47-7711 FAX 0276-47-7715
URL https://www.gka.ed.jp
生徒数 男 62 女 113 合計 175

帰国子女在籍者数	1年	2年	3年	計
	0	3	2	5

編入学

●**編入学時期・定員** 〔1 年生〕4 月（中学 3 年生の 12 月頃に編入試験を実施）。
※欠員がある場合試験を実施。受け入れの枠の有無については直接学校に問い合わせのこと（随時）

●**出願資格・条件**
(1) 本校は英語イマージョン教育を行っているため、英語および日本語で、在校生とともに授業に参加することが可能な語学力がある者
(2) 本校の授業進度に参加できる十分な資質が見込まれる者（数学、国語、他の科目の学力が在校生の平均レベル以上と認められること）
(3) 原則として、在学中（入学後）は本校まで 1 時間以内で通学可能な地域に保護者と同居し通学できる者

●**出願書類** ・願書（本校指定のもの）・現在校の成績証（通信簿等）写し（以前国外の学校に在籍していた者は可能であればその成績表も提出）・現在校の資料や学校案内等（現在外国の学校に在籍している者）・活動の記録（表彰・英検合格証書等）写し

●**選考方法** 国語・数学（日本語・英語）・英語、受験生および保護者面接

●**応募状況**

年度＼人数	募集人員	出願者	受験者	合格者	入学者
2019	若干名	2	2	2	2
2020	若干名	0	0	0	0

● **2019 年度帰国子女編入学者数**

1年	2	2年	0	3年	0

受入後

●**指導・教育方針・特色**
教員免許を所有する外国人教師により一般教科の約 7 割を英語で学ぶイマージョン教育を実践（国語は日本人教師が担当）。これにより、日本人としてのアイデンティティーを持った上で、国際社会においてのリーダーとして活躍できる国際人を育成する。その他、オープン教育、「ジャンプライトイン」方式の音楽教育、小中高 12 年間一貫教育など、独自性豊かな教育を行う。2012 年 4 月より IB ディプロマ・プログラム開始。

●**進学特例条件**
小中高 12 年間一貫校生徒として受け入れる。

私立 共学

▷▷ 短 667P

高崎商科大学附属高等学校

〒 370-0803
群馬県高崎市大橋町 237-1
▶▶（JR 信越線北高崎駅）
TEL 027-322-2827 FAX 027-328-7591
URL http://www.tuc-hs.ed.jp
生徒数 男 504 女 829 合計 1333

帰国子女在籍者数	1年	2年	3年	計
	0	0	0	0

入学

●**出願資格・条件**
原則として海外在住期間が 2 年以上で、2021 年 3 月海外及び国内の中学校を卒業見込みの男女
※帰国後 1 年以内の男女も受験可

●**出願書類**
・経緯書（本校所定用紙）…出願にいたるまでの経緯及び動機
・入学志願書（本校所定用紙）
・海外在学校の成績証明書又は国内中学校の調査書
・出身中学校の推薦書

●**日程等**

募集	出願	試験	発表	選考方法
若干名	12/1～11	1/11	1/15	国語・英語・数学、理科・社会

●**応募状況**

年度＼人数	募集人員	出願者	受験者	合格者	入学者
2019	若干名	0	0	0	0
2020	若干名	0	0	0	0

受入後

●**指導**
一般生徒と同じクラスに入る。特別な扱いはしていない。

●**進学特例条件**
高崎商科大学、短期大学部に優先入学できる。

私立 共学

受入開始 2000 年度

浦和実業学園高等学校

〒336-0025 （担当：岡田慎一）
埼玉県さいたま市南区文蔵 3-9-1
▶▶（京浜東北線・武蔵野線南浦和駅西口）
TEL 048-861-6131 FAX 048-861-6132
URL http://www.urajitsu.ed.jp

生徒数 男 1573 女 995 合計 2568

帰国子女在籍者数	1年	2年	3年	計
	0	0	0	0

入学

●**出願資格・条件**
保護者の在留に伴って外国で教育を受けた者で、本校のみを受験する者

●**出願書類**
入学願書・海外における在学証明書・海外における成績証明書・推薦書

●**日程等**

区分		募集	出願	試験	発表	選考方法
単願		若干名	インターネット出願：12/21～1/8 出願書類郵送：12/21～1/8	1/22	1/23	国・数・英の基礎学力試験
併願	1回	一般に含む		1/22	1/29	国・数・英（リスニング含む）
	2回			1/23		
	3回			1/24		

※単願（推薦）、併願（推薦・一般）共に一般生徒と同一の要項で実施。ただし、単願（推薦）については 特別枠を設けているので要相談

●**応募状況**

年度＼人数	募集人員	出願者	受験者	合格者	入学者
2019	若干名	0	0	0	0
2020	若干名	0	0	0	0

編入学

●**編入学時期・定員**〔1 年生〕随時　〔2 年生〕4 ～8月（いずれも欠員がある場合）
●**出願資格・条件** 一家転住
●**出願書類** 在学証明書・成績証明書
●**選考方法** 学力検査（国・数・英）、面接（親子）
●**2019 年度帰国子女編入学者数**

1年	0	2年	0	3年	0

受入後

●**指導** 他の生徒と同じクラスで指導する。
●**教育方針**
「実学に勤め徳を養う」という校訓のもと、学習指導と生活指導の両方に力を入れている。
●**特色**
コース制（普通科5コース、商業科2コース）による効果的な学習指導。2年生全員が参加するハワイ短期留学。
●**進学特例条件** 併設校の浦和大学（総合福祉学部、こども学部）への優先入学。

▷▷ 小 37P 中 80P

私立 共学

青山学院大学系属　受入開始 1970 年度

浦和ルーテル学院高等学校

〒336-0974 （担当：増田 諭）
埼玉県さいたま市緑区大崎 3642
▶▶（JR 京浜東北線北浦和駅、JR 武蔵野線・埼玉高速鉄道東川口駅よりスクールバス、東武スカイツリーライン北越谷駅よりスクールバス）
TEL 048-711-8221 FAX 048-812-0012
URL https://www.uls.ed.jp/

生徒数 男 79 女 118 合計 197

帰国子女在籍者数	1年	2年	3年	計
	1	1	0	2

入学

●**出願資格・条件**
原則として次の項目に該当する者。事情により考慮するので相談すること
(1) 外国の学校に継続して 2 年以上滞在していること
(2) 帰国後 1 年以内であること

●**出願書類**
・入学願書一式（本学所定のもの）
・海外在留証明書
・海外で在籍した学校の成績を証明するもの

●**日程等**

募集	出願	試験	発表	選考方法
50	web 1/8～21	1/23	当日夜出願サイトにて合否照会	英・国・数・面接
若干名	web 1/24～28	2/1		英・国・数・面接

※上記は一般の新 1 年生入試の日程。上記日程後、帰国の場合も 1 年 1 学期中なら受験可能。要相談

●**応募状況**

年度＼人数	募集人員	出願者	受験者	合格者	入学者
2019	若干名	1	1	1	1
2020	若干名	2	2	2	2

受入後

●**指導・教育方針・特色**
キリスト教主義、12 年一貫教育、きめ細かい少人数教育、小 1 からの英語教育、国際交流等が特色。途中編入した帰国生たちも楽しく学んでいる。米国人教師との交流を通し、英語力向上に努めることができる。学習の遅れに対しては放課後や長期休業中の補習を行っている。
●**進学特例条件**
アメリカのコンコーディア大学への奨学金付推薦制度がある（高 1、2 年の成績による）。
●**卒業生（帰国生徒）の進路状況**
·2013 年度：青山学院大、立正大、ワシントン大（シアトル）
·2014 年度：東京音楽大、成蹊大
·2015 年度：帰国生なし
·2016 年度：東京音楽大
·2018 年度：コンコーディア大（アーバイン）
·2019 年度：明治大学
※国立・公立・私立大学のさまざまな学部に進学

私立 共学

受入開始　1997 年度

大宮開成高等学校

（おおみやかいせい）

〒 330-8567　（担当：高橋光）

埼玉県さいたま市大宮区堀の内町 1-615

▶▶（JR 京浜東北線・埼京線・東武野田線大宮駅）

TEL 048-641-7161　FAX 048-647-8887

URL http://www.omiyakaisei.jp

生徒数　男 829　女 878　合計 1707

帰国子女在籍者数	1 年	2 年	3 年	計
	0	0	0	0

入学

●出願資格・条件

2006.4.1 以前に生まれた者で、下記の①～③のすべてに該当する者

①文部科学大臣の指定を受けた海外の日本人学校中学部既卒者および 2021 年 3 月卒業見込みの者もしくは国内中学校を卒業した者および 2021 年 3 月卒業見込みの者

②本校だけを志願する者

③海外在留期間が 1 年以上であること

※本校の規定による資格認知を必ず受けること

●出願書類　インターネット出願のみ

・帰国生徒調査書

・入学志願者調査書（厳封）

※詳細は必ずお問い合わせ下さい

●日程等

募集	出願	試験	発表	選考方法
若干名	12/1～1/8	1/22	1/27 インターネットによる発表	書類審査、面接、国・数・英

※海外から郵送の場合も 12/1 ～ 1/8（本校必着）

●応募状況

年度＼人数	募集人員	出願者	受験者	合格者	入学者
2019	若干名	0	0	0	0
2020	若干名	0	0	0	0

編入学

●編入学時期・定員〔1・2 年生〕随時。若干名

●出願資格・条件　入学に準ずる

●出願書類　・転学照会・帰国生徒調査書・成績証明書

●選考方法　入学に準ずる

● 2019 年度帰国子女編入学者数

1 年	0	2 年	0	3 年	0

受入後

●指導　帰国生は一般生徒と同じクラスに入り、共通の授業を受ける。2 年次からの文理選択、海外研修なども同様に用意される。

●教育方針　校訓「愛知和」のもと、大学入試突破に必要な学力と社会に出ていく上で必要な人間力を養成する。

●特色　予備校講師による毎週土曜授業、日々の小テスト等で学力を盤石化。成績の推移を追跡し、3 年後の第一志望を実現する。部活動への積極的加入により人間性の向上も同時に図る。

▷▷ 中 82P

私立 共学

受入開始　1994 年度

栄東高等学校

（さかえひがし）

〒 337-0054　（担当：市原貴紀）

埼玉県さいたま市見沼区砂町 2-77

▶▶（JR 宇都宮線東大宮駅）

TEL 048-651-4050　FAX 048-652-5811

URL http://www.sakaehigashi.ed.jp

生徒数　男 870　女 558　合計 1428

帰国子女在籍者数	1 年	2 年	3 年	計
	62	24	43	129

入学

●出願資格・条件

学校教育における 9 年の課程を修了、または修了見込みの者で、次の条件に当てはまる者

(1) 保護者の海外在留に伴い、海外における滞在期間が 1 年以上で帰国後 3 年以内（小学校 6 年生の 1 月以降に帰国）の者

(2) 2021.3.31 までに国内の中学校、同程度の日本人学校もしくは外国の学校の課程 (9 ケ年の学校教育課程）を修了、または修了見込みの者

●出願書類

・所定の入学願書・調査書（日本人学校出身者、または帰国後国内の中学校に在籍した者）または成績証明書（外国学校出身者）・海外在住を証明する書類（保護者の所属機関の長が証明するもの）・海外帰国生徒調査票

●日程等

区分	募集	出願	試験	発表	選考方法
1	若干名	12/14～1/13	1/22	1/25	国語・数学・英語
2			1/24		

※ 1・2 はマークシート方式

※スカラシップ制度あり

※合格クラス（東医・アルファ）については、入試成績をもとに選考し、合格通知書に明記する

●応募状況

年度＼人数	募集人員	出願者	受験者	合格者	入学者
2019	若干名	167	153	100	9
2020	若干名	151	148	107	13

編入学

欠員がある場合のみあり

● 2019 年度帰国子女編入学者数

1 年	0	2 年	1	3 年	0

受入後

●教育方針

「人間是宝」の建学の理念を体し、校訓「今日学べ」を実践し、全人的教育を実施している。

●特色

アクティブ・ラーニングを軸とした授業や行事を展開している。英語は高 1 のみ取り出し授業。

私立 女子

受入開始 1984年度

淑徳与野高等学校
（しゅくとくよの）

〒338-0001 （担当：副校長又は教頭）

埼玉県さいたま市中央区上落合 5-19-18

▶▶（JR京浜東北線大宮駅・さいたま新都心駅、埼京線北与野駅）

TEL 048-840-1035

URL https://www.shukutoku.yono.saitama.jp

生徒数 女 1127 合計 1127

帰国子女在籍者数	1年	2年	3年	計
	2	2	1	5

入学

●出願資格・条件

原則、海外在住期間が2年以上で、2021年3月海外および国内の中学校を卒業見込みの者（帰国後2年以内）で 本校が第1志望※であること

※単願のみ配慮しているので第1志望となっていますが、併願でも受験できます。

●出願書類

・身上書（所定用紙）・入学志願票・入学志願者調査書

・受験票・写真票・面接調査票・海外在学校の成績証明書

●日程等

募集	出願	試験	発表	選考方法
若干名	1/5～11	1/23	1/24	国・数・英（リスニング含む）、面接

※ 1/24は9:00インターネット発表、1/24 9:00掲示発表

●応募状況

年度＼人数	募集人員	出願者	受験者	合格者	入学者
2019	若干名	2	2	2	1
2020	若干名	0	0	0	0

編入学

●編入学時期・定員〔1～3年生〕随時（3年生は7月まで）。若干名

●出願資格・条件・出願書類 入学に準ずる

●選考方法 英語及び志願類型によって必要な教科、面談

● 2019年度帰国子女編入学者数

1年	0	2年	0	3年	0

受入後

●指導

帰国生のみの特別クラスは編制せず、早く日本の学校生活に適応できるように、一般生とともに授業を受ける。1年生から将来の展望、進学先のプランを持つよう勧める。クラス分けも2年生から進路によって文系、理系、国公立大志望クラス、私大志望クラスと細かく分け、きめ細かな進路指導を実施。本校は、韓国・イギリス・オーストラリアへの短期ホームステイプログラムや語学研修があり、姉妹校との国際交流も活発である。

私立 共学

受入開始 1999年度

東野高等学校
（ひがしの）

〒358-8558 （担当：教頭 森俊朗）

埼玉県入間市二本木 112-1

▶▶（西武池袋線入間市駅）

TEL 04-2934-5292 FAX 04-2934-4665

URL https://eishin.ac

生徒数 男 717 女 356 合計 1073

帰国子女在籍者数	1年	2年	3年	計
	0	0	0	0

入学

●出願資格・条件

原則として海外在住期間が2年以上で、2021年3月までに海外および国内の中学校卒業見込みの者、または卒業した者（帰国後2年以内の者）

●出願書類

・入学願書・調査書、または成績証明書・健康診断書

・海外在住を証明する書類

●日程等

クラス			出願
I	S	A	12/1～1/18（インターネット）

※事前相談必要

	試験日	発表日	選考方法
単願	1/22	1/23	国・数・英の3教科（マークシート方式）
併願	1/23	1/24	
	1/24	1/25	

※面接あり

●応募状況

年度＼人数	募集人員	出願者	受験者	合格者	入学者
2019	特に定めず	0	0	0	0
2020	特に定めず	0	0	0	0

編入学

●編入学時期〔1年生〕9、1月［2年生］4、9、1月

● 2019年度帰国子女編入学者数

1年	0	2年	0	3年	0

受入後

●指導

帰国生は一般生徒とともに取り組むが、個人の状況により補習等の特別な配慮をする。

●教育方針

一人ひとりの個性を伸ばし、少人数クラスでの教育による人格形成を目標としている

1. 自主性を持ち、責任を重んじる人
2. 個人の尊厳を重んじ、命を大切にする人
3. すべての暴力、非人間的行為を排し、平和を求める人

私立 共学

▷▷ 中 82P

受入開始　1982 年度

春日部共栄高等学校
（かすかべきょうえい）

（担当：小南久芳）

〒 344-0037
埼玉県春日部市上大増新田 213
▶▶（東武スカイツリーライン春日部駅）
TEL 048-737-7611　FAX 048-737-8093
URL https://www.k-kyoei.ed.jp/hs/

生徒数　男 842　女 720　合計 1562

帰国子女在籍者数	1 年	2 年	3 年	計
	0	0	2	2

入学

●出願資格・条件
中学時、海外に引き続き 1 年以上滞在し、帰国後 1 年以内の者で、日本国内の中学校あるいはこれと同程度の日本人学校もしくは外国の学校課程（9 カ年の学校教育課程）を卒業または卒業見込みの者

●出願書類
・入学願書一式（本学所定のもの）
・海外における学校の成績証明書 (日本人学校の場合は調査書)
・帰国後、国内の中学校に在籍した者は、その調査書

●日程等

区分	募集	出願	試験	発表	選考方法
第1回	特に定めず	郵 1/6～11	1/22	1/25	英・国・数 面接 （面接は第 1 回単願のみ）
第2回		窓 1/12・13	1/24	1/27	
第3回		郵 1/21～26 窓 1/27～29	2/1	2/4	

※第 1 回・第 2 回はインターネット出願あり（12/25 ～ 1/11）
※一般生徒と同じ試験を受験し、帰国生については、合否判定の際に個々の状況により配慮する
※各種検定において、単願では 3 級以上、併願では準 2 級以上取得者に配慮がある
※第 1 回または 2 回入試受験後に第 3 回入試を再受験する場合、15 点 (300 点満点）の加点をして判定

●応募状況

年度＼人数	募集人員	出願者	受験者	合格者	入学者
2019	特に定めず	0	0	0	0
2020	特に定めず	3	3	3	0

編入学

●編入学時期・定員〔1 ～ 3 年生〕随時 (3 年生の 4 月まで)。欠員がある場合
●出願資格・条件 一家転住等の事由がある者。その他、入学に準ずる
●出願書類・選考方法 入学に準ずる

● 2019 年度帰国子女編入学者数

1 年	0	2 年	1	3 年	0

私立 男子

▷▷ 中 83P 大 563 570P 短 667P

受入開始　2010 年度

城西大学付属川越高等学校
（じょうさいだいがくふぞくかわごえ）

（担当：渡辺聡）

〒 350-0822
埼玉県川越市山田東町 1042
▶▶（JR 川越駅、東武東上線川越駅・坂戸駅、西武新宿線本川越駅、JR 桶川駅）
TEL 049-224-5665　FAX 049-223-2371
URL http://www.k-josai.ed.jp

生徒数　男 845　合計 845

帰国子女在籍者数	1 年	2 年	3 年	計
	0	0	0	0

入学

●出願資格・条件
次の①と②の条件をともに満たしている者
① 9 カ年の教育課程を 2020 年 4 月～ 2021 年 3 月の間に修了もしくは修了見込みの者で、2018.4.1 ～ 2021.3.31 の期間中に海外の学校に 1 年以上継続して在籍することになる者
②入学後は保護者または保証人の自宅から通学できる者

●出願書類
・入学志願票一式・調査書・帰国生学習履歴・海外在留証明書（本校指定のもの）

●日程等

募集	出願	試験	発表	選考方法
若干名	12/25～1/16 （インターネット可）	1/22	1/25	国語・数学・英語、面接、調査書

●応募状況

年度＼人数	募集人員	出願者	受験者	合格者	入学者
2019	若干名	0	0	0	0
2020	若干名	1	1	0	0

編入学

●編入学時期・定員〔1 年生〕9、1 月　〔2 年生〕4、9、1 月　〔3 年生〕4、9 月。欠員がある場合のみ
●出願資格・条件 入学に準ずる
●出願書類　・志願票・成績証明書・教育課程表・帰国生学習履歴書・海外在留証明書
※詳細は生徒募集要項参照
●選考方法 学科試験（英語・国語・数学）、面接（英語・日本語）と提出書類

● 2019 年度帰国子女編入学者数

1 年	0	2 年	0	3 年	0

受入後

●指導　語学力養成のために、スピーチ・プレゼンテーション、ディベートなどを取り入れた「特別プログラム」を受講できる。
●教育方針　「報恩感謝」の校是のもと、この時期に最も必要な優しさを備えた心豊かな人間の育成と、自己の目標へ最善の努力をできる強い意志と健全な心身を兼ね備えた人間を育成する。
●特色　生徒一人ひとりの個性を大切に育むため、個々の力に合わせた様々な形態で指導している。また、日頃のホームルーム活動でも、個性豊かな教員の問題提起によって生きる意義や自己の可能性を実感できるような人間の育成に努めている。
●進学特例条件　城西大学への推薦制度がある。

私立 共学

▷▷ 中 83P 大 564 646P

獨協埼玉高等学校
（どっきょうさいたま）

（担当：入試対策部）

〒 343-0037
埼玉県越谷市恩間新田字寺前 316
▶▶（東武スカイツリーラインせんげん台駅）
TEL 048-977-5441 FAX 048-977-2031
URL http://www.dokkyo-saitama.ed.jp
生徒数 男 530 女 466 合計 996

帰国子女在籍者数	1年	2年	3年	計
	3	3	0	6

入学

●出願資格・条件 本人が継続して 2 年以上海外に在住し、日本の中学校で 2 年次または 3 年次の就学年齢で帰国した者（帰国予定を含む）

●出願書類
・海外の在留期間を証明する書類・現地校、日本人学校での成績証明書およびそれに準じるもの

●日程等

区分	募集	出願	試験	発表	選考方法
単願	160	Web 12/1~1/12	1/22	1/23	国・英・数、面接
併願			1/22・23		

※帰国子女受入枠はないが、帰国子女に優遇制度あり。入試日・入試科目は単願・併願と同じで、ネイティブとの面接により加点

●応募状況

年度＼人数	募集人員	出願者	受験者	合格者	入学者
2019	※	5	5	4	3
2020	※	3	3	3	3

※一般募集枠 160 名に含む

編入学

●編入学時期・定員〔1 年生〕9、1 月〔2 年生〕4、9、1 月。欠員がある場合のみ

●出願資格・条件・出願書類 出願の際は、9 月の場合 6 月末、1 月の場合 11 月末、4 月の場合は 2 月末までに、教務まで問い合わせのこと (1･2 年のみ実施)

● 2019 年度帰国子女編入学者数

1年	0	2年	0	3年	0

受入後

●教育方針 物事の判断に必要な基礎学力の充実を柱とし､ゆとりある教育を行う。生徒の自主性を尊重し、のびのびとした学校生活を送れるようサポートしている。

●特色 1 年次は基礎学力の充実に配慮したカリキュラム。2 年次より文系・理系にゆるく分かれ、3 年次では受験型によりカリキュラムが組まれる。ドイツ語を 1 年次から選択することもできる。

国立 共学

受入開始 2016 年度

筑波大学附属坂戸高等学校
（つくばだいがくふぞくさかど）

（担当：熊倉悠貴）

〒 350-0214
埼玉県坂戸市千代田 1-24-1
▶▶（東武東上線若葉駅）
TEL 049-281-1541 FAX 049-283-8017
URL http://www.sakado-s.tsukuba.ac.jp
生徒数 男 196 女 277 合計 473

帰国子女在籍者数	1年	2年	3年	計
	3	2	2	7

入学

●出願資格・条件 (1) (2) 出願資格・条件・書類は募集要項をご確認ください。
(1) SG 入試・IB 入試　海外在留生特別選抜（日本人学校・海外現地校生徒対象）
次の①および②③条件をすべて満たし、人物、成績ともに優秀で、在学中学校長が責任をもって推薦する者。
① 2021 年 3 月 31 日までに帰国予定で、帰国の時点で日本国外における在住期間が継続して 1 年 6 ヶ月以上の者。
②本校への入学を第一志望とし、合格した場合、入学を確約できる者。
③条件 a または条件 b のいずれかに該当する者。（募集要項確認）
ただし、日本人学校で 2 年次までの学習を修了していることを証明できる者は、新型コロナウイルスの影響により帰国し、3 年次以降日本国内の中学校へ転籍した場合も在留生特別選抜での受験を認める。ただし、在学する中学校の校長と日本人学校の校長の推薦が得られること。また、保護者の所属する企業等の帰国理由書を提出すること。
(2)SG 入試　海外帰国生特別選抜　次の①および②③④の条件をすべて満たす者。
①以下の 1 ～ 5 のいずれかに該当する者。
1. 中学校若しくはこれに準ずる学校を卒業した者、又は 2021 年 3 月卒業見込みの者。ただし、「これに準ずる学校」とは学校教育法第一条に定めるものである。2. 中等教育学校前期課程を修了した者、又は 2021 年 3 月修了見込みの者。3. 海外日本人学校の中学校課程を修了した者、又は 2021 年 3 月までに修了見込みの者。4. 外国において学校教育における 9 年の課程（海外現地校）を修了した者、又は 2021 年 3 月修了見込みの者。5. 中学校卒業程度認定試験により、中学校を卒業した者と同等以上の学力があると認定された者。
②出願時に高等学校、中等教育学校後期課程、高等専門学校および特別支援学校高等部に在籍していない者。
③出願時に高等学校、中等教育学校、高等専門学校および特別支援学校高等部を卒業していない者。
④条件に該当する者。（募集要項確認）

●日程等

区分	出願	試験	発表	選考方法
(1)	11/20 ~27	12/12	12/17	SG: 書類（志願理由書）、面接 IB: 書類 (志願理由書)、面接、小論文、数学
(2)	12/18 ~25	1/19	1/25	書類 (志願理由書)、英･数、小論文、面接

※区分(2)CEFR B1 レベルの英語資格保持者は英語の試験を免除する

●応募状況

年度＼人数	募集人員	出願者	受験者	合格者	入学者
2019	25	9	9	6	4
2020	25	2	2	2	2

編入学

●編入学時期・定員 [2 年生] 4 月　欠員がある場合

●出願資格・条件 ①保護者とともに転編入学時までに本校への通学可能区域内に一家転住することが確実な者②平成 16 年 4 月 2 日から平成 17 年 4 月 1 日までに生まれた者③現に高等学校に在学している者、又はかつて高等学校に在学した者④ 2020 年度中に、高等学校の科目を、28 単位以上修得見込みの者、既に修得している者
※本校の教育課程に読み替えて認定する単位数は、30 単位までで 2 年次 (2 学年) のクラスに編入となる。
※中等教育学校後期課程の者もこれに準ずる

●出願書類 ・転・編入学志願票・受験票（本校所定の用紙）・転・編入学調査書（本校所定の用紙）（封筒に氏名を記し、厳封）

●選考方法 調査書、学力検査（国語・数学・英語）、面接の総合評価
※ CEFR B1 レベルの英語資格保持者は英語の試験を免除

● 2019 年度帰国子女編入学者数

1年	0	2年	0	3年	0

受入後

●特色 アドミッション・ポリシー〔求める生徒像〕
・国際社会に興味・関心があり、将来、国際的に活躍しようとする意欲のある者
・問題解決能力やコミュニケーション能力等、国際的素養に優れた者
・学習意欲が高く、自主的に考え、主体的に行動し、他者と協働できる者
自らの特性と将来を見据えて、普通教科と専門教科の中から各自自分の時間割を作成する総合学科。キャリア教育と国際交流が盛ん。総合学科の特性を活かしたSGH。平成 29 年 2 月、国際バカロレアディプロマプログラム認定校となる。

●卒業生（帰国生徒）の進路状況 2018 年度：青山学院大学

私立 共学

受入開始 1992 年度

山村国際高等学校
（やまむらこくさい）

〒 350-0214 （担当：藤森祐一）
埼玉県坂戸市千代田 1-2-23
▶▶（東武東上線若葉駅・坂戸駅）
TEL 049-281-0221 FAX 049-283-3433
URL http://www.yamamurakokusai.ed.jp/
生徒数 男 407 女 528 合計 935

帰国子女在籍者数	1年	2年	3年	計
	0	0	0	0

入学

●出願資格・条件
保護者の海外在留に伴って外国で教育を受け、次の条件に該当する者
(1) 外国における滞在期間が 2 年以上で、帰国後 1 年以内の生徒 (2) 2021.3.31 までに中学校あるいはこれと同程度の日本人学校もしくは外国の学校の課程 (9 カ年の学校教育課程) を修了した者および修了見込みの生徒
※その他の資格・条件については相談に応じる

●出願書類
・入学願書一式（本学所定）・海外における学校の在籍証明書・海外における学校の成績証明書 (日本人学校の場合は調査書)・帰国後国内の中学校に在籍した者はその調査書・出願時点で単身帰国の者は、身元保証人の承諾書・父母・兄姉が本校に在学中または卒業している場合、父母・兄姉入学金優遇制度利用申請書

●日程等

募集	出願	試験	発表	選考方法
若干名	1/4 ～ 8	1/23	1/25	国語・数学・英語（マークシート方式、リスニング含む）、面接
	1/22 ～ 27	1/30	1/31	

※合否判定基準は、帰国生徒として別に設ける。一般受験者と同じに、特進コースＡＢ (男･女)、進学コース（男･女）を希望できる

●応募状況

年度＼人数	募集人員	出願者	受験者	合格者	入学者
2019	若干名	0	0	0	0
2020	若干名	0	0	0	0

編入学

●編入学時期・定員 〔1 ～ 3 年生〕随時 （3 年生は 7 月まで)。若干名

●出願資格・条件・出願書類・選考方法 入学に準ずる

● 2019 年度帰国子女編入学者数

1年	0	2年	0	3年	0

受入後

●指導 一般生と同じクラスで指導。

●教育目標 Challenge(積極性)：新しい時代を切り開くチャレンジ精神、Cosmos(広い視野)：グローバルな視野を養う、Communication (語学力)：相手を理解すると同時に自分を相手にしっかり伝える語学力を身につける。

●進学特例条件 併設の山村学園短期大学へは優先入学できる。

入 編

私立 共学 ▷▷ 小 38P 中 84P 大 564P

受入開始 1984 年度

西武学園文理高等学校
（せいぶがくえんぶんり）

〒 350-1336 （担当：入試広報）
埼玉県狭山市柏原新田 311-1
▶▶（西武新宿線新狭山駅よりスクールバス）
TEL 04-2954-4080 FAX 04-2952-7015
URL https://www.bunri-s.ed.jp
生徒数 男 537 女 382 合計 919

帰国子女在籍者数	1年	2年	3年	計
	－	－	－	非公開

入学

●出願資格・条件 過去に海外生活が継続して 1 年以上あり、学校教育における 9 カ年の課程を修了し、海外あるいは国内の中学校を卒業または卒業見込みの者。

●出願書類 （1）調査書（2）海外在住申告書（3）作文（スペシャルアビリティクラス受験者のみ）
【英語外部試験利用制度 利用者のみ】
（4）英検合格証明書（和文）コピー（A4）

●日程等

区分	出願	試験	発表	選考方法
第 1 回	インターネット 12/14～1/15	1/22	1/27	国語・数学・英語、面接（英語）
第 2 回		1/23		
第 3 回		1/24		

※詳細は募集要項をご確認ください
※教科試験は記述式・マークシート方式併用
※合否は学科試験、面接試験、調査書等により総合的に判断
<感染症り患者に対する代替入試>
試験日：2/14 発表：2/17
出願書類：
・感染症り患者に対する代替入試受験申請書
・感染症等にり患またはその疑いにより、入院の勧告・措置や待機措置等を受け試験日に受験できなかったことを証明する医療機関の診断書

●応募状況

年度＼人数	募集人員	出願者	受験者	合格者	入学者
2019	全体に含む	5	5	5	非公開
2020	全体に含む	8	7	7	非公開

編入学

●編入学時期・定員 〔1 年生〕9 月〔2 年生〕4、9 月（試験は原則、3 月、7 月に実施)。若干名

●出願資格・条件 海外に 1 年以上滞在し、日本の中学校に相当する外国学校の課程を本年度卒業した者、および日本の高等学校に相当する外国学校の課程に在籍中の者

●出願書類 入学に準ずる

●選考方法 基礎学力試験（国・数・英)、面接（保護者同伴)、作文（日本語による)

● 2019 年度帰国子女編入学者数

1年	0	2年	3	3年	0

受入後

●指導・教育方針
帰国生は一般生と同一クラスで学習している。

●卒業生（帰国生徒）の進路状況（過去 3 年間）
東京大・京都大・北海道大・大阪大・九州大・一橋大・首都大東京・上智大・中央大・青山学院大・慶應義塾大・早稲田大・明治大・立教大・法政大・東京女子大・日本大など多数

▷▷ 大 590 607P

受入開始　1985 年度

慶應義塾志木高等学校

（担当：教務事務）

〒 353-0004
埼玉県志木市本町 4-14-1
▶▶（東武東上線志木駅）
TEL 048-471-1361　FAX 048-471-1974
URL https://www.shiki.keio.ac.jp
生徒数　男 754　合計 754

帰国子女在籍者数	1 年	2 年	3 年	計
	10	8	19	37

入学

●出願資格・条件
2020 年 4 月以降、2021 年 3 月末までに学校教育における 9 年の課程を修了、または修了見込みの者で、国外において、中学校またはそれに相当する学校での在学期間が帰国時までに通算して 1 年 10 ヶ月以上であり、2020 年 2 月以降 2021 年 3 月末までに帰国する者に限る。ただし、上記の 9 年の課程とは、日本の義務教育の課程に相当するものである

●出願書類
・入学志願書（本学所定）・整理票・入学志願者調査書（帰国後、国内の中学校に在籍した者）・中学課程の全成績表（現地校から直接受験する者）・Attendance Report(本学所定）※詳細は入試要項参照

●日程等

区分	募集	出願	試験	発表	選考方法
1 次	若干名	1/8 ～ 15	2/7	2/10	国・数・英
2 次			2/11	2/12	面接（1 次合格者のみ）

●応募状況

年度＼人数	募集人員	出願者	受験者	合格者	入学者
2019	若干名	103	96	30	8
2020	若干名	104	96	40	10

受入後

●指導
帰国生に対する特別扱いはしていないが、慶應義塾が伝統とする独立自尊の気風、自主性、気品、教員や生徒あるいは生徒同士の接触による人間関係の涵養などが、ごく自然な形で育まれている。

●進学特例条件
一貫教育を基本理念としているため、学校長の推薦によって慶應義塾大学（10 学部）へ進学する。

●卒業生（帰国生徒）の進路状況
卒業生のほぼ全員が、推薦により慶應義塾大学（医・理工・文・経済・法・商・環境情報・総合政策・看護医療・薬学部）へ進学する。

▷▷ 中 85P

受入開始　1985 年度

自由の森学園高等学校

（担当：菅間正道）

〒 357-8550
埼玉県飯能市小岩井 613
▶▶（西武池袋線飯能駅、JR 八高線東飯能駅）
TEL 042-972-3131　FAX 042-973-7103
URL http://www.jiyunomori.ac.jp/
生徒数　男 335　女 287　合計 622

帰国子女在籍者数	1 年	2 年	3 年	計
	6	3	0	9

入学

●出願資格・条件
原則として海外在住期間が 1 年以上の者で、日本国内の中学校あるいはこれと同程度の日本人学校もしくは外国の教育課程（9 ヵ年の教育課程）を卒業もしくは卒業見込みの者

●出願書類　・入学願書・調査書または成績証明書・志望理由書・海外在住を証明する書類

●日程等

区分	募集	出願	試験	発表	選考方法
A	40	募集要項でご確認ください			2 教科（国・数・英より選択）、グループ面接
B	40				
C	40				2 教科（理社から 1、体音美から 1 選択）、グループ面接
D	20				2 教科（国･数･英より選択）、グループ面接
E	20				国･数･英、グループ面接

A ～ C：単願（A は評定 3.0 以上）　D：併願（評定 3.0 以上）
E：一般入試
※入寮希望者には個人面接も実施

●応募状況

年度＼人数	募集人員	出願者	受験者	合格者	入学者
2020	特に定めず	6	6	6	6

編入学

●編入学時期・定員〔1 年生〕6、9、10 月［2 年生］4、6、9、10 月
●出願資格・条件・出願書類　入学に準ずる
●選考方法　国語・数学・英語、面接
● 2019 年度帰国子女編入学者数

1 年	0	2 年	0	3 年	0

受入後

●指導　一般生徒と一緒に学んでいく。状況に応じて個別対応やカウンセリングは可能。スクールカウンセラーとスクールソーシャルワーカーが勤務している。

●教育方針　競争原理と点数序列に依存しない授業と学びをつくる。自由と自立への意志を持ち人間らしい人間として育つことを助ける教育を行う。
1. 暗記中心ではなく深く考えることを大切にした授業をつくりだす。
2. 定期テストは行わず、各教科の提示する課題や作品に取り組んでいく。
3. 自分で自分を評価する自己評価と教科担当者の一人ひとりにあてた文章による評価といった新しい評価によって一人ひとりの力を伸ばしていく。

●特色　100 以上に及ぶ多種多様な選択授業でさらに専門的・主体的な学習を行っている。「芸術・身体・表現系」「人文・言語・社会系」「理科数学系」等、興味関心や進路に合わせて選ぶ講座から、教科の枠を超えた「総合」講座まで自由に選択できる。

正智深谷高等学校

しょう ち ふか や

〒366-0801
埼玉県深谷市上野台 369
▶▶（JR 高崎線深谷駅）
TEL 048-571-6032 FAX 048-571-2268
URL https://shochi.jp/
生徒数 男 687 女 458 合計 1145

帰国子女在籍者数	1年	2年	3年	計
	0	0	0	0

入学

●出願資格・条件

(1) 日本国籍を有する者
(2) 出願日現在、保護者の海外勤務中に、継続して1年を超える期間を海外の学校に在籍した経験を有する者
(3) すでに9カ年以上の学校教育課程を修了している者、および 2021.3.31 に9カ年以上の学校教育課程を修了見込みの者、並びに9カ年以上の学校教育課程を修了した者と同等以上の学力があると本校で認めた者

●出願書類

〈事前審査〉・入学理由詳細説明書・成績証明書および単位取得証明書（在籍高等学校の書式による）・在籍証明書（在籍高等学校の書式による）・保護者の海外勤務証明書
〈出願〉・帰国生徒入学志願書・受験票・指導要録の写し・成績通知表・日本国籍を証明するもの・海外勤務証明書

●日程等

募集	出願	試験	発表	選考方法
若干名	10/1～2/28	3月または学校が指定した日	試験終了後1週間以内	国語・英語・数学、面接、書類審査

※事前に面接を実施（保護者同伴）
※事前審査の結果を受け、入試の2日前までに出願書類を取り揃え、提出すること

●応募状況

年度＼人数	募集人員	出願者	受験者	合格者	入学者
2019	若干名	0	0	0	0
2020	若干名	0	0	0	0

編入学

●編入学時期〔1年生〕9月
※希望者は学校へ問い合わせること

●出願資格・条件・出願書類・選考方法 入学に準ずる

● 2019 年度帰国子女編入学者数

1年	0	2年	0	3年	0

●備考

※帰国子女特別選抜要項は発行しておりません。

私立 共学

▷▷ 中 85P

受入開始 1995 年度

本庄東高等学校

ほん じょうひがし

（担当：長澤 孝）

〒367-0022
埼玉県本庄市日の出 1-4-5
▶▶（JR 高崎線本庄駅）
TEL 0495-22-6351 FAX 0495-22-6333
URL http://www.honjo-higashi.ed.jp
生徒数 男 803 女 603 合計 1406

帰国子女在籍者数	1年	2年	3年	計
	3	5	2	10

入学

●帰国子女生徒の特典

帰国子女に対する特別な入試は実施していないが、海外の中学校またはこれに準ずる学校に複数年在籍した者は、自己推薦書の該当項目に記入することで審査の際に評価の対象とする。

●出願書類

入学願書・調査書・自己推薦書（単・併）

●日程等

区分	募集	出願	試験	発表	選考方法
Ⅰ	175 ※	1/6～15	1/22	1/26	国・数・英、面接
Ⅱ	115 ※		1回 1/22 2回 1/23 3回 1/24	1/27	国・数・英

※Ⅰ：自己推薦・単願入試 Ⅱ：自己推薦併願入試
※書類審査、学科試験による総合審査

●応募状況

年度＼人数	募集人員	出願者	受験者	合格者	入学者
2019	若干名	0	0	0	0
2020	若干名	3	3	3	0

受入後

●指導

特別な指導は行っていないが、個別補習やカウンセリング等は可能。

●教育方針

現在、国際化時代にあって、グローバルな視野を持ち、個性豊かに羽ばたいていける教育環境づくりを行っている。

●卒業生（帰国生徒）の進路状況

大学進学

私立　共学　寮

▷▷ 大 577P

受入開始　1982 年度

わせだだいがくほんじょう
早稲田大学本庄高等学院

〒 367-0032
埼玉県本庄市栗崎 239-3
▶▶（JR 高崎線本庄駅、秩父鉄道・東武東上線・八高線寄居駅、上越・北陸新幹線本庄早稲田駅）
TEL 0495-21-2400　FAX 0495-24-4065
URL https://www.waseda-honjo.jp/
生徒数　男 551　女 457　合計 1008

帰国子女在籍者数	1 年	2 年	3 年	計
	51	59	57	167

入学

●**出願資格・条件**
次の (1) (2) (3) に該当する者
(1) 2004.4.2 から 2006.4.1 の間に出生
(2) 国の内外を問わず、通常の課程による 9 年間の学校教育を修了、または修了見込みの者。ただし、本学院が、中学校卒業と同等以上の学力があると認めた者についてはこの限りではない（この場合には、2019 年 12 月までの在学期間が明記された「在学証明書」を提出すること。また、2021 年 3 月まで継続して在学すること）
(3) 海外在住期間が次の（ア）（イ）のいずれかを満たす者。
（ア） 2018 年 4 月～ 2021 年 3 月における海外在住期間の合計が原則として 1 年 6 ヶ月以上であること。
（イ） 上記（ア）における海外在住期間の合計が 1 年以上 1 年 6 ヶ月未満の場合は、2014 年 4 月～ 2021 年 3 月における海外在住期間が合計が 4 年以上であること。
※「海外在住期間」とは「保護者と同居している期間」を指し、本人個人の留学期間等は該当しない
＜受験資格の認定＞帰国生出願者就学歴記入票を 2020.9.1 ～ 11.16 までに郵送（必着）。入手方法についてはホームページまたは入学試験要項による

●**出願書類**
・Ⅰ選抜（帰国生入試自己推薦入学試験）：調査書・成績を証明する書類、海外生活調査書、出願資格認定通知書、志望理由書、英語力を証明するもの (TOEFL、TOEIC か英検の成績票)
・帰国生入試：調査書・成績を証明する書類、海外生活調査書、出願資格認定通知書
※調査書・成績を証明する書類（詳細は出願資格認定通知の際にご案内します）

●**日程等**

区分	募集	出願	試験	発表	選考方法
A	男女約 20	12/19～1/6	2 次 1/22	1 次 1/16 2 次 1/24	1 次書類選考 2 次基礎学力試験（数・国）、面接
B	男約 15 女約 10	1/9～24	2/9	2/12	国・数・英

※ A：Ⅰ選抜　B：帰国生入試　A・B 併願可

●**応募状況**

年度＼人数	募集人員	出願者	受験者	合格者	入学者
2019	約 45	330	314	109	58
2020	約 45	402	386	88	46

受入後

●**進学特例条件**
卒業の条件を満たせば、全員早稲田大学へ進学できる。

私立　共学

受入開始　2009 年度

むさしおごせ
武蔵越生高等学校

（担当：本間）
〒 350-0417
埼玉県入間郡越生町上野東 1-3-10
▶▶（東武越生線武州唐沢駅）
TEL 049-292-3245　FAX 049-292-6081
URL http://www.musashiogose-h.ed.jp/
生徒数　男 660　女 364　合計 1024

帰国子女在籍者数	1 年	2 年	3 年	計
	0	0	0	0

入学

●**出願資格・条件**
中学校卒業および卒業見込みの者。海外の学校（日本人学校も含む）で 1 年間学習し、帰国後 3 年以内の者

●**出願書類**
ネット出願・帰国生徒調査書・海外在留証明書（調査書が発行されない場合）・調査書（または海外在学校の成績証明書）

●**日程等**

募集	出願	試験	発表	選考方法
特に定めず	1/7 ～ 14	1/22・23	1/25	英語・数学・国語（単願のみ面接もあり）
	1/25 ～ 29	2/2	2/4	
	3/2 ～ 10	3/11	3/11	

※一般生徒と同じ試験を受験。ただし、合否判定の際に個々の状況に応じて配慮する

●**応募状況**

年度＼人数	募集人員	出願者	受験者	合格者	入学者
2019	若干名	0	0	0	0
2020	若干名	0	0	0	0

編入学

●**編入学時期**　〔1・2 年生〕随時
●**出願資格・条件・出願書類**　入学に準ずる
●**選考方法**　英語・数学・国語、面接（単願のみ）
● **2019 年度帰国子女編入学者数**

1 年	0	2 年	0	3 年	0

受入後

●**指導**
基本的には、一般生徒と変わりなく指導する。

●**教育方針**
『行うことによって学ぶ』の建学の精神に立って、グローバル化した国際社会の中でよき形成者・リーダーとして、心豊かで実践力のある人間を育成する。

●**特色**
成績で分かれ様々な特色のある 3 つのコースとアスリートコースがある。オーストラリア修学旅行、ニュージーランドホームステイ、英語習熟度別授業、様々な体験プログラムなど、学校行事が充実している。

●**進学特例条件**
併設の大学はないが、指定校推薦を利用することも可能。7 割の生徒が大学進学している。

▷▷ 中 86P

受入開始 2011 年度

昌平高等学校
（しょうへい）

〒 345-0044 （担当：前田紘平）
埼玉県北葛飾郡杉戸町下野 851
▶▶（東武日光線杉戸高野台駅、JR 宇都宮線久喜駅）
TEL 0480-34-3381 FAX 0480-34-9854
URL http://www.shohei.sugito.saitama.jp/contents/hs/
生徒数 男 957 女 620 合計 1577

帰国子女在籍者数	1 年	2 年	3 年	計
	9	14	15	38

入 学

●**出願資格・条件** 次の (A)(B) ともに満たす者
(A) 保護者の海外勤務に伴い、海外に継続して 2 年以上在住し、帰国後 4 年以内の者
(B) 国の内外を問わず、通常の課程による 9 年間の学校教育を修了、または 2021 年 3 月末までに修了見込みの者

●**出願書類**
・入学願書、受験票（本校指定）・海外在留証明書（本校指定）・帰国子女調査票（本校指定）・海外における学校の成績証明書（海外の学校を卒業見込みまたは卒業した者）・調査書（帰国後日本の中学校に在籍し、日本の中学校を卒業見込みまたは卒業した者）

●**日程等**

募集	出願	試験	発表	選考方法
特に定めず	12/1～19(Web)	12/24	12/24	英語、面接 ※ IB コースは作文追加

●**応募状況**

年度＼人数	募集人員	出願者	受験者	合格者	入学者
2019	特に定めず	10	9	9	6
2020	特に定めず	7	7	7	3

編 入 学

●**編入学時期・定員** 〔1 ～ 3 年生〕随時。若干名
●**出願資格** 要相談
●**出願書類** 入学願書ほか
●**選考方法** 英語・数学・国語の学力試験と面接（IB コースは作文追加）

● **2019 年度帰国子女編入学者数**

1 年	0	2 年	0	3 年	0

受 入 後

●**指導** 英語力の高い生徒に対しては取り出し授業を実施している。他教科の補習が必要な生徒については映像授業の活用等を含め、個々の状況に合わせて対応。
●**教育方針** 「手をかけ 鍛えて 送り出す」を教職員モットーとし、塾や予備校に頼らなくても希望進路を実現できるような取り組みをしている。
●**特色**
① IB（国際バカロレア教育）：埼玉県初の IB 認定校（DP）として現地校やインターナショナルスクール出身者がなじみやすい発表、ディスカッション等、生徒主体の授業を実施している。高校 IB コースは 2019 年度新設。
② Power English Project：全校生徒が英語を得意科目にできるよう全教職員が取り組んでいる。国内、海外で英語に関する様々な行事があり、生徒が英語を学ぶ意欲を持ち続ける取り組みがある。
●**卒業生（帰国生徒）の進路状況** 東京大、一橋大、早稲田大、慶應義塾大、上智大、学習院大、明治大 等

私立 女子

▷▷ 中 87P

受入開始 2016 年度

大妻嵐山高等学校
（おおつまらんざん）

〒 355-0221 （担当：榎本克哉、高橋智）
埼玉県比企郡嵐山町菅谷 558
▶▶（東武東上線武蔵嵐山駅）
TEL 0493-62-2281 FAX 0493-62-1138
URL http://www.otsuma-ranzan.ed.jp/
生徒数 女 320 合計 320

帰国子女在籍者数	1 年	2 年	3 年	計
	0	1	0	1

入 学

●**出願資格・条件**
・2021 年 3 月に中学校を卒業見込みの女子
・継続して 1 年以上海外に在留経験のある女子

●**出願書類**
・出願書類一式・受験生本人の海外在留期間を証明する書類

●**日程等**

募集	出願	試験	発表	選考方法
若干名	11/2～30	12/5	12/5	面接（英語・日本語）

●**応募状況**

年度＼人数	募集人員	出願者	受験者	合格者	入学者
2019	若干名	2	2	2	1
2020	若干名	3	2	2	0

編 入 学

●**編入学時期** 〔1 ～ 3 年生〕随時
●**出願資格・条件・出願書類・選考方法**
※詳細は問い合わせること

● **2019 年度帰国子女編入学者数**

1 年	0	2 年	0	3 年	0

受 入 後

●**指導**
一般生徒と同じクラスで学習する。必要があれば個別に対応して、面談・補習等を実施する。
●**教育方針**
世界につながる、科学する心、表現する力を持ち、思いやりの心で行動する、自立した女性を育てる。
●**進学特例条件**
併設の大妻女子大学に約 3 分の 1 の生徒が優先的に進学（AO 入試・指定校）。

私立 共学

▷▷ 大 566P 短 667P

受入開始 1984 年度

うえくさがくえんだいがくふぞく

植草学園大学附属高等学校

(担当：酒井和男)

〒260-8601
千葉県千葉市中央区弁天 2-8-9
▶▶（JR 総武線・京成線千葉駅）
TEL 043-252-3551 FAX 043-256-9501
URL http://u-u-a.uekusa.ac.jp

生徒数 男 9 女 553 合計 562

帰国子女在籍者数	1年	2年	3年	計
	1	0	0	1

入学

●出願資格・条件
海外に 2 年以上在住し、帰国後 2 年以内の者
※本人および保護者の事前学校見学が必要

●出願書類
・入学願書一式（本校指定用紙）
・推薦書（本校指定用紙）
・海外における学校の成績証明書（日本人学校の場合は調査書）
・帰国後、国内の中学校に在籍した者は、その調査書
・単身帰国の場合は、身元保証人の承諾書

●日程等

募集	出願	試験	発表	選考方法
特に定めず	12/17～1/12	1/18	1/19	国語・数学・英語（リスニング含む）、面接

●応募状況

年度＼人数	募集人員	出願者	受験者	合格者	入学者
2019	若干名	0	0	0	0
2020	若干名	1	1	1	1

編入学

●編入学時期・定員〔1 年生〕9、1 月、〔2 年生〕4、9、1 月
●出願資格・条件・出願書類・選考方法 入学に準ずる
● 2019 年度帰国子女編入学者数

1年	0	2年	0	3年	0

受入後

●指導
・原則として英語科で受け入れ、一般生徒と同様の扱い。
・必要に応じて補習を実施。

●進学特例条件
植草学園大学・植草学園短期大学へ優先入学ができる。

私立 共学

▷▷ 中 87P

受入開始 1985 年度

しぶやきょういくがくえんまくはり

渋谷教育学園幕張高等学校

(担当：入試対策室・国際部)

〒261-0014
千葉県千葉市美浜区若葉 1-3
▶▶（JR 総武線・京成線幕張駅、京葉線海浜幕張駅）
TEL 043-271-1221 FAX 043-271-7221
URL https://www.shibumaku.jp/

生徒数 男 727 女 351 合計 1078

帰国子女在籍者数	1年	2年	3年	計
	33	31	33	97

入学

<2020 年度参考> 2021 年度入学試験の募集要項は本校主催の入試説明会実施日までに本校ホームページで発表します。
●出願資格・条件 下記のア、イ、いずれかに該当する者
ア、2005 年 4 月 1 日以前に生まれ、2020 年 3 月に中学校を卒業見込みの者
イ、2005 年 4 月 1 日以前に生まれ、2019 年 4 月以降、2020 年 3 月末までに 9 年課程修了または見込みの者
上記条件を満たすことができない場合は、事前にお電話にてご相談ください。
●出願書類・本学所定の入学願書および帰国生カード・海外における学校の成績証明書・帰国後国内の中学校に在籍した者はその調査書
●日程等

募集	出願	試験	発表	選考方法
約 55	12/20～1/10	1/20	1/23	英語（筆記・リスニング・エッセイ）、面接（英語・日本語）

※募集人員は学力選抜試験・特別活動選抜試験を含む定員

●応募状況

年度＼人数	募集人員	出願者	受験者	合格者	入学者
2019	約 20 名	53	52	20	11
2020	約 55 名	47	44	21	9

編入学

●出願資格・条件・出願書類
(1) 本校高等学校に転編入を希望する場合，過去に本校の高校入学試験や高校の転編入試験を受験していない者。（転編入試験を複数回受験することはできません。）
(2) 日本国内の中学校または高等学校，中等教育学校等に在籍し，保護者の転勤等で本校の通学可能圏外から通学可能圏内に一家で転住する者。
(3) 海外の現地校・日本人学校・国際学校等に在籍し，保護者の転勤等で日本に帰国し，本校の通学可能圏内に一家転住する者（ただし，帰国時期にすでに転編入試験が終了していたため，一旦，日本国内の中学や高校等に在籍している場合は，相談の上で応募条件を確認します）。
(4) 上記に加えて，試験に合格した場合，原則として初日の登校日から登校ができる者。
(5) その他，本校が受験資格を認める者。

●出願書類 入学願書・学業成績を証明するもの・在学証明書・活動記録報告書
●選考方法 入学後、〈英語の取り出し授業を希望する場合〉英語・数学・国語、面接（日本語・英語）〈英語の取り出し授業を希望しない場合〉英語・数学・国語、面接（日本語）

学年（若干名）	出願	試験	発表	初日登校日
1･2年	6/20～29	7/22	当日	8/20 予定
1･2年	11/10～18	12/10	当日	1/7 予定
1年	2/10～18	3/10	当日	4/6 前後

● 2019 年度帰国子女編入学者数

1年	3	2年	0	3年	0

受入後

●教育方針 帰国生徒の教育は、彼らの特性伸長を重視している。
●特色 英語は取り出し授業を週 6 時間行っている。うち 4 時間は Literature を主教材に幅広く読解力や思考力をつける授業である。教科書も米国の伝統的な 英・米文学選集を中心教材として用いている。他の 2 時間は、発信型英語力を増強していくことをねらいとしたカリキュラムになっている。

入編

▷▷ 中 88P

受入開始　2003 年度

市川高等学校
（いちかわ）

（担当：高田敏行）

〒 272-0816
千葉県市川市本北方 2-38-1
▶▶（JR 総武線本八幡駅、西船橋駅、JR 常磐線・武蔵野線市川大野駅）
TEL 047-339-2681　FAX 047-337-6288
URL http://www.ichigaku.ac.jp/
生徒数　男 827　女 488　合計 1315

帰国子女在籍者数	1 年	2 年	3 年	計
	64	68	61	193

入学

●出願資格・条件　次の①②すべての要件を満たす者。
① 2021 年 3 月に中学校を卒業見込みの者。もしくはこれに準ずる学校に在籍し、日本の学齢で中学 3 年生に該当する者。または卒業した者。
②海外滞在期間が 1 年以上で、帰国の時期が 2017 年 12 月以降の者。もしくはこれに準ずる者。

●出願書類
①調査票（出願時に海外の学校に在籍している場合は不要です）
②出願資格を証明する書類（『海外在留証明書』、または滞在国の学校の「在籍証明書」）

●日程等

区分	募集	出願	試験	発表	選考方法
前期	※	12/23～1/14	1/17	1/19	国語（50 分）・数学（50 分）・英語(60 分、筆記・リスニング)

※出願はインターネットによる登録後、書類を郵送
※募集人員は一般募集（前期 85 名）に含む
※一般入試と同問題だが、海外経験を考慮し、判断

●応募状況

年度＼人数	募集人員	出願者	受験者	合格者	入学者
2019	85 名に含む	100	100	52	5
2020	85 名に含む	62	62	35	4

編入学

●編入学時期・定員〔1 年生のみ〕

● 2019 年度帰国子女編入学者数

1 年	0	2 年	／	3 年	／

受入後

●指導
ネイティブの講師が 7 人在籍しているので、放課後 ICR といわれる英会話室でネイティブの講師とコミュニケーションがとれる。数学なども毎週補習を行っているので、授業の遅れなどを取り戻すこともできる。

●教育方針
本校では自ら意欲的主体的に学ぶ第三教育こそが生涯続く学びの力と考えている。「自分で自分を教育する」理念の第三教育の力を磨くことに力を入れている。

●特色
2019 年度、SSH（スーパーサイエンスハイスクール）3 期目指定校となる。ALICE プロジェクト (Active Learning for ICHIKAWA Creative Education) として市川型のアクティブラーニング授業を進めており、生徒が積極的に活動し、真の学力・人間力・サイエンス力・グローバル力・教養力の向上を促している。

入編

▷▷ 中 89P

受入開始　2020 年度

昭和学院高等学校
（しょうわがくいん）

（担当：大橋、三部、倉田）

〒 272-0823
千葉県市川市東菅野 2-17-1
▶▶（JR 総武線・都営新宿線 本八幡駅 京成本線 京成八幡駅 他）
TEL 047-323-4171　FAX 047-326-5310
URL https://www.showa-gkn.ed.jp/js/

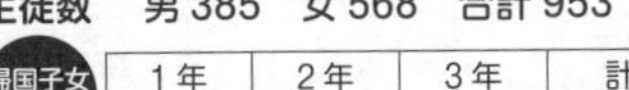

生徒数　男 385　女 568　合計 953

帰国子女在籍者数	1 年	2 年	3 年	計
	1	1	0	2

入学

●出願資格・条件
(1)2021 年 3 月、注中学校卒業見込みの者
(2) 海外滞在 1 年以上で 2019 年以降に帰国した者またはこれに準じる者
注）文部科学大臣の認定を受けた海外日本人学校および在外教育施設の中学部を含みます。

●出願書類・写真票（控）・調査書・海外在留（在学）期間証明書（または、成績証明書）

●日程等

区分	募集	出願	試験	発表	選考方法
帰国生入試	156（前期選抜試験と合わせて）	12/21～1/11	1/18	1/20	※

※英語・数学・国語（国語は一部に帰国生用と作文を含む＋面接）
※面接は日本語、英語の選択可
ＩＡコース希望者：英語面接を実施
ＴＡコース希望者：理・社を追加

●応募状況

年度＼人数	募集人員	出願者	受験者	合格者	入学者
2019	－	－	－	－	－
2020	156 に含む	2	2	2	1

編入学

●編入学時期・定員　〔1 ～ 2 年生〕4、9、1 月　若干名。
●出願資格・条件　①日本国内の義務教育 9 年間に相当する課程を終了した者
②本校を第一志望とする。
●出願書類　日本国内の義務教育 9 年間に相当する課程を終了した書類（卒業証明書等）
●選考方法　国語・英語・数学、面接

● 2019 年度帰国子女編入学者数

1 年	0	2 年	1	3 年	0

受入後

●指導　本校では日頃休み時間や放課後に、生徒が質問に来ればいつでも答える体勢はとっています。また、現在では放課後の補習授業なども英・数・国を中心に実施しています。自習室も完備しており、放課後の時間を利用した学習サポートも受けることができます。

●教育方針　本校の目標は、建学の精神「明敏謙譲」の教育の理念の下、「知・徳・体」のバランスのとれた全人教育を実践し、「自ら考え、自ら学び、自ら行動できる生徒」「高い志をもって、学習・スポーツ・文化活動に励む、文武両道を目指す生徒」「自らを律することができ、思いやりを持って人に接することができる人間性豊かな生徒」を育てている。

●特色　千葉県市川市にある共学校。2020 年に創立 80 周年を迎える。「インターナショナルアカデミー」「トップグレードアカデミー」「アドバンストアカデミー」「アスリートアカデミー」「ジェネラルアカデミー」の多彩な 5 つのコースを設置し、生徒一人ひとりの個性を大切にしている。また県内有数の規模と充実度を誇る教育施設を持ち、7 つの理科実験・実習施設、75,000 冊の蔵書を誇るメディアセンター、全教室に完備された電子プロジェクターと電子黒板、全生徒に配布される iPad などの学習施設、また、3 つの体育館、温水プール、専用の野球場やサッカー場などのスポーツ関連施設も充実しており、多彩な教育活動が展開されている。

●進学特例条件　併設校　昭和学院短期大学
昭和学院高等学校の在校生対象の特別入試あり

私立 女子

▷▷ 中 89P

わようこうのだいじょし
和洋国府台女子高等学校

〒 272-8533 （担当：教務部）
千葉県市川市国府台 2-3-1
▶▶（JR 市川駅・松戸駅、京成線国府台駅、北総線矢切駅）
TEL 047-371-1120　FAX 047-371-1128
URL https://www.wayokonodai.ed.jp/
生徒数　女 551　合計 551

帰国子女在籍者数	1年	2年	3年	計
	3	3	3	9

入学

●**出願資格・条件**
要相談

●**出願書類**
・入学願書一式（本校所定のもの）
・海外における学校の在学証明書
・海外における学校の成績証明書（日本人学校の場合は調査書）
・中学校修了証明書（卒業証明書コピー可）

●**日程等**

募集	出願	試験	発表	選考方法
特に定めず	12/18～1/10（インターネット）	1/17･18	1/19	教科試験（英・国・数）、面接

●**応募状況**

年度＼人数	募集人員	出願者	受験者	合格者	入学者
2019	特に定めず	0	0	0	0
2020	特に定めず	0	0	0	0

編入学

●**編入学時期・定員**〔1 年生〕9 月〔2 年生〕4、9 月〔3 年生〕4 月。定員は特に定めず
●**出願資格・条件・出願書類**　入学に準ずる
●**選考方法**　国語・数学・英語、面接
● **2019 年度帰国子女編入学者数**

1年	0	2年	0	3年	0

受入後

●**教育方針**
「進学指導」と「女子教育」を２本柱として、日本文化の素養をもとに、新しい知性をそなえた日本女性を育成することを目標としている。

●**特色**
一般生と同じクラスで指導する。

●**進学特例条件**
普通科進学コースは、一定の成績以上であれば和洋女子大学へ推薦入学ができる。
普通科和洋コースは和洋女子大学に入学可能。

私立 共学

受入開始　2000 年度

とうきょうがっかんうらやす
東京学館浦安高等学校

〒 279-0023 （担当：入試広報部）
千葉県浦安市高洲 1-23-1
▶▶（JR 京葉線新浦安駅）
TEL 047-353-8821　FAX 047-355-1123
URL http://www.gakkan-urayasu.ed.jp
生徒数　男 843　女 504　合計 1347

帰国子女在籍者数	1年	2年	3年	計
	0	0	5	5

入学

●**出願資格・条件**
1）原則として海外在住期間２年以上かつ、帰国後２年以内の者。日本の中学校を卒業した者
2）日本人学校中学部卒業または見込みの者
3）相談には応じる
4）海外在住状況説明書提出

●**出願書類（インターネット出願）**
・出願後、写真票、調査書、海外在住状況説明書（本校指定）を郵送

●**日程等**

区分	出願	試験	発表	選考方法
1 期	web 出願 12/19～ 1/8 23：00（郵送書類 1/12 必着）	1/17 併願	1/20	国・数・英、グループ面接
2 期		1/18 専願・併願		
3 期	web 出願 1/21～ 1/27 23：00（郵送書類 1/28 必着）	2/1	2/3	国・数・英、グループ面接

※ 1、2 期の総合進学コースは個人面接型入試あり

●**応募状況**

年度＼人数	募集人員	出願者	受験者	合格者	入学者
2019	特に定めず	0	0	0	0
2020	特に定めず	0	0	0	0

編入学

欠員がある場合のみあり

受入後

●**指導・教育方針**
一般生徒と同じクラスで行う。

入 編

私立 共学

▷▷ 中 90P 大 574P

受入開始 1999 年度

しばうらこうぎょうだいがくかしわ

芝浦工業大学柏高等学校

〒277-0033 （担当：久保田剛司）

千葉県柏市増尾 700

▶▶（東武野田線新柏駅）

TEL 04-7174-3100 FAX 04-7176-1741

URL http://www.shibaura-it.ac.jp/kashiwa/

生徒数 男 634 女 255 合計 889

帰国子女在籍者数	1 年	2 年	3 年	計
	5	6	1	12

入学

●出願資格・条件

原則として、海外に 2 年以上在住し、かつ帰国後 2 年以内の者 。その他、要相談

●出願書類

・入学願書・調査書・海外在留証明書

●日程等

募集	出願	試験	発表	選考方法
若干名	12/17～1/18 (Web＋郵)	1/18・19	1/20	国･数･英･理･社（3 科･5 科選択）、面接＊(個人)

＊第一志望者および帰国生徒のみ実施。

●応募状況

年度＼人数	募集人員	出願者	受験者	合格者	入学者
2019	若干名	14	13	12	8
2020	若干名	10	10	9	1

編入学

●編入学時期・定員 〔1、2 年生〕欠員がある場合。随時 (2 年生の 1 月まで)

●出願資格 原則として海外の在住 2 年以上、帰国後 2 年以内

●出願書類 ・入学願書・調査書・海外在留証明書

●選考方法 国語・数学・英語、面接

● 2019 年度帰国子女編入学者数

1 年	1	2 年	0	3 年	0

受入後

●指導

入学後は 一般生徒と同じクラスに受け入れ、指導する。

●教育方針

「創造性の開発と個性の発揮」を建学の精神とする。

●特色

スーパーサイエンスハイスクール研究開発校としては 2008 年度で 5 年間の指定を終了したが、引き続きほぼ同一プログラムを実施中。2018 年度より再度スーパーサイエンスハイスクール（基礎枠実践型）に 5 年間指定。2015 年度より GS（グローバル・サイエンス）クラス、GL(ジェネラルラーニング）クラス制をスタート。

●進学特例条件

芝浦工業大学への推薦制度がある。

●卒業生（帰国生徒）の進路状況

2019 年春現役での大学進学率 81%。

入 編

私立 共学

▷▷ 大 571P

受入開始 1986 年度

りゅうつうけいざいだいがくふぞくかしわ

流通経済大学付属柏高等学校

〒277-0872 （担当：小山田伸敬）

千葉県柏市十余二 1-20

▶▶（東武野田線江戸川台駅、TX 線柏の葉キャンパス駅）

TEL 04-7131-5611 FAX 04-7131-4553

URL http://www.rku.ac.jp/rkukhs/

生徒数 男 631 女 508 合計 1139

帰国子女在籍者数	1 年	2 年	3 年	計
	0	0	1	1

入学

●出願資格・条件

中学 3 年間の間に 1 年以上海外に滞在し、日本人学校を含め現地の学校に在籍していた生徒。その他、これに準ずると認めた者

●出願書類

・調査書（当該外国の学校における成績表を含む）・保護者海外在留証明書 ※その他は一般受験者と同じ

●日程等

区分	募集	出願	試験	発表	選考方法
A	若干名	12/17～1/9	1/17	1/20	Ⅰ・Ⅲ類：英・国・数、面接
B	若干名		1/18		
C	若干名	1/28～2/9	2/15	2/15	

※ A: 前期（併願）B: 前期（単願・併願）C: 後期（単願・併願）

※前期・後期入試の中で帰国子女として受験可

※前期の学科はマークシート方式で、英語はリスニングあり。後期は記述式、リスニングなし

●応募状況

年度＼人数	募集人員	出願者	受験者	合格者	入学者
2019	特に定めず	0	0	0	0
2020	特に定めず	0	0	0	0

編入学

●編入学時期 〔1 年生〕9 月まで ※合否判定に優遇措置あり

●出願資格・条件・出願書類・選考方法 入学に準ずる

● 2019 年度帰国子女編入学者数

1 年	0	2 年	0	3 年	0

受入後

●指導 帰国生は一般生徒との混合方式。

●教育方針 日本的教養を備えた国際人を養成する。知識（智慧と見識）の涵養と真理探究の精神を培い、スポーツや文化活動の振興により正義、誠実の心と勇気を育てる。外国語教育に力を入れている。

●特色 総合進学コース・スポーツ進学コース・特別進学コースがあり、総合進学コースは総合的人間性の育成、スポーツ進学コースはスポーツによる人格形成、特別進学コースは国公立、理系私大進学などの進路の実現をめざしている。また、総合進学コースの外国語は独・仏・中を英語に加えて選択することができる。

●進学特例条件 卒業生は流通経済大学へ優先入学できる。

●卒業生（帰国生徒）の進路状況 上智大学 (1)、ロンドン大学クイーンメアリー校 (1)

▷▷ 中 90P 大 569P

麗澤高等学校

れい たく

〒 277-8686 （担当：入試広報部）
千葉県柏市光ヶ丘 2-1-1
▶▶（JR 常磐線南柏駅）
TEL 04-7173-3700 FAX 04-7173-3716
URL https://www.hs.reitaku.jp
生徒数 男 316 女 394 合計 710

帰国子女在籍者数	1年	2年	3年	計
	9	3	4	16

入学

●出願資格・条件
海外の学校に通算 1 年以上在籍しており、帰国後 3 年以内。寮希望者は「学校説明会」と「寮見学と寮の説明」に必ず参加

●出願書類
応募資格の期間の「海外での在校記録」を所定の用紙に記入する・海外の学校に在学していたことを証明する書類等（調査書、成績証明書、成績表コピー等）

●日程等

募集	出願	試験	発表	選考方法
特に定めず	インターネット 12/17 ～ 1/12	1/17 1/19	1/20	※

※選考方法は、叡智スーパー特進コース（S 特進）：英・英リスニング・国・数・理・社。叡智特選コース（特選）：英・英リスニング・国・数。一般入試の寮生希望者のみ個別面接を実施。

※試験科目、日程ともに一般の受験生と同様に行う。
合格点について配慮（総合点に S 特進は 10 点、特選は 20 点加点）

●応募状況

年度＼人数	募集人員	出願者	受験者	合格者	入学者
2019	特に定めず	14	12	7	3
2020	特に定めず	24	19	18	6

転編入学

●編入学時期・定員 随時。若干名
●出願資格・条件 募集学年に相当する年齢で、海外の学校に 1 年以上在籍し、帰国前または帰国直後の生徒
●出願書類 入学に準ずる
※オンライン出願と入試も実施
●選考方法 S 特進、TK は英数国社理と面接
他コースは英数国と面接

● 2019 年度帰国子女転編入学者数

1年	0	2年	0	3年	0

受入後

●指導 一般生徒とともに学習するが、個人の状況により個別相談や個別指導を行う。

●教育方針 「感謝の心、思いやりの心、自立の心」の 3 つの「心の力」を育て鍛えることを通じて、知力・道徳心・体力のバランスの取れた生徒を育成することを基本としている。

●特色 入学時は S 特進コース、特選コースに分かれる。2 年生から、中学からの内進生と混合クラスとなり、次の 3 コースに分かれる。
S 特進→叡智 TK コース（難関国立大・国公立医学部コース）
特選→叡智 SK コース（難関私立大・国公立大コース）
特選→叡智 IL コース（難関私立大文系・海外大学）

入 編

▷▷ 小 40P 中 91P

受入開始 1979 年度

暁星国際高等学校

ぎょう せい こく さい

〒 292-8565 （担当：林知道）
千葉県木更津市矢那 1083
▶▶（JR 内房線木更津駅）
TEL 0438-52-3291 FAX 0438-52-2145
URL http://www.gis.ac.jp/
生徒数 男 195 女 110 合計 305

帰国子女在籍者数	1年	2年	3年	計
	3	10	7	20

入学

●出願資格・条件
<帰国生徒の認定条件>保護者の海外勤務・研究等に随伴し、1 年以上継続して海外に在留し、入学時に帰国後の期間が 3 年未満であること

●出願書類
入学願書一式（本学所定）・海外在籍校の成績証明書または成績表のコピー（帰国後国内の学校に在籍している者は在籍中学校の調査書も提出）
・International Course 志願者は英検準 2 級以上、または同等以上の英語力を証明するもの・公立高校併願者は公立高校併願申告書

●日程等

募集	出願	試験	発表	選考方法
若干名	1/6 ～ 14	1/18	1/22	※
	1/23 ～ 2/1	2/5	2/8	
	2/10 ～ 18	2/22	2/25	

※レギュラーコース：国・数・英、面接
International Course：国・数・英、面接または英・英作文、面接
アストラインターナショナルコース：国・数・英、面接
※その他、一般試験の募集もある。

●応募状況

年度＼人数	募集人員	出願者	受験者	合格者	入学者
2019	若干名	6	6	6	6
2020	若干名	4	4	3	3

編入学

●編入学時期・定員 〔1 年生〕9、1 月〔2 年生〕4、9、1 月〔3 年生〕4 月。
若干名。帰国時期等、個別に相談に応じ、内容により随時、試験日を設ける。
見学：帰国の日程にあわせて、個別対応もできる。まずは、電話・メールで相談。

●出願資格・条件・出願書類・選考方法 海外在留証明書、健康診断書、在学証明書

● 2019 年度帰国子女編入学者数

1年	0	2年	0	3年	1

受入後

●指導・教育方針・特色
帰国子女の受け入れ校として、1979 年に開校。小学生寮、中高男子寮、女子寮を完備。約 6 割の生徒が寮生活を送る。いろいろな学習背景を持つ帰国生に対応するため、個性明確な3つのコースがある。特進・進学コースは個々の学習状況を経験豊富な受験のプロが分析し、アドバイスするなど、志望大学現役合格をバックアップする体制を整えている。インターナショナルコースでは、ネイティブが主要教科を担当し、数学・理科といった授業も英語で行う。学年の枠をはずし、英語のレベルによってクラスを分ける授業の実施。ヨハネ研究の森コースでは、一斉授業を廃止し、個人別カリキュラムを編成。「全ての学びは哲学へ向かう」を合言葉に、研究活動に取り組んでいる。アストラインターナショナルコースは「サッカーと英語と人間教育」をスローガンに世界に輝く人間を育てている。
寮では、保護者が海外に赴任している場合でも問題なく生活できる。また、寮でも帰国生が多いので、帰国生同士で友達になり、お互いの経験を話し合ったりしている。学校の雰囲気が寮生主体なので、特に寂しい思いをすることは無いようだ。

▷▷ 中 91P

私立 共学 寮

受入開始　1992 年度

翔凜高等学校
（しょうりん）

（担当：入試広報部　小林真佐美）
〒 299-1172
千葉県君津市三直 1348-1
▶▶（JR 内房線君津駅）
TEL 0439-55-1200　FAX 0439-55-1225
URL https://www.shorin-global.ed.jp/

生徒数　男 301　女 262　合計 563

帰国子女在籍者数	1 年	2 年	3 年	計
	2	3	0	5

入学

●出願資格・条件
一定期間（特に期間は定めない）国外に居住して、現地の学校に在学していた者（日本人学校・現地校とも可）

●出願書類
・入学願書・在学証明書・調査書

●日程等

区分	募集	出願	試験	発表	選考方法
A	特に定めず	12/16～1/9	1/17・18	1/21	英(リスニング含む)・国・数、面接
B		12/16～1/28	2/3	2/5	

※ A: 前期入試①②　B: 前期入試③
※語学力（特に英語力）のある者は最優先で合格させる

●応募状況

年度＼人数	募集人員	出願者	受験者	合格者	入学者
2019	若干名	3	3	3	3
2020	若干名	2	2	2	2

編入学

●編入学時期・定員〔1 年生〕9 、4 月。若干名
●出願書類　・願書・在学証明書・成績証明書・転学照会
●出願資格・条件・出願書類　入学に準ずる
● 2019 年度帰国子女編入学者数

1 年	1	2 年	0	3 年	0

受入後

●指導・教育方針・特色　日本人教師による授業だけでなく、２名の専任ネイティブ教師による英会話授業が週２時間と充実。さらに、英検・TOEIC・TOEFL・GTEC 対策等の特色ある授業や、英語集中特訓、ホームステイ研修など体験しながら学習する機会が多い。２年次には、韓国語・中国語の授業も選択可能。学生寮も完備しており、充実した学校生活を送ることができる。また、高校３年次の「グローバル理解」の授業では、日本をグローバルな視点でとらえている。世界に目を向けるだけでなく、日本人としての誇りを忘れない。そのような国際人へ成長させる教育を行っている。

●進学特例条件　英語は公立高校の約２倍の授業時数になっているため、国際系・外国語系の大学ではきわめて優遇される。

●卒業生（帰国生徒）の進路状況　全員大学進学を目指している。主な進学先は、京都大、千葉大、東京外国語大、慶應義塾大、早稲田大、上智大、学習院大、中央大、立教大、明治大、青山学院大、明治学院大、駒澤大、神田外語大ほか。現役大学合格率は、毎年９割を超える。

編

▷▷ 中 92P

私立 共学

受入開始　1975 年度

東邦大学付属東邦高等学校
（とうほうだいがくふぞくとうほう）

（担当：中尾征人）
〒 275-8511
千葉県習志野市泉町 2-1-37
▶▶（京成線大久保駅、JR 総武線津田沼駅）
TEL 047-472-8191　FAX 047-475-1355
URL http://www.tohojh.toho-u.ac.jp

生徒数　男 508　女 383　合計 891

帰国子女在籍者数	1 年	2 年	3 年	計
	8	18	11	37

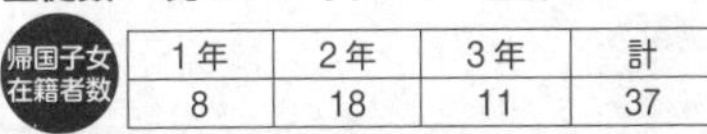

編入学

●編入学時期・定員
〔1 年生〕9 月〔2 年生〕4 月。若干名

●出願資格・条件
次の（1）～（4）の条件を満たしている者
(1) 学齢に相当すること
(2) 海外在留期間が１年以上あること
(3) 海外の現地校・日本人学校・インターナショナルスクール等に在籍し、入学の時期に合わせて日本に帰国する者
(4) 合格した際には、所定の手続きを経て、強く入学を希望する者
(5) その他、本校が受験資格を認める者

●出願書類
学業成績を証明するもの

●選考方法
国語・数学・英語、面接

● 2019 年度帰国子女編入学者数

1 年	0	2 年	0	3 年	0

受入後

●指導
一般生徒と同じ。必要に応じ個別指導を行う。

●教育方針
「自然・生命・人間」の尊重を建学の精神とする。

●進学特例条件
東邦大学医学部、薬学部、理学部、看護学部への特別推薦入学制度がある。

●卒業生（帰国生徒）の進路状況
ほとんどの者が４年制大学（医学系・薬学系・法学系・経済系など多方面）に進学。

▷▷ 中 92P

受入開始 2018 年度

西武台千葉高等学校
（せいぶだいちば）

（担当：逆井芳男、堀江誠）

〒 270-0235
千葉県野田市尾崎 2241-2
▶▶（東武野田線（アーバンパークライン）川間駅）
TEL 04-7127-1111 **FAX** 04-7127-1138
URL http://www.seibudai-chiba.jp
生徒数 男 557 女 400 合計 957

帰国子女在籍者数	1 年	2 年	3 年	計
	1	0	0	1

入 学

●出願資格・条件

2021 年 3 月中学校卒業見込み又は、中学校卒業者で、基本的な生活習慣が身についており、本校の教育方針を理解し、学業成績、行動ともに良好で、本校入学後も意欲的かつ積極的に高校生活に取り組む意思があること。

外国での在住期間が継続して 2 年以上 4 年未満で、帰国から 2021 年 1 月 1 日までの期間が 1 年以内の者、又は、外国での在住期間が継続して 4 年以上で、帰国から 2021 年 1 月 1 日までの期間が 2 年以内の者

●出願書類

・調査書・海外在留を証明する書類・志願票・推薦書

●日程等

区分	募集	出願	試験	発表	選考方法
A	10 名	12/17～1/9	1/17	1/19	国語・数学・英語のマークシート試験、個別面接、書類審査
B		12/17～1/9	1/18	1/20	作文、個別面接、書類審査

※ A は併願推薦、B は単願

●応募状況

年度＼人数	募集人員	出願者	受験者	合格者	入学者
2019	10	0	0	0	0
2020	10	1	1	1	1

編入学

欠員がある場合のみあり

● 2019 年度帰国子女編入学者数

1 年	0	2 年	0	3 年	0

受入後

●指導

生徒個々の状況に応じて、サポートしていきます。必要に応じて、国語の取出し授業や、補習などを実施しています。

●教育方針

「学習活動」「部活動」「体験（教養）活動」の 3 つを柱に、バランスのとれた人間形成を目指します。特に、校章に用いられた文字である「武」の精神性を重視した教育を行います。

●特色

カリキュラムは選択科目が多く、部活動と両立できる内容になっています。学校全体としては、国際理解教育や、キャリア教育に力を入れています。

入 編

私立 共学

受入開始 2019 年度

東葉高等学校
（とうよう）

（担当：西村桂）

〒 274-0822
千葉県船橋市飯山満町 2-665-1
▶▶（東葉高速線 飯山満駅、新京成線 前原駅）
TEL 047-463-2111 **FAX** 047-463-2275
URL https://www.toyohs.ed.jp/
生徒数 男 575 女 554 合計 1129

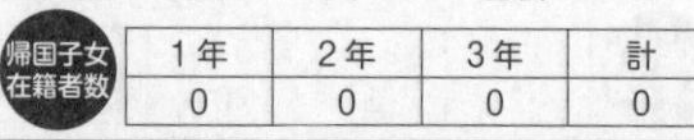

帰国子女在籍者数	1 年	2 年	3 年	計
	0	0	0	0

入 学

●出願資格・条件

海外在住 1 年以上、帰国後 2 年以内の者を原則とするが、相談に応じる。

●出願書類

・入学願書
・在学証明書または在留証明書
・成績証明書

●日程等

区分	出願	試験	発表	選考方法
前期	12/17～1/7	1/18 または 19	1/21	国・数・英・面接
後期	2/1～8	2/15	2/16	英・面接

※後期：英語 1 科目入試
＊英語の点数によって、入学金免除、1 年間授業料免除などの奨学生となる

編入学

●編入学時期・定員

〔1 年生〕9、1 月〔2 年生〕4、9、1 月
〔3 年生〕4、9 月
※相談可

●出願資格・条件

海外在住 1 年以上、帰国後 2 年以内の者を原則とするが、相談に応じる。

●出願書類

・入学願書
・在学証明書または在留証明書
・成績証明書

●選考方法

英・数・国、面接
※英語の点数や英検の取得状況によって、入学金や授業料免除

● 2019 年度帰国子女編入学者数

1 年	0	2 年	0	3 年	0

受入後

●指導

急に帰国することになって、編入先が見つからない生徒の受け皿になることから始めます。帰国生が学校に慣れていくための親切な授業をしていきます。

●教育方針

生徒一人ひとりの個性を尊重し、帰国生がもつ文化の違いが学校全体の活性化となることを目標にしていきます。

私立 共学

▷▷ 中 93P 大 571P 短 668P

受入開始 1985 年度

光英VERITAS高等学校

こうえい ヴェリタス

(2021 年度より校名変更。旧 聖徳大学附属女子高等学校)

〒 270-2223 (担当：本間明信)
千葉県松戸市秋山 600
▶▶(北総線北国分駅・秋山駅、JR 松戸駅・市川駅)
TEL 047-392-8111 FAX 047-392-8116
URL https://koei-veritas.jp/

生徒数 男 女 364 合計 364 ※2021年度より共学化

帰国子女在籍者数	1 年	2 年	3 年	計
	0	1	0	1

入 学

●出願資格・条件（普通科・音楽科共通）
保護者の勤務により海外に在住し、帰国に伴い受験を希望する女子生徒。
※随時、受験個別相談を実施。帰国生の具体的な受験準備のアドバイスをします

●出願書類
入学願書一式・海外の在留期間を証明するもの・海外における学校の成績証明書
※推薦入試希望者は 11 月中旬までに問い合わせること

●日程等（前期入試）

区分	出願	試験	発表	選考方法
推薦入試(学校推薦)	12/17～1/15	1/17	1/18	単願：面接 併願：国·数·英、面接
一般入試(特待チャレンジ)	12/17～1/18	1/19	1/20	国·数·英·社·理、または国·数·英
一般入試	1/20～26	1/27	1/28	国·数·英

※詳細は募集要項をご確認ください。

●応募状況

年度＼人数	募集人員	出願者	受験者	合格者	入学者
2019	特に定めず	0	0	0	0
2020	特に定めず	0	0	0	0

編 入 学

●編入学時期・定員 〔1 ～ 2 年生〕随時 (2 年生は 9 月まで) 欠員がある場合のみ、若干名。
●出願資格・条件 入学出願資格・条件に準ずる
●出願書類 帰国生転編入試験志願票一式
●選考方法 学科（国語・英語・数学)、面接
※判定基準に配慮

● 2019 年度帰国子女編入学者数

1 年	1	2 年	0	3 年	0

受 入 後

●指導
クラス配置、授業体制は一般生と原則同一。キャッチアップ補習は個別に実施。補習は習熟度別に実施。

●進学特例条件
併設大学への内部入学制度・入学金減免制度がある。

私立 共学

▷▷ 大 582P

受入開始 1993 年度

専修大学松戸高等学校

せんしゅうだいがくまつど

(担当：松垣優美)
〒 271-8585
千葉県松戸市上本郷 2-3621
▶▶(JR 常磐線北松戸駅、新京成線松戸新田駅)
TEL 047-362-9101 FAX 047-362-9104
URL https://www.senshu-u-matsudo.ed.jp

生徒数 男 771 女 499 合計 1270

帰国子女在籍者数	1 年	2 年	3 年	計
	19	27	22	68

入 学

●出願資格・条件
2021 年 3 月に中学校卒業見込みの者または 2020 年 3 月に中学校を卒業した者で、保護者と共に居住している者。海外在住 1 年以上、帰国後 3 年以内の者

●出願書類
・海外在留証明書・調査書（本校所定の用紙、または公立用調査書の写しのいずれかを提出）・申出書（該当者）・各種検定認定証写し（該当者）
※ 2017 年度入試よりネット出願を導入。詳細は HP 参照

●日程等

出願	試験	発表	選考方法
郵 12/17～1/9	1/17 1/18	1/19	国·数·英（リスニングあり)

※帰国生に対しては、ボーダー付近で考慮する

●応募状況

年度＼人数	募集人員	出願者	受験者	合格者	入学者
2019	若干名	45	45	18	5
2020	若干名	20	20	12	6

受 入 後

●指導
現在特別な配慮はしていない。

●教育方針・特色
国際社会のリーダーの育成を目指し、類型制システムを採用。

●進学特例条件
2020 年春の卒業生は、専修大学へ 42 名が推薦で進学。(卒業生 428 名)

●卒業生（帰国生徒）の進路状況
2020 年春の卒業生の約 80% が現役で 4 年制大学に進学している。専修大への推薦入学者は約 1 割である。過去 3 年間の帰国生は上智大、青山学院大などに進学している。

私立 共学

▷▷ 中 93P

受入開始 1984 年度

秀明大学 学校教師学部附属

秀明八千代高等学校（しゅうめいやちよ）

（担当：神原洋）

〒 276-0007

千葉県八千代市桑橋 803

▶▶（東葉高速線八千代緑が丘駅）

TEL 047-450-7001 FAX 047-450-7009

URL http://www.shumeiyachiyo.ed.jp/

生徒数 男 690 女 448 合計 1138

帰国子女在籍者数	1年	2年	3年	計
	7	7	11	25

入学

●出願資格・条件

中学校卒業見込みの者および中学校卒業者（一般と同じ）。現地校出身者は上記該当課程修了見込みの者

●出願書類

・調査書（千葉県公立用と同じ。他の都道府県の公立用可）・推薦書（前期試験のみ）

・現地校出身者は在学および成績等を証明する書類

●日程等

区分		募集	出願	試験	発表	選考方法
前期	単願	310	12/20～1/10	1/17	1/20	国・数・英、面接
	併願			1/17または1/18		
後期	Ⅰ期		1/21～2/7	2/15	2/17	国・数・英、面接
	Ⅱ期		2/18～27	3/2	3/4	

※出願は、インターネットのみで受付

※特に英語能力を重視する。また、現地校出身者は海外での学習や体験等の良い面を加えて判定する。面接は受験生のみ

●応募状況

年度＼人数	募集人員	出願者	受験者	合格者	入学者
2019	若干名	−	−	−	−
2020	若干名	−	−	−	−

通常の入試で対応 帰国子女のための入試は設定なし

編入学

●編入学時期・定員〔1～2年生〕定員の状況により随時。特に定めず

●出願資格・条件・出願書類・選考方法 一般入試に準ずる

● 2019 年度帰国子女編入学者数

1年	0	2年	0	3年	0

受入後

●指導・教育方針・特色 7 名のイギリス人教師による英会話と日本人教師とのチームティーチングを行う。海外よりの帰国生徒は、必要に応じて放課後補習で遅れを戻すなど努めている。1 年生は 3 週間のイギリス英語研修を実施（国際コースは全員、その他のコースは希望者）。

●進学特例条件 併設の秀明大学に内部進学制度あり。

●卒業生（帰国生徒）の進路状況

4 年制大学に多数進学している。

入 編

私立 共学

▷▷ 中 94P

受入開始 1978 年度

八千代松陰高等学校（やちよしょういん）

（担当：鳥山肇）

〒 276-0028

千葉県八千代市村上 727

▶▶（京成線・東葉高速線勝田台駅）

TEL 047-482-1234 FAX 047-485-8864

URL http://www.yachiyoshoin.ac.jp

生徒数 男 1070 女 877 合計 1947

帰国子女在籍者数	1年	2年	3年	計
	2	5	9	16

入学

●出願資格・条件

特になし

●出願書類（入試要項参照）

・入学願書・調査書（現地校の場合は成績証明書）

●日程等

募集	出願	試験	発表	選考方法
若干名	12/21～1/8	1/18	1/19	国・数・英、面接
		1/20	1/21	

※本校を第 1 志望とする生徒対象に実施

●応募状況

年度＼人数	募集人員	出願者	受験者	合格者	入学者
2019	若干名	0	0	0	0
2020	若干名	0	0	0	0

編入学

●編入学時期・定員〔1・2 年生〕随時。若干名
※ 3 年生の場合、履修科目の条件を満たすのは難しい。

●出願資格・条件 原則として一家転住に限る。

●出願書類
・成績証明書
・卒業証明書または在籍証明書
・単位修得証明書

●選考方法 国・数・英、面接

● 2019 年度帰国子女編入学者数

1年	0	2年	2	3年	0

受入後

●卒業生（帰国生徒）の進路状況

100% 大学へ進学している。

主な進学先…東京外国語大、上智大、早稲田大、青山学院大、慶應義塾大、神田外語大など。

私立 共学

▷▷ 大 567P 短 667P

受入開始 1990 年度

千葉敬愛高等学校
（ちばけいあい）

（担当：山本貴博）

〒 284-0005
千葉県四街道市四街道 1522
▶▶（JR 成田線・総武本線四街道駅）
TEL 043-422-0131 FAX 043-423-5866
URL http://www.keiai.ed.jp
生徒数　男 643　女 865　合計 1508

帰国子女在籍者数	1年	2年	3年	計
	3	0	2	5

入　学

●出願資格・条件

海外在留 2 年以上、帰国後 2 年以内（日本人学校出身者も可）

●出願書類

・入学願書一式・成績証明書・推薦書（推薦の場合）

●日程等

区分	募集	インターネット出願	試験	発表	選考方法
A	特に定めず	12/18～1/8	1/18	1/20	国・数・英のマークシート、面接（保護者同伴）、書類審査
B	特に定めず	12/18～1/8	1/17 か 18	1/20	国・数・英のマークシート、書類審査
C	特に定めず	12/18～1/8	1/17 か 18	1/21	国・数・英のマークシート
		1/15～21	1/29	1/30	

※区分 A: 単願推薦　B: 併願推薦　C: 一般 B
※一般 B で出願する場合、1/17・18 のいずれかと 1/29 の合計最大 2 回の出願が可能
※帰国生は一般 B で入試点数に若干の優遇

●応募状況

年度＼人数	募集人員	出願者	受験者	合格者	入学者
2019	特に定めず	2	2	2	0
2020	特に定めず	3	3	3	3

受 入 後

●指導・教育方針・特色

「敬天愛人」を建学の精神とし、世界に通用する人間の育成、豊かな個性、自己教育力、国際性、強靱な身をもつ人間の育成を目指している。

1. 国公立・難関私立大を目指す特別進学クラスの設置
2. 英語・数学での習熟度別の少人数制授業の実施
3. 課外授業の充実
4. 予備校講師による土曜講座の実施
5. アメリカ、カナダ語学研修、オーストラリア海外修学旅行などを実施（国際教育の推進）
6. 生徒会活動、課外活動に力を入れ、全国レベルの部活も数多い

●進学特例条件

希望者は併設の敬愛大学、千葉敬愛短期大学へ入学できる。また、多くの大学の指定校になっている。

私立 女子

受入開始　2000 年度

潤徳女子高等学校
（じゅんとくじょし）

（担当：佐々木直人、秋本暁樹）

〒 120-0034
東京都足立区千住 2-11
▶▶（北千住：JR 常磐線・東武スカイツリーライン・つくば EP・日比谷線・千代田線・半蔵門線（直通））
TEL 03-3881-7161 FAX 03-3888-2668
URL https://www.juntoku.ac.jp/
生徒数　女 611　合計 611

帰国子女在籍者数	1年	2年	3年	計
	0	0	0	0

入　学

●出願資格・条件

A～C までのいずれかに該当する者。

A：国内の中学校を 2021 年 3 月に卒業見込みまたは 2021 年 3 月までに卒業の女子で、保護者とともに海外生活が継続して 1 年以上あり、2018 年 1 月以降に帰国した者。

B：海外において日本の中学校の教育課程を 2021 年 3 月に卒業見込みまたは 2021 年 3 月までに卒業の女子で、保護者とともに海外生活が継続して 1 年以上ある者。

C：海外において日本の中学校の教育課程と同等の課程を 2021 年 3 月に卒業見込みまたは 2021 年 3 月までに卒業の女子で、保護者とともに海外生活が継続して 1 年以上ある者。

●出願書類

卒業見込み：在籍証明書
卒業：調査書（もしくは卒業及び成績証明）

●日程等

募集	出願	試験	発表	選考方法
若干名	11/9～20	12/8	12/8	※

※進学・特進コース：英・国・数・作文・面接
　美術コース：英・国・数・作文・デッサン・面接

●応募状況

年度＼人数	募集人員	出願者	受験者	合格者	入学者
2019	若干名	0	0	0	0
2020	若干名	0	0	0	0

受 入 後

●指導

他の生徒と同様。

●教育方針

大正 13 年地元の方々の思いから創立された学園。創立の願いと精神を受け継ぎ、社会をリードする女子の育成を目指す。

●特色

多様な人々とのつながりを大切に「21 世紀型スキル」を身につける潤徳オリジナルのグローバル教養が魅力。英語＝グローバルではない、真に他者とコミュニケーションをとる力を育成します。

私立 男子

開成高等学校

（かいせい）

〒116-0013
東京都荒川区西日暮里 4-2-4
▶▶（JR 山手線・東京メトロ千代田線西日暮里駅）
TEL 03-3822-0741　FAX 03-3822-4558
URL　https://kaiseigakuen.jp
生徒数　男 1197　合計 1197

帰国子女在籍者数	1年	2年	3年	計
	14	19	14	47

入学

●出願資格・条件

2005.4.2 ～ 2006.4.1 までに生まれ、2021 年 3 月中学校卒業見込みの男子。国籍・居住地による制限はない。
※海外居住や病気等で上記の条件を満たすことができない場合は事前に相談

●出願書類

ホームページ参照

●日程等

募集	出願	試験	発表	選考方法
100	12/20～1/28（インターネット出願）	2/10	2/12	筆記試験（国語・数学・英語・理科・社会）

※帰国生枠はない。上記は一般枠の情報。近年は高校募集 100 名中 10 名以上の生徒が海外の生活を経験した者（海外 1 年以上帰国 3 年以内）であり、本校の多様性の一翼を担っている。

受入後

●指導

海外の大学を志望する生徒や英語力をさらに伸ばしたい生徒には、放課後にオプションの授業を用意している。Discussion、TOEFL、Reading、Preparation for Studying Overseas のコースがあり、ネイティブ講師によりレベル高い授業が展開されている。実際に海外の大学にアプライする際は、エッセイや志望校の決定など専任カウンセラーによる助言・指導がある。

●教育方針

「開物成務」の精神を実現すべく、生徒の主体性を尊重する教育を行っている。

●特色

基礎学力の習得を第一とし、分野に偏らない人物が育つ環境を用意している。授業はもちろんのこと、課外活動でも自分の個性・適性に応じた分野で、仲間と共に日々の活動が行われている。全国レベルを超える結果を残す生徒もいる。

●卒業生（帰国生徒）の進路状況

国内の大学はもとより、海外の大学へ進学する生徒もいる。

▷▷ 中 94P

私立 女子

受入開始　1988 年度

北豊島高等学校

（きたとしま）

〒116-8555　（担当：塩川広之、梅本晃章）
東京都荒川区東尾久 6-34-24
▶▶（JR 北千住駅、王子駅、田端駅、東京メトロ町屋駅）
TEL 03-3895-4490　FAX 03-3819-3569
URL　http://kitatoshima.ed.jp
生徒数　女 258　合計 258

帰国子女在籍者数	1年	2年	3年	計
	2	1	0	3

入学

●出願資格・条件

①海外生活経験者
②国内インターナショナルスクール在籍者
③日本国内に合法的に 1 年以上滞在査証のある外国籍生徒
④国内中学校段階で特に英語学習の進んでいる生徒
※すべて事前相談が必要

●出願書類

・入学願書・出願資格①～④を証明できる資料

●日程等

募集	出願	試験	発表	選考方法
特に定めず	10/21～28	10/31	11/1 速達	基礎学力テスト（国・数・英）、面接
	12/9～16	12/19	12/20 速達	

※募集は国際英語コース、特進コース、総合コース
※国際英語コースの面接はネイティブ、その他は日本人が行う
※必ず事前に本校に問い合わせの上、学校見学、事前相談をすること

●応募状況

年度＼人数	募集人員	出願者	受験者	合格者	入学者
2019	特に定めず	2	2	2	1
2020	特に定めず	2	2	2	2

編入学

●編入学時期・定員・出願資格・出願書類・選考方法

個々に合わせて対応するため、要問い合わせ

● 2019 年度帰国子女編入学者数

1年	0	2年	0	3年	0

受入後

●教育方針・特色

少人数制教育で、一人ひとりを大切にする授業展開をしている。英語教育には定評があり、国内・海外幅広い進路選択が可能。また、在学中の短期・長期留学システムや、語学研修等のシステムが充実。

●特色

1 クラス 30 人前後を原則とし、徹底した少人数制教育を行っている。国際英語コースは学年制を取り払い、語学力に合わせた縦割り授業も行う。リベラルアーツ教育を推進し、「学び続ける力」を育成する。

●進学特例条件

指定校は卒業生数の 2 倍、約 200 名分を持っている。

私立 共学

▷▷ 中 95P

受入開始 2005 年度

淑徳高等学校

(しゅく とく)

〒 174-8643 (担当：平山千晶)
東京都板橋区前野町 5-14-1
▶▶(東上線ときわ台駅、三田線志村三丁目駅、JR 赤羽駅、西武池袋線練馬高野台駅)
TEL 03-3969-7411 FAX 03-3558-7992
URL http://www.shukutoku.ed.jp/

生徒数 男 515 女 704 合計 1219

帰国子女在籍者数	1 年	2 年	3 年	計
	5	13	10	28

入学

●出願資格・条件

・保護者の海外勤務にともない 1 年以上在留
・帰国後 3 年以内

●出願書類

・成績に関する書類（海外在学校の最終学年の写し）
・海外生活証明書（保護者勤務先が発行したもの）
・英語検定取得級、TOEIC スコア証明書（写し）（任意・優遇有）その他、一般生の入試要項に記載した書類をあわせて提出

●日程等

募集	出願	試験	発表	選考方法
若干名	1/15～18	1/22・24	1/23・25	国・数・英、面接
	1/25～2/1	2/11・14	2/12・15	国・数・英、面接

※スーパー特進コース、特進選抜コース、留学コース（推薦単願のみ）のコース編成で、本人の希望および入試結果により所属コースが決定（入学後の入替有）。スーパー特進合格者のうち特に成績の優れた者には特待生制度があり、公立高校並みの学費で通学できる。その他詳細は一般生の入試要項と同様。
※受験希望者は事前相談制度有（ホームページよりメール相談可）

●応募状況

年度＼人数	募集人員	出願者	受験者	合格者	入学者
2019	若干名	41	35	32	13
2020	若干名	48	38	34	5

編入学

●編入学時期・定員 欠員のある場合。随時

●出願資格・条件・出願書類・選考方法 入学に準ずる

● 2019 年度帰国子女編入学者数

1 年	0	2 年	0	3 年	0

受入後

●教育方針

留学コースがあるため、海外経験者が学年に 40 人在籍する国際感覚豊かな校風。英検や TOEIC 受験を推奨する、英語力の維持・向上に適した環境と言えよう。進路に合わせたコース編成や豊富なゼミが大学現役合格を応援する。また教育理念 3 つの L (Life・Love・Liberty) を通じて、心の教育を大切にしている。

私立 男子

▷▷ 中 95P

受入開始 2016 年度

城北高等学校

(じょう ほく)

〒 174-8711 (担当：鈴木邦彦)
東京都板橋区東新町 2-28-1
▶▶（東武東上線 上板橋駅）
TEL 03-3956-3157 FAX 03-3956-9779
URL http://www.johoku.ac.jp

生徒数 男 1085 合計 1062

帰国子女在籍者数	1 年	2 年	3 年	計
	非公表	非公表	非公表	非公表

入学

●出願資格・条件

・1 年を超える期間海外に在留し、帰国後 3 年以内の日本国籍の者
　または
・1 年を超えて海外に在留中の日本国籍の者

●出願書類 海外在留証明書

●日程等

区分	募集	出願	試験	発表	選考方法
推薦	20	1/15・16	1/22	1/23	英・国・数、面接
一般	65	1/25 ～ 2/7	2/11	2/12	英・国・数

※帰国生は学力試験の合計点数に 10 点加点します。

▷▷ 小 47P 中 96P 大 572P 短 668P

受入開始　1998 年度

帝京高等学校（ていきょう）

（担当：古谷由紀）

〒 173-8555
東京都板橋区稲荷台 27-1
▶▶（JR 埼京線十条駅、都営地下鉄三田線板橋本町駅）
TEL 03-3963-4711　FAX 03-3963-6415
URL http://www.teikyo.ed.jp/
生徒数　男 501　女 430　合計 931

帰国子女在籍者数	1年	2年	3年	計
	2	2	0	4

入学

●出願資格・条件

・2021 年 3 月、中学校卒業および卒業見込みの者。それと同等の学力があると認められる者
・海外の学校（含日本人学校）で 1 年以上学習し、帰国後 3 年以内の者
・両親もしくは保護者と同居できる者

●出願書類

・入学願書一式・調査書（帰国後在籍した学校があれば）・海外の学校での在学証明書および成績証明書

●日程等

募集	出願	試験	発表	選考方法
特に定めず	1/15 ～ 20	1/22	1/22	英語及び国語・数学、面接(英語及び日本語)、書類審査

※国語、数学、英語の基礎学力テスト。英語の運用能力を見る筆記試験。面接は日本語と英語で行う。

●応募状況

年度＼人数	募集人員	出願者	受験者	合格者	入学者
2019	特に定めず	1	1	1	1
2020	特に定めず	4	4	4	2

編入学

●編入学時期・定員〔1 ～ 3 年生〕随時　（ただし、3 年生は 4 月のみ）定員は特に定めず

●出願資格・条件・出願書類・選考方法　入学に準ずる

● 2019 年度帰国子女編入学者数

1年	0	2年	1	3年	0

受入後

●指導

帰国生試験で入学（編入学）した生徒は、「インターナショナルコース（英語特化課程）」あるいはいわゆる「普通科」の「進学コース」に入る。インターナショナルコースでは、ネイティブスタッフの授業が多く、ネイティブスタッフが常駐しているイングリッシュラウンジも含め授業外での接触の場も多くして英語力を維持できるよう工夫している。2 年以降は進路に応じて科目選択し、受験に備える。

●進学特例条件　帝京大系には無試験優遇制度有。

●卒業生（帰国生徒）の進路状況

上智大、青山学院大、慶應義塾大、中央大、早稲田大、ICU、立教大、明治大、獨協大、学習院大、成城大、成蹊大など。

▷▷ 中 96P 大 573P 短 668P

受入開始　2015 年度

東京家政大学附属女子高等学校（とうきょうかせいだいがくふぞくじょし）

（担当：渡邉 健）

〒 173-8602
東京都板橋区加賀 1-18-1
▶▶（JR 埼京線十条駅、都営三田線新板橋駅、東武東上線板橋駅）
TEL 03-3961-0748　FAX 03-3962-8646
URL https://www.tokyo-kasei.ed.jp/
生徒数　女 658　合計 658

帰国子女在籍者数	1年	2年	3年	計
	2	0	0	2

入学

●出願資格・条件

1）保護者に伴って海外に連続して 1 年以上在住し、帰国後 3 年以内の者
2）国内外を問わず、通常の課程による 9 年間の学校教育を修了または 2021 年 3 月末までに修了見込みの者
※いずれも満たし、帰国後保護者との同居の必要があります。

●出願書類

入学願書（学校指定）・海外在留証明書（保護者勤務先のもの）・在籍校の成績証明書（成績報告書）または通知表・各種検定合格証（コピー可）

●日程等

募集	出願※	試験	発表	選考方法
若干名	12/2～23	12/26	当日	国語・数学・英語・作文・面接

※（web)12/2 ～ 23 （郵送）12/2 ～ 23 必着
　（窓口)12/2 ～ 23　9：00 ～ 16：00　土日を除く
・試験日：12/26　集合時間 8：30　試験開始 9：00
・合格発表：試験当日　本校 web サイトにて
・合格書類交付：12/26 ～ 15：00
　12/28　9：00 ～ 15：00
・入学手続き：12/28　15：00 まで

●応募状況

年度＼人数	募集人員	出願者	受験者	合格者	入学者
2019	一般に含む	0	0	0	0
2020	若干名	1	1	1	1

編入学

●編入学時期　〔1 ～ 3 年生〕随時。欠員がある場合
●出願資格・条件　一家転住者。その他は入学に準ずる
●出願書類　入学に準ずる
●選考方法　国語・数学・英語、面接

● 2019 年度帰国子女編入学者数

1年	0	2年	0	3年	0

受入後

●指導

通常のクラスに入り、一般生徒と同様の学習をする。

●教育方針・特色

建学の精神「自主自律」を目標に、3 つの生活信条である「愛情・勤勉・聡明」の実践によって未来を創造し、世界で輝く女性を育みます。

私立 女子

▷▷ 中 97P 大 583P 短大 668P

日本大学豊山女子高等学校

〒174-0064 （担当：寒川聡、黛俊行、我妻等）
東京都板橋区中台 3-15-1
▶▶（東武東上線上板橋駅、都営三田線志村三丁目駅）
TEL 03-3934-2341 FAX 03-3937-5282
URL http://www.buzan-joshi.hs.nihon-u.ac.jp/

生徒数 女 808 合計 808

帰国子女在籍者数	1年	2年	3年	計
	0	0	0	0

入学

●**出願資格・条件**　次の1～3をすべて満たす者
1. 2005年4月2日から2006年4月1日までの間に出生した女子。
2. 海外在住期間が原則として1年以上で、帰国後3年以内（2017年12月1日以降帰国）であること。
3. 入学後、保護者と同居し、そこから通学できること。

●**出願書類**
現地学校発行の「在学（在籍）証明書」および「成績証明書」を郵送，または持参してください。

●**日程等**

募集	出願	試験	発表	選抜方法
若干名	1/25～2/8	2/10	2/10	国語・英語・数学 マークシート方式　各100点（計300点） 面接
	1/25～2/14	2/14	2/14	国語・英語・数学 マークシート方式　各35点（計105点） 面接

※どちらの回も理数科（理数S）は、数学の得点を2倍（①計400点、②計140点）。面接は受験生1名、教員2名の個別面接。

●**応募状況**

年度＼人数	募集人員	出願者	受験者	合格者	入学者
2019	若干名	0	0	0	0
2020	若干名	0	0	0	0

受入後

●**指導**　放課後等を利用した補習・個別指導あり。

●**教育方針**
高い知性と豊かな人間性をもつ生徒の育成。個性を確立し創造力をもつ生徒の育成。情操を陶冶し、礼儀正しく品位のある生徒の育成。真理を探求し、自主独立の精神をもつ生徒の育成。国際社会に通用する知識と自由博愛の精神に富む生徒の育成。本校の生徒としての責任と誇りをもつ生徒の育成。

●**特色**
日本大学付属高等学校唯一の女子校である。難関大学進学を見据え、新大学入試制度対応のカリキュラムを組むA特進・安心の付属推薦制度での日本大学進学を基礎としつつ、多様化する大学入試にも十分対応できる学力と適性を身につけることを目標としたN進学・「Women Making a Leap Forward。～飛躍する女性～」をスローガンに、世界的に活躍できる女性研究者の育成を目指す理数Sの3つのコースが選べる。「国際交流教育」と「キャリア教育」を教育の2本柱とし、学力とともに世界規模の広い視野と将来の多彩な職業観を養う教育を実施。

●**進学特例条件**
2019年日本大学には、117名（58%）が進学。日本大学を希望する生徒の95%以上が日本大学へ進学。
推薦・優先入学の方法としては以下の3つがあげられる。
・全付属高等学校で実施される「基礎学力到達度テスト」の成績によって推薦される基礎学力選抜方式
・各学部から成績基準や人数枠などが提示され、高校3年間の成績によって推薦される付属特別選抜方式
・日本大学への進学をキープしつつ、国公立大学にチャレンジできる国公立併願方式。

私立 女子

▷▷ 中 97P

江戸川女子高等学校

〒133-8552 （担当：渡辺文彦）
東京都江戸川区東小岩 5-22-1
▶▶（JR 総武線小岩駅、JR 京成線江戸川駅）
TEL 03-3659-1241 FAX 03-3659-4994
URL http://www.edojo.jp

生徒数 女 924 合計 924

帰国子女在籍者数	1年	2年	3年	計
	11	18	20	49

入学

●**出願資格・条件**
下記のいずれかに該当する者。なお現地の学校は「日本人学校」「現地校」「インターナショナルスクール」を問わない (1) 保護者の海外勤務に伴って、現地の学校に在学中、もしくは在学した者のうち、2004.4.2 から 2006.4.1 までに生まれた者。日本語による履修に支障のない者 (2) 現地滞在期間1年以上、帰国3年以内の者 (2021年4月1日現在で滞在1年になる者も可) (3) 現地滞在期間2年以上、帰国3年を越える場合は別に考慮する（要事前連絡）(4) 原則として、2021年3月31日で9年の義務教育課程が終了している者 (5) 入学後、保護者のもとから通学できる者

●**出願書類**
・入学願書（本校所定用紙）・調査書（国内の中学校または日本人学校の場合は本校所定用紙、海外の学校の場合は成績証明書）・海外在住期間証明書

●**日程等**

募集	出願	試験	発表	選考方法
若干名	11/16～12/4	12/6	12/6	普(国・数・英・面) 英(国・英・リスニング・面)

※募集は英語科、普通科
※現地校・現地日本人学校から直接受験希望者は特別に配慮をし、別に相談を受ける

●**応募状況**

年度＼人数	募集人員	出願者	受験者	合格者	入学者
2019	若干名	52	52	47	11
2020	若干名	29	29	23	4

編入学

●**編入学時期・定員**〔1・2年生〕随時（2年生の7月まで）。欠員がある場合、若干名
●**出願資格・条件・出願書類・選考方法**　入学に準ずる
●**2019年度帰国子女編入学者数**

1年	0	2年	0	3年	0

受入後

●**特色**
英語科・普通科Ⅱ・Ⅲ類があり、各自の進路に合わせ選択が可能。英語科は、会話力をつけること以外に外国事情の講座もあり、異文化理解に役立っている。普通科生はカナダへの修学旅行（8泊9日）、英語科生は全員がニュージーランド10週間または、フィリピン（セブ島）8週間、イギリス（ケンブリッジ）8週間、アメリカ（8週間）、ベトナム（1週間）の語学研修に参加する（4つのコースから選択する）。65分授業・2期制の導入により、効果的で有意義な学校生活が送れる。

私立 共学 ▷▷ 中 98P

桜丘高等学校
さくらがおか

（担当：髙橋知仁）

〒114-8554
東京都北区滝野川 1-51-12
▶▶（JR 南北線王子駅、都営地下鉄三田線西巣鴨駅）
TEL 03-3910-6161 FAX 03-3949-0677
URL https://sakuragaoka.ac.jp/
生徒数 男 525 女 507 合計 1032

帰国子女在籍者数	1年	2年	3年	計
	4	5	10	19

入学

●出願資格・条件
原則として、保護者の勤務などにより１年以上海外に滞在し、帰国後３年以内の者で日本の中学校３年生に該当する学齢の者、主要５科に「2」9 科のいずれにも「1」がないこと、各学年の欠席が原則として５日程度であること
※詳細については問い合わせること

●出願書類
・成績を証明できる書類（調査書、成績証明書、最新の通知表のいずれか）・海外在留証明書

●日程等（web 出願）

区分	募集	出願	試験	発表	選考方法
1回	若干名	11/1～12/1	12/13	12/13	書類審査、筆記試験※

※筆記試験は３科（国・英・数）[S・A・G コース]
国語・小論文 [C コース]

●応募状況

年度＼人数	募集人員	出願者	受験者	合格者	入学者
2019	若干名	9	7	7	0
2020	若干名	4	4	4	2

受入後

●指導・教育方針・特色
2021 年度入試より 4 コース制となります。
新たにスーパーアカデミック（難関選抜）コース、キャリアデザイン（キャリア探究）コースが新設され、既存の特進･特待クラスはアカデミック（文理特進）コース、CL クラスはグローバルスタディーズ（グローバル探究）コースに名称が変わります。

私立 共学 ▷▷ 中 98P

受入開始 1999 年度

順天高等学校
じゅんてん

（担当：片倉敦）

〒114-0022
東京都北区王子本町 1-17-13
▶▶（JR 京浜東北線･地下鉄南北線王子駅）
TEL 03-3908-2966 FAX 03-3908-2691
URL http://www.junten.ed.jp
生徒数 男 325 女 374 合計 699

帰国子女在籍者数	1年	2年	3年	計
	15	18	25	58

入学

●出願資格・条件
以下の (1) ～ (3) のすべてに該当する者。
(1) 海外生活１年以上、帰国後３年以内の者。
(2) 海外生活を通して一定の英語力を身につけている者。
(3) 日本の中学校又はこれに準ずる外国における学校を卒業見込みの者。

●出願書類
入学願書（本校所定）・海外における学校の成績証明書（日本人学校の場合は調査書）・海外帰国生徒としての略歴書（本校所定）・帰国後国内の中学校に在籍した者はその調査書

●日程等

区分	募集	出願	試験	発表	選考方法
1回	若干名	11/9～30	12/5	12/5	国・数・英（リスニング含む）、面接
2回	若干名	1/15～20	1/22	1/23	

※配点は、国・数各 50 点・英 200 点の傾斜配点。特に英語力の高い者は優先的に英語コースに入学できる

●応募状況

年度＼人数	募集人員	出願者	受験者	合格者	入学者
2019	特に定めず	25	24	23	7
2020	特に定めず	28	28	23	7

編入学

●編入学時期・定員 〔1 年生〕9、12 月、〔2 年生〕4、9 月（ただし、帰国後に期間が空いてしまう場合は、別途実施する場合もある）。特に定めず
●出願資格・条件・出願書類 入学に準ずる
●選考方法 国・数・英（リスニングを含む）、面接
● 2019 年度帰国子女編入学者数

1年	0	2年	1	3年	1

受入後

●指導
在校生の 100% は大学進学を希望。国公立・難関私立大合格に向けた進学指導をする。世界の国や交流校と交流を深め、生徒全員が参加する海外研修旅行など、社会性を育てる国際教育や学校内外のボランティア活動に取り組み、より多くの人々と出会うことで人間性を豊かにする福祉教育などを行う。また、日本語や英語の取り出し授業も適宜行っている。

●卒業生（帰国生徒）の進路状況（2019 年度）
北海道大 1、信州大 1、早稲田大 4、上智大 2、法政大 2、慶應大 1、青山学院大 1、明治大 1、中央大 1、学習院大 1、日本大 2、工学院大 1、昭和女子大 1、ミネソタ州立大 1、テンプル大 1、Cornell College1

入 編

私立 共学

▷▷ 中 99P

受入開始 1975 年度

駿台学園高等学校（すんだいがくえん）

〒114-0002　（担当:高等部長、芝池龍蔵）
東京都北区王子 6-1-10
▶▶（JR 京浜東北線・地下鉄南北線王子駅）
TEL 03-3913-5735　FAX 03-3912-2810
URL http://www.sundaigakuen.ac.jp
生徒数　男 310　女 71　合計 381

帰国子女在籍者数	1 年	2 年	3 年	計
	0	0	1	1

入学

●出願資格・条件　次のすべてに該当する者
・2006.4.1 以前に生まれた者
・保護者の海外在留に伴って外国で教育を受けた者で外国における滞在期間が 2 年以上で帰国後 1 年以内を原則とする
・外国の学校教育における 9 カ年の学校教育課程を修了した者または本校において中学校を卒業した者と同等以上の学力があると認められた者
※その他、資格・条件について相談に応じる

●出願書類
・入学願書一式（本学所定のもの）
・海外における学校の成績証明書（日本人学校の場合は調査書）

●日程等

区分		募集	出願	試験	発表	選考方法
推薦		150	1/15～17	1/22	1/22	適性検査（国・数・英）、面接
一般	1回	150	1/25～2/7	2/10	2/10	国・数・英、面接
	2回		1/25～2/7	2/11	2/11	
	特待		1/25～2/11	2/12	2/12	
併願優遇	1回		1/25～27	2/10	2/10	
	2回		1/25～27	2/11	2/11	

※スペシャリストは A 推のみ (40 名)
※ A 推:適性検査（国・数・英）・面接、B 推:適性検査（国・数・英）・面接（都外生対象。ただし神奈川県を除く）

●応募状況

年度＼人数	募集人員	出願者	受験者	合格者	入学者
2019	一般に含む	0	0	0	0
2020	一般に含む	0	0	0	0

編入学

●編入学時期・定員〔1 年生〕9、1 月〔2 年生〕4、9、1 月〔3 年生〕4 月。若干名
●出願資格・条件・出願書類・選考方法　一般と同じ（電話にてお問い合わせ下さい）

● 2019 年度帰国子女編入学者数

1 年	0	2 年	0	3 年	0

受入後

●指導
受け入れ後は、一般生と同じ学級で学習し、状況に応じて相談しながら国語・数学・理科などの個別指導をする。

入 編

私立 男子

▷▷ 中 100P 大 561P

聖学院高等学校（せいがくいん）

〒114-8502　（担当：児浦良裕）
東京都北区中里 3-12-1
▶▶（JR 山手線・東京メトロ南北線駒込駅）
TEL 03-3917-1121　FAX 03-3917-1438
URL http://www.seig-boys.org
生徒数　男 411　合計 411

帰国子女在籍者数	1 年	2 年	3 年	計
	11	15	11	37

入学

●出願資格・条件
・中学校卒業（卒業見込）または同等の学力を有する男子
・原則として海外在住期間が 1 年以上、帰国後 3 年以内（海外在住期間が 4 年以上の場合は、帰国後の期間の条件を配慮）
〈推薦条件〉
①日本人学校・公立中学校出身者
英語：英検 2 級以上、TOEIC500 点以上、TOEFL(IBT)60 点以上、内申点 12 以上 (5 段階評価：英・数・国の合計) のうち 1 つ以上の条件を満たしている者
②インターナショナルスクール・現地校出身者
英語：英検 2 級以上、TOEIC500 点以上、TOEFL（IBT）60 点以上のうち 1 つ以上の条件を満たしている者

●出願書類（推薦・一般）
〈インターネット出願〉・調査書（日本人学校及び国内の公私立学校在籍者は公立高校のものを使用、海外の現地校及びインターナショナルスクールの在籍者は在籍校からの成績レポートを提出）・海外在留証明書（保護者勤務先発行）・推薦書（本校所定用紙）（推薦の場合のみ）

●日程等

区分	募集	出願	試験	発表	選考方法
推薦	5	11/7～12/7	12/8	12/8	英作文、調査書、面接（英語）
一般A	10	12/12～1/12	1/13	1/13	英語、調査書、面接（英語）
一般B					国・数・英、調査書、面接（日本語）

●応募状況

年度＼人数	募集人員	出願者	受験者	合格者	入学者
2019	30	4	4	3	0
2020	30	3	3	3	2

編入学

●編入学時期・定員〔1・2 年生〕6、11、2 月。若干名。帰国にあわせて応相談。

● 2019 年度帰国子女編入学者数

1 年	1	2 年	3	3 年	－

受入後

●指導　帰国生の海外での貴重な体験や習得した英語力を大切な財産と考え、身につけた英語力をより伸ばすプログラムを整えている。
●帰国生徒（過去 2 年間）の進路状況　慶應義塾大、早稲田大、国際基督教大、上智大、明治大、青山学院大、立教大、中央大、法政大、東京電機大、立命館アジア太平洋大、University of Pennsylvania、University of Michigan、University of Washington、University of California, Davis、台湾国立成功大学、中国北京外国語大学

▷▷ 中 101P

受入開始 2007 年度

かえつ有明高等学校

〒135-8711 （担当：山田英雄）
東京都江東区東雲 2-16-1
▶▶（りんかい線東雲駅）
TEL 03-5564-2161 FAX 03-5564-2162
URL https://www.ariake.kaetsu.ac.jp/
生徒数 男 315 女 229 合計 544

帰国子女在籍者数	1年	2年	3年	計
	46	31	41	118

入学

●出願資格・条件
一般財団法人 東京私立中学高等学校協会の示す基準に準ずる。

●出願書類
志願票・カルテ・海外在留証明書・直近 2 学年分の成績のコピー

●日程等

試験区分	出願	試験	発表	選考方法
国際生 Regular 選考	10/24～11/16	11/22	11/25 10:00	英語・数学・国語・日本語面接
国際生 Honors 選考	10/24～11/30	12/6	12/8 10:00	英語（作文・筆記・面接）日本語（作文・面接）
推薦入試	1/15～19	1/22	1/22 14:00	グループワーク
一般入試	1/25～2/8	2/10	2/10 16:00	英語・数学・国語・グループワーク

●応募状況

年度 ＼ 人数	募集人員	出願者	受験者	合格者	入学者
2019	10	30	28	15	1
2020	10	39	33	14	3

編入学

●編入学時期・定員〔1 年生〕9、1 月、〔2 年生〕4、9、1 月
〔3 年生〕4、9 月。若干名

●出願資格・出願書類・選考方法 入学試験に準ずる

● 2019 年度帰国子女編入学者数

1年	5	2年	2	3年	6

受入後

●指導 英語教育は、「国際標準カリキュラム」を根幹としたレベルの高い指導を受ける。未学習科目（国・数・理・社）は放課後に指導を受ける（これらの指導は別途費用がかかる）。

●教育方針 「生徒一人ひとりが持つ個性と才能を生かして、より良い世界を創りだすために主体的に行動できる人間へと成長できる基盤の育成」を目指す教育理念の下、Global な自分と日本人としての自分という二つの自分を身に付け、グローバル社会で生き抜く力を養うことを目標としている。

●進学特例条件 併設の大学への進学基準（嘉悦大学…評定平均値 3.0 以上）。国際生には、「国際併願」をめざし、グローバルな進学指導を支援する。（国際併願とは、海外の大学と日本の大学を併願すること）

●卒業生（帰国生徒）の進路状況 国際教養大学、東京外国語大学、東京大学、一橋大学、千葉大学、防衛大学校、東京海洋大学、長崎大学、早稲田大学、慶應義塾大学、上智大学、東京理科大学、国際基督教大学（ICU）、学習院大学、明治大学、青山学院大学、立教大学、中央大学、法政大学、津田塾大学、立命館アジア太平洋大学、北里大学、聖マリアンナ医科大学、東邦大学、順天堂大学、California Baptist University、Michigan State University、Temple University、The University of Melbourne、Queen's University, Belfast、The University of Wisconsin-Province University、Northwest College、Hochschule für Musik und Darstellende Kunsut Mannheim

▷▷ 中 102P 大 574P

芝浦工業大学附属高等学校

〒135-8139 （担当：杉山賢児）
東京都江東区豊洲 6-2-7
▶▶（東京メトロ有楽町線豊洲駅・東京臨海新交通臨海線ゆりかもめ新豊洲駅）
TEL 03-3520-8501 FAX 03-3520-8504
URL http://www.shibaura-it.ac.jp/
生徒数 男 1072 女 56 合計 1128 ※2017年度より共学

帰国子女在籍者数	1年	2年	3年	計
	0	0	0	0

入学

●出願資格・条件
入学年度の 4 月 1 日で満 15 歳以上に達している者で、以下の条件のいずれかを満たす者
イ）海外の学校に連続して 2 年間以上在籍し、出願時点で海外在住の者
ロ）海外の学校に連続して 2 年間以上在籍し、出願時点で帰国後 2 年半以内の者
ハ）海外の学校に連続して 3 年間以上在籍し、出願時点で帰国後 3 年半以内の者

●出願書類
・WEB 出願
・面接表
・海外赴任証明書（試験当日に持参も可）
・在学証明書

●日程等

募集	出願	試験	発表	選考方法
男女若干名	11/27～12/8	12/15	12/19	国・数・英（リスニング含む）、面接（保護者同伴）

※面接は保護者同伴

＜シンガポール会場＞

募集	出願	試験	発表	選考方法
若干名	10/1～18	10/31	11/7	数学、面接

●応募状況

年度 ＼ 人数	募集人員	出願者	受験者	合格者	入学者
2019	若干名	8	8	0	0
2020	若干名	5	5	1	－

受入後

●指導
入学後は一般生徒と同じクラスに受け入れ指導する。帰国子女のための特別カリキュラムは用意していない。

●進学特例条件
芝浦工業大学への推薦入学制度あり

●卒業生（帰国生徒）の進路状況
芝浦工業大学へは高校からの推薦で帰国子女も進学している。

▷▷ 中 102P

受入開始　2019 年度

中村（なかむら）高等学校

〒 135-8404　（担当：江藤健、早川則男）
東京都江東区清澄 2-3-15
▶▶（東京メトロ半蔵門線・都営大江戸線清澄白河駅）
TEL 03-3642-8041　**FAX** 03-3642-8048
URL https://www.nakamura.ed.jp/
生徒数　女 184　合計 184

帰国子女在籍者数	1 年	2 年	3 年	計
	0	2	0	2

入学

●出願資格・条件
2021 年 3 月までに中学校を卒業見込みの女子。または日本人学校、外国の学校の 9 ヶ年の課程を修了または修了見込みの女子で、以下の条件を満たす者。
・保護者の転勤に伴い海外に 1 年以上滞在した者
・保護者のもとから通学可能な者（保護者が同時に帰国しない場合は、保護者に準じる身元引受人がいること）

●出願書類
・入学願書（所定用紙）
・成績証明書または通知表のコピー
・海外在留証明書（所定用紙）

●日程等

区分	募集	出願	試験	発表	選抜方法
帰国生入試	若干名	11/25 ～ 12/3	12/4	12/4	国語・数学・英語から 2 科目選択、面接
一般入試	40 名	1/25 ～ 2/8	2/11	2/11	普通科は国数英・面接 国際科は課題作文、英語、面接

編入学

●編入学時期・定員　随時。若干名。
普通科は〔1 ～ 3 年生〕随時、国際科は〔1 年生〕4 ～ 6 月。若干名。

●出願資格・条件・書類　入学に準ずる。

●選考方法　普通科は国数英から 2 科目、面接
国際科は国数から 1 科目、英語、面接

受入後

●指導　ホームルームは一般生との混入方式。国際科では海外大学進学のための TOEFL 対策、表現力を磨き対話を重視したドラマ授業、SAT 対策などを実施。普通科では必要に応じて進度別取り出し授業を実施する。テンプル大学ジャパンキャンパスとの提携で一定の条件をクリアした生徒が正規の大学の単位を履習できるプログラム（Dual Enrollment）を実施している。

●教育方針　「機に応じて活動できる女性の育成」を建学の精神とし、「清く、直く、明るく」を校訓としている。教育活動全般を通して、地球規模で考え、地に足をつけて行動できる地球市民の育成を目指す。

●特色　一般生と混合クラスにすることで、多様性を認め合い、集団として切磋琢磨しながら自己肯定感を高めていくことを期待している。また一人ひとりの個性やバックグラウンドを尊重し、国内の教育や社会に適応できるサポートを心がけている。

●卒業生（帰国生徒）の進路状況　77.0%の生徒が現役で 4 年制大学へ進学。また大学進学者のうち、44.8%の生徒が日東駒専以上の難関大へ進学している。

編

私立　女子

▷▷ 中 103 大 586P

香蘭女学校高等科（こうらんじょがっこう）

〒 142-0064　（担当：髙橋英子）
東京都品川区旗の台 6-22-21
▶▶（東急池上線・大井町線旗の台駅）
TEL 03-3786-1136　**FAX** 03-3786-1238
URL http://www.koran.ed.jp
生徒数　女 493　合計 493

帰国子女在籍者数	1 年	2 年	3 年	計
	2	5	1	8

編入学

●編入学時期・定員　〔1 年生〕4、9、1 月〔2 年生〕4、9 月。若干名

●出願資格・条件　原則として海外在住 1 年以上帰国後 2 年以内の者）

●出願書類　入学願書一式（本学所定のもの）・海外在留期間証明書・海外での成績証明書

●選考方法　英語・国語・数学、面接
※一般生の編入はなく、帰国子女に対する特例である

● 2019 年度帰国子女編入学者数

1 年	0	2 年	0	3 年	0

受入後

●指導 ●教育方針
必要に応じて補習を行う。また外国語の力の維持、伸長に努めている。

●進学特例条件
一般の生徒と同等に扱う。2 年 4 月までに編入すれば、立教大学への推薦入学も可能。

●卒業生（帰国生徒）の進路状況
全員大学に進学。

受入開始　2003 年度

品川(しながわ)エトワール女子(じょし)高等学校

（担当：西村唯史）

〒 140-0004
東京都品川区南品川 5-12-4
▶▶（京浜東北線・りんかい線・大井町線大井町駅、京浜急行線青物横町駅）
TEL 03-3474-2231　**FAX** 03-3474-2228
URL https://www.etoile.ed.jp
生徒数　女 597　合計 597

帰国子女在籍者数	1 年	2 年	3 年	計
	1	2	0	3

入学

●出願資格・条件
①海外滞在期間 1 年以上で帰国後 3 年未満の子女
②日本語の日常会話がある程度理解できる生徒。英語が堪能な者

●出願書類
①入学願書
②調査書（日本の中学校に在籍している場合のみ）
③海外在籍校の在籍証明書および成績証明書（入手困難な場合は応相談）

●日程等

募集	出願	試験	発表	選考方法
若干名	12/1 ~ 8	12/9	12/9	学科試験（国・数・英）、面接

※募集人員は、各コースで各若干名
※数学・英語の試験結果を重視
※併願受験合格者は併願校の合格発表の翌日まで全額延納可
※単願受験者には試験等の結果により、奨学金制度が利用できる

●応募状況

年度＼人数	募集人員	出願者	受験者	合格者	入学者
2019	若干名	2	2	2	2
2020	若干名	1	1	1	1

※入学者には外国籍生徒を含む

編入学

●編入学時期　〔1・2 年生〕随時（各学期の始まり）
〔3 年生〕4 月。
●出願資格・条件・出願書類・選考方法　入学に準ずる
● 2019 年度帰国子女編入学者数

1 年	0	2 年	0	3 年	0

受入後

●指導　帰国生のほとんどは、外国のバックグラウンドを持った生徒が多く在籍する国際キャリアコースに入る。特別指導の必要があれば、個別に対応していくが、特にそのような前例はなくすぐに学校活動に順応している。
●教育方針　「品位品格を身につけ、心豊かで国際感覚に富んだ人材の育成」
●特色　国際キャリアコースでは、海外文化への興味が強い日本人生徒や、帰国生、留学生、外国籍生徒が在籍し、教室にいながらさまざまな文化体験を共有できることが魅力である。
●卒業生（帰国生徒）の進路状況　海外で培った語学力を生かし、AO 入試等で有名大学へ進学している。

受入開始　2020 年度

品川(しながわ)翔英(しょうえい)高等学校

（担当：三本正行）

〒 140-0015
東京都品川区西大井 1-6-13
▶▶（JR 横須賀線・総武線快速・新宿湘南ライン 西大井駅、りんかい線・JR 京浜線・東急大井町線 大井町駅）
TEL 03-3774-1151　**FAX** 03-3774-1297
URL http://shinagawa-shouei.ac.jp/highschool/
生徒数　男 151　女 292　合計 443　※ 2020 年共学化

帰国子女在籍者数	1 年	2 年	3 年	計
	0	0	0	0

入学

●出願資格・条件
① 2 ヶ年以上外国に居住・在学し帰国後 2 年以内であること
②滞在国、在学校の種別は問わないが、中学校卒業または同程度の学力を有すること
●出願書類　・入学願書・受験料（20,000 円）振込証明書（コピー可）・調査書
●日程等

区分	出願	試験	発表	選考方法
A	12/2 ~ 13	12/14	12/14	国・数・英 面接（日本語か英語）
B	12/25 ~ 1/10	1/11	1/11	

●応募状況

年度＼人数	募集人員	出願者	受験者	合格者	入学者
2019	−	−	−	−	−
2020	−	0	0	0	0

編入学

● 2019 年度帰国子女編入学者数

1 年	0	2 年	0	3 年	0

受入後

●指導
講習・補習等一般生の指導と同じ。
英語は学力差が大きい場合取り出し授業もありうる。
●教育方針
基礎的な学力の習得に加え個性に合わせた学習・生徒指導により夢に立ち向かえる心豊かで賢い生徒を育てます。
●特色
2020 年度より、共学校として新たな出発をします。理数選抜・国際教養・進学Ⅰ・Ⅱの 4 つのコースで四年制大学進学を目指します。「自主創造貢献」の教訓の元、伸びやかで明朗活発、賢い生徒が集う学校になります。

私立　女子

▷▷ 中 104P

受入開始　1994 年度

品川女子学院高等部

（しながわじょしがくいん）

（担当：澤本圭一）

〒 140-8707
東京都品川区北品川 3-3-12
▶▶（JR・京急品川駅、京急北品川駅）
TEL 03-3474-4048　FAX 03-3471-4076
URL http://www.shinagawajoshigakuin.jp/

生徒数　女 616　合計 616

帰国子女在籍者数	1 年	2 年	3 年	計
	4	5	6	15

編入学

●編入学時期・定員　（学則定員を超えた学年は実施せず）〔2021 年度 1 年生〕4、9、3 月。〔2 年生〕文系〔3 年生〕7 月のみ。若干名
※募集の有無は遅くとも毎年 6 月上旬に確定する

●出願資格　海外からの帰国生で、他校において当該学年に在籍している者（事前相談必要）

●出願書類
・入学願書
・現在校の在学証明書（在学期間の証明書）
・海外における最終学校の成績証明書（またはこれに代わるもの）

●選考方法　英語・国語・数学、面接。英検 2 級以上を取得している場合は考慮。TOEIC・TOEFL の得点によっても考慮。

※高校入試は実施していません（高 1 の 4 月編入試験はあります）

● 2019 年度帰国子女編入学者数

1 年	3	2 年	0	3 年	0

受入後

●指導
一般生の指導と同じ

●教育方針
「私たちは世界をこころに、能動的な人生を創る日本女性の教養を高め、才能を伸ばし、夢を育てます。」を教育目標とし、社会で活躍する女性の育成を目指している。

私立　共学

▷▷ 中 104P

青稜高等学校

（せいりょう）

（担当：伊東充）

〒 142-8550
東京都品川区二葉 1-6-6
▶▶（東急大井町線下神明駅）
TEL 03-3782-1502　FAX 03-3784-7571
URL http://www.seiryo-js.ed.jp/

生徒数　男 525　女 474　合計 999

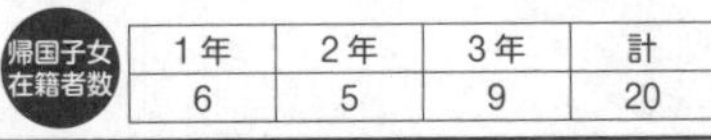

帰国子女在籍者数	1 年	2 年	3 年	計
	6	5	9	20

入学

●出願資格・条件
①保護者の転勤による一家移住
②海外生活が 1 年以上で、帰国後 2 年以内（2 月入試）
③海外生活が 1 年以上で、中学 2 年の 1 学期まで滞在していた者（1 月入試）

●出願書類
・入学願書・前校での在学証明書・在留証明書

●日程等（2021 年度詳細未定：参考 2020 年度）

募集	出願	試験	発表	選考方法
若干名	12/13～24	1/4	1/7	国語・数学・英語、面接
	1/25～2/5	2/12	2/13	国語・数学・英語

※帰国子女の場合は配点に配慮することにより、一般とは若干有利となる（WEB 出願時に入力）

●応募状況

年度＼人数	募集人員	出願者	受験者	合格者	入学者
2019	一般に含む	27	26	20	2
2020	一般に含む	77	76	55	6

編入学

●編入学時期・定員　〔1・2 年生〕随時。欠員がある場合、若干名

●出願資格・条件　①保護者の転勤による一家移住
②帰国時に随時編入試験を実施するが、この場合は上記の滞在期間に関係なく、帰国直後が条件となる

●出願書類　入学に準ずる

●選考方法　本校の学校生活に順応できるだけの学力と生活態度の観点から選考する

● 2019 年度帰国子女編入学者数

1 年	0	2 年	0	3 年	0

受入後

●指導
補習は一般の生徒と同じように実施する。

●教育方針
子どもたちがそれぞれの夢を胸に（意志の教育）、新たな可能性を求め（自己啓発）、豊かな心を育てる（情操の教育）、以上 3 つが教育方針。

●特色
ほぼ 100% の生徒が 4 年制大学進学を希望しており、主要教科中心の豊かな学習環境の中で充実した学校生活が送れるよう支えていく。

入 編

私立 共学

▷▷ 小 41P 中 105P 大 606P

受入開始　2013 年度

文教大学付属高等学校
（ぶんきょうだいがくふぞく）

（担当：末延昭二）
〒 142-0064
東京都品川区旗の台 3-2-17
▶▶（東急線 旗の台駅、都営浅草線 中延駅）
TEL 03-3783-5511　FAX 03-3783-1362
URL https://www.bunkyo.ac.jp/jsh/

生徒数　男 436　女 362　合計 798

帰国子女在籍者数	1 年	2 年	3 年	計
	1	3	1	5

入学

●出願資格・条件
2021 年 3 月中学校卒業、または同等の教育機関を卒業見込みで、保護者の転勤・転居に伴い海外に 1 年以上滞在し、帰国後 3 年以内の者。または帰国予定の者。もしくはこれに準ずる者。帰国後保護者の元から通学できる者。

●出願書類
・出願票（顔写真貼付）
・保護者の勤務先が作成する「海外在留証明書」

●日程等

出願	試験	発表	選考方法
Web 出願 後日公表	12/20	12/20	国・英・数、 面接（日本語もしくは英語）

※海外よりのオンライン受験も可、要相談。

●応募状況

年度＼人数	募集人員	出願者	受験者	合格者	入学者
2019	若干名	4	4	4	3
2020	若干名	6	6	6	1

編入学

●編入学時期・定員　〔1 年生〕9、1 月　〔2 年生〕4、9 月　欠員がある場合のみ
●出願資格　入学に準ずる（詳細は問い合わせること）
●出願書類　入学に準ずる
●選考方法　未定

● 2019 年度帰国子女編入学者数

1 年	0	2 年	0	3 年	0

受入後

●指導
基本的には、一般生徒と変わりなく指導する。

●教育方針
特に英語が優秀な生徒には、その力を伸ばせるように配慮する（留学制度充実）。

入 編

私立 共学

▷▷ 大 578P

受入開始　1977 年度

青山学院高等部
（あおやまがくいん）

（担当：池田敏）
〒 150-8366
東京都渋谷区渋谷 4-4-25
▶▶（JR 渋谷駅・東京メトロ表参道駅）
TEL 03-3409-3880　FAX 03-3409-5784
URL http://www.agh.aoyama.ed.jp/

生徒数　男 591　女 659　合計 1250

帰国子女在籍者数	1 年	2 年	3 年	計
	38	33	26	97

入学

●出願資格・条件
(1) 海外在住期間が引き続き 1 年以上にわたり、現地校、国際校または全日制日本人学校に在籍していた者で、帰国後 2 年 10 ヶ月以内であること。なお、本校への入学予定日を資格算定の基準とする（本人の単独留学は不可）
(2)2004.4.2 ～ 2006.4.1 までに出生の者で、2020 年 3 月に中学校を卒業または 2021 年 3 月に中学校を卒業見込みの者、またはそれと同等と本校で認めた者
(3) 保護者のもとから通学可能な者

●出願書類
入学案内に記されている一般志願者と共通の書類の他に下記の書類を提出する
・帰国子女調査票（本学所定用紙）・海外で在学した中学校課程相当の学校からの成績証明書（学校長の公印または署名のあるもの）・海外在留証明書（本校所定用紙、在留期間、在留地名を記載、所属機関代表者の公印が必要）・離日前に国内の中学校に在学した者はその中学校の成績証明書またはこれに代わるもの

●日程等

募集	出願	試験	発表	選考方法
約 30	1/8 ～ 9(郵送) 1/12(窓口)	1/30	2/1	書類審査、適正検査、面接

※適性検査は国語（古典を除く）、数学、英語の全体で 60 分のマークシート式総合テスト。選考はグループ面接の結果に加え、海外在住中の学習状況などを考慮したうえで総合的に判断する

●応募状況

年度＼人数	募集人員	出願者	受験者	合格者	入学者
2019	約 30	229	192	87	34
2020	約 30	222	171	88	38

編入学

●編入学時期・定員　〔1 年生〕9 月　〔2 年生〕9 月。若干名（欠員の状況による）
●出願資格・条件・出願書類　入学に準ずる
●選考方法　一般の転入学者と同内容の学力検査および面接（本人のみ）。在外中の学習状況も考慮する

● 2019 年度帰国子女編入学者数

1 年	0	2 年	0	3 年	0

受入後

●指導　一般の生徒との混合学級方式をとっている。
8 名の国際交流委員会の教員が 1 年生帰国生の生活・学習面のアドバイザーとなって学校生活へのよりスムーズな適応を図っている。英語は 3 年間を通じ、習熟度別少人数クラス。1 年と 3 年で必修科目をネイティブ・スピーカーが担当。

私立 共学

受入開始　1982 年度

関東国際高等学校

〒 151-0071
東京都渋谷区本町 3-2-2
▶▶（大江戸線西新宿五丁目駅、京王新線初台駅）
TEL 03-3376-2244　FAX 03-3376-5386
URL https://www.kantokokusai.ac.jp
生徒数　男 456　女 819　合計 1275

帰国子女在籍者数	1 年	2 年	3 年	計
	7	4	3	14

入学

●**出願資格・条件**
帰国生入試を志望される生徒の皆さんは本校にお問い合わせください

●**出願書類**
・入学願書・調査書

●**日程等**

区分	募集	出願	試験	発表	選考方法
1 回	若干名	12/10 ~ 11	12/18	12/18	作文、面接、調査書
2 回	若干名	1/14 ~ 15	1/20	1/20	

※作文、面接、調査書の総合判断。作文は英語。面接は保護者一人同伴。英語コースはネイティブ教員面接あり
※現在、海外に在学している生徒はお問い合わせください

●**応募状況**

年度＼人数	募集人員	出願者	受験者	合格者	入学者
2019	若干名	21	20	19	7
2020	若干名	24	22	21	13

編入学

●**編入学時期・定員**〔1 ～ 3 年生〕随時。ただし事前の相談が必要

●**出願資格・条件・出願書類・選考方法**
お問い合わせください

● **2019 年度帰国子女編入学者数**

1 年	0	2 年	1	3 年	0

受入後

●**指導**
英語、国語、数学、日本史、世界史は習熟度別授業により本人の力にあった指導を行っている。長期休暇中は大学受験用の特別講習を実施し、一人ひとりの学力アップのため、きめ細やかに対応している。

●**特色**
「世界教室」主催をはじめ、国際交流が盛んで、海外で身につけたものを発揮する機会が多い。

●**卒業生（帰国生）の進路状況**
お茶の水女子大、横浜市立大、早稲田大、慶應義塾大、上智大、明治大、立教大、青山学院大、学習院大、津田塾大、中央大、法政大、明治学院大、立命館アジア太平洋大など

私立 女子

▷▷ 中 105P 大 597P 短 668P

受入開始　1987 年度

実践女子学園高等学校

〒 150-0011　（担当：高校教頭 城 礼子）
東京都渋谷区東 1-1-11
▶▶（JR・地下鉄・私鉄各線渋谷駅）
TEL 03-3409-1771　FAX 03-3409-1728
URL http://hs.jissen.ac.jp/
生徒数　女 657　合計 657

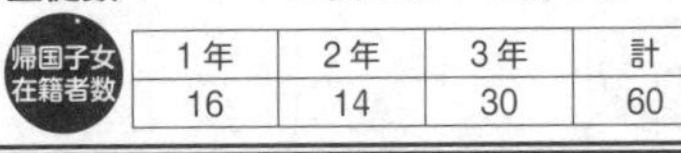

帰国子女在籍者数	1 年	2 年	3 年	計
	16	14	30	60

編入学

●**編入学時期・定員**〔1・2 年生〕欠員がある場合、随時（若干名）

●**出願資格・条件・出願書類**　海外在住経験者で、帰国後 3 年以内の者。成績証明書（通知表コピー可）、在学証明書、海外在留証明書

●**選考方法**　学力試験（国語・英語）、面接（保護者同伴）

● **2019 年度帰国子女編入学者数**

1 年	0	2 年	1	3 年	0

受入後

●**教育方針**
女子教育の先覚者下田歌子により 1899 年に創立。「堅実にして質素、しかも品格ある女性の育成」という理念のもと、実学をもって社会に貢献できる真に自立した女性の育成をめざす伝統の女子教育が、一世紀を超えて継承されている。

●**特色**
実践を尚び、責任を重んずる校風は、自ずと生徒たちが切磋琢磨し規範意識を高めあう文化を育み、感動を生む豊かな教育的土壌となっている。国際教育の重要な柱の一つとして、日本の伝統・文化をきちんと理解し身につけることを重視している。
緑多い閑静な文教地区に広がる 25,000㎡の広大な校地に、1,100 人収容の大講堂、85,000 冊の蔵書を誇る図書館、公式試合対応の体育館、日本文化実習室など、充実した施設・設備が整っている。
中高一貫校だが、帰国生の編入は高校からも随時受け付けている。海外経験者が多く在校していることにより、学校全体がグローバル教育の舞台になっている。

●**卒業生の進路状況**
実践女子大学・同短期大学部を併設しており、同大学・短大への進学者は約 30%となる。近年は進路希望が多様化しており、今年度卒業生の進路を分野別に分けると、「文・人文・国際」26%、「政治・経済・法・商」13%、「教育・社会・福祉」29%、「医・歯・薬・看護」10%、「理工・農学・生活科学」13%、「芸術系」8%、海外大学が 1%という結果であった。
カナダのフレーザーバレー大学の優先入学協定や UPAA 海外協定大学併願推薦制度を利用することができ、国内・海外進学ともにサポート環境が整っている。

私立 共学

▷▷ 中 106P

受入開始　1999 年度

渋谷教育学園渋谷高等学校
（しぶやきょういくがくえんしぶや）

〒 150-0002　（担当：鈴木一真、伊藤幸子）
東京都渋谷区渋谷 1-21-18
▶▶（各線渋谷駅・東京メトロ千代田線明治神宮前駅）
TEL 03-3400-6363　FAX 03-3486-1033
URL http://www.shibuya-shibuya-jh.ed.jp
生徒数　男 294　女 325　合計 619

帰国子女在籍者数	1 年	2 年	3 年	計
	40	41	38	119

編入学

●**編入学時期・定員**　〔1 年生〕9、1 月、〔2 年生〕4、9、1 月〔3 年生〕4、9 月。若干名
●**出願資格・条件**　海外在留 2 年以上、帰国後 2 年以内の者を原則としているが、この条件に近い者は相談に応じる
●**出願書類**　・入学願書
・海外における在学証明書または在留期間を証明するもの
・海外における成績証明書
●**選考方法**　国・数・英、面接
● **2019 年度帰国子女編入学者数**

1 年	0	2 年	0	3 年	0

受入後

●**指導**
英語はネイティブ・スピーカーによる取り出し授業を実施している。
●**教育方針**
一人ひとりの個性を尊重しながら、自調自考の精神を養うことを教育の基本理念とし、国際社会に生きる日本人としての自覚を育てる。
●**進学特例条件**
多摩大学、東京医療保健大学への進学の特典がある。
●**卒業生（帰国生徒）の進路状況**
東京大、一橋大、東京外国語大、お茶の水女子大、早稲田大、慶應義塾大、上智大、東京芸術大、Stanford Univ、Harvard Univ、Yale Univ、Boston College、New York Univ、Massachusetts Institute of Technology など

私立 女子

▷▷ 中 107P

富士見丘高等学校
（ふじみがおか）

〒 151-0073　（担当：佐藤一成）
東京都渋谷区笹塚 3-19-9
▶▶（地下鉄都営新宿線・京王線笹塚駅）
TEL 03-3376-1481　FAX 03-3378-0695
URL https://www.fujimigaoka.ac.jp
生徒数　女 291　合計 291

帰国子女在籍者数	1 年	2 年	3 年	計
	22	16	21	59

入学

●**出願資格・条件**
・2021 年 3 月中学校卒業見込みまたはそれに準ずる者で、以下のいずれかに該当する女子。
1. 現在日本に在住し、原則として海外在学期間 1 年以上、帰国後 3 年以内の者
2. 現在海外に在住し、帰国が決定しており、帰国までに在学期間が 1 年を超える者
3. 国内のインターナショナルスクールに在学する者
●**出願書類**　・入学願書・海外在学期間報告書・受験票・学校控・海外活動報告書・保護者の海外在留証明書・入学後のクラスに関する希望調査用紙（以上 HP よりダウンロード）・成績証明書または調査書
※ WiLL 入試出願者はこの他にも必要書類あり（募集要項参照）
●**日程等**

募集	出願	試験	発表	選考方法
40	12/14～1/8	1/13	1/13	A：英語エッセイ・基礎日本語作文、面接
	1/14～2/2	2/8	2/8	B：国・数・英、面接

※アドバンストコース B 希望者は英語口頭試問あり
●**応募状況**

年度＼人数	募集人員	出願者	受験者	合格者	入学者
2019	40	31	31	30	10
2020	40	31	31	31	9

編入学

●**編入学時期・定員**　〔1 年生〕9、1 月、〔2 年生〕4、9、1 月〔3 年生〕4 月。若干名
●**出願資格・条件**　応募する学年に相当する年数の学校教育を受け、現在日本に在住し、海外在住 1 年以上、帰国後 1 年以内の者。または帰国が決定しており、帰国までの海外在留期間が 1 年を超える見込みの者
●**出願書類**　・入学願書・受験票・学校控・成績証明書または通知表コピー・海外在学期間報告書・保護者の海外在留期間証明書・海外活動報告書（必要書類は HP よりダウンロードすること）
●**選考方法**　A 方式：英語エッセイ、基礎日本語作文、面接（保護者同伴）B 方式：英・国・数、面接（保護者同伴）
● **2019 年度帰国子女編入学者数**

1 年	2	2 年	4	3 年	1

受入後

●**指導**　7 校時は授業科目フリーの学習時間 "Study7"。自由参加の補講や補習等が毎日開講され、各自の学習状況に応じた勉強が進められている。特に帰国生には専門の学習サポーターが、この時間に学習すべき講座を必要に応じてコーディネートしている。
教育方針　「思いやりの心」を持った、「国際性豊かな若き淑女」の育成を教育目標に掲げている。どのような状況下においてもグローバルな視野に立った理知的な判断、行動、発言ができる女性が富士見丘の理想。
●**特色**　高 2 以降は豊富な選択科目の中から各自にとって有用な教科・科目を自己決定するシステムで、あらゆる進路に対応している。
●**卒業生（帰国生徒）の進路状況**　早稲田大、慶應義塾大、上智大など

私立 男子

受入開始　1998 年度

保善（ほぜん）高等学校

〒 169-0072　（担当：鈴木裕）
東京都新宿区大久保 3-6-2
▶▶（JR山手線・西武新宿線・東京メトロ東西線高田馬場駅、副都心線西早稲田駅）
TEL 03-3209-8756　FAX 03-3209-9480
URL https://www.hozen.ed.jp/

生徒数　男 751　合計 751

帰国子女在籍者数	1年	2年	3年	計
	0	0	0	0

入学

●出願資格・条件
3 年以上海外の学校に在籍し、3 年以内に帰国した者で、2021 年 3 月に文部科学大臣が認定した在外教育施設を卒業見込みの者、または過去 3 年間のうちに海外から帰国し、2021 年 3 月中学校を卒業見込みの者、日本語を駆使できることが必要。出願前に広報部入試担当者に直接ご相談ください。

●出願書類
・本校指定入学願書・本校指定（都私立中高協会共通様式）調査書・英検等の取得資格があればその認定証等の写し

●日程等

募集	出願	試験	発表	選考方法
若干名	1/25～2/6	2/10	2/11	英・国・数、面接
	1/25～2/12 2/11・12	2/13	2/14	英・国・数、面接

※一般入学試験において優遇する。

●応募状況

年度＼人数	募集人員	出願者	受験者	合格者	入学者
2019	若干名	0	0	0	0
2020	若干名	0	0	0	0

編入学

●編入学時期・定員　〔1 年生〕欠員がある場合。若干名
●出願資格・条件　一般受験者と同じ
●出願書類　入学志願書・転学照会書・在学証明書・成績証明書・単位修得証明書
●選考方法　英・国・数と本人面接。面接等を含めて配慮して判定。一般入学試験において優遇する

● 2019 年度帰国子女編入学者数

1年	0	2年	0	3年	0

受入後

●指導・教育方針・特色　2020 年春、国公立・難関私大を含む 4 年制大学への現役進学率 73% の実績。普通科で一般生徒とともに学習。選択制カリキュラム、習熟度別授業、放課後の補習・講習により個人の個性や希望、能力に応じた学習ができる。都心とは思えない緑豊かな文教地域に生徒第一に考えた学習環境が整っている。2015 年 8 月、校庭を人工芝に改修した。

▷▷ 中 108P

私立 共学

受入開始　1989 年度

目白研心（めじろけんしん）高等学校

〒 161-8522　（担当：齋藤圭介〈教頭〉）
東京都新宿区中落合 4-31-1
▶▶（西武新宿線中井駅、地下鉄東西線落合駅、大江戸線落合南長崎駅）
TEL 03-5996-3133　FAX 03-5996-3186
URL https://mk.mejiro.ac.jp

生徒数　男 350　女 475　合計 825

帰国子女在籍者数	1年	2年	3年	計
	4	1	4	9

入学

●出願資格・条件
①原則として海外居住期間が 1 年以上で、帰国後 3 年以内の者
②海外の学校（現地校 、インターナショナルスクール、日本人学校など）に 1 年以上在籍した者③保護者のもとから通学できる者

●出願書類
・入学志願書・成績証明書（出身学校発行のもの、コピー可）・海外在留証明書（本学指定用紙）・英検、TOEIC、TOEFL の点数を証明するものがある場合はそのコピー

●日程等

募集	出願	試験	発表	選考方法
若干名	10/22～29	10/31	10/31	A:英または B:英・国または英・数、面接（保護者一名同伴）
	11/19～26	11/28	11/28	

※ A 試験は英語圏の現地校・インターナショナルスクール通学者対象、B 試験は日本人学校通学者対象
※筆記試験、面接試験、成績証明書等を総合的に判定して合否を決定

●応募状況

年度＼人数	募集人員	出願者	受験者	合格者	入学者
2019	若干名	6	6	5	1
2020	若干名	18	18	14	4

編入学

●編入学時期・定員　〔1 年生〕9、1 月〔2 年生〕4、9、1 月〔3 年生〕4、9 月。若干名
●出願資格・条件　編入学を希望する者で、入学出願資格・条件に準ずる　※すでに国内の学校に入学している者（一時在籍を除く）は対象とはならない
●出願書類　・入学願書・成績証明書（出身学校発行のもの、コピー可）・海外在留証明書（本学指定用紙）
●選考方法　英語・数学・国語・面接（保護者同伴）

● 2019 年度帰国子女編入学者数

1年	0	2年	2	3年	1

受入後

●特色
20 校以上から選べる留学制度があり、より生徒たちの可能性を広げている。国公立・早慶上理などへの合格を目指す特進コースと、GMARCH などへの合格を目指す選抜コースと、海外の生徒と対等にコミュニケーションをとれる生徒を育てる Super English Course の 3 つのコースがある。選抜コースは高 2 から文系・理系・英語難関クラスの 3 つに分かれる。学習支援センターが設置され、単元別ビデオ講座やプリント学習で放課後の学習をサポート。また、部活動は全国大会常連のチアリーディング部をはじめ、野球部など約 30 の部活があり、全員が勉強とクラブの両立に挑戦している。

●進学特例条件
併設大学、短期大学部へ優先入学可。

●卒業生の進路状況
東北大、東京学芸大、東京芸術大、信州大、早稲田大、慶應義塾大、立教大、上智大、東京理科大、青山学院大、学習院大、中央大、法政大、明治大、日本大、東邦大、駒澤大、専修大等、難関をはじめ中堅校まで多数合格。

私立 男子

▷▷ 中 110P

受入開始　2016 年度

佼成学園高等学校

（こうせいがくえん）

〒 166-0012 （担当：青木謙介、簗瀬誠、南井秀太）
東京都杉並区和田 2-6-29
▶▶（東京メトロ丸の内線 方南町駅）
TEL 03-3381-7227 FAX 03-3380-5656
URL http://www.kosei.ac.jp/boys/

生徒数　男 682　　合計 682

帰国子女在籍者数	1 年	2 年	3 年	計
	3	2	3	8

入学

●出願資格・条件

1．保護者の勤務等により海外で 1 年以上在留している者または、保護者の勤務等により海外で 1 年以上在留し、帰国後 3 年以内の者（相談可）
2．2021 年 3 月中学校卒業見込みの者、またはそれに相当すると認められる者
3．帰国後、保護者のもとまたは本校が認める場所から通学できる者

●出願書類　次の書類を出願期間内に郵送にてお送りください。
①海外在留証明書②写真票③在籍校の成績証明書または通知表のコピー④自己 PR シート⑤本校の作文課題に解答した本人自筆の作文（オンライン入試のみ）
【SE クラス（Super English クラス）の受講を希望する場合】
⑥英語検定 2 級以上の合格証のコピー、または、それに相当する英語力を証明するもの

●日程等（第 1 回～第 4 回はオンライン帰国生入試）

区分	募集	出願	試験	発表	選考方法
第 1 回	30名	9/27～10/12	10/17	試験後 3 日以内	作文、面接（日本語）
第 2 回		10/25～11/9	11/14		
第 3 回		11/29～12/14	12/19		
第 4 回		12/20～1/6	1/9		
校内実施	多数募集	1/25～2/8	2/10	2/10	※

※国語・数学・英語、面接。（第 1 回一般入試と同じ問題を利用します。面接は主として日本語で行います。）

編入学

●編入学時期・定員　〔1・2 年生〕7、10（海外）、12、3 月
〔3 年生〕7 月。
＊2020 年度は日程を変更しオンラインで実施。詳しくは HP をご覧ください。
●出願資格・出願書類・選考方法　お問い合わせください。

受入後

●指導　通常は一般生も帰国生も同じクラスで学ぶ。2021 年よりグローバルコースを開設し多様な価値観や文化を体験しながら真のグローバルリーダーを育成する。加えて、難関国公立大学進学を目指しハイレベルな授業や講習が用意された難関国公立コースと、部活動などとの両立を図りながら 3 年間で難関大学に合格できる力を養う文理コースを設定し、生徒の希望する進路の実現を図っている。また、学習サポートは、現役東大生をはじめ多くの難関大学へ進学した大学生が毎日チューターとして学校に出勤している。英語はもちろんのこと文系科目・理系科目ともに家庭教師並みに対応するシステムを導入している。朝から夜まで勉強できる自習室を設置しているほか、希望に応じた少人数での学習フォローも行っている。
●教育方針　1954 年の創立以来、生徒と教師のコミュニケーションを大切にしながら、感謝の心、思いやりの心をもった生徒の育成を行っている。最先端の「ICT 教育」を実現させ、「1 人 1 台 iPad」を持つことにより「見える学校」・「分かる授業」をコンセプトに教育改革を進めている。ICT の中でも特に「C」すなわちコミュニケーションを一番に考えている。生徒にはしっかりと自己肯定感を持てるように教職員が声をかけるように努め、そして学校の情報はできるだけ保護者の方にも見てもらうシステムを作った。授業ではアクティブラーニングをより多くの授業で取り入れ、21 世紀型能力を涵養する。
●特色　全生徒に 1 人 1 台 iPad を導入。授業ではアクティブラーニングが活発化、未来を見据えた教育活動を推進し、大学入試改革対応をはじめ、社会で活躍する人物の育成を行う。また、クラウドを利用することによって学校・生徒・家庭間での情報の共有や連絡がスムーズとなり、生徒とはどこよりも声をかけることをモットーに信頼と安心を高めた教育活動を実践している。環境の変化に対して精神的に疲れてしまわないように、教員が常に声をかけるなど生徒の様子に目配せする。ネイティブの教員の所には自由にいける環境作りやスクールカウンセラーをおいて心のケアまでしっかり行う。
●卒業生の進路状況　昨年度実績で国公立 30 名、早慶上理 42 名、GMARCH85 名の合格。帰国生徒は東京外国語大学現役合格等実績あり。

私立 別学

▷▷ 中 110P

受入開始　2010 年度

国学院大学久我山高等学校

（こくがくいんだいがくくがやま）

〒 168-0082 （担当：三戸治彦）
東京都杉並区久我山 1-9-1
▶▶（京王井の頭線久我山駅）
TEL 03-3334-1151 FAX 03-3335-1233
URL http://www.kugayama-h.ed.jp/

生徒数　男 870　女 430　合計 1300

帰国子女在籍者数	1 年	2 年	3 年	計
	39	41	37	117

入学

●出願資格・条件
次の①～③の要件を全て満たしていること
男女共に、出願時に文科系・理科系を選択
① 2021 年 3 月日本の中学校またはこれに準ずる海外の学校を卒業見込みの者※保護者のもとからの通学を原則とする
②保護者に伴う海外在留期間が 1 年以上あり、2018 年 4 月以降に帰国、または帰国予定の者
③本校の教育を支障なく受けられる者

●出願書類
・調査書・海外在留証明書・志望理由書（日本語で記入）
【インターネット＋郵送出願】事前に web 入力し、受験料の支払いを済ませた上で、必要書類を郵送

●日程等

募集	出願（WEB 入力後、郵送出願）	試験	発表	選考方法
若干名	12/10 ～ 21（郵送必着）	1/10	1/10	国語・英語・数学、面接

※保護者面接を学科試験中に実施

●応募状況

年度＼人数	募集人員	出願者	受験者	合格者	入学者
2019	若干名	10	10	6	3
2020	若干名	13	11	4	1

編入学

●編入学時期・定員　〔1 年生〕9、1 月、〔2・3 年生〕4、9、1 月。欠員がある場合、若干名※対象学年は状況により異なる場合がある（要問い合わせ）
●出願資格・条件　一家転住による転入希望者
●出願書類　・転入学願書・在学証明書・成績証明書（当該年度の欠席・遅刻の日数を明記したもの）・転学照会（学校所定のもの）※事前に現在通学している学校のカリキュラム表を提示
●選考方法　入学に準ずる

● 2019 年度帰国子女編入学者数

1 年	0	2 年	0	3 年	0

受入後

●指導　一般クラスに入り、一般生と同様に指導するが、個別の事情に対応し、特別指導をしていく（国語・数学など）
●教育方針　「きちんと青春」は国学院久我山のキャッチフレーズ。久我山生は学業・部活動・学校行事・生徒会活動など自分に関わる全てに全力を注ぎ、のびのびと学園生活を謳歌している。
●特色　都内では希少な男女別学校。男子部では礼節を知るために武道を、女子部では日本の伝統文化である能楽、日本舞踊などを体験する。その日本文化の根底にある感謝や思いやりの心を学び、英語で世界に発信できる優れた国際感覚を育んでいく。
●進学特例条件　付属校の特典として、文学部・神道文化学部・法学部・経済学部・人間開発学部への「優先入学推薦制度」がある。また、法学部には他大学との併願もできる大学入試センター試験利用の「有試験選抜」もある。

▷▷ 大 595P

受入開始　2001 年度

ちゅうおうだいがくすぎなみ

中央大学杉並高等学校

（担当：鈴木章弘）

〒 167-0035
東京都杉並区今川 2-7-1
▶▶（JR 中央線・地下鉄丸ノ内線荻窪駅、西武新宿線上井草駅）
TEL 03-3390-3175　FAX 03-3396-1682
URL http://www.chusugi.jp/

生徒数　男 466　女 521　合計 987

帰国子女在籍者数	1 年	2 年	3 年	計
	32	36	37	105

入 学

●出願資格・条件
以下の (1)(2)(3)(4) をすべて満たす者
(1) 日本国籍を有する者
(2) 2006 年 4 月 1 日以前に生まれた者
(3) 2021 年 3 月 31 日までに日本国内の中学校、海外の現地校、国際校、日本人学校を卒業または卒業見込の者
(4) 保護者の勤務先が発行する「海外在留期間証明書」によって次の a および b が証明される者
　a 保護者の海外勤務に伴う海外滞在期間が、2021 年 3 月 31 日までに継続して 1 年を超えるか、超える見込であること
　b 出願時において a の海外勤務に伴い海外滞在中であるか、すでに帰国している場合には帰国後の期間が 3 年以内であること（2018 年 4 月 1 日以降の帰国であること）
※保護者の留学や受験生本人の留学等、保護者の海外勤務に伴う海外在留でない場合は、帰国生入試の対象となりません。
※海外在留期間とは、海外で勤務する保護者に受験生本人が帯同され、同居している期間を指します。
※ Gr9、Year10 に在学中の場合は、あらかじめ本校にお問い合わせください。

●出願書類
・写真票・調査書または成績証明書・海外在留期間証明書・パスポートのコピー

●日程等

募集	出願	試験	発表	選考方法
20	11/1 ~1/12	1/23	1/23	基礎学力検査、面接

※基礎学力検査は国・英・数（各 30 分）。面接、調査書を含め、総合的に選抜。

●応募状況

年度＼人数	募集人員	出願者	受験者	合格者	入学者
2019	20	158	150	61	—
2020	20	185	170	54	—

受 入 後

教育方針　中央大学の附属高校として、大学との一貫教育を推進し、受験に偏らない、大学卒業後の将来を見据えた教育をめざしている。

●進学特例条件
中央大学への推薦は昨年度実績 93%。国公立大学受験の場合、また私立大学でも中央大学にない学部・学科を希望する場合、中央大学推薦の枠をキープしたまま受験が可能。

▷▷ 中 111P

受入開始　1979 年度

ぶんかがくえんだいがくすぎなみ

文化学園大学杉並高等学校

（担当：西田真志）

〒 166-0004
東京都杉並区阿佐谷南 3-48-16
▶▶（JR 中央線阿佐ヶ谷駅・荻窪駅）
TEL 03-3392-6636　FAX 03-3391-8272
URL https://bunsugi.jp/

生徒数　男 293　女 645　合計 938

帰国子女在籍者数	1 年	2 年	3 年	計
	36	39	29	104

入 学

●出願資格・条件
2021 年 3 月に中学校を卒業見込または同等の学力を有する男女で、原則として海外在住 1 年以上、帰国後 3 年以内の者

●出願書類
・志願票（web 出願後、印刷）・成績コピー（調査書可）
・海外在留証明書

●日程等

募集	出願	試験	発表	選考方法
若干名	10/28 ~ 11/10	11/15	11/16	【進学コース・特進コース】国語・数学・英語を受験。高得点の 2 科目で判定。
	10/28 ~ 12/8	12/13	12/14	【ダブルディプロマコース】数学・英語・英語口頭試問を受験。

※【進学コース・特進コース】英検準 1 級以上は英語を満点扱いとする。英検 2 級は 80 点、準 2 級は 70 点扱いとする。

●応募状況

年度＼人数	募集人員	出願者	受験者	合格者	入学者
2019	若干名	55	55	43	15
2020	若干名	58	56	49	17

編 入 学

●編入学時期・定員　〔1 ～ 3 年生〕随時（3 年生は 6 月まで）。定員は特に定めず
●出願資格・条件　帰国後 1 年以内の者（海外での在籍校は問わない）
●出願書類　入学に準ずる

● 2019 年度帰国子女編入学者数

1 年	0	2 年	2	3 年	0

受 入 後

●特色　カナダ・ブリティッシュコロンビア州の海外校として英語活用力を高めつつ日本とカナダ両方の卒業資格を取得できる。「日本語補習講座」個別プリント学習あり。帰国生を含む卒業生が『学内家庭教師』としてサポート。

●卒業生（帰国生徒）の進路状況　千葉大、東京学芸大、首都大東京、埼玉大、早稲田大、上智大、国際基督教大、法政大、青山学院大、明治大、中央大、文化学園大、学習院大、UBC、ユトレヒト大学など。

▷▷ 中 112P

受入開始　1970 年度

鷗友学園女子高等学校

おう ゆう がく えん じょ し

（担当：大内まどか）

〒 156-8551
東京都世田谷区宮坂 1-5-30
▶▶（小田急線経堂駅、東急世田谷線宮の坂駅）
TEL 03-3420-0136　FAX 03-3420-8782
URL https://www.ohyu.jp/

生徒数　女 686　合計 686

1 年	2 年	3 年	計
26	21	14	61

編入学

●編入学時期・定員〔1・2 年生〕4、9月。欠員のある場合のみ。ただし、ここ数年実績はない

●出願資格・条件 保護者の海外在留に伴って外国で教育を受けた者のうち、滞在期間が 1 年以上、帰国後半年以内の者

● 2019 年度帰国子女編入学者数

1 年	2 年	3 年
−	−	−

受入後

●教育方針

帰国子女の特別学級は設けない。「慈愛と誠実と創造」を校訓とし、キリスト教精神をもとに、一人ひとりの人間的成長に力を注ぎ、進学希望を達成させる。

●卒業生（帰国生徒）の進路状況

ほぼ全員が大学に進学。各国公立大学、早稲田大、慶應義塾大、上智大など。

入　編

私立　女子

▷▷ 小 41P 中 112P

受入開始　2013 年度

国本女子高等学校

くに もと じょ し

（担当：石橋 瑛）

〒 157-0067
東京都世田谷区喜多見 8-15-33
▶▶（小田急線喜多見駅）
TEL 03-3416-4722　FAX 03-3416-4771
URL http://www.kunimoto.ed.jp/

生徒数　女 178　合計 178

帰国子女在籍者数

1 年	2 年	3 年	計
0	0	0	0

入学

●出願資格・条件、出願書類

一般入試に準ずる

●日程等

区分	募集	出願	試験	発表	選考方法
推薦	100 ※	1/15・16	1/22	22 ~ 23	作文、面接
一般	100 ※	1/25 ~ 2/5	2/10 または 11	当日	国語・数学・英語、面接

※募集人員は一般生を含む。推薦・一般：各 100 名。
※面接はグループ面接

●応募状況

年度＼人数	募集人員	出願者	受験者	合格者	入学者
2019	特に定めず	0	0	0	0
2020	特に定めず	0	0	0	0

編入学

●編入学時期〔1・2 年生〕状況に応じて随時
〔3 年生〕7 月

●出願資格・条件 その学年の学齢の生徒であること。帰国子女ということで特別な扱いはしない。入学希望の学年に相当する学力があるかを、国語・数学・英語・面接の各試験で判断する

●出願書類 所定の入学願書（電話にて問い合わせ）

●選考方法 国語・数学・英語、面接（本人のみ）

● 2019 年度帰国子女編入学者数

1 年	2 年	3 年
0	0	0

受入後

●指導

一般生徒と同じクラスで学ぶ。国語・数学など必要に応じて補習を行う。英語力を保つための ALT 活用と国語力の補充に対応できる。英語以外に中国語への対応もある。

●教育方針

校訓に基づき、思いやりの気持ちで他者を尊重できる女性を育成する。また、情操教育の一環として、茶道の授業を取り入れている。基礎学力はもちろん、主体的な学びとともに、感謝を持って社会に貢献する心を育む。

●特色

長期休暇の講習、チューター制度をはじめとして、一人ひとりを大切にする個別指導で、第一志望合格をサポートする。

私立 女子　▷▷ 中 113P 大 593P

けいせんじょがくえん
恵泉女学園高等学校

〒 156-8520　（担当：江田雅幸、松井信行）
東京都世田谷区船橋 5-8-1
▶▶（小田急線経堂駅・千歳船橋駅）
TEL 03-3303-2115　FAX 03-3303-9644
URL https://www.keisen.jp

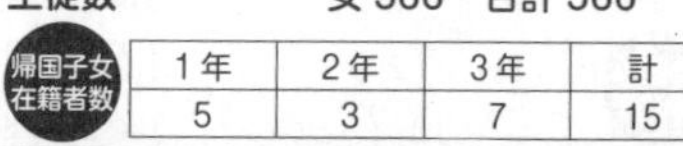

生徒数　女 566　合計 566

帰国子女在籍者数	1年	2年	3年	計
	5	3	7	15

編入学

●**編入学時期・定員**　〔2 年生〕8 月。欠員のある場合。若干名

●**出願資格**　保護者の海外勤務に伴い海外に 1 年以上在住し、現地の学校・国際学校・日本人学校の相当学年に在籍中で、帰国予定の者または帰国直後の者

●**出願書類**　・入学願書・成績証明書・在学証明書・保護者の転勤、勤務を証明する書類・海外在留証明書・帰国生学歴記入用紙（該当者のみ）

●**選考方法**　英語・国語・数学、面接（保護者同伴）、成績証明書

● **2019 年度帰国子女編入学者数**

1年	2	2年	0	3年	0

受入後

●**指導**
特に遅れている科目に関しては個別に指導するが、一般のクラスに編入。

●**教育方針**
世界に目を向け、平和を実現する女性になるために「自ら考え、発信する力を養う」こと。

●**特色**
毎朝の礼拝、全学年週 1 時間の聖書の授業がある。「園芸」の授業は高 1 で必修である。少人数クラスや習熟度別クラスだけでなく、自立的な学習を支えるためのきめ細やかな指導やサポート体制も整っている。高校 2・3 年では、豊富な選択科目の中から自分の将来の方向性と合ったカリキュラムづくりをしている。週 5 日制で制服はない。施設は充実しており、特に蔵書 9 万冊のメディアセンターやプラネタリウムを備えた地学室など 6 つの理科特別教室が自慢である。

●**進学特例条件**
併設大学への内部進学の場合、合格を保留しながら他校受験を併願できる推薦入試制度がある。

私立 女子　▷▷ 中 113P

受入開始　2003 年度

こうせいがくえんじょし
校成学園女子高等学校

〒 157-0064　（担当：楓淳一郎）
東京都世田谷区給田 2-1-1
▶▶（京王線千歳烏山駅）
TEL 03-3300-2351　FAX 03-3309-0617
URL https://www.girls.kosei.ac.jp/

生徒数　女 536　合計 536

帰国子女在籍者数	1年	2年	3年	計
	1	3	0	4

入学

●**出願資格・条件**　出願の前に本校 HP「高校帰国生入試概要」ページから「事前登録フォーム」にご登録ください。登録されたメールアドレスに受験資格の有無等、お知らせいたします。
① 2021 年 3 月に中学校卒業見込み、またはそれに相当すると認められる者
② 下記 (1) ～ (3) のいずれかに該当する者
(1) 海外での滞在経験 1 年以上、帰国後 3 年以内の者
(2) 海外の学校、あるいは国内インターナショナルスクール卒業（卒業予定）の者
(3) 上記に準ずる海外生活経験のある者

●**出願書類**　写真票・調査書

●**日程等**　※海外在住の方はオンライン受験が可能（時差を考慮）

募集	出願	試験	発表	選考方法
特に定めず	10/16～29	10/31	10/31	2 科型：英・数・国より 2 科選択、面接 英語型：筆記・作文・インタビュー・面接
	11/5～18	11/20	11/20	
	11/19～12/2	12/4	12/4	
	12/25～1/7	1/9	1/9	

※本校が第一志望の受験生は優遇いたします。
※英語検定などの各種検定は、合計点に対して以下のように加点いたします。3 級 105%、準 2 級 110%、2 級以上 115%（ケンブリッジ英検、GTEC、IELTS、TEAP、TOEFL、TOEIC なども可）

●**応募状況**

年度＼人数	募集人員	出願者	受験者	合格者	入学者
2020	40	3	3	3	1

編入学

●**出願資格・条件**　出願の前に、本校 HP「転編入試験」ページ内の「事前登録フォーム」にご登録ください。以下のいずれかに該当する者
※いずれにも該当しない場合はご相談ください。
①海外帰国②一家転住③国内インターナショナルスクール在籍　（出願書類等詳細は要項をご確認ください）

学年	出願	試験	通学開始日	選考方法
1･2 年	2020.6/23～7/6	7/8	9/1	国・英・数、面接（オンライン受験可）
	2020.11/19～12/4	12/7	1/8	
新2･新3年	2021.2/17～3/2	3/4	4/8	

● **2019 年度帰国子女編入学者数**

1年	0	2年	0	3年	0

受入後

●**指導・教育方針・特色**
・常勤のネイティブ教員による万全のサポート、英語力のキープはもちろん、英検 1 級～準 1 級へレベルアップ可能
・日本語をはじめ補習が必要な教科は必要に応じて個別指導を実施
・特色ある 4 種類のクラスから選択。1 年間ニュージーランドで学ぶ留学クラス、少人数による課題解決型授業で国際感覚を養うスーパーグローバルクラス、難関大学合格を目指してハイレベルな授業を行う特進クラス、学業と部活動を両立しやすい進学クラスがある。
・大学受験に向けては放課後の「校内予備校」が充実しており、学校内だけで受験勉強を完結できる。
・上智大学や成城大学と提携するなど高大連携授業が盛ん。さらにロンドン大学やシドニー大学とも提携しており、優先進学枠が設けられている。

● **2020 年度卒業生の進路状況**　（国公立大）お茶の水女子大、東京学芸大、国立看護大、山梨県立大、前橋工科大、都留文科大、新潟県立大、横浜市立大、静岡県立大、群馬県立女子大（私立大）早稲田大、慶應義塾大、上智大、ICU、東京理科大、学習院大、明治大、青山学院大、立教大、中央大、法政大、津田塾大、東京女子大、日本女子大（海外大）ロンドン大　他

私立 女子

受入開始　1999 年度

下北沢成徳高等学校

（担当：増田泰雄）

〒155-8668
東京都世田谷区代田 6-12-39
▶▶（小田急線・京王井の頭線 下北沢駅）
TEL 03-3468-1551　FAX 03-3468-8973
URL http://www.shimokitazawa-seitoku.ed.jp/

生徒数　　女 276　合計 276

帰国子女在籍者数	1年	2年	3年	計
	1	0	0	1

入学

●出願資格・条件

・海外在住期間が 1 年以上、帰国後 3 年以内の者
・2021 年 3 月までに海外および国内の中学校を卒業見込みの者または卒業した者

●出願書類

・入学願書 ・調査書または成績証明書・海外在住を証明する書類

●日程等

区分	募集	出願	試験	発表	選考方法
A	若干名	1/15～16	1/22	1/23	＊出願条件によって異なる
B	若干名	1/25～2/5	2/10	2/11	

※海外の在住期間、経験により優遇措置あり
※受験希望者は事前に個別相談を受けること
＊〔日本人学校〕国語・数学・英語、面接
〔現地校・インナーナショナルスクール〕
数学・日本語作文・英語作文、面接（日本語と英語）

●応募状況

年度＼人数	募集人員	出願者	受験者	合格者	入学者
2019	若干名	0	0	0	0
2020	若干名	1	1	1	1

編入学

●編入学定員　随時
●出願資格・条件・出願書類・選考方法　入学に準ずる
● 2019 年度帰国子女編入学者数

1年	0	2年	0	3年	0

受入後

●指導　入学後は一般生と同じクラスで指導する。補習が必要な場合は随時実施する。特に国際コースでは海外で培った英語力の保持に努めている。
●教育方針　建学の精神である「広く社会で活躍する女性を育てる」に基づき、世界各地の同世代の学生と交流し「世界平和の実現に貢献する人」を育てる。
●特色　1970 年代から始まったアメリカでの語学研修をはじめ、短期・長期の留学制度が充実している。4 学期制で授業日数を確保し、難関大学の合格実績を着実に増やしている。
●卒業生（帰国生徒）の進路状況
早稲田大学 国際教養学部
上智大学 外国語学部
清泉女子大学 文学部

私立 女子

▷▷ 中 115P

受入開始　2020 年度

聖ドミニコ学園高等学校

（担当：千葉恵一郎）

〒157-0076
東京都世田谷区岡本 1-10-1
▶▶（東急田園都市線 用賀駅から徒歩または二子玉川駅からバス、小田急線 成城学園前駅）
TEL 03-3700-0017　FAX 03-5716-4646
URL https://www.dominic.ed.jp/highschool/

生徒数　　女 152　合計 152

帰国子女在籍者数	1年	2年	3年	計
	0	2	0	2

編入学

●編入学時期・定員〔1 年生〕7、12、3月。
〔2 年生〕7、12月。
●出願資格・条件・出願書類・選考方法
受け入れ時期前に問い合わせ
● 2019 年度帰国子女編入学者数

1年	0	2年	0	3年	0

受入後

●特色
カトリックの精神に基づいた、少人数制のミッションスクールです。週に 1 時間、思考・表現をトレーニングする時間「ドミニコ学」を設けています。
●卒業生の進路状況
多様な進路が特徴的です。早稲田大、慶應大、上智大、明治大、青山学院大、立教大、中央大、聖心女子大、白百合女子大、東京藝大、多摩美大、武蔵野美大、国立音大、武蔵野音大、海外の大学等に進学

私立 女子

▷▷ 中115P

たま がわ せい がく いん
玉川聖学院高等部

（担当：土屋）

〒158-0083
東京都世田谷区奥沢 7-11-22
▶▶（東急東横線自由が丘駅、東急大井町線九品仏駅）
TEL 03-3702-4141 FAX 03-3702-8002
URL http://www.tamasei.ed.jp
生徒数 女 598 合計 598

帰国子女在籍者数	1年	2年	3年	計
	1	2	2	5

入学

●**出願資格・条件** 帰国後の年数等の条件は特に定めていない。個々の状況に対して事前の相談を通して柔軟に応じる。
●**出願書類** ・入学願書・調査書・出身中学校長推薦書（推薦入試の場合）・帰国子女調査書・海外在留証明書（入学後）
●**日程等**

区分	募集	出願(インターネット)	試験	発表	選考方法
推薦	約50	1/15・16	1/22	インターネット 1/22	面接
一般Ⅰ	約90	1/25～2/5	2/11	インターネット 2/11	3科（英語･国語･数学）※英語はリスニングを含む
一般Ⅱ			2/11		
一般Ⅲ			2/11 又は12	2/11 受験：インターネット2/11	グループ面接（受験生のみ）
一般Ⅳ			2/11･12 両日受験可	2/12 受験：インターネット2/12	

※募集人員は一般生の人数を含む
※出身中学の先生方との「入試相談」は 2020.12.15 及び 12.16 に実施。

●**応募状況**

年度＼人数	募集人員	出願者	受験者	合格者	入学者
2019	若干名	1	1	1	1
2020	若干名	1	1	1	1

編入学

●**編入学時期・定員**〔1・2年生〕特に定めず（定員に空きがあれば随時）
●**出願資格・条件** 入学に準ずる
● **2019年度帰国子女編入学者数**

1年	0	2年	0	3年	0

受入後

●**指導** 帰国生のための特別クラスやプログラムは特に持たず、一般生と同じ指導をする。学校生活に自然と溶け込む中で各自の海外経験や語学力が生かされる環境である。
●**教育方針** 聖書に基づいて一人ひとりを素晴らしい存在と認め、自分と違った存在と共に生きることを大切にしている。
●**特色** 異文化体験を豊かな経験として学ぶ校風があるため、帰国生が自分のペースで自己表現し活躍できる日常がある。英語教育や国際理解を深める体験プログラムも多く、帰国経験を世界に生かすヒントも多く得られる。
●**進学特例条件** 併設大学はないが高大連携や指定校推薦枠がキリスト教系大学等に 350 名以上ある。国際基督教大、青山学院大、明治学院大、東京女子大、東洋英和女学院大、法政大、学習院大、成蹊大、武蔵大、國學院大他。

国立 男子

受入開始 1978 年度

つく ば だい がく ふ ぞく こま ば
筑波大学附属駒場高等学校

〒154-0001
東京都世田谷区池尻 4-7-1
▶▶（京王井の頭線駒場東大前駅）
TEL 03-3411-8521 FAX 03-3411-8977
URL http://www.komaba-s.tsukuba.ac.jp/home/
生徒数 男 488 合計 488

帰国子女在籍者数	1年	2年	3年	計
	6	8	7	21

入学（2020 年度参考）

●**出願資格・条件**
出願時に、高等学校・高等専門学校および中等教育学校後期課程に在籍していないもので、次のA～Cの条件を備えていること
A. 次の (1) (2) (3) (4) のいずれかに該当する者
(1) 2020 年 3 月に、中学校またはこれに準ずる学校を卒業見込みか修了見込みの者。もしくはすでに卒業・修了している者。なお、「これに準ずる学校」とは学校教育法第 1 条に定めるものである (2)2020 年 3 月に、海外日本人学校の中学校課程を修了見込みの者。またはすでに修了している者 (3)2020 年 3 月までに、外国において学校教育における 9 年の課程（海外現地校）を修了見込みの者。またはすでに修了している者 (4) 中学校卒業程度認定試験により、中学校を卒業した者と同等以上の学力があると認定された者
B. 次の (1)(2) のいずれかに該当する者
(1) 出願の時点で、本校で定めた通学区域内に保護者と同居し、そこを生活の本拠とする者 (2) 出願時に海外に在住している場合は、2020.3.31 までに本校で定めた通学区域内に保護者と同居し、そこを生活の本拠とする者
C.2019.4.1 から 2020.3.31 までの間に帰国した者、または帰国予定の者で、帰国の時点で外国に継続して 1 年 8 ヶ月以上在住した者
●**出願書類**
入学願書・海外帰国生徒履歴書（いずれも本学所定のもの）・海外生活を証明する書類・住民票・調査書・自己申告書
※その他は入試要項参照
●**日程等**

募集	出願	試験	発表	選考方法
※	1/14～16	2/13	2/15	国・数・英・社・理

※「一般生徒」と「海外帰国生徒」を合わせて「約 40 名」
●**応募状況**

年度＼人数	募集人員	出願者	受験者	合格者	入学者
2019	40 ※	23	20	8	−
2020	40 ※	14	12	6	−

※一般を含む
※上記内容は 2020 年度の情報です。2021 年度については HP に掲載されている入試要項で詳細をご確認ください

編入学

●**編入学時期・定員** 欠員が生じた場合
●**出願資格・条件・出願書類** 保護者の転勤等（海外からも含む）
●**選考方法** 国・数・英、調査書

受入後

●**特色**
自由・闊達の校風のもと、挑戦し、創造し、貢献する生き方をめざす。

受入開始　1976 年度

東京学芸大学附属高等学校
（とうきょうがくげいだいがくふぞく）

（担当：栗山絵理）

〒 154-0002
東京都世田谷区下馬 4-1-5
▶▶（東急東横線学芸大学駅）
TEL 03-3421-5151　**FAX** 03-3421-5152
URL http://www.gakugei-hs.setagaya.tokyo.jp/
生徒数　男 489　女 497　合計 986

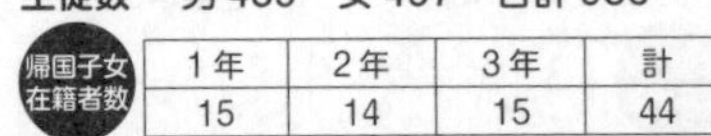

帰国子女在籍者数	1年	2年	3年	計
	15	14	15	44

入学

●出願資格・条件　次の (1) ～ (6) の条件をすべて満たすこと (1) 日本国籍を有すること (2) 生年月日が 2006.4.1 以前であること (3)2021 年 3 月までに、滞在先の国または地域にある学校に、日本の中学校の学齢期に相当する 3 年間のうち 2 年間以上在学し、教育を受けた者であること (4) 出願資格 (3) においては、保護者の海外勤務に伴い、海外勤務を要する保護者と共に滞在した期間であること (5) 日本に帰国した場合は、帰国後、本校への入学までの期間が 1 年未満であること (6) 以下のいずれかの条件を満たすこと①日本の中学校を 2021 年 3 月までに卒業見込みの者②外国において、学校教育における 9 年の課程を修了した者、または 2021 年 3 月までに修了見込みの者③文部科学大臣が中学校の課程と同等の課程を有するものとして認定した在外教育施設の当該課程を修了した者、または 2021 年 3 月までに修了見込みの者
※詳細は生徒募集要項を参照のこと

●出願書類
・入学願書・受験票・海外在留証明書・入学志願者身上書（以上本校指定用紙）・出身学校長の作成する「調査書」または中学校 3 年間（全学年）の成績を証明するもの・日本国籍を証明する書類

●日程等

募集	出願	試験	発表	選考方法
15	1/13・14	2/13・14	2/17	国・数・英（リスニング問題を含む）、面接

※ 13 日が学力検査、14 日が面接
※ 2021 年度の応募方法等については、2020.10.5 から公布する要項・願書をよく確認すること。ホームページにも掲載。

●応募状況

年度＼人数	募集人員	出願者	受験者	合格者	入学者
2019	15	90	54	34	非公表
2020	15	66	42	26	非公表

編入学

欠員がある場合のみあり

● 2019 年度帰国子女編入学者数

1年	0	2年	0	3年	0

受入後

●指導　普通学級に配属し、一般生徒と同じ教育を受けるが、1 年生の時は、各定期考査前に帰国生が授業の質問を優先的に受けられる時間を設けている。

●卒業生（帰国生徒）の進路状況　2020 年 3 月（現役生のみ）東京工業大 (1)、東京藝術大 (1)、東京都立大 (1)、慶應義塾大 (1)、上智大 (2)、立教大 (1)

▷▷ 中 116P 大 579P

受入開始　2014 年度

東京都市大学等々力高等学校
（とうきょうとしだいがくとどろき）

（担当：二瓶克文）

〒 158-0082
東京都世田谷区等々力 8-10-1
▶▶（東急大井町線等々力駅）
TEL 03-5962-0104　**FAX** 03-3701-2197
URL http://www.tcu-todoroki.ed.jp/
生徒数　男 420　女 298　合計 718

帰国子女在籍者数	1年	2年	3年	計
	17	26	25	68

編入学

●編入学時期・定員　〔1・2 年生〕4、9、1 月〔3 年生〕4 月。若干名
●出願資格・条件　厳密には定めていない。事前の相談に応じる
●出願書類　・入学願書・現在校の在学証明書・成績証明書

● 2019 年度帰国子女編入学者数

1年	0	2年	0	3年	1

受入後

●教育方針
ノブレス・オブリージュの精神に基づき、誇り高く、責任感のある人材を育成する。同時に、このグローバル社会において自主的かつ自律的に活躍でき、より高みに向かって努力し続ける人材を育成する。

●特色
生徒の自学自習力を高めるように指導。学習支援エリアには進路情報センターがあり、夜 8 時まで利用できるセパレートタイプの自習室がある。質問の対応のためのチューターを配置している。

●進学特例条件
東京都市大学への付属推薦制度あり。

私立 共学

▷▷ 中 117P 短 668P

受入開始　2015 年度

三田国際学園高等学校
（みたこくさいがくえん）

（担当：今井誠）

〒 158-0097
東京都世田谷区用賀 2-16-1
▶▶（東急田園都市線用賀駅）
TEL 03-3700-2183
URL http://www.mita-is.ed.jp
生徒数　男 292　女 324　合計 616

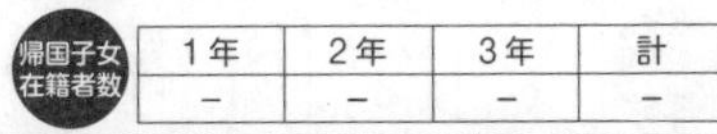

帰国子女在籍者数	1 年	2 年	3 年	計
	−	−	−	−

入学

●出願資格・条件
2021 年 3 月中学校卒業見込みの者または同等以上の学力がある者で、以下に該当する者。
・2005 年 4 月 2 日～ 2006 年 4 月 1 日に生まれた者。
・保護者の転勤等に伴い、海外に継続して 1 年以上在住し、帰国後 3 年以内（2018 年 4 月以降帰国）の者。
※本校 HP にある「国際生入試 事前登録フォーム」より申込みが必要です。

●出願書類
1. 履歴報告書
2. 海外在留証明書
3. 成績証明書の写し
4. 出願資格確認のために求められた補足書類

●日程等（国際生入試）

区分	募集	出願		試験	選考方法
第 1 回	インターナショナルコースアドバンスト	事前登録と出願資格認定登録期間	11/6まで	11/27	英語、面接(日・英)
第 2 回			11/20まで	12/15	

●応募状況

年度＼人数	募集人員	出願者	受験者	合格者	入学者
2019	若干名	6	6	4	非公表
2020	20 名	24	23	20	非公表

編入学

●編入学時期　実施の場合は学校 HP に掲載する
●出願資格・条件・出願書類・選考方法
学校 HP 掲載の募集要項をご確認下さい
● 2019 年度帰国子女編入学者数

1 年	非公表	2 年	非公表	3 年	非公表

受入後

●指導
ICA は、英語・数学・理科・社会の授業は各専門分野を持つネイティブスピーカーの教員が All English で実施し、圧倒的な英語力を武器に海外大学進学を目指します。
●教育方針
グローバル化が進展する世界の中で、活躍できるリーダーを育成するために、コミュニケーション能力、論理的思考能力、表現力、異文化を理解する能力等をバランス良く育んでいく。
●特色
授業、部活動、行事などのさまざまな場面において、ネイティブスピーカーの教員と関わることができる。

私立 共学

▷▷ 中 118P

受入開始　2017 年度

上野学園高等学校
（うえのがくえん）

（担当：伊藤直木）

〒 110-8642
東京都台東区東上野 4-24-12
▶▶（JR 上野駅、東京メトロ日比谷線・銀座線上野駅、京成線京成上野駅）
TEL 03-3847-2201　FAX 03-3847-2013
URL http://www.uenogakuen.ed.jp/
生徒数　男 289　女 284　合計 573

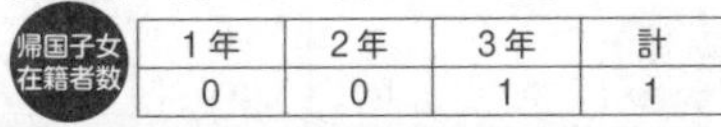

帰国子女在籍者数	1 年	2 年	3 年	計
	0	0	1	1

入学

●出願資格・条件
原則として海外在留期間 1 年以上。帰国後 3 年以内の者
●出願書類
・調査書・通知票（帰国後在籍した学校があれば）または成績証明書・海外在留証明書
●日程等

募集	出願	試験	発表	選考方法
若干名	1/25 ～ 2/6	2/10･12	2/10･12	英語･国語･数学、面接

※入学試験は一般入試と同様で、同時に実施するが、帰国子女には特別な配慮をする
※音楽科希望者は専門実技等の試験あり

●応募状況

年度＼人数	募集人員	出願者	受験者	合格者	入学者
2019	若干名	0	0	0	0
2020	若干名	2	2	2	2

受入後

●指導
通常のクラスに入り、一般生徒と同様の学習をする。大学進学を目指す教育を行う。
●教育方針
建学の精神は「自覚」。自らを深く見つめ、“本当の自分”である個性を見出して自らを高め、責任感と創造性を持って自らを世に問い、前向きに努力する人間の育成を教育の目標としている。
●特色
21 世紀型スキルを磨き、芸術の学びのある進学校。
●進学特例条件
併設校の上野学園大学音楽学部、及び上野学園大学短期大学部への優先入学ができる。
●卒業生（帰国生徒）の進路状況
ほとんどが大学進学。

私立 女子

▷▷ 中 120P

受入開始　2013 年度

神田女学園高等学校

（かんだじょがくえん）

（担当：佐藤晋）

〒101-0064
東京都千代田区神田猿楽町 2-3-6
▶▶（JR 総武線・都営三田線水道橋駅）
TEL 03-6383-3751　FAX 03-3233-1890
URL http://www.kandajogakuen.ed.jp

生徒数　女 321　合計 321

帰国子女在籍者数	1 年	2 年	3 年	計
	5	5	1	11

入学

●**出願資格・条件**　原則、海外滞在期間が 1 年以上あり帰国後 3 年以内の帰国生、または国内のインターナショナルスクールに在籍する生徒（応相談）

●**出願書類**
通知表のコピー（日本に在籍の者のみ）、現地校の成績証明書コピー 、海外在留証明書（本校指定用紙）、英検など語学の資格を示すもの（任意コピー 可）

●**日程等**

募集	出願	試験	発表	選考方法
若干名	11/1～12	11/14	11/14	日・英・中・韓の中から 2 言語選択 面接(日本語・選択言語)
	11/1～12/10	12/12	12/12	

●**応募状況**

年度＼人数	募集人員	出願者	受験者	合格者	入学者
2019	若干名	5	5	5	4
2020	若干名	8	7	5	5

編入学

●**編入学時期・定員**〔1 年生〕9、1 月〔2 年生〕4、9、1 月。若干名

●**出願資格・条件・出願書類・選考方法**　入学に準ずる

●**2019 年度帰国子女編入学者数**

1 年	0	2 年	2	3 年	0

受入後

●**指導・教育方針・特色**
本校は「国際教養コース」「高度教養コース」「総合教養コース」3 コース制のもと、「自らの意思で行動し、多様な価値観を尊ぶ女性」を育成するため、言語学習を軸としたリベラルアーツ教育に取り組んでいます。帰国生は一般生徒と同じクラスに所属しますが、滞在した国や期間は各々異なるため、主要科目は習熟度にあわせ 3 分割すると共に、個々の理解度・定着度に合わせ補習授業や個別指導を実施します。また、2020 年度からは、帰国生・外国籍生のために、教科としての『日本語』の授業もスタートしました。「国際教養コース」は全員留学必須のカリキュラムで、留学期間も半年～1 年半超まで選べます。特にダブル・デイプロマプログラムでは、アイルランド・NZ・カナダの現地校に 1 年半以上在籍し、2 か国の卒業資格取得を目指します。この「国際教養コース」はネイティブ＆日本人のチーム担任制。生徒の留学準備と帰国後の学習をフルサポートします。また全てのコースで「トリリンガル教育」を行っており、1 年生から「フランス語・中国語・韓国語」の中から 1 言語を選択し 3 年間学べます。

私立 女子

▷▷ 中 122P

受入開始　2015 年度

麴町学園女子高等学校

（こうじまちがくえんじょし）

（担当：上田翼）

〒102-0083
東京都千代田区麴町 3-8
▶▶（東京メトロ有楽町線麴町駅、半蔵門線半蔵門駅）
TEL 03-3263-3011　FAX 03-3265-8777
URL http://www.kojimachi.ed.jp

生徒数　女 386　合計 386

帰国子女在籍者数	1 年	2 年	3 年	計
	0	0	1	1

入学

●**出願資格・条件**
保護者の海外在留に伴って外国で教育を受け、外国における在住期間が 1 年以上で帰国後 3 年以内の者で、2005 年 4 月 2 日～ 2006 年 4 月 1 日に生まれた者

●**出願書類**
①海外における最終学校の 1 年分の成績証明書　（成績通知書のコピーも可）
②海外在留証明書　（本校所定の用紙、もしくはそれに準ずるもので志願者本人を証明するもの）
③その他　取得した資格 (スコア) がある場合は出願サイトの記入欄に入力し、その資格 (スコア) を証明するもの (写し) を提出してください。

●**日程等**

募集	出願	試験	発表	選考方法
若干名	1/10～20	1/22	1/23	国・数・英、面接

●**応募状況**

年度＼人数	募集人員	出願者	受験者	合格者	入学者
2019	若干名	0	0	0	0
2020	若干名	0	0	0	0

編入学

●**編入学時期・定員**〔1・2 年生〕随時。若干名

●**出願資格・条件**
・日本国籍を有し、保護者の海外在留に伴って出国し、2 年以上海外での滞在期間があり、本校の該当する学年の者と同等以上の学力が認められる者
・帰国直後であり、他校へ編入していない者
・本校に通学するに際し、保護者のもとから通える者
・編入学は中高 6 年一貫コースのみ

●**出願書類**
・編入学願書・海外における学校の在学証明書・海外における学校の成績証明書・学習した科目の内容報告書

●**選考方法**　国語・数学・英語、面接（本人及び保護者）

●**2019 年度帰国子女編入学者数**

1 年	0	2 年	0	3 年	0

受入後

●**指導**　入学後は一般生徒と同じクラスで授業を受ける。必要に応じて補習、個別指導を行う。

●**教育方針**　「聡明、端正」の校訓のもと、「豊かな人生を自らデザインできる自立した女性の育成」を教育理念としている。

●**特色**　高等学校入学者対象の「東洋大学グローバルコース」では、東洋大学との連携により、独自のカリキュラムにより東洋大学進学（推薦基準あり）に必要な学力を身につけていく。

私立 女子

▷▷ 中 123P

受入開始 1984 年度

三輪田学園高等学校

（みわだがくえん）

〒 102-0073 （担当：湯原弘子）
東京都千代田区九段北 3-3-15
▶▶（JR 総武線・地下鉄有楽町線・南北線飯田橋駅・市ヶ谷駅）
TEL 03-3263-7801 FAX 03-3239-8270
URL http://www.miwada.ac.jp

生徒数 女 471 合計 471

帰国子女在籍者数	1 年	2 年	3 年	計
	1	0	0	1

編入学

●編入学時期・定員〔1 年生〕9 月から随時
〔2 年生〕随時
〔3 年生〕4 月
詳細はお問い合わせのこと

● 2019 年度帰国子女編入学者数

1 年	0	2 年	0	3 年	1

受入後

●指導・教育方針
一般生と同じクラスで指導。英語圏などで、特に英語が優秀な生徒には、その力を伸ばせるように配慮する。

●卒業生（帰国生徒）の進路状況（過去 3 年間）
上智大 1、東京女子大 1、東洋大 1、東邦大 1、獨協大 1、ICU1 等へ進学

私立 共学

受入開始 2017 年度

武蔵野大学附属千代田高等学院

（むさしのだいがくふぞくちよだ）

〒 102-0081 （担当：野澤清秀）
東京都千代田区四番町 11
▶▶（有楽町線麹町駅、JR 総武線・都営新宿線市ヶ谷駅、半蔵門線半蔵門駅）
TEL 03-3263-6551 FAX 03-5214-5005
URL https://www.chiyoda.ed.jp

生徒数 男 144 女 384 合計 528

帰国子女在籍者数	1 年	2 年	3 年	計
	2	1	2	5

入学

●出願資格・条件
・日本国籍を有する者
・1 年以上海外に滞在し、帰国後 3 年以内の者
※帰国生入試を受験の際は事前にご相談ください。

●出願書類
①調査書（海外等で発行が難しい場合は応相談）
②願書（写真が添付されていること）
③海外在留証明書（本校所定用紙）
④海外生活の報告書（本校所定用紙）
⑤検定の取得証明書（A タイプで英検準 2 級以上を取得の場合）

●日程等（帰国生入試 A・B）

区分	募集	出願	試験	発表	選考方法
A	若干名	11/30～12/17	12/19	12/21	国・英・数＋日本語面接
B					英語エッセイ＋英語面接

※募集は選抜探究コース、附属進学コース

●応募状況

年度＼人数	募集人員	出願者	受験者	合格者	入学者
2019	若干名	2	2	2	1
2020	若干名	4	4	3	2

受入後

●指導
一般生徒と同じように、個別対応可。
特別に時間割上の違いがあるわけではない。

●教育方針
叡知・温情・真実・健康・謙虚の教育理念のもと、何事も「他人事にしない」精神、「Challenge Change Contribute」を掲げています。

●特色
国際バカロレア認定校。
国際グローバルコンパクト正会員。

▷▷ 小 42P 中 124P

川村高等学校

かわ むら

（担当：石川充）
〒171-0031
東京都豊島区目白 2-22-3
▶▶（JR 山手線目白駅、東京メトロ副都心線雑司が谷駅）
TEL 03-3984-8321 FAX 03-3984-9131
URL https://www.kawamura.ac.jp/

生徒数 女 212 合計 212

帰国子女在籍者数	1年	2年	3年	計
	2	0	0	2

入学

●**出願資格・条件** 2021 年 3 月中学校卒業見込みの女子で、保護者と同居し、自宅から通学できる生徒（事情のある場合は要相談）※推薦入試は入試要項参照

●**出願書類** （インターネット出願）・在籍校の調査書・推薦書（推薦入試のみ）

●**日程等**

区分	募集	出願	試験	発表	選考方法
A	若干名	1/15～19	1/22	1/22	作文、面接
B					適性検査（国語・数学・英語から２科目を選択）・面接
C		1/25～2/8	2/10 2/11 2/12	各試験日当日	※国語・数学・英語から２科目を選択・面接

※選考の際、滞在地とその期間を十分に考慮する
※ A：A 推薦 B：B 推薦 C：一般入試・併願優遇
※一般の国語は、作文または学科試験のどちらかを選択
※面接は本人のみ
※特待生制度、奨学奨励金制度（海外語学研修）あり
※ C は、複数回の受験可。

●**応募状況**

年度＼人数	募集人員	出願者	受験者	合格者	入学者
2019	若干名	0	0	0	0
2020	若干名	0	0	0	0

編入学

●**編入学時期** 〔1 年生〕9、1 月〔2 年生〕4、9、1 月。

●**出願資格** 該当学年に在籍の女子、および該当学年と同等の学力を有する生徒

●**出願書類** 入学願書・受験票・転学照会・在学証明書・成績証明書

●**選考方法** 学科試験（国語・数学・英語から２科）、面接（保護者同伴）

● **2019 年度帰国子女編入学者数**

1年	0	2年	0	3年	0

受入後

●**指導** 個々の状況に応じ、問題があった場合はその都度対応している。

●**教育方針** 「感謝の心」「女性の自覚」「社会への奉仕」を建学の精神とし、考える力、自己を律する力を培うことで知・徳・体の調和の取れた、豊かな感情と品格を兼ね備えた女性を育成している。

●**進学特例条件** 学校長が推薦する者はすべて併設校の川村学園女子大学への推薦資格を得ることができる。

▷▷ 中 125P 大 565P

受入開始 1992 年度

十文字高等学校

じゅう もん じ

（担当：鈴木美裕）
〒170-0004
東京都豊島区北大塚 1-10-33
▶▶（JR 山手線大塚駅・巣鴨駅、地下鉄三田線巣鴨駅）
TEL 03-3918-0511 FAX 03-3576-8428
URL https://js.jumonji-u.ac.jp/

生徒数 女 718 合計 718

帰国子女在籍者数	1年	2年	3年	計
	1	3	2	6

入学

●**出願資格・条件**

(1) 日本国籍を有し、保護者の海外在留に伴って外国で教育を受けた者 (2) 外国における滞在期間が 1 年以上で、かつ帰国後 3 年以内の者 (3) 日本または外国において通算 9 カ年の学校教育を修了、または修了見込みの者 (4) 日本における相当学年の年齢の者

●**出願書類**

入学願書一式（本校所定のもの）・現在の在学校の調査書（成績証明書）・海外在留を証明する書類

●**日程等**

区分	募集	出願	試験	発表	選考方法
A	若干名	1/15 ～ 1/20	1/22	1/23	適正検査（国・数・英）、面接
		1/15 ～ 1/23	1/25	1/26	
B	若干名	1/25 ～ 2/8	2/10	2/11	国・数・英、面接
		1/25 ～ 2/11	2/13	2/14	

※ A: 推薦入試（単願・併願・第一志望）
B: 一般入試（一般志願・第一志望）
※国内生と同一の選考方法によるが、帰国生徒の場合は優遇する

●**応募状況**

年度＼人数	募集人員	出願者	受験者	合格者	入学者
2019	若干名	2	2	2	2
2020	若干名	0	0	0	0

編入学

●**編入学時期・定員** 〔1 年生〕9、1 月 〔2 年生〕4、9、1 月 若干名

●**出願資格・条件・出願書類** 入学に準ずる

●**選考方法** 国・数・英、面接

● **2019 年度帰国子女編入学者数**

1年	1	2年	0	3年	0

受入後

●**指導**

一般生徒と変わりなく学習するが、課外に海外帰国子女のためのグレード別特別英語講座を開設。

●**進学特例条件**

十文字学園女子大学、十文字学園女子大学短期大学部への進学では、優先的に推薦が受けられる。

入 編

私立 共学

▷▷ 中125P

淑徳巣鴨高等学校
（しゅくとくすがも）

（担当：木村忠徳）

〒170-0001
東京都豊島区西巣鴨 2-22-16
▶▶（JR 埼京線板橋駅、都営三田線西巣鴨駅、東武東上線北池袋駅）
TEL 03-3918-6451 FAX 03-3918-6033
URL http://shukusu.ed.jp
生徒数 男 537 女 661 合計 1198

帰国子女在籍者数	1年	2年	3年	計
	20	30	25	75

入学

●出願資格・条件
原則として海外在住期間が1年以上で、帰国後3年以内の者

●出願書類
・所定の出願書類
・海外での在学証明書またはそれに代わるもの
・海外在学校の成績証明書またはそれに代わるもの

●日程等

区分	募集	出願	試験	発表	選考方法
A	若干名	1/16 消印有効（郵送のみ）	1/22	1/23	英・国・数
B	若干名	2/2 消印有効（郵送のみ）	2/10	2/12	
C	若干名	2/2 消印有効（郵送のみ）	2/13	2/15	英・国・数（希望者は英語小論文あり）

※ A：推薦入試（A 推薦・B 推薦） B：一般入試（Ⅰ期）
C：一般入試（Ⅱ期） ・帰国子女入試
※第一志望者は A 日程を受験
※ A 推薦のみ個人面接あり

●応募状況

年度＼人数	募集人員	出願者	受験者	合格者	入学者
2019	若干名	8	5	4	2
2020	若干名	3	2	2	1

編入学

●編入学時期・定員 〔1・2年生〕欠員がある場合に随時実施。定員は特に定めず

●出願資格・条件・出願書類・選考方法 入学に準ずる

● 2019年度帰国子女編入学者数

1年	0	2年	0	3年	0

受入後

●指導
通常のクラスに入り、一般生徒と同様の学習をする。

●教育方針
「感恩奉仕」の精神を基本に、こころの教育を重視し、生徒が将来への夢を膨らませ、その実現のための「気づき」の教育を大切にする。

●特色
将来国際社会で活躍するのに必要な「読み、書き、ディスカッションする」ことのできる英語力を身につけていく。

入

私立 男子

▷▷ 中126P

受入開始 1989年度

巣鴨高等学校
（すがも）

（担当：大山聡）

〒170-0012
東京都豊島区上池袋 1-21-1
▶▶（JR 山手線大塚駅、JR・私鉄各線池袋駅）
TEL 03-3918-5311 FAX 03-3918-5305
URL http://www.sugamo.ed.jp/
生徒数 男 739 合計 739

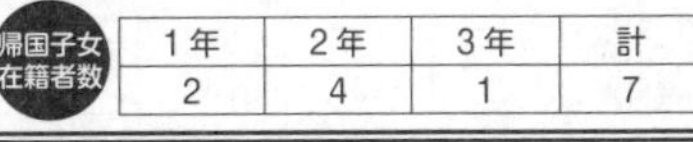

帰国子女在籍者数	1年	2年	3年	計
	2	4	1	7

入学

●出願資格・条件
海外在住1年以上で、帰国後3年以内の者。または1年以上の現海外在住者

●出願書類（いずれか一通）
1. 海外日本人学校校長又は海外現地校校長が発行した書類で、在学期間の分かるもの（書式自由）
2. 帰国後中学校に在学している者は、中学校校長が発行した書類で、在住先国名・地名・在学校名・在学期間の分かるもの（書式自由）

●日程等（予定）

募集	出願	試験	発表	選考方法
特に定めず	1/25～2/10	2/12	2/13	国・数・英 または 国・数・英・理・社

※入学試験は一般受験生と同じ。出願書類を精査し、入試成績合計点に加点のうえ合否を決定

●応募状況

年度＼人数	募集人員	出願者	受験者	合格者	入学者
2019	特に定めず	5	5	4	2
2020	特に定めず	6	6	6	1

受入後

●指導
一般入試による入学者と同じ。

●教育方針
「努力主義」＝その時々に必要なことを能力に応じてこなしていくことによる心身の成長を重要視している。努力を通じた達成感の積み重ねが真のエリートを生む。すべての面で「親心」を基本とした家庭的な温情と厳格さとをあわせ持った指導を実践している。

●卒業生（帰国生徒）の進路状況
東京大学、京都大学、一橋大学、東京工業大学他国公立大学及び医学部、早稲田大学、慶應義塾大学、上智大学、東京理科大学等私立大学及び医学部、防衛医科大学校など。

私立 女子

▷▷ 中 127P

受入開始 1988 年度

豊島岡女子学園高等学校
（としまがおかじょしがくえん）

（担当：岸本行生）
〒 170-0013
東京都豊島区東池袋 1-25-22
▶▶（JR・地下鉄・西武・東武線池袋駅）
TEL 03-3983-8261 FAX 03-3983-5628
URL https://www.toshimagaoka.ed.jp

生徒数 女 1045 合計 1045

帰国子女在籍者数	1年	2年	3年	計
	3	3	4	10

入 学

●出願資格・条件

日本国籍を有し、海外に所在する機関及び事業所等への勤務、もしくは海外における研究・研修を目的として日本を出国し、海外に在留していた者又は現在在留している者を保護者とする生徒で、海外滞在期間が 1 年以上で 2018 年 4 月以降帰国した者

●出願書類

・入学願書・調査書（本校所定の用紙または公立用調査書の写しのいずれかを提出する。現地校の場合は成績証明書など調査書に準ずるものでよい）・海外在住期間が記されている、保護者に同伴していたことを証明する書類（会社または機関先責任者の署名と公印の捺印が必要）

●日程等

区分	募集	出願	試験	発表	選考方法
A	特に定めず	WEB 出願 1/15（書類提出 1/16 窓）	1/22	1/23	面接・適性検査（国・英・数）、調査書
B	特に定めず	WEB 出願 1/25～2/7（書類提出 2/8 窓・郵）	2/11	2/12	学力試験（国・英・数）
C	5 名程度	WEB 出願 12/15～1/11（書類提出 1/12 窓・郵）	1/22	1/23	学力試験（国・英・数）、面接
	若干名	WEB 出願 1/25～2/7（書類提出 2/8 窓・郵）	2/11	2/12	

※ A：推薦入試　B：一般入試　C：帰国生入試
※推薦入試受験者が一般入試を受験の際は 5 点の加点優遇あり

●応募状況

年度＼人数	募集人員	出願者	受験者	合格者	入学者
2019	特に定めず	34	33	27	3
2020	特に定めず	30	27	20	3

編 入 学

●編入学時期・定員 欠員のある場合
●出願資格・条件・出願書類・選考方法 入学に準ずる
● 2019 年度帰国子女編入学者数

1年	0	2年	0	3年	0

受 入 後

●指導　一般生と同じ学級に入り、特別の扱いはしていない。在校生のほとんどが 4 年制大学へ進学希望である。1・2 年は、高校入学生は中学から入学した生徒とは別クラス編制で、特別のカリキュラムで実力養成をはかる。3 年生では、文Ⅰ（3 教科型）、文Ⅱ（5 教科型）、理系（医・歯・薬・理工系）に分かれ、教科を選択し、演習に力を入れ増加単位を設けて履修している。クラブ活動を重視し、生徒の個性の伸長に資している。毎朝 5 分間の運針を行い、基礎の大切さ、努力の積み重ねの大切さ、物事に集中することの大切さを教え、気立てのよい生徒になるよう指導している。

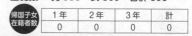

私立 共学

受入開始 2014 年度

豊南高等学校
（ほうなん）

（担当：四日市聡）
〒 171-0042
東京都豊島区高松 3-6-7
▶▶（東京メトロ有楽町線・副都心線千川駅）
TEL 03-3959-5511 FAX 03-3959-5554
URL http://www.hs.honan.ac.jp/

生徒数 男 530 女 369 合計 899

帰国子女在籍者数	1年	2年	3年	計
	0	0	0	0

入 学

●出願資格・条件

1 年以上海外に在留し、入学時に帰国後 3 年以内の者

●出願書類

・入学願書・海外における学校の成績証明書・帰国後国内の中学校に在籍した者はその調査書・自己推薦を希望する者は自己推薦書（本校所定）

●日程等

区分	募集	出願	試験	発表	選考方法
A	若干名	1/15～17	1/22 または 23	当日	適性検査、面接
B	若干名	1/25～2/5	2/10 または 12	当日	国数、面接

※ A：推進入試　B：一般入試
※英語はリスニングあり。試験問題は一般受験者と同じだが、海外在留期間や海外での経験等により優遇

●応募状況

年度＼人数	募集人員	出願者	受験者	合格者	入学者
2019	若干名	0	0	0	0
2020	若干名	0	0	0	0

受 入 後

●指導

一般生と同じ学級に在籍するが必要に応じて補習を実施する。

●教育方針

本校の建学の精神は「自主独立」である。自ら考え、自ら行動し、責任を全うできる人間の育成を目指している。

●特色

年間を 4 タームに分け、学習時間を大幅に増やしている。また、部活動も非常に活発で、その部活動を通して人間、人格の育成を図っている。

▷▷ 中 128P

受入開始　2002 年度

おおつま なかの

大妻中野高等学校

（担当：水澤孝順）
〒164-0002
東京都中野区上高田 2-3-7
▶▶（JR 中央線・地下鉄東西線中野駅、西武新宿線新井薬師前駅）
TEL 03-3389-7211　FAX 03-3386-6494
URL https://www.otsumanakano.ac.jp

生徒数　　女 685　合計 685

帰国子女在籍者数	1 年	2 年	3 年	計
	20	40	15	75

編入学

●**編入時期・定員**　〔1・2 年生〕4、8、1 月。若干名
10 月シンガポール会場編入試験・11 月ニューヨーク会場編入試験
（要問合せ）

●**出願資格・条件**　保護者の海外勤務のため、本人が継続して 1 年以上海外に在留した者で、編入学の学年が、高校 1 年次から 2 年次（高校 3 年次では 4 月から入学できる）であること。本校の生徒としてふさわしいと認められる生徒であること

●**出願書類**　・入学願書一式・海外在留証明書・成績証明書

●**選考方法**　国・数・英、面接（保護者同伴）および現地校での成績

※英検準 1 級、TOEFL iBT 61、IELTS 5.0、TOEIC 630 以上は英語筆記試験免除

● **2019 年度帰国子女編入学者数**

1 年	0	2 年	1	3 年	1

受入後

●**指導**
海外帰国生は原則グローバルリーダーズクラスに在籍し、グローバルプログラムの牽引役となる。一般クラスへの編入も可能である。

●**進学特例条件**
大妻女子大学、短期大学に優先入学の制度有り（途中編入の場合は条件あり）。

●**卒業生（帰国生徒）の進路状況**
ほとんどの帰国生が、海外大学、国公立大学および早稲田大、慶應義塾大、上智大、立教大、中央大、明治大、青山学院大など、第一希望の大学へ進学している。

私立　共学

▷▷ 小 43P 中 128P

にとべぶんか

新渡戸文化高等学校

（担当：佐藤均）
〒164-8638
東京都中野区本町 6-38-1
▶▶（地下鉄丸ノ内線東高円寺駅、JR 中央線中野駅）
TEL 03-3381-0408　FAX 03-3381-0508
URL https://www.nitobebunka.ed.jp/high/

生徒数　男 52　女 79　合計 131　※ 2017 年度より共学

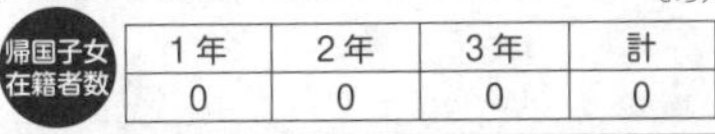

帰国子女在籍者数	1 年	2 年	3 年	計
	0	0	0	0

入学

●**出願資格・条件**
・2021 年 3 月に中学校卒業見込みの子女・海外の学校を 2020 年 6 月卒業の子女、または 2021 年 6 月卒業見込みの子女・保護者とともに海外在住 1 年以上で、帰国後 3 年以内の者・保護者のもとから通学できる者

●**出願書類**
・入学願書一式（本校所定のもの）・通知票のコピー・海外在留を証明する書類（在学証明、成績証明のコピーなど）・英語の試験を免除する場合はスコアーを証明するもの

●**日程等**

募集	出願	試験	発表	選考方法
若干名	相談日～試験前日	12/15 3/8	当日	作文、英語、面接

※事前相談を必要とする
※実用英語技能検定（準 2 級以上）・TOEFL(iBT50 点以上）・TOEIC(450 点以上）のいずれか一つのスコアにより英語の試験は免除
※面接は受験生のみ

●**応募状況**

年度＼人数	募集人員	出願者	受験者	合格者	入学者
2019	若干名	0	0	0	0
2020	若干名	0	0	0	0

編入学

●**編入学時期・定員**　〔1・2 年生〕2・3 学期末（12・3 月）に試験を実施。若干名

●**出願資格・条件・出願書類**　入学に準ずる

●**選考方法**　作文、英語、面接（受験生のみ 。応答は日本語または英語）

● **2019 年度帰国子女編入学者数**

1 年	0	2 年	0	3 年	0

受入後

●**教育方針**
「学俗接近」を重視した初代校長・新渡戸稲造の理念を引き継ぐコース制普通科。それぞれの生徒の個性や自分の強みを磨き、社会で活躍する大人と協働しながら、ソーシャルアクションを実施。真の探究活動で進学後も、その後も一生学び続ける人材を育てます。

●**特色**
教科横断的なクロスカリキュラムからソーシャルアクションを実現。真の探究的な学びで予測不可能時代を生き抜く力を培う。さらに、クロスカリキュラムでは卒業までに 100 人の大人と出会い、プロジェクトを生み出します。

▷▷ 中 129P

受入開始　2010 年度

宝仙学園高等学校

共学部　理数インター

〒164-8628　（担当：中野望）
東京都中野区中央 2-28-3
▶▶（東京メトロ丸ノ内線・都営大江戸線中野坂上駅）
TEL 03-3371-7103　FAX 03-3371-7128
URL https://www.hosen.ed.jp/
生徒数　男 269　女 307　合計 576

帰国子女在籍者数	1年	2年	3年	計
	22	14	17	53

入学

●**出願資格・条件・出願書類**
入試方式によって出願資格・書類が異なります。
※詳細は募集要項をご確認ください。
〔海外帰国生入試方式〕①帰国生等 日本入試（第１回～３回）②帰国生等 世界スカウト入試（世界現地入試）③帰国生等 世界スカウト入試（世界オンライン入試）

●**日程等**

区分	出願	試験	発表	選考方法
A	11/16～12/9	12/12	12/17	3 科（国・英・数）＊
B	11/16～12/9	12/12	12/17	日本語リスニング、英語プレゼンテーション
C	1/15～19	1/22	1/22	
D	1/25～2/10	2/12	2/12	
E	10/1～15	10/17	10/24	書類選考、オンラインによる面接（日本語）
F	10/30～11/13	11/15	11/23	
G	10/16～11/6	11/9～21	試験日より1週間	

※ A：日本入試 第１回（選択３科型）、B：日本入試 第１回（プレゼン型）、C：日本入試 第２回（プレゼン型）、D：日本入試 第３回（プレゼン型）、E：世界現地入試（シンガポール）、F：世界現地入試（シアトル）、G：世界オンライン入試
＊グローバルコース希望者のみ英語による面接

●**応募状況**

年度＼人数	募集人員	出願者	受験者	合格者	入学者
2019	10+ 若干名	49	48	37	7
2020	5+ 若干名	78	78	70	13

編入学

●**編入学時期・定員**〔1～3 年生〕応相談
●**出願資格**　入学に準ずる
●**出願書類**　・調査書
・英語エッセイ（※グローバル希望者のみ）
●**選考方法**　英語・数学・国語、面接（英語※グローバル希望者のみ）
※学科試験の出題範囲は問い合わせ時に知らせる

● **2019 年度帰国子女編入学者数**

1年	2	2年	2	3年	0

受入後

●**教育方針**　生徒の日本の学校への対応具合などを把握した上で対応。理数的思考力の育成と共に高い学力と豊かな心を身につけることを教育方針としている。高校２年の修学旅行で、アメリカでの英語のプレゼンテーションを行う。
●**特色**　理系のみではなく、文系にも対応し、国公立進学も多い。本校ならではの進路支援を行う。
●**卒業生の進路状況**　2020 年春 188 名卒業
国公立大学 44 名、医学部医学科 10 名、早慶上理 ICU 103 名、GMARCH 160 名

▷▷ 中 129P

受入開始　2002 年度

東京女子学院高等学校

（担当：教頭 小林伸嘉）
〒177-0051
東京都練馬区関町北 4-16-11
▶▶（西武新宿線武蔵関駅）
TEL 03-3920-5151　FAX 03-5991-0632
URL http://www.tjg.ac.jp/
生徒数　女 218　合計 218

帰国子女在籍者数	1年	2年	3年	計
	0	0	0	0

入学

●**出願資格・条件**
・2021 年３月中学校卒業見込みまたはこれと同等の者
・保護者の海外勤務に伴って１年以上海外に居住し帰国３年以内の者
・授業を理解できる程度の日本語力を有する者
※出願前の事前相談が必要
●**出願書類**　・入学願書一式・調査書・推薦書（推薦のみ）・在外勤務証明書・外国における在学証明書
●**日程等**

区分	試験	選考方法
帰国生入試①	12/12	国語・数学・英語、面接
帰国生入試②	1/9	

区分	募集	出願	試験	発表	選考方法
A	若干名	1/15～18	1/22	1/22	国語・数学・英語、面接
B		1/15～18	1/22	1/22	
C		併願優遇 1/25～2/1	2/10	2/10	
		一般 1/25～2/8	2/10･11	2/10･11	

※ A：単願推薦　B：併願推薦（神奈川県を除く都外生対象）
C：併願優遇（都内生対象）・一般試験
※いずれも一般受験生と同じ問題で実施し、海外年数、経験に十分に配慮する

●**応募状況**

年度＼人数	募集人員	出願者	受験者	合格者	入学者
2019	若干名	0	0	0	0
2020	若干名	0	0	0	0

編入学

●**編入学時期・定員**〔1・2 年生〕随時。若干名
●**出願資格**　・保護者の海外勤務に伴って１年以上海外に居住し帰国３年以内の者
・授業を理解できる程度の日本語力を有する者
※出願前の事前相談が必要
●**出願書類**　入学に準ずる
●**選考方法**　国語・数学・英語、面接
※一般転編入試験と同じ問題で実施し、海外年数、経験に十分に配慮する

● **2019 年度帰国子女編入学者数**

1年	0	2年	0	3年	0

受入後

●**指導**　一般の生徒と同じ学級生活を送る。始業前のアチーブメント、放課後のプログレッシブおよびチュータリングの３つのプログラムを通して学力の不足を補い、また伸長を図る。また本校独自の英語教育を通し、英語力をさらに伸ばす。
●**教育方針**　礼法、華道、第２外国語（フランス語、中国語）等の特色ある授業を通し、日本人としてのアイデンティティを持ちながら海外でも活躍できる国際的視野に立つ女性を育成する。
●**特色** ４年制大学希望者の現役進学率 100%。
●**卒業生（帰国生徒）の進路状況**　東京外国語大、上智大等。

私立 女子

▷▷ 中 130P

受入開始　1960 年度

富士見高等学校

(ふじみ)

(担当：小村 修)

〒176-0023
東京都練馬区中村北 4-8-26
▶▶(西武池袋線中村橋駅)
TEL 03-3999-2136　FAX 03-3999-2129
URL https://www.fujimi.ac.jp
生徒数　　女 703　合計 703

帰国子女在籍者数	1年	2年	3年	計
	3	4	3	10

編入学

●編入学時期・定員　〔1・2年生〕4、9、1月。欠員がある場合のみ。定員は特に定めず

●出願書類　・入学願書一式・海外における成績証明書など、海外での就学期間を証明できる書類（コピー可）

●出願資格・条件　海外から保護者の転勤等により東京近郊に一家転住する者で、本校での学習や生活に適応できる条件を満たす者

●選考方法　国・数・英、面接（保護者同伴）、成績表を総合して判定

● 2019年度帰国子女編入学者数

1年	0	2年	0	3年	0

受入後

●指導
帰国子女の特別学級は設けず、一般生徒と同じ学級生活の中で授業その他の活動に参加させる。ただし、帰国子女の状況によっては、担任からの個別指導を行う。

●進学特例条件
早稲田大、津田塾大、立教大、中央大、成蹊大、東京薬科大、東京理科大など多数の大学の推薦指定校となっている。

私立 男子

▷▷ 大 577P

受入開始　1988 年度

早稲田大学高等学院

(わせだだいがく)

(担当：入試広報担当)

〒177-0044
東京都練馬区上石神井 3-31-1
▶▶(西武新宿線上石神井駅)
TEL 03-5991-4151　FAX 03-3928-4110
URL https://www.waseda.jp/school/shs/
生徒数　男 1489　　合計 1489

帰国子女在籍者数	1年	2年	3年	計
	非公開	非公開	非公開	非公開

入学

●出願資格・条件　以下①～④のすべての要件を満たしている者
① 日本国籍を有する者。
② 2004 年 4 月 2 日以降、2006 年 4 月 1 日までに出生した者。
③ 2021 年 3 月末までに国の内外を問わず通常の課程による 9 か年の学校教育を修了または修了見込みの者。
※海外現地校等で在学中の学年が 2021 年 4 月以降に修了予定の方でも、日本の中学校 3 年生の学齢に達しており、海外在留中なおかつ海外現地校等に在学中であれば、原則として、出願資格③を満たします。
※海外現地校等における通常の課程による 9 か年の学校教育とは、Grade9 ／ Year10 を指します。
④ 保護者の就業等による海外在留【＊ 1】の結果により、「海外在留証明書」の証明日時点において海外在留期間【＊ 2】が継続して 1 年 9 ヶ月以上で、かつ前項③の課程において、次の a・b のいずれかに該当する者。
　a．2019 年 4 月以降、2021 年 3 月末までに海外の中学校を卒業または卒業見込みの者。
　b．2019 年 6 月以降に国内の中学校に転入し、2021 年 3 月末までに国内の中学校を卒業または卒業見込みの者。

【＊ 1】「保護者の就業等による海外在留」とは、保護者が海外における就業、海外に所在する機関および事業所等への勤務、もしくは海外における研究・研修を目的として日本を出国し、海外に在留していた場合または現在在留している場合を指します。また、「海外在留証明書」等により、そのことを証明していただく必要があります。
【＊ 2】「海外在留期間」とは、「出願者本人と保護者が同居している期間」を指します。出願者本人のみの留学期間等は該当しません。複数回の海外在留勤務経験のある方は、最新の在留期間のみを対象とします。ただし、保護者が就業上の都合で出願者本人より先に帰国した場合や在留国を変更した等の場合、海外で同居していない期間は 10 か月以内とします。

●出願書類
入学願書一式（当校所定のもの）・海外における学校の成績証明書（日本人学校の場合は調査書・海外現地校等の場合は中学校相当の全学年の成績証明書）・帰国後国内の中学校に在籍した者はその調査書・帰国生出願資格認定書・海外現地校等の場合は在学時の出欠状況がわかる書類　※詳細は入試要項を要確認

●日程等

募集	出願	試験	発表	選考方法
18	1/25 ～ 30	2/11	2/15	英・国・数、小論文

※一般入試と同一入試日程・内容

●応募状況

年度＼人数	募集人員	出願者	受験者	合格者	入学者
2019	18	非公開	非公開	非公開	非公開
2020	18	非公開	非公開	非公開	非公開

受入後

●進学特例条件　所定の基準を満たし、3 か年の課程を修了した者全員が、早稲田大学の各学部に進学できる。

▷▷ 中 131P

受入開始　1982 年度

郁文館高等学校

（いくぶんかん）

（担当：平岸敬吾）
〒113-0023
東京都文京区向丘 2-19-1
▶▶（地下鉄千代田線千駄木駅、南北線東大前駅）
TEL 03-3828-2206　FAX 03-3828-1261
URL http://www.ikubunkan.ed.jp

生徒数　男 484　女 293　合計 777

帰国子女在籍者数	1 年	2 年	3 年	計
	1	0	2	3

入学

●出願資格・条件

(1) ① 2021 年 3 月末日までに、中学校を卒業見込みの男子・女子
② 2021 年 3 月末日までに、外国において学校教育における 9 カ年の課程を修了した者、または修了見込みの者
(2) 保護者の海外勤務に伴って海外に在住し、在住期間が 1 年以上、帰国後 3 年以内の者
(3) 保護者が同時に帰国しない場合は、その代理人として、志願者と同居することができる身元保証人がいること
※受験資格についての相談は常時受け付けている

●出願書類

・入学願書（本学所定）・受験票・面接票・海外における学校の成績証明書（日本人学校の場合は調査書）またはこれに代わるもの（最終学校等で発行するもの）・海外在留証明書・単身帰国の場合は帰国に関する申告書および身元保証人承諾書・帰国子女身上書

●日程等

区分	募集	出願	試験	発表	選考方法
A	100	未定	1/23	1/24	適性検査 国・数・英、面接
B					
C	90	未定	2/10・11	2/12	学力考査 国・数・英、面接

※ A：単願推薦、 B：都外併願推薦（神奈川県生除く）、
C：一般入試
※一般入試では帰国生は別基準で判定、郁文館グローバル高校を併願可能

●応募状況

年度＼人数	募集人員	出願者	受験者	合格者	入学者
2019	若干名	3	3	3	0
2020	若干名	–	–	–	1

編入学

●編入学時期・定員〔1 年生〕9 月〔2 年生〕4、9 月〔3 年生〕4 月。若干名

●出願資格・条件・出願書類・選考方法　入学に準ずる

● 2019 年度帰国子女編入学者数

1 年	0	2 年	0	3 年	0

受入後

●特色　早期適応を促すため、混合受入れ方式を採用している。日本語能力に不安のある生徒のために補習を用意している。また、英語力維持対策のため、英検講座や TOEIC/TOEFL 講座を用意している。また、2010 年度より共学となった。

●卒業生（帰国生徒）の進路状況　全員が 4 年制大学を目指している。

私立　共学　寮

▷▷ 中 131P

受入開始　1979 年度

郁文館グローバル高等学校

（いくぶんかん）

（担当：平岸敬吾）
〒113-0023
東京都文京区向丘 2-19-1
▶▶（地下鉄千代田線千駄木駅、南北線東大前駅）
TEL 03-3828-2206　FAX 03-3828-1261
URL http://www.ikubunkan.ed.jp

生徒数　男 146　女 165　合計 311

帰国子女在籍者数	1 年	2 年	3 年	計
	0	2	1	3

入学

●出願資格・条件

(1) ① 2021 年 3 月末日までに、中学校を卒業見込みの男子・女子
② 2021 年 3 月末日までに、外国において学校教育における 9 カ年の課程を修了した者、または修了見込みの者
(2) 保護者の海外勤務に伴って海外に在住し、在住期間が 1 年以上、帰国後 3 年以内の者
(3) 保護者が同時に帰国しない場合は、その代理人として、志願者と同居することができる身元保証人がいること
※受験資格についての相談は常時受け付けている

●出願書類

入学願書・受験票・面接票・海外在留証明書・海外における最終学校の成績証明書またはこれに代わるもの（最終学校等で発行するもの）・帰国に関する申告書および身元保証人承諾書（単身帰国者のみ）・帰国子女身上書

●日程等

区分	募集	出願	試験	発表	選考方法
A	50 （推薦 25）	未定	1/23	1/24	適性検査 国・英・数、面接
B					
C		未定	2/10・11	2/12	入学考査 国・英・数、面接

※ A：単願推薦、 B：都外併願推薦（神奈川県生除く）、 C：一般入試
※一般入試では帰国生は別基準（得点、在外期間、在学校など）で判定

●応募状況

年度＼人数	募集人員	出願者	受験者	合格者	入学者
2019	若干名	1	1	0	0
2020	若干名	–	–	–	0

受入後

●特色　11 カ月間のニュージーランドもしくはカナダ留学を高校 1 年の 3 学期から高校 2 年の 2 学期の期間で実施。現地での単位を認定する為、留年や休学することなく、3 年へ進級が可能となる。また、2010 年度より共学となった。

●教育方針　豊かで調和のとれた国際感覚を身につけて、創造性に富んだ個性ある国際社会人になることを目標とする。帰国生には特に個人指導の徹底を図る。

▷▷ 中 132P

受入開始　1991 年度

京華高等学校

けいか

〒 112-8612　（担当：永見利幸）
東京都文京区白山 5-6-6
▶▶（都営地下鉄三田線白山駅）
TEL 03-3946-4451　FAX 03-3946-7219
URL https://www.keika.ed.jp/
生徒数　男 815　合計 815

帰国子女在籍者数	1 年	2 年	3 年	計
	0	2	3	5

入学

●**出願資格・条件**
・保護者の海外在留に伴って外国で教育を受けた者で、外国における滞在期間が原則として継続 1 年以上、帰国後 2 年以内の者で、国内の中学校第 3 学年に在籍している者
・日本人学校・現地校・国際学校に在籍している者（国籍は問わない）

●**出願書類**
・入学願書一式（本校所定のもの）・海外における最終学校の成績証明書（原則として厳封してあるもの）・海外生活証明書（本校所定）・海外生活の記録（本校所定）

●**日程等**

区分	募集	出願	試験	発表	選考方法
特別	10	12/1～12/10	12/11	12/11	国数または英数、面接（本人および保護者）
1 回	若干名	1/25～2/8	2/10	2/10	国・数・英、面接（本人および保護者）
2 回		1/25～2/11	2/13	2/13	

※資格確認のため、出願に際して必ず事前に相談が必要。
※入試問題は特別入試以外、一般入試と同じだが、合格基準において帰国生徒であることを配慮する

●**応募状況**

年度＼人数	募集人員	出願者	受験者	合格者	入学者
2019	15	12	10	9	2
2020	15	4	3	2	0

編入学

●**編入学時期・定員**〔1・2 年生〕6、11、3 月。各若干名
●**出願資格・条件・出願書類**　入学に準ずる
●**選考方法**　国・数・英、面接（本人・保護者）
※判定基準で配慮する

● **2019 年度帰国子女編入学者数**

1 年	0	2 年	0	3 年	0

受入後

●**指導**
入学後は一般生と同一クラスとなるため、一般の生徒と全く同じ扱いになるが、言語・学力などについて補習の必要がある場合には、課外で個別の指導を行う。ただし、高 1 では英・数で不振者の指名補習がある。各教科の到達度に応じ、適宜、個人的に補習を行う。

●**特色**
高 1 から「S 特進コース」「特進コース」「進学コース」の 3 コース制を導入し、国公立・私立のいずれにもより一層、対応できるように独自の効率的なカリキュラムを編成し、指導の徹底をはかっている。

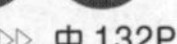

▷▷ 中 132P

京華女子高等学校

けいかじょし

〒 112-8613　（担当：塩谷耕、岡田一顕）
東京都文京区白山 5-13-5
▶▶（都営地下鉄三田線千石駅、東京メトロ南北線本駒込駅）
TEL 03-3946-4434　FAX 03-3946-4315
URL https://www.keika-g.ed.jp
生徒数　女 463　合計 463

帰国子女在籍者数	1 年	2 年	3 年	計
	0	2	0	2

入学

●**出願資格・条件**
・保護者の海外在留に伴って外国で教育を受け、外国における滞在期間が原則として、継続 1 年以上、帰国後 2 年以内の女子
・日本人学校・現地校・国際学校の当該学年に在籍している女子。または帰国して国内の中学校第 3 学年に在籍している女子
・国籍は問わない
※資格確認のため、出願に際しては、事前連絡・面接が必要

●**出願書類**
・入学願書一式（本学所定）・海外における最終学校の成績証明書またはこれに代わるもの・海外在留証明書（本校所定）・海外生活の記録（本校所定）

●**日程等**

募集	出願	試験	発表	選考方法
若干名	12/1 ～ 9	12/11	12/11	国・数・英、面接
	1/25 ～ 2/8	2/10	2/10	国・数・英、面接

※ 面接は受験生のみ。口頭試問を含む

●**応募状況**

年度＼人数	募集人員	出願者	受験者	合格者	入学者
2019	5 名	4	4	4	2
2020	5 名＋若干名	1	1	1	0

編入学

●**編入学時期・定員**〔1 年生〕9、1 月〔2 年生〕4、9、1 月〔3 年生〕4 月。若干名
※帰国日程に合わせて相談により随時
●**出願資格・条件・出願書類・選考方法**　入学に準ずる

● **2019 年度帰国子女編入学者数**

1 年	0	2 年	0	3 年	0

受入後

●**指導・教育方針**
入学後は一般生徒と同じクラスで授業を受ける。必要な場合には個別に指導する。ただし、特進クラスの編入は特に選考したうえで判定する。

●**特色**
一人ひとりの個性を最大限に伸ばすきめ細かな指導により、大学現役合格をめざす。特進クラスと進学クラスがあり、2 年次・3 年次では選択科目を多く取り入れ、多様な進学志望に対応できるカリキュラムを編成している。

▷▷ 中 133P

受入開始　2017 年度

駒込高等学校

こまごめ

〒113-0022　（担当：角田 淳）
東京都文京区千駄木 5-6-25
▶▶（千代田線千駄木駅、都営三田線白山駅、南北線本駒込駅）
TEL 03-3828-4141　FAX 03-3824-5685
URL https://www.komagome.ed.jp/
生徒数　男 656　女 655　合計 1311

帰国子女在籍者数	1年	2年	3年	計
	2	2	1	5

入 学

●出願資格・条件　・海外における在住期間が 1 年以上で、帰国後 3 年以内・日本または外国において通算 9 ヵ年の学校教育を修了、または修了見込みの者・日本語によって他者とコミュニケーションをとることができる者・入学後は保護者と同居できること
※その他のケースは要相談

●出願書類
・入学願書・海外在留証明書
・調査書または成績証明書・生徒略歴書

●日程等

区分	募集	出願	試験	発表	選考方法
A	若干名	11/30~12/8	12/10	12/10	作文･数学、面接
B	募集枠 120 名に含む	1/25～2/9	2/11	2/11	作文･数学、面接

A：帰国生入試　B：一般入試
※ S コースで募集、判定時に優遇制度あり

編 入 学

欠員がある場合のみ

受 入 後

●指導　入学後は、一般生徒と同じクラスに受け入れ指導する。必要に応じて補習など個別にサポートする。
●教育方針　駒込学園は、伝教大師・最澄の「国宝とはなにものぞ。一隅を照らす、これすなわち国宝なり」という言葉を建学の精神として、330 余年の伝統を守り続けている。私たちは宇宙からみると、点のような小さなところ (一隅）で生きている。たとえ、小さくてもいい、今こそ、私たち一人ひとりがこの一隅でお互いが、かけがえのない貴い存在であることを認め合い、さらなる向上心をもって生きていく " 一隅を照らす光り輝く人間 " になるべきときである。私たちは、このように考え、人間としてのあるべき姿を求め続けている。
●特色　将来に向けて進路を高くイメージして、志望する大学合格を目指す高校時代に、具体的な目標の下、コース別に密度の高い授業を行い、更に補習、講習、学習合宿などを用意。ICT 教育の充実を図るために、Wi-Fi 環境、電子黒板、そしてタブレット端末の配備を進めている。生徒一人ひとりがいつでもどこでも主体的に興味をもって学習ができる環境が整っている。英語では、ネイティブ教員とのティームティーチングによるイマージョン講座を設定しており、マルタ島やニュージーランドまたはオーストラリアへの中長期留学制度もある。

私立　共学

受入開始　1968 年度

昭和第一高等学校

しょうわだいいち

〒113-0033　（担当：藤田好孝）
東京都文京区本郷 1-2-15
▶▶（JR･都営地下鉄三田線水道橋駅、丸ノ内線後楽園駅、本郷三丁目駅）
TEL 03-3811-0636　FAX 03-3814-7985
URL https://www.sdh.ed.jp/
生徒数　男 512　女 452　合計 964

帰国子女在籍者数	1年	2年	3年	計
	0	0	2	2

入 学

●出願資格・条件
・日本国籍を有する者で保護者の海外勤務に伴って外国に 1 年以上滞在した者
・推薦入学の対象校は日本人学校、現地校

●出願書類
・入学願書一式（本学所定のもの）・海外における学校の成績証明書 (日本人学校の場合は調査書)・在学証明書または在籍証明書)

●日程等

区分	募集	出願	試験	発表	選考方法
一般Ⅰ	若干名	1/25 ～ 2/8	2/10	2/11	英・国・数、面接（本人のみ)、書類審査
一般Ⅱ		1/25～2/15	2/17	2/18	
一般Ⅲ		1/25 ～ 3/6	3/7	3/7	

※ 帰国生徒の受験生に対しては十分な配慮をする

●応募状況

年度＼人数	募集人員	出願者	受験者	合格者	入学者
2019	若干名	0	0	0	0
2020	若干名	0	0	0	0

編 入 学

●編入学時期・定員　7、12、3 月に若干名
随時お問い合わせください
●出願資格・条件・出願書類　入学に準ずる
●出願書類　入学の提出書類に海外における学校の在学証明書、転勤証明書を加える

● 2019 年度帰国子女編入学者数

1年	0	2年	0	3年	0

受 入 後

●指導・教育方針・特色
(1) 米国アイオワ州の名門大学ヴェナ・ヴィスタ大学との教育提携も 36 年目をむかえる。英語科と共同開設のヴェナ・ヴィスタ夏期英語セミナーには、約 1,000 名の生徒が参加している。
(2) 豪州人教師を採用し、生きた国際理解教育を行っている。帰国生徒に対する外国人教師による語学指導も実施している。

受入開始　1978 年度

筑波大学附属高等学校
（つくばだいがくふぞく）

〒112-0012　（担当：帰国生担当）
東京都文京区大塚 1-9-1
▶▶（東京メトロ有楽町線護国寺駅、丸ノ内線茗荷谷駅）
TEL 03-3941-7176　FAX 03-3943-0848
URL http://www.high-s.tsukuba.ac.jp
生徒数　男 373　女 351　合計 724

帰国子女在籍者数	1年	2年	3年	計
	6	2	3	11

入学

●出願資格・条件　次の 1 から 6 の条件をすべて満たす者。
1. 平成 18 (2006) 年 4 月 1 日までに出生した者。
2. 出願時に高等学校，中等教育学校，高等専門学校，または特別支援学校高等部を卒業していない者。
3. 出願時に日本国内の高等学校，中等教育学校後期課程，高等専門学校，または特別支援学校高等部に在籍していない者。
4. 日本の中学校の学齢期に相当する年間のうち，海外に引き続き 2 年以上滞在〔注〕して教育を受けている者。

〔注〕「海外に引き続き 2 年以上滞在」したことになる者とは，次の条件を満たしている者も含む。
（今回の海外滞在は 1 年以上 2 年未満であっても，それ以前の小学校・中学校時に，海外日本人学校または海外現地校に在学していた期間の 2 分の 1 を今回の滞在期間に加えると，合計 2 年以上になる者。）

5. 以下のアからエのいずれかに該当する者。
   - ア 海外日本人学校中学部を令和 3 (2021) 年 3 月に修了見込みの者。
   - イ 海外現地校の課程（9 か年の学校教育課程）を修了し，令和 2 (2020) 年 4 月 1 日以降に帰国した者。
   - ウ 海外日本人学校に帰国時まで在籍し，令和 2 (2020) 年 6 月 1 日以降に帰国，日本国内の中学校を令和 3 (2021) 年 3 月に卒業見込みの者。
   - エ 海外現地校の課程（9 か年の学校教育課程）を修了せずに，令和 2 (2020) 年 6 月 1 日以降に帰国し，日本国内の中学校を令和 3 (2021) 年 3 月に卒業見込みの者。
6. 保護者と同居し，そこから通学できる者。

※新型コロナ感染症が理由で早期帰国し、条件を満たさない場合は、個別にご相談ください。

●出願資格の事前確認　出願前に出願資格の事前確認（11 月初旬）が必要です。なお、この事前確認をしなかった場合には、「海外帰国枠」での出願を受理しません。詳細は本校 Web サイトをご参照ください。

●出願書類　・受検票（控）・成績に関する証明書・申告書（該当者のみ：疾病その他，学力検査当日のために本校が知っておいた方がよいと思われることがある場合に提出。）
※詳細は募集要項をご確認ください

●日程等

募集	Web 出願	試験	発表	選考方法
※	1/8～14	2/13	2/16	国・数・英・理・社 提出書類

※ 2021 年度から「日本人学校」「海外現地校」を分けず、「海外帰国枠」として合計 3 名程度に変更いたします。
※英はリスニングを含む

●応募状況

年度＼人数	募集人員	出願者	受験者	合格者	入学者
2019	約 6	14	4	3	2
2020	約 6	19	16	6	6

受入後

●指導　各クラス 1 ～ 2 名の帰国子女が在籍し、全教員が協力体制をとっている。特別扱いはしないようにしている。
●卒業生（帰国生徒）の進路状況
有名国立・私立大学へ進学している。

私立　共学　寮

受入開始　2015 年度

東京音楽大学付属高等学校
（とうきょうおんがくだいがくふぞく）

〒171-8540　（担当：川上裕美子）
東京都豊島区南池袋 3-4-5
▶▶（東京メトロ副都心線雑司が谷駅）
TEL 03-3988-6214　FAX 03-3982-9273
URL http://www.tcm-koko.ed.jp
生徒数　男 48　女 202　合計 250

帰国子女在籍者数	1年	2年	3年	計
	1	0	2	3

入学

●出願資格・条件　保護者の勤務等に伴い海外の教育機関に 1 年以上通学し、帰国後 18 ヶ月以内の者。詳細は事前に問い合わせのこと
●出願書類　海外帰国子女特別入学試験要項及び一般入学試験要項を参照のこと。出身校の事情により提出できない書類等がある場合は事前に問い合わせのこと
問い合わせ先：東京音楽大学付属高等学校入試係
TEL 03-3988-6214

●日程等

区分	募集人員	出願	試験	発表	選考方法
帰国特別	若干	10/12～23	11/29	11/29	専攻実技、楽典、聴音、面接（受験生・保護者）
推薦	10	1/15～16	1/22	1/23	専攻実技、面接(受験生・保護者)
一般	60	1/25～2/4	2/10・11	2/12	※

※帰国特別はピアノ演奏家コース特別特待奨学生を除く全専攻対象
※英語、国語または数学、楽典、聴音、コールユーブンゲン、専攻実技、副科ピアノ（声楽・作曲専攻者のみ）、面接（受験生・保護者）。音楽総合コースは英語、国語、数学、楽典、聴音またはコールユーブンゲン、実技、面接（受験生・保護者）
※推薦・一般共に帰国子女枠は設けてないが、帰国子女で各々の出願資格を満たす者は出願できる

●応募状況

年度＼人数	募集人員	出願者	受験者	合格者	入学者
2019	若干名	0	0	0	0
2020	若干名	1	1	1	1

編入学

●編入学時期・定員　〔1 年生〕4 ～ 7、10 月〔2 年生〕4、10 月。若干名。3 年生は要相談
●出願資格・条件・出願書類　一般入試に準ずる
●選考方法　一般入試の試験科目に準ずるが、書類審査により科目を減ずる場合がある。

● 2019 年度帰国子女編入学者数

1年	2年	3年
0	0	0

受入後

●指導　学習面と技術面については、一人ひとりの能力や経験に基づき、各々に必要かつ適切な個別指導を実施し、実力向上を支援する。生活面及び精神面については、クラスアドヴァイザー（担任）や生徒相談担当（カウンセラー）がきめ細やかなケアを行う。
●教育方針　生徒一人ひとりが、日々感動と成就感に満たされる学校を目指し、個性の伸長、技能の練磨、秩序規律を尊重する心と敬愛の精神の育成を柱に人格の陶冶を図る。
●特色　高校・大学 7 年間の音楽一貫教育。大学の教授・講師陣によるレッスンと音楽専門科目授業。アンサンブル授業の充実ときめ細やかな実践指導。招聘音楽家・専門家による様々な講座の開設。グレード別少人数制による音楽専門科目や語学授業。幅広い一般教養と国際感覚を身につけた社会人の育成。
●進学特例条件　3 年春学期実技試験と 3 年春学期までの成績により、東京音楽大学に推薦で入学できる。
●卒業生（帰国生徒）の進路状況　東京音楽大学

私立 男子

▷▷ 中 133P 大 564 646P

受入開始　1986 年度

獨協高等学校

（担当：坂東広明）

〒112-0014
東京都文京区関口 3-8-1
▶▶（JR 山手線目白駅、地下鉄有楽町線護国寺駅・江戸川橋駅）
TEL 03-3943-3651　FAX 03-3943-9119
URL https://www.dokkyo.ed.jp

生徒数　男 578　合計 578

帰国子女在籍者数	1 年	2 年	3 年	計
	1	1	0	2

編入学

●編入学時期・定員　〔1 年生〕9 月〔2 年生〕4、9 月。欠員がある場合

●出願資格・条件　(1) 保護者の海外在留のため、本人が1年以上海外に在留し、現地校または現地の日本人学校等に通学していた者
(2) 帰国後 6 カ月以内の者

●出願書類
・入学願書
・転学照会
・在学証明書
・成績証明書
・一家転住の理由が分かるもの

●選考方法　国語・数学・英語、面接
※入試では国語・数学・英語のバランスのとれた基礎学力の判定に重点を置いている

● 2019 年度帰国子女編入学者数

1 年	0	2 年	0	3 年	0

受入後

●指導
学力向上のために課外授業、講習などを課すこともあるが、一般生と同じ指導をしている。

●進学特例条件
推薦基準 (3 年間の成績、学習態度等) を満たしていれば、獨協大学の推薦試験を受験できる。受験者は原則として入学を許可される。

●卒業生（帰国生徒）の進路状況
慶應義塾大、上智大、立教大、青山学院大 等に進学している

私立 女子

▷▷ 中 134P 大 590P

受入開始　2010 年度

文京学院大学女子高等学校

（担当：高石和人）

〒113-8667
東京都文京区本駒込 6-18-3
▶▶（JR 山手線・三田線巣鴨駅、JR 山手線・南北線駒込駅）
TEL 03-3946-5301　FAX 03-3946-7294
URL http://bgu.ac.jp

生徒数　女 599　合計 599

帰国子女在籍者数	1 年	2 年	3 年	計
	2	2	4	8

入学

●出願資格・条件
・保護者の海外在留に伴って外国で教育を受けた者で、日本の中学校またはこれに準ずる外国における学校を卒業見込みの者・海外生活 1 年以上、帰国後 3 年以内の者
※受験前に学校説明、事前面談を行う

●出願書類　・入学願書（本校所定のもの）・成績証明書（調査書）・海外在留証明書

●日程等

区分	募集	出願	試験	発表	選考方法
A	特に定めず	11/27～30	12/1	12/1	作文（日本語）、面接、英語（国際教養）・数学（理数キャリア）・英語または数学（スポーツ科学）
		11/27～1/6	1/7	1/7	
B		1/15～22	1/23	1/25	国語・英語・数学、面接
		1/25～2/10	2/11	2/12	

※ A 方式は文京学院を第 1 志望とする受験生を対象とする。TOEFL(PBT400 点以上、CBT130 点以上、iBT45 点以上) 取得者（得点は目安）、英検 2 級以上取得者は英語の学科試験を免除
※ B 方式は一般の受験生と同じ日、同じ要領で入試を行うが、帰国子女であることを考慮し、得点を優遇。併願校の合格発表日の翌日まで手続き延期を認める
※入試日程については帰国日等により応相談

●応募状況

年度＼人数	募集人員	出願者	受験者	合格者	入学者
2019	特に定めず	3	2	2	2
2020	特に定めず	4	4	4	2

編入学

●編入学時期・定員　〔1・2 年生〕9 月〔新 2・3 年生〕4 月
定員は特に定めず〔編入学試験日〕9 月編入：2020.7/4、4 月編入：2021.3/9

●出願資格・条件・出願書類　入学に準ずる

●選考方法　国際教養コース：〔1 年生〕国語・数学・英語、面接〔2 年生〕国語・英語、面接（英語面接あり）
理数キャリアコース：〔1・2 年生〕国語・数学・英語・化学・生物
スポーツ科学コース：〔1 年生〕国語・数学・英語、面接〔2 年生〕国語・英語、面接（日本語）
＊ TOEFL（PBT 400 点以上、CBT 130 点以上、iBT 45 点以上）取得者（得点は目安）、英検 2 級以上取得者は英語の学科試験を免除する。

● 2019 年度帰国子女編入学者数

1 年	0	2 年	0	3 年	0

受入後

●指導　国際塾で英語力を維持、向上できるように指導。国際塾は英語運用能力を高めるための学習指導、進路指導を行う独自の取り組み（国際教養を希望し、英語検定準 1 級程度の場合は取り出し授業の対象者となる場合がある）。

●進学特例条件　文京学院大学には一定成績以上の者は優先入学制度を利用できる。

私立 共学

受入開始 2021年度

広尾学園小石川高等学校

(ひろおがくえんこいしかわ)

(2021年度より校名変更し新規開校 旧 村田女子高等学校)

〒113-8665 (担当：奥田克己)
東京都文京区本駒込2-29-1
▶▶(都営三田線千石駅、JR山手線・東京メトロ駒込駅)
TEL 03-5940-4187 FAX 03-5940-4466
URL https://hiroo-koishikawa.ed.jp/
生徒数 男－ 女－ 合計－

帰国子女在籍者数	1年	2年	3年	計
	－	－	－	－

入学

●**出願資格・条件**
①2005年4月2日～2006年4月1日に生まれた者
②原則、海外在住経験が1年以上あり、帰国後3年以内であること
③英検2級以上、または、同等以上の英語力を有する者（インターAGのみ）

●**出願書類**
①現在在籍している学校の最新1年間の成績表（英語または日本語での記述）
②海外在学最終1年間の成績表（ただし、①と同じもしくは、海外経験が無い場合は提出不要）
③国際生履歴データ（Education History）
④（任意）TOEFLスコア表、英検合格証、地域統一試験結果、優等生表彰などのコピー

●**日程等**

区分	募集	出願	試験	発表	選考方法
AG①	10	10/12～23	11/3	11/4	英・数・国、面接
AG②		11/24～12/4	12/14	12/16	
本科・SG	若干名		12/15		

※AG：インターナショナルコースAG（アドバンストグループ）
　SG：インターナショナルコースSG（スタンダードグループ）

編入学

●**編入学時期・定員** 高1のみ。7月・12月（予定）
●**選考方法** 筆記

受入後

広尾学園と同等同質の教育を目指す。
本科コースとインターナショナルコース。
インターナショナルコースは更に各専門分野の外国人教員が英語で授業を行うアドバンストグループ（AG）と、入学してから英語力を伸ばしていくスタンダードグループ（SG）が融合してクラスを編成。

私立 女子

▷▷大590 607P

慶應義塾女子高等学校

(けいおうぎじゅくじょし)

〒108-0073 (担当：事務室入試担当)
東京都港区三田2-17-23
▶▶(JR山手線・京浜東北線田町駅、地下鉄三田駅・白金高輪駅)
TEL 03-5427-1674 FAX 03-5427-1675
URL https://www.gshs.keio.ac.jp/
生徒数 女611 合計611

帰国生在籍者数	1年	2年	3年	計
	16	12	16	44

入学

●**出願資格・条件**
次の条件をすべて満たしている者
・2021.3.31までに、国の内外を問わず学校教育における9年の課程を修了または修了見込みの者。ただし、「9年の課程」とは、我が国の義務教育の課程に相当するものであること。なお、中学校卒業までに少なくとも9年間の教育課程を必要とする国において、成績優秀者等が「飛び級」によって、通算教育年数が9年未満で卒業した者も含む
・国外において中学校またはそれに相当する学校に帰国時まで引き続き20ヶ月以上在籍した者
・2020年3月1日から2021年3月末までの間に帰国する者
※帰国生の出願資格を有する者は、一般の出願資格もあるのでいずれかを選択して出願すること

●**出願書類**
・入学志願書、整理票・その他の票、「学習成績一覧表」の評定人数分布票、入学志願者調査書（日本人学校および帰国後国内の中学校に在籍した者）、健康調査書、School Report（日本人学校以外の海外の中学校在籍者）
※「School Report」は、帰国時まで引き続き20ヶ月以上の在籍が、転校等の理由で複数の学校に分かれる者は、20ヶ月に相当する期間のそれぞれの学校長が記入したものを合わせて提出すること

●**日程等**

募集	出願	試験	発表	選考方法
若干名	12/1～1/11	2/10	2/12	国語・数学・英語、作文

●**応募状況**

年度＼人数	募集人員	出願者	受験者	合格者	入学者
2019	若干名	62	56	22	12
2020	若干名	54	51	20	16

受入後

●**指導・教育方針・特色**
帰国子女のためのカリキュラム、クラス編成、補習授業等については特別の配慮は一切しない。一般の入学者と同じ条件で教育するが、選択科目の中に英語の上級者用の科目も用意している。※編入は一切行わない。

▷▷ 中 134P

しょうえいじょしがくいん
頌栄女子学院高等学校

〒108-0071　（担当：亀村英俊、湯原和則）
東京都港区白金台 2-26-5
▶▶（都営地下鉄浅草線高輪台駅）
TEL 03-3441-2005
URL http://www.shoei.ed.jp
生徒数　女 633　合計 633

帰国子女在籍者数	1年	2年	3年	計
	47	47	39	133

編入学

●編入学時期・定員　〔1～3年生〕4、9月。欠員がある場合のみ

●出願資格・条件　海外の英語圏の現地校または非英語圏のブリティッシュスクール・アメリカンスクール等に2年以上在学した者に限る。また、帰国後3年以内である者。入学後保護者のもとから通学可能な者

●出願書類
・入学願書一式
・海外における出身校の成績証明書（過去2年分）
・海外在留証明書

●選考方法
・英語・数学・国語の試験（一般生と同じ）のほかに英語の試験（外国人教師によるインタビュー）を行って合否を決定する
・保護者同伴面接（日本語）

● 2019年度帰国子女編入学者数

1年	0	2年	0	3年	0

受入後

●指導
6年一貫教育を通じ、上級学校への進学を目指すべく努力する。また海外で得た良きものについて自信を持って進むべく指導する。

●進学特例条件
併設の英国学校法人ウィンチェスター頌栄カレッジに優先入学ができる。キリスト教学校教育同盟の大学への推薦入学（指定校）制度もある。

●卒業生（帰国生徒）の進路状況
2020年春（帰国生50名）：東京大2、一橋大2、慶應義塾大12、上智大3、早稲田大18ほか

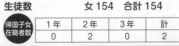

▷▷ 中 136P

私立 女子

受入開始　2018年度

とうきょうじょしがくえん
東京女子学園高等学校

〒108-0014　（担当：立原寿亮、村田英二）
東京都港区芝 4-1-30
▶▶（JR山手線・京浜東北線 田町駅、都営三田線・浅草線 三田駅）
TEL 03-3451-0912　FAX 03-3451-0902
URL https://www.tokyo-joshi.ac.jp/
生徒数　女 154　合計 154

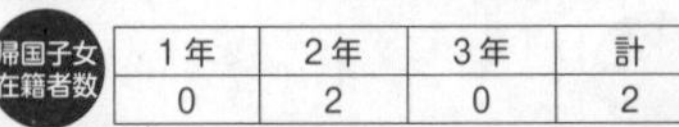

帰国子女在籍者数	1年	2年	3年	計
	0	2	0	2

入学

●出願資格・条件
① 2021年3月中学校を卒業する見込みの女子で、原則として保護者のもとから通学できる者
②原則として、1年以上海外に滞在し、帰国後3年以内の者（要相談）
③保護者の海外在留に伴って外国で教育を受けた者で、日本の中学校またはこれに準ずる外国における学校を卒業見込みの者
※国内のインターナショナルスクールに在籍の方はご相談に応じます

●出願書類　①入学願書②調査書または成績が証明できるものの写し

●日程等

区分	募集	出願	試験	選考方法
第1回	若干名	11/9～19	11/22	エッセイ（4つのテーマから1つ選択、日本語英語どちらでも可）＋受験生・保護者面接
第2回	若干名	11/24～12/2	12/4	
第3回	若干名	12/21～1/6	1/8	
第4回	若干名	1/25～2/8	2/10	
第5回	若干名	1/25～2/8	2/11	

●応募状況

年度＼人数	募集人員	出願者	受験者	合格者	入学者
2019	若干名	2	2	2	2
2020	若干名	0	0	0	0

編入学

●編入学時期・定員　〔1～2年生〕随時

●出願資格・条件
①高校1年生・2年生で、原則として保護者のもとから通学できる者
②原則として、1年以上海外に滞在し、帰国後3年以内の者（要相談）
③保護者の海外在留に伴って外国で教育を受けた者で、日本の中学校またはこれに準ずる外国における学校を卒業見込みの者
※国内のインターナショナルスクールに在籍の方はご相談に応じます。

●出願書類
①入学願書
②調査書または成績が証明できるものの写し

●選考方法　エッセイ（4つのテーマから1つ選択、日本語英語どちらでも可）＋受験生・保護者面接
※海外受験の場合のみ、オンライン受験可

● 2019年度帰国子女編入学者数

1年	0	2年	0	3年	0

受入後

●指導　語学力をさらに向上させるため、英語授業は取り出しで対応する。（オールイングリッシュ）苦手科目は個別にサポート

●教育方針　世界とつながる人の育成
どのような時代においても、自分を肯定し、前向きに歩むことの出来る知識と思考力、コミュニケーション能力を養成します。

●特色
・海外研修制度を多く取り入れ、語学力だけでなく異文化理解を深めて多様性を身に付ける。
・座学で知識を得るだけでなく、地域や企業と連携し、将来のビジョンに必要な能力を養成する。
・国内外への大学進学のサポート（海外大学指定校推薦70校用意）

私立 女子

▷▷ 中 136P

東洋英和女学院高等部

とうようえいわじょがくいん

（担当：北崎勝彦）
〒106-8507
東京都港区六本木 5-14-40
▶▶（都営大江戸線・東京メトロ南北線麻布十番駅、東京メトロ日比谷線六本木駅）
TEL 03-3583-0696 FAX 03-3587-0597
URL https://www.toyoeiwa.ac.jp

生徒数 女 547 合計 547

帰国子女在籍者数	1年	2年	3年	計
	4	6	5	15

編入学

●**編入学時期・定員**〔1年生〕欠員時。随時。

●**出願資格・条件**
・募集に該当する学年で、保護者の転勤に伴って海外から帰国し、編入学を希望する者。
・年間を通して8:00までに登校できる者。
・保護者のもとから通学できる者。

●**出願書類**
・事前に本校事務室に電話またはメールで出願資格等をご確認ください。
・受験を認められた場合には、出願書類を郵送あるいはメールに添付し送ります。

●**選考方法** 英語・国語・数学・面接（保護者同伴）

●**2019年度帰国子女編入学者数**

1年	1	2年		3年	

受入後

●**指導** 制度としてはないが個別に実施している。

●**進学特例条件** 特になし。

私立 共学

▷▷ 中 137P

受入開始 1973 年度

広尾学園高等学校

ひろおがくえん

（担当：岩崎、島本）
〒106-0047
東京都港区南麻布 5-1-14
▶▶（東京メトロ日比谷線広尾駅）
TEL 03-3444-7272 FAX 03-3444-7192
URL http://www.hiroogakuen.ed.jp

生徒数 男 390 女 484 合計 874

帰国子女在籍者数	1年	2年	3年	計
	－	－	－	約100

入学

●**出願資格・条件**
・2005.4.2 ～ 2006.4.1 に生まれ、原則在外経験1年以上、帰国後3年以内の生徒（インターナショナルコースは英検2級相当以上あるいは他試験で同等以上の英語力を有する者）。国内インターナショナルスクールに在学する生徒、外国籍の生徒、その他ご相談ください。
※上記の基準に達しない場合も、一般入試への出願は可能
※中学1年から高校3年までの6年間で最大3回まで受験が可能

●**出願書類**
・入学願書・在外最終1年間分在籍した学校の成績表＋現在在籍している学校の最新1年間の成績表、または海外経験がない場合は在籍している学校の成績表（成績証明書、通知表など）
・国際生履歴データ・TOEFL スコア、英検合格証 、地域統一試験結果、優等生表彰状など（任意）

●**日程等**

募集定員	出願	試験	発表	選考方法
インター他若干名	11/24～12/4	インター 12/17 他 12/18	12/19	英語・数学・国語（インターナショナルコースは国語以外全て英語)、面接（英語・日本語)

※医サイは英・数・国、面接（すべて日本語）

●**応募状況**

年度 \ 人数	募集人員	出願者	受験者	合格者	入学者
2019 インター	若干名	46	38	16	10
2020 インター	若干名	47	40	16	6

編入学

●**編入学時期・定員**〔1年生〕9、1月〔2年生〕4、9、1月〔3年生〕4、9月。若干名

●**出願資格・条件・出願書類** 在外1年、帰国後1年以内

●**2019年度帰国子女編入学者数**

1年	－	2年	－	3年	－

受入後

●**指導** インターナショナルコースは英文学、数学、理科を英語で学び、社会は英語・日本語併用で学ぶ。国語、体育などの実技科目は本科、医進・サイエンスコースとの合同授業も含め日本語で学び、英語と日本語をバランスよく学ぶことができる。海外大学進学のための TOEFL、SAT、AP 等の対策も行っている。

●**特色** 国際生ならではの柔軟性と想像力を伸ばし、主体性を育んでいる。海外経験豊富な教員が多い。諸外国の大使館や施設・宿舎などが並ぶ国際色豊かな環境。閑静な住宅街にありながら、交通至便。理系学部への進学にも対応。

●**卒業生（帰国生徒）の進路状況** 慶應義塾大、早稲田大、国際基督教大、上智大、中央大、法政大、明治大、立教大、立命館大、立命館アジア太平洋大、Stanford University、University of California, Berkeley、University of California, Los Angeles、Brown University、University of Pennsylvania、Boston University、Smith College、University of Michigan、New York University、University of Washington、Georgia Institute of Technology、King's College London、University College London、University of Edinburgh、University of Toronto、University of British Columbia、University of Melbourne、The Australian National University など

私立 女子

▷▷ 中 138P

受入開始　2019 年度

山脇学園高等学校
（やまわきがくえん）

（担当：教頭　加藤秀爾）

〒107-8371
東京都港区赤坂 4-10-36
▶▶（東京メトロ銀座線・丸ノ内線赤坂見附駅、千代田線赤坂駅）
TEL 03-3585-3911　FAX 03-3585-3922
URL http://www.yamawaki.ed.jp/
生徒数　女 756　合計 756

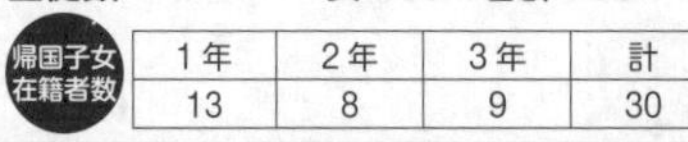

帰国子女在籍者数	1年	2年	3年	計
	13	8	9	30

編入学

●編入学時期・定員
〔1 年生〕9 月〔2 年生〕4、9 月。入学時期は相談に応じる。

●出願資格・条件
下記の①～③、および④か⑤の条件を満たしている女子
①海外在住 1 年以上であり、在籍している在外教育施設を退学後、編入を希望する者
②海外在住 1 年以上であり、在留国の学校（現地校、当該外国において正規の教育機関として認められているインターナショナルスクール等）に在籍し 9 学年（高 1 編入）、10 学年（高 2 編入）の課程を修了した者
※ 2021 年 4 月受け入れの場合、10 学年の課程（高 2 編入）の途中で編入を希望する者
③帰国・来日後に日本国内にある高等学校に在籍したことがない者
<高校 1 年生に編入希望の場合>
④ 2004 年 4 月 2 日から 2005 年 4 月 1 日生まれの女子
<高校 2 年生に編入希望の場合>
⑤（2020 年 9 月受け入れ）
2003 年 4 月 2 日から 2004 年 4 月 1 日生まれの女子
(2021 年 4 月受け入れ)
2004 年 4 月 2 日から 2005 年 4 月 1 日生まれの女子

●出願書類
①最終的に在籍している（いた）学校の在学（卒業）証明書 ②最終的に在籍している（いた）学校の成績証明書、もしくは成績通知書コピー（直近 1 年のもの）③本校規定の願書 ④志望理由書

●選考方法
①学科試験（英語・数学・国語）各 50 分
原則編入学希望学年・時期までの学習指導要領準拠のもので基本的な内容。ただし、本校は英数国について先取り授業をしていますので、まずはご相談ください。
② 作文（日本語）
③日本語による面接（保護者同伴）
※希望の段階で、面談と校内見学を実施

● 2019年度帰国子女編入学者数

1年	1	2年	0	3年	0

受入後

●指導
入学時（高 1）より英語は習熟度別授業。これ以外に TOEFL 対策講座などハイレベルな内容の特別講座あり。未習熟の科目については、放課後 19 時まで個別に立てた学習計画にしたがって自学自習を行い、質問もできる自習室「SSI」（セルフ・スタディ・アイランド）を利用してフォローが可能です。

●教育方針
欧米人女性と肩を並べる「高い教養とマナーを身につけた女性の育成」を建学の精神とし、アイランド教育（サイエンス・イングリッシュ・リベラルアーツ）を通して志を育てる教育を行っています。海外大学進学に力を入れており、年間 8 回以上に及ぶ「海外大学進学説明会」を行い、進学をサポートする専属教員を置いています。

●特色
ネイティブ教員が 7 名常駐している、英語コミュニケーションエリア「イングリッシュアイランド」を利用することで、様々なプログラムを通して英語力の保持・伸長をすることができます。

●卒業生（帰国生徒）の進路状況
文理選択は自由で、多様な系統に進学。過去 2 年間の進学先は、慶応・総合政策、早稲田・国際教養、明治・情報コミュニケーション、慶応・薬、東京理科・理・応用科学、芝浦工業・建築など。

●進学特例条件
アメリカボストン郊外にある "Lasell College" への特別推薦枠を持っている他、アメリカ・イギリス・オーストラリアの大学に指定校推薦枠を持っています。
国内の大学についても、上智、明治、青山学院、東京理科など多数の大学に指定校推薦枠があります。（2019 年度実績）

私立 女子

▷▷ 小 46P 中 138P 大 604P

受入開始　1996 年度

トキワ松学園高等学校
（まつがくえん）

（担当：教頭　今村和之）

〒152-0003
東京都目黒区碑文谷 4-17-16
▶▶（東急東横線都立大学駅）
TEL 03-3713-8161　FAX 03-3793-2562
URL https://tokiwamatsu.ac.jp
生徒数　女 360　合計 360

帰国子女在籍者数	1年	2年	3年	計
	0	1	1	2

入学

●出願資格・条件
・父母の海外勤務に伴い、1 年以上海外に在留し、2018. 4.1 以降に帰国した者
・2021 年 3 月に中学校卒業見込みの者

●出願書類
・入学願書（所定用紙）・成績証明書（通知表の写し可）
・海外在留証明書（保護者の勤務先の長が証明するもの）

●日程等

区分	募集	出願	試験	発表	選考方法
A	若干名	12/6～15	12/19	12/19	特進・進学： 国・英・数・本人面接 美術： 国・英・美術実技・本人面接 (または国・英・数・本人面接)
B		1/25～2/6	2/11	2/11	

※ A：1 回　B：2 回

●応募状況

年度＼人数	募集人員	出願者	受験者	合格者	入学者
2019	若干名	1	1	1	1
2020	若干名	1	1	1	0

編入学

●編入学時期・定員〔1 年生〕9、1 月〔2 年生〕4、9、1 月〔3 年生〕4 月。欠員がある場合、若干名

●出願資格・条件・出願書類・選考方法　入学に準ずる

● 2019 年度帰国子女編入学者数

1年	0	2年	1	3年	0

受入後

●指導
入学後の指導については一般の生徒と同じ扱いが原則。

●特色
①特進・進学・美術デザインの 3 コース制により、進路に直結した効果的なカリキュラムを編成。
②英語の「Global Studies」では、ネイティブ教員と世界で起こっている諸問題を英語で学び、調べ、プレゼンする力を養います。
③特別推薦制度で海外大学へスムーズに進学。
④希望者する帰国生にネイティブ教員が講座を開催。

●進学特例条件
美術デザインコースに所属し、出席状況を満たせば、併設の横浜美術大学へ希望者全員が推薦入学できる。

入 編

私立 共学

▷▷ 小 46P 中 139P

受入開始 1941 年度

啓明学園高等学校

〒196-0002 （担当：国際教育センター）
東京都昭島市拝島町 5-11-15
▶▶（八王子駅・拝島駅（スクールバス）、立川駅）
TEL 042-541-1003 FAX 042-546-5881
URL http://www.keimei.ac.jp
生徒数 男 234 女 166 合計 400

帰国子女在籍者数	1年	2年	3年	計
	25	45	41	111

入学

●出願資格・条件
1 年以上海外に滞在し、原則として帰国後 3 年以内の者、あるいは 1 年以上の海外在住の後、帰国する予定の者。

●出願書類
・入学願書・履歴データ・志望理由書・在籍学校からの推薦書（厳封）・海外在留証明書（以上本校指定のフォームに記入）・成績証明書または通知表の写し (3 年間分)・補習校の成績証明書または通知表の写し (3 年間分。補習校通学者のみ)・その他資格や表彰状など自己 PR できるもの

●日程等

募集	出願	試験	発表	選考方法
一般第1回と合わせて50	12/14 ～ 1/5	1/22	1/23 10：00 ～	①英語筆記試験、ライティング、日本語作文、面接(英) ②国・数・英 ③作文（日本語・外国語）、面接（外）

＊入試前にプレインタビューを実施（予約制）＊外国語試験は学習言語による作文＊選考は海外在住中の経験を考慮して判断
＊ 2 年以内に英検準 1 級を取得した者は、英語筆記試験免除（スコア要提出）

●応募状況

年度＼人数	募集人員	出願者	受験者	合格者	入学者
2019	一般入試第1回に含み男女あわせて50名	24	24	16	10
2020		15	15	12	8

編入学

●編入学時期・定員〔1 ～ 2 年生〕随時〔3 年生〕9 月まで
定員は特に定めず

●出願資格・条件・出願書類・選考方法 入学に準ずる

● 2019 年度帰国子女編入学者数

1年	4	2年	2	3年	1

受入後

●指導・教育方針・特色
ホームルームは一般生との混入方式。国数理社は取り出し授業を用意し、日本の教育へのソフトランディングを目指す。国際英語クラスは、欧米のテキストを使ったネイティブによるレベル別授業。外国語保持クラス（中、韓、西、仏、独）もあり。

●備考
随時編入実施。全校生徒の約 3 割が国際生（帰国子女・国内インター出身者・外国籍）。
2014 年に文科省よりスーパーグローバルスクールアソシエイト校に認定。ラウンドスクエア加盟校。
イギリスとアメリカの協定大学への学内推薦制度もあり。

入

私立 共学

▷▷ 中 139P 大 577P

受入開始 1979 年度

早稲田大学系属早稲田実業学校高等部

〒185-8505 （担当：教頭・教務部）
東京都国分寺市本町 1-2-1
▶▶（JR 中央線・西武線国分寺駅）
TEL 042-300-2121 FAX 042-300-1123
URL https://www.wasedajg.ed.jp
生徒数 男 831 女 431 合計 1262

帰国子女在籍者数	1年	2年	3年	計
	14	10	18	42

入学

●出願資格・条件
・海外勤務者の子女を対象とし、日本国籍を有する男女
・国の内外を問わず、通常の課程による 9 ヶ年の学校教育を 2020 年 3 月～ 2021 年 3 月までに修了または修了見込みの者で 2021.4.1 までに 15 歳に達する者
・海外滞在期間が継続して 1 年 9 ヶ月以上 3 年未満で 2020 年 1 月以降に帰国した者（予定者含む）
・海外滞在期間が継続して 3 年以上で 2019 年 1 月以降に帰国した者（予定者含む）

●出願書類
・入学願書一式（本校所定のもの）・海外における学校の成績証明書（日本人学校の場合は調査書）・帰国後国内の中学校に在籍した者はその調査書・海外滞在期間を証明する書類（保護者の所属機関の長の証明するもの）・海外滞在状況報告書（所定の用紙に保護者が記入）

●日程等

募集	出願	試験	発表	選考方法
10以内	1/25～28	2/10	2/12	国語・数学・英語

※選考は一般受験者と同一問題で、同一時に行うが、本校の内規（非公表）に従って考慮する

●応募状況

年度＼人数	募集人員	出願者	受験者	合格者	入学者
2019	10 以内	80	76	25	10
2020	10 以内	73	64	31	10

受入後

●指導
各クラスに均等になるように振り分け、他の生徒との交流をはかっている。教員の中には外国生活を経験している者もいるため帰国生のトラブルもほとんどない。

●進学特例条件
2019 年度卒業生のうち 97% が早稲田大へ推薦入学している。

●卒業生の進路状況
2019 年度卒業の推薦者数は、卒業生 398 名中、政治経済学部 65、法学部 33、文化構想学部 30、文学部 15、教育学部 48、商学部 55、基幹理工学部 21、創造理工学部 22、先進理工学部 21、社会科学部 50、人間科学部 6、スポーツ科学部 6、国際教養学部 15、合計 385 名であり、他大学に 11 名が進学している。

帰国子女の受け入れを主たる目的として日本で最初に設置された高等学校　受入開始　1978 年度

こくさいきりすときょうだいがく
国際基督教大学（ICU）高等学校

〒 184-8503
東京都小金井市東町 1-1-1
▶▶（JR 中央線武蔵境駅）
TEL 0422-33-3407（帰国生徒教育センター）
FAX 0422-33-3376 URL https://icu-h.ed.jp/

（担当：松坂 文）

生徒数　男 255　女 500　合計 755

帰国生徒在籍者数	1 年	2 年	3 年	計
	175	176	168	519

入学

●出願資格・条件

出願資格　2006.4.1 以前に生まれた者で以下のいずれかに該当。ただし、保護者の海外在留に伴って外国で教育を受けた者①外国の学校教育における 9 年の課程を修了した者②海外の全日制日本人学校中学校卒業者または 2021 年 3 月卒業見込者③日本国内の中学卒業者または 2021 年 3 月卒業見込者④本校で中学卒業者と同等以上の学力があると認められた者

※外国の学校出身者で米国系の学校から受験する場合は Grade9 を、英国系の学校の場合は Year9 を、2021 年 3 月までに修了している必要がある。

※出願時までに米国系の学校の Gr.9 を修了しない場合は「9 年生未修了受験要望書」(2021 年度募集要項に在中）を出願の際に必ず提出してください。

2021 年 4 月帰国生徒としての条件　次の①と②の両方の条件に該当する者（受験生本人のみの海外在留は認められない）①海外に勤務する保護者に同伴し、海外に在留している者、または在留していた者。②海外在留期間が継続して 1 年 6 か月以上あり、2020 年 11 月からさかのぼって帰国後 5 年以内の者 (2021 年度は、2015 年 12 月 1 日以降に帰国した者)

※出願前に帰国生徒資格認定を受けてください。本校ホームページ「Web 帰国生徒資格認定」から手続きをして下さい。認定結果は、メールでお送りします。

●出願書類　(1) 入学願書一式 (2) 海外在留（勤務）証明書（志願者と保護者の海外在留を証明する書類で、本校所定の用紙に保護者の所属機関の代表者等が証明したもの）保護者が留学または自営業等で海外に在留していた場合、または公印が得られない場合は、出願に先立ちできるだけ早く本校帰国生徒教育センターに問い合わせてください。

推薦入試・書類選考入試　上記 (1)(2) のほかに (3) 中学校課程（外国の学校の場合は日本の中学校 3 年間に相当）およびそれ以降、現在までの全期間の①成績証明書あるいは調査書（厳封）。②外国および国内・海外全日制日本人中学校の通知表 (Report card 等) のコピー。外国の通知表には日本語訳を添付（科目名略語／授業レベル／コメントなど）※①②は書式が同じであっても必ず両方を提出すること。その他：推薦入試の場合は、(4) 外国語検定試験結果証明書のコピー (5) 中学校長からの推薦書（本校所定）(6) 自己 PR カード（本校所定）(7) 入学確約書など

学力試験入試　上記 (1)(2) のほかに (3) 中学校課程（外国の学校の場合は、日本の中学校 3 年間に相当）の全期間の調査書あるいは成績証明書（厳封）

●日程等（2021 年度入試）

区分	募集	出願	試験	発表	選考方法
推薦入試	60	12/1～5	12/16	12/17	書類審査、面接
書類選考入試	90	1/6～9	1/28	1/29	書類審査、面接
学力入試	10	1/26～2/1	2/10	2/12	英語・国語・数学、調査書等

※出願は郵送にて行うこと（海外からの郵送の場合は 2020 年 12 月上旬から出願可）

●応募状況

年度＼人数	区分	募集人員	出願者	受験者	合格者	入学者
2019	帰国生徒	160	570	527	274	168
2020	帰国生徒	160	554	516	275	175

編入学

●編入学時期・定員　〔1 年生〕9 月編入、募集人員は未定
〔2 年生〕9 月編入、募集人員は未定

●出願資格・条件　第 1 学年編入者は 2006.4.1 以前、第 2 学年編入者は 2005.4.1 以前に生まれ、保護者の海外勤務に伴い海外に 1 年 6 か月以上在留し、在留中または 2021 年 3 月以降に帰国（外国に設置された学校で日本の学校教育法に準拠した学校に在学した者の編入学は認めない）。第 1 学年の編入者は 6 月までに 9 学年、2 学年は 10 学年の課程修了者

●出願書類・選考方法　成績証明書などによる書類選考および面接。詳しくは募集要項（無料）を取り寄せた上で、ご確認ください。

● 2019 年度帰国子女編入学者数

1 年	9	2 年	2	3 年	―

受入後

●特色

在校生の 3 分の 2 が帰国生。「クラスひとつが世界」「隣の席に異文化がある」、そんな毎日の学校生活。出身在留国は 50ヵ国を超える。平和・人権・キリスト教が使命。海外で得た経験を自身のアイデンティティの一部として大切に育むことができるよう、伸びやかで明るい校風。帰国生と一般生が同じホームルームに集い、学校生活をつくりあげる。多くの授業が少人数レベル別クラス。レポートやプレゼンテーション、ディベートなど、生徒が主体となる対話的な学びの場面が多い。生徒の発言や質問も多く、熱心な学習態度である。対面授業とオンライン授業の融合、相乗効果を追求。ICU（大学）へは上位希望者 80 名が推薦進学。クラブ活動での生徒たちのいきいきとした姿も自慢。

私立 共学

▷▷ 中 140P 大 595P

受入開始　2019 年度

中央大学附属高等学校

（ちゅうおうだいがくふぞく）

〒 184-8575
東京都小金井市貫井北町 3-22-1
▶▶（JR 中央線武蔵小金井駅、西武新宿線小平駅）
TEL 042-381-5413　FAX 042-383-4840
URL https://chu-fu.ed.jp/
生徒数　男 586　女 593　合計 1179

帰国子女在籍者数	1 年	2 年	3 年	計
	12	4	0	16

入学

●出願資格・条件　次の①〜⑥を全て満たすこと。
①日本国籍を有する者（日本国の永住許可を得ている者を含む）
② 2004 年 4 月 2 日から 2006 年 4 月 1 日の間に出生した者。
③国内外の中学校課程を修了、または修了見込みであること。ただし、本校が、中学校卒業と同等以上の学力があると認めた者についてはこの限りではない。
④本校の教育方針に賛同し、全ての教育活動に参加できること。
⑤保護者の海外転勤または海外在留により、下記の（ア）、（イ）のいずれかを満たすこと。
（ア）2018 年 4 月〜 2021 年 3 月における海外在留期間の合計が 1 年 6 ヶ月以上であること。
（イ）上記（ア）における海外在留期間合計が 1 年 6 ヶ月に満たない場合は、2016 年 4 月〜 2021 年 3 月における海外在留期間の合計が 3 年以上であること。
※志願者本人のみの留学などを在留期間に含めることはできない。
⑥入学後、保護者のもとより通学可能な者。
※出願前に本校ホームページより出願資格認定の申請を行い、認定結果及び認定番号を受理すること。
出願資格認定申請期間：11 月 1 日〜 11 月 30 日

●出願書類
・海外在留期間証明書
・調査書もしくは成績証明書
・（日本国の永住許可を得ている場合は）在留カードもしくは特別永住者証明書の写し

●日程等

区分	募集	出願	試験	発表	選抜方法
1 次	若干名	12/8〜14	12/21	12/21※	国語・英語・数学
2 次			12/22	12/23	資料の読み取りを踏まえたグループディスカッションおよび個別面接

※ 12/21　21：00（予定）〜 12/22 正午

●応募状況

年度＼人数	募集人員	出願者	受験者	合格者	入学者
2019	若干名	77	76	20	4
2020	若干名	83	78	30	12

受入後

●指導　本校は一昨年より、帰国生入試を導入したが、入学する生徒には特別なコースを設定していない。他の入学生と同じく、本校が行っている、将来の生徒にとって本当に必要な知識、学力、物の見方とは何か、という視点で展開されている授業を受けてもらう。これまで一般入試で入学してきた帰国生も何ら問題なく順応している。

●教育方針　中央大学は建学の精神「實地應用ノ素ヲ養フ」つまり実学の探究を大事にしてきた大学である。実学とは単に理論を先行させるのではなく、実社会において本当に役立つ学問を意味する。当然ながら、この伝統は附属中高においても継承され、至る所で活かされている。

私立 女子

▷▷ 中 141P

受入開始　2015 年度

大妻多摩高等学校

（おおつまたま）

〒 206-8540　（担当：辻豊仁、川村敏洋、小玉武志）
東京都多摩市唐木田 2-7-1
▶▶（小田急多摩線 唐木田駅）
TEL 042-372-9113　FAX 042-372-9986
URL https://www.otsuma-tama.ed.jp/
生徒数　女 452　合計 452

帰国子女在籍者数	1 年	2 年	3 年	計
	16	12	11	39

編入学

●編入学時期　〔1 年生〕4 月、9 月〔2 年生〕4 月
●出願資格・条件・出願書類　海外在住経験が累積で 1 年以上あり、日本国内の学校にすでに編入していない者。
※なお、4 月編入については、本校の 1 学期開始日より出席できること、9 月編入については、2 学期開始日より出席できること。
●選考方法　国語、算数、英語（リスニングも含む）、面接。事前に出題分野を提示する。編入後、本校の授業についてくることができるかどうかをみる

● 2019 年度帰国子女編入学者数

1 年	2	2 年	0	3 年	0

受入後

●指導
帰国生入試は中学受験のみのため、高校からの入学は帰国編入試験を通してのみとなります。帰国編入試験は、1 学期と 2 学期からの年 2 回で、7 月と 3 月に試験を行っています。試験は英数国の 3 教科と本人との面接で、編入後の授業についてこられるか、本校の生徒達の中に入って行かれるかを見ます。授業の進度に不安を感じるかもしれませんが、本校は 6 学年合わせても千人未満の規模の学校なので、教員と生徒との距離が近く質問しやすい環境があります。補習やノート指導、個別指導などでも対応していきます。高校 2 年生からは、文理別クラスとなりそれぞれに合った必修授業や選択科目を中心に、国内の大学だけでなく海外大学への進学も視野に入れた進路指導となります。

●教育方針
中学同様、「自立自存」、「寛容と共生」、「地球感覚」を教育理念とし、様々な行事やキャリア教育を通して生徒達が自分たちの力で主体的に協働して関わることを教育方針としています。特に高校では、部活動や様々な行事でリーダーや責任者となるので、多くの場面で主体的に行動したり自主的に挑戦する機会が増えます。時にはもめることもありますが、すでによく知る間柄なので、主張するだけでなく相手の意見も聞きながら、生徒達は上手に協力をしていく姿勢を身につけています。教員も、伝統的に受け継がれてきた指導を捨てるのではなく、アドバイスを与える形に変えて生徒達に任せることを増やしています。
学習面も同じで、ほとんどの生徒が大妻女子大学への内部推薦を使わず、推薦や受験で他大学へと進学していきますが、生徒が自分で将来の目標を見つけ、自分の力で勉強のコツをつかめるように受験補習等を通してサポーターとして指導をしています。

●特色
中学 1 年生のプレ・エンパワメント・プログラムに始まり高校 2、3 年生の海外大学進学ガイダンスまで、キャリア教育の要素を含んだ「6 年間の英語・国際プログラム」が特色です。このプログラムでは、高校 1 年生の 3 学期に、約 50 名の生徒を海外の提携校に 3 ヶ月留学させる「ターム留学」を中心に、他校生と協働する海外プログラム、アジアの高校生と SDGs について英語でプレゼンをする国際プログラム、本校が主体となって行う英国セミナーやトルコセミナーなど、数多くの国際プログラムを紹介し生徒達に参加を促しています。これは 3 つの教育理念に沿ったもので、国際プログラムを通して生徒達は、積極的に他校生や海外の同世代の生徒と関わったり、自宅を離れて海外で生活することで、広い視野で自分の夢を見つけ、精神的にも逞しく成長します。中学は、この基礎作りとして、中学 2 年生でのオーストラリアへのフィールドワークを修学旅行として実施します。また、基礎となる英語力を鍛える目的で、授業以外にも放課後にオンライン英会話、本校ネイティブ教師による「英語 JUKU」、大妻女子大学での「English Lounge」の英会話プログラムを希望者対象に行っています。

●進学特例条件　大妻女子大の内部推薦枠有り。
●卒業生（帰国生徒）の進路状況　帰国子女受入開始が 2015 年度からのため、帰国生、国際生入試で入学した卒業生はまだおりません。

▷▷ 中 142P

受入開始　1959 年度

とう　ほう　じょ　し

桐朋女子高等学校

〒 182-8510　（担当：国際教育センター）
東京都調布市若葉町 1-41-1
▶▶（京王線仙川駅）
TEL 03-3300-2111　FAX 03-3300-4266
URL　http://www.toho.ac.jp
生徒数　女 513　合計 513

帰国子女在籍者数	1 年	2 年	3 年	計
	19	17	16	52

入　学

●出願資格・条件
(1) 2005.4.2 ～ 2006.4.1 に出生し、保護者の転勤・留学等に伴い、海外での生活がおよそ 1 年以上で、2020.2.20 以降に少なくとも保護者の１人と帰国した者 (2) 入学後少なくとも保護者の１人と同居し、そこから通学できる者
※出願希望者は、出願資格等の確認のため、国際教育センターまで問い合わせること。また、帰国生推薦入試 A ·B は要項参照

●出願書類・入学願書一式・海外における学校の成績証明書（過去２年間分・コピー可）・国内の中学校に在学している者は調査書または成績証明書・保護者の勤務先作成の海外在留期間証明書・学校長の推薦書と自己 PR カード（推薦入試 A·B のみ）

●日程等

区分	募集	出願	試験	発表	選考方法
①	若干名	1/4 ～ 8	1/22	1/22	面接
②	約15	1/9 ～ 15	1/22	1/22	面接
③	約10	1/4 ～ 8	1/22	1/22	外国語作文、面接
④	約10	1/25 ～ 2/1	2/10	2/10	国・数・英、面接

※①：推薦入試 A(現地校・国際校出身者)、②：推薦入試 B（全日制日本人学校出身者)、③：帰国生対象入試 A 選考、④帰国生対象入試 B 選考
※作文は英・独・仏語のいずれか
※推薦入試 B の募集人数には国内からの入学者含む
※出願は郵送のみ。

●応募状況（帰国生対象入試 A・B の合計）

年度＼人数	募集人員	出願者	受験者	合格者	入学者
2019	約 20	4	4	4	2
2020	約 20	6	6	6	2

編 入 学

●編入学時期・定員　〔1 年生〕9、1 月、各約 5 名。〔2 年生〕4、9、1 月、各約 5 名。〔3 年生〕4 月、約 5 名
●出願資格・条件　海外に約 1 年以上いた者で帰国後約 1 年以内の者
●選考方法　A：外国語作文、面接　B: 英数国 (1 年生)、英国または英数のいずれかを選択 (2・3 年生)、面接

● 2019 年度帰国子女編入学者数

1 年	1	2 年	3	3 年	0

受 入 後

●指導・教育方針・特色　受け入れは「混入方式」である。一般生徒との接触を通して、できるだけ早く学校生活に適応させる一方、帰国子女が海外で身につけてきた生活習慣・思考様式を一般生徒に還元させ、国際理解を深める意味を持つ。関係する教員が多いことも受け入れをスムーズにする上で役に立っている。外国で得た語学力を保持するための外国人講師による取り出し授業および会話教室を設けている。また国語・数学のサポート授業がある。

▷▷ 中 143P 大 584-585P

めいじ　だいがく　ふ　ぞくめいじ

明治大学付属明治高等学校

〒 182-0033　（担当：河村弘祐）
東京都調布市富士見町 4-23-25
▶▶（JR 中央線三鷹駅、京王線調布駅、飛田給駅、JR 南武線矢野口駅）
TEL 042-444-9100　FAX 042-498-7800
URL　http://www.meiji.ac.jp/ko_chu/
生徒数　男 423　女 382　合計 805

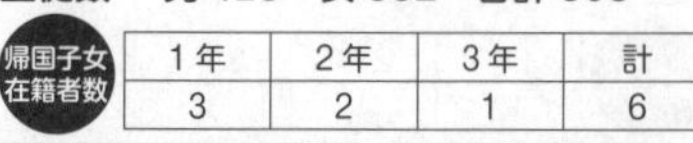

帰国子女在籍者数	1 年	2 年	3 年	計
	3	2	1	6

入　学

●出願資格・条件
一般入試のみ行っており、特別な配慮はない

●日程等

区分	募集	出願	試験	発表	選考方法
推薦	約 40	1/15・16 (窓口受付)	1/22	1/23	※ 1
一般	約 60	1/25 ～ 2/4 (郵送受付、消印有効)	2/12	2/12	※ 2

※ 1：適性検査（3 教科）の合計点、面接（2 回)、調査書
※ 2：筆記試験（3 教科）の合計点、調査書

受 入 後

●指導
一般入試、推薦入試による入学者と同じ。

私立 共学

▷▷ 中 143P

受入開始 2009 年度

武蔵野大学高等学校
（むさしのだいがく）

（担当：入試広報部）
〒 202-8585
東京都西東京市新町 1-1-20
▶▶（JR 中央線三鷹駅、西武新宿線田無駅）
TEL 042-468-3284 FAX 042-468-3348
URL http://www.mj-net.ed.jp/

生徒数 男 173 女 703 合計 876

帰国子女在籍者数	1 年	2 年	3 年	計
	5	3	0	8

入学

●出願資格・条件
・1 年以上海外に滞在し、帰国後 3 年以内の者
・2021（令和 3）年 3 月に中学校卒業見込みの者
・日本国籍を有する者

●出願書類 調査書・海外在留証明書・海外生活の報告書
※下記の二つに関しては本校 HP よりダウンロード

●日程等

コース	募集	出願	試験	発表	選考方法
ハイグレード	若干名	11/24 ～ 12/11	12/13	12/15	A 方式
PBLインターナショナル					A or B 方式
本科					A 方式

※ A 方式：学科試験による選抜（全コース対象）
学科試験（国・数・英）、日本語での面接
B 方式：英語能力による選抜（PBL インターナショナル対象）
英語によるエッセイ、英語での個人面接
※英検 2 級以上：英語筆記試験 85 点換算
英検準 2 級：英語筆記試験 70 点換算
（A 方式のみで、合格証明書を事前に提出）

編入学

●編入学時期・定員 〔1・2 年生（女子）〕若干名
実施日：7 月 21 日【2020 年 9 月編入】

●出願資格・条件 ・保護者のもとから通学できること
・海外の学校に在籍していること

●出願書類 転入学願書（本校書式）・成績証明書・海外在留証明書（本校書式）・海外生活の報告書（本校書式）

●選考方法 学科試験（国数英）、日本語での個人面接

受入後

●基本方針 「自分が力をつけてこの世界を救う、世界に貢献する」という気概のある生徒を世に送り出したいと願っています。その目標を達成するために、本校は生徒たちの自由な発意が生かされる刺激的な学びの環境を用意し、新しいことに失敗を恐れずチャレンジする機会をたくさんつくります。

●特色 高校はハイグレード、PBL インターナショナル、本科の 3 コース制。「ハイグレード」は医学部、国公立大学や難関私立大学をめざすコース。高 2 に進級するタイミングで文系か理系かを選び、各分野のスペシャリストを育成。薬学部など医療系への進学を志す生徒が多く在籍している。「PBL インターナショナル」は、PBL（課題解決型学習 Project Based Learning）の手法を用いて、自の前の社会課題を解決するプロセスの中から深い学びを習得するコースです。問題解決を通じて幅広い視野を身につけると同時に、自らのアイデアを的確に表現するためのスピーチ力や発信力を養成します。また、希望者は本校の豊富な留学実績をもとに、長期海外留学を行うことができます。
「本科」は大学受験を前提にしながら、学習やクラブ活動、学校行事にバランス良く打ち込みたい生徒のためのコース。

●進学特例条件 12 学部 20 学科をもつ併設大学（武蔵野大学）へは、コースにより優先的に入学できる制度がある。

私立 共学

▷▷ 中 144P

受入開始 1985 年度

穎明館高等学校
（えいめいかん）

（担当：青木寛）
〒 193-0944
東京都八王子市館町 2600
▶▶（JR 中央線・京王高尾線高尾駅）
TEL 042-664-6000 FAX 042-666-1101
URL https://www.emk.ac.jp

生徒数 男 323 女 222 合計 545

帰国子女在籍者数	1 年	2 年	3 年	計
	5	3	2	10

編入学

●編入学時期・定員 〔2・3 年生〕4、8 月下旬

●出願資格・条件 保護者の海外在留に伴って外国で教育を受けた者で、原則として外国における在留期間が継続して 1 年以上で、帰国後 1 年以内の適齢生徒、卒業後は大学に進学することを志望している者
※事前に相談・説明の機会を設けているので、出願前に連絡すること

●出願書類 ・入学願書一式（本学所定のもの・海外における学校の在学証明書、成績証明書（日本人学校の場合は調査書）・海外在留証明書など

●選考方法 提出された書類、国語・数学・英語、面接
※現地校・日本人学校など、それぞれの出身校に応じた成績を参考にして合格基準の上で配慮

● 2019 年度帰国子女編入学者数

1 年	0	2 年	0	3 年	0

受入後

●指導・教育方針・特色
帰国生徒も一般生徒と同じ学級に入り、1 年生では全員共通科目を学習する。2 年生で文・理系に分かれるが、国公立大型の 5 教科の学習を義務づけている。3 年生になってはじめて、私大型の科目のしぼりこみを認めている。週 34 時間の授業のほか、希望者を対象にして朝、放課後や夏休み中に講座を開設し、学力の増進に努めている。帰国生のうち、国語や数学の学力に不安を抱えている生徒に対しては、生徒の要望に応じて随時個別指導を実施し、学習の遅れを取り戻させるようにしている。

▷▷ 中 144P 大 581P 短 668P

受入開始　2013 年度

きょうりつじょしだいに

共立女子第二高等学校

（担当：戸口義也）

〒193-8666
東京都八王子市元八王子町 1-710
▶▶（JR 八王子駅、JR・京王線高尾駅）
TEL 042-661-9952 **FAX** 042-661-9953
URL http://www.kyoritsu-wu.ac.jp/nichukou/
生徒数　女 473 合計 473

1 年	2 年	3 年	計
1	2	5	8

入 学

●出願資格・条件　以下の 2 つの条件を有する者
①国公立もしくは学校法人設立の中学校またはそれに準ずる海外教育機関を 2021 年 3 月卒業見込の者 および卒業した者のうち、女子。
②原則として保護者の海外勤務により、本人が継続して 1 年を超える期間海外に在留し、帰国して 3 年以内の者(受験日を起算点とする)。現海外在住者を含む。
※出願資格についてご不明な点があれば、事前に入試事務室までご相談ください。
TEL 042-661-9952
MAIL k2kouhou@kyoritsu-wu.ac.jp

●出願書類　・入学願書（web 出願）・調査書（それに準ずるものでも可）・海外在留証明書

●日程等

募集	出願	試験	発表	選考方法
5 名	11/1～21	11/23	11/23	国語（作文）・数学（計算力中心のテスト）・英語＊、面接（日本語）
5 名	11/1～1/6	1/7	1/7	

＊英検 2 級以上の取得者は、英語の試験を免除。
※ 1/7 はオンライン入試あり。

●応募状況

年度＼人数	募集人員	出願者	受験者	合格者	入学者
2019	10	5	5	5	1
2020	10	3	3	3	1

編 入 学

●編入学時期・定員〔1・2 年生〕随時
〔3 年生〕4 月編入まで

●出願資格・条件・出願書類・選考方法　入学に準ずる

● 2019 年度帰国子女編入学者数

1 年	0	2 年	0	3 年	0

受 入 後

●教育方針　誠実・勤勉・友愛の校訓のもと、創立 130 年の伝統を持つ女子教育を推し進め、社会的に自立した女性を育成する。

●特色　八王子の丘陵地に広がる抜群の環境の中で、伸びやかで多様な学びを実現できる。

●進学特例条件　卒業生の現役進学率はほぼ 100% で、そのうち共立女子大学へは約半分の生徒が進学している。併設校特別推薦制度により、共立女子大学の合格を保持したまま、外部大学を受験することができる。

▷▷ 中 145P 大 576P

受入開始　2014 年度

こうがくいんだいがくふぞく

工学院大学附属高等学校

（担当：水川賢二、中村倫子）

〒192-8622
東京都八王子市中野町 2647-2
▶▶（新宿 シャトルバス、八王子・北野・南大沢・拝島 よりスクールバス）
TEL 042-628-4911 **FAX** 042-623-1376
URL https://www.js.kogakuin.ac.jp/
生徒数　男 554　女 203　合計 757

帰国子女在籍者数

1 年	2 年	3 年	計
27	15	13	55

入 学

●出願資格・条件
海外での滞在経験が 1 年以上あり、帰国後 3 年以内の者
※上記に準ずる海外生活経験のある者に関しては応相談

●出願書類
・入学願書・帰国生出願者就学歴（以上本校所定のもの）・調査書・英語検定合格証の写し（英語試験免除対象者のみ）

●日程等

募集	出願	試験	発表	選考方法
40	11/11～29	12/5	12/5	・国数英より 2 科選択・英語・思考力テストより一つ選ぶ、面接
	11/11～1/3	1/7	1/7	

※ハイブリッドインターナショナル・文理普通・ハイブリッド文理、ハイブリッド文理先進、ハイブリッドサイエンスとも特に定めず。インターネット出願
※英検準 1 級以上、TOEFL　iBT 72 ～ 94、 IELTS5.5 ～ 6.5 のスコア所持で英語試験を免除。英語試験免除者は、1 時限目の試験時間中に面接を実施

●応募状況

年度＼人数	募集人員	出願者	受験者	合格者	入学者
2019	40	18	14	14	6
2020	40	52	49	34	24

編 入 学

●編入学時期　〔1 ～ 3 年生〕7 月・10 月・12 月・3 月（3 年は 7 月まで）

●出願資格・条件　入学試験に準じる。応募する学年に相当の年数の教育を受け、帰国が決定またはその可能性が高い者

●出願書類　入学試験に準ずる（調査書は不要）。そのほか、成績証明書及び在学証明書（現在通学中の学校が定める書式による。在籍期間、出欠席明記のこと）

●選考方法　（A 方式・B 方式どちらか該当する方を選択）
A 方式（海外現地校出身者）：思考力を問う作文（基礎的な数学の問題を含む）〔英語及び日本語〕、面接（本人及び保護者）
B 方式（海外現地校出身者以外）：国語・英語・数学、面接（本人及び保護者）

受 入 後

●教育方針
Challenge(挑戦)・Creation(創造)・Contribution (貢献)。グローバルな時代の変化に挑戦し、さらなる変化を創造し、それを通して社会や世界に貢献していく。

●進学特例条件
工学院大学への進学内定を確保した上で、国立、私立の他大学へのチャレンジができる。

私立 共学

▷▷ 中 145P

受入開始 1993 年度

八王子学園八王子高等学校
(はちおうじがくえんはちおうじ)

(担当：教頭)
〒 193-0931
東京都八王子市台町 4-35-1
▶▶（JR 中央線西八王子駅）
TEL 042-623-3461 FAX 042-626-5646
URL http://www.hachioji.ed.jp

生徒数 男 667 女 822 合計 1489

帰国子女在籍者数	1年	2年	3年	計
	0	0	0	0

入学

●出願資格・条件
原則として、1 年以上海外に滞在し、帰国後 3 年以内の者。英検、国連英検、TOEIC 等の取得レベルにより入試結果を優遇する。事前に詳細の問い合わせが必要

●出願書類
・入学志願書・調査書
※出願はインターネット

●日程等

区分	募集	出願	試験	発表	選考方法
一般1回	310	1/25～2/5	2/10	2/12	国・英・数、面接
一般2回			2/11		

●応募状況

年度＼人数	募集人員	出願者	受験者	合格者	入学者
2019	一般に含む	2	2	2	0
2020	一般に含む	0	0	0	0

編入学

●編入学時期・定員〔1・2 年生〕随時。若干名
●選考方法 国・英・数、面接
詳細は本校公式サイト「入試ガイド」をご覧下さい

● 2019 年度帰国子女編入学者数

1年	0	2年	0	3年	0

受入後

●指導
入学後の学習等に関しての配慮はありません。

●教育方針
「人格を尊重しよう」「平和を心につちかおう」をモットーとした真の人間教育。これが本校の建学の精神である。

●特色
全日制普通科の共学校。文理コース、総合コース、アスリートコースの 3 コース制を採用している。

●卒業生（帰国生徒）の進路状況
ほとんどが大学進学。

私立 別学 寮

▷▷ 小 48P 中 146P

受入開始 2003 年度

自由学園高等科
(じゆうがくえん)

(担当：藤 清人)
〒 203-8521
東京都東久留米市学園町 1-8-15
▶▶（西武池袋線ひばりヶ丘駅）
TEL 042-428-2123 FAX 042-422-1070
URL http://www.jiyu.ac.jp

生徒数 男 112 女 120 合計 232

帰国子女在籍者数	1年	2年	3年	計
	7	9	5	21

入学

●出願資格・条件
海外に 1 年以上在住し、以下のいずれかに該当する者
(1) 現在海外の学校に在籍し、日本における当該学年の生徒が修得すべき年数の中等教育を受けている者
(2) 海外より帰国して 3 年経過しない者で、日本における当該学年の生徒が修得すべき年数の中等教育を受けている者
※必ず事前に来校し、受験前に面談を受けること

●出願書類
・入学願書・出身学校の調査書・作文 1 篇（自己紹介と自由学園入学希望動機を詳しく書いたもの）※応相談

●日程等

区分	募集	出願	試験	発表	選考方法
1回	若干名	10/30～11/6	11/14	11/15	国数英、集団考査、面接
2回		1/12～18	1/22	1/23	国数英、集団考査、面接

●応募状況

年度＼人数	募集人員	出願者	受験者	合格者	入学者
2019	若干名	6	6	6	6
2020	若干名	6	6	4	3(+4※)

※内部進学 4 名

編入学

●編入学時期・定員〔1 年生〕9 月まで。若干名
●出願資格・条件・出願書類 入学に準ずる

● 2019 年度帰国子女編入学者数

1年	1	2年	−	3年	−

受入後

●指導
日本語の指導が必要な場合、個別に指導する。
まずは丁寧な個人面談と調査を行う。

●教育方針
毎朝の礼拝を通し、また 1 日 24 時間の生活の中で頭と心と身体を自ら鍛える人間教育を目指す。実物に触れ、自分で考えることを大切にしている。
1 日 24 時間が教育。男子は入学後 1 年は全寮制。寮は創立以来の自治寮。

●特色
10 万平方メートル (3 万坪) の豊かな自然に恵まれた環境の中、少人数教育を行う。生徒が中心になって、友と協力しながら毎日の学校生活の運営を行う。地方生と、順番に経験する生徒委員のための寮がある。

●卒業生（帰国生徒）の進路状況
6 ～ 7 割の者が併設の自由学園最高学部に進学する。

▷▷ 中 146P

受入開始 2010 年度

明法高等学校

（めい ほう）

〒 189-0024 （担当：早川哲生）
東京都東村山市富士見町 2-4-12
▶▶（西武新宿線久米川駅・拝島線東大和市駅・JR 立川駅よりバス、拝島線小川駅）
TEL 042-393-5611 FAX 042-391-7129
URL http://www.meiho.ed.jp/
生徒数 男 410 女 114 合計 524

帰国子女在籍者数	1年	2年	3年	計
	1	0	1	2

入学

●出願資格・条件
次の①～③のすべてを満たしていること①保護者の海外在留に伴って外国で教育を受けた者で、外国における滞在期間が原則として、継続して 1 年以上であること②帰国後 3 年以内の者。または帰国が決定しており、日本人学校、現地校または国際学校に在籍中のこと③日常生活に不自由しない程度に日本語を身につけていること

●出願書類
・入学願書・海外在留証明書（本校所定の用紙）・調査書

●日程等

区分	募集	出願	試験	発表	選考方法
A	若干名	1/15・16	1/22	1/23	適性検査（国・英・数）、面接
B		1/25～2/7	2/10	2/10	国・英・数、面接
C		1/25～2/7	2/11	2/11	

※ A：推薦入試、B・C：一般入試

●応募状況

年度＼人数	募集人員	出願者	受験者	合格者	入学者
2019	若干名	0	0	0	0
2020	1	1	1	1	1

編入学

●編入学時期・定員〔1 年生〕9 月。定員は特に定めず
●出願資格・条件・出願書類 入学試験に準ずる
●選考方法 国・数・英、面接
● 2019 年度帰国子女編入学者数

1年	0	2年	0	3年	0

受入後

●指導 グローバル・スタディーズ・プログラム（GSP）を整備。プログラム生は英検講座で高いレベルの英検取得を目指す。また、高 1 では 3 ヶ月間のカナダ留学に参加する。高 2・3 ではオリジナル教科『21 世紀』で、英語による討論形式の授業を通じ、グローバル社会に必要な問題解決力を身につけることができる。プログラム卒業生の中には英検 1 級取得者、TOEIC スコア 955 点の生徒も出ている。英会話授業・『21 世紀』を担当する 2 名のネイティブ講師は、TESOL（英語教授法）教育学修士で、教授経験も豊富なプロの講師。
●特色 本校は 1964 年創立以来、少人数教育を貫く中学併設の共学の進学校。東京ドームの 1.2 倍ある校地に点在する施設・設備（400m トラックのとれる大グランドや理科専用棟・音楽専用棟など）も充実しており、のびのびと落ち着いた学校生活を送ることができるキャンパス。

▷▷ 中 147P 大 597P

受入開始 1947 年度

桜美林高等学校

（おう び りん）

〒 194-0294 （担当：首藤元彰）
東京都町田市常盤町 3758
▶▶（JR 横浜線淵野辺駅）
TEL 042-797-2667 FAX 042-797-3432
URL http://www.obirin.ed.jp
生徒数 男 519 女 675 合計 1194

帰国子女在籍者数	1年	2年	3年	計
	5	4	6	15

入学

●出願資格・条件
【海外生特別入試】
海外日本人学校中学部に在籍中で、出願時に海外在留
2005 年 4 月 2 日から 2006 年 4 月 1 日に出生
2021 年 3 月末日までに帰国予定
【帰国生優遇】
公立中学校に在籍し、2021 年 3 月に中学校卒業見込
海外在住 1 年以上、帰国後 3 年以内

●出願書類（web 出願）
・写真票（志願票）・調査書・志望理由書（所定用紙）・資格などの写し

●日程等

区分	募集	出願	発表	選考方法
海外生特別入試	15	9/26～10/26	11/5	書類選考
帰国生優遇	特に定めず	1/25～30	2/10	

※ 2/10 または 18 にコースアップ試験受験必須

●応募状況

年度＼人数	募集人員	出願者	受験者	合格者	入学者
2020A	15	42	42	42	5
2020B	特に定めず	2	1	1	0

※ A：海外生特別入試 B：帰国生優遇

編入学

●編入学時期・定員〔1 年生〕7、12、3 月〔2 年生〕7 月。欠員がある場合のみ若干名
●出願資格・条件・出願書類・選考方法 入学に準ずるが、但し帰国 1 年以内
● 2019 年度帰国子女編入学者数

1年	0	2年	0	3年	0

受入後

●指導
一般生と同じクラスで指導。英語・数学は少人数習熟度別授業を実施。カウンセリング体制もあり。
●教育方針・特色
「キリスト教主義に基づいた国際人の育成」を建学の精神とし、他者の心の痛みに共感できる人間、文化の異なる人々ともコミュニケーションのとれる自立した人間の育成をめざす。
●進学特例条件
併設の桜美林大学へ学内推薦で約 10% の生徒が進学するほか、青山学院大、ICU、中央大、東京理科大、東京薬科大、明治大等への指定校推薦がある。
●卒業生の進路状況 国公立・難関私立大をはじめ、卒業生の 85% が現役で大学へ進学。

私立 共学 ▷▷ 小 50P 中 148P 大 598P

玉川学園高等部

たま がわ がく えん

〒194-8610 （担当：学園入試広報課）
東京都町田市玉川学園 6-1-1
▶▶（小田急線玉川学園前駅、田園都市線青葉台駅よりバス）
TEL 042-739-8931 FAX 042-739-8929
URL https://www.tamagawa.jp/academy/

生徒数 男 306 女 385 合計 691

帰国子女在籍者数	1年	2年	3年	計
	13	12	15	40

入学

●**出願資格・条件**（詳細は必ず「入学試験要項」でご確認ください）
本学園入学後、保護者（父母等）のもとから通学できる者で以下の条件のいずれかを満たしている者。但し、IB クラス希望者は英検 2 級以上または同等以上の英語力が必要。
【専願優遇・併願優遇】2021 年 3 月公立中学校を卒業見込の者（事前に在学中学校教員による入試相談が必要）
【オープン】① 2021 年 3 月中学校を卒業見込の者または卒業した者 ②外国において、学校教育における 9 年課程を 2021 年 3 月修了見込の者または修了した者③文部科学大臣が中学校の課程と同等の課程を有するものとして認定した在外教育施設の当該課程を 2021 年 3 月修了見込の者または修了した者④中学校を卒業した者と同等以上の学力を有する者として文部科学大臣が指定した者⑤就学義務猶予・免除者等に対する中学校卒業程度認定試験により認定証書が授与された者⑥中学校を卒業した者と同等以上の学力を有する者として本学園の校長が認めた者
〈海外帰国生のみ以下の条件も追加〉
保護者の転勤に伴い、海外在住 1 年以上かつ帰国後 3 年以内（2018 年 4 月以降帰国）の者、または受験日現在、保護者の転勤に伴い、海外在住 1 年以上で、2021 年 3 月 31 日までに帰国予定の者。

●**出願書類**
・志願書・調査書・海外在留証明書・評価表（国際バカロレア〈IB〉クラスのみ）

●**日程等**

募集	出願	試験	発表	選考方法
一般クラス 80名	Web 出願 1/7～31 郵 1/25～28 窓 1/29･31･2/1	2/11	2/12	国語・数学・英語、受験生面接
IB クラス 若干名				英語、数学、理・社（全教科英語による出題）、受験生面接（日本語と英語）および保護者同伴による面接

※海外帰国生も同日程、同一問題で受験。合否判定の際に考慮する。

●**応募状況**（帰国生の応募状況）

年度＼人数	募集人員	出願者	受験者	合格者	入学者
2019	一般入試に含む	1	0	0	0
2020	一般入試に含む	3	2	1	1

編入学

●**編入学時期・定員** 国際バカロレア（IB）クラスのみ。欠員時のみ若干名。帰国生の入学時期については要相談。詳しくはホームページ参照のこと
●**出願資格・条件** 学校に問い合わせのこと
●**出願書類** 志願書・調査書または成績証明書・海外在留証明書・評価表
●**選考方法** 英、数、理・社（全教科英語による出題）、受験生面接（日本語・英語面接あり）、保護者同伴面接

● **2019 年度帰国子女編入学者数**

1年	2	2年	0	3年	／

受入後

●**指導** 1 年生では「習熟度別クラス」、2 年生からは「進路別クラス」編成を導入し少人数のクラスを設定。生徒の夢や将来の目標の実現に向けて、きめ細やかな進路指導と能率高き教育を展開。3 年生では、高大連携（玉川大学進学）・文系（他大学進学）・理系クラスに分かれて大学入試への実践力を養う。
●**教育方針**「全人教育」「探究型学習」「世界標準の教育」を教育の柱とし、主体的・対話的で深い学びを実現し、大学の学修に必要な資質・能力を身につける。
●**特色** 61 万㎡の広大なキャンパスに幼稚部から大学・大学院までが集う総合学園。①スーパーサイエンスハイスクール（SSH）指定校（13 年目：3 期指定期間 2018 ～ 2022 年度）② IB ワールドスクール（MYP・DP）認定校 ③国際規模の私立学校連盟ラウンドスクエアメンバー校
玉川大学に進学を希望する生徒は 3 年生から大学の授業を受講でき単位認定される。
●**卒業生（帰国生徒）の進路状況**
玉川大学への学内入学試験および他大学への推薦制度がある。

入 編

私立 共学 ▷▷ 大 583P 短 668P

日本大学第三高等学校

に ほんだい がく だい さん

〒194-0203 （担当：広報部）
東京都町田市図師町 11-2375
▶▶（小田急線・JR 横浜線町田駅、京王相模原線多摩センター駅）
TEL 042-789-5535 FAX 042-793-2134
URL http://www.nichidai3.ed.jp

生徒数 男 740 女 382 合計 1122

帰国子女在籍者数	1年	2年	3年	計
	0	0	0	0

入学

●**出願資格・条件**
海外の学校で 1 年以上教育を受け、2020 年 2 月 10 日以降に帰国した生徒

●**出願書類**
・入学志願票・出身中学校長からの調査書

●**日程等**

募集	出願	試験	発表	選考方法
特に定めず	1/25～31	2/10	2/11	国・数・英、面接（一般と同じ）

※出願の際、A・B 志願のうちいずれかを選択する。詳細は入試要項参照のこと
※一般入学試験を受験し、合格判定は特別審議の対象とし決定する
※面接は保護者も実施

●**応募状況**

年度＼人数	募集人員	出願者	受験者	合格者	入学者
2019	特に定めず	1	1	1	0
2020	特に定めず	1	1	1	0

※入試結果を見るかぎり、一般受験者と帰国子女との学力差はそれほど感じられない。しかし、入学後のことを考えて、ある程度の学力が必要なので、帰国子女の入試結果は慎重に審議している。

編入学

欠員がある場合のみあり。

受入後

●**教育方針**
入学後は一般生徒と同じ扱いである。本校に入学してくる生徒の大部分は、すでに中学教育課程を十分理解したうえで入学して来るため、特別な日本語カリキュラムは設定していない。したがって、教育方針、その他は、一般生徒のそれとまったく同じである。

●**進学特例条件**
付属校なので、日本大学の推薦入試（日大統一テスト）が受けられる。ほとんどの生徒が内部推薦を受けられる状況だが、他大への指定校推薦、一般推薦の制度もあり、31 年度は、日大へ約 40% 前後、他大へ約 50% 程進学し、例年日大よりも上位の他大へ進学する生徒が多くなっている。

▷▷ 小 51P 中 148P

みょうじょう がく えん
明星学園高等学校

〒181-0002　（担当：簗 賢治）
東京都三鷹市牟礼 4-15-22
▶▶（JR 中央線・総武線・東西線吉祥寺駅、京王井の頭線井の頭公園駅）
TEL 0422-48-6221 FAX 0422-41-6091
URL http://www.myojogakuen.ed.jp/
生徒数　男 349　女 413　合計 762

帰国子女在籍者数	1年	2年	3年	計
	1	2	3	6

入学

●出願資格・条件
・2020 年 4 月～ 2021 年 3 月に海外現地校を卒業または卒業見込みの者
・2021 年 3 月に海外日本人学校を卒業見込みの者
・2021 年 3 月に日本の中学校を卒業見込みの者のうち、過去に海外現地校または日本人学校に在籍し、帰国後 3 年以内の場合は、事前にご相談下さい

●出願書類
・入学願書・調査書・推薦希望理由書（推薦入試のみ）・推薦書（推薦入試のみ）・海外在学期間報告書・教科推薦書（推薦入試 A 方式のみ）・語学検定証明書（推薦入試のみ任意）

●日程等

区分	募集	出願	試験	発表	選考方法
A	若干名	12/10 ～ 12	12/17	12/17	学科（英語・日本語）、面接（英語・日本語）
B		1/15	1/22	1/23	一般面接、教科面接
C		1/15	1/22	1/23	面接
D		1/25 ～ 2/5	2/10	2/11	国・数・英、面接
E			2/10	2/11	
F			2/13	2/14	
G			2/13	2/14	

※ A：帰国生対象入試、B・C：推薦入試、D・E：第 1 回入試、F・G：第 2 回入試
※海外現地校の生徒は、学力試験に 30 点を上限として加算。海外日本人学校の生徒は、学力試験に 20 点を上限として加算
※ B ～ G の面接は日本語で行う

●応募状況

年度＼人数	募集人員	出願者	受験者	合格者	入学者
2019	若干名	4	4	3	2
2020	若干名	3	3	2	1

編入学

欠員がある場合。今年度は高 1・高 2 のみ実施。

受入後

●指導
入学後は、一般生徒と同じ学級で授業を受け、学校生活を送ります。特別な扱いはしませんが、本校は国際交流活動を盛んに行っているので、活躍できる場が多くあります。自身の能力を発揮する機会として積極的に参加をして下さい。

●教育方針・特色
明星学園では 90 有余年、「個性尊重・自主自立・自由平等」という建学の教育理念に基づき、豊かな感性と主体的な行動や思考によって得る「自分で生きる力」を育てる教育活動の実践を続けています。カリキュラムにおいては、選択授業を幅広く取り入れ、多様な進路や生徒自身の興味に対応し、卒業後はあらゆる方面での活躍が実現しています。

▷▷ 中 149P

受入開始　2011 年度

しょう とく がく えん
聖徳学園高等学校

〒180-8601　（担当：新宿仁洋）
東京都武蔵野市境南町 2-11-8
▶▶（JR 中央線武蔵境駅）
TEL 0422-31-5121 FAX 0422-33-9386
URL https://jsh.shotoku.ed.jp
生徒数　男 387　女 192　合計 579

帰国子女在籍者数	1年	2年	3年	計
	3	4	2	9

入学

●出願資格・条件　※事前教育相談が必要（要予約）
・2021 年 3 月中学校卒業見込みの者，またはこれと同等であること
・充実した学校生活を過ごしていること
・原則として 1 年以上海外に滞在し，帰国後 3 年以内であること（滞在国・日本人学校・現地校・インターナショナルを問わない）

●出願書類（WEB 出願）
①海外生活の証明書（本校所定の書式）
②本校所定の写真票（試験当日持参）
③調査書（日本人学校または日本の公立学校に在籍している場合）
④成績証明書（現地校の場合）

●日程等

区分	募集	出願	試験	発表	選考方法
第1回	若干名	11/7～18	11/21	当日	国語・数学・英語面接
第2回		12/2～13	12/16		
第3回		1/6～17	1/20		

オンライン	出願	試験	選考方法
	試験 2 週間前~3 日前	随時(11/21～1/20)	課題提出、面接

※英検 2 級以上取得者またはそれと同等の資格をお持ちの方は英語試験の免除・優遇あり

●応募状況

年度＼人数	募集人員	出願者	受験者	合格者	入学者
2019	若干名	8	8	8	4
2020	若干名	6	6	6	2

編入学

●編入学時期・定員　〔1 年生〕随時
●出願資格　1 年以上海外に滞在し、帰国した者
●出願書類　・入学願書（本校所定のもの）
・在籍証明書と成績証明書、海外在留の証明
●選考方法　英・国・数、面接（詳しくは問い合わせのこと）

● 2019 年度帰国子女編入学者数

1年	0	2年	0	3年	0

受入後

●指導　海外在留経験に基づいた、積極的な情報発信を期待しており、その機会を与えるように指導している。また英語については、その能力の維持を図るようにネイティブの教員が指導している。学習の遅れなどは希望者に対し個別で対応している。

●教育方針　自らの強みを伸ばし、世界とつながり、新しい価値を生み出す人材の育成。

●特色　専任教員の比率が高く、教員と生徒の距離が近いアットホームな学校である。英語と数学は全学年で習熟度別の分割授業を実施。高校 1 年から行われる大学受験のための進学セミナーは 50 講座近くにも及び、高い実績を生み出している。クラブの数は生徒数に比べて非常に種類が多く、それぞれ一生懸命に活動している。

▷▷ 小 51P 中 149P 大 600P

受入開始　1983 年度

成蹊高等学校

（担当：中高入試部）

〒 180-8633
東京都武蔵野市吉祥寺北町 3-10-13
▶▶（JR 中央線・京王井の頭線吉祥寺駅）
TEL 0422-37-3818　FAX 0422-37-3863
URL https://www.seikei.ac.jp/jsh/
生徒数　男 522　女 458　合計 980

帰国子女在籍者数	1 年	2 年	3 年	計
	44	50	40	134

入学

●出願資格・条件
・2004.4.2 から 2006.4.1 に出生・本人が帰国直前に連続して 2 年以上海外の学校に在籍し、2019.2.1 以降の帰国であること・日本の中学校を卒業または卒業見込みの者、あるいは海外の学校において上記と同等と認められる者
※他の入試と併願可

●出願書類　※ web 出願サイトから出願のうえ、書類を提出
・志願者学歴書・成績証明書：
①現地校等在籍の場合は日本の学制における中学課程にあたる期間の成績証明書または成績表のコピー②日本人学校は調査書③帰国後国内の中学校に在籍する者は①か②に加えて調査書

●日程等

募集	出願	試験	発表	選考方法
若干名	〈web 出願期間〉 12/21 ～ 1/13 〈書類提出期間〉 郵送 12/21 ～ 1/14	1/22	1/23	国・数・英、面接

※国語は古典を除く。英語はリスニングを含む
※出身校の成績書類などと総合して判定する

●応募状況

年度＼人数	募集人員	出願者	受験者	合格者	入学者
2019	若干名	21	11	7	4
2020	若干名	21	12	8	6

編入学

●編入学時期・定員〔2 年生〕4 月のみ。若干名
●出願資格・条件　帰国生の場合は、(1) 保護者転勤・転居による一家転住者もしくは本人が帰国直前に連続して 2 年以上海外の学校に在籍し、2020.4.1 以降の帰国であること (2) 2003.4.2 ～ 2005.4.1 出生で、次のいずれかに該当① 2020 年 3 月末までに第 1 学年を修了した者② 2021 年 3 月末までに第 1 学年を修了見込みの者③海外の学校において上記と同等と認められる者
●出願書類　※ web 出願サイトから出願のうえ、書類を提出
志願者学歴書・在学証明書・成績証明書・転校照会書
●選考方法　国語総合・数学ⅠとA・英語Ⅰ、面接、成績書類審査

● 2019 年度帰国子女編入学者数

1 年	－	2 年	1	3 年	－

受入後

●進学特例条件
成蹊大学へは一定の成績をおさめることで進学できる。

▷▷ 中 150P

受入開始　2015 年度

藤村女子高等学校

（担当：今本、広瀬）

〒 180-8505
東京都武蔵野市吉祥寺本町 2-16-3
▶▶（JR 中央線・総武線吉祥寺駅）
TEL 0422-22-1266　FAX 0422-22-7680
URL http://www.fujimura.ac.jp
生徒数　女 508　合計 508

帰国子女在籍者数	1 年	2 年	3 年	計
	1	1	0	2

入学

●出願資格・条件
海外在留期間 1 年以上、帰国後 3 年以内の女子
●出願書類（インターネット出願）
・通知表のコピー・海外在留報告書
●日程等

募集	出願	試験	発表	選考方法
特に定めず	～ 12/3	12/5	12/5	A：数学、作文、面接 または B：英語、作文、面接
	～ 1/9	1/12	1/12	

※事前に問い合わせること
●応募状況

年度＼人数	募集人員	出願者	受験者	合格者	入学者
2020	特に定めず	0	0	0	0

編入学

●編入学時期〔1 年生〕9、1 月〔2 年生〕4、9、1 月〔3 年生〕4、9 月
●出願資格・条件　特になし（要事前問い合わせ）
●出願書類　願書・通知表のコピー
●選考方法　国・数・英、面接

● 2019 年度帰国子女編入学者数

1 年	0	2 年	0	3 年	0

受入後

●指導
学校に設置している学習センターにて補習等実施。
※学習センターは教員と東大生をはじめとするチューターによる、授業時間以外での学習指導を行っている
●教育方針　逆境に耐え抜く意志と人を思いやる寛容と慈悲の心を備え、主体性を持って行動する個性豊かな人間形成を目指している。
●特色　S 特（東大をはじめとする難関国公立・私立)、特進（難関国公立･私立)、総合進学（幅広い進路)、スポーツ科学特進（スポ科の中で特に 3 教科の強化を行う)、スポーツ科学（スポーツに関わりながら大学を目指す）の 5 コースと盛んなクラブ活動（囲碁・水泳・バスケットボール・ソフトボール・柔道他)。
●進学特例条件　東京女子体育大学（姉妹校）への特別推薦枠がある。

▷▷ 小 54P 中 150P

受入開始　1980 年度

あおやまがくいんよこはまえいわ

青山学院横浜英和高等学校

（担当：細田孝充）

〒 232-8580
神奈川県横浜市南区蒔田町 124
▶▶（横浜市営地下鉄蒔田駅）
TEL 045-731-2861　**FAX** 045-721-5340
URL http://www.yokohama-eiwa.ac.jp/chukou/
生徒数　男 ー　女 472　合計 472
※ 2018 年度より共学

帰国子女在籍者数	1年	2年	3年	計
	12	8	9	29

編入学

● **編入学時期・定員**　欠員がある場合のみ
● **出願資格・条件**　海外滞在 1 年以上、帰国直後の者
● **出願書類**　入学志願書（本学院指定）・成績証明書・在学証明書・海外在留証明書
● **選考方法**　書類選考、英、国、数、面接（保護者同伴）
● **2019 年度帰国子女編入学者数**

1年	0	2年	0	3年	0

受入後

● **指導**
帰国生徒の特別クラスは編成していない。一般の生徒と同じクラスで同一条件で学習する。ただし、国語（古文・漢文）、数学、理科、社会など、必要に応じて補習を行うなどのサポートをしている。英語力の保持・伸長のため外国人教師による英語特別講座がある。

受入開始　2019 年度

えいりじょしがくいん

英理女子学院高等学校

（担当：山崎達雄）

〒 222-0011
神奈川県横浜市港北区菊名 7-6-43
▶▶（東急東横線・JR 横浜線菊名駅）
TEL 045-431-8188　**FAX** 045-431-8263
URL http://www.eiri.ed.jp
生徒数　女 483　合計 483

帰国子女在籍者数	1年	2年	3年	計
	2	1	0	3

入学

● **出願資格・条件**　中高協会の示す基準に準じる。
● **出願書類**　①志望理由書（受験生直筆）②学習履歴③海外在留証明書④写真票（インターネット出願時登録）⑤過去 3 年分の成績
● **日程等**

区分	募集	出願	試験	発表	選抜方法
（全世界入試）帰国生 Honors 選考	帰国生全体で 20 名	① 9/1 ～ 20	① 9/27	① 9/30	書類選考 +Skype による面接（受験生、受験生・保護者）
（全世界入試）帰国生 一般選考		② 11/1 ～ 15	② 11/22	② 11/25	書類選考 +Skype による面接（受験生、受験生・保護者）
（国内入試）帰国生 Honors 選考		① 11/1 ～ 15	① 11/22	① 11/25	英語 Essay+Skype による面接（受験生、受験生・保護者）
（国内入試）帰国生 一般選考		② 12/1 ～ 19	② 12/26	② 12/30	小論文＋面接（受験生、受験生・保護者）

編入学

● **編入学時期**　〔1 ～ 3 年生〕随時。
● **出願資格・条件**　就学期において、海外在留 1 年以上
● **出願書類**　①志望理由書（受験生直筆）②学習履歴③海外在留証明書④写真票（インターネット出願時登録）⑤過去 3 年分の成績
● **選考方法**　国内：小論文＋面接（受験生、受験生・保護者）
海外：書類選考 +Skype による面接（受験生、受験生・保護者）
● **2019 年度帰国子女編入学者数**

1年	ー	2年	ー	3年	ー

受入後

● **指導**　Honors 選考で合格した場合には、英語授業のうち 6 時間を取り出し授業で行います。2 時間を Philosophy を中心に行います。4 時間は LanguageArts を中心に行います。放課後にチューターによる Follow 講座を設定し、授業で分からなかったところをキャッチアップします。高校 3 年では英語の授業は 11 時間になります。大学進学に向けた指導を早いうちに行うことで、より具体的な準備ができる指導をしていきます。
● **教育方針**　世界に幸せに貢献する女性を育成するために、3 つの力を身につけることを目指します。① intelligent knowledge（世界とつながる知識・教養）② international communication（世界に出会える語学力・コミュニケーション力）③ intercultural experience（世界を感じる多文化体験）を身につけることによって、AI 社会を活用できる、グローバルな視点で正解のない問いに答えることのできる力を養います。
● **特色**　SDGs の課題解決に高校 1 年生から取り組み、高校 2 年生で行くサンフランシスコ研修ではスタンフォード大学の学生に向かって日本人としての解決を提案します。その他に世界で最も進んだ研究の講義を受講したり、最先端の世界企業を訪れます。またヨセミテ国立公園を訪れることで、地球の大切さを実感してもらいます。卒業時には国公立・早稲田・慶應義塾・上智・ICU や海外大学を目指します。
● **卒業生**　2019 年度開校

私立 共学

▷▷ 中 152P 大 602P

受入開始　1975 年度

関東学院高等学校

かん とう がく いん

（担当：若松貴洋）
〒 232-0002
神奈川県横浜市南区三春台 4
▶▶（京浜急行線黄金町駅）
TEL 045-231-1001　FAX 045-231-6628
URL http://www.kantogakuin.ed.jp

生徒数　男 497　女 247　合計 744

帰国子女在籍者数	1 年	2 年	3 年	計
	5	7	4	16

帰国生入試：2021 年度は募集しません

編入学

●編入学時期・定員〔1・2 年生〕随時。若干名

●出願資格・条件 保護者の勤務等により海外生活 2 年以上、帰国後 3 ヶ月未満の者

●選考方法〔1 年生〕英・数・国、面接
〔2 年生〕英・国または数・英、面接

● 2019 年度帰国子女編入学者数

1 年	0	2 年	1	3 年	1

受入後

●指導
一般生と同じクラスで授業を行うので特別な指導はしていない。

●卒業生（帰国生徒）の進路状況
大学の帰国子女枠を利用する者、本校併設大学への進学をする者、まったく無関係に一般生同様に進学する者などまちまちで、目立った傾向はない。

私立 共学 寮

▷▷ 小 52P 中 152P

受入開始　2011 年度

関東学院六浦高等学校

かん とう がく いん むつ うら

（担当：野本幸靖）
〒 236-8504
神奈川県横浜市金沢区六浦東 1-50-1
▶▶（京浜急行線金沢八景駅）
TEL 045-781-2525　FAX 045-781-2527
URL http://www.kgm.ed.jp

生徒数　男 305　女 206　合計 511

帰国子女在籍者数	1 年	2 年	3 年	計
	4	5	2	11

入学

●出願資格・条件
（1）2005 年 4 月 2 日～ 2006 年 4 月 1 日に出生
（2）海外在住期間が 1 年以上あり、（すでに帰国している場合は）帰国後 3 年以内（またはこれに準ずる）
（3）本校の出願基準を満たしたもの

出願基準
[A 型] 文部科学大臣の認定を受けた日本人学校在籍者
次の①と②をいずれも満たすこと
①日本人学校での最終成績が 5 教科 15 以上／ 25 または 9 教科 27 以上／ 45
②英検（実用英語技能検定）3 級以上に合格（またはこれに準ずる英語力）※ GLE クラスを希望する場合は準 2 級以上
[B 型] 海外の現地校・インターナショナルスクール在籍者
次の①と②をいずれも満たすこと
①日本の中学校に相当する課程の学業成績が良好
②英検（実用英語技能検定）準 2 級以上に合格（またはこれに準ずる英語力）
[C 型] 国内国公立中学校在籍者
次の①と②をいずれも満たすこと
①国内国公立中学校 3 年（前期または 1 学期）の成績が 5 教科 18 以上／ 25 または 9 教科 33 以上／ 45
②英検（実用英語技能検定）3 級以上に合格（またはこれに準ずる英語力）※ GLE クラスを希望する場合は準 2 級以上

※上記基準に当てはまらない場合でも考慮することがあります。詳しくは出願前に学校までお問い合わせください。

●出願書類
[A 型] ①入学願書 ②海外在留証明書（本校指定用紙または保護者の勤務先が発行する書式）③日本人学校からの調査書 ④自己 PR 書（本校指定用紙・本人が日本語で記入）⑤英検（実用英語技能検定）3 級以上合格を証明する書類（コピー可）
[B 型] ①入学願書 ②海外在留証明書（本校指定用紙または保護者の勤務先が発行する書式）③外国の学校が発行した成績証明書（手元の通知表のコピー可）④自己 PR 書（本校指定用紙・本人が日本語で記入）⑤英検（実用英語技能検定）準 2 級以上合格を証明する書類（コピー可）
[C 型] ①入学願書 ②海外在留証明書（本校指定用紙または保護者の勤務先が発行する書式）③国公立中学校からの調査書 ④自己 PR 書（本校指定用紙・本人が日本語で記入）⑤英検（実用英語技能検定）3 級以上合格を証明する書類（コピー可）
※ A 型・C 型：GLE クラスを希望する場合は準 2 級以上合格を証明する書類（コピー可）

●日程等

区分	出願	試験	発表	選抜方法
A 型	9/8 ～ 2/19	9/15 ～ 2/26	試験翌日	書類審査・面接
B 型				
C 型	10/12 ～ 30	11/7	11/7 ～ 9	書類審査・面接

※海外在住の受験生や国内遠方の受験生はオンラインでの面接可

編入学

●編入学時期・定員〔1 年生〕9、1 月〔2 年生〕4 月
※帰国生は随時相談を受け付けます

●出願資格・条件 海外に 1 年以上在住し、かつ現地校または 日本人学校に在籍している者

●出願書類 志願票・受験票、海外在留証明書、海外校の在籍証明書

●選考方法 国語、数学、英語、面接

● 2019 年度帰国子女編入学者数

1 年	0	2 年	0	3 年	－

私立 共学

▷▷ 中 153P

受入開始　2020 年度

横浜高等学校
（よこはま）

〒 236-0053　（担当：館山和央、佐藤政一）
神奈川県横浜市金沢区能見台通 46-1
▶▶（京浜急行　能見台駅）
TEL 045-781-3396　FAX 045-785-1541
URL https://www.yokohama-jsh.ac.jp/

生徒数　男 1035 女 534　合計 1569　※中高合算

帰国子女在籍者数	1年	2年	3年	計
	ー	ー	ー	ー

入学

●出願資格・条件
原則として、海外在住経験が 1 年以上。帰国後 3 年以内の者。

●出願書類
・海外在留証明書
・成績証明書
※詳細は要問い合わせ

●応募状況

年度＼人数	募集人員	出願者	受験者	合格者	入学者
2019	ー	ー	ー	ー	ー
2020	ー	ー	ー	ー	ー

受入後

●指導
一般入試による入学者と同じ。

●教育方針
「思いやりあふれる青少年の育成」と「社会で活躍できるグローバル人財の育成」を掲げ、21 世紀を生き抜く力を身につけさせます。

●特色
アドバンスコースにおいては、英語の授業を外国人教員と日本人教員の TT によるクラスを設けています。英検準 2 級取得が条件となるため、指導レベルも一定に保たれています。

●進学特例条件
6 つの海外大学（アメリカ・オーストラリア・フィリピン）へ、英検 2 級と在学中のプログラム参加で進学が可能となります。

私立 男子

▷▷ 大 590 607P

受入開始　1980 年度

慶應義塾高等学校
（けいおうぎじゅく）

〒 223-8524　（担当：帰国生係）
神奈川県横浜市港北区日吉 4-1-2
▶▶（東急東横線日吉駅）
TEL 045-566-1381
URL http://www.hs.keio.ac.jp/

生徒数　男 2209　合計 2209

帰国生在籍者数	1年	2年	3年	計
	33	31	33	97

入学

●出願資格・条件
出願時において以下の要件をすべて満たしている者
1. 2021 年 3 月 31 日までに国の内外を問わず学校教育における 9 年間の課程を修了または修了見込の者。ただし、上記の「9 年間の課程」とは、日本の義務教育の課程に相当するものとする。また、国内の高等学校に在籍したことのある者は除く。
2. 国外において日本の中学校第 1 ～ 3 学年に相当する学校で 2 年以上の課程を修了している者。または、その在学期間が帰国時までに引き続き 1 年 10 ヶ月以上となる者。
3. 2020 年 2 月末日に国外在住し、国外の学校に在籍していた者。

〔注〕① 「9 年間の課程」を国外現地校等で 2021 年 4 月 1 日以降に修了見込みの場合は、2021 年 4 月入学の出願はできません。
② 2006 年 4 月 2 日以降に出生した者は 2021 年 4 月入学の出願はできません。
③入学にあたっては、2021 年 4 月 1 日時点で国内在住であることが必要です。

●出願書類
・入学志願票（本学所定のもの）・中学課程の全成績表・Attendance Report(現地校のみ・所定のもの)
※中学課程の途中で国外の学校に転校した者は、転校前の国内の学校の成績表も提出すること。また、帰国後、国内の中学校に在籍した者は、本校所定の入学志願者調査書を中学校長に提出し、記入作成されたものを封かんを受けたまま提出すること（開封すると無効になる）。なお帰国後、国内の中学に在籍した場合でも、国外の中学校から直接出願する場合でも、国外の出身校が日本人学校などで、日本国内と同じ様式で成績を記入することが可能な場合には、所定の用紙をその中学校長に提出し、記入作成されたものを封かんを受けたまま提出する

●日程等

区分	募集	出願	試験	発表	選考方法
1 次	若干名	12/18～1/8	2/10	2/12	国・数・英
2 次			2/13	2/14	面接

※ 2 次は 1 次合格者対象

●応募状況

年度＼人数	募集人員	出願者	受験者	合格者	入学者
2019	若干名	104	90	46	31
2020	若干名	109	96	45	33

※入学者には補欠からのくり上げ合格者も含む

受入後

●指導・教育方針・特色
クラス編成やその後の授業も特別な対応はない。

●進学特例条件　在学中 3 年間の成績の総合および人物・出席状況などを総合的に評価して、卒業年度 1 回に限り、慶應義塾大のいずれかの学部に推薦される。

▷▷ 高 486P 大 555 602P

受入開始　2011 年度

星槎高等学校

（せいさ）

（担当：澁谷・垣内）

〒241-0801
神奈川県横浜市旭区若葉台 4-35-1
▶▶（JR 横浜線十日市場駅）
TEL 045-442-8686　FAX 045-922-1651
URL https://www.seisahighschool.ed.jp/
生徒数　男 259　女 72　合計 331

帰国子女在籍者数	1年	2年	3年	計
	1	0	0	1

入学

●出願資格・条件

・外国で、学校教育において 9 年間の課程を修了した者
・本校において中学校を卒業した者と同等以上の学力があると認められた者
・2021 年 3 月中学校卒業見込みと同等の資格を有する者で 1 年以上海外に居住していた経験があり帰国予定の者、または帰国後、国内での居住が 1 年以内の者
・保護者が本校の学校説明会に参加している者。また、本校の体験入学および受験相談に参加している者（参加していない者は個別に実施するので要連絡）

●出願書類

・入学願書一式（本校所定用紙）・海外における学校の成績証明書（日本人学校の場合は調査書）・受験相談アンケート

●日程等

区分	募集	出願	試験	発表	選考方法
一般	若干名	1/29～2/6	2/10	2/12	学力試験（国語・数学・英語）、面接（本人および保護者）

●応募状況

年度＼人数	募集人員	出願者	受験者	合格者	入学者
2019	若干名	0	0	0	0
2020	若干名	1	1	1	1

編入学

●編入学時期・定員　〔1～3年生〕欠員がある場合に随時
●出願資格　校長が特別な教育的支援を必要とすると認めた者
●出願書類　入学願書一式（本校所定用紙）・海外における学校の成績証明書（日本人学校の場合は調査書）
●選考方法　面接（保護者同伴）、基礎学力試験（国語・数学・英語）

● 2019 年度帰国子女編入学者数

1年	0	2年	0	3年	0

受入後

●指導　学習指導要領に示された内容を基本にしながら、一人ひとりの個別の指導計画（IEP）に基づき個々の生徒の学習状況や学びの特性に配慮した教育を行う。また、授業は習熟度別クラス編成によって進められる。
●教育方針　「困難な場面において相手を想い、笑顔と勇気をもって立ち向かう強い心の育成」を教育目標とし、子どもたちが何を必要としているかを常に追求している。そして日々変化する社会に必要とされる教育を探究している。
●特色　体験を重視した生活の中で生徒の豊かな発想を大切にしつつ、共に学び感じる共感理解教育を推進している。そして積極的な学びの場を提供し、人を認め仲間を作り毎日楽しく学校生活が送れるよう支援している。
●進学特例条件　星槎グループ、同法人内にある星槎大学・星槎道都大学への進学がある。

入　編

▷▷ 小 53P 中等 221P 大 603P

受入開始　1977 年度

桐蔭学園高等学校

（とういんがくえん）

（担当：入試対策・広報部）

〒225-8502
神奈川県横浜市青葉区鉄町 1614
▶▶（小田急線柿生駅、東急田園都市線市が尾駅・青葉台駅）
TEL 045-971-1411　FAX 045-974-0287
URL http://toin.ac.jp/high/
生徒数　男 1994　女 1425　合計 3419

帰国子女在籍者数	1年	2年	3年	計
	58	69	105	232

入学

●出願資格・条件

(A) 海外子女入試：2004.4.2～2006.4.1 に出生し、出願時海外在住者で 2021 年 3 月末までに帰国
(B) 帰国生入試：2005.4.2～2006.4.1 に出生、2013 年 4 月以降に帰国して、海外在留 1 年以上

●出願書類

出願手続の一部がインターネットでの手続きとなる
※詳細は募集要項を確認

●日程等

区分	募集（男女）	出願	試験	発表	選考方法
A	プログレスコース 若干名 アドバンスコース 15名 スタンダードコース 15名	10/3～31	—	11/16～17（ネット）	出願書類（書類選考）
B	プログレスコース 10名 アドバンスコース 10名 スタンダードコース 10名	12/5～1/5	1/8	1/8～9（ネット）	英語・数学・国語および出願書類

※ A：海外子女入試　B：帰国生入試

●応募状況（帰国生入試のみ）

年度＼人数	募集人員	出願者	受験者	合格者	入学者
2019	40	59	56	31	−
2020	30	44	43	37	−

編入学

●編入学時期・定員　〔1～2年生〕欠員がある場合、随時。若干名。詳細は教務部まで問い合わせのこと
●出願資格　保護者の海外在留に伴い外国で教育を受けた、滞在期間が 1 年以上の者。帰国直後に限る（いったん他校へ編入した場合は不可）
●出願書類　在学証明書・成績証明書（日本人学校の場合は調査書）・本校より交付する各種書類（志願票・編入生履歴データ・編入生学習言語状況・海外在留証明書）
●選考方法　国語・数学・英語
※筆記試験合格者は面接（保護者同伴）

● 2019 年度帰国子女編入学者数

1年	0	2年	0	3年	0

受入後

●特色　英語・数学・理科については習熟度別編成（変動制）を実施。

私立 共学

▷▷ 中 155P 大 583P 短 668P

受入開始　2017 年度

日本大学高等学校

にほんだいがく

〒 223-8566　（担当：教頭　中園健二）
神奈川県横浜市港北区箕輪町 2-9-1
▶▶（東急東横線、目黒線、横浜市営地下鉄グリーンライン 日吉駅）
TEL 045-560-2600　FAX 045-560-2610
URL http://www.yokohama.hs.nihon-u.ac.jp
生徒数　男 850　女 655　合計 1505

帰国子女在籍者数	1年	2年	3年	計
	7	7	6	20

入学

●出願資格・条件
本校の教育方針を理解し，すべての教育活動に参加できる者，かつ次の (1) ～ (3) のいずれかの条件を満たしている者。ただし，2005 年 4 月 2 日～ 2006 年 4 月 1 日に生まれた者に限る。
(1) 2020 年 11 月 1 日現在，海外での滞在期間が 1 年以上あり，2017 年 3 月以降に帰国の者
(2) 2020 年 11 月 1 日現在，海外の学校（海外現地学校・全日制日本人学校・インターナショナル校）に 1 年以上在籍している者

●出願書類
(1) 入学志願票…「インターネット出願」で印刷
(2) 調査書…在籍している学校所定の用紙
(3) 海外在留証明書… 本校ホームページよりダウンロードできます

●日程等

募集	出願	試験	発表	選考方法
若干名	インターネット 11/16～12/7 (16:00) 郵送 11/16～12/9 (必着)	12/13	HP 12/14 17：00	学力試験 英・数・国

●応募状況（※国際生を含む）

年度＼人数	募集人員	出願者	受験者	合格者	入学者
2019	若干名	20	19	15	非公開
2020	若干名	30	30	22	非公開

受入後

●指導
クラスは一般生と同じです。クラスでは一緒に様々な活動に取り組みます。帰国生には日本のクラスを経験してもらい、さらには日本の文化や伝統について学んでほしいと願っています。逆に一般生には帰国生との触れ合いを通して国際感覚を育んでほしいと願っています。

●特色
Global Students Support Center(GSSC) を設置し、補習のみでなく、きめ細やかかなフォローアップをおこなっています。また一人一台タブレットを持つことで、学内のみでなく、学外、家庭でも 2 万本以上用意された学習動画や web テストなどを利用することができ、無理なく日本での学習にキャッチアップできます。

私立 女子 寮

受入開始　2019 年度

白鵬女子高等学校

はくほうじょし

〒 230-0074　（担当：赤岡和典、深瀬恭一）
神奈川県横浜市鶴見区北寺尾 4-10-13
▶▶（JR 鶴見駅（京浜東北線），京浜急行・京急鶴見駅）
TEL 045-581-6721　FAX 045-571-3372
URL http://www.hakuhojoshi-h.ed.jp/
生徒数　女 1109 合計 1109

帰国子女在籍者数	1年	2年	3年	計
	1	1	1	3

入学

●出願資格・条件
原則、1 年以上海外に滞在し、帰国後 3 年以内の者。

●出願書類
1. 入学願書
2. 調査書（日本の中学校に在籍している場合のみ）
3. 海外在籍校の在籍証明書および成績証明書（入手困難な場合はご相談ください）

●日程等

募集	出願	試験	発表	選考方法
若干名	随時対応。詳細はお問い合わせください。	随時	随時	※

※国内入試
　1. 筆記試験：国語・数学・英語（マークシート）英語はリスニングテストあり
　2. 面接（個人面接）
※海外オンライン入試
　1. 書類選考
　2. Skype による面接（受験生のみ）

●応募状況

年度＼人数	募集人員	出願者	受験者	合格者	入学者
2019	－	－	－	－	－
2020	若干名	1	1	1	1

編入学

●編入学定員〔1 ～ 3 年生〕若干名
●出願資格・条件・出願書類・選考方法　入学に準ずる
● 2019 年度帰国子女編入学者数

1年	1	2年	0	3年	0

受入後

●指導
早稲田大学大学院 日本語教育研究科と連携し、日本語教育コーディネーターによる日本語授業を受講することができます。レベルに合わせた日本語指導により、日常言語や学習言語を習得し、グローバルな人材育成をめざします。ネイティヴの先生も多く、英語の他に中国語や韓国語などにも対応できます。普通科 7 コース（セレクト・国際・メディア表現・スポーツ・保育・フードコーディネート・総合）のいずれにも在籍が可能です。

▷▷ 大 584P

受入開始　1987 年度

法政大学国際高等学校

ほうせいだいがくこくさい

〒 230-0078　（担当：高嶋竜平）
神奈川県横浜市鶴見区岸谷 1-13-1
▶▶（京浜急行生麦駅）
TEL 045-571-4663　FAX 045-581-9991
URL https://kokusai-high.ws.hosei.ac.jp/

生徒数　※ 2018 年度より共学　合計 902

帰国子女在籍者数	1 年	2 年	3 年	計
	21	31	18	70

入学

グローバル探求コース
D 帰国生・海外生入試

●出願資格・条件

〈帰国生〉
- 継続して1年以上海外に在留し、出願時に帰国2年6ヵ月以内の者
- 2006 年 4 月 1 日以前に出生の者

〈海外生〉
- 出願時に海外の学校で学んでいる者
- 2006 年 4 月 1 日以前に出生の者

●出願書類
- 入学志願票、受験票
- 2 カ年の成績証明書または調査書（在学または出身中学校において記載したもの）
- 海外在留確認書
- 自己 PR カード、英語検定試験証明書貼付用紙

●日程等

区分	募集	出願	試験	発表	選考方法
Ⅰ期	10 名前後	11/20 ~ 12/1	12/5	12/7	作文（日本語・英語）、面接（日本語）、書類審査
Ⅱ期		1/20 ~ 28	2/3	2/4	

※一般入試の A 書類選考、B 学科試験でも帰国子女には一定の配慮をしている。

●応募状況

年度＼人数	募集人員	出願者	受験者	合格者	入学者
2019	10 名前後	63	61	28	19
2020	10 名前後	52	48	18	8

編入学

2018 年度より IB コースのみ実施。

● 2019 年度帰国子女編入学者数

1 年	0	2 年	0	3 年	0

受入後

●教育方針
特別な配慮はしないが、必要があれば個別に対応する。

●進学特例条件
法政大学への推薦入学制度がある。

●卒業生（帰国生徒）の進路状況
多くの生徒が法政大学へ推薦入学している。他大進学者は 15% 程度。

入編

私立　共学

受入開始　1971 年度

山手学院高等学校

やまてがくいん

〒 247-0013　（担当：杉本健一）
神奈川県横浜市栄区上郷町 460
▶▶（JR 京浜東北線港南台駅）
TEL 045-891-2111　FAX 045-894-2306
URL http://www.yamate-gakuin.ac.jp

生徒数　男 343　女 657　合計 1000

帰国子女在籍者数	1 年	2 年	3 年	計
	1	3	0	4

入学

●出願資格・条件
学年相当年齢の者で、かつ次の 2 項のいずれかに該当する者
- 海外在留期間が 1 年以上で、2018.4 以降に帰国した者
- その他、本校において上記の 2 項に準ずると認めた者

●出願書類
- 入学願書
- 海外在留証明書（本校指定の用紙に保護者の所属機関の長の証明するもの）
- 当該外国の学校における成績表

●日程等

区分	募集	出願	試験	発表	選考方法
A（併願）	若干名	1/24 ~ 2/3	2/10	2/13	国語・数学・英語
A（オープン）	若干名	1/24 ~ 2/3	2/10	2/11	
B（併願）	若干名	1/24 ~ 2/3	2/12	2/13	
B（オープン）	若干名	1/24 ~ 2/3	2/12	2/13	

※帰国子女は一定の基準点を上乗せしたうえで、合格を決定する

●応募状況

年度＼人数	募集人員	出願者	受験者	合格者	入学者
2019	若干名	8	7	4	3
2020	若干名	5	5	2	1

編入学

欠員がある場合のみあり。2019 年度は実施なし。

受入後

●指導
一般生と同じクラスで指導し、必要な場合は個別に指導。

●教育方針
世界を舞台に活躍でき、世界に信頼される人間の育成。

私立 女子

▷▷ 中 158P

受入開始　1998 年度

横浜女学院高等学校
（よこはまじょがくいん）

〒 231-8661　（担当：佐々木準、川澄良男）
神奈川県横浜市中区山手町 203
▶▶（JR 根岸線石川町駅）
TEL 045-641-3284　FAX 045-651-7688
URL http://www.yjg.y-gakuin.ed.jp
生徒数　女 303　合計 303

帰国子女在籍者数	1 年	2 年	3 年	計
	4	0	2	6

入 学

●出願資格・条件　※下記基準に該当しない場合にはご相談ください。

【Ⅰ型入試 (海外滞在生)】
(1)2005 年 4 月 2 日～ 2006 年 4 月 1 日に出生の女子
(2) 海外滞在 1 年以上
(3) 本校の書類選考基準に適合していること書類選考基準①と②のいずれかでアとイの両方を満たすこと
①文部科学大臣の認定を受けた日本人学校在籍者ア日本人学校での最終成績が 5 教科 (英数国社理) 5 段階評定の成績の合計で 19 ／ 25 以上。イ英検準 2 級以上または、TOEIC500 または、TOEFL400(CBT120 ／ iBT40) 以上。または、それに準ずるもの
②海外の現地校・インターナショナルスクール在籍者
ア 学業成績が優秀であること
イ 英検 2 級または、TOEIC600 または、TOEFL450(CBT133 ／ iBT47) 以上。または、それに準ずるもの

【帰国入試Ⅱ型 (国内滞在生)】
(1)2005 年 4 月 2 日～ 2006 年 4 月 1 日に出生の女子
(2) 海外滞在 1 年以上、帰国後 3 年以内
(3) 本校の書類選考基準に適合していること書類選考基準①～③のいずれかでアとイの両方を満たすこと
①国内公立中学校在籍者ア 3 年 (前期・一学期) の 5 教科評定が、21 ／ 25 以上。イ英検準 2 級以上または、TOEIC500 または、TOEFL400(CBT120 ／ iBT40) 以上。または、それに準ずるもの
②文部科学大臣の認定を受けた日本人学校在籍者ア日本人学校での最終成績が 5 教科 (英数国社理 5 段階評定の成績の合計で 19 ／ 25 以上。イ英検準 2 級以上または、TOEIC500 または、TOEFL400(CBT120 ／ iBT40) 以上。または、それに準ずるもの
③海外の現地校・インターナショナルスクール在籍者
ア 海外の現地校・インターナショナルスクールでの学業成績が優秀であること。
イ 英検 2 級または、TOEIC600 または、TOEFL450(CBT133 ／ iBT47) 以上。または、それに準ずるもの

【帰国入試Ⅲ型 (海外・国内滞在生)】
(1)2005 年 4 月 2 日～ 2006 年 4 月 1 日に出生の女子
(2) 海外滞在 1 年以上、帰国後 3 年以内

●出願書類　出願前に提出。詳細は要項をご確認ください。

●日程等

区分	募集	出願	試験	発表	選考方法
Ⅰ型	若干名	Web・窓口 10/15 ～ 31	−	11/12	書類選考
Ⅱ型	若干名	Web・窓口 11/9-12/9	−	12/10	書類選考
Ⅲ型	若干名	Web・窓口 11/9-12/18	12/19	12/19	A 方式：国語・数学・作文 (日本語)・面接 (本人) B 方式：国語・数学・英語・作文 (日本語)・面接 (本人) C 方式：英語・作文 (日本語)・面接 (本人)

編 入 学

●編入学時期　〔1・2 年生〕欠員がある場合、随時
●出願資格・条件　①海外からの帰国生②県外からの一家転住者
・海外滞在 1 年以上、帰国後 3 年以内
・保護者のいずれかが同居
●選考方法　国内編入：国語・英語・数学・面接 (本人)
帰国生：①国語・英語・数学②国語・英語③数学・英語以上から一つ選択
作文 600 字程度 (日本語)・面接 (本人)

受 入 後

●教育方針　高 1 を「展開期」、高 2･3 を大幅な選択制による「発展期」の、2 つのステージと考える本校独自の 2・3 システムや、生徒一人ひとりの個性や自主性を大切に考えることから生まれた One on One システムによって、高校 3 年間を生徒にとって、もっとも有意義なものとする。

私立 共学

受入開始　1993 年度

横浜隼人高等学校
（よこはまはやと）

〒 246-0026　（担当：山口敦夫）
神奈川県横浜市瀬谷区阿久和南 1-3-1
▶▶（相鉄本線希望ヶ丘駅・三ツ境駅）
TEL 045-364-5101　FAX 045-366-5424
URL http://www.hayato.ed.jp/
生徒数　男 798　女 870　合計 1668

帰国子女在籍者数	1 年	2 年	3 年	計
	0	4	4	8

入 学

●出願資格・条件
2021 年 3 月までに中学校を卒業見込み、または外国において学校教育における 9 年の課程を修了した者で次の条件を満たす者
(1) 原則として保護者とともに外国に 2 年以上継続して在住した者で、2018.4.1 以降に帰国した者。
(2) 2021.4.1 現在神奈川県内または東京都内の通学圏内に保護者とともに居住することが確実な者

●出願書類
・入学願書・調査書（現地校出身者は海外における最終学校の成績証明書またはこれに代わるもの）・推薦書（推薦入試のみ）

●日程等

区分	募集	出願	試験	発表	選考方法
A	若干名	1/16 ～ 17	1/22	1/23	書類審査、面接
B		1/24 ～ 31	2/10	2/12	普通科：国・英・数 国際語科：国・英
C		3/1 ～ 3	3/4	3/4	

※ A：推薦　B：一般 1 次（A 方式：書類選考、B 方式：学科試験）　C：一般 2 次（学科＋面接）
※チャレンジ試験：2/10（詳細は募集要項を確認）
※帰国子女については特殊な事情を十分考慮に入れた判定を行っている

●応募状況

年度＼人数	募集人員	出願者	受験者	合格者	入学者
2019	若干名	3	3	3	3
2020	若干名	0	0	0	0

編 入 学

●編入学時期・定員〔1・2 年生〕随時。若干名
※事情に応じて随時相談にのっている
●出願資格・条件・出願書類　入学に準ずる
●選考方法　国語・数学・英語、面接
● 2019 年度帰国子女編入学者数

1 年	0	2 年	1	3 年	0

受 入 後

●特色
設置学科は普通科と国際語科。国際語科では TOEIC、EFL、海外研修、全国レベルのスピーチコンテスト参加などにより進学実績を上げている。

●卒業生（帰国生徒）の進路状況
横浜市立大、慶應義塾大、上智大、中央大、立教大、法政大、青山学院大、神奈川大、神田外語大など。

私立 共学

▷▷ 中 158P

よこはまふじみがおかがくえん

横浜富士見丘学園高等学校

（担当：中山憲一）

〒 241-8502
神奈川県横浜市旭区中沢 1-24-1
▶▶（相鉄線二俣川駅）
TEL 045-367-4380 FAX 045-367-4381
URL http://www.fujimigaoka.ed.jp

生徒数　男 20　女 200　合計 220

帰国子女在籍者数	1 年	2 年	3 年	計
	1	2	0	3

入学

●**出願資格・条件**
・2005 年 4 月 2 日～ 2006 年 4 月 1 日に出生の生徒
・海外滞在 1 年以上の者（原則）

●**出願書類**
・志願票（本校所定）
・海外在学校の通知書（調査書）
・海外滞在を証明する書類（保護者）

●**日程等**
随時。
※帰国生特別方式での募集あり（本校にお問い合わせください）

●**応募状況**

年度＼人数	募集人員	出願者	受験者	合格者	入学者
2019	若干名	2	2	2	2
2020	若干名	2	1	1	1

編入学

●**編入学時期**〔1・2 年生〕随時。2 年生は 9 月まで。
●**出願資格・条件** 事前に担当にお問い合わせください。
●**選考方法**　随時。

● **2019 年度帰国子女編入学者数**

1 年	2	2 年	0	3 年	0

受入後

●**指導**
週 2 回リーディングの授業で取り出し授業を実施。

●**教育方針**
敬愛・誠実・自主の校訓のもと、CEFR で B2 レベル以上の英語力の育成と難関大学合格力の養成を行い、たくましくしなやかに 22 世紀を創造する人材育成を目指す。

●**特色**
2019 年度より男女共学化。男子は特進クラスのみの募集。女子は私立文系の進学クラスと国公立・難関文系大学・理数系大学を目指す特進クラスの募集。高 1 はオンライン英会話必修。

●**進学特例条件**
国公立、難関私立大学をはじめ、卒業生の約 9 割が現役で大学へ進学している。

私立 男子

▷▷ 中 160P

受入開始　1980 年度

かまくらがくえん

鎌倉学園高等学校

（担当：武田隆）

〒 247-0062
神奈川県鎌倉市山ノ内 110
▶▶（JR 横須賀線北鎌倉駅）
TEL 0467-22-0994 FAX 0467-24-4352
URL https://www.kamagaku.ac.jp

生徒数　男 1043　合計 1043

帰国子女在籍者数	1 年	2 年	3 年	計
	10	8	9	27

入学

●**出願資格・条件**
【共通資格】2005.4.2 ～ 2006.4.1 に出生、自宅から通学可能な者
【A 方式（書類選考）】
・海外滞在 2 年以上、帰国後 1 年以内（原則）・文部科学大臣の認定を受けた日本人学校在籍者は主要 5 科（英数国理社）の最終成績合計が 5 段階評価で 20/25 以上または国内公立中 3 年（前期・一学期）の成績が 22/25 以上であり、かつ英検 2 級以上またはTOEFL450(CBT130/iBT45) 以上またはそれに準ずる者・海外の現地校やインターナショナルスクール在籍者は日本の中学校に相当する課程の学業が優秀で、かつ英検準 1 級以上またはTOEFL550 (CBT213/iBT79) 以上またはそれに準ずる者
【B 方式】海外滞在 1 年以上、帰国後 2 年以内（原則）

●**出願書類**
【A 方式】（インターネット出願）・自己アピール作文（本校所定のもの）・調査書または成績証明書・英検などの資格証明書・滞在を証明する書類
【B 方式】（インターネット出願）・調査書または成績証明書・滞在を証明する書類

●**日程等**

区分	募集	出願	試験	発表	選考方法
A	若干名	10/16～31	―	11/9	書類選考
B	若干名	1/25～30	2/11	2/12	国・数・英

※ A：A 方式　B：B 方式

●**応募状況**

年度＼人数	募集人員	出願者	受験者	合格者	入学者
2019	特に定めず	35	25	24	6
2020	特に定めず	50	40	37	9

編入学

●**編入学時期・定員**〔1 年生〕9、1 月〔2 年生〕4、9、1 月。欠員がある場合のみ。若干名
※帰国・転居時期を考慮し、相談により決定
●**出願資格**　海外帰国生（海外から転居）
●**出願書類**　・志願票・成績証明書・転校照会書（可能なら）
●**選考方法**　数学・英語・国語、面接（本人）

● **2019 年度帰国子女編入学者数**

1 年	2	2 年	1	3 年	／

受入後

●**指導**　高 1 では英数クラス分けテストで、高 2 以降は、本人の希望によりクラス分けを行い、一般生徒と同じに扱う。必要に応じて帰国生のための特別な補習授業を行う。
●**教育方針**　生徒の自主性を重んじ、真の文武両道を目指す。
●**特色**　明るく元気に楽しく生活することをモットーに掲げ、放課後にクラブ活動、生徒会活動等で元気な学校。

私立 女子

▷▷ 中 160P

かま くら じょ がく いん
鎌倉女学院高等学校

〒 248-0014 （担当：根岸真由美）
神奈川県鎌倉市由比が浜 2-10-4
▶▶（JR 横須賀線鎌倉駅）
TEL 0467-25-2100 FAX 0467-25-1358
URL http://www.kamajo.ac.jp
生徒数 女 487 合計 487

1 年	2 年	3 年	計
20	12	21	53

編入学

●編入学時期・定員 〔1・2 年生〕随時〔3 年生〕4 月。欠員がある場合のみ、若干名
●出願資格・条件 海外からの直接の一家転住者
●出願書類 ・入学願書一式（所定用紙）
・成績証明書
●選考方法 国語・数学・英語、面接（保護者同伴）
※英語に重点を置いて判定する

● 2019 年度帰国子女編入学者数

1 年	0	2 年	0	3 年	0

受入後

●指導・教育方針
心身ともに健康で、個性豊かな人間教育を目標に、生徒各人の能力を、自らの努力によって伸ばし、社会に貢献できる生徒を育成するよう努めている。6 カ年一貫の 4 年制大学進学を目指した教育課程を編成、英語教育を重視し、高学年の英会話においては、分割クラスによる少人数教育によって指導の徹底をはかっている。また、ネイティブ教師による生きた英語の習得にも力を入れている。充実した語学教育に加え、21 世紀に活躍する人材を育成するべく、「国際理解教育」「情報教育」「環境教育」「日本伝統文化理解教育」の 4 分野を軸に、中学では鎌倉学、高校では国際・環境学を特徴とした新しいプロジェクトが各教科、学校行事、課外活動でさまざまな手法を用いて展開されている。
●卒業生（帰国生徒）の進路状況
慶應義塾大、早稲田大、明治大、立教大、横国大、ICU、お茶の水大、昭和大 など。

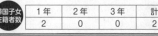

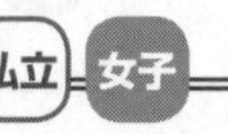

私立 女子

▷▷ 中 161P

受入開始 2016 年度

かま くら じょ し だい がく
鎌倉女子大学高等部

〒 247-8511 （担当：入試広報部）
神奈川県鎌倉市岩瀬 1420
▶▶（JR 東海道線、横須賀線、京浜東北線・根岸線、湘南モノレール 大船駅 /JR 京浜東北線、根岸線 本郷台）
TEL 0467-44-2113 FAX 0467-44-2103
URL http://www.kamakura-u-j.ed.jp
生徒数 女 318 合計 318

1 年	2 年	3 年	計
2	0	0	2

入学

●出願資格・条件
海外滞在 1 年以上、帰国後 3 年以内
●出願書類
・入学願書（本校所定）・海外在留証明書（本校所定）
・調査書（公立高等学校用）
●日程等

募集	出願	試験	発表	選考方法
若干名	12/1 ～ 14	12/18	12/18	自己 PR 作文・面接
若干名	1/24 ～ 2/1	2/10	2/10	自己 PR 作文・面接

●応募状況

年度 \ 人数	募集人員	出願者	受験者	合格者	入学者
2019	若干名	0	0	0	0
2020	5 名	2	2	2	2

編入学

●編入学時期・定員 〔1 ～ 3 年生〕随時、若干名
●出願資格・出願書類・選考方法 入学に準ずる
● 2019 年度帰国子女編入学者数

1 年	0	2 年	0	3 年	0

受入後

●指導 通常学級での学習。
●教育方針
建学の精神にもとづき「豊かな人間性を育む」、「自立して活躍できる確かな学力を育む」、「国際社会で活躍できる語学力・表現力を育む」という 3 つを柱とする教育活動を展開しています。
●特色
2021 年夏、新しい校舎が完成します。2020 年 4 月から「国際教養クラス」と「プログレスコース」の 2 つの新しいコースを設置しました。「国際教養コース」では、帰国生の受け入れを行います。「国際教養コース」では、異文化理解の見識を備えた世界に通用する真の国際人を育成していくコースで、国公立大学や早慶上理、海外大学への進学を目指します。語学教育については、マンツーマンでのオンライン英会話や生徒各自の iPad での多読多聴、ロサンゼルス研修旅行などのアクティビティを積極的に取り入れ、英語 4 技能を伸ばし、グローバル社会のリーダーとして、国際社会で活躍できる人材を育成します。
●進学特例条件
一定の成績基準を満たしている場合、鎌倉女子大学の併願確約制度を利用することができる。

私立 女子

▷▷ 中 161P

北鎌倉女子学園高等学校
（きたかまくらじょしがくえん）

（担当：教務部）
〒 247-0062
神奈川県鎌倉市山ノ内 913
▶▶（JR 横須賀線北鎌倉駅）
TEL 0467-22-6900　FAX 0467-23-6900
URL https://www.kitakama.ac.jp

生徒数　女 340　合計 340

帰国子女在籍者数	1 年	2 年	3 年	計
	0	2	0	2

入学

●**出願資格・条件**
① 2005.4.2 ～ 2006.4.1 までに生まれた女子
② 2020 年 12 月末日現在で、原則として海外生活が継続して 1 年以上で、帰国後 2 年以内の者
③入学後、保護者と同居する者
※海外での通学校に関しては条件はない

●**出願書類**
・入学志願票・受験票（以上本校所定）・調査書（公立高等学校用）・海外在留証明書

●**日程等**

募集	出願	試験	発表	選考方法
10	1/7～14	1/16	1/16	英語・作文、面接

※募集は普通科募集人員に含む。作文は日本語 800 字
※面接は日本語のみ
※書類選考入試あり

●**応募状況**

年度＼人数	募集人員	出願者	受験者	合格者	入学者
2019	10	0	0	0	0
2020	10	0	0	0	0

編入学

●**編入学時期**　〔1 年生〕1 月　〔2 年生〕4、8 月末
●**出願資格・条件**　現地校・日本人学校ともに可
●**選考方法**　国・数・英、面接の総合結果で判断
● **2019 年度帰国子女編入学者数**

1 年	0	2 年	0	3 年	0

受入後

●**指導**　遅れている科目があれば補習を行う。成績により特別進学クラスに入ることも可能。
●**教育方針**　①科学的、合理的な思考力、判断力をもった知性の涵養　②やさしく、明るく、潤いと安らぎを与える心の育成　③健康な身体と強い体力に裏づけされた強い意志による実践力の充実。
●**特色**　理解し、実践して得た喜びを体得し、興味と関心を高め、やがて積極的な自学自習が行える態度を養う。反復練習することにより、基礎学力、能力の充実向上を図る。科学的、合理的思考力と判断力を養い、創造性を高める。
●**卒業生の進路状況**　8 割以上の生徒が現役で 4 年制大学へ進学。

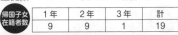

私立 女子

▷▷ 中 162P 大 575 611P 短 669P

受入開始　1994 年度

清泉女学院高等学校
（せいせんじょがくいん）

（担当：中学入試・広報部）
〒 247-0074
神奈川県鎌倉市城廻 200
▶▶（JR 東海道線・横須賀線・根岸線大船駅）
TEL 0467-46-3171　FAX 0467-46-3157
URL http://www.seisen-h.ed.jp

生徒数　女 497　合計 497

帰国子女在籍者数	1 年	2 年	3 年	計
	9	9	1	19

編入学

●**編入学時期・定員**　〔1 年生〕7、12、3 月。定員は特に定めず。
●**出願資格・条件**　事前に学校に問い合わせること
●**出願書類**　※ web 出願
・中学校 3 年生の通信簿の写し、または海外現地校の場合、その学校の成績書類の写し
●**選考方法**　国 50 分・数 50 分・英 60 分（リスニング 10 分含む）、面接（保護者および本人）
● **2019 年度帰国子女編入学者数**

1 年	0	2 年	0	3 年	0

受入後

●**指導**
他の生徒と伍して勉強していけるように選抜しているので、普通のクラスに入れ、できるだけ早く一般の生徒になじませる。それを通し、異文化体験が友人のためにも役立つことを期待している。（7、12 月編入試験で入学した転入生については、転編入ということへの対応のため、特別に相談をする担当教員を定めている。また、父母との連絡も特に密にしている）

私立 別学

▷▷ 中 164P

受入開始　1982 年度

桐光学園高等学校

とうこうがくえん

〒 215-8555　（担当：三浦敏行）
神奈川県川崎市麻生区栗木 3-12-1
▶▶（小田急多摩線栗平駅）
TEL 044-987-0519　FAX 044-989-6625
URL http://www.toko.ed.jp

生徒数　男 1200 女 597　合計 1797

帰国生徒在籍者数	1 年	2 年	3 年	計
	61	100	79	240

入学

●**出願資格・条件**　保護者の海外在留に伴う海外在住期間が通算 1 年以上で、2018 年 1 月以降に帰国した者。原則として保護者のもとから通学可能な者。

●**出願書類**
・web 出願（必要事項を記入）
・調査書（郵送）

●**日程等**

区分	募集	出願	試験	発表	選考方法
A	若干名	インターネット 12/12～1/4	1/5	1/6	英語 受験生面接（日本語）
B					

※ A：〔男子〕SA コース　B：〔女子〕SA コース

●**応募状況**

年度＼人数	募集人員	出願者	受験者	合格者	入学者
2019	若干名	33	33	20	－
2020	若干名	44	44	27	7

編入学

●**編入学時期・定員**　〔1 年生〕8、1 月
〔2 年生〕4、8、1 月。若干名

●**出願資格・条件**　一家転住に伴う海外帰国生徒。

●**出願書類**　①転学照会 (1 通)（在学証明書でも可）②成績証明書 (1 通) ③願書（①、②は在学中の学校からそろえる。③は本人の写真貼付、本校所定のもの）
※英検等の資格を有する場合はその証明書の写し。

●**選考方法**　国語・数学・英語、面接（本人・保護者）
※選考については、帰国生枠はないが、特別な配慮をしている。

●**2019 年度帰国子女編入学者数**

1 年	2	2 年	2	3 年	0

受入後

欧米及びアジア圏からの帰国生は在校生の 10 ～ 15%。希望者には英語取り出し授業を実施。
池上彰、羽生善治らを招いた「大学訪問授業」。ケンブリッジ大学やイートン校などへの国際プログラム。
塾・予備校を必要としない 600 を超える講習制度。
Chrome book を活用した授業も多い。
文化部 31 種、運動部 20 種。
帰国生の合格実績：東大、一橋、筑波、早稲田、慶応、ICU、MARCH など。

入編

私立 女子

▷▷ 中 164P

受入開始　1998 年度

日本女子大学附属高等学校

にほんじょしだいがくふぞく

〒 214-8565　（担当：薄由美）
神奈川県川崎市多摩区西生田 1-1-1
▶▶（小田急線読売ランド前駅）
TEL 044-952-6705　FAX 044-954-5450
URL http://www.jwu.ac.jp/hsc/

生徒数　女 1130 合計 1130

帰国子女在籍者数	1 年	2 年	3 年	計
	2	5	0	7

入学

●**出願資格・条件**　次の 1.2 のいずれかを満たし、入学後保護者の元から通学できる方です。
1. 保護者と共に海外に在住する期間が小学校 6 年次 6 月以降に 1 年以上あり、中学校 1 年次（2018 年）の 6 月以降に帰国して日本の中学校またはこれに準ずる学校を 2021 年 3 月に卒業見込みの者。
2. 2006 年 4 月 1 日までに生まれ、保護者と共に継続して 1 年以上海外に在住し、日本の中学校に相当する海外の教育課程を修了した者、もしくは中学校に相当する海外の学校に在籍中の者。

●**出願書類**（WEB 出願後、書類郵送）
・入学願書一式（所定用紙）
・海外における学校の成績表の全てのページのコピー（在学期間明記）、日本人学校の場合は調査書
・帰国後、国内の中学校に在籍した者は、その調査書（帰国直後で調査書が発行されない場合、在学証明書）及び海外在住時の成績表 1 年分の全てのページのコピー（直近のもの、在学期間明記）
・保護者の在外勤務証明書

●**日程等**（WEB 出願後書類郵送）

募集	出願	試験	発表	選考方法
特に定めず	1/25～2/5	2/10	2/11	国・数・英、面接

※一般入試と同日 、同一問題で実施し、査定の際に優遇

●**応募状況**

年度＼人数	募集人員	出願者	受験者	合格者	入学者
2019	特に定めず	9	8	6	5
2020	特に定めず	3	3	2	2

※補欠合格者を含む

編入学

欠員がある場合のみ。

受入後

●**指導**
帰国生徒も他の入学者とまったく同じ条件で、本校の一員として学校生活を送る。校風は自主自律を重んじ、自由で明るい雰囲気。創立時より個性を尊重しつつ、品位ある豊かな人格形成を目指している。

●**進学特例条件**
普通に学校生活を送っていれば併設大学へ推薦され、定員内であれば、原則本人の希望する学部学科に入学している。

●**卒業生（帰国生徒）の進路状況**
全員が 4 年制大学に進学。

私立 共学

▷▷ 中 165P 大 584P

ほうせいだいがくだいに
法政大学第二高等学校

（担当：入試広報委員会）
〒211-0031
神奈川県川崎市中原区木月大町 6-1
▶▶（JR 南武線・横須賀線武蔵小杉駅、東急東横線・目黒線武蔵小杉駅）
TEL 044-711-4321 FAX 044-733-5115
URL http://www.hosei2.ed.jp

生徒数 男 1165 女 739 合計 1904

帰国子女在籍者数	1年	2年	3年	計
	4	2	8	14

入学

●出願資格・条件
海外で 1 年以上中等普通教育を受け、2019 年 3 月以降に帰国した（帰国予定を含む）受験生を「帰国生」とし、学科試験の合否判定において若干考慮する

●出願書類
願書を参照すること

●日程等

募集	出願	試験	発表	選考方法
特に定めず	1/28～2/4	2/11	2/13	国語・英語・数学

※帰国生入試としての「帰国生枠」は設けていない。「帰国生」として学科試験を受験した場合、試験後に保護者同伴の面接を行い、合否判定において若干考慮する。毎年 20 名近くの受験生が受験している

●応募状況

年度＼人数	募集人員	出願者	受験者	合格者	入学者
2020	特に定めず	18	14	2	0

受入後

●指導 一般入試の受験生と同じ扱いとなる。英語を含めた全教科において、習熟度別の授業など特別編成のクラスを行わない。ただし、英語（全学年）・数学（高1）において分割授業を実施（クラスを 2 分割）。なお、高校 3 年生においては進路要求別クラスになる（理系・文系）。

●教育方針 法政二中高の教育は、多様な個性がぶつかりあいながら、それぞれの違いを認めあい、互いに成長していくことを大切にしている。クラスの中には、理系の得意な生徒もいれば、帰国生もいる。スポーツで全国級の活躍をする者もいれば、芸術の才に秀でた者もいる。これが本校の特徴。なお、様々な入試経路で入学した生徒（男女含め）が満遍なくバランスのとれたクラス編成になるよう留意している。

●特色 中学、高校の 6 年間の学校生活を通じて、「将来の主権者としての基本を獲得し、多様化する社会及び課題に対して、他者と共同・協力しつつ、自分たちの未来を自ら切り開いていこうとする生徒」を育てる。そのためには、学習活動はもちろんのこと、クラス活動や諸行事、更には部活動をはじめとした自主活動を通じて「総合的」に、また発達段階を踏まえて育てていく。

●進学特例条件 一定の条件を満たしていれば、法政大学へ推薦で進学可能（有資格者全入制度）。

●卒業後（帰国生徒）の進路状況
多くの生徒が法政大学へ進学。

私立 女子

▷▷ 中 166P

受入開始 1982 年度

せいわがくいん
聖和学院高等学校

（担当：栢本さゆり）
〒249-0001
神奈川県逗子市久木 2-2-1
▶▶（JR 横須賀線逗子駅、京浜急行新逗子駅）
TEL 046-871-2670 FAX 046-873-5500
URL https://www.seiwagakuin.ed.jp

生徒数 女 80 合計 80

帰国子女在籍者数	1年	2年	3年	計
	1	1	1	3

入学

●出願資格・条件
日本国籍を有する者のうち保護者の海外勤務に伴って外国に滞在した者で次に該当する者
・2021 年 3 月中学校卒業見込みの女子
・原則として 1 年以上海外で生活し、帰国して 3 年以内の者

●出願書類
・入学志願票（本校所定のもの）
・調査書
・各種検定合格者は合格証の写し

●日程等

募集	出願	試験	発表	選考方法
若干名	未定	未定	未定	英、作文、面接（本人）

※帰国子女については、推薦とは別基準で判定する。なお、事前来校相談により一般入試の受験も可能
※出願資格・条件、出願書類、入試日程については必ず 2020 年高等学校生徒募集要項を確認のこと

●応募状況

年度＼人数	募集人員	出願者	受験者	合格者	入学者
2019	若干名	1	1	1	1
2020	若干名	1	1	1	1

編入学

●編入学定員 若干名
●出願資格・条件・出願書類・選考方法 入学に準ずる
● 2019 年度帰国子女編入学者数

1年	0	2年	0	3年	0

受入後

●指導
「英語科」で受け入れ、海外生活で培われた感性や価値観を大切にしながら、バランスよく学力を伸ばしたい。

●教育方針
「使える英語を通した国際理解教育」「聖書を通した心の教育・教養教育」を通して、主体的に学び、国際社会で幅広く活躍できる日本女性としての豊かな感性、表現力を備えた国際人を育てていく。

●卒業生（帰国生徒）の進路状況
国際教養大、慶應義塾大、上智大、早稲田大、青山学院大、立教大、明治大、中央大、法政大など。

私立 共学

▷▷ 中 166P

受入開始　1999 年度

アレセイア湘南（しょうなん）高等学校

（担当：荒川雄一郎）

〒 253-0031
神奈川県茅ケ崎市富士見町 5-2
▶▶（JR 東海道本線辻堂駅・茅ヶ崎駅）
TEL 0467-87-0132　FAX 0467-86-7350
URL http://www.aletheia.ac.jp/h/
生徒数　男 278　女 384　合計 662

帰国子女在籍者数	1 年	2 年	3 年	計
	4	5	10	19

入学

●出願資格・条件
・海外で 1 年以上中等普通教育を受けた者
・2020 年 4 月以降に帰国し、中学 3 年に転入した者、または出願時点で海外に在住している者

●出願書類
・入学願書一式

●日程等

募集	出願	試験	発表	選考方法
若干名	1/24～2/1	2/12	2/12	国語・数学・英語、面接

※出願希望者は事前に相談すること
※他の入試との併願可

●応募状況

年度＼人数	募集人員	出願者	受験者	合格者	入学者
2019	若干名	0	0	0	0
2020	若干名	0	0	0	0

編入学

●編入学時期　〔1 年生〕9、1 月〔2 年生〕4、9、1 月〔3 年生〕4 月
●出願資格・条件　県外からの一家転住・海外からの帰国生
●出願書類　・入学志願書・中学卒業後の学習を証明できる書類
●選考方法　国語・数学・英語、面接
※原則各学期試験実施の直前までの試験範囲

● 2019 年度帰国子女編入学者数

1 年	0	2 年	0	3 年	0

受入後

●指導　帰国生への特別な講座・授業はない。個々の状況により相談を受けつけている。
●教育方針　“アレセイア”とは、ギリシア語で「真理」を意味する。「真理はあなたたちを自由にする」（ヨハネによる福音書 8 章 32 節）に示される教育理念に基づき、「精神の自由（真の知性）」と「良心の自由（人間としての品位）」を育て、生徒達がこの自由を胸に「喜びある人生」に向かうことを目指す。
●特色　高校から入学する生徒は国公立大学、難関私立大を目指す特進選抜コース、特進コースと、4 年制大学、短大、専門学校など幅広い進路を目指す進学コースに分かれる。3 コースとも高 2 からは文理別クラスを編成する。
これらに加え GU(GROW UP) システムとして土曜日、放課後、夏冬春休みには GU セミナーという受験対策講座を開講する。またアレセイア独自で大学見学会を開催する。目的意識を持って授業や進路準備学習に取り組めるよう、きめ細かく指導を行っている。
ネイティブが英語で授業をする「国際英語塾」は国際大学連合と連携した「使える英語力」を育成するプログラム。英語を駆使できる真の国際人を目指し、多くの生徒が学んでいる。

私立 共学

▷▷ 中 167P 大 590 607P

受入開始　1992 年度

慶應義塾湘南藤沢（けいおうぎじゅくしょうなんふじさわ）高等部

（担当：事務室）

〒 252-0816
神奈川県藤沢市遠藤 5466
▶▶（小田急線・相鉄線・横浜市営地下鉄湘南台駅よりバス、JR 東海道線辻堂駅よりバス）
TEL 0466-49-3585
URL http://www.sfc-js.keio.ac.jp
生徒数　男 348　女 370　合計 718

帰国子女在籍者数	1 年	2 年	3 年	計
	36	33	47	116

※高等部帰国生枠での入学者数

入学

●出願資格・条件
下記の (1)(2) のどちらも満たしている者に限る
(1) 2020 年 4 月以降、2021 年 3 月末までに、学校教育における 9 年の課程を修了または修了見込みの者。ただし、「9 年の課程」とは、我が国の義務教育の課程に相当するものであること
(2) 次の①～④のいずれかに該当 ① 2018.4.1 ～ 2021.3.31 までの 3 年間に通算 1 年 6 ヶ月以上、国外の学校に在籍した者 ② 2015.4.1 ～ 2021.3.31 までの 6 年間に通算 3 年間以上、国外の学校に在籍した者 ③ 2012.4.1 ～ 2021.3.31 までの 9 年間に通算 5 年間以上、国外の学校に在籍した者 ④国外学校在籍期間と国内在住期間をそれぞれ、2021 年 3 月から始めて 2012 年 4 月に向けて遡って数えていき、「ある時点」でそれまでの通算国外学校在籍期間が通算国内在住期間をうわまわること。ただし、「ある時点」では、通算国外学校在籍期間が 18 ヶ月 (1 年 6 ヶ月) 以上であること。

●出願書類
入学志願書・整理票綴り・調査書（所定用紙）国外の学校に在籍したため所定用紙が作成できない部分は中学校 1 ～ 3 年についての学習状況がわかるように成績表（コピー）等提出・活動報告書

●日程等

募集	出願	試験	発表	選考方法
約 30	12/7～1/7	2/12	2/13	国･数･英、面接(本人)

※英語はリスニング含む

●応募状況　※補欠合格者を含む

年度＼人数	募集人員	出願者	受験者	合格者	入学者
2019	約 30	213	183	71	33
2020	約 30	236	205	69	36

受入後

●進学特例条件
推薦により慶應義塾大学の各学部へ進学できる。

▷▷ 中 167P

受入開始　1992 年度

湘南白百合学園高等学校
（しょうなんしらゆりがくえん）

（担当：林和）

〒 251-0034
神奈川県藤沢市片瀬目白山 4-1
▶▶（湘南モノレール片瀬山駅 徒歩 7 分、JR、小田急 藤沢駅下車 江ノ電バス 片瀬山入口 徒歩 3 分）
TEL 0466-27-6211　FAX 0466-22-4482
URL http://www.shonan-shirayuri.ac.jp

生徒数　女 497　合計 497

帰国子女在籍者数	1 年	2 年	3 年	計
	13	12	11	36

編 入 学

●編入学時期・定員　〔1 年生〕4 月（試験実施 2 月）、9 月（試験実施 7 月）。欠員がある場合のみ。
●出願資格・条件　海外からの直接の一家転住者
●出願書類　本校指定の入学願書一式、海外校における成績証明書
●選考方法　国語、数学、英語、面接（保護者同伴）

● 2019 年度帰国子女編入学者数

1 年	0	2 年	1	3 年	0

受 入 後

●指導
・習熟度別の少人数クラス編成で授業を展開し、生徒の適性・能力・進路に応じて選択できる「選択科目制」を取り入れている。
・国内、国外様々な語学研修を実施している。学年や個々の語学力に合わせた研修を選択できる。
・校内にてオンライン英会話実施。校内実施のもの、学校を通して申込み家庭で実施できるものなど。
・模擬国連、高校生ディベート大会、英字新聞発行など帰国生の活躍の場は多い。
・セントメリーズカレッジとパートナー提携。海外大学を志望する生徒の選択肢となっている。

●卒業生（帰国生・編入生）の進路状況
東京大、東京外国語大、東工大などの首都圏国公立大の他、早慶上理などの難関私大への進学者は多数。
また医学部医学科への進学者が多いことが特徴。海外大学への進学者も増加傾向にある。

私立　女子

▷▷ 小 58P 中 169P

聖セシリア女子高等学校
（せいじょし）

（担当：大橋貴之）

〒 242-0006
神奈川県大和市南林間 3-10-1
▶▶（小田急線南林間駅、東急田園都市線中央林間駅）
TEL 046-275-3727　FAX 046-275-4080
URL https://www.cecilia.ac.jp/

生徒数　女 289　合計 289

帰国子女在籍者数	1 年	2 年	3 年	計
	4	7	9	20

入 学

【帰国生入試：書類選考】
●出願資格・条件
①海外在籍 1 年以上（原則）し、次のいずれかを満たす者
・帰国後 3 年以内で、2021 年 3 月に国公立中学校を卒業見込み。
・2021 年 3 月末までに帰国予定。
②本校の教育理念に賛同できる者
③書類選考基準を満たす者
※書類選考は帰国後に国公立に在籍している者、及び海外在籍中で日本人学校に在籍している者が対象となります。
●出願書類
①入学願書（本校所定用紙）
②調査書（公立学校と同一書式）
【帰国生入試：オープン】
●出願資格・条件
①海外在籍 1 年以上で、2021 年 3 月末までに帰国予定の者
② 2005 年 4 月 2 日～ 2006 年 4 月 1 日に出生の者
③本校の教育理念に賛同できる者
●出願書類
①入学願書（本校所定用紙）
②学習成績が記載された成績証明書
●日程等

区分	募集	出願	試験	発表	選考方法
A	若干名	12/1 ～ 12	–	12/14	書類選考
B			12/13		英語

※ A ＝帰国生入試：書類選考　B ＝帰国生入試：オープン

編 入 学

●編入学時期・定員　〔1 年生〕9 月。欠員がある場合
●出願資格・条件　海外滞在期間 1 年以上で帰国後半年以内の者
●出願書類
・入学願書一式（本学所定のもの）
・在学証明書
・海外における学校の成績証明書（日本人学校の場合、調査書）
・帰国後、国内の中学校に在籍した者はその調査書
●選考方法　国・数・英、面接（保護者同伴）

● 2019 年度帰国子女編入学者数

1 年	0	2 年	0	3 年	0

受 入 後

●指導・教育方針　「信じ、希望し、愛深く」を校訓とし、社会に奉仕できる女性の育成を目指している。緑豊かな広い校地に 1 クラス 30 名程度の少人数制教育を行っている。帰国子女ゆえに行う指導は特にないが、国語力に劣るといったような場合には、個別に指導を行う。
●進学特例条件　指定校推薦は、上智大学、青山学院大学など 136 校 570 名以上の枠がある。
●卒業生の進路状況　4 年制大学 92% 、短大 3% 、専門学校 3% 、進学準備他 2 % 。

▷▷ 小 59P 中 170P

受入開始　2004 年度

函嶺白百合学園高等学校

（かんれいしらゆりがくえん）

（担当：柳 宣宏）

〒250-0408
神奈川県足柄下郡箱根町強羅 1320
▶▶（箱根登山鉄道強羅駅）
TEL 0460-87-6611 **FAX** 0460-87-6614
URL http://www.kanrei-shirayuri.ed.jp
生徒数　女 105　合計 105

帰国子女在籍者数	1年	2年	3年	計
	2	1	1	4

入学

●出願資格・条件
・海外での在住期間が通算で1年以上の女子。
・本校生と同一カリキュラムで学習できる資質を有する者

●出願書類
・入学願書及び添付書類（所定用紙）・海外在住時の成績表（写し）1年分・出身学校の調査書・出欠の記録（所定用紙）

●日程等

募集	出願	試験	発表	選考方法
若干名	12/11～24	1/6	1/6	英語（リスニング有）・数学・国語、面接（保護者同伴）

※英検準2級以上、英語試験免除。
　英検3級以上、40 点加点

●応募状況

年度＼人数	募集人員	出願者	受験者	合格者	入学者
2019	若干名	1	1	1	1
2020	若干名	0	0	0	0

編入学

●編入学時期・定員〔1年生〕随時。若干名

● 2019年度帰国子女編入学者数

1年	0	2年	0	3年	0

受入後

●指導
個々に、親身になって対応すると共に、異文化の貴重な体験者として在校生にも発信する機会を増やしている。

●教育方針
キリスト教（カトリック）的精神に基づいて、正しい世界観と道徳的信念を養い、神のみ前に誠実に生き、愛をもって人類社会に奉仕できる人間の育成を目的としている。

●特色
生徒たちは、箱根という恵まれた自然環境の中で、「一流の国際人」をめざして、心豊かに成長している。

●卒業生（帰国生徒）の進路状況
横浜市立大、上智大短大部。

▷▷ 大 609P

受入開始　1968 年度

敬和学園高等学校

（けいわがくえん）

（担当：真野、中塚、岩原）

〒950-3112
新潟県新潟市北区太夫浜 325
▶▶（JR 白新線 新崎駅 または JR 白新線 豊栄駅）
TEL 025-259-2391 **FAX** 025-259-7281
URL http://www.keiwa-h.jp/
生徒数　男 343　女 257　合計 600

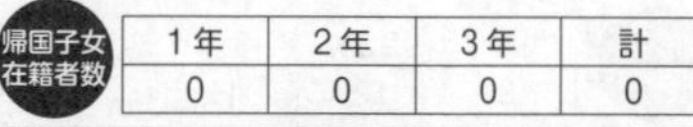

帰国子女在籍者数	1年	2年	3年	計
	0	0	0	0

入学

●出願資格・条件
A. 特待生
〈出願資格〉2021 年3月中学校卒業見込みの者。
〈出願条件〉下記のａ～ｃいずれか1つの条件を満たし、中学校長から推薦される者。
ａ：成績特に優秀　ｂ：成績優秀で生徒会活動等で顕著な働き　ｃ：成績優良で英検準2級以上
B. 推薦
〈出願資格〉2021 年3月中学校卒業見込みの者。
〈出願条件〉下記のａ～ｄいずれか1つの条件を満たし、中学校長から推薦される者。
ａ：成績が優良　ｂ：成績普通で英検3級以上　ｃ：成績普通で生徒会活動等で顕著な働き　ｄ：成績普通で3年間同一部活動
C. 専願 / D. 一般　要問合せ

●出願書類　・2021 年度入試より Web 出願を導入の予定・調査書（在籍中学校作成）・推薦書等

●日程等（一般入試での受け入れ）

区分	募集	出願	試験	発表	選考方法
A	特待・推薦・専願（計 160）一般（計 40）	Web 出願 12/1～1/8 出願 1/12～15	1/19	★	A ※
B	専願（計 160）一般（計 40）	Web 出願 1/22～2/3 出願 2/5～9	2/12	2/15	B ※
C	一般（計 40）	Web 出願 2/16～3/12 出願 2/5～9	3/15	3/15	C ※

★特待・推薦：1/19、専願・一般：1/21
A ※特待・推薦：個人面接、専願：学力試験・個人面接 他、一般：グループ面接
B ※専願：学力試験・個人面接 他、一般：学力試験
C ※一般：学力試験・個人面接

編入学

●編入学時期・定員　〔1年生〕随時〔2年生〕4～8月。欠員がある場合。
●出願資格　希望する学年の学力を有すること。詳細はお問い合わせください。
●出願書類　在籍校の成績証明書等。詳細はお問い合わせください。
●選考方法　面接・学力試験

受入後

●指導　日本語能力を向上させるために、必要な生徒には日本語科教員による取り出し授業を行ってサポートしている。また定期試験の際には日本語能力の差異が不利にならないように配慮している。

●教育方針　「記憶力がよい、スポーツができる、テストで高い点数がとれる」が学校においてその人の評価になりがちです。それとは違って、その人が今そこに存在していること自体に価値があるとの考え方や評価の仕方があります。キリスト教の学校である敬和学園は、そうした考えに基づいて教育を行います。

●特色　敬和学園は創立以来53年間、「敬神愛人」を建学の精神として歩んできました。教育の柱として「小人数教育」「個人の尊重」「キリスト教に基づく人格教育」「国際的視野に立つ教育」「労作教育」「寮教育」を大切にしています。これらの教育を総合的に行うことによって、一人ひとりは確実に人間的成長をとげます。同時に国際社会の主体的一員にふさわしい人格を身につけていきます。

●進学特例条件　帰国生徒だけを対象とする優先・特例はない。
ただし、弊校はキリスト教学校教育同盟に加盟しており、国際基督教大学、立教大学、関西学院大学をはじめ 40 大学以上から指定校推薦依頼をいただいている。同法人に敬和学園大学がある。ほかにも多くの4年制大学からも指定校推薦依頼をいただいており、卒業生約 200 名に対し合計 550 名以上の推薦依頼枠がある。

●卒業生（帰国生徒）の進路状況
玉川大学 1、国立音楽大学 1、敬和学園大学（特待生）1

受入開始　2014 年度

開志国際高等学校
（かいしこくさい）

（担当：入試広報課）

〒 959-2637
新潟県胎内市長橋上 439-1
▶▶（JR 羽越本線中条駅）
TEL 0254-44-3330　FAX 0254-44-6663
URL http://www.kaishi.ed.jp/kokusai/
生徒数　男 304　女 111　合計 415

帰国子女在籍者数	1 年	2 年	3 年	計
	0	0	1	1

入学

●出願資格・条件
中学校もしくはこれに準ずる学校の既卒者、または 2021 年 3 月卒業見込みの者

●出願書類
・入学願書一式（本校所定）・成績証明書

●日程等

募集	出願	試験	発表	選考方法
特に定めず	応相談	応相談	随時	課題作文、面接、書類審査

●応募状況

年度＼人数	募集人員	出願者	受験者	合格者	入学者
2020	特に定めず	0	0	0	0

編入学

●編入学時期・定員〔1・2 年生〕随時
●出願資格・条件・出願書類　入学に準ずる
●選考方法　課題作文、面接、書類審査
● 2019 年度帰国子女編入学者数

1 年	0	2 年	0	3 年	0

受入後

●指導
入学後は一般生徒と同じクラスに受け入れ、指導する。実情に応じ、適宜個別指導による補習を行う。

●教育方針
「志を持って未来を切り開き、地域社会・国家・国際社会のリーダーとなる人間を育成する」ことを教育目標とする。

●特色
国公立大学医学部医学科を目指す「医学科進学コース」、国内難関大学や海外大学への進学、留学を目指す「国際進学コース」、トップアスリートを目指す「国際アスリートコース」「アスリートコース」という目標の実現へと導く 4 つのコースで教育を行う。

▷▷ 中 171P

受入開始　2012 年度

片山学園高等学校
（かたやまがくえん）

（担当：武島直樹）

〒 930-1262
富山県富山市東黒牧 10
▶▶（富山地方鉄道上滝線月岡駅）
TEL 076-483-8500　FAX 076-483-3900
URL http://www.katayamagakuen.jp/
生徒数　男 140　女 142　合計 282

帰国子女在籍者数	1 年	2 年	3 年	計
	0	0	1	1

編入学

●編入学時期〔1 年生〕9、1 月〔2 年生〕4、9、1 月〔3 年生〕4 月
●出願資格・条件・該当学年に準じた年齢であること
・日常会話に困らない日本語が使えること
●出願書類　編入学願書
●選考方法　英語・数学、面接
● 2019 年度帰国子女編入学者数

1 年	0	2 年	0	3 年	0

受入後

●指導
国語・社会の特別授業（個別）

●教育方針
・世界で活躍できる人材育成
・教育理念「考・思・徳」に則った行動様式の育成

●特色
・難関大学合格率は北陸で NO.1
・塾が創った学校

●進学特例条件
基準を超えている生徒には優先的に指定校推薦枠を活用

私立 共学 寮

▷▷ 中 171P

受入開始 1988 年度

駿台甲府高等学校

（すんだいこうふ）

〒 400-0026 （担当：若林秀則）
山梨県甲府市塩部 2-8-1
▶▶（JR 中央本線・身延線甲府駅）
TEL 055-253-6211 FAX 055-252-5395
URL http://www.sundai-kofu.ed.jp/

生徒数 男 587 女 326 合計 913

帰国子女在籍者数	1 年	2 年	3 年	計
	1	1	3	5

入 学

●出願資格・条件
次のすべてに該当し、2004.4.2 以降に生まれた者
(1) 学校教育における 9 年の課程を修了または修了見込みの者
(2)2020 年 10 月時点で家族と共に日本国外に居住し、国外での居住期間が 6 ヵ月以上にわたる者
(3) 駿台中学生テストセンター（株）主催「駿台甲府高校実戦模試 10 月 11 日（要問い合わせ）を受験し A または B の判定を得ている者
(4)2021 年 3 月までに帰国（本人のみまたは本人と家族）する予定の者

●出願書類
入学志願書、受験票、調査書 (日本人学校および日本の在外教育機関の場合)、成績証明書（現地学校の場合)、海外滞在状況調査書

●日程等

募集	出願	試験	発表	選考方法
特に定めず	11/9 ～ 27	12/1	12/7(郵送)	書類選考

※海外入学試験 (駿台甲府高校実戦模試を事前に受験)

●応募状況

年度＼人数	募集人員	出願者	受験者	合格者	入学者
2019	特に定めず	10	10	10	0
2020	特に定めず	10	10	10	1

編 入 学

●編入学時期・定員 〔1 ～ 3 年生〕随時 (3 年生は 8 月まで)。若干名（ただし欠員のあるとき）
●出願資格・条件・出願書類 入学に準ずる
●選考方法 自己推薦入試に準ずる
● 2019 年度帰国子女編入学者数

1 年	0	2 年	0	3 年	0

受 入 後

●特色
普通科の約 30 名の生徒が寮に入っている。また、普通科では独自のカリキュラムと習熟度別学級編成を行っている。

●卒業生（帰国生徒）の進路状況
帰国生徒は例年、ほぼ全員が進学を希望し、推薦入試や一般入試で合格している。

私立 女子 寮

▷▷ 中 172P

受入開始 2016 年度

山梨英和高等学校

（やまなしえいわ）

〒 400-8507 （担当：山田博久、角田理絵）
山梨県甲府市愛宕町 112
▶▶（JR 中央線 甲府駅、JR 身延線 甲府駅）
TEL 055-254-1590 FAX 055-252-6449
URL https://www.yamanashi-eiwa.ac.jp/jsh/

生徒数 女 469 合計 469

帰国子女在籍者数	1 年	2 年	3 年	計
	0	0	0	0

入 学

●出願資格・条件 下記の①②③④の条件を満たす者
① 2021 年（令和 3 年）3 月中学校卒業見込みの学齢生徒②本校を第一志望とし、合格した場合に必ず入学する者③意欲をもって勉学や諸活動に取り組み、大学進学等将来に明確な目標を持つ者④本人が継続して 1 年以上海外に在留し、帰国して 2 年以内の者。または本人が継続して 1 年以上海外に在留中で、今年度末までに帰国予定の者。

●出願書類
①志願票および受験票（本校所定の様式 1 写真貼付）
＊海外在留中の場合は国内の連絡先を必ず記入
②志願者自己紹介書（本校所定の様式 3 写真貼付）
③学校調査書（本校所定の様式 4、または公立高校提出用の書式でも可）＊海外在留中の場合は要相談
④銀行振込証明書貼付票（本校所定の様式 5）
＊海外在留中の場合は要相談
⑤受験票返信封筒（404 円切手貼付のこと。窓口持参の場合は切手不要）＊国内の連絡先に郵送
⑥志願者の海外生活期間証明書
＊保護者の勤務先が証明するもの。書式は要相談
⑦宛名シール ＊国内の連絡先を記入

●日程等

募集	出願	試験	発表	選考方法
特に定めず (定員 120 名に含む)	郵送・窓口：1/19 ～ 27 必着	2/2	2/5	※

※国語、数学、英語（リスニング含む)、日本語面接（保護者同伴）
※志願者が実用英語技能検定(英検)準 2 級以上取得している場合、検定料が免除。

●応募状況

年度＼人数	募集人員	出願者	受験者	合格者	入学者
2020	若干名	0	0	0	0

編 入 学

●編入学時期・定員 〔1 年生〕随時〔2 年生〕要相談
●出願資格・出願書類 入学に準ずる
●選考方法 国語、数学、英語、日本語面接（保護者同伴）
● 2019 年度帰国子女編入学者数

1 年	0	2 年	0	3 年	0

受 入 後

●指導 入学後は一般生徒と同じクラスで授業を受ける。一人ひとりの能力や経験に基づき、各々に必要な場合には個別に指導する。
●教育方針 キリスト教信仰に基づき、豊かな人間教育を揺るぎない教育理念とし、創立当初から現在に至るまでグローバルスタンダードな女子教育を実践。韓国、オーストラリア、ドイツに姉妹校を持ち、交換留学やホームステイ、またカナダへの語学研修、JICA 研修などで異文化交流、国際理解を深め、国際的視野を身につけます。
●特色 2012 年よりユネスコスクール加盟校。2013 ～ 18 年文部科学省よりスーパーサイエンスハイスクール（SSH）研究校として認定。生徒一台 iPad を所有し、プレゼンテーション力、探求力、論理的思考力、発信力を育み、自ら考え、解決していく能力の育成「国際的な視野に立ち、社会に貢献できる自立した女性を育てる」
●進学特例条件 併設の山梨英和大学への特別推薦枠あり。各大学より指定校制度の人数枠あり。
●卒業生（帰国生徒）の進路状況 東京薬科大、東京家政大

▷▷ 中 172P

佐久長聖高等学校

さくちょうせい

(担当：伊賀博之)
〒385-8588
長野県佐久市岩村田 951
▶▶(JR 北陸新幹線佐久平駅、JR 小海線岩村田駅)
TEL 0267-68-5588 FAX 0267-68-0832
URL http://sakuchosei.ed.jp/

生徒数 男 561 女 440 合計 1001

帰国子女在籍者数	1年	2年	3年	計
	1	0	3	4

入 学

●出願資格・条件

・海外在学 2 年以上、帰国後 2 年以内の者を原則とするが、その他の者も相談に応じる。
・日本人学校卒業見込の者は推薦入試の出願可。

●出願書類

・入学願書
・海外における在学証明書
・海外における成績証明書
・中学校長推薦書（推薦入試のみ）

●日程等

区分	募集	出願	試験	発表	選考方法
A	10	12/7～1/7 必着	1/11	1/14	英語・数学・国語
B	140	1/6～8 必着	1/16	1/20	英語・数学・国語
C	30	1/18～22 必着	2/1	2/10	英語(リスニングを含む)・数学・国語・理科・社会

※ A：東京・大阪入試、帰国生入試
B：推薦入試
C：一般入試

●応募状況

年度＼人数	募集人員	出願者	受験者	合格者	入学者
2019	5 ※	0	0	0	0
2020	5 ※	4	4	4	1

※東京・大阪入試、帰国生入試

編 入 学

●編入学時期・定員〔1・2 年生〕随時。家庭の事情により相談

●出願資格・条件・出願書類 入学に準ずる

●選考方法 英・数・国、面接（保護者同伴）

● 2019 年度帰国子女編入学者数

1年	0	2年	0	3年	0

受 入 後

●指導

クラスは一般同様とし、必要に応じて教科は個々補習を行う。大学への指定校推薦制度がある。

▷▷ 中 173P

鶯谷高等学校

うぐいすだに

(担当：南谷和宏、加藤繁樹)
〒500-8053
岐阜県岐阜市鶯谷町 7
▶▶(JR 東海道本線・高山線 岐阜駅・名古屋鉄道名古屋本線 名鉄岐阜駅)
TEL 058-265-7571 FAX 058-266-5485
URL http://uguisu.acs3.mmrs.jp/

生徒数 男 350 女 385 合計 735

帰国子女在籍者数	1年	2年	3年	計
	0	1	1	2

入 学

●出願資格・条件

・令和 3 年 3 月中学校卒業見込みの者
・外国において中学校教育を受け、令和 3 年 3 月に中学校卒業と同等の資格を持つと見込まれる者

●出願書類

推薦入学試験（単願）：入学願書、推薦書、調査書
一般入学試験（併願）：入学願書、調査書

●日程等

区分	募集	出願	試験	発表	選考方法
A	A・B 合計で 300	1/20～26	1/30	2/4	面接・作文
B		1/20～26	1/31	2/4	国・社・数・理・英

※ A：推薦入学試験（単願）、B：一般入学試験（併願）

●応募状況

年度＼人数	募集人員	出願者	受験者	合格者	入学者
2019	若干名	2	2	2	0
2020	若干名	3	3	3	0

編 入 学

●選考方法 相談に応じる

● 2019 年度帰国子女編入学者数

1年	0	2年	0	3年	0

受 入 後

●指導

一般生と同じクラスで学習する。帰国生に対する特別な補習授業は実施していないが、学習の理解や定着度が心配な生徒については、放課後や長期休暇に補習を実施。

●特色

高校 1、2 年でのアメリカ研修（希望者）を実施。

私立 共学 寮

▷▷ 中 173P 大 569P

受入開始 1992 年度

麗澤瑞浪高等学校

(れいたくみずなみ)

（担当：松本兼太朗）
〒 509-6102
岐阜県瑞浪市稲津町萩原 1661
▶▶（JR 中央本線瑞浪駅）
TEL 0572-66-3111 FAX 0572-66-3100
URL https://www.mz.reitaku.jp/

生徒数 男 234 女 183 合計 417

帰国子女在籍者数	1年	2年	3年	計
	1	1	2	4

入学

●出願資格・条件
海外での滞在期間が 1 年以上、帰国後 3 年以内の者。寮生希望者は、入試前の学校（寮）見学を条件とする。推薦は日本人学校在籍者のみ可

●出願書類
・入学願書一式・出願資格を証明するもの（海外の学校の在学証明書等）

●日程等

区分	募集	出願	試験	発表	選考方法
推薦	若干名	1/18～25	1/30	2/1	国語・数学・英語、面接（一般 B 方式は面接なし）
一般		1/18～25	2/6	2/8	

※学科試験において多少配慮する

●応募状況

年度＼人数	募集人員	出願者	受験者	合格者	入学者
2019	若干名	1	0	0	0
2020	若干名	2	2	2	1

編入学

●編入学時期・定員 〔1 年生〕7 月までに受験、9 月入学。若干名

●出願資格・条件 ・本校の教育課程を履修する能力を備えていること
・寮生を希望する場合には、寄宿舎での生活に支障がないこと

●出願書類 ・願書一式
・調査書（日本人学校での成績等を証明する書類）

●選考方法 ・国・数・英のほかに面接重視
※帰国子女のみ編入学を行う

● 2019 年度帰国子女編入学者数

1年	0	2年	0	3年	0

受入後

●指導　他の生徒と同様とし、特別な扱いはしないが、必要に応じて個別指導を行う。

●特色　本校の教育の特色は、生徒の多くが寮に入り、共同生活を通じて人間性を陶冶する点にある。入学後は、それぞれの寮の担当教員がきめ細かく指導し、学習面でもフォローする。

●進学特例条件　麗澤大学へは、高校 3 年間の成績が一定基準以上の者については、特別推薦（優先入学）ができる。

私立 男子 寮

▷▷ 中 174P

静岡聖光学院高等学校

(しずおかせいこうがくいん)

（担当：教頭　杉森正弘）
〒 422-8021
静岡県静岡市駿河区小鹿 1440
▶▶（JR 東海道本線静岡駅・東静岡駅）
TEL 054-285-9136 FAX 054-283-8668
URL http://www.s-seiko.ed.jp/

生徒数 男 242 合計 242

帰国子女在籍者数	1年	2年	3年	計
	0	2	2	4

編入学

●編入学時期・定員 〔1 年生〕4 月。若干名

●出願資格・条件 家族の在外期間に伴って海外に在籍した者で、在外期間が 1 年以上で、帰国後 1 年以内の者で、日本語能力が日常生活に支障がない者。本校で高校 3 年まで継続して勉強し、さらに大学進学を目指す者（他校との同時出願は不可。通学不可能な場合は生徒寮に入寮すること）

●出願書類 (1) 海外在留証明書（書式自由）
(2) 成績を証明する書類（出願時の在籍校の証明書、通知表のコピーなど）
(3) 保証人申請用紙（必要な者のみ：本校所定用紙）
※提出書類の全てを受験日当日にご持参ください。上記 (3) の用紙は本校ホームページから印刷してください。

●日程等

募集	出願	試験	発表	選考方法
若干名	1/6～11	1/16	1/19	国語又は英語、算数 面接（保護者同伴）

●応募状況

年度＼人数	募集人員	出願者	受験者	合格者	入学者
2019	若干名	1	1	1	1
2020	若干名	0	0	0	0

● 2019 年度帰国子女編入学者数

1年	0	2年	1	3年	0

受入後

●指導　帰国生徒は他の一般生徒と区別することなく、同じ扱いをする。ただし、個別の状況に応じて、必要な指導を行う。早期に自然な適応ができるように配慮している。英語の個別指導（放課後）や数学・国語・理科等不振科目の補習を行う場合がある。

●教育方針　献身の精神と高度の学識を備えた社会の成員を育成すること。

●特色　活発な生徒活動と自由な校風の中高一貫男子のミッションスクール。

●卒業生（帰国生徒）の進路状況　全員大学への進学を希望している。例年、国公立、私立の 4 年制大学（東北大、上智大、慶應義塾大等）に現役で 70% 程度進学している。

入 編

私立 女子 寮 ▷▷ 中174P 大575P

不二聖心女子学院高等学校
（ふじせいしんじょしがくいん）

〒410-1126
静岡県裾野市桃園 198
▶▶（JR 御殿場線裾野駅）
TEL 055-992-0213　FAX 055-993-6937
URL https://www.fujiseishin-jh.ed.jp/
生徒数　女 234　合計 234

帰国子女在籍者数	1年	2年	3年	計
	3	2	4	9

入学

●出願資格・条件
①本人ならびに保護者が、本校の教育方針の下で教育を受けることに熱意を持っていること
②出願から遡って5年以内に、通算して1年以上海外の学校に在籍した方、または国内のインターナショナルスクール等で2年以上教育を受けた方
・2021年3月末までに、日本の中学校、あるいはこれと同程度の課程を修了、または修了見込みの者
・原則として、2021年4月1日以降に保護者が帰国していること
・その他、通学時間等の制限がある

●出願書類
・入学願書（所定用紙）・成績証明書（海外校作成）または通知表の写し・海外勤務証明書（書式は自由）

●日程等

募集	出願	試験	発表	選考方法
若干名	1/15～29	2/3	2/5 郵送	2科(国·英)または2科(数·英)の選択、作文（日本語または英語）、面接（個人及び保護者同伴）、提出書類

●応募状況

年度＼人数	募集人員	出願者	受験者	合格者	入学者
2019	若干名	—	—	—	—
2020	若干名	1	1	1	1

編入学

●編入学時期・定員　〔1年生〕9月まで、随時相談の上。欠員がある場合
●出願資格・条件　出願から遡って5年以内に、通算して1年以上海外の学校に在籍した方、または国内のインターナショナルスクール等で2年以上教育を受けた方
●出願書類　入学に準ずる
●選考方法　国・数・英、面接（個人、保護者同伴）

● 2019年度帰国子女編入学者数

1年	0	2年	—	3年	—

受入後

●指導
状況や必要に応じて、個別指導を行う。
●教育方針
一般生徒と同じ扱い。
●卒業生（帰国生徒）の進路状況
全員大学進学を目指し、聖心女子大学や他大学に進学している。

入 編

私立 共学 ▷▷ 小59P 中175P

加藤学園暁秀高等学校
（かとうがくえんぎょうしゅう）

バイリンガルコース
（担当：ウェンドフェルト延子、渡邉喜徳）

〒410-0011
静岡県沼津市岡宮字中見代 1361-1
▶▶（JR 東海道線沼津駅、三島駅）
TEL 055-924-1900　FAX 055-924-3303
URL http://www.katoh-net.ac.jp
http://bi-lingual.com
生徒数　男 222　女 191　合計 413

帰国子女在籍者数	1年	2年	3年	計
	6	8	7	21

入学（編入学を含む）

●出願資格・条件
文部科学省の定める高等学校就学年齢該当者、日英バイリンガル、基礎学力に富む者。
入学予定日時点で、海外で家族とともに1年以上生活し、受験年度内の3月末までに帰国予定の者。

●出願書類
入学（編入学）願書（ホームページから印刷可能）、在学校の成績証明書、在学校の学校案内・説明書、英検・TOEFL・スポーツ・芸術などの活動の記録、在学校教員の推薦書

●日程等
高校2年の4月まで随時 募集：若干名　試験：作文（日本語・英語）、面接（受験生・保護者同伴）、書類審査

●応募状況（4月入学）

年度＼人数	募集人員	出願者	受験者	合格者	入学者
2019	若干名	3	3	3	3
2020	若干名	6	6	6	6

● 2019年度帰国子女編入学者数

1年	3	2年	2	3年	0

受入後

●指導
国際バカロレアMYPとDPを英語イマージョン方式で実施。国語授業以外を英語で学習。英語力の一層の伸長を目指します。帰国生対象の国語・数学サポートとして必要に応じて、放課後、国語・数学補習を用意。
●教育方針　世界水準の教育を提供します。
●特色
英語イマージョンで国際バカロレアの自由な発想を重んじる学習をしてバイリンガルに成長した生徒が大半を占めるクラスです。英語圏本国で教員経験があるベテラン教員が授業を担当します。国語は本校日本人教員によるバカロレア授業です。『知識の詰込みではなく、自分たちで答えを出す方法を探したり、調べたりし、意見交換することでいろいろな考え方やものの捉え方がわかり勉強が楽しかった。培った視野の広さは一生の宝』（卒業生の言葉）
●卒業生の進路状況
国内大：東京大、大阪大、名古屋大、北海道大、金沢大、早稲田大、慶應義塾大、上智大、津田塾大、ICU、立命館大、青山学院大
海外大：ハーバード大、エール大、UCLA、MIT、コロンビア大、エジンバラ大、ANU、ロンドン大、シンガポール国立大

私立 共学 寮

受入開始　1983 年度

オイスカ高等学校

（担当：伊藤康平）

〒 431-1115
静岡県浜松市西区和地町 5835
▶▶（JR 浜松駅）
TEL 053-486-3011　**FAX** 053-486-0021
URL http://www.oisca.ed.jp
生徒数　男 202　女 71　合計 273

帰国子女在籍者数	1年	2年	3年	計
	2	0	0	2

入学

●出願資格・条件
①海外在留中で、2021 年 3 月に日本人学校を卒業見込みの者または既卒者
②現地校または国際校の相当学年に達している者（試験科目・内容・日時・会場など、状況に応じて柔軟に対応）

●出願書類（WEB 出願）
・入学願書一式・調査書（現地校・国際校在籍者は成績証明書および健康診断書を提出）・調査書のみ郵送

●日程等

募集	出願	試験	発表	選考方法
180 名	1/13～21	2/2	2/12	国・数・英、面接(一般入試のみ)

※ 国内入試（一般入試または自己推薦入試。問い合わせること）
※現地校、国際校の在籍者は学科試験、内容は状況に応じて柔軟に対応する。

●応募状況

年度＼人数	募集人員	出願者	受験者	合格者	入学者
2019	若干名	0	0	0	0
2020	若干名	2	2	2	2

編入学

●編入学時期・定〔1～2年生〕随時。若干名。
●出願資格・条件・出願書類・選考方法　入学に準ずる

● 2019 年度帰国子女編入学者数

1年	0	2年	0	3年	0

受入後

●指導
一般生との混入ホームルーム。必要に応じて補習を行う。また、寮における夜間の学習指導が可能。入学後は懇切丁寧な指導を行う。

●教育方針
帰国生、一般生、海外からの留学生が異文化や個性を尊重しあいながら寮生活を送る中で、国際感覚を養い、国際社会に貢献できる人材を育成する。

●特色
寮があるため、学校生活以外でも教職員や生徒同士が接する機会が多く、生活面・学習面にとどまらないサポートが可能となっている。

●卒業生の進路状況
国内外の大学、専門学校などへ進学

私立 共学

▷▷ 中 175P

はままつかいせいかん

浜松開誠館高等学校

（担当：入試広報課）

〒 430-0947
静岡県浜松市中区松城町 207-2
▶▶（JR 浜松駅）
TEL 053-456-7111　**FAX** 053-455-1660
URL https://www.kaiseikan.ed.jp/
生徒数　男 506　女 381　合計 887

帰国子女在籍者数	1年	2年	3年	計
	1	2	1	4

入学

●出願資格・条件
2021 年 3 月までに中学校卒業見込みの者。
本校の教育課程を日本語で履修する能力を有する者。

●出願書類
・調査書・グローバルコース資格申告書（グローバルコース志願者のみ）

●日程等

募集	出願	試験	発表	選抜方法
若干名	1/13～21	2/2	2/12	英語・国語・数学・理科・社会面接

●応募状況

年度＼人数	募集人員	出願者	受験者	合格者	入学者
2019	若干名	2	2	2	2
2020	若干名	1	1	1	1

編入学

●編入学時期
〔1・2年生〕随時。〔3年生〕要相談。

●出願資格・条件
1.海外の高等学校に1年以上在籍し、学年終了時および学年途中で、日本への帰国に伴って国内の学校への編入が必要となり、本校の教育方針を理解し、編入を強く希望する者。
2.高校のカリキュラムを修得するのに必要とされる基本的な学習能力を備えている者で、日本語による学習活動が行える者。

●出願書類
・編入願書（本校事務室で交付）
・継続して1年以上海外に在住していたことを証明する書類
・所属する学校が発行する成績証明書・単位修得証明書
・本人のみが帰国する場合は、保護者に代わる者の身元引受承諾書

●選考方法
英語・数学・国語、面接（保護者同伴）※面接を重視する

● 2019 年度帰国子女編入学者数

1年	0	2年	0	3年	1

受入後

●指導　一般生徒と同様の指導をする。必要に応じて、教科指導の範囲内で個別指導を行う。
グローバルコースでは、ネイテイブの担任を配置しており、帰国生の特性を生かしたグローバル教育や英語授業を実施する。

●教育方針　校訓　誠心・敬愛
未来を育む教育
徳育・知育・体育・グローバルの教育が文武両道の成果となり、自ら、己の未来を見つける力を育み、社会が求めている、また、必要としている社会人へと成長させる教育を実践している。

●特色　グローバルコース：教員免許状を持つ正規のネイテイブ教師を充実させ、日常的に生きた英語に触れる機会を数多く創り出している。本物の英語に接し続けることで、いつの間にか英語で思考するようになり、飛躍的に対話力・表現力が身についていく。
ICT 教育：生徒全員が iPad を購入し、アクテイブラーニングなど、生徒主体の授業を推し進めている。生徒の主体性・思考力・表現力など、これからの社会で必要とされる能力を育む。

●卒業生　大学・専門学校への進学。

私立 共学

▷▷ 中 176P

受入開始 2013 年度

浜松学芸高等学校

（はままつがくげい）

（担当：内田敏勝）
〒430-0905
静岡県浜松市中区下池川町 34-3
▶▶（JR 浜松駅）
TEL 053-471-5336 FAX 053-475-2395
URL http://www.gakugei.ed.jp

生徒数 男 359 女 500 合計 859

帰国子女在籍者数	1年	2年	3年	計
	5	0	1	6

入学

●**出願資格・条件** 以下のいずれかに該当する者

(1) 2021 年 3 月までに中学校卒業見込みの者

(2) 学校教育法施行規則第 63 条に該当する者（学校教育法 47 条の規定により、高等学校入学に関し、中学校を卒業した者と同等以上の学力があると認められる者は、次のいずれかに該当する者）

①外国において、学校教育における 9 年の課程を修了した者

②文部科学大臣が中学校の課程と同等の課程を有するものとして認定した在外教育施設の当該課程を修了した者

③文部科学大臣の指定した者

④学校教育法第 23 条の規定により保護者が修学させる義務を猶予又は免除された子女で、文部科学大臣が別に定めるところにより、中学校を卒業した者と同等以上の学力があると認定された者

⑤その他、高等学校において、中学校を卒業した者と同等以上の学力があると認めた者

●**出願書類** ・入学願書・調査書

●**日程等**

区分	募集	出願	試験	発表	選考方法
普通科	256（一般に含む）	1/26・27	2/2	2/12	英・数・国・理・社、面接
芸術科	70（一般に含む）	1/26・27	2/2・3	2/12	英・数・国・理・社、実技、または英・数・国、実技※

※美術・書道は英・数・国・理・社、実技
音楽は英・数・国、実技

●**応募状況**

年度＼人数	募集人員	出願者	受験者	合格者	入学者
2019	若干名	1	1	1	0
2020	若干名	5	5	5	3

編入学

●**編入学時期** 〔1・2 年生〕随時〔3 年生〕4 月～6 月

●**出願資格・条件** 在学生とともに学習活動ができる水準の学力を身につけていること

●**出願書類** ・成績等を証明する書類
・海外在留を証明する書類

●**選考方法** 英語・数学・国語、面接

● **2019 年度帰国子女編入学者数**

1年	0	2年	0	3年	0

受入後

●**指導** 原則、一般生と同様の指導を実施する。

●**教育方針**

・進学実績の向上
・基本的学習習慣の確立
・基本的生活習慣の確立

●**特色** 芸術科を有する進学校の特性を生かし、感性を豊かに育む環境と知性を磨く機会を用意し、さらに部活動と勉強を両立しながら志望大学を目指す。

●**進学特例条件** 指定校推薦として、東京理科大学、法政大学、明治大学、中央大学、学習院大学、同志社大学、関西大学、立命館大学など多数。

私立 共学 寮

▷▷ 中 176P

受入開始 2012 年度

浜松修学舎高等学校

（はままつしゅうがくしゃ）

（担当：長田安輝朗）
〒430-0851
静岡県浜松市中区向宿 2-20-1
▶▶（JR 浜松駅）
TEL 053-461-7356 FAX 053-461-7559
URL http://www.shugakusha.ed.jp

生徒数 男 426 女 279 合計 705

帰国子女在籍者数	1年	2年	3年	計
	0	0	0	0

入学

●**出願資格・条件**

・2021 年 3 月までに中学校卒業見込みの者
・保護者の海外在留に伴って、外国で教育を受けた者のうち、英語圏は帰国後 2 年以内、その他の語学圏は帰国後 1 年以内であること

●**出願書類**

・入学願書（本校所定）・調査書（出身学校の成績書）
・海外在留証明書

●**日程等**

区分	募集	出願	試験	発表	選考方法
A	105	1/26・27	学力検査 2/2	2/12	学力検査（英語・国語・数学）、面接
B	105				
C	35				

※ A：夢みらい科 B：ビジネス科 C：福祉科
※ 英語の検査の比重を大きくする

●**応募状況**

年度＼人数	募集人員	出願者	受験者	合格者	入学者
2019	－	0	0	0	0
2020	－	0	0	0	0

編入学

●**編入学時期** 〔1 ～ 3 年生〕随時

●**出願資格・出願書類・選考方法** 問い合わせること

● **2019 年度帰国子女編入学者数**

1年	0	2年	0	3年	0

受入後

●**指導**

大学・専門学校と連携して夢みらい授業を実施。
キャリア教育を実施し 1 年時より実践授業を展開。

●**教育方針**

校訓『人格・学修』のもと 3 つの教育理念を掲げている。
①世の中のあらゆる困難に負けない自立人の育成
②生涯学習を育成する実践指導
③他人を思いやる人間としての成長

●**特色**

・介護福祉士の取得、IT スキルの修得を目指す。
・夢みらい科、ビジネス科、福祉科の 3 学科からなる総合学園。

私立 共学

受入開始 1977 年度

浜松聖星高等学校

〒 432-8018 （担当：清水明子）
静岡県浜松市中区蜆塚 3-14-1
▶▶（JR 東海道本線浜松駅）
TEL 053-454-5376 FAX 053-453-4719
URL https://hamamatsu-seisei.jp

生徒数 男 163 女 406 合計 569

帰国子女在籍者数	1年	2年	3年	計
	2	3	2	7

入学

●出願資格・条件
・2021 年 3 月までに日本人学校を卒業、または卒業見込みの者
・外国学校において日本の中学校相当の課程を修了または終了見込みの者

●出願書類
①入学願書および受験票
②受験料振込み通知書
③ 2021 年度高等学校入学志願者調査書（公立高校用コピー可）
④志願者通知書
⑤成績一覧表
※③④⑤は中学校（日本人学校）で作成して下さい

●日程等

募集	出願	試験	発表	選考方法
特に定めず	1/13～21	2/2・3	2/12	※

※国際特進コース：国・英・数・理・社、面接
　国際教養コース：国・英・数・理・社、面接

●応募状況

年度＼人数	募集人員	出願者	受験者	合格者	入学者
2019	特に定めず	0	0	0	0
2020	特に定めず	2	2	2	2

編入学

●編入学時期・定員　〔1・2 年生〕随時（2 年生は 9 月まで）。若干名
●出願資格・条件　本校において、在学生とともに学習活動ができる水準の日本語の学力を身につけていること
●出願書類　保護者が外国に勤務して帰国することを証明する所属長の証明書・帰国まで子女の在籍していた学校長の発行する在籍証明書、または修了・卒業等を証する証明書・在学中の成績証明書
●選考方法　国語・数学・英語、面接（保護者同伴）

● 2019 年度帰国子女編入学者数

1年	0	2年	0	3年	0

受入後

●指導　一般生と同じ指導。必要な場合は個別に指導。
●教育方針　キリスト教の精神に基づいた人生観も学ぶ。「世界に貢献する人間」の育成を目指す。
●特色
静岡県西部唯一のカトリック系ミッションスクール。
●卒業生（帰国生徒）の進路状況　静岡大、早稲田大、上智大、ICU、愛知淑徳大、関西大、中京大など。

▷▷ 大 580P

私立 共学

受入開始 1993 年度

浜松日体高等学校

〒 431-3125 （担当：齋藤尚也）
静岡県浜松市東区半田山 3-30-1
▶▶（JR 東海道本線浜松駅よりバス）
TEL 053-434-0632 FAX 053-433-7680
URL https://www.h-nittai.ed.jp

生徒数 男 558 女 432 合計 990

帰国子女在籍者数	1年	2年	3年	計
	2	1	3	6

入学

●出願資格・条件
・中学校卒業または 2021 年 3 月卒業見込みの者
・学校教育法施行規則第 63 条に該当する者
●出願書類　・入学願書一式・海外校での在籍および就学期間を証明する書類・調査書
●日程等

募集	出願	試験	発表	選考方法
特に定めず	1/13～21	2/2・3	2/12	国･数･英･理･社、面接、調査書

※ 2/2 は学力試験、2/3 は面接試験を実施
※一般受験と同じだが、学力試験については多少考慮する

●応募状況

年度＼人数	募集人員	出願者	受験者	合格者	入学者
2019	特に定めず	3	3	3	3
2020	特に定めず	3	3	3	1

編入学

●編入学時期・定員　〔1・2 年生〕随時〔3 年生〕4 月のみ。特に定めず
●出願資格・条件　海外の中学校・高等学校に 1 年以上在籍し、学年終了時及び学年途中で、日本への帰国にともなって国内の学校への編入が必要となり、本校への編入を希望する子女
●出願書類　・履修・修得科目の単位数や学習状況を証明する書類
・海外校での在籍及び就学期間を証明する書類
●選考方法　原則として国語・数学・英語、面接（本人と保護者）

● 2019 年度帰国子女編入学者数

1年	1	2年	0	3年	0

受入後

●指導　一般生徒と同じ扱い。
●進学特例条件
推薦指定校として、姉妹校である日本体育大をはじめ、早稲田大、明治大、中央大、法政大、東京理科大、立教大、南山大、同志社大、立命館大、関西学院大、東京女子大、玉川大、芝浦工業大、日本大、成城大など多数ある。

▷▷ 中 177P

受入開始　1992 年度

藤枝明誠高等学校
（ふじえだめいせい）

（担当：岡安正、岡本勝広）

〒 426-0051
静岡県藤枝市大洲 2-2-1
▶▶（JR 東海道本線藤枝駅）
TEL 054-635-8155　FAX 054-635-8494
URL http://www.fgmeisei.ed.jp
生徒数　男 723　女 318　合計 1041

帰国子女在籍者数	1 年	2 年	3 年	計
	4	4	0	8

入学

●出願資格・条件
・保護者の勤務等により国外に居住して、現地の学校に在学していた者（日本人学校、現地校とも可）
・学校教育法施行規則第 95 条に該当する者

●出願書類　・入学願書・成績証明書等
※事前の問い合わせによる

●日程等

募集	出願	試験	発表	選考方法
特に定めず	1/13～21	2/2	2/12	国・社・数・理・英、面接(保護者同伴。単願のみ)

●応募状況

年度＼人数	募集人員	出願者	受験者	合格者	入学者
2019	特に定めず	2	2	2	2
2020	特に定めず	4	4	4	4

編入学

●編入学時期　随時相談
●出願書類　入学に準ずる
●選考方法　筆記試験（国語・数学・英語）、面接

● 2019 年度帰国子女編入学者数

1 年	0	2 年	0	3 年	0

受入後

●指導　原則的に他の生徒と同様の指導を行う。

●教育方針
・四年制大学に現役合格を目指す生徒
・心豊かでさわやかな、感じのよい生徒
・学習と部活動で長所を伸ばせる生徒を育成する。

●特色
・2015 年度より英数科に国際教養コース設置
・現役四年制大学合格率 90%
・東大、名大、阪大等 現役合格
・放課後の個別指導等によるサポート
・全館冷暖房完備
・人工芝グラウンド
・男子寮完備

●卒業生（帰国生徒）の進路状況
外国語（主に英語）を活かした学部・学科への大学進学。

私立 共学

▷▷ 中 177P 大 621P 短 669P

受入開始　2015 年度

愛知高等学校
（あいち）

（担当：教頭）

〒 464-8520
愛知県名古屋市千種区光が丘 2-11-41
▶▶（地下鉄自由ヶ丘駅）
TEL 052-721-1521　FAX 052-723-2254
URL http://www.aichi-h.ed.jp
生徒数　男 868　女 694　合計 1562

帰国子女在籍者数	1 年	2 年	3 年	計
	2	0	1	3

入学

●出願資格・条件
帰国生入学試験が行われる年度の年度末までに 15 歳もしくは 16 歳になる者。勤務等により海外に在住する保護者等に同伴して、海外就学期間が継続して 2 年以上あり、帰国した日時が日本における中学 1 年生から 3 年生の間とする。本校を第一志望とし、合格した場合は本校に入学することを確約できる者。

●出願書類
・すでに現地校およびインターナショナルスクールを卒業している者はその卒業証明書と成績証明書
・現地校およびインターナショナルスクールに在籍中の者は在籍証明書
・日本人学校の帰国生は卒業証明書と成績証明書。日本人学校の在籍生は卒業見込み証明書と成績証明書
※受験資格など審査・相談は教頭まで

●日程等

募集	出願	試験	発表	選考方法
若干名	1/20～22	1/27	1/28	国・数・英、英作文、面接（日本語）

※国語の試験については若干配慮します
※帰国生入試は推薦入試日に行います

●応募状況

年度	区分	募集人員	出願者	受験者	合格者	入学者
2020	A	若干名	3	3	3	0
	B	若干名	2	2	2	2

A：一般入試の中の帰国生の数
B：帰国生入試を受けた数

編入学

●編入学時期・定員〔1・2 年生〕9 月編入（7 月上旬、8 月中旬試験）。若干名
●出願資格・出願書類・選考方法　入学に準じます

● 2019 年度帰国子女編入学者数

1 年	0	2 年	0	3 年	－

受入後

●指導
特別クラスは作らず、一般クラスに配属します。

●教育方針
他の生徒とは区別せず、同じように学習します。

私立 女子

▷▷ 中 179P

受入開始　1975 年度

愛知淑徳高等学校
あいちしゅくとく

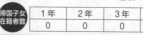

〒 464-8671　（担当：石丸正樹）
愛知県名古屋市千種区桜が丘 23
▶▶（地下鉄東山線星ヶ丘駅）
TEL 052-781-1151　FAX 052-783-1632
URL http://aichishukutoku-h.jp

生徒数　女 815　合計 815

帰国子女在籍者数	1年	2年	3年	計
	6	6	9	21

編入学

●編入学時期・定員

〔1 年生〕9、1 月〔2 年生〕4、9、1 月〔3 年生〕4 月。若干名

※ 3 年生への編入は 2 年生の 3 月の編入試験のみとする

●出願資格・条件

①当該学年相当の正規の学校教育の修業年限を満たす見込みがあること

②保護者の海外勤務に伴う海外在留期間 1 年以上であること

③選考の結果、該当学年相当の学力がない場合は、本人・保護者の了解のうえで学年を下げて入学を認める場合がある

<1 年生 4 月の編入学試験について>

本校は、中高一貫教育を実施しており、高校 1 年生で入学生を募集しないが、海外帰国者については編入学を 1 年生 4 月に認める。その際、試験は 12 月または 3 月に行い、定員は若干名。出願資格・条件は、海外日本人学校については中学校の課程を卒業あるいは卒業見込みであることに加えて、上記の①②と同様

●出願書類

・入学願書一式
・成績証明書（学校長の発行する証明書一習得科目の成績を証明するもの）
・在学証明書
・海外帰国子女調査票（学校指定）

●選抜方法

国語・数学・英語、面接（本人のみ）

● 2019 年度帰国子女編入学者数

1年	2	2年	0	3年	0

受入後

●指導

一般生徒と同じクラスに入れ、帰国子女のための特別な指導は原則として行わない。

●進学特例条件

愛知淑徳大学への推薦制度がある。

私立 女子

▷▷ 中 179P 大 615P

金城学院高等学校
きんじょうがくいん

〒 461-0011　（担当：植木隆伸）
愛知県名古屋市東区白壁 4-64
▶▶（市バス・名鉄バス基幹 2 号白壁下車）
TEL 052-931-6236　FAX 052-933-7454
URL http://www.hs.kinjo-u.ac.jp/

生徒数　女 954　合計 954

帰国子女在籍者数	1年	2年	3年	計
	0	0	0	0

編入学

●編入学時期・定員

〔1 ～ 3 年生〕随時（3 年生については系列大学への推薦はできない）。特に定めず

●出願資格・条件

日本国籍を有し、保護者の海外在留に伴って滞在期間が 2 年以上で、本校の該当する学年の者と同等以上の学力があると認められる者。帰国直後に限る。一旦、他校に編入した者は資格がない

●出願書類

・編入学願書一式（本学所定のもの）
・海外における学校の在学証明書
・海外における学校の成績証明書（日本人学校の場合は調査書）
・学習した教科の内容報告書

●選抜方法

国語・数学・英語、面接（保護者同伴）

●応募状況

年度＼人数	募集人員	出願者	受験者	合格者	入学者
2019	特に定めず	0	0	0	0
2020	特に定めず	0	0	0	0

● 2019 年度帰国子女編入学者数

1年	0	2年	0	3年	0

受入後

●指導・教育方針

国際理解と国際協力を教育の一つの柱とし、帰国子女を優先的に受け入れる方針をとっている。特別クラスは設けず、一般生徒と同じカリキュラムで授業を行う。H.R. 担任、教科担任が連絡を取り合い、学習面での不得意教科があれば、放課後教科担当者が個別指導を、また生活面では H.R. 担任が応じて成果をあげている。

●進学特例条件

金城学院大学への推薦制度あり

私立 共学

▷▷ 大 615P

受入開始　2011 年度

中京大学附属中京高等学校

（担当：生田大輔）

〒 466-8525
愛知県名古屋市昭和区川名山町 122
▶▶（地下鉄いりなか駅）
TEL 052-761-5311　FAX 052-752-5488
URL https://www.chukyo.ed.jp
生徒数　男 565　女 831　合計 1396

帰国子女在籍者数	1 年	2 年	3 年	計
	2	1	0	3

入 学

●出願資格・条件

以下 (1) ～ (3) のいずれかに該当する者

(1) 2 年以上海外に在籍し、帰国後 2 年以内で、日本の中学校を 2020 年 3 月に卒業、または 2021 年 3 月に卒業見込みの者

(2) 在外教育施設（海外の日本人学校中等部）を 2020 年 3 月に卒業、または 2021 年 3 月に卒業見込みの者

(3) 海外の学校（正規の学校）に就学している者で、9 年間の課程を修了、または本校において中学校卒業と同等の就学実績があると認められた者（必ず事前に本校にお問い合わせください）

●出願書類

・入学願書（ネット出願登録後に出力）・成績証明書（出願資格 (1)(2) の場合は本校所定の調査書。厳封したもの）・海外における学校の在籍証明書・海外在留を証明する書類（保護者の所属機関の長の証明するもの）

※海外在留証明書には保護者の海外派遣期間および在留地等を記入

●日程等

募集	出願	試験	発表	選考方法
若干名	1/20～22	1/27	1/28	国・数・英、面接※

※ 日本語と英語による面接を実施

●応募状況

年度＼人数	募集人員	出願者	受験者	合格者	入学者
2019	若干名	9	8	7	1
2020	若干名	13	12	9	2

編 入 学

欠員がある場合のみ

● 2019 年度帰国子女編入学者数

1 年	0	2 年	0	3 年	0

受 入 後

●進学特例条件

中京大学の附属校としての特長を活かし、在籍生徒の 90% が内部推薦で進学できる体制を整えている。

私立 男子

▷▷ 中 180P

受入開始　2015 年度

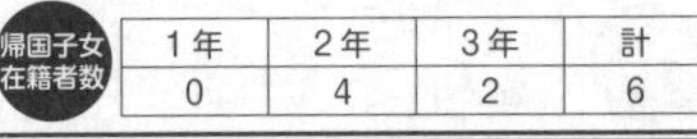

名古屋高等学校

（担当：青山明広）

〒 461-8676
愛知県名古屋市東区砂田橋 2-1-58
▶▶（地下鉄名城線砂田橋駅）
TEL 052-721-5271　FAX 052-721-5277
URL http://www.meigaku.ac.jp/
生徒数　男 1443　合計 1443

帰国子女在籍者数	1 年	2 年	3 年	計
	0	4	2	6

入 学

●出願資格・条件

2006.4.1 以前に生まれ、海外に勤務あるいは在住する保護者に同伴し、日本の義務教育期間における海外就学期間が 2 年以上（2 学年分以上修了）で次のアからウのいずれかに該当する者

ア．文部科学大臣の認定を受けた海外の全日制日本人学校の中学部を卒業した者。または 2021 年 3 月までに卒業見込の者

イ．外国の学校教育における 9 年間課程を修了した者。または 2021 年 3 月までに修了見込の者

ウ．帰国後 1 年未満で日本国内の中学校を卒業した者。または 2021 年 3 月までに卒業見込の者

●出願書類　・入学願書・受験票（Web 出願専用サイトから印刷したもの）・調査書（出願資格ア・ウに該当する場合）・海外における学校の成績証明書（出願資格イ・ウに該当する場合）・海外における学校の在学証明書（出願資格イに該当する場合）

●日程等

募集	出願	試験	発表	選考方法
若干名	1/20～22	1/27	1/28	国・数・英、グループ面接

●応募状況

年度＼人数	募集人員	出願者	受験者	合格者	入学者
2019	若干名	11	11	10	4
2020	若干名	4	4	3	0

受 入 後

●指導　特別な指導はなく、一般生徒と同等の扱いである。豊富な授業時間数（週 4 日 7 限授業）と高いレベルで行う授業、そして毎週実施する「確認テスト」や長期休暇中の「進学講座」で、大学進学学力の定着を図っている。また、進路を考える日等で進路意識を持たせたり、英語検定や校外模擬試験等にも積極的に挑戦させている。

●教育方針　建学の精神「敬神愛人」の下、「神を敬い、神から与えられた自己の能力を最大限に伸ばし、その能力を社会のために、人のために惜しみなく用いなさい」という聖書の教えを実践。

1. 勉学を通して豊かな知性を育み、どこまでも真理を探究する力を持った青年の育成
2. 他者をいたわり、自己を戒め、人類・社会の発展に貢献する使命を自覚した有能な青年の育成
3. 仲間と学び、心身を鍛え、理想を共にして豊かな学校生活を築く青年の育成

●特色　短期海外研修として、イートン、バックスウッド（イギリス）、セント・マイケルズ（カナダ）、アイオナ・カレッジ（オーストラリア）の 4 コースを実施し、約 80 名が参加。各コースに定員があり、希望者が多い場合は、選考を行う。なお、イギリスの 2 コースは寮生活、カナダ・オーストラリアの 2 コースはホームステイである。また、1 年間の長期留学（メントーンとの交換留学含む）制度もあり、毎年 1 名ほどが活用している。

●進学特例条件　同志社・関西学院・立命館 3 大学との特別協定を結んでいる。その他、有名大学の指定校も多い。

▷▷ 中 181P

受入開始　2006 年度

名古屋国際高等学校

（担当：内藤）

〒 466-0841
愛知県名古屋市昭和区広路本町 1-16
▶▶（地下鉄桜通線・鶴舞線御器所駅）
TEL 052-853-5151　FAX 052-853-5155
URL https://www.nihs.ed.jp/

生徒数　男 240　女 216　合計 456

帰国子女在籍者数	1 年	2 年	3 年	計
	26	23	25	74

編入学

●**編入学時期・定員**
〔1・2 年生〕随時。普通科・国際教養科各学年 5 名。

●**出願資格**
出願は以下の条件をすべて満たしている者に限る。
(1) 本校を専願とし合格後必ず入学手続きする者。
(2) 受験しようとする学年の学齢に相当する者で、相応の教育課程を修了していると認められる者。
(3) 出願日が帰国してから 1 年 6 ヶ月以内の者、または出願日までに帰国予定の者で、帰国日からさかのぼって海外在住期間が継続して 1 年を超える者。不明な点がある場合は問い合わせのこと。海外在住とは保護者の勤務に伴う海外在住のみをさす。
(4) 本校に入学後、保護者のもとから通学できる者。
(5) 日本語での授業を受けることができる者。

●**出願書類**
・入学志願書・志望理由書・郵送用ラベル・パスポートのコピー・成績証明書・海外在職証明書

●**選考方法**
書類選考、国語・数学・英語、面接（保護者同伴）

●**応募状況**

年度＼人数	募集人員	出願者	受験者	合格者	入学者
2019	各学年 5	2	2	2	2
2020	各学年 5	10	10	10	2

● **2019 年度帰国子女編入学者数**

1 年	2	2 年	1	3 年	1

受入後

●**教育方針**　「世界と日本の未来を担う国際人になるために」をスクール・ポリシーとして掲げ、多彩な国際教育を展開しています。名古屋商科大学への系列校入試も実施しており、教育の国際化を推進する国内外の大学への進学を目指します。
本校には、普通科 中高一貫コース、普通科 国際バカロレアコース、普通科 グローバル探究コース、国際教養科があります。

●**国際バカロレア・ディプロマプログラム（IBDP）**
一条校として英語で行う DP は愛知県内で本校のみであり、普通科 国際バカロレアコースでは、普通科高校卒業資格と IB ディプロマの両方を取得可能です。高校 1 年次の Pre-IB では、約半分の授業を英語で受講し、IB の学修スタイルと語学力を伸長します。高校 2 年次からはほとんどの授業が英語で展開され、高校 3 年生 11 月の全世界統一試験を乗り越えて、IBDP 取得を目指します。

国立　共学

受入開始　1985 年度

名古屋大学教育学部附属高等学校

〒 464-8601
愛知県名古屋市千種区不老町
▶▶（地下鉄名城線名古屋大学駅）
TEL 052-789-2672　FAX 052-789-2696
URL http://www.highschl.educa.nagoya-u.ac.jp

生徒数　男 63　女 59　合計 122

帰国子女在籍者数	1 年	2 年	3 年	計
	2	2	2	6

入学

●**出願資格・条件**
・2006 年 4 月 1 日までに出生したものであって、海外で引き続き 2 年以上学校生活を送り、2019 年 3 月 30 日以降に帰国したもの、または 2021 年 3 月までに海外での学校生活が引き続き 2 年以上となるもので、次の各号いずれかに該当するもの。
(1) 学校教育法第 1 条に定める中学校（以下中学校という）を卒業したもの。ただし、学校教育法第 1 条に定める高等学校に出願時在籍している者を除く。
(2) 2021 年 3 月に中学校卒業見込みのもの。
(3) 学校教育法施行規則第 95 条各号のいずれかに該当するもの。ただし、同条第 1 号又は第 2 号に該当するものには、2021 年 3 月に修了見込みのものを含む。
注）(3) に該当する者は、出願前に申し出て、その指示に従ってください。
次の条件をともに備えていること。
(1) 本人・保護者ともに本校入学が第一志望であること。
※入学を許可された場合は必ず入学してください。
(2) 入学までに、片道通学時間約 70 分以内のところに保護者と居住していること。
※入学時に応募条件を満たす予定で出願時に片道 70 分を超えるところに居住している場合は、誓約書の提出が必要となります。

●**出願書類**
・入学願書一式（本校所定のもの）
・調査書またはこれに準ずる証明書及び学習成績評定分布表（中学校長が作成し厳封したもの。開封されたものは無効）
・海外在留証明書（所属機関の長の証明するもの、本校所定のもの）
・身上書（本校所定のもの）
・誓約書（片道通学 70 分を超えるところに居住している場合）

●**日程等**

募集	出願	試験	発表	選考方法
3 名程度	郵送＊：1/6～14 の発信局消印のあるものに限る 持参：1/13～15 午前	1/27	2/1	国・数・英、作文、面接

＊海外からの郵送はできません。
※書類審査、学力検査、作文、面接の結果を総合して判断する

●**応募状況**

年度＼人数	募集人員	出願者	受験者	合格者	入学者
2019	3 名程度	3	3	2	2
2020	3 名程度	2	2	2	2

編入学

●**編入学時期・定員**　〔2 年生〕4 月、試験は 3 月に実施（欠員が生じた場合）。詳細は問い合わせること

●**出願資格・条件・出願書類・選考方法**　入学に準ずる

● **2019 年度帰国子女編入学者数**

1 年	0	2 年	0	3 年	0

受入後

●**教育方針**　一般生徒と同じクラス、同じ扱い。

私立 共学

▷▷ 中 178P 大 620P

受入開始　2020 年度

愛知工業大学名電高等学校

（あいちこうぎょうだいがくめいでん）

（担当：渉外部）
〒 464-8540
愛知県名古屋市千種区若水 3-2-12
▶▶（地下鉄東山線　池下駅）
TEL 052-721-0311　FAX 052-721-0218
URL https://www.meiden.ed.jp/

生徒数　男 972　女 612　合計 1584

帰国子女在籍者数	1 年	2 年	3 年	計
	0	0	0	0

入学

●出願資格・条件

①原則保護者とともに継続して 2 年以上海外に在住し帰国後 2 年以内の者
②合格後の受験をせず本校に必ず入学する意志のある者
③以下のいずれかに該当する者
　ア　日本の中学校もしくは義務教育学校を卒業した者および令和 3 年 3 月卒業見込の者、または中等教育学校の前期課程を修了した者および令和 3 年 3 月修了見込の者
　イ　文部科学大臣が認定した在外教育施設（海外日本人学校中等部）を卒業した者および令和 3 年 3 月卒業見込の者
　ウ　外国の学校教育（正規の学校）9 年間の課程を修了した者および修了見込の者
　※出願資格確認のため事前連絡が必要

●出願書類

①入学願書
②調査書（出願資格 ア、イ）または成績証明書、在学証明書または卒業・修了証明書（出願資格 ウ）
※②については厳封したもの（開封無効）

●日程等（出願は事前にインターネット登録が必要）

募集	出願	試験	発表	選考方法
若干名	1/20～22	1/27	1/28	※

※次の項目を総合して選抜
　①書類…調査書または成績証明書、在学証明書または卒業・修了証明書
　②筆記試験…国語・数学・英語（リスニング含む）
　③面接試験…日本語と英語による個人面接

●応募状況

年度＼人数	募集人員	出願者	受験者	合格者	入学者
2019	－	－	－	－	－
2020	若干名	1	1	1	0

受入後

●指導　一般クラスで学習し、特別な指導は行わない。

●教育方針　校訓である「誠実・勤勉」のもと、自尊心とともに社会的連帯感を持ち、心豊かで健康な実践力のある生徒を育成する。また、学園の人的資源及び施設・設備等の物的資源を有効かつ合理的に活用して、高大が連携しながら、生徒の学ぶ意欲を喚起し、基礎的・基本的な知識・技術とともに主体的な学び方を身に付けさせる。

●特色　学園の多彩な教育資源を相互に活用した高大連携教育を推進し、生徒の学習目標や学習意欲を高められるよう工夫している。また、学科・コースの特色や個々の生徒の特性に応じたキャリア教育を計画的に実施し、主体的な進路選択につながる進路指導を推進している。更に、一人 1 台ずつタブレットを導入し、授業のみならず様々な場面で活用し、主体的に学ぶツールとしている。

●進学特例条件　科学技術科・情報科学科では、系列の愛知工業大学と連携して高大 7 ヵ年接続教育を推進し、約 7 割の生徒が内部推薦で進学している。普通科普通コースでは、愛知工業大学の特別推薦入試が受験でき、一定の成績要件を満たせば他大学を併願受験もできる制度がある。

私立 共学

受入開始　1984 年度

清林館高等学校

（せいりんかん）

（担当：川田安正）
〒 496-8006
愛知県愛西市持中町 88 番地
▶▶（名鉄津島線藤浪駅）
TEL 0567-28-3010　FAX 0567-24-8510
URL http://www.seirinkan.ed.jp/

生徒数　男 677　女 730　合計 1407

帰国子女在籍者数	1 年	2 年	3 年	計
	2	3	3	8

入学

●出願資格・条件　・原則として、2 年以上海外に在住し、帰国後 2 年以内で、下記 (1) ～ (4) のいずれかに該当する者

(1) 日本の中学校を 2020 年 3 月に卒業、または 2021 年 3 月に卒業見込みの者（推薦は 2021 年 3 月卒業見込者のみ）
(2) 在外教育施設（海外の日本人学校中学部）を 2020 年 3 月に卒業、または 2021 年 3 月に卒業見込みの者（推薦は 2021 年 3 月卒業見込者のみ）
(3) 現地校（正規の学校）の 9 年目の課程を修了しており、2021 年 4 月 1 日現在で 17 歳未満の者
(4) 中学校長から成績、人物、特技等で推薦された者で、合格した場合は必ず入学する者（推薦のみ）

●出願書類　・入学願書一式（本学所定のもの）・推薦書（推薦入試のみ）・調査書・在学証明書または卒業証明書（海外現地校発行。コピー可）・成績証明書（海外現地校発行。コピー可）・海外在留証明書（保護者が勤務する企業または機関発行）

●日程等

区分	募集	出願	試験	発表	選考方法
A	若干名	1/20～22	1/27	1/28	英・国・数、面接
B		1/25～29	2/3	2/5	

※ A：推薦入試、B：一般入試
※推薦入試の国際コースと一般入試は英語ヒアリングも含む
※検査日当日の態度・服装なども判断項目とする。

●応募状況

年度＼人数	募集人員	出願者	受験者	合格者	入学者
2019	若干名	4	4	4	3
2020	若干名	0	0	0	0

編入学

●編入学時期　〔1 ～ 3 年生〕随時
（詳細は問い合わせること）

● 2019 年度帰国子女編入学者数

1 年	0	2 年	0	3 年	0

受入後

●指導

普通科国際コースは過半数の生徒が留学経験者。この環境の中で、英語力を落とさず大学進学への道を拓く指導を行う。

ひかりがおかじょし
光ヶ丘女子高等学校

〒444-0811 (担当：杉浦恵子)
愛知県岡崎市大西町奥長入52
▶▶（名鉄本線男川駅、JR東海道本線岡崎駅）
TEL 0564-51-5651 FAX 0564-54-0062
URL http://www.hikarigaoka-h.ed.jp
生徒数 女1196 合計1196

帰国子女在籍者数	1年	2年	3年	計
	2	3	3	8

入学

●**出願資格・条件**
・中学校卒業および2021年卒業見込みの女子
・本校の教育課程を日本語で履修する能力を有する者
・保護者の海外勤務に伴って外国に滞在し、現地校に2年以上在籍し、帰国後2年未満の者
※海外日本人学校出身者については一般の生徒と同様の扱いとする

●**出願書類**
・入学願書一式（本校所定）・海外における学校の在学証明書または卒業証明書・成績証明書（日本人学校の場合は調査書）・海外在留証明書（保護者の勤務先発行）・帰国後、国内の中学校に在籍した者は、その調査書

●**日程等**

募集	出願	試験	発表	選考方法
若干名	1/20～22	1/27	1/28	英語、基礎学力テスト(国語・数学)、面接（英語）※

※上記の試験は海外現地校に2年以上在学し、帰国後2年未満の者が対象

●**応募状況**

年度＼人数	募集人員	出願者	受験者	合格者	入学者
2019	若干名	5	5	5	3
2020	若干名	3	3	2	2

編入学

●**編入学時期・定員** 〔1年生〕9、1月〔2年生〕4、9、1月〔3年生〕4月。若干名
●**出願資格・条件・出願書類** 上記に準ずる
●**選考方法** 英語、基礎学力テスト（国語・数学）、面接（英語）
● **2019年度帰国子女編入学者数**

1年	0	2年	1	3年	0

受入後

●**指導**
特別な指導はなく、一般生徒と同等の扱いである。普通科（文理・福祉コース）と国際教養科に分かれ、特に国際教養科は英語力の充実をはかる。カトリック系ミッションスクールであるため、カトリック系の大学・短大に推薦枠をもつ。
●**卒業生（帰国生徒）の進路状況**
上智大、津田塾大、南山大、立命館大など。

私立 共学
受入開始 2012年度

たき
滝高等学校

〒483-8148 (担当：戸田誠)
愛知県江南市東野町米野1
▶▶（名鉄犬山線江南駅）
TEL 0587-56-2127 FAX 0587-56-1732
URL https://www.taki-hj.ac.jp/
生徒数 男545 女500 合計1045

帰国子女在籍者数	1年	2年	3年	計
	13	15	15	43

※帰国生入試での在籍者数

入学

●**出願資格・条件**
2006.4.1以前に生まれ、勤務等により海外に在住する保護者に同伴し、次の①～③のいずれかに該当する者で、日本の義務教育期間における海外就学期間が1年以上あり、本校を第一志望とし、合格した場合は本校への入学を確約できる者。
①文部科学大臣の指定を受けた海外の全日制日本人学校の中学部を卒業した者、又は卒業見込みの者。
②海外の学校に就学している者等で、本校において、中学卒業と同等以上の就学実績があると認められた者。（必ず事前に本校にお問合せください。）
③帰国後、日本国内の中学校を卒業した者、又は卒業見込みの者。

●**出願書類**※インターネット出願（確認票、調査書等は郵送）
①確認票②調査書又は成績証明書（海外現地校又はインターナショナル校在籍又は既卒の者は日本の中学の課程に相当する過去3年間の成績を証明したもの）③英語検定、特技、表彰等自己アピールできる書類のコピー④海外在留証明書

●**日程等**

募集	出願	試験	発表	選考方法
若干名	1/20～22	1/27	1/28	国語・数学・英語、面接

●**応募状況**

年度＼人数	募集人員	出願者	受験者	合格者	入学者
2019	若干名	20	20	15	15
2020	若干名	16	16	13	13

編入学

●**編入学時期** 〔1・2年生〕随時。欠員がある場合。
● **2019年度帰国子女編入学者数**

1年	0	2年	0	3年	0

受入後

●**教育方針** ・「知力」「体力」「教養」のバランスのとれた生徒の育成。・それぞれの夢の実現にふさわしい志望大学に合格するだけでなく、その先に活きる確かな学力を身につけた生徒の育成。・自己の社会的責任を自覚し、周囲に対する優しさを持って、それぞれが歩むネットワークの中で、かけがえのない役割を果たす生徒の育成。
●**指導** 一般生と同じクラスで学習する。
●**特色** ・2年生までは併設中学校出身者とは別クラスを編成して授業を行い、2年間で学習進度を合わせる。そのため、1年生では多くの特別授業を行う。2年生からは文系・理系にクラスを分け、志望に合わせた授業を行う。・3年生では理系をさらに理工農系を中心とした理Ⅰコースと医歯薬系を中心とした理Ⅱコースに分け、文系コースと合わせて3コース制を実施している。

私立　共学

受入開始　1994 年度

誉高等学校

（ほまれ）

（担当：岡村裕之）

〒 485-0821
愛知県小牧市大字本庄字郷浦 2613-2
▶▶（名鉄小牧線田県神社前駅）
TEL 0568-79-7700　**FAX** 0568-79-7705
URL http://www.homare.ac.jp
生徒数　男 260　女 124　合計 384

帰国子女在籍者数	1 年	2 年	3 年	計
	0	0	0	0

入学

●出願資格・条件

(1) 原則として海外勤務者の子女で、海外の学校に連続 2 年以上在学して帰国した者
(2) 日本の中学卒業と同等とみなしうる学校教育を受けている者
(3) 入学を希望する年度の 4 月 1 日において満 15 歳以上であること
(4) 原則として帰国後 1 年以内の者（ただし海外における滞在が長期にわたる者については、帰国後 1 年以上であっても入学を認めることがある）

●出願書類

・入学願書（本校所定）・推薦書（在学する学校の校長もしくは担任の教員によるもの。英文でも可）・成績証明書（または日本の中学校を卒業する者は本校所定用紙による証明書）・海外在留を証明する書類（保護者の所属機関の長の証明するもの、またはそれに代わるもの）

●日程等

募集	出願	試験	発表	選考方法
若干名	1/20～22	1/27	1/28	国・数・英、面接（本人）※
	1/25～29	2/2	2/4	

※一般入試（2/2 実施）のみ国・数・英・社・理
※後日、保護者同伴で面接を行う場合がある。選考については、一般生とは別の基準で合否を決定する

●応募状況

年度＼人数	募集人員	出願者	受験者	合格者	入学者
2019	若干名	0	0	0	0
2020	若干名	0	0	0	0

編入学

●編入学時期・定員〔1 年生〕9 月〔2 年生〕4、9 月。若干名
●出願資格・条件・出願書類・選考方法　入学に準ずる

● 2019 年度帰国子女編入学者数

1 年	0	2 年	0	3 年	0

私立　共学

受入開始　1989 年度

星城高等学校

（せいじょう）

（担当：広報部）

〒 470-1161
愛知県豊明市栄町新左山 20
▶▶（名鉄名古屋本線前後駅）
TEL 0562-97-3111　**FAX** 0562-97-2015
URL http://www.seijoh.ed.jp/
生徒数　男 753　女 531　合計 1284

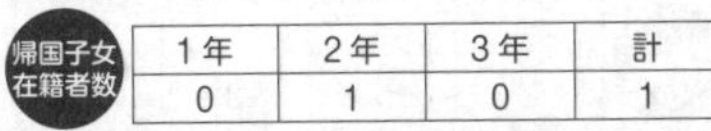

帰国子女在籍者数	1 年	2 年	3 年	計
	0	1	0	1

入学

●出願資格・条件

・日本国内の中学校を卒業又は卒業見込みの者
・外国において学校教育における 9 か年の教育課程を修了した者

●出願書類

調査書（愛知県私立学校共通様式）、推薦書（推薦の場合）※出願はネット出願ですので願書の提出なし。

●日程等

区分	募集	出願	試験	発表	選考方法
A	特に定めず	1/20～22（土・日を除く）	1/27	1/28	英・数・国、面接
B		1/25～29（土・日を除く）	2/2	2/5	英・数・国・社・理

※ A：推薦入試
　B：一般入試（英語は聞き取りテストを含む）
※帰国子女のための特別な試験はしない。他の一般受験者と同じ扱い

●応募状況

年度＼人数	募集人員	出願者	受験者	合格者	入学者
2019	特に定めず	0	0	0	0
2020	特に定めず	0	0	0	0

編入学

●編入学時期〔1・2 年生〕随時
●出願資格・条件　原則として、海外勤務者の子女で、所属機関の長の認定する者
●出願書類　入学に準ずる

● 2019 年度帰国子女編入学者数

1 年	0	2 年	0	3 年	0

受入後

●指導

一般生徒とともに学習。

●教育方針

“感謝のできる” 実践力に富んだ逞しい人間の育成。

●特色

「進学」「英語」「スポーツ」「国際交流」「礼節」

●進学特例条件

星城大学への優先入学制度がある。

受入開始　1983年度

桜丘高等学校
（さくらがおか）

（担当：伊藤浩光）

〒440-8516
愛知県豊橋市南牛川2-1-11
▶▶（JR東海道本線豊橋駅）
TEL 0532-61-6421　FAX 0532-63-9278
URL http://www.sakuragaoka-h.ed.jp

生徒数　男896　女851　合計1747

帰国子女在籍者数	1年	2年	3年	計
	2	5	3	10

入学

●出願資格・条件

・2006年4月1日以前に生まれた者で、原則として、1年以上保護者とともに海外に在住し、帰国後3年以内であること
・中学校卒業見込みの者または同等とみなしうる教育を受けた者
・保護者と同居できる者
※帰国子女は事前に相談すること

●出願書類

・入学願書一式（本学所定）・海外における学校の在学証明書、成績証明書（日本人学校の場合は調査書）・帰国後国内の中学校に在籍した者はその調査書・海外在住を証明する書類（保護者の所属機関の長の証明するもの）

●日程等

区分	出願	試験	発表	選考方法
帰国子女	1/25～29	2/2	2/8	国・英・数、面接（保護者同伴）

※普通科（普通コース・英数コース・中高一貫コース）

●応募状況

年度＼人数	募集人員	出願者	受験者	合格者	入学者
2019	若干名	3	3	3	2
2020	若干名	4	4	4	2

編入学

●編入学時期・定員〔1・2年生〕定員に余裕がある場合随時

●出願資格・条件・出願書類

入学に準ずる（事前に問い合わせること）

●選考方法　国・数・英、面接（本人と保護者）

● 2019年度帰国子女編入学者数

1年	0	2年	3	3年	0

受入後

●卒業生（帰国生徒）の進路状況

島根大、宮崎大、学習院大、愛知大、早稲田大、南山大など。

▷▷ 大617P

私立 共学

帰国子女の受け入れを主たる目的として設置された高等学校

受入開始 1981年度

南山国際高等学校

（なんざんこくさい）

〒470-0375
愛知県豊田市亀首町八ツ口洞13-45
▶▶（名鉄豊田線浄水駅）
TEL 0565-46-5300 FAX 0565-46-5303
URL http://www.nanzan-kokusai.ed.jp/
（担当：田浦武英）

生徒数 男66 女102 合計168
（7月現在）

帰国子女在籍者数	1年	2年	3年	計
	36	54	59	149

入学

南山国際中学校を卒業した者のみ

編入学

●**編入学時期・定員**

各学年とも年間5名程度。編入時期は年4回（4、7、10、1月）。ただし、3年生は、7月の編入学試験が最終。実施日は、ホームページ参照

●**出願資格・条件**

次の条件を満たす者（受験機会は、帰国時直近の一度のみとする）

・親子ともに海外に在住し、1学年または1年以上継続して海外の学校に在籍した者
・2020年12月9日以降に帰国した者（2021年度）。ただし、第3学年に編入学を志望できるのは7月までとする
・該当学年と同等とみなしうる学校教育を受け、該当学年の学齢に達している者
・在学中は保護者または保護者に代わるものと同居ができる者

※本校は編入学のみで、通常の高校入学試験は実施していない。編入学希望者は、帰国直後の編入学試験を受験すること。また、出発前・一時帰国時・帰国後を問わず、年中随時相談に応じる。電話予約の後、保護者、志願者ともに来校を希望。海外における教育は、現地校・日本人学校・インターを問わない

●**出願書類**

・編入学願書（本校所定用紙）・身上書・成績証明書（中学1年から受考時までの成績に関する書類、コピー可）・海外在留証明書（本校所定用紙による保護者の所属機関の長の証明書）

※ TOEFLのスコア等があれば提出が望ましい

●**選考方法**

・志願資格の確認…出願前に、志願者、保護者ともに来校し、面談のうえ確認する
・一次選考（書類審査）…志願資格が認められた者のみ、提出書類に基づき実施
・二次選考…一次選考（書類審査）に合格した者のみ、次の要領で実施する
　①編入学試験　小論文Ⅰ・Ⅱ、英語（リスニング・作文を含む）－各50分
　②面接（志願者と保護者別々に実施）
・合格発表…原則として、二次選考の翌日に発送
　なお、開校以来、学力のみによる選抜を排し、総合評価をして、志願者をよりよく理解することに重点を置いている

●**2019年度帰国子女編入学者数**

1年	10	2年	7	3年	2

※ 2022年度末をもって閉校。2021年度は2・3年生のみ、2022年度は3年生のみを受け入れる

受入後

●**特色**

1981年、南山学園は増加する帰国生徒・外国人生徒の教育をめぐる地域の要請にこたえ、南山高等・中学校に、男女共学で帰国生徒・外国人生徒のみの受け入れを目的とした「国際部」を設置した。当初の生徒数は21名だったが、その後急速に増加。90年代には600名を超えるに至った。そのため1993年4月、豊田市に新校舎を建設、南山国際高等・中学校として新しいスタートを切った。

●**教育の基本方針**

「人間の尊厳のために」をモットーに、生徒の個性を尊重しながら良いところを伸ばしていくことを教育目標とする。1クラス30名以下の少人数教育、英語等での習熟度別授業、各自の進路や特性に応じた幅広い教科・科目の選択制度と自主性・自学を尊重している。

●**進学特例条件**

南山大学への指定校推薦は全学部・学科。推薦基準は学科により異なる。帰国子女入試も受験可能（南山大学のページ参照）。南山大学の合格者数は年度により異なるが、30名程度。指定校推薦枠のある大学・短大は早稲田大、上智大、聖心女子大、清泉女子大、法政大、立教大、中央大、立命館大、上智大短大部など

●**卒業生（帰国生徒）の進路状況**

国公立大：北海道大、東北大、筑波大、千葉大、東京大、東京外国語大、東京学芸大、三重大、京都大、東京海洋大、一橋大、名古屋大、名古屋工業大、愛知教育大、大阪大、宮崎大、横浜市立大、名古屋市立大ほか

私立大：南山大学をはじめ青山学院大、慶應義塾大、国際基督教大、上智大、中央大、法政大、明治大、早稲田大、名城大、中京大、獨協大、立命館大、同志社大ほか、海外への進学者も毎年数名

受入開始 2020年度

栄徳高等学校

（えいとく）

（担当：渡邉、鈴木）
〒480-1103
愛知県長久手市岩作三ヶ峯1-32
▶▶（東部丘陵線（リニモ）芸大通駅）
TEL 0561-62-5000 FAX 0561-62-5549
URL https://www.eitoku-h.ed.jp/
生徒数 男856 女442 合計1298

帰国子女在籍者数	1年	2年	3年	計
	0	0	0	0

入学

●出願資格・条件
平成18年4月1日以前に生まれ、勤務等により海外に在住する保護者に同伴し、下記A～Cのいずれかに該当する者で、本校のみを志願し、合格した揚合は必ず本校に入学する者
A 2年以上海外で生活し、帰国後1年以内で日本の中学校を令和3年3月に卒業見込みの者
B 文部科学大臣の指定を受けた在外教育施設（日本人学校中等部）を卒業（令和元年度以降）、または令和3年3月に卒業見込みの者で、学校長から成績、人物、特技等で推薦された者
C 現地校やインターナショナルスクール等に在籍し、中学卒業と同等以上の就学実績を有していると本校が認めた者（事前相談＋学力診断）
※受験を希望される方は、栄徳高校広報部までお問合せください。
●出願書類 （ ）内、出願資格A～Cに該当する者
①入学願書②推薦書(B) ③調査書(A・B) ④成績証明書(C) ⑤在学証明書または卒業証明書(C：海外現地校発行) ⑥海外在留証明書(C：保護者が勤務する企業または機関発行)
●日程等

募集	出願	試験	発表	選考方法
若干名	1/20～22	1/27	1/28	①書類選考 ②学力試験（日本語作文・英語） ③面接（保護者同伴）

※試験日の日程は、1日のみの実施です。
※本校への入学を強く希望し、勉学に励む強い意志のある者
※調査書（成績証明書）＋当日の試験＋面接

編入学

●編入学時期・定員 〔1年生〕8月
●出願資格・条件 平成18年4月1日以前に生まれ、勤務等により海外に在住する保護者に同伴し、下記A,Bのいずれかに該当する者で、本校のみを志願し、合格した揚合は必ず本校に入学する者
A 文部科学大臣の指定を受けた在外教育施設（日本人学校中等部）を2021年6月に卒業、または卒業見込みの者で、学校長から成績、人物、特技等で推薦された者
B 現地校やインターナショナルスクール等に在籍し、中学卒業と同等以上の就学実績を有していると本校が認めた者（事前相談＋学力診断）
※受験を希望される方は、栄徳高校広報部までお問合せください。
●出願書類 （ ）内、出願資格A・Bに該当する者
①入学願書②推薦書(A) ③調査書(A) ④成績証明書(B) ⑤卒業証明書(A・B：海外現地校発行)
●選考方法 入学試験に同じ

受入後

●教育方針 「誠実で信頼される人に」を校訓に掲げ、社会に貢献できる資質を養い、夢を叶える力を育てていきます。
●特色 2年次より国際言語クラスがあり、英語に特化したカリキュラムで、世界を視野に入れた学習環境を整えています。国際化時代に通用する英語力や自分で考え意見できるグローバル人材を育てています。

私立 共学 寮

受入開始 2007年度

青山高等学校

（あおやま）

（担当：室井）
〒515-2692
三重県津市白山町八対野2739
▶▶（近鉄大阪線榊原温泉口駅）
TEL 059-262-4321 FAX 059-262-4779
URL http://www.aoyama-h.ed.jp/
生徒数 男195 女72 合計267

帰国子女在籍者数	1年	2年	3年	計
	1	2	0	3

入学

●出願資格・条件
(1) 現在、海外の日本人学校に在籍している者
(2) 1年以上継続して海外に在住し、帰国予定もしくは帰国後1年以内の者
(3) 保護者が海外赴任中、または予定している者
(4) 受験前に学校の見学（保護者同伴）が必要である
●出願書類
・入学願書・調査書
●日程等

区分	募集	出願	試験	発表	選考方法
A	若干名	1/13～20	1/23	試験後1週間以内	国･数･英、作文、面接（保護者同伴）
B	若干名	1/25～28	1/31		
C	若干名	2/11～17	2/20		
D	若干名	3/5～11	3/13		

※ A：選抜入試、B～D：一次～三次入試
●応募状況

年度＼人数	募集人員	出願者	受験者	合格者	入学者
2019	若干名	2	2	2	2
2020	若干名	1	1	1	1

編入学

● 2019年度帰国子女編入学者数

1年	2	2年	0	3年	0

受入後

●教育方針
広大な自然の中で、社会を支える人物を育てるため、イギリスのパブリックスクールに倣い、寮制による全人教育を行っている。
●指導
一般生徒と同じクラスで指導し、随時個別指導を行う。

私立 女子

▷▷ 中 181P

受入開始 1983 年度

セントヨゼフ女子学園高等学校

(担当：奥山奈美)

〒 514-0823
三重県津市半田 1330
▶▶（近鉄名古屋線津新町駅、JR 紀勢線阿漕駅）
TEL 059-227-6465 FAX 059-227-6466
URL https://sjjg.ac.jp/
生徒数 女 247 合計 247

帰国子女在籍者数	1 年	2 年	3 年	計
	2	1	6	9

入 学

●**出願資格・条件**
原則として海外在住 1 年以上、帰国後 1 年未満

●**出願書類**
・入学願書・海外在住期間中の学歴の記録
・海外での教育機関の成績書類
※出願時に帰国子女であることを申し出ること

●**日程等**

募集	出願	試験	発表	選考方法
特に定めず	1/12～15	1/29	2/4	国語・数学・英語、面接

※面接は生徒のみ
※選考に際しては海外での状況に応じて配慮する

●**応募状況**

年度＼人数	募集人員	出願者	受験者	合格者	入学者
2019	特に定めず	0	0	0	0
2020	特に定めず	0	0	0	0

編 入 学

●**編入学時期・定員** 〔1・2 年生〕4、8 月
定員は特に定めず

●**出願資格** 海外在住 1 年以上、帰国後に他高等学校に編入学していないこと

●**出願書類** ・海外在籍学校の学業成績書類
・編入学願書

●**選考方法** 国語・数学・英語、生徒のみ面接。
海外での状況に応じて配慮する

● **2019 年度帰国子女編入学者数**

1 年	0	2 年	0	3 年	0

受 入 後

●**指導**
帰国子女が早く学校に慣れ、普通に授業が受けられるように必要な援助をする。

●**卒業生（帰国生徒）の進路状況**
主に私立大学へ進学。

私立 共学

▷▷ 中 182P

受入開始 1997 年度

四日市メリノール学院高等学校

(担当：辻善幸)

〒 512-1205
三重県四日市市平尾町 2800
▶▶（近鉄四日市駅）
TEL 059-326-0067 FAX 059-326-8345
URL http://www.maryknoll.ed.jp/
生徒数 男 108 女 303 合計 411

帰国子女在籍者数	1 年	2 年	3 年	計
	0	1	0	1

入 学

●**出願資格・条件**
・入学を希望する前年度の 3 月末日までに、外国の学校教育における 9 ヵ年の学校教育課程を修了した者（あるいは修了見込みの者）、あるいは文部科学大臣の指定または認定を受けた海外の日本人学校中学部を卒業した者および卒業見込みの者
・海外の学校に継続して 2 年以上在籍し、帰国 1 年以内の者で、保護者のもとから通学できる者を原則とする
・日本語による授業に困難を生じない者であること

●**出願書類**
・入学願書・海外における最終学校の成績証明書
・海外在留状況証明書

●**日程等**

募集	出願	試験	発表	選考方法
若干名	随時	－	－	国・数・英、面接

●**応募状況**

年度＼人数	募集人員	出願者	受験者	合格者	入学者
2019	特に定めず	0	0	0	0
2020	特に定めず	0	0	0	0

編 入 学

●**編入学時期・定員** 〔1・2 年生〕随時。特に定めず
●**出願資格・出願書類・選考方法** 入学に準ずる

● **2019 年度帰国子女編入学者数**

1 年	0	2 年	0	3 年	0

受 入 後

●**教育方針**
・学力の向上・徳性の涵養・体位の向上
・奉仕の精神の育成

●**特色**
・キリスト教精神に基づいた人格教育
・深い人格と高い知性を目指す人間教育
・個に応じた教育
・生きた英語教育

私立 共学

▷▷ 中 182P

受入開始　1985 年度

近江兄弟社高等学校
（おうみきょうだいしゃ）

（校長：池田健一）

〒 523-0851
滋賀県近江八幡市市井町 177
▶▶（JR 琵琶湖線近江八幡駅）
TEL 0748-32-3444　FAX 0748-32-3979
URL https://www.vories.ac.jp/
生徒数　男 572　女 611　合計 1183

帰国子女在籍者数	1年	2年	3年	計
	3	3	2	8

入学

●出願資格・条件
(1) 外国の学校教育における 9 学年の課程を修了した者 (2) 文部科学大臣の指定を受けた海外の日本人学校中学部卒業者および卒業見込みの者 (3) 本学において中学校を卒業した者と同等以上の学力があると認められた者 (4) 原則として自宅から通学できる者
[帰国生徒としての認定基準]
①海外在留期間が 1 年以上で、帰国後の期間が 1 年以内の者
②帰国後の期間が 1 年を超える場合でも、長期間にわたり海外に在留した者については別途考慮する
※応募に先立ち要事前相談。専願に限る

●出願書類　入学願書・帰国生徒調書（本校所定の用紙）・海外在留を証明する書類（保護者の所属機関の長の証明するもの）・当該外国の学校（日本人学校、現地校等）における中学校課程の全成績表（写し）・帰国後、国内中学校に在籍した者は、上記書類のほか、当該国内中学校の調査書（厳封）

●日程等

募集	出願	試験	発表	選考方法
若干名	1/15～22	2/4	2/9 ※	国・数・英、面接

※合格発表は出身中学校長を経て本人に通知
※事前相談のない場合は出願できない

●応募状況

年度＼人数	募集人員	出願者	受験者	合格者	入学者
2019	若干名	3	3	3	3
2020	若干名	3	3	3	3

編入学

●編入学時期・定員　〔1・2 年生〕随時（第 2 学年の 9 月まで）。欠員がある場合。若干名

●出願資格・条件　入学に準ずる。第 2 学年への編入学(新 2 年）は、入学資格条件に加えて、1 年の課程を修了した者で本校においてそれに見合う学力があると認められた者

●出願書類　第 2 学年に編入を希望する者は、高等学校第 1 学年相当の課程の成績表の写しを合わせて提出

●選考方法　面接、学力検査（国・数・英）、書類審査

● 2019 年度帰国子女編入学者数

1年	0	2年	0	3年	0

入 編

▷▷ 中 183P 大 660P

受入開始　2014 年度

立命館守山高等学校
（りつめいかんもりやま）

（担当：山内優馬）

〒 524-8577
滋賀県守山市三宅町 250
▶▶（JR 守山駅）
TEL 077-582-8000　FAX 077-582-8038
URL http://www.ritsumei.ac.jp/mrc/
生徒数　男 544　女 439　合計 983

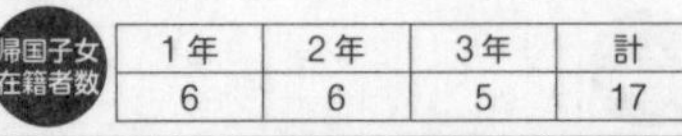

帰国子女在籍者数	1年	2年	3年	計
	6	6	5	17

入学

●出願資格・条件　出願者は保護者の海外赴任に同行し、現地に滞在していること。また、その期間、海外の教育機関で就学し、以下の (1)(4)(5)(6)、または (2)(3)(4)(6) の要件を満たしていること。
(1)2020 年 4 月 1 日から 2021 年 3 月 31 日までの間に、満 15 歳となる者
(2) 文部科学大臣の指定を受けた海外の全日制日本人学校中学部第 3 学年に在籍中の者
(3) 文部科学大臣の指定を受けた海外の全日制日本人学校中学部を対象年度に卒業見込みの者
(4) 海外の教育機関に 6 ヶ月以上在籍している者
(5) 外国の学校教育（海外の現地校およびインターナショナルスクール）における 9 年の課程を修了した者、又は修了見込の者、および本校がこれと同等と認めた者
(6) 本校入学後は保護者のもとから通学する者
※在籍期間は海外在住期間全てを算入できます。
※日本国内の中学校在籍者は帰国生徒入学試験への出願はできません。
※推薦入試は海外日本人学校からのみ出願が可能です。

●出願書類　帰国推薦入試は事前の資格確認を行います。出願資格詳細は帰国入試担当者までお問い合わせください。

●日程等

区分	募集	出願	試験	発表	選考方法
A	国内生と合わせて 160 名	1/8～15 正午必着	2/4	2/8	作文、個人面接
B			2/4･5	2/8	5 科（国・数・英・理・社）個人面接
C			2/5	2/8	

※ A：アカデメイアコース・グローバルコース・フロンティアコースの推薦
B：専願（個人面接 2/4・筆記試験 2/5）　C：併願

●応募状況　※国内生含む

年度＼人数	募集人員	出願者	受験者	合格者	入学者
2019	160 ※	1	1	1	1
2020	160 ※	2	2	1	0

編入学

●編入学時期・定員　〔1 年生〕9 月

●出願資格・条件　出願者は保護者の海外赴任に同行し、現地に滞在していること。また、その期間、海外の教育機関で就学し、下記の (1)(3)(4)(5)、または (2)(3)(4)(5) の要件を満たしていること。
(1) 日本国内の高校 1 年にあたる学年（自然年齢）に在籍中の者
(2) 文部科学大臣の指定を受けた海外の全日制日本人学校高等部第 1 学年に在籍中の者
(3) 海外の教育機関に 6 ヶ月以上在籍している者
(4) 本校を第 1 志望としている者
(5) 本校入学後は保護者のもとから通学する者
※在籍期間は海外在住期間全てを算入できます。
※日本国内の高等学校から帰国生徒編入学試験への出願はできません。

●選考方法　国・数・英・理・社、面接

● 2019 年度帰国子女編入学者数

1年	0	2年	0	3年	0

▷▷ 大 624P

受入開始　1995 年度

京都外大西高等学校

(きょうと がい だい にし)

（担当：花房克生）

〒 615-0074

京都府京都市右京区山ノ内苗町 37

▶▶（阪急京都線西院駅、地下鉄東西線太秦天神川駅）

TEL 075-321-0712　FAX 075-322-7733

URL http://www.kufs.ac.jp/nishiko/

生徒数　男 435　女 464　合計 899

帰国子女在籍者数	1 年	2 年	3 年	計
	5	9	8	22

入学

●**出願資格・条件**
海外の学校に在学した期間が、帰国後国内の学校に入学または転入学したときから 2021 年 1 月までの期間と同じか、それより長い場合

●**出願書類**　・帰国生徒志願者票（本校所定）・入学願書（帰国生徒用）・報告書・入学試験登録シート

●**日程等**

募集	出願	試験	発表	選考方法
若干名	1/18～23	2/10	2/12	国・数・英

※ 11/18 ～ 23 までに帰国生徒志願者票を提出し、書類審査を受け、帰国生徒受験資格を受ける（12/2 に通知）。その後、上記日程にそって受験する。詳細は学校までお問い合わせ下さい

●**応募状況**

年度＼人数	募集人員	出願者	受験者	合格者	入学者
2019	基準に達していれば合格とする	9	9	9	9
2020		5	5	5	5

編入学

●**編入学時期・定員**〔1 ～ 3 年生〕学期毎。若干名

●**出願資格・条件・出願書類**　入学に準ずる

●**選考方法**　国・数・英、面接（選考方法は「入学」に準ずる）

● **2019 年度帰国子女編入学者数**

1 年	0	2 年	0	3 年	0

受入後

●**指導**
建学精神は「不撓不屈」、校訓は「強く正しく明るく」で、自主自立の心を持ち、明朗で国際感覚豊かな人間の育成を目指している。国際理解教育の一環として、海外研修を実施している。交換留学制度あり、専任外国人教員 8 名を擁する。希望するコース（国際文化・特進・総合進学・体育）の一般生徒とともに学習するが、必要に応じて補習などの個別指導を行う。

●**進学特例条件**
京都外国語大学、京都外国語短期大学、京都外国語専門学校の特別推薦枠がある。

●**卒業生（帰国生徒）の進路状況**
立命館大 1、京都外国語大 2。

▷▷ 小 63P 中 184P

京都聖母学院高等学校

(きょうと せい ぼ がく いん)

（担当：入試広報部）

〒 612-0878

京都府京都市伏見区深草田谷町 1

▶▶（京阪藤森駅）

TEL 075-645-8103　FAX 075-641-0805

URL http://www.seibo.ed.jp/kyoto-hs/

生徒数　女 586　合計 586

帰国子女在籍者数	1 年	2 年	3 年	計
	1	0	4	5

入学

●**出願資格・条件**
・現地校については、その間の学校教育の 9 年の課程を 3 月末までに終了していること（6 月終了見込みの場合は要相談）
・日本語での授業に不都合がないこと
・入学後、保護者と同居する自宅からの通学が可能な女子生徒

●**出願書類**
・学校所定の入学願書
・成績証明書（出席状況がわかるもの）

●**日程等**

区分	募集	出願	試験	発表	選考方法
1次A	特に定めず	郵 1/18～29	2/10	2/12	推薦：作文、面接 GSC：作文・英語、英語力面接 専願・併願：国語・数学・英語＊
1次B		郵 1/18～29	2/11	2/12	
1.5次		郵 1/18～2/11 窓 2/12～19 土日祝除く	2/19	2/19	

※一般入試で受け入れる（試験は他の一般生徒と同じ内容）
＊ 1 次 A・B のⅢ類志願者は上記 3 科目の他に理科・社会を実施

●**応募状況**

年度＼人数	募集人員	出願者	受験者	合格者	入学者
2019	特に定めず	0	0	0	0
2020	特に定めず	1	1	1	1

編入学

●**編入学時期**　〔1・2 年生〕4 ～ 8 月

●**出願資格・条件**　高校卒業までの単位認定に不都合がないもの

●**出願書類**　・学校所定の願書・在学証明書・成績証明書（出席状況のわかるもの）

●**選考方法**　筆記試験（国語・数学・英語）、面接（保護者同伴）

● **2019 年度帰国子女編入学者数**

1 年	0	2 年	0	3 年	0

受入後

●**指導**　学習進度に応じて補習を行う。

●**教育方針**　カトリックの人間観・世界観にもとづく教育を通して、真理を探究し、愛と奉仕と正義に生き、真に平和な世界を築くことに積極的に貢献する人間を育成する。

●**特色**　特色あるコース体制のもと、それぞれの目標に応じた大学進学を目指して学力を伸ばす。コミュニケーション英語に特化したプログラムも用意されており、帰国後の語学力の維持も可能。

●**進学特例条件**　同志社女子大学クラスの生徒は全員進学が保証されているほか、豊富な指定校推薦枠がある。

私立 共学

▷▷ 大 625P

受入開始　2000 年度

京都橘高等学校

きょうと たちばな

（担当：北川克行）
〒 612-8026
京都府京都市伏見区桃山町伊賀 50
▶▶（京阪宇治線桃山南口駅）
TEL 075-623-0066　FAX 075-623-0070
URL　http://www.tachibana-hs.jp/

生徒数　男 390　女 620　合計 1010

帰国子女在籍者数	1 年	2 年	3 年	計
	0	0	1	1

【2021 年度未定】出願・日程は 2020 年度版〈参考〉

入学

●出願資格・条件

日本国籍を有する者、または日本での永住許可を受けている者で、2005.4.1 以前に生まれ、外国において中学校段階の教育を 1 年以上受け、以下のいずれかに該当する者、かつ、出願資格を満たし中学校長等の推薦を受けた専願者

・外国の学校教育における 9 学年の課程を修了した者、または 2020 年 3 月までに修了見込みの者
・文部科学大臣の指定を受けた海外の全日制日本人学校中等部を卒業した者、または 2020 年 3 月までに卒業見込みの者
・国内の中学校を卒業した者、または 2020 年 3 月までに卒業見込みの者
・国内の中学校と同等のインターナショナルスクールにおいて 9 学年の課程を修了した者、または 2020 年 3 月までに修了見込みの者

※この制度は保護者の海外在留に限らず、単身の留学生にも適用
※保護者のもとからの通学が出願の条件

●出願書類

・入学願書・入学志願者身上書・海外在住証明書（保護者の勤務関係で留学の場合は、勤務する会社の関係部署の責任者の証明。その他は、本人の滞在期間を明らかにできる大使館等の証明書およびパスポートのコピーを添付）・成績証明書（国内外の中学校に該当する全期間の成績表。日本語でない場合は日本語訳をつけること）・卒業証明書または卒業見込み証明書・中学校長の推薦書他

●日程等

募集	出願	試験	発表	選考方法
若干名	1/21 ~ 27	2/10	2/13 発送	国・英・数・社・理
		2/12		国・英・数

※募集は特別進学 (E) コース・総合進学 (A) コース
<専願者>

●応募状況

年度＼人数	募集人員	出願者	受験者	合格者	入学者
2019 ※	若干名	2	2	2	0
2020 ※	若干名	3	3	3	0

※一般入試による受験で入学した帰国子女

受入後

●指導　一般生徒と同じ（特別扱いはしない）。

私立 共学 寮

受入開始 1995 年度

立命館宇治高等学校

（りつめいかんうじ）

〒 611-0031
京都府宇治市広野町八軒屋谷 33-1
▶▶(近鉄京都線大久保駅、JR 奈良線宇治駅・新田駅)
TEL 0774-41-3000 FAX 0774-41-3555
URL https://www.ujc.ritsumei.ac.jp/ujc/
(担当：木越貴之)

生徒数 男 540 女 567 合計 1107

帰国生徒在籍者数	1 年	2 年	3 年	計
	64	57	72	193

入 学

●出願資格・条件 2006.4.1 以前に生まれ、次の①～④のいずれかに該当する者で、日本の義務教育期間における海外就学期間が 1 年 6 ヵ月以上の者
①現地校・インターナショナルスクールにおける 9 学年の課程を修了した者、あるいは 2021 年 6 月までに修了見込の者②文部科学大臣の指定を受けた海外の全日制日本人学校中学部卒業者、または 2021 年 3 月卒業見込の者③国内の中学校を卒業した者、または、2021 年 3 月卒業見込の者④国内の中学校と同等のインターナショナルスクールにおいて 9 学年の課程を修了した者、および 2021 年 6 月までに修了見込の者＊海外就学期間は、途中帰国していても全期間を加算する
※海外就学経験を持たず、日本国内において、外国の学校教育制度（インターナショナルスクール等）で履修している場合は同等に扱う
＊ 9 学年の課程とは、日本の義務教育の課程に相当するものをいう

●出願書類 ・入学願書・志願者身上書・成績証明書補足調書、修学状況報告書（該当者のみ）・入学確約書・推薦書・IM コース、IB コース志望理由書・在学証明書・成績証明書・卒業または卒業見込証明書・英語資格証明書（写）(IB コース志望者は必須)・IB コース志願者レファレンスフォーム

●日程等

区分	募集人員	出願	試験	発表
11月	40	10/26～11/9	11/28	12/4
2月		1/8～22	2/10	2/13

※会場：11 月入試（本校・香港＊・上海＊・シンガポール・ロンドン・ニューヨーク）2 月入試（本校）

●選考方法 ＊香港・上海では IB 方式は実施せず

コース	A 方式	B 方式	IB 方式
IG コース（推薦・専願）	小論文・面接	国・数・英、面接	
IG コース（併願）		国・数・英	
IM コース（推薦・専願）	小論文・面接	国・数・英、面接	
IB コース（推薦・専願）			英語小論文・数学(英語)、面接

※推薦資格を得て受験の場合も選考方法は変更されない
※ A 方式を選択できるものは、現地校、インターナショナルスクールの修学経歴が規定以上のもの

●応募状況

年度＼人数	募集人員	出願者	受験者	合格者	入学者
2019	40	110	106	66	43
2020	40	140	137	64	36

編 入 学

●編入学時期・定員
〔1 年生〕9、1、3 月〔2 年生〕9 月。若干名

●出願資格・条件（1 学年の 1 月。3 月編入）
以下の①および②の条件をともに満たす者
① 2005.4.1 以前に生まれた者で、現地校・インターナショナルスクールにおける 10 学年以上に在学中の者
②入学時（2021.1.1 または 2021.3.1）より過去 3 年間うち 1 年 6 ヵ月以上現地校・インターナショナルスクールでの就学経験があること。
＊ 10 学年とは日本の教育課程における高等学校 1 学年に相当するものをいう
※ 2021 年 9 月編入については、要項を参照

●出願書類 入学に準ずる

●選考方法
A 方式：小論文（日本語または英語）、個人面談（保護者同伴）および提出書類による総合評価
IB方式：小論文（英語）、数学（英語）、個人面接（保護者同伴）および提出書類による総合評価

● 2019 年度帰国子女編入学者数

1 年	4	2 年	0	3 年	−

受 入 後

●特色 IB コースは「日本語」以外はすべて英語での受講となり、「日本語」はレベル別の授業有。IM コースは留学後英語での受講。IG コース (1 年) では、国語、数学、社会で帰国生対応の取り出し授業あり。英語の授業は 3 年間レベル別授業対応。国際センター、学年、担任が個別生徒の状況に応じて対応する。

●教育方針 グローバル時代に必要とされる、国際性と卓越した言語能力を養い、世界の人々と共同し、よりよい国際社会への貢献をできる人の育成を目指す。

●特色 帰国生徒は全生徒の 2 割を越えて在籍している。帰国生の海外経験で得た国際性を、社会に貢献できる力へと高めることを追求し続けている。そのため、帰国生徒の日本での適応をサポートする教育にとどまらず、その英語力と国際性を高める「IM コース」を早くから設置している。「IM コース」では、海外留学と英語での受講を高校 3 年間の中で体験し、大学進学後も世界で学ぶことのできる基礎力を持った生徒を 700 名以上輩出している。2009 年からは IB 認定校として、「IB コース」を開設。過去 10 年間で IB ディプロマスコア平均は常に世界平均を上回り、海外著名大学への進学実現に、大きな成果をあげている。恵まれた内部進学の条件を生かして、高大連携が進んでおり、IG コースでは、大学につながる多彩な選択科目が準備され、英語で受講できる科目もおかれる。恵まれた施設・設備で生徒の自主活動、クラブ活動も盛んで、授業以外でも、充実した高校生活が実現できる。

●進学特例条件 立命館大学、立命館アジア太平洋大学に、卒業生全員分を上回る内部推薦の進学枠を持つ。内部進学決定前までならば他大学進学にも挑戦できる。IB コースは海外大学進学を目指すが、国内国公私大進学も年々拡大しているほか、内部進学も有利な条件が設定されている。

●卒業生（帰国生徒）の進路状況 2020 年度進学は立命館大学・立命館アジア太平洋大学合計 298 名が進学（進学者の 84%）。国内他大学進学 36 名（進学者の 10%）、海外大学合格者は 21 名（6%）。近年海外大学・他大学進学者が増加している。
海外大学は University of Melbourne (AUS),
Brown University (USA),University of Manchester (UK),
University of Sydney (AUS),
University of Queensland (AUS) ,
University of Minnesota (USA) ,
Monash University (AUS) ,Dartmouth College (USA)
,Instituto de Empresa (ESP),University of Sheffield (UK),
などに合格（2018・2019 年度）

私立 共学 寮

受入開始 1980 年度

帰国子女の受け入れを主たる目的として設置された高等学校

同志社国際高等学校

(どうししゃこくさい)

〒 610-0321
京都府京田辺市多々羅都谷 60-1
▶▶(近鉄京都線興戸駅、JR 学研都市線同志社前駅)
TEL 0774-65-8911 FAX 0774-65-8990
URL http://www.intnl.doshisha.ac.jp

(担当:アドミッションズセンター 北川、帖佐)

生徒数 男 303 女 513 合計 816

帰国生徒在籍者数	1年	2年	3年	計
	177	171	191	539

入 学

●出願資格・条件
日本国籍、または特別永住者の資格を有する者、あるいは日本の法律に定める「永住者」「日本人の配偶者等」「永住者の配偶者等」「定住者」に該当する者。2006.4.1 以前に生まれ、次のいずれかに該当する者
・外国の学校教育における 9 年生の課程を修了した者、または 2021 年 7 月末日までに修了見込みの者・文部科学大臣の指定を受けた海外の全日制日本人学校中学部卒業者、または卒業見込みの者・国内中学校を卒業した者、または卒業見込みの者・相当年齢に達し、本校において、中学校を卒業した者と同等の学力があると認めた者

●帰国生としての認定　次のいずれかに該当する者
・海外在住期間が 1 年 6 カ月以上の者で、帰国後の期間が海外在住期間を越えない者・小学校課程における海外在住期間が 4 年 6 カ月以上の者・海外在住期間が 5 年 6 カ月以上の者

※帰国後の期間とは、最終帰国の日から入学試験日までとする。在住期間は、2021 年 2 月までの全海外在住期間を加算する。本人の留学期間は、特別推薦(条件 A)または A 選考に出願する場合は、別途問い合わせること。なお特別推薦(条件 B)または B 選考の場合は、海外在住期間には含まない

※本年度は特別推薦(条件 B)は実施しない。

●出願書類　入学願書一式(本校所定のもの)・入学志願者身上書(本校所定のもの)・海外在住証明書(本校所定の用紙に所属機関の長の証明するもの)・成績表(各成績表には、義務教育課程の何年目に該当するかを明記すること)・その他

※選択した選考方法により、提出しなければならないものが異なるので注意

〔特別推薦〕
高 1、12 月入試のみ　※詳細は要項参照

〔A 選考〕
a. 海外の学校における全期間の成績表(全日制日本人学校を含む)
b. 国内で中学校に在籍したことがある者は、その全期間の成績表
c. 国内中学校、あるいは、全日制日本人学校を卒業した者、または、卒業見込みの者は、出身中学校の調査書(厳封のこと)

〔B 選考〕次の a 、b のいずれかを提出する
a. 上記 c に同じ
b. 外国の学校における 9 年生の課程を修了または修了見込みの者は、9 年生の成績表

※通知表を用いる場合はすべての面をコピーしたものを提出する

※ 9 年生の成績表が出ていない場合は、8 年生の成績表(写し)と 9 年生の在籍証明書(原本)を提出する。

●日程等

募集		出願	試験	発表	選考方法
約90	12月	10/12～23	12/8 特別推薦入試 12/9 A・海外 12/10 B	12/14	A 選考:面接、小論文、書類審査 B 選考:国・数・英
	2月	1/5～12	A 2/9 B 2/10	2/11	

※ A 選考の面接は保護者同伴で個別に行う。小論文は海外で習得した言語による。日本語は認めない。12 月 A はロンドン、ニューヨーク、ロサンゼルス、シンガポール、京都で実施。12 月 B はシンガポール、京都で実施。12 月 AB 及び 2 月 AB 及び一般入試への出願は可能

※本年度海外での入試は実施しない。

●応募状況

年度＼人数	募集人員	出願者	受験者	合格者	入学者
2019	約 90	314	250	102	73
2020	約 90	282	268	132	95

編 入 学

●編入学時期・定員
〔1 年生〕夏〔2 年生〕4 月、夏。若干名

●出願資格・条件　海外在住期間 1 年 6 カ月以上で、前回の入試以降に帰国した者。その他は要項参照

●出願書類・選考方法　入学に準ずる

● 2019 年度帰国子女編入学者数

1年	13	2年	4	3年	0

受 入 後

●教育方針　本校は世界のさまざまな国で多様な海外生活を経験してきた帰国生徒と、国内一般生徒がともに学ぶ環境の中でお互いの個性を尊重し、それぞれの才能を充分に伸ばすことを教育の目標としている。

●特色　①入学後プレースメントテストを行い、ほぼ全教科で習熟度別クラス編成、少人数授業を行っている②第 2 外国語として、フランス語・ドイツ語・スペイン語・中国語・韓国朝鮮語がある。各個人が自分の興味に従って授業に取り組めるよう、多くの選択科目を用意している③帰国生徒の日常的な学習・生活を支えるため、「国際教育センター」があり、生徒は自由に相談することができる

●進学特例条件　卒業生の約 90% が同志社大、同志社女子大への学内推薦入学制度により進学している。その他は海外の大学、国内の他大学へ進学し、ほぼ 100% 現役で大学進学をしている。

●卒業生の進路状況〈国内〉同志社大、同志社女子大、青山学院大、立教大、ICU、上智大、慶應義塾大、早稲田大、〈海外〉New York University、University of California Berkeley、チャイコフスキー記念国立音楽院(ロシア)、University of British Columbia(カナダ)、University of St Andrews(イギリス)、Twente University(オランダ) 他

私立 共学

▷▷ 中 186P

受入開始 2019 年度

大阪学芸高等学校

（おおさかがくげい）

〒 558-0003　（担当：古賀一成）
大阪府大阪市住吉区長居 1-4-15
▶▶（大阪メトロ御堂筋線・JR 阪和線長居駅）
TEL 06-6693-6301　FAX 06-6693-5173
URL https://www.osakagakugei.ac.jp/senior/
生徒数　男 917　女 1007　合計 1924

帰国子女在籍者数	1年	2年	3年	計
	0	1	0	1

入学

●**出願資格・条件**
以下のいずれかに該当する者
(1) 2006 年 4 月 1 日以前に生まれ、次の①～④のいずれかに該当する者で、日本の義務教育期間における海外就学機関（途中帰国していても全期間を加算する）が 1 年 6 ヶ月以上の者。
①現地校・インターナショナルスクールにおける 9 学年の課程を修了した者、あるいは 2021 年 6 月までに終了見込の者。
②文部科学大臣の指定を受けた海外の全日制日本人学校中学部卒業者、または 2021 年 3 月卒業見込の者。
③国内の中学校を卒業した者、または 2021 年 3 月卒業見込の者。
④国内の中学校と同等のインターナショナルスクールにおいて 9 学年の課程を修了した者、または 2021 年 6 月までに修了見込の者。
(2) 2006 年 4 月 1 日以前に生まれ、外国籍を有し、日本に在住し（在留資格が「出入国管理および難民認定法」に定める「永住者」ならびに「永住者の配偶者」を除く）、かつ日本語を母語としない者で、学校教育における 9 学年の課程（日本の義務教育の課程に相当するもの）を修了、あるいは 2021 年 6 月までに修了見込の者であること。
(3) 海外就学経験を持たず、日本国内において、外国の学校教育制度で履修している場合は、(1) と同様に扱います。

●**出願書類**
・入学願書・志望理由書・志願者身上書・在学証明書・成績証明書・卒業または卒業見込証明書・英語資格証明書の写し・入学確約書・日本語能力試験（JLPT・JPT）の証明書
（外国籍生徒のみ）住民票の写し、外国政府発行のパスポートの写し、在留カードを所有している者は、その写しも併せて提出

●**日程等**
募集コース：国際科ダブルディプロマコース（※専願のみ）若干名

	募集	出願	試験	発表	選抜方法
2月入試	若干名	1/20～27（必着）	2/11	2/13	BC 数学（英語）BC 英語、BC 面接

※事前に受験生・保護者ともに個別相談会に参加の上、受験資格確認の申請をすること。

受入後

●**教育方針**　ダブルディプロマコースの趣旨を十分理解し、カリキュラムにのっとって、海外の大学も視野に入れ、2 つのディプロマ習得をめざす。

私立 女子

▷▷ 中 187P 大 630P 短 670P

受入開始 1971 年度

大阪女学院高等学校

（おおさかじょがくいん）

〒 540-0004　（担当：日下智行）
大阪府大阪市中央区玉造 2-26-54
▶▶（JR 大阪環状線玉造駅）
TEL 06-6761-4113　FAX 06-6761-0378
URL http://www.osaka-jogakuin.ed.jp
生徒数　女 805　合計 805

帰国子女在籍者数	1年	2年	3年	計
	3	6	1	10

編入学

●**編入学時期・定員**　〔1～2 年生〕4、9 月。若干名
●**出願資格・条件**
(1) 保護者の海外在留に伴い、本人の海外生活が引き続き 1 年 6 ヶ月以上で、保護者とともに帰国する者
(2) 帰国後 1 ヶ月以内に面接を受けて受験を認められた者。
ただし、4 月より 1 年生に編入を希望する場合は、中学校 3 年（相当）時の 6 月以降に帰国し、面接を受けて受験を認められた者
(3) 帰国後保護者と同居する者
(4) 専願
●**出願書類**　出願には面接での受験の許可が必要。面接の結果、受験を認められた者に限り願書を渡す。その際に必要な書類は次の通り
・海外生活を証明する書類
・海外における最終在籍校の在学（または卒業）証明書、および成績証明書またはこれに該当するもの
・高等学校 1 年生に 4 月編入を希望する者で、帰国後国内の中学校に在籍している者は、当該校の在学（または卒業見込）証明書
●**日程等**

区分	募集	出願	試験	選考方法
A	若干名	11/30	12/5	国・数・英
		1/30	2/10	
B		3/1	3/6	
C		未定	7月下旬	

※ A：新 1 年 4 月編入　B：新 2 年 4 月編入
C：〔1・2 年生〕9 月編入
※ 出願最終日が土・日、祝祭日に当たるときはその前まで。試験日が日曜日に当たるときはその翌日

●**応募状況**　（4 月入学）

年度＼人数	募集人員	出願者	受験者	合格者	入学者
2019	若干名	1	1	1	1
2020	若干名	1	1	1	1

● **2019 年度帰国子女編入学者数**

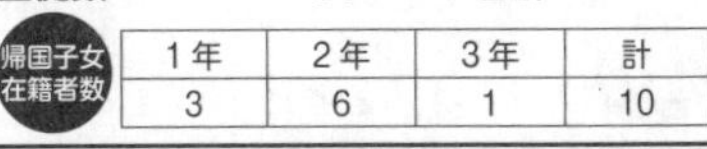

1年	0	2年	0	3年	0

受入後

●**指導**
一般生との混合方式をとっているが、「帰国子女委員会」によって、学習面・生活面に必要な指導を行っている。

受入開始　2019年度

大阪市立水都国際高等学校

（おおさかしりつすいとこくさい）

〒559-0033　（担当：上床敦）
大阪府大阪市住之江区南港中 3-7-13
▶▶（大阪メトロ、ニュートラム ポートタウン西駅 またはポートタウン東駅）
TEL 06-7662-9601　FAX 06-7662-9602
URL https://osaka-city-ib.jp/
生徒数　男 47　女 109　合計 156

帰国子女在籍者数	1年	2年	3年	計
	4	2	－	6

入学

●**出願資格・条件**　2021年度の選抜実施要項は大阪府から2020年10月頃発表予定の為、2020年度の例を記載します。
・2020年3月に中学校若しくはこれに準ずる学校、義務教育学校または中等教育学校の前期課程を卒業または修了する見込みの者
・中学校を卒業した者
・学校教育法施行規則第95条のいずれかに該当する者
・外国において継続して2年以上在留 し、帰国後2年以内の者。
・2020年4月1日以降も継続して大阪府内に本人と保護者が住所を有する者（住所とは住民登録がされている居所をいう）。

●**出願書類**　①入学志願書 ②自己申告書 ③外国の在留期間及び帰国時期を証明する資料 ④入学検定料 ⑤英語資格のスコア等を証明する証明書の写し（英語資格を活用する志願者のみ）⑥本人及び保護者の住民票の写しまたはこれに代わる証明書（過年度卒業者のみ）⑦入学志願特別事情申告書又は志願先高等学校を所管する教育委員会が交付した承認書及びその関係書類（大阪府内の中学校の卒業者でない者、または本人及び保護者の住所が大阪府内にない者のみ）

●**日程等**

募集	出願	試験	発表	選考方法
8名	2/15・16	2/18	3/1	英語、数学、日本語による個人面接

●**応募状況**

年度＼人数	募集人員	出願者	受験者	合格者	入学者
2019	8	3	3	3	3
2020	8	4	4	4	4

受入後

●**指導**　入学後は混合クラス（帰国生のみの取り出しクラスではない）となる。外国で身近に異文化の中で暮らした経験をまわりの友人に伝えてほしい。海外にルーツを持つ人も増えてきている中、多様な文化も日本の文化や特色も広めていくロールモデルとなり、グローバル社会で活躍する人になることを期待している。英語は本校の中心的な教科、コミュニケーションツールとなるので得意科目にしたほうが良い。また国語・数学もしっかりと学習してほしい。国語・理科・社会は帰国生選抜にはないが、入学後のことを考えると中学までの内容の習得が求められる。帰国生であるかに関わらず必要な場合には補習などを行う。

●**教育方針**　本校は「社会に貢献する協創力をみがく」を教育方針とし、グローバル化が進む中で、国際理解教育と英語教育に重点を置きつつ、心、知性、身体のバランスの取れた全人教育を目指している学校です。主体性と寛容性、多様な人を尊重し思いやる豊かな心、探究心、深い思考力、幅広く高い知性を養い、異なる人々と共によりよく生きる力を育みます。地球的な視野に立ち、地域社会と国際社会の平和と発展に貢献する人を育成することを目指しています。

●**特色**　英語・数学・理科を外国人の先生が英語で教え、外国人教員が教員の40%を占めるというこれまでの公立学校にない英語教育と、公設民営の手法で学校法人大阪YMCAが運営を行うことによりYMCAの国際的ネットワークを使用して国際理解教育を行っています。また、2020年度、高校2・3年次に国際バカロレア・ディプロマプログラムを開設しました。グローバルコミュニケーション（文系）、グローバルサイエンス（理系）、国際バカロレアのいずれのコースに進んでも（高校2年次から選択制）課題探究型の学びをすることができるのも特色の一つです。

●**進学特例条件**　卒業後は国内・海外の大学進学を主に、多様な進路をサポートします。（2019年開校のため、進学実績はありません。）大学と指定校推薦、AO入試、バカロレア入試、その他の入試制度の話し合いを始めており順調に準備を進めています。またYMCAの海外ネットワークを活かして海外大学進学の準備を進めており、海外大学開拓のコンサルタントが海外に常駐して各大学とのネットワークづくりに取り組んでいます。

私立　女子

▷▷ 小 64P 中 187P 大 630P

受入開始　1997年度

大阪信愛学院高等学校

（おおさかしんあいがくいん）

〒536-8585　（担当：下中一将）
大阪府大阪市城東区古市 2-7-30
▶▶（京阪電鉄関目駅・地下鉄新森古市駅）
TEL 06-6939-4391　FAX 06-6939-4587
URL http://www.osaka-shinai.ac.jp
生徒数　女 409　合計 409

帰国子女在籍者数	1年	2年	3年	計
	0	0	0	0

入学

●**出願資格・条件**
海外在住期間が中学3年間の内、1年以上を原則とする。日本国籍を有する者、または日本での永住許可を受けている者で、次の(1)～(3)のいずれかに該当する者
(1) 外国の学校教育における9年目の課程を修了した者、または2021年3月末日までに修了見込みの者
(2) 文部科学大臣の指定を受けた海外の全日制日本人学校中学部卒業者、または卒業見込みの者
(3) 国内中学校を卒業した者、または卒業見込みの者
(4) 保護者との事前相談（10月1日～11月30日）を行う

●**出願書類**
・入学志願書・入学志願書身上書（本校所定用紙）・海外在住証明書（本校所定用紙）・成績表（個人報告書）

●**日程等**

募集	出願	試験	発表	選考方法
若干名	1/20～30（土曜は13：00まで）	2/10	2/12 発送	国・数・英、面接（生徒のみ）

※筆記は各50分（英語は60分。リスニング含む）各100点
※一般入試は5教科または3教科であるが、帰国子女入試は3教科。判定基準も国内生とは別扱い

●**応募状況**

年度＼人数	募集人員	出願者	受験者	合格者	入学者
2019	若干名	0	0	0	0
2020	若干名	0	0	0	0

編入学

●**編入学時期・定員**　〔1・2年生〕4～9月。若干名
●**出願資格・出願書類・選考方法**　入学に準ずる（要事前相談）
● **2019年度帰国子女編入学者数**

1年	0	2年	0	3年	0

受入後

●**指導**　一般生と同じ扱い。ただし語学については特別扱いあり。状況に応じて取出授業あり。

●**教育方針**　本校はカトリック精神に基づく人生観をもたせ、一人ひとりが主体性を確立し、それぞれの可能性を最大限にのばして自己形成を図るとともに、女性としての豊かな心をもって、すすんで国際社会の建設に貢献する明朗で健康な人間を育成する。

●**特色**　創立136年を迎えるカトリックミッション女子校。保育園・幼稚園から短期大学までを併設。文理・進学（ソレイユ・エトワール）・看護医療・子供教育の5つのコースに分かれ、個々の受験に対応することにより、全員が現役での大学進学を目指している。

●**進学特例条件**　併設校（大阪信愛学院短期大学）、教育協定連携大（同志社女子大、関西外国語大、近畿大、帝塚山学院大、大阪樟蔭女子大、大阪電気通信大、大阪国際大、神戸女学院大、京都ノートルダム女子大）への推薦あり

▷▷ 小 65P 中 188P

私立 共学

建国高等学校

けん こく

〒 558-0032　(担当：洪 隆男)
大阪府大阪市住吉区遠里小野 2-3-13
▶▶(南海高野線 我孫子前駅、JR 阪和線 杉本町駅)
TEL 06-6691-1231　FAX 06-6606-4808
URL http://www.keonguk.ac.jp/
生徒数　男 54　女 128　合計 182

帰国子女在籍者数	1年	2年	3年	計
	0	0	0	0

編入学

●編入学時期・定員　随時
●出願資格・条件　特になし
●出願書類　本校規定用紙にて提出
●選考方法　面談（本人・保護者）
● 2019 年度帰国子女編入学者数

1年	3	2年	3	3年	3

受入後

●**指導**
〈特別進学コース〉
難関国公立・私立大学合格を目指す
早期の基礎力定着と安定した学力維持に努めます
受験指導のエキスパートによる徹底指導で学力定着を図ります
個々の能力に応じた多様な学習指導でワンランク上の大学を目指します
〈総合コース〉
グローバル社会での活躍を目ざす
ネイティブ教員により、生きた語学力を伸長させるカリキュラムで、英語・韓国語・日本語・中国語のそれぞれの語学の実践的授業を進めていきます。

私立 男子

受入開始　1989 年度

清風高等学校

せい ふう

〒 543-0031　(担当：入試総務部)
大阪府大阪市天王寺区石ケ辻町 12-16
▶▶(近鉄線・阪急なんば線 大阪上本町駅、大阪メトロ 谷町九丁目駅、JR 大阪環状線 鶴橋駅)
TEL 06-6771-5757　FAX 06-6773-3615
URL https://www.seifu.ac.jp
生徒数　男 1822　合計 1822

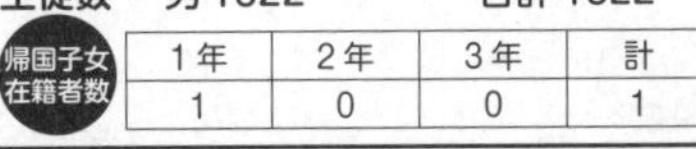

帰国子女在籍者数	1年	2年	3年	計
	1	0	0	1

入学

●**出願資格・条件**
帰国子女入学試験を受験する者は次の (1)、(2) の要件を満たしていること
(1) 清風高等学校を専願とする者（併願は一般と同じ扱い）
(2) 海外の教育機関で 1 年以上の教育を受けた者で、かつ帰国後 3 年以内の者で、次の①②③のいずれかに該当する者
①外国の正規の中学校（日本の中学校に該当する教育機関）の卒業者、または卒業見込みの者
②文部科学大臣の定める在外教育施設の中学校の課程の修了者、または修了見込みの者
③国内の中学校の卒業者、または卒業見込みの者
※事前に本校に申し出て、海外帰国子女扱いの承認を受けなければならない。

●**出願書類**
・入学願書一式（本学所定のもの）
・海外における学校の成績証明書（日本人学校の場合は調査書）
・帰国後、国内の中学校に在籍した者は、出願資格を満たすことを証明するにたる書類を提出すること（在籍証明書または在学証明書）

●**日程等**

募集	出願	試験	発表	選考方法
特に定めず	1/20 ~ 31	2/10・11	2/12	国・数・英・社・理、面接（保護者同伴）

※一般入試の募集人数以内 10 日が学科、11 日が面接
※一般入試と同じ試験を行うが、文理コース専願の合格最低点を考慮する（最低合格点の 90%）

●**応募状況**

年度＼人数	募集人員	出願者	受験者	合格者	入学者
2019	特に定めず	0	0	0	0
2020	特に定めず	0	0	0	0

編入学

欠員がある場合のみ

受入後

●**指導**　個別の状況をふまえ、適した指導を行う。

私立 女子　▷▷ 中 188P 大 633P

受入開始　2001 年度

帝塚山学院高等学校

〒 558-0053　（担当：太田）
大阪府大阪市住吉区帝塚山中 3-10-51
▶▶（南海電鉄高野線帝塚山駅）
TEL 06-6672-1151 FAX 06-6672-1155
URL http://www.tezukayama.ac.jp/
生徒数　女 740　合計 740

帰国子女在籍者数	1年	2年	3年	計
	0	0	0	0

入学

●出願資格・条件
(1) 保護者の海外在住に伴って外国に滞在した者
(2) 外国での滞在期間が約 2 年以上で帰国後約 1 年半以内である者
(3) 入学許可後、父母いずれか（または父母に代わる保護者）と同居する者
(4) 日本における当該学年に相当する年齢に達している者
(5) 日本語による日常会話が可能である者
(6) 専願である者
(7) 出願前に保護者（または同等の代理人）が来校し相談できる者

●出願書類
・入学志願書
・海外出身校での在学証明書及び成績証明書
・本人の履歴書及び家族で海外に在住したことを証明する書類

●日程等

募集	出願	試験	発表	選考方法
若干名	1/22～2/3	2/10	2/11	国（古典除く）・英（リスニング含む）・数、面接

※ヴェルジェコース　プルミエ・音楽・美術系専攻のみ募集

●応募状況

年度＼人数	募集人員	出願者	受験者	合格者	入学者
2019	若干名	0	0	0	0
2020	若干名	0	0	0	0

受入後

●指導・教育方針・特色
特別学級は設けず、一般生徒と同じ学級生活を送る。2 年生対象の海外語学研修、海外からの留学生の受け入れ等、国際理解を重視する。

●進学特例条件
併設の大学への進学志望者には優遇措置があり、推薦規定条件を満たせば推薦を受けることが可能。

私立 女子　▷▷ 中 189P

受入開始　1989 年度

プール学院高等学校

〒 544-0033　（担当：澤村厚司）
大阪府大阪市生野区勝山北 1-19-31
▶▶（JR 大阪環状線桃谷駅 徒歩 5 分）
TEL 06-6741-7005 FAX 06-6731-2431
URL https://www.poole.ed.jp/
生徒数　女 608　合計 608

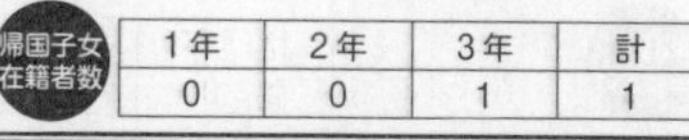

帰国子女在籍者数	1年	2年	3年	計
	0	0	1	1

入学

●出願資格・条件　次のすべてに該当する者
(1) 保護者の海外在留に伴って外国に滞在した者
(2) 入学許可後、父母またはそのいずれか（父母ともに海外に滞在している場合には父母にかわる保護者）と同居する者
(3) 外国における滞在期間が 2 年以上で帰国後 2 年以内である者
(4) 日本における当該学年に相当する年齢に達している者
(5) 日本語による日常会話が可能である者
(6) 専願（合格すれば本校に入学する者）

●対象コース　特進コース・国際コース

●出願書類
・入学願書一式（本学所定のもの）・履歴書・海外における学校の在学証明書・海外における学校の成績証明書（日本人学校の場合は調査書）・帰国後国内の中学校に在籍した者はその調査書・海外在留を証明する書類（保護者の所属機関の長の証明するもの）
※出願前に、保護者またはそれに代わる方が来校してご相談下さい

●日程等

募集	出願	試験	発表	選考方法
若干名	1/18～2/1	2/10	2/11	国・数・英または国・数・英・社・理、面接※

※英語はリスニングテスト含む。面接には英語面接を含むことがある。特進コースの芸術実技入試は国・数・英と芸術実技（音楽・美術）、面接
※特別の入試は行わない。事前相談した上で一般入試を受験し、総合的に判断する

●応募状況

年度＼人数	募集人員	出願者	受験者	合格者	入学者
2019	若干名	0	0	0	0
2020	若干名	0	0	0	0

編入学

●編入学時期・定員〔1 年生〕9、1 月〔2 年生〕4、9 月。若干名

●出願資格・条件・出願書類・選考方法　入学に準ずる

● 2019 年度帰国子女編入学者数

1年	0	2年	0	3年	0

受入後

●指導
混入方式だが、常設の国際教育係で指導にあたる。

国立 共学

受入開始 1995年度

大阪教育大学附属高等学校池田校舎

〒563-0026 (担当：治部浩三)
大阪府池田市緑丘 1-5-1
▶▶(阪急宝塚線池田駅)
TEL 072-761-8473 FAX 072-762-1076
URL http://www.ikeda-h.oku.ed.jp/

生徒数 男256 女234 合計490

帰国子女在籍者数	1年	2年	3年	計
	8	6	3	17

入学

●**出願資格・条件** (2020年度入試・参考)
保護者との外国在住期間が2年6ヵ月以上、帰国後2年以内の者で、生年月日が2005.4.1以前の者。以上の者で、以下の(1)～(3)の条件を満たす者
(1) (a) 学校教育法に定める中学校の課程を修了した者または2020年3月卒業見込みの者 (b) 外国で、学校教育における9年の課程を修了した者または2020年3月までに修了見込みの者 (c) 文部科学大臣が中学校の課程と同等の課程を有すると認定した在外教育施設の当該課程を修了した者または2020年3月までに修了見込みの者 (2) 保護者と同居し、自宅から通学できる者 (3) 通学時間が片道1時間30分以内で、指定の通学範囲に居住する者、または居住予定の者

●**出願書類**
入学志願書・調査書・国内の中学校、海外の日本人学校中学部に在籍した場合は本校所定の調査書、海外の日本人学校以外に在籍した場合はその学校で発行された成績証明書(英語または日本語)・海外生活報告書・海外在留証明書

●**日程等** (2021年度入試・予定)

募集	出願	試験	発表	選考方法
8以内	1/13・14(窓口のみ)	2/10	2/15	国・数・英、面接(本人)、グループ活動

※英語はリスニング含む

●**応募状況**

年度＼人数	募集人員	出願者	受験者	合格者	入学者
2019	8以内	8	8	6	6
2020	8以内	9	9	8	8

※面接(グループ、個人)により、異文化理解の様子と、環境への適応力をみる。学力検査、面接、調査書により総合的に判定する

受入後

●**指導** 放課後に国・数・英などの補習を実施。

●**教育方針・特色**
本校は、高等学校普通教育を行うことを目的とし、(1) 基礎学力を充実させる普通教育を行う、(2) 大学学部の学生の教育実習を指導する、(3) 研究教育校教育実践校として教育研究を進める、という3つの使命を担っている。入学者は普通学級に入り、本校の教育課程にもとづいた教育を受ける。生徒は自由、自主、自律の精神のもと、お互いに切磋琢磨しあって、勉学、特別活動、行事に意欲的に取り組んでいる。ユネスコ協同学校に参加している。約6割の生徒が理系の大学学部に進学している。約8割の生徒が国公立大学に進学している。

▷▷ 中190P

私立 共学

受入開始 1990年度

関西大倉高等学校

〒567-0052 (担当：松村健司)
大阪府茨木市室山 2-14-1
▶▶(JR京都線・茨木駅、阪急京都線・茨木市駅、阪急宝塚線・石橋阪大前駅、阪急千里線・北千里駅、北大阪急行・大阪モノレール・千里中央駅よりスクールバス(20～25分))
TEL 072-643-6321 FAX 072-643-8375
URL https://www.kankura.jp/

生徒数 男918 女570 合計1,488

帰国子女在籍者数	1年	2年	3年	計
	2	1	0	3

入学

●**出願資格・条件** 海外の全日制日本人学校中学部卒業見込みの者、または国内中学校卒業見込みの者で、海外在住期間が4年以上で帰国後2年以内の者、または海外在住期間が2年以上4年未満で帰国後1年以内の者
※帰国後の期間とは最終帰国の日から入試の日までとする

●**出願書類** 入学願書一式・卒業見込証明書・海外在住証明書

●**日程等**

募集	出願	試験	発表	選考方法
若干名	郵 1/21～28(必着) 窓 1/21～28(10-15時)	2/10	2/13	国・社・数・理・英

※帰国生としての配慮を希望する志願者は必ず事前に電話で連絡すること
※5教科の筆記試験の得点のうち、国・数・英の得点率を主な判断材料にする

●**応募状況**

年度＼人数	募集人員	出願者	受験者	合格者	入学者
2019	若干名	6	6	6	1
2020	若干名	5	4	4	2

編入学

●**編入学時期** 〔1年生〕9月〔2年生〕4月、9月

●**出願資格・条件** 下記の条件を満たす者
・大阪府以外の地域の全日制高校に在学中の者
・保護者の転勤に伴う者
・本校を専願で受験する者

●**出願書類** ・照会書(在籍中の学校で作成したもの)・入学願書・成績証明書

●**選考方法** 国語・数学・英語・面接(本人のみ)
※必要に応じて理科・社会を実施

● **2019年度帰国子女編入学者数**

1年	0	2年	0	3年	0

受入後

●**指導** 日々の成績不振者への補習、難関国公立や私立大学などの希望者に沿った学習会や長期休暇中の講習会などが充実しています。

●**教育方針** 5つの教育目標
(1) 一人ひとりの個性・才能を生かし、知力・体力を育成する。
(2) 自ら考え、責任ある行動がとれる人間を育成する。
(3) 誠実で品性の高い教養のある人間を育成する。
(4) 男女・民族、言葉の違いを越え、互いの人権を尊重し、平和を願う人間を育成する。
(5) 自然に親しみ、自然とともに生きることが大切だと思える心を育成する。

●**特色** 企業探究や学問体感などのキャリア教育も充実。広大なキャンパスの中、勉強やクラブ、行事など伸びやかに過ごすことができます。

●**進学特例条件** 毎年、全国の私立大学より550以上の指定校推薦枠をいただいており、進学のサポートをしています。(学内選考には基準があります)

●**卒業生(帰国生徒)の進路状況**
卒業生のほとんどが大学へ進学している。

入 編

▷▷ 中 190P 大 577P

わせだせつりょう
早稲田摂陵高等学校

（担当：吉野勝之）
〒 567-0051
大阪府茨木市宿久庄 7-20-1
▶▶（大阪モノレール彩都西駅）
TEL 072-640-5570 FAX 072-640-5571
URL http://www. waseda-setsuryo.ed.jp/

生徒数　男 570　女 364　合計 934

帰国子女在籍者数	1年	2年	3年	計
	5	4	2	11

入学

●出願資格・条件　・保護者の海外勤務に伴って外国に 1 年以上滞在し帰国後 3 年以内の者

●出願書類
・入学願書一式
・海外における学校の在学証明書等
・帰国後、国内の中学校に在籍した者は、その調査書

●日程等（帰国生型入試）

募集	出願	試験	発表	選考方法
特に定めず	郵1/20～28	2/10	2/11	英・数・国、書類、面接

※帰国子女は事前に相談。学力試験、海外での生活経験を総合して判断。

●応募状況

年度＼人数	募集人員	出願者	受験者	合格者	入学者
2019	特に定めず	6	6	4	4
2020	特に定めず	9	9	7	5

編入学

●編入学時期・定員〔1･2 年生〕学期ごと。定員は特に定めず
●出願資格・条件・出願書類　入学に準ずる
●選考方法　国語・数学・英語、面接、書類

● 2019 年度帰国子女編入学者数

1年	0	2年	0	3年	0

受入後

●指導・教育方針・特色
・本校は平成 21 年度から早稲田大学の系属校となり、早稲田スピリットと呼ばれる自主独立の精神など、その教育理念を共有し、早稲田大学の中核を担うモチベーションの高い生徒を育成する。また、21 世紀の役割として早稲田大学が掲げている人類社会に貢献できるグローバルリーダーの育成を共有すると共に高い知性と豊かな個性の涵養に努める。
・早稲田大学の高質な教育実践と、本校独自の手作り教育を融合して、早稲田大学、及び難関国公立大・私立大に進学できる質の高い学力を養成する。高校 2 年次から文理別のクラス編成とし、3 年次には志望に応じた授業展開をする。
☆早稲田大学推薦入学枠 40 名程度。また、指定校推薦枠約 500 以上 (2020 年度実績) あり。
※生徒寮（約 114 名収容）あり。

入 編

▷▷ 中 191P

受入開始　2011 年度

せいきょうがくえん
清教学園高等学校

（担当：入試部）
〒 586-8585
大阪府河内長野市末広町 623
▶▶（南海高野線・近鉄長野線河内長野駅）
TEL 0721-62-6828 FAX 0721-63-5048
URL https://www.seikyo.ed.jp

生徒数　男 621　女 537　合計 1158

帰国子女在籍者数	1年	2年	3年	計
	0	8	14	22

入学

●出願資格・条件
・2021 年 3 月中学校卒業見込みの者及び卒業者で、次の 5 点を全て満たす者
①保護者の海外在住に伴って外国で教育を受けた者のうち、外国滞在期間が 1 年以上、帰国後 3 年以内
②入学許可後、保護者と同居しそこから通学できる者
③高校の授業に対応できる日本語力を有する者
④海外の日本人学校・インターナショナル校・現地校に在籍していた者
⑤本校を専願とする者

●出願書類　・入学志願書・個人報告書・受験票

●日程等

募集	出願	試験	発表	選考方法
若干名	1/20～2/1	2/10	2/11	国語・英語・数学・社会・理科

※合格基準点の 9 割を合格点とする

●応募状況

年度＼人数	募集人員	出願者	受験者	合格者	入学者
2019	若干名	0	0	0	0
2020	若干名	0	0	0	0

編入学

●編入学時期・定員〔1・2 年生〕欠員がある場合、随時。若干名
●出願資格・条件・出願書類　入学に準ずる
●選考方法　国語・数学・英語

● 2019 年度帰国子女編入学者数

1年	0	2年	0	3年	0

受入後

●指導　3 年後の大学進学に向けて必要な力が無理なく身につけられるよう、必要に応じて個別指導を行う。また、各種多彩な行事を通じて、海外で培った賜物を生かせる機会を設けている。

●教育方針
教育目標
・キリスト教精神に基づき「心」の教育を大切にします
・個性を尊重し一人ひとりの成長をサポートします
・真理を追究し知性を磨きます

私立 女子

受入開始　2003 年度

香ヶ丘リベルテ高等学校

（担当：入試対策室）

〒 590-0012
大阪府堺市堺区浅香山町 1-2-20
▶▶（JR 阪和線浅香駅、南海高野線浅香山駅）
TEL 072-238-7881　FAX 072-227-4191
URL http://www.liberte.ed.jp
生徒数　女 756　合計 756

帰国子女在籍者数	1 年	2 年	3 年	計
	0	0	0	0

入学

●出願資格・条件
下記の (1) (2) のどちらも満たしている者に限る
(1)2006.4.1 以前に生まれた女子で、次のいずれかに該当①文部科学大臣の認定を受けた海外の日本人学校中学部卒業者または卒業見込みの者②外国の学校教育における 9 カ年の課程を修了した者または修了する予定の者
(2) ①保護者と 1 年以上海外に在留し帰国した者または帰国する予定の者②入学後、保護者もしくはそれに準ずる者の家庭から通学する者③本校の授業を受けられる程度の基本的な日本語力を有する者

●出願書類　・入学志願書・日本人学校または現地校の成績証明書・海外在留証明書（保護者の勤務先発行または日本の在外公館発行）

●日程等

募集	出願	試験	発表	選考方法
若干名	1/20～2/1	2/10	2/11 発送	普通科：国と「社・数・理・英」から 1 科目選択の計 2 科目

※事前に出願資格等の確認のため、1/6 ～ 14 の間に書類持参で来校する必要がある（上記期間中に来校できない場合は電話で問い合わせ）

●応募状況

年度＼人数	募集人員	出願者	受験者	合格者	入学者
2019	若干名	0	0	0	0
2020	若干名	0	0	0	0

編入学

●編入学時期・定員〔1 ～ 3 年生〕要問い合わせ（3 年生は 4 月まで）

受入後

●指導　一般生徒と同様に扱う。

●教育方針　(1) 明朗な女性の育成 (2) 知性豊かな女性の育成 (3) 実行力のある女性の育成

●特色　普通科　美容芸術コース・ファッションビジネスコース・フィジカルコース・保育進学コース・ライフデザインコース・クッキングエキスパートコース・アンダンテコースの 7 コースがある。

●進学特例条件　毎年多くの卒業生が内部特別推薦制度により併設の堺女子短期大学へ進学。学科試験免除の指定校推薦で他大学・短大へ進学する生徒も多い。

▷▷ 大 633P

私立 共学

受入開始　1984 年度

帝塚山学院泉ヶ丘高等学校

（担当：湊和宏）

〒 590-0113
大阪府堺市南区晴美台 4-2-1
▶▶（泉北高速鉄道泉ケ丘駅、南海高野線金剛駅）
TEL 072-293-1221　FAX 072-292-2134
URL http://www.tezuka-i-h.jp/
生徒数　男 377　女 491　合計 868

帰国子女在籍者数	1 年	2 年	3 年	計
	0	0	1	1

入学

●出願資格・条件
2021.3.31 までに日本または外国で中学校の課程を修了した者または修了見込みの者で、原則として海外在住 1 年以上で帰国後 3 年以内であること

●出願書類
(1) 入学志願書
(2) 受験票
(3) 海外における在籍校の在学証明書か修了証明書あるいは海外在住証明書
(4) 個人報告書（出願時に公立中学校に在籍する者）

●日程等

募集	出願	試験	発表	選考方法
約 5	1/20～2/5	2/10	2/11 HP	英・国・数、面接

※面接は保護者同伴。英語はリスニングを含む。国語は古文を含む。
※募集は専願・併願（男女）

●応募状況

年度＼人数	募集人員	出願者	受験者	合格者	入学者
2019	約 5	0	0	0	0
2020	約 5	0	0	0	0

受入後

●特色
S 特進と特進の 2 つのコースがあり、2 年次から、それぞれのコースで文系・理系に分かれる。豊富な授業時数と少人数教育によって国公立大学に現役合格する実力を養成する。また、これとは別に、国際英語コースに進級するルートもある。特色ある英語・国際教育を通して、難関私立大学に現役合格する実力を養成する。また、英語教育・国際教育プログラムも多彩。豊富な授業時数、放課後の英検対策講座、国際交流、留学生とともに過ごす学校生活などを通して、英語の 4 技能をバランスよく育てる。培った英語力を生かして、海外研修旅行、オーストラリア語学研修、海外の高校生との交流会、留学生の受け入れ、長期・短期留学制度など、世界に触れ、国際感覚を養う機会を用意している。

●進学特例条件
帝塚山学院大学の一般入試の際、内部進学者としての特別優遇制度がある。

●卒業生（帰国生徒）の進路状況
立命館大、関西大学、早稲田大などへ進学している。

▷▷ 高 191P

受入開始　2021 年度

初芝立命館高等学校
（はつしばりつめいかん）

〒 599-8125　（担当：新井、上野、大西）
大阪府堺市東区西野 194-1
▶▶（南海高野線　北野田駅）
TEL 072-235-6400　FAX 072-235-6404
URL https://www.hatsushiba.ed.jp/ritsumeikan/
生徒数　男 747　女 276　合計 1023

帰国子女在籍者数	1年	2年	3年	計
	―	―	―	―

入学

●**出願資格・条件**　次の (1) と (2) に該当する者
(1)2006 年 4 月 1 日以前に生まれ、日本の義務教育期間における海外就学期間が 1 年以上、あるいは 1 年以上になる見込みの者で、次の①、②、③いずれかに該当する者
① 2021 年 3 月に国内の中学校卒業見込みの者
②文部科学大臣の指定を受けた海外の全日制日本人学校中学部を 2021 年 3 月に卒業見込みの者
③外国の学校教育における 9 学年の課程を 2021 年 6 月までに修了見込みの者
(2) 事前に必要書類を提出し、受験資格を確認された者
●**出願書類**
〔資格確認申請時に必要なもの〕：①帰国生資格確認申請書②志望理由書③中学 1 年生、2 年生および 3 年生の通知表のコピー④各種資格証明書のコピー、学術・文化・芸術・スポーツ等の実績があれば賞状のコピーなど
〔出願時に必要なもの〕：①入学願書②成績証明書・修学状況報告書③在学証明書
●**日程等**

募集	出願	試験	発表	選考方法
若干名	11/1～21	12/6	12/8	国語・数学・英語、個人面接(保護者1名同伴)

※出願は、事前に資格確認申請をして資格を認められた者のみが出願できる

編入学

●**編入学時期・定員**　〔1・2 年生〕9 月。若干名
●**出願資格・出願書類**　入学試験に準ずる
●**選考方法**　書類審査、学力試験（英数国）、面接で総合的に評価して判断する。
※なお、立命館コースの編入は無し。

● **2019 年度帰国子女編入学者数**

1年	0	2年	0	3年	0

受入後

●**指導**　一般生徒と同じクラスに入り、教科により遅れている場合には必要に応じて補習等で対応する。
●**教育方針**　「夢と高い志、挑戦、そして未来創造！」を教育理念に掲げています。自治と責任を重んじ、謙譲と礼儀を尊ぶ人格を涵養し、急速に進む国際化、多様化する現代社会に即応できる優れた人材の育成を目指しています。
●**特色**　学校法人立命館の提携校として、立命館コース（約 120 名）の生徒は成績基準を満たせば全員が立命館大学あるいは APU に進学することができます。立命館コース以外では難関国公立から有名私大まで現役合格をめざし、生徒の進路実現に成果を上げています。
●**進学特例条件**　立命館コースの生徒は、成績基準を満たす場合、全員が立命館大学あるいは立命館アジア太平洋大学（APU）に提携校推薦で進学する。

私立　女子

▷▷ 中 192P

受入開始　1991 年度

大阪薫英女学院高等学校
（おおさかくんえいじょがくいん）

〒 566-8501　（担当：西村正弘）
大阪府摂津市正雀 1-4-1
▶▶（阪急京都線正雀駅、JR 東海道本線岸辺駅）
TEL 06-6381-5381　FAX 06-6381-5382
URL https://www.kun-ei.jp
生徒数　女 688　合計 688

帰国子女在籍者数	1年	2年	3年	計
	1	2	2	5

入学

●**出願資格・条件**　原則として保護者の海外在留に伴って外国で教育を受けた者で、外国の滞在期間が継続して 1 年以上、帰国後 3 年以内の者（別枠で判断）
●**出願書類**　・入学願書一式（本校規定のもの）・入学希望調査書・在学証明書・成績証明書（日本人学校の場合は調査票）・帰国後国内の中学校に在学した者はその調査書・単身帰国の場合は身元保証人の承諾書（保護者と同居が原則）
●**日程等**

募集	出願	試験	発表	選考方法
若干名	1/21～29（土日は除く）	2/10・11	2/12	英、数（文理特進のみ）、作文（日本語）、面接

※面接は保護者同伴で、外国人教師による英語会話力の判定を含む
※直接本校企画広報部に相談（原則は、上記一般入試日程と同一。ただし、帰国日程を考慮し別途定める）
●**応募状況**

年度＼人数	募集人員	出願者	受験者	合格者	入学者
2019	若干名	4	4	4	4
2020	若干名	0	0	0	0

編入学

●**編入学時期・定員**　〔1 ～ 3 年生〕帰国日程に応じて設定。若干名
●**出願資格・条件・出願書類**　入学に準ずる
●**選考方法**　別枠で判断する。受験教科の他に、面接は外国人教師により英語会話力の判定も行う

● **2019 年度帰国子女編入学者数**

1年	0	2年	0	3年	0

受入後

●**指導**　国際科、普通科により異なるが、基本的には在校生と同じ。本人の学力の秀でた面は生かし、不足面は補う。在校生には国際化（国際交流）に重点を置き、ニュージーランドやカナダの姉妹校との留学交流制度を実施。専任外国人教師 6 名による少人数教育を始め、姉妹校からも毎年留学生多数を受け入れる。
●**教育方針・特色**　「ひとりで勉強しない」を合言葉に、友情や自立を育てることから学力づくりをする。国際化社会で活躍できる英語力と自立した社会性、豊かな人間性を養うために 1 年間の海外留学も設定（国際科）。3 年間で、5 教科 7 科目学習に丁寧に対応（理系特進・英語進学・総合進学）。体育祭や文化祭等の行事を通しての感動体験、仲間との絆を糧に、万全の進学指導体制で英検や大学合格等の実績をあげている。
●**進学特例条件**　大阪人間科学大に特別推薦制度。各大学より指定校制度の人数枠多数。

私立 共学

▷▷ 中 193P

受入開始 1990 年度

初芝富田林高等学校
（はつしばとんだばやし）

（担当：入試部）
〒 584-0058
大阪府富田林市彼方 1801
▶▶（近鉄長野線滝谷不動駅）
TEL 0721-34-1010 FAX 0721-34-1090
URL http://www.hatsushiba.ed.jp/tondabayashi/

生徒数 男 482 女 375 合計 857

帰国子女在籍者数	1 年	2 年	3 年	計
	0	0	0	0

入 学

●出願資格・条件
保護者の海外在留に伴って外国に 2 年以上滞在し、帰国後 1 年以内の者のうち、保護者とともに居住する次のいずれかに該当する者
・外国の学校教育における 9 カ年の学校教育課程を修了した者
・在外教育施設中学部を卒業（または卒業見込み）の者
・日本国内の中学校を卒業（または卒業見込み）の者
・本校において中学校を卒業した者と同等以上の学力があると認められた者

●出願書類
・入学願書一式
・海外における学校の成績証明書（日本人学校の場合は調査書）
・帰国後、国内の中学校に在籍した者は、その調査書
・海外在留を証明する書類

●日程等

募集	出願	試験	発表	選考方法
特に定めず	1/20(月)～31(金) (1/26・28 を除く)	2/10	2/12	国・数・英

※理科と社会を免除。海外での学業成績を参考にして、総合的に合否を決める

●応募状況

年度＼人数	募集人員	出願者	受験者	合格者	入学者
2019	特に定めず	0	0	0	0
2020	特に定めず	0	0	0	0

編 入 学

●編入学時期・定員〔1 年生〕9、1 月。特に定めず
●出願資格・条件・出願書類 入学に準ずる
● 2019 年度帰国子女編入学者数

1 年	0	2 年	0	3 年	0

受 入 後

●指導
一般生徒と同じクラスへ編入。

私立 共学

▷▷ 小 67P 中 194P

香里ヌヴェール学院高等学校
（こうり　がくいん）

（担当：龍美圭樹）
〒 572-8531
大阪府寝屋川市美井町 18-10
▶▶（京阪香里園駅）
TEL 072-831-8452 FAX 072-833-2537
URL http://www.seibo.ed.jp/nevers-hs

生徒数 男 203 女 332 合計 535

帰国子女在籍者数	1 年	2 年	3 年	計
	0	0	1	1

入 学

●出願資格・条件
①保護者または 20 歳以上の保護者に相当する方（または父母に代わる保護者）のもとから通学可能であること
②日本における相当学年の年齢の者
③合格した場合は必ず入学すること（専願）

●出願書類
・入学願書一式（学校所定のもの）
・在籍する学校の在籍証明書及び最新の成績がわかるもの

●日程等

募集	出願	試験	発表	選考方法
若干名	随時			学科試験（国語・数学・英語）、面接（保護者同伴）

※日本人学校に通われている方は、必ず事前に相談すること

●応募状況

年度＼人数	募集人員	出願者	受験者	合格者	入学者
2019	若干名	0	0	0	0
2020	若干名	0	0	0	0

編 入 学

●編入学時期〔1・2 年生〕随時
●出願資格・条件 入学に準ずる
●出願書類 入学に準ずる
●選考方法 入学に準ずる
● 2019 年度帰国子女編入学者数

1 年	0	2 年	0	3 年	0

受 入 後

●指導
一般生徒と同様

私立 女子

しょう いん
樟蔭高等学校

〒 577-8550 （担当：川浪隆之）
大阪府東大阪市菱屋西 4-2-26
▶▶（近鉄奈良線 河内小阪駅 JR おおさか東線・JR 河内永和駅）
TEL 06-6723-8185 FAX 06-6723-8881
URL http://www.osaka-shoin.ac.jp/
生徒数 女 743 合計 743

帰国子女在籍者数	1年	2年	3年	計
	0	2	2	4

入学

●出願資格・条件
・海外在住期間が１年以上２年未満の場合は帰国から入試日までの期間が２年以内
・海外在住期間が２年以上の場合は帰国から入試日までの期間が３年以内

●出願書類 ・入学志願書・個人報告書

●日程等

募集	出願	試験	発表	選抜方法
若干名	1/20～27（日曜は除く）	2/10	2/11	※

※国際教養コースは国・数・英・理・社または国・数・英の選択。看護系進学コース・総合進学コース・身体表現コース・児童教育コース・フードスタディコースは国･数･英。学力検査、個人報告書による総合判定。定員の枠外で若干名の考慮あり
※事前に問い合わせ下さい

●応募状況

年度＼人数	募集人員	出願者	受験者	合格者	入学者
2019	若干名	2	2	2	2
2020	若干名	0	0	0	0

編入学

●編入学時期・定員 欠員がある場合、若干名
●出願資格 一般入試に準ずる。要相談
●出願書類 成績証明書・願書
●選考方法 学力をはかれるものを参考にし、面接のみを行う

● 2019 年度帰国子女編入学者数

1年	0	2年	0	3年	0

受入後

●指導
一般生徒と同じクラスで同等の指導を行う。

●教育方針
樟蔭学園の建学精神である「高い知性と豊かな情操を育む」をモットーに聡明で心優しい女性の育成を目指している。

●進学特例条件
併設校である大阪樟蔭女子大学へ特別推薦制度で入学できる。

私立 共学

▷▷ 小 67P 中 194P

受入開始 2017 年度

こくさい
アサンプション国際高等学校

〒 562-8543 （担当：副校長）
大阪府箕面市如意谷 1-13-23
▶▶（阪急箕面線箕面駅、北大阪急行・大阪モノレール千里中央駅）
TEL 072-721-3080 FAX 072-723-8880
URL https://www.assumption.ed.jp/jsh/
生徒数 男 139 女 178 合計 317

帰国子女在籍者数	1年	2年	3年	計
	6	1	2	9

入学

●出願資格・条件
原則、海外在住１年以上で帰国後３年以内、もしくはそれに準ずる経験のある者

●出願書類
・入学願書
・出願資格を証明するもの（保護者の在外勤務証明書等）

●日程等（本帰国前で日本にいないなどの場合は応相談）

募集	出願	試験	発表	選考方法
若干名	1/20～29	2/10	2/11	筆記試験、面接※

※①・②いずれかの型を出願の際に選択
①英語型：英語筆記、英語インタビュー、面接
②教科型：国語・数学・英語、面接

●応募状況

年度＼人数	募集人員	出願者	受験者	合格者	入学者
2019	若干名	0	0	0	0
2020	若干名	8	8	8	6

編入学

●編入学時期・定員 欠員がある場合のみ

● 2019 年度帰国子女編入学者数

1年	0	2年	1	3年	0

受入後

●教育方針
カトリック精神に基づく教育の中で人格形成の基盤づくりに努める。
「世界の平和に貢献する人の育成」を教育目標とし、個性豊かな国際人として社会に貢献する人の育成を目指す。

●特色
世界 30 か国以上に広がる Assumption（聖母被昇天）ネットワークを活用し、国際交流の場を多く持つ。2017 年度より、「主要教科を英語で授業するイマージョン（英語）教育」「主体的に学び、人間力を高める能動的学習法、PBL(課題解決型授業)」「タブレット端末等を活用し、個性に応じた教育が可能な ICT 教育」を採り入れた、21 世紀型教育を進める。

●進学特例条件
関西学院大学への進学に関して協定校推薦入学制度があり、関西学院大学全学部へ合計 25 名の推薦進学が可能となっている。

▷▷ 大 638P 短 670P

私立 女子

大阪国際滝井高等学校

(担当：西口勝美)

〒570-0062
大阪府守口市馬場町 2-8-24
▶▶（京阪電鉄滝井駅、大阪メトロ太子橋今市駅）
TEL 06-6996-5691 FAX 06-6992-4431
URL http://www.takii-h.oiu.ed.jp

生徒数 女 486 合計 486

帰国子女在籍者数	1年	2年	3年	計
	0	0	0	0

入 学

●出願資格・条件

・保護者の勤務により1年以上海外に在住した者で、帰国後3ヵ月以内の者、保護者と同居家庭からの通学ができる者
・外国の学校教育における9か年の課程を修了または修了が見込まれると本校が判断した者

●出願書類

・入学願書（本校所定のもの）
・個人報告書（本校所定のもの）
・個人調査書（本校所定のもの）
・現地校の場合は、成績資料等調査書に準ずるもの

●日程等

募集	出願	試験	発表	選考方法
特に定めず	1/21～29	2/10	2/12	国・英・(社・数・理から1)、面接※

※受験者の教育環境を配慮し、個別に選考する

●応募状況

年度＼人数	募集人員	出願者	受験者	合格者	入学者
2019	特に定めず	0	0	0	0
2020	若干名	0	0	0	0

編 入 学

● 2019年度帰国子女編入学者数

1年	0	2年	0	3年	0

受 入 後

●指導

一般生徒とともに学習をし、原則として特別扱いはしないが、必要に応じて個別に対応する。

●進学特例条件

併設の大阪国際大への内部進学制度や他大学・短大への進学などへの進路指導を重視している。

受入開始 1991 年度

帰国子女の受け入れを主たる目的として設置された高等学校

関西学院千里国際高等部

(かんせいがくいんせんりこくさい)

〒 562-0032
大阪府箕面市小野原西 4-4-16
▶▶(阪急千里線北千里駅、北大阪急行千里中央駅)
TEL 072-727-5070 FAX 072-727-5055
URL http://www.senri.ed.jp

(担当：入学広報センター 彦坂のぼる)

生徒数 男 99 女 187 合計 286
(2020 年 8 月現在)

帰国子女在籍者数	1 年	2 年	3 年	計
	46	42	53	141

入 学

●出願資格・条件 2006.4.1 以前に生まれた者

●帰国生としての認定

・保護者の転勤などによる海外在留または来日した者で、海外在留期間が 1 年以上で、海外在留期間に中等教育機関で教育を受けた者。ただし現在在籍中の者は、在籍見込み期間が 1 年以上である場合を含む
・海外在留期間が 1 年以上 2 年未満の場合は、帰国から入試日までの期間が 2 年以内、在留期間が 2 年以上の場合は 3 年以内であることが必要
※個人留学の場合、海外在留期間が 2 年以上であり、海外在留中に本校が認める全日制学校教育期間で教育を受けた児童生徒（現在在学中の場合は、在籍見込み期間が 2 年以上であること）。帰国から 1 年以内に受験のこと
※認定については、事前に本校入学広報センターに問い合わせる事

●出願書類

・入学願書一式・Educational History/ 受験資格確認書・生活や活動の報告および志望理由・入学志願者調書・成績書類※・在籍証明書・評価書（2 通）・海外在留証明書または海外在留申告書など
※受験時から過去 2 年間の成績および学校生活の様子がわかる通知表のコピーや成績証明書等など。帰国して 2 年以上経過する場合は、海外在留中の最後成績書類を追加提出すること。日本語・英語以外の言語の場合は翻訳文を添付すること

●日程等

区分	出願	試験	発表	選考方法
帰国生	11/26～12/1	1/6	1/7	書類審査、面接 ※
	3/15～16	3/23	3/23	
海外生	10/22～27	11/22	12/1	

※今年度実施の海外生入試はオンライン
※面接は保護者と本人別
日本語での学校生活が可能であるか、日本語の確認あり。
2021 年 1 月以降に帰国した者には、3 月に編入学試験を行う（本校を第一志望のこと）
※個々の詳細に関しては入学広報センターに問い合わせること

●応募状況

年度＼人数	募集人員	出願者	受験者	合格者	入学者
2019	特に定めず	27	25	17	7
2020	特に定めず	49	43	32	18

編 入 学

●編入学時期・定員

〔1 年生〕8、11 月 〔2 年生〕4、8、11 月
〔3 年生〕4 月（事情によっては 8 月）。特に定めず。
ただし定員を超えている学年へは編入できない。

●出願資格・条件

海外の学校から直接編入可能な者
（その他の条件は入学出願資格・条件に準ずる）

●出願書類・入試方法

入学に準ずる

● 2019 年度帰国子女編入学者数

1 年	3	2 年	11	3 年	3

受 入 後

●特色

・Two Schools Together 日本で唯一のインターナショナルスクール併設校。同じキャンパス内にある関西学院大阪インターナショナルスクールと、一部の授業・行事・クラブ活動・生徒会活動をともに行い、ひとつの学校として教育活動を行っている。
・日英バイリンガル環境 音楽・体育・美術はすべての生徒が IB・MYP のカリキュラムの授業をインターナショナルスクールの生徒とともに受ける。英語の授業は 5 段階にレベル分けされて行われ、高等部の生徒には約 45 種類の多彩な授業が提供されている。
・自分だけの時間割 高等部の生徒は、自分に必要な科目を組み合わせて自分だけの時間割を作る。春・秋・冬の各学期ごとに学習が完結するため、どの学期からのスタートもスムーズに行われる。
・多くの授業が少人数制（約 24 人）で、学年の枠を超えて学ぶ「無学年制」の授業も多い。実験・リサーチ・プレゼンテーションを重視した授業展開で、考える力・組み立てる力・表現する力を養う。
・3 人のカウンセラー 帰国後の経験に関することや、多感な中・高校生ならではの悩みを聞いてくれるカウンセラー（日本人 2 人、外国人 1 人）がいる。留学や海外の大学進学のサポートも受けられる。

●進学特例条件

関西学院大学への院内推薦他、多くの大学と指定校推薦関係を結んでいる。

●卒業生の進路状況

京都大、東京都立大、国際教養大、神戸大、弘前大（医）、慶應義塾大、早稲田大、上智大、国際基督教大、立命館大、関西学院大、海外の大学等に進学。

私立 共学 寮

▷▷ 中 195P

受入開始 1979 年度

啓明学院高等学校

（担当：企画広報部）
〒 654-0131
兵庫県神戸市須磨区横尾 9-5-1
▶▶（神戸市営地下鉄妙法寺駅）
TEL 078-741-1501 FAX 078-741-1512
URL https://www.keimei.ed.jp

生徒数 男 305 女 450 合計 755

帰国子女在籍者数	1年	2年	3年	計
	24	18	32	74

入学

●**出願資格・条件**

・2020 年 6 月～ 2021 年 3 月の間に、海外において日本の中学校に相当する教育課程を修了または修了見込みの者。海外在留 2 年以上、帰国後 1 年以内
2021 年 3 月の時点で海外校 G9・Y9 に在籍の場合はご相談下さい。

・本校を第一志望とし、自己推薦書において志望動機が明確な者

※事前に問い合わせること

●**出願書類**

・入学願書・調査書・活動報告書と活動報告書に関する資料添付用紙・自己推薦書・作文「海外在留中の生活体験」

●**日程等**

募集	出願	試験	発表	選考方法
若干名	郵 1/22～27 窓 1/22・25～28	2/10	2/12	英語、数学、作文、面接（英・日）

※海外における学習の状況に応じて配慮する
※書類と入学試験の結果を総合評価する
※上記の他、2020 年 11 月 22 日に実施

●**応募状況**

年度＼人数	募集人員	出願者	受験者	合格者	入学者
2019	若干名	24	22	14	8
2020	若干名	19	19	15	8

受入後

●**教育方針**

啓明学院の教育はキリスト教主義に基づいた、知・徳・体の養成にある。美しいキャンパスの中で、知的好奇心を育み、神の愛を知り、心身を鍛える。スクールモットーの〝Hands and hearts are trained to serve both man below and God above〟（手と心は神と人に奉仕するために鍛えられる）の精神を心に刻み、他人を思いやれる心豊かなたくましい人間に成長してほしいと願っている。

●**進学特例条件**

関西学院大学継続校として、啓明学院内の推薦基準を満たした者は推薦判定会議の審議、校長面接を経て関西学院大学へ全員推薦する。

●**卒業生の進路状況**

2019 年度卒業生 243 名のうち 228 名関西学院大。その他、山口大、ICU、北里大、東京音大、神戸薬科大、立命館大、岡山理科大、法政大など。

私立 女子

▷▷ 中 196P

受入開始 1994 年度

神戸国際高等学校

（担当：猿丸義彦）
〒 654-0081
兵庫県神戸市須磨区高倉台 7-21-1
▶▶（JR 山陽本線・山陽電鉄須磨駅、市営地下鉄妙法寺駅）
TEL 078-731-4665 FAX 078-731-4888
URL http://www.kis.ed.jp

生徒数 女 112 合計 112

帰国子女在籍者数	1年	2年	3年	計
	2	0	0	2

入学

●**出願資格・条件**

現地滞在者：4 月より本校入学希望者

●**出願書類**

・志望理由書（400 字程度）
・現地校・現地塾等の成績

●**日程等**（帰国子女オンライン入試）

区分	出願	試験	発表	選考方法
帰国子女	10/26～11/14	11/22	―	プレゼン、個人面接

編入学

●**編入学時期・定員**

〔1 ～ 3 年生〕欠員がある場合に若干名。随時

●**出願資格・条件**

1. 保護者とともに海外在留期間が通算 1 年以上の者（ただし、帰国後日本の中学・高等学校に転編入学した者は、出願資格はない）
2. 原則として出願時に当該学年に相当する年数の学校教育を受けていること
3. 事前に保護者または代理人が来校し、事情を説明して出願を認められた者

●**出願書類**

・入学願書・海外生活を証明する書類（単独帰国の場合は身元保証人の承諾書を併せて提出）・海外における最終学校の成績証明書

●**選考方法**

国語・英語・数学、作文、面接（個人面接）
※学力検査、作文（日本語または英語）、面接および提出書類により、総合的に選考する

● **2019 年度帰国子女編入学者数**

1年	0	2年	0	3年	1

受入後

●**指導**

豊かな人間性と国際感覚を持った女性の育成を目指しており、少数精鋭主義に徹し、ハイレベルの大学進学への道を開くことをねらいとする。生徒の自主性を重んじ、自由を基調としているため学校生活の決まりは非常にリベラル。クラスは混入方式をとり、一般生と同じカリキュラムで授業を受けるが、必要により個別指導を行う。個別にネイティブ教員とのハイレベルなコミュニケーションの機会を作り、外国語のさらなる向上をめざす。

受入開始　2018 年度

こうべのだ

神戸野田高等学校

〒 653-0052　（担当：保脇 稔）
兵庫県神戸市長田区海運町 6-1-7
▶▶(JR 鷹取駅徒歩 7 分、JR/ 市営地下鉄新長田駅徒歩 13 分、市営地下鉄駒ヶ林駅徒歩 13 分)
TEL 078-731-8015　FAX 078-731-2123
URL https://www.kobenoda-h.ed.jp/

生徒数　男 451　女 699　合計 1150

帰国子女在籍者数	1 年	2 年	3 年	計
	1	2	3	6

入学

●出願資格・条件
次の (1)(2) ともに満たす者。
(1)2021 年 3 月までに学校教育における中学校の課程を修了、または修了見込みの者で 2021 年 4 月 1 日時点で満 15 歳以上の者。
(2) 海外の学校（現地校、インターナショナルスクール、日本人学校等）に、小学校 1 年生から中学校 3 年生までの期間で、1 年間以上在籍した経験のある者。

●出願書類
入学願書・受験票（本校指定）・海外在留証明書（本校指定）・帰国子女調査票（本校指定）・海外における学校の成績証明書（海外の学校を卒業見込みまたは卒業した志願者）・調査書（帰国後日本の中学校に在籍し、日本の中学校を卒業見込みまたは卒業した志願者）

●日程等

募集定員	出願	試験	発表	選考方法
特進グローバル英語(GE)コース 特進Sコース 特進アドバンス(A)コース 進学総合コース 計 5 名程度	郵送 11/27～12/18 （必着） 窓口 11/27～12/18 （土・日除く）	12/23	12/23	〈A 方式〉 国語･英語 (各 50 分、国 100 点、英 200 点) 英語面接（本人のみ） 〈B 方式〉 国語・英語・数学 (各50分､各100点) 日本語面接（本人のみ）

●応募状況

年度＼人数	募集人員	出願者	受験者	合格者	入学者
2019	5 ※	3	3	1	1
2020	5 ※	1	1	1	1

※全コース計 5 名程度

編入学

● 2019 年度帰国子女編入学者数

1 年	0	2 年	0	3 年	0

受入後

（A 方式）
●指導　グローバル英語コース SG・G 系列のいずれかに在籍する。
●教育方針　グローバル英語コースは本校独自のカリキュラムで英語の 4 技能（読む・聞く・書く・話す）の伸長をはかり、国際社会で活躍できる「グローバルリーダー」を養成する。
●特色(グローバル英語コース)　本校独自のカリキュラム、ICT 機器を利用した学習、英検準 1 級取得を目指した対策講座の実施など。また、SG 系列は 3 カ月セメスター留学、G 系列は 1・2 年次の W 留学を実施。

私立　女子

▷▷ 中 196P

受入開始　1979 年度

こうべやまてじょし

神戸山手女子高等学校

〒 650-0006　（担当：近藤隆郎（教務部長））
兵庫県神戸市中央区諏訪山町 6-1
▶▶（JR・私鉄各線三宮または元町駅）
TEL 078-341-2133　FAX 078-341-1882
URL http://www.kobeyamate.ed.jp

生徒数　女 336　合計 336

帰国子女在籍者数	1 年	2 年	3 年	計
	0	0	0	0

入学

●出願資格・条件
①帰国子女入試
・2021.3.31 までに、外国の教育機関を含む 9 カ年の学校教育課程を修了又は修了見込みの者
・2021.3.31 までに、海外の日本人学校中学部を卒業見込みの者
・保護者に同伴して 1 年以上海外に在留した経験を持つ者で、帰国後 2 年を経ていない者（2021 年 3 月までに帰国予定の者も含む）
②グローバル方式入試　概ね 1 年以上の海外在住経験を持つ者、または英検準 2 級以上を保有しているか、それと同等以上と見なされる者
③一般方式
・2021.3.31 までに、日本国内の中学校を卒業見込みの者
※事前の面接で出願資格を確認

●出願書類　・入学願書一式（ネット出願・所定の用紙）
・海外在留時の最終在籍校の在籍証明書か成績証明書、またはこれに準ずるもののいずれか

●日程等

区分	募集	出願	試験	発表	選考方法
普通科	若干名	1/19～29 （土・日は除く）	2/10	2/12	国・数・英
音楽科	若干名		2/10	2/12	国・英、 音楽適性検査

※グローバル方式入試は英語での作文、面接
※帰国子女については特別に配慮する。
事前の面接で出願資格を確認する。

●応募状況

年度＼人数	募集人員	出願者	受験者	合格者	入学者
2019	若干名	0	0	0	0
2020	若干名	0	0	0	0

編入学

●編入学時期　〔1 年生〕9、1 月〔2 年生〕4、9、1 月〔3 年生〕4 月。欠員時のみ
●出願資格・条件・選考方法　入学に準ずる
●出願書類　・本校所定の転入学願書・在学証明書
・成績証明書

● 2019 年度帰国子女編入学者数

1 年	0	2 年	0	3 年	1

受入後

●教育方針　グローバル社会に貢献できる英語力の習得に加え、探究活動を通し仲間との信頼関係を大切に立場や権威に縛られない未来型リーダーシップを発揮できる女性を育成します。

▷▷ 中 197P 大 643P

受入開始　2000 年度

松蔭(しょういん)高等学校

（担当：小林裕典）
〒 657-0805
兵庫県神戸市灘区青谷町 3-4-47
▶▶（JR 神戸線灘駅、阪急電鉄王子公園駅）
TEL 078-861-1105　FAX 078-861-1887
URL http://www.shoin-jhs.ac.jp

生徒数　　　女 379　合計 379

帰国子女在籍者数	1 年	2 年	3 年	計
	0	1	0	1

編入学

●編入学時期・定員

〔1 ～ 3 年生〕随時（3 年生は 5 月のみ）

●出願資格・条件

原則として保護者とともに海外在住 2 年以上で、帰国後 1 年以内の者。ただし、海外在住 3 年以上の場合は帰国後 2 年以内の者も可。単身で留学していた場合は、転入学試験を受験する

※受験資格確認のための校長面接がある

●出願書類

・編入学願書（本校所定の用紙）・海外で在学した学校の成績証明書・海外在住を証明する書類（辞令・査証の写しなど）・帰国後、日本の学校に在学している者は、その学校の成績証明書・日本人学校あるいは帰国後公立校等に在籍していた者は、その学校の在学証明書

●選考方法

国語・数学・英語、面接

※国語の代わりに作文を課す場合がある。数学は到達段階を判定するために実施。海外の学習状況によって考慮するので、試験科目等については事前に問い合わせること

● 2019 年度帰国子女編入学者数

1 年	0	2 年	0	3 年	0

受入後

●指導

帰国生は普通科クラスに編入。ただし、必要に応じて学級担任、教科担当者、国際交流担当者が別途指導する。

●特色

入学から卒業まで行われる礼拝形式の式典のもとで、強制ではなく、自然にキリスト教の精神に触れることを目指している。週 1 回「聖書」の授業がある。中高一貫教育で、それぞれの個性に応じた教育を心がけている。

●進学特例条件

神戸松蔭女子学院大学には希望者のほぼ全員が進学できる。

私立　女子

▷▷ 中 197P 大 643P

受入開始　2019 年度

親和(しんわ)女子高等学校

（担当：橋本、森上、塩崎）
〒 657-0022
兵庫県神戸市灘区土山町 6-1
▶▶（阪急神戸線・六甲駅、JR 神戸線・六甲道駅）
TEL 078-854-3800　FAX 078-854-3804
URL https://www.kobe-shinwa.ed.jp/

生徒数　　　女 540　合計 540

帰国子女在籍者数	1 年	2 年	3 年	計
	1	0	1	2

入学

●出願資格・条件

次の（1）～（3）の条件を満たし、本校を第一志望とする女子。

（1）日本の中学校、文部科学省が認可する海外日本人学校、及びこれと同等の修業年数を有する海外の学校の課程を 2021 年 3 月までに修了した者又は修了見込みの者。

（2）海外勤務者の子女で、保護者とともに海外で 1 年（程度）以上の居住歴のある者で出願時において、帰国後 2 年以内の者。

（3）中学 3 年時 2 学期の評定（海外入試出願者は、1 学期の通知簿）において、5 教科（国語・数学・理科・社会・英語）の 5 段階評定の合計が、17 以上（国際コース志望者は英語の評定が 4 以上）を満たす者。ただし、この成績基準に満たない者、及び成績基準が異なる者については、保護者またはこれに代わる者と、本校担当者との事前の相談により出願を認める場合がある。

●出願書類　・入学志願書・受験票・成績証明書・在校期間証明書・海外在留証明書・志願理由書・保有している資格等を証明する書類の写し（取得者のみ）・入学検定料振込証明

●日程等

会場	出願	試験	発表	選考方法
海外入試オンライン	① 10/5～9 ※1	10/24	10/29	※ 3
	② 11/16～20 ※1	12/6	12/11	
国内入試本校	① 12月入試　11/16～20	12/6	12/8	
	② 2月入試　1/22～29 ※2	2/10	2/12	
	③ 3月入試　3/1～5 ※2	3/24	3/24	

（※ 1）オンライン対応につき、国・地域は限定いたしません。
学校行事や時差等の関係で日程が不都合な場合は、上記事前相談期間にご相談ください。

（※ 2）2 月入試・3 月入試は、募集人数を充足している場合は、実施しません。

（※ 3）(1)海外入試（オンライン対応）
①面接（本人のみ）②作文 ③資格点＊
(2)国内入試（本校会場）
①学力試験（英・国・数）ただし、国際コースを志望する者は、英語のみを課す。②面接 ③資格点＊
＊検定等で認定を受けている者は、評価点 0～50 点を加点する。

●応募状況

年度＼人数	募集人員	出願者	受験者	合格者	入学者
2019	若干名	1	0	0	0
2020	若干名	1	1	1	1

編入学

●編入学時期・定員〔1 年生〕9 月〔2 年生〕4、9 月

●出願資格・条件・出願書類・選考方法　入学に準ずる

● 2019 年度帰国子女編入学者数

1 年	0	2 年	0	3 年	0

受入後

●教育方針 誠実（まことの心）、堅忍不抜（耐え忍ぶ心）、忠恕温和（思いやりの心）、の校訓のもと、国際社会で活躍する、そしていつも輝く女性を育成する

●特色 多彩な国際プログラムと充実した ICT 環境の中で、新時代を生き抜く力を育成する。中長期留学を原則必須とし、高い語学力を身につける国際コースと、きめ細かな類型選択により高い実践力を養う特進コースがある。

●進学特例条件　内部推薦により併設の大学へ進学できる。

私立 共学

受入開始 2001年度

須磨学園高等学校（すまがくえん）

〒654-0009 （担当：吉村祐介）
兵庫県神戸市須磨区板宿町3-15-14
▶▶（山陽電鉄・神戸市営地下鉄板宿駅）
TEL 078-732-1968 FAX 078-732-6129
URL http://www.suma.ac.jp
E-mail admission@suma.ac.jp
生徒数 男668 女594 合計1262

帰国子女在籍者数	1年	2年	3年	計
	22	9	14	45

入学

●出願資格・条件
2021年3月中学校卒業見込みの者、またはこれと同等と認めた者で下記の要件を満たすもの
①出願時、海外の学校に継続して6ヶ月以上在籍している者
②海外における学校に継続して6ヶ月以上2年未満在籍し、帰国1年以内の者
③海外における学校に継続して2年以上3年未満在籍し、帰国2年以内の者
④海外における学校に継続して3年以上在籍し、帰国3年以内の者

●出願書類
入学願書・現地校に在籍している場合は成績証明書（コピー可）全学年分・日本人学校または帰国後日本の中学校に在籍した者については調査書・帰国子女調査票・英語での作文

●日程等

区分	募集	出願	試験	発表	選考方法
前期	※	1/21～26	2/10	2/15	英（含リスニング）・数、面接（保護者同伴）

※募集人員は一般入試の募集280名に含む
※後期募集については学校に問い合わせること
※現地校・日本人学校出身に関わらず、帰国生に対し、不利にならぬよう最大限配慮する

●応募状況

年度＼人数	募集人員	出願者	受験者	合格者	入学者
2019	若干名	9	9	8	2
2020	若干名	10	10	10	5

編入学

●編入学時期・定員 随時。欠員がある場合。定員は特に定めず
●出願資格・条件・出願書類・選考方法 入学に準ずる
●2019年度帰国子女編入学者数

1年	0	2年	1	3年	0

受入後

●指導
帰国生の指導経験豊富な教師陣が個別面談、教育相談を担当し、受け入れから卒業まで全面的に支援する。英語の維持向上のためのネイティブスピーカーによる放課後の特別講座を実施する。

●教育方針
考える力、思いやる心、実行する勇気を校訓とし、一人ひとりの個性を尊重しながら、自立する力、向上する心を育み、豊かな人間形成を目指す。

●特色
①徹底的な反復確認型授業で、その日のうちに完全理解 ②実力を鍛える、年5回の定期考査 ③自己学習の指針となる個人診断システム ④特別授業・特別講座・自主学習など多彩な学習プログラム

私立 共学 寮

受入開始 2016年度

滝川第二高等学校（たきがわだいに）

〒651-2276 （担当：角谷、井口）
兵庫県神戸市西区春日台6-23
▶▶（市営地下鉄西神中央駅からバス、JR明石駅からバス）
TEL 078-961-2381 FAX 078-961-4591
URL https://takigawa2.ed.jp
生徒数 男460 女437 合計897

帰国子女在籍者数	1年	2年	3年	計
	0	2	2	4

入学

●出願資格・条件
〔Ⅰ〕日本の義務教育期間における海外就学期間が2年以上で、帰国後2年以内の者で、次の①～③のいずれかに該当する者。
①外国の学校教育における9学年の課程（日本の中学課程に相当）を修了した者、または2021年6月までに修了見込みの者
②日本人学校中学部を卒業した者、または2021年3月に卒業見込みの者
③国内の中学校を卒業した者、または2021年3月に卒業見込みの者
〔Ⅱ〕本校を専願とし、教育方針に従う者
〔Ⅲ〕英検2級程度を有する者
〔Ⅳ〕本人と保護者が来校し、事前相談で出願が認められた者

●出願書類
・入学願書・調査書・志望理由書および推薦書・活動報告書と活動報告書に関する資料添付用紙・海外在留証明書

●日程等

募集	出願	試験	発表	選考方法
若干名	1/22～27	2/10	2/13	英語、数学、国語、作文（日本語または英語）、個人面接

編入学

●編入学時期・定員 〔1年生〕8月〔2年生〕4、8月〔3年生〕4月。欠員がある場合
●出願資格・条件・出願書類・選考方法 入学に準ずる

受入後

●指導 学習面において、海外での学習における未履修分野等については、個別指導を行い対応する。帰国生入試を行うフロンティアコースは、難関国公立大学を目指すスーパーフロンティアコースと、国公立大学・有名私立大学を目指すクリエイティブフロンティアコースから構成されており、ともに4年制大学現役合格を目指すべく、教科の学習に重点を置いて指導する。

●教育方針 本校の校訓「至誠一貫・質実剛健・雄大寛厚」に基づき、フロンティアコースの教育目標である「生きる力」を育む教育課程を設定。知的向上心と人間的魅力を兼ね備え、国際社会に貢献しうる人材へと成長させる。また、多様な海外生活を送った帰国生徒と、国内一般生徒が共に勉学に励む中で、互いの個性を尊重し、生徒一人一人の可能性を引き出す教育を行う。
〈フロンティアコースの教育目標「生きる力、3つの育み」〉
1. 自学自考の育成
2. 感性と倫理観の育成
3. 世界で活躍できる国際性の育成

●特色
・文系、理系を問わず、英語力（4技能）強化を目指すカリキュラムを編成（スーパー、クリエイティブ）
・大手予備校の講師による放課後の校内予備校「フロンティアゼミナール」（スーパー）
・英語力向上のための留学を推奨（クリエイティブ）
・フロンティアコースからも重点部活動（野球・サッカー・ゴルフ・陸上競技・卓球・剣道・吹奏楽部）に入部可能
※詳しい参加条件については、入試広報室まで
・海外研修旅行で、ホームステイや国際交流を通して異文化理解と国際感覚を養う（スーパー、クリエイティブ）

私立 女子

受入開始 1985年度

兵庫大学附属須磨ノ浦高等学校
（ひょうごだいがくふぞくすまのうら）

（担当：教務部）

〒654-0052
兵庫県神戸市須磨区行幸町 2-7-3
▶▶（JR 山陽本線須磨海浜公園駅、山陽電鉄月見山駅）
TEL 078-735-7111 FAX 078-735-7130
URL http://www.sumanoura.ed.jp

生徒数 女 822 合計 822

帰国子女在籍者数	1年	2年	3年	計
	0	0	0	0

入学

●出願資格・条件
(1) 日本国籍を有し保護者の海外勤務に伴って外国で教育を受けた者で、中学校あるいはこれと同程度の日本人学校もしくは外国の学校の課程（9ヵ年の学校教育課程）を修了した者および修了見込みの者
(2) 原則として、志願者は保護者とともに海外在住2年以上で帰国後1年以内であることが望ましい

●出願書類
・入学願書一式
・海外における学校の在学（卒業）証明書
・海外における学校の成績証明書
・帰国後、国内の中学校に在籍した者は、その調査書

●日程等

区分	募集	出願	試験	発表	選考方法
A	特に定めず	1/18～26	2/10	2/12	国・数・英、面接
B					
C					
D					
E					

※ A：特進アドバンス　B：特進看護医療　C：キャリア進学　D：幼児教育　E：介護福祉士

●応募状況

年度＼人数	募集人員	出願者	受験者	合格者	入学者
2019	特に定めず	0	0	0	0
2020	特に定めず	0	0	0	0

編入学

●編入学時期・定員〔1年生〕9月〔2年生〕4、9月〔3年生〕4月。特に定めず

●出願資格・条件・出願書類・選考方法　入学に準ずる

● 2019年度帰国子女編入学者数

1年	0	2年	0	3年	0

受入後

●指導　学級への受け入れは混入方式であるが、海外での事情により、基礎学力の不十分な場合は、個人の実態に応じた個別指導を行う。

●進学特例条件　京都女子大、龍谷大、武蔵野大、相愛大など、本学園の姉妹校の大学、短大に推薦入学がある。兵庫大学に入学金、授業料一部免除等の付属校入試制度がある。

▷▷ 中198P

私立 共学

芦屋学園高等学校
（あしやがくえん）

（担当：宇井雅子）

〒659-0011
兵庫県芦屋市六麓荘町 16-18
▶▶（JR 神戸線・阪神電鉄芦屋駅、阪急神戸線芦屋川駅）
TEL 0797-31-0666 FAX 0797-31-6641
URL http://www.ashiya.ed.jp

生徒数 男 604 女 337 合計 941

帰国子女在籍者数	1年	2年	3年	計
	2	2	0	4

入学

●出願資格・条件
個々の状況が異なるため、個別に相談に応じる
※事前面接あり

●出願書類　・願書・調査書・外国での居住を証明する書類・海外生活報告書（本校所定の用紙）

●日程等

区分	募集	出願	試験	発表	選考方法
1次	若干名	1/12～22	2/10	2/13	国・数・英、面接
1.5次		2/15～17	2/18	2/19	

※普通科（男女）／特進・総合・アスリートコース
　国際文化科（男女）
※特別枠は設けていないので、一般入試を受ける。帰国生の事情により、科目を含めて配慮する。

●応募状況

年度＼人数	募集人員	出願者	受験者	合格者	入学者
2019	若干名	3	3	3	2
2020	若干名	2	2	2	2

編入学

●編入学時期・定員〔1年生〕9月〔2年生〕4、9月
定員は特に定めず

●出願資格・条件・出願書類
願書、海外校の在籍・成績証明書

●選考方法　国語・数学・英語の試験を行うが、その前に必ず面接を受けること

● 2019年度帰国子女編入学者数

1年	0	2年	0	3年	0

受入後

●指導・教育方針・特色
普通科の「特進」「総合進学」「アスリート」の3コースと国際文化科を設置。「独立と自由」「創造と奉仕」「遵法と敬愛」の実践綱領を掲げ、一人ひとりの個性を伸ばす「人間性重視」の教育を推進する。普通科特進コースは、受験対策の特別プログラムで難関大学進学をめざす。総合進学コースは、多彩な授業で総合的な学習の向上をめざす。アスリートコースは、スポーツを通じて社会に貢献できる人材の養成をめざす。国際文化科は、短期または長期のカナダ留学で国際感覚を磨き、世界を切り拓く力を養う。3年間で卒業できる留学システムが用意されている。海外子女、留学生と一緒に学び、異文化理解を深めている。

●進学特例条件　併設校である芦屋大学へ内部選考により優先的に進学することが可能である。

●卒業生の進路状況　併設大学へ約40%が進学する。その他外国語系大学や文系理系大学、各種専門学校等へ約60%が進学する。

私立 男子

▷▷ 中 198P 大 640P

受入開始　1976 年度

甲南高等学校（こうなん）

〒 659-0096　（担当：塩見恵介）
兵庫県芦屋市山手町 31-3
▶▶(阪急電鉄神戸線芦屋川駅、JR 東海道線芦屋駅)
TEL 0797-31-0551　FAX 0797-31-7458
URL http://www.konan.ed.jp

生徒数　男 578　合計 578

帰国子女在籍者数	1年	2年	3年	計
	4	0	0	4

入学

●**出願資格・条件**
(1) 海外勤務者の子弟で、①～③のいずれかに該当する者
①海外に 1 年以上在住し、帰国後半年以内であること
②海外に 2 年以上在住し、帰国後 1 年以内であること
③海外に 4 年以上在住し、帰国後 2 年以内であること。
(2) 出願時に国内の中学校第 3 学年に相当する学齢生徒であること。

●**出願書類**　入学志願票、本校所定の入学希望調査書・成績証明書（海外で在学した学校の成績証明書。帰国後に日本の学校に在学した者は本校所定の調査書）

●**日程等**

募集	出願	試験	発表	選考方法
若干名	1/21～29 (郵)	2/10	2/12	国・英・数、面接

●**応募状況**

年度＼人数	募集人員	出願者	受験者	合格者	入学者
2019	若干名	0	0	0	0
2020	若干名	1	1	1	1

編入学

●**編入学時期・定員**〔1 年生〕9 月〔2 年生〕4 月。若干名
●**出願資格・条件・出願書類**　入学に準ずる
●**選考方法**　国・数・英・面接
● **2019 年度帰国子女編入学者数**

1年	0	2年	0	3年	0

受入後

●**指導**
入学後は、一般入学生と同じ扱いとなるが、国語・理科・社会・数学等で適応しにくい科目があれば、教科担当教員が個別指導や補習で対応している。

●**進学特例条件**
高校 3 年間の成績・実力テストなどで甲南大学へ推薦入学できる。

●**卒業生（帰国生徒）の進路状況**
(2020 年 3 月卒業生実績) ロンドン大学 1

入 編

私立 女子

▷▷ 大 644P 短 670P

園田学園高等学校（そのだがくえん）

〒 661-0012　（担当：繁 明彦）
兵庫県尼崎市南塚口町 1-24-16
▶▶(阪急神戸線塚口駅)
TEL 06-6428-2242　FAX 06-6428-0201
URL http://www.sonodagakuen.ed.jp

生徒数　女 586　合計 586

帰国子女在籍者数	1年	2年	3年	計
	0	0	0	0

入学

●**出願資格・条件**
・国籍は問わないが、保護者の海外在留に伴って外国で教育を受けた者のうち、本校指定の通学区域内（約 60 分）に保護者と同居し、そこを生活の本拠とする者で、次に該当する者
・本校において中学校を卒業した者と同等以上の学力があると認められた者

●**出願書類**
・入学願書一式・海外における学校の在学証明書・帰国後、国内の中学校に在籍した者は、その調査書・現地校の卒業証明書または卒業見込み証明書

●**日程等**

募集	出願	試験	発表	選考方法
一般募集定員内	1/20～27	2/10	2/13	国語・数学・英語、面接

※英語はリスニングテストを含む
※一般志願者と同等の基準だが、国語については若干の配慮をする

●**応募状況**

年度＼人数	募集人員	出願者	受験者	合格者	入学者
2019	特に定めず	0	0	0	0
2020	特に定めず	0	0	0	0

編入学

●**編入学時期・定員**〔1 年生〕9 月〔2 年生〕4、9 月
特に定めず。
編入学については要相談
●**出願資格・条件・出願書類・選考方法**　入学に準ずる
● **2019 年度帰国子女編入学者数**

1年	0	2年	0	3年	0

受入後

●**指導・教育方針・特色**
・1938 年創立。「明るく、清く、正しく、強く」を教育の方針としている。
・普通科の中に特別進学コース・進学コース・総合コースの 3 コースを設置。
・一人ひとりの個性を尊重し、完全進路指導をする。

●**進学特例条件**
併設の大学・短大へは、高校側が推薦した生徒については進学できる。

私立 女子

▷▷ 小 68P 中 199P

受入開始　1994 年度

百合学院高等学校
（ゆりがくいん）

（担当：坂口巧）

〒 661-0974
兵庫県尼崎市若王寺 2-18-2
▶▶（阪急電鉄神戸線園田駅、JR 宝塚線塚口駅）
TEL 06-6491-6298　FAX 06-6491-6607
URL http://www.yuri-gakuin.ac.jp/

生徒数　女 258　合計 258

帰国子女在籍者数	1 年	2 年	3 年	計
	2	0	0	2

入学

●出願資格・条件

・海外在留期間 1 年以上で帰国後 1 年以内の生徒
・大学進学を目指す者

●出願書類

・入学願書（本校指定のもの）・調査書（本校指定のもの）
・海外在住を証明する書類・検定料 20,000 円

●日程等

区分	募集	出願方法と期間	試験	発表	選考方法
選抜特進	若干名（専願のみ）	原則として窓口受付、出願期間についてはお問い合わせ下さい	願書受付の際本人に通知		国・数・英、面接※
特進					

※英語圏の帰国生の場合は、日本語作文（800 字程度）と英語エッセー（500 語程度）でも可。面接は受験生のみ

●応募状況

年度＼人数	募集人員	出願者	受験者	合格者	入学者
2019	若干名	0	0	0	0
2020	若干名	0	0	0	0

編入学

●編入学時期・定員　〔1 年生〕9、1 月〔2 年生〕4、9、1 月〔3 年生〕4 月。欠員がある場合のみ、若干名。ほかの時期については要相談（試験は学期末に実施）

●出願資格・条件・出願書類　入学に準ずる

● 2019 年度帰国子女編入学者数

1 年	0	2 年	0	3 年	0

受入後

●指導

一般生との混入ホームルーム。学級担任を中心に保護者、教科担当者と連絡を密にしながら、個々の貴重な体験が生かされるように教育していく。外国人教師による英会話の授業がある。カウンセリングがある。

●進学特例条件

・選抜特進コース：国公立大学・難関私立大学への進学を目指すコース
・特進コース：自分の特性を探究し、最も適した大学への進学を目指すコース

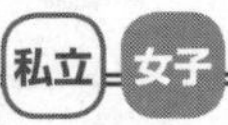

▷▷ 小 68P 中 199P 大 575P

受入開始　1989 年度

小林聖心女子学院高等学校
（おばやしせいしんじょしがくいん）

（担当：黄田みどり）

〒 665-0073
兵庫県宝塚市塔の町 3-113
▶▶（阪急電鉄今津線小林駅）
TEL 0797-71-7321　FAX 0797-72-5716
URL http://www.oby-sacred-heart.ed.jp/

生徒数　女 299　合計 299

帰国子女在籍者数	1 年	2 年	3 年	計
	4	3	5	12

入学

●出願資格・条件

志願者ならびに保護者が、本学院の教育方針の下で教育を受けることに熱意を持っていること・保護者の海外勤務に伴って原則として 2 年以上外国に在住した者で帰国後 1 年以内の者・2021 年 3 月末日までに、現在の学年に相当する日本の学校教育課程あるいはこれと同程度の課程を修了、または修了見込みと認められる者・通学時間は 1 時間半以内とし、原則として保護者（父母）のもとから通学すること（事情のある場合は相談）・本校を第一志望にしていること※帰国子女として入、編入学を希望する者は、原則として帰国子女調査書（所定用紙）に基づく本人と保護者に対する面談により、教育理念・方針等を理解してから出願手続きをとる。保護者または事情の分かる代理人が事前に照会のこと

●出願書類　・入学願書一式（本学所定のもの）・健康診断書（在学校の写し）・海外における学校の成績証明書（日本人学校の場合は調査書）・帰国後、国内の中学校に在籍した者は、その調査書・保護者の海外勤務または帰国辞令が出ていることを証明する書類（保護者の所属長の証明等、形式は自由）

●日程等

募集	出願	試験	発表	選考方法
若干名	11/16～27	1/8	1/8	国・数・英、面接

※英語はリスニングとスピーキングを含む。学力検査、面接、提出書類により判定

●応募状況

年度＼人数	募集人員	出願者	受験者	合格者	入学者
2019	若干名	1	1	1	1
2020	若干名	0	0	0	0

編入学

●編入学時期・定員　欠員時。1 年の 9 月のみ。若干名

●出願資格・条件・出願書類・選考方法　入学に準ずる

● 2019 年度帰国子女編入学者数

1 年	1	2 年	0	3 年	0

受入後

●卒業生（帰国生徒）の進路状況

全員が大学へ進学

私立 共学

▷▷ 中 200P

ひばりがおかがくえん
雲雀丘学園高等学校

〒 665-0805
兵庫県宝塚市雲雀丘 4-2-1
▶▶（阪急宝塚線雲雀丘花屋敷駅）
TEL 072-759-1300 FAX 072-755-4610
URL https://hibari.jp

生徒数　男 436　女 441　合計 877

帰国子女在籍者数	1年	2年	3年	計
	0	2	2	4

入学

●出願資格・条件
(1) 保護者の海外在留に伴って外国で教育を受けた者のうち滞在期間が 1 年 6 ヵ月以上、帰国後 3 年以内の者（2021 年 3 月までに帰国予定の者も含む）
(2) 保護者宅より通学できること
(3) 出願前に事前面接を受け、資格を認定された者
※条件に該当する場合、入試合計点を 1.1 倍して、提出書類をもとに総合判定する

●出願書類
・入学願書・調査書・海外在留証明書・海外在留時の最終在籍校の在籍証明書および成績証明書

●日程等

区分	募集	出願	試験	発表	選考方法
A 日程	特に定めず	1/21～29	2/10	2/12	国数英（含リスニング）理社、面接
B 日程		1/21～2/17	2/18	2/19	国数英、面接

●応募状況

年度＼人数	募集人員	出願者	受験者	合格者	入学者
2019	特に定めず	15	15	15	2
2020	特に定めず	8	8	6	0

編入学

●編入学時期・定員〔1 年生〕8、1 月〔2 年生〕4、8、1 月。欠員時、定員は定めず

●出願資格・条件・出願書類・選考方法　入学に準ずる（ただし、本校を第一志望とする者）
※帰国子女用の編入制度はなし

● 2019 年度帰国子女編入学者数

1年	0	2年	1	3年	0

受入後

●指導・教育方針・特色
受け入れ後は他の生徒と同じように扱い、特に遅れている科目については個人指導をする。学級担任を中心として保護者、科目担当者と連絡を密にとりながら対応している。

●卒業生（帰国生徒）の進路状況
上智大、同志社大、関西学院大、関西大、神戸女学院大等。

私立 共学

▷▷ 中 200P 大 645P

受入開始　1981 年度

かんせいがくいん
関西学院高等部

（担当：田澤、正伝）
〒 662-8501
兵庫県西宮市上ケ原 1-1-155
▶▶（阪急今津線甲東園駅・仁川駅）
TEL 0798-51-0975 FAX 0798-51-0973
URL http://www.kwansei.ac.jp/hs/

生徒数　男 710　女 433　合計 1143

帰国子女在籍者数	1年	2年	3年	計
	3	4	6	13

入学

●出願資格・条件　以下の 1. から 4. すべてに該当する者。
1. 日本国籍を有する者、あるいは日本に永住する外国人（在留資格が出入国管理および難民認定法に定める「永住者」)。
2. 本校を第一志望とする者。
3. 海外に在住している者、または在住していた者で、次のいずれかに該当する者。
①保護者とともに継続して海外在住 3 年以上で、2020 年 3 月 1 日以降に帰国の者。
②保護者とともに継続して海外在住 2 年以上で、2020 年 7 月 1 日以降に帰国の者。
4. 2006 年 4 月 1 日以前に生まれた者で、次のいずれかに該当する者。
① 2020 年 6 月に、外国の学校教育における 9 学年の課程を修了した者（ただし、すでに日本の高等学校に転編入学した者は受験できません）。または、2021 年 6 月に同課程を修了見込みの者（ただし、合格した場合は 2021 年 4 月に本校に入学することとします）。
②文部科学大臣の指定を受けた海外の全日制日本人学校中等部を 2021 年 3 月 31 日までに卒業見込みの者。
③帰国後、国内の中学校を 2021 年 3 月 31 日までに卒業見込みの者。
※ 2 年以上、3 年以上の海外在住とは、出国日から帰国日までの期間とします。試験日にまだ海外在住の場合は、2021 年 3 月 31 日を基準として計算します。
※出願資格について、不明な点があれば直接問い合わせてください。

●出願書類
1. 入学試験願書
2. 海外在留証明書（企業等が発行したもの）
3. 志望理由および中学校での活動報告書
4. 志願者調査票（志願者本人が記入したもの）
5. 海外在学中の成績証明書
（帰国後日本の中学校に在籍する者は両方の成績証明書を提出）

●日程等

募集	出願	試験	発表	選考方法
若干名	1/7～21（必着）	2/10	2/13	書類審査、国・数・英、面接

※面接は保護者または代理人が同伴

●応募状況

年度＼人数	募集人員	出願者	受験者	合格者	入学者
2019	若干名	6	6	4	4
2020	若干名	4	4	3	3

受入後

●進学特例条件　関西学院大学への推薦入学制度がある

▷▷ 中 201P

受入開始　1974 年度

仁川学院高等学校
（にがわがくいん）

（担当：戸端康裕）

〒 662-0812
兵庫県西宮市甲東園 2-13-9
▶▶（阪急今津線甲東園駅・仁川駅）
TEL 0798-51-3621　FAX 0798-52-0599
URL https://www.nigawa.ac.jp/high/

生徒数　男 421　女 340　合計 761

帰国子女在籍者数	1年	2年	3年	計
	0	0	0	0

入学

●出願資格・条件

・日本国籍を有し、保護者の海外在留に伴い外国で教育を受け、在外期間が継続して 1 年以上帰国後 1 年以内の者で次のいずれかに該当する者
・日本の中学校もしくはこれと同程度の日本人学校または外国の学校の課程を卒業した者および見込みの者
・ただし、本校指定の通学区域内に保護者と同居しうる者でなくてはならない

●出願書類

・入学願書一式
・海外における学校の成績証明書（日本人学校に在学していた者は指導要録の写しまたは成績証明書）
・帰国後、国内の中学校に在籍した者は、その調査書

●日程等

区分	募集	出願	試験	発表	選考方法
A	特に定めず	1/18～25	2/10	2/13 発送	※
B		2/15～18	2/18	2/19 発送	

※ A：1 次入試　B：1.5 次入試
※カルティベーションコース・カルティベーション S コースは国･数･英、アカデミアコースは国･数･英･社･理の 5 教科または国･数･英の 3 教科を選択、面接（専願の受験生本人のみ）
※海外での学習進行状況等も若干考慮する

●応募状況

年度＼人数	募集人員	出願者	受験者	合格者	入学者
2019	特に定めず	0	0	0	0
2020	特に定めず	0	0	0	0

編入学

● 2019 年度帰国子女編入学者数

1年	0	2年	0	3年	0

受入後

●指導・教育方針・特色

特別なカリキュラムは定めず、一般生徒と混入方式をとり、学習・生活両面とも個々の生徒の状況に応じて教科担当者が、個別に指導を行う。

▷▷ 中 201P

受入開始　1987 年度

武庫川女子大学附属高等学校
（むこがわじょしだいがくふぞく）

（担当：吉位敬介）

〒 663-8143
兵庫県西宮市枝川町 4-16
▶▶（阪神電鉄甲子園駅・鳴尾駅）
TEL 0798-47-6436　FAX 0798-47-2244
URL https://jhs.mukogawa-u.ac.jp/

生徒数　女 873　合計 873

帰国子女在籍者数	1年	2年	3年	計
	2	4	1	7

入学

●出願資格・条件

1. 志願者および保護者が、本学院の教育方針に賛同し、かつ本学院の大学 (同短期大学部) へ進学を希望し、まじめに努力する意志が強固な者。
2. 次の (1) もしくは (2) の条件を満たし、事前の調査用紙をもとに、出願が認められること。
(1) 現在、海外に在留しており、2021 年 3 月までに日本の中学校にあたる教育課程を修了または修了見込みで、下記のいずれかの条件を満たすこと。
①海外の日本人学校に 2 年以上在籍していること。
②海外のインターナショナルスクール・現地校のいずれかに 2 年以上在籍し、2020 年 11 月現在で修了後 6 ヶ月以内であること。
(2) 2021 年 3 月までに日本の中学校にあたる教育課程を修了または修了見込みであり、保護者がこれまでに海外勤務をしていて、共に海外で 3 年以上在住し、帰国後 2 年以内もしくは、1 年 6 ヶ月以上在住し、帰国後 1 年以内であること。

●出願書類

入学願書・入学考査票 (本校所定用紙)・健康診断書・海外における学校の在学 (卒業) 証明書・海外における学校の成績証明書 (日本人学校の場合は調査書)・帰国後、国内の中学校に在籍している場合は、入学志願者調書 (本校所定用紙)・海外在住期間を証明する書類 (保護者の所属機関の長の証明するもの)・本人のみ帰国して出願する場合は保護者に代わる者の届け書 (本校所定用紙)・2021 年 3 月卒業見込みの者は中学校第 3 学年の第 2 学期末までの成績証明書及び卒業見込み証明書 (日本人学校の場合)

●日程等

会場	募集	出願	試験	発表	選考方法
本校	若干名	12/9～18	12/24	12/25	※

※① A 方式：専願かつ英検準 2 級以上→英＋国 or 数＋面接（本人）ただし CS コース希望者は数学を受験
② B 方式：①以外→英＋国＋数＋面接（本人）※専・併可能
英検 3 級は +5 点、準 2 級は +10 点、2 級は +20 点

●応募状況

年度＼人数	募集人員	出願者	受験者	合格者	入学者
2019	若干名	4	4	4	4
2020	若干名	2	2	2	2

編入学

●編入学時期・定員　〔1 年生〕8、1 月〔2 年生〕4、8、1 月。若干名
●出願資格・条件・出願書類・選考方法　入学に準ずる

● 2019 年度帰国子女編入学者数

1年	0	2年	0	3年	0

受入後

●特色　2006 年度から文部科学省よりスーパーサイエンスハイスクール (SSH) の指定を受け続け、現在に至る。2007 年度よりスーパーイングリッシュコースを設置し、グローバル人材を育成してきた。そこで培った教育方法をレベルアップし、現在の創造グローバル (CG)・創造サイエンス (CS) コースで、世界で活躍する女性を育成している。また部活動も活発で、多くの生徒が自分の目標・夢を持ち、文武両道で頑張っている。

●進学特例条件　内部推薦により武庫川女子大学・短期大学部へ進学できる。また、成績上位 15% の生徒は武庫川女子大学を併願し、他大学を受験することができる。

▷▷ 中 202P 大 589P

受入開始　1992 年度

東洋大学附属姫路高等学校
（とうようだいがくふぞくひめじ）

（担当：教頭）
〒 671-2201
兵庫県姫路市書写 1699
▶▶（JR 山陽本線姫路駅）
TEL 079-266-2626　FAX 079-266-4590
URL http://www.toyo.ac.jp/himeji/

生徒数　男 714　女 304　合計 1018

帰国子女在籍者数	1年	2年	3年	計
	0	1	0	1

入学

●出願資格・条件

1.2021 年 3 月末までに、日本の中学校の教育課程あるいはこれと同等の課程を修了した者、または修了見込の者
2. 海外在住 2 年以上で帰国後 1 年以内の者
3. 保護者宅から通学できること
4. 本校教育方針に賛同し、学習に支障がない程度の日本語能力を有すること
5. 本校を専願する者であること

●出願書類

入学願書（本校所定の用紙）・海外在住を証明する書類（企業体の発行のものでも可）・成績証明書・卒業証明書（日本語補習校に通っていた者はその成績証明書）・住民票（マイナンバー記載のないもの）

●日程等

募集	出願	試験	発表	選考方法
若干名	1/8～15	1/18	1/18	英・国・数、面接（保護者同伴）

※帰国生については、試験内容が一般生とは異なる

●応募状況

年度＼人数	募集人員	出願者	受験者	合格者	入学者
2019	若干名	0	0	0	0
2020	若干名	0	0	0	0

編入学

欠員がある場合のみあり

● 2019 年度帰国子女編入学者数

1年	0	2年	0	3年	0

受入後

●指導

一般生徒との混入方式により授業を行うが、必要に応じて個別指導を行う。

●教育方針

東洋大学の建学の精神「諸学の基礎は哲学にあり」を基底にすえ、「自立、友情、英知」の校訓のもと、人間性豊かでたくましく、生きる力と基礎力を身につけ、国際感覚を有する人間を育てる教育をめざしています。
教育方針の重点として、次の 4 つを掲げています。
①基本的生活習慣の育成
②基礎・基本の定着と学力の向上
③個性や能力を生かした進路目標の達成
④部活動の活性化

▷▷ 中 203P

受入開始　2017 年度

育英西高等学校
（いくえいにし）

（担当：北野 恵）
〒 631-0074
奈良県奈良市三松 4-637-1
▶▶（近鉄奈良線富雄駅）
TEL 0742-47-0688　FAX 0742-47-2689
URL http://www.ikuei.ed.jp/ikunishi/

生徒数　女 506　合計 506

帰国子女在籍者数	1年	2年	3年	計
	1	1	0	2

入学

●出願資格・条件

・日本の中学校第 3 学年に相当する生徒であること・保護者の海外在留に伴って、海外の日本人学校、現地校、国内外のインターナショナルスクールのいずれかに 2 年以上在籍していること・帰国後 2 年を経ていない者（2021 年 3 月に帰国予定の者も含む）・入学後、父母のいずれか（または父母に代わる保護者）と同居する者・事前に保護者面談を実施し、受験を認められた者にのみ申請書類・願書を渡す

●出願書類　・入学願書（本校所定）・申請書（本校所定）・在籍証明書（在籍校の様式）・成績証明書

●日程等

募集	出願	試験	発表	選考方法
特に定めず	1/9～22	2/6	2/9	英語・国語・数学、面接

※実用英語技能検定試験（英検）3 級以上保持者を優遇する

編入学

●編入学時期　〔1 年生〕随時〔2 年生〕4 ～ 8 月。欠員がある場合のみ

●出願資格・条件　・帰国後、他高等学校に編入学していないこと。事前に面談を実施し、出願資格を確認された者。それ以外は入学に準ずる

●出願書類　・編入学願書（本校所定）・在籍証明書（在籍校の様式）・成績証明書（在籍校の様式）

●選考方法　英語・国語・数学、面接

受入後

●指導

・特別学級は設けず一般生徒と同じクラスで指導。帰国生と国内一般生徒がともに学ぶ環境を通して、お互いの個性を尊重し、それぞれの才能を伸ばすことを目標としている。
・放課後、長期休業中に補習や特別指導を実施。

●教育方針　「豊かな教養と純真な人間愛をもって、社会に貢献できる女性の育成」

●特色（特設コース）国公立・難関私立大への進学を目指し、着実に力をつけるカリキュラムを設定。入学時に希望と成績に応じてⅡ類・Ⅰ類のクラス編成を行い、高 2 ～ 3 では、受験形態に応じた選択科目を設定。生徒の進路目標に応じて細やかな対応をしている。また、関西大学・近畿大学と連携協定を結んでおり、その連携を活かした教育実践をし、指定校推薦枠を利用した進学も可能。（立命館コース）立命館大学へ内部推薦基準のみで進学できるコース。受験勉強にとらわれない、幅広い知識と応用力を養うカリキュラムを設定。
両コースともにシンガポール・マレーシア修学旅行や、3 ヶ月～ 1 年間留学（希望者対象）も行っており、国際的な感覚を養う機会も充実している。

●卒業生の進路状況　大阪大 1、奈良女子大 1、大阪府立大 2、大阪教育大 1、奈良県立医科大 1、京都市立芸術大 2、その他国公立大 16、同志社大 7、立命館大 162、関西大 33、関西学院大 5、京都薬科大 1、大阪薬科大 2、近畿大 36、龍谷大 19、京都女子大 22、同志社女子大 16、武庫川女子大 15
立命館大学進学率：2017 年～ 2019 年度 99%

私立 女子 寮

受入開始　2016 年度

奈良文化高等学校

（担当：教務部長 枝松嘉猛）

〒635-8530
奈良県大和高田市東中 127
▶▶（近鉄南大阪線高田市駅、近鉄大阪線大和高田駅、JR 和歌山線高田駅）
TEL 0745-22-8268　FAX 0745-23-3582
URL http://www.narabunka.ed.jp
生徒数　女 497　合計 497

帰国子女在籍者数	1 年	2 年	3 年	計
	0	0	0	0

入学

●出願資格・条件
・保護者の海外在留に伴い、保護者とともに在留し、帰国した者で、2021 年 3 月中学校卒業見込みの女子、または外国において、中学校と同等の教育課程を修了したと本校が認める女子
・本校入学後、日本語での授業を理解できる能力を有する女子

●出願書類　入学願書など一式

●日程等

募集	出願	試験	発表	選考方法
特に定めず	1/8～18	2/6	2/8	国語・数学・英語（リスニング有）、面接

※一般の入試と同じ方法による

編入学

●編入学時期・定員〔1・2 年生〕随時〔3 年生〕4 月。
※普通科のみで、衛生看護科では実施しない

●出願資格・条件・出願書類・選考方法　入学に準ずる

●2019 年度帰国子女編入学者数

1 年	0	2 年	0	3 年	0

受入後

●指導
学級へは、一般生徒との混入方式で行うが、生徒の実情に応じて、個別指導や補習などを行う。

●教育方針
歴史的風土と自然に囲まれた環境の中で、心のふれあいを大切にしながら、「誠実と良識を備えた、あたたかく、やさしい健康な女性」の育成を目指している。課外活動も盛んで、全国的に高い評価を受けているクラブも少なくない。

●特色
普通科には、多様な生徒の進路希望に対応できるよう、様々なコースを設けている。また、全国でも数少ない、准看護師を養成する衛生看護科も有している。生徒は、きらら輝くスクールライフを過ごしている。

●進学特例条件
奈良学園大学（保健医療学部・人間教育学部）への入学時、入学金免除の優遇あり。

▷▷ 中 203P

私立 共学 寮

受入開始　1991 年度

西大和学園高等学校

（担当：飯田光政）

〒636-0082
奈良県河合町薬井 295
▶▶（JR 大和路線王寺駅、近鉄生駒線王寺駅、近鉄田原本線大輪田駅）
TEL 0745-73-6565　FAX 0745-73-1947
URL http://www.nishiyamato.ed.jp
生徒数　男 814　女 286　合計 1100

帰国子女在籍者数	1 年	2 年	3 年	計
	24	27	47	98

入学

●出願資格・条件
保護者の海外在留に伴って外国で教育を受け、下記の条件に該当する者（抜粋）
①海外在留期間が 1 年以上で帰国後の期間が 4 年以内の者
② 2006.4.1 以前に生まれた者
③ 2021 年 3 月中学校卒業見込みの者など

●出願書類（インターネット出願）
・海外在留証明書・調査書（外国学校の場合は中学校全課程の成績証明書）・外国語（英語）検定試験結果証明書（英語重視型入試 B のみ）

●日程等

区分	募集	出願	試験	発表	選考方法
A	約 120（一般を含む）	12/7～24	1/9	1/12	帰国生・英語重視型 A・B のいずれか 1 方式を選択）
B		1/4～15	1/21	1/23	
C		1/10～17	2/6	2/8	

※入試会場は、A は福岡・岡山、B は仙台・東京・東海・高松、C は本校
※【帰国生入試】
国・数・英（リスニング含）、グループ面接（日本語）
【英語重視型 A（本校・東京のみ）】
国・数・英（筆記・エッセイ）、個人面接（英語）
【英語重視型 B（英検準 1 級に相当する英語力を有する者）】
国・数、面接（日本語）
※詳しくは受験年度の募集要項で確認すること

●応募状況

年度＼人数	募集人員	出願者	受験者	合格者	入学者
2019	一般を含む 120	58	47	25	11
2020	一般を含む 120	82	70	37	16

編入学

●編入学時期・定員　相談に応じる（男子寮有）

●出願資格・条件・出願書類・選考方法　入学に準ずる

受入後

●指導
受け入れは混合方式をとっている。これはいち早く国内教育への適応を推し進めることと、帰国生と一般生が共同参加できる「場」で積極的に活動できるようにするためである。帰国生一般生ともに個人的なフォロー体制は充実している。詳細については要問い合わせ

●卒業生の進路状況
2019 年度大学入試：東京大 42 名、京都大 34 名、その他　国公立大 260 名、内国公立大医学部医学科 37 名合格。
2020 年度大学入試：東京大 53 名、京都大 52 名、その他　国公立大 269 名、内国公立大医学部医学科 42 名合格。

▷▷ 高 491P

受入開始　2017 年度

高野山高等学校（全日制）

こう　や　さん

〒 648-0288　（担当：松井輝能（教頭））
和歌山県伊都郡高野町高野山 212
▶▶（南海高野線 高野山駅）
TEL 0736-56-2204　FAX 0736-56-3705
URL http://www.koyasan-h.ed.jp/

生徒数　男 84　女 32　合計 116

帰国子女在籍者数	1 年	2 年	3 年	計
	0	0	1	1

入学

●出願資格・条件　全日制 宗教科・普通科（特別進学・自己探求・スポーツ・吹奏楽）…各学年若干名
・受験しようとする学年の日本の教育制度による学齢以上であり、入学時までに入学する学年以前の課程を修了あるいは修了見込みの者
・海外在留期間が 1 年以上で、その期間に中等教育期間で教育を受けた生徒
・現在在籍中の生徒は在籍見込み期間が 1 年以上であること

●出願書類　・入学願書・成績証明書
＜ 1 学年＞
・国内中学校、あるいは全日制日本人学校中学部を卒業した者は、出身中学校の報告書または本校所定の調査書
・外国の学校教育（国内の外国学校を含む）における 9 年生の課程を修了した者、または見込みの者は 9 年生の成績表
＜ 2 学年または 3 学年＞
・海外の学校（全日制日本人学校中学部を含む）、あるいは国内の外国学校における全期間の成績表

●日程等

募集	出願	試験	発表	選考方法
特に定めず	1/6～25	1/6 以降書類審査の後に試験日を指定する	2/12	書類審査、日本語での作文（800 字程度）、面接（保護者同伴）（日本語での学校生活が可能か、日本語力を確認）

A：本校（和歌山）・東京学習センター（東京）　B：大阪学習センター（大阪）

●応募状況

年度＼人数	募集人員	出願者	受験者	合格者	入学者
2019	特に定めず	0	0	0	0
2020	5	0	0	0	0

編入学

●編入学時期・定員　〔1～2 年生〕5 月以降随時受付　受付期間：4/2～12/3

●日　程　試験日:4/2 以降書類審査の後に試験日を指定する、合格発表：試験終了後 1 日以内
試験会場：本校（和歌山県）

●選考方法　書類審査・日本語での作文（800 字程度）・面接（保護者同伴）（日本語での学校生活が可能か、日本語力を確認）

● 2019 年度帰国子女編入学者数

1 年	0	2 年	0	3 年	0

受入後

●指導　少人数制教育や習熟度別クラス編成（国英数）により、個別指導により、それぞれの学力にあった指導を行う。普通科特別進学コースは個々の目標や到達度にあわせた個別指導による学習・進路指導を行っている。

●教育方針　弘法大師空海の教えを世界に実現することを目標とし、知性・体力・慈悲の心を兼ね備え、社会貢献できる人材の育成を目指しています。校訓である「身のこなし美しく・口にいつもありがとう・意に思いやりのやさしさあり」は身・口・意の三密を高め、仏と一体となるという、弘法大師空海の定められた修行法を現代的に解釈したもので、理想としている人間のあり方を示しています。

●特色　全日制課程は普通科と全国唯一の宗教科を併設している。普通科は特別進学コース、自己探求コース、スポーツコース、マイウェイコース（通信制）と多彩なコースが設定されていて、多様なニーズに対応し、多彩な才能の開花を可能にしています。男女共に寄宿舎を設けており、「高野ファミリー」と名付けたい、アットホームな雰囲気があります。

●進学特例条件　併設校：高野山大学　併設校入試制度により優先的に入学可能。高野山大学への入学金の免除

●卒業生（帰国生徒）の進路状況　帰国生徒の実績はありません。

入 編

▷▷ 中 204P

私立　共学　寮

受入開始　1991 年度

初芝橋本高等学校

はつ　しば　はし　もと

〒 648-0005
和歌山県橋本市小峰台 2-6-1
▶▶（南海高野線林間田園都市駅、JR 和歌山線橋本駅）
TEL 0736-37-5600　FAX 0736-37-0210
URL http://www.hatsushiba.ed.jp/hatsuhashi/

生徒数　男 338　女 100　合計 438

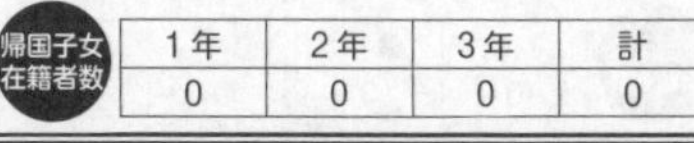

帰国子女在籍者数	1 年	2 年	3 年	計
	0	0	0	0

入学

●出願資格・条件
① 2021 年 3 月、中学校卒業見込みの者
②中学校を卒業した者
③学校教育法施行規則 95 条の各号の一に該当する者

●出願書類
入学志願書・海外在住証明書・個人報告書

●日程等

区分	募集	出願	試験	発表	選考方法
A 日程	特に定めず	1/18～25	1/30	2/1	国・数・英、面接
B 日程		2/6～13	2/13	2/13	

※面接は保護者同伴で、個々に行う。帰国生徒の場合は、試験科目が一般とは異なる。合格各基準点について配慮する

●応募状況

年度＼人数	募集人員	出願者	受験者	合格者	入学者
2019	特に定めず	2	2	2	0
2020	特に定めず	0	0	0	0

編入学

●編入学時期・定員〔1 年生〕9 月　〔2 年生〕4、9 月
〔3 年生〕4 月。要相談

●出願資格・条件・出願書類・選考方法　入学に準ずる

● 2019 年度帰国子女編入学者数

1 年	0	2 年	0	3 年	0

受入後

●指導
(1) 一般生徒と同じクラスに編入し、教科により遅れている場合は補習を行う
(2) 普通科（Premium course、Ritsumeikan course、Advance course）を設置しており、希望に応じて受け入れる（原則としては Advance course〔進学専攻〕）
(3) 帰国生徒については、その特性を学校の中でも積極的に生かすとともに、最大限伸ばす教育を進める
(4) 保護者が外国に在住する帰国生徒（男子のみ）の入寮については、特別に配慮する。

▷▷ 中 205P

おか やま がく げい かん

岡山学芸館高等学校

（担当：小笠原健二）

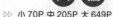

〒 704-8502
岡山県岡山市東区西大寺上 1-19-19
▶▶（JR 赤穂線 西大寺駅）
TEL 086-942-3864 FAX 086-943-8040
URL http://www.gakugeikan.ed.jp/
生徒数 男 650 女 688 合計 1338

帰国子女在籍者数	1 年	2 年	3 年	計
	4	0	4	8

入 学

●出願資格・条件
海外在留期間が 1 年以上で、2021 年 4 月に満 15 歳以上となる日本国籍を有する者。かつ①・②のいずれかの条件に合致するもの
①日本人学校、海外の現地校、インターナショナルスクールを卒業（見込み）した者
②帰国後 2 年以内で岡山県以外の中学校を卒業（見込み）した者
※帰国後、岡山県内中学校に在籍している方は選抜 1 期・2 期入試を受験して下さい

●出願書類 ・海外帰国子女入試用願書（本校指定用紙を本校 HP よりダウンロード。Educational History を含む）・調査書（現地校・インターナショナルスクールの場合は成績証明書）

●日程等

募集	出願	試験	選考方法
普通科（医進サイエンスコース、スーパーV コース）、英語科	12/17～	1/9（土）	※

※受験者の教育環境履歴を考慮し、特に国語の点数には配慮する
※日本人学校出身者・現地校・インターナショナルスクール出身者いずれも＝英・国・数及び保護者同伴面接

●応募状況

年度＼人数	募集人員	出願者	受験者	合格者	入学者
2019	若干名	3	3	3	0
2020	若干名	4	4	4	4

編 入 学

●編入学時期・定員〔1 ～ 3 年生〕随時。若干名
●出願資格・条件・出願書類・選考方法 入学に準ずる（詳細は学校へ問い合わせること）

● 2019 年度帰国子女編入学者数

1 年	0	2 年	0	3 年	0

受 入 後

●指導体制
①年間約 170 名の長期・短期留学生を受け入れ日本語の授業や異文化理解教育を推進している
②文部科学省スーパーグローバルハイスクールの指定（5 年間）を経てグローバル教育を推進している
③必要な生徒には、本校の国際教育センター内で日本語の授業を計画的に実施する

私立 女子 寮

▷▷ 小 70P 中 205P 大 649P

受入開始 1981 年度

せい しん じょ し

清心女子高等学校

（担当：森雅子）

〒 701-0195
岡山県倉敷市二子 1200
▶▶（JR 山陽本線中庄駅）
TEL 086-462-1661 FAX 086-463-0223
URL http://www.nd-seishin.ac.jp
生徒数 女 455 合計 455

帰国子女在籍者数	1 年	2 年	3 年	計
	9	1	1	11

入 学

●出願資格・条件
保護者の海外在留に伴って外国で原則 2 年以上在住し、帰国後 1 年以内の者であること・2021 年 3 月までに日本国内の中学校あるいはこれと同程度の日本人学校もしくは外国の学校の課程（9 カ年の学校教育課程）を卒業見込みの者、および卒業した者。本校において中学校を卒業した者と同等以上の学力があると認められた者
※その他、資格・条件等について相談に応じる

●出願書類 ・入学願書一式・海外における学校の在学証明書または卒業（見込）証明書・海外における学校の成績証明書（日本人学校の場合は調査書）・帰国後国内の中学校に在籍した者はその在学証明書または卒業（見込）証明書

●日程等

区分	募集	出願	試験	発表	選考方法
Ⅰ期	特に定めず	1/15～19	1/28･29	2/5	国･数･英･(理)(社) コースによる、面接

※提出書類による事前指導後、国語・数学・英語のテスト、面接により選考を行う（一般受験生と同じ問題を実施するが、専願希望者には特別な配慮をする）

●応募状況

年度＼人数	募集人員	出願者	受験者	合格者	入学者
2019	特に定めず	0	0	0	0
2020	特に定めず	0	0	0	0

編 入 学

●編入学時期・定員 〔1 年生〕9、1 月〔2 年生〕4、9、1 月〔3 年生〕4 月。特に定めず
●出願資格・条件 志願者及び保護者が、本学園の教育方針に賛同し、本校への入学を強く希望している意志の強固な者（専願の者）・海外勤務者の子女で、保護者と共に海外に原則として 2 年以上在住し、帰国後 1 年以内の者・志願する学年の年齢に達しており、しかもその学年に相当する学校教育を受けている者・事前に保護者またはそれに代わる者が来校し、事情を説明して出願が認められた者
●出願書類・選考方法 入学に準ずる

● 2019 年度帰国子女編入学者数

1 年	0	2 年	0	3 年	0

受 入 後

●進学特例条件
姉妹校特別推薦：ノートルダム清心女子大（系列大学）
指定校推薦：上智大、聖心女子大、南山大、神戸女学院大（カトリック系大学）、津田塾大、東京女子大、日本女子大、法政大、京都薬科大、京都女子大、同志社大、立命館大、同志社女子大、関西外国語大、関西大等

私立　共学　▷▷ 小 70P 中 207P 大 650P

広島なぎさ高等学校

（担当：田中慎一郎）

〒731-5138
広島県広島市佐伯区海老山南 2-2-1
▶▶（JR 山陽本線 五日市駅）
TEL 082-921-2137　FAX 082-924-3020
URL http://www.nagisa.ed.jp/
生徒数　男 369　女 271　合計 640

帰国子女在籍者数	1年	2年	3年	計
	1	1	7	9

入学

●出願資格・条件

・入学を希望する年度の 4 月 1 日において満 15 歳以上の男女。
・外国における在住期間が 2 年以上で、外国における日本人学校などの中学部の該当学年か、外国の学校教育機関で日本の中学校に相当する学年に在籍しているもの。または、外国における在住期間が 2 年以上で、帰国後 1 年以内であり、現在、国内の中学校の第 3 学年に在籍している者。
・合格すれば必ず本校に入学する者。

●出願書類

入学願書、調査書、外国在留を証明する書類

●日程等

募集	出願	試験	発表	選考方法
25	2/5～9	2/18	2/20	英・数・国、面接

※募集人員は一般入試に含みます。帰国生徒としての扱いを希望する場合は、12/10 までに電話等により入試担当まで連絡してください。当該者の海外現地校在学その他海外経験等の事情を勘案し、措置が必要と認められたものについては、学力試験、面接および調査書により、総合的に判断して合格者を決定します。

●応募状況

年度＼人数	募集人員	出願者	受験者	合格者	入学者
2019	若干名	0	0	0	0
2020	若干名	1	1	1	1

受入後

●指導

帰国生徒のための特別なカリキュラムやクラス編成などは行っていない（高等学校からの入学者と同じカリキュラムおよびクラス編成になる）。

●教育方針

建学の精神「教育は愛なり」教育方針「常に神と共に歩み社会に奉仕する」に基づき、「21 世紀型高学力の養成」「国際性の涵養」「創造力の錬磨」「人間力の育成」を 4 つの教育目標としている。

私立　女子　寮　▷▷ 中 208P

受入開始　2003 年度

山陽女学園高等部

（担当：校長 石井具巳）

〒738-8504
広島県廿日市市佐方本町 1-1
▶▶（JR 山陽本線廿日市駅、広電宮島線山陽女学園前駅）
TEL 0829-32-2222　FAX 0829-32-7681
URL http://www.sanyo-jogakuen.ed.jp/
生徒数　女 395　合計 395

帰国子女在籍者数	1年	2年	3年	計
	0	1	0	1

入学

●出願資格・条件

原則として、保護者とともに外国に在留し、帰国した者で、2021 年 3 月中学校卒業見込みの女子、または外国において中学校と同等の教育課程を修了したと本校が認める女子で、合格した場合、入学が確認できる者

●出願書類

入学願書・調査書または成績証明書・外国在留期間または外国の学校における在籍期間を証明するもの・自己推薦書

●日程等

募集	出願	試験	発表	選考方法
若干名	9/1 ～ 3/31 まで随時対応			基礎学力テスト、面接

●応募状況

年度＼人数	募集人員	出願者	受験者	合格者	入学者
2019	若干名	1	1	1	1
2020	若干名	0	0	0	0

編入学

●編入学時期　〔1 ～ 3 年生〕随時（3 年生は 9 月まで）

●出願資格・条件　原則として、保護者とともに外国に在留し、帰国する女子

●出願書類　・編入学願・成績証明書

●選考方法　基礎学力テスト、面接

● 2019 年度帰国子女編入学者数

1年	0	2年	0	3年	0

受入後

●教育方針

「未来に輝く女性を育てる」という建学の精神に基づき、個性豊かな人材育成を目指した女子教育を行う。

●特色

理数科：S 特進コース、文系・理系：特進コース、普通科：進学コース・パティシエコース・こども教育コース・未来探究コースに分かれて進路指導を実施します。

高等学校　広島県

私立 共学 寮

▷▷ 中 208P

たけ　だ
武田高等学校

(担当：松本達雄)

〒739-2611
広島県東広島市黒瀬町大多田 443-5
▶▶ (JR 山陽本線八本松駅)
TEL 0823-82-2331 FAX 0823-82-2457
URL https://takeda.ed.jp/

生徒数　男 251　女 197　合計 448

帰国子女在籍者数	1年	2年	3年	計
	1	0	1	2

入学

●出願資格・条件
- 保護者の海外在留に伴い、在外公的教育機関で 1 年以上の教育を受け、帰国後 3 年以内の者で本学入学を第一志望とする者
- 日本語での授業を理解できる日本語運用能力を有する者

●出願書類
- 入学願書一式
- 海外での在学期間の成績を証明できる書類

●日程等

募集	出願	試験	発表	選考方法
若干名	応相談	応相談	随時	英語・数学・国語の基礎問題、面接

●応募状況

年度＼人数	募集人員	出願者	受験者	合格者	入学者
2019	若干名	0	0	0	0
2020	若干名	0	0	0	0

編入学

●編入学時期・定員〔1 ～ 2 年生〕随時。若干名
●出願資格・条件・出願書類　入学に準ずる
●選考方法　既習内容に応じた学力試験と面接（面接を重視）

● 2019 年度帰国子女編入学者数

1年	0	2年	0	3年	0

受入後

●指導
学級へは一般生徒との混入方式で行うが、生徒の実情に応じて個別指導や補習によって学力補充を行う。

●教育方針
校是「世界的視野に立つ国際人の育成」に基づき、教科学力のみならず、国際力を身につけるプログラムとして、海外修学旅行や留学生の受け入れ、グローバルスタディーズコースも選択できる。JICA の行事参加など、様々な活動を実践している。

●特色
習熟度別編成の学年構成で、個々の生徒の学力、目標に応じた授業展開を行っている。常勤の外国人教員が 3 名おり、1 名は中国語にも対応できる。毎年約 98% の卒業生が上級学校に進学している。

入 編

私立 共学 寮

▷▷ 小 71P 中 209P

受入開始　2013 年度

えい　すう　がっ　かん
英数学館高等学校

(担当：隅田)

〒721-8502
広島県福山市引野町 980-1
▶▶ (JR 山陽本線大門駅)
TEL 084-941-4166 FAX 084-941-4118
URL http://www.eisu-ejs.ac.jp/high/

生徒数　男 102　女 34　合計 136

帰国子女在籍者数	1年	2年	3年	計
	1	0	1	2

入学

●出願資格・条件
2021 年 3 月に中学校卒業見込みまたは卒業した人。帰国子女等で上記の出願資格に該当しない場合は問い合わせ。

●出願書類
- 願書
- 検定料
- 調査書（成績証明書）

●日程等

募集	出願	試験	発表	選抜方法
90 名	1/8 ～ 15	1/21	1/28	学力テスト＋面接
	2/9 ～ 16	2/20	2/26	学力テスト＋面接

編入学

●編入学時期〔1・2 年生〕随時。
●出願資格・条件　海外の現地校・日本人学校・インターナショナルスクール等において転・編入希望の学年に在籍中、または在籍していた者。
●出願書類
- 願書
- 検定料
- 成績証明書

●選考方法　試験・面接

● 2019 年度帰国子女編入学者数

1年	0	2年	0	3年	0

受入後

●指導
IB クラスは English と Japanese に分かれています。

●教育方針
日本古来の美徳を尊び、身につけ、英語という言語を駆使し、地球規模で物事を考え、活躍できる人材を輩出する。

●特色
IB クラスでは IB の Diploma を取得し、国内や海外の大学に進学することができます。授業は英語でおこなっているものが多いので、海外で身につけた英語力を生かし、さらに高めることができます。

私立 女子

▷▷ 中 209P

受入開始　1980 年度

福山暁の星女子高等学校

ふくやまあけ　ほしじょし

（担当：西原辰規）

〒 721-8545

広島県福山市西深津町 3-4-1

▶▶（JR 山陽新幹線・山陽本線福山駅）

TEL 084-922-1682　FAX 084-925-1533

URL http://www.akenohoshi.ed.jp

生徒数　　女 231　合計 231

帰国子女在籍者数	1年	2年	3年	計
	2	0	0	2

編入学（入学を含む）

●**編入学時期・定員**

〔1～3年生〕随時（3年生は9月まで）。

※高校1年4月からの入学希望の場合は別途、相談すること

●**出願資格・条件**

・海外の学校に1年以上在籍し、帰国後1年以内の者

●**出願書類**

・入学願書一式

・成績証明書

●**日程等**

日程：担当者との相談の上、決定する

●**選考方法**

国語・数学・英語、面接

●**応募状況**

年度＼人数	募集人員	出願者	受験者	合格者	入学者
2019	特に定めず	0	0	0	0
2020	特に定めず	0	0	0	0

● **2019 年度帰国子女編入学者数**

1年	0	2年	0	3年	0

受入後

●**指導**

学習面、生活面で必要に応じて個人指導を行う。

●**教育方針・特色**

キリスト教精神に基づき、他者のために生きる女性「Women for Others」の育成を目指している。また、創立以来、英語教育を重視し、グローバル社会に対応できる英語力の習得に取り組んでいる。海外修学旅行、短期留学制度（アメリカ、ドイツ、ニュージーランド、フィリピン）などがある。

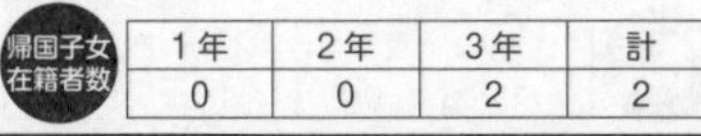

私立 共学 寮

▷▷ 中 210P

受入開始　2004 年度

如水館高等学校

じょすいかん

（担当：長谷川武司）

〒 723-8501

広島県三原市深町 1183

▶▶（JR 山陽本線三原駅）

TEL 0848-63-2423　FAX 0848-64-1102

URL http://www.josuikan.ed.jp

生徒数　男 455　女 333　合計 788

帰国子女在籍者数	1年	2年	3年	計
	0	0	2	2

入学

●**出願資格・条件**

・原則として海外に勤務する保護者に同伴し、日本の中学校と同等とみなすことのできる海外の学校に連続1年以上在学し、帰国後2年以内の者・日本の中学校卒業と同等とみなすことのできる学校教育を受け、入学を希望する年度の4月1日において満15歳以上の者・帰国直後を原則とする

●**出願書類**　入学願書、成績証明書、海外在留証明書

●**日程等**（下記 変更もありえます）

募集	出願	試験	発表	選考方法
10	1/6～7	1/13	1/18	英・数・国※、面接

※英・数・国のうち、2科目の得点と面接で選考

●**応募状況**

年度＼人数	募集人員	出願者	受験者	合格者	入学者
2019	若干名	0	0	0	0
2020	若干名	0	0	0	0

編入学

●**編入学時期・定員**〔1～3年生〕随時。若干名

●**出願資格・条件**　入学の出願資格・条件に加え、高等学校1年に編入を希望する者については、日本の中学校卒業と同等とみなし得る学校教育を受け、かつ、編入学を希望する年度の4月1日において満15歳以上の者。

また、高等学校2年・3年に編入学を志願する者については、該当学年と同等とみなし得る学校教育を受け、該当学年の年齢に達している者

※帰国直後を原則とする

●**出願書類・選考方法**　入学に準ずる

● **2019 年度帰国子女編入学者数**

1年	0	2年	0	3年	0

受入後

●**指導**　放課後、希望があれば補習で対応する。寮あり。

●**教育方針**　建学の精神「水の如くなくてならない人になれ」。精選された教育環境のもとに、一人ひとりの志を伸ばし、個性豊かな能力を育成する。

●**特色**　S類・A類・B類・舞台芸術専攻・留学専攻・学習専攻などに分かれており、それぞれの進路目標に応じて選択できる。

私立 共学 寮

▷▷ 中211P

受入開始 2004年度

広島新庄高等学校
（ひろしましんじょう）

〒731-2198
広島県山県郡北広島町新庄848
▶▶（JR広島駅より高速バスにて大朝IC前停留所）
TEL 0826-82-2323 FAX 0826-82-3273
URL http://www.shinjou.jp
生徒数 男226 女172 合計398

帰国子女在籍者数	1年	2年	3年	計
	0	0	1	1

入学

●出願資格・条件
現在海外在留中の者で、2021年3月に日本人学校を卒業見込みの者。または海外在住経験1年以上で、帰国後3年以内の者

●出願書類
・入学願書・成績証明書

●日程等

区分	募集	出願	試験	発表	選考方法
Ⅰ期	若干名	12/14～1/8	1/16	1/18	英・数・国、作文、面接
Ⅱ期	若干名	1/13～29	2/6	2/9	

●応募状況

年度＼人数	募集人員	出願者	受験者	合格者	入学者
2019	若干名	0	0	0	0
2020	若干名	0	0	0	0

編入学

●編入学時期・定員 〔1～2年生〕随時。欠員がある場合のみ
●出願資格・条件 課程の類似性を有すること
●出願書類 入学に準ずる
●選考方法 英・数・国、作文、面接
●2019年度帰国子女編入学者数

1年	0	2年	0	3年	0

受入後

●指導
年齢相当の学年において、他生徒と共通の学習を行う。特に英語力の維持・発展をはかるために、個別的な指導を行う。

私立 共学 寮

▷▷ 中211P

愛光高等学校
（あいこう）

（担当：杉浦正洋）
〒791-8501
愛媛県松山市衣山5-1610-1
▶▶（伊予鉄道西衣山駅）
TEL 089-922-8980 FAX 089-926-4033
URL https://www.aiko.ed.jp
生徒数 男497 女231 合計728

帰国子女在籍者数	1年	2年	3年	計
	0	2	1	3

入学

●出願資格・条件
2021年3月中学校卒業見込みの者、又は2020年3月中学校卒業の者

●出願書類
・専願届（専願者のみ）・調査書

●日程等

募集	出願	試験	発表	選考方法
50	1/5～9	1/16	1/19	英語・数学・国語 または英語・数学・国語・理科・社会

※募集人員は一般入試に含む。東京・大阪・福岡・仙台会場あり
※海外帰国子女取扱措置あり（詳細は入試要項）

受入後

●教育方針
世界的教養人を育成する。
全国36都道府県から生徒が集まり、全校生徒の約3割（男子のみ）が寮生活を送っている。

▷▷ 中 212P

私立 共学 寮

土佐塾高等学校

（とさじゅく）

（担当：山中）

〒780-8026
高知県高知市北中山 85 番地
▶▶（JR 高知駅）
TEL 088-831-1717 FAX 088-831-1573
URL http://www.tosajuku.ed.jp/
生徒数 男 298 女 230 合計 528

帰国子女在籍者数	1年	2年	3年	計
	1	0	0	1

入学

●出願資格・条件
① 2021 年 3 月中学校卒業見込みの男女、又は、2020 年 3 月中学卒業の男女
②本校の教育方針に賛同される保護者の子女

●出願書類
・入学願書・受験票・調査書（在学中学校長が作成したもの）

●日程等

区分	募集	出願	試験	発表	選考方法
B1	45	12/21～1/9	1/14	1/15	作文、面接
B2		1/4～18	1/22	1/23	数学・英語、面接

※ B1：推薦入試、B2：一般入試
※日曜・祝日は取り扱わない

●応募状況

年度＼人数	募集人員	出願者	受験者	合格者	入学者
2019	特に定めず	0	0	0	0
2020	特に定めず	0	0	0	0

編入学

●編入学時期・定員 欠員がある場合のみ
●出願資格 海外または高知県外に在住する者
●出願書類 個別に対応する
●選考方法 学科試験、面接や海外（県外）在学中の学習状況などを考慮したうえで総合的に判断する

● 2019 年度帰国子女編入学者数

1年	0	2年	0	3年	0

受入後

●指導
各教科、放課後等を使い、適宜個別に指導。

●教育方針
生徒の創造性を重視しながら資質を見極め、自学自習の意志力を引き出すこと。設立母体の塾の特性を学校教育に取り入れ、生徒一人ひとりに目を行き届かせ、常識や既成概念にとらわれることのない学習方法を実践している。

●特色
高校 1 年から、理科・地歴（社会）・芸術で科目選択があり、高校 2 年進級時には文系・理系のコース分けがある。理・社で細かな選択ができ、各自志望校に応じてホーム編成をし、学力育成に努めている。

▷▷ 中 212P

私立 共学 寮

受入開始 1994 年度

明徳義塾高等学校

（めいとくぎじゅく）

（担当：澤田美木）

〒785-0195
高知県須崎市浦ノ内下中山 160
▶▶（JR 土讃線高知駅）
TEL 088-856-1211 FAX 088-856-3214
URL http://www.meitoku-gijuku.ed.jp
生徒数 男 497 女 190 合計 687

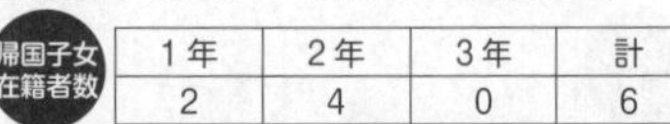

帰国子女在籍者数	1年	2年	3年	計
	2	4	0	6

入学

●出願資格・条件
2021 年 3 月中学校卒業見込みで、保護者の海外在留のため、本人が継続して 1 年以上海外に在留し、帰国後 3 年以内の者、または 2021 年 3 月までに帰国予定の者で、本校の教育方針と校則に従って勉学に精励する意志のある者。
※海外入学試験は上記に加え、2021 年 3 月現地の日本人中学校卒業見込みの者、又は現地の学校およびインターナショナルスクールの相当学年・学齢に達している者が対象

●出願書類 ・入学志願書・調査書・志願者身上書等

●日程等

区分	募集	出願	試験	発表	選考方法
A	20	8/31～10/20	国別	11/18	英・国・数、保護者同伴面接、作文
B	60 ※	10/30～12/1	12/5	12/7	
C	70 ※	1/4～20	1/22	1/25	

A：海外入試（海外帰国生徒のみ）
B：県外専願入試（県外・海外帰国生徒のみ）
C：一般入試（県内・県外・海外帰国生徒）
※ B・C は募集定員に含む

●応募状況

年度＼人数	募集人員	出願者	受験者	合格者	入学者
2019	20	15	15	13	11
2020	20	10	10	4	2

編入学

●編入学時期〔1～3 年生〕随時
●出願資格・出願書類・選考方法 入学に準ずる

● 2019 年度帰国子女編入学者数

1年	0	2年	0	3年	0

受入後

●教育方針 「徳・体・知」三位一体の情理円満な人格の育成を目標とする。

●特色 母語としての日本語教育。特進コース・英語コース・中国語コース・総合コース・日本語コースの 5 つのコースより選択可。

●卒業生（帰国生徒）の進路状況
富山大、香川大、高知大、大阪市立大、慶應義塾大、早稲田大、上智大、中央大、法政大、青山学院大、立命館大、関西大、関西学院大、関西外国語大、京都外国語大、京都産業大、立命館アジア太平洋大、高知工科大、学習院大、日本大、桜美林大、拓殖大 他

私立 共学 ▷▷ 中 213P 大 655P

受入開始 1978 年度

西南学院高等学校

（せいなんがくいん）

〒 814-8512 （担当：原 健治郎）
福岡県福岡市早良区百道浜 1-1-1
▶▶（福岡市営地下鉄西新駅）
TEL 092-841-1317 FAX 092-845-6295
URL https://hs.seinan.ed.jp/
生徒数 男 576 女 707 合計 1283

帰国子女在籍者数	1年	2年	3年	計
	0	1	0	1

入学

●**出願資格・条件** 次の要件を全て満たす者
(1) 海外就学期間が 2 カ年以上あり、出願時に帰国から 1 カ年を経過していない者
(2) 2020年4月から2021年3月末日までに中学校（外国の学校教育機関または文部科学大臣の指定を受けた海外の日本人学校を含む）を卒業見込み、または卒業した者
(3) 保護者のもとから通学できる者（原則として、保護者代理は不可）
(4) 本校を第一志望とし、合格した場合には本校へ入学することを確約できる者
※出願の際は応募資格確認のため事前に本校教頭まで連絡すること

●**出願書類**
・入学願書（本校所定用紙）・調査書・成績証明書（日本人学校の場合は調査書で可）・入学志願者身上書（本校所定用紙）・健康診断書（本校所定用紙、調査書の「健康状態」に出身学校で記載されている場合は不要）・その他、本校が選考上必要と認める書類

●**日程等**

募集	出願	試験	発表	選考方法
若干名	1/15～19	1/21	1/23	英・数、面接

●**応募状況**

年度＼人数	募集人員	出願者	受験者	合格者	入学者
2019	若干名	1	1	1	1
2020	若干名	0	0	0	0

編入学

欠員がある場合のみ

● **2019 年度帰国子女編入学者数**

1年	0	2年	0	3年	0

受入後

●**教育方針**
教育精神はキリスト教であり、創立者 C・K・ドージャー先生の学院に遺された「西南よ、キリストに忠実なれ」という言葉を建学の精神として、キリスト教に立脚した健全な人生観、世界観と豊かな奉仕の精神を持つ良き社会人を育成することを使命としている。

●**進学特例条件**
西南学院大学への推薦制度あり（定員 96 名以内）。

私立 女子

福岡海星女子学院高等学校

（ふくおかかいせいじょしがくいん）

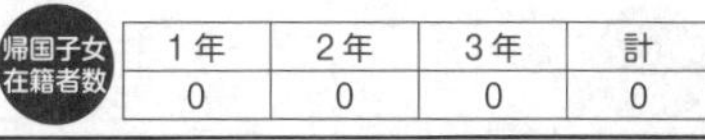

〒 811-1346 （担当：丸田耕士）
福岡県福岡市南区老司 5-29-3
▶▶（西鉄高宮駅）
TEL 092-565-4950 FAX 092-565-4925
URL http://www.f-kaisei.ed.jp/
生徒数 女 338 合計 338

帰国子女在籍者数	1年	2年	3年	計
	0	0	0	0

入学

●**出願資格・条件**
1. 本校を第一志望とし、合格後は必ず入学する者
2. 保護者または保護者に準ずる者のもとから通学できる者

●**出願書類** ・入学願書（本校所定）・中学校卒業証明書・在学証明書・成績証明書

●**日程等**

募集	出願	試験	発表	選考方法
若干名	随時			国語・数学・英語、面接（保護者同伴）

●**応募状況**

年度＼人数	募集人員	出願者	受験者	合格者	入学者
2019	若干名	0	0	0	0
2020	若干名	0	0	0	0

編入学

●**編入学時期** 〔1 ～ 3 年生〕随時
●**出願資格・条件・出願書類・選考方法** 入学に準ずる
● **2019 年度帰国子女編入学者数**

1年	0	2年	0	3年	0

受入後

●**指導**
語学力や学習状況、生活状況に配慮して指導する。

●**教育方針**
1. カトリック精神を基盤とする人間教育
2. 豊かな個性を育む少人数教育
3. 国際性を養う英語教育・国際教育

●**特色**
自然環境豊かなキャンパスにあるカトリック系女子校。同じキャンパスに小学校、幼稚園、保育園がある。特別進学、進学、国際教養、こども教育進学の 4 コースに分かれている。

●**卒業生の進路状況**
国公立大：広島大、熊本大、長崎大、佐賀大、大分大、福岡女子大、北九州市立大、長崎県立大、神戸市外国語大
私立大：西南学院大、福岡大、上智大、青山学院大、立教大、法政大、東京女子大、聖心女子大、白百合女子大、清泉女子大、聖マリア学院大、同志社大、立命館大、関西学院大、立命館アジア太平洋大

私立　女子　寮

▷▷ 中 214P

受入開始　2003 年度

福岡女学院高等学校
ふくおかじょがくいん

〒 811-1313
福岡県福岡市南区日佐 3-42-1
▶▶（西鉄線井尻駅、JR 南福岡駅）
TEL 092-575-2470　FAX 092-575-2498
URL http://www.fukujo.ac.jp/js/

生徒数　女 453　合計 453

帰国子女在籍者数	1年	2年	3年	計
	1	1	0	2

入学

●出願資格・条件
海外在留期間が 1 年以上で、帰国後 2 年以内の女子
※事前にお問い合わせ下さい。

●出願書類
・願書・出身中学校調査書・海外在留証明書・海外の在留期間を証明するもの・海外で在学した最終学校の成績証明書（またはこれに類するもの。コピーでも可）
・実技曲目記入用紙（音楽科のみ）

●日程等

区分	募集	出願	試験	発表	選考方法
A	若干名	（普）1/15～19	1/21	1/25	国・数、英語による作文、面接
B	若干名	（普・音）1/26～2/3	2/5	2/9	
C	若干名	（普）2/10～12	2/13	2/17	

※ A：専願入試、B：前期一般入試、C: 後期一般入試
※音楽科は区分 B のみ。選考方法は上記に加え（数学は実施しない）、聴音・楽典、実技・新曲視唱を実施

●応募状況

年度＼人数	募集人員	出願者	受験者	合格者	入学者
2019	若干名	0	0	0	0
2020	若干名	2	2	2	1

編入学

●編入学時期・定員〔1 年生〕9、1 月〔2 年生〕4、9、1 月。若干名
●出願資格・出願書類　入学試験に準ずる
●選考方法　国語・英語による作文・数学、面接（英語・日本語）

● 2019 年度帰国子女編入学者数

1年	0	2年	0	3年	0

受入後

●指導　日本語他必要と思われる教科のサポート指導を行う。
●教育方針　キリスト教主義教育に基づき、豊かな知性と感性を持ち、国際化が進む社会を担い、次の時代を生きる女性を育てることを目的としている。
●特色　ハイレベルな英語教育を展開している。総合的に高い学力と表現力・感性の育成を目標とする芸術教育を行っている。
●進学特例条件　併設の大学、看護大学、短期大学部への推薦入学制度があり、約 15% 程度が内部進学する。

私立　女子

▷▷ 小 72P 中 214P

受入開始　1933 年度

福岡雙葉高等学校
ふくおかふたば

（担当：髙嵜良子）
〒 810-0027
福岡県福岡市中央区御所ヶ谷 7-1
▶▶（福岡市営地下鉄薬院大通駅）
TEL 092-531-0438　FAX 092-524-2408
URL http://www.fukuokafutaba.ed.jp/

生徒数　女 500　合計 500

帰国子女在籍者数	1年	2年	3年	計
	5	4	9	18

入学

●出願資格・条件
海外からの一家転住者（ただし、海外在住期間 2 年以上で、帰国後 1 年半の者）

●出願書類
編入学に準ずる

●日程等

募集	出願	試験	発表	選考方法
若干名	随時	随時	随時	英語・数学・国語、面接（保護者同伴）

●応募状況

年度＼人数	募集人員	出願者	受験者	合格者	入学者
2019	若干名	1	1	1	1
2020	若干名	4	4	4	4

編入学

●編入学時期〔1 ～ 2 年生〕随時
●出願資格・条件　入学に準ずる
●出願書類
・編入学願書（事務室に請求）
・編入学の理由書（形式自由）
・在学証明書
・成績証明書
・学校長の推薦
・高校教育課程一覧表または単位修得証明書
●選考方法　入学に準ずる

● 2019 年度帰国子女編入学者数

1年	0	2年	0	3年	0

受入後

●教育方針
グローバルシティズンの育成（感謝・自覚・行動）
・宗教教育を通しての人間形成
・英語教育・国際コミュニケーション能力の強化
・生徒・保護者の目線に立った指導

●特色
・充実したカリキュラム・国際理解教育
・国際交流・宗教教育・情操教育

受入開始　2021 年度

柳川高等学校

やながわ

〒 832-0061　（担当：藤吉恭典）

福岡県柳川市本城町 125

▶▶（西鉄柳川駅）

TEL 0944-73-3333　**FAX** 0944-73-0575

URL https://www.yanagawa.ed.jp/

生徒数　男 509　女 326　合計 835

帰国子女在籍者数	1 年	2 年	3 年	計
	0	0	0	0

入 学

●出願資格・条件

①日本の国籍（二重国籍含む）を有している者

②原則、文科大臣の指定を受けた海外の全日制日本人学校に在籍している者

③継続して 1 年以上、上記の学校に在籍し、令和 3 年 3 月に中学卒業見込みの者

④継続して 1 年以上、上記の学校に在籍し、帰国後 1 年以内の者

⑤本校のアドミッションポリシーに適合し、本校を第一志望とする者

◎アドミッションポリシー

①グローバル学園構想、もしくはスマート学園構想を積極的に体現する意思のある者

②クラブ活動などで一定の戦績を有し、入学後も活躍が見込める者

●出願書類　願書、福岡県の統一調査書（福岡県私学協会の HP からダウンロード）

※英検準 2 級合格者は証明する書類を添付（英語の筆記試験免除となるため）

●日程等

募集	出願	試験	発表	選考方法
若干名	2021. 1/14～15	1/21	1/22	筆記試験（英語／作文）、面接試験、書類審査

※過去に数名「帰国子女」で入学してきた生徒がいます。受験制度がなかったため、国際科の「留学生試験（面接試験）」で対応しておりましたが、来年度からは新たに入試制度での受験となります。

●応募状況

年度＼人数	募集人員	出願者	受験者	合格者	入学者
2019	0	0	0	0	0
2020	0	0	0	0	0

受 入 後

●指導　「留学生サポートセンター」にて、留学生と同様に学習調整・指導・アドバイスを行います。

●教育方針　本校は、国際科を中心に、全科全コースで留学生を受け入れています。また、タイに附属中学校を併設し、世界 9 か国に事務所を設置するなど、「グローバル」「ダイバーシティ」を教育理念の大きな柱として、教育活動を行っています。

●特色　現在、6 か国地域約 75 名（2020 年 9 月現在）の生徒が在籍し、寮生活をしながら日々勉学に励んでいます。年に 1 度、各国の文化を紹介するそれぞれのウィークを設け、その間は食堂にてその国の料理が味わえるなど、日常的に異文化理解と相互協力ができるような校風を築いています。

●卒業生（帰国生徒）の進路状況　留学生と同様の受験を経て入学した帰国子女の生徒が過去に数名在籍しておりましたが、全員大学へ進学（スポーツ推薦を含む）しています。

私立　共学　寮

▷▷ 中 215P 大 577P

受入開始　2010 年度

早稲田佐賀高等学校

わせださが

〒 847-0016　（担当：広報室）

佐賀県唐津市東城内 7-1

▶▶（JR 筑肥線・唐津線唐津駅）

TEL 0955-58-9000　**FAX** 0955-65-8690

URL https://www.wasedasaga.jp

生徒数　男 440　女 217　合計 657

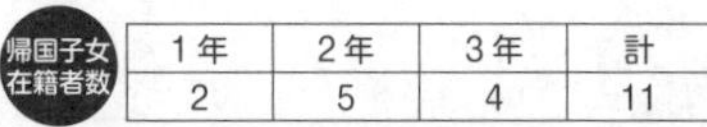

帰国子女在籍者数	1 年	2 年	3 年	計
	2	5	4	11

入 学

●出願資格・条件　以下の条件をすべて満たすこと

1. 海外滞在期間等の条件：次の (1) または (2) に該当すること

(1) 海外滞在期間が継続して 1 年 8 ヶ月以上 3 年未満の場合、帰国日（予定日含）2020.1.1 以降

(2) 海外滞在期間が継続して 3 年以上の場合、帰国日（予定日含）2019.1.1 以降

2. 2005.4.2 ～ 2006.4.1 までに生まれていること

3. 海外勤務者を保護者とする帰国生で、日本国籍を有し、本校への入学を希望していること

4. 2021 年 3 月までに、国の内外を問わず、学齢相当の 9 ヶ年の学校教育課程を修了または修了見込みであること

5. 入学後、学校からの緊急連絡などに対応できる保護者等が日本国内に居住していること

※推薦入試（帰国生推薦）あり。詳細はホームページや募集要項参照

●出願書類　・入学願書・海外在留証明書・海外最終学校の在学を証明する書類・帰国生海外生活調査書・帰国生就学歴記入票（詳細は募集要項確認のこと）

●日程等（予定）

区分	募集	出願	試験	発表	選考方法
A	若干名	11/30～12/6	12/13	12/16	書類、国語・英語・数学、面接
B	若干名	11/30～12/18	1/10	1/15	国語・英語・数学、面接

※ A：推薦入試　B：帰国生入試

●応募状況

年度＼人数	募集人員	出願者	受験者	合格者	入学者
2019	若干名	16	14	11	5
2020	若干名	28	27	13	2

受 入 後

●指導　帰国子女のための特別なカリキュラムは設定せずに、一般の生徒と共に学ぶ環境となっている。クラブ活動として ESS での活動の機会もあり、積極的に各種のスピーチ大会などに出場することも可能。

●教育方針　確かな学力と豊かな人間性を兼ねた「グローバルリーダー」を育成する。より高い目標に向けて常に挑戦するという早稲田大学の精神を尊重し、将来如何に世界に貢献するかを考え、発信力を鍛えながら、心（人や自然を愛する豊かな心）・知（積極的に知を学ぶ姿勢）・体（世に貢献する健全な体）を育む。

●特色

①唐津の自然と文化のもと、早稲田スピリットによるグローバルな視野を持った人間形成

②徹底した学力強化と部活動や学校行事による心身の育成

③早稲田大学 130 年の伝統と実績、知的財産の活用による学際的総合力の養成

④専門家や実習による実社会向け特別授業や英会話力の育成、丁寧な個別指導

⑤難関国公立大学や医学部及び早稲田大学などへの進学の指導

⑥寮生活で培うたくましい人間性と、かけがえのない友情の育成

●進学特例条件　学校推薦型選抜試験により、定員の約半数の生徒は早稲田大学に進学することができる。

●卒業生（帰国生徒）の進路状況　早稲田大、慶應義塾大、国際教養大など

▷▷ 中 215P

受入開始　1961 年度

熊本マリスト学園高等学校

（担当：有働道生）
〒 862-0911
熊本県熊本市東区健軍 2-11-54
▶▶（JR 豊肥線新水前寺駅）
TEL 096-368-2131　FAX 096-365-7850
URL http://www.marist.ed.jp

生徒数　男 296　女 233　合計 529

帰国子女在籍者数	1年	2年	3年	計
	0	1	0	1

入学

●**出願資格・条件**　次のいずれかに該当する者
①帰国生徒で、原則として、外国に継続して１年を超える期間在住して帰国し、かつ帰国後１年以内の者
②外国人生徒で、原則として、入国後の在日期間が３年以内の者

●**出願書類**　・入学願書・成績証明書※出願資格・条件を証明する書類が必要

●**日程等**（予定）

募集	出願	試験	発表	選考方法
若干名	1/12～14	1/20	1/25	国語・数学・英語（リスニング含む）、面接

※面接は参考程度。選考にあたっては、帰国生徒の事情を十分配慮する
※詳細は個別に相談すること

●**応募状況**

年度＼人数	募集人員	出願者	受験者	合格者	入学者
2019	若干名	1	1	1	1
2020	若干名	0	0	0	0

編入学

●**編入学時期・定員**〔1・2 年生〕7、3 月。若干名
●**出願資格・条件**　・原則として、外国に継続して１年を超える期間在住し、かつ帰国後１年以内の者
・外国人生徒で、原則として入国後の在日期間が３年以内の者
●**出願書類**　入学に準ずる
●**選考方法**　国語・英語・数学、面接

● **2019 年度帰国子女編入学者数**

1年	0	2年	0	3年	0

受入後

●**指導**　一般生徒と同様に扱う。ただし、必要に応じて日本語の個別指導等を行う。
●**教育方針**　カトリックのミッションスクールとして、社会に貢献する人材を育成するため、校訓「信望愛」のもと、「われらの目標」（鍛えよう精神と身体、努めよう完全学習、励もう朋友責善の道、守ろう礼節と言責、誇ろうマリストの愛徳精神）の具現化に努める。
●**特色**　中高一貫できめ細かい指導を行う。中学では基礎学力の定着を、特に中３から高１までは少人数編成の授業（英数）を実施。また、学校行事や様々な活動を通して豊かな感性と人間性を養う。

▷▷ 中 216P

受入開始　2012 年度

岩田高等学校

（担当：橋本隆史）
〒 870-0936
大分県大分市岩田町 1-1-1
▶▶（JR 日豊本線大分駅）
TEL 097-558-3007　FAX 097-556-8937
URL http://www.iwata.ed.jp/

生徒数　男 174　女 160　合計 334

帰国子女在籍者数	1年	2年	3年	計
	3	4	5	12

入学

●**出願資格・条件**
・2021 年３月中学校卒業見込みの男女
※「APU・立命館コース」のみ募集
●**出願書類**
・入学願書（本校所定のもの）・調査書・自己推薦書
●**日程等**

区分	募集	出願	試験	発表	選考方法
A	30（一般・推薦を含む）	1/27～2/2	2/4	2/4	英語、面接
		3/12～18	3/20	3/20	
B		1/12～16	1/19	1/19	
C		10/20～30	11/5	11/5	

※ A：一般入試（前期・後期）B：推薦入試 C：帰国子女入試
※英語力のある帰国子女を優遇する

●**応募状況**

年度＼人数	募集人員	出願者	受験者	合格者	入学者
2019	特に定めず	7	7	7	3
2020	特に定めず	3	3	3	3

編入学

●**編入学時期・定員**〔1・2 年生〕欠員がある場合、随時
●**出願資格・条件**　保護者の海外駐在に伴い、日本人学校または現地校に在籍している生徒で、事前相談で受験を許可された者
●**出願書類**　・編入学願書（本校所定のもの）
・調査書
●**選考方法**　英語、面接
※英検等の取得級数も参考にする

● **2019 年度帰国子女編入学者数**

1年	1	2年	0	3年	0

受入後

●**指導**　実情に応じ、適宜補習・個別指導・個別添削を実施。
●**教育方針**　「ゆっくり急げ」をモットーに、あせらず着実に学力や社会性を身につけさせる。また、社会に有為な人材の育成に努める。
●**特色**　立命館アジア太平洋大学（APU）と高大連携による７年間一貫教育に取り組んでいる。高校３年次では APU へ週２日通学し、大学の講義を受ける。高校３年次に取得した単位は APU 入学後、大学の単位として認定。
●**進学特例条件**　APU への進学は、高等学校長の推薦を受けた者。立命館大学への進学は、進学要件を満たし、高等学校長の推薦を受けた者。

▷▷ 中 216P

受入開始　2000 年度

沖縄尚学高等学校
（おきなわしょうがく）

〒 902-0075　（担当：与座宏章、屋比久秀正）
沖縄県那覇市国場 747
▶▶（那覇バスで真和志小学校前下車、沖縄大学前下車）
TEL 098-832-1767　FAX 098-834-2037
URL https://www.okisho.ed.jp/

生徒数　男 547　女 560　合計 1107

帰国子女在籍者数	1年	2年	3年	計
	0	2	1	3

入学

●出願資格・条件
・海外から帰国した者（2006 年 4 月 1 日以前に生まれ、2021 年 3 月末までに 9 年課程修了または見込みの者）
・本校のカリキュラムで学習できる日本語の能力を備えている者

●出願書類
・志願票・国内外の学校の成績資料（日本人学校は調査書）・入学確約書（推薦入試受験者、一般入試専願の者）・推薦自己申告書（推薦入試受験者）

●日程等

区分	募集	出願	試験	発表	選考方法
A	特に定めず	調整中	12月予定	試験の3日後に通知書を発送	国語・数学・英語、面接（保護者同伴）
B		調整中	1月予定		国語・数学・英語、面接（専願のみ）
C		調整中	3月予定	試験翌日までに連絡	国語・数学・英語、面接（保護者同伴）

※ A：推薦　B：一般　C：特別
※国際文化科学コースを志願する者は、原則として英検準 2 級以上取得が出願の条件

●応募状況

年度＼人数	募集人員	出願者	受験者	合格者	入学者
2019	特に定めず	3	3	3	3
2020	特に定めず	1	1	0	0

編入学

●編入学時期　〔1 ～ 3 年生〕随時
●出願資格　入学に準ずる
●出願書類　・志願票・現在の学校の成績表のコピー
●選考方法　国語・数学・英語、面接（保護者同伴）
● 2019 年度帰国子女編入学者数

1年	0	2年	0	3年	0

受入後

●指導　志望進路別のコース制（高 2 進級時に「難関大・国医」「難関」「国公立（私立）文系」「国公立（私立）理系」「国際文化科学」「尚学パイオニアβ（旧体育）」の各コースに再編）による授業を実施。帰国生も一般の生徒と同様に各コースに所属し、指導を行う。国際文化科学コースでは、2015 年より国際バカロレア・ディプロマ・プログラムを導入。

●特色・「習得目標（Learning Goals)」を明示した授業やコース制、充実した課外補講・個別指導により全員を伸ばす指導。2020 年度の合格者数は国公立大・大学校 176（132）名、難関私大 100（87）名、海外大 84（84）名。国公立大・大学校医学科には 22（10）名が合格。※（）内は現役生の人数。
・英検対策や MELS（本校独自の英語習得プログラム）による徹底した英語指導。昨年度の高 3 生は 78.2%が 2 級以上を取得（1 級 9 名・準 1 級 44 名・2 級 220 名）。
・文化力を育むために沖縄伝統空手（型）を必修化。昨年度は 629 名（二段 185 名・初段 444 名）が黒帯を取得。
・安心、充実の直営寮。「尚学グローバル寮」には毎日 TA（外国人講師）が交代で宿泊し、イングリッシュ・アワーを利用して寮生と異文化交流を実施。1 部屋を 2 名でルームシェア。
「尚学舎」は学校から徒歩 7 分の場所にあり、1 ユニットに 4 名が生活（4 つの個室あり）

●卒業生（帰国生徒）の進路状況　東京学芸大、琉球大、鹿児島大、国際教養大、防衛医科大（看護）、慶應義塾大、早稲田大、国際基督教大、上智大、明治大、青山学院大、玉川大、関西外国語大、立命館アジア太平洋大、University of Idaho、Washington State University、Michigan Technological University など

主要都道府県公立高等学校
帰国子女入学・編入学概要

北海道公立高等学校

【問い合わせ先】▶ 北海道教育庁 学校教育局高校教育課高校入試改善係
〒060-8544 北海道札幌市中央区北３条西７丁目
TEL 011-231-4111 内線 35-731　FAX 011-232-1108
URL http://www.dokyoi.pref.hokkaido.lg.jp

入学

●情報提供校

学校名	学科（コース）	〒	所在地	TEL	募集人員
札幌国際情報	普通科、国際文化科、理数工学科、グローバルビジネス科	001-0930	札幌市北区新川 717-1	011-765-2021	特に定めず

Ⅰ<一般入学者選抜>

札幌市、知内町、岩見沢市、羽幌町、奥尻町、音威子府村、三笠市及び大空町を除く市町村立高等学校の入学者選抜については、原則として「道立高等学校一般入学者選抜実施要項」に準じて実施される。

●募集学校・募集人員　道内全ての道立高等学校。
募集人員については、特別な枠は設けていない。

●出願できる高等学校

全日制普通科については、保護者の道内の住所によって定まる通学区域内の高等学校に、全日制普通科以外については、保護者の道内の住所に関わらず、道内全ての高等学校に出願できる。なお、北海道札幌国際情報高等学校普通科については、「帰国子女等」は保護者の道内の住所に関わらず、出願できる。
なお、「帰国子女等」とは、帰国子女（日本国籍を有する子女で、海外在留者に同伴して、引き続き１年を超える期間海外に在留し、帰国後３年未満の生徒をいう）及びこれに準ずる者と高等学校長が認める者をいう。

●出願資格

出願することのできる者は、学校教育法（昭和 22 年法律第 26 号）第 57 条の規定に基づき、次のいずれかに該当する者であること。

1. 中学校、これに準じる学校又は義務教育学校を卒業した者（2021 年３月末日までに中学校、これに準じる学校又は義務教育学校を卒業する見込みの者を含む）
2. 中等教育学校の前期課程を修了した者（2021 年３月末日までに中等教育学校の前期課程を修了する見込みの者を含む）
3. 外国において、学校教育における９年の課程を修了した者
4. 文部科学大臣が中学校の課程と同等の課程を有するものとして認定した在外教育施設の当該課程を修了した者（2021 年３月末日までに当該施設の当該課程を修了する見込みの者を含む）

また、海外から北海道の道立高等学校に出願できる者は、以下の条件を満たすこととする。

・2021.4.7 までに、保護者の転勤などにより、道内に保護者及び生徒が確実に居住できるとき
・出願先の高等学校長が、特別の事情があると認めたとき

●提出書類

入学願書、入学検定料、写真、住民票の写し（出願後に出願先の高等学校長から提出を求められた場合に限る）、出願事情説明書、個人調査書

（注）入学願書、出願事情説明書等の請求先は出願先の高等学校である。書類の配布は 2020.12.4 から。

※原則としては、文部科学大臣が中学校の課程と同等の課程を有するものとして認定した在外教育施設の長から出願先高等学校長あてに書類を送付するが、さまざまなケースがあるので、具体的な手続きについては、在外教育施設の長と出願先高等学校長とで協議することになる。

●日程等

出願	本検査	発表	追検査	発表	選抜方法
1/19～22	3/3	3/16	3/17	3/19	*

※道外からの出願の受付は、2/26 までとする。
※出願、発表の時間は、入試要項参照。
※出願変更期間は 1/27 ～ 2/2 午後４時、個人調査書提出期間は 2/12 ～ 18 正午。
＊全日制の課程における選抜方法は、次に示す資料を総合的に評価する。

1. 個人調査書
2. 学力検査の成績（国・社・数・理・英の５教科英語の検査時間の中で、聞き取りテストを実施する）
3. 面接、実技、作文を行った場合は、その結果（3/4 に「面接」や「実技」、「作文」を実施する）
4. 健康診断書（体育に関する学科の出願者に限る）

※特別の事情により、上記の資料の一部が欠ける場合は、高等学校長の判断によること。

Ⅱ<推薦入学者選抜>

札幌市、知内町、岩見沢市、奥尻町、音威子府村、三笠市及び大空町を除く市町村立高等学校の入学者選抜については、原則として「道立高等学校推薦入学者選抜実施要項」に準じて実施される。

●**募集学校**
1. 全日制の課程の普通教育を主とする学科
（ア）北海道札幌国際情報高等学校（普通科）
（イ）単位制による普通科
（ウ）その他の普通科において学校の裁量で実施
2. 全日制課程のその他の学科
（ア）専門教育を主とする学科
（イ）普通教育及び専門教育を選択履修を旨として総合的に施す学科

●**出願資格**
出願することのできる者は、基本的には一般入学者選抜に準じるものとし、2021 年 3 月に道内の中学校又は義務教育学校を卒業見込みの者。なお、2021 年 3 月末日までに文部科学大臣が中学校の課程と同等の課程を有するものとして認定した在外教育施設の当該課程を修了する見込みの者が、北海道札幌国際情報高等学校に出願する場合にあっては、在籍する当該施設長の推薦を得て出願することができる。

●**提出書類**
一般入学者選抜の出願の手続で定められている書類に加え、推薦書、自己アピール文（高等学校長が提出を求めた場合に限る）などを提出する。

●**日程等**

出願	試験	合格内定者の発表	選抜方法
1/19～22	2/10	2/18	書類審査、面接＊

※出願、発表の時間は、入試要項参照。
※出願変更は認めない。
＊選抜方法は、次に示す資料を総合的に評価する。
1. 中学校長から提出された個人調査書、推薦書等
2. 面接の結果
3. 英語の聞き取りテスト、英語による問答、実技及び作文から一又は複数を実施した場合は、その結果
4. 自己アピール文を提出させた場合は、その内容
※出願、合格発表の時間は、入試要項参照。
※合格内定とならなかった者については、当初出願した課程・学科と関わりなく再出願を認めている。詳細は入試要項参照。
※出願者に特別な配慮を必要とする帰国子女がいる場合は、当該高等学校長は学校教育局高校教育課長と協議すること。

編 入 学

希望がある都度、各高等学校で編入学試験を実施する。出願資格・条件、出願書類、選抜方法は入学者選抜に準じる。
編入学時期・定員は下記の各校別情報参照。

各校別情報

札幌国際情報高等学校（さっぽろこくさいじょうほう）

URL http://www.sit.ed.jp/
生徒数 男 365 女 588 合計 953

帰国子女在籍者数	1年	2年	3年	計
	1	0	0	1

●**入学試験の応募状況**

年度＼人数	出願者	受験者	合格者	入学者
2019	0	0	0	0
2020	1	1	1	1

●**編入学時期・定員**
在学者数により空きがあるとき

（2020 年情報）

※資格・条件、出願方法、日程等は、教育委員会に問い合わせるか、2021 年度入試要項を確認して下さい。

札幌市立高等学校

【問い合わせ先】▶　札幌市教育委員会　学校教育部　教育課程担当課
〒060-0002 北海道札幌市中央区北２条西２丁目 STV 北２条ビル
TEL 011-211-3891　FAX 011-211-3862
URL http://www.city.sapporo.jp/kyoiku/top/

入　学

<全日制>

●趣旨

推薦入学者選抜において、十分な学習能力や学習意欲があると認められる場合、日本語の語学力の面でのハンディに配慮し、入学定員とは別に、若干名を入学させることができる。

●募集学校・募集人員

学校名	学科	〒	所在地	TEL	募集人員
★市立札幌旭丘	普通科（単位制）	064-8535	札幌市中央区旭ケ丘 6-5-18	011-561-1221	若干名
市立札幌藻岩	普通科（単位制）	005-0803	札幌市南区川沿３条２丁目 1-1	011-571-7811	若干名
★市立札幌清田	普通科普通コース（単位制）	004-8503	札幌市清田区北野３条 4-6-1	011-882-1811	若干名
	普通科グローバルコース(単位制)				
市立札幌平岸	普通科デザインアートコース	062-0935	札幌市豊平区平岸５条 18-1-2	011-812-2010	若干名

※募集人員は、事前に特別枠として設定するのではなく、状況に応じて、若干名を入学定員とは別に入学させることができる。「★」のついた学校は、次頁に各校別情報あり。

●出願資格・条件

帰国生徒等として、推薦入学者選抜に出願できる者は、保護者の住所が札幌市内にあり、「日本国籍を有する者で、海外在留者に同伴して、引き続き１年を超える期間海外に在留し、帰国後３年未満の生徒」及びこれに準じる者と高等学校長が認める者。また、2021 年３月末までに、文部科学大臣が中学校の課程と同等の課程を有するものとして認定した在外教育施設の当該課程を修了する見込みであり、かつ 2021.4.7 までに保護者の住所が札幌市内となることが確実に見込まれる者も出願することができる。

●提出書類等

入学願書、入学手数料、写真台紙、受検票、個人調査書、推薦書、自己アピール文（札幌藻岩高等学校、札幌清田高等学校及び札幌平岸高等学校）、出願事情説明書（海外に行った理由、海外在留先及び在留期間、同伴した海外在留者との関係、海外に行く前の住所等を記載したもの）。なお、入学願書用紙等の請求先は出願先の高等学校であり、2020.12.4 から配布する。

●日程等

出願	試験	発表	選抜方法
1/19～22	2/10	2/18	＊

＊各高等学校により以下の資料を総合的に評価して判断する。

(1) 中学校長から提出された個人調査書、推薦書等
(2) 面接の結果
(3) 英語の聞き取りテスト、英語による問答、及び実技、作文、適性検査を実施した場合は、その結果
(4) 自己アピール文を提出させた場合は、その内容

※各学校で面接以外に実施する項目については、「札幌市立高等学校入学者選抜の手引」を参照。

<単位制による定時制課程（三部制）>

●趣旨

日本語能力に不安のある海外帰国生徒等が、日本語の習得に努めながら安心して高校生活を送ることができるような体制を整備するとともに、日本語能力の不足に伴うハンディに配慮し、「自己推薦入学者選抜」に特別選抜枠を設ける。また、「一般入学者選抜後期（９月実施）」においては、募集人員とは別に若干名を入学させることができる。

●出願資格・条件

海外帰国生徒等とは、次のいずれかに該当する者とする。

① 「外国籍を有する者で、来日後５年未満の生徒」及びこれに準じる者と市立札幌大通高等学校長が認める者。
② 「父母のいずれか一方が引揚者であり、引揚後５年未満の生徒」及びこれに準じる者と市立札幌大通高等学校長が認める者。なお、引揚者とは、永住帰国者証明書を有する者をいう。
③ 「日本国籍を有する者で、海外在留者に同伴して、引き続き１年を超える期間海外に在留し、帰国後３年未満の生徒」及びこれに準じる者と市立札幌大通高等学校長が認める者。

●提出書類等

＜自己推薦入学者選抜＞

入学願書、入学手数料、写真台紙、受検票、自己推薦書（英語・中国語・ハングル・ロシア語などにより提出することができる。ただし、この場合は、事前に市立札幌大通高等学校長と協議すること）、出願事情説明書（海外帰国生徒等に該当する事情等について説明したもの）、個人調査書。

なお、入学願書用紙等の請求先は市立札幌大通高等学校であり、2020.12.4 から配布する。

＜一般入学者選抜後期（9月実施）＞

入学願書、入学手数料、写真台紙、受検票、出願事情説明書（海外帰国生徒等に該当する事情等について説明したもの）。

●日程等

区分	出願	試験	発表	選抜方法
A	1/19～22	2/10	2/18	個人調査書、自己推薦書、面接、作文
B	8/27～9/3	9/9	9/16	面接、作文

※ A：自己推薦入学者選抜、B：一般入学者選抜後期

※英語・中国語・ハングル・ロシア語等により作文を提出することができる。ただし、事前に市立札幌大通高等学校長と協議すること。

編入学

希望者がある場合は、編入学試験を実施する。出願資格・条件、出願書類、選抜方法等は入学の場合に準じるが、詳細については各高等学校で決定するため、直接、各高等学校へ問い合わせること。

各校別情報

市立札幌旭丘高等学校

URL http://www.asahigaoka-h.sapporo-c.ed.jp/

生徒数　男 353　女 603　合計 956

1年	2年	3年	計
2	1	3	6

●入学試験の応募状況

年度＼人数	出願者	受験者	合格者	入学者
2019	1	1	1	1
2020	2	2	2	2

●編入学時期・定員

編入学試験は 3月と 8月に実施。定員は特に定めていない。在籍者数の状況により受け入れの余地がある場合に実施する。

市立札幌清田高等学校

URL http://www.kiyota-h.sapporo-c.ed.jp/

生徒数　男 368　女 501　合計 869

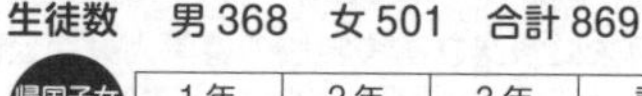

帰国子女在籍者数

1年	2年	3年	計
0	0	1	1

●入学試験の応募状況

年度＼人数	出願者	受験者	合格者	入学者
2019	0	0	0	0
2020	0	0	0	0

●編入学時期・定員

在籍者の状況により受け入れの余地がある場合に実施する。

青森県立高等学校

【問い合わせ先】▶ 青森県教育庁学校教育課高等学校指導グループ
〒030-8540 青森県青森市長島 1-1-1
TEL 017-734-9883 FAX 017-734-8270
URL http://www.pref.aomori.lg.jp/bunka/education/main.html

入学

●趣旨
青森県では、海外在住者の出願については、他都道府県からの出願と同じ手続きで実施している。なお、海外帰国生徒の選抜に当たっては、海外経験を十分考慮して行うこととしている。

●応募資格
本県の県立高等学校に出願することができる者は、次に掲げる者とする。
(1)2021 年 3 月に中学校又はこれに準ずる学校（以下「中学校」という。）を卒業する見込みの者
(2) 中学校を卒業した者
(3) 学校教育法施行規則第 95 条の各号のいずれかに該当する者

●募集人員
例年、10 月末に各県立高等学校の募集人員が公表されているが、特に海外帰国生徒のための枠は設定されていない。

●選抜方法
各県立高等学校は、学力検査、調査書、面接及び実技検査などの選抜資料をもとに、「青森県立高等学校入学者選抜における求める生徒像・選抜方法等一覧」に基づき選抜する。

●出願手続等
海外在住者の出願に関しては、本人及び保護者が本県に転居することが原則となる。詳細については県教育委員会へ問い合わせること。

●出願書類（入学者選抜の例）
①入学者選抜出願者一覧表
②入学願書（全日制は 2,200 円、定時制は 950 円の青森県収入証紙を貼付）
③調査書及び成績一覧表
④青森県立高等学校出願承認書 (1/25 までに県教育委員会へ申請)
⑤受検票等送付用封筒及び合否結果等送付用封筒

●日程等

区分	出願	試験	発表	選考方法
入学者選抜	2/15～19	3/5	3/12	学力検査（5 教科）、調査書、面接等
再募集	3/15～16	3/17	3/19	学力検査（5 教科）、調査書、面接等

※入学者選抜の国語と英語は、放送による検査を含む。
※再募集の学力検査は 5 教科をまとめて 50 分で実施する。
※入学者選抜要項及び青森県立高等学校入学者選抜における求める生徒像・選抜方法等一覧は県教育委員会ホームページに掲載している。

編入学

編入学を希望する場合は、直接各高等学校に問い合わせること。

岩手県立高等学校

【問い合わせ先】▶ 岩手県教育委員会事務局 学校教育課 高校教育担当
〒020-8570 岩手県盛岡市内丸 10-1
TEL 019-629-6141 FAX 019-629-6144
URL http://www2.iwate-ed.jp/sed/

入学

●趣旨
海外帰国生徒等の選抜については、原則として、一般の受検者と同様に取り扱うが、特別配慮する事情がある場合には、個別に対応する。

●応募資格
2021 年 3 月に中学校若しくはこれに準ずる学校を卒業する見込みの者。中学校を卒業した者。学校教育法施行規則第 95 条の規定に該当する者。

●募集人員
特に指定なし

●選抜方法
各高等学校において、学力検査と調査書・面接等の比重を変えるＡＢＣの選考方法により、各高等学校各学科（学系、コース）の特色に配慮しながら、その教育において必要とされる能力・適性等を総合的に判定して行う。
〈A 選考〉学力検査：調査書・面接等が 5：5
〈B 選考〉学力検査：調査書・面接等が 3：7
〈C 選考〉学力検査：調査書・面接等が 7：3
〈A 選考〉〈B 選考〉〈C 選考〉の順序及び割合は、各学校長が、予め指定されている 7 通りの選抜方法から決定する。

●出願手続等
海外在住者の出願については、本人および保護者が岩手県に転居することが原則となる。詳細については、県教育委員会へ問い合わせること。

●日程等

出願	試験	発表
2 月上旬	3/9	3/23

●その他
盛岡市立高等学校の選抜方法については盛岡市教育委員会に問い合わせること。

編入学

編入学についての特別枠は設けていない。編入学を希望する者は、各高等学校へ直接問い合わせること。

宮城県公立高等学校

【問い合わせ先】▶ 宮城県教育庁　高校教育課教育指導班
〒980-8423 宮城県仙台市青葉区本町 3-8-1
TEL 022-211-3624 FAX 022-211-3696
URL https://www.pref.miyagi.jp/soshiki/koukyou/

入学

●趣旨
海外帰国者の選抜については弾力的に対応するものとする。

●募集学校・募集人員　特に指定なし

●出願資格・条件
1. 中学校又はこれに準ずる学校を卒業又は 2021 年 3 月卒業見込みの者
2. 義務教育学校を卒業又は 2021 年 3 月卒業見込みの者
3. 中等教育学校の前期課程を修了又は 2021 年 3 月修了見込みの者
4. 学校教育法施行規則第 95 条の規定により、中学校を卒業した者と同等以上の学力があると認められる者

●提出書類（予定）
海外の中学校を卒業又は 2021 年 3 月に卒業見込みの者は、以下のとおり、志願高等学校に出願承認の申請をし、志願高等学校から出願承認書の交付を受けた後に出願する。
1. 出願承認の申請　志願者は、次の (1) 及び (2) を志願高等学校長に提出する。
 (1) 宮城県公立高等学校出願承認願（県外からの出願者用）（様式 K-2)
 (2) 返信用封筒 1 通（長形 3 号簡易書留速達郵便料金分の切手を貼付し、宛先等明記）
2. 出願　出願承認が得られた志願者は、以下の (1) ～ (6) を志願高等学校長に提出する。
 (1) 入学願書及び写真票（入学者選抜手数料として、県立高等学校にあっては宮城県収入証紙（全日制課程 2,200 円、定時制課程 950 円）を貼付する。市立については銀行納入）
 (2) 宮城県公立高等学校出願承認書（出願承認願を志願高等学校に提出して出願を認められ交付されたもの）のコピー 1 通
 (3) 調査書（中学校長が作成し厳封したもの）
 (4) 出願者一覧表 1 通
 (5) 受験票等送付用封筒 1 通（角形 2 号簡易書留速達郵便料金分の切手を貼付し、宛先等明記）
 (6) 結果通知用封筒 1 通（角形 2 号簡易書留速達郵便料金分の切手を貼付し、宛先等明記）
3. 受付期間　上記 1 の受付期間は 2020.12.14 から 2021.2.17 の午前 11 時までとする。（土・日曜日、祝日、12 月 29 日～ 1 月 3 日までを除く）。また、上記 2 の受付期間は、2021.2.15 から 2021.2.18 の午前 11 時までとする。
 ※具体的な手続き等については「県外からの受験説明会」で説明する。2020.12.4（県庁講堂、13:00 ～ 16:00）

●日程等（予定）

区分	試験	発表	学力検査
第一次募集	3/4	3/16	国・社・数・理・英＊

＊海外帰国者等（出願時において海外滞在が 1 年以上で帰国後 3 年未満の者、中国残留孤児の子、日本在留外国人の子）については、必要に応じて次のように配慮することがある。
ア . 学力検査及び面接等の実施の参考とするため、事前に面接、作文等を行って、日本語の能力をみる。
イ . アの結果などにより、学力検査においては、教科数を減じたり、個々の日本語の能力に応じて実施時間を延長したりする。
ウ . その他選抜において、特に必要なことについて配慮する。
※出願の特例措置については、申請期間は 2/19 ～ 3/2 の午前 11 時まで、出願受付は 3/2 の正午まで。
※詳細は、2021 年度宮城県公立高等学校入学者選抜要項を参照

編入学

基本的には県外からの転・編入学と同じ扱いであるが、現地校での成績と日本語能力を考慮する。
なお、該当者は早めに志願高等学校または宮城県教育庁高校教育課教育指導班に申し出ること。
E-mail　kokoky@pref.miyagi.lg.jp
※資格･条件、出願方法、日程等は、教育委員会に問い合わせるか、高校教育課のホームページにより確認すること。

秋田県公立高等学校

【問い合わせ先】▶ 秋田県教育庁 高校教育課指導班 秋田県公立高等学校入学者選抜担当
〒010-8580 秋田県秋田市山王三丁目１番１号
TEL 018-860-5165 FAX 018-860-5808

入学

●趣旨

海外から帰国する一人一人の生徒の実態は、その在留国、在住期間、年齢、外国での就学形態や教育内容・方法、さらには家庭の教育方針などによって様々であると考えられる。これらの生徒が円滑に日本の学校生活を送ることができるようにする。

●募集学校・募集人員

海外帰国生徒入学者選抜のための定員枠は特に設けず、当該学科の募集定員に含めるものとする。

●出願資格・条件

原則として外国における在住期間が継続して２年以上で、2019 年４月以降帰国した者、又は帰国見込みの者。かつ、保護者と共に県内に居住している者又は入学時までに居住見込みの者。ただし、保護者が勤務の都合で引き続き海外に居住する場合は、保護者に代わる身元引受人のある者。以上の条件を満たし、次のいずれかに該当する者。

1. 中学校若しくはこれに準ずる学校を 2021 年３月卒業見込みの者又は卒業した者。
2. 外国における学校教育において日本の中学校と同等と見なすことのできる課程を修了した者（修了見込者を含む）。
3. 文部科学大臣が中学校の課程と同等の課程を有するものとして認定した在外教育施設（いわゆる「日本人学校」）の当該課程を修了した者（修了見込者を含む）。

●提出書類

上記の出願資格に該当する者で出願を希望する者は、あらかじめ志願先高等学校長あてに次の書類を各選抜における入学願書受付開始の７日前までに提出し、志願先高等学校長の承認を得るものとする。

①海外帰国生徒等入学者選抜出願承認願（様式（12））
②海外在住状況報告書（様式（13））

承認後の出願手続については次のとおりとする。

(1) 日本の中学校に在籍している場合
実施要項（1 ～ 10 頁）によるものとする。
(2) 日本の中学校に在籍していない場合
上記(1) に同じ。ただし、提出書類は次のとおりとする。

ア．入学願書（様式（1）又は（2）又は（3））
イ．受検票（様式（4）①又は②又は③）
ウ．証紙納付書（様式 (6)）
エ．海外の修了（見込み）学校の成績証明書又はこれに代わるもの
オ．医師の健康診断書

●日程等

区分	出願	試験	発表	選抜方法
前期	1/15～19	1/28	2/5	学力検査又は口頭試問、及び面接等（注）
一般	2/12～16	3/9	3/17	学力検査、面接＊
２次	3/19・20	3/23	3/25	面接等（注）

※一般選抜の志願先変更期間は 2/18 ～ 22 まで。
※一般選抜での調査書提出期間は 2/24・25、前期選抜では出願時。
※出願、発表の時間は、要項参照。
（注）面接を課す。また、希望する学校においては作文・実技を実施することができる。（要項参照）
＊面接については、学力検査終了後、志願先高等学校において実施する。入学者の選抜は、高等学校長が、提出された書類、学力検査の成績及び面接の評価に関する資料等によって、総合的に行う。この際、生徒の海外での生活や学習状況等に十分配慮する。

●配慮事項

志願先高等学校長は、選抜に当たり、(1) 学力検査等実施の参考とするため、事前に面接、作文等を行って、日本語能力をみることができる。(2) (1) の結果や生徒の海外での学習状況等を考慮して、学力検査の実施時間を延長すること等ができる。

編入学

本県の高等学校においては、海外帰国子女の編入学について、特別枠は設けていない。また、受入れ時期等については、ほとんどの学校で随時対応している。出願資格・条件、出願書類、選抜方法は入学に準ずる。
※資格・条件、出願方法、日程等は、教育委員会に問い合わせるか、2021 年度選抜実施要項を確認して下さい。

山形県公立高等学校

【問い合わせ先】▶　山形県教育庁　高校教育課
〒990-8570 山形県山形市松波 2-8-1
TEL 023-630-3067　FAX 023-630-2774
URL http://www.pref.yamagata.jp

入学

●進路等相談

本県の入学者選抜には、「進路等相談」という制度がある。この制度の趣旨は、国外から本県公立高等学校を志願する受検者及び保護者が志願先高等学校の情報（学校の特色、概況等）を得るとともに、志願先高等学校に対して、伝えておきたいこと、配慮を望むこと、自己の学習歴や国外での生活経験から生ずることなどを相談できるもので、この「進路等相談」を踏まえて、志願先の高等学校長が認めれば、「自己申告書」（選抜の資料）の提出も可能

●出願資格・条件

日本人学校在籍者及び日本人学校卒業者（これ以外の場合は、学校教育法施行規則第 95 条に照らして、志願資格の有無を判定することになるので、志願先高等学校又は県教育委員会に問い合わせること）

※保護者（親権を行う者又は後見人）が、入学日までに山形県に転住又は転居していることが必要

●志願許可手続き

(1) 日本人学校在籍者及び日本人学校卒業者…学区外高等学校志願許可願（実施要項に様式有）、帰国先の住民票又は本県への転住の理由を証明する公的証明書、誓約書（入学後、申請した住所に保護者と同居して通学する旨の誓約書。実施要項に様式有）等

※いずれも県教育委員会に提出

(2) (1) 以外の場合

①志願資格の有無を判定するための書類を、志願先高等学校に提出

ア. 共通して提出するもの…履歴書、証明書（外国において、学校教育における 9 年の課程を修了したことを証するもの）

イ. 必要に応じて提出するものの例…戸籍謄本の写し、外国人登録証や外国人在留証明書の写し、旅券の写し、親等図など

②以下の書類を県教育委員会に提出…学区外高等学校志願許可願（実施要項に様式有）、転住先の住民票又は本県への転住の理由を証明する公的証明書、誓約書（入学後、申請した住所に保護者と同居して通学する旨の誓約書。実施要項に様式有）等

※ (1) 及び (2) の②を県教育委員会に提出する場合は、山形県教育庁高校教育課長あてに提出（送付先は「問い合わせ先」を参照)。なお、返信用の封筒（角型 2 号＝ A4 判の用紙が入る封筒）を同封し、返送先が国内の場合は、250 円切手を貼付（返送先が国外の場合は、返送に十分な切手を貼付）

※志願先高等学校の募集要項（一般入学願書）は、志願先高等学校に直接請求すること。募集要項（一般入学願書）の配布は、2020.12.10 から

＜志願先高等学校への出願に必要な書類＞

学区外高等学校志願許可書（県教育委員会から返送される)、一般入学願書、調査書（日本人学校に在籍者及び卒業生の場合）又は成績証明書等、自己申告書等（必要に応じて）

●留意事項

(1) 出願期間及び学力検査日等については、山形県公立高等学校入学者選抜実施要項及び志願先高等学校の募集要項を参照

(2) 手続きには時間がかかるので、入学者選抜の日程を確認し、早目に対応すること

(3) 公立高等学校の志願は、他の都道府県も含めて 1 校のみ

●日程等

出願	試験	発表	選抜方法
2/19～26 (12 時まで)	3/10	3/17	国・社・数・理・英、面接等

編入学

編入学の実施については、各高等学校が定める。出願資格・条件は入学に準ずる。出願書類、選抜方法等については、直接、各高等学校へ問い合わせること。

福島県公立高等学校

【問い合わせ先】▶ 福島県教育庁　高校教育課
〒960-8688 福島県福島市杉妻町 2-16
TEL 024-521-7772 FAX 024-521-7973

入学

●趣旨
海外で得た経験や能力等を適切に評価できるよう特別枠で入学者選抜を実施する。

●募集学校・募集人員

学校名	学科（コース）	〒	所在地	TEL
福島南	国際文化科	960-8141	福島市渡利字七社宮 17	024-523-4740
会津学鳳	総合学科	965-0003	会津若松市一箕町大字八幡字八幡 1-1	0242-22-3491
湯本	普通科	972-8322	いわき市常磐上湯長谷町五反田 55	0246-42-2178
あさか開成	国際科学科	963-8018	郡山市桃見台 15-1	024-932-1714
相馬東	総合学科	976-0014	相馬市北飯渕字阿弥陀堂 200	0244-36-6231
福島北	総合学科	960-0201	福島市飯坂町字後畑 1	024-542-4291
光南	総合学科	969-0227	西白河郡矢吹町田町 532	0248-42-2205

※特別枠募集定員については、転入学許可の特別定員枠の扱いに準ずる。

●出願資格・条件
次の各号のいずれかに該当する者で、かつ下記の〈海外帰国生徒の場合〉の条件を満たす者とする
1. 中学校若しくはこれに準ずる学校若しくは義務教育学校若しくは中等教育学校の前期課程（以下「中学校」という）を卒業又は修了した者、あるいは2021 年 3 月卒業見込又は修了見込の者
2. 中学校卒業者と同等以上の学力があると認められる者
   ①外国において、学校教育における 9 年の課程を修了した者
   ②文部科学大臣が中学校の課程と同等の課程を有するものとして認定した在外教育施設の当該課程を修了した者
   ③文部科学大臣の指定した者
   ④就学義務猶予免除者等の中学校卒業程度認定規則により、中学校を卒業した者と同等以上の学力があると認定された者
   ⑤高等学校において、中学校を卒業した者と同等以上の学力があると認めた者

〈海外帰国生徒の場合〉
海外に引き続き 1 年を超える期間在留して帰国し、2021 年 2 月 1 日現在、帰国後 3 年以内で、保護者と共に福島県内に居住し、特別枠選抜を希望する者（ただし、保護者の帰国が遅れるときでも、保護者が志願者の入学後 1 年以内に帰国し、県内に志願者と同居することが確実であれば出願を認める）

●提出書類
1. 中学校卒業者及び卒業見込の者
   ①入学願書
   ②調査書（所定様式）
   ③受験票用紙
   ④入学検定料納付済証明書用紙

   ただし、本県所定の調査書の記載が困難な場合は、外国における最終学校の成績証明書、又は、これに代わるもので代替することができる
2. 上記 1 以外の者
   ①入学願書
   ②健康診断書（2021 年 1 月以降に医師の診断を受けたもの）
   ③履修証明書、学習成績証明書（ただし、やむを得ない事情がある場合は、それに代わるもの）
   ④受験票用紙
   ⑤入学検定料納付済証明書用紙
3. 海外生活を証明する書類（在住期間明示のもの）
4. 外国人生徒等特別枠選抜適用申請書（所定様式）
5. その他出願先高等学校長が必要とする書類

●日程等

出願	試験	発表	選抜方法
2/4～9	3/3	3/15	作文、面接＊

※調査書提出期間は 2/16・17 の午後 4 時まで
※出願、発表の時間は、入試要綱参照
＊英語（又は自国語）又は日本語による作文と面接を実施する。ただし、校長の判断により基礎学力検査を課すことができる。選抜方法については、高等学校長が、出身中学校長等から提出された調査書の審査結果、作文の結果及び面接の結果を資料とし、さらに基礎学力検査を実施する高等学校においてはその結果を併せて資料として、自校の教育を受けるに足る能力・適性等を総合的に判定して入学者の選抜を行う

編入学

各高等学校の判断により、国内における編入学と同様、編入学試験を行っている。受験を希望する場合には、教育委員会もしくは各高等学校に問い合わせること。

※また、編入学が認められる条件等は、福島県教育庁高校教育課 Web サイトに掲載しています
（https://www.pref.fukushima.lg.jp/sec/70057a/）

茨城県公立高等学校

【問い合わせ先】▶ 茨城県教育庁　学校教育部高校教育課
〒310-8588 茨城県水戸市笠原町 978-6
TEL 029-301-5251（入学） 029-301-5260（編入学） **FAX** 029-301-5269
URL https://www.edu.pref.ibaraki.jp/board/

入学

●趣旨
外国における教育事情の違いに配慮して、選抜の方法、学力検査等を弾力的に扱い、本人の能力や広く海外で得た体験を的確に評価する。

●特例選抜実施校・課程・学科・募集人員
・全校の全日制課程及び定時制課程で実施する。
・募集人員は、全日制課程及び定時制課程それぞれについて、1校につき、全学科を合わせて、2人以上とする。
※各高等学校の実施の課程、学科及び募集人員については、別に定める。

●出願資格
出願することができる者は、次の1、2及び3のいずれかの条件を満たし、かつ、4の①、②及び③に該当する者とする。
1. 中学校若しくはこれに準ずる学校若しくは義務教育学校を卒業した者又は2021年3月卒業見込みの者。
2. 中等教育学校の前期課程を修了した者又は2021年3月修了見込みの者。
3. 学校教育法施行規則（昭和22年文部省令第11号）第95条各号のいずれかに該当する者又は2021年3月該当見込みの者。
4. ① 2019.3.1から入学時までに帰国した者又は帰国見込みの者で、その帰国時からさかのぼり、外国における在住期間が継続して2年以上の者。
 ②原則として保護者とともに県内に居住している者又は入学時までに居住見込みの者（茨城県に隣接する通学区域等からの受検ができる）。
 ③ 2021年度の入学者選抜において、他の公立高等学校に出願しない者。

●提出書類
入学願書、帰国子女特例入学者選抜海外在住状況説明書（以下、「帰国子女海外在住説明書」という）、調査書

●出願手続等
①入学志願者は、入学願書及び帰国子女海外在住説明書を中学校長に提出する。その際、入学願書には、入学者選抜手数料に相当する茨城県収入証紙を茨城県収入証紙欄にはるものとする。
②中学校長は、提出された入学願書及び帰国子女海外在住説明書について、その記載事項に誤りのないことを確認し、調査書をそえて志願先高等学校長あてに提出する。
③前記②の書類を受理した高等学校長は、学力検査受検票を入学志願者に交付する。

●日程等

出願	試験	発表	選抜方法
2/8・9・10	3/3	3/12	調査書、国・数・英、面接

※英語は校内放送による「聞き取りテスト」を含める。
※出願、発表の時間は、入学者選抜実施細則参照。
※選抜は、中学校長から提出された調査書、学力検査の成績、面接の結果その他選抜に関する資料を参考とし、各高等学校、学科等の特色に配慮しつつ、その教育を受けるに足る能力・適性等を総合的に判定して行うものとする。
※面接は学力検査終了後に行う。
※志願先変更期間は2/17・18。
※転勤保護者の子女のための入学願書の提出期間の特例は2/19・22。

編入学

茨城県県立高等学校学則に定めがある。
※資格・条件、出願方法、日程等は、茨城県教育庁　学校教育部高校教育課に確認して下さい。

栃木県立高等学校

【問い合わせ先】▶ 栃木県教育委員会事務局 高校教育課 指導担当
〒320-8501 栃木県宇都宮市塙田 1-1-20
TEL 028-623-3382 FAX 028-623-3393
URL http://www.pref.tochigi.lg.jp/kyouiku/gakkoukyouiku/nyuugakusenkou/index.html

入学

〔A 海外特別選抜〕

●実施校

全ての学校・学科（系・科）とする。

●募集定員

A 海外特別選抜の定員は特に定めず、別に公示する当該学科（系・科）の募集定員に含める。

●入学志願資格

次のア～キに定める資格を有する者で、かつ①、②に該当する者

ア. 中学校・義務教育学校若しくはこれに準ずる学校を卒業した者又は中等教育学校の前期課程（以下、「中学校」という）を修了した者

イ. 令和 3（2021）年 3 月 31 日までに中学校を卒業し、又は修了する見込みの者

ウ. 外国において、学校教育における 9 年の課程を修了した者、又は修了見込みの者

エ. 文部科学大臣が中学校の課程と同等の課程を有するものとして認定した在外教育施設の当該課程を修了した者、又は修了見込みの者

オ. 文部科学大臣の指定した者

カ. 就学義務猶予免除者等の中学校卒業程度認定規則（昭和 41 年文部省令第 36 号）により、中学校を卒業した者と同等以上の学力があると認定された者

キ. その他高等学校において、中学校を卒業した者と同等以上の学力があると認めた者

（注）上記キにより高等学校に出願しようとする者は、入学願書提出前に各志願先高等学校において認定を受けてから出願するものとする。

①外国における在住期間が原則として 2 年以上で、帰国後 2 年以内の者とする。ただし、外国における在住期間が長期にわたる者については帰国後 3 年以内、外国人等については入国後 3 年以内の場合は、その事情によっては、高等学校長の判断によって志願資格を認定することができる。

②保護者が県内に居住しているか、当該年の入学式の行われる日の前日までに居住予定であること。ただし、保護者が引続き海外に居住する場合は、県内に保護者に代わる身元引受人がいる場合に限る。

●出願手続等

1. 出願は 1 校 1 学科（系・科）に限るものとする。
2. 下記の書類を志願先高等学校長に提出する。

①志願者が提出するもの：入学願書等（所定用紙、「海外帰国者・外国人等」の欄に○印を朱書すること）、海外帰国者・外国人等特別措置適用申請書（海外在住期間（学校教育歴）を明らかにする書類を添付する）

②中学校長（又は外国における最終学校の校長）が提出するもの：A 海外特別選抜入学願書等送付状、調査書、栃木県立高等学校入学志願承認申請書（県内の中学校から出願する場合は不要）

※ただし、最終学校が外国の現地校の場合は、A 海外特別選抜入学願書等送付状は不要とし、調査書は成績証明書又はこれに代わるものでよい。

●日程等

出願	試験	発表	選抜方法
2/1・2	2/8	3/12	＊

＊A 海外特別選抜においては、学力検査を行わず、面接をもってこれに代えるものとする。ただし、高等学校長の判断によって、学校独自検査及び作文を行うことができる。

＊入学者の選抜は、出身学校長から提出された書類、面接、学校独自検査及び作文を行った場合はその結果等を資料とし、外国での学習や経験を十分考慮して総合的に行うものとする。なお、現地校に在学していた者及び外国人等については、その事情に応じて特別の配慮をすることとする。

※出願、発表の時間は、入学者選抜実施細則参照。

※A 海外特別選抜の結果について、中学校あて通知する。ただし、現地校からの受検者に対しては、本人に通知する。

※合格内定者は一般選抜及び B 海外特別措置には出願できない。

※A 海外特別選抜で不合格となった者は、一般選抜（B 海外特別措置を含む）を志願することができる。

〔B 海外特別措置〕

●出願資格・出願手続等

A 海外特別選抜に準ずる。

●日程等

出願	試験	発表	選抜方法
2/19・22	3/8	3/12	国・数・英、作文＊、面接＊

＊A 海外特別選抜に出願した高等学校と同一の学校・学科（系・科）に出願している受検者については、面接及び作文（A 海外特別選抜で作文を実施した場合）を免除する。

※出願、発表の時間は、入学者選抜実施細則参照。

※出身学校長から提出された書類、学力検査の成績、作文及び面接の結果等を資料とし、外国での学習や経験を十分考慮して総合的に行うものとする。

○海外帰国者・外国人等の受検に関する特別措置の詳細は、必ず入学者選抜実施細則により確認すること。

編入学

各高等学校の実情により対応する。詳細については、各高等学校又は前頁問い合わせ先に問い合わせること。
※資格・条件、出願方法、日程等は、教育委員会に問い合わせてください。

群馬県公立高等学校

【問い合わせ先】▶ 群馬県教育委員会事務局高校教育課教科指導係
〒371-8570 群馬県前橋市大手町 1-1-1
TEL 027-223-1111（内線 4645・4647） FAX 027-243-7759
TEL 027-226-4645（直通） URL http://www.pref.gunma.jp/07/x2800044.html

入学

●趣旨
海外帰国者等のうち、県内に居住又は居住を予定する者が全日制課程及びフレックススクール前期選抜又は全日制課程及びフレックススクール後期選抜を受けようとする場合は、次のとおりとする。なお、フレックススクールとは、昼間部の定時制を設置する高等学校で本県独自の呼称である。

〔I 全日制課程及びフレックススクール前期選抜〕

●実施校 すべての学校・学科等とする。

●募集定員
定員枠は特に設けず、当該学科等の募集定員に含めるものとする。ただし、応募状況等によっては、若干の弾力的扱いができるものとする。

●応募資格
次の１及び２に該当する者とする。ただし、保護者が勤務の都合で引き続き海外にとどまる場合、身元引受人は県内居住者とする。

1. 海外における生活条件として、次のいずれかに該当する者。
①保護者の海外勤務等に伴う帰国者にあっては、原則として、海外での生活が２年以上で、2019.4.1 以降に帰国した者。
②中国等の海外から原則として 2018.4.1 以降に、永住するために引き揚げてきた者の子。
③県内に居住し、又は居住予定のある外国籍を有する者にあっては、2021.2.1 現在、入国後の在留期間が通算で３年以内の者。
2. 学校教育における条件として、次のいずれかに該当する者。
①中学校を 2016 年３月以降に卒業した者又は 2021 年３月に中学校卒業見込みの者。
②外国において学校教育における９年の課程を 2016 年３月以降に修了した者又は 2021 年３月までに修了見込みの者。
③文部科学大臣が中学校の課程と同等の課程を有するものとして認定した在外教育施設の当該課程を 2016 年３月以降に修了した者又は 2021 年３月までに修了見込みの者。
④中学校卒業程度認定試験に合格した者。

●出願手続等
一般の全日制課程及びフレックススクール前期選抜出願手続に準ずる。
※なお、志願者は、入学願書受付期間又はそれ以前に「海外帰国者等入学者選抜申請書」及び「帰国後の居住地を確認することができる書類」（出願時に海外に居住している場合のみ提出する）を、志願先の高等学校長に提出すること。
※応募資格２の②に該当する者にあっては、「当該課程を修了又は修了見込みであることを証明する書類（成績等を含むもの）」の提出をもって、「調査書」の提出に代えることができる。

●日程等

出願	試験	発表	選抜方法
2/1・2	2/9 (10)	2/18	調査書、国・数・英の学力検査又は総合問題、高等学校長が定めた検査等

※出願、総合問題を実施する高等学校、発表の時間は、入試要項参照。
※一般の全日制課程及びフレックススクール前期選抜に準ずるが、高等学校長は、海外での学習状況等を十分に配慮の上、提出された書類、検査の結果等を総合して選抜する。

〔II 全日制課程及びフレックススクール後期選抜〕

●実施校 すべての学校・学科等とする。

●募集定員
定員枠は特に設けず、当該学科等の募集定員に含めるものとする。ただし、応募状況等によっては、若干の弾力的扱いができるものとする。

●応募資格
全日制課程及びフレックススクール前期選抜に準ずる。
※応募資格２に関しては、次のように定める
①中学校を卒業した者又は 2021 年３月に中学校卒業見込みの者
②外国において学校教育における９年の課程を修了した者又は 2021 年３月までに修了見込みの者
③文部科学大臣が中学校の課程と同等の課程を有するものとして認定した在外教育施設の当該課程を修了した者又は 2021 年３月までに修了見込みの者

●出願手続等
一般の全日制課程及びフレックススクール後期選抜に準ずる。
※なお、志願者は、入学願書受付期間又はそれ以前に「海外帰国者等入学者選抜申請書」及び「帰国後の居住地を確認することができる書類」（出願時に海外に居住している場合のみ提出する）を、志願先の高等学校長に提出すること。
※なお、応募資格２の②に該当する者にあっては、「当該課程を修了又は修了見込みであることを証明する書類（成績等を含むもの）」の提出をもって、「調査書」の提出に代えることができる。

●日程等

出願	試験	発表	選抜方法
2/25・26	3/9・10	3/17	国・数・英、作文、面接

※作文の題は各高等学校で準備する。面接は学校によっては英語で行うこともある。

※フレックススクール後期選抜における学力検査等については、高等学校長が定めるものとする。

※出願、発表の時間は、入試要項参照。

※選抜方法は一般の全日制課程後期選抜に準ずるが、作文及び面接の結果を十分に配慮の上、提出された書類、学力検査の結果等を総合して選抜を行うものとする。

※志願先変更の受付は 3/3 の午前 9 時～午後 4 時 30 分。

※ 2/27 以降に帰国が決まった者については、次の期間に入学願書等の受付を行う。その際、「海外帰国者等入学者選抜申請書」に「帰国年月日を証明する書類（パスポートの写し等）」及び「帰国後の居住地を確認することができる書類」を添付するものとする。受付期間は 3/4 の午前 9 時～午後 4 時、3/5 の午前 9 時～正午とする。詳細は「令和 3 年度群馬県公立高等学校入学者選抜実施要項」を参照のこと。

編入学

編入学を希望する学校へ問い合わせること。出願資格・条件、出願書類、選抜方法は、入学に準ずる。

※資格・条件、出願方法、日程等は、教育委員会又は希望する学校に確認してください。

埼玉県公立高等学校

【問い合わせ先】▶　埼玉県教育局　県立学校部県立学校人事課学事担当
（海外の日本人学校等からの問い合わせ先）
〒330-9301 埼玉県さいたま市浦和区高砂 3-15-1　　TEL 048-830-6735
※彩の国さいたま公立高校ナビゲーション～転編入学と入学者選抜のための情報サービス～
URL http://www.navi.spec.ed.jp

入学

●募集学校・募集人員

海外の日本人学校等からの出願の場合、出願資格の認定を受けた者は、全ての高等学校に出願できる。募集人員（帰国生徒特別選抜を含む）は 2018 年度入学者選抜から 6 月下旬以降に決定、発表となった。

●出願資格

出願資格は、次の 1 ～ 3 のいずれかの条件を満たし、かつ 4 ～ 6 のいずれかに該当する者とする

1. 2021 年 3 月に中学校若しくはこれに準ずる学校若しくは義務教育学校を卒業見込みの者、又は中等教育学校の前期課程を修了する見込みの者
2. 中学校若しくはこれに準ずる学校若しくは義務教育学校を卒業した者、又は中等教育学校の前期課程を修了した者
3. 中学校を卒業した者と同等以上の学力があると認められた者（学校教育法施行規則第 95 条の各号のいずれかに該当する者）
4. 全日制の課程に出願する場合は、原則として保護者とともに県内に居住している者
5. 定時制の課程に出願する場合は、県内に住所又は勤務地を有することが確実な者
6. 通信制の課程に出願する場合は、県内に住所又は勤務地（在学地）を有することが確実な者

●出願資格の認定

海外の日本人学校等から出願する場合は、出願資格の認定を受ける必要がある。出願資格の認定は、県教育局県立学校部県立学校人事課学事担当において行う

1. 期間　2020.12.1 ～ 2021.2.15 正午まで。ただし、土・日・祝日、12/29 ～ 31 は除く
2. 提出書類　出願資格認定申請書、海外勤務（予定）に関する証明書、保護者の住居に関する証明書等

※認定に必要な「埼玉県立高等学校入学志願者の出願資格認定申請書」は、県教育局県立学校部県立学校人事課で交付する。また、「彩の国さいたま公立高校ナビゲーション」のホームページからダウンロードすることもできる

3. その他 出願資格が認定された後、県教育局県立学校部高校教育指導課で入学願書、受検票等の出願書類を交付する

※すでに日本に帰国し、県内の中学校に在学している場合、出願資格の認定は必要ない

●出願手続・提出書類等

1. 一般募集　出願資格を満たす者とする。
<提出書類>入学願書、受検票、調査書
※出願資格認定された者は、出願資格認定申請書（県立学校人事課長印が押印されたもの）も提出すること（2. も同様）
2. 帰国生徒特別選抜による募集　帰国生徒特別選抜による募集に出願できる者は、出願資格を有し、かつ次の (1) または (2) のいずれかに該当する者とする

(1) 日本国外における在住期間が、帰国時から遡り継続して原則 2 年以上 4 年未満の者で、帰国後 2 年以内の者
(2) 日本国外における在住期間が、帰国時から遡り継続して原則 4 年以上の者で、帰国後 3 年以内の者

※ただし、「帰国後 2 年以内」及び「帰国後 3 年以内」とは、原則として、帰国した日から受検する年の 2 月 1 日現在で 2 年及び 3 年が経過していない場合をいう

<提出書類>入学願書（出身校の証明が必要）、受検票、海外在住状況説明書、調査書

●日程等

区分	出願	試験	発表	選抜方法
一般	郵 2/12 窓 2/15・16 (2/16 正午まで)	2/26	3/8	調査書、学力検査（国・数・社・理・英）等
帰国生徒特別選抜				調査書、学力検査（国・数・英）個人面接等

※個人面接は 2/26 または 3/1（一部の学校）に実施
※志願変更期間は 2/18・19 (2/19 は午後 4 時まで)
※一般募集に出願した場合、帰国生徒特別選抜へ志願先変更することはできない

編入学

各高等学校の実情により対応する。上記「彩の国さいたま公立高校ナビゲーション」でも試験日等の案内をしている。
※不明な点については、上記「彩の国さいたま公立高校ナビゲーション」で確認すること。詳細については各学校もしくは教育委員会に問い合わせること。

千葉県公立高等学校

【問い合わせ先 1】▶ 千葉県教育庁　教育振興部学習指導課高等学校指導室
〒260-8662 千葉県千葉市中央区市場町 1-1 千葉県庁中庁舎内
TEL 043-223-4056
URL https://www.pref.chiba.lg.jp/kyouiku/shidou/nyuushi/koukou/r3/index.html
【問い合わせ先 2】▶ 千葉市教育委員会　学校教育部教育改革推進課
〒260-8730 千葉県千葉市中央区問屋町 1-35 千葉ポートサイドタワー 11 階
TEL 043-245-5914
【問い合わせ先 3】▶ 船橋市教育委員会　学校教育部指導課
〒273-8501 千葉県船橋市湊町 2-10-25
TEL 047-436-2863
【問い合わせ先 4】▶ 松戸市教育委員会　学校教育部学務課
〒271-8588 千葉県松戸市根本 356
TEL 047-366-7457
【問い合わせ先 5】▶ 柏市教育委員会　学校教育部教職員課
〒277-8503 千葉県柏市大島田 48-1
TEL 04-7197-1115

入学

●趣旨

国際化社会の進展に伴い、本県においても、海外帰国生徒が公立の高等学校に出願するケースは毎年見られる。これらの生徒は、それぞれの在留地において、日本人学校、現地校、国際学校のいずれかに通学しているが、日本国内で行われている教育と比べて、教育的諸条件は必ずしも十分でなく、帰国後、日本での学校生活への適応や高等学校入学をめぐって様々な問題が提起されている。また、海外帰国生徒にとっては、海外での生活が長期間に及ぶことにより、基本的な学習をする中学校前半の時期を海外で過ごしていることになる。このような事情を考慮し、入学者選抜に当たって弾力的な取扱いをすることとしている。
以下に、海外帰国生徒の特別入学者選抜の実施要項（各校共通）の概要を掲載する。

●募集学校（全日制の課程）

学校名	学科	〒	所在地	TEL
★千城台	普通科	264-0004	千葉市若葉区千城台西 2-1-1	043-236-0161
★幕張総合	総合学科	261-0014	千葉市美浜区若葉 3-1-6	043-211-6311
★柏井	普通科	262-0041	千葉市花見川区柏井町 1452	047-484-5526
土気	普通科	267-0067	千葉市緑区あすみが丘東 2-24-1	043-294-0014
★船橋	普通科	273-0002	船橋市東船橋 6-1-1	047-422-2188
★国府台	普通科	272-0827	市川市国府台 2-4-1	047-373-2141
★松戸国際	普通科・国際教養科	270-2218	松戸市五香西 5-6-1	047-386-0563
松戸馬橋	普通科	271-0043	松戸市旭町 1-7-1	047-345-3002
★柏中央	普通科	277-0835	柏市松ヶ崎 884-1	04-7133-3141
流山おおたかの森	普通科・国際コミュニケーション科	270-0122	流山市大畔 275-5	04-7154-3551
★成田国際	普通科・国際科	286-0036	成田市加良部 3-16	0476-27-2610
★匝瑳	普通科	289-2144	匝瑳市八日市場イ 1630	0479-72-1541
東金	普通科・国際教養科	283-0802	東金市東金 1410	0475-54-1581
★大多喜	普通科	298-0216	夷隅郡大多喜町大多喜 481	0470-82-2621
★安房	普通科	294-0047	館山市八幡 385	0470-22-0130
★君津	普通科	299-1142	君津市坂田 454	0439-52-4583
★○千葉市立稲毛	普通科・国際教養科	261-0003	千葉市美浜区高浜 3-1-1	043-277-4400
★○船橋市立船橋	普通科	273-0001	船橋市市場 4-5-1	047-422-5516
★○松戸市立松戸	普通科・国際人文科	270-2221	松戸市紙敷 2-7-5	047-385-3201
★○柏市立柏	普通科	277-0801	柏市船戸山高野 325-1	04-7132-3460

※募集人員については、学級減等により変わることがある。「★」のついた学校は、次頁以降に各校別情報あり。
「○」のついた学校は市立高等学校である。

●出願資格・条件

次の１の①、②又は③に該当する者で、かつ、次の２の①又は②のいずれかに該当する者。

1. ①中学校若しくはこれに準ずる学校若しくは義務教育学校を卒業した者又は 2021 年３月卒業見込みの者。
 ②中等教育学校の前期課程を修了した者又は 2021 年３月修了見込みの者。
 ③外国において、学校教育における９年の課程を修了した者。学校教育法施行規則第 95 条各号のいずれかに該当する者。
2. ①外国における在住期間が、帰国時から遡り継続して２年以上４年未満の者で、帰国後１年以内の者。
 ②外国における在住期間が、帰国時から遡り継続して４年以上の者で、帰国後２年以内の者。

※この場合「帰国後１年以内」とは、原則として、帰国した日から 2021.2.8 までに１年が経過していない場合、「帰国後２年以内」とは、原則として、帰国した日から 2021.2.8 までに２年が経過していない場合をいう。

●必要な出願書類一覧

	公立中学校卒業見込み者（海外日本人学校も含む）	海外現地校卒業者（学校法施規 95 条１号該当）	中学校卒業程度認定試験合格者（学校法施規 95 条４号該当）
入学願書・選抜結果通知用封筒	○	○	○
調査書（様式 1）	○		○（文科省発行）
現地校の修了証明書・成績証明書		○	
中学校卒業程度認定証明書			○（文科省発行）
学習成績分布表	○（県内公立中学のみ）		
個人成績一覧表	○（県内公立中学のみ）		
自己申告書	△	△	△
千葉県立高等学校入学志願証明書（様式 14）	△		
誓約書（様式 15）	△	○	○
事情説明書（様式 A）	△	△	△
身元引受人承諾書（様式 B）	△	△	△
海外在住状況説明書（様式 6）	○	○	○

○：必要提出書類　△：場合により必要な書類

（注）志願者は、出願書類等を在籍（出身）中学校の校長の確認を経て、志願する高等学校の校長に提出しなければならない。なお、学校教育法施行規則第 95 条第１号（外国において、学校教育における９年の課程を修了した者）または、第４号（就学義務猶予免除者等の中学校卒業程度認定規則により、中学校を卒業した者と同等以上の学力があると認定された者）に該当する場合は、志願者本人（または保護者等）が直接、志願する高等学校の校長に提出する。

●日程等

出願	試験	発表	検査の内容
2/9・10・12（2/12 正午まで）	2/24	3/5 発表・結果通知	３教科（国語・数学・英語）の学力検査及び学校設定検査

※出願、発表の時間は、入学者選抜実施要項参照。

※学習成績分布表及び個人成績一覧表の提出は、出願期間内。

※選抜にあたっては、中学校の校長から送付された調査書等の書類の審査、学力検査の成績及び学校設定検査の結果を資料とし、各高等学校の教育を受けるに足る能力、適性等を総合的に判定して、入学者の選抜を行うものとする。

※他都道府県及び海外等からの入学志願手続の説明会〈11/9（月）、11/24（火）、12/1（火）、12/24（木）〉

●各高等学校において実施する検査の内容

学校名	検査の内容								
	学力検査	学校設定検査							
		面接	集団討論	自己表現	作文	小論文	適性検査	学校独自問題	その他の検査
千城台	○（3 教科）	○							
幕張総合	○（3 教科）	○							
柏井	○（3 教科）	○							
土気	○（3 教科）	○							
船橋	○（3 教科）	○							
国府台	○（3 教科）	○							
松戸国際	○（3 教科）	○							
松戸馬橋	○（3 教科）	○			○				
柏中央	○（3 教科）	○							
流山おおたかの森	○（3 教科）	○			○				
成田国際	○（3 教科）			○					
匝瑳	○（3 教科）	○							
東金	○（3 教科）	○							
大多喜	○（3 教科）	○							
安房	○（3 教科）	○							
君津	○（3 教科）	○							
千葉市立稲毛	○（3 教科）	○							
船橋市立船橋	○（3 教科）			○					
松戸市立松戸	○（3 教科）	○							
柏市立柏	○（3 教科）	○			○				

※海外帰国生徒の特別入学者選抜についての詳細は、「令和３年度千葉県公立高等学校入学者選抜実施要項」を参照すること。なお、不明な点については前出の「問い合わせ先」まで問い合わせること。

※他都道府県及び海外等からの入学志願手続の説明会においては、３ヶ国語（予定）の外国語通訳の方々も参加する。詳細は、千葉県教育委員会の Web ページを参照。

編入学

編入学の実施については、各高等学校が定める。出願資格・条件、出願書類、選抜方法は、入学に準ずる。編入学時期・定員は下記の各校別情報を参照。

各校別情報

柏井(かしわい)高等学校

（担当：山井 久）

URL https://cms1.chiba-c.ed.jp/kashiwai-h/

生徒数　男 463　女 392　合計 855

帰国子女在籍者数	1年	2年	3年	計
	0	0	0	0

●入学試験の応募状況

年度＼人数	出願者	受験者	合格者	入学者
2019	0	0	0	0
2020	0	0	0	0

●編入学時期・定員　〔1年生〕9月〔2年生〕4、9月〔3年生〕4月。試験は転入学試験と同時実施。定員は、在籍数との関係で変動。

●受入後　一般生徒と同様に扱う。特に遅れている科目がある場合には、放課後補講等を行う。

幕張総合(まくはりそうごう)高等学校

（担当：山田英文）

URL http://www.chiba-c.ed.jp/msh/

生徒数　男 905　女 1278　合計 2183

帰国子女在籍者数	1年	2年	3年	計
	0	0	2	2

●入学試験の応募状況

年度＼人数	出願者	受験者	合格者	入学者
2019	0	0	0	0
2020	0	0	0	0

●編入学時期・定員　〔1年生〕9月〔2年生〕4、9月〔3年生〕4、9月。試験は転入学試験と同時に実施。定員は在籍数との関係で変動。

●受入後　帰国生に対する特別な措置はせず、一般生徒と同様に扱う。必要に応じて個別指導を行っている。

千城台(ちしろだい)高等学校

（担当：藤尾純也）

URL http://cms1.chiba-c.ed.jp/chishirodai-h/

生徒数　男 430　女 512　合計 942

帰国子女在籍者数	1年	2年	3年	計
	0	0	0	0

●入学試験の応募状況

年度＼人数	出願者	受験者	合格者	入学者
2019	1	1	1	1
2020	0	0	0	0

●編入学時期・定員　〔1年生〕9月〔2年生〕4、9月〔3年生〕4月。試験は転入学試験と同時実施。

●受入後　帰国生に対する特別な措置はせず、一般生徒と同様に扱うが、必要に応じて個別指導を行う。

国府台(こうのだい)高等学校

（担当：有吉康昭）

URL https://cms1.chiba-c.ed.jp/kohnodai-h/

生徒数　男 472　女 488　合計 960

帰国子女在籍者数	1年	2年	3年	計
	0	0	0	0

●入学試験の応募状況

年度＼人数	出願者	受験者	合格者	入学者
2019	0	0	0	0
2020	1	1	0	0

●編入学時期・定員　〔1年生〕9、1月〔2年生〕4、9、1月〔3年生〕4、9月。在籍数との関係で変動。

●受入後　帰国生も一般入学生も同様に扱われる。必要に応じて個別指導を行う。

千葉市立稲毛(ちばしりついなげ)高等学校

（担当：堀越恵二）

URL http://www.inage-h.ed.jp

生徒数　男 393　女 557　合計 950

帰国子女在籍者数	1年	2年	3年	計
	1	0	0	1

●入学試験の応募状況

年度＼人数	出願者	受験者	合格者	入学者
2019	0	0	0	0
2020	1	1	1	1

●編入学時期・定員　〔1年生〕9月〔2年生〕4、9月〔3年生〕4月。試験は転入学試験と同時実施。在籍数との関係で変動。

●受入後　帰国生に対する特別な措置はせず、一般生徒と同様に扱うが、必要に応じて個別指導を行う

柏市立柏(かしわしりつかしわ)高等学校

（担当：滝沢宣也）

URL http://www.hs.kashiwa.ed.jp/

生徒数　男 511　女 435　合計 946

帰国子女在籍者数	1年	2年	3年	計
	0	1	0	1

●入学試験の応募状況

年度＼人数	出願者	受験者	合格者	入学者
2019	1	1	1	1
2020	1	1	0	0

●受入後　特色として国際理解教育があげられ、2名の外国人講師が常駐して指導にあたっている。

柏中央高等学校（かしわちゅうおう）

（担当：香西）

URL http://www.kashiwachuo.ed.jp
E-mail kashiwachuo-h@chiba-c.ed.jp
生徒数　男 572　女 502　合計 1074

帰国子女在籍者数	1年	2年	3年	計
	0	0	0	0

●入学試験の応募状況

年度＼人数	出願者	受験者	合格者	入学者
2019	0	0	0	0
2020	0	0	0	0

●編入学時期・定員　〔1年生〕8、1月〔2年生〕4、8、1月〔3年生〕4月。欠員時の募集。
●受入後　帰国生に対する特別な措置はせず、一般生徒 と同様に扱う。

成田国際高等学校（なりたこくさい）

（担当：木村一男）

URL http://cms2.chiba-c.ed.jp/naritakokusai-h/
生徒数　男 333　女 630　合計 963

帰国子女在籍者数	1年	2年	3年	計
	0	0	1	1

●入学試験の応募状況

年度＼人数	出願者	受験者	合格者	入学者
2019	1	1	0	0
2020	2	0	0	0

●編入学時期・定員
〔1・2・3年生〕7月〔1・2年生〕7月、3月。ともに欠員が生じた場合のみ
●受入後　一般生徒と同様に扱う。

君津高等学校（きみつ）

（担当：窪川）

URL http://cms2.chiba-c.ed.jp/kimitsu-h/
生徒数　男 378　女 343　合計 721

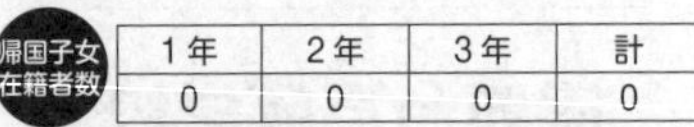

帰国子女在籍者数	1年	2年	3年	計
	0	0	0	0

●入学試験の応募状況

年度＼人数	出願者	受験者	合格者	入学者
2019	1	1	0	0
2020	1	1	0	0

●編入学時期・定員
千葉県教育委員会 HP にて定期的に発表。
●受入後　一般生徒と同様に扱う。

船橋高等学校（ふなばし）

（担当：教頭）

URL http://www.chiba-c.ed.jp/funako/
生徒数　男 614　女 468　合計 1082

帰国子女在籍者数	1年	2年	3年	計
	0	1	2	3

●入学試験の応募状況

年度＼人数	出願者	受験者	合格者	入学者
2019	6	5	1	1
2020	3	3	0	0

●編入学時期・定員　〔1・2年生〕8、12、3月〔3年生〕8月。欠員がある場合のみ。
●受入後　帰国子女特別枠は普通科のみ。一般生徒と同様に扱う。

安房高等学校（あわ）

（担当：坂口）

URL http://cms2.chiba-c.ed.jp/awakou/
生徒数　男 369　女 324　合計 693

帰国子女在籍者数	1年	2年	3年	計
	0	0	0	0

●入学試験の応募状況

年度＼人数	出願者	受験者	合格者	入学者
2019	0	0	0	0
2020	0	0	0	0

●編入学時期・定員　〔1年生〕8、1月〔2年生〕4、8、1月〔3年生〕4月。欠員時のみ募集。
●受入後　一般生徒と同様に扱う。

船橋市立船橋高等学校（ふなばししりつふなばし）

（担当：田嶋）

URL http://www.ichifuna.ed.jp
生徒数　男 603　女 597　合計 1200

帰国子女在籍者数	1年	2年	3年	計
	0	1	1	2

●入学試験の応募状況

年度＼人数	出願者	受験者	合格者	入学者
2019	1	1	1	1
2020	0	0	0	0

●編入学時期・定員　欠員時のみ募集（帰国生徒での募集はない）。
●受入後　帰国生徒に対する特別な措置はしていないが、必要に応じて指導する。

松戸市立松戸高等学校

（担当：中條圭一）

URL http://www.matsudo.ed.jp/ichimatsu-h/

生徒数　男 475　女 531　合計 1006

帰国子女在籍者数	1年	2年	3年	計
	0	0	1	1

●入学試験の応募状況

年度＼人数	出願者	受験者	合格者	入学者
2019	1	1	0	0
2020	0	0	0	0

●受入後
原則一般生と同様だが、実態に応じて対応する。

松戸国際高等学校

（担当：吉野）

URL http://cms1.chiba-c.ed.jp/matsudokokusai-h/

生徒数　男 335　女 739　合計 1074

帰国子女在籍者数	1年	2年	3年	計
	0	0	0	0

●入学試験の応募状況

年度＼人数	出願者	受験者	合格者	入学者
2019	1	1	0	0
2020	0	0	0	0

●編入学時期・定員
欠員が生じた場合のみ、転入学と併せて３月に募集、実施する。

●受入後　実態に応じて対応する。

大多喜高等学校

（担当：片岡和晃、早坂ゆきえ）

URL http://www.chiba-c.ed.jp/otaki-h/

生徒数　男 220　女 213　合計 433

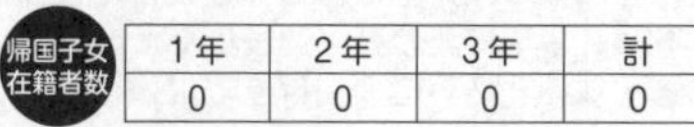

帰国子女在籍者数	1年	2年	3年	計
	0	0	0	0

●入学試験の応募状況

年度＼人数	出願者	受験者	合格者	入学者
2019	0	0	0	0
2020	0	0	0	0

●編入学時期・定員〔1・2年生〕4、8、1月（編入学試験は3、7、12月）〔3年生〕4、8月（編入学試験は3、7月）。定員は特に定めず。（県ホームページで確認してください）

●受入後　帰国子女については受け入れ実績がないため、指導のあり方については当面の課題となっているが、個々の学力に応じた指導をしていく予定である。

匝瑳高等学校

（担当：教頭）

URL http://cms2.chiba-c.ed.jp/sosa-h/

生徒数　男 357　女 397　合計 754

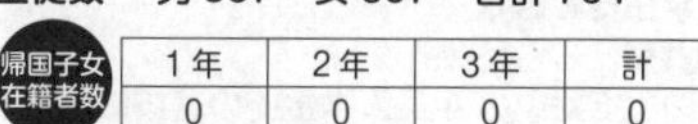

帰国子女在籍者数	1年	2年	3年	計
	0	0	0	0

●入学試験の応募状況

年度＼人数	出願者	受験者	合格者	入学者
2019	0	0	0	0
2020	0	0	0	0

●編入学時期・定員
在籍数との関係で変動。（県ホームページで確認してください）

●受入後　帰国生も一般入学生と同等に扱われるが、それだけに授業内容等はかなり厳しいと思われ、まず自学自習の精神が要求される。

※資格・条件、出願方法.　日程等は、教育委員会に問い合わせるか、令和３年度千葉県公立高等学校入学者選抜実施要項を確認して下さい。

東京都公立高等学校

【問い合わせ先】▶ 東京都教育庁　都立学校教育部高等学校教育課入学選抜担当
〒163-8001 東京都新宿区西新宿 2-8-1
TEL 03-5321-1111（代表）内線 53-241
URL https://www.kyoiku.metro.tokyo.lg.jp/

入学

●趣旨　海外における教育事情の違いに配慮して、選抜の方法、学力検査等を弾力的に扱い、海外で得た経験や能力等を適切に評価できるよう特別枠で入学者選抜を実施する。

●特別選抜実施校・全日制課程・学科・募集人員（4月入学）

学校名	学科（コース）	〒	所在地	TEL	募集人員
竹早	普通科	112-0002	文京区小石川 4-2-1	03-3811-6961	13
三田	普通科	108-0073	港区三田 1-4-46	03-3453-1991	18
国際	国際学科	153-0041	目黒区駒場 2-19-59	03-3468-6811	40
日野台	普通科	191-0061	日野市大坂上 4-16-1	042-582-2511	13

※募集人員は昨年度参考

4月入学生徒の選抜

●出願資格

海外帰国生徒対象の4月入学生徒の選抜に志願することのできる者は、日本国籍を有し、次の1. から3. までの全てに該当する者で、2006年4月1日以前に出生した者とする。

1. 高等学校、特別支援学校の高等部、中等教育学校の後期課程又は高等専門学校に在籍していない者で、次の①から⑤までのいずれかに該当する者
   ①学校教育法に規定する中学校、義務教育学校の後期課程、特別支援学校の中学部又は中等教育学校の前期課程（以下「中学校」という。）を2021年3月に卒業又は修了（以下「卒業」という。）する見込みの者
   ②中学校を卒業した者
   ③学校教育法施行規則（以下「施行規則」という。）第95条の各号のいずれかに該当する者
   ④ 2021年3月31日までに、施行規則第95条第1号に規定する外国において学校教育における9年の課程（以下「現地校」という。）を修了する見込みの者
   ⑤ 2021年3月31日までに、施行規則第95条第2号に規定する文部科学大臣が中学校の課程と同等の課程を有するものとして認定した在外教育施設（以下「日本人学校」という。）の当該課程を修了する見込みの者
2. 保護者（本人に対し親権を行う者であって、原則として父母、父母のどちらかがいない場合は父又は母のどちらか一方、親権を行う者が死別等でいない場合は後見人をいう。以下「保護者」という。）に伴って海外に在住している者又は在住していた者
3. 保護者とともに都内に住所を有する者又は入学日までに住所を有することが確実な者で、入学後も引き続き都内から通学する者のうち、次のいずれかに該当する者
   ①保護者に伴った外国における連続した在住期間が2年以上3年未満の者（連続した2箇学年の課程を修了する見込みの者又はすでに修了した者を含む。）で、入学日現在帰国後1年以内の者。ただし、入学日現在入国後1年を超える者のうち、帰国日が2020年3月1日以降の者については、入学日現在帰国後1年以内とみなす。
   ②保護者に伴った外国における連続した在住期間が3年以上4年未満の者（連続した3箇学年の課程を修了する見込みの者又はすでに修了した者を含む。）で、入学日現在帰国後2年以内の者。ただし、入学日現在入国後2年を超える者のうち、帰国日が2019年3月1日以降の者については、入学日現在帰国後2年以内とみなす。
   ③保護者に伴った外国における連続した在住期間が4年以上の者（連続した4箇学年の課程を修了する見込みの者又はすでに修了した者を含む。）で、入学日現在帰国後3年以内の者。ただし、入学日現在入国後3年を超える者のうち、帰国日が2018年3月1日以降の者については、入学日現在帰国後3年以内とみなす。

ただし、都内に志願者と同居する保護者については以下の場合も含む。

ア保護者が父母である場合、父母のどちらか一方が特別の事情により帰国できないときは、父又は母のどちらか一方が帰国し、都内に志願者と同居すればよい。

イ特別の事情により保護者が帰国できず、志願者のみが帰国する場合は、保護者に代わる都内在住の身元引受人がいて、かつ、保護者（保護者が父母である場合、父又は母のどちらか一方でよい。）が志願者の入学後1年以内に帰国し、都内に志願者と同居することが確実であること。

●**出願書類**
1. 入学願書（学校所定の様式）
2. 自己 PR カード（所定の様式）
3. 志願者及び保護者が海外に在住したまま出願する場合は、帰国等に関する申立書（所定の様式）
4. 海外における最終学校の成績証明書又はこれに代わるもの（現地校を修了したことが分かる卒業証明書等）
なお、中学校に在学している者又は既に卒業した者及び日本人学校卒業（見込み）者は調査書を提出する。
5. 保護者が父母である場合、父母のどちらか一方が特別の事情により帰国できないときは、理由書（所定の様式）及び父母のどちらか一方が帰国できない理由を証明する書類（海外における勤務証明書等）
※なお、都内の中学校を卒業する見込みの者は、理由書を提出する必要はない。
6. 特別の事情により保護者が帰国できず、志願者のみが帰国する場合は、保護者に代わる身元引受人の身元引受人承諾書（所定の様式）及び保護者が帰国できない理由を証明する書類（海外における勤務証明書等）
7. 入学考査料 2,200 円（所定の納付書により、納付書裏面に記載の納付場所で納付した領収証書を入学願書の裏面に貼り付ける。）
8. その他海外生活を証明する書類等で当該都立高校長が必要とするもの

●**日程等**
〈4 月入学生徒〉

出願	試験	発表	選抜方法
2/5・8	2/16	2/18	国（作文を含む）・数・英、面接

※都立国際高校（現地校出身者）は作文及び面接とする。なお、言語については、それぞれの検査において日本語又は英語のどちらかを選択することができる。
※出願、発表の時間は募集要項参照
※海外帰国生徒対象の 4 月入学生徒の選抜の志願者は、入学願書提出後、1 回に限り海外帰国生徒対象の都立高校に志願変更をすることができる。ただし、入学願書の返却を受けた都立高校に再提出することはできない。
※入学願書取下げ日 2/12、入学願書再提出日 2/15

●**その他**
他の都立高校にも併せて出願することができる。ただし、海外帰国生徒対象の選抜の合格者となった者は、入学手続をしない場合でも、他の都立高校の学力検査を受検することはできない。

９月入学生徒の選抜（現地校出身者対象）

●**出願資格**
海外帰国生徒対象の 9 月入学生徒の選抜に志願することができる者は、日本国籍を有し、次の 1. から 3. までの全てに該当する者で、2006 年 4 月 1 日以前に出生した者とする。
なお、既に実施された 2021 年度都立高校入学者選抜に応募した者の出願は認めない。
1. 高等学校、特別支援学校の高等部、中等教育学校の後期課程又は高等専門学校に在籍していない者で、2021 年 4 月 1 日から同年 8 月 31 日までの間に、現地校を修了する見込みの者又は修了した者
2. 保護者に伴って海外に在住している者又は在住していた者
3. 保護者に伴った外国における連続した在住期間が 2 年以上の者（連続した 2 箇学年の課程を修了する見込みの者を含む。）で、保護者とともに都内に住所を有する者又は入学日までに住所を有することが確実な者のうち、入学後も引き続き都内から通学する者。ただし、都内に志願者と同居する保護者については以下の場合も含む。

ア保護者が父母である場合、父母のどちらか一方が特別の事情により帰国できないときは、父又は母のどちらか一方が帰国し、都内に志願者と同居すればよい。
イ特別の事情により保護者が帰国できず、志願者のみが帰国する場合は、保護者に代わる都内在住の身元引受人がいて、かつ、保護者（保護者が父母である場合は、父又は母のどちらか一方でよい。）が志願者の入学後 1 年以内に帰国し、都内に志願者と同居することが確実であること。

●**提出書類**　4 月入学に準ずる。

●**日程等**
〈9 月入学生徒〉

出願	試験	発表	選抜方法
7/1・2	7/8	7/13	日本語又は英語による作文、面接

※出願、発表の時間は、募集要項参照

編入学

保護者に伴って海外に在住し、保護者に伴って帰国した生徒の場合は、各学期の募集ごとに事前に発表する、欠員のある海外帰国生徒対象の募集及び欠員のある一般の高校の募集に応募することができる。出願資格、出願書類、選抜方法等の詳しい情報については、東京都教育委員会のホームページに掲載する。事前に問い合わせること。

竹早高等学校

（担当：入学相談室）

URL http://www.takehaya-h.metro.tokyo.jp

生徒数 男 387 女 361 合計 748

帰国子女在籍者数	1年	2年	3年	計
	14	12	12	38

●入学試験の応募状況（4月入学）

年度＼人数	募集人員	出願者	受験者	合格者	入学者
2019	13	19	14	13	12
2020	13	27	24	14	14

※4月入学13名募集、9月入学2名募集

●編入学時期・定員 欠員がある場合、4・9・1月。

●受入後 第1学年では一定期間取り出し授業を行う。1・2学期に帰国生による在留国紹介ミニ発表会あり。

国際高等学校

（担当：国際部）

※留学中の生徒を除く生徒数

生徒数 男 160 女 549 合計 709

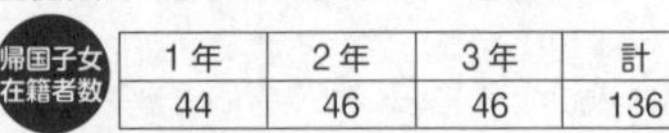

帰国子女在籍者数	1年	2年	3年	計
	44	46	46	136

●入学試験の応募状況

年度＼人数	募集人員	出願者	受検者	合格者	入学者
2019	40	76	64	43	36
2020	40	64	54	46	44

●編入学時期・定員 欠員のある場合、4・8・1月。

●受入後

東京都最初の国際学科設置の高等学校。国際理解科目もある。1年生は9月入学生10名（帰国生徒と在京外国人生徒）の募集枠あり。

三田高等学校

（担当：国際教育部）

URL http://www.mita-h.metro.tokyo.jp/

生徒数 男 393 女 443 合計 836

帰国子女在籍者数	1年	2年	3年	計
	19	20	18	57

※4月入学18名募集、9月入学2名募集

●入学試験の応募状況

年度＼人数	募集人員	出願者	受験者	合格者	入学者
2019	18	28	26	18	18
2020	18	24	19	19	18

●編入学時期・定員 欠員がある場合、学期ごと。

●受入後 第1学年で国語・数学の取り出し授業を実施。帰国生面談および帰国生保護者会を実施。

日野台高等学校

（担当：教務部 海外帰国生徒担当）

URL http://www.hinodai-h.metro.tokyo.jp

生徒数 男 495 女 446 合計 941

帰国子女在籍者数	1年	2年	3年	計
	9	9	14	32

●入学試験の応募状況

年度＼人数	募集人員	出願者	受験者	合格者	入学者
2019	13	6	6	6	4
2020	13	10	8	8	8

●編入学時期・定員 欠員がある場合、学期ごと。

※1年生は4月入学で13名、9月入学で2名募集枠がある。

●受入後の指導について 国語、数学において1年次のみ取り出し授業を実施している。

※資格・条件、出願方法、日程等は、教育委員会に問い合わせるか、2021年度選抜募集要項を確認して下さい。

神奈川県公立高等学校

【問合せ先 1】▶ 神奈川県教育委員会 教育局指導部高校教育課入学者選抜・定員グループ
〒231-8509 神奈川県横浜市中区日本大通 33
TEL 045-210-1111（代表）(内線 8084・8085・8086) **FAX** 045-210-8922
TEL 045-210-8084（直通） **URL** http://www.pref.kanagawa.jp/docs/dc4/nyusen/nyusen/kanagawa.html
※今年度移転予定のため、連絡先等変更する場合があります。事前にホームページ等で御確認ください。
【問合せ先 2】▶ 横浜市教育委員会事務局 学校教育企画部高校教育課
〒231-0005 神奈川県横浜市中区本町 6-50-10
TEL 045-671-3272 **FAX** 045-640-1866
URL http://www.city.yokohama.lg.jp/city-info/yokohamashi/org/kyoiku/soshiki-gyomu/kokokyouiku.html

入学

●趣旨 神奈川県では、海外で現地の学校教育を受けた者や、日本人学校の出身者等の海外帰国生徒を対象に「海外帰国生徒特別募集」を下記の 8 校で実施している。志願変更の際、一般募集を実施する高校への変更もできる。

●募集学校・募集定員

学校名	学科（コース）	〒	所在地	TEL	募集定員
横浜国際	単位制国際科・単位制国際科国際バカロレアコース	232-0066	横浜市南区六ツ川 1-731	045-721-1434	20(国際科)5(国際科国際バカロレアコース)
神奈川総合	単位制普通科（国際文化コース）	221-0812	横浜市神奈川区平川町 19-2	045-491-2000	前期 10 後期 20
○横浜市立東	単位制普通科	230-0076	横浜市鶴見区馬場 3-5-1	045-571-0851	10
新城	普通科	211-0042	川崎市中原区下新城 1-14-1	044-766-7457	10
相模原弥栄	単位制普通科	252-0229	相模原市中央区弥栄 3-1-8	042-758-4695	5
鶴嶺	普通科	253-0084	茅ヶ崎市円蔵 1-16-1	0467-52-6601	15
西湘	普通科	256-0816	小田原市酒匂 1-3-1	0465-47-2171	10
伊志田	普通科	259-1116	伊勢原市石田 1356-1	0463-93-5613	10

※「○」のついた学校は、市立高等学校。募集定員については 2020 年度入学者選抜のもの。

●出願資格・条件

2006.4.1 以前に出生した者で、2021.4.1 現在、本人及び保護者（親権者又は未成年後見人）が神奈川県内に住所を有し、次の 1 の①又は②又は③に該当する者であって、かつ、2 に該当する者。

1. ①中学校又はこれに準ずる学校を卒業した者、又は 2021.3.31 までに卒業する見込みの者。
 ②外国において、学校教育における 9 年の課程を修了した者、又は 2021.3.31 までに修了する見込みの者。
 ③中学校を卒業した者と同等以上の学力を有する者として、文部科学大臣や高等学校長が認めた者など
2. 原則として、保護者の勤務等の関係で、継続して 2 年以上外国に在住して帰国した日が 2018.4.1（ただし、県立神奈川総合高等学校の後期募集の志願者については、2018.10.1）以降の者。

●出願手続等

1. 入学願書
2. 県教育長から交付された志願資格承認書（1/19 までに県教育委員会教育局指導部高校教育課へ申請する。）
3. 面接シート（提出を求められた場合）
4 受検料（2,200 円）
5. 調査書
6. ①原則として、継続して 2 年以上外国に在住していたことを証明する書類（本人と保護者のパスポート、保護者の勤務先の所属長等の証明等）。
 ② 2018.4.1 以降に帰国したことを証明する書類。県立神奈川総合高等学校の後期募集を志願する場合は、2018.10.1 以降に帰国したことを証明する書類。帰国後、日本の中学校に在籍している者は中学校の指導に従うこと。

●日程等（出願 A：土・日を除く。）

	出願	検査	発表	選抜方法
A	1/28～2/1	2/15	3/1	調査書、国・数・英＊、作文＊、面接
B	7/26～28	7/30	8/4	

※ A ＝ 県立神奈川総合高等学校の後期募集以外
　B ＝ 県立神奈川総合高等学校の後期募集
＊英語はリスニングテストを含む。作文は日本語。
※県立横浜国際高等学校 単位制 国際科 国際バカロレアコースでは、上記選抜方法に加え、2/16 に特色検査を実施。
※出願、発表の時間は、入学者選抜実施要領参照。
<A 日程に関して>
※志願変更期間は 2/4 ～ 8（土・日を除く。）
　2/4・5 は午前 9 時～正午まで及び午後 1 時～ 4 時まで、2/8 は午前 9 時～正午まで。
※調査書提出期間は 2/4 ～ 9（2/6・7 を除く）
　2/4 は午後 1 時～ 4 時まで、2/5・8・9 は午前 9 時～正午まで及び午後 1 時～ 4 時まで。
　ただし、出願期間（1/28 ～ 2/1）において願書等の提出書類と同時に提出も可。
※志願者説明会を下記日程により行う。
　（代理出席可）2020.12.5 詳細は HP にて
場所：横浜市鶴見公会堂
横浜市鶴見区豊岡町 2-1 フーガ 1 6・7 階
（JR 京浜東北線「鶴見駅」西口下車、徒歩 1 分、京浜急行線「京急鶴見駅」西口下車、徒歩 5 分）
※新型コロナウイルス感染症の状況によっては、変更及び中止となる場合があります。詳細については上記問合せ先 1 のホームページに掲載しますので事前に御確認ください。

編入学

出願資格・条件、出願書類、選抜方法は入学に準ずる。編入学時期・定員は下記の各校別情報を参照。その他詳しい内容については、左記問合せ先まで問い合わせること。

各校別情報

横浜国際高等学校

(担当：教頭)

URL https://www.pen-kanagawa.ed.jp/yokohamakokusai-h/

生徒数 男121 女392 合計513

帰国子女在籍者数	1年	2年	3年	計
	21	20	20	61

●入学試験の応募状況

年度＼人数	出願者	受験者	合格者	入学者
2019	26	22	20	20
2020	22	21	21	21

●編入学時期・定員 〔1·2年生〕4、9、1月〔3年生〕4、9月。欠員のある場合のみ。事前にご連絡下さい。

●受入後 帰国生徒向けの個別対応授業も実施している。また、英語に関してはアドバンスクラスを設け、語学力をブラッシュアップできる授業を展開している。（※令和元年度に国際バカロレアコース開設）

横浜市立東高等学校

(担当：国際教育担当)

URL http://www.edu.city.yokohama.jp/sch/hs/higashi/

生徒数 男394 女427 合計821

帰国子女在籍者数	1年	2年	3年	計
	9	8	10	27

●入学試験の応募状況

年度＼人数	出願者	受験者	合格者	入学者
2019	6	6	6	6
2020	10	10	10	9

●編入学時期・定員 〔1·2年生〕4、9、1月〔3年生〕4、9月。欠員のある場合のみ。

●受入後 一般生徒と同一のカリキュラムで指導している。必要に応じて個別対応授業（国·社·数·理·英）を行い、不足部分を補っている。年1回帰国生保護者会を実施している。

神奈川総合高等学校

(担当：教頭)

URL https://www.pen-kanagawa.ed.jp/kanagawasohgoh-h/

生徒数 男241 女558 合計799

帰国子女在籍者数	1年	2年	3年	計
	10	25	18	53

●入学試験の応募状況（前期募集·後期募集の合計）

年度＼人数	出願者	受験者	合格者	入学者
2019	33	31	28	27
2020	30	28	25	25

●編入学時期・定員 4月入学の前期募集10名、10月入学の後期募集20名。どちらも学力検査あり。(2019年度)

●受入後 海外帰国生徒は国際文化コースに所属する。

新城高等学校

(担当：教頭)

URL http://www.shinjo-h.pen-kanagawa.ed.jp/

生徒数 男420 女405 合計825

帰国子女在籍者数	1年	2年	3年	計
	9	10	7	26

●入学試験の応募状況

年度＼人数	出願者	受験者	合格者	入学者
2019	9	8	8	8
2020	9	9	9	9

●編入学時期・定員 〔1·2年生〕4、9、1月〔3年生〕4、9月。その他。募集定員を欠く人数。

●受入後 一般生徒と同一のカリキュラムで指導し、補充を特に必要とする科目（国·社·数·理·英）について放課後特別授業を実施し、補充・向上をはかっている。

相模原弥栄高等学校

(担当：教頭)

URL https://www.pen-kanagawa.ed.jp/sagamiharayaei-h/

生徒数 男416 女603 合計1019

帰国子女在籍者数	1年	2年	3年	計
	4	3	5	12

●入学試験の応募状況

年度＼人数	出願者	受験者	合格者	入学者
2019	2	2	2	2
2020	4	4	4	4

●編入学時期・定員 〔1·2年生〕4、9、1月〔3年生〕4、9月。欠員のある場合のみ。

●受入後 2017年度入学生から、海外帰国生徒は普通科に所属する。一般生徒と同一のカリキュラムで指導し、必要に応じて個別対応授業を行う。

鶴嶺高等学校

(担当：教頭)

URL https://www.pen-kanagawa.ed.jp/tsurumine-h/index.html

生徒数 男468 女699 合計1167 ※8月1日現在

帰国子女在籍者数	1年	2年	3年	計
	11	2	8	21

●入学試験の応募状況

年度＼人数	出願者	受験者	合格者	入学者
2019	2	2	2	2
2020	11	11	11	11

●編入学時期・定員 〔1年生〕4、9、1月〔2年生〕4、9、1月〔3年生〕4、9月。欠員のある場合。

●受入後 できるだけ早く本校の教育に適応をさせることを目的としながら、帰国生徒を取り出して個別対応の授業を行っている。また、その特性を生かして、国際教育を推進するように指導している。

伊志田高等学校

（担当：教頭）

URL http://www.ishida-h.pen-kanagawa.ed.jp/

生徒数　男 423　女 427　合計 850

帰国子女在籍者数	1年	2年	3年	計
	3	2	8	13

※ 2017 年度入学者選抜から海外帰国生徒特別募集を実施しています

●入学試験の応募状況

年度＼人数	出願者	受験者	合格者	入学者
2019	6	6	6	6
2020	3	3	3	3

※ 2017 年度入学者選抜から海外帰国生徒特別募集を実施しています

●編入学時期・定員　〔1・2・3 年生〕定員を満たすまで定期。

●受入後　一般生徒と同一のカリキュラムで指導をしていく。

西湘高等学校

（担当：教頭）

URL http://www. seisho-h.pen-kanagawa.ed.jp/

生徒数　男 451　女 483　合計 934

帰国子女在籍者数	1年	2年	3年	計
	1	2	3	6

※ 2017 年度入学者選抜から海外帰国生徒特別募集を実施します

●入学試験の応募状況

年度＼人数	出願者	受験者	合格者	入学者
2019	3	3	3	3
2020	1	1	1	1

※ 2017 年度入学者選抜から海外帰国生徒特別募集を実施しています

●編入学時期・定員　〔1・2 年生〕4、9、1 月〔3 年生〕4、9 月。欠員のある場合

●受入後　入学後一般生徒と同一のカリキュラムで指導し、生徒の必要性に応じて補習実施を検討する。

※資格・条件、出願方法、日程等は、教育委員会に問い合わせるか、2021 年度選抜募集要領を確認して下さい。

富山県立高等学校

【問い合わせ先】▶ 富山県教育委員会　県立学校課高校教育係
〒930-8501 富山県富山市新総曲輪 1-7
TEL 076-444-3450（直通）　**FAX** 076-444-4437
URL http://www.pref.toyama.jp/cms_sec/3003/index.html

出願資格・条件、出願書類は 2020 年度の内容。
日程等の欄の出願、学力検査、追検査、発表については、2021 年度の内容。詳細は 2021 年度実施要領を確認すること。

入学

●趣旨　特別選抜は実施していない。
●募集学校・募集人員　全県下の公立高等学校。なお、下記高等学校は受入枠を設けてある（2020 年度）。

学校名	学科（コース）	〒	所在地	TEL	募集定員
桜井	普通科	938-8505	黒部市三日市 1334	0765-52-0120	5

●出願資格・条件
海外における在住期間が継続して 2 年以上の者で、志願時において帰国後 3 年以内の者等
なお、海外からの志願者については、海外の中学校又はこれに準ずる学校を、2020 年 3 月までに卒業する見込みの者又は卒業した者で、次の条件のいずれかに該当する者
1. 本人及びその保護者が本県内に居住していること
2. 本人及びその保護者が近く本県内に居住することが確実であること
3. 隣接県に居住する者で、地形、交通等の関係上、その県の高等学校に通学することが困難であること
4. その他特別な事情があること

●出願書類
入学願書、調査書、海外在住状況等説明書（海外からの志願者は、富山県立高等学校入学志願特別事情申請書）

●日程等

出願	学力検査	追検査	発表	選抜方法
2/24～26	3/9・10	3/15	3/18	国・社・数・理・英、調査書、面接

※出願、発表の時間は、実施要領参照。
※帰国生徒の選抜に当たっては面接を実施し、その結果及び海外での経験等を十分考慮して行うものとする。
※特別事情申請書提出期間は 1 月中旬～ 2 月中旬まで。詳細は実施要領参照のこと。

編入学

富山県立高等学校に関する転学・編入学取扱い要領による。

石川県公立高等学校

【問い合わせ先】▶ 石川県教育委員会事務局学校指導課
〒920-8575 石川県金沢市鞍月 1-1
TEL 076-225-1828 FAX 076-225-1832

入 学

●趣旨
帰国生徒については、石川県内のどの公立高等学校へも志願できる。特に、下記の5校をその受入れに一定の配慮をする帰国生徒受入れ協力校として指定している。

●帰国生徒受入れ協力校

学校名	学科（コース）	〒	所在地	TEL
小松明峰	普通科	923-8545	小松市平面町へ 72 番地	0761-21-8545
金沢辰巳丘	普通科	920-1397	金沢市末町二 18 番地	076-229-2552
鹿西	普通科	929-1602	鹿島郡中能登町能登部上ヲ部 1 番地	0767-72-2299
輪島	普通科	928-0001	輪島市河井町 18 部 42 の 2	0768-22-2105
○小松市立	普通科	923-8501	小松市八幡ト 1 番地	0761-47-2910

※「○」のついた学校は、市立高等学校である。

●出願資格
次の (1)、(2)、(3) のいずれかを満たし、かつ、(4) に該当する者。ただし、出願時に高等学校若しくはこれに準ずる学校又は中等教育学校の後期課程に在籍している者は出願できない。
(1) 2021 年 3 月に中学校若しくはこれに準ずる学校又は義務教育学校の後期課程若しくは中等教育学校の前期課程（以下「中学校」という）を卒業見込み又は修了見込みの者
(2) 中学校を卒業又は修了した者
(3) 学校教育法施行規則第 95 条の規定に該当する者
(4) 志願者及び保護者が県内に居住する者又は入学までに県内に居住することとなる者

●出願手続き・提出書類
中学校に在籍する帰国後 3 年末満の帰国生徒が出願する場合は、入学願書に「海外在住状況説明書」を添えて出願手続きを行う。また、外国の中学校を卒業見込み又は卒業した者が出願する場合は、上記の出願手続きを行う前に、「入学志願特別事情具申書」を教育委員会に提出して入学志願許可を受けること。

●日程等

出願	試験	発表	選考方法
2/17～22	3/9・10	3/17	国・社・数・理・英、面接 (*)、適性検査 (*)

※出願、発表の時間は、募集要項参照
※選抜方法欄の (*) については、実施する学校がある
※志願変更期間：2/26 ～ 3/2

編 入 学

詳細については、上記に問い合わせること。出願資格・条件、出願書類、選抜方法は入学に準ずる。
※資格・条件、出願方法、日程等は、教育委員会に問い合わせるか、2021 年度募集要項を確認して下さい。

福井県立高等学校

【問い合わせ先】▶ 福井県教育庁　高校教育課
〒 910-8580 福井県福井市大手 3-17-1
TEL 0776-20-0549 FAX 0776-20-0669

令和２年度入学者選抜の内容。令和３年度の詳細は令和３年度入学者選抜に関する実施要項を確認して下さい。

入学

●趣旨

帰国子女を対象とした特別選抜は実施していないが、全日制の課程については、出願資格・条件に該当すれば、本人の申し出により、学力検査（5 教科のところを３教科及び面接とする）で配慮する。

●出願資格

次の各号のいずれかに該当し、外国での継続在住年数２年以上で帰国後または入国後２年以内の者。

1. 令和２年３月に中学校またはこれに準ずる学校（以下「中学校」という）を卒業する見込みの者。
2. 中学校を卒業した者。
3. 学校教育法施行規則（平成 22 年文部科学省令第 17 号）第 95 条の規定により、中学校を卒業した者と同等以上の学力があると認められる者。

●提出書類

入学願書、調査書、「県を越えて出願する場合の取扱い」関係書類（福井県立高等学校入学志願許可申請書１通、市区町村長の発行する生徒および保護者の住民票（氏名、現住所、性別、生年月日が記載されたもの、マイナンバーの記載がないもの）、転居見込みの場合はその旨を証明する書類）

●日程等

出願	学力検査	追検査	発表	選抜方法
2/12～14	3/5・6	3/9・10	3/12	国・数・英、面接

※出願の際は書類等の関係上、前もって上記へ問い合わせるとともに、2/27 までに出願校に申し出ること。

※志願変更期間：2/20・21・25

※調査書提出期間：2/27・28

※調査書その他必要な書類、選抜のための学力検査（追検査を含む。）の成績等を資料として、各高等学校、各学科等の特色に配慮しつつ、その教育を受けるに足る能力・適性等を判定した上で、入学者を選抜する。

編入学

個々の状況に応じて各学校で対応している。出願資格・条件、出願書類、選抜方法は入学に準ずる。

山梨県公立高等学校

（北杜市立甲陵高等学校は除く）

【問い合わせ先】▶ 山梨県教育委員会　高校改革・特別支援教育課
〒400-8504 山梨県甲府市丸の内1-6-1
TEL 055-223-1767（直通）　FAX 055-223-1768

入学

●募集学校・募集人員

2021年度山梨県公立高等学校募集定員による。ただし、帰国生徒等については、志願先高等学校の学級数に相当する数を限度に、募集定員を超えて入学を許可できる。

●出願資格

次のいずれかに該当する者で、かつ、下記の①に該当する者。

1. 中学校若しくはこれに準ずる学校若しくは義務教育学校又は中等教育学校の前期課程（以下「中学校」という）を卒業若しくは修了した者又は2021年3月卒業若しくは修了見込みの者。
2. 外国において、学校教育における9年の課程を修了した者又は2021年3月修了見込みの者。
3. 文部科学大臣が中学校の課程と同等の課程を有するものとして認定した在外教育施設の当該課程を修了した者又は2021年3月修了見込みの者。
4. 文部科学大臣の指定した者。
5. 保護者が就学させる義務を猶予又は免除された子等で、文部科学大臣が別に定めるところにより、中学校を卒業した者と同等以上の学力があると認定された者。
6. その他高等学校において、中学校を卒業又は修了した者と同等以上の学力があると認めた者。

①原則として、2018.4.1以降に帰国した者又は帰国予定の者で、外国における在住期間がその帰国時からさかのぼり継続して2年以上ある者、ただし、保護者が引き続き海外に居住する場合は、県内に保護者に代わる確かな身元引受人がいること。

●出願手続等

1. 帰国後国内の中学校に在籍する場合

①出願する前に必要な書類　申立書、身元引受承諾書（保護者が引き続き海外に居住し、志願者のみ帰国している場合）

②出願する時に必要な書類　入学願書、帰国生徒等特別措置適用承認書

2. 海外の学校等から直接出願する場合

①出願する前に必要な書類　申立書、新住所を証明するに足る書類、身元引受承諾書（保護者が引き続き海外に居住し、志願者のみ帰国予定の場合）

②出願する時に必要な書類　入学願書、海外の学校等が発行する成績・単位修得証明書又はそれに準ずるもの（在外教育施設以外は、英文で記載されたものが望ましい）、帰国生徒等特別措置適用承認書

●日程等

出願	試験	発表	選抜方法
2/16～18正午	3/3	3/12	学力検査、面接

※申立期間は1/25～2/9正午（予定）

※期間経過後においても、特にやむを得ない事情がある者については、志願先高等学校長の承認を得た後、2/24の午後4時まで出願することができる。

※出願、発表の時間は、入試要項参照。

※志願変更期間は2/19～24。

※調査書提出期間は出願期間に同じ。

※選抜は、学力検査及び面接とし、一般受検者と区別して行う。学力検査は、原則として2021年度山梨県公立高等学校入学者選抜学力検査問題を使用し、国語、社会、数学、理科及び英語の5教科の中から自己選択した3教科とする。ただし、専門教育学科を志願する者又は普通科コースを希望する者は、志願先の選抜又はコース指定における傾斜配点教科を含めて選択しなければならない。（第2希望も同様）

※新型コロナウイルス感染症等の状況によっては、今後、内容を見直すことがあります。詳細については、上記問い合わせ先に問い合わせること。

編入学

詳細については、上記問い合わせ先に問い合わせること。出願資格・条件、出願書類、選抜方法は、入学に準ずる。
※資格・条件、出願方法、日程等は、教育委員会に問い合わせること。

長野県公立高等学校

【問い合わせ先】▶　長野県教育委員会事務局　高校教育課管理係
〒380-8570 長野県長野市大字南長野字幅下692-2
TEL 026-232-0111（内線4358）　FAX 026-235-7488

入学

●趣旨
高等学校長は、海外帰国子女については、一定の条件を満たす場合に、後期選抜の学力検査の方法等について、長野県教育委員会と協議の上、特別な配慮をすることができる。

●募集学校・募集人員
すべての長野県立高等学校において、募集定員の枠外で選抜する。

●出願資格・条件
在外教育施設の認定等に関する規定（平成3年文部省告示第114号）により、中学校の課程と同等の課程を有すると認定された在外教育施設以外で学んだ海外帰国子女のうち、在籍する学校の長から申請がある者。ただし、外国での滞在期間が継続して2年以上で、帰国後2年以内の者。

●出願手続等
1. 海外帰国子女への特別配慮適用申請書の提出
①在籍学校長より志望高等学校長へ提出(締切り2/19)。
②書類の様式等について不明な場合は、長野県教育委員会高校教育課へ問い合わせをすること。
2. 志願に必要な書類
①長野県立高等学校の通学区域に関する規則第4条の規定により県外から本県の県立高等学校を志願する者は、下記の期間内に次の書類を最終在籍学校長を経て、長野県教育委員会事務局高校教育課長（以下「高校教育課長」という）に提出して（郵送する場合は、受付期間内に到着しないものは無効とする。以下同じ）、長野県教育委員会の承認を受けること。
※長野県立高等学校志願承認願受付期間は11/26～1/18の午後5時まで。保護者の転勤に伴う一家転住等により上記の期間に手続ができない者については、1/19～2/19の午後5時まで（長野県教育委員会が特に認めた者については、3/3正午まで）の期間も受け付ける。
県外から本県の県立高等学校を志願する者は長野県立高等学校志願承認願、特別の事由を証明する書類。
②志願者は、次の書類を最終在籍学校長を経て、志望高等学校長に提出すること。
ア入学願書
イ入学審査料収入証紙納付書（全日制課程志願者は2,200円、定時制課程志願者は870円の長野県収入証紙を貼ったもの）
ウ志願理由書又は自己PR文（志願高等学校が必要と定めた場合に限る）
※ア、イの用紙は高校教育課より交付する。
③最終在籍学校長は、当該学校の志願者の②に掲げる書類を一括して、下記に定める受付期間中に志望高等学校長に提出するとともに、次の書類を3/4正午までに提出すること。
ア調査書
イ学習成績一覧表（課程ごとに1通）
ウ他の高等学校を最終在籍学校とする者については、ア及びイのほか、当該高等学校長の学業成績証明書及び2020（令和2）年12月以降実施の健康診断の記録。

●日程等

出願	試験	発表	選抜方法
2/22～25	3/9	3/19	書類、数・理・英、作文、面接＊

＊学力検査は、特別検査室において、国語は作文（50分）、社会は面接（30分）に代替し、数学、理科、英語は、時間を10分間延長して60分とし、読みに関わる問題を除くすべての漢字にふりがなをふった問題冊子を使用して実施する。
※志望変更受付期間は2/26～3/3の正午まで。

編入学

希望がある都度、各高校で編入学試験を実施する。出願資格・条件、出願書類、選抜方法は入学に準ずる。

●志願承認関係書類の請求
1. 国内からの場合は390円切手をはった返信用封筒（角形2号）を同封し上記の係まで。2. 海外からの場合は国際返信切手券（アジア地域6枚、北米・中米・中近東・欧州地域9枚、南米・アフリカ地域12枚）及び返信用封筒（角形2号）を同封し上記の係まで。
※資格・条件、出願方法、日程等は、教育委員会に問い合わせるか、2021（令和3）年度入学者選抜要綱を確認してください。

岐阜県公立高等学校

【問い合わせ先】▶ 岐阜県教育委員会　学校支援課高校入試担当
〒500-8570 岐阜県岐阜市薮田南 2-1-1
TEL 058-272-8842　**FAX** 058-278-2822
URL https://www.pref.gifu.lg.jp/kyoiku/gakko-kyoiku/gakko-nyushi/17782/index.html

入学

●帰国生徒等に係る入学者の選抜
帰国生徒等については、全日制の課程の第一次選抜において、特別の入学者選抜を実施する。

●実施校・募集人員
帰国生徒等に対する第一次選抜における特別の入学者選抜は、全日制の課程の全ての高等学校の学科（群）で実施する。なお、帰国生徒等に係る入学者の選抜における募集人員は、各高等学校の入学定員とは別に、各校 3 名程度とする。

●出願資格
次の 1 から 3 までのいずれかに該当し、かつ、下の①及び②のいずれにも該当する者

1. 中学校若しくはこれに準ずる学校若しくは義務教育学校を卒業した者又は令和 3 年 3 月卒業見込みの者
2. 中等教育学校の前期課程を修了した者又は令和 3 年 3 月修了見込みの者
3. 学校教育法施行規則第 95 条各号のいずれかに該当する者

①原則として、国外における生活が継続して 2 年以上で、帰国後 2 年以内の者。ただし、国外における在住期間が長期にわたる者及び現地校に在学していた者については、帰国後 2 年を経過した場合でも、その事情によっては、出願資格を認定することがある。
②保護者とともに県内に居住する者又は保護者とともに県内に居住することが確実な者。ただし、保護者が引き続き国外に居住する場合は、県内に居住している確かな身元引受人のある者に限る。

●出願手続等
帰国生徒等に係る入学者の選抜に出願を希望する者は、あらかじめ「承認願」等を 1/7 ～ 27 までに、県教育委員会学校支援課宛に提出しなければならない。宛先明記の返信用封筒（簡易書留による郵送に必要な分（日本国内の場合 404 円）の切手を貼った 12cm × 23.5cm の封筒）を添えること。

1. 帰国生徒等入学者選抜出願承認願
2. 帰国に関する申立書
3. 出願資格の①及び②を証明するに足る書類（任意の様式）

●日程等

出願	試験	発表	選抜方法
2/16～19	3/9	3/17	書類＊、国・数・英、小論文、面接

＊出願者の調査書又はこれに準ずる書類の記録。
※出願期間のうち、2/19 午後は受付を行わない。
※音楽科及び美術科においては、実技検査を実施する。実技検査の実施期日は 3/9 又は 3/10。
※選抜は、書類及び学力検査等の結果に基づいて、総合的に審査する。
※出願先変更期日は 2/22、24、25、26 午前。
※出願、出願先変更、発表の時間は、入学者選抜要項参照。

編入学

詳細については、上記教育委員会に問い合わせること。

高(公立)　岐阜県

静岡県公立高等学校

【問い合わせ先】▶ 静岡県教育委員会　高校教育課　入学者選抜担当

〒420-8601 静岡県静岡市葵区追手町 9-6

TEL 054-221-3114　FAX 054-251-8685

入学

●**趣旨**

静岡県では、海外帰国生徒に海外帰国生徒選抜への志望を認めている。

●**海外帰国生徒選抜実施校・学科**

学校名	学科（コース）	〒	所在地	TEL	募集人員
熱海	普通科	413-0102	熱海市下多賀 1484-22	0557-68-3291	若干名
三島南	普通科	411-0803	三島市大場 608	055-977-8333	若干名
沼津城北	普通科	410-0012	沼津市岡一色 875	055-921-0344	若干名
吉原	国際科	417-8545	富士市今泉 2160	0545-52-1440	若干名
富士東	普通科	417-8571	富士市今泉 2921	0545-21-4371	若干名
○静岡市立清水桜が丘	普通科	424-8752	静岡市清水区桜が丘町 7-15	054-353-5388	若干名
静岡城北	普通科・グローバル科	420-0881	静岡市葵区北安東 2-3-1	054-245-5466	若干名
○静岡市立	普通科	420-0803	静岡市葵区千代田 3-1-1	054-245-0417	若干名
清流館	普通科	421-0206	焼津市上新田 292-1	054-622-3411	若干名
袋井	普通科	437-0031	袋井市愛野 2446-1	0538-42-0191	若干名
★浜松北	国際科	432-8013	浜松市中区広沢 1-30-1	053-454-5548	20%程度
浜松南	普通科・理数科	432-8056	浜松市南区米津町 961	053-441-1486	若干名
浜松湖東	普通科	431-1112	浜松市西区大人見町 3600	053-485-0215	若干名
★浜松湖南	英語科	431-0203	浜松市西区馬郡町 3791-1	053-592-1625	20%程度
○★浜松市立	普通科	432-8013	浜松市中区広沢 1-21-1	053-453-1105	若干名

※「○」のついた学校は市立高等学校であり、「★」のついた学校は、次頁に各校別情報あり。

●**出願資格・条件**

志願者は、次の (1) から (3) までのいずれかに該当し、かつ、(4) のア及びイに該当する者とする。

(1) 2021 年 3 月に中学校を卒業見込みの者

(2) 中学校卒業者

(3) 学校教育法施行規則（昭和 22 年文部省令第 11 号）第 95 条の各号のいずれかに該当する者

(4) ア 日本国籍を有し、保護者と共に海外に居住していたか、又は居住している者

イ 上記アの居住の期間が継続して 1 年を超え、2018 年 4 月以降に帰国したか、又は 2021 年 3 月までに帰国を予定している者

●**提出書類**

入学願書、受検票、入学検定料（2,200 円　静岡県収入証紙による)、調査書、入学志願者通知書、成績一覧表（中学校卒業見込み者のみ）「県外の公立高等学校を併願しないことの証明書」（県外（海外を含む）から県内に転居する場合)、身元保証承諾書（身元保証人の必要な場合のみ）等

●**日程等**

出願	試験	発表	選抜方法
2/16～18 正午	3/3・4	3/12	調査書、学力検査及び面接等

※選抜の基本方針に基づき、調査書、学力検査及び面接の結果等を総合的に審査して合格者を決定する。

※詳細は静岡県教育委員会高校教育課のホームページ (http://www.pref.shizuoka.jp/kyouiku/kk-050a/index.html) に掲載している「令和 3 年度公立高校をめざすあなたへⅠ・Ⅱ」を参照。

編入学

個々の状況に応じて各学校で対応している。出願資格・条件、出願書類、選抜方法は、入学に準ずる。編入学試験の詳細は、静岡県教育委員会高校教育課のホームページに掲載している「『転入学・編入学試験』実施計画一覧」を参照。または県教育委員会高校教育課指導第 1 班担当に問い合わせること。

浜松北(はままつきた)高等学校

（担当：教頭）

URL http://www.edu.pref.shizuoka.jp/hamamatsukita-h/home.nsf

生徒数　男 659　女 548　合計 1207

帰国子女在籍者数	1年	2年	3年	計
	6	4	7	17

●入学試験の応募状況

年度＼人数	出願者	受験者	合格者	入学者
2019	5	5	4	4
2020	8	8	6	6

●編入学時期・定員　随時。
●受入後　国語・数学では習熟度別授業を実施している。また、英語の授業はもちろん、多くの授業が少人数で行われている。

浜松湖南(はままつこなん)高等学校

（担当：副校長）

URL http://www.edu.pref.shizuoka.jp/hamamatsukonan-h/home.nsf

生徒数　男 472　女 536　合計 1008

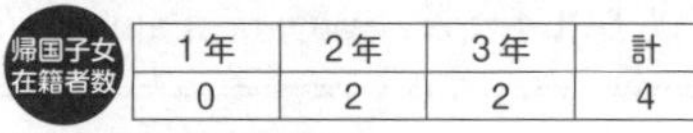

帰国子女在籍者数	1年	2年	3年	計
	0	2	2	4

●入学試験の応募状況

年度＼人数	出願者	受験者	合格者	入学者
2019	2	2	2	2
2020	0	0	0	0

●編入学時期・定員　随時。
●受入後　数学・古典では習熟度別授業を実施している。また、英語は少人数授業を行っている。

浜松市立(はままつしりつ)高等学校

（担当：副校長）

URL http://www.city.hamamatsu-szo.ed.jp/ichiritsu-h/

生徒数　男 455　女 786　合計 1241

帰国子女在籍者数	1年	2年	3年	計
	2	1	0	3

●入学試験の応募状況

年度＼人数	出願者	受験者	合格者	入学者
2019	1	1	1	1
2020	3	3	2	2

●編入学時期・定員　随時。
●受入後　一般生徒と同じ。

※資格・条件、出願方法、前頁のとおり。ただし、浜松市立高等学校については、浜松市教育委員会が定める内容についても確認して下さい。

愛知県公立高等学校

【問い合わせ先】▶ 愛知県教育委員会 高等学校教育課

〒460-8534 愛知県名古屋市中区三の丸 3-1-2

TEL 052-954-6786（ダイヤルイン） FAX 052-961-4864

URL https://www.pref.aichi.jp/soshiki/kotogakko/index.html

入学

●帰国生徒特別選抜実施校・募集人員

学校名	学科（コース）	〒	所在地	TEL	募集人員
愛知県立中村	普通科	453-0068	名古屋市中村区菊水町 1-2-18	052-411-7760	10%程度まで
愛知県立豊田西	普通科	471-0035	豊田市小坂町 14-65	0565-31-0313	
愛知県立刈谷北	国際教養科	448-0846	刈谷市寺横町 1-67	0566-21-5107	30%程度まで
愛知県立豊橋東	普通科	440-0864	豊橋市向山町字西猿 22	0532-61-3146	10%程度まで
名古屋市立名東	国際英語科	465-0064	名古屋市名東区大針 1-351	052-703-3313	30%程度まで

●出願資格・条件

海外帰国生徒にかかる入学者選抜に出願できる者は、次の 1 ～ 3 までのいずれかに該当する者で、かつ、4 及び 5 のいずれにも該当する者でなければならない。

1. 中学校若しくは義務教育学校を卒業した者又は中等教育学校の前期課程を修了した者。
2. 2021 年 3 月に中学校若しくは義務教育学校卒業見込みの者又は中等教育学校の前期課程を修了見込みの者。
3. 学校教育法施行規則第 95 条各号のいずれかに該当する者。ただし、同条第 1 号又は第 2 号に該当する者については、2021 年 3 月に修了見込みの者を含むものとする。
4. 保護者とともに県内に住所を有する者、又は愛知県教育委員会教育長が出願を承認した者。
5. 次の①から③までの全てに該当する者。

①原則として継続して 2 年以上海外に保護者とともに在住していた者であること

②①の在住期間中、学校教育法施行規則第 95 条第 1 号又は第 2 号に規定する学校教育を修めた者であること

③ 2019.3.1 以降に海外から帰国した者であること

なお、海外帰国生徒にかかる入学者選抜に出願する高等学校・学科を第 1 志望として、一般選抜にも出願するものとする。また、一般選抜において第 2 志望校へ出願することができる。

●通学区域

通学区域は、愛知県立中村高等学校普通科については尾張学区、愛知県立豊田西高等学校普通科及び愛知県立豊橋東高等学校普通科については三河学区とし、名古屋市立名東高等学校国際英語科、愛知県立千種高等学校国際教養科及び愛知県立刈谷北高等学校国際教養科については県内全域とする。ただし、日進市、愛知郡東郷町に居住する者は愛知県立豊田西高等学校に通学することができる。

●出願手続

1. 出願に要する書類

①入学願書 ②調査書 ③海外帰国生徒にかかる入学者選抜申請書 ④現地校修了者又は修了見込みの者にあっては、外国における最終学校の成績証明書又はこれに代わるもの ⑤原則として継続して 2 年以上海外に保護者とともに在住していたことを証明する書類（保護者の勤務先の所属長等の証明又はこれに代わるもので、志願者及び保護者の在住期間を明示したもの） ⑥志願者及び保護者が海外に在住したまま出願する場合は、海外帰国生徒の帰国に関する申立書 ⑦志願者のみ帰国する場合は、保護者に代わる者の身元引受承諾書 ⑧海外帰国生徒にかかる入学者選抜出願承認書（承認を必要とする者のみ） ⑨自己申告書（提出を希望する者のみ） ⑩その他、当該高等学校長の定める書類

2. 入学検定料の納入

志願者は、令和 3 年度愛知県公立高等学校入学者選抜実施要項に定める入学検定料を納付する。

ただし、第 1 志望校としての一般選抜への出願に当たって、入学検定料を重ねて納付することは要しない。

●日程等

出願	試験	発表	選抜方法
2/17・19	A グループ 3/5、8 B グループ 3/10、11	3/18	国・数・外国語（英語）・面接 ※ただし、学力検査は理科・社会を含む 5 教科を受検する

提出方法は志願先の高等学校長に提出。郵送による場合は、提出締切日時までに必着のこと。

出願資格に関する愛知県教育委員会教育長の承認は、1/19 ～ 2/19 の間（土・日曜日・祝日を除く）に教育委員会高等学校教育課において受けること。

※合格発表は、出身中学校等の校長及び本人に通知。

※出願、発表の時間は、令和 3 年度愛知県公立高等学校入学者選抜実施要項参照。

編入学

海外帰国生徒の編入学については、**すべての公立高等学校で実施する。**

●出願資格

1. 相当年齢に達し、当該学年に在学する者と同等以上の学力があると認められる者
2. 日本の中学校を卒業しているか、又は外国における正規の教育機関の９年目以上の課程を修了していること
3. 原則として、継続して１年以上海外に在住していたこと
4. ３の在住期間中、外国における正規の教育機関で学んでいたこと
5. 帰国後１年以内であること
6. 保護者もしくは保護者に代わる身元引受人とともに愛知県内に在住していること

●編入学を認める時期　各学年において、４月１日から翌年１月８日までの期間とする。

●編入学考査　志願のあった学校で随時実施する。

●出願に要する書類等　1. 継続して１年以上海外に在住していたことを証明する書類（適宜の書式。保護者の所属長等の証明書又はこれに代わるもので、在住期間を示したもの等）2. 海外の学校が発行する成績・単位修得証明書又はそれに準じるもの 3. 本人及び保護者が海外に在住したまま出願する場合は、帰国に関する申立書 4. 本人のみ帰国する場合は、保護者に代わる者の身元引受承諾書 5. 高等学校教育課が発行する編入学出願受理証明書 6. 編入学願

各校別情報

中村（なかむら）高等学校

（担当：教頭又は教務主任）

URL http://www.nakamura-h.aichi-c.ed.jp/

生徒数　男 451　女 500　合計 951

帰国子女在籍者数	1年	2年	3年	計
	2	2	2(1)	6(1)

( ) 内は編入学者数

●入学試験の応募状況

年度＼人数	出願者	受験者	合格者	入学者
2019	2	2	2	2
2020	2	2	2	2

豊田西（とよたにし）高等学校

（担当：教頭又は教務主任）

URL https://toyotanishi-h.aichi-c.ed.jp/

生徒数　男 573　女 502　合計 1075

帰国子女在籍者数	1年	2年	3年	計
	8(2)	7(2)	23(4)	38(8)

( ) 内は編入学者数

●入学試験の応募状況

年度＼人数	出願者	受験者	合格者	入学者
2019	6	6	5	5
2020	9	9	6	6

刈谷北（かりやきた）高等学校

（担当：教頭又は教務主任）

URL http://www.kariyakita-h.aichi-c.ed.jp/

生徒数　男 563　女 599　合計 1162

帰国子女在籍者数	1年	2年	3年	計
	5(0)	11(5)	16(5)	32(10)

( ) 内は編入学者数

●入学試験の応募状況

年度＼人数	出願者	受験者	合格者	入学者
2019	6	6	6	6
2020	5	5	5	5

豊橋東（とよはしひがし）高等学校

（担当：教頭又は教務主任）

URL http://www.toyohashihigashi-h.aichi-c.ed.jp/

生徒数　男 426　女 527　合計 953

帰国子女在籍者数	1年	2年	3年	計
	1	1	2	4

●入学試験の応募状況

年度＼人数	出願者	受験者	合格者	入学者
2019	1	1	1	1
2020	1	1	1	1

名古屋市立名東（なごやしりつめいとう）高等学校

（担当：教務主任）

URL http://www.nagoya-c.ed.jp/school/meito-h/

生徒数　男 444　女 635　合計 1079

帰国子女在籍者数	1年	2年	3年	計
	2	2	4	8

●入学試験の応募状況

年度＼人数	出願者	受験者	合格者	入学者
2019	2	2	2	2
2020	2	2	2	2

●受入後 国語、数学の科目で取り出し授業を行っている。

※資格・条件、出願方法、日程等は、教育委員会に問い合わせるか、令和３年度愛知県公立高等学校入学者選抜実施要項を確認して下さい

三重県公立高等学校

【問い合わせ先】▶ 三重県教育委員会事務局 高校教育課 キャリア教育班

〒514-8570 三重県津市広明町13

TEL 059-224-2913 FAX 059-224-3023

URL http://www.pref.mie.lg.jp/common/04/ci400002348.htm

入学

●趣旨

国際化の進展に伴い、海外帰国生徒等が増加傾向にある。外国で受けた教育をもとに引き続き日本の高等学校教育を受ける機会を得させるには特別の配慮が必要となる。また、外国の文化を親しく体験した海外帰国生徒等と共に勉学することは、一般生徒に良い刺激を与え、ひいては高等学校教育の活性化につながる。

●実施高等学校・募集人員

学校名	学科（コース）	〒	所在地	TEL	募集人員
いなべ総合学園	総合学科	511-0222	いなべ市員弁町御薗 632	0594-74-2006	5人以内
川越	国際文理科	510-8566	三重郡川越町大字豊田 2302-1	059-364-5800	5人以内
飯野	英語コミュニケーション科	513-0803	鈴鹿市三日市町字東新田場 1695	059-383-3011	10人以内
津西	国際科学科 普通科（後期のみ）	514-0065	津市河辺町 2210-2	059-225-1361	5人以内
津東	普通科	514-0061	津市一身田上津部田 1470	059-227-0166	5人以内
久居	普通科	514-1138	津市戸木町 3569-1	059-271-8120	5人以内
名張	総合学科	518-0711	名張市東町 2067-2	0595-63-2131	5人以内
名張青峰	普通科・文理探究コース	518-0476	名張市百合が丘東六番町 1	0595-64-1500	5人以内
松阪商業	国際教養科	515-0205	松阪市豊原町 1600	0598-28-3011	5人以内
飯南	総合学科	515-1411	松阪市飯南町粥見 5480-1	0598-32-2203	5人以内
昴学園	総合学科（前期のみ）	519-2593	多気郡大台町茂原 48	0598-76-0040	5人以内
宇治山田商業	国際科	516-0018	伊勢市黒瀬町札ノ木 1193	0596-22-1101	5人以内
鳥羽	総合学科	517-0021	鳥羽市安楽島町 1459	0599-25-2935	5人以内
尾鷲	普通科 普通科・プログレッシブコース 情報ビジネス科 システム工学科	519-3659	尾鷲市古戸野町 3-12	0597-22-2115	5人以内
木本	総合学科	519-4394	熊野市木本町 1101-4	0597-85-3811	5人以内
紀南	普通科	519-5204	南牟婁郡御浜町大字阿田和 1960	05979-2-1351	5人以内
北星	普通科（昼間部） 情報ビジネス科(昼間部)	510-8027	四日市市大字茂福字横座 668-1	059-363-8110	5人以内
みえ夢学園	総合学科（午前の部・午後の部）	514-0803	津市柳山津興 1239	059-226-6217	5人以内

Ⅰ前期選抜

●出願資格・条件

次の1、2のいずれかの条件を満たし、かつ3に該当するものとする。ただし、高等学校等に在籍している者を除く。

1. 学校教育法第1条に規定する中学校もしくは特別支援学校の中学部もしくは義務教育学校（以下「中学校」という。）の卒業者又は2021年3月卒業見込みの者
2. 学校教育法施行規則（昭和22年5月文部省令第11号）第95条各号の一に該当する者
3. 原則として、外国に引き続き1年を超える期間在留して帰国し、2021.4.1現在、帰国後3年以内で保護者とともに三重県内に居住している者。ただし、保護者の帰国が遅れるときでも、保護者が志願者の入学後1年以内に帰国し、三重県内に志願者と同居することが確実な者であれば応募を認める。なお、2021.2.26以降に帰国して、保護者とともに三重県内に居住する者については、2021.7.30まで出願ができるものとする。

●提出書類

1. 入学願書、収入証紙納付書、受検票、調査書（所定用紙）。（調査書の記載が無理な場合は、外国における最終学校の成績証明書、もしくはこれに代わるもので代替できる）
2. 自己推薦書、入学確約書

3. 海外生活を証明する書類（在住期間明示のもの）
4. 海外帰国生徒・外国人生徒等特別枠適用申請書
5. その他志願先高等学校長が必要とする書類

●日程等

出願	試験	発表	選抜方法
1/22～27	2/3・4	2/15	※

※面接又は「自己表現」、作文又は小論文、実技検査及び学力検査等のうち、高等学校の指定した項目
※検査会場：志願先高等学校
※出願等については、入試要項参照

Ⅱ後期選抜

●出願資格・条件　Ⅰ（前期選抜）に該当する者
●提出書類　Ⅰ（前期選抜）の 1、3、4、5 の書類

●日程等

出願	試験	発表	選抜方法
2/22～26	3/10	3/18	①作文と面接 ②学力検査（国語、数学、英語から 0 ～ 3 教科を高等学校が指定する）

※検査会場：志願先高等学校
※出願等については、入試要項参照

Ⅲ 2/26 以降に帰国した海外帰国生徒等のための選抜

出願期間：3/1 ～ 7/30 まで（土・日曜日及び祝日を除く）
検査日：各学校が指定する日（当該学年の進級認定に必要な出席日数を満たすことが可能な日までとする）
検査会場：志願先高等学校
選抜方法：①作文と面接 ②学力検査（国語、数学、英語から 0 ～ 3 教科を高等学校が指定する）

編入学

●出願資格・条件

海外帰国生徒・外国人生徒等に係る特別枠入学者選抜実施における応募資格に準じて取り扱う。なお、出願については、上記の実施高等学校だけでなく、県内すべての学校（ただし全日制課程の普通科、理数科については、保護者の居住する住所により志願できない区域あり）で可能である。

●募集人員

原則として各学年・各学科ごとの欠員数に学級数相当人数を加えた人数程度とするが、各学校の教育的諸条件を勘案して校長が判断する。

●出願手続等

編入学（海外帰国者等）出願届を高校教育課長に提出し、各学校の定める必要書類を受検先の校長に提出する。

●選抜方法

編入学試験は各学校で実施し、その実施内容・実施日程等については受検先高等学校長が決定する。

※資格・条件、出願方法、日程等は、教育委員会に問い合わせるか、2021 年度選抜入試要項を確認して下さい。

滋賀県立高等学校

【問い合わせ先】▶ 滋賀県教育委員会事務局　高校教育課
〒520-8577 滋賀県大津市京町 4-1-1
TEL 077-528-4573 FAX 077-528-4953
URL https://www.pref.shiga.lg.jp/edu/

入学

●趣旨

海外帰国生徒等を対象とした特別選抜を行ったり、特別に募集定員を設けることはしていない。しかし、海外帰国生徒等に対する入学者選抜の判定は、その者の海外経験等の事情を配慮するものとしている。

●募集学校・募集人員

特に定めていない。

●出願資格

1. 2021 年 3 月に中学校、義務教育学校もしくはこれに準ずる学校または中等教育学校の前期課程（以下「中学校等」という）を卒業し、または修了する見込みの者（推薦選抜、特色選抜、スポーツ・文化推薦選抜、一 般選抜）。
2. 中学校等を卒業し、または修了した者（特色選抜、一般選抜）。
3. 学校教育法施行規則（昭和 22 年文部省令第 11 号）第 95 条各号のいずれかに該当する者（特色選抜、一般選抜）。

「海外帰国生徒等取扱措置願」提出に係る海外帰国生徒等とは、海外帰国生徒または外国人生徒のうち、次のアおよびイのいずれにも該当する者とする。

ア帰国または渡日後の期間…帰国または渡日した日から 2021.2.1 までの期間が 6 年以内

イ海外における在住期間…帰国または渡日時からさかのぼり継続して 1 年以上

●提出書類

入学願書、受検票、住民票記載事項証明書の写し、特別出願に係る許可書の写し（1/20 ～ 2/24 に「特別出願許可申請書」を県教育委員会へ提出する。）、海外帰国生徒等取扱措置願（該当する者のうち希望する者）。その他、志願者によっては必要となる書類がある。

●日程等

区分	出願	試験	発表	選抜方法
A	1/28・29	2/8	3/16	面接、作文、実技検査
B	1/28・29	2/8		口頭試問、小論文、総合問題、実技検査
C	1/28・29	2/8または2/9のいずれか1日		実技検査、面接、作文、小論文、総合問題
D	2/24・25	3/9・10		学力検査（国、数、社、理、英)、面接、実技検査

※ A：推薦選抜　B：特色選抜　C：スポーツ・文化芸術推薦選抜　D：一般選抜。一般選抜の出願変更期間：3/2 ～ 4 午後 3 時

※推薦選抜出願者全員に対して面接、作文または実技検査のうちから二つ以内を課すものとし、その方法等は各県立高等学校ごとに定める実施要項によるものとする。出願先高等学校長は、中学校長から提出された個人調査報告書および推薦書等の内容ならびに面接、作文または実技検査の結果を資料として、総合的に判定し、推薦選抜における入学許可予定者を決定するものとする。なお、2/17 に当該中学校等を通じて本人に推薦選抜における入学許可予定を通知する。

※特色選抜出願者全員に対して口頭試問、小論文、総合問題または実技検査のうちから二つ以上を課すものとし、その方法等は各県立高等学校ごとに定める実施要項によるものとする。出願先高等学校長は、志願者から提出された志願理由書および中学校長から提出された個人調査報告書等の内容ならびに口頭試問、小論文、総合問題または実技検査の結果を資料として、総合的に判定し、特色選抜における入学許可予定者を決定するものとする。なお、2/17 に当該中学校等を通じて、本人に特色選抜における入学許可予定を通知する。

※スポーツ・文化芸術推薦選抜出願者全員に対して実技検査を実施するとともに、面接、作文または小論文のうちから 一つを課すものとする。また、特色選抜実施校は、特色選抜の総合問題を併せて実施することができる。いずれもその方法等は各県立高等学校ごとに定める実施要項によるものとする。推薦選抜または特色選抜を併願するものについては、スポーツ・文化芸術推薦選抜の検査に加え、推薦選抜または特色選抜と同じ内容の検査を課すものとする。出願先高等学校長は、中学校長から提出された個人調査報告書およびスポーツ・文化芸術推薦選抜推薦書等の内容ならびに各検査の結果を資料として総合的に判定し、スポーツ・文化芸術推薦選抜における入学許可予定者を決定するものとする。なお、2/17 に当該中学校等を通じて本人にスポーツ・文化芸術推薦選抜における入学許可予定を通知する。

※一般選抜における学力検査の英語については「聞き取りテスト」を含めて実施する。面接または実技検査のいずれかを課す学校もあり、課す場合は、5 教科の学力検査終了後または学力検査の翌日に実施する。出願先高等学校長は、個人調査報告書、学力検査実施教科等の成績を資料として、高等学校教育を受けるに足る者を選抜し、入学許可予定者を決定す

るものとする。

※詳細については、選抜要項を確認すること。不明な点については上記問い合わせ先まで。

編入学

特に定めていないが、各学校においてそれぞれの実状に応じた配慮によって、弾力的に取り扱っている。
また、大津清陵高等学校定時制（昼間）の編入学については、毎年３月に実施している。

京都府公立高等学校

【問い合わせ先】▶〈入学〉 京都府教育庁　指導部高校教育課企画推進係
〒600-8533 京都府京都市下京区中堂寺命婦町 1-10
TEL 075-414-5848 **FAX** 075-414-5847
URL http://www.kyoto-be.ne.jp/
【問い合わせ先】▶〈編入学〉 京都府教育庁　指導部高校教育課指導第２係
TEL 075-414-5854 **FAX** 075-414-5847

入 学

●実施高等学校（全日制）・募集人員

学校名	学科（コース）	〒	所在地	TEL	募集人員
★鳥羽	普通科（スポーツ総合専攻を除く）	601-8449	京都市南区西九条大国町１	075-672-6788	５人以内
西舞鶴	普通科	624-0841	舞鶴市引土 145	0773-75-3131	５人以内
嵯峨野	京都こすもす科	616-8226	京都市右京区常盤段ノ上町 15	075-871-0723	５人以内

※「★」のついた学校は次頁に各校別情報あり

●出願資格
1. 海外勤務者（日本国籍を有する者で、海外に所在する機関、事業所等に勤務するか又は海外において研究・研修を行うことを目的として日本国を出国し、海外に在留していた者又は現在なお在留している者）の子女
2. 外国において引き続き１年以上在留していたこと
3. 2018 年２月１日以降に帰国したこと

●提出書類
1. 志願は、上記の高等学校に限る
2. 提出書類は、特別入学者選抜入学願書の提出について、海外勤務者帰国子女特別入学願書、学力検査受検願、写真票、報告書及び海外在住状況報告書である
3. 出願に当たって、1/5 ～８の間に、保護者届及び住所等に関する届並びに通学区域外就学許可申請等（特別事情具申）を行う必要のある者は必要書類を京都府教育委員会教育長に提出し、手続きを完了すること（通学区域内から志願する者は手続き不要）

［備考］①外国の学校（日本人学校を含む）を卒業（卒業見込みを含む）した者について、報告書の作成が困難な場合、これに代えて当該校の校長の発行する成績証明書を提出してもよい。 ②特別事情具申を行い、受理書又は許可書の交付を受けた者はこれを入学願書に添付

●日程等

出願	試験	発表	選抜方法
2/3・4	2/16	2/24	国・数・英、面接

※出願、発表の時間等詳細は、入学者選抜要項参照
※特別事情具申期間 1/5 ～８
※報告書、学力検査及び面接で合格者を決定

●合格者の発表
2021 年２月 24 日（水）午後２時から午後４時までの間、願書提出先高等学校において受付番号で発表する。
合格者は、京都府公立高等学校入学者選抜要項に基づく他の選抜に改めて志願することができない。

編 入 学

●出願資格
保護者の海外勤務等にともなって、外国に１年以上継続して在住し、かつ帰国後１年以内の者で、次の (1) 又は (2) に該当し、当該年齢に達している者
(1) 当該年度の４月から８月までの間に外国において学校教育における９年の課程を修了する見込みの者
(2) 外国において学校教育における 10 年以上の課程に在学した者

●手続き
教育委員会において資格審査の後、学校において学力検査等（国語・数学・英語の学力検査及び面接）を経て、受け入れの可否を判断する

●編入学試験の実施　原則として３、８、12 月

鳥羽高等学校

（担当：生徒指導部帰国生徒担当）

URL http://www.kyoto-be.ne.jp/toba-hs/mt/

生徒数 男 455　女 455　合計 910

1年	2年	3年	計
2	1	2	5

●入学試験の応募状況

年度＼人数	出願者	受験者	合格者	入学者
2019	1	1	1	1
2020	5	2	2	2

●編入学時期・定員 実施せず。

●受入後 原則として一般生徒と同じ条件下だが、帰国生徒担当を置き、必要に応じて指導・助言等の措置を講じる

※資格・条件、出願方法、日程等は、教育委員会に問い合わせるか、2021 年度選抜募集要項を確認して下さい。

大阪府公立高等学校

【問い合わせ先 1】▶ 大阪府教育庁　教育振興室高等学校課学事グループ
〒540-8571 大阪府大阪市中央区大手前 3 丁目 2-12 別館 5 階
TEL 06-6944-6887（直通） **FAX** 06-6944-6888
【問い合わせ先 2】▶ 大阪市教育委員会事務局　指導部高等学校教育担当 / 総務部学事課
〒530-8201 大阪府大阪市北区中之島 1-3-20
TEL 06-6208-9188 **FAX** 06-6202-7055 / **TEL** 06-6208-9114 **FAX** 06-6202-7052
【問い合わせ先 3】▶ 東大阪市教育委員会　学校教育部　高等学校課
〒577-8521 大阪府東大阪市荒本北 1-1-1　東大阪市総合庁舎 17 階
TEL 06-4309-3312 **FAX** 06-4309-3838

入学

●対象校

学校名	学科（コース）	〒	所在地	TEL
★大阪府立旭	国際文化科	535-0031	大阪市旭区高殿 5-6-41	06-6951-3133
★大阪府立枚方	国際文化科	573-0027	枚方市大垣内町 3-16-1	072-843-3081
★大阪府立花園	国際文化科	578-0931	東大阪市花園東町 3-1-25	072-961-4925
★大阪府立長野	国際文化科	586-0021	河内長野市原町 2-1-1	0721-53-7371
★大阪府立佐野	国際文化科	598-0005	泉佐野市市場東 2-398	072-462-3825
★大阪府立住吉	国際文化科、総合科学科	545-0035	大阪市阿倍野区北畠 2-4-1	06-6651-0525
★大阪府立千里	国際文化科、総合科学科	565-0861	吹田市高野台 2-17-1	06-6871-0050
★大阪府立泉北	国際文化科、総合科学科	590-0116	堺市南区若松台 3-2-2	072-297-1065
★大阪府立箕面	グローバル科	562-0004	箕面市牧落 4-8-66	072-721-7091
★大阪府立和泉	グローバル科	596-0825	岸和田市土生町 1-2-1	072-423-1926
★大阪市立東	英語科	534-0024	大阪市都島区東野田町 4-15-14	06-6354-1251
★大阪市立	英語科	573-0064	枚方市北中振 2-8-1	072-833-0101
★大阪市立水都国際	グローバル探究科	559-0033	大阪市住之江区南港中 3-7-13	06-7662-9601
★大阪市立南	英語探究科	542-0012	大阪市中央区谷町 6-17-32	06-6762-0105
★東大阪市立日新	英語科	579-8003	東大阪市日下町 7-9-11	072-985-5551

※海外から帰国した生徒の入学者選抜は、上記の高等学校の英語科、国際文化科、グローバル科、グローバル探究科、英語探究科及び総合科学科において実施。「★」のついた学校は、次頁以降に各校別情報あり。

●出願資格・条件
（共通。資格審査の詳細は、実施要項参照）

原則として、外国において継続して 2 年以上在留し、帰国後 2 年以内の者のうち、

1. 令和 3 年 3 月に中学校若しくはこれに準ずる学校、義務教育学校又は中等教育学校の前期課程（以下「中学校」という）を卒業又は修了（以下「卒業」という）する見込みの者。
2. 中学校を卒業した者。
3. 学校教育法施行規則第 95 条の各号のいずれかに該当する者。

のいずれかであり、次の①又は②に該当する者とする。

①大阪府内（以下「府内」という）の中学校卒業者（含卒業見込者）であって、本人及び保護者の住所が府内にある者。

②①以外の者のうち、卒業又は卒業見込みの者で中学校の校長が特別事情について申告した者、又は教育委員会が承認した者。

●提出書類
志願者は、下記の書類等を志願先高等学校長に提出する。（郵送は認めない）

入学志願書、自己申告書、外国の在留期間及び帰国時期を証明する資料、左記出願資格・条件の②に該当する者は、出身中学校の校長が作成した特別事情申告書又は志願先高等学校を所管する教育委員会が交付した承認書及びその関係書類他。

●日程等

出願	検査	発表	選考方法
2/15・16	2/18	3/1	数･英（リスニング含む）、面接＊

※出願、発表の時間は、入学者選抜実施要項参照。
＊面接は日本語による。

編入学

●対象校　すべての大阪府公立高等学校

●出願資格・条件（共通。ただし受付、資格審査は各教育委員会別に実施）

1. 外国において、高等学校に相当する学校に在学した者。
2. 外国において、我が国の中学校に相当する学校教育の課程（9年の課程）を修了し、高等学校に相当する課程に在学するには至っていない者で、相当年齢に達し、当該年度の入学者選抜に出願できなかった者（保護者の海外勤務等に伴って、原則として、外国に1年以上継続して在住し、帰国後1年以内の者とする）

※財団注：帰国が確定した該当者の保護者は、帰国予定日、居住予定先、海外在学学校名等と現在の学年、在外期間等を整えて高等学校を所管する教育委員会へ直接電話問い合わせること。ただし、東大阪市立日新高等学校については直接学校に電話問い合わせること。

●提出書類

編入学願、保護者・本人の住民票の写し等、海外在住期間を証明するもの、海外在住国において在籍した学校の成績証明書及び在籍期間証明書、教育課程のわかる学校案内、その他校長が必要と認めるもの。

各校別情報

大阪府立旭高等学校

URL　http://www.osaka-c.ed.jp/asahi/

生徒数　男 281　女 674　合計 955

帰国子女在籍者数	1年	2年	3年	計
	1	1	1	3

●入学試験の応募状況

年度＼人数	出願者	受験者	合格者	入学者
2019	1	1	1	1
2020	1	1	1	1

●編入学時期・定員　〔1年生〕9、1月〔2年生〕4、9、1月〔3年生〕4、9月。若干名。

●受入後　原則として他の生徒と同様の扱い。但し、当人の学習適応状況に応じて個別指導を行うこともある。

大阪府立枚方高等学校

URL　http://www.osaka-c.ed.jp/hirakata/

生徒数　男 400　女 554　合計 954

帰国子女在籍者数	1年	2年	3年	計
	1	0	1	2

●入学試験の応募状況

年度＼人数	出願者	受験者	合格者	入学者
2019	0	0	0	0
2020	1	1	1	1

●編入学時期・定員　〔1年生〕9、1月〔2年生〕4、9、1月〔3年生〕4、9月。若干名。

●受入後　特に指導を要する教科科目については、個別に課題を出し個人指導している。

大阪府立箕面高等学校

URL　http://www.osaka-c.ed.jp/minoo/

生徒数　男 492　女 616　合計 1108

帰国子女在籍者数	1年	2年	3年	計
	7	5	8	20

●入学試験の応募状況

年度＼人数	出願者	受験者	合格者	入学者
2019	5	5	5	5
2020	7	7	7	7

●編入学時期・定員　〔1年生〕9、1月〔2年生〕4、9、1月〔3年生〕4、9月。若干名。

●受入後　入学後の学習上の指導は、原則として一般生徒と同様である。特に指導を要する教科科目については、必要に応じて個別指導を行っている。

大阪府立花園高等学校

（担当：教頭）

URL　http://www.osaka-c.ed.jp/hanazono/

生徒数　男 320　女 636　合計 956

帰国子女在籍者数	1年	2年	3年	計
	2	2	3	7

●入学試験の応募状況

年度＼人数	出願者	受験者	合格者	入学者
2019	2	2	2	2
2020	2	2	2	2

●編入学時期・定員　〔1年生〕9、1月〔2年生〕4、9、1月〔3年生〕4、9月。定員は特に定めず。

●受入後　国際教養科で受け入れる。帰国生徒の学習適応状況を把握し、未学習分野・内容があれば、個別指導を行う。

おおさかふりつながの
大阪府立長野高等学校
（担当：教頭）

URL http://www.osaka-c.ed.jp/nagano/
生徒数 男 276 女 395 合計 671

●編入学時期・定員 〔1年生〕8、1月〔2年生〕4、8、1月〔3年生〕4、8月。若干名。（特に定めず）
●特色 本校は普通科と国際文化科を設置し、帰国生は国際文化科に所属する。同科では英語・第2外国語（韓国朝鮮語・中国語・フランス語・ドイツ語）を学ぶとともに、国際理解教育・国際交流にも力を入れている。また、各教室にプロジェクターの設置や Ipad を利用した授業など ICT を利用した教育にも力を入れている。
●教育方針（国際文化科）
◎さまざまな人々と連携・協働し、夢の実現をめざして本気で挑戦できる生徒
◎クリティカルシンキング（多角的な視野）を持って自ら考え行動できる生徒
◎『知る』『行動する』『活用する』からグローカル（グローバル&ローカル）に活躍する生徒の育成を目指す。
●指導
・個別の支援計画を作成し、生徒の能力にあった丁寧な指導を実施
・取り出し授業を行い、生徒の理解にあわせた指導を実施
●進路（帰国生徒）・四年制大学

おおさかふりつせんり
大阪府立千里高等学校
（担当：教頭）

URL https://osaka-senri-hs.net/
生徒数 男 445 女 429 合計 874

帰国子女在籍者数	1年	2年	3年	計
	7	8	5	20

●入学試験の応募状況

年度＼人数	出願者	受験者	合格者	入学者
2019	14	14	8	8
2020	7	7	7	7

●編入学時期・定員 〔1年生〕9、1月〔2年生〕4、9、1月〔3年生〕4、9月。定員は特に定めず。
●受入後 必要と判断した生徒に国語のみ個別指導を行っている。
※国際文化科・総合科学科の2学科で受け入れる。

おおさかふりつさの
大阪府立佐野高等学校
（担当：教頭）

URL http://www.osaka-c.ed.jp/sano
生徒数 普通科 男 385 女 372
国際教養科 男 65 女 159 合計 981

帰国子女在籍者数	1年	2年	3年	計
	1	2	3	6

●入学試験の応募状況

年度＼人数	出願者	受験者	合格者	入学者
2019	2	2	2	2
2020	1	1	1	1

●編入学時期・定員 〔1年生〕9、1月〔2年生〕4、9、1月〔3年生〕4、9月。入学条件等は要問合せ。
●受入後 必要に応じて個別指導を実施。
※国際教養科で受け入れる。
※令和3年度入学生より国際文化科に改編

おおさかふりつせんぼく
大阪府立泉北高等学校
（担当：教頭）

URL http://www.osaka-c.ed.jp/semboku/
生徒数 男 369 女 466 合計 835

帰国子女在籍者数	1年	2年	3年	計
	3	4	3	10

●入学試験の応募状況

年度＼人数	出願者	受験者	合格者	入学者
2019	4	4	4	4
2020	3	3	3	3

●編入学時期・定員 〔1年生〕9、1月〔2年生〕4、9、1月〔3年生〕4、9月。定員は特に定めず。
●受入後 教科学習の状況に応じて個別指導を行っている。
※国際文化科・総合科学科の2学科で受け入れる。

おおさかふりつすみよし
大阪府立住吉高等学校
（担当：教頭）

URL http://www.osaka-c.ed.jp/sumiyoshi/
生徒数 男 298 女 535 合計 833

帰国子女在籍者数	1年	2年	3年	計
	5	8	5	18

●入学試験の応募状況

年度＼人数	出願者	受験者	合格者	入学者
2019	9	9	8	8
2020	5	5	5	5

●編入学時期・定員 〔1年生〕9、1月〔2年生〕4、9、1月〔3年生〕4、9月。定員は特に定めず。
●受入後 国際文化科、総合科学科の2学科で受け入れる。必要と判断した生徒については、個別指導を行っている。

おおさかしりつひがし
大阪市立東高等学校
（担当：教頭）

URL http://swa.city-osaka.ed.jp/swas/index.php?id=h523502
生徒数 男 469 女 482 合計 951

帰国子女在籍者数	1年	2年	3年	計
	1	0	0	1

●入学試験の応募状況

年度＼人数	出願者	受験者	合格者	入学者
2019	0	0	0	0
2020	1	1	1	1

●編入学時期・定員 大阪市教育委員会の定めるところによる。
●受入後 帰国生徒は英語科に所属し、必要に応じて個別指導を実施する。

大阪市立高等学校

（担当：角田祥好）

URL http://swa.city-osaka.ed.jp/swas/index.php?id=h683505

生徒数 男 464　女 473　合計 937

帰国子女在籍者数	1年	2年	3年	計
	0	0	2	2

●入学試験の応募状況

年度＼人数	出願者	受験者	合格者	入学者
2019	0	0	0	0
2020	0	0	0	0

●編入学時期・定員
大阪市教育委員会の定めるところによる。
●受入後
帰国生徒は英語科に所属し、必要に応じて個別指導を実施する。

大阪市立南高等学校

（担当：北村由賀）

URL http://swa.city-osaka.ed.jp/swas/index.php? id=h553503

生徒数 男 68　女 285　合計 353

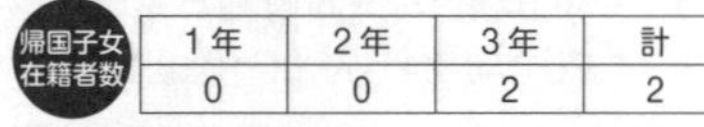

帰国子女在籍者数	1年	2年	3年	計
	0	0	2	2

●入学試験の応募状況

年度＼人数	出願者	受験者	合格者	入学者
2019	0	0	0	0
2020	0	0	0	0

●編入学時期・定員
大阪市教育委員会の定めるところによる。
●受入後
帰国生徒は英語探究科に所属し、必要に応じて個別指導を実施する。

東大阪市立日新高等学校

（担当：三好徹司）

URL http://www.city.higashiosaka.lg.jp/˜school/nisshin-h/index.htm

生徒数 男 371　女 405　合計 776

帰国子女在籍者数	1年	2年	3年	計
	1	2	0	3

●入学試験の応募状況

年度＼人数	出願者	受験者	合格者	入学者
2019	2	2	2	2
2020	1	1	1	1

●編入学時期・定員　東大阪市教育委員会の定めるところによる。在籍の生徒３名は特別選抜「海外から帰国した生徒の入学選抜」にて入学している。
●受入後　学習指導を必要とする場合は、一部個別指導を行うことになる。（ほぼ全ての教科で通常授業を受けます）

大阪府立和泉高等学校

URL http://www.osaka-c.ed.jp/izumi/

生徒数 男 457　女 621　合計 1078

帰国子女在籍者数	1年	2年	3年	計
	3	2	3	8

●入学試験の応募状況

年度＼人数	出願者	受験者	合格者	入学者
2019	2	2	2	2
2020	3	3	3	3

●編入学時期・定員
大阪府教育委員会の定めるところによる。
●受入後
グローバル科で受け入れる。原則として他の生徒と同様の扱い。ただし、本人の学習適応状況に応じて個別指導を行うこともある。

大阪市立水都国際高等学校

（担当：上床 敦）

URL https://osaka-city-ib.jp/

生徒数 男 47　女 109　合計 156

帰国子女在籍者数	1年	2年	3年	計
	4	2	－	6

●入学試験の応募状況

年度＼人数	出願者	受験者	合格者	入学者
2019	3	3	3	3
2020	8	4	4	4

●編入学時期・定員　４月入学可能。
（2019 年度・2020 年度）
帰国子女入試８名、一般入試 72 名。
●受入後　外国人教職員が全教職員の 40% を占め、英語が堪能な日本人教員も多く、英語での様々なサポートが受けられる環境で学ぶことが可能です。

※資格・条件、出願方法、日程等は、教育委員会に問い合わせるか、令和３年度大阪府公立高等学校入学者選抜実施要項を確認して下さい。

兵庫県公立高等学校

【問い合わせ先】▶　兵庫県教育委員会事務局　高校教育課
〒650-8567 兵庫県神戸市中央区下山手通 5-10-1
TEL 078-341-7711（内線 5743）

入学

●対象校

学校名	学科（コース）	〒	所在地	TEL
尼崎小田	国際探求学科	660-0802	尼崎市長洲中通 2-17-46	06-6488-5335
鳴尾	国際文化情報学科	663-8182	西宮市学文殿町 2-1-60	0798-47-1324
★国際	国際科	659-0031	芦屋市新浜町 1-2	0797-35-5931
明石西	国際人間科	674-0094	明石市二見町西二見 1642-1	078-943-3350
三木	国際総合科	673-0402	三木市加佐 931	0794-82-5001
○★神戸市立葺合	国際科	651-0054	神戸市中央区野崎通 1-1-1	078-291-0771
○姫路市立琴丘	国際文化科	670-0052	姫路市今宿 668	079-292-4925
神戸鈴蘭台	国際文化系コース	651-1102	神戸市北区山田町下谷上字中一里山 9-107	078-591-1331
宝塚西	国際文化系コース	665-0025	宝塚市ゆずり葉台 1-1-1	0797-73-4035
明石城西	国際文化系コース	674-0062	明石市大久保町谷八木 1190-7	078-936-8495
姫路飾西	国際文化系コース	671-2216	姫路市飾西 148-2	079-266-5355
○伊丹市立伊丹	国際文化系コース	664-0857	伊丹市行基町 4-1	072-772-2040

※「★」のついた学校は、次頁に各校別情報あり。「○」のついた学校は、市立高等学校である。

●出願資格

帰国生徒で、前項の学科、コースに入学を志願することのできる者は、2021 年 3 月に中学校を卒業する見込みの者並びに学校教育法第 57 条及び同施行規則第 95 条に規定する者で、推薦入学において当該学科、コースを第 1 志望とし、外国における在住期間が 1 年以上であり、次の 1 ～ 3 のいずれかに該当する者とする。

1. 2018 年 4 月 1 日以降に帰国後、県内に居住しており、保護者とともに引き続き県内に住所を有する者。
2. 2018 年 4 月 1 日以降に帰国後、現在県外に居住しており、2021 年 4 月 7 日までに県内へ住所を移し、保護者とともに引き続き県内に住所を定める見込みの者。
3. 現在外国に居住しており、2021 年 4 月 7 日までに県内へ住所を移し、保護者とともに引き続き県内に住所を定める見込みの者。

●通学区域

帰国生徒で、国際関係に関する各学科に入学を志願する者の通学区域は県下全域とし、国際文化系コースを志願する者の通学区域は普通科の通学区域とする。

●出願手続

志願者は、次の書類及び高等学校の各設置者が定める入学考査料を、2 月 3 日（水）～ 2 月 5 日（金）までの間に、出身中学校長又は外国における最終学校の校長を経て、志願先高等学校長に出願しなければならない。受付時間は、9:00 ～ 16:30(2 月 5 日（金）9：00 ～ 12：00。）とする。なお、志願先高等学校長へは郵送による提出も可とし、その場合は配達日指定（2 月 3 日（水）又は 2 月 4 日（木））の簡易書留にしなければならない（封筒表面に「願書在中」と朱書すること）。また、受検票の送付用として 374 円分の切手（速達料金を含む。返送する受検票が多い場合は、その重量に応じた切手。）を貼り、送付先を記入した返信用定形長 3 号封筒（12cm × 23.5cm）を同封する。

［提出書類］

1. 推薦入学願書・受検票
2. 外国在住を証明する書類（在住期間明示のもの。）
3. 出身中学校長又は外国における最終学校の校長の推薦書
   ただし、外国における最終学校の校長の推薦書を提出できない場合は、その旨を志願先高等学校長に届け出ること。
4. 調査書又は外国における最終学校の成績証明書若しくはこれに代わるもの。
5. 志願先高等学校長が発行した入学志願承認書（本県に居住している者で特別の事情のある者、又は、県外から本県の公立高等学校全日制の課程に志願する者に限り必要。）
6. 写真票（高等学校長が必要と認める場合に限り必要。この場合、写真の大きさは、縦 40mm、横 30mm とする。）
7. その他志願先高等学校長が必要とする書類

●**日程等**

出願	試験	発表	選考方法
2/3～5	2/16	2/21	※

※選抜方法は面接。必要に応じて適性検査、実技検査及び小論文（作文）を実施する。

※選抜は、帰国生徒の事情を配慮しながら総合的に合否の判定を行う。

※出願、発表の時間は、各高等学校募集要項参照。

※選抜の検査時間は各高等学校募集要項、実施時間は各高等学校長が定める。

※詳細については、志願先高等学校に問い合わせるか、2021年度兵庫県公立高等学校入学者選抜要綱で確認してください。

編入学

各高等学校の実情により対応する。編入学時期・定員は、一部の学校については下記の各校別情報参照。

各校別情報

神戸市立葺合高等学校（国際科）

（担当：教務部長）

生徒数　男52　女183　合計235

1年	2年	3年	計
16	15	10	41

●**入学試験の応募状況**

年度＼人数	出願者	受験者	合格者	入学者
2019	–	–	15	15
2020	–	–	16	16

●**編入学時期・定員**　〔1年生〕9、1月〔2年生〕4、9、1月〔3年生〕4月。若干名。

●**受入後**

英語と数学の授業に関しては、習熟度別クラス編成を行っている。英語力の伸長に配慮し、帰国生徒としての特長を保持しながらも日本の高校生活をスムーズに送ることができるようにしている。

兵庫県立国際高等学校

（担当：教務部長）

URL　http://www.hyogo-c.ed.jp/~kokusai-hs/index.html

生徒数　男68　女286　合計354

1年	2年	3年	計
0	3	1	4

●**入学試験の応募状況**

年度＼人数	出願者	受験者	合格者	入学者
2019	4	4	3	3
2020	0	0	0	0

●**編入学時期・定員**　〔1年生〕7、8、12月〔2年生〕7、8月。若干名。

●**受入後**　英語・国語・数学等に関しては、少人数による授業を実施している。アクティブ・ラーニングによるペアワーク、グループワーク等の技法も取り入れながら、帰国生徒としての貴重な体験を発信できる場も設定している。また、単位制専門学科のため、多様な講座を設定しており、学力支援も図りながら日本の高校生活をスムーズに送ることができるように配慮している。

※資格・条件、出願方法、日程等は、学校に問い合わせるか、2021年度選抜募集要項を確認して下さい。

奈良県公立高等学校

【問い合わせ先】▶ 奈良県教育委員会事務局　学校教育課高校教育第一係

〒630-8502 奈良県奈良市登大路町 30

TEL 0742-27-9851（直）　**FAX** 0742-23-4312

URL http://www.pref.nara.jp/11935.htm

入学

●特例措置を実施する高等学校

区分	学校名	学科	〒	所在地	TEL	募集人員
帰国生徒等特例措置	法隆寺国際	総合英語科	636-0104	生駒郡斑鳩町高安 2-1-1	0745-74-3630	若干名
	高取国際	国際コミュニケーション科	635-0131	高市郡高取町佐田 455-2	0744-52-4552	若干名
帰国生徒等特例選抜	国際	国際科 plus	631-0008	奈良市二名町 1944-12	0742-46-0017	※

※募集人員は、「令和 3 年度奈良県立高等学校入学者募集人員」に定めます。

●出願資格

保護者（親権者又は未成年後見人）とともに奈良県内に居住している者で、次の 1 ～ 3 のいずれかに該当する者。ただし「県外居住者及び県外中学校卒業者等の奈良県立高等学校への志願手続要領」により承認を受けた者は、奈良県内に居住している者とみなす。

1. 中学校若しくはこれに準じる学校を卒業した者又は 2021 年 3 月卒業見込みの者
2. 中等教育学校前期課程を修了（以下「卒業」に含める。）した者又は 2021 年 3 月卒業見込みの者
3. 学校教育法施行規則（昭和 22 年文部省令第 11 号）第 95 条各号のいずれかに該当する者

かつ、次のア～ウのいずれかに該当する者

ア保護者の海外勤務に伴う外国での在住期間が、帰国時からさかのぼり継続して 2 年以上の者で、2020 年 1 月 1 日以降に帰国した者

イ中国等引揚者等で、原則として小学校第 4 学年以上の学年に編入学した者

ウ外国人生徒で、原則として小学校第 4 学年以上の学年に編入学した者

●出願方法

出願は上記の高等学校のうち 1 校 1 学科に限る。

●出願手続

2021 年度奈良県立高等学校入学者選抜帰国生徒等特例措置要項「5 出願手続」に準ずる。

●出願書類

1. 入学願書
2. 入学考査料 2,200 円（奈良県収入証紙により納付）
3. 調査書（ただし、調査書を提出できない場合は、これに代わるもの）
4. 帰国生徒等特例措置適用申請書
5. 海外生活を証明する書類
6. 奈良県教育委員会教育長の承認を受けた奈良県公立高等学校入学志願許可申請書（入学志願許可申請の方法については、県教育委員会事務局学校教育課高校教育第一係まで問い合わせること）

※帰国後、県内の中学校を卒業した者又は卒業見込みの者は、5 及び 6 の提出は不要。

※様式等については、県教育委員会事務局学校教育課高校教育第一係まで問い合わせること。

●日程等　※出願、検査の時間は、選抜実施要項参照。

1. 帰国生徒等特例措置の日程等

出願	試験	発表	選抜方法
2/12・15	2/18	2/25	数・英、作文、面接

2. 帰国生徒等特例選抜の日程等

出願	試験	発表	選抜方法
2/12・15	2/18・19	2/25	数・英、作文、面接 ライティング、口頭試問

●その他

1. この特例措置で合格した場合、必ず入学するものとする。
2. この要項で定めるもののほか、必要な事項及び特別な事態が生じた場合の措置は、奈良県教育委員会が別に定める。

編入学

編入学については、各高等学校により受付の期間、試験実施日程及び試験教科・科目等が異なります。編入学の情報及び手続等は、上記学校教育課高校教育第一係に問い合わせてください。なお、学校教育課 Web ページでも情報を提供しています。

各校別情報

法隆寺国際高等学校

（担当：教頭又は教務主任）

URL http://www.e-net.nara.jp/hs/horyujikokusai/

生徒数 男 433 女 503 合計 936

帰国子女在籍者数	1年	2年	3年	計
	2	4	2	8

●入学試験の応募状況

年度＼人数	出願者	受験者	合格者	入学者
2019	4	4	4	4
2020	2	2	2	2

●編入学時期・定員　年度末に実施するが、試験の実施日は海外帰国生徒及び中国等帰国生徒等については適宜実施する。詳細は学校に問い合わせて下さい。

●受入後　必要に応じて、取り出し授業や放課後の補充授業を実施している。

※ 2015 年 8 月、海外より 1 名応募、合格。

高取国際高等学校

（担当：教務主任）

URL http://www.e-net.nara.jp/hs/takatorikokusai/

生徒数 男 231 女 455 合計 686

帰国子女在籍者数	1年	2年	3年	計
	2	6	3	11

●入学試験の応募状況

年度＼人数	出願者	受験者	合格者	入学者
2019	6	6	6	6
2020	2	2	2	2

●編入学時期・定員　年度末に実施するが、試験の実施日は海外帰国生徒及び中国等帰国生徒等については適宜実施する。詳細は学校に問い合わせて下さい。

●受入後　必要と認められた場合、一般学習から取り出して未学習分野・内容、国語などについて個別指導を行う。日本語と母語に関しても随時個別指導を行っている。

※資格･条件、出願方法、日程等は、教育委員会に問い合わせるか、2021 年度入学者選抜実施要項を確認して下さい。

●推薦選抜（英語重視）を実施している高等学校

学校名	学科	〒	所在地	TEL	募集人員 (昨年度例)
奈良市立一条	外国語科	630-8001	奈良市法華寺町 1351	0742-33-7075	定員の 25%

和歌山県公立高等学校

【問い合わせ先】▶ 和歌山県教育庁　学校教育局県立学校教育課
〒640-8585 和歌山県和歌山市小松原通 1-1
TEL 073-441-3686 **FAX** 073-441-3652
URL https://www.pref.wakayama.lg.jp/prefg/500000/index.html

入学

●和歌山県立高等学校入学者選抜学力検査等に係る帰国生徒取扱い

「帰国生徒」とは、日本国籍を有する者で、海外に所在する機関、事業所等に勤務するか又は海外において研究・研修を行うこと等を目的として日本を出国し、海外に在留していた者又は現在なお在留している者の子供等で、原則として引き続き2年を超える期間海外に在留していた子供をいう。

●募集学校・募集人員

全県立高等学校・募集定員枠を超えて入学を許可することができる。

●出願資格

上記の帰国生徒にあたる者で、かつ、帰国した日から原則として2年以内に和歌山県立高等学校入学者選抜学力検査等を受検する者で、本人の持つ能力が十分発揮されていないと考えられる相当の根拠がある者。

●提出書類

出身中学校長は、協議書を作成し、志願先高等学校長宛て親展で原則として2021.2.17までに提出すること。

○海外から志願する者の手続について

海外に居住し、和歌山県立高等学校に入学を志願する者は、入学日までに和歌山県内に居住が確実で、教育委員会の許可を受けた者でなければならない。なお、特別な事由により、保護者と和歌山県内に居住できない場合は、その旨の許可も受けること。

該当者は、次に示す書類を、1/8～26までに県立学校教育課長に提出しなければならない。

1. 和歌山県立高等学校進学許可願　1部
2. 海外に居住することを証明する書類（日本大使館や総領事館発行の在留証明書等）
3. 特別事情を証明する書類

●日程等

出願	試験	発表	選抜方法
一般出願 2/24・25	3/11・12	3/19	国・社・数・理・英・面接・実技検査等
本出願 3/4・5			

※出願、発表の時間、選抜方法の詳細は、入試要項参照。

※県立学校教育課長が帰国生徒取扱いを承認した場合、当該高等学校長は、入学者選抜学力検査の成績等を勘案し、募集定員を超えて入学を許可することができる。高等学校長は、中学校長から提出された報告書類（又はこれに相当する書類）と、学力検査の成績等に基づいて選抜する。

編入学

編入学は各高等学校において対応する。条件、出願書類等は、希望する各高等学校に問い合わせること。

鳥取県公立高等学校

【問い合わせ先】▶ 鳥取県教育委員会事務局高等学校課
〒680-8570 鳥取県鳥取市東町 1-271
TEL 0857-26-7916 FAX 0857-26-0408

入学

●趣旨
日本語指導が必要な海外帰国生徒・外国籍生徒等に対する入学者選抜は、その者の個々の事情に配慮して実施する。

●募集学校・募集人員
該当生徒の選抜試験は全県立高等学校で実施し、募集人員は特に定めない。

●出願資格
日本語指導が必要な海外帰国生徒・外国籍生徒等とは、保護者とともに県内に住所を有する者または入学日までに県内に居住予定の者で、帰国後の期間（帰国した日から 2021.2.1 までの期間をいう）が原則 3 年以内であり、かつ、帰国の場合には、外国における在住期間が帰国時からさかのぼり継続して 1 年以上である者で、学校生活において日本語指導が必要と認められる者。ただし、保護者が引き続き海外に居住する者は、県内に保護者に代わる保証人がいる場合に限る。

●提出書類
①出願前申請②出願時申請を設定。
①の場合には「配慮申請書Ⅱ」を中学校長または県教育委員会に、②の場合には「配慮申請書Ⅱ」を「入学志願書」に添付して志望する高等学校長に提出する。なお、出身中学校が国外の場合には県外志願者となるので、「県外志願者出願届」を、鳥取県内に居住地を変更することを証明する書類を添えて「入学志願書」とともに志願する高等学校長に提出する。

●日程等

出願	試験	発表	選抜方法
2/18～22 正午	3/9・10	3/18	国・社・数・理・英、面接

※出願、発表の時間等詳細は、入試要項参照。
※郵送による出願の場合は、一般入試出願開始日前日の 2/17 の消印まで有効。
※出願の特例措置として、県外の中学校を卒業している者又は卒業見込みの者で、鳥取県に居住地を変更する予定のある者については、2/25・26 正午までの間も出願を受け付ける。
※志願先変更期間は、2/25・26 正午まで。調査書提出期間は、出願期間に同じ。
※国・社・数・理・英から 3 教科以上を実施。志願者に受検教科を選択させることも可能。届出により配慮の必要があると認められた者に対しては、学力検査は英・数・国の 3 教科で実施する。なお学科・コースの特性に応じて実技検査を実施する学科・コースもある。

●配慮事項
1. 検査に当たっての配慮
日本語指導が必要な海外帰国生徒・外国籍生徒等については、各検査に当たり、それらの生徒の個々の事情に応じて配慮をするものとする。
2. 選抜に当たっての留意事項
選抜に当たっては、日本語指導が必要な海外帰国生徒・外国籍生徒等であることをもって不利益な取扱いをしてはならない。

●推薦入試
一部の学校（学科・コース）において、県外の生徒の出願を認めている。詳細は教育委員会に問い合わせること。

編入学

個別に協議して対応する。
※資格・条件、出願方法、日程等は、各高等学校または県教育委員会に問い合わせること。

島根県公立高等学校

【問い合わせ先】▶ 島根県教育庁　教育指導課入学者選抜担当
〒690-8502 島根県松江市殿町1
TEL 0852-22-6132 FAX 0852-22-6026

〈詳細は2021年度入学者選抜実施要綱を確認して下さい〉

入学

●募集学校・募集人員

原則として、帰国生徒等を対象とした特別枠は設けない。

●出願資格

1. 中学校若しくはこれに準ずる学校若しくは義務教育学校を卒業した者又は中等教育学校の前期課程を修了した者。
2. 令和3年3月に中学校若しくはこれに準ずる学校若しくは義務教育学校を卒業する見込みの者又は中等教育学校の前期課程を修了する見込みの者。
3. 学校教育法施行規則第95条の規定に該当する者。

上記の1～3の資格をもつ者で、次に該当する者。

・保護者が本県内に居住しているまたは入学時までに居住見込みの者。ただし、保護者が本県内に居住しない場合は、県内に居住している確かな身元引受人（原則として、志願者の親族である祖父母、おじ、おば等）のある者。

●提出書類

1. 県内中学校に在籍する前記出願資格の該当者が出願する場合は、入学願書に海外在住状況説明書を添えて、県内中学生と同様の手順で行うものとする。
2. 外国の中学校を卒業見込みまたは卒業した者が県内の公立高等学校へ出願する場合は、実施要綱Ⅵの1の出願手続に準じて行うものとし、提出書類等は次のとおりとする。

①入学願書（各高等学校が作成）
②海外在住状況説明書（所定様式）
③個人調査報告書（所定様式）又は成績証明書
④健康診断書（成績証明書の提出者に限る）

●帰国生徒等特措

○趣旨

高等学校入学者選抜志願者のうち、海外からの帰国生徒等については、海外経験等を十分考慮し、その適切な受け入れを図ることを目的として特別措置を講ずることができる。

○対象となる生徒

帰国生徒で、原則として外国における在住期間が継続して2年以上で、帰国後2年以内若しくは帰国予定の場合、又は外国人生徒等で、原則として小学校第4学年以上の学年に編入学した場合。

※学力検査は、帰国生徒等以外の受験生と同一問題、同一時間で行うものとする。ただし、事情によっては検査教科を減じたり、受検時間を延長すること等がある。詳細については実施要綱で確認すること。

●一般選抜の日程等

出願	試験	発表	選抜方法
1/28～2/2	3/4	3/12	国・社・数・理・英

※出願、発表の時間は、実施要綱参照。
※出願書類を郵送する場合は、1/29の消印まで有効。
※1回に限り志願変更することができる。

編入学

特別枠を設定している学校はない。希望に応じて各校で対応している。出願資格・条件、出願書類、選抜方法は入学に準ずる。

岡山県公立高等学校

【問い合わせ先】▶ 岡山県教育庁 高校教育課
〒700-8570 岡山県岡山市北区内山下 2-4-6
TEL 086-226-7578 FAX 086-224-2535
URL http://www.pref.okayama.jp/soshiki/321/

入学

●趣旨
外国での学習経験を特に配慮して、海外帰国生徒のための入学者選抜を実施する。

●募集学校・募集人員

学校名	学科	〒	所在地	TEL	募集人員
岡山一宮	普通科・理数科	701-1202	岡山市北区楢津 221	086-284-2241	若干名
岡山城東	普通科	703-8222	岡山市中区下 110	086-279-2005	若干名
西大寺	国際情報科	704-8112	岡山市東区西大寺上 2-1-17	086-942-4150	若干名
総社南	普通科	719-1132	総社市三輪 626-1	0866-93-6811	若干名

●出願資格
次の 1 の①から③のいずれかに該当する者で、かつ、次の 2 の①及び②のいずれにも該当する者とする。

1. ①中学校若しくはこれに準ずる学校（特別支援学校の中学部等）若しくは義務教育学校又は中等教育学校の前期課程（以下「中学校等」という。）を卒業又は修了（以下「卒業」という。）した者
   ② 2021 年 3 月中学校等を卒業する見込みの者
   ③学校教育法施行規則（昭和 22 年文部省令第 11 号）第 95 条の規定に該当する者
2. ①原則として、外国における在住期間が継続して 2 年以上で帰国後 2 年以内であること。
   ②保護者が県内に居住しているか、2021.4.7 までに県内に居住予定であること。保護者が引き続き外国に居住する場合は、県内に保護者に代わる身元引受人が居住していること。

●提出書類
1. 志願者が提出するもの
   ①帰国生徒入学願書②海外生活等の記録
   ③外国在住を証明する書類（在住期間明示のもの）
   ④自己申告書（長期欠席者、過年度卒業者等のうち、提出を希望する志願者についてのみ提出）
2 中学校等の校長が作成の上、提出するもの
   ①帰国生徒入学志願者一覧表
   ②調査書
   ③学年についての報告書
   ④学年についての報告書の百分率表
なお、最終学校が外国における現地校の場合は、①②③④に代えて、学校教育における 9 年の課程を修了（修了見込みを含む。）したことを証明するものでよい。
3. 保護者が県内に居住していない場合には、特別出願の手続を行うものとする。申請期間は 1/12 ～ 22 までとする（予定）。

●日程等

出願	試験	合格内定結果の通知	選抜方法
1/26～28	2/9	2/18	調査書、面接等

※出願、発表の時間は、入学者選抜実施要項参照。
※必要に応じて簡単な口頭試問（英会話を含む。）を行うことがある。また、学校によっては、聞き取り検査や作文等の適性検査を実施することがある。
※選抜に当たっては、中学校等の校長から提出される調査書、面接等の結果及び自己申告書等を資料として、外国での学習や経験を適切に評価するよう配慮し、総合的に判断する。

編入学

岡山県教育庁高校教育課へ問い合わせる。

広島県公立高等学校

【問い合わせ先】▶　広島県教育委員会　高校教育指導課
〒730-8514 広島県広島市中区基町 9-42
TEL 082-513-4992

※ 2020 年度の内容。2021 年度の詳細は 2021 年度入学者選抜実施要項を確認してください。

入　学

●趣旨
帰国生徒等の公立高等学校への受け入れを図るため、帰国生徒等の特別入学に関する選抜を実施する。

●募集学校・募集人員
全日制課程のすべての高等学校で募集し、定員は入学定員外で、各高等学校 2 人以内。

●出願資格
「日本国籍を有する者で、外国に在留していたもの又は現在なお在留しているものに係る就学希望者で長期間外国に在留し、帰国したもの」又は「終戦前から引き続き中国等に居住していた者で日本に帰国したものに係る就学希望者」で中学校もしくはこれに準ずる学校の卒業（見込）者等で、原則として次のいずれかに該当する者。

（ア）海外在住期間が 2 年以上 3 年未満で、帰国後の期間が 1 年以内の者
（イ）海外在住期間が 3 年以上 4 年未満で、帰国後の期間が 2 年以内の者
（ウ）海外在住期間が 4 年以上 9 年未満で、帰国後の期間が 3 年以内の者
（エ）海外在住期間が 9 年以上で、帰国後の期間が 6 年以内の者

●出願書類
入学願書、海外在住状況説明書、入学者選抜願及び受検票（入学者選抜料 2,200 円）、調査書等又は成績証明書、健康診断書（成績証明書の提出者に限る）。なお、成績証明書を提出する者は、中学校に就学すべき期間の全部において外国の学校に在籍していた者とする。

※出願時に保護者の住所が志願する高等学校の通学区域外にある者（県外居住者・海外居住者を含む）は入学願書提出前に下記の書類を 12/13 ～ 1/8 正午までに県教育委員会高校教育指導課（市立高等学校を受検する場合は、関係市教育委員会）に提出し、許可を受けなければならない。

県外等からの出願許可願、居住確約書、在留証明書、出身中学校長意見書等。以上の他、本人のみ帰国の場合：承諾書及び承諾者の住民票記載事項証明書。

●日程等

出願	試験	発表	選抜方法
2/14～19 正午	3/5・6	3/13	国・数・英、作文、面接、出願書類

※出願、発表の時間は、入試要項参照。
※県外等からの出願許可願提出期限は、12/13 ～ 1/8 正午。志願変更は 2/20 ～ 25 正午。調査書提出期間は、2/20 ～ 26 正午。
※広島県立広島高等学校、福山市立福山高等学校については日程等が異なるので、各教育委員会に問い合わせること。

編入学

校長は、相当年齢に達し、入学させようとする学年に在学する他の生徒と同等以上の学力があると認められた者について、第 1 学年の途中又は第 2 学年以上の相当学年に入学を許可することができる。出願資格・条件、出願書類、選抜方法は入学に準ずる。編入学時期は原則として学期ごと、定員は原則として学級の欠員数。
※資格・条件、出願方法、日程等は、教育委員会に問い合わせること。

山口県公立高等学校

【問い合わせ先】▶ 山口県教育庁　高校教育課　普通教育班

〒753-8501 山口県山口市滝町 1-1

TEL 083-933-4627 FAX 083-933-4619

URL http://www.pref.yamaguchi.lg.jp/cms/a50300/index/

入学

●趣旨

帰国生徒等については、海外経験等を十分考慮して選抜することとしている。

●募集学校・募集人員

山口県公立高等学校入学者選抜と同じである。帰国生徒等の定員については、入学定員の枠内において入学を認めることを原則とするが、事情によっては、第1学年の学級の数を限度として、入学定員の枠をこえることができるとしている。

●応募資格

山口県公立高等学校入学者選抜の応募資格（次の1～3）のいずれかに該当し、原則として、外国における在住期間が継続して2年以上で、帰国後2年以内又は帰国予定の者

1. 中学校又はこれに準ずる学校（以下「中学校」という）の卒業者
2. 令和3年3月中学校卒業見込みの者
3. 学校教育法施行規則（昭和22年文部省令第11号）第95条の各号のいずれかに該当する者

●提出書類

山口県公立高等学校入学者選抜に同じ。海外から受験を希望する者については、令和3.1.4～令和3.2.5の間に「山口県立高等学校入学志願承認申請」の手続をして、承認を受けることが必要である。

※推薦入学〔2/9（・10）：面接等実施〕を志願する場合は、承認を受けた上で推薦入学の出願〔出願期間：1/27～2/1午前10時〕を行う必要があることから、申請手続期間〔1/4～2/5〕にかかわらず、推薦入学の出願に間に合うように、「山口県立高等学校入学志願承認申請」の手続を行うこと。

●日程等

出願	試験	発表	選抜方法
2/22～26 午前10時	3/9 （・8・10）	3/17 午前10時	国・社・数・理・英、 調査書等

※出願に先だって志願登録を2/12～17午前10時までに行う。

※事情によっては、高等学校長は県教育委員会と協議の上、次の配慮をすることができる。

1. 各教科10分を限度として、必要に応じて、検査時間を延長する。
2. 学力検査の問題文の漢字に、必要に応じて、ふり仮名をつける。

［面接］高等学校長は、必要がある場合は、面接を行うことができる。

［選抜］高等学校長は、選抜に当たっては、調査書を重視する。その際、調査書の「学習の記録」と学力検査の成績は同等に取り扱うとともに、調査書の「学習の記録」以外の記載事項及び面接、小論文、実技検査の結果等も十分に考慮する。なお、帰国生徒等については、海外経験等を十分考慮する。

高等学校長は、入学定員の一部について、学力検査の成績が一定以上であれば、調査書及び面接、小論文、実技検査の結果等によって選抜（以下「調査書等による選抜」という）を行うことができる。

なお、調査書等による選抜により合格内定とすることができる人数は、入学定員の20％以内とし、この範囲内で高等学校長が定める。

編入学

編入学の許可に当たっては、本人が海外で身に付けてきた特性を正当に評価するとともに、各学校の実情を勘案の上、可能な限り弾力的に取り扱う。

※詳細については、山口県教育庁高校教育課に問い合わせること。

高知県公立高等学校

【問い合わせ先】▶ 高知県教育委員会事務局高等学校課
〒780-8570 高知県高知市丸ノ内 1-7-52
TEL 088-821-4907 **FAX** 088-821-4547
URL http://www.pref.kochi.lg.jp/soshiki/311701/

入学

●趣旨
海外帰国生等については、その海外経験等を考慮して選抜することとしている。

●出願資格
次のいずれかに該当する者
(1) 2021年3月に中学校、義務教育学校又はこれに準ずる学校を卒業する見込みの者
(2) 中学校、義務教育学校又はこれに準ずる学校を卒業した者
(3) 中学校又は義務教育学校を卒業した者と同等以上の学力があると認められる者（学校教育法施行規則第95条各号の一に該当する者）

●募集人員
海外帰国生等を対象とした特別枠は設けていない。

●提出書類
(1) A日程：願書、受検票、志願理由書、調査書、学習成績一覧表を提出しなければならない。これに加えて副申書、自己申告書を提出することができる。
※海外から受検を希望する場合は、「他の都道府県からの高知県公立高等学校入学志願承認」の手続きを行い、承認を受ける必要がある。（手続期間は2021.1.4～2021.1.15とする）
(2) B日程：願書、受検票、調査書、学習成績一覧表を提出しなければならない。これに加えて副申書、自己申告書を提出することができる。

●選抜方法
(1) 全日制・昼間部
【A日程】：入学定員の100%を募集。調査書、志願理由書、学力検査（国社数理英の5教科）及び面接の結果等により選抜を行う。
【B日程】：A日程で合格者が入学定員に達しなかった学校・学科において実施する。調査書、学力検査（国数英理社の5教科）及び面接の結果等により選抜を行う。
(2) 定時制・夜間部
【B日程】：入学定員の100%を募集。調査書、学力検査（国数英の3教科）及び面接の結果等により選抜を行う。
※海外帰国生等については、海外経験等を考慮する。

●日程等

区分	募集	出願	試験	発表	選考方法
A日程	特に定めず	2/2～4	3/4･5	3/15	面接、学力検査、実技等
B日程		3/16･17	3/22	3/25	面接、学力検査、実技等

※志望する学校（学科）により実技検査が実施される場合がある。

●その他
入学者選抜に関する詳細は、高知県教育委員会事務局高等学校課ホームページに掲載している「令和3年度高知県公立高等学校入学者選抜の手引」を参照
URL http://www.pref.kochi.lg.jp/soshiki/311701/

編入学

特別枠を設定している学校はない。希望に応じて各校で対応している。
※資格・条件、出願方法、日程等は、教育委員会に問い合わせて下さい。

福岡県立高等学校

【問い合わせ先】▶ 福岡県教育庁　教育振興部高校教育課
〒812-8575 福岡県福岡市博多区東公園 7-7
TEL 092-643-3904 FAX 092-643-3906
URL http://www.pref.fukuoka.lg.jp/

入学

●**趣旨**　この要項は、令和３年度福岡県立高等学校入学者選抜に当たり、帰国生徒等について、必要な特例措置を講じることにより、その適切な受入れを図ることを目的とする。

〔特別学力検査〕

●**実施校**

学校名	〒	所在地	TEL
青豊	828-0028	豊前市青豊 3-1	0979-82-2105
小倉南	802-0801	北九州市小倉南区富士見 1-9-1	093-921-2293
小倉商業	802-0801	北九州市小倉南区富士見 3-5-1	093-921-2245
北筑	807-0857	北九州市八幡西区北筑 1-1-1	093-603-6221
玄界	811-3114	古賀市舞の里 3-6-1	092-944-2735
香住丘	813-0003	福岡市東区香住ケ丘 1-26-1	092-661-2171
太宰府	818-0122	太宰府市高雄 3-4114	092-921-4001
福岡農業	818-0134	太宰府市大佐野 250	092-924-5031
福岡工業	814-8520	福岡市早良区荒江 2-19-1	092-821-5831
福岡講倫館	814-0033	福岡市早良区有田 3-9-1	092-871-2710
早良	811-1112	福岡市早良区大字小笠木 403	092-804-6600
朝倉東	838-0068	朝倉市甘木 116-2	0946-22-2114
久留米	830-0038	久留米市西町 482	0942-33-1288
福島	834-0006	八女市吉田 1581-2	0943-22-5148
伝習館	832-0045	柳川市本町 142	0944-73-3116
ありあけ新世	837-0904	大牟田市大字吉野 1389-1	0944-59-9688
東鷹	825-0002	田川市大字伊田 2362-3	0947-44-3015
嘉穂東	820-0003	飯塚市立岩 1730-5	0948-22-0071
直方	822-0002	直方市大字頓野 3459-2	0949-22-0006
★○福岡市立福岡女子	819-0013	福岡市西区愛宕浜 3-2-2	092-881-7344

※「★」のついた学校は、次頁に各校別情報あり。「○」のついた学校は、市立高等学校

●**日程等**

出願	試験	発表	選抜方法
1/19～25 正午	1/27	3/18	国・数・英、作文、面接

※出願、発表の時間は入試要項参照。

※選考結果の通知は令和３年２月１日。実施校の校長から、選考結果通知書を中学校長等または本人に交付する。

※実施校の校長は、在学又は出身学校長から提出された書類並びに特別学力検査の成績および作文、面接の結果を資料として、総合的に選考して、合格者を内定するものとする。

●**出願資格**

帰国生徒で、現地校に引き続き３年以上在学し、かつ、原則として令和２年１月１日以降に帰国した者。

●**出願書類**

この特別学力検査を受けようとする者は、出願期間内に以下の書類を志願する特別学力検査実施校の校長に提出するものとする。

1. 帰国生徒等特例措置適用申請書
2. 入学願書等

●**その他**

この特別学力検査で合格内定とならなかった者は、再度、推薦入学及び一般入学者選抜に出願することができる。この場合は、改めて入学願書等を提出しなければならない。

〔推薦入学〕

●日程等

出願	試験	発表	選抜方法
2/1～2/5 正午	2/9・10	3/18	面接、作文、実技

※試験日は、志願先高等学校長が指定する日。

※出願、発表の時間は、入試要項参照。

●出願資格

帰国生徒で、引き続き1年以上海外に在留した経験のある者。

●特例措置の内容

1. 出願の特例

次の者についても、推薦入学の出願を認める。

①過年度中学校卒業者。

②外国において学校教育における9年の課程を修了した者及び文部科学大臣が中学校の課程と同等の課程を有するものとして認定した在外教育施設の当該課程を修了した者。

2. 選考上の特例

推薦入学における選考に当たり、帰国生徒が海外での経験等を通じて培ってきた国際性や将来の進路に対する意識等を積極的に評価する。

●実施学科・コース

普通科（国際文化コース）、英語科において実施する。

●申請手続

1. この特例措置の適用を受けようとする者は、推薦入学願書等提出の際、帰国生徒等特例措置適用申請書を志願先高等学校長に提出するものとする。
2. この特例措置の適用を受けようとする者のうち、日本の中学校を卒業していない者は、出身学校長の推薦書を提出するものとする。

〔一般学力検査〕

●日程等

出願	試験	発表	選抜方法
2/16～24 正午	3/10	3/18	国・数・社・理・英

※出願、発表の時間は入試要項参照。

※学区外高等学校入学志願者申請受付は 2/5 ～ 3/2 正午。志願先変更受付は 2/25 ～ 3/2 正午。

●出願資格

帰国生徒で、現地校に引き続き3年以上在学し、かつ、原則として令和2年1月1日以降に帰国した者。

●特例措置の内容

1. 学力検査時間の延長（国語は25分、他の教科は15分）
2. 学力検査問題の漢字の振り仮名
   学力検査問題の一部について、別に漢字振り仮名表を用意するものとする。
3. 検査場
   学力検査は、志願先高等学校ではなく、各地区ごとに次の検査場において帰国生徒等特例学力検査室を設けて行う。

帰国生徒等特例学力検査場

地区	検査場	郵便番号	所在地
北九州	小倉高等学校	803-0828	北九州市小倉北区愛宕 2-8-1
福岡	城南高等学校	814-0111	福岡市城南区茶山 6-21-1
筑後	明善高等学校	830-0022	久留米市城南町 9-1
筑豊	嘉穂高等学校	820-0021	飯塚市潤野 8-12

●申請手続

1. この特例措置の適用を受けようとする者は、入学願書等提出の際、帰国生徒等特例措置適用申請書を志願先高等学校長に提出するものとする。
2. 高等学校長は、上記申請書の提出があった場合は、その内容を審査し、当該申請者に対し、帰国生徒等特例措置適用証明書を交付するものとする。
3. この特例措置の適用を受ける者は、学力検査当日、上記証明書を検査場に携行しなければならない。

●出願期限の弾力化

高等学校長は、海外の日本人学校の卒業者等で、帰国後直ちに入学志願手続きを行おうとする者が、やむを得ない理由により出願期限に遅れたものと認められる場合には、福岡県教育庁教育振興部高校教育課長と協議の上、当該出願を受け付けることができるものとする。

編入学

対象者は、帰国生徒など外国の高等学校から編入学を希望する者（外国の中学校卒業後、編入学を希望する者を含む）。学年・時期は、各学年、各学期の当初（ただし、第1学年の1学期当初を除く）。出願資格・条件、出願書類、選抜方法は、入学に準ずる。なお、帰国生徒については必要に応じ学期中途でも受け入れることができる。

※資格・条件、出願方法、日程等は、福岡県教育庁教育振興部高校教育課学事企画係に問い合わせて下さい。

各校別情報

福岡市立福岡女子高等学校（ふくおかしりつふくおかじょし）

（担当：教頭）

URL　http://www.fuku-c.ed.jp/schoolhp/fuku-jo/

生徒数　女 927　計 927

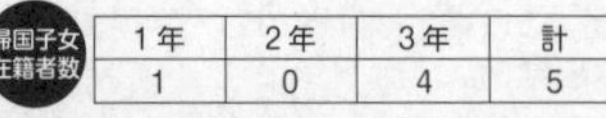

帰国子女在籍者数	1年	2年	3年	計
	1	0	4	5

●入学試験の応募状況

年度＼人数	出願者	受験者	合格者	入学者
2019	非公表	非公表	非公表	非公表
2020	非公表	非公表	非公表	非公表

●帰国生徒等特例措置による特別学力検査を本校で実施している

●受入後の指導について　一般生徒と同一のカリキュラムで指導する

●編入学時期　4月　9月　1月
定員　若干名

佐賀県立高等学校

【問い合わせ先】▶ 佐賀県教育庁　学校教育課高校教育担当
〒840-8570 佐賀県佐賀市城内 1-1-59
TEL 0952-25-7227（直通）（内線 3264）　FAX 0952-25-7286
URL http://www.pref.saga.lg.jp/list02349.html

入学

●募集学校・募集人員

すべての佐賀県立高等学校において、2021 年度佐賀県立高等学校募集定員の中で対応する。

●受検資格

海外帰国生徒等で受検できる者は、次の (1) ～ (3) に定める資格を有する者で、かつ、①～③のいずれかに該当する者とする。

(1) 中学校又は義務教育学校、若しくはこれに準ずる学校を卒業した者又は 2021 年 3 月卒業見込みの者
(2) 中等教育学校の前期課程を修了した者又は 2021 年 3 月修了見込みの者
(3) 中学校を卒業した者と同等以上の学力があると認められる者（学校教育法施行規則第 95 条各号のいずれかに該当する者）
　①帰国又は入国後、保護者とともに県内に住所を有している者
　②現在海外に居住している者又は帰国後県外に住所を有している者で、入学日までに保護者とともに県内に住所を有する見込みが確実な者
　③その他特別の事情のある者

●特例措置

下記の特例措置の適用許可を申請できる者は、次の条件 A、B のいずれかに該当する者とする。申請があった場合は、県教育委員会で審査し、決定する。

条件 A：「帰国生徒及び外国人生徒等で、帰国又は入国後小学校 4 年生以上の学年に編入学した者若しくは帰国又は入国時に既に学齢を超過していたため、我が国の小・中学校に編入できなかった者で、2014.2.1 以降に帰国した者」
条件 B：「海外にひき続き 2 年 6 か月以上在留し、かつ、2019.2.1 以降に帰国した者」

【特例措置の内容】
(1) 特別選抜の学力検査に関する特例
　ア学力検査の延長
　　学力検査時間を国語は 15 分、数学及び外国語（英語）はそれぞれ 10 分延長し、その時間割は別に定める
　イ学力検査問題の漢字のふりがな
　　学力検査問題の問題文等の漢字（原則として、全ての漢字）について、必要に応じてふりがなを付けるものとする
(2) 一般選抜の学力検査に関する特例
　ア受検教科　国語、数学、外国語（英語）の 3 教科
　イ学力検査の延長
　　学力検査時間を国語は 25 分、数学及び外国語（英語）はそれぞれ 15 分延長し、その時間割は別に定める
　ウ学力検査問題の漢字のふりがな
　　学力検査問題の問題文の漢字（原則として、全ての漢字）について、必要に応じてふりがなを付ける
(注) ただし、上記の条件 A・B に該当する者であっても、海外の在留期間中において、日本語を修得するのに大きな支障がないと判断される者については、【特例措置の内容】の (1) のア、イの措置および (2) のイ、ウの措置は認めない

●申請手続

海外帰国生徒等特例措置の適用許可を願い出る者は、次に掲げる書類を県教育委員会あて、2020.12.14 ～ 17（必着）までに提出しなければならない

(1) 帰国生徒等特例措置適用許可願書（県指定の様式）
　ア帰国生徒等特例措置適用許可願書（県指定の様式）をコピー又は佐賀県教育委員会ホームページ等からダウンロードして作成すること。(大きさ A 4 判)
　イ 3 通提出すること（2 通はコピーしたもので可。コピー後押印すること）
　ウ特例措置を願い出る理由を具体的に備考欄に記載すること
(2) 海外在住を証明する書類（在住期間明示の様式）1 通
(3) 最終在籍校長の副申書 1 通（県指定の様式）
(4) 返信用封筒（国内在住者は、簡易書留 404 円切手貼付、ただし速達簡易書留の場合は 694 円切手貼付、宛名記載。海外在住者は連絡の上、料金を確認する）1 通
(注) 県外に居住している海外帰国生徒等志願者においては、上記「申請手続」に要する書類及び「県外からの入学志願者の取扱い」に要する書類のうち次の (1) ～ (4) を提出すること
(1) 県外からの入学志願許可願書（県指定の様式）
　ア入学志願許可願書（県指定の様式）をコピー又は佐賀県教育委員会ホームページ等からダウンロードして作成すること。(大きさ A4 判)
　イ 3 通提出すること。ただし、特別選抜又は一般選抜の一方のみ受検する場合は、2 通でよい。(1 通は原本、他は必要事項を記入の上、コピーしたもので可。コピー後に押印すること)
　ウ志願の理由は具体的にかつ明確に記載すること

(2) 保護者と本人を含む住民票の写し（本籍、続柄、マイナンバーを省略したもの）1通
(3) 保護者及び志願者が入学日までに佐賀県内に住所を有する見込みが確実な者にあっては、そのことを証明する書類
(4) 保護者が県内に住所を有しない志願者にあっては、身元引受人に関する申立書（県指定の様式）1通

●書類の請求及び提出

(1) 帰国生徒等の特例措置適用許可願書等の請求・提出
【請求・請求先】佐賀県教育庁学校教育課
〒840-8570 佐賀県佐賀市城内1-1-59
(2) 受付期間
「帰国生徒等の特例措置適用許可願」2020.12.14～17（必着）
「県外からの入学志願許可願」2020.12.14～18（必着）

(注)「令和3年度入試要項」の郵送を希望する場合は、レターパックライト（370円）又は郵送料（切手1人分580円、ただし、速達の場合は、970円切手貼付）封筒（A4版が入る角2号封筒、宛名記載）を添えて請求すること

●許可書の交付

県教育委員会が許可したときは、2021.1.7までに許可書を発送する。

●出願

一般志願者の出願書類に「帰国生徒等特例措置適用許可書」を添付して志願先高等学校長に提出する。県外からの志願者は「県外からの入学志願許可書」、「帰国生徒等特例措置適用許可書」を添付し、県外からの出願手続に準じて提出する。

●日程等

区分	出願	学力検査	発表	選抜方法
A	1/28・29	2/4	2/10	学力検査、実技検査、実績評価表、面接、調査書
B	2/16・17	3/3・4	3/11	

※A：特別選抜
B：一般選抜

※急な疾病やその他やむを得ない事情により一般選抜を受験できなかった人を対象に追検査を実施する。学力検査3/9、実技検査（実施校のみ）3/9

●選抜

(1) 選抜は、高校学校長が中学校長から提出された調査書その他必要な書類、選抜のための学力検査の成績および面接の結果等に基づいて総合的に審査して行う
ア学力の判定に当たっては、調査書の「各教科の学習の記録」を尊重する
イ「各教科の学習の記録」以外の記載事項についても、選抜のための重要な資料とする
ウ選抜のための面接結果等の取扱いについては、公平かつ適正を期するものとする
エ選抜の基礎資料とする調査書の学習の記録の評定、学力検査等の評価基準は学校ごとに定める
(2) 特別選抜（スポーツ推進指定校・文化芸術推進指定校のみ実施）
・募集枠は、若干名（別途入学者選抜実施要項で確認すること）
・選抜は学力検査、実技検査、実績評価表、面接、調査書の総合評価（ただし、学力検査の割合は50％以上）
・学力検査は国語、数学、外国語（英語）の3教科で実施
・合格者は一般選抜に出願できない。
(3) 一般選抜
・募集枠は、募集定員から特別選抜の合格者数及び併設型中学校からの入学内定者数を差し引いた数
・全日制課程では、2つの異なる選考方法（選考Ⅰ、選考Ⅱ）で審査を行う。
・選抜は学力検査、実技検査、面接、調査書の総合評価（ただし、学力検査の割合は選考Ⅰでは50～70%、選考Ⅱでは70%程度とし高等学校ごとに定める。）
・学力検査は国語、社会、数学、理科、外国語（英語）の5教科を実施

※一般選抜においてのみ、志願変更ができる。志願変更の期日は2/22・24で、2/25に志願変更先高校へ出願
※詳細は入試要項を参照（時間期限があるため注意）
※日本人学校卒業見込みなどの特例措置の適用を受けない場合は、帰国生徒等受検資格証明願書、海外在住を証明する書類、返信用封筒を提出すること。提出日程や申請手続は特例措置の手続に準ずる

編入学

※出願資格・条件、出願書類、選抜方法は、教育委員会ホームページの「令和3年度佐賀県立高等学校転編入学に関する情報」をご覧いただくか、各高等学校に直接お尋ねください。

長崎県公立高等学校

【問い合わせ先】▶ 長崎県教育庁　高校教育課
〒850-8570 長崎県長崎市尾上町 3-1
TEL 095-894-3354 **FAX** 095-824-5965
URL https://www.pref.nagasaki.jp/section/edu-koko/

入　学

●趣旨
国際化の進展に伴い、帰国生徒等が増加している実態に鑑み、高等学校への円滑な受け入れを促進するため、帰国生徒等に対する入学機会の拡大を図る

●提出書類
1. 帰国生徒・外国籍生徒特例措置適用申請書（本人）
2. 入学願書・写真票（本人）
3. 調査書・成績一覧表・志願者名簿（在籍又は出身中学校長）

●募集学校・募集人員
全日制課程、定時制課程昼間部における後期選抜、定時制課程（昼間部を除く）入学者選抜Ⅰ期選抜及び連携型中高一貫教育に係る入学者選抜において、特例措置を実施する。定員は、各校において若干名とする

●出願資格・条件
次の 1 ～ 3 のいずれかに該当し、日本語習得の状況や学校制度の違いにより、入学者選抜において、特例措置が必要であると判断され、県教育委員会の承認を受けた者を対象とする
1. 保護者の海外勤務等に伴う外国での在留期間が継続して 2 年以上の者で、帰国後満 6 年を経過していない者
2. 中国等引揚者の子等で、原則として帰国後満 6 年を経過していない者
3. 外国籍を有する者で、入国後の在日期間が満 3 年を経過していない者

●日程等

出願	試験	発表	選抜方法
2/19～26	3/9	3/17	書類審査、検査（作文、面接）

※検査は志願者の申し出により、日本語習得の状況や学校制度の違いを配慮して、日本語または外国語（英語又は中国語）による作文（60 分）および面接（日本語を含む）を実施する。志願者は「帰国生徒・外国籍生徒特例措置適用申請書」により希望する言語を選択することができる。申請書の提出期間は 1/22 ～ 2/9（必着）までとする
※コロナウイルス感染症拡大状況に応じて変更する場合がある

編 入 学

校長は、相当年齢に達し、当該学年に在学する者と同等以上の学力があると認められる者について選考の上、第 1 学年の途中又は第 2 学年以上に入学を許可することができる。
編入学時期は随時とし、定員は特に定めない。提出書類は、編入学願の他は、当該高等学校長の求めるところによるものとする。検査は、転入学に準ずるものとし、様式は当該学校長が定める。
※資格・条件、出願方法、日程等は、教育委員会に問い合わせて確認してください。

熊本県公立高等学校

【問い合わせ先】▶ 熊本県教育庁県立学校教育局 高校教育課

〒 862-8609 熊本県熊本市中央区水前寺 6-18-1

TEL 096-333-2685 FAX 096-384-1563

URL http://kyouiku.higo.ed.jp/

入学

●**趣旨**

国際化の一層の進展に伴い、海外から帰国する者等が一般化する中で、高校への受け入れについて配慮するため。

●**出願資格・条件（後期一般選抜）**

次のア～ウのいずれかに該当する海外帰国生徒等で、特別措置による受検を希望する者

ア：中国等帰国生徒で、原則として、帰国後小学校 4 年以上の学年に編入学した者、又は帰国時すでに学齢を超過していてわが国の小・中学校に編入学できなかった者で、2015 年 4 月 1 日以降に帰国した者

イ：外国人生徒で、原則として、入国後小学校 4 年以上の学年に編入学した者、又は入国時すでに学齢を超過していてわが国の小・中学校に編入学できなかった者で、2015 年 4 月 1 日以降に入国した者

ウ：海外帰国生徒で、原則として、過去に、在外教育施設（日本人学校等）以外の学校に引き続き 1 年以上在学し、かつ、2018 年 4 月 1 日以降に帰国した者

●**募集学校・募集人員**

海外帰国生徒等の特別措置は、全日制課程及び定時制課程の全学科・コースで実施し、入学を許可し得る数は、各高等学校の募集人員枠内で若干名とする。

●**出願手続等**

ア：出身中学校長は、出願資格・条件のア～ウのいずれかに該当する海外帰国生徒等で、特別措置による受検が必要と認められる者が受検を希望する場合には、すみやかに出願先の高等学校長に連絡すること。

イ：この特別措置の適用を受けようとする者は、出身中学校長を経由して、海外帰国生徒等の特別措置適用申請書を入学願とともに出願先の高等学校長に提出すること。

ウ：高等学校長は、上記申請書の提出があった場合は、その内容を審査し、県教育委員会の承認を受けて、特別措置を実施するものとする。

●**日程等**

区分	出願	試験	発表	選抜方法
ア	1/19～22	2/1	2/9 (内定通知)	各校の「重視する観点」等参照※ 1
イ	2/10～16	3/9・10	3/16	書類、学力検査※ 2、作文※ 3、面接

※ア：前期（特色）選抜　イ：後期（一般）選抜

※ 1　2021 年度入試においては、4 校が「B 方式」として海外帰国生徒等に対する選抜を実施予定。詳細は、県教育委員会の HP に公開中

※ 2　5 教科（国語・社会・数学・理科・英語）の中から志願者があらかじめ選択した 3 教科の学力検査と、作文及び面接を実施する。

※ 3　作文は、出願者の適性や意欲・関心等をみるために、800 字、50 分で実施する。

※資格・条件、出願方法、日程等は、2021 年度熊本県立高等学校入学者選抜要項（熊本県教育委員会ホームページに掲載。ダウンロード可）を確認してください。不明な点等については県教育委員会にお問い合わせください。

※ 1 の 4 校…第一、東稜、熊本商業、熊本市立必由館

大分県立高等学校

【問い合わせ先】▶ 大分県教育庁高校教育課
〒870-8503 大分県大分市府内町 3-10-1
TEL 097-506-5617 FAX 097-506-1796
URL http://kyouiku.oita-ed.jp/koukou/index.html

入学

●趣旨

別府翔青高等学校グローバルコミュニケーション科において、帰国・外国人生徒を対象とした入試がある。また、別府翔青高等学校及び大分西高等学校の推薦入試において、推薦要件に帰国生徒を対象としたものがある。さらに、全ての県立高等学校において受験する際に特別な配慮が必要と認められる場合には、志願予定の高等学校長が当該中学校長等と協議することとしている。詳細は各校別情報に掲載する。

●募集学校・募集人員

学校名	学科（コース）	〒	所在地	TEL	募集人員
大分西	総合学科	870-8560	大分市新春日町 2-1-1	097-543-1551	推薦入試定員の25%以内
★別府翔青	グローバルコミュニケーション科	874-0903	別府市野口原 3088-91	0977-22-3141	推薦入試定員の75%以内
					帰国・外国人生徒特別入試若干名

※「★」のついた学校は、次頁に各校別情報あり。

●出願資格・条件

次のいずれかに該当する者。

1. 中学校若しくはこれに準ずる学校若しくは義務教育学校を卒業した者又は 2021 年 3 月に卒業見込みの者。
2. 中等教育学校の前期課程を修了した者または 2021 年 3 月に修了見込みの者。
3. 次のいずれかに該当する者。
   ①外国において、学校教育における 9 年の課程を 2021 年 3 月に修了する見込みの者および当該課程を修了した者。
   ②文部科学大臣が中学校の課程と同等の課程を有するものとして認定した在外教育施設の当該課程を 2021 年 3 月に修了する見込みの者および当該課程を修了した者。
   ③文部科学大臣の指定した者。
   ④就学義務猶予免除者等の中学校卒業程度認定規定により、中学校を卒業した者と同等以上の学力があると認定された者。
   ⑤その他高等学校において中学校を卒業した者と同等以上の学力があると認めた者。

●帰国・外国人生徒特別入試への出願資格・条件

出願資格・条件に該当する者で、次のいずれかに該当し、日本語習得の状況や学校制度の違いにより、志願が適当であると中学校長が判断した者。

①保護者の海外勤務等に伴う外国での在留期間が継続して 3 年以上の者で、帰国後満 6 年を経過していない者。
②外国籍を有する者で、入国後の在日期間が満 6 年を経過していない者。

●県外（海外を含む）からの志願

海外の日本人学校等から本県の全日制課程を志願する者は、出願する前に入学志願許可を受けなければならない。

●日程等

区分	出願	試験	発表	選抜方法
推薦 帰国･外国人生徒特別	1/19～22	2/2・3	3/12	推薦書、調査書、面接、小論文※、適性検査※
一次	2/15～19	3/9・10	3/12	学力検査・面接※
二次	3/15～17	3/18	3/19	一次学力検査の点数※、面接※、小論文※、適性検査※

＊推薦入試の合格内定者の通知は、2/4 までに発送する。選抜方法欄の※印は、学校ごとに、必要に応じて実施する。
＊帰国・外国人生徒特別入試には推薦書不要。
＊一次の志願変更期間は 2/22 ～ 26。

編入学

詳細については、希望する高等学校又は高校教育課（097-506-5611）に問い合わせること。

別府翔青高等学校

（担当：教務主任）

URL http://kou.oita-ed.jp/beppushosei

生徒数　男 333　女 456　合計 789

帰国子女在籍者数

1年	2年	3年	計
1	2	5	8

＊推薦要件は、当該校への入学を強く希望し、当該校の教育課程を修得する見込みのある者で、次の各項のいずれかに該当する者

1. 学習意欲が旺盛で、国際理解や外国語の学習に対する意欲と適性を持つ者
2. 保護者の海外在住に伴い、中学における海外在学期間が継続1年以上の者（調査書に記入の必要あり）

※資格・条件、出願方法、日程等は、教育委員会に問い合わせるか、2021年度選抜募集要項を確認して下さい。

宮崎県公立高等学校

【問い合わせ先】▶　宮崎県教育庁　高校教育課
〒880-8502 宮崎県宮崎市橘通東1丁目9番10号
TEL 0985-26-7033　FAX 0985-26-0721

入学

●趣旨

帰国生徒等を対象とした特別な高校入学者選抜制度は設けていないが、帰国生徒等の入学者選抜については、その者の海外経験等を勘案し、弾力的に実施する。

●出願資格・条件

以下の(1)～(2)のいずれかに該当する者で、本人及び保護者が県内に居住する者又は県外からの志願者で宮崎県教育委員会が志願を許可した者とする。

(1) 令和3年3月に中学校若しくはこれに準ずる学校を卒業見込みの者又は中等教育学校の前期課程を修了見込みの者

(2) 中学校若しくはこれに準ずる学校を卒業した者若しくは中等教育学校の前期課程を修了した者又は学校教育法施行規則第95条の規定により、これと同等以上の学力があると認められる者

●募集学校

全県立高等学校の全課程・全学科で実施

●出願手続き等

提出書類、選抜方法等の詳細は、宮崎県教育庁高校教育課高校教育・学力向上担当に問い合わせる。

●日程等

出願	試験	発表	選抜方法
2/16～18	3/3・4	3/17	書類、学力検査、面接等

※県外からの入学志願許可願の受付は1/7～28

編入学

詳細については、上記問い合わせ先に問い合わせること。出願資格・条件、出願手続き、選抜方法は、入学に準ずる。
※資格・条件、出願方法、日程等は、上記問い合わせ先に問い合わせるか、令和3年度選抜募集要項を確認して下さい。

鹿児島県公立高等学校

【問い合わせ先】▶ 鹿児島県教育庁　高校教育課高校教育係

〒890-8577 鹿児島県鹿児島市鴨池新町 10-1

TEL 099-286-5291　FAX 099-286-5678

2020 年度の内容。2021 年度の詳細は 2021 年度入学者選抜実施要綱を確認して下さい

入 学

Ⅰ帰国生徒等特別入学者選抜

●実施校

学校・学科の特色等を生かし、帰国生徒及び外国人生徒の積極的な受入れを行う学校・学科において、帰国生徒等特別入学者選抜を実施することができる。帰国生徒等特別入学者選抜を実施しようとする高等学校長は、別に指定する期日までに県教育委員会教育長に届け出る。

●募集定員　若干名

●出願資格　次のいずれかに該当する者

1. 2020 年 3 月に中学校、義務教育学校の後期課程、中等教育学校の前期課程又は特別支援学校の中学部（以下「中学校等」という。）を卒業し、又は修了（以下「卒業」という。）する見込みの者。
2. 中学校等を卒業した者。
3. 学校教育法施行規則第 95 条に該当する者。

かつ、次のいずれにも該当する者（帰国生徒及び外国人生徒）とする。

①原則として、外国における在住期間が継続して 3 年以上で、帰国又は来日後 3 年以内の者。

②保護者が県内に居住している若しくは、2020 年 4 月 6 日までに県内に居住予定であること。ただし、保護者が引き続き外国に居住する場合は、県内に保護者に代わる身元引受人が居住していること。

●出願手続

1. 推薦入学者選抜に準じて行うものとするが、提出書類等は次のとおりである。

出身中学校長を経て、志願先高等学校長へ提出する書類

①帰国生徒等の入学者選抜等適用申請書
日本に出身中学校がない場合は、中学校長の証明は必要でないが、他の証明資料等があれば提示する。

②帰国生徒等入学願書
帰国生徒等入学願書は志願先高等学校が鹿児島県立高等学校学則第 18 条による様式に基づいて作成し、左上肩に帰国生徒等と朱書きされたものとする。

③調査書

④成績一覧表

⑤帰国生徒等特別入学者選抜出願者総括表
なお、最終学年が外国における現地校の場合は、③については成績証明書又はこれに代わるものでよく、④については提出する必要はない。

2. その他

推薦書に当たるものは不要である。

●日程等

出願	試験	発表	選抜方法
1/21～27 正午	2/4	3/13	調査書、面接、作文等

※出願、発表の時間は、入試要綱参照。

Ⅱ学力検査における帰国生徒等の特例措置

●対象者

Ⅰの●出願資格 1 ～ 3 のいずれかに該当する者で、かつ、原則として次のいずれかに該当し、高等学校長が特例措置を要すると認めた者とする。

①中国引揚者等生徒で、帰国後小学校 4 年以上の学年に編入学した者

②海外勤務者帰国生徒で、海外の日本人学校又は補習授業校のない地に引き続き 3 年以上在留し、かつ、2018 年 4 月 1 日以降帰国した者。

③外国籍を有する者で、中学校又はこれに準ずる学校に編入学した者。

●申請手続

出身中学校長は、「特例措置」の必要があると認められる者がいる場合は、原則として、該当者が出願する前に、出願しようとする高等学校長にその旨を申し出ること。

●特例措置の内容

1. 学力検査時間の延長
学力検査時間を「国語」は 25 分、他の教科は 15 分延長する。
2. 学力検査問題の漢字のふり仮名
学力検査問題の一部について、別に漢字ふり仮名表を準備する。

●日程等

出願	試験	発表	選抜方法
2/6～13 正午	3/5・6	3/13	国・社・数・理・英、面接

※出願、発表の時間は、入試要綱参照。

※選抜は、調査書の「学習の記録」の換算点と国語、社会、数学、理科、英語の 5 教科について行う学力検査の成績との相関及び調査書の「総合所見及び指導上参考となる諸事項」等を総合して行う。加えて、出身中学校長からの申請書に基づき、海外在住時及び帰国後の学習や生活の状況等を考慮し、総合的に判定する。

※面接は、2 日目の学力検査終了後に行う。

※資格・条件、出願方法、日程等は、教育委員会に問い合わせるか、2021 年度入学者選抜実施要綱を確認して下さい。

沖縄県立高等学校

【問い合わせ先】▶ 沖縄県教育庁県立学校教育課
〒900-8571 沖縄県那覇市泉崎 1-2-2
TEL 098-866-2715 FAX 098-866-2718
URL http://www.pref.okinawa.jp/edu/kenritsu/nyushi/index.html

入 学

●趣旨
帰国子女等については、入学定員の枠、通学区域等について弾力的に取扱い、選抜の方法、学力検査等についても可能な限り配慮するものとする。

●応募資格
沖縄県では帰国子女枠は設けていないが、高等学校の入学資格については、中学校卒業者以外にも、文部科学大臣が定める一定の要件に該当する者にも認めている。その一つとして「外国において学校教育における9年の課程を修了した者」（学校教育法施行規則第95条）が規定されている。そのため、外国における正規の学校で9年の課程を修了した者に対しては、日本の中学校を卒業した者と同等とみなして、高等学校への入学資格を付与している。
※推薦は県内中学校を卒業見込みの者

●募集人員 帰国子女枠は設けていない

●提出書類
入学志願書、調査書、住民票謄本、推薦申請書（推薦入試のみ）、
健康診断書（過年度卒業者のみ）、確約および証明書、学力検査等に際しての配慮願い書など

●日程等

区分	出願	試験	発表	選考方法
推薦	1/12・13	ー	3/10	書類、面接等
一般	2/3・4	3/3・4	3/10	国・理・英・社・数

※志願者のうち、帰国子女等について県立高等学校受検への配慮を必要とするものは、「学力検査等に際しての配慮願い書」を、中学校長を経て志願先高等学校長に提出（出願前10月末までに県立学校教育課に提出）
※一般入試の志願変更申出期間は 2/9・10

高等学校（通信制）編

▷▷ 高 341P 大 602P

受入開始　1999 年度

星槎国際高等学校

（せいさこくさい）

〒004-0014　（担当：脇屋、山下、石田）
北海道札幌市厚別区もみじ台北 5-12-1
※札幌・仙台・東京・神奈川・名古屋・大阪・広島・福岡等の全国 29 の校舎有。
TEL 011-700-3830　FAX 011-700-3835
URL http://www.seisa.ed.jp
e-mail sapporo@seisa.ed.jp

生徒数　男 3288 女 2247 合計 5535

帰国子女在籍者数	1 年	2 年	3 年	計
	38	42	35	115

入学

●出願資格・条件

2021 年 3 月中学校卒業見込みと同等の資格を有する者で、1 年以上継続して海外に居住していた経験があり、帰国予定の者、または帰国後、国内での居住が 1 年以内の者。本校の校長が認定した者

●出願書類

・入学願書一式（本校所定用紙）・調査書または成績証明書（前籍校発行のもの）・作文（本校所定用紙）・生徒状況報告書（本校所定用紙）

●日程等

募集	出願	試験	発表	選考方法
若干名	随時	随時	随時	心理検査、学力検査（国・数・英）、面接

●応募状況

年度＼人数	募集人員	出願者	受験者	合格者	入学者
2019	特に定めず	41	39	39	39
2020	特に定めず	40	38	38	38

編入学

●編入学時期〔1 ～ 3 年生〕随時

●出願資格・出願書類・選考方法　入学に準ずる

● 2019 年度帰国子女編入学者数

1 年	3	2 年	0	3 年	1

受入後

●指導

一般生と同様に授業を受けていただくが、本人のペースに合わせた、本人に必要な学習を実施していく。

●教育方針

「探究心を育てる」「責任ある行動をとる力を育てる」「生きる力を育てる」

画一的・形式的な教育から脱却し、小集団による基礎学力の定着を目指し、体験学習から個性伸長の教育実践。

●特色

全国25ヶ所の学習センター・キャンパスで学ぶことができ、星槎大学や星槎道都大学も併設している。全国にも多くの学べる校舎がある。

●進学特例条件

数多くの大学・短大・専門学校への指定校推薦があり、4 年制大学への進学者が年々増加している。

スポーツ等は全国屈指の強豪校である。

受入開始　1992 年度

クラーク記念国際高等学校

（きねんこくさい）

〒530-0003　大阪府大阪市北区堂島 2-3-29
▶▶（各線 大阪・梅田駅より徒歩 10 分）
※東京・横浜・名古屋・大阪をはじめ全国 33 都道府県にキャンパスがある
※ 2014 年 4 月に「梅田インターナショナルコース」が大阪市に開講
新入学 TEL 0120-833-350　編入学 TEL 0120-301-599
URL https://www.clark.ed.jp/

生徒数　男 185　女 170　合計 355（大阪梅田キャンパス）

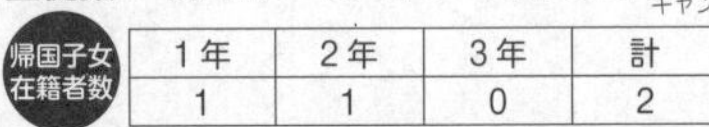

帰国子女在籍者数	1 年	2 年	3 年	計
	1	1	0	2

入学

●出願資格・条件

(1)2021 年 3 月中学校卒業見込み、または卒業した者。または、それと同等以上と認められる者。

(2) 各キャンパスにより、条件が異なるため、直接お問い合わせください。

●出願書類

・入学願書（本校所定用紙）・調査書（海外在籍校のものも含む）課題作文

●日程等

区分	募集	出願	試験	発表	選考方法
前期	若干名	1/18～2/26	随時	随時	学力試験、作文、面接など※

※日程、選考方法、受入可能時期は、キャンパス・コースにより異なる。詳細は問い合わせること

※面接を重視する。

編入学

●編入学時期・定員〔前期生〕4 月

●出願資格・条件
・転入…高等学校に現在、在学中の者。随時受付。
・編入…高等学校に在籍し、退学した者。入学出願と同時期

●出願書類・選考方法　入学に準ずる

● 2019 年度帰国子女編入学者数

1 年	0	2 年	0	3 年	0

受入後

●指導

一般生徒と同じ扱い。必要に応じて補習などの配慮をする。

●教育方針

全国 33 都道府県にキャンパスがあり、好きな分野をとことん学べるさまざまなコースがある。

●特色　①徹底した基本学習②充実した習熟度別授業③選べる多彩なゼミ制度④選べる海外留学制度など
URL　http://www.clark.ed.jp/

●進学特例条件

・系列校（海外大学、国内大学・短期大学、専門学校）への優先入学制度あり。

・指定校推薦枠は全国大学に約 310 校あり。

●卒業生の進路状況

［主な大学進学実績］北海道大、筑波大、一橋大、東京芸術大、早稲田大、慶應義塾大、青山学院大、中央大、上智大、日本大、立教大、京都大、神戸大、同志社大、立命館大など

私立 共学

受入開始　2005 年度

つくば開成高等学校

〒 300-1211　(担当：高野慎市朗)
茨城県牛久市柏田町 3315-10
▶▶(JR 常磐線牛久駅)
TEL 029-872-5532　FAX 029-872-5534
URL https://t-kaisei.ed.jp/
生徒数　男 246　女 183　合計 429

帰国子女在籍者数	1年	2年	3年	計
	0	1	0	1

入学

●**出願資格・条件**　中学校もしくはこれに準ずる学校を卒業見込み、または既卒の者
●**出願書類**　・新入学願書（本校所定用紙）・調査書（海外在籍校のものも含む）
●**日程等**

募集	出願	試験	発表	選考方法
特に定めず	12/1～4月初旬	1/9、23・2/6、2/27·3/13·15 日以降随時	試験後5日以内	面接、書類

●**応募状況**

年度＼人数	募集人員	出願者	受験者	合格者	入学者
2019	特に定めず	0	1	0	1
2020	特に定めず	0	0	0	0

編入学

●**編入学時期**　〔1～3年生〕他の高校もしくはこれに準ずる学校に在学中の者は随時。それ以外は 4、10 月
●**出願資格・条件**　入学に準ずる
●**出願書類**　転・編入学願書、成績・単位修得証明書、転学照会（所定用紙。他の高校等に在学中の者のみ)、在学証明書（他の高校等に在学中の者のみ)
●**選考方法**　書類選考
● **2019 年度帰国子女編入学者数**

1年	0	2年	0	3年	0

受入後

●**指導**
一般生徒と同様、必要に応じて補習などの配慮をする。
●**教育方針**　様々な学習状況にある生徒に対し、多様な教育システム及び個別学習指導を実践することにより、豊かな人間性を持ち、主体的に行動できる人材の育成を目指している。
●**特色**
①学力に応じたレポート②きめ細かな個別指導③タブレット端末を利用した学習活動④英語コミュニケーション力を図る講座を開講⑤授業で学ぶ進学コースを設置
●**進学特例条件**
東京理科大、芝浦工業大、東洋大、専修大、國學院大、獨協大、神奈川大、帝京大等
80 大学 25 短大 68 専門学校に指定校推薦枠あり。
●**卒業生（帰国生徒）の進路状況**
同志社女子大、千葉工業大、麗沢大　等

入 編

私立 共学

受入開始　1992 年度

さくら国際高等学校

〒 151-0053　(担当：入学相談室)
東京都渋谷区代々木 1-43-8
▶▶(JR 山手線・地下鉄大江戸線代々木駅、小田急線南新宿駅)
TEL 03-3370-0718　FAX 03-3370-5198
URL https://tokyo.sakura-kokusai.ed.jp
生徒数　男 135　女 148　合計 283

帰国子女在籍者数	1年	2年	3年	計
	2	1	3	6

入学

●**出願資格・条件**
中学校卒業見込みの者、または中学校既卒者及びそれと同等以上と認められる者
●**出願書類**
・願書（本校所定用紙）・海外における学校の卒業証明書と成績証明書（既に帰国し日本国内の中学校に在籍している場合は、その調査書）
●**日程等**

募集	出願	試験	発表	選考方法
90（一般に含む）	12/1～8	12/10	翌日	面接（重視）筆記試験（英数国）

●**応募状況**

年度＼人数	募集人員	出願者	受験者	合格者	入学者
2019	一般に含む	1	1	1	1
2020	一般に含む	2	2	2	2

編入学

● **2019 年度帰国子女編入学者数**

1年	0	2年	0	3年	0

受入後

●**指導**
個々の生徒に合わせて必要な指導を行う。小中学校の復習から大学進学まで幅広い対応が可能。
●**教育方針**
生徒たちのニーズに柔軟に対応できる学びの場を提供し、生きる力と社会性を身につける教育を行い、世界に通用する人材育成のためのグローバル教育を実践する。
●**特色**
「誰もが安心して通える、元気の出る学校」
通信制高校でありながら週 5 日制。各教科、習熟度別で授業を展開。部活動も盛んで全国大会にも出場。進路では 7 割の生徒が大学に進学。国公立、私立、海外の大学に進みます。
●**進学特例条件**
指定校推薦枠（大学 60 校、専門学校 30 校程度）の活用
●**卒業生（帰国生徒）の進路状況**
東京大、京都大、東京外国語大、早稲田大、慶應義塾大、上智大、ICU、明治大、青山学院大、立教大、中央大、法政大など多数。

私立 共学

受入開始　2005 年度

代々木高等学校

〒151-0051
東京都渋谷区千駄ヶ谷 5-8-2（東京本部）
▶▶（JR 山手線、中央・総武線、地下鉄大江戸線代々木駅、副都心線北参道駅）
TEL 0120-72-4450　FAX 03-5919-0528
URL http://www.yoyogi.ed.jp/
生徒数　男 396　女 306　合計 702

帰国子女在籍者数	1年	2年	3年	計
	3	3	5	11

入 学

●出願資格・条件
国内外において 9 年以上の普通教育を修了した者

●出願書類
・入学願書（本校所定用紙）
・成績単位修得証明書（在籍期間が記載されているもの）

●日程等

募集	出願	試験	発表	選考方法
一般に含む	10/1～4 月中頃まで	随時	試験日より 2 週間以内	書類選考、面接

●応募状況

年度＼人数	募集人員	出願者	受験者	合格者	入学者
2019	一般に含む	－	－	－	1
2020	一般に含む	0	0	0	0

編 入 学

●編入学時期　〔1 ～ 3 年生〕随時（3 年生は 12 月まで）
●出願資格・条件・出願書類・選考方法　入学に準ずる
● 2019 年度帰国子女編入学者数

1年	3	2年	3	3年	5

受 入 後

●指導
日本語に配慮が必要な生徒には別途、日本語を母語としない生徒のためのコースがある。

●教育方針
生徒たちとは、「あるがままを全て受容」してから付き合いを始める。そして重要なことは、「しっかり」と「じっくり」と受けとめ、本番である社会へ巣立つまで、生徒達と一緒に悩んでいくことではないかと考えている。

●特色
インターネットを利用して、メディア教材を視聴することができ、スクーリングの一部を代替することも可能。また、前籍校で修得した単位は認定され、活かすことができる。

●進学特例条件
4 年制大学 40 校、短大 20 校、専門学校 80 校などの指定校推薦の認定を得ているので、それを活用できる。

●卒業生（帰国生徒）の進路状況
早稲田大、慶應義塾大、法政大、國學院大、東京農業大、東京理科大、和光大、国士舘大、城西大、桜美林大、他

私立 共学

受入開始　2003 年度

わせがく高等学校

（担当：教務部）

〒169-0075
東京都新宿区高田馬場 4-9-9（東京キャンパス）
▶▶（JR 山手線・東京メトロ東西線・西武新宿線高田馬場駅）
TEL 03-3369-4324　FAX 03-3366-5958
URL https://www.wasegaku.ac.jp/
生徒数　男 731　女 620　合計 1351

帰国子女在籍者数	1年	2年	3年	計
	0	0	0	0

入 学

●出願資格・条件
・海外在住経験 1 年半以上（単身留学可）で、かつ帰国後 3 年以内の者・2021 年 4 月 1 日現在満 15 歳以上である者

●出願書類
・願書・在籍証明書または成績証明書または調査書または通知表の写し 3 年分（在籍期間が明記されたもの）・学歴記入用紙（本校所定用紙）・パスポート（顔写真のページ）・ビザの写し

●日程等

区分	募集	出願	試験	発表	選考方法
書類選考	340	～4/23 まで随時	随時（出願した日）	選考 2 日後まで	書類選考（要出願許可書）
一般	140		1/18・23・30、2/6・13・20・27、3/13・24・31、4/10・24		面接、書類選考

※ 10 月入学も受け入れる。

●応募状況

年度＼人数	募集人員	出願者	受験者	合格者	入学者
2019	特に定めず	－	－	－	－
2020	特に定めず	－	－	－	－

編 入 学

●編入学時期・定員　〔1 ～ 3 年生〕随時。各 10 名
●出願資格・条件　・海外在住経験 1 年半以上（単身留学可）で、かつ帰国後 3 年以内の者
・2021 年 4 月 1 日現在満 15 歳以上である者
●出願書類　・願書・在籍証明書または成績証明書または通知表の写し 3 年分（在籍期間が明記されたもの）・学歴記入用紙（本校所定用紙）・パスポート（顔写真のページ）・ビザの写し
●選考方法　・書類選考
・面接（テスト及び指示は日本語で行われる）
● 2019 年度帰国子女編入学者数

1年	－	2年	－	3年	－

受 入 後

●指導　必要の都度、個別指導を行う。特に大学進学では、TOEFL、小論文、面接の指導に力を入れている。
●教育方針　〔自由・個性・夢育（ゆめいく）〕を教育方針として、通信制でありながら週 5 日間の通学も可能にする補習授業・個別指導を実施。一人ひとりの状況に合わせて指導するため、日本語や日本社会に馴染めるか不安の方もサポート可能。部活動等も活発で、全日制同様の高校生活を送ることが可能。
●特色　帰国子女教育の草分け「富士学院 FIA」運営の学校法人早稲田学園が設立。併せて創立 60 余年の早稲田予備校も運営しているメリットを活かし、進学実績も大きい。
●進学特例条件　180 以上の大学、短大、専門学校より指定校推薦の認定を得ており、活用できる。
●備考　東京キャンパスのほかに、多古本校、柏・勝田台・西船橋・稲毛海岸・東京・川越・所沢・水戸・古河・太田・前橋キャンパスがある。

私立 共学

受入開始 1964 年度

NHK学園高等学校

（担当：田村信昭）

〒186-8001
東京都国立市富士見台 2-36-2
▶▶（JR 中央線国立駅、JR 南武線谷保駅）
TEL 042-573-8111 FAX 042-572-3332
URL https://www.n-gaku.jp/sch
生徒数 男 1340 女 1477 合計 2817

帰国子女在籍者数	1年	2年	3年	計
	15	21	35	71

入 学

●出願資格・条件
中学校もしくはこれに準ずる学校を卒業、または卒業見込みの者

●出願書類
・入学願書一式（本校所定用紙）
・海外における学校の卒業・成績証明書
・新入学調査書

●日程等

募集	出願	試験	発表	選考方法
特に定めず	1/15～4/30 8/1～9/30	―	出願の約2週間後	書類選考、面接

●応募状況

年度＼人数	募集人員	出願者	受験者	合格者	入学者
2019	特に定めず	18	18	18	18
2020	特に定めず	24	24	24	24

編入学

●編入学時期〔1～3年生〕4、10月
●出願資格・条件・出願書類・選考方法 入学に準ずる

受入後

●指導
一般生徒と同じ学習指導となっている（個々の状況に合わせて質問対応するなど、個別指導を行っている）。

●教育方針
"良質で確かな教育" を基本に、きめ細かい学習指導・支援に徹し、全ての生徒を卒業まで責任をもって支え、導く。
全ての生徒が基礎的学力を身につけ、自らの進路を選択し決定する力、社会人として生きていく力を育む。

●特色
NHK 高校講座（E テレ、ラジオ第 2 放送、NHK ホームページ）を利用し、自宅での学習理解を深めると同時に、学習のペースをつかむことができる。また、インターネットを使ってレポート提出、指導を受ける。
2011 年度より海外在住のまま（スクーリングと試験を受ける為、年 1 回 12 月に帰国）、3 年間で日本の高等学校を卒業できるコースを開設。

私立 共学

八洲学園高等学校

（担当：福永加奈江）

（堺本校）〒593-8327
大阪府堺市西区鳳中町 8-3-25
▶▶（JR 阪和線鳳駅） ※大阪中央校（分校）、梅田・三宮キャンパスもある。
TEL 072-262-8281 FAX 072-262-8282
URL https://www.yashima.ac.jp/hs/
生徒数 男 795 女 832 合計 1627

帰国子女在籍者数	1年	2年	3年	計
	0	2	1	3

入 学

●出願資格・条件
中学校もしくはこれに準ずる学校を卒業、または卒業見込みの人および、これと同等以上の学力があると認められる人で、東京、神奈川、千葉、埼玉、静岡、大阪、兵庫、京都、奈良、三重、滋賀、和歌山、沖縄に居住する人

●出願書類
・入学願書（本学所定の用紙）
・海外における学校の卒業・成績証明書
・帰国後国内の中学校に在籍した人はその調査書もしくは卒業成績証明書など

●日程等

募集	出願	試験	発表	選考方法
随時				

※入試は実施しておらず、出願資格条件が合い、学費納入が完了すれば受け入れる。ただし、説明会には可能な限り参加。

●応募状況

年度＼人数	募集人員	出願者	受験者	合格者	入学者
2020	―	1	1	1	1

編入学

●編入学時期〔1～3年生〕随時。特に定めず
●出願資格 入学に準ずる（高等学校に以前在籍していた経歴がある人）
●出願書類 ・以前在学していた高等学校長の発行する成績及び単位修得証明書に入学願書（当校所定）・入学登録料納付書・転入学は上記書類に当該高等学校長の発行する転入学照会状を添付
●選考方法 入試は実施せず

● 2019 年度帰国子女編入学者数

1年	1	2年	0	3年	0

受入後

●指導 帰国生に限らず、入学後はフォローとして、学習会に参加したり、希望により個別指導を実施することも可能。学校の HP や携帯電話を利用した質問や相談もできる。
●教育方針 高等学校を卒業するために、個々の特性を尊重し、「生きる力を育む」「社会への適応力を身につける」を目標に公共心と自我を確立した人物となるよう、自学自習ができる教育内容となっている。
●特色 通信制課程の特徴であるリポート・スクーリングという学習を個々のペースで出来る限り短期間で学習できるカリキュラムと担任制によるきめ細かなフォロー体制で、無理なく高等学校卒業ができる体制が整っている。
●進学特例条件 国内大学・短期大学・専門学校からの指定校推薦枠が多数ある。

私立 共学

受入開始　2012 年度

相生学院高等学校
（あいおいがくいん）

（担当：井上佳菜）

〒 678-0044
兵庫県相生市野瀬 700
▶▶（JR 相生駅）
TEL 0791-24-0100　FAX 0791-24-1001
URL https://www.aigaku.gr.jp
生徒数　男 292　女 153　合計 445

帰国子女在籍者数	1 年	2 年	3 年	計
	1	0	1	2

入学

●出願資格・条件
・中学校卒業者または卒業見込みの者
・中学校卒業と認定できる者
・高校在学中の者

●出願書類
・入学願書、作文「私の夢」、中学校からの場合調査書に相当する書類

●日程等

募集	出願	試験	発表	選考方法
若干名	随時	随時	試験後 3 日以内	書類審査、面接、筆記試験（国語・数学）※

※高校在学中の者は書類審査、面接のみ

●応募状況

年度＼人数	募集人員	出願者	受験者	合格者	入学者
2019	若干名	2	2	2	2
2020	若干名	1	1	1	1

編入学

●編入学時期　〔1 ～ 3 年生〕随時
●出願資格　・高等学校在籍者または中途退学者
・高等学校と同等と認められる教育機関の在籍者または中途退学者
●出願書類　・入学願書、作文「私の夢」、単位修得成績証明書に相当する書類
●選考方法　・書類審査、面接

● 2019 年度帰国子女編入学者数

1 年	0	2 年	0	3 年	0

受入後

●指導
個別対応コース生徒として受け入れる。集団主義的教育ではなく、個性を尊重した学習指導を行う。しかし、日本の社会に適応できるように、いろいろな機会を利用して学校生活に馴染ませる。

●教育方針
文武両道
1. 進学校とスポーツ強豪校を目指す
2. IT 教育・英語教育に力を入れる
3. ボランティア活動を推進する
4. 社会人としての良識を育む。身体教育と情操教育、技能・知識教育との調和を図る

●特色
単位制・通信制なので在学中にいわゆるダブルスクール的学校生活を送ることができる。大学進学への特化。芸術（例：音楽、バレー等）的活動、スポーツ（例：テニスデビスカップジュニア優勝）活動ができる。

入 編

私立 共学 寮

受入開始　2013 年度

AIE国際高等学校
（えーあいいーこくさい）

（担当：栗本、渡邉）

〒 656-2304
兵庫県淡路市浜 1-48
▶▶（本四海峡バス 大磯港バスターミナル）
TEL 0799-74-0020　FAX 0799-74-2022
URL http://www.aie.ed.jp
生徒数　男 50　女 42　合計 92

帰国子女在籍者数	1 年	2 年	3 年	計
	1	1	1	3

入学

●出願資格・条件
① 2021 年 3 月中学校卒業見込みの人
②中学校卒業後、高等学校へ進学していない人
③中学校に準ずる学校を卒業した人
④文部科学大臣が指定した人
⑤外国において、学校教育における 9 年間の課程を修了した人

●出願書類　・入学願書・調査書・作文

●日程等

区分	募集	出願	試験	発表	選考方法
A	特に定めず	9/23～11/20	出願時期による		書類審査 面接
B		11/24～4/23			

※ A：推薦入試　B：一般入試

●応募状況

年度＼人数	募集人員	出願者	受験者	合格者	入学者
2019	特に定めず	2	2	2	2
2020	特に定めず	1	1	1	1

編入学

●編入学時期　〔1 ～ 3 年生〕随時
●出願資格　①高等学校を中途退学した人
②外国において、学校教育における 9 年間を超える課程に在籍中の人
●出願書類　・入学願書・成績証明書・在学証明書
・作文
●選考方法　書類審査、面接

● 2019 年度帰国子女編入学者数

1 年	0	2 年	2	3 年	0

受入後

●指導　一般生と同じクラスで指導する。

●教育方針
・学び合う
・コミュニケーション能力を育てる
・多面的にチャレンジする
・国際的志向を高める
・悩む力・考える力・乗り越える力を育てる
・基礎から始める

●特色　国内通信制高校唯一の IBDP（国際バカロレアディプロマプログラム）認定校。
通信コース、通学コース、レジデンス（学生寮）コースがあり、入学後のコース変更も可。

●進学特例条件　各大学の英語力基準を満たす者で、本校の教育理念を理解し、在学中に本校への貢献が特に認められる者は、学校長の推薦により米国提携大学への進学が可能。

●卒業生（帰国生徒）の進路状況
関西学院大、立命館アジア太平洋大、日本大、東海大、Pacific Lutheran University, Central Washington University, Pierce College

▷▷ 高 400P

私立 共学

受入開始 2017 年度

高野山高等学校

（広域通信制課程普通科）

〒 648-0288　（担当：栗林良次）
和歌山県伊都郡高野町高野山 212
▶▶（南海高野線 高野山駅）
TEL 0736-56-2204　FAX 0736-56-3705
URL http://www.koyasan-h.ed.jp/myway/
生徒数　男 23　女 13　合計 36

帰国子女在籍者数	1 年	2 年	3 年	計
	0	0	0	0

入学

●出願資格・条件
・新入学の学年の日本の教育制度による学齢以上であり、入学時までに入学する学年以前の課程を修了あるいは修了見込みの者
・海外在留期間が 1 年以上で、その期間に中等教育期間で教育を受けた生徒
・現在在籍中の生徒は在籍見込み期間が 1 年以上であること

●出願書類　① 入学願書　② 入学検定料　③ 調査書　④ 写真 2 枚　⑤ 374 円切手　⑥ 中学校卒業証明書　⑦ 入学志願者用作文

●日程等

区分	募集	出願	試験	発表	選考方法
A	900	2020/12/1～2021/4/9	書類選考の上、面接日時・場所を通知	面接日より10日以内に通知	書類審査面接
B		2021/4/10～10/9			

※募集定員は全体数であり、帰国子女枠は特に定めていません。定員の中に含めて募集しています

●応募状況

年度＼人数	募集人員	出願者	受験者	合格者	入学者
2019	特に定めず	0	0	0	0
2020	特に定めず	0	0	0	0

編入学

●編入学時期・定員　随時。

●出願資格・条件
・受験しようとする学年の日本の教育制度による学齢以上であり、入学時までに入学する学年以前の課程を修了あるいは修了見込みの者
・海外在留期間が 1 年以上で、その期間に中等教育期間で教育を受けた生徒
・現在在籍中の生徒は在籍見込み期間が 1 年以上であること

●出願書類
入学願書（本校指定）
成績証明書
【1 学年】
・国内中学校、あるいは全日制日本人学校中学部を卒業した者は、出身中学校の報告書または本校所定の調査書
・外国の学校教育（国内の外国学校を含む）における 9 年生の課程を修了した者、または見込みの者は 9 年生の成績表
【2 学年または 3 学年】
・海外の学校（全日制日本人学校中学部を含む）、あるいは国内の外国学校における全期間の成績表

●選考方法　書類審査・面接

● 2019 年度帰国子女編入学者数

1 年	0	2 年	0	3 年	0

受入後

●指導　レポート課題の添削指導。その他、学習面のご質問、進路相談等に個別対応させていただきます。

●教育方針　1886 年（明治 19 年）5 月 1 日創立以来、弘法大師空海の教えを世界に実現することを目標とし、知性・体力・慈悲の心を兼ね備え、社会貢献できる人材の育成を行ってまいりました。2015 年（平成 27 年）9 月に芸術やスポーツ等に打ち込むため、全日制で学ぶことが困難な生徒、就学意欲のある中途退学者やひきこもり・不登校生、社会人の学び直しのため、全国どこからでも入学可能な広域通信制課程普通科マイウェイコースを設置。生徒一人一人に寄り添う指導を重視し、世界遺産高野山という地域の特性を活かしたプログラム、生徒の学習ニーズに対応したカリキュラムを編成しております。

●特色　インターネット講座を利用することにより、年間の登校日数をできる限り少なく設定しています。世界遺産である高野山の特色を生かした特別活動として、高野山散策、写経、写仏、瞑想体験、文化財ふれあい体験、ゴマ豆腐手作り体験等があります。

●進学特例条件　併設校である高野山学園高野山大学への進学が有利。入学金免除等の特典もあり。

入 編

私立 共学

受入開始 2017 年度

つくば開成国際高等学校

（担当：名護大樹）

〒 900-0022
沖縄県那覇市樋川 2-5-1
▶▶（沖縄都市モノレール安里駅）
TEL 098-835-0298　FAX 098-835-0299
URL http://tkaisei-okinawa.jp/
生徒数　男 343　女 430　合計 773

帰国子女在籍者数	1 年	2 年	3 年	計
	0	0	0	0

入学

●出願資格・条件
中学校もしくは、これに準ずる学校を卒業見込み、または既卒のもの

●出願書類
・新入学願書（本校所定の用紙）および調査書（海外在籍校のもの）

●日程等

募集	出願	試験	発表	選考方法
若干名	随時	随時	随時	書類審査、面接

●応募状況

年度＼人数	募集人員	出願者	受験者	合格者	入学者
2019	未実施	0	0	0	0
2020	若干名	0	0	0	0

編入学

●編入学時期・定員　〔1 ～ 3 年生〕随時

●出願資格・条件　お問い合わせください。

●出願書類　編入学願書（本校所定の用紙）および調査書（海外在籍校のものを含む）

●選考方法　書類選考

● 2019 年度帰国子女編入学者数

1 年	0	2 年	0	3 年	0

受入後

●指導
生徒の希望進路状況に応じて、個別または少人数による学習指導を行います。

●教育方針
様々な学習状況にある生徒に対し、豊かな人間性を持ち、社会を生き抜く力を身につけ、自らの将来を切り拓いていける人材の育成を目指します。

●特色
生徒の学力に応じたきめ細やかな学習指導、特にタブレット（予備校の講座等）や個別指導、小集団の学習指導など、希望進路に対応した学習指導を行います。

●進学特例条件
進学校を目指した新しい通信制高等学校なので、進路実績は今後です。

●卒業生（帰国生徒）の進路状況
2017 年 4 月に開校のため、卒業実績はありません。

受入開始　2016 年度

学校法人角川ドワンゴ学園N高等学校

がっこうほうじんかどかわ　がくえんえぬ

〒 904-2421　（担当：一階翔太）
沖縄県うるま市与那城伊計 224
▶▶（那覇空港。全国 9 エリアのスクーリング会場、全国 19 ヶ所の通学コースキャンパスあり）
TEL 0120-0252-15
URL https://nnn.ed.jp
生徒数　男 ー　女 ー　合計 14,996

帰国子女在籍者数	1 年	2 年	3 年	計
	12	21	15	48

入学

●出願資格・条件
・中学校卒業見込の方
・中学校卒業後、高等学校へ入学していない方
※海外の中学校を卒業または卒業見込の方は、中学卒業程度認定試験の合格証明が必要な場合があります。詳しくはお問い合わせ下さい。

●出願書類　調査書

●日程等

募集	出願	試験	発表	選考方法
	10 月中旬ごろ（予定）	サイト参照		〈ネットコース〉書類選考 〈通学コース〉 書類選考、面接、課題作文

※詳細は 10 月中旬ごろ（予定）に当校の web サイト等でお知らせする予定です

●応募状況

年度＼人数	募集人員	出願者	受験者	合格者	入学者
2019	−	13	13	13	13
2020	−	15	13	13	13

編入学

●編入学時期　〔1 〜 3 年生〕4、7、10、1 月

●出願資格　高等学校を中途退学した方
海外の高等学校に相当する教育機関（いわゆる現地校）や国外のインターナショナルスクールの高等部に在学中またはそれらを中途退学した方

●出願書類　①学籍・就学状況証明書
②成績・単位修得証明書
または、上記①②の内容で、学籍や取得した科目・単位の証明できる書類

●選考方法　ネットコース：書類選考（一時帰国の必要はありません）
通学コース：書類選考＋面接試験＋課題作文

● 2019 年度帰国子女編入学者数

1 年	7	2 年	23	3 年	11

受入後

●指導　ネットを用いた個別学習で高校卒業資格取得はもちろん、プロの予備校講師による大学進学講座（習熟度別）や語学、第一線で活躍しているエンジニアのプログラミング講座など、将来につながる多彩な課外授業も受講できます。

●教育方針　当校はエンターテイメント企業の KADOKAWA と IT 企業のドワンゴが設立に携わった、新しいタイプの通信制高校です。ネットを活用した「未来の高校」として「IT ×グローバル社会」を生き抜く”創造力”を身につけ、世界で活躍する人材を育成します。

●特色　ネットコースでは、海外にいながら国内外の一流大学を目指したり、AI の構成要素の一つである「機械学習」のオリジナル講座など最先端の学びに取り組んだりできます。国内 19 ヶ所の通学コースでは、実社会の課題に挑む「プロジェクト学習」とコーチングで夢の発見と実現を全力で支援します。

●卒業生（帰国生徒）の進路状況
海外で現地の文化や語学を学び、N 高で高校卒業資格を取得し、日本の難関大学を目指している生徒や、様々な進路を希望している生徒がいます。

受入開始　2018 年度

ヒューマンキャンパス高等学校

〒 905-2264　（担当：霧嶋）
沖縄県名護市字三原 263
（全国 44 ヶ所に通学コースがある学習センターを設置）
TEL 0120-953-979
URL https://www.hchs.ed.jp/
生徒数　男 1310　女 2622　合計 3932

帰国子女在籍者数	1 年	2 年	3 年	計
	0	0	1	1

入学

●出願資格・条件
中学校、もしくは、これに準ずる学校を卒業、または、卒業見込みの者

●出願書類
本校所定の入学願書一式、海外校の卒業・成績証明書

●日程等

募集	出願	試験	発表	選考方法
若干名	随時			書類選考、作文、面接

●応募状況

年度＼人数	募集人員	出願者	受験者	合格者	入学者
2019	0	0	0	0	0
2020	0	0	0	0	0

編入学

●編入学時期・定員〔1 〜 3 年生〕随時。若干名。

●出願資格・条件・出願書類・選考方法　入学に準ずる

● 2019 年度帰国子女編入学者数

1 年	0	2 年	0	3 年	0

受入後

●指導
一般の生徒と同じ扱いであるが、様々なコースがあり、生徒本人のニーズに合わせることができる。

●教育方針
通いたくなる学びの場の創造〜高校卒業＋αの学習で「充実した学園生活」と「将来の自分発見」を実現〜を理念として、生徒本人の可能性を拡げていく。

●特色
全国 44 か所にある学習センターで、大学進学を目指す学習や多彩な専門分野の学習を行うことができる。

●卒業生（帰国生徒）の進路状況
2018 年より受入を始めた為、卒業実績は無い。

高通信制 沖縄県

高等専門学校編

受入開始　2018 年度

あさひかわ　こうぎょう

旭川工業高等専門学校

（担当：五十嵐公二）

〒071-8142
北海道旭川市春光台 2 条 2-1-6
▶▶（JR 旭川駅）
TEL 0166-55-8178　**FAX** 0166-55-8084
URL http://www.asahikawa-nct.ac.jp/
学生数　男 648　女 127　合計 775

帰国子女在籍者数	1 年	2 年	3 年	4 年	5 年	計
	1	0	0	0	0	1

入学

●出願資格・条件　日本国籍を有する者及び日本国の永住許可を受けている者で、保護者の海外勤務等に伴って外国において教育を受けた者（海外在住期間が中学校に相当する課程において通算して 2 年以上の者で、平成 31 年 4 月以降の帰国者）で、次のいずれかに該当する者とします。

(1)　中学校、義務教育学校を卒業または令和 3 年 3 月卒業見込みの者。
(2)　中等教育学校前期課程及び文部科学大臣が中学校の課程と同等課程を有するものとして認定した在外教育施設の当該課程を修了または令和 3 年 3 月に修了見込みの者。
(3)　外国において学校教育における 9 年の課程（日本における通常の課程による学校教育の期間を含む）を卒業（修了）した者または令和 3 年 3 月に卒業見込み（修了見込み）の者。

●出願書類　入学願書・受検票・写真票・個人調査書・海外在住状況説明書など

●日程等

募集	出願	試験	発表	選考方法
若干名	2/1 ~ 5	2/21	3/2	理・英・数、作文及び面接、個人調査書
		3/7	3/11	

※今年度は追試験を実施します。詳細は本校 HP にて確認願います。

受入後

●指導　必要に応じて、個別指導を行うことがあります。

●教育方針　本校は、国際的視野を持ち社会に資する人間性に富んだ高度で実践的な技術者を育成することを教育理念とし、以下の 5 つの教育目標を掲げています。

①一般教養および科学技術の基礎知識と工学の専門知識を備えた教養豊かな人材を育成する。
②社会の課題に対応できるように協働性を持って自主的に行動できる能力を備えた実践的な人材を育成する。
③国際的適応力と英語力を持ちグローバルに活躍する能力を備えた人材を育成する。
④広い視点からの思考力と創造性を持ち、自立して行動できる人材を育成する。
⑤健全な心身と将来的視野を備え、豊かな人間性を持った人材を育成する。

●特色　5 年間の一貫教育によって、伸び伸びと学び、しかも密度の濃い専門教育を受けた卒業生は、人物、専門知識、ものづくり技術のあらゆる面で企業から高い評価を受けています。求人倍率は高く希望者の就職率はほぼ 100% です。卒業生の約 45% が国公立大学へ進学しており卒業後の進路は安定しています。主にアジア諸国からの外国人留学生を受け入れており、留学生との日常的な交流を通して、異文化理解と多様性を涵養し、国際的視野を醸成しています。

●進学特例条件　卒業生は、一般の学生と同様、大学 3 年時の編入学や高専専攻科への進学が可能です。

国立　共学　寮

受入開始　2018 年度

くしろ　こうぎょう

釧路工業高等専門学校

（担当：学生課修学支援係）

〒084-0916
北海道釧路市大楽毛西 2-32-1
▶▶（JR 根室本線 大楽毛駅）
TEL 0154-57-7222　**FAX** 0154-57-6256
URL http://www.kushiro-ct.ac.jp
学生数　男 612　女 135　合計 747

帰国子女在籍者数	1 年	2 年	3 年	4 年	5 年	計
	0	0	0	0	0	0

入学

●出願資格・条件　日本国籍を有する者及び日本国の永住許可を得ている者で、保護者の海外勤務等に伴って外国において教育を受けた者（海外在住期間が中学校に相当する課程において通算して 2 年以上の者で、令和元年 4 月以降の帰国者）で、次のいずれかの条件に該当する者とします。

(1)　中学校、義務教育学校またはこれに準ずる学校を卒業した者（令和 3 年 3 月卒業見込みの者を含む）
(2)　外国において学校教育における 9 年の課程（日本における通常の課程による学校教育の期間を含む）を卒業（修了）した者（令和 3 年 3 月卒業見込み（修了見込み）の者を含む）
(3)「文部科学大臣が中学校課程と同等の課程を有するものとして認定した在外教育施設の当該課程」（学校教育法施行規則第 95 条第 2 号）を卒業（修了）した者（令和 3 年 3 月卒業見込み（修了見込み）の者を含む）

●出願書類　入学願書・写真票・受検票・個人調査書（日本人学校及び国内の中学校は本校所定の用紙により在籍（出身）中学校長が作成し厳封する。海外の現地校及び国際学校は当該学校が発行した成績証明書及び卒業（修了）証明書又は同見込証明書を提出、成績証明書で提出する場合の各教科の評定は 100 点法に換算したものまたは 100 点法との対応表を添付、提出書類には日本語訳）・海外在住状況説明書・返信用封筒・住所シール・検定料 16,500 円

●日程等

募集	出願	試験	発表	選考方法
64 名 *	2/1 ~ 2/5	2/21	3/2	学力検査（数・理・英）、個人調査書

* 一般学力・複数校受検と合わせて 64 名
※入学を志願する者は、出願資格等を確認しますので、必ず令和 3 年 1 月 6 日（水）までに本校学生課修学支援係に電話・電子メール・郵便等により照会してください。

受入後

●指導　すべての学生を対象に、「数学」「物理」を苦手とする学生に対する特別補習や高度な内容の学習を希望する学生に対する数学の特進学習を行っている。

●教育方針

A：技術者が社会に対して負っている責任を理解する基礎能力を身につける。
B：地域の産業や社会の抱える課題に対処できる基礎能力を身につける。
C：工学の幅広い基礎知識を修得し、それらを応用する。
D：技術者としての基盤となる専門分野の知識を修得し、それを応用する。
E：技術的課題を分析・総合し、解決するために計画・実行して課題を解決する。
F：日本語および英語で論理的に記述し討論する能力を身につける。
G：継続して専門知識や関連する分野の知識を学習する習慣を身につける。

●特色　第 1 学年では混合学級とし、国語・数学・理科・社会・英語・専門科目の基礎など、技術者に必要な教養科目を中心に編成、第 2 学年から、各分野ごとに配属が決定し、高学年に進むに従い各分野ごとの専門科目が多くなるくさび形に科目を編成している。また、高学年では、5 分野に亘る幅広い知識・技術・応用力等を身につけるため、各分野共通科目である複合融合演習等を編成している。

受入開始　2017 年度

函館工業高等専門学校
（はこだてこうぎょう）

〒042-8501
北海道函館市戸倉町 14-1
▶▶（JR 函館駅）
TEL 0138-59-6333　FAX 0138-59-6330
URL https://www.hakodate-ct.ac.jp/
学生数　男 744　女 186　合計 930

帰国子女在籍者数	1年	2年	3年	4年	5年	計
	0	0	0	0	0	0

入学

●出願資格・条件　日本国籍を有する者及び日本国の永住許可を得ている者で、保護者の海外勤務に伴って外国において教育を受けた者（海外在住期間が中学校に相当する課程において通算して2年以上の者で、2020 年 4 月以降の帰国者）で、次のいずれかに該当する者とする。
(1) 中学校、義務教育学校を卒業した者（2021 年 3 月に卒業見込みの者を含む。）
(2) 中等教育学校前期課程又は文部科学大臣が中学校の課程と同等課程を有するものとして認定した在外教育施設の当該課程を修了した者（2021 年 3 月に修了見込みの者を含む。）
(3) 外国において学校教育における 9 年の課程（日本における通常の課程による学校教育の期間を含む）を卒業（修了）した者（2021 年 3 月に卒業見込み（修了見込み）の者を含む。）

●出願書類　入学願書、写真票・受検票、個人調査書、海外在住状況説明書、成績証明書、卒業（修了）証明書又は見込み証明書

●日程等

募集	出願	試験	発表	選抜方法
若干名	2/1～5	2/21	3/2	入学者の選抜は、学力検査（理・数・英）、作文、面接及び個人調査書等を総合的に判定して行います。

受入後

●指導　一般生徒と一緒のクラスで学修するが、個々の事情に応じ補習等の特別指導を行う。

●教育方針　本校は優れた技術者を育成する一方、技術相談や共同研究を通じて、地域社会や地域企業の発展に貢献したいと考えています。

本校は、実践的な技術者教育と地域に根ざした学校という特徴を生かして、大学とは異なる高等教育機関を目指します。本校は、地域、日本、世界のあらゆる分野で活躍するためには、以下の能力を備えた技術者が必要と考え、その育成を教育目標としています。

A. 創造力と実行力を持った技術者
B. 専門技術に関する基礎知識を持った技術者
C. 情報技術を活用できる技術者
D. 社会の歴史や文化、技術者倫理を理解して行動できる技術者
E. 多面的なコミュニケーション能力を持った技術者
F. 問題解決のためのデザイン能力を持った技術者

●特色　工業高等専門学校は中学校卒業生を受け入れて 5 年制の一貫教育を行い、大学卒業者と同じ程度の学力・能力を育成しようとする高等教育機関で、専門の学芸を教授し、有為なる専門技術者となるに必要な能力を育成することを目的としています。

本校では将来の技術革新にも対処できるよう、一般科目、専門科目の教育をとおして基礎学力の充実につとめる一方、特に実験・実習をとおして効果的な教育を行うことにより、工業に関する学理と技術をバランスよく修得させせることを目標としています。

本校の卒業生の実力は官公庁・大手優良企業・地場企業など、社会で高く評価されており、常に高い就職率を維持しています。またさらに深く学理をきわめようと願う人には、全国の大学の主として工学部系学部の 3 年に編入学する道が大きく開かれています。

また、構内には学生寮は整備されており、約 200 名の学生が寮生活を送っています。

●卒業生（帰国生）の進路状況　本科 5 年卒業後には、国公私立大学 3 年次への編入学可能。また、本科 5 年卒業後、2 年間の専攻科への進学を経て、大学院への進学の道も開かれている。

入

受入開始　2018 年度

八戸工業高等専門学校
（はちのへこうぎょう）

（担当：澤野太地）
〒039-1192
青森県八戸市大字田面木字上野平 16-1
▶▶（JR 八戸駅）
TEL 0178-27-7233　FAX 0178-27-9487
URL http://www.hachinohe-ct.ac.jp
学生数　男 588　女 247　合計 835

帰国子女在籍者数	1年	2年	3年	4年	5年	計
	0	0	0	0	0	0

入学

●出願資格・条件

日本国籍を有する者及び日本国の永住許可を得ている者で、保護者の海外勤務に伴って外国において教育を受けた者（海外在住期間が中学校に相当する課程において通算して 2 年以上の者で、平成 31 年 4 月以降の帰国者）で、次のいずれかに該当するものとする。
(1) 中学校または義務教育学校を卒業した者、または令和 3 年 3 月卒業見込みの者
(2) 中等教育学校の前期課程を修了した者、または令和 3 年 3 月卒業見込みの者
(3) 文部科学大臣が中学校の課程と同等の課程を有する者として認定した在外教育施設の当該課程（学校教育法施行規則第 95 条第 2 号）を修了、または令和 3 年 3 月修了見込みの者
(4) 外国において、学校教育における 9 年の課程（日本における通常の課程による学校教育の期間を含む。）を卒業（修了）した者、または令和 3 年 3 月卒業見込み（修了見込み）の者

●出願書類

①入学願書・写真票・受験票 ②調査書 ③海外在住状況証明書 ④返信用封筒 ⑤検定料 ⑥成績一覧表

●日程等

募集	出願	試験	発表	選抜方法
若干名	2/4～10	2/21	3/1	帰国子女特別選抜

受入後

●指導　必要があれば個別指導を行う。

●教育方針

豊かな教養の基盤の上に、得意とする工学専門分野の知識と技術を身につけ、個人の自由と責任を自覚して規律を遵守し、自ら課題を発見しその解決に向けて学ぶ姿勢を持ち、人類福祉の増進と社会の進展に積極的に貢献する創造力豊かな技術者を養成することを教育理念としています。

この目的を達成するため、「誠実・進取・協調」の校訓にのっとり、自立的な人材の育成に主眼をおきながら、ものづくり・システムづくりの専門技術教育を推進します。

●特色

2015 年から 4 学期制を導入しており、また、全学年において『自主探究学習』を行っている。

国立 共学 寮

受入開始 2018年度

ふくしまこうぎょう
福島工業高等専門学校

〒970-8034 (担当：学生課入試係)
福島県いわき市平上荒川字長尾30
▶▶（JR常磐線 いわき駅）
TEL 0246-46-0721 **FAX** 0246-46-0742
URL http://www.fukushima-nct.ac.jp/
学生数 男710 女367 合計1077

帰国子女在籍者数	1年	2年	3年	4年	5年	計
	2	0	1	0	0	3

入学

●出願資格・条件
日本国籍を有する者および日本国の永住許可を得ている者で、保護者の海外勤務等に伴って外国において教育を受けた者（海外在住期間中に継続して2年以上正規の教育制度に基づく学校教育を受けている者で、平成31年4月以降の帰国者）で、次のいずれかに該当する者とします。
(1) 中学校を卒業した者または令和3年3月卒業見込みの者
(2) 中等教育学校の前期課程を修了した者または令和2年3月修了見込みの者
(3) 義務教育学校を卒業した者または令和3年3月卒業見込みの者
(4) 外国において学校教育における9年の課程（日本における通常の課程による学校教育の期間を含む。）を修了した者及び令和3年3月31日までに修了見込みの者
(5)「文部科学大臣が中学校の課程と同等の課程を有するものとして認定した在外教育施設の当該課程」（学校教育法施行規則第95条第2号）を修了した者または令和3年3月31日までに修了見込みの者
(注) (5)でいう「在外教育施設」とは、海外に在留する日本人の子どものために、学校教育法（昭和22年法律第26号）に規定する学校における教育に準じた教育を実施することを主たる目的として海外に設置された教育施設のことです。
(6) その他、福島工業高等専門学校長が認めた者
出願を希望する者は、出願資格等を確認しますので、必ず令和2年12月3日（木）までに、本校学生課入試係に電話・電子メール・郵便等により照会してください。

●出願書類 ①入学願書・②受検票・③写真票・④調査書・⑤海外在住状況説明書（①～⑤は本校所定様式）・⑥日本国籍を有しない者は，市町村の発行する「住民票の写し」等，永住者の在留資格が分かるものの原本を提出してください

●日程等

募集	出願	試験	発表	選考方法
若干名	1/5～29	2/21	2/26	国・数・英・理、個人面接、調査書

受入後

●学習・教育目標・教育方針
(A) 地球的視野から人や社会や環境に配慮し、持続可能な社会の発展に貢献できる能力を養うために、倫理・教養を身につける。
(B) 工学およびビジネスの幅広い基礎知識の上に、融合・複合的な専門知識を修得し、知識創造の時代に柔軟に対応できる能力を身につける。
(C) 工学系科目ービジネス系科目の協働（シナジー）効果により、複眼的な視野を持って自ら工夫して新しい産業技術を創造できる能力を身につける。
(D) イノベーションに即応するために、情報収集や自己学習を通して常に自己を啓発し、問題解決のみならず課題探究する能力を身につける。
(E) モノづくりやシステムデザイン能力を養うことにより、創造的実践力を身につける。
(F) 情報技術を活用して、グローバルなコミュニケーション能力およびプレゼンテーション能力を身につける。

国立 共学 寮

受入開始 1988年度

いばらきこうぎょう
茨城工業高等専門学校

〒312-8508 (担当：佐藤 稔)
茨城県ひたちなか市中根866
▶▶（JR常磐線 勝田駅）
TEL 029-271-2828 **FAX** 029-271-2840
URL http://www.ibaraki-ct.ac.jp/
学生数 男883 女203 合計1086

帰国子女在籍者数	1年	2年	3年	4年	5年	計
	0	0	0	0	1	1

入学

●出願資格・条件
帰国子女（海外在住期間が継続して2学年以上で2019年3月以降に帰国した者）で次のいずれかに該当する者
① 2021年3月に中学校又は義務教育学校卒業見込みの者
②外国の学校教育で9年の課程を修了した者※
③文部科学大臣が中学校の課程と同等の課程を有するものとして認定した在外教育施設の当該課程を修了した者※
④その他本校において、中学校を卒業した者と同等以上の学力があると認めた者
※ 2021年3月修了見込みの者を含む

●出願書類
入学願書一式・調査書・卒業・修了（見込）証明書・成績証明書・海外在住状況説明書

●日程等

募集	出願	試験	発表	選考方法
若干名	1/26～29	2/21	2/26	国・英・数・理、面接、調査書

●応募状況

年度＼人数	募集人員	出願者	受験者	合格者	入学者
2019	若干名	0	0	0	0
2020	若干名	0	0	0	0

受入後

●指導
必要があれば個別指導も行われる。上級生になると選択科目が増え、進路に合わせた学習ができる。

受入開始　2021 年度

小山工業高等専門学校

（担当：学生課入試係）
〒 323-0806
栃木県小山市大字中久喜 771 番地
▶▶(JR 東北新幹線・宇都宮線・両毛線・水戸線 小山駅)
TEL 0285-20-2141　FAX 0285-20-2882
URL https://www.oyama-ct.ac.jp/
学生数　男 859　女 202　合計 1061

帰国子女在籍者数	1 年	2 年	3 年	4 年	5 年	計
	1	0	0	0	1	2

入学

●出願資格・条件　日本国籍を有する者及び日本国の永住許可を得ている者で、保護者の海外勤務に伴って外国において教育を受けた者（海外在住期間が中学校に相当する課程において通算して 2 年以上の者で、平成 31 年 4 月以降の帰国者）で、次のいずれかに該当する者。
(1) 中学校又はこれに準ずる学校を卒業した者（令和 3 年 3 月卒業見込みの者を含む）
(2) 外国において、学校教育における 9 年間の課程を卒業（修了）した者（令和 3 年 3 月卒業見込み（修了見込み）の者を含む）
(3)「文部科学大臣が中学校課程と同等の課程を有するものとして認定した在外教育施設※の当該課程」（学校教育法施行規則第 95 条第 2 号）を卒業（修了）した者（令和 3 年 3 月卒業見込み（修了見込み）の者を含む）
※在外教育施設とは、海外に在留する日本人の子どものために、学校教育法（昭和 22 年法律第 26 号）に規定する学校における教育に準じた教育を実施することを主たる目的として海外に設置された教育施設です。

●出願書類　・入学願書、写真票、受検票・調査書（成績証明書）・海外在住状況説明書（本校所定様式）・入学検定料・受検票送付用封筒（願書直接持参の場合、必要ありません）

●日程等

募集	出願	試験	発表	選考方法
若干名	1/27 ~ 29	(本試験) 2/21 (追試験) 3/7	(本試験) 3/1 (追試験) 3/10	学力検査(理・英・数・国)、面接、調査書、小論文

受入後

●指導　入学後は、他の学生と同一体制で授業を行います。授業だけで十分な理解ができない場合は、個々の教員によるオフィスアワーを用いた補習や学習支援室によるアドバイスも受けられる体制が整っています。また、グローバル教育を目指す本校では、帰国子女の入学生が外国語のコミュニケーション能力や、異文化交流を継続的に活かす機会が十分あり、理系の知識を確実に積み上げ、グローバル展開を目指す技術者に育成したいと考えています。

●教育方針　開校以来、本校では、”技術者である前に人間であれ”を教育方針として、人間教育に基づく実践的技術者の育成に努めてきました。この教育方針をふまえ、社会で活躍貢献できる豊かな人間性を有し、創意・工夫できる技術者を育成することを目指します。この目標を達成するために、つぎのような若人の入学を望みます。
・科学技術に興味があり、基礎的な学力をもつ人（科学技術への興味と基礎的学力）
・モノづくりや実験が好きで、自らのアイデアで、積極的に取り組める人（モノづくりや実験への積極性）
・部活動、特別活動、ボランティア活動等で活躍し、協調性があり、仲間づくりのできる人（課外活動と協調性）

●特色　本校は、教育研究を行うために必要な様々な実験設備やものづくりするための設備を多く有しています。特に、ものづくり教育研究センターや情報科学教育研究センターではものづくりのための設備やパソコン等の端末を設置しており、実習の授業が行える環境となっています。

また、高等教育機関として研究成果を社会に発信するためにサテライト・キャンパスを、地元企業からの相談に対応するために地域イノベーションサポートセンターを設置しています。

卒業後の進路は、大学進学と有名企業への就職（技術開発職）を両立できます。卒業生は毎年約 200 人おり、進学希望者約 100 人のうち約 60 人が国立大学に進学（編入学）しています。専攻科からの大学院進学も可能です。また、就職希望者も毎年約 100 人おり、求人倍率は約 30 倍、就職内定率はほぼ 100% となっています。

受入開始　2011 年度

サレジオ工業高等専門学校

（担当：柴田宏子）
〒 194-0215
東京都町田市小山ヶ丘 4-6-8
▶▶(京王相模原線 多摩境駅、JR 横浜線 橋本駅(バス))
TEL 042-775-3020　FAX 042-775-3021
URL http://www.salesio-sp.ac.jp/
学生数　男 719　女 157　合計 876

帰国子女在籍者数	1 年	2 年	3 年	4 年	5 年	専	計
	0	0	0	1	0	0	1

入学

●出願資格・条件　保護者の海外在留に伴って外国で教育を受け、次の条件に該当する者
※受験希望者は、「出願に向けての面談」を別紙学生募集要項の指定日までに実施すること。
(1) 現地の学校は「日本人学校」「現地学校」を問わない
(2) 日本人学校、または現地学校（9 年間の学校教育過程）を修了もしくは、2021 年 3 月修了見込みであること
(3) 現地滞在期間 2 年以上、帰国 2 年以内であること
※検定による加点については、別紙学生募集要項参照。
※出願方法はインターネット出願です。

●出願書類　・志望理由書（本校所定用紙）・写真票（本校所定用紙）・調査書（国内の中学校または日本人学校在学の場合、本校所定の用紙に、出身中学校長が作成したもの）・現地校の成績証明書（海外で学校教育を修了見込みの場合）・海外生活レポート・海外在留証明書・出願者就学歴

●日程等

募集	出願登録期間	出願	試験	発表	選考方法
若干名	2020.12/1 ~ 2021.1/22	(郵)2021. 1/25 ~ 27	2/1	2/4	学力試験（国･数･英）、面接（保護者同伴）

●応募状況

年度＼人数	募集人員	出願者	受験者	合格者	入学者
2019	若干名	0	0	0	0
2020	若干名	0	0	0	0

受入後

●指導　帰国生の海外での貴重な体験や修得した語学力をベースに、国際社会で活躍できる有為な人材を養成する。

●教育方針　準学士課程にあっては実践的技術者となるために以下のような力を身につけることを目標とする
A. 基礎力：専門分野を学ぶために必要な基礎的学力や技能
B. 実践力：提示された課題を正確に必要かつ十分に実現する力
C. コミュニケーション力：物事を論理的に考え、それらを文章や言葉で表現する力
D. 人間性：健全な人格を育成し、社会性をもつ人柄となる力
E. 国際生：海外の人々と交流するために必要とする基本的な力

●特色　サレジオ高専は 5 年間一貫教育・早期技術教育をしているミッションスクール。将来の技術者や研究・開発者をめざし、よき社会人の育成を豊かな人間教育を通し行っている。卒業後は、高専特有の入試制度で、国・公・私立大学への進学（3 年次編入）や本校専攻科への進学、就職として技術系一流企業へと多彩な進路が用意されている。

●進学特例条件
専攻科への内部進学について、推薦制度（入学金免除、授業料全額給付、半額給付、半額貸与）がある。

受入開始　2018 年度

富山(とやま)高等専門学校

〈射水キャンパス〉　（担当：教務課〈入試担当〉）
〒 933-0293　富山県射水市海老江練合 1 番 2
▶▶（JR 高山線 富山駅、あいの風とやま鉄道 呉羽駅）
TEL 0766-86-5146　FAX 0766-86-5130
〈本郷キャンパス〉　（担当：教務課〈入試担当〉）
〒 939-8630　富山県富山市本郷町 13 番地
▶▶（電鉄富山駅から「岩峅寺」行き小杉駅下車、岩峅寺駅から「電鉄富山」行きで布市駅下車）
TEL 076-493-5498　FAX 076-493-5488
URL https://www.nc-toyama.ac.jp/
学生数　男 914　女 483　合計 1397

帰国子女在籍者数	1 年	2 年	3 年	4 年	5 年	計
	2	1	1	0	0	4

入学

●出願資格・条件
○全学科共通
日本国籍を有する者及び日本国の永住許可を得ている者で、保護者の海外勤務に伴って外国において教育を受けた者（海外在住期間が中学校に相当する課程において通算して 2 年以上の者で、2019 年 4 月以降の帰国者）で、次のいずれかに該当する者とする。
(1) 中学校を卒業した者及び令和 3 年 3 月卒業見込みの者
(2) 中等教育学校の前期課程を修了した者及び令和 3 年 3 月修了見込みの者
(3) 義務教育学校を卒業した者及び令和 3 年 3 月卒業見込みの者
(4) 外国において、学校教育における 9 年の課程を修了した者及び令和 3 年 3 月修了見込みの者
(5) 文部科学大臣が中学校の課程と同等の課程を有するものとして認定した在外教育施設の当該課程を修了した者及び令和 3 年 3 月修了見込みの者

●出願書類
入学願書、受検票、写真票、調査書、海外在住状況説明書、健康診断証明書（商船学科志望者のみ）など

●日程等

募集	出願	試験	発表	選考方法
若干名	2/1 ~ 4	2/21	2/25	※

※【機械システム工学科、電気制御システム工学科、物質化学工学科、電子情報工学科、商船学科】理・英・数・国、面接
【国際ビジネス学科】英・数・社、小論文、面接

受入後

複合的な技術者教育を行う工学系 4 学科の他、国際的な流通産業を支える人材を育成する人文社会系学科、船舶職員を養成する商船系学科という、独特の学科構成を持つ高専にパワーアップした。

科学技術の進展や経済のグローバル化によって、複合分野の技術を身につけた技術者、そして全ての分野において技術者倫理を持ち環境に配慮できる人材が求められている。独特な学科構成の特徴を活かして、複数分野の技術教育、異文化教育、語学教育、練習船若潮丸を活用した教育等を相互に取り入れ、国際的な視野を持つ技術者、科学的・技術的な視野をもつビジネスパーソン、海事技術者を育成している。

遠方から入学した学生のために、学生寮（本郷「仰岳寮」・射水「和海寮」）がある。いずれも女子専用の棟があり、留学生も一緒に生活し、学生主体のさまざまなイベントが行われている。

受入開始　2014 年度

国際(こくさい)高等専門学校

（担当：山岸徹）
〒 921-8601
石川県金沢市久安 2-270
▶▶（北陸鉄道石川線　野々市工大前駅）
TEL 076-248-9840　FAX 076-248-9848
URL https://www.ict-kanazawa.ac.jp
学生数　男 181　女 22　合計 203

帰国子女在籍者数	1 年	2 年	3 年	4 年	5 年	計
	3	1	1	0	0	5

入学

●出願資格・条件　次の (1) ～ (3) の条件をすべて満たし、かつ 2006 年 4 月 1 日以前に生まれた者
(1) 通常の学校教育における 9 年間の課程を修了した者又は 2021 年 3 月 31 日までに修了見込みの者
ただし、上記の「9 年の課程」とは、日本の義務教育の課程に相当するものとする
(2) 海外の学校（日本人学校を含む）に連続して 2 年以上在籍し、かつ帰国後 2 年以内の者
(3) 日本国籍を有する者又は日本の法律に定める永住者に該当する者

●出願書類
・入学志願票、志望理由書、成績証明書、帰国生就学歴調査書

●日程等

募集	出願	試験	発表	選考方法
10 名	11/9 ~ 19	12/5	12/10	数学、小論文、面接（1 人 20分）及び出願書類により総合的に判断します

●応募状況

年度＼人数	募集人員	出願者	受験者	合格者	入学者
2019	9	1	0	0	0
2020	10	1	1	0	0

受入後

●指導
英語を母国語或いは第一言語とされている方は、第二言語（外国語）として、日本語プログラムの授業を受けます。また キャンパスの内外で、さまざまな体験活動を行います。伝統文化や芸能、ものづくり、研修旅行など、日本の文化に触れる機会が数多くあります。

●教育方針
エンジニアリングデザイン教育を通じて様々な分野の専門家や多様な文化・価値観を持つ人々と協働し、グローバル社会において新たな価値を創りだす人材、「グローバルイノベーター」の育成を目指します。

●特色
・"English・STEM 教育 " で英語による理工学的思考力を育成
・エンジニアリングデザイン教育で創造的チーム活動を行う
・1・2 年はの白山麓キャンパスで全寮制教育
・3 年は全員 1 年間、ニュージーランド留学
・4・5 年は英語で専門を学び、大学生と共に学修・研究活動を行う
・卒業後は金沢工業大学に編入して大学院まで学ぶ一貫した教育プログラム

●進学特例事項　金沢工業大学への特別推薦制度があります。原則、3 年次への編入となります。

受入開始　2018 年度

長野工業高等専門学校（ながのこうぎょう）

〒 381-8550　　（担当：佐藤 優）
長野県長野市大字徳間 716
▶▶（しなの鉄道北しなの線 三才駅）
TEL 026-295-7017 FAX 026-295-4950
URL http://www.nagano-nct.ac.jp/
学生数　男 833　女 173　合計 1006

帰国子女在籍者数	1 年	2 年	3 年	4 年	5 年	計
	0	0	0	0	0	0

入学

●出願資格・条件
日本国籍を有する者及び日本国の永住許可を得ている者で、保護者の海外勤務に伴って外国において教育を受けた者（海外在住期間が中学校に相当する課程において通算して 2 年以上の者で平成 31 年 4 月以降の帰国者）で、次のいずれかに該当する者とする。
(1) 中学校等を卒業した者（令和 3 年 3 月に中学校等を卒業見込みの者を含む。）
(2) 中等教育学校の前期課程を修了した者（令和 3 年 3 月に修了見込みの者を含む。）
(3) 外国において学校教育における 9 年の課程（日本における通常の課程による学校教育の期間を含む）を卒業（修了）した者（令和 3 年 3 月卒業見込み（修了見込み）の者を含む。）
(4) 文部科学大臣が中学校の課程と同等課程を有するものとして認定した在外教育施設の当該課程を修了した者（令和 3 年 3 月に修了見込みの者を含む。）

●出願書類
入学願書一式・調査書（成績証明書）・海外在住状況証明書・住民票（永住者の在籍資格がわかるもの）

●日程等

募集	出願	試験	発表	選考方法
若干名	1/28 ~ 2/2	2/21	2/26	理・英・数、作文、面接、調査書

受入開始　2018 年度

岐阜工業高等専門学校（ぎふこうぎょう）

〒 501-0495　　（担当：和田清、髙橋利枝）
岐阜県本巣市上真桑 2236-2
▶▶（樽見鉄道 北方真桑駅）
TEL 058-320-1260 FAX 058-320-1256
URL http://www.gifu-nct.ac.jp/
学生数　男 810　女 251　合計 1061

帰国子女在籍者数	1 年	2 年	3 年	4 年	5 年	計
	1	0	1	0	0	2

入学

●出願資格・条件　日本国籍を有する者及び日本国の永住許可を得ている者で、保護者の海外勤務に伴って外国において教育を受けた者（海外在住期間が中学校に相当する課程において通算して 2 年以上の者で、平成 31 年 4 月以降の帰国者）で、次のいずれかに該当する者とする。
(1) 中学校、義務教育学校を卒業、または令和 3 年 3 月に卒業見込みの者
(2) 中等教育学校前期課程および文部科学大臣が中学校の課程と同等課程を有するものとして認定した在外教育施設の当該課程を修了、または令和 3 年 3 月に修了見込みの者
(3) 外国において学校教育における 9 年の課程（日本における通常の課程による学校教育の期間を含む）を卒業（修了）した者、または令和 3 年 3 月に卒業見込み（修了見込み）の者

●出願書類　・入学志願票・写真票及び受検票・調査書・海外在住状況説明書・出願承認書（様式は指定しません）・生徒指導要録（写）（高等学校に在学中の者及び中途退学した者が受検する場合に提出してください。当該高等学校長が、発行したもの（様式は指定しません））

●日程等

募集	出願	試験	発表	選考方法
若干名	1/5 ~ 8	1/16	2/26	面接検査（口頭試問【数学・理科・英語】を含む）及び調査書等で総合的に判定

受入後

●指導　一般選抜検査による入学生と同様で学習状況に合わせた指導を行います。

●教育方針　準学士課程
1. 広い視野を持ち、自立心と向上心に富み、教養豊かな技術者の育成
2. 基礎学力を身に付け、創造力、応用力、実践力を備えた技術者の育成
3. 国際コミュニケーション能力と先端情報技術を駆使する能力を備えた技術者の育成
4. 工学技術についての倫理観を有した技術者の育成
5. 教育研究活動を通じて社会へ貢献できる技術者の育成

●特色　高等学校や大学とは異なる高等専門学校本来の魅力を一層高めるという使命に燃え、日本の産業構造の国際化ならびに高度化に伴う急速な変化に柔軟に対応できる学力や創造力に加えて、環境に配慮した人間性豊かで倫理観を備えた技術者を育成するということが本校の教育方針です。教育理念、教育目標及びその具体的な内容は不断に改善し、計画的に教育・研究活動を実行しています。

●進学特例条件　一般選抜検査による入学生と同様で、大学編入学や高専専攻科への進学が可能です。

受入開始　2018 年度

沼津工業高等専門学校

（ぬまづこうぎょう）

（担当：入試・国際交流係）

〒 410-8501
静岡県沼津市大岡 3600
▶▶（JR 東海道本線 沼津駅・三島駅、JR 御殿場線 下土狩駅）
TEL 055-926-5962　FAX 055-926-5882
URL http://www.numazu-ct.ac.jp/
学生数　男 898　女 193　合計 1091

1年	2年	3年	4年	5年	計
1	1	0	0	0	2

入学

●出願資格・条件
帰国子女（日本国籍を有する者又は日本国の永住許可を得ている者で、海外在住期間が中学校に相当する課程において通算して２年以上の者とみなすことができ、平成 31 年３月以降に帰国した者）で学力選抜を出願できる者は、次のいずれかに該当する者とします。
(1) 令和３年３月に中学校又は義務教育学校を卒業見込みの者
(2) 外国において学校教育における９年の課程を修了した者（令和３年３月に修了見込みの者を含む）
(3) 文部科学大臣が中学校の課程と同等の課程を有するものとして認定した在外教育施設の当該課程を修了した者(令和3年3月に修了見込みの者を含む)
(4) その他本校において、中学校を卒業した者と同等以上の学力があると認めた者

●出願書類
入学願書一式、調査書、海外在住状況説明書、卒業（修了）証明書又は見込証明書、成績証明書など

●日程等

募集	出願	試験	発表	選考方法
若干名	2/2～4	2/21	2/26	国語・数学・理科・英語、面接、調査書

※新型コロナ感染症対応の追試有り。詳細は募集要項を確認すること。

受入後

●指導　帰国子女対象に特別カリキュラムなどを組む予定はありませんが、学習サポートセンターでは、分からないところを教員に気軽に質問したり、学生同士で教え合いながら課題を解決するほか、一人で自習することもできます。また、講義形式でワンポイントレッスンを開講したり、教員が勉強の悩み事を聞いて相談に乗るのに使われています。

●教育方針
・低学年全寮制を主軸とするカレッジライフを通じて、全人教育を行う。
・コミュニケーション能力に優れた国際感覚豊かな技術者の養成を行う。
・実験・実習及び情報技術を重視し、社会の要請に応え得る実践的技術者の養成を行う。
・教員の活発な研究活動を背景に、創造的な技術者の養成を行う。

●特色　5 年間一貫の技術者教育を行う高等教育機関です。実験・実習を重視した専門教育を早期の段階から行うことにより、20 歳の卒業時には大学と同程度の知識・技術が身につけられるカリキュラムとなっています。

●進学特例条件　卒業生は一般学生と同様に大学 3 年生への編入学や、専攻科への進学も可能です。

受入開始　2018 年度

鈴鹿工業高等専門学校

（すずかこうぎょう）

（担当：学生課入試係）

〒 510-0294
三重県鈴鹿市白子町
▶▶（近畿日本鉄道　名古屋線　白子駅）
TEL 059-368-1739　FAX 059-368-1738
URL https://www.suzuka-ct.ac.jp/
学生数　男 781　女 276　合計 1057

帰国子女在籍者数

1年	2年	3年	4年	5年	計
0	1	0	0	0	1

入学

●出願資格・条件
日本国籍を有する者及び日本国の永住許可を得ている者で、保護者の海外勤務等に伴って外国において教育を受けた者（海外の中学校に相当する課程に通算して２年以上在籍した者で、平成 31 年３月以降の帰国者）で次のいずれかに該当する者
(1) 中学校を卒業した者（令和３年３月卒業見込みの者を含む。）
(2) 義務教育学校を卒業した者（令和３年３月卒業見込みの者を含む。）
(3) 中等教育学校の前期課程を修了した者（令和３年３月修了見込みの者を含む。）
(4) 文部科学大臣が中学校の課程と同等課程を有するものとして認定した在外教育施設の当該課程を修了した者(令和３年３月修了見込みの者を含む。)
(5) その他相当年令に達し、本校が中学校を卒業した者と同等以上の学力があると認めた者（学校教育法施行規則第 95 条各号の一に該当する者）

●出願書類　入学願書・写真票・受検票・調査書（成績証明書）・海外在住状況説明書・志願者意思確認書　等

●日程等

募集	出願	試験	発表	選考方法
各学科若干名	2/4～2/10	2/21	3/5	学力検査（理科、英語、数学)、作文、面接及び調査書

※入学志願の者は、令和２年 12 月４日（金）までに必ず本校学生課入試係に照会してください。
出願資格等を確認した上で出願書類を送付します。(事前に照会のない者は出願できませんのでご注意ください。)

受入後

●教育方針
今日、科学技術の高度化と国際化の到来により、技術者教育を担う高等教育機関には新たな展開が求められています。そのため、鈴鹿高専では建学の精神を範とした、次のような教育理念を定め、「世界に羽ばたく創造的なエンジニア」の育成を目指しています。
①広い視野から価値判断ができ、技術者精神を備えた豊かな人間性を涵養します。
②科学技術に関する高い専門知識と技術に基づく深い洞察力と実践力を育成します。
③未知の問題に果敢に挑み、新たな価値を創造する力を育てます。
④心身を鍛え、己を確立し、自ら未来を切り拓く力を育てます。

●特色
・卓越したグローバルエンジニア育成事業
・産業界が求めるロボット技術者を育成するためのロボット工学教育
・情報セキュリティスキル・モラルを備えたエンジニアの育成事業

受入開始　2018 年度

鳥羽商船高等専門学校

とば しょうせん

〒 517-8501　（担当：髙橋正人、田中達之、野間己由）
三重県鳥羽市池上町１番１号
▶▶（近鉄鳥羽線 池の浦駅）
TEL 0599-25-8404　FAX 0599-25-8077
URL http://www.toba-cmt.ac.jp/
学生数　男 422　女 143　合計 565

帰国子女在籍者数	1年	2年	3年	4年	5年	計
	0	0	0	0	0	0

入学

●出願資格・条件
出願資格は、日本国籍を有する者及び日本国の永住許可を得ている者で、保護者の海外勤務に伴って外国において教育を受けた者（海外在住期間が中学校に相当する課程において通算して２年以上の者で、平成 31 年４月以降の帰国者）で、下記の各要件のいずれかに該当し、商船学科については、「6. 身体基準」も満たす者とします。
(1) 中学校を卒業した者又は令和３年３月に中学校卒業見込みの者
(2) 義務教育学校を卒業した者又は令和３年３月に義務教育学校を卒業見込みの者
(3) 中等教育学校の前期課程を修了した者又は令和３年３月に中等教育学校の前期課程を修了見込みの者
(4) 外国において学校教育における９年の課程（日本における通常の課程による学校教育の期間を含む。）を修了した者又は令和３年３月に修了見込みの者
(5) 文部科学大臣が中学校の課程と同等の課程を有するものとして認定した在外教育施設の当該課程を修了した者又は令和３年３月に在外教育施設の当該課程を修了見込みの者

●出願書類
・入学願書・写真票・受検票・入学検定料通知書（学校提出用）又は振込受付書・受検票送付用封筒・海外在住状況説明書・入学志願者調査書・健康診断証明書

●日程等

募集	出願	試験	発表	選考方法
若干名	1/26～2/1	2/21	未定	出願書類、学力検査（理·英·数）、作文、面接により総合的に選考

受入後

●指導　通常の学生と同様の指導を行う。

●教育方針
人材育成について以下の３つの教育目標を掲げている
1. 人間性豊かな教養人となること
2. 創造性豊かな技術者となること
3. 国際性豊かな社会人となること

受入開始　2018 年度

宇部工業高等専門学校

うべ こうぎょう

〒 755-8555　（担当：学生課教務・入試係）
山口県宇部市常盤台 2-14-1
▶▶（琴芝駅）
TEL 0836-35-4974　FAX 0836-31-6117
URL http://www.ube-k.ac.jp
学生数　男 723　女 326　合計 1049

帰国子女在籍者数	1年	2年	3年	4年	5年	計
	1	0	0	0	0	1

入学

●出願資格・条件　入学を志願することができる者は、次の各条件のいずれにも該当する者とします。
(1) 日本国籍を有する者及び日本国の永住許可を得ている者
(2) 外国において文部科学大臣が中学校の課程と同等の課程を有するものとして認定した在外教育施設で教育を受けた者（海外在住期間が中学校に相当する課程において通算して２年以上の者で、平成 31 年４月以降の帰国者）
(3) 中学校、義務教育学校を卒業または令和３年３月に卒業見込みの者、中等教育学校の前期課程、文部科学大臣が中学校の課程と同等の課程を有するものとして認定した在外教育施設の当該課程を修了または令和３年３月に修了見込みの者
(4) 調査書の「学習の記録」における第２学年及び第３学年（第 1、2 学期の総合成績）の数学の評定平均が、5 段階評定で 4.0 以上である者
(5) 本校の選抜期日を基準日として、TOEIC の過去２年以内のスコアが、550 点以上の者。または、TOEFL iBT の過去２年以内のスコアが、42 点以上の者。または、実用英語技能検定（英検）において、２級以上の資格を取得している者

●出願書類　①入学願書・写真票・受験票②入学者選抜調査書③TOEIC、TOEFL、英検に関する証明書④志望理由書⑤自己推薦書⑥海外在住状況説明書

●日程等　本試験：合格内定発表日　令和３年１月 29 日（金）
追試験：合格内定発表日　令和３年２月 10 日（水）
※追試験受験には要件があります。

募集	出願	試験	発表	選考方法
若干名	1/4～8	本試験 1/23 追試験 2/6	3/3	学校長から提出された入学者選抜調査書及び面接（事前に提出された志望理由書と自己推薦書に基づき行う）の結果を総合して行います。

受入後

●指導　基本的には、通常の学生と同様の学習指導を行うが、特別な配慮等が必要であれば、教務部や修学支援室、学生相談室と連携し、保護者も交えながら学習指導を行う。

●教育方針
1. 豊かな心と優れた感受性を持ち、学生として自主的な責任のある行動と規律正しい生活ができる人間に育てる。
2. 自らの専門分野の知識と幅広い知識を持ち、適切な手段を用いて課題解決に対応できる人間に育てる。
3. 実技教育を重視し、理論に裏打ちされた創造力と豊かな国際性を身につけた実践的な能力ある人間に育てる。
4. "もの" を新たに創造するために必要な総合的能力を有する人間に育てる。

●特色　宇部高専は、社会や産業構造の変革に応える学生を養成し、学生自身の主体的な学びを促すため、平成 29 年度から４学期制を導入しています。４学期制は、主体的な学びの基礎となる能動的な学習、実験・実習等を含む課題解決型の学習 (Problem/Project-based Learning:PBL)、及び約１ケ月にわたる学外学修 (海外体験プログラムやインターンシップ) を効果的に実施するための工夫の１つです。４学期制では、各学期が約８週間となり、同じ科目を週に２回学ぶ集中学習によって知識定着と技術習得を図っています。
　また、宇部高専では、国際化に対応できるグローバルエンジニアを育成するため、多彩な海外留学・海外インターンシッププログラムを用意しています。台湾・シンガポール・マレーシア・オーストラリア等の大学と学術交流協定を結んでおり、夏休みや春休みの長期休暇を利用して、毎年、多くの学生が海外研修に参加しています。海外研修を支援するために、費用の一部を補助する制度もあります。国際交流活動を通じて、語学力やグローバルマインドが一定水準に達した学生を「宇部高専グローバルマイスター」として認定する制度も始まりました。

受入開始　1997 年度

阿南工業高等専門学校

（あなんこうぎょう）

（担当：岩佐隆志）

〒774-0017
徳島県阿南市見能林町青木 265 番地
▶▶（JR 牟岐線　見能林駅）
TEL 0884-23-7133　FAX 0884-22-4232
URL https://www.anan-nct.ac.jp/
学生数　男 641　女 156　合計 797

帰国子女在籍者数	1年	2年	3年	4年	5年	計
	0	0	0	0	0	0

入学

●出願資格・条件
日本の国籍を有する者で、保護者の海外勤務等の事情により外国に在留したことがあり、外国において、学校教育における９年の課程（日本における通常の課程による学校教育の期間を含む。）を令和２年４月１日から令和３年３月 31 日までに修了した者及び修了見込の者で、最終の学年を含めて２年以上継続して正規の教育制度に基づく学校教育を受けている者
　入学を志願する者は、入学資格等を確認しますので、必ず令和２年 12 月 23 日（水）までに、本校学生課教務係に電話・電子メール・郵便等により照会してください。

●出願書類
①入学願書・写真票・受験票
②入学検定料（振込金証明書）
③あて名票
④受験票送付用封筒
⑤調査書
⑥成績証明書、履修証明書
⑦卒業（修了）証明書又は見込証明書

●日程等

募集	出願	試験	発表	選考方法
若干名	2/3～5 午後４：30 まで	2/21	2/25	学力検査、成績証明書、小論文及び面接の総合判定により行います。

・提出された成績証明書は能力、適正等を判定するための基礎資料とします。
・学力検査は、筆記試験により行い、解答方法はマークシート方式です。
・出題する教科は、理科・英語・数学の３教科です。

●備考
※諸状況により、日程・会場・実施方法等を変更する場合があります。

受入開始　2018 年度

香川高等専門学校

（かがわ）

〈高松キャンパス〉
〒761-8058　（担当：学務課　入試係）
香川県高松市勅使町 355
▶▶（JR 高松駅）
TEL 087-869-3866　FAX 087-869-3839
〈詫間キャンパス〉
〒769-1192　（担当：学生課　教務係）
香川県三豊市詫間町香田 551
▶▶（JR 詫間駅）
TEL 0875-83-8516　FAX 0875-83-7743
URL https://www.kagawa-nct.ac.jp/
学生数　男 1237　女 207　合計 1444

帰国子女在籍者数	1年	2年	3年	4年	5年	計
	1	0	0	0	0	1

入学

●出願資格・条件
日本国籍を有する者及び日本国の永住許可を得ている者で、保護者の海外勤務等に伴って外国において教育を受けた者（海外在住期間が中学校に相当する課程において原則として通算２年以上の者で、平成 31 年４月以降の帰国者）で、次のいずれかに該当する者とします。ただし、保護者または保証人が日本国内に在住していることとする。
(1) 中学校、義務教育学校を卒業または中等教育学校の前期課程を修了した者（令和３年３月卒業（修了）見込みの者を含む）
(2) 外国において学校教育における９年の課程（日本における通常の課程による学校教育の期間を含む）を修了した者（令和３年３月修了見込みの者を含む）
(3) 文部科学大臣が中学校の課程と同等の課程を有するものとして認定した在外教育施設の当該課程を修了した者（令和３年３月修了見込みの者を含む）
(4) 中学校を卒業した者と同等以上の学力があると認められた者（学校教育法施行規則第 95 条に該当する者）

●出願書類　入学願書、受検票・写真票、調査書、海外在住状況説明書、検定料振込金証明書等

●日程等

募集	出願	試験	発表	選考方法
若干名	2/1～4	2/21	2/26	学力検査、調査書、自己推薦書及び面接

受入後

●指導　必要に応じて、個別指導を行うことがある。

●教育方針
1. 広い視野を持ち、自然との調和を図り、人類の幸福に寄与できる技術者を養成する。（倫理）
2. 科学技術の基礎知識と応用力を身につけ、時代の変遷に対応できる技術者を養成する。（知識）
3. 課題解決の実行力と創造力を身につけ、社会に有益なシステムを構築できる技術者を養成する。（実行力）
4. 物事を論理的に考え表現する能力を身につけ、国際的に活躍できる技術者を養成する。（コミュニケーション能力）

●特色　香川高等専門学校 は、２キャンパス・７学科・２専攻から成り、学生数が約 1500 名の全国で最大規模の国立高専である。前身の高松工業高等専門学校と詫間電波工業高等専門学校の良き伝統を引き継ぐ、教育研究施設・設備を整備し、教育環境の充実を図っている。

●卒業生（帰国生徒）の進路状況　卒業生は、一般生と同様、大学３年次編入学や高専専攻科への進学も可能である。

受入開始　2018 年度

弓削商船高等専門学校

(ゆげしょうせん)

〒794-2593　（担当：古田尚也）
愛媛県越智郡上島町弓削下弓削 1000 番地
▶▶（土生港、立石港）
TEL 0897-77-4606　FAX 0897-77-4692
URL http://www.yuge.ac.jp/

学生数　男 539　女 135　合計 674

帰国子女在籍者数	1年	2年	3年	4年	5年	計
	0	0	0	0	0	0

入学

●出願資格・条件　日本国籍を有する者又は日本国の永住許可を得ている者で、保護者の海外勤務等により外国において教育を受けた者（海外在住期間が中学校に相当する課程において通算して２年以上の者で、平成 31 年３月以降の帰国者）で、次のいずれかに該当する者。

(1) 中学校、義務教育学校又はこれに準ずる学校を卒業した者（令和３年３月卒業見込みの者を含む）
(2) 海外において学校教育における９年の課程（日本における通常の課程による学校教育の期間を含む）を卒業（修了）した者（令和３年３月卒業見込み（修了見込み）の者を含む）
(3)「文部科学大臣が中学校課程と同等の課程を有するものとして認定した在外教育施設※の当該課程」（学校教育法施行規則第 95 条第２号）を卒業（修了）した者（令和３年３月卒業見込み（修了見込み）の者を含む）

※在外教育施設とは、海外に在留する日本人のこどものために、学校教育法（昭和 22 年法律第 26 号）に規定する学校における教育に準じた教育を実施することを主たる目的として海外に設置された教育施設です。

●出願書類　入学願書、身上記録、調査書、成績証明書、卒業見込証明書、健康診断証明書等

※「新型コロナウイルス感染症の影響に係る令和３年度入学者選抜試験における措置」については、学生募集要項に詳細を記載しております。

●日程等

募集	出願	試験	発表	選考方法
若干名	1/28～2/5	2/21	3/4	学力・作文・面接

※募集定員は、３学科各 40 名であり、一般の学力選抜の受検者と同様に合格者を決定するので、帰国子女の合格枠があるわけではない。

受入後

●指導　帰国生徒に特化した補習などはしていないが、全体的に成績不良の学生に対する補習は行っています。

●教育方針

・自然科学および専門技術の基礎力を身につけ、高度化かつ多様化してゆく科学技術に柔軟に対応できる人材の育成
・身の回りの諸現象、特に海をとりまく自然・文化・歴史に好奇心を抱き、多角的に考えたり調べたりできる、独創力のある人材の育成
・日本および世界の文化や社会に関心をもち、国際的視野でものがみられ、しかも人間として、技術者として高い倫理観をもった人材の育成

●特色　・海の自然の中で、豊かな人間性と創造力を備えた技術者を育成します・各種コンテストで優秀な成績を収めています・学力入試では、県立高校と同時に出願でき、複数校志望受検制度もあります・希望する企業へ高い就職率で就職できます・国立大学３年次へ、専攻科から大学院への編入ができます・寮生活が充実しています・特色ある多くの部活動や同好会があります

国立　共学　寮

受入開始　2014 年度

北九州工業高等専門学校

(きたきゅうしゅうこうぎょう)

〒802-0985　（担当：学生課教務係　山内啓介）
福岡県北九州市小倉南区志井 5-20-1
▶▶（JR 日田彦山線 志井公園駅、北九州高速鉄道 志井駅 企救丘駅）
TEL 093-964-7232　FAX 093-964-7236
URL http://www.kct.ac.jp/

学生数　男 791　女 256　合計 1047

帰国子女在籍者数	1年	2年	3年	4年	5年	計
	0	1	1	0	0	2

入学

●出願資格・条件

日本国籍を有する者及び日本国の永住許可を得ている者で、保護者の海外勤務に伴って外国において教育を受けた者（海外在住期間が中学校に相当する課程において通算して２年以上の者または海外在住期間に中学校に相当する２年間の課程を修了している者で、平成 31 年４月以降の帰国者）で、次のいずれかに該当する者とします。

（1）中学校を卒業した者または令和３年３月卒業見込みの者
（2）中等教育学校の前期課程を修了した者または令和３年３月修了見込みの者
（3）義務教育学校を卒業した者または令和３年３月卒業見込みの者
（4）外国において学校教育における９年の課程（日本における通常の課程による学校教育の期間を含む。）を修了した者及び令和３年３月 31 日までに修了見込みの者
（5）文部科学大臣が中学校の課程と同等の課程を有するものとして認定した在外教育施設の当該課程を修了した者または令和３年３月 31 日までに修了見込みの者
（6）文部科学大臣の指定した者
（7）就学義務猶予免除者等の中学校卒業程度認定規則（昭和 41 年文部省令第 36 号）により、中学校を卒業した者と同等以上の学力があると認定された者
（8）その他相当年令に達し、本校において中学校を卒業した者と同等以上の学力があると認めた者

●出願書類　入学志願書、調査書、受検票、写真票、海外在住状況説明書、電算機処理カード、検定料（16,500 円）、住所票

●日程等

募集	出願	試験	発表	選考方法
若干名	1/27～2/1	2/21	3/1	学力検査（理・英・数・国）、面接、調査書

受入後

●指導

特別な学習指導はありませんが、分からないことや困りごとがあれば、担任や教科の先生が指導します。

●教育方針

教育理念「明るい未来を創造する開拓型エンジニアの育成」のもと、幅広い工学基礎、創造的技術開発力、及び技術者としての倫理観を身に付けるとともに、地球環境に配慮し、持続可能社会の構築に貢献できる技術者を育成します。

●特色

２年生までに、工学の基本となる自然科学と工学の基礎を学び、３年生からは、５つの専門コースに分かれて専門工学を学びます。科目には講義、実験、実習、企業実習があり、これらを組み合わせることで知識・技術の定着と問題解決能力の育成を図ります。総まとめとして、５年生で卒業研究に取組みます。

●進学特例条件

帰国子女限定の推薦制度ではありませんが、成績が優秀であれば、本校の専攻科入学や大学の３年次編入の際に、推薦入試を受検できます。

受入開始　2019 年度

熊本高等専門学校

くま　もと

〈熊本キャンパス〉
〒 861-1102　（担当：河津秀利）
熊本県合志市須屋 2659-2
▶▶（熊本電鉄 熊本高専前駅）
TEL 096-242-6197　FAX 096-242-5504

〈八代キャンパス〉
〒 866-8501　（担当：髙木眞弓）
熊本県八代市平山新町 2627
▶▶（肥薩おれんじ鉄道　肥後高田駅）
TEL 0965-53-1331　FAX 0965-53-1239

URL https://kumamoto-nct.ac.jp/
学生数　男 983　女 297　合計 1280

帰国子女在籍者数	1年	2年	3年	4年	5年	計
	2	0	0	0	0	2

入学

●出願資格・条件
日本国籍を有する人及び日本国の永住許可を得ている人で、保護者の海外勤務に伴って外国において教育を受けた人（海外在住期間が中学校に相当する課程において通算して２年以上の人で、平成 31 年４月以降に帰国した人）で、次のいずれかに該当する人
(1) 中学校若しくはこれに準ずる学校若しくは義務教育学校を卒業した人、若しくは中等教育学校の前期課程を修了した人、又は文部科学大臣の定めるところにより、これと同等以上の学力があると認められた人、又は本校入学前までに入学資格を有することとなる見込みの人
(2) 外国において学校教育における９年の課程（日本における通常の課程による学校教育の期間を含む。）を修了した人又は本校入学前までに修了見込みの人
(3) 文部科学大臣が中学校の課程と同等の課程を有するものとして認定した在外教育施設の当該課程を修了した人又は本校入学前までに修了見込みの人

●出願書類
入学願書、写真票・受検票、あて名票、調査書、海外在住状況説明書

●日程等

募集	出願	検査	発表	選考方法
若干名	1/29～2/5	2/21	3/2	学力検査（理・英・数）、調査書、面接

受入後

●指導　必要に応じて、教務委員会と受け入れ学科が連携して、個々の生徒に合わせた科目別の個別指導を行う。
●教育方針　本校は、教育基本法の精神にのっとり、学校教育法および独立行政法人国立高等専門学校機構法に基づき、深く専門の学芸を教授し、職業に必要な実践的かつ専門的な知識および技術を有する創造的な人材を育成することを目的とする。
●特色　熊本高専は、平成 21 年 10 月に、旧熊本電波高専（熊本県合志市）と旧八代高専（熊本県八代市）が高度化・再編して誕生した、新しいモデルの〝高専〟です。熊本キャンパスには、「情報通信エレクトロニクス工学科」、「制御情報システム工学科」、「人間情報システム工学科」の電子情報系３学科、八代キャンパスには、「機械知能システム工学科」、「建築社会デザイン工学科」、「生物化学システム工学科」の融合・複合工学系３学科の、計６学科を設置し、全国的にもユニークな学科構成としています。また、専攻科として、熊本キャンパスには「電子情報システム工学専攻」、八代キャンパスには「生産システム工学専攻」の２専攻を設置しており、高度の知識・素養とともに、幅広い視野を身につけた実践的高度技術者の育成を目指しています。

入 編

国立　共学　寮

受入開始　2018 年度

都城工業高等専門学校

みやこのじょうこうぎょう

（担当：中原一郎）
〒 885-8567
宮崎県都城市吉尾町 473-1
▶▶（JR 都城駅）
TEL 0986-47-1133　FAX 0986-47-1143
URL https://www.miyakonojo-nct.ac.jp/
学生数　男 572　女 229　合計 801

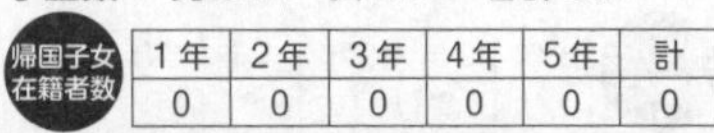

帰国子女在籍者数	1年	2年	3年	4年	5年	計
	0	0	0	0	0	0

入学

●出願資格・条件　日本国籍を有する者または日本国の永住許可を得ている者で、保護者の海外勤務に伴って外国において教育を受けた者（海外在住期間が中学校に相当する課程において通算して２年以上の者で、平成 31 年４月以降に帰国した者）で、次のいずれかに該当する者
(1) 中学校を卒業した者又は令和３年３月に中学校を卒業見込みの者
(2) 義務教育学校を卒業した者又は令和３年３月に義務教育学校を卒業見込みの者
(3) 中等教育学校の前期課程を修了した者又は令和３年３月に中等教育学校の前期課程を修了見込みの者
(4) 中学校卒業と同等以上の学力があると認められた者
①外国において学校教育における９年の課程（日本における通常の課程による学校教育の期間を含む）を卒業（修了）した者又は令和３年３月に卒業（修了）見込みの者
②文部科学大臣が中学校課程と同等の課程を有するものとして認定した在外教育施設の当該施設を卒業（修了）した者又は令和３年３月に卒業（修了）見込みの者

●出願書類　入学願書・受検票・受検写真票・調査書（成績証明書、卒業証明書等）・海外在住状況説明書・検定料の振込金受付証明書・住民票・受検票送付用封筒・あて名票

●日程等

募集	出願	試験	発表	選考方法
若干名	1/8～28	2/21	3/2	理科、英語、数学、面接

受入後

●指導　必要に応じ、個別指導を行う。
●教育方針　本校は、「優れた人格を備え国際社会に貢献できる創造性豊かな実践的技術者の育成」を教育理念とし、５年間の一貫教育により、豊かな創造性、優れた知性、高度な社会性、確かな実行力をもった技術者を育成することを目的とし、以下の４つの学習・教育目標を掲げています。
(1) あらゆる可能性を追求できる豊かな創造性を有する技術者の育成
(2) 科学と工学の知識を駆使して技術的問題を解決し、新規生産技術をデザインできる優れた知性を有する技術者の育成
(3) 世界の歴史・文化および倫理を常に考え国際社会に貢献できる高度な社会性を有する技術者の育成
(4) 自然・社会環境に関連する諸問題に積極的・計画的に取り組み、継続して推進する確かな実行力を有する技術者の育成

●特色
(1) 創造性を育む５年間一貫教育
(2) 学生数 801 名（女子学生 229 名、外国人留学生２名）
(3) モンゴル国立科学技術大学を含むアジアの大学と学術交流協定を結びグローバル化を推進
(4) あらゆる可能性を追求できる実践的技術者の育成を図り、学生生活を充実したものとするため、研修、各種の学校行事、学生会活動等、学科を超えた全学生の交流の機会を計画、実施。課外活動も活発で、スポーツ、文化の両面にわたって成果をあげており、校内はのびのびとした雰囲気で、勉学と部活動等に活躍する学生の姿が見られる。

●進学特例条件　卒業生は、一般生と同様、大学３年次編入学や高専専攻科への進学も可能である。

受入開始　2018 年度

鹿児島工業高等専門学校
（かごしまこうぎょう）

〒 899-5193　（担当：学生課課長補佐　濱崎利幸）
鹿児島県霧島市隼人町真孝 1460-1
▶▶（JR 隼人駅）
TEL 0995-42-9021　FAX 0995-43-2584
URL http://www.kagoshima-ct.ac.jp/

学生数　男 931　女 152　合計 1083

帰国子女在籍者数	1年	2年	3年	4年	5年	計
	−	−	−	−	−	−

入学

●出願資格・条件
日本国籍を有する者及び日本国の永住許可を得ている者で、保護者の海外勤務に伴って外国において教育を受けた者（海外在住期間が中学校に相当する課程において通算して２年以上の者で、平成 31 年４月以降の帰国者）で、次のいずれかに該当する者とします。
(1) 中学校を卒業した者または令和３年３月卒業見込みの者
(2) 義務教育学校を卒業した者または令和３年３月卒業見込みの者
(3) 中等教育学校の前期課程を修了した者または令和３年３月修了見込みの者
(4)「文部科学大臣が中学校の課程と同等の課程を有するものとして認定した在外教育施設（※）の当該課程」（学校教育法施行規則第 95 条第２号）を修了した者または令和３年３月 31 日までに修了見込みの者
(5) 外国において学校教育における９年の課程（日本における通常の課程による学校教育の期間を含む。）を修了した者及び令和３年３月 31 日までに修了見込みの者
(※) 在外教育施設とは、海外に在留する日本人の子どものために、学校教育法（昭和 22 年法律第 26 号）に規定する学校における教育に準じた教育を実施することを主たる目的として海外に設置された教育施設です。

●出願書類　①入学願書 ②写真票、受検票 ③調査書（電子書式）④海外在住状況証明書 ⑤成績証明書 ⑥卒業（修了）証明書又は見込証明書 ⑦検定料 ⑧受検票送付用封筒 ⑨あて名ラベル ⑩その他（住民票写し等）

●日程等

募集	出願	試験	発表	選考方法
若干名	1/27～2/2	2/21	2/26	学力検査（理･英･数･国）、面接、調査書

受入後

●指導　必要に応じて個別指導を行う。
●教育方針・特色　本校は、中学校卒業後の５ヶ年間を通して一貫した教育を行っという特徴を活かし、高等学校教育と大学教育とを有機的に関連させ、技術系大学と同程度の専門教育を行う。
　技術者は、ともすれば視野の狭い職業人におちいる危険があるので、将来世に出た場合に高級技術者としてふさわしい豊かな教養を身につけ、健全な心身を養うように心掛けなければならない。
　技術教育では基礎学力を身につけることと、実験と実習とによって技術を体得するために、クラス単位（40 人）の授業を主として、教員と学生の交流を深めるように心掛けている。
　のびのびとした学生会の活動と部活動により、各自の才能を伸ばし、また、寮生活を通して規則正しい生活態度を養い、広く学生間の友情を育てるなどに留意している。
　更に、これらの目標を日常生活を通して実現を図るために、特に次の実行目標を定めている。
1．礼儀正しくしよう
2．校内の美化に努めよう
3．公徳心を高めよう
4．交通規則を守ろう
5．健康を増進して体力を強めよう
●進学特例条件　卒業生は、一般学生と同様に大学３年次編入学及び本校専攻科への進学も可能である。

受入開始　2004 年度

沖縄工業高等専門学校
（おきなわこうぎょう）

〒 905-2192　（担当：学生課教務係）
沖縄県名護市字辺野古 905
▶▶（那覇空港から高速バスで約２時間）
TEL 0980-55-4028　FAX 0980-55-4012
URL http://www.okinawa-ct.ac.jp/

学生数　男 621　女 195　合計 816

帰国子女在籍者数	1年	2年	3年	4年	5年	計
	0	0	1	0	0	1

入学

●出願資格・条件　日本国籍を有する者または日本国の永住許可を得ている者で、保護者の海外勤務等により外国の学校教育を受けており、次のいずれかに該当する者。
(1)2021 年３月に中学校卒業見込みの者で、原則として、外国において、２年以上継続して正規の教育制度に基づく学校教育を受けている者（ただし、外国に設置されたものであっても日本の学校教育法に準拠した教育を実施している学校に在学して教育を受けた期間は、「2 年以上」という期間には算入しない）
(2) 外国において学校教育における９年の課程を修了した者（2021 年３月に修了見込みの者を含む）で、原則として、外国において、最終学年を含め、２年以上継続して正規の教育制度に基づく学校教育を受けている者（ただし、外国に設置されたものであっても日本の学校教育法に準拠した教育を実施している学校に在学して教育を受けた期間は、「2 年以上」という期間には算入しない）
(3) その他本校において中学校を卒業した者と同等以上の学力があると認めた者
※ただし、2019.3.31 以前に帰国（一時的な短期の帰国を除く）した者は、出願を認めない

●出願書類　・入学願書・写真票・受検票・身上記録・卒業（修了）証明書または見込み証明書・成績証明書・調査書など

●日程等

募集	出願	試験	発表	選考方法
若干名	1/18～22	2/21	3/1	理・数・英、小論文、面接

●応募状況

年度＼人数	募集人員	出願者	受験者	合格者	入学者
2019	若干名	0	0	0	0
2020	若干名	0	0	0	0

受入後

●指導　必要に応じて個別指導を行う。
●教育方針　本校は、本科５年間にわたる一貫教育を通して、深く専門の学芸を教授し、職業に必要な能力を育成することを目的とし、以下の４つの教育目標を掲げています。
(1) 技術者に必要な基礎知識を備え、実践力のある人材を育成する (2) 創造性を備え、自らの考え方を表現できる人材を育成する (3) 専門的基礎知識を理解し、自ら学ぶことのできる人材を育成する (4) 広い視野と倫理観を備えた人材を育成する
●特色　(1) 実験・実習・演習を重視したカリキュラム (2)2 学期制 (3) 創造学習の実施 (4) 沖縄県内外の企業と協力 (5) 各界の専門家による高度な授業 (6) 積極的なパソコンの活用
●進学特例条件　卒業生は、一般生と同様、大学３年次編入学や高専専攻科への進学も可能です。

大 学 編

本文中では、主な国の教育制度に基づく国家統一試験等の名称を省略した形で記してあるが、詳しくは次のとおり。

●アメリカ合衆国の教育制度によるもの

SAT Ⅰ (Scholastic Assessment Test Ⅰ)・SAT Ⅱ (Scholastic Assessment Test Ⅱ) … CB (College Board) の実施する試験

TOEFL(Test of English as a Foreign Language) … ETS (Educational Testing Service) の実施する試験

ACT (American College Test)… ACT (The American College Testing Program) の実施する試験

●イギリス連合王国の教育制度によるもの

GCE (General Certificate of Education)

GCSE (General Certificate of Secondary Education)

●フランス共和国の教育制度によるもの

バカロレア (Baccalauréat)

●ドイツ連邦共和国の教育制度によるもの

アビトゥア (Abitur)

●国際バカロレア資格によるもの

IB (International Baccalaureate) …国際バカロレア機構 (International Baccalaureate Organization) が授与する資格証書 (International Baccalaureate Diploma Programme：省略 DP)

国立 共学 寮

北海道大学

〒060-0817　（担当：学務部入試課）
北海道札幌市北区北 17 条西 8 丁目
TEL 011-706-7484
URL https://www.hokudai.ac.jp/

●**入学時期**　4 月

●**募集学部（学科・専攻）・募集人員**

文学部、教育学部、法学部、経済学部、理学部（数学科、物理学科、化学科、生物科学科（生物学専修分野、高分子機能学専修分野）、地球惑星科学科）、医学部（医学科、保健学科（看護学専攻、放射線技術科学専攻、検査技術科学専攻、理学療法学専攻、作業療法学専攻））、歯学部、薬学部、工学部（応用理工系学科、情報エレクトロニクス学科、機械知能工学科、環境社会工学科）、農学部、獣医学部、水産学部　………………各若干名

●**出願資格・条件**

日本国籍を有する者又は日本国の永住許可を得ている者で、海外に在住し外国の学校教育を受け、かつ次に掲げる基礎資格および要件に該当する者

〔基礎資格〕次のいずれかに該当（ア）外国において学校教育における 12 年の課程を修了した者および 2021.3.31 までに同見込みの者（イ）外国において国際バカロレア資格、アビトゥア資格、バカロレア資格、General Certificate of Education Advanced Level（GCEA レベル）のいずれかを取得した者

〔要件〕次のすべての要件に該当（ア）外国の学校に最終学年を含め 2 年以上継続して在学。ただし、文部科学大臣が高等学校の課程と同等の課程を有するものとして認定した在外教育施設又は高等学校の課程に相当する課程を有するものとして指定した在外教育施設に在学した者については、その期間を外国において学校教育を受けたものとみなさない（イ）基礎資格取得後 2 年以内（2019.4.1 から 2021.3.31 までの間に取得（見込）であること）（ウ）医学部医学科志願者は TOEFL-PBT (500 点以上)、TOEFL-iBT (61 点以上)、TOEIC L&R(550 点以上）であること

〔その他〕国家試験等の統一試験がある国では、その統一試験を受験していることが望ましい

●**出願書類**　・入学願書等・卒業（修了）証明書または同見込証明書ならびに卒業（修了）学校の学校要覧等・最終卒業（修了）学校の成績証明書等（日本国の高等学校に在学したことがある場合は調査書も併せて提出）・自己推薦書・諸活動の記録・出身学校長又は教師の推薦書・IB 資格等により受験する者は各資格証明書の写しおよび最終試験の成績評価証明書・本人のパスポートのコピー等・諸外国の統一試験を受験した者はその成績証明書等

●**日程等**（※理学部 数学科、生物科学科、地球惑星科学科、薬学部、獣医学部は総合問題）

出願	試験	発表	選考方法
10/2～8	11/22	1 次 11/6 2 次 12/8	1 次：書類選考 2 次：課題論文※、面接

●**応募状況**

年度＼人数	募集人員	出願者	受験者	合格者	入学者
2019	若干名	72	43	18	11
2020	若干名	61	25	9	4

国立 共学 寮

北海道教育大学

〒002-8501　（担当：学務部入試課）
北海道札幌市北区あいの里 5 条 3-1-3
TEL 011-778-0273・0274
URL https://www.hokkyodai.ac.jp/

●**入学時期**　4 月

●**募集学部・募集人員**　札幌校、旭川校、釧路校、函館校、岩見沢校 ……………………………各若干名

●**出願資格・条件**

日本国籍を有する者または日本国の永住許可を得ている者で、保護者の海外在留に伴い外国で学校教育を受け帰国した者 (2021.3.31 までに帰国する者を含む。保護者が先に帰国した場合は、その後の滞在期間が 1 年未満であれば可）のうち、次のいずれかに該当。ただし外国に設置された学校であっても、日本の学校教育法に準拠した教育を実施している学校に在籍した者については、その期間を外国において学校教育を受けたものとはみなさない

(1) 学校教育 12 年の課程のうち、日本の高等学校または中等教育学校に相当する外国の学校に最終学年も含め 2 年以上継続して在学し、かつ、2019.4.1 から 2021.3.31 までに卒業（修了）または同見込みの者

(2) 2019.4.1 から 2021.3.31 までに日本の高等学校または中等教育学校を卒業または同見込みの者で、日本の教育制度の中学校、高等学校および中等教育学校に相当する期間のうち、外国においてその国の教育制度に基づく中学校ないし高等学校に通算して 3 年以上在籍した者。ただし日本の高等学校または中等教育学校後期課程の在籍期間は 2 年以内

(3) 外国において国際バカロレア資格、アビトゥア資格またはバカロレア資格（フランス共和国）又はジェネラル・サーティフィケート・オブ・エデュケーション・アドバンスト・レベル資格を 2019 年または 2020 年に取得した者で、2021.3.31 までに 18 歳に達する者

●**出願書類**（昨年度参考）

・入学志願票一式・入学資格等証明書（最終出身学校の卒業（修了）証明書もしくは同見込証明書、外国の学校の在籍期間証明書、IB 資格またはアビトゥア資格、バカロレア資格の証明書等）・最終出身学校の成績証明書または IB 資格、アビトゥア資格、バカロレア資格の成績評価証明書等・調査書・パスポートおよびビザのコピー・海外在留証明書等

※詳細は入試課までお問い合わせ下さい

●**日程等**

	出願	試験	発表	選抜方法
札幌校 旭川校 釧路校 函館校 岩見沢校	11/6～13	11/28・29 のうち指定する日	12/11	日本語による小論文、面接及び最終修了学校の成績証明書を総合して判定。 ※課程により実技検査を課す ※課程により活動歴調査書の提出あり

●**応募状況**

年度＼人数	募集人員	出願者	受験者	合格者	入学者
2019	若干名	2	2	0	0
2020	若干名	1	1	0	0

入

国立 共学 寮

小樽商科大学（おたるしょうかだいがく）

〒047-8501　（担当：入試室入学試験係）
北海道小樽市緑 3-5-21
TEL 0134-27-5254　FAX 0134-27-5258
URL https://www.otaru-uc.ac.jp/

●入学時期　4月

●募集学部（学科）・募集人員

商学部（経済学科、商学科、企業法学科、社会情報学科）……………………若干名

●出願資格・条件

日本国籍を有する者または日本国の永住許可を得ている者で保護者の海外在留に伴い外国で学校教育を受け、保護者とともに帰国した者（保護者の帰国後 1 年未満の滞在は可）で、次のいずれかに該当する者（ただし外国に設置された学校であっても、日本の学校教育法に準拠した教育を施している学校に在籍した者については、その期間を外国において学校教育を受けたものとはみなさない）

(1) 外国において、学校教育における 12 年の課程（日本における通常の課程による学校教育の期間を含む）を 2019.4.1 から 2021.3.31 までに修了した者および同見込みの者。ただし、外国において最終学年を含めて 2 年以上継続して正規の教育制度に基づく学校教育を受けている者
(2) 外国において、国際バカロレア資格証書を 2019 年または 2020 年に授与された者
(3) アビトゥア資格、バカロレア資格のいずれかを 2019 年または 2020 年に取得した者

●出願書類

・入学願書一式・最終卒業学校の成績証明書・国際バカロレア資格証書拝受者は資格証書の写しおよび国際バカロレア最終試験の成績評価証明書・アビトゥア資格取得者は一般的大学入学資格証明書の写し・バカロレア資格取得者は資格証書の写しおよびバカロレア資格試験成績証明書・パスポートの写し（記載事項があるすべてのページ）・出願時に海外に在住する者は日本国の在外公館発行の海外在住証明書

●日程等

出願	試験	発表	選抜方法
11/2～10	11/21	12/10	小論文、面接 書類審査

※書類審査は最終学校の成績証明書

●応募状況

年度＼人数	募集人員	出願者	受験者	合格者	入学者
2019	若干名	1	1	0	0
2020	若干名	0	0	0	0

入

国立 共学 寮

帯広畜産大学（おびひろちくさんだいがく）

〒080-8555　（担当：入試・教務課入学試験係）
北海道帯広市稲田町西 2 線 11
TEL 0155-49-5321
URL https://www.obihiro.ac.jp/

●入学時期　4月

●募集学部（課程）・募集人員

畜産学部（畜産科学課程）……………………若干名

●出願資格・条件

日本国籍を有する者及び日本国の永住許可を得ている者・TOEFL または IELTS を 2018 年 4 月 1 日以降に受験し出願時にスコアを提出することができる者で、次のいずれかに該当する者

(1) 外国において、学校教育における 12 年の課程（日本における通常の課程による学校教育期間を含む）を 2019.4.1 から 2021.3.31 までに卒業（修了）および同見込みの者で、外国において、最終学年を含め、2 年以上継続して正規の教育制度に基づく学校教育（日本の学校教育法に準拠した教育を行っている学校に在学した者については、その期間を外国において学校教育を受けたものとはみなさない）を受けていること
(2) 外国において、国際バカロレア資格、アビトゥア資格、バカロレア資格、ジェネラル・サーティフィケート・オブ・エデュケーション・アドバンスト・レベル（GCEA）のいずれかを 2019 年または 2020 年に取得した者

●出願書類

入学願書一式・最終出身学校卒業（見込）証明書および成績証明書・推薦書・学習記録・TOEFL または IELTS のスコア・IB 資格取得者はその資格証書の写しおよび IB 最終試験 6 科目の成績評価証明書・アビトゥア資格取得者はその資格証書の写し、バカロレア資格取得者はその資格証書の写しおよび成績証明書・GCEA レベル資格取得者はその資格証書の写しおよび成績評価証明書・外国においてその国の統一試験を受験した者はその試験についての成績証明書等

●日程等

出願	試験	発表	選抜方法
10/23～29	11/28	12/8	書類審査、小論文、面接

●応募状況

年度＼人数	募集人員	出願者	受験者	合格者	入学者
2019	若干名	0	0	0	0
2020	若干名	1	0	0	0

国立 共学 寮

北見工業大学

きた み こう ぎょう

〒090-8507 （担当：入試課入学試験担当）
北海道北見市公園町165
TEL 0157-26-9167
URL https://www.kitami-it.ac.jp/

●入学時期 4月

●募集学部（学科）・募集人員

工学部（地球環境工学科、地域未来デザイン工学科）
………………… 各学科若干名

※本学工学部における帰国子女入試については、本学ウェブサイトで既に告知のとおり、今回の学生募集が最後となります。

●出願資格・条件

日本国籍を持つ者および日本国の永住許可を得ている者で、保護者とともに海外に在住し外国の学校教育を受け、かつ次のいずれかに該当するもの

(1) 外国において、学校教育における12年の課程（日本における通常の課程による期間を含む）を2019.4.1から2021.3.31までに修了した者及び修了見込みの者。ただし、外国において、最終の学年を含めて2年以上継続して在学した者（文部科学大臣が高等学校の課程に相当する課程を有するものとして指定した在外教育施設に在籍した者については、その期間を外国において学校教育を受けたものとはみなさない）
(2) 外国において、国際バカロレア資格を2019年または2020年に取得した者
(3) アビトゥア資格またはバカロレア資格を2019年または2020年に取得した者
(4) GCE Advancedレベル資格を2019年または2020年に取得した者

●出願書類

・入学願書一式・高等学校等の卒業証明書または同見込証明書、卒業学校の成績証明書（日本の高等学校に在籍したことがある場合は調査書も提出）·IB資格取得者は資格証明書の写しと最終試験6科目の成績証明書・アビトゥア資格取得者はその資格証明書の写し・バカロレア資格取得者はその資格証明書の写しまたは試験成績証明書・GCE Advancedレベル資格取得者はその資格証明書の写しまたは試験成績証明書（予定）・諸外国の国家試験等の統一試験を受験していればその成績証明書等

●日程等

出願	試験	発表	選抜方法
11/11～18	12/4	12/16	書類審査、基礎学力確認試験（数学）、面接

●応募状況

年度＼人数	募集人員	出願者	受験者	合格者	入学者
2019	若干名	0	0	0	0
2020	若干名	0	0	0	0

国立 共学 寮

室蘭工業大学

むろ らん こう ぎょう

〒050-8585 （担当：入試戦略課入学試験係）
北海道室蘭市水元町27-1
TEL 0143-46-5162 FAX 0143-45-1381
URL https://www.muroran-it.ac.jp/

●入学時期 4月

●募集学部（学科）・募集人員

理工学部昼間コース（創造工学科、システム理化学科）
……………………各学科若干名

●出願資格・条件 日本国籍を有する者および日本国の永住許可を得ている者であって、保護者の海外勤務等やむを得ない事情により、外国の学校教育を受けた者のうち、次の(1)(2)のいずれかに該当する者

(1) 外国において、学校教育における12年の課程（日本における通常の課程による学校教育の期間を含む）を2019.4.1から2021.3.31までに修了した者および修了見込みのもので、最終の学年を含めて2年以上継続して在学した者（文部科学大臣が高等学校の課程に相当する課程を有するものとして認定した在外教育施設に在籍した者については、その期間を外国において学校教育を受けたものとはみなさない）
(2) 外国において、国際バカロレア資格、アビトゥア資格、バカロレア資格、ジェネラル・サーティフィケート・オブ・エデュケーション・アドバンスト・レベル資格のいずれかを2019年または2020年に取得した者

●出願書類 ・入学願書一式・日本の高等学校に在学したことのある者は調査書および推薦書

＜出願資格・条件(1)の該当者＞ 最終学校の修了証明書または修了見込証明書・成績証明書・最終学校の教員（学校長が望ましい）の推薦書

＜出願資格・条件(2)の該当者＞・IB資格取得者はIB最終試験6科目の成績証明書及びDIPLOMAの写し・アビトゥア資格取得者は大学入学資格証明書の写し・バカロレア資格取得者はバカロレア資格証書の写し・ジェネラル・サーティフィケート・オブ・エデュケーション・アドバンスト・レベル資格取得者は資格成績評価証明書の写し

●日程等

出願	試験	発表	選抜方法
9/15～24	10/17	11/2予定	基礎学力検定、面接（日本語）及び調査書

※基礎学力検定では高等学校卒業程度認定試験の過去問題から、創造工学科は数学と理科（物理基礎）を出題し、システム理化学科は数学と理科（物理基礎・化学基礎・生物基礎から1科目を選択）を出題します。
また、基礎学力検定はマークシート形式での出題です。

※面接は日本語能力、科学と技術に関する関心・意欲・問題意識、志望動機、自分の考え、勉学姿勢等を問います。

●応募状況

年度＼人数	募集人員	出願者	受験者	合格者	入学者
2019	若干名	1	1	0	0
2020	若干名	0	0	0	0

※詳しくは募集要項やホームページを確認すること

国立 共学 寮

東北大学（とうほく）

〒980-8576　（担当：入試センター）
宮城県仙台市青葉区川内 28
TEL 022-795-4802　FAX 022-795-4805
URL http://www.tohoku.ac.jp/

●**入学時期**　4月
●**募集学部（学科）・募集人員**
理学部（各系）…………………………… 各若干人
工学部（各学科）………………………… 各若干人
医学部医学科（国際バカロレア入試、帰国生徒入試、私費外国人留学生入試合わせて）………………… 3名
●**出願資格・条件**（4月入学のもの）
日本国籍を有する者又は日本国の永住許可を得ている者で、海外において教育を受けた者のうち、以下のア）又はイ）に該当し、かつ要件を満たす者
※ただし 2019.3.31 以前に帰国（一時的な帰国を除く）した者の出願は認めない
ア）外国において学校教育 12 年の課程を修了または 2021.3.31（理学部は 2020.4.1 ～ 2021.3.31）までに同見込みの者で、原則として外国において最終学年を含め 2 年以上継続して正規の学校教育を受けている者（外国に設置された学校等であっても、日本の学校教育法に準拠した教育を行っている学校に在学して教育を受けた期間は「2 年以上」の期間に算入しない）
イ）外国において国際バカロレア資格（医学部は対象外）、アビトゥア資格、バカロレア資格、GCE・A レベル資格のいずれかを（理学部は 2020.4.1 ～ 2021.3.31 までに）取得した者で、2021.3.31 までに 18 歳に達する者
ウ）外国において、国際的な評価団体（WASC、CIS、ACSI）から教育活動等に係る認定を受けた教育施設に置かれる 12 年の課程を（理学部は 2020.4.1 ～ 2021.3.31 までに）修了した者
〈要件（工学部）〉2021 年度大学入学共通テストにおいて指定する教科・科目を受験（1 科目でも受験しない者は失格）
●**出願書類**　・入学願書一式・出身学校の卒業（修了）証明書または見込証明書・旅券の写し・推薦書・成績証明書（国家試験等の統一試験成績評価証明書を含む）・レポート・高等学校の要覧等
●**日程等**

区分	出願	試験	発表	選抜方法
A	B：医学部医学科と同日程			書類、筆記試験、面接
B	10/16～22	第1次 11/7	11/13	1次　書類、筆記試験
		第2次 11/21	11/27	2次　面接
C	1/4～7	2/13	2/20	書類、共通テストの成績、筆記、面接

※ A：理学部　B：医学部医学科　C：工学部

●**応募状況**

年度＼人数	募集人員	出願者	受験者	合格者	入学者
2019	若干人	19	16	6	3
2020	若干人	20	15	6	6

●**備考**　詳細は募集要項にてご確認下さい。

国立 共学 寮

茨城大学（いばらき）

〒310-8512　（担当：学務部入学課）
茨城県水戸市文京 2-1-1
TEL 029-228-8064　FAX 029-228-8603
URL https://www.ibaraki.ac.jp/

●**入学時期**　4月
●**募集学部（学科）・募集人員**
理系一農学部（食生命科学科・地域総合農学科）
…………………………若干名
●**出願資格・条件**
日本国籍を有する者及び日本国の永住許可を得ている者で、外国の教育を受け、次の (1) 又は (2) のいずれかに該当する者
(1) 外国において、学校教育における 12 年の課程（日本における通常の課程による学校教育の期間を含む。）を平成 31 (2019) 年 4 月から令和 3 (2021) 年 3 月までの間に修了した者及び修了見込みの者、又はこれらに準ずる者で文部科学大臣の指定したもの
　なお、最終学年を含めて、2 年以上継続して高等学校相当の課程の正規の学校教育（我が国の学校教育法に基づく課程によるものは含まない。）を受けたことを基礎資格とする。
(2) 次のいずれか一つの資格を令和元年又は令和 2 年に外国において取得した者
ア　スイス民法典に基づく財団法人である国際バカロレア事務局が授与する国際バカロレア資格
イ　ドイツ連邦共和国の各州において大学入学資格として認められているアビトゥア資格
ウ　フランス共和国において大学入学資格として認められているバカロレア資格
●**出願書類**
※詳細については、帰国子女選抜学生募集要項参照のこと
●**日程等**

出願	試験	発表	選抜方法
1/25～2/5	2/25	3/6	〔農〕学力検査、面接

※学力検査は学科により異なる。詳細は学生募集要項を確認

●**応募状況**

年度＼人数	募集人員	出願者	受験者	合格者	入学者
2019	若干名	2	1	0	0
2020	若干名	5	5	0	0

筑波大学（つくば）

〒305-8577 （担当：アドミッションセンター）
茨城県つくば市天王台 1-1-1
TEL 029-853-7385　FAX 029-853-7392
URL https://www.tsukuba.ac.jp/

●入学時期　4月（体育専門学群・芸術専門学群）、10月（生命環境学群 生物学類）

※ 2021 年度入学者に向け、帰国生特別入試（10月入学・英語コース）が実施になります。

●募集学群（学類）・募集人員

生命環境学群 生物学類、体育専門学群、芸術専門学群 ……………………………各若干名

●出願資格・条件

日本国籍を有する者又は日本国の永住許可を受けている者で、学校教育における 12 年の課程のうち、我が国の高等学校に相当する期間の 2 年以上を継続して外国に所在する学校に在学し、2021.4.1 から 2021.9.30（体育専門学群・芸術専門学群は 2020.4.1 から 2021.3.31）までに卒業（修了）した者又は卒業（修了）見込みの者で、次の (1) 又は (2) のいずれかに該当する者のうち、出身学校長が責任をもって推薦し、合格した場合には入学することを確約できる者（体育専門学群・芸術専門学群は 2021 年度推薦入試に出願する者を除く）

(1) 各科目にわたり極めて優秀な成績を修めた者
(2) 志願する学群・学類に関連する分野において特に優れた能力を持つ者

●日程等

区分	出願	試験	発表	選抜方法
A	10/27 ~ 12/18	3/1 ~ 11 のうち本学が定める日	3/30	小論文（体育専門学群）、実技検査及び面接（体育専門学群、芸術専門学群）
B	11/6 ~ 11	11/26 ~ 27	12/9	

※ A：生命環境学群の各学類
　 B：体育専門学群、芸術専門学群

●応募状況

年度＼人数	募集人員	出願者	受験者	合格者	入学者
2019	若干名	15	13	1	0
2020	若干名	5	4	1	1

※ 2019 年度は 4 月・10 月入学、2020 年度は 4 月入学

●備考

詳細については必ず各募集要項を参照のこと。
上記 A・B は公表中 (Web 掲載のみ)。

国立　共学　寮

宇都宮大学（うつのみや）

〒321-8505 （担当：アドミッションセンター）
栃木県宇都宮市峰町 350
TEL 028-649-5112　FAX 028-649-5113
URL http://www.utsunomiya-u.ac.jp/

●入学時期　4月

●募集学部（学科）・募集人員

国際学部（国際学科）……………………………………4名

●出願資格・条件

日本国籍を有する者及び日本国の永住許可を得ている者で、次の（1）～（5）のいずれかに該当する者

(1) 学校教育における 12 年の課程のうち、外国の学校に最終学年を含め 2 年以上継続して在学し、2019.4.1 ～ 2021.3.31 までに修了又は修了見込みの者
(2) 2018.4.1 ～ 2020.3.31 までに日本の高等学校もしくは中等教育学校を卒業又は卒業見込みの者で、日本の教育制度の中学校及び高等学校もしくは中等教育学校に相当する期間のうち、外国においてその国の教育制度に基づく中学校ないし高等学校に通算 3 年以上在籍した者。ただし、日本の高等学校もしくは中等教育学校後期課程の在学期間は 2 年以内の者とする

※上記（1）及び（2）については、外国に設置された学校であっても、日本の学校教育法に準拠した教育を行っている在外教育施設は含まない

(3) 外国において、国際バカロレア資格を 2019.4.1 ～ 2021.3.31 までに取得した者。
(4) アビトゥア資格を 2019.4.1 ～ 2021.3.31 までに取得した者。
(5) バカロレア資格を 2019.4.1 ～ 2021.3.31 までに取得した者。

●出願書類

▽全員共通・入学志願票・渡航状況証明及び、下記のうちいずれか 1 点
・実用英語技能検定「合格証明書」
・TOEIC Listening & Reading 公式認定証「Official Score Certificate」
・GTEC（CBT タイプに限る）「OFFICIAL SCORE CERTIFICATE」
・TEAP(4 技能)「成績表」
・TOEFL iBT 公式スコアレポート「Official Score Report」または「Institutional Score Report」
・IELTS 公式成績証明書「Test Report Form」

入試の実施日から、実用英語技能検定, TOEIC Listening & Reading, IELTS は過去 3 年以内、TOEFL iBT,GTEC(CBT タイプに限る),TEAP(4 技能) は過去 2 年以内のスコア等を出願書類として有効とします。

その他、出願要件により次の通り

▽出願資格 (1) (2) 該当者　・入学志願票・卒業（修了）証明書又は同見込み証明書・成績証明書（高校に相当する 3 年分）他
▽出願資格（3）該当者　・入学志願票・国際バカロレア資格証書の写し・IB 最終試験の成績評価証明書　他
▽出願資格（4）該当者　・入学志願票・アビトゥア資格証書の写し・一般的大学入学資格証明書の写し　他
▽出願資格（5）該当者　・入学志願票・バカロレア資格証書の写し・同資格試験成績証明書　他

●日程等

出願	試験	発表	選抜方法
12/8 ~ 10	1/27	2/10	小論文、面接、外部英語試験の換算

入学者の選抜は、大学入試センター試験を課さず出願書類の他、学部・学科が課す下記の検査等を総合して決定する

小論文：課題文（A4、1 ～ 2 ページ程度）を読み、問題の指示に従って 800 文字程度の小論文を書く。文章を理解する能力、問題点を把握する能力、自分の知識を生かして独自の考えをまとめる能力、論理的に考え、文章を構成する能力、日本語の表現表記の能力を評価する

面接：15 分程度。志望動機、関心のある領域・問題、将来の計画などを尋ねる。国際的な社会・文化事象に対する関心の度合い、知識を生かして問題を掘り下げて考える能力、自分の考えを説得的に表現する能力を評価する

●応募状況

年度＼人数	募集人員	出願者	受験者	合格者	入学者
2019	4	10	5	4	3
2020	4	6	5	4	4

入

国立 共学 寮

群馬大学

ぐんま

〒371-8510　（担当：学務部学生受入課）
群馬県前橋市荒牧町 4-2
TEL 027-220-7150　FAX 027-220-7155
URL https://www.gunma-u.ac.jp/

●**入学時期**　4月

●**募集学部（学科）・募集人員**
共同教育学部、情報学部（設置申請中）、医学部、理工学部 ……………………………………………………各若干名

●**出願資格・条件**　日本国籍を有する者又は日本国に永住権を有する者で、外国に在住し外国の学校教育を受けた者のうち、次のいずれかに該当する者

1. 外国及び日本において学校教育における12年の課程を、2019年4月1日から2021年3月31日までに修了した者又は修了する見込みの者。ただし外国において、日本の高等学校に当たる在籍期間を含め継続して2年以上学校教育を受けていること。
2. 文部科学大臣が高等学校の課程と同等の課程又は相当する課程を有するものとして指定又は認定した在外教育施設に当該課程を含め継続して2年以上在籍し、2019年4月1日から2021年3月31日までに当該課程若しくは高等学校の課程を修了した者又は修了する見込みの者。
3. 外国において、次の資格を2019年又は2020年に取得した者
   (1) スイス民法典に基づく財団法人である国際バカロレア事務局が授与する国際バカロレア資格
   (2) ドイツ連邦共和国の各州において大学入学資格として認められているアビトゥア資格（ライフェを含む）
   (3) フランス共和国において大学入学資格として認められているバカロレア資格
   (4) グレート・ブリテン及び北部アイルランド連合王国において大学入学資格として認められているジェネラル・サーティフィケート・オブ・エデュケーション・アドバンスト・レベル資格

●**出願書類**　（昨年度参考）入学願書一式・身上記録書・卒業（見込）証明書の写し・出身学校の成績証明書・日本の高等学校に在学したことのある者は調査書・IB資格取得者はIB資格証書の写し及び最終試験6科目の成績評価証明書・バカロレア資格取得者は資格証書の写し及び資格試験成績証明書・アビトゥア資格取得者は資格証書の写し及び成績証明書・GCEAレベル取得者はGCEAレベルの成績証明書・諸外国の国家試験等を受験した者はその成績証明書

●**日程等**

区分	出願	試験	発表	選抜方法
A	11/1～6	11/21	12/4	〔全学部〕面接、出願書類 〔共同教育〕※ 〔情報〕 小論文、学力テスト 〔医・医〕数・理、小論文 〔医・保健〕 小論文Ⅰ・Ⅱ・Ⅲ 〔理工〕※
B		11/21		
C		11/20･21		
D		11/18		
E	1/25～2/5	2/25･26	3/6	

※ A：共同教育　B：情報　C：医（保健学科）　D：理工　E：医（医学科）
※教育学部社会・数学・理科・特別支援教育専攻は小論文、美術専攻は実技
※理工学部の面接は、理工学教育を受けるための基礎能力に関する口頭試問を含む

●**応募状況**

年度＼人数	募集人員	出願者	受験者	合格者	入学者
2019	若干名	13	13	6	4
2020	若干名	11	11	4	2

入

国立 共学 寮

埼玉大学

さいたま

〒338-8570　（担当：学務部入試課）
埼玉県さいたま市桜区下大久保 255
TEL 048-858-3036　FAX 048-858-3683
URL http://www.saitama-u.ac.jp

●**入学時期**　4月

●**募集学部（学科）・募集人員**
教養学部、工学部 …………………………………………各若干名

●**出願資格・条件**
日本国籍を有する者又は日本国の永住許可を得ている者で、外国において最終の学年を含め2学年以上継続して学校教育を受けている者で、次のいずれかに該当する者

①外国において学校教育における12年の課程（日本における通常の課程による学校教育の期間を含む）を2019.4.1～2021.3.31までの間に修了した者および修了見込みの者、またはこれに準ずる者で文部科学大臣の指定したもの（学校教育法施行規則第150条第1号）

②外国において次の資格のいずれかを2019年～2021年に取得した者
　(1) スイス民法典に基づく財団法人である国際バカロレア事務局が授与する国際バカロレア資格
　(2) ドイツ連邦共和国の各州において大学入学資格として認められているアビトゥア資格
　(3) フランス共和国において大学入学資格として認められているバカロレア資格
　(4) グレート・ブリテン及び北アイルランド連合王国において大学入学資格として認められているジェネラル・サーティフィケート・オブ・エデュケーション・アドバンスト・レベル資格

③国際的な評価団体（WASC,ACSI,CIS）から教育活動等に係る認定を受けた外国に所在する教育施設において、高等学校に対応する課程で2年以上継続して学校教育を受け、12年の課程を、2019.4.1から2021.3.31までの間に修了した者及び修了見込みの者

※上記①の「これに準ずる者で文部科学大臣の指定したもの」とは、外国において、学校教育における12年の課程を修了した者と同等以上の学力があるかどうかに関する認定試験であると認められる当該国の検定（国の検定に準ずるものを含む）に2019年または2020年に合格した者で、18歳に達した者および2021.3.31までに18歳に達する者（昭和56年文部省告示第153号第1号）
※外国において、指定された11年以上の課程を修了したとされるものである等の要件を満たす高等学校に対応する学校の課程を2019.4.1から2021.3.31までの間に修了した者及び修了する見込みの者（昭和56年文部省告示153号第3号）
※外国に設置されたものであっても、日本の学校教育法に準拠した教育を施している学校に在学した者については、その期間を外国において学校教育を受けたものとはみなさない

●**出願書類**（2020年度参考）
・入学志願票・履歴等記入シート・卒業（修了）証明書・成績証明書・在籍証明書等

●**日程等**

区分	出願	試験	発表	選抜方法
A	1/18～25	2/25	3/6	学力検査（工のみ）※、面接
B		2/26		

A：教養学部　B：工学部
※数学〔数Ⅰ・Ⅱ・Ⅲ、数A・B〕

●**応募状況**

年度＼人数	募集人員	出願者	受験者	合格者	入学者
2019	若干名	14	13	2	2
2020	若干名	12	12	2	2

千葉大学（ちば）

〒263-8522 （担当：学務部入試課）
千葉県千葉市稲毛区弥生町 1-33
TEL 043-226-2941 （薬学部学務係）
URL http://www.chiba-u.jp/

●入学時期 4月

●募集学部（学科）・募集人員 薬学部 …………… 若干名

●出願資格・条件

日本国籍を有する者又は日本国の永住許可を得ている者で、外国において最終の学年を含め２学年以上継続して学校教育を受けている者で、次のいずれかに該当するもの

ただし、保護者の海外勤務に随伴して渡航した者に限ります。

(1) 外国において学校教育における 12 年の課程（日本における通常の課程による学校教育の期間を含む。）を平成 31 年（2019 年）４月から令和３年（2021 年）３月までの間に修了した者及び修了する見込みの者又はこれらに準ずる者で文部科学大臣の指定したもの（学校教育法施行規則第 150 条第１号）

(2) スイス民法典に基づく財団法人である国際バカロレア事務局から国際バカロレア資格証書を、平成 31 年（2019 年）又は令和２年（2020 年）に授与された者

(3) ドイツ連邦共和国の各州において大学入学資格として認められているアビトゥア資格を有する者

(4) フランス共和国において大学入学資格として認められているバカロレア資格を有する者

(5) グレート・ブリテン及び北部アイルランド連合王国において大学入学資格として認められているジェネラル・サーティフィケート・オブ・エデュケーション・アドバンスト・レベル資格を有する者

(注１) 上記 (1) の「これらに準ずる者で文部科学大臣の指定したもの」は、次のとおりです。（昭和 56 年文部省告示第 153 号第１号・第３号）

①外国において，学校教育における 12 年の課程を修了した者と同等以上の学力があるかどうかに関する認定試験であると認められる当該国の検定（国の検定に準ずるものを含む。）に平成 31 年（2019 年）又は令和２年（2020 年）に合格した者で，18 歳に達したもの及び令和３年（2021 年）３月までに 18 歳に達するもの

②外国において、高等学校に対応する学校の課程（その修了者が当該外国の学校教育における 11 年以上の課程を修了したとされるものであることその他の文部科学大臣が定める基準を満たすものに限る。）で文部科学大臣が別に指定するものを平成 31 年（2019 年）４月から令和３年（2021 年）３月までの間に修了した者及び修了する見込みの者

(注２) 外国に設置されたものであっても、日本の学校教育法に準拠した教育を施している学校に在学した者については、その期間を外国において学校教育を受けたものとはみなされません。

●出願書類 ・志願票・受験票・写真票・写真（２枚）・出身学校長の推薦書・志望理由書・卒業（修了）証明書又は卒業（修了）見込証明書・成績証明書・統一試験成績評価証明書等・検定料・日本国の永住許可を得ている者はパスポートの写し・受験票送付用封筒・保護者の在留証明書・宛名シール

●日程等

出願	試験	発表	選抜方法
11/2～5	11/14（総合テスト） 15（面接）	12/4	総合テスト、面接、提出書類で総合判定

●応募状況

年度＼人数	募集人員	出願者	受験者	合格者	入学者
2019	若干名	3	3	1	1
2020	若干名	4	4	0	0

入

国立 共学 寮

東京医科歯科大学（とうきょういかしか）

〒113-8510 （担当：統合教育機構 入試課 学部入試係）
東京都文京区湯島 1-5-45
TEL 03-5803-5084 FAX 03-5803-0106
URL http://www.tmd.ac.jp/

●入学時期 4月

●募集学部（学科）・募集人員

医学部 医学科 …………… 若干名
医学部 保健衛生学科 検査技術学専攻 …………… 若干名
歯学部 歯学科 …………… 若干名

●出願資格・条件 本学に入学を志願することができる者は、次の①～④を全て満たす者とする。

①国の内外を問わず通常の学校教育課程 12 年以上を修め、かつ海外において外国の教育課程に基づく高等学校等に最終学年を含め２年以上継続して在籍し、2020 年４月から 2021 年３月までの間に卒業又は卒業見込みの者。

②滞在国・地域の学校教育制度に基づく大学入学資格を有する者。

③各国の大学入学に必要な国家試験等の統一試験又はこれに準ずる試験を受験し、試験結果を提出することができる者。

④日本国籍を有する者、入管法による「永住者」の在留資格をもつ者、又は入管特例法による「特別永住者」。

注１.「入管法」とは、「出入国管理及び難民認定法」の略です。

注２.「入管特例法」とは、「日本国との平和条約に基づき日本の国籍を離脱した者等の出入国管理に関する特例法」の略です。

●出願書類

・入学志願票・志願理由書・評価書（厳封）・国家試験等の統一試験の試験成績評価証明書・高等学校３年間（４年間）の成績証明書・高等学校の卒業証明書又は卒業見込証明書・英語の成績を証明するもの（原本）・入学検定料・郵送料・出願書類チェックリスト

●日程等

出願	試験	発表	選抜方法
11/2～6	2/25 ・26	11/16 3/8	①出願書類の評価 ②学力試験 ③個人面接

※学力試験 2/25　面接試験 2/26
第１段階選抜合格発表 11/16　最終合格発表 3/8

●応募状況

年度＼人数	募集人員	出願者	受験者	合格者	入学者
2019	若干名	2	2	0	0
2020	若干名	2	2	0	0

入

国立　共学　寮

東京藝術大学（とうきょうげいじゅつ）

〒110-8714　（担当：美術学部教務係）
東京都台東区上野公園 12-8
TEL 050-5525-2122　FAX 03-5685-7767
URL http://admissions.geidai.ac.jp/

●入学時期　4月
●募集学部（学科）・募集人員
美術学部（絵画科油画専攻、工芸科、デザイン科、建築科、先端芸術表現科）…………………………………………… 若干名
●出願資格・条件　日本国籍を有する者及び日本国の永住許可を得ている者で外国の学校教育を受けている者のうち，外国において最終の学年を含めて2年以上継続して教育を受けている者。
※ただし，外国に設置された学校であっても日本の学校教育法に準拠した教育を行っている学校に在学し，教育を受けた期間は，外国において学校教育を受けた期間とはみなさない。
(1)（地理的・場所的に）外国において，学校教育における12年の課程（日本における通常の課程による学校教育の期間を含む）を2019年4月1日から2021年3月31日までに卒業（修了）した者及び卒業（修了）見込みの者。
(2)（地理的・場所的に）外国において，スイス民法典に基づく財団法人である国際バカロレア事務局が授与する国際バカロレア資格，ドイツ連邦共和国の各州において大学入学資格として認められているアビトゥア資格及びフランス共和国において大学入学資格として認められているバカロレア資格のいずれかを，2019年又は2020年に取得した者で，2021年3月31日までに18歳に達する者。
(3)（地理的・場所的に）外国において，グレート・ブリテン及び北部アイルランド連合王国において大学入学資格として認められているジェネラル・サーティフィケート・オブ・エデュケーション・アドバンスト・レベル資格を取得した者及び2021年3月31日までに取得見込みの者で，2021年3月31日までに18歳に達する者。（ジェネラル・サーティフィケート・オブ・エデュケーション・アドバンスト・レベル資格において3科目以上でE以上の評価を取得していること）
(4)（地理的・場所的に）外国において，アメリカ合衆国カリフォルニア州に主たる事務所が所在する団体であるウェスタン・アソシエーション・オブ・スクールズ・アンド・カレッジズ，同国コロラド州に主たる事務所が所在する団体であるアソシエーション・オブ・クリスチャン・スクールズ・インターナショナル又はグレート・ブリテン及び北部アイルランド連合王国ハンプシャー市に主たる事務所が所在する団体であるヨーロピアン・カウンセル・オブ・インターナショナル・スクールズから教育活動等に係る認定を受けた教育施設に置かれる12年の課程を修了した者及び2021年3月31日までに修了見込みの者で，2021年3月31日までに18歳に達する者。
●出願書類・入学願書一式・卒業（修了）証明書または同見込証明書・成績証明書・調査書・諸外国の統一試験等の成績証明書、資格証明書
●日程等　出願 12/25～1/8　発表 3/13

専攻	試験※	選抜方法※
絵画科油画専攻	1次：2/25 2次：3/6・7・8	素描、絵画
工芸科	1次：3/2 2次：3/5・6	鉛筆写生、平面表現、立体表現
デザイン科	1次：2/27（石膏像デッサン） 2/28（構成デッサン） 2次：3/8・9	鉛筆写生（石膏像デッサン又は構成デッサン）、デザインⅠ（色彩）、デザインⅡ（形体）
建築科	3/6・7	空間構成、総合表現
先端芸術表現科	1次：2/25（実技） 2/26（小論文） 2次：3/2・3	素描又は小論文、総合実技

●応募状況

年度＼人数	募集人員	出願者	受験者	合格者	入学者
2019	若干名	3	3	0	0
2020	若干名	3	3	2	2

●備考
※ 2021年度帰国子女募集要項は2020年11月初旬本学入試情報サイトに掲載予定
・音楽学部では外国教育課程出身者特別入試を実施します

入

国立　女子　寮

お茶の水女子大学（ちゃ　みず　じょし）

〒112-8610　（担当：入試課）
東京都文京区大塚 2-1-1
TEL 03-5978-5151・5152　FAX 03-5978-5895
URL http://www.ocha.ac.jp/
Email nyushi@cc.ocha.ac.jp

●入学時期　4月
●募集学部（学科）・募集人員
文教育学部（人文科、言語文化、人間社会科、芸術・表現行動学科）、理学部（数、物理、生物、情報科学科）、生活科学部（人間生活、心理学科）………… 各若干名
●出願資格・条件
日本国籍を有する女子又は永住許可を得ている女子で、保護者の海外勤務などの事情により、以下のいずれかに該当
①外国の正規の教育制度に基づく教育機関において、12年の課程（日本における通常の課程による学校教育期間を含む）を2020.4.1から2021.3.31までに卒業（修了）した者または卒業（修了）見込みの者で、外国において最終学年を含め2年以上（2学年相当修了を含む）継続して学校教育を受けている者
②外国において国際バカロレア、アビトゥア、バカロレア、GCE-A level 資格のいずれかを有する者
注）外国に設置された学校であっても、日本の学校教育法に準拠した教育を行っている学校に在学した期間については、外国において学校教育を受けたものとみなさない
※詳細は募集要項をご覧ください。
●出願書類
・入学願書一式・身上記録書・最終出身校卒業（見込）証明書・成績証明書または調査書（高等学校長作成）・在籍証明書・志望理由書・実技関係調査書
●日程等

出願	試験	発表	選抜方法
11/2～5	第2次選考 11/28 ～29	12/10	1次：書類選考 2次：第1次選考合格者に課す

※ 11/29は文教育学部のみ
※第1次選考結果は11/13に本人に通知
※第2次選考：〔人文科学科、言語文化学科、人間社会科学科〕小論文、口述試験〔芸術・表現行動学科〕小論文、口述試験、実技〔情報科学科〕数学〈数Ⅰ、数Ⅱ、数Ⅲ、数A、数B（数列、ベクトル）〉、小論文、口述試験〔数学科、物理学科、人間生活学科〕口述試験〔生物学科〕論述試験、口述試験〔心理学科〕小論文、口述試験

●応募状況

年度＼人数	募集人員	出願者	受験者	合格者	入学者
2019	若干名	21	非公表	8	6
2020	若干名	23	非公表	6	2

東京大学

（担当：入試事務室）
〒113-8654
東京都文京区本郷 7-3-1
TEL 03-5841-2366・2084
URL https://www.u-tokyo.ac.jp/

●**入学時期**　4月
●**募集学部（学科）・募集人員**
文科一類、二類、三類 …… 各若干名
理科一類、二類、三類 …… 各若干名
●**出願資格・条件**　2019年4月1日から2021年3月31日までの間に，次の基礎資格を取得し，かつ，要件を満たしている者とします。
(1) 基礎資格次のア，イ，ウのいずれかに該当すること。
ア　外国において，学校教育12年の課程の最終学校を修了した者及び修了見込みの者，又はこれに準ずる者で文部科学大臣の指定したもの
※「外国において，学校教育12年の課程」とは，地理的，場所的に外国において，原則として，その国において制度上正規の学校教育に位置づけられたものであって，修了により大学への受験資格を得られることを要します。修了した課程が正規の学校教育であるか，何年目の課程であるかが不明な場合，それぞれの国の大使館等にお問い合わせください。
※インターナショナルスクールやアメリカンスクール等の出身者については，国際的な評価団体（WASC，CIS，ACSI）の認定を受けた，地理的，場所的に外国にある教育施設の出身者に限り，出願が認められます。
※文部科学大臣が高等学校の課程と同等の課程を有するものとして認定した在外教育施設を修了した者は出願が認められません。
イ　外国において，次のいずれかの資格を取得した者
○スイス民法典に基づく財団法人である国際バカロレア事務局が授与する国際バカロレア資格
○ドイツ連邦共和国の各州において大学入学資格として認められているアビトゥア資格
○フランス共和国において大学入学資格として認められているバカロレア資格
○グレート・ブリテン及び北部アイルランド連合王国において大学入学資格として認められているジェネラル・サーティフィケート・オブ・エデュケーション・アドバンスト・レベル資格
ウ　外国において，その国の学校教育12年の課程修了相当の学力認定試験に合格し，かつ，18歳に達した者
(2) 要件
次のアの要件を満たし，かつ，イ，ウいずれかの要件を満たすこと。
ア　TOEFL（iBT，改訂版 TOEFL ペーパー版テストのいずれでも可）又は IELTS（国際英語能力テスト。アカデミックモジュール）を出願開始日前2年以内に受験していること。スコアの発行・発送には時間を要するため，2020年9月までに受験していることが望ましい。（注）2021年度においては，新型コロナウイルスの影響により，やむを得ず TOEFL（iBT，改訂版 TOEFL ペーパー版テスト）又は IELTS の受験ができなかった場合に限り，「TOEFL Special Home Edition」も有効とします。
イ　外国において学校教育12年の課程の最終学校に，外国に在住しながら，最終学年を含め継続して2年以上在学し，修了すること。ただし，最終学年の休業等によって書類上の在学期間が2年未満となる場合については，1月中旬に行う出願資格審査において，2年以上在学した者との実質的な同等性について判断します。
ウ　外国において学校教育12年の課程の最終学校に，外国に在住しながら，最終学年を含め最終学年からさかのぼって連続する6年間のうち通算で5年以上在学し，修了すること。ただし，休業等によって書類上の在学期間が5年未満となる場合については，1月中旬に行う出願資格審査において，5年以上在学した者との実質的な同等性について判断します。
●**出願書類**　募集要項参照のこと。
●**日程等**

出願	試験	発表	選抜方法
11/2～9	2/25･26･3/5	3/10	書類審査、小論文、学力試験、面接

※学力試験は文科各類は外国語、理科各類は数学・理科

●**応募状況**

年度＼人数	募集人員	出願者	第1次選考合格者	第2次選考合格者	入学者
2019	若干名	63	28	11	11
2020	若干名	75	30	15	15

●**備考**　自身の出願資格に不明な点がある場合、2020年9月25日（金）までに入試事務室に照会すること。

国立　共学　寮

東京海洋大学（海洋生命科学部 海洋資源環境学部）

（担当：入試課）
〒108-8477
東京都港区港南 4-5-7（品川キャンパス）
TEL 03-5463-0510　FAX 03-5463-0514
URL https://www.kaiyodai.ac.jp/

●**入学時期**　4月
●**募集学部（学科）・募集人員**
海洋生命科学部、海洋資源環境学部 …… 各学科若干名
●**出願資格・条件**　日本国籍を有する者及び日本国の永住許可を得ている者であって、保護者の海外勤務等の事情により外国の学校教育を受け、次の基礎資格を有し、かつ、要件を満たしている者（転勤等により保護者が先に日本に帰国し、その子女のみが単身で在留する場合も出願を認める。）
[基礎資格] 次の（1）から（5）のいずれかに該当する者で、令和3年（2021年）4月1日現在において、下記（1）～（5）の基礎資格取得後2年以内である者（平成31年（2019年）4月1日から令和3年（2021年）3月31日までに取得していること）
(1) 外国及び日本の正規の学校教育における12年の課程を修了した者及び修了見込みの者、またはこれに準ずるもので文部科学大臣の指定したもの。ただし、12年の課程の最終4か年のうち、外国において2年以上継続して正規の教育制度に基づく学校教育を受けていること。
（注）上記の「これに準ずるもので文部科学大臣の指定したもの」（昭和56年文部省告示第153号第1号）とは、次のとおりである。外国において、学校教育における12年の課程を修了した者と同等以上の学力があるかどうかに関する認定試験であると認められる当該国の検定（国の検定に準ずるものを含む。）に合格した者。
外国に設置されたものであっても、日本の学校教育法に準拠した教育を施している学校に在学した者については、その期間を外国において学校教育を受けたものとはみなさない。
(2) 外国において，スイス民法典に基づく財団法人である国際バカロレア事務局から国際バカロレア資格証書を取得した者
(3) ドイツ連邦共和国の各州において大学入学資格として認められているアビトゥア資格を取得した者
(4) フランス共和国において大学入学資格として認められているバカロレア資格を取得した者
(5) グレート・ブリテン及び北部アイルランド連合王国において大学入学資格として認められているジェネラル・サーティフィケート・オブ・エデュケーション・アドバンスト・レベル資格を有する者
[要件] 次の (6)～(8) を満たす者
(6) 海洋生命科学部または海洋資源環境学部の定める英語資格を保持している者（TOEIC L&R 400点以上 等）
(7) 大学の理念、大学の人材養成と目標、アドミッションポリシー（入学者受入方針）、教育研究上の目的及び各学科が求める学生像を理解し、本学への志望動機が明確である者
(8) 合格した場合は、本学に入学することを確約できる者
●**出願書類**
・入学志願票・志望理由書・英語資格検定証明書、卒業証明書等、成績証明書等、在籍証明書・学校教育歴表・住民票の写し（該当者のみ）
（注）提出する証明書等の原本が外国語により作成されている場合は、必ず日本語訳を添付してください。
※出願書類については、必ず「令和3年度総合型選抜学生募集要項」をご確認ください。
●**日程等**

学部	出願	試験	発表	選抜方法
海洋政策文化学科	9/15～18	1次9/30 2次11/26	11/2 12/11	1次:小論文、面接、提出書類 2次:1次選抜の各項目、聴講論文、面接
海洋生命科学部 海洋資源環境学部	11/1～6	11/26	12/11	小論文、面接

●**応募状況**

年度＼人数	募集人員	出願者	受験者	合格者	入学者
2019	若干名	5	5	1	0
2020	若干名	7	7	2	2

とう きょう かい よう
東京海洋大学（海洋工学部）

〒135-8533　（担当：入試課）
東京都江東区越中島2-1-6（越中島キャンパス）
TEL 03-5463-0510　FAX 03-5463-0514
URL https://www.kaiyodai.ac.jp/

●**入学時期**　4月
●**募集学部（学科）・募集人員**
海洋工学部 ……………………………………各学科若干名
●**出願資格・条件**
日本国籍を有する者及び日本国の永住許可を得ている者であって、外国の学校教育を受け、次の基礎資格を有し、かつ、要件を満たしている者
［基礎資格］
次の(1)から(5)のいずれかに該当する者
(1) 外国及び日本の正規の学校教育における12年の課程を修了した者及び修了見込みの者，またはこれに準ずるもので文部科学大臣の指定したもの（注1）。
ただし、12年の課程の最終4か年のうち、外国において1年以上継続して正規の教育制度に基づく学校教育を受けている必要があります。
(注1) 上記の「これに準ずるもので文部科学大臣の指定したもの」（昭和56年文部省告示第153号第1号）とは、外国において、学校教育における12年の 課程を修了した者と同等以上の学力があるかどうかに関する認定試験であると認められる当該国の検定（国の検定に準ずるものを含む。）に合格した者 である。
外国に設置されたものであっても、日本の学校教育法に準拠した教育を施している学校に在学した者については、その期間を外国において学校教育を受けたものとはみなしません。
(2) 外国において、スイス民法典に基づく財団法人である国際バカロレア事務局から国際バカロレア資格証書を取得した者及び取得見込みの者
(3) ドイツ連邦共和国の各州において大学入学資格として認められているアビトゥア資格を取得した者及び取得見込みの者
(4) フランス共和国において大学入学資格として認められているバカロレア資格を取得した者及び取得見込みの者
(5) グレート・ブリテン及び北部アイルランド連合王国において大学入学資格として認められているジェネラル・サーティフィケート・オブ・エデュケーション・アドバンスト・レベル資格を有する者
［要　件］
次の(6)～(9)の要件をすべて満たす者
(6) 令和3年（2021年）4月1日現在において基礎資格取得後2年以内であること。
（平成31年（2019年）4月1日から令和3年（2021年）3月31日までに取得していること。）
(7) 大学の理念、大学の人材養成と目標、アドミッションポリシー（入学者受入方針）、教育研究上の目的及び各学科が求める学生像を理解し、本学への志望動機が明確である者
(8) 合格した場合は、本学に入学することを確約できる者
(9) 海洋工学部の定める英語資格を保持している者(英検3級等)
●**出願書類**
・入学志願票・卒業証明書等・学校教育歴表・成績証明書等・資格証明書等・英語資格証明書等・志望理由書・自己推薦書・確認書（海事システム工学科・海洋電子機械工学科）
●**日程等**

区分	学部	出願	試験	発表	選抜方法
1次選抜	海洋工学部	9/15～23	書類審査	10/23	2次：課題学習能力試験、模擬授業、課題論文、面接
2次選抜			10/30	11/27	

●**応募状況**

年度＼人数	募集人員	出願者	受験者	合格者	入学者
2019	若干名	0	0	0	0
2020	若干名	2	2	2	2

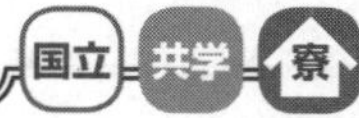

ひとつ ばし
一橋大学

〒186-8601　（担当：入試課）
東京都国立市中2-1
TEL 042-580-8150　FAX 042-580-8158
URL https://www.hit-u.ac.jp/

●**入学時期**　4月
●**募集学部（学科）・募集人員**
商学部、経済学部、法学部、社会学部 … 各5名以内
●**出願資格・条件**
次の①～③の要件をすべて満たす者
①日本国籍を有する者又は日本国の永住許可を取得している者で、次のいずれかに該当するもの
・外国において学校教育における12年の課程（日本における通常の課程による学校教育の期間を含む）を2020.4.1から2021.3.31までに卒業（修了）した者及び卒業（修了）見込みの者又はこれらに準ずる者で文部科学大臣の指定したもの
・外国において、国際バカロレア資格、アビトゥア資格、バカロレア資格等のいずれかを2020年度に取得した者
②外国の高等学校相当の学校に最終学年を含めて2学年（各学年期の始業月から終業月まで）以上継続して在学した者及び在学見込みの者（飛び級等を含む）で当該学年の必要な単位を修得し課程を修了したもの及び修了見込みの者（ただし、外国に設置された学校であっても日本の学校教育法に準拠した教育を実施している学校、日本国内のインターナショナルスクール及びアメリカンスクール等に在学した期間は含まない）③渡航の開始が保護者の海外勤務等やむを得ない事情によるものであること（ただし、個人の事由で留学している場合であっても、2006.10.1以前より留学している場合は、この限りではない）
●**出願書類**
・入学願書一式・卒業（修了）証明書（同見込証明書）及び学業成績証明書・国際バカロレア資格、アビトゥア資格、バカロレア資格等の取得者はそれぞれの資格証書（資格証明書）（写）及び成績評価証明書（写）・海外在留証明書・日本国籍を有すること又は日本国の永住許可を取得していることを証明する書類・諸外国の国家試験等の統一試験成績評価証明書（コピー可）
※（写）とは原本の写しであることを証明済のもの
●**日程等**

区分	出願	試験	発表	選抜方法
1次	11/27～12/3	2/26	3/2	外国語、小論文
2次		3/4	3/9	面接

●**応募状況**

年度＼人数	募集人員	出願者	受験者	合格者	入学者
2019	20以内	83	63	25	25
2020	20以内	80	60	28	28

●**備考**
入試の詳細は、必ず募集要項等で確認してください。
お問い合わせは、入学志願者本人が行ってください。

東京学芸大学

とうきょうがくげい

（担当：学務部入試課）

〒184-8501
東京都小金井市貫井北町4-1-1
TEL 042-329-7204
URL http://www.u-gakukei.ac.jp/

●入学時期 4月

●募集学部（学科）・募集人員

教育学部……若干名

●出願資格・条件

日本国籍を有する者及び日本国の永住許可を得ている者で，保護者の海外在留という事情により外国の学校教育を受けた者（保護者との同伴期間は1年以上とし，その後の単身滞在期間は2年以内の者）のうち，次の(1)～(5)のいずれかに該当する者

(1) 学校教育における12年の課程のうち，外国において最終を含む2年以上をその国の教育制度に基づく高等学校に継続して在籍し，平成31年（2019年）4月1日から令和3年（2021年）3月31日までに卒業（修了）又は卒業（修了）見込みの者，又はこれに準ずる者で文部科学大臣の指定したもの

(2) 平成31年（2019年）4月1日から令和3年（2021年）3月31日までに日本の高等学校もしくは中等教育学校を卒業又は卒業見込みの者で，日本の教育制度の中学校及び高等学校もしくは中等教育学校に相当する期間のうち，外国においてその国の教育制度に基づく中学校から高等学校までの課程に通算3年以上在籍した者。ただし，日本の高等学校もしくは中等教育学校後期課程在籍期間は2年以内の者

(3) 外国において，平成31年(2019年)4月1日から令和3年(2021年）3月31日までに次の資格を取得した者

①スイス民法典に基づく財団法人である国際バカロレア事務局が授与する国際バカロレア資格

②ドイツ連邦共和国の各州において大学入学資格として認められているアビトゥア資格

③フランス共和国において大学入学資格として認められているバカロレア資格

④グレート・ブリテン及び北部アイルランド連合王国において大学入学資格として認められているジェネラル・サーティフィケート・オブ・エデュケーション・アドバンスト・レベル資格

(4) 外国において，文部科学大臣が指定する国際的な評価団体（WASC，CIS，ACSI）から教育活動等に係る認定を受けた教育施設に置かれる12年の課程に，最終を含む2年以上継続して在籍し，平成31年（2019年）4月1日から令和3年（2021年）3月31日までに当該課程を修了又は修了見込みの者

(5) 平成31年（2019年）4月1日から令和3年（2021年）3月31日までに日本の高等学校もしくは中等教育学校を卒業又は卒業見込みの者で，日本の教育制度の中学校及び高等学校もしくは中等教育学校に相当する期間のうち，外国において，文部科学大臣が指定する国際的な評価団体（WASC，CIS，ACSI）から教育活動等に係る認定を受けた教育施設に通算3年以上在籍した者。ただし，日本の高等学校もしくは中等教育学校後期課程在籍期間は2年以内の者

●出願書類

・入学願書一式・出身学校長の推薦書・海外在留証明書・最終出身学校の卒業（見込）証明書・諸外国で在学した高等学校長が作成した在学全期間の学業成績証明書・身上記録・日本の高等学校に在学したことがある者は調査書・IB資格取得者は最終試験6科目の成績評価証明書およびDIPLOMAの写し・アビトゥア資格取得者は最終4科目の成績証明書および大学入学資格証明書の写し・バカロレア資格取得者は資格証書の写しおよび資格試験成績証明書・各国の統一試験のいずれかを受験した場合はその成績証明書等

●日程等

出願	試験	発表	選抜方法
12/22～24	2/25～26	3/6	小論文、面接

※上記のほか課程により学力検査または実技検査

●応募状況

年度＼人数	募集人員	出願者	受験者	合格者	入学者
2019	若干名	7	6	2	2
2020	若干名	9	9	3	3

電気通信大学

でんきつうしん

（担当：入試課）

〒182-8585
東京都調布市調布ヶ丘1-5-1
TEL 042-443-5103
URL https://www.uec.ac.jp/

●入学時期 4月

●募集学域・募集人員

情報理工学域（昼間）……若干名

●出願資格・条件

日本国籍を有する者および日本国の永住許可を得ている者で、保護者の外国勤務等の事情により外国の学校教育を受けている者のうち、次のいずれかに該当する者

(1) 外国において「学校教育における12年の課程」のうち、最終学年を含め2年以上継続して教育を受け、2019年4月1日から2021年3月31日までに卒業（修了）した者及び卒業（修了）見込みの者

(2) 外国において、3年以上継続して正規の学校教育を受け、引き続き日本の高等学校の第2学年もしくは第3学年または中等教育学校の第5学年もしくは第6学年に編入学を認められた者で2021年3月卒業見込みの者

(3) 外国において、国際バカロレア資格、アビトゥア資格、バカロレア資格、ジェネラル・サーティフィケート・オブ・エデュケーション・アドバンスト・レベル資格のいずれかを取得して2年以内の者

※「学校教育における12年の課程」とは、滞在国の教育制度に基づく正規の学校教育に位置づけられたものであることを要する。これ以外の教育機関出身者は出願が認められない場合があるので、必ず出願前に（早めに）入試課に照会すること。また、文部科学大臣が日本の高等学校の課程と同等の課程を有するものとして認定した在外教育施設における在学期間は、外国の学校教育を受けた期間に算入できない。なお「保護者の外国勤務等の事情」とは、保護者が勤務先に命じられ外国に赴任することなどであって、生活基盤が初めから外国にある場合は含まれない。

●出願書類（参考）・入学志願票一式・出身学校の卒業（修了）証明書または同見込証明書・外国の高等学校の在籍期間すべての成績証明書・日本の高等学校及び中等教育学校に在学したことがある者または在学中の者は調査書・IB資格取得者はIB資格証書の写しおよび最終試験6科目の成績評価証明書・アビトゥア資格取得者は一般的大学入学資格証明書・バカロレア資格取得者はバカロレア資格証書およびバカロレア資格試験成績証明書・GCEAレベル資格取得者はGCEAレベルの成績証明書・身上記録書・保護者の海外在留を証明する書類

※必ず2021年度募集要項を確認すること

●日程等

出願	試験	発表	選抜方法
1/18～20	2/25･27	3/6	数学・理科、面接、提出書類

※理科は物理・化学の2科必須

●応募状況

年度＼人数	募集人員	出願者	受験者	合格者	入学者
2019	若干名	0	0	0	0
2020	若干名	1	1	0	0

東京外国語大学

とうきょうがいこくご

〒183-8534　（担当：入試課）
東京都府中市朝日町 3-11-1
TEL 042-330-5179
URL http://www.tufs.ac.jp/

●入学時期　4月
●募集学部（学科）・募集人員
言語文化学部、国際社会学部 、国際日本学部 ……………………… 各若干名
●出願資格・条件　下記のいずれかの基礎資格を有し、かつ、すべての要件を満たしている者。ただし、基礎資格の (1) ～ (2) については、日本国籍を持つ者又は日本国の永住許可を得ている者に限る。(3) ～ (4) については (注 3) を参照のこと。(5) ～ (6) については国籍を問わない。
1．基礎資格　次のいずれかに該当する者。
(1) 外国において学校教育における 12 年の課程（日本における通常の課程による学校教育の期間を含む）を修め、そのうち外国において在住国の正規の教育制度に基づく高等学校に最終学年を含めて 2 学年以上継続して在学し、2020 年 4 月 1 日から 2021 年 3 月 31 日までに修了した者及び修了見込みの者、又はこれに準ずる者で文部科学大臣の指定したもの（外国においてのものに限る）
(2) 外国において学校教育における 12 年の課程（日本における通常の課程による学校教育の期間を含む）のうち、外国において在住国の正規の教育制度に基づく高等学校の 2 年を含む 3 学年以上継続して在学した後、中途退学し、引き続き日本の高等学校（中等教育学校の後期課程を含む）に編入学を認められた者で 2020 年 4 月 1 日から 2021 年 3 月 31 日までに卒業したもの及び卒業見込みのもの
(3) 外国の大学入学資格である国際バカロレア、アビトゥア、（フランス）バカロレア、GCEA レベルのいずれかを取得した者及び 2021 年 3 月 31 日までに取得見込みの者
(4) 国際的な評価団体（WASC、CIS、ACSI）の認定を受けた教育施設の 12 年の課程を修了した者及び 2021 年 3 月 31 日までに修了見込みの者
(5) 我が国において、外国の高等学校相当として指定した外国人学校を修了した者及び 2021 年 3 月 31 日までに修了見込みの者
(6) 本学において、個別の入学資格審査により、上記 (1) ～ (5) と同等以上の学力があると認めた者で、2021 年 3 月 31 日までに 18 歳に達するもの
（注 1）大学入学資格として少なくとも 12 年の教育課程を基本とする国において、飛び級等により通算 12 年に満たないで修了した者及び修了見込みの者を含む。
（注 2）(2) に該当する者は、外国において高等学校 2 年（Grade 11）の課程を修了している者とする。
（注 3）(3)(4) について
・日本国内に所在する学校等で資格を取得する者又は学校等を修了する者（いずれも見込みの者を含む）については、国籍を問わず基礎資格を満たす。
・外国に所在する学校等で資格を取得する者又は学校等を修了する者（いずれも見込みの者を含む）については、日本国籍又は日本国の永住権を持つ者に限る。日本国籍又は日本国の永住権を持たない者は、「私費外国人留学生選抜 」又は「日本留学試験利用選抜」を受験することができる。
2．要　件　次に掲げるすべての要件に該当すること。
(1)2020 年 4 月 1 日から 2021 年 3 月 31 日までの間に基礎資格を取得していること。なお、初等中等教育の課程が 13 年制である場合には、上記期間中に Grade12 または Grade13 を修了した場合に要件を満たすが、受験の機会は Grade12 修了時か Grade13 修了時のいずれか 1 回に限る。
(2) 英語 4 技能の資格・検定試験である、ケンブリッジ英語検定、実用英語技能検定、GTEC、IELTS、TEAP、TEAP CBT、TOEFL iBT、TOEIC L&R/TOEIC S&W（注 1）のいずれかを受験し、出願時にそのスコアを提出できること。(注 2)
(3) 学業・人物ともに優れ、志望する分野における学修に強い意欲を有する者
(4) 出身学校長が責任を持って推薦できる者
(5) 合格した場合には、必ず入学することを確約できる者
（注 1）「TOEIC L&R/TOEIC S&W」も 4 技能試験を表す名称であり、L&R 又は S&W のどちらかを受験すれば良いという意味ではないので注意すること。
（注 2）中学・高校に相当する 6 年（grade7 ～ 12）の教育課程のうち、5 年以上を「英語」で教育を受けた者については、英語 4 技能の資格・検定試験のスコアの提出は不要とする。
●出願書類　成績証明書（調査書）、推薦書、大学入学志望理由書、活動報告書、国家試験等の統一試験成績評価証明書（該当者のみ）、英語の資格・検定試験のスコア等の出願書類により行う。
●日程等

学部	出願	第2次選考	発表	選抜方法
言語文化	11/2～5	12/5	12/23	第 1 次選考：書類選考（第 1 次合格発表11/25）第 2 次選考：小論文・面接
国際社会		12/6		
国際日本				

●応募状況

年度＼人数	募集人員	出願者	受験者	合格者	入学者
2019	若干名	42	25	12	12
2020	若干名	52	31	15	13

●備考　帰国子女特別入試は、平成 31 年度から帰国生等特別推薦入試に統合した。

横浜国立大学

よこはまこくりつ

〒240-8501　（担当：学務部入試課）
神奈川県横浜市保土ケ谷区常盤台 79-8
TEL 045-339-3121　FAX 045-339-3129
URL https://www.ynu.ac.jp/

●入学時期　4 月
●募集学部・募集人員
教育学部、経済学部、経営学部、都市科学部
……………………… 各若干名（併願不可）
●出願資格・条件　日本国籍を有する者または日本国の永住許可を得ている者で、外国の学校教育を受けた者（教育学部、経営学部は保護者の海外勤務等やむを得ない事情による者）で、次のいずれかに該当
〔各学部共通〕
(1) 外国において学校教育 12 年の課程を 2019.4.1 から 2021.3.31 までに修了（見込）の者で、外国の教育制度に基づく高等学校に最終学年を含めて学校暦 2 年以上継続して学校教育を受けていること
(2) 外国の教育制度に基づいて外国に設置された学校から、引き続き日本の高等学校の第 3 学年もしくは中等教育学校の第 6 学年に編入学し、2020 年 4 月から 2021 年 3 月までに卒業（見込）の者（経済学部除く）で、外国の教育制度に基づく中学校･高校に通算 3 年以上（教育学部のみ）または高校に継続して学校暦 2 年以上在籍した者
(3) 外国で国際バカロレア資格、アビトゥア資格、バカロレア資格、GCEA レベル資格［3 科目以上合格（評価 E 以上）］のいずれかを 2019 年または 2020 年に取得した者（経営学部は外国の教育制度に基づく学校に継続して 2 年以上在学し、帰国後 2 年未満であること）
(4) 外国において文部科学大臣が指定する国際的な評価団体（WASC、ACSI、CIS）から教育活動等に係る認定を受けた教育施設に置かれる 12 年の課程を 2019 年 4 月 1 日から 2021 年 3 月 31 日までに卒業（修了）又は卒業（修了）見込みの者
※外国の教育制度に基づく教育機関で学校教育を受け、引き続き日本の高校に編入し卒業（見込）の場合等は、各学部で出願資格が異なる。また、要件も学部別に異なるため、募集要項などで確認のうえ出願のこと
※外国に設置された学校でも、日本の学校教育法に準拠した教育を施している学校に在学した者については、その期間は、外国において学校教育を受けたものとはみなさない
※経済学部は、国家試験等の統一試験又はこれに準ずる試験を受験していること
●出願書類　・入学願書一式・卒業（見込）証明書・最終卒業学校の成績証明書・身上記録・推薦書・調査書・保護者の海外在留証明書・IB 資格証書の写しおよび最終試験 6 科目の成績評価証明書・アビトゥア資格証書・GCEA レベルの成績評価証明書など（学部により異なる。各学部の募集要項参照）
●日程等

区分	出願	試験	発表	選抜方法
A	10/26～30	書類選抜のみ	12/21	書類審査、小論文、面接
B	9/14～18	11/16	12/15	
C	10/21～28	12/7	12/17	
D	9/18～24	1 次：10/17 2 次：11/14	12/2	

※ A：教育学部、B：経済学部、C：経営学部、D：都市科学部
※選抜方法は学部により異なる（2021 入学者選抜要項参照）

●応募状況

年度＼人数	募集人員	出願者	受験者	合格者	入学者
2019	若干名	70	56	18	11
2020	若干名	65	54	19	13

入

国立 共学 寮

にいがた
新潟大学

(担当:学務部入試課)
〒950-2181
新潟県新潟市西区五十嵐2の町8050
TEL 025-262-6079
URL https://www.niigata-u.ac.jp/

●**入学時期** 4月、10月(人文、法、経済、農学部)

●**募集学部(学科)・募集人員**

人文学部、教育学部、法学部、経済科学部、理学部、医学部(保健学科)、歯学部(歯学科)、工学部、農学部 ……各若干名

●**出願資格・条件**(4月入学)

日本国籍を有する者または日本国の永住許可を得ている者で、次のいずれかに該当(法学部以外は保護者の海外勤務等の事情による者に限る)

(1) 国内外の学校教育12年の課程を2019.4.1から2021.3.31までに卒業(見込)の者。ただし卒業時に最終学年を含め継続して2年以上外国の学校教育(在外教育施設の当該課程を除く)を受けていること

(2) 外国で国際バカロレア資格、アビトゥア資格、バカロレア資格、ジェネラル・サーティフィケート・オブ・エデュケーション・アドバンスト・レベル資格(GCEA資格)のいずれかを2019年または2020年に取得した者

(3) 外国において、国際的な評価団体(WASC、ACSI、CIS)から教育活動等に係る認定を受けた教育施設に置かれる12年の課程を2019.4.1から2021.3.31までに修了した者又は修了見込みの者

※10月入学の詳細は入学者選抜要項を参照のこと

●**出願書類**

・入学願書一式・出身学校の卒業(見込)証明書・最終出身校の成績証明書等・IB資格を有する者はそのIB最終試験6科目の成績評価証明書およびDIPLOMAの写し・アビトゥア資格を有する者は一般的大学入学資格証明書(写)・バカロレア(フランス共和国)資格を有する者はバカロレア資格証書(写)およびバカロレア試験成績証明書・GCEAレベル資格を有する者はGCEAレベル資格証書(写)および成績評価証明書・海外在留証明書(法学部志願者を除く)

●**日程等**(A:2021年4月入学 B~E:2020年10月入学)

区分	出願	試験	発表	選抜方法
A	1/25~2/5	2/25・26	3/8	学力検査、小論文、面接、実技検査、出願書類の審査(学部により異なる)
B	7/20~22	8/21	9/10	
C	7/27~29	8/21	9/9	
D	8/3~5	8/22	9/10	
E	7/27~29	8/24	9/3	

※A:全学部(試験日は学部により異なる)
B:人文 C:法 D:経済 E:農

●**応募状況**

年度＼人数	募集人員	出願者	受験者	合格者	入学者
2019	若干名※	5	3	1	1
2020	若干名※	1	1	0	0

※医学部は3名

入

国立 共学 寮

ながおかぎじゅつかがく
長岡技術科学大学

(担当:入学試験第1係)
〒940-2188
新潟県長岡市上富岡町1603-1
TEL 0258-47-9271・9273 FAX 0258-47-9070
URL https://www.nagaokaut.ac.jp/

●**入学時期** 4月

●**募集学部(学科)・募集人員**

工学部 …………………………………… 若干名

●**出願資格・条件**

日本国籍を有する者および日本国の永住許可を得ている者で、次のいずれかに該当する者

(1) 外国において、学校教育における12年の課程(日本における通常の課程による学校教育の期間を含む)を2019.4.1から2021.3.31までに卒業(見込)の者で、外国において最終学年を含め2年以上継続して正規の教育制度に基づく学校教育を受けている者(ただし、外国に設置されたものであっても、日本の学校教育法に準拠した教育を施している学校に在学した者については、その期間は、外国において学校教育を受けたものとはみなさない)

(2) 国際バカロレア資格、アビトゥア資格、バカロレア資格、GCEAレベル資格のいずれかを2019年または2020年に取得した者
GCEAレベル資格においては3科目以上合格している者(科目の指定なし)

(3)WASC、ACSIもしくはCISから教育活動等に係る認定を受けた教育施設に置かれる12年の課程を修了した者

●**出願書類**

・入学願書一式・出身学校長の推薦書・志望調書・出身学校の卒業(見込)証明書・高等学校の成績証明書(日本の高等学校に在学したことがある場合は調査書もあわせて提出)・諸外国の国家試験等を受験した者はその試験の成績証明書を提出(IB最終試験6科目の成績評価証明書およびIB資格証書の写し、一般的大学入学資格証書および成績評価証明書の写し、バカロレア資格証書および資格試験成績証明書の写しなど)

●**日程等**

出願	試験	発表	選抜方法
1/25~2/3	2/25	3/8	数学・理科、面接、書類審査

※2021年4月入学
※出願書類は期間内必着のこと

●**応募状況**

年度＼人数	募集人員	出願者	受験者	合格者	入学者
2019	若干名	0	0	0	0
2020	若干名	0	0	0	0

●**備考**

出願を希望する者は事前に出願資格等を確認するので、必ず本学入学試験第1係まで照会すること

富山大学（とやま）

〒930-8555　（担当：学務部入試課）
富山県富山市五福 3190
TEL 076-445-6100　FAX 076-445-6104
URL https://www.u-toyama.ac.jp/

●**入学時期**　4 月

●**募集学部（学科）・募集人員**

人文学部、人間発達科学部、経済学部「昼間主コース」、理学部、医学部、薬学部、工学部、芸術文化学部、都市デザイン学部 ………………………………… 各若干名

●**出願資格・条件**

日本の国籍を有する者又は日本国の永住許可を得ている者で、次の①～⑥のいずれかに該当するもの。ただし、渡航理由が保護者の海外勤務等の事情による者に限る。

なお、①及び⑥については、外国において最終の学年を含めて 2 年以上継続して学校教育を受けていること。この場合、外国に設置されたものであっても、日本の学校教育法に準拠した教育を施している学校に在学した者については、その期間を外国において学校教育を受けたものとはみなさない。

① 外国において学校教育における 12 年の課程（日本における通常の課程による学校教育の期間を含む。）を平成 31 年（2019 年）4 月 1 日から令和 3 年（2021 年）3 月 31 日までに卒業（修了）した者及び卒業（修了）見込みの者
② 外国において、スイス民法典に基づく財団法人である国際バカロレア事務局から国際バカロレア資格証書を平成 31 年（2019 年）4 月 1 日から令和 3 年（2021 年）3 月 31 日までに授与された者及び授与される見込みの者
③ 外国において、ドイツ連邦共和国の各州で大学入学資格として認められているアビトゥア資格を平成 31 年（2019 年）4 月 1 日から令和 3 年（2021 年）3 月 31 日までに取得した者及び取得見込みの者
④ 外国において、フランス共和国の大学入学資格として認められているバカロレア資格を平成 31 年（2019 年）4 月 1 日から令和 3 年（2021 年）3 月 31 日までに取得した者及び取得見込みの者
⑤ 外国において、グレート・ブリテン及び北部アイルランド連合王国において大学入学資格として認められているジェネラル・サーティフィケート・オブ・エデュケーション・アドバンスト・レベル（GCEA レベル）資格を平成 31 年（2019 年）4 月 1 日から令和 3 年（2021 年）年 3 月 31 日までに取得した者及び取得見込みの者
⑥ 外国において、国際的な評価団体（WASC,CIS, 又は ACSI）の認定を受けた教育施設の 12 年の課程を平成 31 年（2019 年）4 月 1 日から令和 3 年（2021 年）年 3 月 31 日までに修了した者及び修了見込みの者

●**出願書類**

・入学志願票・身上記録書・志願理由書（人間発達科学部、医学部、薬学部、芸術文化学部及び都市デザイン学部）・活動調書（人間発達科学部人間環境システム学科）・出願資格を証明する各証明書・成績証明書・調査書（日本の高等学校に在学していたことのある者）

●**日程等**

区分	出願	試験	発表	選抜方法
A	11/2～9	11/25	12/4	学科により異なる。選抜要項で確認
B	11/20～27	12/14	12/25	
C	1/25～2/5	2/25・26	3/8	

※ A：医学部医学科、医学部看護学科を除く学部・学科・コース　B：医学部看護学科　C：医学部医学科

●**応募状況**

年度＼人数	募集人員	出願者	受験者	合格者	入学者
2019	若干名	18	14	5	3
2020	若干名	9	7	4	2

入

金沢大学（かなざわ）

〒920-1192　（担当：学務部入試課）
石川県金沢市角間町
TEL 076-264-5169　FAX 076-234-4042
URL http://www.kanazawa-u.ac.jp/

●**入学時期**　4 月

●**募集人員** 融合学域（先導学類）【仮称】、人間社会学域（人文学類、法学類、経済学類、地域創造学類、国際学類）、理工学域（数物科学類、物質化学類、機械工学類・フロンティア工学類・電子情報通信学類、地球社会基盤学類、生命理工学類）、医薬保健学域（医学類、薬学類、医薬科学類、保健学類（看護学専攻、放射線技術科学専攻、検査技術科学専攻、理学療法学専攻、作業療法学専攻））………………………… 各若干名

●**出願資格**　日本の国籍を有する者及び日本国の永住許可を得ている者で、保護者の海外勤務等の事情により保護者とともに外国に在留し、外国で学校教育を受けた者のうち、次のいずれかに該当するもの

(1) 外国の教育制度に基づく教育機関において 12 年の課程のうち、日本の高等学校に相当する学校に外国に在住しながら、最終学年を含め 2 学年以上継続して在学し、平成 31 年 4 月から令和 3 年 3 月までに卒業（修了）した者及び卒業（修了）見込みの者
(2) 外国の教育制度に基づく教育機関において 2 学年以上継続して学校教育を受け、引き続き、日本の高等学校若しくは中等教育学校後期課程の第 3 学年に編入学した者で令和 3 年 3 月までに卒業見込みのもの
(3) 外国において、日本の高等学校に対応する学校の課程（その修了者が当該外国の学校教育における 11 年以上の課程を修了したとされるものであることその他の文部科学大臣が定める基準を満たすものに限る。）で文部科学大臣が別に指定するものを、外国に在住しながら、最終学年を含め 2 学年以上継続して在学し、平成 31 年 4 月から令和 3 年 3 月までに修了した者及び修了見込みの者
(4) スイス民法典に基づく財団法人である国際バカロレア事務局から国際バカロレア資格証書を平成 31 年 4 月以降に授与された者
(5) ドイツ連邦共和国の各州において大学入学資格として認められているアビトゥア資格を平成 31 年 4 月以降に取得した者
(6) フランス共和国において大学入学資格として認められているバカロレア資格を平成 31 年 4 月以降に取得した者
(7) グレート・ブリテン及び北部アイルランド連合王国において大学入学資格として認められているジェネラル・サーティフィケート・オブ・エデュケーション・アドバンスト・レベル（GCE Aレベル）資格を平成 31 年 4 月以降に取得した者
(8) 外国において、国際的な評価団体（ウェスタン・アソシエーション・オブ・スクールズ・アンド・カレッジズ、アソシエーション・オブ・クリスチャン・スクールズ・インターナショナル又はカウンセル・オブ・インターナショナル・スクールズ）から教育活動等に係る認定を受けた教育施設に置かれる 12 年の課程を、外国に在住しながら、最終学年を含めて 2 学年以上継続して在学し、平成 31 年 4 月から令和 3 年 3 月までに修了した者及び修了見込みの者

（注）1. 文部科学大臣が高等学校の課程と同等の課程を有するものとして認定した在外教育施設の当該課程における教育の期間は、外国の教育制度に基づく教育機関における教育の期間には含みません。
2. 保護者の帰国に同伴せず、保護者が帰国した後、本人が帰国するまでの滞在期間が 1 年以上経過した者は出願できません。
3. (7) については、GCE Aレベル試験において本学が指定する科目数や評価を満たしていることが必要です。出願に必要な科目数及び評価については、下表のとおりです

学域	学類	条件
融合学域	先導学類（仮称）	A レベル試験を 3 科目以上合格（E 評価以上）していること。
人間社会学域	人文学類、法学類、経済学類、国際学類	A レベル試験を 3 科目以上合格（E 評価以上）していること。
人間社会学域	地域創造学類	A レベル試験を 3 科目以上合格（E 評価以上）していること。ただし、「生物」「経済」「地理」「政治」「歴史」「数学」のうち 2 科目を含むものとする。
理工学域	数物科学類、物質化学類、機械工学類・フロンティア工学類・電子情報通信学類、地球社会基盤学類、生命理工学類	A レベル試験を 3 科目以上合格（E 評価以上）していること。
医薬保健学域	医学類、保健学類	A レベル試験を 3 科目以上合格（E 評価以上）していること。ただし、「数学」1 科目と「物理」「化学」「生物」のうち 2 科目の計 3 科目を含むものとする。
医薬保健学域	薬学類、医薬科学類	A レベル試験を 3 科目以上合格（E 評価以上）していること。ただし、「数学」「物理」「化学」の 3 科目を含むものとする。

●**出願書類**

・出願確認票・出身学校の卒業（見込）証明書および学業成績証明書（日本の高校もしくは中等教育学校に在学した場合は調査書）IB 資格取得者・アビトゥア資格取得者・バカロレア資格取得者はその資格証書（写）および成績証明書・GCE A レベル資格取得者は GCE A レベルの成績評価証明書・身上調書・保護者の海外在留証明書・推薦書または自己推薦書（法、経済、国際）・志願理由書（法、経済、国際）・外部試験のスコア（国際）・日本の国籍または日本国の永住許可を得ている証明書

●**日程等**

区分	出願	試験	発表	選抜方法
A	11/2～9	12/5	12/21	書類審査、英語外部試験のスコア、個別学力検査、小論文、口述試験（プレゼンテーションを含む場合あり）
B		最終 12/5	1 次 11/27 最終 12/21	
C	1/18～22	★	3/10	
D		★		
E		★		

※ A：人間社会（経済）、B：人間社会（国際）、C：融合（先導）、人間社会（地域創造）、理工、医薬保健（保健）、D：人間社会（法）、E：人間社会（人文）、医薬保健（医、薬、医薬科学）
※選抜方法は、学類によって異なる。
★ 2/25・26 のいずれか若しくは両日（詳細は 9 月下旬公表予定の学生募集要項を確認してください。）

国立 共学 寮

信州大学

（しんしゅう）

〒390-8621　（担当：学務部入試課）
長野県松本市旭 3-1-1
TEL 0263-37-2192　FAX 0263-37-2182
URL https://www.shinshu-u.ac.jp/

●入学時期　4月
●募集学部（学科）・募集人員
人文学部、理学部、工学部、農学部、繊維学部…各若干名
●出願資格・条件
日本国籍を有する方および日本国の永住許可を得ている方、その他これに準ずる方で、次のいずれかに該当する方。ただし、人文・理・農学部については、下記に該当し、かつ保護者の海外勤務等の事情による方に限る
(1) 外国で学校教育 12 年の課程を修め、外国の正規の教育制度に基づく教育機関で日本の高等学校に相当する学校に最終学年を含めて 2 学年以上継続して在学し、2019.4.1 から 2021.3.31 までに修了または修了見込みの方で学習成績が優秀、かつ志望学科を専攻する意志が強く、学校長の推薦を受けた方
(2) 国際バカロレア資格、アビトゥア資格、バカロレア資格、GCEA レベル資格のいずれかを 2019 年または 2020 年に取得した方
(3) 外国で文部科学大臣が指定する国際的な評価団体 (WASC、ACSI、CIS) から教育活動等に係る認定を受けた教育施設で 12 年の課程を修め、当該教育施設に最終学年を含めて 2 学年以上継続して在学し、2019.4.1 から 2021.3.31 までに修了または修了見込みの方で、学習成績が優秀、かつ志望学科を専攻する意志が強く、施設長の推薦を受けた方
●出願書類
・入学志願書一式、修了又は修了見込み証明書、成績証明書（日本の高等学校に在学したことがある場合は調査書も）推薦書・（出願資格 (2) 取得者は不要）・出願理由書・海外在留証明書（人文、理、農学部のみ）・IB 資格取得者は IB 資格証書の写しおよび最終試験の成績評価証明書・アビトゥア資格取得者は一般的大学入学資格証明書の写し・バカロレア資格取得者はバカロレア資格証明書の写し及びバカロレア資格試験成績証明書の写し・GCEA レベル資格取得者はその成績評価証明書の写し・2019～2020 年の間に受検した TOEIC、TOEFL の成績認定証明書（人文学部のみ）
●日程等

区分	出願	試験	発表	選抜方法
A	1/4～8	2/4	2/10	小論文、面接
B	1/12～18	2/12	3/6	※
C	1/14～21	2/16	3/6	面接
D	1/25～2/3	2/25	3/6	学力試験、面接
E	11/2～6	11/21	12/4	※

A：人文、B：理、C：工、D：農、E：繊維学部
※面接（口頭試問を含む）、面接の参考にするための基礎学力テスト

●応募状況

年度＼人数	募集人員	出願者	受験者	合格者	入学者
2019	若干名	10	9	3	1
2020	若干名	15	13	3	2

国立 共学 寮

岐阜大学

（ぎふ）

〒501-1193　（担当：地域科学部学務係）
岐阜県岐阜市柳戸 1-1
TEL 058-293-3025　FAX 058-293-3008
URL http://www.gifu-u.ac.jp/

●入学時期　4月
●募集人員
地域政策学科及び地域文化学科の 2 学科合計……………1 人
（注）所属学科は 2 年次に決定します。
●出願要件　日本国籍を有する者及び日本国の永住許可を得ている者で、外国の学校教育を受け、次のいずれかに該当する者
①外国の正規の学校教育における 12 年の課程（日本における通常の課程における学校教育の期間を含む。）を平成 31 年 4 月 1 日から令和 3 年 3 月 31 日までに卒業（修了）又は卒業（修了）見込みの者又はこれらに準ずる者で文部科学大臣の指定したもの（昭和 56 年文部省告示第 153 号）ただし、12 年の課程のうち、外国において最終学年を含めて 2 年以上継続して正規の教育制度に基づく学校教育を受けていること
②スイス民法典に基づく財団法人である国際バカロレア事務局から、国際バカロレア資格証書を平成 31 年から令和 2 年までに授与された者
③ドイツ連邦共和国の各州において大学入学資格として認められているアビトゥア資格を平成 31 年から令和 2 年までに取得した者
④フランス共和国において大学入学資格として認められているバカロレア資格を平成 31 年から令和 2 年までに取得した者
⑤グレート・ブリテン及び北部アイルランド連合王国において大学入学資格として認められているジェネラル・サーティフィケート・オブ・エデュケーション・アドバンスト・レベル資格（GCE A ﾚﾍﾞﾙ資格）〔3 科目以上合格、評価 E 以上〕を平成 31 年から令和 2 年までに取得した者
⑥文部科学大臣が指定する国際的な評価団体 (WASC,ACSI,CIS) から教育活動等にかかる認定を受けた教育施設に置かれる 12 年の課程を平成 31 年から令和 2 年までに修了した者
●出願書類　・入学志願票・推薦書又は自己推薦書・受験票・写真票・志望理由書・最終卒業（修了）証明書又は卒業（修了）見込証明書・最終卒業（修了）学校の成績証明書・大学入学資格証書の写し等・本人及び保護者の海外在留証明書・振込証明書（検定料）〈17,000 円〉
<出願に当たっての注意事項>
a. 外国の学校や機関が発行した日本語・英語以外の言語で記載されている書類については、必ず日本語訳を添付してください。
b. 出願資格及び出願資格を証明する書類について疑問がある場合は、出願前に地域科学部学務係へ照会してください。なお、インターナショナルスクールやアメリカンスクール等の出身者は、出願資格が認められない場合や出願資格の確認等に時間を要する場合がありますので、必ず出願前に早めに照会してください。
c. 出願に必要な書類等は、一括して封筒に入れ、郵送してください。
d. 出願書類受付後は、記載内容の変更は認めません。また、一度受理した出願書類及び一旦領収した検定料は原則として返還しません。
●日程等

出願	試験	発表	選抜方法
10/6～9	11/14	12/1	小論文、面接、書類審査

●応募状況

年度＼人数	募集人員	出願者	受験者	合格者	入学者
2019	1	1	1	1	1
2020	1	0	0	0	0

入

国立 共学

浜松医科大学

〒431-3192 （担当：入試課入学試験係）
静岡県浜松市東区半田山 1-20-1
TEL 053-435-2205 FAX 053-433-7290
URL http://www.hama-med.ac.jp/

●入学時期 4月

●募集学部（学科）・募集人員

医学部（医学科、看護学科） …………………… 若干名

●出願資格・条件

日本国籍又は日本国の永住許可を有し、外国の学校教育を受けた人で、次のいずれかに該当する人とします。

(1) 外国で、学校教育の 12 年の課程（日本での通常の課程による学校教育の期間を含む）を 2019.4.1 ～ 2021.3.31 までに卒業（修了）または卒業（修了）見込みの者。ただし、外国で最終学年を含め、2 年以上継続して正規の教育制度に基づく学校教育を受けている者

(2) 外国で、国際バカロレア資格、アビトゥア資格、バカロレア資格のいずれかを 2019 年又は 2020 年に取得した人

※外国に設置された学校等でも、日本の学校教育法に準拠した教育を行っている学校に在学して教育を受けた期間は、「2 年以上」という期間には算入しない

※大学入学共通テストは受験しなくてもよい

●出願書類

・入学志願票・出身学校長等の推薦書（日本語または英語）・志願理由書・出身学校の卒業（修了）証明書および学校要覧等・高等学校在学期間の成績証明書（日本の高等学校に在学したことがある場合は調査書もあわせて提出）・IB 資格を取得した者は最終試験 6 科目の成績証明書、アビトゥア資格取得者は一般的大学入学資格証明書の写し、バカロレア資格取得者は資格証明書の写し、諸外国の国家試験等の統一試験を受験した者は成績評価証明書・本人のパスポート等の写し

●日程等

区分	出願	試験	発表	選抜方法
A	11/16～24	2/6・7	2/16	小論文、適性検査、面接、出願書類
B		2/6	2/16	小論文、面接、出願書類

※ A：医学科 B：看護学科

●応募状況

年度＼人数	募集人員	出願者	受験者	合格者	入学者
2019	若干名	8	5	2	1
2020	若干名	2	2	0	0

入

国立 共学 寮

愛知教育大学

〒448-8542 （担当：入試課）
愛知県刈谷市井ヶ谷町広沢 1
TEL 0566-26-2202・2203 FAX 0566-26-2200
URL https://www.aichi-edu.ac.jp/

●入学時期 4月

●募集学部（学科）・募集人員

教育学部（幼児教育専攻および特別支援教育専攻を除く）
………… 各課程・専修・専攻・コース若干名

●出願資格・条件

日本国籍を持つ者及び日本国の永住許可を得ている者であって，保護者の海外勤務に同伴して海外に在住（保護者帰国後 1 年未満の滞在は可）し，外国の学校教育を受け，次の基礎資格を有し，かつ，要件を満たしている者

1．基礎資格　次のいずれかに該当する者

ア．学校教育における 12 年の課程を修了した者及び令和 3 年 3 月 31 日修了見込みの者

イ．外国において，スイス民法典に基づく財団法人である国際バカロレア事務局が授与する国際バカロレア資格を有する者

ウ．ドイツ連邦共和国の各州において，大学入学資格として認められているアビトゥア資格を有する者

エ．フランス共和国において，大学入学資格として認められているバカロレア資格を有する者

オ．グレートブリテン及び北部アイルランド連合王国において大学入学資格として認められているジェネラル・サーティフィケート・オブ・エデュケーション・アドバンスト・レベル資格（GCEA レベル資格）を有する者

カ．文部科学大臣が指定する国際的な評価団体（WASC,ACSI，CIS）から教育活動等に係る認定を受けた教育施設に置かれる 12 年の課程を修了した者

2．要　件　次に掲げるすべての要件に該当すること。

ア．令和 3 年 4 月 1 日において基礎資格取得後 2 年以内であること。（平成 31 年 4 月 1 日から令和 3 年 3 月 31 日までの間に取得していること。）

イ．12 年の課程には日本における通常の課程による学校教育の期間も含まれるが，外国において最終学年を含めて 2 年以上継続して学校教育を受けていること。（外国に設置されたものであっても日本の学校教育法に準拠した教育を施している学校に在学した者については，その期間を外国において学校教育を受けたものとはみなさない。）

●出願書類 ・出願確認票等（インターネット出願印刷）・身上記録・帰国子女選抜推薦書・高等学校の卒業（見込）証明書・成績証明書等（IB 資格取得者は IB 資格証書の写しと最終試験科目の成績評価証明書、アビトゥア資格取得者は一般的大学入学資格証明書の写しと最終試験科目の成績評価証明書、バカロレア資格取得者はバカロレア資格証書の写しと最終試験科目の成績評価証明書、当該国の認定試験の合格証明書と成績証明書、日本の高等学校または中等教育学校に在学したことがある者は調査書をあわせて提出）・その他の書類（保護者の海外在留証明書等）

※帰国子女選抜学生募集要項を参照すること

●日程等

インターネット出願登録	試験	発表	選抜方法
10/2～14	11/7	12/16	小論文、面接、学力検査、実技検査

※選抜方法は課程・専修・専攻・コースにより異なる

●応募状況

年度＼人数	募集人員	出願者	受験者	合格者	入学者
2019	若干名	3	3	1	1
2020	若干名	3	3	2	0

入

三重大学（みえ）

〒514-8507　（担当：学務部入試チーム）
三重県津市栗真町屋町 1577
TEL 059-231-9063　FAX 059-231-5382
URL http://www.mie-u.ac.jp/

●**入学時期**　4月

●**募集学部（学科）・募集人員**

人文学部（文化学科、法律経済学科）…………各1名
生物資源学部（資源循環学科、共生環境学科、生物圏生命化学科、海洋生物資源学科）…………各1名

●**出願資格・条件**

日本国籍を有する者および日本国の永住許可を得ている者で、保護者とともに外国に在留し（生物資源学部のみ、保護者が先に帰国した場合、その後の滞在が1年未満）、次の（1）または（2）のいずれかに該当

(1) 外国で学校教育12年の課程（日本での通常の課程による学校教育の期間を含む）を2019.4.1から2021.3.31までに卒業（修了）した者および同見込みの者で、外国で最終学年を含めて2年以上継続して学校教育を受けている者（ただし、日本の学校教育法に準拠した教育を行っている学校の在学期間は外国において学校教育を受けたものとはみなさない）
(2) 外国で国際バカロレア資格、アビトゥア資格、バカロレア資格のいずれかを2019年または2020年に取得し、2021.3.31までに18歳に達する者

●**出願書類**

・入学願書一式・志願理由書・卒業（見込）証明書・最終卒業学校の成績証明書（日本の高校に在学したことがある場合は調査書も）・IB資格取得者はIB最終試験6科目の成績評価証明書・アビトゥア資格取得者は一般的大学入学資格証明書の写し・バカロレア資格取得者は同資格証明書の写しおよび資格試験成績証明書

●**日程等**

区分	出願	試験	発表	選抜方法
A	12/1～4	1/20・21	2/12	小論文、面接、出願書類
B	11/30～12/4	1/22	2/12	総合問題、面接、出願書類

※A：人文学部、B：生物資源学部
※小論文および面接は、いずれも日本語で行う
※Bの総合問題は、英語・数学・小論文の総合問題

●**応募状況**

年度＼人数	募集人員	出願者	受験者	合格者	入学者
2019	6	4	3	3	2
2020	6	5	5	1	1

入

国立　共学　寮

滋賀大学（しが）

〒522-8522　（担当：入試課）
滋賀県彦根市馬場 1-1-1
TEL 0749-27-1023　FAX 0749-23-8645
URL https://www.shiga-u.ac.jp/

●**入学時期**　4月

●**募集学部（学科）・募集人員**

教育学部……………………………………若干名

●**出願資格・条件**<教育学部>

日本国籍を有する者及び日本国の永住許可を得ている者で、保護者の海外勤務等の事情により外国の学校教育を受けている者（保護者が先に日本に帰国した後、引き続き単身で在留した者又は在留している者を含む）のうち、次のいずれかに該当する者。
ただし、1又は2にあっては、外国に設置されたものであっても、日本の学校教育法に準拠した教育を行っている学校に在学して教育を受けた期間は、外国において教育を受けた期間とはみなしません。

①外国において、学校教育における12年の課程（日本における通常の課程による学校教育の期間を含む）を2019年4月1日から2021年3月31日までに卒業（修了）又は卒業（修了）見込みの者で、外国において最終学年を含め2学年以上継続して正規の教育制度に基づく学校教育を受けている者
②外国において、2学年以上継続して正規の教育制度に基づく学校教育を受けた後、学校教育における12年の課程（日本における通常の課程による学校教育の期間を含む）を中途退学し、引き続き日本の高等学校（中等教育学校の後期課程を含む）の第3学年に編入学を認められた者で、令和2年3月に卒業した者又は令和3年3月に卒業見込みの者
③外国において、スイス民法典に基づく財団法人である国際バカロレア事務局から国際バカロレア資格証書を2019年又は2020年に授与された者
④ドイツ連邦共和国の各州において、大学入学資格として認められているアビトゥア資格を取得し、一般的大学入学資格証明書を2019年又は2020年に授与された者
⑤フランス共和国において、大学入学資格として認められているバカロレア資格を取得し、バカロレア資格証書を2019年又は2020年に授与された者
⑥グレート・ブリテン及び北部アイルランド連合王国において、大学入学資格として認められているジェネラル・サーティフィケート・オブ・エデュケーション・アドバンスト・レベル（GCEAレベル）資格を2019年又は2020年に授与された者

●**日程等**（教育学部）

出願	試験	発表	選抜方法
11/2～5	11/21	12/11	小論文、面接、出願書類

●**応募状況**

年度＼人数	募集人員	出願者	受験者	合格者	入学者
2019	若干名	0	0	0	0
2020	若干名	2	2	1	1

京都大学

（きょうと）

〒 606-8501 （担当：法学部教務掛、経済学部教務掛）
京都府京都市左京区吉田本町
<法学部> TEL 075-753-3107 FAX 075-753-3104
<経済学部> TEL 075-753-3406 FAX 075-753-3492
URL http://www.kyoto-u.ac.jp

●入学時期 4月

●募集学部（学科）・募集人員

法学部……………………………………………10名以内
経済学部…………………………………………10名以内

※出願資格・条件、出願書類、選抜方法等詳細については、以下の本学ホームページよりご確認ください。
http://www.kyoto-u.ac.jp/ja/admissions/other/foreign.html

※インターナショナルスクールやアメリカンスクール等の出身者については必ず出願前早い時期に照会すること（法学部・経済学部）

●日程等

区分	出願	試験	発表
A	1/5～12	2/25・26	3/10
B	1/5～8	2/25・26	3/9

※ A：法学部、B：経済学部

●応募状況 ※下記の人数は、法学部・経済学部を合わせたもの

年度＼人数	募集人員	出願者	受験者	合格者	入学者
2019	20以内	29	18	8	8
2020	20以内	42	21	9	9

※受験者の人数は2次試験受験者数

大阪大学

（おおさか）

〒 565-0871 （担当：教育・学生支援部入試課）
大阪府吹田市山田丘 1-1
TEL 06-6879-7097 FAX 06-6879-7099
URL http://www.osaka-u.ac.jp/

●入学時期 4月

●募集学部（学科）・募集人員 外国語学部、理学部、医学部（保健学科）、工学部、基礎工学部 ………………………………………………各若干名

●出願資格・条件

日本国籍を有する者及び日本国の永住許可を得ている者で、外国において2年以上継続して外国の学校教育を受けているもののうち、次の①～⑩のいずれかに該当するもの。ただし、2019年3月31日以前に帰国（一時的な帰国を除く）した者を除きます。

なお、理学部、工学部及び基礎工学部志願者は、事前に TOEFL iBT テストを受験し、出願時にスコア（原本・受験日が2018年12月11日以降のもの）の提出が必要です。

(注) 2021年度入試に限り実施する TOEFL スコアの取り扱い

新型コロナウイルスの感染拡大への対応策として実施されている「TOEFL iBT® Special Home Edition」テストスコアを従来の TOEFL iBT テストスコアと同様に取り扱います。

①外国に所在し外国の教育制度に基づく教育機関において、高等学校に対応する課程で2学年以上継続して学校教育を受け、12年の課程を、2019年4月1日から2021年3月31日までに卒業（修了）した者及び卒業（修了）見込みの者（注）「飛び級」等により、12年の教育課程を通算12年に満たないで卒業（修了）した者及び卒業（修了）見込みの者を含みます。

②外国に所在し外国の教育制度に基づく教育機関において、2学年以上継続して学校教育を受け、12年の課程を中途退学し、引き続き日本の高等学校（中等教育学校の後期課程を含む）の第3学年に編入学を認められた者で、2021年3月31日までに卒業（修了）見込みのもの

③外国において、上記①と同等以上の学力を有するかどうかに関する認定試験であると認められる当該国の検定（国の検定に準ずるものを含む）に合格した者で、2021年3月31日までに18歳に達するもの

④外国に所在し外国の教育制度に基づく教育機関において、最終学年を含め2学年以上継続して学校教育を受け、高等学校に対応する学校の課程（その修了者が当該外国の学校教育における11年以上の課程を修了したとされるものであることその他の文部科学大臣が定める基準を満たすものに限る。）で文部科学大臣が別に指定するものを、2019年4月1日から2021年3月31日までに修了した者及び修了見込みの者

⑤スイス民法典に基づく財団法人である国際バカロレア事務局の授与する国際バカロレア資格を過去2年以内（2019年4月1日から2021年3月31日まで）に外国において取得した者

⑥ドイツ連邦共和国の各州において大学入学資格として認められているアビトゥア資格を過去2年以内（2019年4月1日から2021年3月31日まで）に外国において取得した者

⑦フランス共和国において大学入学資格として認められているバカロレア資格を過去2年以内（2019年4月1日から2021年3月31日まで）に外国において取得した者

⑧グレート・ブリテン及び北部アイルランド連合王国において大学入学資格として認められているジェネラル・サーティフィケート・オブ・エデュケーション・アドバンスト・レベル資格を過去2年以内（2019年4月1日から2021年3月31日まで）に外国において取得した者

⑨国際的な評価団体（WASC、CIS、ACSI）から教育活動等に係る認定を受けた外国に所在する教育施設において、高等学校に対応する課程で2学年以上継続して学校教育を受け、12年の課程を、2019年4月1日から2021年3月31日までに修了した者及び修了見込みの者

⑩国際的な評価団体（WASC、CIS、ACSI）から教育活動等に係る認定を受けた外国に所在する教育施設において、高等学校に対応する課程で2学年以上継続して学校教育を受け、12年の課程を中途退学し、引き続き日本の高等学校（中等教育学校の後期課程を含む）の第3学年に編入学を認められた者で、2021年3月31日までに卒業（修了）見込みの者

※インターナショナルスクールやアメリカンスクール等の外国の教育機関出身者は、出願資格①～⑩のいずれかに当てはまる場合のみ出願が認められます。

●出願書類 ・入学願書一式・証明書等

※出願に必要な証明書等の書類は出願資格により異なるので、募集要項で確認すること

●日程等 日程等について変更になる場合があるため、募集要項で確認すること

区分	出願	試験	発表	選抜方法
A	12/11～18	2/25	3/9	書類審査、外国語※1、国語、口頭試問
B		2/25・26	3/9	書類審査、数学、理科、口頭試問※2
C		2/25	3/9	書類審査、理科、英語、面接

A：外国語、B：基礎工・理・工、C：医（保健学科）

※1英語、ドイツ語、フランス語、中国語、韓国語、スペイン語、ロシア語から1科目選択。英語専攻志望者は英語のみ（リスニングテストを含む）

※2理学部は筆記試験合格者のみ口頭試問を課す

●応募状況

年度＼人数	募集人員	出願者	受験者	合格者	入学者
2019	若干名	26	24	8	6
2020	若干名	19	16	2	2

なら きょう いく
奈良教育大学

〒630-8528　（担当：入試課）
奈良県奈良市高畑町
TEL 0742-27-9126　**FAX** 0742-27-9145
URL https://www.nara-edu.ac.jp/

●入学時期　4月
●募集学部（学科）・募集人員
教育発達専攻（教育学専修）
教科教育専攻（理科教育専修〈初等教育履修分野、中等教育履修分野〉、英語教育専修〈中等教育履修分野〉）
………………… 若干名
●出願資格・条件
日本国籍を有する者および日本国の永住許可を得ている者のうち、外国の学校教育を受けた者で、次の基礎資格を有し、かつ、要件を満たしている者
(1)　基礎資格　次のいずれかに該当する者
ア：学校教育における12年の課程を卒業（修了）した者および卒業（修了）見込みの者
イ：国際バカロレア資格を有する者
ウ：アビトゥア資格を有する者
エ：バカロレア資格を有する者
オ：GCE-A レベル資格を有する者
(2)　要件　次の要件のすべてに該当する者
ア：2019.4.1 から 2021.3.31 までの間に基礎資格を取得していること
イ：12年の課程には日本における通常の課程による学校教育の期間も含まれるが、外国において最終学年を含めて2年以上継続して正規の教育制度に基づく学校教育を受けているか、または、日本の教育制度の中学校および高等学校に相当する期間のうち、外国において中学校ないし高等学校に通算3年以上在籍した者（ただし日本の高等学校等の在籍期間は2年以内）
※外国に設置されたものであっても、日本の学校教育法に準拠した教育を施している学校に在学した者については、その期間は、外国において学校教育を受けたものとはみなさない
●出願書類
入学願書一式・卒業（見込）証明書・成績証明書（IB資格取得者は資格証書（写）と最終試験の成績評価証明書・アビトゥア資格取得者は一般的大学入学資格証明書（写）・バカロレア資格取得者は資格証書（写）と試験成績証明書・GCE-A レベル資格取得者は資格証書（写）と成績評価証明書）・海外在留証明書・自己推薦書
●日程等

出願	試験	発表	選抜方法
10/2～8	11/7	11/26	小論文、面接、出願書類等

※出願にあたっては、募集要項を取り寄せ、ご確認下さい
●応募状況

年度＼人数	募集人員	出願者	受験者	合格者	入学者
2019	若干名	0	0	0	0
2020	若干名	1	1	0	0

入

国立　共学　寮

わ か やま
和歌山大学

〒640-8510　（担当：学務課経済学部係）
和歌山県和歌山市栄谷 930
TEL 073-457-7805　**FAX** 073-457-7800
URL https://www.wakayama-u.ac.jp/

●入学時期　4月
●募集学部（学科）・募集人員
経済学部（経済学科）………………………………… 3名
●出願資格・条件
日本国籍を有する者及び日本国の永住許可を得ている者で、保護者の海外勤務等の事情により外国の学校教育を受けている者（保護者が先に日本に帰国した後、引き続き単身で在留している者を含む）のうち、次の各号のいずれかに該当する者
(1) 外国において、学校教育における12年の課程（日本における通常の課程による学校教育の期間を含む）を、2019.4.1 から 2021.3.31 までに修了した者又は修了見込みの者で、外国において最終学年を含めて2年以上継続して学校教育を受けた者（ただし、日本の学校教育法に準拠した教育を行っている学校に在学して教育を受けた期間は、外国において学校教育を受けたものとみなさない）
(2) 外国において、高等学校に対応する学校の課程（その修了者が当該外国の学校教育における11年以上の課程を修了したとされるものであることその他の文部科学大臣が定める基準を満たすものに限る）で文部科学大臣が別に指定するものを修了した者及び 2021.3.31 までに修了見込みの者
(3) 外国において、国際バカロレア資格、アビトゥア資格、バカロレア資格のいずれかを 2019 年または 2020 年に取得した者、または GCE-A レベル資格を取得した者
(4) 外国において、国際的な評価団体（WASC、CIS、ACSI）から教育活動等に係る認定を受けた教育施設に置かれる12年の課程を修了した者
●出願書類
・入学願書一式（課題レポート含む）・卒業（見込）証明書・最終卒業学校の成績証明書（日本の高等学校に在学したことのある場合は調査書も）・IB 資格取得者は IB 最終試験6科目の成績証明書および DIPLOMA の写し・アビトゥア資格取得者は一般的大学入学資格証明書の写し・バカロレア資格取得者はバカロレア資格証書の写しおよびバカロレア資格試験成績証明書の写し・GCE-A レベル資格取得者は GCE-A レベル資格試験の成績評価証明書・国際的な評価団体から教育活動等に係る認定を受けた教育施設であることが確認できる書類・諸外国の国家統一試験等を受験した者はその成績証明書・身上記録・推薦書・海外在留証明書
●日程等

出願	試験	発表	選抜方法
11/2～6	11/26 ※	12/18	面接、書類審査

※予備日 12/13
●応募状況

年度＼人数	募集人員	出願者	受験者	合格者	入学者
2019	3	3	3	3	3
2020	3	1	1	1	0

国立　共学　寮

鳥取大学

とっとり

〒680-8550　（担当：学生部入試課）
鳥取県鳥取市湖山町南 4-101
TEL 0857-31-5061　FAX 0857-31-6778
URL https://www.tottori-u.ac.jp

●入学時期　4月

●募集学部（学科）・募集人員

地域学部、工学部、農学部（生命環境農学科）……… 各若干名

●出願資格・条件　日本国籍を有する者及び日本国の永住許可を得ている者で、保護者の海外勤務等の事情により外国の学校教育を受けた者で、次の (1) ～ (8) のいずれかに該当する者

(1) 外国において、学校教育における 12 年の課程（日本における通常の課程による学校教育の期間を含む。）を 2019 年 4 月 1 日から 2021 年 3 月 31 日までに卒業（修了）した者及び卒業（修了）見込みの者。ただし、12 年の課程のうち、少なくとも外国において最後の 2 学年を継続して学校教育を受けていること（外国に設置されたものであっても、日本の学校教育法に準拠した教育を実施している学校に在学した者については、その期間を、外国において学校教育を受けたものとはみなさない。）

(2) 外国において、学校教育における 12 年の課程を修了した者と同等以上の学力があるかどうかに関する認定試験であると認められる当該国の検定（国の検定に準ずるものを含む。）に、2019 年又は 2020 年に 合格した者で、2021 年 3 月 31 日までに 18 歳に 達する者

(3) 外国において、高等学校に対応する学校の課程（その修了者が当該外国の学校教育における 11 年以上の課程を修了したとされるものであることその他の文部科学大臣が定める基準を満たすものに限る。）で文部科学大臣が別に指定するものを 2019 年 4 月 1 日から 2021 年 3 月 31 日までに修了した者及び修了見込みの者。ただし、11 年の課程のうち，少なくとも外国において最後の 2 学年を継続して学校教育を受けていること。

(4) 外国において、スイス民法典に基づく財団法人である国際バカロレア事務局から国際バカロレア資格証書を 2019 年又は 2020 年に授与された者

(5) 外国において、ドイツ連邦共和国の各州で大学入学資格として認められているアビトゥア資格を 2019 年又は 2020 年に授与された者

(6) 外国において、フランス共和国で大学入学資格として認められているバカロレア資格証書を 2019 年又は 2020 年に授与された者

(7) 外国において、グレート・ブリテン及び北部アイルランド連合王国で大学入学資格として認められているジェネラル・サーティフィケート・オブ・エデュケーション・アドバンスト・レベル資格を 2019 年又は 2020 年に授与された者

(8) 外国において、国際的な評価団体（WASC,CIS,ACSI）から教育活動等に係る認定を受けた教育施設に置かれる 12 年の課程を 2019 年 4 月 1 日から 2021 年 3 月 31 日までに修了した者及び修了見込みの者。ただし、12 年の課程のうち，少なくとも外国において最後の 2 学年を継続して学校教育を受けていること。

●出願書類　志願理由書、身上記録、卒業（修了）証明書又は同見込証明書及び成績証明書、資格証明書（写）等、パスポート（写）等、保護者の海外在留証明書、受験票等返送用封筒

●日程等

出願	試験	発表	選抜方法
12/9～15	工 2/5 地域 2/6 農 2/5・6	2/10	出願書類、小論文、面接の総合判定

●応募状況

年度＼人数	募集人員	出願者	受験者	合格者	入学者
2019	若干名	2	1	0	0
2020	若干名	0	0	0	0

国立　共学　寮

島根大学

しまね

〒690-8504　（担当：教育・学生支援部 入試企画課）
島根県松江市西川津町 1060
TEL 0852-32-6073　FAX 0852-32-9726
URL https://www.shimane-u.ac.jp/nyushi/

●入学時期　4月

●募集学部（学科）・募集人員

法文学部（法経、社会文化、言語文化）
……………………… 各学科若干名

生物資源科学部（生命科、農林生産、環境共生科）
……………………… 各学科若干名

●出願資格・条件

日本国籍を有する者又は日本国の永住許可を得ている者で、外国の学校教育を受け、次の (1) から (6) のいずれかに該当するもの

(1) 学校教育における 12 年の課程（日本における通常の課程による学校教育の期間を含む。）を 2019 年 4 月 1 日から 2021 年 3 月 31 日までに卒業（修了）した者又は卒業（修了）見込みの者で，12 年の課程の最終 4 か年のうち、2 年以上継続し外国において学校教育を受けているもの
〔日本人学校（小・中・高）在籍期間は外国における学校教育を受けたこととはみなしません。〕

(2) 外国においてスイス民法典に基づく財団法人国際バカロレア事務局から国際バカロレア資格証書を 2019 年又は 2020 年に授与された者

(3) ドイツ連邦共和国の各州において大学入学資格として認められているアビトゥア資格を有する者

(4) フランス共和国において大学入学資格として認められているバカロレア資格を有する者

(5) グレート・ブリテン及び北部アイルランド連合王国において大学入学資格として認められているジェネラル・サーティフィケート・オブ・エデュケーション・アドバンスト・レベル資格を有する者

(6) 外国において国際的な評価団体（WASC、CIS、ACSI）の認定を受けた教育施設の 12 年の課程を修了した者又は 2021 年 3 月 31 日までに修了見込みの者（法学部のみ）※生物資源科学部修了者のみ

●出願書類　・入学志願票・成績証明書等及び卒業（修了）証明書又は見込証明書・受験票・写真票・パスポートの写し・入学検定料 振込金証明書 ・返信用封筒・志望理由書（法文学部のみ。本学所定用紙にて作成）

●日程等

出願	試験	発表	選抜方法
10/5～9	11/14	12/1	読解・表現力試験（日本語)、面接（日本語)、出願書類の総合判定

※法文学部は読解・表現力試験（100 点）（日本語）を課し、総合点 200 点とし、出願書類を総合して選考する。

※生物資源科学部は出願書類、読解･表現力試験（100 点）（日本語）及び面接（100 点）（日本語）によって、基礎的学力と日本語の熟達度等を判定する。

●応募状況

年度＼人数	募集人員	出願者	受験者	合格者	入学者
2019	若干名	0	0	0	0
2020	若干名	0	0	0	0

広島大学

ひろしま

〒739-8511（担当：高大接続・入学センター）
広島県東広島市鏡山 1-3-2
TEL 082-424-6185
URL https://www.hiroshima-u.ac.jp/

●入学時期 4月
●募集学部（学科）・募集人員 総合科学部（総合科学科）…………若干名
※広島大学光り輝き入試 総合型選抜 帰国生型として
●出願資格・条件 日本の国籍を有する者及び日本国の永住許可を得ている者であって，次の各号のいずれかに該当するもの
(1) 外国において，学校教育における 12 年の課程（日本における通常の課程による学校教育の期間を含む。）を平成 31(2019) 年 4 月 1 日から令和 3(2021) 年 3 月 31 日までに卒業（修了）又は卒業（修了）見込みの者で，外国において最終学年を含め原則として 2 年以上継続して正規の教育制度に基づく学校教育を受けているもの（注 1，注 2）
(2) 外国において，スイス民法典に基づく財団法人である国際バカロレア事務局 (InternationalBaccalaureate Office) から国際バカロレア資格証書（International Baccalaureate Diploma）を授与された者又は令和 3(2021) 年 3 月 31 日までに授与される見込みの者
(3) 外国において，ドイツ連邦共和国の各州で大学入学資格として認められているアビトゥア資格の取得者に授与される一般的大学入学資格証明書（Zeugnis der allgemeinen Hochschulreife）を授与された者又は令和 3(2021) 年 3 月 31 日までに授与される見込みの者
(4) 外国において，フランス共和国で大学入学資格として認められているバカロレア資格の取得者に授与されるバカロレア資格証書（Diplôme du Baccalauréat de l' Enseignement du Second Degré）を授与された者又は令和 3(2021) 年 3 月 31 日までに授与される見込みの者
(5) グレートブリテン及び北部アイルランド連合王国において大学入学資格として認められているジェネラル・サーティフィケート・オブ・エデュケーション・アドバンスト・レベル資格（GCEA レベル資格）を有する者又は令和 3(2021) 年 3 月 31 日までに有する見込みの者
(6) 文部科学大臣が指定する国際的な評価団体（WASC，ACSI，CIS）から教育活動等に係る認定を受けた教育施設に置かれる 12 年の課程を修了した者又は令和 3(2021) 年 3 月 31 日までに修了する見込みの者
(7) 外国において，原則として 2 年以上継続して正規の教育制度に基づく学校教育を受け，日本の高等学校の第 2 学年又は第 3 学年に編入学を認められた者で，令和 2(2020) 年 4 月 1 日以降に卒業したもの及び令和 3(2021) 年 3 月 31 日までに卒業見込みのもの
(8) 外国において，原則として 2 年以上継続して正規の教育制度に基づく学校教育を受け，日本における通常の過程による 12 年の学校教育の最終学年又はその 1 年前の学年に編入学を認められた者で，令和 2(2020) 年 4 月 1 日以降に修了したもの及び受け令和 3(2021) 年 3 月 31 日までに修了見込みのもの
(9) 本学において，個別の入学資格審査により，高等学校を卒業した者と同等以上の学力があると認めた者で，令和 3(2021) 年 3 月 31 日までに 18 歳に達するもの
(注 1) 外国において，学校教育における 12 年の課程とは，当該国において制度上正規の学校教育に位置付けられたものであることが必要です。なお，インターナショナルスクールやアメリカンスクール等の出身者については，出願が認められない場合や出願資格確認に時間を要する場合があるので，出願期間の 1 か月前までに照会してください。また，当該国において制度上正規の学校教育に位置付けられた学校であるかの確認は，日本に所在する当該国の大使館で確認することができるので，志願者は各自で早めに確認してください。
(注 2) 外国に設置されたものであっても，日本の学校教育法に準拠した教育を施している学校に在学した者については，その期間は，外国において学校教育を受けたものとはみなしません。
●出願書類
・写真・就学記録・志望の動機・卒業・修了（見込）証明書・成績証明書・調査書・国際バカロレア資格・アビトゥア資格・バカロレア資格・GCEA レベル資格・統一試験成績証明書（SAT,ACT,GCE など）等の証明書・パスポートの写し又は住民票（日本の永住許可を得ているもの）
●日程等

出願	試験	発表	選抜方法
10/1～7	11/21	12/4	※

※書類審査、小論文（講義受講を含む）、面接に出願書類を加味してを総合判定

●応募状況

年度＼人数	募集人員	出願者	受験者	合格者	入学者
2019	若干名	4	4	3	1
2020	若干名	4	4	2	2

山口大学

やまぐち

〒735-8511（担当：学生支援部入試課）
山口県山口市吉田 1677-1
TEL 083-933-5153 FAX 083-933-5041
URL http://www.yamaguchi-u.ac.jp/

●入学時期 4月
●募集学部（学科）・募集人員
教育学部（学校教育教員養成課程）、医学部（保健学科）、農学部 …………………………………… 各若干名
●出願資格・条件 日本の国籍を有する者又は日本国の永住許可を得ている者であって，次のいずれかに該当する者。
1. 外国において，学校教育における 12 年の課程のうち，日本の高等学校に相当する外国の教育課程で 2 学年以上継続して学校教育を受け，平成 31 年 4 月 1 日から令和 3 年 3 月 31 日までに卒業（修了）した者又は卒業（修了）見込みの者。
大学入学資格として少なくとも 12 年の教育課程を基本とする国において，「飛び級」等により，通算 12 年に満たないで卒業（修了）した者又は卒業（修了）見込みの者を含む。
(注) 文部科学大臣が高等学校の課程と同等の課程又は相当する課程を有するものとして認定又は指定した在外教育施設の当該課程に在籍した者については，その期間を外国において学校教育を受けたものとはみなしません。
2. 外国に所在し外国の教育制度に基づく教育機関において，2 学年以上継続して学校教育を受け，12 年の課程（日本における通常の課程による教育機関を含む）を中途退学し，引き続き日本の高等学校（中等教育学校の後期課程を含む）の第 3 学年に編入学を認められた者で，2021 年 3 月までに卒業（修了）見込みの者。
3. 国際バカロレア資格，アビトゥア資格，バカロレア資格または GCEA 資格のいずれかの資格を過去 2 年以内（2019 年，2020 年）に外国において取得した者。
4. WASC，ACSI 若しくは CIS から教育活動等に係る認定を受けた外国に所在する教育施設において，高等学校に対応する課程で 2 学年以上継続して学校教育を受け，12 年の課程を 2019 年 4 月 1 日から 2021 年 3 月 31 日までに修了した者及び修了見込みの者。
5. WASC，ACSI 若しくは CIS から教育活動等に係る認定を受けた外国に所在する教育施設において，高等学校に対応する課程で 2 学年以上継続して学校教育を受け，引き続き日本の高等学校の第 3 学年に編入学を認められた者で，令和 3 年 3 月卒業見込みの者。
●出願書類 入学願書一式・出身学校の卒業（修了）証明書または同見込証明書・最終卒業（修了）学校の成績証明書等・志願者本人のパスポートの写し・IB 資格取得者は IB 資格証書の写しおよび最終試験 6 科目の成績評価証明書・アビトゥア資格取得者は一般的大学入学資格証明書・バカロレア資格取得者はバカロレア資格証書の写しおよびバカロレア資格試験成績証明書・日本の高等学校に在学したことがある者は調査書・GCEA 資格取得者は成績評価証明書
●日程等

出願	試験	発表	選抜方法
11/2～6	11/24	12/8	書類審査、小論文、面接

●応募状況

年度＼人数	募集人員	出願者	受験者	合格者	入学者
2019	若干名	8	6	4	2
2020	若干名	4	4	2	1

●備考 詳細は帰国生徒入試学生募集要項を確認のこと

入

徳島大学

とくしま

〒770-8501　（担当：入試課）
徳島県徳島市新蔵町 2-24
TEL 088-656-7091　FAX 088-656-7093
URL https://www.tokushima-u.ac.jp/

●入学時期　4月

●募集学部（学科）・募集人員

総合科学部、歯学部（歯学科）、理工学部（昼間コース）、
………………………… 各若干名

●出願資格・条件

日本国籍を有する者または日本国の永住権を有する外国籍者で、保護者の海外勤務等の事情により保護者とともに外国に在留したことがあり、次のいずれかに該当する者（保護者が先に帰国した場合も含む）

(1) 外国において学校教育 12 年の課程を 2019.4.1 から 2021.3.31 までに卒業（見込）の者で、外国で最終の学年を含め 2 年以上継続して正規の教育制度に基づく学校教育を受けている者。

(2) 国際バカロレア資格、アビトゥア資格、バカロレア資格のいずれかを 2019 年または 2020 年に取得した者。

※外国に設置されたものであっても、日本の学校教育法に準拠した教育を実施している学校に在学した者の在籍期間は、外国において学校教育を受けたものとはみなさない

●出願書類

・入学願書一式・本人および保護者の海外在留証明書・身上調書・卒業（見込）証明書等（出願資格（2）該当者は IB 資格証書、一般的大学入学資格証明書、バカロレア資格証書）・成績証明書（出願資格（2）該当者は IB 最終試験 6 科目の成績評価証明書、一般的大学入学資格証明書、バカロレアの成績証明書。各国の教育制度による統一試験等を受験している場合は成績評価証明書とその試験制度の公式案内資料）・英語能力の証明書（総合科学部のみ）・外国において在籍した高校のカリキュラム（出願資格（1））

●日程等

出願	試験	発表	選抜方法
11/2～9	11/27 (総合科は 11/28)	12/11	出願書類、小論文（日本語及び英語）、面接、基礎学力テスト（歯のみ）

※選抜方法の詳細は学部により異なる

●応募状況

年度＼人数	募集人員	出願者	受験者	合格者	入学者
2019	若干名	2	2	1	0
2020	若干名	0	0	0	0

●備考

・選抜要項は公表済み
・インターネット出願のみ

入

国立　共学　寮

九州大学

きゅうしゅう

〒819-0395　（担当：学務部入試課）
福岡県福岡市西区元岡 744
TEL 092-802-2007
URL http://www.kyushu-u.ac.jp

●入学時期　4月

●募集学部（学科）・募集人員

共創学部、文学部、法学部、経済学部、理学部、医学部、歯学部、薬学部、工学部、芸術工学部 ………… 各若干名

●出願資格・条件

日本国籍を有する者又は日本国の永住許可を得ている者のうち、保護者とともに海外に在住（原則 1 年以上）した者で、次のいずれかに該当する者

(1) 外国において学校教育における 12 年の課程（日本における通常の課程による学校教育の期間を含む）を 2019.4.1 から 2021.3.31 までに卒業（修了）した者及び同見込みの者のうち、最終の学年を含めて 2 年以上継続して外国における学校教育を受けている者

※外国に設置された学校であっても、日本の学校教育法に準拠した教育を実施している学校に在学した者については、その期間は外国において学校教育を受けたものとはみなさない。インターナショナルスクールやアメリカンスクール等の出身者については、出願が認められない場合があるので、早めに照会すること

(2) 国際バカロレア資格、アビトゥア資格、バカロレア資格、GCE-A レベル資格（科目・評価の指定あり）のいずれかを外国において 2019 年以降に取得した者

●出願書類　・身上記録・卒業（修了）証明書または同見込証明書・最終卒業（修了）学校の成績証明書等（日本の高等学校又は中等教育学校後期課程に在学したことがある場合は調査書も提出）・IB 資格取得者は IB 最終試験 6 科目の成績証明書及び資格証書の写し・アビトゥア資格取得者は一般的大学入学資格証明書の写し・バカロレア資格取得者は資格証書の写し・GCE-A レベル資格取得者は成績評価証明書の写し・諸外国の統一試験受験者はその成績証明書等・志望理由書（共創学部のみ）

※詳細については募集要項で、確認すること

●日程等

区分	出願	試験	発表	選抜方法
A	11/4～10	2/26・27	3/8	小論文、面接、出願書類
B		2/25～27		学力検査、小論文、面接、出願書類
C		2/25～27		学力検査、面接、出願書類
D		2/25・26		学力検査、面接、出願書類

※ A：文　B：経済・医・歯・薬
　C：法・理・工・芸術工　D：共創学部
※学力検査は学部により異なる。詳細は募集要項を確認

●応募状況

年度＼人数	募集人員	出願者	受験者	合格者	入学者
2019	若干名	35	18	6	6
2020	若干名	40	24	4	3

※農学部について、農学部国際コース入試（10 月入学）では、帰国子女の方も募集の対象となります。
※教育学部について、教育学部国際入試（4 月入学）では、帰国子女の方も募集の対象となります。

九州工業大学

きゅうしゅうこうぎょう

（担当：入試課）
〒804-8550
福岡県北九州市戸畑区仙水町 1-1
TEL 093-884-3544　FAX 093-884-3060
URL http://www.kyutech.ac.jp/

●入学時期　4月

●募集学部（学科）・募集人員

工学部、情報工学部……………………… 各若干名

●出願資格・条件

日本の国籍を有する者又は日本国の永住許可を得ている者で，次の各号のいずれかに該当するもの

①外国において最終の学年を含めて２年以上継続して学校教育を受け，12 年の課程（日本における通常の課程による学校教育の期間を含む。）を 2019 年 4 月 1 日から 2021 年 3 月 31 日までに卒業（修了）した者及び卒業（修了）見込みの者

②外国において２年以上継続して学校教育を受け，引き続き，日本の高等学校（特別支援学校の高等部を含む。）若しくは中等教育学校後期課程の第２学年又は第３学年に編入学を認められた者で，2019 年 4 月 1 日から 2021 年 3 月 31 日までに卒業（修了）したもの及び卒業（修了）見込みのもの

③スイス民法典に基づく財団法人である国際バカロレア事務局から国際バカロレア資格を 2019 年又は 2020 年に授与された者

④ドイツ連邦共和国の各州において大学入学資格として認められているアビトゥア資格を 2019 年又は 2020 年に授与された者

⑤フランス共和国において大学入学資格として認められているバカロレア資格を 2019 年又は 2020 年に授与された者

⑥グレート・ブリテン及び北部アイルランド連合王国において大学入学資格として認められているジェネラル・サーティフィケート・オブ・エデュケーション・アドバンスト・レベル資格（以下「GCE-A レベル資格」という。）を 2019 年又は 2020 年に取得した者

※ GCE-A レベル資格の科目数等に関する要件：GCE-A レベル試験において１科目以上合格（E 評価以上）

●出願書類　令和３年度帰国子女入試学生募集要項をご確認ください。

●日程等

出願	試験	発表	選抜方法
11/2～9	12/3～5 のいずれか１日	12/15	※

※工学部：①適性検査（数学・理科）②主体性等評価
　情報工学部：①適性検査（英語・数学・理科）
　　　　　　　②主体性等評価

※工学部・主体性評価、情報工学部・英語の得点に対して、英語資格・検定試験のスコアを加点にすることができます。詳細は学生募集要項の換算表をご確認ください。

●応募状況

年度＼人数	募集人員	出願者	受験者	合格者	入学者
2019	若干名	8	7	3	2
2020	若干名	13	13	7	4

国立　共学　寮

佐賀大学

さが

（担当：学務部入試課）
〒840-8502
佐賀県佐賀市本庄町 1
TEL 0952-28-8178　FAX 0952-28-8944
URL http://www.sao.saga-u.ac.jp/

●入学時期　4月

●募集学部（学科）・募集人員

医学部（医学科）、理工学部、農学部 ………………………… 各若干人

●出願資格・条件

〔医学部医学科〕

日本の国籍を有する者又は日本国の永住許可を得ている者であって，外国の学校教育を受けた者のうち，保護者とともに２年以上継続して外国に在留し，次のいずれかに該当する者とします。ただし，2019 年 3 月 31 日以前に帰国（一時的な短期の帰国を除く）した者及び保護者が帰国した後，本人が帰国するまでの期間が２年以上経過した者は，出願を認めません。

(1) 学校教育における 12 年の課程を 2019 年 4 月 1 日から 2021 年 3 月 31 日までに卒業（修了）した者及び卒業（修了）見込みの者で，原則として，外国において最終学年を含め，２年以上継続して正規の教育制度に基づく学校教育を受けている者ただし，外国に設置された学校等であっても，日本の学校教育法に準拠した教育を行っている学校に在学して教育を受けた期間は，「２年以上」という期間には算入しません。
(2) 外国において，スイス民法典に基づく財団法人である国際バカロレアの資格証書を 2019 年又は 2020 年に授与された者。
(3) ドイツ連邦共和国の各州において，大学入学資格として認められているアビトゥア資格を 2019 年又は 2020 年に授与された者。
(4) フランス共和国において，大学入学資格として認められているバカロレア資格を 2019 年又は 2020 年に授与された者。
(5) 英国において大学入学資格として認められている GCE-A レベル資格を取得した者。
(6) 国際的な評価団体（WASC，ACSI，CIS）から認定を受けた外国に所在する教育施設において，12 年の課程を修了した者。

〔理工・農学部〕

日本国籍を有する者又は日本国の永住許可を得ている者であって，外国の学校教育を受けた者のうち，次のいずれかに該当する者とします。

(1) 学校教育における 12 年の課程（日本における通常の課程による学校教育の期間を含む）を外国又は日本において，2019 年 4 月 1 日から 2021 年 3 月 31 日までに卒業（修了）した者及び卒業（修了）見込みの者で，卒業（修了）時点から起算して過去４年間の内，外国において２年以上継続して正規の教育制度に基づく学校教育を受けている者ただし，外国に設置された学校等であっても，日本の学校教育法に準拠した教育を施している学校に在学して教育を受けた期間は，「２年以上」という期間には算入しません。
(2) 外国において，スイス民法典に基づく財団法人である国際バカロレアの資格証書を 2019 年又は 2020 年に授与された者。
(3) ドイツ連邦共和国の各州において，大学入学資格として認められているアビトゥア資格を 2019 年又は 2020 年に授与された者。
(4) フランス共和国において，大学入学資格として認められているバカロレア資格を 2019 年又は 2020 年に授与された者。
(5) 英国において大学入学資格として認められている GCE-A レベル資格を取得した者。
(6) 国際的な評価団体（WASC，ACSI，CIS）から認定を受けた外国に所在する教育施設において，12 年の課程を修了した者。

●出願書類　・証明書類

●日程等

区分	出願	試験	発表	選抜方法
医	11/2～9	2/25・26	3/9	書類審査、学力検査（英・数・理）、面接
理 農		11/27	12/7	書類審査、小論文、面接（口頭試問を含む）

●応募状況

年度＼人数	募集人員	出願者	受験者	合格者	入学者
2019	若干人	4	3	2	0
2020	若干人	5	4	2	2

長崎大学

（ながさき）

〒852-8521　（担当：学生支援部入試課）
長崎県長崎市文教町1-14
TEL 095-819-2111　FAX 095-819-2112
URL http://www.nagasaki-u.ac.jp/

●入学時期　4月

●募集学部（学科）・募集人員

多文化社会学部、工学部、水産学部 ……… 各若干人

●出願資格・条件

日本国籍（日本国の永住権を有する外国籍を含む。）を有し、保護者の海外勤務等の事情により外国に在留（保護者の帰国等により単身で在留する場合も含む。）し、外国の教育を受けた者で、各学部の定める条件に該当する者。なお、条件は各学部により異なるので、詳細は令和3年度の入学者選抜要項又は、学生募集要項（帰国生徒選抜）を参照し、確認すること

●出願書類

（参考：令和2年度）

・出願確認票・成績証明書等・外国語検定試験の成績証明書等（多文化社会学部のみ）・卒業（修了）証明書又は卒業（修了）見込証明書（国際バカロレア資格、フランスのバカロレア資格、アビドゥア資格、GCE-A資格を有する者以外全員）・保護者の海外勤務を証明する書類・志望理由書（多文化社会学部、工学部のみ）・履歴書

（注）令和3年度詳細は、令和3年度学生募集要項（帰国生徒選抜）（9月上旬発表予定）、本学HPをご参照ください。

※入学者選抜要項、学生募集要項
<http://www.nagasaki-u.ac.jp/nyugaku/contact/index.html>

※本学HP（新型コロナウイルス感染症への対応に伴う選抜方法等の変更について随時更新）
<http://www.nagasaki-u.ac.jp/nyugaku/admission/index.html>

●日程等

出願	試験	発表	選抜方法
11/2～6	11/18 （多文化） 11/19 （水産） 1/27 （工）	12/3 （多文化） 12/3 （水産） 2/12 （工）	〔多文化社会・工〕 書類、面接＊※ 〔水産〕 書類、面接、小論文

＊多文化社会学部の面接は日本語及び英語による

※工学部の面接は複数の面接担当者による個人面接（口述試験含む。）

●応募状況

年度＼人数	募集人員	出願者	受験者	合格者	入学者
2019	若干人	6	5	2	1
2020	若干人	4	3	2	1

入

熊本大学

（くまもと）

〒860-8555　（担当：入試課）
熊本県熊本市中央区黒髪2-40-1
TEL 096-342-2148　FAX 096-345-1954
URL https://www.kumamoto-u.ac.jp/

●入学時期　4月

●募集学部（学科）・募集人員

法学部、工学部……………………………… 各若干名

●出願資格・条件　日本国籍を有する者又は日本国の永住許可を得ている者であって、外国の学校教育を受けた、次のいずれかに該当するもの

(1) 外国の教育機関において、最終の学年を含め2年以上継続して学校教育を受け、12年の課程（日本における通常の課程による学校教育期間を含む）を2019.4.1から2021.3.31までに修了（卒業）した者および同見込みの者又はこれらに準ずる者で文部科学大臣が指定したもの（ただし、外国に設置されたものであっても、日本の学校教育法に準拠した教育を行っている学校に在学した者については、その期間を外国において学校教育を受けたものとはみなさない）

(2) 外国において、国際バカロレア資格、アビトゥア資格、バカロレア資格、GCE-Aレベルのいずれかを2019年または2020年に取得した者

(3) 国際的な評価団体（WASC、CIS、ACSI）から教育活動等に係る認定を受けた外国に所在する教育施設において、最終学年を含め2年以上継続して学校教育を受け、12年の課程（日本における通常の課程による学校教育の期間を含む）を2019.4.1から2021.3.31までに修了（卒業）した者および2021.3.31までに同見込の者

●出願書類　・出願確認票・身上記録・最終出身学校長の推薦書（法学部のみ）・志望理由書（法学部のみ）・最終学校の修了（卒業）証明書または同見込証明書・最終修了（卒業）学校の成績証明書・IB資格取得者はIBの資格証明書及びIB最終試験6 科目の成績証明書・アビトゥア資格取得者は一般的大学入学資格証書・バカロレア資格取得者はその資格証書の写しと試験成績証明書・GCE-Aレベル資格取得者はその成績評価証明書・出願資格(3)により出願する者は認定を受けていることが確認できる書類・工学部の場合は、2019.1.1以降に受験したTOEFL-iBT、TOEICL&R、IELTSのいずれかのスコアの提出が必要

※外国の学校又は機関が作成する書類については、全てに日本語訳を添付すること

●日程等

区分	出願	試験	発表	選抜方法
A	1/25～2/5	2/25	3/9	書類審査、面接
B	1/25～2/5	2/25	3/9	学力検査、面接

※ A：法学部、B：工学部

●応募状況

年度＼人数		募集人員	出願者	受験者	合格者	入学者
2019	法	若干名	0	0	0	0
	工		0	0	0	0
2020	法	若干名	0	0	0	0
	工		0	0	0	0

大分大学

おおいた

〒870-1192　（担当：学生支援部入試課）
大分県大分市大字旦野原700
TEL 097-554-7471 FAX 097-554-7472
URL https://www.oita-u.ac.jp/

●入学時期　4月

●募集学部（学科）・募集人員

経済学部、理工学部 ……………………………各若干名

●出願資格・条件　日本国籍を有する者及び日本国の永住許可を得ている者であって、保護者の海外勤務等やむを得ない事情により海外に移住し、次のいずれかに該当する者（理工学部はかつ英語能力試験の「TOEIC L&R/S&W又は、TOEFL iBT」を2019年1月10日以降に受験している者。）

(1) 外国の正規の学校教育における12年の課程（日本における通常の課程による学校教育期間を含む）を2019.4.1から2021.3.31までに卒業（修了）した者及び同見込みの者で、外国において最終の学年を含め2年以上継続して正規の学校教育を受けている者（外国に設置されたものであっても、日本の学校教育法に準拠した教育を行っている学校に在学して教育を受けた期間は、外国において学校教育を受けた期間とはみなさない）

(2) 外国及び国内において、国際バカロレア資格証書、アビトゥア資格、バカロレア資格のいずれかを2019年又は2020年に授与された者。

(3) 外国及び国内において、英国において大学入学資格として認められているGCE-Aレベル資格を2019年又は2020年に授与された者

※GCE-Aレベル試験において1科目以上合格（E評価以上

●出願書類（2020年度参考）

入学志願書一式・志望理由書・卒業（修了）証明書または同見込証明書・最終修了学校の成績証明書・理工学部志願者はTOEIC L&R/S&W又はTOEFL iBTの成績通知書の写し・国際バカロレア資格証書所有者は、証書の写しおよび成績評価証明書・アビトゥア資格取得者はその一般的大学入学資格証明書の写し・バカロレア資格取得者は証書の写し・GCE-Aレベル資格取得者は資格成績評価証明書の写し・保護者の海外勤務等証明書

※2021年度は募集要項で確認すること

●日程等　※選抜方法は学部により異なる

出願	試験	発表	選抜方法
1/5～8	1/27	2/19	出願書類、面接、小論文、学力検査

●応募状況

年度＼人数	募集人員	出願者	受験者	合格者	入学者
2019	若干名	0	0	0	0
2020	若干名	2	2	2	0

●備考　（編入学について）

実施している。別の「編入学試験」制度に従って行うので、詳細は入試課まで問い合わせること

国立 共学 寮

宮崎大学

みやざき

〒889-2192　（担当：学生支援部入試課）
宮崎県宮崎市学園木花台西1-1
TEL 0985-58-7138 FAX 0985-58-2865
URL http://www.miyazaki-u.ac.jp/

●入学時期　4月

●募集学部（学科）・募集人員

教育学部、農学部、地域資源創成学部 …… 各若干名

●出願資格・条件

日本国籍を有する者又は日本国の永住許可を得ている者であって、保護者の海外勤務等の事情により外国の学校教育を受けた者で、次の各号のいずれかに該当する者

(1) 学校教育における12年の課程（日本における通常の課程による学校教育の期間を含む）を外国又は日本において平成31年4月1日から令和3年3月31日までに卒業（修了）した者又は卒業（修了）見込みの者で、卒業（修了）時点から起算して過去4年間の内、外国において2年以上継続して正規の教育制度に基づく学校教育を受けている者※外国に設置されたものであっても日本の学校教育法に準拠した教育を実施している学校に在学した者については、その期間を外国において学校教育を受けた者とはみなさない

(2) 外国において、国際バカロレア資格、アビトゥア資格、バカロレア資格・ジェネラル・サーティフィケート・オブ・エデュケーション・アドバンスト・レベル資格のいずれかを平成31年又は令和2年に授与された者で、令和3年3月31日までに18歳に達する者

●出願書類（昨年度）

・出願確認票（提出用）・身上記録・本人自筆の志望理由書（一部の学科のみ）・出身学校の卒業（修了）証明書又は同見込証明書・最終卒業（修了）学校の成績証明書・IB資格取得者はその資格証書（写）及び最終試験6科目の成績評価証明書・アビトゥア資格取得者は成績の記載されている一般的大学入学資格証書（写）・バカロレア資格取得者はバカロレア資格証書（写）及びバカロレア資格試験成績証明書・GCE-Aレベル資格取得者はその成績評価証明書・日本語訳（外国語で作成された書類には日本語訳を添付）

●日程等　※コースにより実技検査を課す

出願	試験	発表	選抜方法
11/2～5	11/25	12/18	出願書類、小論文、面接

●応募状況

年度＼人数	募集人員	出願者	受験者	合格者	入学者
2019	若干名	1	1	1	0
2020	若干名	4	4	2	0

鹿屋体育大学
（かのやたいいく）

〒891-2393　　（担当：入試係）
鹿児島県鹿屋市白水町1
TEL 0994-46-4869　FAX 0994-46-2515
URL https://www.nifs-k.ac.jp/

●入学時期　4月

●募集学部（課程）・募集人員

体育学部（スポーツ総合課程、武道課程）
………………… 各課程若干人

●出願資格・条件

日本国籍の者又は日本国の永住権を有する外国籍の者で、保護者の海外勤務等の事情により外国の学校教育を受け、次のいずれかに該当する者

(1) 外国の正規の学校教育における12年の課程（日本における通常の課程による学校教育の期間を含む）を2019.4.1から2021.3.31までに卒業（修了）した者又は同見込みの者。ただし、外国において最終学年を含めて2年以上継続して正規の学校教育を受けていること。なお、外国に設置された学校であっても、日本の学校教育法に準拠した教育を行っている学校に在学して教育を受けた者は、その期間を外国において学校教育を受けたものとはみなさない
(2) 外国において、国際バカロレア資格、アビトゥア資格、バカロレア資格、ジェネラル・サーティフィケート・オブ・エデュケーション・アドバンスト・レベル資格のいずれかを2019.4.1から2021.3.31までに授与された者又は授与見込みの者
(3) 外国において、国際的な評価団体（WASC、CIS、ACSI）から教育活動等に係る認定を受けた教育施設に置かれる12年の課程を2019.4.1から2021. 3.31までに修了した者又は修了見込の者

●出願書類

・入学願書一式、出身学校の卒業（修了）証明書または同見込証明書、高等学校3年間の成績証明書（日本の高等学校に在学したことがある場合は調査書）、IB資格取得者はIB資格証書の写しとIB最終試験6科目の成績評価証明書、アビトゥア資格取得者は一般的大学入学資格証明書の写し、バカロレア資格取得者はバカロレア資格証書の写し、ジェネラル・サーティフィケート・オブ・エデュケーション・アドバンスト・レベル資格取得者は、同試験の成績評価証明書の写し、指定調書、国際的な評価団体（WASC,CIS,ACSI）から教育活動等に係る認定を受けた教育施設に置かれる12年の課程を修了した者は、中等教育の学校（日本の高等学校相当）の成績証明書、当該教育施設が国際的な評価団体（WASC,CIS,ACSI）から認定を受けていることが確認できる書類

●日程等

出願	試験	発表	選抜方法
11/2～6	11/19～20	12/2	実技検査、小論文、面接、書類審査、健康診断

●応募状況

年度＼人数	募集人員	出願者	受験者	合格者	入学者
2019	若干人	1	1	1	1
2020	若干人	1	1	0	0

国立　共学　寮

琉球大学
（りゅうきゅう）

〒903-0213　　（担当：入試課）
沖縄県中頭郡西原町字千原1
TEL 098-895-8141・8142
URL http://www.u-ryukyu.ac.jp/

●入学時期　4月

●募集学部（学科）・募集人員

人文社会学部、国際地域創造学部（昼間主コース）、教育学部（学校教育教員養成課程中学校教育コース教科教育専攻［美術教育専修］)、理学部（数理科学科除く）、医学部（保健学科）、農学部（健康栄養科学コース除く）… 各若干名

●出願資格・条件

日本国籍を有する者または日本国の永住許可を得ている者で、保護者の海外勤務等により外国で2年以上長期滞在し、次のいずれかに該当する者。ただし、2020.1.20（医学部保健学科は2019.3.31）以前に帰国（一時的な短期の帰国を除く）した者は出願を認めない

(1) 学校教育12年の課程を修了（見込）の者または2021.3.31までに修了見込みの者で、原則として外国で最終学年を含め2年以上継続して正規の学校教育を受けている者（外国に設置されたものであっても日本の学校教育法に準拠した教育を実施している学校に在学して教育を受けた期間は算入しない）
(2) 外国で国際バカロレア資格証書、アビトゥア資格、バカロレア資格、ジェネラル・サーティフィケート・オブ・エデュケーション・アドバンスト・レベル資格のいずれかを有する者
(3) 本学において、入学資格認定書の交付を受けた者

●出願書類

・入学志願票・卒業（修了）証明書又は同見込み証明書・成績証明書・保護者の在外勤務証明書・IB資格取得者（国際バカロレアの意）はその証明書の写しと最終試験6科目の成績評価証明書・バカロレア資格取得者はその資格証書の写し・アビトゥア資格取得者は 一般的大学入学資格証明書の写し・ジェネラル・サーティフィケート・オブ・エデュケーション・アドバンスト・レベル資格取得者は成績評価証明書

※外国の学校または機関が作成する書類について、日本語以外の場合には日本語訳を添付すること
※表彰を受けた者は、関係書類の写しを添付すること
※本学他学部・学科等の帰国生徒特別選抜との併願は認めません

●日程等

区分	出願	試験	発表	選抜方法
A	11/2～6	12/2	12/15	成績証明書、小論文、面接。また教育学部美術教育専修は実技、筆記も課す。
B	1/18～22	2/25・26	3/7	
C		3/12	3/20	

※(A)：B、Cを除く学部　(B)：国際地域創造学部（昼）(2/25のみ）および教育学部　(C)：理学部物質地球科学科（地学系）
※教育学部美術教育専修の試験日は2/25・26

●応募状況

年度＼人数	募集人員	出願者	受験者	合格者	入学者
2019	若干人	0	0	0	0
2020	若干人	2	1	1	0

釧路公立大学
くしろこうりつ

〒085-8585　（担当：事務局学生課）
北海道釧路市芦野 4-1-1
TEL 0154-37-5091　FAX 0154-37-3287
URL http://www.kushiro-pu.ac.jp/

●入学時期　4月

●募集学部（学科）・募集人員

経済学部（経済学科）……………………………1名
経済学部（経営学科）……………………………1名

●出願資格・条件

日本国籍を有する者および日本国の永住許可を得ている者で、保護者の海外勤務等の事情により外国の学校教育を受け、次のいずれかに該当する者（外国に設置された学校であっても日本の学校教育法に準拠した教育を施している学校に在学した期間は除く）

(1) 外国で学校教育 12 年の課程のうち最終学年を含む課程に 2 年以上継続して在学し、2019.4.1 から 2021.3.31 までに卒業（見込）の者。
(2) 日本の高校もしくは中等教育学校を 2019.4.1 から 2021.3.31 までに卒業（見込）の者のうち、中高を通じて 3 年以上外国の学校教育を受け、かつ日本の高校もしくは中等教育学校の後期課程の在学期間が 2 年未満の者。
(3) 各国教育制度による大学入学資格試験を 2019.4.1 以降に受験し、受験国での大学入学要件を満たすと判定された者。
ただし、資格試験まで当該国で 2 年以上継続して学校教育を受けていること
(4) 外国で国際バカロレア資格、アビトゥア資格、バカロレア資格、GCEA レベル資格のいずれかを 2019.4.1 以降に取得した者。

●出願書類

・入学願書・入学志願者経歴書・海外在留証明書・最終出身学校の卒業（見込）証明書・成績証明書等（最終卒業学校のもの、外国で在学した全期間のもの、各資格試験の資格証書と成績評価証明書）・調査書

●日程等

出願	試験	発表	選抜方法
11/2～10	11/19	12/1	外国語（コミュニケーション英語Ⅰ・Ⅱ、英語表現Ⅰ）、小論文、面接

●応募状況

年度＼人数	募集人員	出願者	受験者	合格者	入学者
2019	2	0	0	0	0
2020	2	0	0	0	0

公立　共学

青森公立大学
あおもりこうりつ

〒030-0196　（担当：教務学事グループ入試・就職チーム）
青森県青森市大字合子沢字山崎 153-4
TEL 017-764-1555　FAX 017-764-1544
URL https://www.nebuta.ac.jp/

●入学時期　4月

●募集学部（学科）・募集人員

経営経済学部（経営学科、経済学科、地域みらい学科）
………………若干名

※ 3 学科の中で、1 学科のみ出願可能

●出願資格・条件

日本国籍を有する者で、海外に在留の結果、次のいずれかに該当し、TOEFL のスコアを提出できる者

(1) 外国の教育制度に基づく教育機関において、最終学年を含め 2 学年以上継続して学校教育を受け、12 年の課程（日本における通常の課程による学校教育の期間を含む）を 2020.4.1 から 2021.3.31 までに修了した者又は同見込みの者
(2) 外国の教育制度に基づく教育機関において、2 年以上継続して学校教育を受け、12 年の課程（日本における通常の課程による学校教育の期間を含む）を中途退学し、引き続き日本の高等学校の第 3 学年に編入学を認められた者で、2021 年 3 月卒業見込みの者
(3) 国際バカロレア資格を有する者
(注) (1) 及び (2) において、外国に設置された教育機関であっても、日本の学校教育法に準拠した教育を施している学校に在学した者については、その期間は、外国において学校教育を受けた者とはみなさない。

●出願書類

・入学願書一式・志望理由書・活動報告書・TOEFL の SCORE CARD・SCORE REPORT・出身学校長が作成する修了（見込）証明書と成績証明書・調査書・IB 資格取得者は IB 最終試験 6 科目の成績評価証明書および DIPLOMA の写し

●日程等

出願	試験	発表	選抜方法
11/17～24	12/10	1/8	書類審査、小論文、面接

●応募状況

年度＼人数	募集人員	出願者	受験者	合格者	入学者
2019	若干名	0	0	0	0
2020	若干名	0	0	0	0

●備考

入試の詳細は必ず教務学事グループ入試・就職チームへ確認のこと

公立 共学

岩手県立大学（いわてけんりつ）

〒020-0693　（担当：教育支援室入試グループ）
岩手県滝沢市巣子 152-52
TEL 019-694-2014　FAX 019-694-2035
URL https://www.iwate-pu.ac.jp/

●入学時期　4月

●募集学部（学科）・募集人員

看護学部、社会福祉学部、ソフトウェア情報学部、総合政策学部……………………………各若干名

●出願資格・条件

日本国籍を有する者等であって、保護者の海外勤務等の事情により外国の教育を受けた者（保護者が転勤等により先に帰国した場合は、その後の単身在留が1年未満であること）で、次のいずれかに該当する者

(1) 外国において最終学年を含め2年以上継続して学校教育を受け、学校教育における12年の課程（※）を2019.4.1から2021.3.31までに卒業（修了）した者および同見込みの者、またはこれに準ずる者で文部科学大臣の指定した者

(2) 外国において2年以上継続して学校教育を受け、学校教育における12年の課程（※）を中途退学し、引き続き日本の高等学校等の第3学年に編入学を認められた者で、2021年3月卒業見込みの者

(3) 国際バカロレア資格、アビトゥア資格、バカロレア資格、GCEA資格のいずれかを2019年または2020年に取得した者

※(1)(2)において12年の課程には日本における通常の課程による学校教育の期間を含む。ただし、外国に設置された教育機関にあっても日本の学校教育法に準拠した教育を施している学校に在学した期間は、外国において学校教育を受けたものとはみなさない

●出願書類

・入学願書一式・住民票の写し又は住民票記載事項証明書（外国人登録をしていない者は在留資格を確認できるもの）・海外在留証明書・卒業（修了）証明書および成績証明書等・ソフトウェア情報学部志望理由書（ソフトウェア情報学部志願者のみ）・身上書

●日程等

出願	試験	発表	選抜方法
11/9～16	11/29	12/7	書類審査、小論文（看護・社会福祉・総合政策）、国数英（ソフトウェア情報）、面接

●応募状況

年度＼人数	募集人員	出願者	受験者	合格者	入学者
2019	若干名	1	1	1	1
2020	若干名	0	0	0	0

公立 共学

宮城大学（みやぎ）

〒981-3298　（担当：アドミッションセンター）
宮城県黒川郡大和町学苑 1-1
TEL 022-377-8333　FAX 022-377-8282
URL http://www.myu.ac.jp/

●入学時期　4月

●募集学部（学類）・募集人員

看護学群（看護学類）、事業構想学群（事業プランニング学類、地域創生学類、価値創造デザイン学類）、食産業学群（食資源開発学類、フードマネジメント学類）……………………………各学群若干名

●出願資格・条件

日本国籍を有し、保護者の海外勤務等の事情により海外において外国の学校教育を受けている者のうち、次のいずれかに該当し、加えて、本学が指定する資格・検定試験のうち、いずれか1つの公式スコア（出願時点からおおむね2年前までに受験したものとする）を提出できる者。

(1) 外国の教育制度に基づく教育機関において、最終学年を含め2学年以上継続して学校教育を受け、12年の課程（日本における通常の課程による学校教育の期間を含む）を2019.4.1から2021.3.31までに卒業（修了）した者もしくは同見込みの者

(2) 外国の教育制度に基づく教育機関において、2年以上継続して学校教育を受け、12年の課程（日本における通常の課程による学校教育の期間を含む）を中途退学し、引き続き日本の高等学校又は中等教育学校の最終学年に編入学を認められた者で、2021年3月卒業見込みの者

(3) 国際バカロレア資格、アビトゥア資格、バカロレア資格のいずれかを2019年または2020年に外国において取得した者で、2003.4.1以前に出生した者

※外国に設置された学校であっても、日本の学校教育法に準拠した教育を実施している学校に在籍した者については、その期間は、外国において学校教育を受けたものとはみなさない。

【本学が指定する資格・検定試験】
ケンブリッジ英語検定、実用英語技能検定（1級－3級）、GTEC検定版、GTEC CBT、IELTS、TEAP、TEAP CBT、TOEFL iBT、TOEFL PBT、TOEFL ITP、TOEIC L&R（ただし、TOEIC Bridgeは除く）

●出願書類

※10月上旬に公表予定の募集要項を確認してください。

●日程等

出願	試験	発表	選抜方法
11/2～9	12/5	12/18	論説（日本語）、面接※、書類選考

※面接は口頭試問含む

●応募状況

年度＼人数	募集人員	出願者	受験者	合格者	入学者
2019	若干名	2	1	1	0
2020	若干名	0	0	0	0

入

公立 共学 寮

国際教養大学

こくさいきょうよう

〒010-1292 （担当：事務局アドミッションズ・オフィス）
秋田県秋田市雄和椿川字奥椿岱 193-2
TEL 018-886-5931 FAX 018-886-5910
URL https://web.aiu.ac.jp/

●**入学時期** 9月 ※総合選抜型入試Ⅱで出願が可能。
●**募集学部（学科）・募集人員**
国際教養学部……………………………………9月：5名
●**出願資格・条件** 次のいずれかに該当する者で、入学までに原則として18歳に達する者
1）高等学校もしくは中等教育学校を卒業した者または令和3年8月までに卒業見込みの者
2）通常の課程による12年の学校教育を修了した者または令和3年8月までに修了見込みの者
3）学校教育法施行規則第150条の規定により、高等学校を卒業した者と同等以上の学力があると認められる者または令和3年8月までにこれに該当する見込みの者
本学での勉学に対し、熱意と適性を有し、合格した場合には、必ず入学することを確約できる者で、次の1）2）3）のいずれかに該当する者
なお、日本の高校に所属せず、外国において、学校教育における12年の課程を修了した者またはこれに準ずる者で文部科学大臣が指定した者は、最終学年を含め2年以上継続して正規の学校制度に基づく学校教育を受けており、かつ本学が定める各国ごとの大学入学資格のいずれかおよび下記1）を満たす必要があります。
1）次に掲げるいずれかの英語資格等を保持している者
TOEFL iBT® テスト61点以上、TOEFL® PBT テスト500点以上、TOEIC®（L&R+S&W）テスト1100点以上、英検準1級以上（従来型・CBT・S-CBT・S-Interview）、IELTS バンド6.0以上、GTEC（CBT、Advanced）1000点以上、TEAP 300点以上、TEAP CBT 700点以上、ケンブリッジ英検（FCE）170点以上（出願期間最終日から2年以内に取得したスコアであること）
ただし、中等教育の最終学年を含め3年以上継続して英語で教育を受け、卒業している（または見込みの）場合、それを証明する書類をもって、上記の英語資格を証明する書類に代えることができます。
なお、TOEFL ITP® テストおよび TOEIC® IP テストのスコアは出願要件として認められません。
2）海外において、日本における高等学校にあたる教育機関に1年間程度在籍し、当該教育機関での学修結果を、日本での所属高等学校における履修単位として30単位程度認められた者
3）日本国内において、IB（国際バカロレア）カリキュラムのDP(Diploma Program）を修了し、最終試験6科目に合格した者または令和3年8月までにその見込みの者
●**出願書類**
・入学志願票一式・自己アピール書・成績証明書（国際バカロレア資格取得者、アビトゥア資格取得者、バカロレア資格取得者は当該試験等の成績証明書）
●**日程等**（9月入学）

出願	試験	発表	選抜方法
7月	8月	8月	英語小論文、面接（日本語および英語）、書類

※日程の詳細は2021年2月頃公表予定
●**応募状況** （2020年：AO・IB・高校留学生入試Ⅰの入試結果）

年度＼人数	募集人員	出願者	受験者	合格者	入学者
2019	若干名	10	10	1	1
2020	10	87	83	10	10

●**備考** 米国式教養教育をモデルに、授業はすべて英語で行っている。また、1年間の留学を義務づけている

入

公立 共学

前橋工科大学

まえばしこうか

〒371-0816 （担当：学務課）
群馬県前橋市上佐鳥町 460-1
TEL 027-265-0111 FAX 027-265-3837
URL http://www.maebashi-it.ac.jp/

●**入学時期** 4月
●**募集学部（学科）・募集人員**
工学部（社会環境工学科、建築学科、生命情報学科、システム生体工学科、生物工学科） ……… 各若干名
●**出願資格・条件** 次の全ての項に該当する者
1. 日本国籍を有し、保護者の海外勤務等やむを得ない事情により外国に在住し、外国の学校教育を受けた者で、次のいずれかに該当
(1) 外国において、外国の教育制度に基づく教育機関において、最終学年を含め2学年以上継続して学校教育を受け、国内外の12年に相当する課程を2019年4月1日から2021年3月31日までに卒業（見込）の者またはこれに準ずる者で文部科学大臣の指定した者
(2) 外国の教育制度に基づく教育機関において、外国において2年以上継続して学校教育を受け、国内外の12年の課程を中途退学し、引き続き日本の高校第3学年もしくは中等教育学校の第6学年に編入学を認められた者で、2021年3月卒業見込みの者
(3) 外国において、外国の大学入学資格（国際バカロレア資格、アビトゥア資格、フランス共和国のバカロレア資格、ＧＣＥＡレベル資格取得者はＡレベル3科目以上又はＡレベル2科目とＡＳレベル2科目の合計4科目）を有する者で、2018年4月1日以降に授与された者
※(1)及び(2)において、外国に設置された教育機関であっても、日本の学校教育法に準拠した教育を施している学校に在学した者については、その期間は外国において学校教育を受けた者とはみなされない
2.TOEFL iBT、TOEIC公開テストのうちいずれか1つを2019年4月以降に受験している者
●**出願書類** 募集要項にてご確認下さい。
http://www.maebashi-it.ac.jp/exam/university.html
●**日程等**

出願	試験	発表	選抜方法
2021. 1/25～29	2/25	3/5	※

※書類審査・個別学力検査（一般選抜〈前期〉と同一問題）・面接
●**応募状況**

年度＼人数	募集人員	出願者	受験者	合格者	入学者
2019	若干名	1	0	0	0
2020	若干名	1	1	1	0

公立 共学

高崎経済大学
たかさきけいざい

〒370-0801　（担当：企画調整室入試チーム）
群馬県高崎市上並榎町1300
TEL 027-344-6265　FAX 027-344-7892
URL https://www.tcue.ac.jp/

●**入学時期**　4月

●**募集学部（学科）・募集人員**
経済学部、地域政策学部……………………… 各若干名

●**出願資格・条件**
日本国籍を有する者又は日本国の永住許可を得ている者、その他これに準ずる者であり、保護者の海外勤務等のやむを得ない事情により外国の学校教育を受けた者で、次の各号のいずれかに該当する者
(1) 外国において学校教育の12年の課程のうち最終学年を含め2年以上継続して在籍し、2020.4.1から2021.3.31までに卒業（修了）した者又は同見込みの者
(2) 日本の高等学校又は中等教育学校を2021.3.31までに卒業見込みの者で、中・高等学校を通じ3年以上外国の学校で教育を受け、かつ、日本の高等学校又は中等教育学校後期課程の在籍期間が2年未満の者
(3) 外国において、国際バカロレア資格、アビトゥア資格又はバカロレア資格を2019年以降に授与された者で、2021.3.31までに18歳に達する者
※ただし、(1)又は(2)において、外国に設置された教育機関であっても、日本の学校教育法に準拠した教育を施している学校に在学した者については、その期間は外国において学校教育を受けた者とはみなさない

●**出願書類**
・入学志願票・志望論文・出身学校の卒業（修了）証明書又は同見込証明書・成績証明書・IB資格、アビトゥア資格、バカロレア資格取得者はその証書の写しと成績証明書・海外在留（勤務）証明書・就学記録書

●**日程等**

出願	試験	発表	選考方法
11/20～27	12/20	1/8	志望論文（出願時提出）、小論文、面接試験

●**応募状況**

年度＼人数	募集人員	出願者	受験者	合格者	入学者
2019	若干名	4	0	0	0
2020	若干名	0	0	0	0

公立 女子

群馬県立女子大学
ぐんまけんりつじょし

〒370-1193　（担当：教務係）
群馬県佐波郡玉村町上之手1395-1
TEL 0270-65-8511　FAX 0270-65-9538
URL https://www.gpwu.ac.jp/

●**入学時期**　4月

●**募集学部（学科）・募集人員**
文学部、国際コミュニケーション学部………各若干名

●**出願資格・条件**　日本国籍を有する者又は日本国の永住許可を受けている者で、保護者の海外勤務等の事情により外国の学校教育を受けているもののうち、次のいずれかに該当する女子とします。なお、転勤等により保護者が先に帰国し、その子女のみが単身で在留する場合も含みます。
①外国の教育制度に基づく教育機関において、最終学年を含め2年以上継続して学校教育を受け、12年の課程（日本における通常の課程による学校教育の期間を含む。）を2019年4月1日から2021年3月31日までに修了した者又は修了見込みの者
なお、外国に設置された教育機関であっても、日本の学校教育法に準拠した教育を施している学校に在学した者については、その期間を外国において学校教育を受けたものとはみなしません。
②国際バカロレア事務局が授与する国際バカロレア資格を有する者
③ドイツ連邦共和国の各州において大学入学資格として認められているアビトゥア資格を有する者
④フランス共和国において大学入学資格として認められているバカロレア資格を有する者
⑤英国の大学入学資格として認められているジェネラル・サーティフィケート・オブ・エデュケーション・アドバンス・レベル資格（1科目以上で評価がE以上のものに限る。）を有する者
⑥国際的な評価団体（WASC、ACSI、CIS）から教育活動等に係る認定を受けた教育施設に置かれる12年の課程を修了した者
⑦本学において、個別の入学資格審査により、高等学校を卒業した者と同等以上の学力があると認めた者で、2021年3月31日までに18歳に達するもの
（注）出願資格⑦により出願しようとする者は、事前に資格認定を行うので、2020年11月27日（金）17：00までに本学事務局教務係に申し出てください。

●**出願書類**　・入学志願票・受験票・写真票等・卒業・修了（見込）証明書・成績証明書（該当者のみ※詳細は募集要項を確認）・群馬県立女子大学出願資格認定書（該当者のみ）・志望理由書・返送用封筒（受験票送付用）・宛名票

●**日程等**

出願	試験	発表	選抜方法
1/25～2/5	2/25	3/5	学力試験、面接、提出書類審査

※文学部は小論文、面接、提出書類審査。ただし、英米文化学科は英語の試験もあり
※国際コミュニケーション学部は面接（日本語、一部英語）、提出書類審査

●**応募状況**

年度＼人数	募集人員	出願者	受験者	合格者	入学者
2019	若干名	0	0	0	0
2020	若干名	1	1	1	1

東京都立大学
（とうきょうとりつ）

（※ 2020 年度より校名変更。旧 首都大学東京）

〒 192-0397 （担当：東京都立大学アドミッション・センター（入試課））
東京都八王子市南大沢 1-1
TEL 042-677-1111 FAX 042-677-1224
URL https://www.tmu.ac.jp/

●入学時期 4月

●募集学部（学科）・募集人員

人文社会学部（人間社会学科、人文学科）………各学科若干名
法学部（法学科）……………………………………………4名
理学部（数理科学科、物理学科、化学科、生命科学科）
……………………各学科若干名
都市環境学部（地理環境学科、都市基盤環境学科、建築学科、環境応用化学科、観光科学科）……………………各学科若干名
システムデザイン学部（情報科学科、電子情報システム工学科、機械システム工学科、航空宇宙システム工学科、インダストリアルアート学科）……………………………各学科若干名

●出願資格・条件 日本国籍を有する者及び日本国の永住許可を得ている者その他これに準ずる者で、外国で学校教育を受けたことのあるもの又は現に受けているもののうち、次の (1) ～ (4) いずれかに該当し、さらに (5) の要件を満たすもの（ただし、外国に設置された学校であっても、日本の学校教育法に準拠した教育を実施している学校に在学した者については、その期間を外国において学校教育を受けたものとはみなさない）

(1) 外国で正規の学校教育 12 年の課程のうち最終学年を含む課程に 2 年以上継続して在学し、2019.4.1 から 2021.3.31 までに修了または修了見込みの者
(2) 外国で国際的な評価団体（WASC、CIS、ACSI）の認定を受けた教育施設の 12 年の課程のうち最終学年を含む課程に 2 年以上継続して在学し、2019. 4 . 1 から 2021. 3.31 までに修了または修了見込みの者
(3) 日本の高等学校又は中等教育学校を 2021.3.31 までに卒業見込みの者のうち、中学校・高等学校および中等教育学校を通じて 3 年以上外国の学校で教育を受け、かつ日本の高校および中等教育学校後期課程の在籍期間が 2 年未満のもの
(4) 2019.4.1 以降に国際バカロレア資格、アビトゥア資格、バカロレア資格又はグレート・ブリテン及び北部アイルランド連合王国において大学入学資格として認められているジェネラル・サーティフィケート・オブ・エデュケーション・アドバンスト・レベル資格で、A レベル 3 科目以上又は A レベル 2 科目と AS レベル 2 科目の合計 4 科目を取得した者
(5) 各学部・学科で指定の外部外国語検定試験スコアを有する者（ただし、今年度については (5) を出願資格としない学部・学科があります）

●出願書類 ・入学願書一式・最終出身学校の卒業証明書又は同見込証明書・高等学校 3 年間の成績証明書（調査書）等、IB 資格取得者およびバカロレア資格者は資格証書の写しと成績評価証明書・アビトゥア資格取得者は一般的大学入学資格証明書の写しと成績証明書・ジェネラル・サーティフィケート・オブ・エデュケーション・アドバンスト・レベル資格取得者は A レベル 3 科目以上又は A レベル 2 科目と AS レベル 2 科目の合計 4 科目の成績評価証明書・日本国籍を証明する書類（原本）または外国籍の場合は住民票の写し・外部外国語検定試験スコア

●日程等

区分	出願	試験	発表	選抜方法
A	11/27～12/1	2/25・3/3	3/8	第1次：出願書類 第2次：学力検査、面接
B	11/27～12/1	2/26・3/3	3/8	第1次：出願書類 第2次：学力検査、面接

A：人文社会学部、法学部
B：理学部、都市環境学部、システムデザイン学部
※第 2 次選抜は高校等の成績を含めて総合判断する

●応募状況 ※ 2 次試験受験者

年度＼人数	募集人員	出願者	受験者	合格者	入学者
2019	2	11	7※	1	1
2020	2	9	4※	2	2

公立 共学

横浜市立大学
（よこはましりつ）

〒 236-0027 （担当：アドミッションズセンター）
神奈川県横浜市金沢区瀬戸 22-2
TEL 045-787-2055
URL https://www.yokohama-cu.ac.jp/

●入学時期 4月

●募集学部学科・募集人員

国際教養学部 国際教養学科、国際商学部 国際商学科、理学部 理学科、データサイエンス学部 データサイエンス学科 ……………… 各若干名
医学部 医学科（国際バカロレア特別選抜のみ）…………………2 名
医学部 看護学科（国際バカロレア特別選抜のみ）…………若干名

●出願資格・条件

1. 日本国籍を有する者または日本国の永住許可を得ている者その他これに準ずる者で、外国で学校教育を受けたことがある者のうち、次のいずれかに該当する者
※外国に設置されている教育機関であっても日本の教育制度に基づく在外教育施設を除く

［海外帰国生特別選抜］(1) (2) のいずれかに該当する者
(1) 外国において、学校教育における 12 年の課程のうち、最終学年を含む課程に 2 年以上継続して在学し、2019.4.1 から 2021.3.31 までに卒業（修了）した者、もしくは同見込みの者
(2) 2019.4.1 から 2021.3.31 までに、日本国内の高等学校等を卒業した者または卒業見込みの者のうち、中・高等学校を通じて 3 年以上外国の学校で教育を受け、かつ、日本国内の高等学校等の在籍期間が 2 年未満の者

［国際バカロレア特別選抜］ 国際バカロレア機構から、2019.4.1 から 2021.3.31 までに国際バカロレア資格（international Baccalaureate Diploma）を授与された者もしくは授与される見込みの者またはこれに準ずる者

2. 次のいずれかの成績以上の者
・国際教養学部（海外帰国生）：TOEFL-iBT 76 以上または IELTS 5.5（Academic Module 各パート 5.0）以上
・国際教養学部（国際バカロレア）・国際商学部・理学部・データサイエンス学科・医学部看護学科：TOEFL-PBT 500 (iBT61) 以上、TOEIC(L&R) 600 以上、GTEC(2018 年度の 3 技能版)700 以上、GTEC(2019・2020 年度の 4 技能版)1140 以上、英検準 1 級以上、または IELTS 5.0（Academic Module）以上
・医学部医学科（次の①～③のいずれにも該当する者）
①国際バカロレア資格において、次の (1) ～ (2) のいずれにも該当する（見込の）者
(1) 言語 A を日本語（HL・SL のいずれでも可）により履修し成績評価 4 以上、または言語 B を日本語（HL）により履修し成績評価 6 以上
(2) 物理、化学、生物から 2 科目および数学の 3 科目を履修し、うち 1 科目は HL 成績評価 4 以上、他の 2 科目は SL 成績評価 5 以上又は HL 成績評価 3 以上
②下記に定める資格のいずれかのスコア・級を有し、公式な成績証明書を提出できる者〈2018 年 4 月以降に受験した英語資格に限ります〉
TOEFL-iBT 80 以上、または IELTS（Academic Module）6.0 以上
また、第 3 次選考に進む段階では①の成績を満たしているとともに、次の③に該当する者
③本学を第一志望とし、合格した場合は入学することを確約できる者

●出願書類 ・入学願書一式・出身高等学校の卒業証明書（or diploma）または同見込証明書・出身高等学校の全期間の学業成績証明書・外国の中学・高等学校の在籍または成績証明書・IB 最終試験 6 科目の成績評価証明書・英語資格に関する公式な成績証明書

●日程等

出願	試験	発表	選抜方法
9/7～11	10/3	11/4	国際教養学部・理学部： 小論文、面接 データサイエンス学部・ 国際商学部：総合問題、面接

医学部	出願	1 次発表	2 次試験	2 次発表	3 次発表	選抜方法
医学科	11/2～5	11/17	12/5	12/15	1/19	下記の通り

【第 1 次選考】出願者数が概ね 6 名を超えた場合のみ、国際バカロレア資格の成績評価による、第 1 次選考を行います。
【第 2 次選考】面接審査により合格者を決定します。*MMI（Multiple Mini Interview）の手法を取り入れ、多面的に資質を評価します。
*MMI（Multiple Mini Interview）：1 回の面接ではなく、受験者が評価項目別の面接室を巡り、各々独立した短めの面接を複数回行って多面的に評価する面接手法。国際バカロレア入試では、各受験者に対して 5 つ程度の面接室を設けます。
【第 3 次選考】合格した場合の入学意志の有無、および国際バカロレア資格（見込で出願した者）の最終評価を確認します。

医学部	出願	選考日	発表	選抜方法
看護学科	11/2～5	11/21	12/1	面接

入

公立 共学

神奈川県立保健福祉大学

〒238-8522 （担当：企画・地域貢献課）
神奈川県横須賀市平成町 1-10-1
TEL 046-828-2530 FAX 046-828-2501
URL https://www.kuhs.ac.jp/

●**入学時期** 4月

●**募集学部（学科）・募集人員**

保健福祉学部（看護学科、栄養学科、社会福祉学科、リハビリテーション学科〈理学療法学専攻・作業療法学専攻〉）……………………………… 各若干名

●**出願資格・条件**

日本国籍又は日本の永住許可を得ている者で、保護者の海外勤務等により外国の教育を受けた者のうち次の(1)～(3)のいずれかに該当する者

(1) 外国において学校教育における12年の課程を2019.4.1～2021.3.31までに修了または修了見込みの者。またはこれに準ずる者で文部科学大臣の指定した者。ただし、外国に設置されたものであっても日本の学校教育法に準拠した教育を施している学校に在学した者については、その期間を外国において学校教育を受けた者とはみなさない

(2) 外国において2年以上継続して学校教育を受け、学校教育における12年の課程を中途退学し、引き続き日本の高等学校の第3学年に編入学を認められた者で、2021年3月卒業見込みの者

(3) 外国において、国際バカロレア資格、アビトゥア資格、バカロレア資格、GCEAレベル資格のいずれかを2019年以降に授与された者

●**出願書類**

・入学志願書一式・在学期間が記載されている卒業（見込み）証明書・成績証明書（日本の高等学校に在籍したことがある場合は調査書も）・IB資格証書の写し及びIB最終試験の成績評価証明書、アビトゥア資格の一般大学入学資格証明書の写し及びアビトゥアの成績評価証明書・バカロレア資格証明書の写し及びバカロレア成績証明書・GCEAレベル資格証明書の写し及びGCEAレベル成績証明書

※2021年度募集要項を確認のこと

●**出願方法** インターネット出願

●**日程等**

出願	試験	発表	選抜方法
10/16～28	11/23	12/11	小論文、面接、出願書類

※小論文は英文読解と英文を参考にした日本語による論述

●**応募状況**

年度＼人数	募集人員	出願者	受験者	合格者	入学者
2019	若干名	4	3	1	0
2020	若干名	2	2	1	1

入

公立 共学

新潟県立大学

〒950-8680 （担当：入試広報課）
新潟県新潟市東区海老ケ瀬 471 番地
TEL 025-270-1311 FAX 025-364-3610
URL https://www.unii.ac.jp/

●**入学時期** 4月

●**募集学部（学科）・募集人員**

国際地域学部（国際地域学科）…………………… 若干名
国際経済学部（国際経済学科）…………………… 若干名
人間生活学部（子ども学科、健康栄養学科）… 若干名

●**出願資格・条件**

日本国籍を有する者又は日本国の永住許可を得ている者で、外国の学校教育を受け、次の(1)(2)のいずれかに該当する者。国際経済学部はさらに(3)も満たす者。

(1) 外国において、最終学年を含め2学年以上継続して正規の教育制度に基づく学校教育を受け、学校教育における12年の課程（日本における通常の課程による学校教育期間を含む。）を平成31年4月1日から令和3年3月31日までに修了又は修了見込みの者
ただし、外国に設置されたものであっても、日本の学校教育法に準拠した教育を施している学校に在学した者については、その期間は、外国において学校教育を受けたとはみなさない。

(2) 次のいずれか1つ以上を令和元年(2019年)から令和2年(2020年)に外国において授与された者(ア)国際バカロレア資格証書(イ)アビトゥア資格証明書「一般的大学入学資格証明書」(ウ)バカロレア資格証書(エ)ジェネラル・サーティフィケート・オブ・エデュケーション・アドバンスト・レベル資格（GCEA資格）

(3) 国際経済学部は、TOEFL iBTまたはTOEIC L&Rを出願開始日前2年以内に受験しており、出願時にその成績を証明できる者

●**出願書類** 入学志願票、受験照合票、受験票、写真、修了（卒業）証明書又は同見込証明書等、成績証明書等、日本国籍を有することもしくは日本国の永住許可を得ていることを証明する書類、国際経済学部はTOEFL iBTまたはTOEIC L&Rの成績

●**日程等**

出願	試験	発表	選抜方法
11/2～6	11/21	12/25	※

※筆記試験
A：日本語と英語の要約力をみる問題と、日本語と英語のうち得意な言語で行う作文
B：小論文
C：化学
A＝国際地域学部 国際地域学科
B＝国際経済学部 国際経済学科
　人間生活学部 子ども学科
C＝人間生活学部 健康栄養学科

ABCとも筆記試験の他、書類審査と面接の内容を総合的に判定

●**応募状況**

年度＼人数	募集人員	出願者	受験者	合格者	入学者
2019	若干名	2	2	1	0
2020	若干名	1	1	0	0

入

公立 共学 寮

長野県立大学
ながのけんりつ

(担当：入試・広報室)
〒380-8525
長野県長野市三輪8-49-7
TEL 026-462-1490 FAX 026-217-5037
URL https://www.u-nagano.ac.jp/

●入学時期 4月

●募集学部（学科）・募集人員

グローバルマネジメント学部 グローバルマネジメント学科、健康発達学部 食健康学科・こども学科 ………………………………… 若干名

●出願資格・条件

日本国籍を有する者で、次の（1）から（4）までのいずれかに該当し、かつ、（5）に該当する者

(1) 外国の教育制度に基づく教育機関において、最終学年を含め2年以上継続して学校教育を受け、平成31年4月から令和3年3月までに12年の課程を卒業（見込み）の者

(2) 外国の教育制度に基づく教育機関において、3年以上継続して学校教育を受け、かつ、日本の高校等の在籍期間が2年未満の者で、平成31年4月から令和3年3月までに12年の課程を卒業（見込み）のもの

(3) 外国の教育制度に基づく教育機関において、平成31年4月から令和3年3月までに12年の課程を卒業（見込み）の者等

(4) 外国の大学入学資格である国際バカロレア、アビトゥア、バカロレア、GCE Aレベルを保有する者（ただし、資格取得後の経過年数が2年未満である者）

(5) 実用英語技能検定（英検）2級以上（※従来のテストに加え、英検CBT、英検S CBT、英検S Interviewも利用できます）、GTEC（3技能版）（※）、GTEC for STUDENTS（L&R&W）（※）675点以上、GTEC CBT（※）1,000点以上、「GTEC」検定版（4技能）1,000点以上（※「GTEC」アセスメント版のスコアは利用できません。）、「GTEC」CBTタイプ1,000点以上、IELTS4.0以上、TEAP226点以上、TOEFL（iBT）45点以上、TOEIC（L & R）550点以上、Cambridge English PET以上、国際連合公用語英語検定試験（国連英検）C級以上。
（※）すでに取得済の場合も対象になります。

●出願書類

卒業証明書、成績証明書及び志望理由書等

●日程等

区分	出願	試験	発表	選抜方法
A	11/2~17	11/29	12/8	面接（オンライン）
B	11/2~17	11/29	12/8	小論文及び面接

A：グローバルマネジメント学部グローバルマネジメント学科
B：健康発達学部食健康学科・こども学科

●応募状況

年度＼人数	募集人員	出願者	受験者	合格者	入学者
2019	若干名	1	1	1	1
2020	若干名	1	1	0	0

入

公立 共学

福井県立大学
ふくいけんりつ

(担当：入試企画室)
〒910-1195
福井県永平寺町松岡兼定島4-1-1
TEL 0776-61-6000 FAX 0776-61-6012
URL https://www.fpu.ac.jp/

●入学時期 4月

●募集学部（学科）・募集人員

経済学部、生物資源学部、海洋生物資源学部、看護福祉学部 ………………………………… 各若干名

●出願資格・条件

日本国籍を有する者、日本国の永住許可を得ている者、その他これらに準ずる者であって、保護者の海外勤務等の事情により外国の学校教育を受けているもののうち、次の(1)および(2)のいずれにも該当するもの

(1) 以下の各号のいずれかに該当する者

①外国の教育制度に基づく教育機関において、最終学年を含め2学年以上継続して学校教育を受け、12年の課程（日本における通常の課程による学校教育の期間を含みます。）を平成31年4月1日から令和3年3月31日までに卒業（修了）した者または卒業（修了）見込みの者

②外国の教育制度に基づく教育機関において、2年以上継続して学校教育を受け、12年の課程（日本における通常の課程による学校教育の期間を含みます。）を中途退学し、引き続き日本の高等学校の第3学年もしくは中等教育学校の第6学年に編入学を認められた者で、令和3年3月卒業見込みのもの

③スイス民法典に基づく財団法人である国際バカロレア事務局から国際バカロレア資格を平成31年または令2年に授与された者

④ドイツ連邦共和国の各州において大学入学資格として認められているアビトゥア資格を平成31年または令和2年に授与された者

⑤フランス共和国において大学入学資格として認められているバカロレア資格を平成31年または令和2年に授与された者

（注）1 ①および②において、外国に設置された教育機関であっても、日本の学校教育法に準拠した教育を施している学校に在学した者については、その期間は、外国において学校教育を受けたものとはみなしません。
2 大学入学共通テストを受ける必要はありません。

(2) 下記に定める英語の資格・検定試験のいずれかを平成30年12月以降に受験し、公式な成績証明書を提出できる者

①経済学部：なし

※ TOEICのスコアの提出があった場合、選抜の際の参考とします。

②生物資源学部・海洋生物資源学部・看護福祉学部：TOEFL(PBT,iBT)・TOEIC・IELTS（アカデミック・モジュール）・英検

※ TOEFL ITP（団体受験）テスト、TOEIC IP（団体受験）テスト、TOEIC SWテスト、TOEIC Bridgeテスト、IELTS（団体受験）、IELTS（ジェネラル・トレーニング・モジュール）のスコアは認められません。

●出願書類 ・入学願書一式・卒業（見込）証明書・外国の高校の在学期間すべての成績証明書・日本の高校に在籍したことがある場合は調査書・IB資格取得者は資格証書の写しおよびIB最終試験6科目の成績評価証明書・アビトゥア資格取得者は一般的大学入学資格証明書の写し・バカロレア資格取得者は資格証書の写しおよび同資格試験成績証明書・身上調査・海外在留証明書・英語の資格・検定試験の公式な成績証明書（詳細は必ず入試企画室に確認すること）

●日程等

出願	試験	発表	選抜方法
11/2~11/10	11/21	12/1	小論文、学力検査*、面接、書類

※小論文は日本語
* 学力検査は経済学部のみ（学力検査は英語の基礎を測るもの）

●応募状況

年度＼人数	募集人員	出願者	受験者	合格者	入学者
2019	若干名	1	1	1	1
2020	若干名	2	2	2	1

公立 共学

静岡県立大学（しずおかけんりつ）

〒422-8526　（担当：学生部入試室）
静岡県静岡市駿河区谷田 52-1
TEL 054-264-5007　FAX 054-264-5199
URL http://www.u-shizuoka-ken.ac.jp/

●**入学時期**　4月

●**募集学部（学科）・募集人員**

薬学部、食品栄養科学部、国際関係学部、経営情報学部 ……………………………… 各若干名

●**出願資格・条件**

日本国籍を有する者又は日本国の永住許可を得ている者で、保護者の海外勤務等の事情により外国の学校教育を受けた者で、次のいずれかに該当

(1) 外国において学校教育における 12 年の課程（日本における通常の課程による学校教育期間を含む）を 2019.4.1 から 2021.3.31 まで（ただし、国際関係学部は 2021.3.31 まで）に卒業（修了）または同見込の者で、外国において最終学年を含め 2 年以上継続して正規の教育制度に基づく学校教育を受けている者（外国に設置されたものであっても、日本の学校教育法に準拠した教育を施している学校に在学した者については、その期間は、外国において学校教育を受けたものとはみなさない）

(2) 外国において、（ア）国際バカロレア資格、（イ）アビトゥア資格、（ウ）バカロレア資格のいずれかを 2019 年または 2020 年に取得した者、（エ）GCSE 及び GCE-A で所定の成績を収めている者

●**出願書類**

・入学志願票・身上記録・写真票・住所票・日本国籍を有することを証明する書類（日本国籍を有する者はパスポート〈氏名・国籍・顔写真が分かるページのコピー〉）・日本国の永住許可を得ている者は住民票・保護者の海外在留を証明する書類・卒業（修了）証明書また卒業（修了）見込み証明書・成績証明書等［上記の条件（1）に該当する者は最終卒業（修了）学校の学校長が作成する成績証明書、条件（2）（ア）に該当する者は、国際バカロレア資格証書の写しおよびその最終試験 6 科目の成績証明書、（イ）に該当する者はアビトゥア資格の取得者に授与される一般的大学入学資格証明書、（ウ）に該当する者はバカロレア資格証書の写しおよびバカロレア資格試験成績証明書。その他、日本の高校に在学したことがある場合はその学校の成績証明書または調査書］このほか、（1）に該当する者は、外国において正規の教育制度に基づく学校で学んだことを示す書類

●**日程等**　※検査内容は学部により異なる

出願	試験	発表	選抜方法
11/4～10	12/1	12/10	学力検査、小論文（国際関係学部のみ）、面接、書類

※経営情報学部は学力検査の代わりに適性検査を行う

●**応募状況**

年度＼人数	募集人員	出願者	受験者	合格者	入学者
2019	若干名	4	4	2	2
2020	若干名	3	3	2	0

公立 共学

名古屋市立大学（なごやしりつ）

〒467-8601　（担当：学生課入試係）
愛知県名古屋市瑞穂区瑞穂町字川澄 1
TEL 052-853-8020　FAX 052-841-7428
URL https://www.nagoya-cu.ac.jp/

●**入学時期**　4月

●**募集学部（学科）・募集人員**

人文社会学部（国際文化学科）……………………… 2 名

人文社会学部（心理教育学科・現代社会学科） ……………各若干名

芸術工学部（情報環境デザイン学科・産業イノベーションデザイン学科・建築都市デザイン学科） …………（私費外国人留学生と合わせて）各若干名

●**出願資格・条件**

人文社会学部と芸術工学部で出願資格・出願書類が異なります。下記より募集要項をダウンロードの上ご確認ください。

https://www.nagoya-cu.ac.jp/admissions/undergraduate/files/20200715/R3kikokubosyuyoko.pdf

人文社会学部：P7
芸術工学部：P8
出願書類：P10-12

●**日程等**

出願	試験	発表	選抜方法
11/1～8	11/28	12/8	小論文（日本語）、面接

※人文社会学部：小論文、面接および TOEIC または TOEFL iBT の成績を総合して判定

※芸術工学部：出願書類、小論文、実技検査および面接の結果を総合して判定

●**応募状況**（外国学校出身者と合わせて）

年度＼人数	募集人員	出願者	受験者	合格者	入学者
2019	※	11	8	5	5
2020		12	12	5	2

※人文社会学部：心理教育学科、現代社会学科は若干名、国際文化学科は 2 名
　芸術工学部：私費外国人留学生と合わせて若干名

入

公立 共学

愛知県立大学

（担当：入試課）

〒480-1198
愛知県長久手市茨ケ廻間 1522-3
TEL 0561-76-8813 FAX 0561-64-1110
URL https://www.aichi-pu.ac.jp/

記載の内容が変更になる場合がありますので、必ず募集要項で確認してください。

●入学時期 4月

●募集学部（学科）・募集人員 外国語学部、日本文化学部、教育福祉学部、看護学部、情報科学部……各若干名

●出願資格 日本国籍を有する者及び日本国の永住許可を得ている者、その他これらに準ずる者で、海外に在住し外国の学校教育を受け次のいずれかに該当

(1) 外国において学校教育における12年の課程を2019.4.1から2021.3.31までに修了（卒業）した者及び修了（卒業）見込みの者（大学入学資格として少なくとも12年の教育課程を基本とする国において、「飛び級」等により通算教育年数12年に満たないで修了した者及び修了見込みの者を含みます。）

＊「外国において学校教育における12年の課程を修了した者」とは、「外国の正規の学校教育における12年目の課程を修了した者」という意味です。修了した課程が正規の学校教育であるか、何年目の課程であるかはそれぞれの国の大使館等にお問い合わせください。
なお、12年の課程には日本における通常の課程による学校教育の期間も含まれますが、外国において最終学年を含めて2年以上継続して学校教育を受けていることが必要となります。

注：外国に設置されたものであっても、日本の学校教育法に準拠した教育を施している学校に在学した者については、その期間を外国において学校教育を受けたものとはみなしません。

(2) 外国において学校教育における12年の課程を修了した者と同等以上の学力があるかどうかに関する認定試験であると認められる当該国の検定（国の検定に準ずるものを含む。）に2019年又は2020年に合格した者で、18歳に達したもの及び2021.3.31までに18歳に達するもの

(3) 外国において次のいずれかの資格を2019年又は2020年に取得した者
ア スイス民法典に基づく財団法人である国際バカロレア事務局が授与する国際バカロレア資格
イ ドイツ連邦共和国の各州において大学入学資格として認められているアビトゥア資格
ウ フランス共和国において大学入学資格として認められているバカロレア資格
エ グレート・ブリテン及び北部アイルランド連合王国において大学入学資格として認められているジェネラル・サーティフィケート・オブ・エデュケーション・アドバンスト・レベル（GCE A レベル）資格（3科目以上合格していること。）

(4) 外国において文部科学大臣が指定する国際的な評価団体(WASC,ACSI,CIS)から教育活動等に係る認定を受けた教育施設に置かれる12年の課程に、最終学年を含めて2年以上継続して在学し、2019.4.1から2021.3.31までに修了した者及び修了見込みの者

(5) 本学において、個別の入学資格審査により、高等学校を卒業した者と同等以上の学力があると認めた者で、2021.3.31までに18歳に達するもの

●事前審査書類 ・志願理由書・日本国籍を有していることもしくは日本国の永住許可を得ていることの証明となる書類・海外在留証明書
・出願資格を証明する書類
ア「出願資格」の(1)に該当する者は、日本の高等学校に相当する出身学校の卒業（修了）証明書（又は同見込証明書）及び在学期間すべての成績証明書（学校長の作成したもの）
※日本国の高等学校に在籍したことがある場合には、学校長の作成する成績証明書又は調査書をあわせて提出してください。
※外国において学校教育における12年の課程を修了したことが本学において判断しがたい場合には、在日外国公館等の発行する学校証明の提出を求めることがあります。
イ「出願資格」の(2)に該当する者は、合格成績証明書
ウ「出願資格」の(3)に該当する者は、次の証明書類
（ア）国際バカロレア資格を取得した者は、その最終試験6科目の成績証明書及び Diploma
（イ）アビトゥア資格を取得した者は、その最終4科目の成績証明書及び一般的大学入学資格証明書
（ウ）バカロレア資格を取得した者は、バカロレア資格証書及びバカロレア資格試験成績証明書
（エ）ジェネラル・サーティフィケート・オブ・エデュケーション・アドバンスト・レベル（GCE A レベル）資格を取得した者は、その成績評価証明書
エ「出願資格」の(4)に該当する者は、当該課程の修了証明書（又は同見込証明書）、在学期間すべての成績証明書及び当該教育施設が国際的な評価団体の認定を受けていることを証明する書類

注1：「出願資格を証明する書類」の中で、原本が1通しか発行されない書類については写しを提出してください。ただし、試験日の9: 00～9：30の間に入試課（守山キャンパスは学務課）へ原本を持参してください。
注2：成績証明書記載事項のうち、科目名、成績評価等が符号又は略字により表示されている場合には、必ずその説明を付けてください。

●日程等

区分	出願	試験	発表	選抜方法
外国語・日本文化・教育福祉・看護	11/2～9	11/28	12/7	※
情報	1/19～25	2/25	3/9	

※出願者は、全員10/18までに事前審査を受けること
※〔外国語・日本文化・教育福祉・看護〕出願書類、小論文、英語、面接
〔情報科学〕出願書類、数学、面接
※小論文は日本語

●応募状況

年度＼人数	募集人員	出願者	受験者	合格者	入学者
2019	若干名	6	6	2	1
2020	若干名	9	9	4	4

入

公立 共学

三重県立看護大学

（担当：教務学生課）

〒514-0116
三重県津市夢が丘 1-1-1
TEL 059-233-5602 FAX 059-233-5666
URL http://www.mcn.ac.jp/

●入学時期 4月

●募集学部（学科）・募集人員
看護学部……若干名

●出願資格・条件
日本国籍を有する者及び日本国の永住許可を得ている者で、保護者とともに外国に在留し、次のいずれかに該当する者

(1) 外国において、学校教育における12年の課程（日本における通常の課程による学校教育の期間を含む）のうち、外国において最終学年を含め2年以上継続して教育を受け、2019年4月1日から2021年3月31日までの間に卒業（修了）した者もしくは卒業（修了）する見込みの者又はこれらに準ずる者で文部科学大臣の指定したもの。ただし、外国に設置されたものであっても日本の学校教育法に準拠した教育を施している学校に在学して教育を受けた期間は、上記の「2年以上」の期間に算入しない
(2) 国際バカロレア資格証書（以下「IB」）を、2019年又は2020年に授与された者
(3) アビトゥア資格を、2019年又は2020年に取得した者
(4) バカロレア資格を、2019年又は2020年に取得した者

●出願書類
・入学願書一式・調査書等（当該課程を修了したことを証明する書類および最終学校の成績証明書等）・IB資格取得者は資格証書の写しおよびIB最終試験6科目の成績評価証明書・アビトゥア資格取得者は一般的大学入学資格証明書の写し・バカロレア資格取得者は資格証書の写しおよび資格試験成績証明書・志願理由書・帰国生徒選抜個人調書

●日程等

出願	試験	発表	選抜方法
11/2～9※	11/21	12/11	基礎学力検査、面接、調査書等

※インターネット出願のみ
※学校推薦型選抜と同程度の学力が必要

●応募状況

年度＼人数	募集人員	出願者	受験者	合格者	入学者
2019	若干名	1	1	0	0
2020	若干名	1	1	0	0

入

公立 共学

滋賀県立大学

しがけんりつ

〒522-8533　（担当：教務課）
滋賀県彦根市八坂町 2500
TEL 0749-28-8217・8243　FAX 0749-28-8472
URL http://www.usp.ac.jp/

●入学時期　4月

●募集学部（学科）・募集人員
環境科学部（環境生態学科、環境政策・計画学科、環境建築デザイン学科、生物資源管理学科）、工学部（材料科学科、機械システム工学科、電子システム工学科）、人間文化学部（地域文化学科、生活デザイン学科、生活栄養学科、人間関係学科、国際コミュニケーション学科）、人間看護学部（人間看護学科）
…………………………各学科若干名

●出願資格・条件　日本国籍を有する者および日本国の永住許可を得ている者、その他これに準ずる者であって、保護者の海外勤務等の事情により外国の学校教育を受けている者のうち、次のいずれかに該当するもの。ただし、環境科学部環境生態学科、環境科学部環境政策・計画学科、環境科学部環境建築デザイン学科、環境科学部生物資源管理学科、工学部材料科学科、工学部機械システム工学科、工学部電子システム工学科、人間文化学部生活デザイン学科、人間文化学部生活栄養学科を志願する者については、令和3年度大学入学共通テストのうち、本学の指定する教科・科目を登録し、受理された者で、日本国籍を有する者および日本国の永住許可を得ている者、その他これに準ずる者であって、保護者の海外勤務等の事情により外国の教育を受けている者のうち、次のいずれかに該当する者とする。

(1) 外国の教育制度に基づく教育機関で最終学年を含め2年以上継続して学校教育を受け、12年の課程（日本における通常の課程による学校教育の期間を含む）を 2019.4.1 から 2021.3.31 までに卒業（見込）の者
(2) 外国の教育制度に基づく教育機関で2年以上継続して学校教育を受け、12年の課程（日本における通常の課程による学校教育の期間を含む）を中途退学し、引き続き日本の高校の第3学年に編入学を認められ、2021年3月卒業見込みの者
(3) 外国で国際バカロレア資格、アビトゥア資格、バカロレア資格、GCEA レベル資格のいずれかを 2019.4.1 以降に取得した者

※外国に設置された学校であっても、日本の学校教育法に準拠した教育を行っている学校に在学して教育を受けた期間は、外国において学校教育を受けたものとはみなさない

●出願書類　・入学願書一式・調査書・卒業（見込）証明書と成績証明書・IB 資格証書（写）と同成績評価証明書・一般的大学入学資格証明書（写）と同成績評価証明書・バカロレア資格証書と同成績評価証明書・身上調書・海外在留証明書

●日程等

出願	試験	発表	選抜方法
11/6～13	12/5･6	12/28 2/16	総合問題またはセンター試験、書類審査、面接、口頭試問

※大学入学共通テストの利用教科・科目等については「令和3年度入学者選抜要項」「令和3年度学生募集要項（特別選抜）」を確認すること
※総合問題は志望学科において必要な基礎学力を測る内容（英語力を問う設問を含む）
※口頭試問は工学部材料科学科、人間文化学部地域文化学科・生活デザイン学科・生活栄養学科・国際コミュニケーション学科のみ

●応募状況

年度＼人数	募集人員	出願者	受験者	合格者	入学者
2019	若干名	1	1	1	0
2020	若干名	2	2	1	1

入

公立 共学

大阪府立大学

おおさかふりつ

〒599-8531　（担当：入試課）
大阪府堺市中区学園町 1-1
TEL 072-254-9117　FAX 072-254-9902
URL https://www.osakafu-u.ac.jp/

●入学時期　4月

●募集学域（学類）・募集人員　現代システム科学域（知識情報システム学類、環境システム学類、マネジメント学類）、工学域（電気電子系学類、物質化学系学類、機械系学類）、生命環境科学域（獣医学類、応用生命科学類、緑地環境科学類、理学類）　…………………………各若干名
※現代システム科学域は学域単位で募集する

●出願資格・条件
出願できるのは、日本国籍を有する者又は日本国の永住許可を得ている者で、海外に在留の結果、次のいずれかに該当する者に限ります。
⑴外国において、学校教育における12年の課程を 2019年4月1日から 2021年3月31日までに卒業（修了）した者又は卒業（修了）見込みの者。上記12年の課程には、日本における通常の課程による学校教育の期間も含まれますが、外国において最終学年を含めて2年以上継続して学校教育を受けていることを必要とします。ただし、外国において設置されたものであっても日本の学校教育法（昭和22年法律第26号）に準拠した教育を施している学校に在学した者については、その期間を外国において学校教育を受けたものとはみなしません。
⑵外国において、次の資格を 2019年以降に取得している者
　ア　スイス民法典に基づく財団法人である国際バカロレア事務局が授与する国際バカロレア資格
　イ　ドイツ連邦共和国の各州において大学入学資格として認められているアビトゥア資格
　ウ　フランス共和国において大学入学資格として認められているバカロレア資格
ただし、現代システム科学域及び生命環境科学域の志願者は「TOEFL」を、工学域の志願者は「TOEFL」又は「IELTS」を表①（帰国生徒特別選抜）のとおり受験していること。また、表①（帰国生徒特別選抜）に記載の成績を満たす必要があります。

●出願書類
・入学願書・写真カード・受験票・郵便振替払込票貼付台紙・入学検定料・出願資格を証明する書類・履歴書・国籍を証明する書類・受験票送付用封筒・TOEFL 又は IELTS のスコア証明書

表①　2019年4月1日以降の受験であれば有効です。
出願時までに必ず、次に記載の有効なスコア証明書を取り寄せてください。有効なスコア証明書がなければ、出願できません。

学域	受験を要する試験（○の内から1つ）	
	TOEFL	IELTS
現代システム科学域	○ iBT:61 点以上	×
工学域	○	○
生命環境科学域	○ iBT:61 点以上	×

試験	有効なスコア証明書
TOEFL	「Examinee Score Report」又は「Test Taker Score Report」（ETS 発行）(注)
IELTS	「Test Report Form」

（注）「Examinee Score Report」の名称が「Test Taker Score Report」に変更になっていますが、有効期限内の公式スコアであれば「Examinee Score Report」でも問題ありません。2019年8月以降に発行の「Test Taker Score Report」については、Test Date スコアのみを出願スコアとして活用します。(MyBest™ スコアは活用しません)
「Special Home Edition」での受験によるスコアは認めません。

●日程等

区分	出願	試験	発表	選抜方法
A	10/14～16	11/21	12/3	学力検査、小論文、面接、提出書類等に基づいて総合判定※学力検査は学域・学類により異なる
B	2021. 1/5～7	2/28	3/9	

※ A：現代システム科学域・工学域・生命環境科学域（獣医学類・応用生命科学類・緑地環境科学類）
　B：生命環境科学域（理学類）
※選抜方法は学域により異なる

●応募状況

年度＼人数	募集人員	出願者	受験者	合格者	入学者
2019	若干名	13	12	5	2
2020	若干名	12	12	6	4

神戸市外国語大学

〒651-2187　（担当：学生支援・教育グループ）
兵庫県神戸市西区学園東町 9-1
TEL 078-794-8134　FAX 078-794-8338
URL http://www.kobe-cufs.ac.jp/

●入学時期　4月

●募集学部（学科）・募集人員

外国語学部（英米学科、ロシア学科、中国学科、イスパニア学科、国際関係学科）……………………各学科若干名

●出願資格・条件　日本国籍を有する者及び日本国の永住許可を得ている者、その他これに準ずる者であり、保護者の海外勤務等のやむを得ない事情により外国の学校教育を受けた者で、次のいずれかに該当する者。

(1) 外国において学校教育における12年相当の課程を2019年4月1日から2021年3月31日までに卒業（修了）した者、又は卒業（修了）見込みの者、若しくはこれに準ずる者で文部科学大臣の指定した者。なお、12年相当の課程には日本における学校教育の期間も含まれますが、外国において最終学年を含め2年以上継続して学校教育を受けていることが必要です。ただし、外国に設置されたものであっても日本の学校教育法に準拠した教育を実施している学校に在学した期間は外国において学校教育を受けた期間とみなされません。
(2) 日本の高等学校または中等教育学校を2020年4月1日から2021年3月31日までに卒業した者又は卒業見込みの者のうち、中・高等学校等を通じて3年以上外国の学校に在籍し、かつ日本の高等学校等の在籍期間が2年未満の者。
(3) 外国において、国際バカロレア資格、アビトゥア資格、バカロレア資格のいずれかを2019年又は2020年に取得した者
(4) 本学において、上記と同等の要件を満たすと認めた者。

●資格審査書類　資格審査期間内（2020.9.15～25 17時必着）に本学の出願資格審査を受け、資格認定された場合に限り出願を認める

・入学願書一式・志望理由書・出身学校の卒業（修了）又は同見込証明書（写しは不可）・高等学校3年間の成績証明書・海外在留証明書（保護者の勤務先の長等による証明書）・資格審査結果通知用宛名シール（本学所定）・日本国籍又は日本の永住権を証明する書類・上記（2）の該当者は中学校の在籍証明書・上記（3）の該当者は資格証明書の写しおよび成績証明書　※外国の学校又は機関が作成する書類が、日本語以外で作成されている場合は、厳封を解いたうえで日本語訳を添付

●日程等

資格審査	出願	試験	発表	選抜方法
9/15～25	11/2～10	11/28	12/8	英語外部検定試験、小論文（日本語）、面接

※上記選考方法に出願書類の内容を総合的に判断して選考

●応募状況

年度＼人数	募集人員	出願者	受験者	合格者	入学者
2019	若干名	5	3	2	0
2020	若干名	8	8	4	2

公立　共学　寮

兵庫県立大学

〒651-2197　（大学本部：神戸商科キャンパス内）
兵庫県神戸市西区学園西町 8-2-1
TEL は備考参照
URL http://www.u-hyogo.ac.jp/

●入学時期　4月

●募集学部（学科）・募集人員

理系：工学部、理学部、看護学部………各学部若干名
文理融合：環境人間学部（環境人間学科［食環境栄養課程を除く］）、社会情報科学部…………各学部若干名
文系：国際商経学部
（経済学コース・経営学コース）……… 若干名
（グローバルビジネスコース）………… 5名

●出願資格・条件

詳細については各学部にご確認下さい

●出願書類

出願書類については学部により異なる場合がありますので、詳細については各学部にご確認下さい

●日程等

学部	出願	試験	発表	選抜方法
国際商経学部グローバルビジネスコース	11/2～12	11/29	12/7	小論文（英語）、面接（英語）
国際商経学部経済学コース経営学コース	11/2～12	11/29	12/7	小論文（英語による出題を含む）、面接
社会情報科学部	1/18～25	2/16	2/19	小論文（日本語）、数学、英語、面接
工学部	1/25～2/3	2/25	3/5	小論文（日本語）、英語、数学、面接
理学部	1/15～21	3/12	3/21	小論文（日本語）、面接
環境人間学部	10/31まで随時	11/28	12/7	小論文（英語による出題を含む）、面接
看護学部	1/5～13	2/25	3/5	日本文資料の読解を含む日本語の小論文、面接

●応募状況

年度＼人数	募集人員	出願者	受験者	合格者	入学者
2019	5名	9	9	4	4
2020	5名	8	6	4	4

●備考

出願の際には詳細について、各学部に確認のこと
工学部：姫路工学キャンパス　TEL079-267-4109
理学部：播磨理学キャンパス　TEL0791-58-0102
環境人間学部：姫路環境人間キャンパス　TEL079-292-1513
看護学部：明石看護キャンパス　TEL078-925-9404
国際商経学部／社会情報科学部：神戸商科キャンパス　TEL078-794-6179

入

公立 共学

公立鳥取環境大学

こう りつ とっ とり かん きょう

〒689-1111 （担当：入試広報課）
鳥取県鳥取市若葉台北一丁目1-1
TEL 0857-38-6720 FAX 0857-38-6709
URL http://www.kankyo-u.ac.jp/

●**入学時期** 4月

●**募集学部（学科）・募集人員**

環境学部環境学科……………………………… 若干名
経営学部経営学科……………………………… 若干名

●**出願資格・条件**

日本国籍を有する者あるいは日本に永住する外国人（在留資格が特別永住者、又は「出入国管理及び難民認定法」第2条の2に規定する別表第2による在留者と認められる者）のうち、保護者の海外勤務等の事情により外国の学校教育を受けた者で、次のa又はbのいずれかに該当する者

a）外国において、正規の教育制度に基づく学校教育における12年の課程（日本における通常の課程による学校教育を含む）を2019年4月1日から2021年3月31日までに卒業（修了）した者及び卒業（修了）見込みの者
ただし、外国において最終学年を含め2年以上継続して正規の教育制度に基づく学校教育を受けている者に限る。

※文部科学大臣が高等学校の課程に相当する課程を有するものとして認定した在外教育施設に在籍した者については、その期間を外国において学校教育を受けたものとはみなしません。

b）外国において、上記aの学校を卒業した者に準ずるもので、文部科学大臣の指定した者

※文部科学大臣の指定した者の出願資格については、出願締切日の2週間前までに本学入試広報課にお問い合わせください。

●**日程等**

出願	試験	発表	選抜方法
1/12～21	2/18	3/8	出願書類、小論文及び個別面接（15分程度）の成績を総合して合否を判定します

●**応募状況**

年度＼人数	募集人員	出願者	受験者	合格者	入学者
2019	若干名	0	0	0	0
2020	若干名	0	0	0	0

入

公立 共学

岡山県立大学

おか やま けん りつ

〒719-1197 （担当：事務局教学課）
岡山県総社市窪木111
TEL 0866-94-9163 FAX 0866-94-2196
URL https://www.oka-pu.ac.jp/

●**入学時期** 4月

●**募集学部（学科）・募集人員**

全学部・学科で実施します。………………… 各学部若干名

●**出願資格・条件**

日本国籍を有する者又は日本国内の永住許可を得ている者のうち、外国の学校教育を受けた者で、次の①、②、③、④、⑤、⑥のいずれかに該当する者とします。

① 外国において、学校教育における12年の課程を平成31年4月1日から令和3年3月31日までに修了した者及び修了見込みの者（注）、又はこれに準ずる者で文部科学大臣の指定した者（学校教育法施行規則第150条第1号）
上記の12年の課程には、日本における通常の課程による学校教育の期間も含まれるが、外国において最終学年を含めて2学年以上継続して学校教育を受けていることを必要とする。ただし、外国に設置されたものであっても日本の学校教育法に準拠した教育を施している学校に在学した者については、その期間を、外国において学校教育を受けたものとはみなさない。

② スイス民法典に基づく財団法人国際バカロレア事務局から国際バカロレア資格証書を平成31（令和元）年又は令和2年に授与された者

③ ドイツ連邦共和国の各州において大学入学資格として認められているアビトゥア資格を平成31（令和元）年又は令和2年に得た者

④ フランス共和国において大学入学資格として認められているバカロレア資格を平成31（令和元）年又は令和2年に得た者

⑤ グレート・ブリテン及び北部アイルランド連合王国において大学入学資格として認められているジェネラル・サーティフィケート・オブ・エデュケーション・アドバンスト・レベル資格を平成31（令和元）年又は令和2年に得た者

⑥ 国際的な評価団体（WASC、CIS、ACSI）の認定を受けた外国に設置された教育施設の12年の課程を平成31（令和元）年又は令和2年に修了した者

（注）大学入学資格として少なくとも12年の教育課程を基本とする国において、「飛び級」等により通算教育年数が12年に満たないで修了した者及び修了見込みの者を含みます。

●**出願書類** （出願書類については、募集要項で要確認）

・入学願書一式・修了証明書または同見込証明書および成績証明書・IB資格証書の写しおよびIB最終試験6科目の成績評価証明書・アビトゥア資格取得者に授与される一般的大学入学資格証明書・バカロレア資格証書の写しおよびバカロレア資格試験成績証明書・GCE-Aレベルの成績証明書・身上記録・在留カードの写し

●**日程等**

区分	出願	試験	発表	選抜方法
A	11/9～13	11/28又は29	12/20	書類審査、小論文、面接
B				書類審査、面接
C*				書類審査、実技検査、面接

※A：保健福祉学部　B：情報工学部　C：デザイン学部
※A・Bの面接では一般教科に関する試問も行う
※実技検査は鉛筆デッサン
C*：Cのうち一部学科（建築学科）は小論文、面接、書類審査

●**応募状況**

年度＼人数	募集人員	出願者	受験者	合格者	入学者
2019	若干名	6	6	3	2
2020	若干名	6	6	3	2

県立広島大学

〒734-8558　（担当：本部教学課入試担当）
広島県広島市南区宇品東 1-1-71
TEL 082-251-9540　FAX 082-251-9545
URL http://www.pu-hiroshima.ac.jp/

●入学時期　4月

●募集学部（学科）・募集人員

生物資源科学部・地域資源開発学科……………… 2名

●出願資格・条件

出願する者は、日本の国籍を有する者（日本国の永住許可を得ている者を含む。）のうち、保護者の海外勤務などの事情により外国の学校教育を受けた者で、次の各号のいずれかに該当することが必要です。

ア　学校教育における12年の課程（日本における通常の課程による学校教育の期間を含む。）のうち、外国において最終学年を含む課程に2年以上継続して在学し、平成31（2019）年4月1日以降に卒業（修了）した者又は令和3（2021）年3月31日までにこれを卒業（修了）する見込みである者

イ　日本の高等学校（中等教育学校の後期課程を含む。以下同じ。）を令和3（2021）年3月31日までに卒業する見込みである者のうち、中学校・高等学校を通じて3年以上外国の学校教育を受け、かつ日本の高等学校在籍期間が2年未満である者

ウ　令和3（2021）年4月1日現在、満18歳以上の者で、次のいずれかに該当する者

①平成31（2019）年4月1日以降にスイス民法典に基づく財団法人国際バカロレア事務局が授与する国際バカロレア資格証書を授与された者

②平成31（2019）年4月1日以降にフランス共和国において大学入学資格として認められているバカロレア資格に係る資格証書を授与された者

③平成31（2019）年4月1日以降にドイツ連邦共和国の各州において大学入学資格として認められているアビトゥア資格に係る一般的大学入学資格証明書を授与された者

④平成31（2019）年4月1日以降にグレートブリテン及び北部アイルランド連合王国において大学入学資格として認められているジェネラル・サーティフィケート・オブ・エデュケーション・アドバンスト・レベル（GCE-A レベル資格）を有する者

（注）外国に設置されたものであっても，日本の学校教育法に準拠した教育を実施している学校に在学した者については，その期間は，外国の学校教育を受けたものとはみなしません。

●出願書類　募集要項に掲載

●日程等

出願	試験	発表	選抜方法
12/21～1/6	1/25	2/4	書類審査、小論文（日本語）、面接

●応募状況

年度＼人数	募集人員	出願者	受験者	合格者	入学者
2019	若干名	2	2	0	0
2020	若干名	2	0	0	0

公立　共学　寮

下関市立大学

〒751-8510　（担当：入試班）
山口県下関市大学町 2-1-1
TEL 083-254-8611　FAX 083-254-8611
URL https://www.shimonoseki-cu.ac.jp/

●入学時期　4月

●募集学部（学科）・募集人員

経済学部（経済学科）……………………………2名
（国際商学科）……………………………2名
（公共マネジメント学科）…………………1名

●出願資格・条件

日本国籍を有する者若しくは日本国の永住許可を得ている者で、次のいずれかに該当するものとする

(1) 外国において学校教育における12年の課程（日本における通常の課程による学校教育の期間を含む）を2019.4.1から2021.3.31までに卒業（修了）した者および同見込みの者。さらに、外国において最終の学年を含め2年以上継続して学校教育を受けている者、または外国での教育歴が9年を超える者

※文部科学大臣が高等学校の課程と同等の課程を有するものとして認定または指定した在外教育施設に在籍した者については、その期間を外国において学校教育を受けたものとはみなさない

(2) 外国において、国際バカロレア資格、アビトゥア資格、バカロレア資格、ジェネラル・サーティフィケート・オブ・エデュケーション・アドバンスト・レベル資格のいずれかを2019年または2020年に取得した者

(3) WASC、ACSI、CISの認定を受けた教育施設に置かれる12年の課程を2019.4.1から2021.3.31までに修了した者および見込みの者

(4) その他本学において、上記と同等であると認めた者

●出願書類

・出願シート一式・卒業（修了）証明書または同見込証明書等・国際バカロレア資格取得者は資格証書（写）および国際バカロレア資格最終試験6科目の成績評価証明書・アビトゥア資格取得者又はバカロレア資格取得者はその資格証書（写）および成績評価証明書・GCE-A レベル資格取得者は成績評価証明書（写）・最終卒業（修了）学校の成績証明書（日本の高等学校に在学したことがある場合は当該高等学校長の作成した調査書）・海外在留証明書・最終の出身学校が日本の学校の場合は外国の教育歴を証明する書類（在学証明書等）・志望理由書・履歴書

※外国語で作成された書類には必ず日本語訳を添付して下さい

●日程等

出願	試験	発表	選抜方法
11/2～9	11/28	12/18	出願書類、小論文（日本語）、面接

●応募状況

年度＼人数	募集人員	出願者	受験者	合格者	入学者
2019	5	0	0	0	0
2020	5	0	0	0	0

入

公立 女子 寮

福岡女子大学
（ふくおかじょし）

〒813-8529　（担当：アドミッションセンター）
福岡県福岡市東区香住ヶ丘1-1-1
TEL 092-661-2411(代)　FAX 092-692-3219
URL http://www.fwu.ac.jp/

●**入学時期**　4月

●**募集学部（学科）・募集人員**

国際文理学部（国際教養学科、環境科学科、食・健康学科）……………………若干名

●**出願資格・条件**

日本国籍を有する者または日本国の永住許可を得ている者で、かつ海外に在住している者または在住したことのある者で、次の(1)(2)のすべてに該当する女子

(1) 次のア、イのいずれかに該当する者
　ア. 外国の正規の学校教育における12年の課程（日本における通常の課程による学校教育の期間を含む）を2019.4.1から2021.3.31までに卒業（修了）した者及び同見込みの者で、外国において最終学年を含め2学年以上継続して学校教育を受けている者
　イ. 国際バカロレア資格、アビトゥア資格、バカロレア資格、Aレベル資格のいずれかを2019年または2020年に取得した者

(2) ①実用英語技能検定 ②TOEFL iBT®（TOEFL ITP®は除く。TOEFL iBT®テストは、Test Dateスコアのみを対象とする。）③TOEIC® Listening & Reading Test 及びTOEIC® Speaking & Writing Test（団体特別受験制度IPテストは除く）④GTEC（4技能）⑤IELTS ⑥TEAP ⑦TEAPCBT ⑧ケンブリッジ英語検定のいずれか1つを出願受付開始の日よりさかのぼって2年以内に受験し、出願時にその成績を証明できるもの

●**出願書類**　・Web入学志願票・身上記録書・最終出身学校の卒業証明書または同見込証明書および成績証明書・IB資格取得者はIB最終試験6科目の成績証明書およびDIPLOMAの写し・アビトゥア資格取得者は一般的大学入学資格証明書の写し・バカロレア資格取得者は資格証書および資格試験成績証明書の写し・Aレベル資格取得者は資格証書および成績評価証明書の写し・英語資格・検定試験の成績証明書・国籍等を証明する書類

●**日程等**

出願	試験	発表	選抜方法
10/9～21	11/14	12/4	学力検査、面接、英語

※学力検査は、国際教養学科は総合問題、環境科学科、食・健康学科は「化学」「生物」から1科目選択
※英語は資格・検定試験のスコアを利用

●**応募状況**

年度＼人数	募集人員	出願者	受験者	合格者	入学者
2019	若干名	2	1	0	0
2020	若干名	2	2	1	1

※出願：インターネット

入

公立 共学

北九州市立大学
（きたきゅうしゅうしりつ）

〒802-8577　（担当：広報入試課入学試験係）
福岡県北九州市小倉南区北方4-2-1
TEL 093-964-4022　FAX 093-964-4020
URL https://www.kitakyu-u.ac.jp/

●**入学時期**　4月

●**募集学部（学科）・募集人員**

外国語学部（英米学科、中国学科、国際関係学科）、経済学部（経済学科、経営情報学科）、文学部（比較文化学科、人間関係学科）、法学部（法律学科、政策科学科）、国際環境工学部（エネルギー循環化学科、機械システム工学科、情報システム工学科、建築デザイン学科、環境生命工学科）
……………………各若干名

●**出願資格・条件**

保護者の海外在留により外国において教育を受けた日本国籍を有する者のうち、2019.4.1以降に帰国した者で、次のいずれかに該当する者

(1) 外国において学校教育の12年の課程を修了した者または同見込みの者(12年の課程には日本における通常の課程による学校教育の期間も含まれるが、外国において最終学年を含め2年以上継続して学校教育を受けていること。外国に設置されているものであっても、日本の学校教育法に準拠した学校に在学した者については、その期間を外国において学校教育を受けた期間とはみなさない)

(2) 外国において、国際バカロレア資格、アビトゥア資格、バカロレア資格、GCE-Aレベル資格等のいずれかを有する者

●**出願書類**

・入学願書一式・海外在留証明書・最終出身学校の卒業（修了）証明書または同見込証明書
※資格証明書の種類については、学生募集要項をご確認下さい。

●**日程等**

出願	試験	発表	選抜方法
1/4～8	2/7	2/12	小論文、面接ほか※

※学部・学科により異なる。外国語学部中国学科および国際関係学科はTOEFLまたはTOEICの成績通知書が必要

●**応募状況**

年度＼人数	募集人員	出願者	受験者	合格者	入学者
2019	若干名	1	1	1	1
2020	若干名	0	0	0	0

●**備考**

[国際環境工学部についての問い合わせ先]
〒808-0135　北九州市若松区ひびきの1-1
学務課入学試験係
TEL 093-695-3340　FAX 093-695-3358

※新型コロナウイルス感染症への対応に伴い、試験日程、実施方法等が変更となる可能性があります。

ふく おか けん りつ
福岡県立大学

（担当：学務部教務入試班）
〒825-8585
福岡県田川市伊田 4395
TEL 0947-42-2118 FAX 0947-42-6171
URL http://www.fukuoka-pu.ac.jp/

●入学時期 4月

●募集学部（学科）・募集人員

人間社会学部……………………………………若干名

●出願資格・条件

日本国籍または日本国における永住資格を有する者で、日本国外に在留の結果、次の各号のいずれかに該当する者

(1) 外国の教育制度に基づく教育機関における 12 年の課程（日本における通常の課程による学校教育の期間を含む）を 2019.4.1 から 2021.3.31 までの間に卒業（修了）した者および卒業（修了）する見込みの者。ただし、日本国外において最終学年を含め 2 学年以上継続して学校教育を受けている者に限る

(2) 日本国外において、国際バカロレア資格、アビトゥア資格、バカロレア資格、GCEA 資格のいずれかを 2019.4.1 以降に取得した者

●出願書類

・入学願書一式・志望の理由および入学後の抱負・国外就学経験で得たもの
・出願資格 (1) による者は卒業（修了）学校の卒業（修了）証明書及び学業成績証明書（日本語訳を添付すること）
・出願資格 (2) による者は、国際バカロレア資格、アビトゥア資格、バカロレア資格又は GCEA 資格証書の写し及び成績評価証明書の写し

●日程等

出願	試験	発表	選抜方法
11/1～10	11/21	12/8	小論文、口頭試問

※口頭試問は、提出された「志望の理由及び入学後の抱負」と「国外就学経験で得たもの」をもとに、個人面接方式で行う

●応募状況

年度＼人数	募集人員	出願者	受験者	合格者	入学者
2019	若干名	1	1	0	0
2020	若干名	1	1	0	0

公立 共学

（担当：学生支援課学生グループ）

なが さき けん りつ
長崎県立大学

＜経営学部・地域創造学部＞
〒858-8580 長崎県佐世保市川下町 123
TEL 0956-47-5703 FAX 0956-47-4616
＜国際社会学部・情報システム学部・看護栄養学部＞
〒851-2195 長崎県西彼杵郡長与町まなび野 1-1-1
TEL 095-813-5065 FAX 095-813-5222
URL http://sun.ac.jp/

●入学時期 4月

●募集学部（学科）・募集人員

経営学部（経営学科、国際経営学科）、地域創造学部（公共政策学科、実践経済学科）、国際社会学部（国際社会学科）、情報システム学部（情報システム学科、情報セキュリティ学科）、看護栄養学部（看護学科、栄養健康学科）……………………………各若干名

●出願資格・条件

日本の国籍を有する者及び日本国の永住許可を得ている者のうち、保護者の海外勤務等の事情により外国の学校教育を受けた者で次のいずれかに該当する者

①外国の教育制度に基づく教育機関において、最終学年を含め 2 学年以上継続して学校教育を受け、12 年の課程（日本における通常の課程による学校教育の期間を含む）を 2019.4.1 ～ 2021.3.31 までに卒業（修了）した者及び卒業（修了）見込みの者

②日本の高等学校（特別支援学校の高等部及び中等教育学校を含む。：以下同じ）を 2021.3.31 までに卒業（修了）見込みの者で、中学校・高等学校を通じて 3 年以上外国の学校で教育を受け、かつ日本の高等学校の在籍期間が 2 年未満の者

③外国において、国際バカロレア資格、アビトゥア資格、バカロレア資格のいずれかを 2019.4.1 以降に取得した者で、2021.3.31 までに 18 歳に達している者

※外国に設置された教育機関であっても、日本の学校教育法に準拠した教育を施している学校に在籍した者については、その期間は、外国において学校教育を受けたものとはみなさない。

●出願書類

・出願確認票（入金済み）・履歴書・志望理由書・海外在留証明書・卒業（修了）証明書または同見込証明書（①②該当者のみ）・成績証明書（①②該当者のみ）・資格証明書及び成績評価証明書（③該当者のみ）・調査書（②該当者のみ）

●日程等

出願	試験	発表	選抜方法
11/2～9	11/28	12/4	書類審査、小論文、面接

●応募状況

年度＼人数	募集人員	出願者	受験者	合格者	入学者
2019	若干名	3	3	1	0
2020	若干名	0	0	0	0

公立 共学

熊本県立大学

(くまもとけんりつ)

〒862-8502 （担当：教務入試課）
熊本県熊本市東区月出 3-1-100
TEL 096-321-6610(直) FAX 096-383-2364
URL https://www.pu-kumamoto.ac.jp/

●入学時期 4月

●募集学部（学科）・募集人員

文学部、環境共生学部、総合管理学部…………各若干名

●出願資格・条件 日本国籍を有する者および日本国の永住許可を得ている者で、次のいずれかに該当する者

(1) 学校教育における 12 年の課程（日本における通常の課程による学校教育の期間を含む）を修め、そのうち海外において在住国の正規の教育制度に基づく高等学校に最終学年を含めて２年以上継続して在学し、2019.4.1 から 2021.3.31 までに卒業（修了）した者または同見込みの者。ただし、外国で日本の学校教育法に準拠した教育を施している学校に在学した者については、その期間を外国において学校教育を受けたものとはみなさない

(2) 外国において、スイス民法典に基づく財団法人である国際バカロレア事務局から国際バカロレア資格証書を授与された者。

(3) ドイツ連邦共和国の各州において大学入学資格として認められているアビトゥア資格を有する者。

(4) フランス共和国において大学入学資格として認められているバカロレア資格を有する者。

(5) 英国において、大学入学資格として認められているジェネラル・サーティフィケート・オブ・エデュケーション・アドバンスト・レベル資格（A レベル資格）を有する者。

(6) 外国において、学校教育における 12 年の課程を修了した者と同等以上の学力があるかどうかに関する認定試験であると認められる当該国の検定（国の検定に準ずるものを含む）に合格した者で、2021.3.31 までに 18 歳に達する者。

●出願書類

・入学願書・履歴書等・最終出身学校の卒業（修了）証明書または同見込証明書および成績証明書（日本の高等学校に在学したことがある場合は出身学校長の作成した調査書）ー〔スイス：国際バカロレア資格〕資格証書の写し及び資格最終試験６科目の成績評価証明書、〔ドイツ：アビトゥア資格〕一般的大学入学資格証明書の写し、〔フランス：バカロレア資格〕資格証書の写し、〔英国：A レベル資格〕資格証書の写し及び資格試験成績証明書（すべて和訳文を添付）、その他

●日程等 ※学力試験は学部・学科により異なる

出願	試験	発表	選抜方法
11/2～9	12/6	12/14	学力試験、小論文（日本語）、面接、書類審査

●応募状況

年度＼人数	募集人員	出願者	受験者	合格者	入学者
2019	若干名	0	0	0	0
2020	若干名	1	1	0	0

●備考

〈帰国子女の編入学について〉
希望する者は、本学教務入試課まで問い合わせること

公立 共学

宮崎公立大学

(みやざきこうりつ)

〒880-8520 （担当：学務課）
宮崎県宮崎市船塚 1-1-2
TEL 0985-20-2212 FAX 0985-20-4820
URL https://www.miyazaki-mu.ac.jp/

●入学時期 4月

●募集学部（学科）・募集人員

人文学部（国際文化学科）……………………若干名

●出願資格・条件 本国籍を有する者および日本国の永住許可を得ている者、その他これに準ずる者であり、外国において教育を受けた者で、次の (1) から (3) のいずれかに該当し、かつ (4) の要件を満たす者。

(1) 外国において、学校教育における 12 年の課程（日本における通常の課程による学校教育の期間を含む。）を平成 31 年４月１日から令和３年３月 31 日までに卒業した者および卒業見込みの者（修了および修了見込みの者を含む。）で、外国において最終学年を含め２年以上継続して学校教育（外国における日本の学校教育に相当する教育を除く。）を受けている者

(2) 日本の高等学校もしくは中等教育学校を平成 31 年４月１日から令和３年３月 31 日までに卒業した者または卒業見込みの者のうち、中学校・高等学校もしくは中等教育学校を通じて３年以上外国の学校教育（外国における日本の学校教育に相当する教育を除く。）を受け、かつ日本の高等学校もしくは中等教育学校の後期課程の在学期間が２年未満の者

(3) 外国において、国際バカロレア資格、アビトゥア資格（ドイツ連邦共和国）またはバカロレア資格（フランス共和国）を平成 31 年から令和２年までに授与された者

(4) 次の検定試験のいずれかの基準を満たし、出願に際し証明書を提出できる者。ただし、出願日から２年以内に取得したものに限る。

・TOEIC 450 点以上・TOEFL (iBT) 55 点以上
・IELTS 4.0 以上・英検 準２級以上
※ TOEIC-IP と TOEFL-ITP の成績は採用しません。

●出願書類

・入学願書一式・住民票（該当者）・調査書（該当者）・卒業証明書または同見込証明書・外国において在学した学校長が作成した在学全期間の成績証明書・IB 資格取得者は資格証書の写しおよび IB 最終試験６科目の成績評価証明書・アビトゥア資格取得者は一般的大学入学資格証明書の写し・バカロレア資格取得者は資格証書の写しおよび資格試験成績評価証明書・海外在留証明書

●日程等

出願	試験	発表	選抜方法
11/2～6	11/21・22	12/2	基礎学力、小論文、面接、書類審査

●応募状況

年度＼人数	募集人員	出願者	受験者	合格者	入学者
2019	若干名	0	0	0	0
2020	若干名	0	0	0	0

入

公立 共学

名桜大学
（めいおう）

〒905-8585　（担当：入試・広報課）
沖縄県名護市字為又 1220 番地の 1
TEL 0980-51-1056　FAX 0980-54-2429
URL https://www.meio-u.ac.jp/

●入学時期　4月

●募集学群・学部（学科）・募集人員

国際学群、人間健康学部（スポーツ健康学科）
……………………… 各若干名

●出願資格・条件

日本国籍を有する者で、外国の正規の学校教育における 12 年の課程（日本における通常の課程による学校教育の期間を含む）を卒業（修了）した者又は 2021 年 3 月 31 日までに卒業（修了）見込みの者。ただし、外国で最終の学年を含めて 2 年以上継続（注）して学校教育を受けていた（いる）者に限る

（注）外国に設置されている学校において、日本の学校教育に準拠した教育を実施している学校に在学して教育を受けた期間は「2 年以上」という期間には算入しない。

※他大学との併願は認めるが、本学を第一志望の入学先とすることを希望する。本学が実施する他の選抜試験で合格し、入学手続が完了した者は出願不可

●出願書類

・入学志願票・成績証明書・卒業（見込）証明書・在学期間証明書・履歴書・志願理由書・宛名ラベル・角 2 封筒

※成績証明書、卒業証明書、在学期間証明書の日本語訳がされていない場合は「公証書」を添付すること

※日本の高等学校に在学したことがある場合は、成績証明書に代えて当該高等学校長が作成した「調査書」を併せて提出

●日程等

区分	出願	試験	発表	選抜方法
A	11/2～13	12/6	12/25	小論文、面接
B	11/5～20	12/5	12/25	総合問題、面接、書類審査

※ A：国際学群　B：人間健康学部（スポーツ健康学科）

●応募状況

年度＼人数	募集人員	出願者	受験者	合格者	入学者
2019	若干人	3	3	1	1
2020	若干人	0	0	0	0

入

私立 共学 寮

札幌大学
（さっぽろ）

〒062-8520　（担当：入学センター）
北海道札幌市豊平区西岡 3 条 7 丁目 3-1
TEL 011-852-9153　FAX 011-856-8262
URL https://www.sapporo-u.ac.jp/

●入学時期　4月

●募集学部・募集人員

地域共創学群 ………………………………若干名

●出願資格・条件

日本国籍を有し、外国で学び、(1)～(3) のいずれかに該当する者

(1) 外国の高等学校を卒業（見込）の者（日本の通常の課程における学校教育を含む 12 年の課程またはこれに準じ文部科学大臣が別に指定したものを修了もしくは修了見込であること）。ただし、卒業者は出願時に、卒業後 1 年 6 ヵ月未満であること。

(2) 国際バカロレア資格またはそれに準ずる資格があると認められる者。

(3) 日本の高等学校もしくは中等教育学校（学校教育法第 1 条による学校）を当該年の 3 月に卒業見込みの者のうち、①外国の高等学校に 2 年以上継続して在学した者。ただし、日本の高等学校の在籍期間は原則として 1 年 6 ヵ月未満であること。②外国の中・高等学校を通じて 3 年以上継続して在学した者。ただし、日本の高等学校の在籍期間は原則として 1 年 6 ヵ月未満であること。

●出願書類

・入学志願票・身上記録・成績証明書・出身高等学校の卒業（見込）証明書・IB 資格取得者は IB 最終試験 6 科目の成績評価証明書および IB ディプロマ

●日程等

出願	試験	発表	選抜方法
11/1～13（インターネット出願）	11/21・22	12/8	個人面接・小論文

●応募状況

年度＼人数	募集人員	出願者	受験者	合格者	入学者
2019	若干名	0	0	0	0
2020	若干名	0	0	0	0

私立　共学

札幌国際大学

（担当：入学センター）

〒004-8602
北海道札幌市清田区清田4条1-4-1
TEL 011-881-8861　FAX 011-881-8060
URL http://www.siu.ac.jp/

●入学時期　4月

●募集学部（学科）・募集人員

観光学部（観光ビジネス学科、国際観光学科）、人文学部（現代文化学科、心理学科）、スポーツ人間学部（スポーツビジネス学科、スポーツ指導学科）…各若干名

●出願資格・条件

2019年4月1日以後に帰国した日本人で、帰国までの海外在住期間が1年以上にわたり、次の①〜③のいずれかに該当する者

①外国の正規の学校教育における12年の課程（日本における通常の課程による期間を含む）を2019年4月1日から2021年3月31日までに卒業（修了）した者又は卒業（修了）見込みの者。ただし、外国において最終の学年を含めて1年以上継続して在学した者

②国際バカロレアの資格証書を2019年4月1日以降に授与された者で、2021年4月1日までに18歳に達する者

③高等学校を卒業した者と同等以上の学力があると認められる者

●出願書類

・入学願書・写真票・受験票・志望理由書・出身校の卒業証明書及び成績証明書・推薦書・宛名ラベル・国際バカロレア資格証書及び成績評価証明書（出願資格②で出願する者）・海外在留証明書（両親等の海外在留により外国に在留していた場合は、これを証明する両親等の勤務先等による証明書）・履歴書・旅券・日本語能力を証明する書類

●日程等

出願	試験	発表	選抜方法
11/11〜27	12/19	12/25	面接（日本語）、書類※

※総合的に審査して合否を決定

●応募状況

年度＼人数	募集人員	出願者	受験者	合格者	入学者
2019	若干名	0	0	0	0
2020	若干名	0	0	0	0

私立　共学

北星学園大学

（担当：入試課）

〒044-8631
北海道札幌市厚別区大谷地西2-3-1
TEL 011-891-2731　FAX 011-894-8383
URL http://www.hokusei.ac.jp

●入学時期　4月

●募集学部（学科）・募集人員

文学部、経済学部、社会福祉学部　…………　各若干名

●出願資格・条件

日本国籍を有する者で、父母・保証人の海外勤務等の事情により父母・保証人とともに外国に在留し、次のいずれかに該当する者（父母・保証人帰国後の単身留学期間が1年以内の者を含む）

(1) 国内外を問わず、学校教育における12年の課程（日本における通常の課程による学校教育の期間を含む）を2019.4.1から2021.3.31までに卒業（修了）した者及び同見込みの者。ただし、日本の高等学校に相当する3年間のうち2年以上外国において学校教育を受けている者に限る

(2) 外国において、国際バカロレア資格証書を2019年度または2020年度に授与された者。

(3) 各国教育制度による大学入学資格試験に合格している者。

※出願資格書類等についての疑問は、出願開始の2ヶ月前までに入試課へ問い合わせのこと

●出願書類

・入学志願票・入学志願者経歴書・最終出身学校の卒業（修了）証明書または同見込証明書・成績証明書・調査書・出願資格（2）に該当する者はIB資格証書とIB最終試験6科目の成績評価証明書・大学入学資格試験（統一試験）を受験している者はその成績評価証明書・海外在留証明書

●日程等

出願	試験	発表	選抜方法
11/2〜9	11/21	12/1	英語、小論文、面接、書類審査

●応募状況

年度＼人数	募集人員	出願者	受験者	合格者	入学者
2019	若干名	1	1	1	0
2020	若干名	0	0	0	0

●備考

〈帰国子女の編入学について〉

個別相談に応じている（要項等には明記していないので、個別に問い合わせのこと）

ほっ かい がく えん
北海学園大学

(担当：入試部入試課)
〒062-8605
北海道札幌市豊平区旭町 4-1-40
TEL 011-841-1161 FAX 011-841-1377
URL https://www.hgu.jp/

●入学時期 4月

●募集学部（学科）・募集人員

経済学部、経営学部、法学部、人文学部、工学部
…………………… 各学部若干名

●出願資格・条件

日本国籍を有し、外国で教育を受け、かつ国内外を通じて12年の学校教育を修了（見込）の者またはこれに準ずる者で、次のいずれかに該当する者

(1) 外国の教育課程に基づく学校に2年以上継続して在学し、修了後2年以内の者、または2021.3.31までに修了見込みの者
(2) 外国の教育課程に基づく学校に2年以上継続して在学し、帰国後日本の高等学校に編入学し、その在学期間が2年以内で2021.3.31までに卒業見込みの者
(3) 外国の教育課程に基づく学校に2年以上継続して在学し、帰国後2年以内で、高等学校卒業程度認定試験に合格または2021.3.31までに合格見込みの者、もしくは、大学入学資格検定に合格した者
(4) 国際バカロレア資格を2年以内に取得した者

●出願書類

・志願票・経歴書（本校所定用紙）・出願資格（1）(2)は①最終出身高等学校の卒業（修了）証明書または同見込証明書②高等学校における在学全期間の調査書または成績証明書・(3）は高等学校卒業程度認定試験・大学入学資格検定の合格証明書（合格見込み者は合格見込みの証明書）・(4）はIB資格証書の写しおよびIB最終試験の成績評価証明書

●日程等

出願	試験	発表	選抜方法
11/2～11(郵送) 11/2～12(窓口)	11/29	12/11	〔経済・経営・人文・工〕作文（日本語）、面接 〔法〕小論文、面接

●応募状況

年度 ＼ 人数	募集人員	出願者	受験者	合格者	入学者
2019	若干名	1	1	1	1
2020	若干名	0	0	0	0

私立 共学

ほっ かい どう か がく
北海道科学大学

(担当：入試課)
〒006-8585
北海道札幌市手稲区前田7条15-4-1
TEL 0120-248-059 FAX 011-688-2392
URL https://www.hus.ac.jp/nyushi/

●入学時期 4月

●募集学部（学科）・募集人員

工学部（機械工学科、情報工学科、電気電子工学科、建築学科、都市環境学科）
薬学部（薬学科）
保健医療学部（看護学科、理学療法学科、義肢装具学科、臨床工学科、診療放射線学科）
未来デザイン学部（メディアデザイン学科、人間社会学科）
…………………………各学科若干名

●出願資格・条件

本学を第一志望とし、日本国籍を有し保護者の海外勤務等の事情により外国の学校教育を受けた18歳以上の者で、かつ日本語の講義を理解でき、次のいずれかに該当する者、薬学部は、入学後たばこを吸わないことを確約できる者

(1) 外国において「学校教育における12年の課程」のうち、最終学年を含め2年以上継続して教育を受け、2020.4.1から2021.3.31までに卒業（修了）した者及び卒業（修了）見込みの者
(2) 外国において3年以上継続して正規の学校教育を受け、帰国後、2021.3.31までの在籍期間が1年未満で、2021年3月に日本の高等学校を卒業見込みの者
(3) 国際バカロレア資格を有する者及び当該国における大学入学資格を有する者

●出願書類

・志願票・自己推薦書・出身高等学校調査書・大学入学資格証明書※出願資格（3）に該当する場合・外国での修学時における成績証明書及び修了証明書

●日程等

出願	試験	発表	選抜方法
11/2～8	11/21	12/4	※

※工学部・保健医療学部・未来デザイン学部は基礎学力試験、数学（数学Ⅰ・数学A)、書類審査、面接試験で判定。

薬学部は、基礎学力試験、理科（化学基礎）、数学（数学Ⅰ・数学A)、書類審査、面接試験で判定。

●応募状況

年度 ＼ 人数	募集人員	出願者	受験者	合格者	入学者
2019	若干名	0	0	0	0
2020	若干名	1	1	1	1

入

私立　共学

旭川大学（あさひかわ）

（担当：事務局入試広報課）

〒079-8501
北海道旭川市永山3条23-1-9
TEL 0120-48-3124　FAX 0166-48-8718
URL https://www.asahikawa-u.ac.jp/

●入学時期　4月

●募集学部（学科）・募集人員

経済学部（経営経済学科）……………………………若干名
保健福祉学部（コミュニティ福祉学科、保健看護学科）……………………………若干名

●出願資格・条件

日本国籍を有し、保護者とともに海外に在住し外国の学校教育を受け、かつ次のいずれかに該当する者

(1) 外国において学校教育における12年の課程（日本における通常の課程による期間を含む）を2019.4.1から2021.3.31までに修了した者および修了見込みの者。ただし、外国において最終学年を含め2年以上継続して在学した者（文部科学大臣が指定または認定した在外教育施設に在籍した者については、その期間を外国において学校教育を受けたものとはみなさない）

(2) 国際バカロレア、アビトゥア、バカロレアなど、外国の大学入学資格の保有者で、2021.4.1までに18歳以上となる者

●出願書類

・志願票
・出願理由書
・調査書
・成績証明書
・修了（見込）証明書（上記出願資格(1)の者のみ）
・国際バカロレア資格証書等の写しおよび最終試験6科目の成績証明書（上記出願資格(2)の者のみ）
・バカロレア資格証書等の写しおよび成績証明書（上記出願資格(2)の者のみ）
・アビトゥアの大学入学資格証明書等の写しおよび成績証明書（上記出願資格(2)の者のみ）
・履歴書

●日程等

出願	試験	発表	選抜方法
1/8～22	2/1	2/15	小論文、面接

●応募状況

年度＼人数	募集人員	出願者	受験者	合格者	入学者
2019	若干名	0	0	0	0
2020	若干名	0	0	0	0

入

私立　共学　寮

札幌学院大学（さっぽろがくいん）

（担当：広報入試課）

〒069-8555
北海道江別市文京台11
TEL 011-386-8111　FAX 011-386-8133
URL https://www.sgu.ac.jp/

●入学時期　4月

●募集学部（学科）・募集人員

全学部全学科……………………………若干名

●出願資格・条件　日本国籍を有し、外国において学校教育を受けた者で、日本語の講義を理解できる能力を有し、次のいずれかに該当する者。

(1) 学校教育法における12年の課程のうち、外国の高等学校相当として指定した外国人学校に、最終学年を含めて2年以上継続して在籍し、2019年4月1日から2021年3月31日までに卒業した者または卒業見込みの者。
(2) 外国において2年以上継続して正規の教育制度に基づく学校教育を受け、原則として日本の高等学校の第2学年または第3学年に編入学を認められた者で、2021年3月に卒業見込みの者。
(3) 外国において国際バカロレア資格、アビトゥア資格、フランス共和国バカロレア資格のいずれかを取得した者。
(4) 上記の資格と同等の資格があると本学が認めた者。（※）※事前に広報入試課へ問い合わせてください。

●出願書類　海外帰国生として志願する者は所定の期日までに次の書類を提出すること。

(1) Web志願票
(2) 最終出身学校の卒業（修了）証明書、または卒業（修了）見込証明書および成績証明書
　①原本を提出すること。原本が提出できない場合はコピーでも可。ただし、その場合は必ず原本を持参し呈示すること。
　②国際バカロレア資格を取得した者は、国際バカロレア証明書とIB最終試験6科目の成績評価証明書を提出すること。
　③ドイツ連邦共和国アビトゥア資格を取得した者は、アビトゥア資格証明書と成績証明書を提出すること。
　④フランス共和国バカロレア資格を取得した者は、バカロレア資格証明書と成績証明書を提出すること。
(3) 健康診断証明書
(4) 志望理由書
(5) 海外在留証明書
(6) 調査書（出身高等学校所定用紙）（日本の高等学校を2020年3月に卒業した者及び2021年3月に卒業見込みの者のみ提出。なお、文部科学大臣が行う高等学校卒業程度認定試験に合格した者はその合格成績証明書を提出すること。
(7) 履歴書

●日程等

出願	必要書類郵送締切日	試験※	発表	選抜方法
11/2～9 11：00	11/11必着	11/21	12/4	口頭試問 面接
		11/22		

※11/21…法律学科、経済学科、経営学科
　11/22…臨床心理学科、人間科学科、英語英米文学科、こども発達学科

●応募状況

年度＼人数	募集人員	出願者	受験者	合格者	入学者
2019	若干名	0	0	0	0
2020	若干名	0	0	0	0

入

私立 共学

北翔大学

〒069-8511 （担当：アドミッションセンター）
北海道江別市文京台23
TEL 011-386-8011 FAX 011-387-3739
URL http://www.hokusho-u.ac.jp

●入学時期 4月

●募集学部（学科）・募集人員

生涯スポーツ学部（スポーツ教育学科、健康福祉学科）、教育文化学部（教育学科、芸術学科、心理カウンセリング学科） ……………… 各若干名

●出願資格・条件

日本国籍を有し、両親などの家族とともに海外に留学し、海外での学校教育を受け、次のいずれかに該当する者。また本学を専願とする者

(1) 高等学校を令和2年3月に卒業した者および令和3年3月に卒業見込みの者のうち、外国の後期中等教育機関に2年以上継続して在籍した者。ただし、日本の高等学校の在籍期間は原則として1年を超えないものとする

(2) 外国において、学校教育による12年の課程を平成31年4月以降に卒業（修了）した者および令和3年3月までに卒業（修了）見込みの者、またはこれに準ずる者で文部科学大臣の指定した者

(3) 国際バカロレア資格証明、アビトゥア資格証明、フランス共和国バカロレア資格証明、GCEAレベル資格証明のいずれかを平成31年4月以降に取得した者で、令和3年3月31日までに18歳に達する者

●出願書類

・入学志願票（本学所定用紙）・調査書（出身高校で作成したもの）・最終学校卒業（修了）証明書および成績証明書・外国における在留を証明するもの・健康診断書（提出が必要な者のみ）・資格証明書（上記(3)に該当する者）

●日程等

出願	試験	発表	選抜方法
11/2～10	11/22	12/5	書類審査、面接

●応募状況

年度＼人数	募集人員	出願者	受験者	合格者	入学者
2019	若干名	0	0	0	0
2020	若干名	0	0	0	0

入

私立 共学 寮

北海道情報大学

〒069-8585 （担当：入試課）
北海道江別市西野幌59-2
TEL 011-385-4411 FAX 011-384-0134
URL https://www.do-johodai.ac.jp

●入学時期 4月

●募集学部（学科）・募集人員

経営情報学部（先端経営学科、システム情報学科） ……………… 各若干名
医療情報学部（医療情報学科医療情報専攻、医療情報学科臨床工学専攻） ……………… 各若干名
情報メディア学部（情報メディア学科） ……… 若干名

●出願資格・条件

日本国籍を有する者で、次のいずれかに該当する者（父母等の海外勤務等の事情により、父母とともに外国に在留したもの）

(1) 外国において2年以上正規の教育制度に基づく学校教育を受け、原則として日本の高等学校の第2学年または第3学年に編入学を認められた者で、2021年3月卒業見込みの者

(2) 外国において、最終学年を含めて2年以上正規の教育制度に基づく学校教育を受け、12年の課程（日本における通常の課程による学校教育の期間を含む）を2019.4.1から2021.3.31までに修了（見込）の者

(3) 国際バカロレア資格証書を2019年または2020年に授与された者で、18歳以上の者（2021.3.31現在）

※(1)(2)に関して、在外の日本人学校で教育を受けた期間は、「2年以上」という期間に算入しない

●出願書類

・入学志願票（本学所定用紙、写真1枚貼付）・出願資格を証明する書類〔出願資格(1)は高等学校の調査書・同(2)は最終出身学校の成績証明書および卒業（見込）証明書（コピー不可）・同(3)はIB資格証書とIB最終試験の成績評価証明書（コピー不可）・経歴書（本学所定用紙）・海外在留証明書（本学所定用紙）・健康診断書（本学所定用紙。提出指示があった場合のみ）

●日程等

出願	試験	発表	選抜方法
11/30～12/18	1/9	1/20	筆記試験、面接試験

※筆記試験は日本語作文、面接試験は口頭試問

●応募状況

年度＼人数	募集人員	出願者	受験者	合格者	入学者
2019	若干名	0	0	0	0
2020	若干名	0	0	0	0

私立 共学

星槎道都大学
（せいさどうとだいがく）

〒061-1196　（担当：入試広報課）
北海道北広島市中の沢149
TEL 011-372-8130　FAX 011-376-9339
URL http://www.dohto.ac.jp

●**入学時期**　4月

●**募集学部（学科）・募集人員**

社会福祉学部、経営学部、美術学部…………各若干名

●**出願資格・条件**

日本の国籍を有し、保護者の海外在留という事情により外国における正規の学校教育を受け、保護者とともに帰国した者（保護者の帰国後1年以内に本人が帰国した場合を含む）で次のいずれかに該当する者

(1) 外国の教育課程に基づく学校を2019年4月1日から2021年3月31日までの間に修了した者および修了見込みの者
※ただし、2年以上継続して在籍していること
(2) 日本の高等学校または中等教育学校を2020年3月卒業見込みの者で、外国の教育課程に基づく学校に2年以上継続して在学した者
(3) 国際バカロレア資格（ディプロマ資格）を有する18歳以上の者
(4) ドイツ連邦共和国のアビトゥア資格を有する18歳以上の者
(5) フランス共和国のバカロレア資格を有する18歳以上の者

●**出願書類**

・入学志願書・出身学校調査書・最終出身学校の成績証明書・卒業（見込）証明書・海外在留証明書・経歴書・外国における大学入学資格（国際バカロレア・バカロレア・アビトゥア等）証書（写）または成績証明書

●**日程等**

出願	試験	発表	選抜抜法
11/16～12/14	12/19	12/25	書類選考、面接、作文（日本語）

●**応募状況**

年度＼人数	募集人員	出願者	受験者	合格者	入学者
2019	若干名	0	0	0	0
2020	若干名	0	0	0	0

私立 共学 寮

青森中央学院大学
（あおもりちゅうおうがくいんだいがく）

〒030-0132　（担当：入試広報センター）
青森県青森市横内字神田12番地
TEL 017-728-0131　FAX 017-738-8333
URL https://www.aomoricgu.ac.jp/

●**入学時期**　4月、9月（経営法学部のみ）

●**募集学部（学科）・募集人員**

経営法学部（経営法学科）……………………若干名
看護学部（看護学科）…………………………若干名

●**出願資格・条件**

次の(1)から(3)に該当する者

(1) 外国の教育課程（日本における通常の課程による学校教育の期間を含む）を修了した者、または令和3年3月31日までに修了見込みの者。ただし、12年の課程のうち、外国において最終学年を含め2年以上継続して正規の教育制度に基づく学校教育を受けている者
(2) 外国において、学校教育における12年の課程を修了した者と同等以上の学力があると認められる当該国の検定に合格した者
(3) 文部科学大臣の指定した者

●**出願書類**

入学志願書一式。志望理由書。外国の高等学校卒業者（見込みを含む）は、成績証明書、卒業（修了）証明書および卒業見込み証明書。外国において、学校教育における12年の課程を修了した者と同等以上の学力があると認められる当該国の検定に合格した者は成績証明書。保護者勤務先（海外）の在職証明書または本人が保護者と当該国に在留していたことを証明する海外在留証明書。

●**日程等**

学部	出願	試験	発表	選抜方法
経営法	10/1～15	10/24	11/2	提出書類、面接
	11/25～12/12	12/19	12/26	
	2/8～26	3/6	3/13	
経営法秋季	8/17～9/4	9/12	9/19	
看護	11/2～13	11/21	12/1	小論文、面接

※経営法学部は出願に際して事前にエントリーシートを提出し面談を受けること

●**応募状況**

年度＼人数	募集人員	出願者	受験者	合格者	入学者
2019	若干名	0	0	0	0
2020	若干名	0	0	0	0

私立　共学

弘前学院大学

ひろさきがくいん

〒036-8577　（担当：入試広報センター）
青森県弘前市稔町13-1
TEL 0172-34-5211　FAX 0172-32-9302
URL http://www.hirogaku-u.ac.jp

●入学時期　4月

●募集学部（学科）・募集人員

文学部（英語・英米文学科、日本語・日本文学科）、社会福祉学部（社会福祉学科）…………各学科若干名

●出願資格・条件

日本の国籍を有し、保護者の海外勤務等の事情により海外に在住し、外国の学校教育を受けた者で、次のいずれかに該当する者

(1) 外国において「学校教育における12年の課程」のうち、最終学年を含め2年以上継続して教育を受け、2019.4.1 ～ 2021.3.31までにその課程を修了した者または修了見込みの者

(2) (1)に準ずる者で、文部科学大臣の指定した者
※外国に設置されたものであっても日本の学校教育法に準拠した教育を施している学校に在学した者については、その期間を外国において学校教育を受けたものとはみなさない

●出願書類

・入学願書（本学所定）・最終出身高校の卒業（修了）証明書または同見込証明書・最終出身高校の成績証明書・海外在住証明書

●日程等

区分	出願	試験	発表	選抜方法
A	11/2～17	11/21	12/2	書類審査、面接
B	11/2～17	11/21	12/2	小論文、面接

※A：文学部、B：社会福祉学部

●応募状況

年度＼人数	募集人員	出願者	受験者	合格者	入学者
2019	若干名	0	0	0	0
2020	若干名	0	0	0	0

岩手医科大学

いわていか

〒028-3694　（担当：入試・キャリア支援課）
岩手県紫波郡矢巾町医大通1-1-1
TEL 019-651-5111　FAX 019-907-7412
URL https://www.iwate-med.ac.jp/

●入学時期　4月

●募集学部（学科）・募集人員

薬学部……………………………………………若干名

●出願資格・条件

日本国籍を有し、保護者の海外勤務等の事情により外国において教育を受け、2020.4.1現在、年齢が18歳以上で、次のいずれかの要件を満たしている者とし、合格した場合、入学を確約できる者

(1) 学校教育課程12年のうち、外国における正規の教育課程に基づく高等学校またはそれと同等の学校に最終学年を含め2年以上在学し、2019年3月以降に卒業または2021年3月卒業見込みの者

(2) 外国において、アビトゥア資格、バカロレア資格またはGCEAを取得した者

(3) 外国において、国際的な認証団体（WASC・ACSI・CIS）から認証を受けたインターナショナルスクールに置かれる12年の課程を修了した者

●出願書類

・入学志願書・志望理由書・誓約書・受験票・写真票・住所カード・卒業証明書または資格証明書

●日程等

出願	試験	発表	選抜方法
11/2～11	11/22	12/4	化学基礎・化学、面接

●応募状況

年度＼人数	募集人員	出願者	受験者	合格者	入学者
2019	若干名	0	0	0	0
2020	若干名	0	0	0	0

盛岡大学

もりおか

〒020-0694　（担当：入試センター）
岩手県滝沢市砂込 808
TEL 019-688-5560　FAX 019-688-5577
URL http://www.morioka-u.ac.jp/

●入学時期　4月

●募集学部（学科）・募集人員

文学部（英語文化学科、日本文学科、社会文化学科、児童教育学科〈児童教育コース、保育・幼児教育コース〉）……… 各学科・コース若干名

栄養科学部（栄養科学科）…………………………若干名

●出願資格・条件

日本国籍を有し、下記のいずれかに該当する者

(1) 海外において、外国の教育課程に基づく高等学校に2年以上在籍し、かつ出願時までに通常の12年の課程を卒業した者または卒業見込みの者

(2) 海外において、2年以上正規の学校教育に基づく教育を受け、帰国後、日本の高等学校（中等教育学校の後期課程を含む。以下同じ）に入学し、日本の高等学校を卒業見込みの者

(3) 文部科学大臣が高等学校の課程に相当する課程を有するものとして認定または指定した在外教育施設の当該課程を修了した者

(4) 国際バカロレア資格、アビトゥア資格、バカロレア資格（フランス共和国）、GCEA資格（グレート・ブリテン及び北部アイルランド連合王国）を有する者、国際的な評価団体（WASC、ACSI、CIS）から教育活動に係る認定を受けた教育施設の12年の課程を修了した者及び修了見込みの者

●出願書類　・入学志願票一式（本学所定用紙）・最終出身学校の卒業（見込）証明書（IB資格、アビトゥア資格、バカロレア資格（フランス共和国）、GCEA資格（グレート・ブリテン及び北部アイルランド連合王国）取得者はその資格証書の写し）・高等学校3か年間の成績証明書（IB資格、アビトゥア資格、バカロレア資格（フランス共和国）GCEA資格（グレート・ブリテン及び北部アイルランド連合王国）取得者は、試験科目の成績証明書）・身上書（本学所定用紙）

●日程等

区分	出願	試験	発表	選抜方法
前期	9/18～10/2	10/17	10/23	書類審査、学科に関する小論文、面接
後期	1/25～2/8	2/22	2/26	

●応募状況

年度＼人数	募集人員	出願者	受験者	合格者	入学者
2019	若干名	0	0	0	0
2020	若干名	0	0	0	0

●備考

入試の詳細は必ず入試センターへ確認のこと

私立　共学　寮

東北学院大学

とうほくがくいん

〒980-8511　（担当:アドミッションズ・オフィス）
宮城県仙台市青葉区土樋 1-3-1
TEL 022-264-6455　FAX 022-264-6377
URL http://www.tohoku-gakuin.ac.jp

●入学時期　4月

●募集学部（学科）・募集人員

文学部、経済学部、経営学部、法学部、工学部、教養学部…………………………………………………各若干名

※総合選抜に準じる

●出願資格・条件

次のいずれかに該当する者で、日本国籍を有し、家族の外国勤務・在留にともない外国の学校に在学し、卒業後大学入学時までの経過年数が原則として1年未満の者

(1) 外国において通常の課程による12年の学校教育課程（日本における通常の課程による学校教育期間を含む）を修了し、そのうち外国において在住国の正規の教育制度に基づく中等教育機関に最終学年を含めて2年以上継続在学して卒業した者、または2021年3月までに卒業見込みの者

(2) 外国において、中等教育機関に3年以上継続して在学し、外国の学校教育課程に基づく教育を受け、帰国後日本の高等学校に入学し、当該高等学校を2021年3月までに卒業見込みの者。ただし日本の高等学校もしくは中等教育学校（後期課程）における在学期間が帰国後1年半を超えない者

(3) 外国において学校教育における12年の課程を修了した者に準ずる者で、文部科学大臣の指定した者（原則として、最終学年を含めて2年以上継続在学した者であること）

●出願書類

本学所定の「第一次選抜審査申請書」と「第一次選抜志願票」「入学願書（帰国生特別選抜）」「海外在留証明書」「成績証明書」「卒業証明書」

●日程等

●第一次選抜

区分	出願	試験	発表	選抜方法
A日程	9/3～10	9/28～10/16	10/23	書類審査および面接
B日程	11/9～12	11/30～12/3	12/7	

※第一次選抜の面接は30分程度（経済学科はグループ・ディスカッション40分程度の後に面接20分程度、法律学科・地域構想学科はプレゼンテーションおよび面接。）

●第二次選抜

第一次選抜でA、B、Cの評価を受けた者だけが出願できる。小論文と面接

A日程…出願10/29～11/4、試験11/19、発表12/1

B日程…出願12/9～11、試験12/19、発表12/26

●応募状況

年度＼人数	募集人員	出願者	受験者	合格者	入学者
2019	若干名	0	0	0	0
2020	若干名	0	0	0	0

入

私立 女子 寮

宮城学院女子大学

〒981-8557 （担当：入試課）
宮城県仙台市青葉区桜ケ丘 9-1-1
TEL 022-279-5837 FAX 022-279-5978
URL https://www.mgu.ac.jp/

●入学時期 4月

●募集学部（学科）・募集人員

現代ビジネス学部（現代ビジネス学科）………若干名
教育学部（教育学科〈幼児教育専攻、健康教育専攻〉）…………………………各専攻若干名
生活科学部（食品栄養学科〈第1回のみ〉、生活文化デザイン学科）…………………………各学科若干名
学芸学部（日本文学科、英文学科、人間文化学科、心理行動科学科、音楽科）…………………各学科若干名

●出願資格・条件

保護者の海外在留等により外国の教育を受けた日本国籍を有する女子で、次の(1)～(4)のいずれかに該当する者

(1) 外国において学校教育における12年の課程を2020年4月から2021年3月までに修了（見込）の者、またはこれに準ずる者で文部科学大臣の指定した者（外国において、成績優秀により「飛び級」や「繰り上げ卒業」をした結果、学校教育課程12年を満たさず卒業した場合も出願を認める）
(2) 日本の高等学校卒業程度認定試験に相当する試験に合格した者
(3) 国際バカロレア資格を有する者
(4) 中学校・高等学校を通じ、2年以上継続して外国で教育を受け、2019年以降日本の高等学校に転入学し、2021年3月に卒業見込みの者

※外国に設置されたものであっても、日本の学校教育法に準拠した教育を施している学校に在学し、教育を受けた期間は、外国において学校教育を受けた期間とみなさない

●出願書類

・入学志願票・身上書・海外在留証明書・写真・大学入学資格を証明する書類・就学履歴を証明する書類

●日程等

区分	出願	試験	発表	選抜方法
A	10/23～30	11/21	12/2	書類審査、筆記試験、面接、小論文
B	1/25～29	2/18	2/26	

※A：第1回、B：第2回
※選抜方法は学科により異なる。音楽科は専門試験あり

●応募状況

年度＼人数	募集人員	出願者	受験者	合格者	入学者
2019	若干名	0	0	0	0
2020	若干名	0	0	0	0

入

私立 共学

東北芸術工科大学

〒990-9530 （担当：入試課）
山形県山形市上桜田 3-4-5
TEL 0120-27-8160 FAX 023-627-2154
URL http://www.tuad.ac.jp/

●入学時期 4月

●募集学部（学科）・募集人員

芸術学部、デザイン工学部…………………………各若干名

●出願資格・条件

日本国籍を有し、保護者の海外在留という事情により外国における正規の学校教育を受けた者で、次のいずれかの条件を満たしている者

(1) 外国の教育制度に基づく教育機関において12年の課程（日本における通常の課程による学校教育の期間を含む）を卒業（修了）した者および2021年3月までに卒業（修了）見込みの者。ただし、外国において最終学年を含めて2年以上継続して学校教育を受けていること※外国に設置されたものであっても、日本の学校教育に準拠した教育を実施している学校に在学した者については、その在学期間は、外国において学校教育を受けたものとはみなさない

※大学入学資格に13年の課程を必要とする国の場合は、13年の課程を卒業（修了）した者および卒業（修了）見込みの者についてのみ受験を認める

(2) 外国において、学校教育における12年の課程修了相当の学力認定試験に合格した者。ただし、認定試験まで、当該国で2年以上継続して学校教育を受けていること
(3) 外国において、国際バカロレア、アビトゥア、バカロレアなど外国の大学入学資格を取得した者

●出願書類

・Web志願票・エントリーシート・卒業（修了）証明書又は卒業（修了）見込証明書・成績証明書・海外在留証明書

●日程等

出願	試験	発表	選抜方法
11/16～27	12/13	12/23～2021.1/13	書類審査・面接及び実技科目

※選抜方法は学科・コースにより異なる。外国人留学生特別選抜試験に準ずる

●応募状況

年度＼人数	募集人員	出願者	受験者	合格者	入学者
2019	若干名	0	0	0	0
2020	若干名	0	0	0	0

入

私立 共学 寮

国際医療福祉大学

こくさいいりょうふくし

〒286-8686 （担当：入試事務統括センター）
千葉県成田市公津の杜 4-3
TEL 0476-20-7810 FAX 0476-20-7812
URL https://www.iuhw.ac.jp/

●入学時期 4月

●募集学部（学科）・募集人員

保健医療学部、医療福祉学部、薬学部、成田看護学部、成田保健医療学部、赤坂心理・医療福祉マネジメント学部、小田原保健医療学部、福岡保健医療学部、福岡薬学部、医学部 …各学科若干名

●出願資格・条件

（医学部を除く全学部）本学を専願し、日本国籍を有する者のうち 、次のいずれかの条件を満たす者

(1) 海外において、外国の教育制度に基づく 12 年の課程（以下、外国の学校等）または文部科学大臣の指定した在外教育施設（以下 、在外教育施設）に、2 年以上継続して在学し、卒業（修了）および卒業（修了）見込みの者

(2) 海外において、外国の学校等または在外教育施設に、中学・高等学校を通じて 2 年以上継続して在学し、帰国後、日本の高等学校または中等教育学校を卒業および卒業見込みの者

（医学部）日本国籍を有する者または日本国の永住許可を得ている外国人で、日本の大学入学資格を有し、かつ次のいずれかの条件を満たすもの

(1) 海外において、外国の学校等または在外教育施設に最終学年を含む 2 年以上継続して在学し、卒業（修了）および卒業（修了）見込みの者

(2) 海外において、外国の大学または大学院（修士課程または博 士課程）に 2 年以上継続して在学し、卒業（修了）および卒 業（修了）見込みの者

(3) 通算で 6 年以上の海外在住経験を有する者（満 6 歳未満での海外在住経験は年数に含まない）

(4) 外国人学校に最終学年を含む 2 年以上継続して在学し、卒業（修了）および卒業（修了）見込みの者

●出願書類（医学部を除く全学部） ・志願票（本学所定）・出身高等学校等の卒業（見込）証明書・高等学校等の成績証明書・志願理由書（本学所定）・活動実績報告書 詳細は要項にて確認すること

※外国語の証明書等には日本語訳または英語訳を必ず添付すること。なお、科目、成績評価等が符号または略字等により表示されている場合は、その説明も必ず添付すること

※医学部の場合は、海外在住経験年数を証明する書類（該当者のみ）など、別途必要書類あり。

●日程等

区分	出願	試験	発表	選抜方法
A	11/2～12	11/21	12/1	※
B	8/11～24	一次選考：9/2 二次選考：9/19	一次：9/9 二次：10/1	※
C	11/2 ～ 16	一次選考：11/28 二次選考：12/12	一次：12/4 二次：12/17	※

※ A：医学部以外の全学部、B・C：医学部

※選抜方法 A は学科により異なる。学生募集要項参照。
B・C は一次選考：出願書類・学力試験（英語、理科、数学）すべて総合して合否を判定。
二次選考：一次選考の結果および小論文・面接試験の結果を総合して合否を判定。

●応募状況（医学部を除く）

年度＼人数	募集人員	出願者	受験者	合格者	入学者
2019	若干名	2	1	0	非公表
2020	若干名	3	2	1	非公表

●備考 入試の詳細については「2021 年度学生募集要項」または「2021 年度医学部医学科学生募集要項」を必ずご確認ください

入

私立 共学 寮

白鷗大学

はくおう

〒323-8586 （担当：入試部）
栃木県小山市駅東通り 2-2-2
TEL 0120-890-001 FAX 0285-20-8166
URL https://hakuoh.jp

●入学時期 4月

●募集学部（学科）・募集人員

経営学部（経営学科）……………………………若干名
法学部（法律学科）………………………………若干名

●出願資格・条件

日本国籍を有し、外国において日本国以外の教育課程に在籍し、国の内外を問わず正規の課程による学校教育 12 年以上を修めた者で、入学時（2021.4.1 現在）18 歳以上であり、次の条件すべてを満たす者

(1) 外国において日本国以外の教育課程に基づく高等学校に最終学年を含め 2 年以上継続して在籍し、卒業した者。または 2021 年 3 月までに卒業見込みの者

(2) 当該国の学校教育制度に基づく大学入学資格を有する者

(3) 出願時に外国の中等教育機関在籍中、または卒業後 1 年以内の者

●出願書類

・入学志願票一式（所定用紙）・最終出身学校の卒業（見込み）証明書・成績証明書・大学入学資格試験または統一試験の結果に関する証明書（受験者のみ）・各種英語検定試験の証明書類（受験者のみ）

●日程等

区分	出願	試験	発表	選抜方法
A	11/2～13	11/21	12/1	書類審査、筆記試験（小論文含む）、口述試問、面接
B	2/1～12	2/19	2/26	

※ A：第 1 回、B：第 2 回

※日本語小論文

●応募状況

年度＼人数	募集人員	出願者	受験者	合格者	入学者
2019	若干名	0	0	0	0
2020	若干名	0	0	0	0

共愛学園前橋国際大学

きょうあいがくえんまえばしこくさい

〒379-2192　（担当：入試広報センター）
群馬県前橋市小屋原町 1154-4
TEL 027-266-9031　FAX 027-266-7596
URL https://ad.kyoai.ac.jp/

●入学時期　4月

●募集学部（学科）・募集人員

国際社会学部・国際社会学科
国際社会専攻（英語コース、国際コース、情報・経営コース、心理・人間文化コース）
地域児童教育専攻（児童教育コース）…………若干名

●出願資格・条件

次の資格をすべて満たす者

(1) 日本国籍を有する者
(2) 国の内外を問わず通常の課程における 12 年の学校教育を修了した者および 2021 年 3 月修了見込みの者、または大学入学資格があると法令上認められた者および 2021.3.31 までに認められる見込みの者
(3) 外国の高等学校で継続して 1 年半以上の教育を受けた者および 2021.3.31 までに受ける見込みの者で、帰国後 2021.3.31 までに 1 年半を経過しない者。ただし、外国に設置された学校であっても、日本の学校教育法に準拠した教育を行っている学校は、外国の高等学校とはみなさない
(4) 2021 年 4 月 1 日までに 18 歳に達する者

●出願書類

・入学志願票・日本の高等学校の卒業（見込も含む）者は調査書、外国の高等学校の卒業（見込も含む）者は卒業（見込）証明書。法令で大学入学資格を認められた者はそれを証明する書類・外国の高等学校の在籍証明書・成績証明書・受験票・保管票

●日程等

出願	試験	発表	選抜方法
2/9～18	2/26	3/6	小論文、面接（英語コース希望者は小論文に代えて英語※）

※ TOEIC(L&R)600 以上（出願締切日から遡って 2 年以内の証明書を提出）の者は試験免除

●応募状況

年度＼人数	募集人員	出願者	受験者	合格者	入学者
2019	若干名	0	0	0	0
2020	若干名	1	1	1	1

私立　共学　寮

高崎健康福祉大学

たかさきけんこうふくし

〒370-0033　（担当：入試広報センター）
群馬県高崎市中大類町 37-1
TEL 027-352-1290　FAX 027-353-2055
URL http://www.takasaki-u.ac.jp/

●入学時期　4月

●募集学部（学科）・募集人員

健康福祉学部（医療情報学科、社会福祉学科、健康栄養学科）、薬学部（薬学科）、保健医療学部（看護学科、理学療法学科）、人間発達学部（子ども教育学科）、農学部（生物生産学科）…………… 各学部・学科若干名

●出願資格・条件

日本国籍を有する者で、原則として保護者の海外勤務にともない、外国で正規の学校教育を受け下記の（1）から（3）のいずれかに該当する者

(1) 外国において、外国の学校教育の 12 年の課程のうち最終学年を含む 2 年以上継続して在籍した者及び外国において学校教育における 12 年の課程を修了した者に準ずる者で文部科学大臣の指定した者。ただし、令和 3 年 3 月 31 日までに卒業見込みの者
(2) 中学・高等学校を通じ、原則として 3 年以上継続して外国の教育課程に基づく教育を受け、帰国後日本の高等学校に入学し、令和 3 年 3 月 31 日までに日本の高等学校を卒業見込みの者。ただし、日本の高等学校における在籍期間が原則として 1 年半未満の者
(3) 文部科学大臣が高等学校の課程と同等の課程を有するものとして、指定した在外教育施設の当該課程を修了した者

●出願書類（Web 出願）

・入学志願票・調査書または成績証明書・IB 有資格者はその資格証明書の写し及び最終試験の成績評価証明書・卒業証明書

●日程等

区分	出願	実施日	発表	選抜方法
1回	11/2～13	11/21	12/2	小論文（健康福祉・保健医療学部・人間発達学部・農学部のみ）、基礎学力調査（薬学部のみ）、面接、書類審査
2回	2/3～18	2/27	3/10	小論文、面接、書類審査

※小論文は 800 字以内。基礎学力調査は英語・化学
※ 2 回は健康福祉学部・農学部のみ

●応募状況

年度＼人数	募集人員	出願者	受験者	合格者	入学者
2019	若干名	0	0	0	0
2020	若干名	2	2	1	1

入

私立 共学

聖学院大学

〒362-8585 （担当：アドミッションセンター）
埼玉県上尾市戸崎 1-1
TEL 048-725-6191 FAX 048-725-6891
URL https://www.seigakuin.jp/

●入学時期 4月、9月

●募集学部（学科）・募集人員

［小論文・面接型］
政治経済学部（政治経済学科）、人文学部（欧米文化学科・日本文化学科・児童学科）、心理福祉学部（心理福祉学科）……………………………各若干名

●出願資格・条件

・日本国籍を有する者で、外国の高等学校に 1 年以上または文部科学大臣の認定した在外教育施設に 2 年以上在学し、各学科が求める学生像に適し、次の (1) ～ (3) のいずれかに該当する者
(1) 高等学校を卒業した者、または 2021.3.31 までに卒業見込みの者
(2) 通常の課程による 12 年の学校教育を修了した者、または 2021.3.31 までに修了見込みの者
(3) 学校教育法施行規則第 150 条の規定により、高等学校を卒業した者と同等以上の学力があると認められた者、または 2021.3.31 までにこれに該当する見込みの者

・日本国籍を有する者で、1 年以上の海外留学（語学学校を含む）の経験がある者で、各学科が求める学生像に適し、次の (1) ～ (3) のいずれかに該当する者
(1)2017.4.1 から 2020.3.31 でに高等学校を卒業した者
(2)2017.4.1 から 2020.3.31 までに通常の課程による 12 年の学校教育を修了した者
(3)2017.4.1 から 2020.3.31 までに学校教育法施行規則第 150 条の規定により、高等学校を卒業したと同等以上の学力があると認められた者

●出願書類

［小論文・面接型］・入学願書・高等学校調査書または成績証明書 ・外国の学校の在学証明書・志望理由書・卒業（見込）証明書

●日程等

［小論文・面接型］

出願	試験	発表	選考方法
11/30～12/9	12/19	12/24	小論文、面接

※上記の他、秋学期入学もあり

●応募状況

年度＼人数	募集人員	出願者	受験者	合格者	入学者
2019	若干名	－	－	－	－
2020	若干名	1	1	0	0

入

私立 共学

尚美学園大学

〒350-1110 （担当：入試・広報課）
埼玉県川越市豊田町 1-1-1
TEL 0120-80-0082 FAX 049-246-2531
URL https://www.shobi-u.ac.jp/

●入学時期 4月

●募集学部（学科）・募集人員

・芸術情報学部（情報表現学科、音楽表現学科、音楽応用学科、舞台表現学科）…………………若干名
・総合政策学部（総合政策学科）………………若干名
・スポーツマネジメント学部（スポーツマネジメント学科）…………………………………………若干名

●出願資格・条件

日本の国籍を持ち、下記のいずれかに該当する者
①外国の高校在籍期間が 1 年以上であり、その高校を卒業後満 1 年を経過していない者
②外国の高校在籍期間が継続して 1 年以上の者が帰国後、日本の高校の在籍期間が 1 年半未満で、2021 年 3 月に卒業見込みの者
③国際バカロレア資格、アビトゥア資格、バカロレア資格又は GCEA 資格を取得した者
④上記と同等の資格を有すると認められる者

●出願書類

①出願確認票（Web 出願登録後に印刷できます）
②志願書
③写真カード
④音楽表現学科：実技・提出物等詳細（音楽表現学科受験者のみ）
⑤帰国生徒・社会人出願調書
⑥高等学校調査書または最終出身校成績証明書（試験日より 3 ヶ月以内に作成されたもの）
⑦卒業見込証明書または卒業証明書（試験日より 3 ヶ月以内に作成されたもの）
⑧音楽表現学科：実技試験の楽譜・課題等

●日程等

区分	学科	出願	試験	発表	選抜方法
A日程	全学部学科	10/21～11/2	11/21	11/25	書類選考、面接、小論文 ※
B日程	全学部学科	1/26～2/8	2/27	3/3	

※音楽表現学科／
【ポップス】書類選考、小論文、面接、実技※
【クラシック】書類選考、小論文、面接、実技※（作曲は作品提出）。
音楽応用学科／書類選考、面接。
舞台表現学科／書類選考、面接（実技※を含む）。
（※実技内容については、帰国生徒・社会人学生募集要項を確認のこと）

とう きょう こく さい
東京国際大学

(担当:入学センター)
〒350-1197
埼玉県川越市的場北1-13-1
TEL 049-232-1116 FAX 049-232-3300
URL https://www.tiu.ac.jp/

●入学時期 4月

●募集学部(学科)・募集人員

商学部、経済学部、言語コミュニケーション学部、国際関係学部、人間社会学部 ……………………各若干名

●出願資格・条件

日本国籍を有し、次のいずれかに該当する者

(1) 外国の高等学校在籍期間が継続して1年半以上で、その高等学校を卒業見込みの者または卒業後満1年を経過していない者
(2) 外国の高等学校在籍期間が継続して1年半以上で、帰国後日本の高等学校在籍期間が1年半未満の者。かつ2020年9月卒業または2021年3月卒業見込みの者
(3) 国際バカロレア資格を有する者
(4) ドイツ連邦共和国のアビトゥア資格を有する者
(5) フランス共和国のバカロレア資格を有する者
(6) GCE Advanced Level資格を有する者

※文部科学大臣が日本の高等学校の課程に相当する課程を有するものとして指定または認定した在外教育施設の当該課程を卒業(修了)または同見込みの者は出願資格を認めない

※(3)~(6)は資格取得後の経過年数が1年未満の者

●出願書類

・志願票(WEB出願)・健康診断書・外国の高等学校卒業(見込)の者は出身高等学校の卒業(見込)証明書および学業成績証明書・日本の高等学校卒業(見込)の者は外国の高等学校の学業成績証明書および日本の高等学校の調査書・IB資格取得者はIB最終試験の成績評価証明書・アビトゥア資格取得者は一般的大学入学資格修了(見込)証明書・バカロレア資格取得者はバカロレア資格修了(見込)証明書・GCE Aレベル資格保有者はGCE試験の成績評価証明書

●日程等

出願	試験	発表	選抜方法
10/28~11/4	11/14	11/20	書類審査、面接

●応募状況

年度 \ 人数	募集人員	出願者	受験者	合格者	入学者
2019	若干名	1	1	1	0
2020	若干名	6	6	6	4

●備考

帰国生の編入学も実施している(本学の受験資格を満たしていれば出願可能)

私立 共学 寮

とう きょう こく さい
東京国際大学(Eトラック)

(担当:Eトラック入学センター)
〒350-1197
埼玉県川越市的場北1-13-1
TEL 03-3362-9644 FAX 03-3362-9643
URL https://www.tiu.ac.jp/etrack/

●入学時期 4月、9月

●募集学部(学科)・募集人員

経済学部(経済・ビジネスエコノミクス)、
経済学部(経済・デジタルビジネス&イノベーション)、
国際関係学部(国際関係)
春入学(Ⅰ~Ⅲ期)110名、秋入学(Ⅰ~Ⅳ期)230名

●出願資格・条件

入学時までに①~④のいずれかに該当かつ英語スコア最低基準を満たす者

①通常の課程による12年の学校教育を修了の者
②次の資格のいずれかを有する者(a. 国際バカロレア資格 b. アビトゥア資格 c. バカロレア資格 d. GCEA レベル)
③日本の大学準備教育課程、日本国外における日本の大学準備教育課程、日本の中等教育課程を修了した者
④国際的な評価団体(WASC、CIS、ACSI)の認定を受けた教育施設の12年の課程を修了した者

英語スコア最低基準(a.TOEFL iBT 61点 b.TOEIC 700点 c.IELTS 5.5点 d.Pearson PTE 45点 e.英検準1級 f.Duolingo 90点、2年以内のスコアのみ有効)

※その他受付可能な英語資格もあります。お問い合わせ下さい。

●出願書類

・オンライン志願票(志望理由書、奨学金申請書含む)・高校成績証明書・高校卒業証明書・英語能力証明書・推薦状・パスポートのコピー・課外活動を証明できる書類(該当者のみ)・国際バカロレア資格、アビトゥア資格、バカロレア資格を取得している場合は機関発行の資格証書、GCE Aレベル資格保有者はGCE試験の成績評価証明書

●日程等

区分	出願	試験	発表	選抜方法
春入学Ⅰ期	7/1~15	–	8/3	書類選考のみ(入試のための帰国は不要)
春入学Ⅱ期	9/16~10/7	–	11/2	
春入学Ⅲ期	11/4~25	–	12/21	
秋入学Ⅰ期	11/4~25	–	12/21	
秋入学Ⅱ期	1/6~27	–	2/22	
秋入学Ⅲ期	2/17~3/10	–	4/12	
秋入学Ⅳ期	3/31~4/21	–	5/24	

●備考 帰国生とその他生徒の出願資格・条件は同じ。ビジネスエコノミクスと国際関係は2年次あるいは3年次への編入学、デジタル&イノベーションは2年次への編入学の受付も実施している。

入

私立 共学 寮

ものつくり大学

(担当：入試課)

〒361-0038
埼玉県行田市前谷 333
TEL 048-564-3816 FAX 048-564-3201
URL http://www.iot.ac.jp

●入学時期 4月

●募集学部（学科）・募集人員

技能工芸学部（総合機械学科、建設学科）……各10名
※社会人・外国人留学生を合わせて

●出願資格・条件

日本国籍を有する者で、次の(1)又は(2)に該当する者

(1) 外国の教育制度に基づく高等学校相当教育機関において2年以上継続して学校教育を受けている下記の①～④のいずれかに該当する者

①外国において学校教育における12年の課程（日本における通常の課程による学校教育の期間を含む）を修了した者及び2021.3.31までに修了見込みの者、又はこれに準ずる者で文部科学大臣の指定した者

②国際バカロレア資格、アビトゥア資格、バカロレア資格のいずれかを有する者

③文部科学大臣の行う高等学校卒業程度認定試験に合格した者、又は2021.3.31に合格見込みの者

④日本の高等学校もしくは中等教育学校を卒業した者、又は2021年3月に卒業見込みの者

(2) 文部科学大臣が高等学校の課程と同等の課程を有するものとして認定した在外教育施設において、2年以上継続して学校教育を受け、当該課程を修了した者、又は2021年3月に修了見込みの者

●出願書類

・願書（本学所定）・卒業（見込み）及び成績が確認できる書類・志望理由書（本学所定）・写真2枚・帰国子女専用入学志願票別票（本学所定）

※詳細は募集要項を参照

●日程等

出願	試験	発表	選抜方法
1/20～2/10	2/19	2/25	面接、書類審査

●応募状況

年度＼人数	募集人員	出願者	受験者	合格者	入学者
2019	20	2	2	2	2
2020	20	1	1	1	0

入

私立 共学

城西大学（じょうさい）

(担当：入試課)

〒350-0295
埼玉県坂戸市けやき台1-1
TEL 049-271-7711 FAX 049-286-4477
URL http://www.josai.ac.jp/

●入学時期 4月

●募集学部（学科）・募集人員

経済学部、現代政策学部、経営学部…………各若干名

●出願資格・条件

(1) 海外在留2年以上の者で、次のいずれかに該当する者

①外国の高等学校を卒業した者

② 2019.4.1以降に帰国し、国内の高等学校を卒業した者、または2021年3月卒業見込の者

(2) 国際バカロレア資格を取得、または取得見込の者

●出願書類

・入学志願票（本学所定用紙）・外国の高等学校を卒業した者は出身高等学校の卒業証明書および学業成績証明書・日本の高等学校卒業（見込）者は外国で在籍した高等学校の学業成績証明書および国内出身高等学校の調査書・IB資格取得者は資格証明書・学校長による外国での在学期間の証明書（様式自由）

●日程等

出願	試験	発表	選抜方法
10/12～29	11/7	11/13	書類審査、小論文、面接

※小論文は日本語

●応募状況

年度＼人数	募集人員	出願者	受験者	合格者	入学者
2019	若干名	0	0	0	0
2020	若干名	0	0	0	0

私立 共学

西武文理大学

（せいぶぶんり）

（担当：入試広報課）

〒 350-1336
埼玉県狭山市柏原新田 311-1
TEL 04-2954-7575 FAX 04-2954-7511
URL https://www.bunri-c.ac.jp/univ/

●入学時期　4月

●募集学部（学科）・募集人員

サービス経営学部（サービス経営学科、健康福祉マネジメント学科）………………若干名

●出願資格・条件

日本国籍を有し、本学を専願とする者で、次の (1) ～ (2) の各号のいずれかに該当し、2021 年 3 月 31 日までに 18 歳に達する者

(1) 外国において、その国の教育課程に基づく中学校・高等学校または文部科学省が高等学校の課程と同等の課程を有するものとして認定した在外教育施設に 1 年 6 カ月以上在学し、かつ、出願時までに通常の 12 年の学校教育課程を卒業または 2021 年 3 月卒業見込みの者

(2) 外国において、国際バカロレア資格を取得した者またはアビトゥア資格を取得した者

●出願書類

・入学願書等・出身学校の卒業・卒業見込証明書・成績証明書または調査書および在外教育施設に 1 年 6 カ月以上在学した証明書・国際バカロレア資格、アビトゥア資格取得者はその資格証明書、志望理由書および学修計画書、活動報告書、課題シート

●日程等　総合型選抜　面接方式（専願）

区分	募集	出願	試験	発表	選抜方法
1期	若干名	9/15～23	9/26	11/2	面接・口頭試問、書類審査
2期		9/24～10/6	10/10	11/2	
3期		10/19～11/17	11/21	11/26	
4期		11/24～12/15	12/19	12/23	
5期		1/5～19	1/23	1/27	
6期		2/1～3/5	※1	※3	
7期		3/8～19	※2	随時	

※1　2/8 ～ 3/12 の期間で土曜日を除く平日の 10 時から 16 時までで随時実施。試験日時は大学より電話連絡

※2　3/15 ～ 24 の期間で土曜日を除く平日の 10 時から 16 時までで随時実施。試験日時は大学より電話連絡

※3　試験日から 1 週間以内

※詳細は 2021 年度入学者選抜要項をご覧ください

●応募状況

年度＼人数	募集人員	出願者	受験者	合格者	入学者
2019	若干名	1	1	1	1
2020	若干名	0	0	0	0

●備考　学部一括募集。学科ごとの募集は行わない。学科は 2 年次進級時の選択となる

私立 共学 寮

獨協大学

（どっきょう）

（担当：入試部入試課）

〒 340-8585
埼玉県草加市学園町 1-1
TEL 048-946-1900 FAX 048-943-1320
URL http://www.dokkyo.ac.jp/

●入学時期　4月

●募集学部（学科）・募集人員

外国語学部、国際教養学部、経済学部、法学部 …………各学部若干名

●出願資格・条件

（注）出願資格について不明な点がある場合は、資格審査が必要となる場合があるため、出願開始 2 週間前までに本学に問い合わせること。

(1) 以下の①および②の条件を満たす者。

①次の A から C に掲げる条件をすべて具備すること。

A. 出願者が、日本人又は永住者等の「出入国管理及び難民認定法別表第二」に掲げる者であること。

B. 出願者が、外国に所在する日本の中学校、高等学校又は中等教育学校 * に相当する学校に、2 年間以上継続して在籍したこと、又は 2021 年 3 月 31 日までに 2 年間以上継続して在籍したことになる見込みであること。

C. 前項 B. の学校が、日本の法律で定められた教育課程とは異なる教育課程を教育する学校であること。＊中等教育学校とは、学校教育における 12 年以上の課程において、7 年目以降を指す。

②次の A から L に掲げるいずれかの条件を満たすようになって 2 年以内の者又は 2021 年 3 月 31 日までに該当する見込みの者、外国の学校を卒業した場合は、その国の大学入学資格を有する者、又はこれに準ずる者。

A. 高等学校又は中等教育学校を卒業した者

B. 特別支援学校の高等部又は高等専門学校の 3 年次を修了した者

C. 外国において、学校教育における 12 年の課程を修了した者（12 年未満の課程の場合は、さらに、文部科学大臣により指定された準備教育課程又は研修施設の課程を修了する必要がある。）

※ここにいう「学校教育」とは、「外国の正規の学校教育」という意味です。正規の学校教育であるか、何年目の課程であるかは、それぞれの国の大使館等にお問い合わせください。

（注）国により教育制度が異なるため、出願が認められない場合があります。

D. 外国における、12 年の課程修了相当の学力認定試験に合格した 18 歳以上の者（12 年未満の課程の場合は、さらに、文部科学大臣により指定された準備教育課程又は研修施設の課程を修了する必要がある。）

※合格した学力認定試験が 12 年の課程修了相当の学力認定試験であるかどうかはそれぞれの国の大使館等にお問い合わせください。

E. 外国において、指定された 11 年以上の課程を修了したとされるものであること等の要件を満たす高等学校に対応する学校の課程を修了した者

F. 我が国において、外国の高等学校相当として文部科学大臣により指定した外国人学校を修了した者（12 年未満の課程の場合は、さらに、指定された準備教育課程を修了する必要がある。）

G. 高等学校と同等と文部科学大臣により認定された在外教育施設の課程を修了した者

H. 文部科学大臣により指定された専修学校の高等課程を修了した者

I. 外国の大学入学資格である国際バカロレア、アビトゥア、バカロレア、GCEA レベルを保有する者

J. 国際的な評価団体（WASC、CIS、ACSI）の認定を受けた教育施設の 12 年の課程を修了した者

※ CIS の旧名称である ECIS の認定を受けた外国人学校の 12 年の課程を修了したものについても入学資格が認められます。なお、国際的な評価団体に認定されているかどうかは、在学（卒業）している教育施設に確認してください。

K. 高等学校卒業程度認定試験（旧大検）に合格した者（なお、18 歳に達していないときは、18 歳に達した日の翌日から認定試験合格者となる。）

L. 本学において個別の入学資格審査により認めた 18 歳以上の者

(2) 学科により、さらに条件がかわる。詳細は大学 HP 参照

●出願書類　・志願票（所定様式）・学習履歴票（所定様式）・高等学校卒業（見込）証明書または卒業証書（DIPLOMA）の写し・高等学校の成績証明書等（日本の高等学校に在籍していた場合は調査書も提出）・在籍した外国の高等学校の概要を示す資料・住民票（国籍が外国籍の者のみ）・学科別の条件に該当する各種試験等の合格証明書又は成績証明書（ドイツ語学科、英語学科、フランス語学科、交流文化学科の志願者のみ）

●日程等

出願	試験	発表	選抜方法
10/1～7	12/5	12/11	学部により異なる

●応募状況

年度＼人数	募集人員	志願者	受験者	合格者	入学者
2019	若干名	16	12	9	6
2020	若干名	23	18	12	7

●備考

・編入学については 2 年次および 3 年次で実施

・公募制入試も実施しているので、各種語学検定の有資格者は入学試験要項を参照のこと

入 編

私立 女子

十文字学園女子大学（じゅうもんじがくえんじょしだいがく）

（担当：学生募集部）
〒352-8510
埼玉県新座市菅沢 2-1-28
TEL 048-477-0924 FAX 048-477-0389
受験相談・資料請求▶ TEL 0120-8164-10
URL http://www.jumonji-u.ac.jp

●入学時期 4月

●募集学部（学科）・募集人員

人間生活学部（健康栄養学科、食物栄養学科、食品開発学科、人間福祉学科）
教育人文学部（幼児教育学科、児童教育学科、心理学科、文芸文化学科）
社会情報デザイン学部（社会情報デザイン学科）
……………………各若干名

●出願資格・条件

「学校教育における 12 年の課程」のうち、外国において最終学年を含めて 2 年以上継続して教育を受け、2020.4.1 ～ 2021.3.31 までに卒業（修了）した女性または卒業（修了）見込みの女性。ただし現地日本人学校を除く

●出願書類

・入学願書・志願票（所定用紙）・調査書または成績証明書等・履歴書（所定用紙）・卒業（見込）証明書など

●日程等

出願	試験	発表	選抜方法
11/2～11	11/22	12/2	書類審査、小論文または作文

※小論文［健康栄養学科、食物栄養学科、食品開発学科、人間福祉学科、幼児教育学科、児童教育学科、心理学科］：出題テーマや資料に基づき 60 分間 800 字以内で論述する
※作文［文芸文化学科、社会情報デザイン学科］：出題テーマに基づき 60 分間 800 字以内にまとめる

●応募状況

年度＼人数	募集人員	出願者	受験者	合格者	入学者
2019	若干名	0	0	0	0
2020	若干名	0	0	0	0

●備考

編入学は幼児教育学科、児童教育学科、人間発達心理学科、人間福祉学科、文芸文化学科、生活情報学科、メディアコミュニケーション学科で実施している

入

私立 共学 寮

駿河台大学（するがだい）

（担当：入試広報部）
〒357-8555
埼玉県飯能市阿須 698
TEL 042-972-1124 FAX 042-972-1160
URL https://www.surugadai.ac.jp/

●入学時期 4月

●募集学部（学科）・募集人員

法学部、経済経営学部、メディア情報学部、心理学部
……………………各若干名

●出願資格・条件

日本国籍を有し、次のいずれかに該当する者
(1) 外国の高等学校に 1 年以上継続して在籍し、当該高校を卒業した者及び 2021 年 3 月までに卒業見込の者
(2) 外国の高等学校に 1 年以上継続して在籍し、帰国後日本の高等学校を卒業した者及び 2021 年 3 月卒業見込の者
(3) 文部科学大臣が高等学校の課程に相当する課程を有するものとして認定した在外教育施設を卒業した者及び 2021 年 3 月までに卒業見込の者
(4) スイス民法典に基づく財団法人国際バカロレア事務局が授与する国際バカロレア資格またはドイツ連邦共和国の各州において大学入学資格として認められているアビトゥア資格を有する者で、2021 年 4 月 1 日までに満 18 歳に達する者

※その他、事前の審査により特別に出願を認める場合もある
※出願資格に該当するか不明の場合は、事前に入試広報部までお問い合わせください

●出願書類・志願票・出身高等学校の卒業（見込）証明書・志望理由書および学歴・出身高等学校全期間の学業成績証明書（日本の高等学校に在学した者は調査書または成績証明書も）・日本国籍を有することを証明する書類・IB 資格等を有する者は資格証明書

●日程等

出願	試験	発表	選抜方法
（web 出願）11/23～12/3 ※書類郵送は出願最終日消印有効	12/12	12/17	書類審査、小論文、面接

●応募状況

年度＼人数	募集人員	出願者	受験者	合格者	入学者
2019	若干名	1	1	1	0
2020	若干名	3	3	0	0

●備考

入試に関する詳しい内容は、募集要項を確認すること

入

私立 共学

日本工業大学

(にっぽんこうぎょう)

(担当：入試室)

〒345-8501
埼玉県南埼玉郡宮代町学園台 4-1
TEL 0480-33-7676 FAX 0480-33-7678
URL http://www.nit.ac.jp/

●入学時期 4月

●募集学部（学科）・募集人員

基幹工学部（機械工学科、電気電子通信工学科、応用化学科）

先進工学部（ロボティクス学科、情報メディア工学科）

建築学部（建築学科建築コース、建築学科生活環境デザインコース）……………………各若干名

●出願資格・条件

日本国籍を有し、外国の学校教育を受けた方で、次の各項のいずれかに該当し、かつ日本語の講義を理解できる方

(1) 外国において学校教育における 12 年の課程のうち、最終学年を含め 2 年以上継続して教育を受け、2020.4.1 から 2021.3.31 までに卒業（修了）した方および卒業（修了）見込みの方

(2) 外国において 3 年以上継続して正規の学校教育を受け、2021 年 3 月に日本の高等学校を卒業見込みの方で、帰国後 2021.3.31 までの在籍期間が 1 年未満の方

●出願書類

・入学願書・外国で在籍した高等学校の成績証明書・卒業証明書または卒業見込証明書・学業成績証明書・国内の高等学校の調査書

※上記提出物のうち、日本文または英文のもの以外の場合には、必ず日本語の訳文を添付してください。

●日程等

出願	試験	発表	選抜方法
1/8～14	1/31	2/9	書類審査、面接※

※場合によって小論文を課すことがある

●応募状況

年度＼人数	募集人員	出願者	受験者	合格者	入学者
2019	若干名	0	0	0	0
2020	若干名	0	0	0	0

入

私立 共学 寮

植草学園大学

(うえくさがくえん)

(担当：入試・広報課)

〒264-0007
千葉県千葉市若葉区小倉町 1639-3
TEL 043-239-2600 FAX 043-309-5150
URL http://www.uekusa.ac.jp

●入学時期 4月

●募集学部（学科）・募集人員

発達教育学部（発達支援教育学科）……………若干名

●出願資格・条件

日本国籍を有し、次のいずれかに該当する者で、帰国後 5 年以内（入学時）の者

①外国において、学校教育における 12 年の課程を修了した者、またはこれに準ずる者で、文部科学大臣の指定した者、および 2021 年 3 月までにこれに該当する見込みの者

②文部科学大臣が、高等学校の課程と同等の課程を有するものとして認定した在外教育施設の当該課程を修了した者、および 2021 年 3 月 31 日までに修了見込みの者

③中学校および高等学校において、2 年以上の期間、海外のそれぞれに該当する教育機関に在籍し、帰国後日本の高等学校を卒業した者、および卒業見込みの者

●出願書類

・入学試験志願票・志願理由書・写真データ

・調査書等（高等学校卒業程度認定試験や大学入学試験検定の合格者はその合格（見込み）証明書と成績証明書、その他の資格に該当する者は、それを証明するもの）

●日程等

出願	試験	発表	選抜方法
1/18～26	2/1	2/2	小論文、面接（10 分）、書類審査

●応募状況

年度＼人数	募集人員	出願者	受験者	合格者	入学者
2019	若干名	0	0	0	0
2020	若干名	0	0	0	0

私立 共学

敬愛大学（けいあい）

〒263-8588　（担当：アドミッションセンター）
千葉県千葉市稲毛区穴川 1-5-21
TEL 043-284-2486(直)　FAX 043-284-2558
URL https://www.u-keiai.ac.jp/

●**入学時期**　4月

●**募集学部（学科）・募集人員**

経済学部（経済学科、経営学科)、国際学部（国際学科)、教育学部※(こども教育学科) ……………………各若干名

※教育学部 こども教育学科（2021年4月開設）

●**出願資格・条件**

日本国籍を有する者で、外国の学校教育を受け、かつ、国内外を通算して12年の課程を修了、または修了見込みの者。またこれらに準ずる者のうち、次のいずれかに該当する者

(1) 外国の教育課程に基づく学校に2年以上継続して在学し、修了後2年以内の者、または2021年3月31日までに修了見込みの者
(2) 外国の教育課程に基づく学校に2年以上継続して在学し、帰国後日本の高等学校に編入学をし、その在学期間が2年以内で2021年3月31日までに卒業見込みの者
(3) 外国の教育課程に基づく学校に2年以上継続して在学し、帰国後2年以内の者で、高等学校卒業程度認定試験等に合格または2021年3月31日までに合格見込みの者
(4) 国際バカロレア資格、アビトゥア資格を取得した者

●**出願書類**

・入学志願書・最終出身学校の卒業（修了）証明書または同見込証明書・最終出身学校の調査書および成績証明書・志願理由書・学歴書（日本語訳添付）

●**日程等**

区分	出願	試験	発表	選抜方法
1期	10/1～26	11/7	11/16	書類審査・小論文・面接
2期	1/15～2/3	2/13	2/19	

※経済学部・国際学部・教育学部入試日程は同日

●**応募状況**

年度＼人数	募集人員	出願者	受験者	合格者	入学者
2019	若干名	0	0	0	0
2020	若干名	0	0	0	0

●**備考**

出願資格および出願資格を証明する書類については、出願する前に余裕をもってアドミッションセンターにお問い合わせください。

私立 共学

千葉経済大学（ちばけいざい）

〒263-0021　（担当：入試広報センター）
千葉県千葉市稲毛区轟町 3-59-5
TEL 043-253-5524　FAX 043-254-6600
URL https://www.cku.ac.jp

●**入学時期**　4月

●**募集学部（学科）・募集人員**

経済学部（経済学科、経営学科）……………………若干名

●**出願資格・条件**

日本国籍を有する者および日本国の永住許可を得ている者で、保護者の海外勤務に伴って外国に居住し、外国における正規の学校教育に2年以上継続（最終学年を含む）して在籍し、かつ次のいずれかに該当し、2021.3.31までに18歳に達している者

(1) 外国において学校教育における12年の課程を修了した者および修了見込みの者。またはこれに準ずる者で文部科学大臣の指定した者
(2) 外国において、国際バカロレア資格、アビトゥア資格、バカロレア資格のいずれかを取得した者

※出願資格について不明な点は、問い合わせのこと

●**出願書類**

(1) 志願票　必要事項について、もれなく記入してください。
※高校コード番号については、本学ホームページの高校学校等コード表を参照してください。
・写真（1枚）：志願票に貼付してください。出願前3ヶ月以内に撮影したもの。正面上半身、脱帽、背景なし、縦4cm×横3cm、カラー・白黒どちらでも可。写真裏面に氏名を記入してください。
・受験票：住所、氏名（2ヶ所）を記入し、必要額分の切手を貼付して書留速達でお送りください。
・振替払込受付証明書：入学検定料の払い込みを済ませた受付局日附印のある「振替払込受付証明書（お客さま用)」を志願票裏面の所定欄に貼付してください。
(2) 入学志願者経歴書　本学所定用紙に記入してください。
(3) 最終出身学校の卒業（修了）証明書又は卒業（修了）見込証明書
国際バカロレア資格を取得した者は、国際バカロレア資格証明書（最終試験6科目以上の成績評価証明書）を、また、各国の教育制度により当該国の大学入学資格試験に合格した者は、その証明書を提出してください。
(4) 最終出身学校の成績証明書（日本の高等学校に在学したことがある場合は、その成績証明書を併せて提出してください)
(5) 保護者の在留地および在留期間を証明する書類（次のいずれかの書類)
（ア）現地の住民登録証
（イ）現地の勤務先が発行する証明書
（ウ）日本国の在外公館が発行する証明書
（エ）保護者の所属する機関の長が発行する証明書
（オ）その他、上記のいずれかに準ずると認められるもの

(注) 上記のウ、エおよびオの書類の用語が、英語、フランス語、ドイツ語、スペイン語および中国語以外のものである場合は、日本語又は英語の翻訳を添えてください。

●**日程等**

出願	試験	発表	選抜方法
郵·窓2/22～26	3/3	3/3	書類、作文（日本語)、面接

●**応募状況**

年度＼人数	募集人員	出願者	受験者	合格者	入学者
2019	若干名	0	0	0	0
2020	若干名	0	0	0	0

私立 共学

東京情報大学

とう きょうじょう ほう

(担当：入試・広報課)

〒265-8501
千葉県千葉市若葉区御成台 4-1
TEL 043-236-1408 FAX 043-236-4621
URL http://www.tuis.ac.jp/

●入学時期 4月

●募集学部（学科）・募集人員

総合情報学部 ……………………………………………1名

●出願資格・条件

日本国籍を有し、保護者の海外在住に伴い外国の教育機関において正規の学校教育を受け、国内外を通じて12年の学校教育を修了（見込）の2021.3.31現在満18歳以上の者で、次のいずれかに該当する者

(1) 外国における高等学校に2年以上在籍し、帰国後日本の高等学校を卒業（見込）の者。ただし、日本の高等学校在籍期間が2年以内で、高等学校卒業後2年以内の者
(2) 外国の高等学校に最終学年を含め2年以上在籍し、卒業（見込）の者。ただし、外国の高等学校卒業後2年以内の者
(3) 国際バカロレア資格またはアビトゥア資格を有し、原則として上記 (1) (2) に準ずる者

※外国に設置されている学校でも、文部科学大臣の認定した在外教育施設に在籍していた者については、その期間を外国における学校教育を受けた期間とみなさない

●出願書類

・志願確認票・志望理由書・最終学歴の成績証明書および卒業（見込）証明書・高等学校における全在学期間の調査書および成績証明書・保護者の勤務先の海外出張証明書

※出願方法：インターネット出願

●日程等

出願	試験	発表	選抜方法
11/24～12/7	12/12	12/17	出願書類、小論文、面接

●応募状況

年度＼人数	募集人員	出願者	受験者	合格者	入学者
2019	1名	0	0	0	0
2020	1名	0	0	0	0

●備考

インターネット出願であっても、郵送が必要な書類がありますのでご注意ください。

私立 共学

中央学院大学

ちゅう おう がく いん

(担当：入試広報課)

〒270-1196
千葉県我孫子市久寺家 451
TEL 04-7183-6516 FAX 04-7183-6521
URL https://www.cgu.ac.jp/

●入学時期 4月

●募集学部（学科）・募集人員

商学部、法学部、現代教養学部……………各若干名

●出願資格・条件

日本の国籍を有し、保護者の海外在留にともなって外国の教育を受け、次のいずれかに該当する者

(1) 外国において2年以上継続して正規の教育制度に基づく学校教育を受け、その課程を修了見込みの者、または修了後2年未満の者
(2) 外国において2年以上継続して正規の教育制度に基づく学校教育を受け、日本の高等学校に編入後1年未満で卒業見込みの者
(3) 国際バカロレア (IB) 資格、バカロレア資格またはアビトゥア資格を有する者で、2021年4月1日までに満18歳に達する者

※外国に設置された学校で、日本の学校教育法に準拠した教育を行っている学校に在学した者については、その期間は外国において学校教育を受けたこととはみなしません

●出願書類

・入学志願票・受験票・出身高等学校の卒業（見込）証明書・出身高等学校の成績証明書・日本の高等学校の調査書（(2) の場合）・保護者の海外在留証明書・IB資格取得者はIB最終試験6科目の成績証明書およびDIPLOMAの写し・バカロレア資格取得者は成績証明書および資格証明の写し・アビトゥア資格取得者はアビトゥア最終試験4科目の成績証明書およびアビトゥア資格証明の写し・自己PR(800字程度)

●日程等

出願	試験	発表	選抜方法
11/20～12/4	12/12	12/22	面接、書類審査

●応募状況

年度＼人数	募集人員	出願者	受験者	合格者	入学者
2019	若干名	0	0	0	0
2020	若干名	0	0	0	0

●備考

この制度による本学への受験は1回のみとする

私立 共学 寮

麗澤大学（れいたく）

〒277-8686 （担当:事務局アドミッション&PRセンター）
千葉県柏市光ヶ丘2-1-1
TEL 04-7173-3500 FAX 04-7173-3585
URL http://www.reitaku-u.ac.jp/

●**入学時期** 4月

●**募集学部（学科）・募集人員**

国際学部、外国語学部、経済学部………………若干名

●**出願資格・条件**

次の3条件を満たす者で、合格後は入学を確約できる者

(1) 次のいずれかに該当 ①日本国籍を有する者②入管法による「永住者」の在留資格をもっ者③入管特例法による「特別永住者」の在留資格をもつ者

(2) 次のいずれかに該当 ①外国または日本において学校教育における12年の課程を修了（見込）の者、あるいはこれに準ずる者で文部科学大臣の指定した者（外国の学校において成績優秀者が飛び級により通算年数が12年に満たず卒業した場合も可）②外国において学校教育における12年の課程を修了した者と同等以上の学力があると認められる検定試験等に合格した者で、18歳に達した者

(3) 中・高等学校もしくは中等教育学校在籍期間のうち外国の学校に2年以上在籍し、その籍を離れて3年以内（出願時）の者（外国に設置された学校であっても、日本の学校教育法に準拠した教育を行っている学校は、その対象としない）

●**出願書類**

・入学志願書類・成績証明書・卒業証明書等・TOEFL、TOEIC、IELTS、中国語検定、HSK、TECC、ベーシックTECCのいずれかの成績証明書・自己アピール（経済学部）

●**日程等**

出願	試験	発表	選抜方法
11/6～13	11/22	12/1 (10時)	英語または中国語、小論文、面接

※中国語は外国語学部（中国語・グローバルコミュニケーション専攻）、経済学部のみ

※英語においてはTOEFLまたはTOEICまたはIELTS（外国語学部除く）の成績を利用。中国語においては中国語検定またはHSK、TECCまたはベーシックTECCの成績を利用。

※面接は、英語コミュニケーション専攻および英語・リベラルアーツ専攻は日本語と英語。中国語・グローバルコミュニケーション専攻は日本語と英語または日本語と中国語。その他の専攻は日本語。

●**応募状況**

年度＼人数	募集人員	出願者	受験者	合格者	入学者
2019	若干名	0	0	0	0
2020	若干名	1	1	1	0

私立 共学

国際武道大学（こくさいぶどう）

〒299-5295 （担当：入試・広報センター）
千葉県勝浦市新官841
TEL 0470-73-4144 FAX 0470-73-4130
URL http://www.budo-u.ac.jp/

●**入学時期** 4月

●**募集学部（学科）・募集人員**

体育学部（武道学科、体育学科）……………各若干名

●**出願資格・条件**

日本の国籍を有し、外国で教育を受け、次の(1)～(3)のいずれかに該当し、18歳以上（2021.4.1現在）の者

(1) 外国で、2年以上正規の教育制度に基づく教育を受け、原則として日本の高等学校の第2学年または第3学年に編入を認められた者で、2019.4.1から2021.3.31までに卒業（見込み）の者

(2) 外国で、最終学年を含めて2年以上正規の教育制度に基づく学校教育を受け、学校教育における12年の課程（日本における通常の課程による学校教育の期間を含む）を2019.4.1から2021.3.31までに修了（見込み）の者

(3) 国際バカロレア資格、アビトゥア資格、バカロレア資格を2019年または2020年に授与された者

●**出願書類**

・入学志願票・自己推薦書・武道・スポーツ調書・課題論文・あて名カード・資格証明書等

※その他は入試要項参照

●**日程等**

区分	出願	試験	発表	選抜方法
第1期	10/5～9	10/18	11/2	面接
第2期	11/9～13	11/21	11/27	
第3期	12/7～11	12/19	12/25	
第4期	1/12～15	1/23	1/29	

●**応募状況**

年度＼人数	募集人員	出願者	受験者	合格者	入学者
2019	若干名	0	0	0	0
2020	若干名	0	0	0	0

入

私立 共学

城西国際大学

じょうさいこくさい

〒283-8555 （担当：入試課）
千葉県東金市求名1
TEL 0475-55-8855 FAX 0475-53-2194
URL https://www.jiu.ac.jp/

●入学時期 4月、9月

●募集学部（学科）・募集人員（外国人留学生を含む）

福祉総合学部（福祉総合学科）…若干名、
経営情報学部…10名、メディア学部…8名、
国際人文学部（国際文化学科）…若干名／（国際交流学科）…5名、観光学部…10名

●出願資格・条件（4月入学）

(1) 海外在留2年以上の者で、日本国籍を有し、下記のいずれかに該当する者。

(イ) 外国の高等学校を卒業した者、または卒業見込みの者。外国において、最終学年を含めて2年以上正規の教育制度に基づく学校教育における12年の課程（日本における通常の課程による学校教育の期間を含む）を2019年4月1日から2021年3月31日までに卒業または卒業見込みの者。

(ロ) 文部科学省認定の在外教育施設（高等学校の課程）を卒業した者、または2021年3月31日までに卒業見込みの者。

(ハ) 外国において、2年以上正規の教育制度に基づく学校教育を受け、2019年4月1日以降に帰国し、日本の高等学校（中等教育学校の後期課程を含む。以下同じ）を卒業した者、または2021年3月31日までに卒業見込みの者

(2) 国際バカロレア資格またはアビトゥア資格、バカロレア資格（フランス共和国）を取得した者

●出願書類

・志願票・調査書・外国での在学期間を証明するもの（学校長による在学期間の証明書）・TOEFL受験者は成績票の写し・滞在国の統一試験またはそれに準ずる試験を受けた者は成績評価証明書・推薦書（本学所定用紙、またはこれに準じて外国語で記載されたもの。在学中もしくは出身高等学校の学校長によるもの）・志望理由書（本学所定）・外国語によるエッセイ（本学所定用紙）・帰国生徒調査書用紙（本学所定用紙）

●日程等

区分	出願	試験	発表	選抜方法
第1期	10/28～11/5 郵送は～11/6	11/21	12/1	［海外］書類審査（外国語のエッセイを含む） ［国内］書類審査、作文（日本語）、面接（日本語、外国語による）
第2期	2/2～8 郵送は～9	2/20	2/26	

※メディア学部は第2期入試を行いません
※国内・海外共通。在外教育施設を卒業（見込み）の者は入試課まで問い合わせること
※9月入学については、別途要項で確認すること

●応募状況

年度＼人数	募集人員	出願者	受験者	合格者	入学者
2019	若干～37名	0	0	0	0
2020	全40名	0	0	0	0

※募集人員は外国人留学生特別試験を含む

入

私立 共学 寮

千葉工業大学

ちばこうぎょう

〒275-0016 （担当：入試広報課）
千葉県習志野市津田沼2-17-1
TEL 047-478-0222 FAX 047-478-3344
URL https://www.it-chiba.ac.jp

●入学時期 4月

●募集学部（学科）・募集人員

工学部、創造工学部、先進工学部、情報科学部、社会システム科学部……各若干名

●出願資格・条件 日本国籍を有し、外国の学校教育を受け、次のいずれかに該当する者

(1) 外国において学校教育における12年の課程を、最終学年を含め2学年以上継続して教育を受け修了した者または2021.3.31までに修了見込みの者。ただし既卒者は修了後3年以内の者

(2) 外国の中学校・高等学校において2学年以上在学し教育を受けた後、帰国して日本の高等学校に入学あるいは編入学し、2021年3月修了見込みの者。ただし、出願の時点で帰国後4年以内の者

(3) 文部科学大臣が高等学校の課程と同等の課程を有するものとして認定した在外教育施設において、最終学年を含め2学年以上継続して教育を受け当該課程を修了した者または2021.3.31までに修了見込みの者。ただし、既卒者は修了後3年以内の者。（早稲田渋谷シンガポール校、スイス公文学園高等部、立教英国学院、帝京ロンドン学園、慶應義塾ニューヨーク学院、上海日本人学校および如水館バンコクの各高等部がこれに該当する。）

(4) 国際バカロレア資格、アビトゥア資格またはバカロレア資格（フランス共和国）、GCEAレベルを所有する者または2021.3.31までに保有見込みの者

(5) 国際的な評価団体（WASC,ACSI,CIS）の認定を受けた外国における教育施設の12年の課程を修了した者または2021年3月31日までに修了見込みの者

●出願書類 ・入学志願票・出願資格を証明する書類〔(1) 外国の学校教育12年の課程修了（見込）を証明する書類で、出身学校長が発行するもの。Diplomaを複写（コピー）したものでもよい (2) 外国の中学校・高等学校において2学年以上在学したことを証明する書類で、当該学校長が発行するもの (3) 高等学校の課程と同等の課程を修了（見込）したことを証明する書類で、当該学校長が発行するもの (4) IB資格証書、一般的大学入学資格証明書、バカロレア資格証書の写し・高等学校等の調査書または成績証明書

●日程等

出願	試験	発表	選抜方法
10/23～11/12	11/29	12/3	書類審査、小論文、面接

●応募状況

年度＼人数	募集人員	出願者	受験者	合格者	入学者
2019	若干名	6	5	3	1
2020	若干名	7	6	5	4

聖徳大学

せいとく

〒271-8555　（担当：入学センター）
千葉県松戸市岩瀬 550
TEL 047-366-5551　FAX 047-366-5553
URL https://ouen.seitoku.ac.jp/

●**入学時期**　4月

●**募集学部（学科）・募集人員**

児童学部（児童学科：昼間主・夜間主）、心理・福祉学部（心理学科、社会福祉学科）、文学部（文学科）、人間栄養学部（人間栄養学科）、音楽学部（音楽学科）……………………各若干名

●**出願資格・条件**

次の (1) ～ (4) または (1)(2)(3)(5) のすべての要件を満たす女性

(1) 日本の国籍を有する人
(2) 保護者の在留というやむを得ない事由により海外で学んだ人
(3) 外国にある高等学校に 2 年以上継続して在学した人
(4) 国の内外を問わず学校教育における 12 年の課程を修了した人、または 2021 年 3 月 31 日までに修了見込みの人
(5) 国際バカロレア資格、アビトゥア資格またはバカロレア資格（フランス共和国）を持ち、2021 年 3 月 31 日までに 18 歳に達する人

●**出願書類**

・入学願書・健康診断書・高等学校の卒業証明書または卒業見込証明書（原本）とその日本語訳・高等学校の学業成績証明書（原本）とその日本語訳・保護者の在留地および在留期間を証明する書類（原本）とその日本語訳・受験票・振込受付証明書・写真 1 枚・音楽学部実技試験／受験曲目申込書

●**日程等**

区分	出願（必着）	試験	発表	選抜方法
A日程	10/26～11/4	11/8	11/16	書類審査、日本語（作文）、面接※
B日程	11/24～12/8	12/13	12/17	
C日程	2/25～3/11	3/15	3/19	

※上記に加えて、文学部文学科英語・英文学コースは英語、文学部文学科書道文化コースは書道（実技）を課する。音楽学部は実技等を課する。

●**応募状況**

年度＼人数	募集人員	出願者	受験者	合格者	入学者
2019	若干名	0	0	0	0
2020	若干名	0	0	0	0

●**備考**　詳細は 2021 年度入試要項で必ず確認のこと

私立　共学

流通経済大学

りゅうつうけいざい

〒270-8555　（担当：入試センター）
千葉県松戸市新松戸 3-2-1(新松戸キャンパス)
TEL 047-340-0293　FAX 047-340-0295
〒301-8555
茨城県龍ケ崎市 120（龍ケ崎キャンパス）
TEL 0120-297-141　FAX 0297-64-9060
URL https://www.rku.ac.jp/

●**入学時期**　4月

●**募集学部（学科）・募集人員**

経済学部、流通情報学部、法学部、社会学部、スポーツ健康科学部 ……………………各若干名

●**出願資格・条件**

日本国籍を有し、海外の教育を受けた者のうち、次のいずれかに該当する者で成績が優秀な者（各国の教育制度の事情を勘案して判断する）。ただし、海外に設置されている学校で当該国の学校教育制度に基づく教育をしている学校でなければならない

(1) 海外の学校に 1 年半以上在籍し、その課程を修了見込みの者、あるいは修了後大学入学までが 1 年未満の者
(2) 海外の学校に 1 年半以上在籍し、日本の高等学校に編入後 2 年未満で卒業見込みの者

●**出願書類**

・入学志願票・調査書または受験資格を証明し得る書類・面談資料（所定用紙）・志願者評価書（所定用紙）

●**日程等**

区分	募集人員	出願	試験	発表	選抜方法
Ⅰ期	若干名	9/15～10/28	11/7	11/13	書類審査、小論文（400字程度、40分）、面談（20分程度）
Ⅱ期		9/15～11/25	12/5	12/11	
Ⅲ期		9/15～1/13	1/23	1/29	

※総合型選抜として実施。本学公式 web サイトから、エントリーシート・アピールシートをダウンロードし､大学へ郵送。書類審査後に web ドリルを実施し、web 面談通過者に出願書類を送ります。

●**応募状況**

年度＼人数	募集人員	出願者	受験者	合格者	入学者
2019	若干名	0	0	0	0
2020	若干名	1	1	1	1

●**備考**

スポーツ健康科学部以外は新松戸キャンパスで学ぶことができます。経済学部と法学部は龍ケ崎キャンパスを選ぶことが可能です。

私立 共学

東京成徳大学
（とうきょうせいとく）

〒114-0033 （担当：入試広報課）
東京都北区十条台 1-7-13
TEL 0120-711-267 FAX 03-3908-9700
URL http://www.tsu.ac.jp

●入学時期 4月

●募集学部（学科）・募集人員

国際学部 国際学科、応用心理学部（臨床心理学科、健康・スポーツ心理学科）、経営学部（経営学科）
……………………各学科若干名

●出願資格・条件

次の（1）（2）のすべての条件を満たす者。

(1) 日本国籍を有する者、又は日本国の永住許可を得ている者で、保護者の海外在留にともなって外国において学校教育の最終学年を含め2学年以上継続して教育を受け、かつ帰国後2年以内の者で、2021年3月31日までに満年齢18歳以上に達する者。

(2) 次のいずれかに該当する者。

①外国または日本の学校教育における12年の課程を修了した者および2021年3月31日までに修了見込みの者。

②スイス民法典に基づく財団法人である国際バカロレア事務局が授与する国際バカロレア資格を取得した者。

③ドイツ連邦共和国の各州において大学入学資格として認められるアビトゥア資格を取得した者。

④フランス共和国において大学入学資格として認められているバカロレア資格を取得した者。

●出願書類

・入学願書（A票・B票）・帰国生入試経歴書・証明書等（外国の高等学校：卒業証明書・成績証明書、日本の学校：成績証明書・調査書、国際バカロレア資格、アビトゥア資格、バカロレア資格取得者はその取得証明書）・志望理由書・受験票返送用封筒・入学検定料収納証明

※外国語で書かれている各種証明書には、必ず日本語訳を添付のこと

●日程等

出願	試験	発表	選抜方法
11/9～11/25	12/13	12/18	小論文、面接、書類審査

●応募状況

年度＼人数	募集人員	出願者	受験者	合格者	入学者
2019	若干名	0	0	0	0
2020	若干名	1	1	1	0

●備考

帰国子女の編入は認めていない

私立 共学 寮

帝京大学
（ていきょう）

〒173-8605 （担当：帝京大学入試センター）
東京都板橋区加賀 2-11-1（板橋キャンパス）
TEL 0120-335933
URL http://www.teikyo-u.ac.jp/

●入学時期 4月

●募集学部（学科）・募集人員

経済学部、法学部、文学部、外国語学部、教育学部
……………………各若干名

※帝京大学短期大学も若干名募集

●出願資格・条件

日本国籍を有する者で、保護者の海外在留により外国の学校教育を受け、次のいずれかに該当する者

(1) 外国において学校教育12年以上の課程における高等学校に2年以上在籍し、2019.4.1から2021.3.31までに卒業（修了）、または卒業（修了）見込みの者

(2) 外国において外国の学校教育を1年以上受け、帰国後日本の高等学校の第2・3学年に編入学し、2021.3.31までに卒業（修了）見込みの者

●出願書類

・志願票・調査書等（外国において、学校教育における12年の課程を修了した者、および2021.3.31までに修了見込みの者は成績証明書および修了（見込）証明書を提出すること。ただし日本と外国の双方の高等学校に在籍した場合は、日本の高等学校在学中の調査書も併せて提出のこと）・身上記録書・海外在留証明書・外国の学校の在籍証明書および成績証明書（出願資格（2）該当者のみ）

※外国語で作成される書類については日本語の翻訳を添付

●日程等

出願	試験	発表	選抜方法
12/17～1/20（必着）	1/31	2/6	学科試験、面接、書類審査

※学科試験は英語（必須）と、日本語、日本語による小論文から1科目選択

●備考

〈お問い合わせ先〉
〒173-8605 東京都板橋区加賀 2-11-1
帝京大学入試センター
TEL 0120-335933
（キャンパスは八王子）
※地域経済学科のみ宇都宮キャンパス

入

私立　女子

東京家政大学
（とうきょうかせい）

〒173-8602　（担当：アドミッションセンター）
東京都板橋区加賀 1-18-1
TEL 03-3961-5228　FAX 03-3961-1736
URL https://www.tokyo-kasei.ac.jp/

●**入学時期**　4月

●**募集学部（学科）・募集人員**
家政学部、人文学部、健康科学部、子ども学部 ……………………各若干名

●**出願資格・条件**　日本国籍を有し、保護者の海外在留等の事情により外国で教育を受けた2021年3月31日までに18歳に達する女子で、次の各項のいずれかに該当し、かつ日本語の授業を理解できる能力を持つ者。

(1) 原則として外国の高等学校に最終学年を含め2年以上在籍し、卒業した者（ただし卒業後2年以内であること）または2021年3月までに卒業見込みの者。
(2) 外国で中・高等学校を通じ継続して2学年以上教育を受け、日本の高等学校の2年以上に転入し、卒業した者（ただし卒業後2年以内であること）または2021年3月までに卒業見込みの者。
(3) 外国において2019年または2020年に国際バカロレア資格を取得した者で、2021年3月31日までに18歳に達する者。
(4) 外国のインターナショナルスクールの場合は国際バカロレア認定校であること。

注意：外国に設置されたものであっても、日本の文部科学大臣が高等学校の課程と同等の課程を有するものとして認定した在外教育施設に在学したものについては、その期間を外国において学校教育を受けたものとはみなしません。

●**出願書類**
・入学志願票（本学所定用紙）
・証明書
①出願資格（1）の場合　出身高等学校の卒業（または卒業見込み）証明書および成績証明書（いずれも英語または日本語により記載されたもの）
②出願資格（2）の場合　日本の高等学校の卒業（または卒業見込み）証明書および調査書ならびに外国で在籍した高等学校の成績証明書（英語または日本語により記載されたもの）
③出願資格（3）の場合　国際バカロレア資格取得証明書
・外国での在留期間を証明するもの（在外公館または父母の所属する機関の長が証明するもの）
・身上書（本学所定用紙）

●**日程等**

出願	試験	発表	選抜方法
8/27～9/7	9/13	9/25	英語、小論文（日本語）、面接、書類審査

●**応募状況**

年度＼人数	募集人員	出願者	受験者	合格者
2019	若干名	3	3	3
2020	若干名	1	1	0

●**備考**　出願希望者はアドミッションセンターに事前に相談のこと

入

私立　共学　寮

東京理科大学
（とうきょうりか）

〒162-8601　（担当：入試センター）
東京都新宿区神楽坂 1-3
TEL 0120-188-139（フリーダイヤル）
URL https://www.tus.ac.jp

●**入学時期**　4月

●**募集学部（学科）・募集人員**
理学部第一部、理学部第二部（夜）、薬学部、工学部、理工学部、先進工学部、経営学部…各若干名

●**出願資格・条件**
日本国籍を有し、保護者の海外勤務等の事情により、保護者に伴って外国で学んだ者で次のいずれか一つに該当するもの

(1) 外国における外国の正規の教育課程に基づく高等学校に原則2年以上在学し、当該国の学校教育12年以上の課程を卒業（修了）したのち出願までの期間が1年以内である者
(2) 外国における外国の正規の教育課程に基づく高等学校に原則2年以上在学し、当該国の学校教育12年以上の課程の最終学年に在学中で、2021年3月31日までに卒業（修了）見込みの者
(3) 国際大学入学資格か当該国の大学入学資格を有し原則として上記（1）か（2）に準ずる者（国際バカロレア資格、アビトゥア資格、バカロレア資格を有する者等）
(4) 外国の高等学校卒業者ではないが、中高を通じ数ヶ年継続して外国で当該国の正規の教育課程に基づく教育を受け、2021年3月31日までに日本の高校を卒業（修了）見込みの者で、帰国後2021年3月31日までの在籍期間が原則1年以内のもの

※この選抜試験に関する出願は1回に限るものとする
※文部科学大臣が日本の高等学校と同等の課程または相当する課程を有するものとして認定または指定した在外教育施設での在籍期間は、外国の学校教育を受けた期間に算入しない

●**出願書類**
入学願書、出願資格区分ごとの出願書類（詳細は募集要項をご覧ください）、海外在留証明書、帰国子女入学志願者調書（募集要項巻末所定用紙）

●**日程等**

出願	試験	発表	選抜方法
12/14～18	1/18～31	2/15	書類審査、大学入学共通テスト、面接(口頭試問を含む)

※選抜方法・日程は学部により異なる
※大学入学共通テストの利用教科、科目と配点は一般選抜A方式入学試験と同等とする
※大学入学共通テストの理科、地理歴史・公民を2科目受験した場合には、第1解答科目の得点を利用する

●**応募状況**

年度＼人数	募集人員	出願者	受験者	合格者	入学者
2019	若干名	4	4	2	−
2020	若干名	5	5	3	−

芝浦工業大学

（しば うら こう ぎょう）

〒135-8548 （担当：入試部入試課）
東京都江東区豊洲 3-7-5
TEL 03-5859-7100 FAX 03-5859-7101
URL https://admissions.shibaura-it.ac.jp/

●入学時期 4月

●募集学部（学科）・募集人員

工学部、システム理工学部、デザイン工学部、建築学部 ……………………各学部若干名

※各学部の学科・コース詳細は入試情報サイトをご確認ください

●出願資格・条件

日本国籍を有する者で次の (1)～(3) のいずれかに該当し、かつ入学時において18歳に達している者。

［基礎資格］

(1) 海外において、外国の教育課程に基づく高等学校に最終学年を含め2年以上継続して在籍し、2019年4月から2021年3月までに卒業（修了）または卒業（修了）見込みの者。

(2) 海外において、外国の教育課程に基づく学校に4年以上継続して在籍した後、帰国して日本の高等学校に編入学した者で、2019年4月から2021年3月までに卒業（修了）または卒業（修了）見込みの者（日本の高等学校の在籍期間は1年半以内であること）。

(3) 外国において通常の高等学校教育の課程を修了した者に準ずる者で、文部科学大臣の指定した者。

※在外日本人学校で教育を受けた期間は外国の教育課程の在籍期間に算入しないものとする。

※出願資格について不明な点がある場合は、出願資格審査ページを確認の上、出願資格審査の申請を行うこと。

［要件］英語資格・検定試験のいずれかのスコアが基準値以上の者。

- TOEFL® iBT……………………42
- TOEFL® PBT……………………440
- TOEIC® L&R + TOEIC® S&W ……………790
- ケンブリッジ英語検定……………………140
- GTEC……………………960
- TEAP R/L+W+S ……………………225
- IELTS……………………4.0
- 実用英語技能検定 ……………………1980

※スコアの有効期間は実施団体の定めによる。

※実用英語技能検定は CSE スコアのみで判断する。

※新型コロナウイルス感染症の影響に鑑み、2020年11月実施の試験結果まで有効とする。

●出願書類

①入学志願書 ②写真票 ③入学検定料の納入について ④振込金受取証【C票】貼付用紙 ⑤自己推薦書 ⑥英語資格・検定試験のスコアレポート（コピー可）／英語資格・検定試験受験証明書 ⑦在籍期間証明書類 ⑧高等学校の卒業証明書、または卒業見込証明書、あるいはこれに代わる証明書（原本）⑨高等学校の成績証明書、あるいはこれに変わる証明書（原本）⑩入学検定料返還請求願（出願期間内に、英語資格・検定試験の結果が発表されない者のみ）⑪封筒宛名ラベル

●日程等

出願	試験	発表	選抜方法
11/1～30	1/24	1/30	数学、物理または化学、面接

●応募状況

年度＼人数	募集人員	出願者	受験者	合格者
2019	若干名	5	5	1
2020	若干名	2	2	0

●備考 詳細は入試要項で必ず確認すること

私立 共学 寮

武蔵野大学

（むさし の）

〒135-8181 （担当：大学入試センター事務課）
東京都江東区有明 3-3-3
TEL 03-5530-7300 FAX 03-5530-3811
URL https://www.musashino-u.ac.jp/

●入学時期 4月

●募集学部（学科）・募集人員

- グローバルコミュニケーション学科 ……………………5名
- グローバルビジネス学科 ……………………4名
- 日本語コミュニケーション学科

日本文学文化学科、法律学科、政治学科、経済学科、経営学科、会計ガバナンス学科、データサイエンス学科、人間科学科、社会福祉学科、環境システム学科、数理工学科、建築デザイン学科、教育学科、幼児教育学科 ……………若干名

●出願資格・条件

日本国籍を有し、2021（令和3）年4月1日現在18歳に達する者で、次の各項のいずれかに該当する者。

(1) 外国の高等学校に最終学年を含め2年以上継続して在籍し卒業（修了）した者。または、2021（令和3）年3月31日までに卒業（修了）見込みの者。

(2) 外国の中学・高等学校で継続して2年以上教育を受け、2021（令和3）年3月31日までに日本の高等学校（中等教育学校含む）を卒業見込みの者、もしくは文部科学大臣が行う高等学校卒業程度認定試験に合格した者（大学入学資格検定に合格した者を含む）及び2021（令和3）年3月31日までに合格見込みの者で、卒業時点で帰国後原則として2年以内の者。

(3) 文部科学大臣が、高等学校の課程と同等の課程またはそれに相当する課程を有すると認定した在外教育施設に2年以上在籍した者。

(4) 国際バカロレア資格取得者など本学が適当と認めた者。

＊(4) で出願する場合は事前に本学入試センター（Tel. 03-5530-7300）にご連絡ください。

【グローバルコミュニケーション学科】上記に加え、以下の英語資格検定試験の基準を満たす者。TOEFL iBT®（42点以上）、IELTS（Academic4.0以上）、TOEIC®（L&R）（550点以上）、TEAP（RLWS）（226点以上）

【グローバルビジネス学科】上記に加え、以下の英語資格検定試験の基準を満たす者。TOEFL iBT®（61点以上）、IELTS（Academic5.5以上）、TOEIC®（L&R）（700点以上）

●出願書類 調査書・証明書等、エントリーシート、語学力の資格証明書

出願方法：インターネット出願

●日程等

区分	出願期間	試験	発表	選抜方法
Ⅰ期	9/1～17	10/4	10/9	面接・口頭試問（20分程度）と出願書類との総合評価
Ⅱ期	11/11～24	12/20	12/25	
Ⅲ期	1/6～12	2/6	2/10	

※グローバル学部：Ⅰ期～Ⅲ期
　グローバル学部以外：Ⅰ期のみ

●応募状況

年度＼人数	募集人員	出願者	受験者	合格者	入学者
2019	若干名	25	24	17	―
2020	若干名	26	21	16	―

入

清泉女子大学

(せいせんじょし)

(担当：入試課)

〒141-8642
東京都品川区東五反田 3-16-21
TEL 0120-53-5363　FAX 03-5421-3469
URL https://www.seisen-u.ac.jp/

●入学時期　4月

●募集学部（学科）・募集人員

文学部（スペイン語スペイン文学科、英語英文学科、地球市民学科、文化史学科、日本語日本文学科）
……………………各学科若干名

●出願資格・条件

日本の国籍を有し※1、外国で学校教育を受け※2、次の出願資格 (1) ～ (5) のいずれかに該当する女子

(1) 外国において、外国の教育課程に基づく中学校・高等学校を通じて2学年以上継続して学校教育を受けた者で、次の①または②のいずれかに該当する者
　① 2019.9.1 以降に日本の高等学校の第2学年以上に編入学し、2021.3.31 までに卒業見込みの者
　②日本における高等学校卒業程度認定試験に合格した者および合格見込みの者。ただし、帰国後 2021.3.31 までの期間が原則として1年6か月未満の者に限る

(2) 外国において、外国の教育課程に基づく高等学校で最終学年を含めて2学年以上継続して学校教育を受け、学校教育 12 年の課程を 2020.4.1 ～ 2021.3.31 までに卒業（修了）、または同見込みの者（成績優秀のため飛級し、通算年数が 12 年に満たないで卒業（修了）した者、あるいは同見込みの者を含む）。なお、上記の 12 年の課程には、日本における通常の課程による学校教育の期間も含まれる

(3)2019 年または 2020 年にスイス民法典に基づく財団法人である国際バカロレア事務局が授与する国際バカロレア資格証書を取得した者。その他原則として、出願資格 (2) に準ずる

(4)2019 年または 2020 年にドイツ連邦共和国の各州において大学入学資格として認められているアビトゥア資格を取得した者。その他原則として、出願資格 (2) に準ずる

(5)2019 年または 2020 年にフランス共和国において大学入学資格として認められているバカロレア資格を取得した者。その他原則として、出願資格 (2) に準ずる

※1 入管法による「永住者」もしくは入管特例法による「特別永住者」の在留資格を持つ者を含む

※2 外国に設置された学校であっても、日本の学校教育法に準拠した教育を施している学校に在学した者については、その期間は外国において学校教育を受けたものとはみなさない

●出願書類

・志願シート・写真票・志望理由書・最終学校発行の推薦書・出願資格を証明する書類（卒業証明書、成績証明書、調査書、国際バカロレア資格等の証書など）

●日程等

出願	試験	発表	選抜方法
9/18～10/5	10/25	11/13	書類審査、小論文、口頭試問

●応募状況

年度＼人数	募集人員	出願者	受験者	合格者	入学者
2019	若干名	1	1	1	非公表
2020	若干名	3	2	0	非公表

入

聖心女子大学

(せいしんじょし)

(担当：学務部 入試課)

〒150-8938
東京都渋谷区広尾 4-3-1
TEL 03-3407-5242　FAX 03-3407-6650
URL https://www.u-sacred-heart.ac.jp

●入学時期　4月

●募集学部（学科）・募集人員

現代教養学部 ………30 名（推薦入学者若干名を含む）

●出願資格・条件

日本国籍を有する者または日本国の永住許可を得ている者で、次の各号の一つに該当し、2021 年4月1日までに 18 歳に達する女子

(1) 外国において、外国の教育制度に基づく高等学校に最終学年を含め継続して2年以上在学し、出願時に学校教育における 12 年の課程を 2021 年3月までに修了見込みの者、または修了して2年未満の者

(2) 外国において、外国の教育制度に基づく中学校、高等学校に継続して3年以上在学し、引き続き日本の高等学校（中等教育学校の後期課程含む。以下同じ）の第2学年以降に編入学を認められ、2021 年3月までに卒業見込みの者

(3) 外国において、外国の教育制度に基づく学校に継続して2年以上在学し、出願時に、スイス民法典に基づく財団法人である国際バカロレア事務局が授与する国際バカロレア資格証書、もしくはドイツ連邦共和国の各州において大学入学資格として認められているアビトゥア資格を取得して2年未満で、帰国後2年未満の者

(4) 本学の姉妹校である聖心インターナショナルスクールを 2021 年3月までに卒業単位修得見込みの者、または卒業して2年未満の者

●出願書類

・志願票・面接資料・卒業証明書等（出願資格を証明する書類）・出身高等学校成績証明書等・TOEFL の成績証明書・学歴記入用紙等

●日程等

出願	試験	発表	選抜方法
(郵) 9/1～23 (窓) 9/24	10/3	10/15	小論文（日本語）、面接、書類審査

※小論文は日本語または英語から選択

●応募状況

年度＼人数	募集人員	出願者	合格者
2019	30	32	16
2020	30	27	17

●備考

出願資格、出願書類等の詳細は学生募集要項を必ず確認のこと。

私立 女子

学習院女子大学（がくしゅういんじょし）

〒162-8650　（担当：入試係）
東京都新宿区戸山 3-20-1
TEL 03-3203-1906　FAX 03-3203-8373
URL https://www.gwc.gakushuin.ac.jp/

●入学時期　4月

●募集学部（学科）・募集人員

国際文化交流学部（日本文化学科、国際コミュニケーション学科）……………………………………各若干名

●出願資格・条件

日本国籍を有する者または日本に永住する外国人で、日本語の講義を理解する能力を有し、次のいずれかに該当

(1) 中高を通じ 2 学年以上継続して海外で外国の教育を受け、原則 2019.9.1 以降に日本国内の高校もしくは中等教育学校（在外認定校を含む）に編入した者で、2021.3.31 までに卒業（見込）の者

(2) 中高を通じ 2 学年以上継続して海外で外国の教育を受けた者で、日本の高等学校卒業程度認定試験に合格または 2021.3.31 までに合格見込の者（原則 2019.9.1 以降に帰国した者）

(3) 外国の高校（在外認定校を除く）に最終学年を含め 2 学年以上継続して在籍し、外国において 12 年の教育課程を 2019.4.1 から 2021.3.31 までに卒業（見込）の者（日本の通常の課程における教育期間も含む。飛び級等により 12 年に満たず卒業した者を含む）

(4) 中高を通じ 2 学年以上継続して外国の教育を受け、2019.1.1 以降各国の教育制度の下でその国の大学受験資格を取得し、2021.3.31 までに 18 歳に達する者

※ただし、アビトゥア資格（ドイツ）、バカロレア資格（フランス）もしくは GCEA 資格（イギリス）のいずれかを有する者は、18 歳未満でも可

(5) 中高を通じ 2 学年以上継続して外国の教育を受けた者で、2019.1.1 以降に、外国で国際バカロレア資格を取得した者

(6) 本学において、(1) ～ (5) の条件に準ずる資格があると認めた者

●出願書類　・入学試験調査書・入学試験身上書・出身高等学校の調査書・外国で教育を受けた中高が発行する成績証明書・在籍期間証明書・卒業（見込）証明書・パスポートのコピー・資格試験・統一試験等の結果に関する証明書類

※出願資格により異なる

●日程等

出願	試験	発表	選抜方法
9/28～10/1	10/17	11/2	小論文（日本語）、面接※

※日本文化学科の面接は日本語、国際コミュニケーション学科は英語・日本語

●応募状況

年度＼人数	募集人員	出願者	受験者	合格者	入学者
2019	若干名	21	17	14	7
2020	若干名	23	16	8	3

私立 共学

工学院大学（こうがくいん）

〒163-8677　（担当：アドミッションセンター）
東京都新宿区西新宿 1-24-2
TEL 03-3340-0130　FAX 03-3340-2440
URL https://www.kogakuin.ac.jp/

●入学時期　4月

●募集学部（学科）・募集人員

全学部（先進工学部 機械理工学科 航空理工学専攻を除く）………………………………各学科若干名

※先進工学部…各学科（生命化学科、応用化学科、環境化学科、応用物理学科、機械理工学科機械理工学専攻）指定の出願に加え、先進工学部大学院接続型コースにも出願できます。機械理工学科航空理工学専攻の募集はありません。

※建築学部（まちづくり学科、建築学科、建築デザイン学科）は、3 年次に学科を選ぶ、「建築学部総合」での募集となります。

※情報学部…各学科（情報通信工学科、コンピュータ科学科、情報デザイン学科、システム数理学科）指定の出願に加え、2 年次第 3 クォーターに学科を選ぶ情報学部総合にも出願できます。

●出願資格・条件

日本の国籍を有する方で、外国で学校教育を受けたことのある方のうち、次のいずれかに該当する方

(1) 外国において、在外教育施設を除く高等学校に最終学年を含め 2 年以上継続して在学し、学校教育における 12 年の課程を修了した方。または 2021.3.31 までに修了見込みの方、あるいはこれに準ずると文部科学大臣が指定した方

(2) 外国の高等学校に 2 年以上継続して在学し帰国後 2 年未満の方で、日本の高等学校もしくは中等教育学校後期課程を卒業した方あるいは 2021.3.31 までに卒業見込みの方

※帰国後 2 年未満とは、出願開始時（2020.10.8）を起点とする

※「留学」は帰国生徒の対象に含まない。なお、帰国生徒とは保護者に同行し、海外に在留した者を指す

●出願書類

・志願票・志望理由書・学歴書・志願者調書・海外在留証明書・調査書（各種証明書）

●日程等

出願	試験	発表	選抜方法
(郵)10/8～17 (窓)10/8～17	11/3	11/17	「小論文（日本語）」「数学」「書類審査」「面接」

●応募状況

年度＼人数	募集人員	出願者	受験者	合格者	入学者
2019	若干名	5	4	2	1
2020	若干名	2	2	0	0

入

早稲田大学

わせだ

〒169-8050　（担当：国際アドミッションズ・オフィス）
東京都新宿区西早稲田 1-6-1
TEL 03-3204-9073　FAX 03-3204-9464
URL http://www.waseda.jp/inst/admission/

●入学時期　4月

●募集学部・募集人員

法学部、教育学部、商学部、基幹理工学部、創造理工学部、先進理工学部……………………………………若干名

※政治経済学部、社会科学部、国際教養学部、文学部、文化構想学部、人間科学部、スポーツ科学部では、当帰国生入学試験での募集は行わない。帰国生入学試験の出願資格を満たす志願者は、政治経済学部実施のグローバル入学試験、社会科学部実施のグローバル入学試験、国際教養学部実施の AO 入学試験への出願が可能

●出願資格・条件　以下の要件をすべて満たす者

(1) 国籍に関する要件次の①②いずれかの者
　①日本国籍を有する者
　②「出入国管理及び難民認定法の別表第二」に掲げる者
(2) 学歴に関する要件次の①②いずれかの者
　①出願時に日本の教育制度以外の課程にて教育を実施する日本国外所在の中等教育機関に在籍し、2021.3.31 までに卒業（修了）見込の者
　②日本の教育制度以外の課程にて教育を実施する日本国外所在の中等教育機関を卒業（修了）し、かつ出願時に卒業（修了）後 1 年以内の者
(3) 日本国外に所在する外国の中等教育機関において、最終学年を含め、2 学年以上を継続して在籍した者、もしくは在籍予定の者

※本制度への出願は 1 回に限る。過去に同制度に出願歴がある者は出願できない
※保護者の海外在住に伴うことを条件としない
※学校教育法第 1 章第 1 条によらない、日本国内の外国人学校等の修了者にはこの制度を適用しない
※文部科学省により日本の高等学校の課程と同等の課程を有するものとして認定された在外教育施設の修了者にはこの制度を適用しない
※志願者は、その国において大学入学資格を有する者であることが望まれる

●出願書類

・志願票・最終出身学校の卒業（見込）証明書・日本の高等学校の課程に相当する外国の中等教育機関の最終 3 年間の課程の成績証明書（日本の高等学校に在学した場合は該当する期間の成績証明書）・出身学校長または教員の推薦状・海外の大学に在学した場合は在学証明書または在籍期間証明書・外国語能力に関する証明
※飛び級または繰上卒業の場合、証明書が必要

●日程等

出願	試験	発表	選抜方法
オンライン出願 6/1～7/8 出願書類送付 7/1～8	9/2～17	9/10～10/1	学科試験、面接、小論文

※出願は、オンライン手続と出願書類の送付の両方を出願期間内に行うこと

●応募状況

年度＼人数	募集人員	出願者	受験者	合格者	入学者
2019	若干名	656	－	170	－
2020	若干名	599	－	153	－

入

私立　共学

高千穂大学

たかちほ

〒168-8508　（担当：入試広報部入試課）
東京都杉並区大宮 2-19-1
TEL 03-3313-0148　FAX 03-3313-9034
フリーダイヤル 0120-012-816
URL http://www.takachiho.jp/

●入学時期　4月

●募集学部（学科）・募集人員

商学部（商学科）、経営学部（経営学科［起業・事業承継コースは除く］）、人間科学部（人間科学科［児童教育専攻は除く］）……………………………各若干名

●出願資格・条件

日本国籍を有し、外国における学校教育を受け、2 年以上外国の高等学校に在学し、帰国後、出願まで 2 年未満の者で、以下のいずれか一つに該当する者

(1) 外国における高等学校（文部科学大臣が高等学校と同等の課程を有するものとして認定した在外教育施設を含む）を卒業または卒業見込みの者で、通常 12 年の課程を修了した者または修了見込みの者
(2) 日本の高等学校（中等教育学校の後期課程を含む）を卒業見込みの者または卒業した者
(3) 国際バカロレア資格、アビトゥア資格、あるいはバカロレア資格（フランス共和国）取得者で原則として上記 (1) に準ずる者

●出願書類

(1) 特別選抜（帰国子女）志願票・受験票（本学所定用紙）
(2) 志望理由書（本学所定用紙　手書き・印字ともに可）
(3) 小論文（本学所定用紙・印字不可）
(4) 海外在留証明書（本学所定用紙）
(5) 各種証明書（下記①～③のいずれかを提出）
　①外国の高等学校卒業者：卒業証明書及び成績証明書※原本、証明書は 2020 年 9 月以降に発行されたもの
　②日本の高等学校卒業見込み者：出身高等学校調査書
　③資格取得者：国際バカロレア資格証書・アビトゥア資格証書・バカロレア資格（フランス共和国）証書

●日程等

区分	出願	試験	発表	選抜方法
Ⅰ期	10/19～11/5	11/22	12/1	書類審査、面接、小論文
Ⅱ期	12/11～1/13	2/2	2/9	

●応募状況

年度＼人数	募集人員	出願者	受験者	合格者	入学者
2019	若干名	0	0	0	0
2020	若干名	1	1	1	0

◇選抜の詳細は必ず高千穂大学入試課へ確認すること

東京女子大学

とうきょうじょし

（担当：入学課）
〒167-8585
東京都杉並区善福寺 2-6-1
TEL 03-5382-6854 FAX 03-5382-6474
URL https://www.twcu.ac.jp/

●入学時期 4月

●募集学部 学科（専攻）・募集人員

現代教養学部 国際英語学科（国際英語専攻）、人文学科（哲学、日本文学、歴史文化専攻）、国際社会学科（国際関係、経済学、社会学、コミュニティ構想専攻）、心理・コミュニケーション学科（心理学、コミュニケーション専攻）、数理科学科（数学、情報理学専攻）
……………………各専攻若干名

●出願資格・条件

(1) 日本国籍を有する者あるいは日本に永住する外国人（特別永住者、または「出入国管理及び難民認定法」第二条の二に規定する別表第二による在留者と認められる者）で、外国において学校教育を受けた後、わが国に帰国する次の①または②に該当する女子

①通常の学校教育課程 12 年のうち、海外において外国の教育課程に基づく高等学校に最終学年を含めて 2 学年以上継続して在籍し、2019.4.1 から 2021.3.31 までの間に卒業（見込）の者（ただし、日本の高等学校における在籍期間〈休学期間を含まない〉が 2 年未満の者）

② 2019 年または 2020 年に国際バカロレア資格証明を取得した者。（ただし、日本の高等学校における在籍期間〈休学期間を含まない〉が 2 年未満の者）

※外国に設置されたものであっても、日本の文部科学大臣が高等学校の課程と同等の課程を有するものとして認定した在外教育施設に在学した者については、その期間を外国において学校教育を受けたものとはみなさない

(2) 2018 年 11 月以降に受検したいずれかの英語資格・検定試験の基準を満たしていること。ただし、今年度については、受験予定だった検定試験が中止になるなどの状況に鑑み、例外的な扱いを設けます。出願条件となる英語資格・検定試験の種類および基準は入学試験要項または本学公式サイトを参照すること。

●出願書類 ・志願票・志望理由書・最終出身校の卒業・修了（見込）証明書・高等学校の在学全期間の成績証明書・国家試験等の統一試験制度、またはそれに準ずる制度のある国については、その成績評価証明書・国家試験等の統一試験制度、またはそれに準ずる制度のない国の場合は、12 年の学校教育の課程を修了していることを示す出身学校発行の証明書（修了見込者は修了見込証明書）・上記 (2) の英語資格・検定試験の成績を証明する書類
※詳細は必ず入学試験要項で確認すること

●日程等

出願	試験	発表	選抜方法
10/5～9	11/22	12/4	出願書類、事前課題、オンライン面接

●応募状況

年度＼人数	募集人員	出願者	受験者	合格者	入学者
2019	若干名	8	7	6	4
2020	若干名	9	4	3	2

私立 共学 寮

国士舘大学

こくしかん

（担当：入試部）
〒154-8515
東京都世田谷区世田谷 4-28-1
TEL 03-5481-3211 FAX 03-5481-3210
URL http://www.kokushikan.ac.jp/

●入学時期 4月

●募集学部（学科）・募集人員

政経学部…Ⅰ期（政治行政 3 名、経済 15 名）・Ⅱ期（政治行政 2 名、経済 5 名）
体育（スポーツ医科学科を除く）・理工・法・文・21 世紀アジア・経営…Ⅰ・Ⅱ期とも各若干名（ただし理工学部・法学部はⅡ期は募集しない）
注）政経学部は外国人留学生を含む募集人数

●出願資格・条件

日本の国籍を有する者で、保護者の海外在留によって、外国で学校教育を受けたことのある者のうち、次のいずれかに該当する者

(1) 外国において、在外教育施設を除く高等学校に最終学年を含め 2 年以上継続して在籍し、学校教育における 12 年の課程を 2020 年 4 月 1 日から 2021 年 3 月 31 日までに卒業（修了）または卒業（修了）見込みの者。

(2) 日本の高等学校を 2021 年 3 月 31 日までに卒業見込みの者で外国の教育課程の高等学校に 2 年以上在学し、帰国後 2 年未満の者。

(3) 文部科学大臣が高等学校の課程と同等の課程または相当する課程を有するものとして認定または指定した在外教育施設の当該課程を 2021 年 3 月 31 日までに卒業見込みの者で外国の教育課程の高等学校に 2 年以上在学した者。

(4) 「国際バカロレア資格」、「アビトゥア資格」、「バカロレア資格」、「GCE A レベル資格」のいずれかを有する者。

●出願書類

令和 3 年度（2021 年度）海外帰国生徒選抜要項で必ず確認のうえ出願すること

●日程等

区分	出願	試験	発表	選抜方法
1 期	9/25～10/2	11/20・21	12/1	面接、小論文、学科試験等
2 期	1/8～13	2/2・3	2/15	

※理工・法は 1 期のみ
※試験日、選抜方法は学部により異なる

●応募状況

年度＼人数	募集人員	出願者	受験者	合格者	入学者
2019	30+ 若干名	4	2	1	非公表
2020	35+ 若干名	5	4	4	非公表

●備考 詳細は 2021 年度選抜要項で必ず確認のこと

入

私立　共学

駒澤大学（こまざわ）

〒154-8525　（担当：入学センター）
東京都世田谷区駒沢 1-23-1
TEL 03-3418-9048　FAX 03-3418-9050
URL https://www.komazawa-u.ac.jp/

●入学時期　4月
●募集学部・募集人員
仏教学部、文学部、経済学部、法学部（フレックスBは除く）、経営学部（経営学科）、経営学部（市場戦略学科）、医療健康科学部 …………………………………………………………… 若干名
グローバル・メディア・スタディーズ学部 ………………… 5名
●出願資格・条件
(1) 日本国籍を有する者、入管法による「永住者」の在留資格をもつ者、または入管特例法による「特別永住者」
(2) 継続して2年（2学年）以上外国に在住し、2019.9.1以降に帰国した者
(3) 過年度に本学の帰国生特別入学試験に出願していない者
以上の要件をすべて満たす者で、次のいずれかに該当する者
①外国の学校教育制度における高等学校に2年（2学年）以上継続して在学し、日本および外国において、通常の課程による計12年以上の学校教育（日本における通常の課程による学校教育期間を含む）を2019.9.1から2021.3.31までに修了した者もしくは修了見込みの者、またはこれに準ずる者として文部科学大臣の指定した者※（ただし、いわゆる「飛び級」等が適用された場合は修了までの在学通算年数が12年に達しなくても出願を認める）
※国際バカロレア資格取得者、アビトゥア資格（ドイツ）取得者、バカロレア資格（フランス）、GCEA資格（イギリス）取得者等のこと
②外国の学校教育制度における高等学校に2年（2学年）以上継続して在学し、帰国後日本の高等学校に編入学し卒業した者または2021.3.31までに卒業見込みの者
③外国の学校教育制度における高等学校に2年（2学年）以上継続して在学し、帰国後文部科学大臣の行なう高等学校卒業程度認定試験に合格した者または2021.3.31までに合格見込みの者
④文部科学大臣が日本国内の高等学校の課程と同等の課程を有するものとして認定した在外教育施設の当該課程を2020.4.1から2021.3.31までに卒業（見込み）の者
⑤外国の高等学校に対応する学校（その課程の修了者が当該外国の学校教育における11年以上の課程を修了したとされるものであることその他の文部科学大臣が定める基準を満たすもので、文部科学大臣が指定したものに限る。）に2年（2学年）以上継続して在学し、日本および外国において、通常の課程による計11年以上の学校教育を2019年9月1日から2021年3月31日までに修了した者、もしくは修了見込みの者。
●出願書類　・入学志願票・志望理由書・高等学校の卒業（見込み）証明書又は卒業証書の写し（大学入学資格試験の合格が高等学校の卒業要件をかねる国ではその資格試験合格の証明書・飛び級が適用された者は、学校が発行する証明書・IB資格取得者はIB資格証明書および最終試験6科目の成績評価証明書・高等学校卒業程度認定試験に合格した者は、その合格成績証明書を提出）・高等学校の全課程の成績証明書・在籍証明書・学歴書・出願資格・条件の(1)を証明できる公的書類
●日程等

出願	試験	発表	選抜方法
11/6～12	11/29	12/11	日本語、外国語、面接口試、ただし医療は日本語、数学、面接口試、グローバルは日本語、英語、面接口試

※日本語（国語）：仏教・文（心理学科を除く）・経営学部
　日本語（小論文）：経済・法・医療健康科学・グローバル・メディア・スタディーズ学部・文学部心理学科
※選抜方法は学部・学科により異なる
●応募状況

年度＼人数	募集人員	出願者	受験者	合格者	入学者
2019	若干名※	33	16	13	8
2020	若干名※	21	11	8	4

※グローバル・メディア学科5人

入

私立　共学　寮

東京都市大学（とうきょうとし）

〒158-8557　（担当：入試センター）
東京都世田谷区玉堤 1-28-1
TEL 03-5707-0104　FAX 03-5707-2211
URL https://www.tcu.ac.jp

●入学時期　4月
●募集学部・募集人員
理系：理工学部、建築都市デザイン学部、情報工学部 ………………各若干名
文理複合：環境学部、メディア情報学部……各若干名
文系：都市生活学部……………………………若干名
人間科学部…（総合型選抜・社会人特別入試・国際バカロレア特別入試・帰国生徒特別入試を合計した募集人員とする）…………………………………16名
●出願資格・条件
〔理工学部〕〔建築都市デザイン学部〕〔情報工学部〕〔環境学部〕〔メディア情報学部〕〔都市生活学部〕〔人間科学部〕日本国籍を有し、次のいずれかに該当する者。
(1) 日本国以外において、日本の高校に相当する外国の教育課程に1.5年以上在学し、12年間の普通教育を2019年9月1日から2021年3月31日の間に修了または修了見込みの者。
(2) 日本国文部科学大臣が高校の課程と同等の課程または相当する課程を有する者として認定または指定した在外教育施設の当該課程に1.5年以上在学し、12年間の普通教育を2019年9月1日から2021年3月31日の間に修了または修了見込みの者。
(3) 日本国以外において、日本の中等教育課程に相当する教育課程に通算して4年以上在学し、12年間の普通教育を2019年9月1日から2021年3月31日の間に修了または修了見込みの者。
(4) 本学が上記(1)、(2)、(3)に準ずると認めた者。
●出願書類
・インターネット志願票・宛名ラベル・出身高校の卒業証明書または卒業見込証明書・出身高校の成績証明書・志望理由書・経歴書・面接票・パスポートのコピー・在留カードのコピー・統一試験・SAT®・TOEFL IBT® 等の成績評価証明書等
入学試験要項をご確認ください。
●日程等

出願	試験	発表	選抜方法
9/29～10/7 21：30まで	10/31	11/10	書類審査、適性検査、面接

※インターネット受付のみ
●応募状況

年度＼人数	募集人員	出願者	受験者	合格者	入学者
2019	若干名+16※	9	7	4	非公開
2020	若干名+16※	11	8	8	非公開

※ 人間科学部は（AO型・社会人特別・国際バカロレア特別入試を合計した募集人員とする）16名

東京農業大学

(とうきょうのうぎょう)

(担当：入学センター)
〒156-8502
東京都世田谷区桜丘 1-1-1
TEL 03-5477-2226　FAX 03-5477-2615
URL https://www.nodai.ac.jp/

●**入学時期**　4月

●**募集学部（学科）・募集人員**

農学部、応用生物科学部、生命科学部、地域環境科学部、国際食料情報学部、生物産業学部
……………………各学科若干名

※農学部は厚木キャンパス、生物産業学部は北海道オホーツクキャンパス

●**出願資格・条件**

日本国籍を有する者で、海外において外国の教育課程に基づく高等学校に最終学年を含めて2年以上継続して在籍し、通常の課程による12年の学校教育を修了（修了後2年以内）または2021年3月31日までに修了見込みの者

※文部科学大臣が認定または指定した在外教育施設在籍期間は、外国における学校教育を受けたものとはみなさない

●**出願書類**

・志願票・外国における出身高等学校の卒業（見込）証明書（英語または日本語）※・外国における出身高等学校の成績証明書（英語または日本語）※・出願者調査票（本学所定用紙）・パスポートの写し・入学検定料

※いずれの証明書も発行元に原本確認を行うので、発行元の住所・電話番号・担当者名が記入された文書を提出のこと

●**日程等**

出願	試験	発表	選抜方法
10/26～11/10	12/5	12/11	日本語・英語の筆記試験、面接

●**応募状況**

年度＼人数	募集人員	出願者	受験者	合格者	入学者
2019	若干名	15	11	9	−
2020	若干名	10	7	2	−

私立　共学　寮

日本体育大学

(にっぽんたいいく)

(担当：アドミッションセンター)
<東京・世田谷キャンパス>
〒158-8508　東京都世田谷区深沢 7-1-1
<横浜・健志台キャンパス>
〒227-0033　神奈川県横浜市青葉区鴨志田町 1221-1
TEL 045-963-7955　FAX 045-963-7956
URL http://www.nittai.ac.jp/

●**入学時期**　4月

●**募集学部（学科）・募集人員**

体育学部、スポーツ文化学部、スポーツマネジメント学部、児童スポーツ教育学部、保健医療学部
……………………各学部若干名

●**出願資格・条件**

日本国籍を有し、次のいずれかに該当する者

(1) 外国で学校教育（日本国内の外国人学校は除く）12年の課程を修了（見込）の者
(2) 国際バカロレア資格、アビトゥア資格、バカロレア資格を有する者
(3) 外国の中高にまたがり2年以上継続して外国で外国の教育課程に基づく教育を受け、帰国後の在籍期間2年以内の者、通算6年以上か継続4年以上外国で外国の教育課程に基づく教育を受け、帰国後日本の高校に編入学し2021年3月卒業見込みの者で、2021.3.31までに18歳に達する者

※出願資格(1)(2)は外国で外国の教育制度に基づく高校に2年以上継続して在学し、国内外を問わず12年の学校教育課程を2021.3.31までに卒業・修了（見込）の者。ただし入学時に学校教育12年の課程を修了後3年未満であること。日本の高校在籍期間は原則1年半未満であること

※外国に設置された学校であっても、日本の学校教育法に準拠した教育を施している学校に在籍した者については、その期間は外国で学校教育を受けたものとはみなさない

●**出願書類**

入学願書一式・志願理由書・学歴書・出身高校の卒業・修了（見込）証明書・出身高校全期間の学業成績証明書と在籍期間の証明書・本人のパスポートの写し等・出願資格（3）該当者は在学していた外国の小・中学校の在学期間証明書・IB、アビトゥア、バカロレア有資格者は資格証明書の写しと成績証明書

●**日程等**

出願	試験	発表	選抜方法
1/20～30	二次 3/3	一次 2/15 二次 3/9	一次：書類審査（出願資格審査含む） 二次：小論文（日本語）、プレゼンテーション

※一次を合格した者のみ二次を受験できる

●**応募状況**

年度＼人数	募集人員	出願者	受験者	合格者	入学者
2019	若干名	7	7	6	4
2020	若干名	2	2	2	2

共立女子大学

（きょうりつじょし）

〒101-0003　（担当：入試事務室）
東京都千代田区一ツ橋 2-6-1
TEL 03-3237-5656　FAX 03-3237-5633
URL http://www.kyoritsu-wu.ac.jp

●入学時期　4月

●募集学部（学科）・募集人員

家政学部（児童学科を除く）、文芸学部、国際学部 ……………………各若干名

●出願資格・条件

日本国籍を有し、外国で教育を受け、入学時（2021年4月1日）に満18歳以上で、次の各項のいずれかに該当し、かつ日本語の講義を理解できる能力を持つ女子。（永住外国人等出入国管理および難民認定法の別表第二に掲げる者を含む）

(1) 外国の高等学校（文部科学大臣が認定または指定した在外教育施設を含む）に最終学年を含め2年以上在籍し、卒業した者または2021年3月31日までに卒業見込みの者。（ただし卒業後2年以内であること）

(2) 外国で中・高等学校を通じ継続して2年以上教育を受け、日本の高等学校の2年次以上に転入学し、卒業した者もしくは2021年3月31日までに卒業見込みの者。（ただし卒業後2年以内であること）

(3) 国際バカロレア資格、フランス共和国バカロレア資格またはアビトゥア資格取得者で満18歳（2021年4月1日）に達する者。

●出願書類　・入学志願票・海外在留証明書・就学履歴書・証明書［出願資格（1）］在外教育施設出身者は調査書・外国高校卒業者は出身高校の卒業証明書または卒業証書の写しおよび成績証明書・同見込み者は卒業見込証明書および成績証明書（教育制度上該当するものがなく、国家統一試験等の合格が大学入学資格と中等教育卒業の要件を兼ねる地域の出身者は、その試験の成績評価証明書）［出願資格（2）］日本の高校卒業（見込）者は外国で在籍した高校の成績証明書および国内出身高校の調査書を提出する［出願資格（3）］IB資格およびバカロレア資格取得者はその取得証明書の写しアビトゥア資格取得者は一般的大学入学資格証明書の写しを提出する

●日程等

出願	試験	発表	選抜方法※
11/2～9	11/15	11/19	書類審査、小論文、外国語、面接

※家政学部・国際学部は英語、文芸学部は英語・フランス語のいずれか1科目

※食物栄養学科の小論文には、化学・生物・数学の基礎学力テストを含む

※国際学部の志願者で英検（実用英語技能検定）準1級、TOEIC500点以上を取得した者は小論文に加点する

●応募状況

年度＼人数	募集人員	出願者	受験者	合格者	入学者
2019	若干名	3	3	3	2
2020	若干名	1	0	0	0

私立　共学　寮

上智大学（国際教養学部）

（じょうち）

〒102-8554　（担当：学事局入学センター）
東京都千代田区紀尾井町 7-1
TEL 03-3238-4018　FAX 03-3238-3262
URL https://www.sophia.ac.jp/

●入学時期　4月、9月

●募集学部（学科）・募集人員

国際教養学部

4月入学（第一期・第二期）………63名

9月入学（第一期・第二期）………82名

●出願資格・条件

①学校教育における12年以上の課程を修了した者、及び本学入学までに修了見込みの者

②3年次編入学希望者は、4年制大学の2年次修了（見込み）または短期大学士（準学士）を取得（見込み）の者

※詳細は募集要項で確認

●出願書類

・Application Form※・エッセイ※・高等学校の成績証明書（3年次編入学希望者は大学の成績証明書も必要）・高等学校の卒業（見込）証明書・SAT、ACT(Writing Testを含む）のスコアまたは、IB Diplomaのスコアまたは取得見込み証明書・GCE A-Level（3科目以上）の取得証明書・TOEFLまたはIELTSの公式スコア（2年以内に受験したもの）・推薦状2通（Webサイトよりダウンロード。最終出身学校の教員2名より1通ずつ）

※Web出願ページで作成・印刷

●日程等

区分	Web出願	試験	発表	選抜方法
A	8/26～9/16	－	10/29	書類選考
B	11/18～12/9		2/4	
C	11/18～12/9		2/11	
D	3/17～4/7		6/3	

※A：4月入学第一期、B：4月入学第二期、C：9月入学第一期、D：9月入学第二期

●応募状況　（春季入学、秋季入学の合計）

年度＼人数	募集人員	出願者	受験者	合格者	入学者
2019	145	988	－	352	－
2020	145	1040	－	370	－

●備考

〈編入学について〉実施している（A、Dの区分において）。詳細は募集要項を参照

〈公募制推薦について〉実施している。詳細は推薦入学試験（公募制）要項を参照

私立 共学 寮

上智大学（四谷キャンパス）

〒102-8554 （担当：学事局入学センター）
東京都千代田区紀尾井町 7-1
TEL 03-3238-3167 FAX 03-3238-3262
URL https://www.sophia.ac.jp/

●入学時期 4月

●募集学部（学科）・募集人員

国際教養学部を除くすべての学部・学科
……………………各学科若干名

●出願資格・条件

次の（1）～（3）のすべてを満たす者

(1) 日本国籍を有し（永住権を持つ者を含む）、国内外を問わず学校教育における 12 年以上の課程を修了した者、もしくは 2021 年 3 月までに修了見込みの者

(2) 外国の教育制度に基づく教育課程での在籍期間が、A または B のいずれかに該当する者
A：中・高等学校を通じ 2 年以上継続して在籍した者
B：高等学校の最終学年（1 年間）を含め、中・高等学校を通じ通算で 2 年以上在籍した者（見込みを含む）

※中・高等学校とは、学校教育における 12 年以上の課程において、7 年目以降の課程を指す

※在籍していた外国の学校における 2 学年分の成績評価および在籍期間を証明すること

(3) 各学科の指定する外国語検定試験のいずれかの基準を満たす者

●出願書類

・上智大学志願票・志望理由書・大学入学資格を証明する書類・高等学校在学期間（3 年間）の学業成績証明書・外国学校における在籍期間証明書（所定用紙）および在籍していた学年分の成績証明書・出願資格の条件（3）を満たす外国語検定試験の試験成績を証明する書類または資格取得を証明する書類（神学科を除く）・推薦状（神学科のみ）/（所定用紙）・外国学校の数学のシラバス（看護学科志願者のみ）・パスポートのコピー（外国籍で永住権を有する者は住民票）

●日程等

出願※	試験	発表	選抜方法
Web 7/17～8/5	9/26	10/8	学科試問、面接、書類審査

※出願書類の提出期限は 8 /6（消印有効）

●応募状況

年度＼人数	募集人員	出願者	受験者	合格者	入学者
2019	若干名	613	－	215	－
2020	若干名	652	－	207	－

●備考 詳細は必ず入試要項をご確認ください。

私立 共学

専修大学

（担当：入学センターインフォメーション）
＜神田キャンパス＞
〒101-8425 東京都千代田区神田神保町 3-8
TEL 03-3265-6677
＜生田キャンパス＞
〒214-8580 神奈川県川崎市多摩区東三田 2-1-1
TEL 044-911-0794
URL https://www.senshu-u.ac.jp/

●入学時期 4月

●募集学部・募集人員

経済、国際コミュニケーション学部……各学部若干名

●出願資格・条件

日本の国籍を有する者、または日本国の永住許可を得ている者で、外国における高等学校相当課程に 2 学年以上継続して在学した者のうち、次のいずれかに該当する者で、かつ、入学試験要項に記載された言語能力試験を出願締切日から過去 2 年以内に受験し、取得した公式書類を提出できる者

(1) 外国において、学校教育における 12 年の課程（日本における通常の課程による学校教育の期間を含む）を卒業（修了）後 2 年未満の者、または 2021 年 3 月までに卒業（修了）見込みの者
(2) 帰国後日本の高等学校（中等教育学校を含む。以下同じ）に編入学をし、その在籍期間が 2 年未満で 2021 年 3 月までに卒業見込みの者
(3) 帰国後 2 年未満の者で、文部科学大臣の行う高等学校卒業程度認定試験に合格または 2021 年 3 月 31 日までに合格見込みの者
(4) 国際バカロレア資格を取得した者
(5) ドイツ連邦共和国の各州において大学入学資格として認められているアビトゥア資格を取得した者
(6) フランス共和国において大学入学資格として認められているバカロレア資格を有する者
(7) 上記 (1) と同等以上の学力を有するかどうかに関する認定試験であると認められる当該国の検定に合格した者
(8) 本大学において、個別の入学資格審査により、高等学校を卒業した者と同等以上の学力があると認めた者で、2021 年 3 月 31 日までに 18 歳に達する者

※出願資格上注意する点などは入学試験要項参照のこと

●出願書類

入学試験志願票・志願者調書・日本国籍・永住許可の確認ができる書類・出願資格関係書類・言語能力に関する証明書

●日程等

出願	試験	発表	選抜方法
9/7～11	10/10	10/16	書類、小論文（日本語）、面接

●応募状況

年度＼人数	募集人員	出願者	受験者	合格者
2019	若干名	36	25	16
2020	若干名	39	27	18

※詳細は入学試験要項参照

私立 共学

二松学舎大学

（にしょうがくしゃ）

〒102-8336 （担当：入試課）
東京都千代田区三番町 6-16
TEL 03-3261-7423 FAX 03-3261-8904
URL https://www.nishogakusha-u.ac.jp/admission/

●**入学時期** 4月

●**募集学部（学科）・募集人員**

文学部、国際政治経済学部……………………各若干名

●**出願資格・条件**

日本国籍を有し、外国の教育制度に基づく外国の高等学校に 9ヵ月以上継続して在籍し、次の (1) ～ (4) のいずれかに該当する者。

(1) 帰国後に日本の大学入学資格を取得した者又は取得見込みの者。

(2) 日本における通常の教育課程による学校教育の期間を含み、学校教育 12 年の課程を卒業（修了）した者又は卒業（修了）見込みの者。またはこれに準ずる者で文部科学大臣が指定する者。

(3) 外国における 12 年の課程修了相当の学力認定試験に合格した者で、2021 年 3 月 31 日までに 18 歳以上に達する者。

(4) 国際バカロレア資格を取得した者、アビトゥア資格を取得した者、バカロレア資格を取得した者、GCE A レベル資格を取得した者、Cambridge International AS&A Level 資格を取得した者。

※文部科学大臣が日本の高等学校の課程と同等の課程を有するものとして認定した在外教育施設についても外国の高等学校とみなします。

※出願資格について質問がある場合は、事前に入試課へ問い合わせてください。

●**出願書類**

入学願書・自己 PR 書・海外の高等学校在籍証明書・既卒者は出身学校（高等学校）の卒業証明書または卒業証書（ディプロマ）の写し・高等学校 3 年間の成績証明書・外国における 12 年の課程修了相当の学力認定試験に合格した者はその合格証明書および成績証明書・国際バカロレア資格取得者は IB ディプロマの写しと IB 最終試験 6 科目の成績評価証明書・アビトゥア資格取得者は一般的大学入学資格証明書の写し・バカロレア資格取得者は資格証明の写しと資格試験成績証明書・GCE A レベル資格取得者は成績評価証明書、Cambridge International AS&ALevel 資格取得者は成績証明書と結果報告書・パスポートの写し

●**日程等**

区分	出願	試験	発表	選抜方法
A	11/2～12	11/22	12/1	小論文、面接試問
B	11/16～30	12/13	12/18	小論文、面接

※ A：文学部 B：国際政治経済学部

●**応募状況**

年度＼人数	募集人員	出願者	受験者	合格者	入学者
2019	※	2	2	2	1
2020	※	3	3	2	1

※文学部・若干名、国際政治経済学部・外国人留学生特別入学試験とあわせて 10 名

私立 共学 寮

日本大学

（にほん）

〒102-8275 （担当：学務部入学課）
東京都千代田区九段南 4-8-24
TEL 03-5275-8311 FAX 03-5275-8324
URL http://www.nihon-u.ac.jp/admission_info/application/returnee/

●**入学時期** 4月

●**募集学部・募集人員**

法学部、文理学部、経済学部、商学部、芸術学部、国際関係学部、理工学部、生産工学部、工学部、生物資源科学部……………………………………各若干名

●**出願資格・条件** 日本国籍を有する者のほか、日本における在留資格「永住者」を有する者又は特別永住者で、次のいずれかに該当する者

(1) 外国において、学校教育における 12 年の課程のうち、当該外国の学校教育制度において位置付けられた高等学校に対応する学校の課程に、最終学年を含めて 2 年以上継続して在籍し、2020.4.1 ～ 2021.3.31 までに卒業又は卒業見込みの者

(2) 外国において、指定された 11 年以上の課程を修了したとされるものであること等の要件を満たす高等学校に対応する学校の課程に、最終学年を含めて 2 年以上継続して在籍し、2020.4.1 ～ 2021.3.31 までに卒業又は卒業見込みの者。

(3) 国際的な評価団体（WASC、CIS、ACSI）の認定を受けた外国における教育施設の 12 年の課程に、最終学年を含めて 2 年以上継続して在籍し、2020.4.1 ～ 2021.3.31 までに卒業又は卒業見込みの者。

(4) 外国の大学入学資格である国際バカロレア、アビトゥア、バカロレア、GCEA レベルを保有する者で、それらの認定証明書を取得できる日本国外にある学校に最終学年を含めて 2 年以上継続して在籍し、資格取得後の経過年数が出願時までに 1 年未満である者。

※詳細は入試要項にて確認すること

(注) 日本国内にあるインターナショナルスクールや外国人学校卒業者は除く

●**出願書類** 出願確認票・本人記入用紙・出身高等学校の卒業（見込）証明書（原本）・出身高等学校の成績証明書（原本）・国籍等を証明する書類（パスポートのコピー可）・封筒貼付用宛名ラベル・出願書類等提出リスト

※出願資格及び学部により提出書類が異なるので、詳細は入試要項にて確認すること

●**日程等**

出願	試験	発表	選抜方法
8月～1月	9月～2月	9月～2月	小論文、面接、学力試験等

※出願期間、試験日、発表日、選抜方法は学部により異なる

●**応募状況**

年度＼人数	募集人員	出願者	受験者	合格者	入学者
2019	若干名	93	75	55	非公表
2020	若干名	104	85	53	非公表

●**備考** 入試の詳細は必ず入試要項にて確認すること

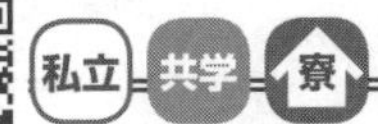

入

法政大学

（ほうせい）

〒102-8160　（担当：入学センター）
東京都千代田区富士見 2-17-1
TEL 03-3264-5776　FAX 03-3264-9226
URL https://www.hosei.ac.jp/

●入学時期　4月

●募集学部（学科）・募集人員

文学部、経営学部、デザイン工学部、理工学部（機械工学科航空操縦学専修は除く）、生命科学部 …………各若干名

●出願資格・条件

日本国籍を有する者、永住外国人等「出入国管理及び難民認定法」の別表第二に掲げる者、または「特別永住者」で、外国において日本国以外の教育課程に在籍し、国の内外を問わず正規の学校教育における 12 年の課程（＊1) を修了した者（修了見込みも含む）で、次のいずれかに該当する者。

(1) 外国において日本国以外の教育課程に基づく高等学校に最終学年を含め 2 学年以上（＊2) 継続して在籍し、卒業した者。または 2021 年 3 月までに卒業見込みの者（既卒者は 2019 年 4 月以降卒業者に限る）。

(2) 外国において日本国以外の教育制度に基づく中等教育課程（＊3) に通算して 4 学年以上（＊2) 在籍し、日本または外国の高等学校を 2020 年 4 月から 2021 年 3 月までに卒業する者。または卒業見込みの者。

(3) 中国引揚者等子女で、外国において日本国以外の教育課程に基づく高等学校に最終学年を含め 2 学年以上（＊2) 継続して在籍し、卒業した者。または 2021 年 3 月までに卒業見込みの者。もしくは外国において日本国以外の教育制度に基づく中等教育課程に通算して 4 学年以上（＊2) 在籍し、日本または外国の高等学校を卒業した者。または 2021 年 3 月までに卒業見込みの者（既卒者は 2018 年 4 月以降に帰国した者に限る）。

（＊1) いわゆる「飛び級」等により、通常の 12 年の課程を 12 年に満たずして卒業した場合についても出願資格を認める。学校教育が 12 年に満たない場合や、高等学校卒業程度認定試験（旧大検）および外国における 12 年の課程修了相当の学力認定試験の合格により出願する場合は、出願資格について入学センターに問い合わせること。

（＊2)「○学年以上在籍」という要件は、「学年」でカウントするので、各学年の全学期分の成績が提出できれば 1 学年が 12 ヶ月にならない場合もある。

（＊3) 日本の中等教育（中学校および高等学校に相当）に換算して判断する。出願資格の有無は必ず予め入学センターに問い合わせること（アメリカのミドルスクール 1 年次などは、日本の小学校 6 年次に相当する場合がある)。

●出願書類　入学願書・入学志願書・写真・志望理由書・高等学校の卒業証明書または卒業見込証明書・高等学校 3 学年分の成績証明書・在籍証明書・出願資格 (2) の場合はそのすべての期間の在籍証明書・TOEFL® iBT または TOEFL iBT® Special Home Edition スコアレポート

●日程等

出願	第一次選考発表日	第二次選考試験日	第二次選考発表日	選抜方法
7/21～31	9/15	9/27	10/6	書類審査、筆記試験（論文）面接試験

※デザイン工学部、理工学部、生命科学部は上記の他に数学を課する

●応募状況

年度＼人数	募集人員	出願者	二次受験者	二次合格者
2019	若干名	144	70	40
2020	若干名	139	63	28

●備考　試験の詳細は必ず入試要項で確認のこと（HP にも掲載）

入

明治大学（政治経済学部）

（めいじ）

〒101-8301　（担当：政治経済学部事務室）
東京都千代田区神田駿河台 1-1
TEL 03-3296-4173
URL http://www.meiji.ac.jp

●入学時期　4月

●募集学部・募集人員

政治経済学部（政治学科 10 名、経済学科 20 名、地域行政学科 5 名）

●出願資格・条件　以下の (1) ～ (3) をすべて満たす者

(1) 本学部での勉学を強く希望する者

(2) 次のア～クのいずれかを満たす者

ア. 高等学校（特別支援学校の高等部を含む）もしくは中等教育学校を 2019.4.1 から 2021.3.31 までに卒業（修了）又は卒業（修了）見込みの者

イ. 通常の教育課程による 12 年の学校教育を 2019.4.1 から 2021.3.31 までに修了又は修了見込みの者

ウ. 外国において、学校教育における 12 年の課程を 2019.4.1 から 2021.3.31 までに修了又は修了見込みの者

エ. 文部科学大臣が高等学校の課程と同等の課程又は相当する課程を有するものとして認定又は指定した在外教育施設の当該課程を 2019.4.1 から 2021.3.31 までに修了又は修了見込みの者

オ. 専修学校の高等課程（修業年数が 3 年以上であること、その他の文部科学大臣が定める基準を満たす者に限る）で文部科学大臣が別に指定するものを文部科学大臣が定める日以降に、2019.4.1 から 2021.3.31 までに修了又は修了見込みの者

カ. 文部科学大臣が指定した者

キ. 高等学校卒業程度認定試験に 2019.4.1 から 2021.3.31 までに合格又は合格見込みで、2021.3.31 までに 18 歳に達する者

ク. 本学において、個別の入学資格審査により、高等学校を卒業した者と同等以上の学力があると認めた者で、2021.3.31 までに 18 歳に達する者

(3) 以下のいずれかの外国語検定試験の基準を見たす者

英語：IELTS (Academic Module)、TOEFL iBT、TOEIC (L&R)、TOEIC (4 技能)、TEAP (4 技能)、ケンブリッジ英語検定、国連英検、実用英語技能検定（英検)、

ドイツ語：Goethe-Institut 統一試験、

フランス語：DELF・DALF 試験、中国語：HSK

※各試験における基準スコアは要項参照

※高等学校卒業までに少なくとも 12 年の教育課程を基本とする国において、「飛び級」又は「繰り上げ卒業」として通算修学年数が 12 年未満で卒業（修了）した者については、審査の上、出願を認める場合があります。

※その他審査の結果、特に出願を認める場合があります。

●出願書類　・入学志願票・志願者経歴書・振込連絡票・高等学校等の調査書（要厳封）・卒業（見込）証明書及び成績証明書・高校卒業程度認定資格の合格（見込）成績証明書（該当者のみ）・外国語検定試験証明書（提出期限から遡って 2 年以内に受験し、且つ出願期間までに提出できるものを有効とする）

※海外の高等学校に在学した場合、要項にて詳細を確認

●日程等

出願	試験	発表	選抜方法
9/15～17	10/3	11/13	総合（日本語)、面接（日本語)

※詳細については必ず入試要項で確認すること

入

私立 共学

明治大学（法学部）

（めいじ）

〒101-8301　（担当：法学部事務室）
東京都千代田区神田駿河台 1-1
TEL 03-3296-4152
URL http://www.meiji.ac.jp/

●**入学時期**　4月
●**募集学部・募集人員** 法学部…10名
●**出願資格・条件**
次の出願資格①～③の要件を全て満たす者
①日本国籍を有する者または入管法による永住者もしくは入管特例法による特別永住者の在留資格を持つ者
②海外に居住し、次の（ア）～（ウ）のいずれかに該当する者
（ア）海外において外国の教育課程に基づく高等学校に、最終学年を含め2学年以上在籍し、かつ卒業（修了）または卒業（修了）見込みの者。ただし、国内外を問わず通常の12年の学校教育課程を2019.4.1から2021.3.31までに卒業（修了）または卒業（修了）見込みの者に限る。
（イ）海外において外国の12年の学校教育課程を修了した者に準ずる者で、文部科学大臣の指定した者。
（ウ）海外において外国の教育課程に基づく教育を受けた期間が満8歳から満17歳の間で通算4年以上の者で、国内外問わず通常の12年の学校教育課程を2021年3月までに卒業（修了）または卒業（修了）見込みの者。ただし、卒業した者については、入学時までに卒業（修了）後の経過年数が1年未満である者とする
③次の（ア）～（ウ）のうち、いずれか1つ以上の証明書を提出できる者
（ア）2019.4.1以降に取得したIBディプロマ及びIB最終試験6科目の成績証明書（国際バカロレア資格取得者のみ）
（イ）2019.4.1以降に取得した大学入学資格試験、統一試験の結果に関する証明書
（ウ）2018.7.1～2020.7.31までに受験した次の基準を満たしている外国語検定試験の証明書・TOEFL：iBT61点以上・Goethe-Institut：B1レベル以上合格・DELF、DALF：DELF B1レベル以上合格・TCF：B1レベル以上合格
●**出願書類**
①志願者経歴書②戸籍抄本またはパスポートの写し③卒業証明書または卒業見込証明書④外国の教育制度に基づく教育課程の在籍期間を証明する書類⑤飛び級あるいは繰り上げ卒業を証明する書類（該当者のみ）⑥大学入学資格試験または統一試験の結果に関する証明書（該当者のみ）⑦外国語検定試験証明書
※詳細は募集要項をご確認下さい
●**日程等**

出願	試験	発表	選抜方法
8/18～24	9/26	10/2	書類審査、小論文、プレゼンテーション、面接

●**応募状況**

年度＼人数	募集人員	出願者	受験者	合格者	入学者
2019	10	29	−	15	−
2020	10	28	−	8	−

入

私立 共学

学習院大学

（がくしゅういん）

〒171-8588　（担当：アドミッションセンター）
東京都豊島区目白 1-5-1
TEL 03-5992-1083
03-5992-9226　FAX 03-5992-9237
URL https://www.univ.gakushuin.ac.jp/admissions/

●**入学時期**　4月
●**募集学部（学科）・募集人員**
法学部、経済学部、文学部、理学部……各学科若干名
●**出願資格・条件**
日本語による講義を理解する能力を有する者
※海外帰国生徒（日本の高等学校出身者）と外国高等学校出身者（日本国籍を有する者または日本への永住権を有する外国籍の者であること。日本国内にある外国学校出身者は不可）の出願資格・条件、さらに海外帰国生徒の出願学部による出願資格・条件はそれぞれ異なるので、詳細は募集要項を参照の上、確認すること
●**出願書類**
〈全員必須〉志願票①②・写真票兼入学検定料受取書（大学提出用）・出願資格を証明するのに必要な外国学校の成績証明書（高等学校全期間）・出願資格を証明するのに必要な外国学校の在籍期間証明書
※その他、志望する学部・外国高等学校出身者・海外帰国生徒により提出書類が異なります。詳細は募集要項を参照の上、確認すること
●**日程等**

	出願	試験	発表	選抜方法
法学部	8/19～21	10/3	10/9	※
経済学部		10/3	10/9	
文学部				
理学部	11/1～5	11/29	12/11	

※ 出願期間内必着。郵送に限る。
※ 選抜方法は学部・学科によって異なる。
※ 法学部と経済学部は第1次選考（書類選考）を行う。
※ 出願は、1つの学部・学科に限ります。
最終選考は
〔法〕小論文（日本語）、面接（日本語）
〔経済〕外国語（英文和訳）、面接（日本語）
〔文〕外国語、日本語および小論文（日本語）、面接（日本語、一部外国語の場合もあり）
〔理〕筆記試験　物理学科：物理・数学、化学科：化学・数学、数学科：数学・面接（日本語のみ）、生命科学科：理科（出願時に生物・化学・物理のうち1科目を選択）、面接（日本語のみ）
●**応募状況**

年度＼人数	募集人員	出願者	受験者	合格者	入学者
2019	若干名	109	100	40	22
2020	若干名	122	112	49	25

立教大学

りっきょう

〒171-8501（担当：入学センター）
東京都豊島区西池袋 3-34-1
TEL 03-3985-2660 FAX 03-3985-2944
URL http://www.rikkyo.ac.jp/

●入学時期 4月
●募集学部（学科）・募集人員
経営学部 ……………………………………………………………若干名
●出願資格・条件 次の1～5の条件をすべて満たす者
1. 日本国籍を有する者、または日本国の永住許可を受けている者（永住外国人等出入国管理及び難民認定法の別表第二に掲げる者）。
2. 国の内外を問わず、学校教育における12年以上の課程を2020年4月から2021年3月までに修了する者（「飛級」により通常の課程を12年未満で修了の者を含む）。
3. 次の（a）・（b）のいずれかを満たす者。
(a) 外国において、外国の学校教育制度に基づく中学校・高等学校（7学年以上に相当する課程）で、継続して3学年以上の課程を修了した者（2021年3月までに修了する見込みの者を含む）。
(b) 外国において、外国の学校教育制度に基づく小学校・中学校・高等学校で、通算して5学年以上の課程を修了した者（2021年3月までに修了する見込みの者を含む）。
※ここでいう「外国の学校教育制度に基づく小学校・中学校・高等学校」には、在外教育施設は含めない。
4. 日本の学校教育制度に基づく高等学校（中等教育学校後期課程を含む）および日本において外国の学校教育制度に基づく高等学校（10学年以上に相当する課程）での修了学年数が2学年以内の者。
5. 次の（a）～（h）いずれかの成績を取得している者。
(a) ケンブリッジ英語検定160点以上
(b) 実用英語技能検定［英検］スコア2,300点以上（従来型、英検CBT、英検2020 1day S-CBT、英検2020 2days S-Interviewいずれも可）
(c)GTECスコア1,190点以上（CBTタイプ、検定版（4技能）いずれも可）※オフィシャルスコアに限る
(d)IELTS（Academic Module）オーバーオール・バンド・スコア5.5以上
(e)TEAPスコア309点以上
(f)TEAP CBTスコア600点以上
(g)TOEFL iBTスコア72点以上
(h)TOEIC L&Rのスコアと2.5倍したTOEIC S&Wのスコアとを合算したスコア1,560点以上（いずれもIPテスト不可）
※英語資格・検定試験の成績は4技能スコアのみ有効とする。
※いずれも出願期間の初日から遡って2年以内に受験したものを有効とする。実用英語技能検定［英検］（従来型、英検2020 2days S-Interview）については、二次試験を出願期間の初日から遡って2年以内に受験したものを有効とする。

●出願書類 ・入学志願票・志望理由書・高等学校全期間の成績証明書（調査書）・高等学校の卒業証明書または卒業見込証明書・在籍期間証明書（出願資格を満たすために必要な修了学年数が成績証明書等で確認できない場合のみ）・出願資格5に関する証明書類の原本
※原則として証明書類は原本を提出。
※詳細は入試要項にて必ず確認すること

●日程等

出願	試験	発表	選抜方法
9/30～10/9 （Web出願）	11/14・15	12/1	1次：小論文 2次：面接

※出願書類送付締切日は10/14。1次試験（11/14）の結果により2次試験（11/15）対象者を選考

●応募状況

年度＼人数	募集人員	出願者	受験者	合格者
2019	若干名	65	–	12
2020	若干名	57	–	9

私立 共学 寮

東京工芸大学

とうきょうこうげい

〒164-8678（担当：入試課）
東京都中野区本町 2-9-5
TEL 03-3372-1321 FAX 03-3372-1330
URL https://www.t-kougei.ac.jp/

●入学時期 4月
●募集学部（学科）・募集人員 工学部、芸術学部…各若干名
●出願資格・条件
〔工〕次の①の条件に該当し、かつa～hのいずれかの要件を満たす人
①日本国籍を有し（日本国の永住許可を得ている人を含む）、2021年4月1日現在で満18歳以上の人
a. 外国において学校教育における12年の課程を修了した人または2021年3月までに修了見込の人
b. 外国において学校教育における12年未満の課程を修了した人で、文部科学大臣に指定された準備教育課程又は研修施設の課程等を修了した人または2021年3月までに修了見込の人
c. 外国において学校教育における12年の課程修了相当の学力認定試験に合格した人または2021年3月31日までにこれに該当する見込みの人
d. 外国において学校教育における12年未満の課程修了相当の学力認定試験に合格した人で、文部科学大臣に指定された準備教育課程又は研修施設の課程等を修了した人または2021年3月までに修了見込の人
e. 文部科学大臣が高等学校の課程と同等の課程を有するものとして認定した在外教育施設の当該課程を修了した人または2021年3月31日までにこれに該当する見込みの人
f. 国際バカロレア、アビトゥア、バカロレアなど、外国の大学入学資格を保有する人または2021年3月31日までにこれに該当する見込みの人
g. 国際的な評価団体（WASC、CIS、ACSI）の認定を受けた外国人学校の12年の課程を修了した人または2021年3月までに修了見込の人
h. 外国の学校教育課程に2年以上在学の後日本に帰国し、日本の高等学校を卒業または2021年3月に卒業見込の人。ただし、日本の高等学校在学は2年以内とする
〔芸術〕次の①の条件に該当し、A）～C）のいずれかの条件に該当すること
①日本国籍を有し（日本国の永住許可を得ている人を含む）、A）からC）のいずれかの条件に該当すること
A）外国の教育制度に基づく高等学校（文部科学省指定の在外教育施設を含む）に2年以上継続して在学し、学校教育12年の課程を修了（見込）した人
B）外国の教育制度に基づく高等学校で、2年以上継続して在学した後、日本の高等学校を卒業（見込）した人。ただし、日本の高等学校の在学期間は1年6ヶ月未満であること
C）外国の大学入学資格である国際バカロレア、アビトゥア、バカロレア、GCEAレベルを取得した人

●出願書類
〔工〕志願票・顔写真データ・大学入学資格に関する証明書
〔芸術〕志願票・顔写真データ・大学入学資格に関する証明書（以下a.b.c.dのうち、該当するいずれか1つ）a. 調査書 b. 大検・高等学校卒業程度認定試験の合格（見込）成績証明書 c. 卒業（見込）証明書、及び成績証明書 d. 大学入学資格証明書・エントリーシート・課題・面接資料

●日程等

区分	出願	試験	発表	選抜方法
A	11/24～27（※1）	12/19	12/25	※2
B	10/1～8（※1）	11/14	11/20	

A：工学部、B：芸術学部
※1 締切日消印有効
※2〔工〕面接、数学〔芸術〕エントリーシート、課題、面接

●応募状況

年度＼人数	募集人員	出願者	受験者	合格者
2019	若干名	3	3	1
2020	若干名	3	3	2

入

武蔵大学（むさし）

〒176-8534　（担当：運営部入試課）
東京都練馬区豊玉上1-26-1
TEL 03-5984-3715　FAX 03-5984-3874
URL www.musashi.ac.jp

●入学時期　4月

●募集学部（学科）・募集人員

経済学部、人文学部、社会学部　……………各若干名

●出願資格・条件

日本語による講義を理解できる能力を有し、かつ2021年4月1日までに満18歳に達する日本国籍を有する者（日本国の永住許可を得ている者を含む）。外国高等学校卒業者（卒業見込みを含む）は、海外にある外国高等学校に最終学年を含めて2年以上継続して在籍し、2019年4月1日から2021年3月31日までに卒業（修了）又は同見込みの者、または国際バカロレア資格、バカロレア資格（フランス共和国）、アビトゥア資格のいずれかを取得した者。日本の高等学校卒業者（卒業見込み・卒業程度認定試験合格者含む）は、中学校・高等学校を通じて2年以上継続して海外で外国の教育課程に基づく教育を受けた者。ただし大学入学時において帰国後2年以内であること。学部ごとに定められた英語基準がある。詳細は募集要項を確認のこと

●出願書類　・入学志願票等本学所定の用紙・出身高等学校の成績証明書（外国卒）または調査書（日本卒）・出身高等学校の卒業（見込）証明書または卒業証書（外国卒）・日本の高等学校卒業程度認定試験合格者は合格（見込）証明書・IB資格取得者は資格証書の写しとIB最終試験6科目の成績証明書・アビトゥア資格取得者は資格証書の写しと成績証明書・学部ごとに定められた英語能力を証明する書類

●日程等

出願	試験	発表	選抜方法
10/1～7（消印有効）	11/8	11/13（合否通知）	書類審査、小論文、外国語、面接

※外国語について、人文学部英語英米文化学科及び日本・東アジア文化学科は「英語」が必須、ヨーロッパ文化学科は「英語」「独語」「仏語」から1つを試験時に選択。経済学部は総合問題（数学に関する基礎学力及び英語による表現力を評価する内容を含む）。人文学部は外国語問題と日本語小論文。社会学部は小論文。面接は主に日本語（社会学部は英語面接も含む）。

●応募状況

年度＼人数	募集人員	出願者	受験者	合格者	入学者
2019	若干名	20	非公表	5	非公表
2020	若干名	13	非公表	2	非公表

入

跡見学園女子大学（あとみがくえんじょし）

私立　女子　寮

〒112-8687　（担当：入試課）
東京都文京区大塚1-5-2
TEL 048-478-3338　FAX 048-478-3339
URL http://www.atomi.ac.jp/univ/

●入学時期　4月

●募集学部（学科）・募集人員

文学部（人文学科、現代文化表現学科、コミュニケーション文化学科）、マネジメント学部（マネジメント学科、生活環境マネジメント学科）、観光コミュニティ学部（観光デザイン学科、コミュニティデザイン学科）心理学部（臨床心理学科）……………………各若干名

●出願資格・条件　日本国籍を有し、2021.3.31現在満18歳以上の女子で、次のいずれかに該当する者

(1) 2021.3.31までに次の条件をすべて満たす者

①外国において、学校教育における12年の課程（日本の通常の課程による学校教育の期間を含む）を修了（卒業）して2年以内の者（飛び級・繰り上げ卒業により12年未満で修了（卒業）した者を含む）

②①の課程に最終学年を含み継続して2学年以上在籍した者

(2) 2021年3月に日本の高等学校を卒業見込みの者で、中高を通じ継続して2年以上、外国の教育課程に基づく海外の学校に在籍し、日本の高等学校の在籍期間が2年以下の者

(3) 外国において、国際バカロレア資格、アビトゥア資格、バカロレア資格のいずれかを取得した者で、中高を通じ継続して2年以上外国の教育課程に基づく海外の学校に在籍し、2021.3.31現在、資格取得後2年以内の者

※外国に設置された学校であっても、日本の学校教育法に準拠した教育を実施している学校に在学した場合は、その期間を「外国において教育を受けたもの」とはみなさない

●出願書類　・入学願書一式・身上書および志望理由書・在籍高等学校（国内外）の成績証明書または調査書および修了（卒業）証明書または同見込証明書・出願資格（3）該当者はIB資格証書の写しおよびIB最終試験6科目の成績評価証明書・一般的大学入学資格証明書の写しおよび成績評価証明書・バカロレア資格証書および成績評価証明書

※英・仏・独以外の外国語の書類は日本語訳を添付

●日程等

出願	試験	発表	選抜方法
11/2～13	※	12/1	筆記試験（小論文）・面接

※ 11/22 文学部・心理学部
11/23 マネジメント学部・観光コミュニティ学部

●応募状況

年度＼人数	募集人員	出願者	受験者	合格者	入学者
2019	若干名	0	0	0	0
2020	若干名	3	2	1	1

●備考

出願をご希望の方は、一度入試課までご連絡ください

順天堂大学

（じゅんてんどう）

〒113-8421　（担当：各学部入学試験係）
東京都文京区本郷 2-1-1
TEL 03-3813-3111
URL https://www.juntendo.ac.jp

●入学時期　2021 年 4 月

●募集学部（学科）・募集人員

医学部、医療看護学部、保健看護学部、国際教養学部、保健医療学部 ……………………………各学部若干名

●出願資格・条件

1. 次の A または B に該当し、該当するものについては証明書等を提出すること。（医・国教、医看・保医（※ 1）、保看）
   A. 外国において、学校教育 12 年に相当する課程を修了した者および修了見込みの者。または、これに準ずる者で文部科学大臣の指定した者であること（医・保看・国教）（医看は国内外問わず）
   B. 次のいずれかの資格を取得していること。（医は外国において取得）
   ・スイス民法典に基づく財団法人である国際バカロレア事務局が授与する国際バカロレア資格
   ・ドイツ連邦共和国の各州において大学入学資格として認められているアビトゥア資格
   ・フランス共和国において大学入学資格として認められているバカロレア資格
   ・英国において大学入学資格として認められている GCEA レベル資格

※ 1 医看・保医は A・B の資格取得を 2019.4 ～ 2021.3 に限る。また、「C 高等学校卒業程度認定試験合格者または 2021. 3 までに合格見込みの者（帰国後 2 年以内)」を含む A ～ C のいずれかに該当する者

2. 外国の学校に最終学年を含めて継続して在学（※）し、その最終学校を修了すること。（医・国教。※国教は 2 年以上）
3. 英語能力を示す資格・スコアの証明書を提出すること。（医・医看・保看・国教・保医。医・医看は出願に必要な成績を設定。保看は一定の基準を満たす試験結果を提出した場合加点。詳しくは各学部募集要項を参照）
4. 日本国籍を有する者または日本国の永住許可を得ている者。（医・医看・保医）（医看・保医は 2021.4.1 時点で 18 歳以上の者）
5. 外国の教育制度に基づく教育課程での在籍期間が、次の A または B のいずれかに該当する者（医看・保看・保医）
   A. 中・高等学校を通じ 2 年以上継続して在籍した者
   B. 高等学校の最終学年（1 年間）を含め、中・高等学校を通じ通算で 2 年以上在籍した者（見込みを含む）

詳細は各学部募集要項を参照。

●出願書類

①入学志願票 ②調査書、成績証明書、卒業証明書等 ③英語資格・検定試験の成績証明書 ④志願者本人のパスポート写し など（詳細は各学部募集要項を参照）

●日程等

		出願期間	試験日①	合格発表①	試験日②	合格発表②	試験科目
医学部		9/15～10/1	10/21	11/1	大学入学共通テスト	2/11	小論文、面接、大学入学共通テスト
医療看護学部		11/2～10	11/22	12/1	－	－	小論文・総合問題・面接
保健看護学部		11/4～11	11/21	12/3	－	－	授業レポート、面接
国際教養学部	Ⅰ	10/1～15	10/24	11/4	－	－	筆記試験、面接
	Ⅱ	12/1～11	12/19	12/25	－	－	
保健医療学部		10/1～13	10/25	11/2	－	－	小論文、面接

私立 共学 寮

拓殖大学

（たくしょく）

〒112-8585　（担当：入学課）
東京都文京区小日向 3-4-14
TEL 03-3947-7159 FAX 03-3947-7234
URL http://www.takushoku-u.ac.jp

●入学時期　4 月

●募集学部（学科）・募集人員

文系：商学部、政経学部、外国語学部、国際学部…各学部若干名
理系：工学部……………………………………………………若干名

●出願資格・条件　次の (1) ～ (2) のすべての条件を満たす者

(1) 海外留学体験の豊富な者
(2) 日本国籍を有し（※ 1）、保護者の海外在住又は単身留学に伴い外国で教育を受けた者で、次の①～⑤のいずれかに該当する者

※ 1（出入国管理及び難民認定法による「永住者」、又は日本国との平和条約に基づき日本の国籍を離脱した者等の出入国管理に関する特例法に定める「特別永住者」を含む）

①国の内外を問わず、学校教育における 12 年の課程を卒業（修了）した者および 2021 年 3 月 31 日までに卒業（修了）見込みの者で、外国において日本の中学校・高等学校に相当する課程に通算 2 年以上在籍した者。ただし、既卒者は 2021 年 3 月 31 日現在で卒業後 2 年以内の者とする
②外国において、スイス民法典に基づく財団法人国際バカロレア事務局から「国際バカロレア資格証書」を授与された者
③外国において、ドイツ連邦共和国の各州で大学入学資格として認められているアビトゥア資格を取得した者
④外国において、フランス共和国で大学入学資格として認められているバカロレア資格を取得した者
⑤外国において、グレート・ブリテンおよび北部アイルランド連合王国で大学入学資格として認められているジェネラル・サーティフィケート・オブ・エデュケーション・アドバンスト・レベル（GCEA レベル）資格を取得した者

●出願書類

・入学志願票・入学願書・志望理由書・自己 PR 書・出身高校の卒業証明書（原本）または卒業見込証明書（原本）・出身高等学校全期間の成績証明書（原本）・外国の中学校の在籍証明書（原本）（該当者のみ）・国際バカロレア資格証書（写し）および最終試験 6 科目の成績評価証明書（原本）（該当者のみ）・一般的大学入学資格証明書（該当者のみ）・バカロレア資格証書（写し）および資格試験成績証明書（原本）（該当者のみ）・一般的大学入学資格証明書（出願資格 (2)- ③の該当者のみ）・GCEA レベル資格試験の資格証書（写）および成績評価証明書（該当者のみ）・最終出身（在学）学校の推薦書・健康診断書・日本国籍を有することを証明する書類（パスポートのコピーまたは住民票、住民票の除票〈マイナンバーが記載されていないもの〉）・外国の大学入学資格試験、統一試験成績評価証明書（原本）（受験していれば提出）

※提出書類が和文・英文以外は和訳・英訳を添付

●日程等

出願	試験	発表	選抜方法
11/6～12	11/29	12/5	書類審査、面接、筆記試験※

※筆記試験は、商・政経・外国語・国際学部は基礎英語と基礎国語、工学部〈機械システム工・電子システム工・情報工学科〉は基礎数学、工学部〈デザイン学科〉はデザイン適性（描画表現）

●応募状況

年度＼人数	募集人員	出願者	受験者	合格者	入学者
2019	若干名	4	3	2	1
2020	若干名	4	4	2	1

●備考　編入学は募集要項を参照

東洋大学

〒112-8606　（担当：入試部入試課）
東京都文京区白山 5-28-20
TEL 03-3945-7272　FAX 03-3945-7607
URL http://www.toyo.ac.jp/nyushi/

●**入学時期**　4月
●**募集学部（学科）・募集人員**
文学部（第1部・第2部）、経済学部（第1部・第2部）、法学部（第1部・第2部）、社会学部（第1部・第2部）、国際学部（第1部・イブニングコース）、国際観光学部（第1部）、情報連携学部（第1部）、ライフデザイン学部（第1部）、理工学部（第1部）、総合情報学部（第1部）、生命科学部（第1部）、食環境科学部（第1部）……………………各若干名
●**出願資格・条件**　日本国籍を有する者、入管法による「永住者」又は入管特例法による「特別永住者」の在留資格を持つ者で、2021年3月31日までに18歳に達し、以下の(1)～(5)のいずれかに該当する者
(1) 海外において外国の教育課程における高等学校に1学年以上在籍し、国内外問わず通常の12年の教育課程を2019年4月1日から2021年3月31日までに卒業（修了）又は卒業（修了）見込みの者
(2) 海外において外国の教育課程における高等学校に1学年以上在籍し、帰国後高等学校卒業程度認定試験に合格した者又は、2021年3月31日までに合格見込みの者
(3) 文部科学大臣が日本国内の高等学校の課程と同等の課程を有するものとして認定した在外教育施設の当該課程を、2019年4月1日から2021年3月31日までに卒業又は卒業見込みの者
(4) 外国の大学入学資格である国際バカロレア資格、バカロレア資格、アビトゥア資格、GCEAレベルを有する者。その他、文部科学大臣の指定した者
(5) 上記のほか、本学がこれと同等以上と資格を有すると認めた者
※文学部英米文学科、理工学部、総合情報学部、生命科学部、食環境科学部の志願者は上記に加え、2019年1月以降に実施されたTOEIC® L&R (IP:Institutional Program 除く) 又はTOEFL iBT®(TOEFL iBT® Special Home Edition除く）を受験している者であること
※大学入学資格として12年の教育課程を基本とする国において「飛び級」「繰り上げ卒業」等により通算修学年数が12年未満の場合、2021年3月31日までに18歳に達する者に限り出願を認める
●**出願書類**　・志願票・履歴書（本学所定用紙）・日本国籍、在留資格が入管法による「永住者」または入管特例法による「特別永住者」であることを証明する書類（パスポートまたは在留カードのコピー等）・出身高等学校の卒業（修了）証明書又は同見込証明書・上記(2)該当者は高等学校卒業程度認定試験等合格（見込）成績証明書（原本）・上記(1)(2)該当者は外国の出身高等学校の成績証明書（コピー可）・日本の高等学校（在外教育施設含む）の調査書・上記(4)該当者は国際バカロレア資格、バカロレア資格、アビトゥア資格、GCEAレベルの証明書の写し・文学部英米文学科、理工学部、総合情報学部、生命科学部、食環境科学部志願者はTOEIC ®L&R (IP除く) 又はTOEFL iBT®のスコア証明書・経済学部国際経済学科、国際学部、国際観光学部志願者は志願理由書（本学所定用紙）・国際学部志願者は英語の能力に関する書類（任意提出）
●**日程等**　※選抜方法は学部により異なる

出願	試験	発表	選抜方法
9/23～25	11/22	12/1	※

●**応募状況**

年度＼人数	募集人員	出願者	受験者	合格者	入学者
2019	若干名	71	50	32	25
2020	若干名	97	53	32	21

●**備考**　出願の際は必ず入学試験要項をご確認ください。

東洋学園大学

〒113-0033　（担当：入試室）
東京都文京区本郷 1-26-3
TEL 03-3811-0389　FAX 03-3811-1964
URL https://life.tyg.jp/

●**入学時期**　4月、9月
●**募集学部・募集人員**
グローバル・コミュニケーション学部、人間科学部、現代経営学部……………………各若干名
●**出願資格・条件**
次の(1)～(3)の条件をすべて満たす者
(1) 日本国籍を有し、2021年3月末において満18歳に達する者
(2) 外国において学校教育における12年以上の課程（日本における通常の課程による学校教育の期間を含む）を修了後2年以内の者および2021年3月31日までに修了見込みの者
(3) 外国の教育制度に基づく教育課程での在籍期間が、以下のいずれかに該当する者
(ア) 外国の高等学校の最終学年(1年間)を含め、連続して1年以上在籍した者（見込みを含む）
(イ) 外国の高等学校に連続して1年6ヶ月以上在籍した者
(ウ) 外国の中・高等学校を通じて、数ヶ年継続して外国で教育を受け、日本の高等学校の在籍期間が原則として2年未満の者
●**出願書類**
・入学志願票一式・調査書または成績証明書および卒業（見込）証明書（これまで在籍した高等学校および最後に在籍した高等学校の調査書または成績証明書と卒業（見込）証明書、もしくはIB等の資格証明書等）・面接資料、各種取得資格の証明書のコピー・入学金免除制度申請書類（該当者のみ）
●**日程等**（4月入学生用）

区分	WEB出願期間	試験	発表	選抜方法
1期	11/17～23	11/28	12/4	面接（日本語） 日本語作文 提出書類
2期	2/8～14	2/19	2/25	

●**応募状況**

年度＼人数	募集人員	出願者	受験者	合格者	入学者
2019	若干名	1	1	1	1
2020	若干名	3	3	1	0

文京学院大学

ぶんきょうがくいん

〒113-8668 （担当：入試グループ）
東京都文京区向丘 1-19-1
TEL 03-5684-4870
URL https://info.bgu.ac.jp

●入学時期 4月

●募集学部（学科）・募集人員

外国語学部、経営学部……………………………各若干名

●出願資格・条件

日本国籍を有し、保護者の海外在留という事情もしくは単身留学により外国で学んだ者で、入学時に満18歳に達し、次のいずれかに該当する者

(1) 学校教育における12年の課程を修了（見込）の者で、中学校から高等学校の間に24か月以上継続して、もしくは通算36か月以上外国の教育課程に基づく学校で教育を受けた者（ただし、日本の学校教育法に準拠した教育を行っている学校の在外期間は算入しない）
(2) 国際バカロレア資格証書を授与された者、もしくは滞在国の大学受験資格を有している者
(3) 上記に準ずる者で、同等以上の資格があると本学が認めた者

●出願書類

・志願票・調査書・卒業（見込）証明書・活動報告書

●日程等

出願	試験	発表	選抜方法
11/26～12/9	12/19	12/25	書類審査、小論文（800字）、英語基礎テスト、面接

※面接は個人またはそれに準ずる形式

●応募状況

年度＼人数	募集人員	出願者	受験者	合格者	入学者
2019	若干名	0	0	0	0
2020	若干名	0	0	0	0

私立 共学 寮

慶應義塾大学

けいおうぎじゅく

〒108-8345 （担当：入学センター帰国生入試事務局）
東京都港区三田 2-15-45
TEL 03-5427-1611 FAX 03-5427-1564
URL http://www.keio.ac.jp/

※以下は2020/2021年度実績（応募状況除く）

●入学時期 4月、9月※

※9月入学は法学部、総合政策学部、環境情報学部のみ

●募集学部（学科）・募集人員

経済学部、法学部 ………………………………各20名
文学部、商学部、医学部、理工学部、総合政策学部、環境情報学部、看護医療学部、薬学部…………………各若干名
法学部の募集人員は国際バカロレア資格取得者（日本国内）対象入試を含む。総合政策学部および環境情報学部のAO入試に関する実施概要については、別途『慶應義塾大学湘南藤沢キャンパス』のページを参照のこと。

●出願資格・条件 下記のすべてに該当

(1) 国の内外を問わず通常の学校教育課程12年以上を修め（注1）、かつ海外において外国の教育課程に基づく高等学校に最終学年を含め2年以上継続して在籍して卒業した者および卒業見込みの者（ただし経済学部および商学部はこれに代わる条件がある）
(2)2020年9月入学希望の場合、2020年9月21日までに高等学校を卒業した者および卒業見込みの者
2021年4月入学希望の場合、2021年3月31日までに高等学校を卒業した者および卒業見込みの者
(3) 滞在国・地域の学校教育制度に基づく大学入学資格を有する者
(4)TOEFL® iBTもしくはIELTS Academic Moduleを受験し、試験結果を提出することができる者
(5) 各国の大学入学に必要な国家試験等の統一試験またはこれに準ずる試験を受験し、試験結果を提出することができる者（ただし理工学部はこれに代わる条件がある）
(6) 過年度に出願していない者
(注1) 高等学校卒業までに少なくとも12年の教育課程を基本とする国で、成績優秀者が「飛級」や「繰り上げ卒業」により通算教育年数が12年未満で卒業した場合についても出願資格を認める

※その他条件は学部により異なる
※詳細は募集要項で確認すること

●出願書類

詳細は募集要項で確認すること。2学部以上出願する場合は、各学部ごとにそれぞれの書類が必要

●日程等

Webエントリー	出願	試験※1	発表※2	選抜方法※3
7/9～21	7/9～21	8/31～9/13	9/2・11・15	1次：書類選考 2次：以下に記載※4

※1、2 試験日と合格発表日は学部により異なる。
※3 薬学部の選考試験および合格発表は、一般選抜と同じく2021年2月中旬から下旬にかけて行われる。
(書類評価、英語・化学、小論文、面接)
※4〔第2次選考の内容〕〈文・経済・商・総合政策・環境情報・看護医療〉面接、参考小論文〈法〉面接、論述試験〈理工〉数学・物理・化学の科目面接、参考小論文〈医〉課題論文、模擬講義、面接

●応募状況 ※9月入学／4月入学

年度＼人数	募集人員	出願者	受験者	合格者	入学者
2018/2019	若干名	4/333	－	0/141	－
2019/2020	若干名	4/420	－	0/213	－

●備考 出願の際には必ず出願する年度の募集要項を確認すること。

めいじがくいん
明治学院大学

(担当：入学インフォメーション)

〒108-8636
東京都港区白金台 1-2-37
TEL 03-5421-5151 FAX 03-5421-5399
URL https://www.meijigakuin.ac.jp/admission/

●入学時期 4月、9月（国際キャリア学科のみ）

●募集学部（学科）・募集人員

国際学部（国際学科）……………………………4月約15名
（国際キャリア学科）……4月約10名、9月約2名

●出願資格・条件

帰国子女の特別入試は行っていないが、海外の現地校で教育を受けてきた方は、下記を満たす場合、「自己推薦AO入学試験」に出願できる。

［国際学科］(1) 高等学校または中等教育学校を卒業（見込み）の者、またはそれと同等以上の学力があると本学が認めた者
(2) 以下の項目において、いずれか一つ以上を満たす者①出願時点で、海外において現地の教育課程に基づく正規教育機関に2学年以上継続して在学し、海外経験の豊富な者②入学時点で、国内の外国人学校に、日本の高等学校または中等教育学校（後期課程）と同等の課程の最終学年を含め3年以上在学した者、もしくは在学する見込みの者③外国語の能力について次の項目のうちいずれか一つを満たす者。a．実用英語技能検定（英検）2級以上、b .TOEFL iBT42点以上、c .TOEIC(L&R+S&W)1150点以上、d. GTEC960点以上、e.TEAP(4技能（R+L,W,S）合計スコア225点以上)f. 英語以外の言語で著しい能力があり、それを客観的に証明できる者
※この他の出願資格は入学試験要項参照

［国際キャリア学科］(1) 高等学校または中等教育学校を卒業(見込み）の者、またはそれと同等以上の学力があると本学が認めた者 (2) 日本国内にある国際バカロレアの認定校を修了または修了見込みの者で、かつ入学までに EnglishA:Literature または EnglishA:Language and Literature を履修し、IB Full Diploma を取得している者、または取得予定の者（ただし、2021年4月1日までに18歳に達していること）(3) 次のいずれか一つ以上に該当する者①実用英語技能検定（英検）準1級以上② TOEIC(L&R+S&W)1400点以上③ GTEC 1052点以上④ TOEFL- iBT64点以上⑤ TEAP（4技能(R+L,W,S) 合計スコア）270点以上⑥入学時点で、英語で教育を行っている中学校および高等学校または中等教育学校に過去連続して4年以上在籍していた者

●出願書類 ・志願票・調査書または成績証明書および修了（見込）証明書・志望理由書（国際学科）・エントリーシート（国際学科）・志望動機書［英語（様式自由）600～800語。国際キャリア学科］・出願資格を証明しうる書類など

●日程等

出願	試験	発表	選考方法
9/21～29	11/15	12/4	(第一次) 書類選考 (第二次) 国際：小論文、英語※、面接 国際キャリア：論文（英語および日本語)、面接（英語、グループおよび個人)

書類選考に通過した者のみが第二次選考を受験できる
※実用英語技能検定（英検）準1級以上、TOEFL-iBT 72点以上、TOEIC(L&R+S&W)1560点以上 、GTEC 1190点以上、TEAP309点以上の者は、英語の試験免除（国際学科のみ）

●応募状況

年度＼人数	募集人員	出願者	受験者	合格者	入学者
2019	約28	119	−	30	−
2020	約27	82	−	39	−

※自己推薦AO入学試験は国際学部以外でも募集を行っている。詳細は本学Webサイト「入試情報」を参照のこと。
※海外居住の受験生向けの入試は別にあり。
※国際学部国際キャリア学科AO(A)は本学Webサイト「入試情報」→「入試制度・日程」→「国際キャリア学科AO(A) ／編入学（A)」を参照。

私立 共学 寮

めいじやっか
明治薬科大学

(担当：入試課)

〒204-8588
東京都清瀬市野塩 2-522-1
TEL 042-495-5061 FAX 042-495-8925
URL https://www.my-pharm.ac.jp/

●入学時期 4月

●募集学部（学科）・募集人員

薬学部 薬学科 ……………………………………… 若干名
生命創薬科学科 ………………………… 若干名

●出願資格・条件

日本国籍を有し、保護者の海外在留等により、学校教育12年の課程のうち、外国の教育課程に基づく高等学校に最終学年を含め1年以上継続して在籍し卒業した者（但し、入学時に卒業後1年以内の者に限る）および2021年3月31日までに卒業見込みの者で、日本語の講義を理解できる者

●出願書類

・志願票（A票・B票）・志望理由書・海外在留時に在学した学校の成績証明書・日本国内で在学した高等学校等の成績証明書

●日程等

出願	試験	発表	選抜方法
11/1～12	11/21	12/1	学力試験（英・数・理)、小論文、面接

※学力試験・小論文試験の成績、面接試験の結果および提出された出願書類を総合して合格者を決定する。

●応募状況

年度＼人数	募集人員	出願者	受験者	合格者	入学者
2019	若干名	0	0	0	0
2020	若干名	2	2	0	0

●備考

出願の際には、必ず入学試験要項（願書）をご参照下さい。編入学者選抜試験については、本学HPまたは入学試験要項（願書）をご覧下さい。

入

私立 共学 寮

東京経済大学
（とうきょうけいざい）

〒185-8502　（担当：入試課）
東京都国分寺市南町 1-7-34
TEL 042-328-7747　FAX 042-328-7775
URL https://www.tku.ac.jp/

●入学時期　4月
●募集学部（学科）・募集人員
経済学部（経済学科・国際経済学科）…………12名
経営学部（経営学科・流通マーケティング学科）…15名
コミュニケーション学部……………………5名
現代法学部……………………………若干名
※募集人員は資格取得者選抜の出願資格Ⅰを含む。
●出願資格・条件
※帰国子女を対象とした入試は、本学の資格取得者選抜の出願資格Ⅱ［外国の学校卒業（卒業見込み）者］になります。
次の (1)(2) の条件を両方満たす者。
(1) 外国の高等学校卒業（修了）者または卒業（修了）見込み者で、学校教育における12年以上の課程を修了または2021年3月までに修了見込みであること。ただし、卒業（修了）後、出願までの期間が1年未満であること。
※「12年以上の課程」には、日本における通常の課程による学校教育の期間も含まれる。
(2) 次のAからDのいずれかの基準を満たしていること。ただし、Aは2019年4月以降に、BからDは高等学校等入学後に受験したものに限る。
A：実用英語技能検定（英検）（準2級以上）1850点以上、GTEC CBTタイプ 800点以上、TEAP 190点以上（TEAP CBTは対象外）、IELTS（Academic）3.5以上のいずれかのスコアを取得していること。
B：簿記検定試験（日本商工会議所）2級、簿記能力検定試験（全国経理教育協会）1級（商業簿記・会計学、原価計算・工業簿記とも）、簿記実務検定試験（全国商業高等学校協会）1級（会計・原価計算とも）のいずれかの資格を取得していること。
C：情報処理検定試験（全国商業高等学校協会）1級ビジネス情報部門、情報処理検定試験（全国商業高等学校協会）1級プログラミング部門、基本情報技術者試験（情報処理推進機構）のいずれかの資格を取得していること。
D：販売士検定試験（日本商工会議所）2級以上の資格を取得していること。
※実用英語技能検定の受験方式および合格・不合格は問いません。
●出願書類
志願票・志望理由書・調査書等（日本語または英語で記載された卒業（見込）証明書および成績証明書（1年次から最終年次までの各年度の成績が別々に記載されているもの）。複数の高等学校等に在籍した場合は、在籍したすべての高等学校等の在籍・成績証明書）・資格証明書類
●日程等

出願	試験	発表	選抜方法
11/2～5	11/22	12/4	書類審査、基礎学習能力試験、面接

●応募状況

年度＼人数	募集人員	出願者	受験者	合格者	入学者
2019	32※	0	0	0	0
2020	27※	1	1	1	1

※募集人員は出願資格Ⅰ・Ⅱ、4学部の合計。

入

私立 女子 寮

津田塾大学
（つだじゅく）

〒187-8577　（担当：企画広報課入試室）
東京都小平市津田町 2-1-1
TEL 042-342-5120　FAX 042-342-5121
URL https://www.tsuda.ac.jp/

●入学時期　4月
●募集学部（学科）・募集人員
学芸学部（英語英文学科、多文化・国際協力学科、数学科、情報科学科）……………………各若干名
（国際関係学科）…………………5名※
総合政策学部（総合政策学科）…………………5名※
※在日外国人学校出身者、留学生を含む
●出願資格・条件
日本に居住し、または日本に帰国する女子で、以下の各要件のいずれかを満たし、かつ日本語による講義（及び授業）を理解する能力を有する者
1. 海外の高等学校の卒業者または卒業見込み者
外国における学校教育の12年の通常の課程を修了した者（修了後本学入学時までの期間が2年未満であること）及び修了見込みの者。ただし、最終学年を含み継続して2学年以上外国の学校＊に在学していなければならない。
（＊国際関係学科、多文化・国際協力学科及び総合政策学科を受験する場合は、日本の学校教育法に準拠した教育を施している学校は外国の学校とはみなさない）
2. 日本の高等学校の卒業者または卒業見込み者
中・高等学校を通じ継続して2年以上外国で教育を受け＊、2019年5月1日以降に外国の学校より転入学し、日本の高等学校を卒業した者および2021年3月卒業見込みの者（＊国際関係学科、多文化・国際協力学科及び総合政策学科を受験する場合は、日本の高等学校に転入学する直前の2年以上、外国の教育過程に基づく学校に在学していることが必要です。）
3. 上記1、2と同等以上の資格を持つと本学が認定する者で2021年3月31日までに18歳に達するもの
●出願書類
・第1次出願志願票（本学所定用紙）・高等学校関係者の推薦書・卒業（見込）証明書・高校3年間の成績証明書・英語の能力を証明する書類など
※出願する学科、出願資格により提出書類が異なるので特別入学試験要項を確認のこと
●日程等

出願	試験	発表	選抜方法
第1次：9/7～18 第2次：10/5～16	10/31	11/10	第1次：提出書類による受験資格審査（10/2発表） 第2次：学力試験、面接

※〔試験科目〕
英語英文学科：英語、日本語（小論文）、面接
国際関係学科、多文化・国際協力学科、数学科、情報科学科、総合政策学科：面接
※新型コロナウイルス感染拡大の影響により、入試要項の記載内容を変更する場合があります。変更となる場合は、本学公式Webサイトにてお知らせします。

●応募状況

年度＼人数	募集人員	出願者	受験者	合格者	入学者
2019	若干名	32	13	9	5
2020	若干名	35	31	22	12

入

武蔵野美術大学

むさしのびじゅつ

〒187-8505　（担当：入学センター）
東京都小平市小川町1-736
TEL 042-342-6995　FAX 042-342-6097
URL https://www.musabi.ac.jp/

●入学時期　4月

●募集学部（学科）・募集人員

造形学部 ……………………………………………若干名

●出願資格・条件

日本国籍を有する者（日本国の永住許可を得ている者および特別永住者を含む）で、2021.4.1までに18歳に達し、次のいずれかに該当する者

①外国の学校教育12年の課程を修了または修了見込者
外国において正規の教育制度に基づく高等学校に最終学年を含めて2年以上継続して在籍し、2020.4.1～2021.3.31までに学校教育12年の課程を修了または修了見込の者

②日本の高等学校の卒業見込者
外国において正規の教育制度に基づく中学・高等学校を通じ2年以上継続して教育を受け、2021年3月に日本の高等学校（中等教育学校の後期課程を含む。以下同じ）を卒業見込の者。ただし日本の高等学校の在籍期間が2年未満の者

③国際バカロレア資格、アビトゥア資格、バカロレア資格、GCEAレベル資格のいずれかを有し、資格取得後の経過年数が本学入学時点（2021.4.1）で1年6ヶ月未満の者

④上記①～③と同等以上の資格があると本学が認めた者

※外国に設置された学校であっても、文部科学大臣が指定した在外教育施設（http://www.mext.go.jp/a_menu/koutou/shikaku/07111314/004.htm）に在学した者については、その期間は外国において学校教育を受けたとは見なさない

注）出願資格などについて不明な点は入学センターまで問い合わせること

●出願書類　・Web出願のシステムで必要事項を入力し、志願確認書、出願資格を証明する書類および成績証明書等（学生募集要項にて確認）・作品用氏名ラベルのコピー（必要な学科のみ）を提出

●日程等

出願	試験	発表	選抜方法
10/30～11/9	12/23・24	12/26	小論文、面接、実技

※各学科実技12/23、小論文・面接12/24
※詳細は募集要項で確認

●応募状況

年度＼人数	募集人員	出願者	受験者	合格者	入学者
2019	若干名	20	17	7	4
2020	若干名	15	15	10	7

入

恵泉女学園大学

けいせんじょがくえん

〒206-8586　（担当：入試広報室）
東京都多摩市南野2-10-1
TEL 042-376-8217　FAX 042-376-8604
URL https://www.keisen.ac.jp/

●入学時期　4月

●募集学部（学科）・募集人員

・人文学部（日本語日本文化学科、英語コミュニケーション学科）……………………………………若干名
・人間社会学部（国際社会学科、社会園芸学科）……………………………………若干名

●出願資格・条件

外国において教育を受けた後、日本に帰国する女性で、次のいずれかに該当する者

(1) 原則として、国の内外を問わず通常の学校教育課程12年以上を修め、かつ海外において外国の教育課程に基づく高等学校に最終学年を含めて2年以上継続して在籍し、卒業（見込み）の者。ただし、「飛び級」による繰り上げ卒業の場合を含む。なお卒業後2年を超える者は出願することができない。

(2) 中・高等学校を通じ2年以上外国の教育課程に基づく学校教育を受け、2019年5月1日以降に海外より日本の高等学校に編入学し、これを卒業した者

(3) 上記(1)(2)と同様の資格をもつと本学が認定する者。ただし、在外教育施設は日本の教育課程に基づく学校教育であるので認定しない

●出願書類

・入学志願票・振込通知書・入学志望理由書（本学所定用紙）・英語の履修歴が確認できる書類・調査書等・学歴調査書（本学所定用紙）
※出願資格により提出書類が異なるので確認のこと

●日程等

出願	試験	発表	選抜方法
WEB入力：12/14～1/25 郵送出願：12/14～1/27 ※	1/30	2/2	書類審査、面接

※締切日必着

●応募状況

年度＼人数	募集人員	出願者	受験者	合格者	入学者
2019	若干名	1	1	1	1
2020	若干名	0	0	0	0

私立 女子 寮

白百合女子大学
しらゆりじょし

〒182-8525 (担当：入試広報課)
東京都調布市緑ヶ丘1-25
TEL 03-3326-8092 FAX 03-3326-5247
URL https://www.shirayuri.ac.jp

●入学時期 4月

●募集学部（学科）・募集人員

文学部（国語国文学科、フランス語フランス文学科、英語英文学科）、人間総合学部（児童文化学科、発達心理学科、初等教育学科）………………各学科若干名

●出願資格・条件

【次の（1）（2）の出願条件をともに満たす女子】

(1) 日本国籍を有する者、または日本の永住許可を得ている者。

(2) 外国において学校教育を受け、次の（a）～（d）のいずれかに該当する者。

(a) 外国の教育制度に基づいて外国に設置された高等学校に、最終学年を含め2年間以上継続して在籍し、2019年4月1日から2021年3月31日までの間に修了した者、および修了見込みの者。

(b) 外国の教育制度に基づいて外国に設置された中等教育機関に2年以上継続して在籍し、引き続き日本の高等学校の第2学年以上または中等教育学校の第5学年以上に編入学した者で、2021年3月31日までに卒業見込みの者。

(c) 文部科学省指定の在外教育施設に、最終学年を含め2年間以上継続して在籍し、2019年4月1日から2021年3月31日までの間に在外教育施設を修了した者、および修了見込みの者。

(d) 国際バカロレア資格（国際バカロレア事務局）、アビトゥア資格（ドイツ）、バカロレア資格（フランス）、GCE-Aレベル資格（イギリス）のいずれかを、外国において2019年4月1日から2021年3月31日までの間に授与された者または授与見込みの者。

〈出願条件〉白百合女子大学の建学の精神と教育理念を理解し、志望学科で勉学することを強く希望し、明確な目標を持ち努力している者。

※海外で教育を受けた経験を踏まえ、入学後の自身の学びに関する明確なイメージと高い学習意欲を持っている人を求める入試です。

●出願書類 ・志願票・エントリーシート（本学所定）・事前課題・修了・卒業（見込）証明書、または大学受験資格取得証明書・成績証明書

※事前課題の内容等、詳細は該当年度の出願要項で必ず確認してください。

※Web出願サイトより出願手続き後、必要書類を郵送してください。

●日程等

出願	試験	発表	選抜方法
10/1～16	文学部10/31 人間総合学部11/1	11/5	面接（提出書類に関する質疑応答）

※2学科以上の同時出願は不可

●応募状況

年度＼人数	募集人員	出願者	受験者	合格者	入学者
2019	若干名	5	3	2	0
2020	若干名	1	0	0	0

私立 共学 寮

創価大学
そうか

〒192-8577 (担当:アドミッションズセンター)
東京都八王子市丹木町1-236
TEL 042-691-4617 FAX 042-691-9310
URL http://www.soka.ac.jp/

●入学時期 4月

●募集学部（学科）・募集人員

経済学部、経営学部、法学部、文学部、教育学部、理工学部、看護学部、国際教養学部………各学部若干名

●出願資格・条件

日本国籍を有し、または日本国の永住許可を得ている者で、地理的に外国の高等学校に2年以上継続して在籍し、2019年4月1日から2021年3月31日までに以下(1)～(5)のいずれかの条件を満たしている者。かつ、入学時に18歳に達している者。

(1) 地理的に外国の学校教育12年以上の課程における高等学校に在籍し、2021年3月31日までに卒業または卒業見込みの者。

(2) 帰国後、日本の高等学校に編入学し、日本の高等学校の在籍期間が2年未満で2021年3月31日までに卒業見込みの者。

(3) 文部科学大臣が、高等学校の課程と同等の課程または相当する課程を有するものとして認定または指定した在外教育施設の当該課程に最終学年を含む2年以上在籍し修了すること。

(4) 外国において大学入学資格を取得した者、またはその国の大学入学資格試験に合格した者。

(5) 地理的に外国のインターナショナルスクール出身者については、大学入学資格を認める場合がある（必ず事前に本学に問い合わせ、確認すること）。

※国際教養学部の志願者は、上記の条件に加えて以下のいずれかの英語資格要件を満たしていること

【TOEIC LISTENING AND READING TEST 550以上、TOEFL iBT スコア50以上、IELTS オーバーオール・バンド・スコア5以上、実用英語技能検定2級以上の検定試験の英検CSE 2.0スコア2100以上、GTEC 1130点（オフィシャルスコアに限る)】

●出願書類

・入学願書・高等学校（最終学校）の卒業（見込）証明書（原本）・高等学校の成績証明書（原本）・英語能力証明書（TOEFL等受験者）・大学入学資格試験証明書（IB、GCE・Aレベル・アビトゥア、バカロレア等）・その他の証明書（SAT Ⅰ・Ⅱ、ACTの成績証明書等）・自筆日本語作文・保証書他

●日程等

出願	試験	発表	選抜方法
9/1～18	11/21	12/2	小論文・英語・面接

※理工学部は数学・英語・小論文・面接
国際教養学部は数学(Ⅰ・A)または国語いずれか選択、面接

●応募状況

年度＼人数	募集人員	出願者	受験者	合格者	入学者
2019	若干名	1	1	1	1
2020	若干名	3	3	3	2

私立 共学 寮

多摩美術大学（たまびじゅつ）

（担当：教務部入試課）
〒192-0394
東京都八王子市鑓水2-1723
TEL 042-679-5602 FAX 042-676-2935
URL http://www.tamabi.ac.jp/

●**入学時期**　4月

●**募集学部（学科）・募集人員**

美術学部（絵画学科〈日本画、油画、版画〉、彫刻学科、工芸学科、グラフィックデザイン学科、生産デザイン学科〈プロダクトデザイン、テキスタイルデザイン〉、環境デザイン学科、情報デザイン学科〈メディア芸術、情報デザイン〉、芸術学科、統合デザイン学科、演劇舞踊デザイン学科〈演劇舞踊、劇場美術デザイン〉）……………………各若干名

●**出願資格・条件**

日本国籍を有する者（日本国の永住許可を得ている者または特別永住者を含む）で、次のいずれかの該当者

(1) 外国において、正規の教育制度に基づく高校（文部科学省指定の在外教育施設を含む）に最終学年を含めて1年半以上継続して在学し、2020.4.1から2021.3.31までに学校教育12年の課程を修了または修了（見込み）。

(2) 外国において、正規の教育制度に基づく中・高を通じ1年半以上継続して教育を受け、2021年3月に日本の高等学校（中等教育学校の後期課程を含む。以下同）を卒業見込の者。帰国後日本の高等学校の在籍期間が2年未満。

(3) 国際バカロレア資格、アビトゥア資格、バカロレア資格、GCEAレベル資格のいずれかを有し、資格取得後の経過年数が本学入学（2021.4.1）時点で1年未満である者。

(4) 上記(1)(2)(3)と同等以上の資格があると本学が認めた者。

●**出願書類**

出願資格（1）の該当者は出身学校の卒業（修了）証明書（見込証明書）および成績証明書。※日本の高等学校に在籍したことがあれば在籍時の調査書も要提出・（2）の該当者は出身高等学校の調査書および在籍していた外国の高校の成績証明書・（3）の該当者は国際バカロレア資格証明書のコピーおよび科目別成績評価証明書、一般的大学入学資格証明書のコピーおよびアビトゥア成績評価証明書、バカロレア資格証明書のコピーおよびバカロレア資格試験成績証明書、GCEAレベル資格証明書のコピーおよび成績評価証明書

●**日程等**

出願	試験	発表	選抜方法
WEB出願登録 11/2(10:00)～9(18:00) 出願書類の郵送 11/2～9（消印有効）	12/18・19	12/23	小論文、専門試験、面接 ※学科ごとの試験科目については募集要項参照

※出願書類の郵送期限は海外からの場合は11/9必着

●**応募状況**

年度＼人数	募集人員	出願者	受験者	合格者	入学者
2019	若干名	17	17	6	6
2020	若干名	15	13	10	6

私立 共学 寮

中央大学（ちゅうおう）

（担当：入試課）
〒192-0393
東京都八王子市東中野742-1
TEL 042-674-2121 FAX 042-674-2470
URL http://www.chuo-u.ac.jp/

●**入学時期**　4月

●**募集学部（学科）・募集人員**

経済学部……………………………………各学科若干名

●**出願資格・条件**

学部の定める出願資格、条件を満たす者
※詳細は入学試験要項を参照

●**出願書類**

※提出すべき書類の詳細は入学試験要項を参照

●**日程等**

出願	試験	発表	選抜方法
9/23～29	11/7	11/16	小論文、外国語（英・独・仏・中国語から1つ選択）、面接

※ 入学試験要項で必ず確認してください。

●**応募状況**

学部	2019年度			2020年度		
	募集人員	志願者	合格者	募集人員	志願者	合格者
経済学部	若干名	39	11	若干名	35	14

●**備考**

入学試験要項は、中央大学のホームページよりダウンロードすること。なお、法学部・経済学部・商学部では、特に英語の運用能力が優れている者（海外留学経験不問）を対象としてそれぞれ「英語運用能力特別入学試験」制度を実施。さらに経済学部・商学部では独・仏・中・西語の運用能力が優れている者（海外留学経験不問）を対象として、「ドイツ語・フランス語・中国語・スペイン語特別入学試験」制度を実施。

入

私立 共学

東京純心大学

とうきょうじゅんしん

〒192-0011　（担当：企画調整課 入学・広報係）
東京都八王子市滝山町 2-600
TEL 0120-13-0326　FAX 042-692-5551
URL http://www.t-junshin.ac.jp/univ/

●**入学時期**　4月

●**募集学部（学科）・募集人員**

現代文化学部（こども文化学科）……………若干名
看護学部（看護学科）……………………………若干名

●**出願資格・条件**

日本国籍を有し、保護者の海外在留という事情により、海外で学んだ者のうち、次の条件（1）または（2）のいずれかに該当する者

(1) 外国において、学校教育における12年の課程（日本における通常の課程による学校教育の期間を含む）を2019.4.1から2021.3.31までに卒業（見込）の者
(2) 外国において、国際バカロレア資格、バカロレア資格、またはアビトゥア資格を2019.4.1以降取得し、2021.3.31までに満18歳に達する者

●**出願書類**

・入学願書（本学指定）・海外在留証明書（保護者の所属機関（勤務先）で作成したもの）・卒業・修了（見込）証明書・大学入学資格証明書・成績証明書・履歴書・志願理由書

※出願資格（1）に該当する方は、出身校の卒業（修了）証明書または卒業（修了）見込み証明書及び成績証明書（厳封のこと）

※出願資格（2）に該当する方は、国際バカロレア事務局またはアビトゥア事務局から発行された「大学入学資格証明書」及び成績証明書の写し（厳封のこと）（外国の学校及び機関等が作成する証明書類については、日本語訳を添付のこと）

●**日程等**

区分	出願	試験	発表	選抜方法
第1回	11/2～10	11/15	11/19	※
第2回	11/24～12/8	12/13	12/17	

※ こども文化学科：小論文、面接
　看護学科：小論文、面接

●**応募状況**

（こども文化学科）

年度＼人数	募集人員	出願者	受験者	合格者	入学者
2019	若干名	0	0	0	0
2020	若干名	0	0	0	0

（看護学科）

年度＼人数	募集人員	出願者	受験者	合格者	入学者
2020	若干名	1	1	1	0

入

私立 男・女 寮

東京薬科大学

とうきょうやっか

〒192-0392　（担当：入試センター）
東京都八王子市堀之内 1432-1
TEL 042-676-5112　FAX 042-676-8961
URL https://www.toyaku.ac.jp/

●**入学時期**　4月

●**募集学部（学科）・募集人員**

薬学部（6年制）（男子部・女子部ごとの募集）
……………………………各若干名

●**出願資格・条件**

日本国外において外国の学校教育を受けた日本国籍を有する者、または日本国の永住許可を得ている者で、次の（1）～（3）のいずれかの要件を満たす者

(1) 外国の高等学校に原則として2年以上継続して在学し、原則学校教育12年以上の課程を2020年4月1日から2021年3月31日の間に卒業（修了）した者もしくは見込みの者
(2) 外国において国際バカロレア資格またはフランス共和国のバカロレア資格、もしくはドイツ連邦共和国のアビトゥア資格、英国のGCEAレベル資格を2020年4月1日以降に取得した者
(3) 外国の高等学校卒業者ではないが、中学校および高等学校を通じ2年以上継続して外国の学校教育を受け、2019年4月1日以降に帰国し、日本の高等学校（中等教育学校の後期課程を含む。）を2021年3月卒業見込みの者

●**出願書類**

〈出願資格（1）の者〉
インターネット出願確認票・成績証明書・卒業（修了）または卒業見込（修了見込）証明書・履歴書（本学所定用紙）

〈出願資格（2）の者〉
インターネット出願確認票・該当する資格取得証明書・履歴書（本学所定用紙）

〈出願資格（3）の者〉
インターネット出願確認票・調査書・留学中の成績証明書・履歴書（本学所定用紙）

●**日程等**

出願	試験	発表	選抜方法
・インターネット出願受付期間 11/1～11/16 17:00 ・入学検定料払込期限 11/16 23:59 ・出願書類郵送期限 11/18 必着	11/28	12/5	適性能力検査（英語、化学）、課題文型小論文、面接、書類審査

●**応募状況**

年度＼人数	募集人員	出願者	受験者	合格者	入学者
2019	若干名	4	4	1	1
2020	若干名	1	1	1	1

入

実践女子大学

〒191-8510　(担当：学生総合支援センター入学支援課)
東京都日野市大坂上4-1-1
TEL 042-585-8820
URL https://www.jissen.ac.jp

●入学時期　4月

●募集学部（学科）・募集人員

文学部（国文学科、英文学科、美学美術史学科）、生活科学部（食生活科学科〈管理栄養士専攻・食物科学専攻・健康栄養専攻〉、生活環境学科、生活文化学科〈生活心理専攻・幼児保育専攻〉、現代生活学科）、人間社会学部（人間社会学科、現代社会学科）……各若干名

※人間社会学部は学部での募集

●出願資格・条件

日本国籍を有し、外国で教育を受け、入学時（2021年4月1日）満18歳以上で次の各項のいずれかに該当し、かつ、日本語の講義を理解できる者（女子）

(1) 外国の高等学校（文部科学省指定の在外教育施設を含む）に最終学年を含め2年以上在籍し、卒業または、2021年3月までに卒業見込みの者（ただし卒業後2年以内であること）

(2) 外国で中・高等学校を通じ継続して2年以上教育を受け、日本の高等学校の2年次以上に転入学し、卒業または2021年3月までに卒業見込みの者（ただし卒業後2年以内であること）

(3) 国際バカロレア資格、フランス共和国バカロレア資格、アビトゥア資格取得者

●出願書類

・志願票
・身上書（本学所定用紙）
・出身高等学校等の卒業（見込）証明書（調査書に記載あれば不要）※発行3ヶ月以内
・高等学校等の3年間の成績証明書または調査書※発行3ヶ月以内
・IB資格またはアビトゥア資格取得者はその証明書の写しおよびIB最終試験6科目の成績評価証明書

●日程等

出願	試験	発表	選抜方法
11/2～23（必着）	11/29	12/4	英語、小論文※、面接

※国文学科は小論文に代えて国語の基礎学力試験、食生活科学科管理栄養士専攻・健康栄養専攻は小論文に代えて生物および化学の基礎学力試験を課す

※英語は辞書1冊持ち込み可。電子辞書は不可

●応募状況

年度＼人数	募集人員	出願者	受験者	合格者	入学者
2019	若干名	0	0	0	0
2020	若干名	1	0	0	0

入

桜美林大学

〒194-0294　(担当：インフォメーションセンター)
東京都町田市常盤町3758
TEL 042-797-1583　E-mail info-ctr@obirin.ac.jp
URL http://www.obirin.ac.jp/

●入学時期　4月、9月

●募集学部（学科）・募集人員

リベラルアーツ学群、グローバル・コミュニケーション学群、ビジネスマネジメント学群、健康福祉学群、芸術文化学群

●出願資格・条件

大学入学資格を有する者で、以下の出願条件のいずれかに該当する者。

日本国籍を有する者あるいは日本の「永住者」「定住者」の在留資格取得後に外国の学校（日本の初等中等教育にあたる学校：日本における小学校～高校までの12年間の課程）において1年度以上の学校教育を受けた者。なお、中国引揚者については、専用の『学生募集要項』で確認してください。

●出願書類

・高等学校等の調査書ほか成績証明書等・入学志願者調書・自己申告書・志願者評価書・活動報告書・外国の学校で1年度間以上の学校教育を受けたことを証明する書類・TOEFL、TOEIC等のスコア・資格証明書コピー（該当者のみ）等

●日程等　（総合型選抜　帰国生徒）

区分	出願	1次発表	試験	2次発表	選抜方法
第1回	9/15～18	10/16	10/24・25	11/2	書類審査、面接（オンライン実施）
第2回	10/27～11/4	12/4	12/12・13	12/18	
9月入学者選抜	未定				

※第1回：10/18　事前接続テスト（参加必須）
※第2回：12/6　事前接続テスト（参加必須）
※芸術文化学群は、希望する専修・審査方式によって内容が異なります。
※書類による1次審査を行い、合格者は上記日程で2次審査を実施。

●応募状況

年度＼人数	募集人員	出願者	受験者	合格者	入学者
2019	非公表	16	16	11	8
2020	非公表	34	28	13	8

●備考

ビジネスマネジメント学類及びアビエーションマネジメント学類はビジネスマネジメント学群としての一括募集となります。アビエーションマネジメント学類「エアライン・ビジネスコース」と「エアライン・ホスピタリティコース」を希望する者は、1年次の秋学期に学内選考にて所属コースを決定します。

グローバル・コミュニケーション学群では、出願の際に、入学後集中的に学修を希望する言語（英語・中国語・日本語※）を選択する必要があります。

※日本語を母語としない外国籍の者を対象

玉川（たまがわ）大学

〒194-8612　（担当：入試広報課）
東京都町田市玉川学園 6-1-1
TEL 042-739-8155　FAX 042-739-8152
URL https://www.tamagawa.jp/university/

●入学時期　4月

●募集学部（学科）・募集人員

教育学部、文学部、芸術学部、経営学部、観光学部、リベラルアーツ学部、農学部、工学部………各若干名

●出願資格・条件

日本国籍を有し、海外において継続して2年以上、外国の高等学校に相当する教育機関で教育を受け、かつ国の内外を通じ通常の課程による12年の学校教育を修了した者のうち、次のいずれかに該当する者

(1) 外国の高等学校（学校教育における12年の課程）を2020年5月以降に卒業した者、および2021年3月31日までに卒業見込みの者
(2) 国際バカロレア資格、アビトゥア資格、バカロレア資格（フランス共和国）、GCEA レベル資格のいずれかを有する者。ただし、資格取得後の経過年数が1年未満である者とする
(3) 国際的な評価団体（WASC、ACSI、CIS）の認定を受けた教育施設に置かれる12年の課程を2020年5月以降に修了した者、および2021年3月31日までに修了見込みの者
(4) 外国の高等学校に2年以上在学（学校教育における12年の課程のうち11年を経過した者）した後、帰国して通常の課程の高等学校2年または3年に編入学し、2021年3月に卒業見込みの者。ただし、出願の時点で帰国後2年未満の者でなければならない

●出願書類

・入学志願書（本学指定用紙）・調査書（開封無効）・卒業（見込）証明書・成績証明書　等

※出願資格・出願書類等詳細については、必ず本学の入学試験要項で確認のこと

※この他、第一志望者を対象に、「国際バカロレア総合型入学審査」を実施。本学を第一志望（専願）とし、国際バカロレア資格を、2020年4月から2021年3月31日までに取得または取得見込みの者。なおかつ、日本語を母語とする者またはJapanese BをHLで履修し、成績評価が4以上の者

●日程等

区分	出願	試験	発表	選抜方法
A	11/2～4 （消印有効） 窓口：11/5のみ	11/22	12/1	書類審査 面接試験
B	11/30～12/3 （消印有効）	−	12/15	書類審査

※ A：帰国者入試、
　B：国際バカロレア総合型入学審査

私立　共学

和光（わこう）大学

〒195-8585　（担当：入試広報室）
東京都町田市金井ヶ丘 5-1-1
TEL 044-988-1434　FAX 044-989-2241
URL http://www.wako.ac.jp/

●入学時期　4月

●募集学部（学科）・募集人員

現代人間学部、表現学部、経済経営学部…………各若干名

●出願資格・条件

日本国籍を有し、2021.3.31までに18歳に達する者で、次のいずれかに該当する者

(1) 外国において外国の教育制度に基づく高等学校に最終学年を含め2年以上継続して在学した者で、学校教育12年の課程を卒業してのち入学試験日までの期間が原則として2年未満であるか、または2021年3月卒業見込みの者。ただし、いずれの場合も日本の高等学校の在籍期間は原則として1年未満であること
(2) 外国の高等学校出身ではないが、中学校、高等学校を通じ2年以上継続して外国において外国の教育制度に基づく教育を受け、2021年3月日本の高等学校卒業見込みの者、または日本の高等学校卒業程度認定試験に合格（見込）した者。ただしいずれの場合も日本の高等学校における在籍期間が原則として1年半未満の者
(3) 国際バカロレア資格およびアビトゥア資格を取得している者で、取得後入学試験日までの期間が2年未満の者。ただし日本で上記資格を取得した者は、中学校、高等学校を通じて2年以上継続して外国において外国の教育制度に基づく教育を受けた者に限る。ただし、いずれの場合も日本の高等学校在籍期間は原則として1年未満であること

※飛び級のため通常の課程を12年未満で終えた者の出願は認める

※外国に設置された学校であっても、日本の学校教育法に準拠した教育を行っている学校については、その在籍期間は外国において学校教育を受けたものとはみなさない

※文部科学大臣が指定する国際バカロレア協会等の国際的な評価団体の認定を受けた、外国に設置された教育施設におかれる課程については、外国の教育制度に基づく高等学校と同等の取り扱いとする

※国により教育制度が異なるため、上記資格について不明な点は、出願前に入試広報室に相談してください

●出願書類　・入学願書一式・入学志望理由書・海外帰国生徒履歴書（本学指定）・出身高等学校の卒業（見込）証明書（原本）・日本および外国の中等教育機関に在学した全期間の成績証明書（原本）または国際バカロレア資格／アビトゥア資格の証明書

●日程等

区分	出願	試験	発表	選抜方法
A日程	11/2～19	11/29	12/3	①「小論文」 ②「面接」
B日程	2021.2/5～19	2/26	3/4	

●応募状況

年度＼人数	募集人員	出願者	受験者	合格者	入学者
2019	若干名	1	1	0	0
2020	若干名	3	1	1	0

杏林（きょうりん）大学

〒181-8612　（担当：入学センター）
東京都三鷹市下連雀 5-4-1
TEL 0422-47-0077　FAX 0422-47-8056
URL http://www. kyorin-u.ac.jp/

●入学時期　4月

●募集学部（学科）・募集人員

文系…外国語学部（英語、中国語、観光交流文化学科）、総合政策学部（総合政策、企業経営学科）
理系…保健学部（臨床検査技術、健康福祉、看護（看護学専攻、看護養護教育学専攻）、臨床工、救急救命、理学療法、作業療法、診療放射線技術、臨床心理学科）
……………………………各学科 1 名

●出願資格・条件

日本国籍を有し、保護者の海外在住という事情で外国の学校教育を受け以下のいずれかに該当する者

1. 外国の高等学校を卒業（卒業見込み）の者
   国の内外を問わず通常の課程による 12 年以上の学校教育を修め、海外において外国の教育課程に基づく高等学校に最終学年を含めて 2 年以上継続して在籍し、2020 年以降 2021 年 3 月 31 日までに卒業（卒業見込み）の者。卒業した者は卒業後、大学入学時まで 2 年未満の者。ただし、日本の高等学校もしくは中等教育学校における在籍期間が大学入学時までに 1 年半以内の者。※飛び級により、通常の学校教育を 12 年未満で終えて、大学受験資格を有する者は出願を認める
2. 帰国後、日本の高等学校もしくは中等教育学校を卒業見込みの者
   2021 年 3 月 31 日までに卒業見込みの者で、海外において外国の教育課程に基づく高等学校に 2 年以上継続して在籍し、かつ日本の高等学校もしくは中等教育学校における在籍期間が大学入学時までに原則として 1 年半以内の者

●出願書類　・入学志願者身上書（本学所定用紙）・健康診断書・戸籍謄本・高等学校の卒業（見込）証明書・高等学校全期間の成績証明書・国家試験等の統一試験制度またはそれに準ずる制度のある国でその試験を受けた者はその成績評価証明書・Web 登録時に写真データをアップロードする

●日程等

区分	出願	試験	発表	選抜方法
A	10/23～11/5	11/14	12/1	面接
B	10/23～11/5	11/15	12/1	適性検査・面接

A：総合政策学部・外国語学部、B：保健学部
※出願は web から行うこと

●応募状況

年度＼人数	募集人員	出願者	受験者	合格者	入学者
2019	15	1	1	1	1
2020	15	3	3	0	0

●備考

入試の詳細は必ず入学センターへ確認のこと
※ 2016 年度より WEB 出願を導入

国際基督教（こくさいきりすときょう）大学

〒181-8585　（担当:アドミッションズ・センター）
東京都三鷹市大沢 3-10-2
TEL 0422-33-3038・3700 FAX 0422-33-3635
URL https://www.icu.ac.jp/

●入学時期　4月、9月

●募集学部（学科）・募集人員

教養学部・ユニヴァーサル・アドミッションズ※
……………………………………全体で 120 名
※ 4 月入学帰国生入学試験、English Language Based Admissions (April/September Entry), EJU（日本留学試験）利用選抜（4 月 / 9 月入学）

●出願資格・条件

［4 月入学帰国生入学試験］次の①～②の条件をすべて満たすこと
①外国の教育制度で中・高等学校を通じ、2 年以上継続して教育を受けた者
②国内外を問わず、当該国の学校教育における通常の 12 年以上の課程を 2019.4.1 ～ 2021.3.31 までに修了（見込み）の者
［English Language Based Admissions (April/September Entry)（英語での出願）］次の①～②の条件をすべて満たすこと
①当該国の学校教育における通常の 12 年以上の課程を修了した者および修了見込みの者、またはこれに準ずる者
②当該国の学校教育制度に基づく大学入学資格を取得もしくは取得見込みで、十分な英語能力を有する者

●出願書類　願書、出願資格を証明する書類、その他

●日程等

<table>
<tr><th colspan="2">区分</th><th>出願</th><th>試験</th><th>発表</th><th>選抜方法</th></tr>
<tr><td colspan="2">4 月入学
帰国生入試</td><td>WEB 出願期間
2020.8/19 ～ 27</td><td>2020.
9.19</td><td>2020.9.29</td><td rowspan="3">〔4 月入学帰国生入試〕英語（IELTS、TOEFL または Cambridge English の公式スコア）、小論文、面接
〔English Language Based Admissions (April/September Entry)〕書類選考</td></tr>
<tr><td rowspan="2">English Language Based Admissions</td><td>April Entry</td><td>Ⅰ 2020.8/25 ～ 9/3
Ⅱ 2020.10/15 ～ 26</td><td>書類
選考</td><td>Ⅰ 2020.10.16
Ⅱ 2020.11.30</td></tr>
<tr><td>September Entry</td><td>Ⅰ 2021.1/6 ～ 25
Ⅱ 2021.2/12 ～ 3/2</td><td>書類
選考</td><td>Ⅰ 2021.2.26
Ⅱ 2021.4.23</td></tr>
</table>

●応募状況　※数字は 4 月入学帰国生入試／ 4 月入学書類選考／ 9 月入学書類選考

年度＼人数	募集人員	出願者	受験者	合格者	入学者
2019	90	194/104/401	177/-/-	49/32/223	－
2020	90	259/125/378	226/-/-	64/53/-	－

※ 4 月 / 9 月入学書類選考は、2021 年度入試より English Language Based Admissions (April / September Entry) に名称が変わりました。

●備考　4 月入学帰国生および English Language Based Admissions (April/September Entry) の入学試験要項（願書）は 6 月にホームページでダウンロード（無料）にて確認。
日本の学校教育法に準拠した教育を施している在外教育施設の在学者は、その期間は外国で学校教育を受けたものとはみなさない。
〈転編入学について〉
English Language Based Admissions (April/September Entry) の出願条件を満たし、大学の正規課程で本科学生として 1 年以上在学履修した者あるいは短期大学を卒業した者（見込みの者を含む）対象

※新型コロナウィルス感染症の影響により変更が生じる可能性があります。変更の際には、下記の大学ホームページで公表しますので、留意してください。
https://www.icu.ac.jp/admissions/undergraduate/

あじあ

亜細亜大学

〒180-8629　（担当：入試・広報センター）
東京都武蔵野市境 5-8
TEL 0422-36-3273　FAX 0422-36-1890
URL http://www.asia-u.ac.jp/admissions

●入学時期　4月

●募集学部（学科）・募集人員
経営学部（経営学科）、経済学部（経済学科）、法学部（法律学科）、国際関係学部（国際関係学科、多文化コミュニケーション学科）、都市創造学部（都市創造学科）……………………………各若干名

●出願資格・条件
次の条件をすべて満たす者
(1) 日本国籍を有し、原則として 2021.3.31 までに 18 歳に達する者
(2) 国の内外を問わず通常の学校教育課程 12 年を修了した者および修了見込みの者
(3) 次の（イ）または（ロ）いずれかに該当する者
（イ）帰国後、日本の高等学校（中等教育学校を含む）を卒業した者および卒業見込みの者。海外において、日本の高等学校に相当する課程に連続して 1.5 学年以上在学し、帰国後、日本の高等学校の 2 学年または 3 学年に編入を認められた者で、2020.4.1 から 2021.3.31 までに卒業した者および卒業見込みの者
（ロ）外国の高等学校を卒業（修了）した者および卒業（修了）見込みの者。海外において、日本の高等学校に相当する課程に最終学年を含め、連続して 1.5 学年以上在学し、2019.9.1 から 2021.3.31 までに卒業（修了）した者および卒業（修了）見込みの者。ただし、各国の教育制度においては、原則として同大で定められた要件を満たすこと

※外国に設置されたものであっても、日本の学校教育法に準拠した教育を行っている学校に在学した者については、その期間を外国において学校教育を受けたものとはみなさない
※アメリカ教育制度の第 9 学年（Grade 9）は日本の高等学校に相当する課程とはみなさない。Grade 10・11・12 を高等学校に相当する課程とする

●出願書類　・ネット出願確認票・帰国生入試身上調書・卒業証明書原本・出身高校成績証明書原本・大学入学資格のための統一試験を受験した者は統一試験結果表（成績表）・自己推薦書・住民票・両親の海外勤務に伴う者は勤務先発行の海外赴任証明書

●日程等

出願	試験	発表	選抜方法
10/21～28	11/29	12/7	小論文（日本語）、英語、面接

●応募状況

年度＼人数	募集人員	出願者	受験者	合格者	入学者
2019	若干名	3	2	2	0
2020	若干名	2	1	0	0

●備考　入試の詳細は、〈あじばこ（マイページ）〉登録をし、必ず入試要項で確認すること

せいけい

成蹊大学

〒180-8633　（担当：アドミッションセンター）
東京都武蔵野市吉祥寺北町 3-3-1
TEL 0422-37-3533　FAX 0422-37-3864
URL https://www.seikei.ac.jp/university/s-net/

●入学時期　4月

●募集学部（学科）・募集人員
経済学部、経営学部、法学部、文学部、理工学部…各若干名

●出願資格・条件
Ⅰ. 以下の条件をすべて満たす者
(1) 自分の将来に明確な目標を持ち、それに向かって努力していること
(2) 成蹊大学の志望する学部が自分の将来の目標の実現に役立つものであること
(3) 成蹊大学の各学部で学修することを強く志望し、合格した場合は、必ず本学に入学する者
(4) 2021.3.31 までに 18 歳に達する者※各学部別出願資格を満たしていること（『AO マルデス入試ガイド』を参照）

Ⅱ. 日本国籍を有する者、出入国管理法による「永住者」の在留資格を持つ者、または入管特例法による「特別永住者」で以下の条件のいずれかに該当
① 2019.4.1 から 2021.3.31 までの間に外国の学校教育における 12 年の課程を修了（見込）、またはこれに準ずる者で、文部科学大臣の指定した者。ただし、修了（見込）の時点までの 2 学年度に相当する期間（以上）を継続して、外国の学校教育における 12 年の課程に在籍していること（外国の学校教育課程で、成績優秀等により「飛び級」（または「繰り上げ卒業」）して、12 年の課程を修了（見込）の場合も含む）
②外国の学校教育における 12 年の課程に継続して 2 学年度に相当する期間（以上）在籍し、かつ、その直後に日本の高校の第 2 学年の 9 月以降に編入学し、2021 年 3 月に卒業見込みの者。帰国後、日本国内の学校教育法に準拠しない学校に編入学した場合は、この期間を外国の教育課程における期間と合算することを認める場合がある

※ここでいう「外国の学校教育課程」には、日本の学校教育法に準拠した教育を施している学校または日本にある外国人学校およびインターナショナルスクールは含めない。また、外国の学校に在学した理由が、保護者の海外在留によるものかどうかは問わない。

●出願書類
『AO マルデス入試ガイド』を参照

●日程等

出願	試験	発表	選抜方法
9/23～10/7	一次：書類審査 二次：11/14	一次：11/6 二次：11/24	学部により異なる。（『AO マルデス入試ガイド』及び HP を参照）

●応募状況

年度＼人数	募集人員	出願者	受験者	合格者	入学者
2019	若干名	10	10	0	－
2020	若干名	10	10	2	－

●備考
各学部とも AO マルデス入試の帰国生特別受験枠で募集

入

にほんじゅういせいめいかがく
日本獣医生命科学大学

〒180-8602　（担当：入試課）
東京都武蔵野市境南町 1-7-1
TEL 0422-31-4151　FAX 0422-33-2094
URL http://www. nvlu.ac.jp/

●入学時期　4月

●募集学部（学科）・募集人員

全学部・学科……………………………………………各若干名

●出願資格・条件

日本国籍を有し、保護者の海外在留等の事情により外国に学び、次のいずれか一つに該当し、かつ、過去に本学の特別選抜試験（帰国子女 /IB 取得者）に出願していない者。

(1) 外国の高等学校を卒業（卒業後の期間が 1 年 6 ヵ月未満）した者、または 2021 年 3 月までに卒業見込みの者（日本における通常の課程における学校教育を含む 12 年の課程を修了もしくは修了見込みであること）

(2) 日本の高等学校および中等教育学校を 2021 年 3 月卒業見込みの者のうち、（イ）外国の高等学校に 2 年以上継続して在学した者。ただし、日本の高等学校の在籍期間は 1 年 6 ヵ月未満であること（ロ）外国の中学校・高等学校を通じて 3 年以上継続して在学した者。ただし、日本の高等学校および中等教育学校の在籍期間は 1 年 6 ヵ月未満であること

注）外国に設置されたものであっても、日本の学校教育法に準拠した教育を施している学校については、その期間を外国の学校教育を受けた者とはみなさない・帰国子女入試への出願は 1 回に限る

●出願書類

・web 出願票・写真票・志望理由書（所定用紙）・身上記録（所定用紙）・海外在留証明書（所定用紙）・卒業証明書または卒業見込証明書・調査書または成績証明書

●日程等

出願	試験	発表	選抜方法
11/1～12	11/22	12/1	書類審査、小論文、基礎学力検査（英語・数学）、面接

※英語はコミュニケーション英語Ⅰまで、数学は数学Ⅰ・A まで。面接は目的意識についての口頭試問

●応募状況

年度＼人数	募集人員	出願者	受験者	合格者	入学者
2019	若干名	3	3	0	0
2020	若干名	3	3	1	1

入

かながわ
神奈川大学

〒221-8624　（担当：入試センター）
神奈川県横浜市神奈川区六角橋 3-26-1
TEL 045-481-5857　FAX 045-481-5759
URL https://www.kanagawa-u.ac.jp/

●入学時期　4月

●募集学部（学科）・募集人員

法学部、経済学部、経営学部、外国語学部、国際日本学部、人間科学部、理学部、工学部 ……………………………………………各若干名

●出願資格・条件　資格 A、資格 B または資格 C のいずれかを満たす者で、2021.3.31 までに 18 歳に達する者

〈資格 A〉（日本国籍を有する者）原則として日本国籍を有し以下①～⑤のいずれかに該当する者で、外国において外国の教育課程に基づく中等教育機関（高等学校）に 2 学年以上継続して就学した者。

①外国において外国の学校教育制度に基づく中等教育機関（高等学校）に在籍し（帰国後日本の高等学校に編入学した者も含む）、学校教育における 12 年の課程を修了した者または 2021.3.31 までに修了見込みの者（高等学校卒業までに少なくとも 12 年の学校教育課程を基本とする国で、「飛び級」または「繰り上げ卒業」により通算教育年数が 12 年に満たずに卒業した者を含む）。

②スイス民法典に基づく財団法人である国際バカロレア事務局が授与する国際バカロレア資格を有する者。

③ドイツ連邦共和国の各州において大学入学資格として認められているアビトゥア資格を有する者。

④フランス共和国において大学入学資格として認められているバカロレア資格を有する者。

⑤高等学校卒業程度認定試験（大学入学資格検定を含む）に合格した者または 2021.3.31 までに合格見込みの者で、かつ、2021.3.31 までに 18 歳に達する者。

〈資格 B〉（受験生の国籍は問わない）日本の高等学校の課程に相当する在日の外国教育施設に 2 学年以上就学し、学校教育における 12 年の課程を 2021.3.31 までに修了見込みの者。

〈資格 C〉（受験生の国籍は問わない）資格 A に該当する者を除き、外国および日本において 12 年以上の課程に通算して就学し、卒業した者または 2021.3.31 までに卒業見込みの者で、外国において外国の教育課程に基づく教育機関に 2 学年以上継続して就学した者。ただし、日本の中学校・高等学校に通算して 6 年以上在学し、卒業した者を除く。

注）出願資格 B の「日本の高等学校の課程に相当する在日の外国教育施設」は文部科学省の指定した施設とする。それに該当しない施設においては、個別の入学資格審査により事前審査を行う。該当者は締め切り日の 2 か月前までに本学入試センターに問い合わせること。

●出願書類　・志願票・外国高等学校在学経験者（帰国生徒等）入学願書・最終出身学校（高等学校）の調査書または卒業（修了）証明書または同見込証明書（卒業見込者は出願前 3 か月以内、既卒者は年度内（4 月 1 日以降）に発行されたものとする。）・出願資格に該当する外国教育施設もしくは在日の外国高等学校に就学した期間の在籍期間証明書および成績証明書（日本の高等学校に在学したことがある者は、調査書またはその在学期間中の在籍期間証明書および成績証明書を併せて提出すること。卒業見込者は出願前 3 か月以内、既卒者は年度内（4 月 1 日以降）に発行されたものとする。）・大学入学資格試験による出願資格取得者は、その資格証書の写し・資格 A または資格 C の対象者で、出願資格に該当する外国の教育機関に 2 学年以上継続して就学し、出原資格を得た者は、当該教育機関の学校案内（コピー可）を提出すること・自己推薦書・外国籍の人は、住民票（「在留の資格」および「仕留期間」が記載されているもの）

［注 1］提出書類が日本語または英語以外の場合は、日本語訳を必ず添付すること（様式任意、ただし翻訳者の署名を必ずつけること。本人翻訳可）

［注 2］「飛び級」または「繰り上げ卒業」した者で、その理由などが成績証明書または卒業（見込み）証明書に記載されていない場合には、別途出身学校発行の書類を提出すること

●日程等

出願	試験	発表	選抜方法
10/16～23	11/29	12/4	書類審査、筆記試験、面接の総合評価

※筆記試験の科目・内容は学部により異なる

●応募状況

年度＼人数	募集人員	出願者	受験者	合格者	入学者
2019	若干名	30	24	10	8
2020	若干名	23	16	9	6

私立 共学 寮

関東学院大学
（かんとうがくいん）

〒236-8501 （担当：アドミッションズセンター）
神奈川県横浜市金沢区六浦東 1-50-1
TEL 045-786-7019 FAX 045-786-7045
URL http://ao.kanto-gakuin.ac.jp/

●入学時期 4月

●募集学部（学科）・募集人員
国際文化学部、社会学部、経済学部、経営学部、法学部、理工学部、建築・環境学部、人間共生学部、栄養学部、教育学部
……………………………………………各若干名

●出願資格・条件 日本国籍を有する者で、正規の学校教育を受け、日本語で行う本学の講義を受講できる十分な日本語能力を有し、以下のいずれかに該当する者
(1) 海外において、外国の教育課程に基づく高等学校に継続して1年6ヶ月以上在籍し（帰国後日本の高等学校（中等教育学校の後期課程も含む）に編入学した者を含む）学校教育における12年の課程を修了した者、または2021年3月31日までに修了見込みの者
(2) 外国において、学校教育における12年の課程を修了した者に準ずる者で、文部科学大臣の指定した者
※高等学校卒業まで12年の学校教育課程を基本とする国で、いわゆる「飛び級」または「繰上げ卒業」により通算12年の課程を満たさずに修了した者を含む
(3) 文部科学大臣が高等学校の課程と相当する課程と認定または指定した在外教育施設に継続して1年6ヶ月以上就学し（帰国後日本の高等学校に編入学した者を含む）かつ学校教育における12年の課程を修了した者、または2021年3月31日までに修了見込みの者
(4) 海外居住中に国際バカロレア資格、フランス共和国におけるバカロレア資格、アビトゥア資格など、外国の大学入学資格を取得した者または2021年3月31日までに取得見込みの者
(5) 本学において、個別の入学審査により、高等学校を卒業した者と同等以上の学力があると認めた者で、2021年3月31日までに18歳に達する者

●出願書類 各証明書は、原則として発行日より3ヶ月以内のものを提出してください。
1. 志願票（A票）2. 履歴票 3. 写真1枚（志願票に貼付）
4. 大学入学希望理由書（400字以内）
5. 各種証明書
各証明書は、日本語または英語で記載されたものとします。
〈出願資格（1）～（3）に該当する者〉
①最終出身校の卒業（修了）証明書（または卒業（修了）見込証明書）および高等学校に在籍した全期間の成績証明書を提出してください。
②日本における高等学校に在籍した者は、調査書も提出してください。（保存期間等の理由で発行できない場合には、在籍期間証明書でも可）
〈出願資格（4）に該当する者〉
①国際バカロレア資格証明書および最終6科目の成績証明書、またはアビトゥア成績証明書を提出してください。
6. 日本国籍を有することを証明する書類（戸籍抄本または戸籍記載事項証明書 等）
※自然災害等の不測の事態への対応について
自然災害等により、選抜試験を実施できない場合の対応は、本学ホームページ「受験生サイト」(https://ao.kanto-gakuin.ac.jp/) にて周知します。必ずご確認ください。

●日程等

出願	試験	発表	選抜方法
10/12～16	11/11	11/20	英語（国際文化学部・英語文化学科）、小論文、面接

●応募状況

年度＼人数	募集人員	出願者	受験者	合格者	入学者
2019	若干名	8	8	7	非公開
2020	若干名	12	8	4	非公開

私立 共学

星槎大学
（せいさ）

〒227-8522 （担当：事務局）
神奈川県横浜市青葉区さつきが丘 8-80
TEL 045-979-0261 FAX 045-971-2791
URL http://www.seisa.ac.jp/

●入学時期 4月、10月

●募集学部（学科）・募集人員
共生科学部（共生科学科（共生科学専攻／初等教育専攻／福祉専攻／スポーツ身体表現専攻／グローカルコミュニケーション専攻）……………………… 各若干名

●出願資格・条件
・外国において学校教育における12年の課程を修了した者、またはこれに準ずる者で文部科学大臣の指定した者
・文部科学大臣が、高等学校と同等の課程を有するものとして認定した在外教育施設の当該課程を修了した者
・高等学校（または中等教育学校）を卒業した者（または卒業見込みの者）
・高等専門学校（5年制）の第3学年を修了した者
・高校卒業程度認定試験（旧大学入学資格検定）に合格した者
・専修学校高等課程（大学入学資格付与校）を卒業した者
・大学入学資格があるとして文部科学大臣が指定した者
・海外の大学または短期大学を卒業した者

●出願書類
・志願書・卒業（見込み）証明書・成績証明書

●日程等

区分	出願	試験	発表	選抜方法
A	3/1～4/30	－	随時	書類のみ
B	9/1～10/31	－	随時	書類のみ

※ A：4月入学　B：10月入学

●応募状況

年度＼人数	募集人員	出願者	受験者	合格者	入学者
2019	若干名	1	1	1	1
2020	若干名	3	3	3	3

●備考
・本学は通信制課程のため、本学への在籍により在留資格・留学生ビザを取得することはできません
・通信制課程により、海外に居住しながら学ぶことも可能です（現在も多くの学生が海外で学んでいます）

入

私立 共学

桐蔭横浜大学

〒225-8503　（担当：入試・広報センター）
神奈川県横浜市青葉区鉄町1614
TEL 045-974-5423　FAX 045-972-5972
URL http://toin.ac.jp/UNIV

●**入学時期**　4月

●**募集学部（学科）・募集人員**

法学部（法律学科）……………………………………若干名

スポーツ健康政策学部（スポーツ教育学科、スポーツテクノロジー学科、スポーツ健康政策学科）……各学科若干名

●**出願資格・条件**　日本の国籍を有する者（スポーツ健康政策学部は日本の永住許可を取得している者を含む）で、次のいずれかに該当する者

(1) 外国において、学校教育における12年の課程を修了した者または入学時までに修了見込の者で18歳に達する者。ただし成績優秀者等が「飛び級」や「繰り上げ卒業」により通算教育年数が12年に満たない場合も出願を認める

(2) 文部科学大臣が高等学校の課程と同等の課程を有するものとして認定した在外教育施設の当該課程を修了した者及び入学時までに修了見込の者

(3) 日本の高等学校を卒業した者及び入学時までに卒業見込の者で、外国の教育制度に基づく高等学校または文部科学大臣が高等学校の課程と同等の課程を有するものとして認定した在外教育施設に1年以上在学した者（法学部のみ）

(4) 国際バカロレア資格証書を授与された者またはアビトゥア資格、バカロレア資格を有する者で、入学時までに18歳に達する者

(5) 外国の教育制度に基づく高校、または文部科学大臣が高校の課程と同等の課程を有するものとして認定した在外教育施設に、最終学年を含めて2年以上継続して在学した者で、2021.3.31までに卒業（見込）の者。ただし、外国に設置された学校で、日本の学校教育法に準拠する教育を実施している学校や日本の学校教育法によらない国内の外国人学校等に在学した期間は含まない（スポーツ健康政策学部のみ）

●**出願書類**

インターネットにて出願登録をし、学歴書・調査書または成績証明書（文部科学省所定の様式による調査書が作成できる場合は、学校長が証明の上厳封したものを提出。それ以外は出身校所定の成績証明書に訳文を添付し提出。その他、IB、アビトゥァ、バカロレア有資格者は資格証明書および成績証明書を提出）

※法学部はエントリーシート・志望理由書も必要

●**日程等**

区分	出願	試験	発表	選抜方法
A	11/2～10	11/21	12/1	小論文、書類選考、面接
B	11/24～12/3	12/12	12/19	
C	11/2～10	11/21	12/1	

※ A：法学部（1次）、B：法学部（2次）、C：スポーツ健康政策学部

●**応募状況**

年度＼人数	募集人員	出願者	受験者	合格者	入学者
2019	若干名	1	1	1	0
2020	若干名	0	0	0	0

●**備考**　入試概要は必ず入試要項でご確認ください

入

私立 女子

フェリス女学院大学

〒245-8650　（担当：入試課）
神奈川県横浜市泉区緑園4-5-3
TEL 045-812-9183　FAX 045-812-9529
URL https://www.ferris.ac.jp

●**入学時期**　4月

●**募集学部（学科）・募集人員**

文学部、国際交流学部、音楽学部……………各若干名

●**出願資格・条件**　次の(1)及び(2)の要件を満たす者

(1) 外国で2年以上継続して外国の正規の学校教育（日本の中・高に相当するもの（※1））を受けた者で、次の①～③のいずれかに該当する女子。ただし、帰国してから出願までの期間が、外国での正規の学校在学期間を超えないこと

①外国において学校教育における12年の課程を修了した者（2021年3月修了見込の者を含む）

② 2021年3月末までに高等学校を卒業または卒業見込の者

③国際バカロレア資格、アビトゥア資格、バカロレア資格のいずれかを有し、2021年3月31日までに満18歳に達する者

(2) 日本国籍を有する者、出入国管理及び難民認定法による「永住者」の在留資格をもつ者または入管特例法による「特別永住者」

（※1）外国に設置されたものでも、日本の学校教育の課程と同等の課程を有するものとして認定された学校（在外教育施設）に在学した者については、外国で学校教育を受けた者とはみなさない。

●**出願書類**　履歴・経歴書・最終出身高校の卒業・修了（見込）証明書（日本の高校卒業者は調査書）・高校在学全期間の成績証明書・出願資格に外国の中等教育機関の在学が含まれる者はその在籍・成績証明書・IB資格取得者はIBディプロマの写しと最終試験6科目の成績証明書・アビトゥア資格取得者は一般的大学入学資格証明書の写しと成績評価証明書・バカロレア資格取得者はバカロレア資格証書の写しと成績証明書

※その他は入試要項参照（本学受験生応援サイトに掲載）

●**日程等**

出願	試験	発表	選抜方法
10/22～29	11/21	11/26	※

※ 2021年度入試は新型コロナウイルス感染症への対応により、各学部・学科ごとに入学試験実施内容を変更します。詳細は本学受験生応援サイトに掲載しますのでご確認ください。
https://www.ferris.ac.jp/fromferris/

●**応募状況**　最新情報は本学公式サイトをご確認ください

年度＼人数	募集人員	出願者	受験者	合格者	入学者
2019	若干名	6	5	3	非公表
2020	若干名	4	3	1	非公表

私立 共学

横浜商科大学（よこはましょうか）

〒230-8577 （担当：アドミッション・広報部）
神奈川県横浜市鶴見区東寺尾 4-11-1
TEL 045-571-3901（代） FAX 045-583-9053
URL https://www.shodai.ac.jp

●入学時期 4月
●募集学部（学科）・募集人員
商学部……………………………………………若干名
●出願資格・条件
1. 帰国生徒入学試験
日本国籍を有する者及び日本国の永住許可を得ている者、その他これに準ずる者で、外国で教育を受けたことのある者又は現に受けている者のうち、次のいずれかに該当する者。ただし、外国に設置された学校であっても、日本の学校教育法に準拠した教育を実施している学校に在学した者については、その期間を外国において学校教育を受けたものとはみなさない。
(1) 外国において、学校教育における 12 年の課程のうち最終学年を含む課程に 2 年以上継続して在学し、2020 年 4 月 1 日から 2021 年 3 月 31 日までに卒業（修了）した者又は卒業（修了）見込みの者
(2) 外国において 2 年以上継続して学校教育を受け、学校教育における 12 年の課程を中途退学し、引き続き日本の高等学校の第 3 学年に編入を認められた者で、2021 年 3 月卒業見込みの者
(3) 外国においてスイス民法典に基づく財団法人である国際バカロレア事務局が授与する国際バカロレア資格を取得した者、ドイツ連邦共和国の各州において大学入学資格として認められているアビトゥア資格を取得した者又はフランス共和国において大学入学資格として認められているバカロレア資格を取得した者で 2021 年 3 月 31 日までに 18 歳に達する者
2. 中国引揚者等子女入学試験
日本国へ引揚げ後 9 年以下の中国引揚者等子女であって、日本国籍を有する者及び日本国の永住許可を得ている者、その他これに準ずる者であり、学校教育法第 90 条の規定により大学入学資格を有する者又は 2021 年 3 月 31 日までに大学入学資格を有する見込みの者
※「中国引揚者等子女」とは保護者（父と母のいずれか、あるいは祖父母）が引揚者である者をいう。
●出願書類 ・志願票・成績証明書・出身高等学校等発行の卒業証明書もしくは卒業見込証明書・履歴書・資格検定試験合格証の写し（志願票 C の資格取得者のみ）
●日程等

出願	試験	発表	選抜方法
11/3～16	11/22	11/27	書類審査、論述、面接

●応募状況

年度＼人数	募集人員	出願者	受験者	合格者	入学者
2019	若干名	0	0	0	0
2020	若干名	0	0	0	0

私立 共学

横浜美術大学（よこはまびじゅつ）

〒227-0033 （担当：入試係）
神奈川県横浜市青葉区鴨志田町 1204
TEL 045-962-2221 FAX 045-961-7371
URL http://www.yokohama-art.ac.jp/

●入学時期 4月
●募集学部（学科）・募集人員
美術学部（美術・デザイン学科）…………若干名
●出願資格・条件
日本国籍を有し、(1) ～ (5) のいずれかに該当する者
(1) 外国において、日本の高等学校に相当する教育課程に原則として 2 年以上継続して在籍し、かつ 2021.3.31 までに通常の 12 年の学校教育課程を修了見込みの者もしくは修了後 1 年未満の者、または外国において学校教育における 12 年の課程を修了した者もしくはこれに準ずる者で文部科学大臣の指定した者
(2) 中学校・高等学校を通じ数年間、外国において教育を受け、帰国後日本の高等学校に入学し、卒業した者、または 2021 年 3 月に卒業見込みの者。ただし、日本の高等学校における在籍期間が原則として 1 年半未満の者
(3) 文部科学大臣が高等学校の課程に相当する課程を有するものとして認定もしくは指定した在外教育施設の当該課程を修了した者、または 2021 年 3 月に修了見込みの者
(4) 国際バカロレア、アビトゥア、バカロレアなど外国の大学入学資格を保有し、取得後の経過年数が本学入学（2021 年 4 月 1 日）時点で 1 年未満である者
(5) 本学において、個別の入学資格審査により、高等学校を卒業した者と同等以上の学力があると認められた者で 2021 年 4 月 1 日までに 18 歳に達する者
●出願書類 ・志願票・写真票・調査書・卒業証明書（既卒者）または卒業見込み証明書または大学入学資格証明書・持参作品説明書
※国際バカロレア、アビトゥア、バカロレアなど外国の大学入学資格を保有する者はその成績証明書
●日程等

出願	試験	発表	選抜方法
12/2～14	12/19	12/22	プレゼンテーションを含む面接、自己作品を持参

※自己作品は 2,3 点を試験当日に持参。自己作品とは、①デッサン②平面作品③立体作品④映像作品⑤ポートフォリオ
※ポートフォリオは持参できる任意のサイズのファイルに自己作品の写真等をファイリングして試験当日に持参
●応募状況

年度＼人数	募集人員	出願者	受験者	合格者	入学者
2019	若干名	0	0	0	0
2020	若干名	0	0	0	0

●備考 入試の詳細は募集要項をご確認ください

入

私立 共学

麻布大学(あざぶ)

(担当：広報課)

〒252-5201
神奈川県相模原市中央区淵野辺 1-17-71
TEL 042-769-2032 FAX 042-850-2505
URL http://www.azabu-u.ac.jp

●入学時期 4月
●募集学部（学科）・募集人員
獣医学部（獣医学科、動物応用科学科）、生命・環境科学部（臨床検査技術学科、食品生命科学科、環境科学科）…各学科若干名
●出願資格・条件 ［専願］合格した場合は、本学に入学することを確約できる者で、以下の出願資格に該当するもの（他大学と併願した場合でも、本学に合格した場合は必ず入学してください。）
〈獣医学部〉日本国籍を有する者で、保護者の海外在留等の事情により外国において教育を受け、次の出願資格のいずれかに該当するもの。
(1) 外国において、学校教育における 12 年の課程を、最終学年を含め 2 年以上在籍し、2020 年 4 月 1 日から 2021 年 3 月 31 日までに修了した者及び修了見込みの者又はこれに準ずる者で文部科学大臣が指定したもの
ただし、日本の学校教育法に準拠した教育を行っている学校に在籍した者については、その期間は、外国において学校教育を受けたものとはみなさない
※「これに準ずる者で文部科学大臣が指定したもの 」については、2020 年 4 月 1 日から 2021 年 3 月 31 日までに、該当する課程を修了又は修了見込みのものとする。（外国における 12 年の課程修了相当の学力認定試験に合格した者は、入学の時点で満 18 歳に達するもの）
(2) スイス民法典に基づく国際バカロレア資格、ドイツ連邦共和国の大学入学資格として認められているアビトゥア資格、フランス共和国の大学入学資格として認められているバカロレア資格、又はイギリスの大学入学資格として認められているジェネラル・サーティフィケート・オブ・エデュケーション・アドバンスト・レベル資格のいずれかを 2020 年に取得した者
〈生命・環境科学部〉日本国籍を有する者で、保護者の海外在留等の事情により外国において教育を受け、次の出願資格のいずれかに該当するもの。
(1) 外国において、学校教育における 12 年の課程を、最終学年を含め 2 年以上在籍し、2019 年 4 月 1 日から 2021 年 3 月 31 日までに修了した者及び修了見込みの者又はこれに準ずる者で文部科学大臣が指定したもの
ただし、日本の学校教育法に準拠した教育を行っている学校に在籍した者については、その期間は、外国において学校教育を受けたものとはみなさない
※「これに準ずる者で文部科学大臣が指定したもの 」については、2019 年 4 月 1 日から 2021 年 3 月 31 日までに、該当する課程を修了又は修了見込みのものとする。（外国における 12 年の課程修了相当の学力認定試験に合格した者は、入学の時点で満 18 歳に達するもの）
(2) スイス民法典に基づく国際バカロレア資格、ドイツ連邦共和国の大学入学資格として認められているアビトゥア資格、フランス共和国の大学入学資格として認められているバカロレア資格、又はイギリスの大学入学資格として認められているジェネラル・サーティフィケート・オブ・エデュケーション・アドバンスト・レベル資格のいずれかを 2019 年又は 2020 年に取得した者
●出願書類 ・入学志願書一式・調査書（または最終卒業校の卒業（見込）証明書か大学入学資格を証明するもの、成績証明書、日本の高校在学者は調査書も添付）・志望理由書・履歴書・保護者の海外在留証明書・顔写真 ※学部によって異なるので詳細は要項で確認すること
●日程等

出願	試験	発表	選抜方法
11/2～9	11/21	12/4 Web 照会のみ	基礎学力テスト（獣医学部のみ）、小論文（動物応用科学科は除く）、面接

［基礎学力テスト］獣医学科・動物応用科学科：コミュニケーション英語Ⅰ・英語表現Ⅰ、数学Ⅰ・数学A（『場合の数と確率』のみ）、「生物基礎」又は「化学基礎」のどちらか一科目を試験会場にて選択。
●応募状況

年度＼人数	募集人員	出願者	受験者	合格者	入学者
2019	若干名	3	3	1	0
2020	若干名	0	0	0	0

入

私立 共学

北里大学(きたさと)

(担当：入学センター)

〒252-0373
神奈川県相模原市南区北里 1-15-1
TEL 042-778-9760
URL http://www.kitasato-u.ac.jp

●入学時期 4月
●募集学部（学科）・募集人員
獣医学部（獣医学科）、海洋生命科学部 ………各若干名
●出願資格・条件
<獣医学部 獣医学科>
日本国籍を有する者で、次のいずれかに該当する者
(1) 外国の高校に 2 年以上在学し、国内外問わず通常の 12 年の教育課程を 2019 年 4 月 1 日から 2021 年 3 月 31 日までに卒業（修了）した者及び卒業（修了）見込みの者
(2) 国際バカロレア資格を有する者で上記 (1) に準ずる者
(3) 外国の高校卒業者ではないが、中・高校を通じ数ヶ年継続して外国で教育を受け、2020 年 4 月 1 日から 2021 年 3 月 31 日までに日本の高等学校を卒業見込みの者
＊ここでいう外国の高校には、文部科学大臣が高等学校の課程と同等の課程を有するものとして指定または認定した在外教育施設は含めない
<海洋生命科学部>
日本国籍を有する者で海外において学校教育を受け、次のいずれかに該当する者
(1) 外国の高校に 2 年以上在学し、当該国の学校教育 12 年以上の課程を卒業（修了）した後、出願時までの期間が 1 年未満である者
(2) 外国の高校に 2 年以上在学し、当該国の学校教育 12 年以上の課程の最終学年に在学中で、2021 年 3 月までに卒業（修了）見込みの者
(3) 国際バカロレア資格を有する者、または当該国における大学入学資格を有する者で、上記 (1) または (2) に準ずる者
(4) 外国の高校卒業者ではないが、中・高校を通じ数ヶ年継続して外国で教育を受け、2021 年 3 月に日本の高等学校若しくは中等教育学校を卒業見込みの者で、帰国後、出願時までの在籍期間が 1 年未満の者
＊ここでいう外国の高校には、文部科学大臣が高等学校の課程と同等の課程を有するものとして指定または認定した在外教育施設は含めない
●出願書類
・入学志願票・最終出身校の卒業（見込）証明書・最終出身校の学業成績証明書（日本の高等学校卒業見込者は調査書）・IB 資格保持者は DIPLOMA の写し
●日程等

区分	出願	試験	発表	選抜方法
A	11/2～5	11/14	12/1	基礎学力試験（英・数・理）、面接
B	11/2～11	11/21	12/2	小論文、面接

A：獣医学部、B：海洋生命科学部

●応募状況

年度＼人数	募集人員	出願者	受験者	合格者	入学者
2019	若干名	3	3	2	1
2020	若干名	4	4	2	1

私立 女子

女子美術大学

じょしびじゅつ

（担当：女子美入試センター）
<相模原キャンパス>美術学科／デザイン・工芸学科
〒252-8538 神奈川県相模原市南区麻溝台1900
<杉並キャンパス>アート・デザイン表現学科
〒166-8538 東京都杉並区和田1-49-8
TEL 042-778-6123 FAX 042-778-6692
URL https://www.joshibi.ac.jp

●**入学時期** 4月
●**募集学部（学科）・募集人員**
芸術学部（美術学科〈洋画専攻・日本画専攻・立体アート専攻・美術教育専攻・芸術文化専攻〉、デザイン・工芸学科〈ヴィジュアルデザイン専攻・プロダクトデザイン専攻・環境デザイン専攻・工芸専攻〉、アートデザイン表現学科〈メディア表現領域・ヒーリング表現領域・ファッションテキスタイル表現領域・アートプロデュース表現領域〉）……………… 各専攻・領域若干名
●**出願資格** 外国において教育を受け、帰国後の期間が入学時の2021年4月までに2年未満の日本国籍を有する女子（日本国の永住許可を得ている方を含む）で、次の①～④のいずれかに該当する方に限ります。
①外国において正規の教育制度に基づく高等学校に最終学年を含めて2年以上継続して在学し、2019年4月1日から2021年3月31日までに学校教育12年の課程を修了または修了見込みの方
②外国において正規の教育制度に基づく中学・高等学校を通じ2年以上継続して教育を受け、2019年4月1日から2021年3月31日までに日本の高等学校を卒業または卒業見込みの方
③国際バカロレア資格・アビトゥア資格・バカロレア資格・GCE-Aレベルのいずれかを保有し、取得後2カ年以内の方
④上記①～③のいずれにも該当せず、本学において高等学校を卒業した方と同等以上の学力があると認めた方で、2021年4月1日に満18歳に達している方
注1）外国に設置された学校であっても、日本の学校教育法に準拠した教育を施している学校に在学した方については、その期間は外国において学校教育を受けた期間とはみなしません。
注2）出願資格④については、事前に審査が必要ですので、出願登録開始前までに女子美入試センターへご相談ください。
●**出願書類** ・web志願票・志願者身上書・大学入学資格を証明する書類（日本語または英語。出願資格①に該当する方は最終出身高等学校の卒業（見込）証明書、出願資格②に該当する方は卒業（見込）証明書、出願資格③に該当する方はそれぞれの資格のディプロマと成績証明書）・修学履修を証明する書類（日本語または英語）（高等学校の在学全期間の学業成績証明書と在籍期間の証明書、飛び級ないし繰り上げ卒業のある方で上記書類にその事実・理由等の記載がない場合は、そのことを証明する出身学校の書類を添付）・志願調書・日本国籍を含む二つの国籍を持っている方は日本国籍を証明する書類またはパスポート（コピー）・特別な配慮を希望される方のみ配慮希望申請書（本学所定）および診断書
※受験時や入学後の修学における特別な配慮を希望する方のみ。事前相談については女子美入試センターまでお問い合わせください。
※全ての選抜試験はWeb出願となります。学生募集要項および所定用紙は本学WEBサイトよりダウンロードの上、ご確認ください。
●**日程等**

出願	試験	発表	選抜方法
10/26～11/3 締切日必着	11/22	12/1	専門試験、面接、提出書類による総合判定

※専門試験および面接は専攻・領域によって内容が異なる
※出願者多数の場合は、11/23に面接試験を実施することがあります。
●**応募状況**

年度＼人数	募集人員	出願者	受験者	合格者	入学者
2019	若干名	6	5	5	5
2020	若干名	4	3	3	1

●**備考** 詳細は必ず「女子美術大学2021年度 特別選抜（帰国子女）学生募集要項」を参照のこと

私立 共学

文教大学

ぶんきょう

（担当：入学センター）
〒253-8550
神奈川県茅ヶ崎市行谷1100
TEL 0467-54-4300 FAX 0467-54-4422
URL https://www.bunkyo.ac.jp/

●**入学時期** 4月
●**募集学部（学科）・募集人員**
文学部、情報学部、国際学部、経営学部……各若干名
●**出願資格・条件**
2021年4月1日現在満18歳以上で、日本の大学入学資格を有し、下記の①～③のいずれかに該当し、かつ日本国籍（出入国管理及び難民認定法の別表二に掲げる者を含む）を有する者
①外国の高等学校に継続して2年以上在学し、2019年3月から2021年3月までに卒業（修了）および卒業（修了）見込みの者
②日本の高等学校または中等教育学校を2020年4月から2021年3月までに卒業（修了）見込みで、外国の中学校・高等学校にまたがって通算3年以上在学した者
③外国において国際バカロレア、アビトゥア、バカロレアを取得した者（取得後1年未満）
●**出願書類**
詳細は入学試験要項（入試情報サイトよりダウンロード）で確認
●**日程等**

区分	出願	試験	発表	選抜方法
A	10/19～29	11/21	12/1 マイページ （インターネット出願サイト）	小論文、口頭試問
B		11/22		小論文、面接

※A：文学部、B：情報学部、国際学部、経営学部
※英米語英米文学科・外国語学科の口頭試問は日本語と英語

●**応募状況**

年度＼人数	募集人員	出願者	受験者	合格者
2019	若干名	4	4	3
2020	若干名	5	4	1

●**備考**
文学部は越谷校舎、情報・国際・経営学部は湘南校舎で試験を実施
（大学所在地）
文学部：埼玉県越谷市南荻島3337
情報・国際・経営学部：神奈川県茅ヶ崎市行谷1100

私立 共学 寮

慶應義塾大学（けいおうぎじゅく）

湘南藤沢キャンパス（SFC）（しょうなんふじさわ）

〒252-0882 （担当：アドミッションズ・オフィス）
神奈川県藤沢市遠藤 5322
TEL 0466-49-3407 FAX 0466-49-3613
URL https://www.sfc.keio.ac.jp/

注）以下は総合政策学部・環境情報学部で募集するアドミッションズ・オフィス（AO）入試の概要。両学部が募集する帰国生対象入試の概要については、別途「慶應義塾大学」のページを確認のこと

●入学時期 4月、9月

●募集学部（学科）・募集人員

総合政策学部、環境情報学部
春 AO、夏 AO、秋 AO、冬 AO（グローバル）をあわせて各学部 150 名
※ただし帰国子女のみを対象とする募集ではない

●出願資格（概要）

(1) 学歴に関する資格要件については募集要項にて確認のこと
(2) 総合政策学部・環境情報学部への志望理由や入学後の構想が明確であり、第一志望としていずれかの学部での勉学を希望する者
(3) 入学後の目標や構想をより高いレベルで実現するに十分な意欲と能力を有する者
(4) 本学が定めた資格要件を満たす者

●出願書類 入学志願者調書・志願者評価書他・本学所定の出願書類・高等学校 3 年間の成績証明書（調査書）・高等学校の卒業（見込）証明書・各国の国家試験等の統一試験の成績評価証明書（提出推奨）など

●日程等（AO 入試）

区分	出願	1次選考合格発表	2次選考	2次選考合格発表	選考方法
2020 夏AO	7/1～8/13	9/24	総合政策 10/3 環境情報 10/4	10/6	1 次：書類審査（※1） 2 次：面接
2020 秋AO	9/10～10/14	11/26	環境情報 12/5 総合政策 12/6	12/8	
2020冬AO（グローバル）	未定	未定	未定	未定	書類審査とビデオ
2021 春AO	未定	未定	未定	未定	1 次：書類審査 2 次：面接

※1：対象コンテストにおいて所定の成績をおさめ、そのことを証明する書面を提出できる者は、1 次選考を免除します。

● AO 入試選考結果

（4 月入学・9 月入学、総合政策学部、環境情報学部）

年度＼人数	募集人員	出願者	受験者	合格者	入学者
2019	200	2,269	－	418	－
2020	200	2,642	－	413	－

●備考

本大学や学部をよく理解した上で「SFC で何をどう学び、何を実現したいか」の目標や構想を持って入学してくれることを期待し、希望する
※学外からの途中年次編入制度はない
※上記出願資格、出願書類、日程など、すべて概要の内容。詳細については必ず募集要項にて確認のこと

私立 共学

多摩大学（たま）

グローバルスタディーズ学部

〒252-0805 （担当：入試課）
神奈川県藤沢市円行 802
TEL 0466-83-7911 FAX 0466-83-7917
URL http://www.tama.ac.jp/

●入学時期 4月、9月

●募集学部（学科）・募集人員

グローバルスタディーズ学部 ……………………若干名

●出願資格・条件

次の 1 から 2 の条件を満たす者
1. 中等教育を修了し、以下のいずれかに該当する者。
(1) 日本国籍を有する者
(2) 外国において、学校教育における 12 年の課程を修了した者及び修了見込みの者
(3) 国際的な評価団体（WASC、CIS、ACSI）の認定を受けた外国人学校の 12 年の課程を修了した者及び修了見込みの者
(4) 国際バカロレア、アビトゥア、バカロレアなど、外国の大学入学資格の保有者
(5) 高等学校と同等と認定された在外教育施設を修了した者及び修了見込みの者
2. 次のいずれかの言語運用能力を備えていること。
①（日本語を母語としない志願者の場合）TOEIC450 以上に相当する英語能力、かつ日本語能力試験 JLPT- N3 あるいはこれと同等以上の日本語能力
②（日本語を母語とする志願者の場合）TOEIC350 以上に相当する英語能力
※ 1 本学カリキュラムでは卒業するために日本語による授業の単位を習得する必要がある
※ 2 日本語を母語としない志願者であって N3 以上等の資格をもたない者については、日本語能力を確認するため面接等の試験を行うことがある

●出願書類

・志願票・志望理由書・成績証明書※・過去 2 年以内の英語資格試験の成績証明書・卒業証明書※・推薦書※等
※高校から直接送付すること

●日程等

区分	出願	試験	発表	選抜方法
4月入学	7/20～2021.3/5	随時	随時	※
9月入学	2021. 4/1 ～7/23	随時	随時	※

※書類選考、面接（本学が指定した場合のみ 20 分程度またはインターネットによる面接を行う）

●応募状況

年度＼人数	募集人員	出願者	受験者	合格者	入学者
2020	若干名	1	1	1	1

（4 月、9 月合計）

●備考 ・総合型選抜も実施

入

私立 共学

新潟工科大学

〒945-1195 （担当：入試広報課）
新潟県柏崎市藤橋1719
TEL 0257-22-8188 FAX 0257-22-8226
フリーダイヤル 0120-8188-40
URL https://www.niit.ac.jp/

●入学時期 4月

●募集学部（学科）・募集人員

工学部……若干名

●出願資格・条件

日本国籍を有し、保護者の海外勤務等の事情により外国の学校教育を受けている者又は受けていた者で、次のいずれかに該当する者

(1) 外国において、学校教育における12年の課程（日本における通常の課程による学校教育の期間を含む）を卒業（修了）した者又は2021.3.31までに卒業（修了）見込みの者。ただし、継続して最終学年を含めて1年以上外国の高等学校教育（文部科学大臣が高等学校の課程と同等の課程を有するものとして認定した在外教育施設の当該課程を除く）を受けていること

(2) 外国において、国際バカロレア資格証書、アビトゥア資格、バカロレア資格を授与された者

※出願資格を確認するので、出願前に十分余裕を持って入試広報課に電話等により照会すること

●出願書類

・入学願書一式・卒業（修了）証明書又は同見込証明書（資格（2）に該当する者はそれぞれの資格証書等）・成績証明書（アビトゥア資格を除く資格（2）に該当する者はそれぞれの成績証明書）・海外在留証明書

●日程等

区分	出願	試験	発表	選抜方法
A日程	1/4～20	2/4	2/13	面接、口頭試問※、書類審査
B日程	2/1～10	2/22	3/1	

※数学Ⅰ・Ⅱ、コミュニケーション英語Ⅰ・Ⅱ・英語表現Ⅰの基礎について口頭により試問

●応募状況

年度＼人数	募集人員	出願者	受験者	合格者	入学者
2019	若干名	0	0	0	0
2020	若干名	0	0	0	0

入

私立 共学 寮

新潟産業大学

〒945-1393 （担当：入試・広報課）
新潟県柏崎市軽井川4730
TEL 0257-24-4901 FAX 0257-21-6050
URL http://www.nsu.ac.jp/

●入学時期 4月

●募集学部（学科）・募集人員

経済学部（経済経営学科、文化経済学科）… 各若干名

●出願資格・条件

日本国籍を有し、次の(1)～(3)のいずれかの条件を満たす者

(1) 外国の教育課程（日本における通常の課程による学校教育の期間を含む）を修了した者および2021.3.31までに修了見込みの者。ただし、12年の課程のうち、外国において最終学年を含め、2年以上継続して正規の教育制度に基づく学校教育を受けている者

(2) 外国において、12年の学校教育課程を修了した者と同等以上の学力を有すると認定される当該国の検定に合格した者

(3) 文部科学大臣の指定した者（国際バカロレア、アビトゥア資格取得者等）

●出願書類

・入学願書・学業成績証明書・卒業証書・外国において12年の学校教育課程を修了した者と同等以上の学力を有すると認定される当該国の検定に合格した者は、その成績証明書（日本語訳添付）・保護者勤務先（海外）の在職証明書、または本人が保護者と当該国に在留していたことを証明する海外在留証明書・履歴書

●日程等

出願	試験	発表	選抜方法
郵 1/5～29	2/6	2/12	小論文、口頭試問

●応募状況

年度＼人数	募集人員	出願者	受験者	合格者	入学者
2019	若干名	0	0	0	0
2020	若干名	0	0	0	0

入

私立 共学

新潟経営大学

にいがたけいえい

〒959-1321　（担当：入試広報課）
新潟県加茂市希望ヶ丘 2909-2
TEL 0256-53-3000　FAX 0256-53-4544
URL https://www.niigataum.ac.jp

●**入学時期**　4月
●**募集学部（学科）・募集人員**
経営情報学部……………………………………… 若干名
●**出願資格・条件**　日本国籍を有する者で、次のいずれかの条件を満たす者
(1) 外国において学校教育における 12 年の課程（日本における通常の課程による学校教育の期間を含む）を 2019.4.1 ～ 2021.3.31 までに卒業（修了）した者または卒業（修了）見込みの者。ただし、卒業（修了）時において最終学年を含めて 2 年以上継続して外国の学校教育（文部科学大臣により日本の高等学校の課程に相当すると指定された海外の在外教育施設の卒業（修了）は除く）を受けている者
(2) 国際バカロレア資格、アビトゥア資格、バカロレア資格のいずれかを 2019 年または 2020 年に授与された者
●**出願書類**
・入学志願票類
・卒業（修了）証明書または同見込証明書
・成績証明書
・入試検定料 33,000 円
●**日程等**

出願	試験	発表	選抜方法
2/16～3/5	3/15	3/19	成績証明書、小論文、面接

※小論文は日本語による
●**応募状況**

年度＼人数	募集人員	出願者	受験者	合格者	入学者
2019	若干名	0	0	0	0
2020	若干名	0	0	0	0

入

私立 共学 寮

敬和学園大学

けいわがくえん

〒957-8585　（担当：広報入試課）
新潟県新発田市富塚 1270
TEL 0254-26-2507　FAX 0254-26-3996
URL https://www.keiwa-c.ac.jp/

●**入学時期**　4月、9月
●**募集学部（学科）・募集人員**
人文学部（英語文化コミュニケーション学科、国際文化学科、共生社会学科）………………… 各学科若干名
●**出願資格・条件**
日本国籍を有し、次のいずれかに該当する者
(1) 外国において、学校教育の 12 年の課程（日本における通常の課程による学校教育の期間を含む）を 2019 年 4 月から 2021 年 3 月の間に卒業（修了）または卒業（修了）見込みの者。ただし、卒業時において最終学年を含め、継続して 2 年以上外国の学校教育を受けていること
(2) 外国において、外国の教育課程に基づく中・高等学校に原則として 3 年以上継続して在籍し、帰国後日本の高等学校に入学し、2020 年 4 月から 2021 年 3 月の間に卒業または卒業見込みの者で、かつ日本の高等学校在籍期間が 2 年以下の者
(3) 国際バカロレア資格、アビトゥア資格、またはバカロレア資格を 2019 年または 2020 年に取得した者で、2021 年 3 月までに満 18 歳に達する者
※上記の出願資格は保護者の海外在留に伴い外国で学校教育を受けた者に限らず、単身留学者にも適用される
※文部科学大臣が高等学校の課程と同等の課程を有するものとして認定した在外教育施設の当該課程を受けた者については、その期間を外国の学校教育を受けた期間とはみなさない
●**出願書類**
・入学願書一式・高等学校の卒業（見込）証明書・高等学校 3 年間の成績証明書・IB 資格取得者は IB ディプロマと IB 最終試験成績評価証明書・アビトゥア資格、バカロレア資格取得者は取得証明書と成績証明書・TOEFL 受験者はその成績証明書・面談申込カード・志望理由書
●**日程等**

選考プロセス	エントリー期間	面談	発表
AO 入試	9/1～3/8	随時（2 回）	面談終了後一週間前後

●**応募状況**

年度＼人数	募集人員	出願者	受験者	合格者	入学者
2019	若干名	0	0	0	0
2020	若干名	0	0	0	0

北陸大学（ほくりく）

〒920-1180　（担当：アドミッションセンター）
石川県金沢市太陽が丘 1-1
TEL 076-229-2840　FAX 076-229-1393
URL http://www.hokuriku-u.ac.jp

●入学時期　4月

●募集学部（学科）・募集人員

経済経営学部（マネジメント学科)、国際コミュニケーション学部（国際コミュニケーション学科、心理社会学科）……………………………………各若干名

●出願資格・条件

日本国籍を有し、次のいずれかに該当する者

(1) 学校教育における 12 年の課程のうち、外国において最終学年を含め 1 年半以上継続して在学し、2021 年 3 月 31 日までに卒業（修了)、または卒業（修了）見込みの者

(2) 中学校、高等学校を通じて 2 年以上継続して外国の学校の教育課程に基づく教育を受け、帰国後日本の高等学校を卒業（修了）または 2021 年 3 月までに卒業（修了）見込みの者。ただし、日本の高等学校における 2021 年 3 月までの在学期間が 1 年半を超えない者

(3) 上記と同等の資格を有する者

※海外留学は対象としません

※他大学との併願を認めます

●出願書類

・入学志願書・写真票・高等学校 3 年間の成績証明書・出身高等学校の卒業見込証明書または卒業証明書

※受験票郵送用切手　374 円分を同封してください

●日程等

出願	試験	発表	選抜方法
12/21～1/14(必着)	2/3	2/13	書類審査、小論文、面接

私立　共学　寮

山梨学院大学（やまなしがくいん）

〒400-8575　（担当：入試センター）
山梨県甲府市酒折 2-4-5
TEL 055-224-1300　FAX 055-224-1380
URL http://www.icla.jp/

●入学時期　4月、9月

●募集学部（学科）・募集人員

国際リベラルアーツ学部…4 月入学 3 名、9 月入学 1 名

●出願資格・条件

①日本の国籍を有する者または日本国の永住許可もしくは特別永住許可を得ている者で、国内外を問わず学校教育における 12 年以上の課程を修了した者もしくは 2021 年 3 月 31 日までに修了見込みの者

②以下のⅠ.～Ⅴ.のいずれかに該当する者

Ⅰ. 外国において学校教育における 12 年の課程を修了した者、または 2021 年 3 月 31 日までに修了見込みの者

Ⅱ. 高等学校と同等と認定された在外教育施設の課程を修了した者、または 2021 年 3 月 31 日までに修了見込みの者

Ⅲ. 国際バカロレア、アビトゥア、バカロレアなど、外国の大学入学資格の保有者、または 2021 年 3 月 31 日までに保有見込みの者

Ⅳ. 国際的な評価団体（WASC、CIS、ACSI）の認定を受けたインターナショナル・スクールの 12 年の課程を修了した者、または 2021 年 3 月 31 日までに修了見込みの者

③次に掲げるいずれかの英語資格等を保持している者 TOEFL(iBT) 76 点以上または IELTS 5.5 以上（有効期限のある試験においては、出願期間最終日の時点で有効なスコアであること。）TOEIC は 750(Reading & Writing) 点以上を認めます。

※ 9 月入学生用入試に関しては、上記のうち〔2021 年 3 月 31 日〕とあるものを〔2021 年 8 月 31 日〕と読み替えること。

●出願書類

出願書類は全てオンライン上の入試システムを利用し、アップロードしていただきます。

URL：https://apply.icla.ygu.ac.jp/

入学志願書、志望理由書、推薦書 2 通、最終出身学校の卒業証明書もしくは卒業見込み証明書、成績証明書、英語資格試験の公式スコア・証明書類

●日程等

区分	募集	出願期間（詳細は選抜要項で確認）
4月	3	9/1～2/19
9月	1	6/25

●応募状況

年度＼人数	募集人員	出願者	受験者	合格者	入学者
2019	4	4	4	4	3
2020	4	0	0	0	0

私立 女子

清泉女学院大学
（せいせんじょがくいん）

（担当：入試広報課）

〈上野キャンパス〉
〒381-0085 長野県長野市上野 2-120-8（人間学部）
〈長野駅東口キャンパス〉
〒380-0921 長野県長野市栗田 1038-7（看護学部）
TEL 026-295-1310 FAX 026-295-1346
URL http://www.seisen-jc.ac.jp/

●**入学時期** 4月
●**募集学部（学科）・募集人員**
人間学部（心理コミュニケーション学科・文化学科）…………若干名
看護学部（看護学科）…………若干名
※定員は両学部とも社会人入試と併せて
●**出願資格・条件** 日本国籍をもつ、2021.4.1 現在で満18歳以上の女子（看護学部は男・女）で、外国で学校教育を受け、次のいずれかに該当する者
(1) 外国において、学校教育における12年の課程（日本における通常の課程による学校教育の期間を含む）を2019年4月1日から2021年3月31日までに卒業(修了）した者または卒業（修了）見込みの者で、外国において最終の学年を含めて2年以上継続して学校教育を受けている者。ただし、外国に設置された学校であっても日本の学校教育法に準拠した教育を行っている学校に在学した者については、その期間を外国において学校教育を受けたものとみなさない
(2) 国際大学入学資格を有する者、または当該国における大学入学資格を有する者で、原則として上記(1)に準ずる者
●**出願書類**
・入学志願票一式・卒業（修了）証明書又は同見込証明書、又は入学出願資格・条件（2）の入学資格を証明するもの（例：国際バカロレア資格証明の写し等）・最終学校の成績証明書または、国際バカロレア最終試験の成績証明書、また日本国内の高等学校に在学したことがある場合は在学高等学校長の作成した成績証明書等・履歴書・志望理由書（本学所定）
●**日程等**

区分	出願	試験	発表	選抜方法
＜人間学部＞				①小論文(日本語800字60分) ②個人面接
A	11/2～17	11/22	12/1	
B	2/2～17	2/24	3/1	
＜看護学部＞				①学力検査(※1) ②個人面接
	1/6～22	2/1	2/5	

※ A：A日程、B：B日程
出願書類及び試験科目等の結果を総合判定
(※1)【必須】①国語:「国語総合」近代以降の文章を出題(古文・漢文を除く）②英語:「コミュニケーション英語Ⅰ・Ⅱ」(リスニングを除く)
【選択】①～③から1科目選択
①数学：「数学Ⅰ・数学A」②理科：「生物」③理科：「化学」
●**代替試験日程** 新型コロナウイルス感染症等の影響で上記日程に受験できない入学志願者のための日程

区分	出願	試験	発表	選抜方法
＜人間学部＞				①小論文(日本語800字60分) ②個人面接
A	12/1～16	12/19	12/23	
B	2/23～3/10	3/15	3/17	
＜看護学部＞				①小論文 ②個人面接
	2/2～17	2/24	3/1	

私立 共学

佐久大学
（さく）

（担当：入試広報課）

〒385-0022
長野県佐久市岩村田 2384
TEL 0267-68-6680 FAX 0267-68-6687
URL https://www.saku.ac.jp/

●**入学時期** 4月
●**募集学部（学科）・募集人員**
看護学部・看護学科
……………5名（社会人・留学生入試を含める）
●**出願資格・条件**
①外国において、日本の高等学校に相当する教育課程に原則として2年以上継続して在籍し、かつ2020年3月末までに通常の12年学校教育課程を卒業(修了）または卒業（修了）見込みの者。
②中・高等学校を通じ2年以上外国で教育を受け、日本の高等学校または中等教育学校を卒業または卒業見込みの者。
③文部科学大臣が高等学校の課程に相当する課程を有するものとして指定した在外教育施設の当該課程を卒業（修了）または卒業（修了）見込みの者。
④国際バカロレア資格を有する者で、2021年3月末までに満18歳に達する者。
●**出願書類**
(1)Web入学志願書
(2)受験票／写真票
(3)本人写真
(4)調査書等
(5)志願理由書
(6)返信用宛名シート
(7)出願用封筒
※詳細は募集要項(入試情報サイトよりダウンロード)
●**日程等**

出願	試験	発表	選抜方法
11/9～12/4	12/12	12/18	書類審査、小論文、個人面接、

●**応募状況**

年度＼人数	募集人員	出願者	受験者	合格者	入学者
2019	若干名	0	0	0	0
2020	若干名	1	1	1	0

私立 共学

松本大学

まつもと

（担当：入試広報室）
〒390-1295
長野県松本市新村 2095-1
TEL 0263-48-7201 FAX 0263-48-7291
URL http://www.matsumoto-u.ac.jp

●入学時期 4月

●募集学部（学科）・募集人員

総合経営学部、人間健康学部、教育学部……各若干名

●出願資格・条件

日本国籍を有する 2021.3.31 までに 18 歳に達する者で、外国で学校教育を受けたことのある者のうち次の1・2のいずれかに該当する者

1. 学校教育における 12 年の課程のうち、外国で高等学校に継続して 2 年以上在学し、2019 年 3 月～2021 年 3 月までに卒業（修了）または、卒業（修了）見込みの者
2. 日本の高等学校を 2021 年 3 月までに卒業見込みの者で、外国の中学校、高等学校にまたがって通算 3 年以上在学した者

●出願書類

・入学志願票・志願者調査票・卒業証明書または卒業見込証明書・成績証明書

※事前に web 出願が必要

※日本語・英語以外は在外または在日公館の翻訳証明を受けた日本語訳を添付

●日程等

区分	出願	試験	発表	選抜方法
A	11/30～12/8	12/13	12/21	A: 小論文、面接、書類審査 B·C: 筆記試験、面接、書類審査
B				
C				

※ A：総合経営学部、B：人間健康学部、C：教育学部

●応募状況

年度＼人数	募集人員	出願者	受験者	合格者	入学者
2019	若干名	0	0	0	0
2020	若干名	0	0	0	0

私立 共学 寮

岐阜聖徳学園大学

ぎふしょうとくがくえん

（担当：入試課）
〒500-8288
岐阜県岐阜市中鶉 1-38
TEL 058-278-0727 FAX 058-278-0730
URL http://shotoku.jp

●入学時期 4月

●募集学部（学科）・募集人員

教育学部、外国語学部、経済情報学部………各若干名

●出願資格・条件

(1) 日本国籍を有し、保護者の海外在住のために外国において、学校教育（文部科学大臣が高等学校の課程に相当する課程を有するものとして指定した在外教育施設の当該課程を除く）を受けた者、又は現在受けている者で、下記の各号のいずれかに該当する者

①外国において、学校教育における 12 年の課程を 2020 年 4 月 1 日から 2021 年 3 月 31 日までに卒業（修了）した者及び卒業（修了）見込みの者、又はこれに準ずる者で文部科学大臣の指定した者、なお、12 年の課程には日本における通常の課程による学校教育の期間も含まれるが、外国において最終学年を含めて 2 年以上継続して学校教育を受けていることを必要とする。ただし、外国に設置されたものであっても、日本の学校教育法に準拠した教育を施している学校に在学した者については、その期間を外国において学校教育を受けたものとみなさない

②外国において、スイス民法典に基づく財団法人国際バカロレア事務局から国際バカロレアの資格証明書を 2019 年及び 2020 年に授与された者で、2021.4.1 までに 18 歳に達する者

(2) 本学の出願審査を受け、許可された者

※出願にあたって、資格審査が必要となります。8/24 ～ 9/25 の期間内に入試課まで問い合わせてください。

●出願書類

・入学願書（本学所定用紙）・最終学校の成績証明書（在籍高等学校に日本の高等学校が含まれる場合は調査書も提出）・最終学校の卒業（見込）証明書・IB 資格証明書および最終試験成績評価証明書（該当者）・海外在留証明書・健康診断書

●日程等

区分	出願	試験	発表	選抜方法
A	11/2～11	11/21	12/1	自己推薦方式に準じた筆記試験、個人面接（日本語）、書類審査
B	11/23～12/4	12/12	12/17	小論文（日本語）、個人面接（日本語）、書類審査

※ A：教育学部、B：外国語学部・経済情報学部

●応募状況

年度＼人数	募集人員	出願者	受験者	合格者	入学者
2019	若干名	0	0	0	0
2020	若干名	0	0	0	0

私立 共学 寮

東海学院大学

〒504-8511 （担当：入試広報部）
岐阜県各務原市那加桐野町 5-68
TEL 058-389-2200 FAX 058-389-2210
URL http://www.tokaigakuin-u.ac.jp/

●**入学時期** 4月

●**募集学部（学科）・募集人員**

人間関係学部（心理学科、子ども発達学科）
健康福祉学部（総合福祉学科、管理栄養学科）
……………………………各若干名

●**出願資格・条件**

次のいずれかに該当する者で、日本国籍を有し、保護者の海外在留等により外国の学校教育を受けた者で、2021年3月31日までに18歳に達する者

(1) 外国の正規の学校教育における12年の課程（日本における通常の課程による学校教育の期間を含む）を2019年4月から2021年3月31日までに卒業（修了）した者または卒業（修了）見込みの者で、12年の課程のうち、外国において最終学年を含めて2年以上継続して正規の学校教育を受けている者
(2) 日本の高等学校を2018年4月から2021年3月31日までに卒業または卒業見込みの者で、2年以上継続して外国の正規の学校教育制度に基づく中学校高等学校教育（7年以上に相当する課程）を受けた者
(3) 国際バカロレア機構による大学入学資格として認められている国際バカロレア資格を取得した者
(4) ドイツ連邦共和民の各州によるアビトゥア資格、フランス共和国によるバカロレア資格等大学入学資格として認められている資格を有する者

※外国に設置された学校であっても、日本の学校教育法に準拠した教育を施している学校に在学したものについての当該期間は、外国において教育を受けたものとみなさない

●**出願書類** ・志願書一式（本学所定）・出身学校の調査書、成績証明書、卒業証明書または卒業見込み証明書（またはそれに準ずるもの）・保護者の海外在留証明書・履歴書・入学希望理由書

●**日程等**

区分	出願	試験	発表	選抜方法
前期	11/2～12	11/21	12/1	入学希望理由書、面接
後期	3/1～10 必着	3/18	3/23	

※出願書類による書類審査および上記の試験結果を総合評価して選考

●**応募状況**

年度＼人数	募集人員	出願者	受験者	合格者	入学者
2020	若干名	0	0	0	0

私立 共学

朝日大学

〒501-0296 （担当：入試広報課）
岐阜県瑞穂市穂積 1851
TEL 058-329-1088 FAX 058-329-1089
URL https://www.asahi-u.ac.jp/

●**入学時期** 4月

●**募集学部（学科）・募集人員**

法学部（法学科）、経営学部（経営学科）、保健医療学部（健康スポーツ科学科・看護学科）歯学部（歯学科）、
……………………………各若干名

●**出願資格・条件** 日本国籍を有し、保護者の海外勤務等により外国の学校教育を受けている者で、次の各項のいずれかに該当する者

(1) 外国において原則として2年以上継続して正規の教育制度に基づく学校教育を受け、日本の高等学校の第2学年または第3学年に編入を認められた者で、2021年3月卒業見込みの者。ただし、日本の高等学校の在籍期間が2年以内の者
(2) 外国において最終学年を含め、原則2年以上継続して正規の教育制度に基づく学校教育を受け、外国の学校教育における12年の課程（日本の通常課程による学校教育期間を含む）を2019年4月1日～2021年3月31日までに修了（見込み）の者
(3) 国際バカロレア資格を有する者（2019年又は2020年に取得した者）で、2021年4月1日現在18歳以上の者

●**出願書類**

・海外在学校からの推薦書・出願確認票・写真票・志望理由書・就学記録・外国の高等学校を修了および修了見込み者は修了証明書または同見込証明書・外国において在学した高等学校の全期間の成績証明書・IB資格取得者はIB資格証書の写しおよびIB最終試験6科目の成績証明書・日本の高等学校に在学したことがある場合または在学中の場合は調査書・海外在留証明書

●**日程等**

学部	出願	試験	発表	選抜方法
法 経営 保健医療 （健康スポーツ科学・看護）	11/2～12 （出願書類必着）	12/19	12/24	英語（コミュニケーション英語Ⅰ）、国語（国語総合：古文・漢文除く）、面接、書類審査
歯				小論文、英語（コミュニケーション英語Ⅰ）、理科（物理基礎、化学基礎、生物基礎から1科目選択）、面接、書類審査

●**応募状況**

年度＼人数	募集人員	出願者	受験者	合格者	入学者
2019	若干名	0	0	0	0
2020	若干名	0	0	0	0

●**備考** 入試の詳細は必ず入試広報課へ確認のこと

常葉（とこは）大学

（担当：入学センター）
〒422-8581
静岡県静岡市駿河区弥生町6-1
TEL 054-263-1126 FAX 054-261-2313
URL https://info.tokoha-u.ac.jp

●入学時期 4月

●募集学部（学科）・募集人員

教育学部（初等教育課程、生涯学習学科、心理教育学科）、外国語学部（英米語学科、グローバルコミュニケーション学科）、経営学部（経営学科）、社会環境学部（社会環境学科）、法学部（法律学科）、健康プロデュース学部（こども健康学科、心身マネジメント学科、健康鍼灸学科） …………………………… 各学科若干名

●出願資格・条件

日本国籍を有し、保護者の海外勤務等の事情により外国の学校教育を受けている者で、以下のいずれかに該当する者

(1) 外国及び日本の正規の学校教育における12年の課程を2019.4.1～2021.3.31までに卒業（修了）した者又は卒業（修了）見込みの者。ただし、12年の課程の最終4か年のうち外国において2年以上継続して正規の教育制度に基づく学校教育を受けていること

(2) 国際バカロレア、アビトゥア、バカロレア・GCE Aレベルなど資格証書を2019年又は2020年に授与された者

●出願書類 推薦・特別入学試験要項参照

●日程等

出願	試験	発表	選抜方法
10/19～30	11/15	11/27	※
2/8～22	3/9	3/18	

※小論文及び面接（外国語学部英米語学科は英問英答含む、教育学部初等教育課程において音楽実技を選択した場合は面接点に加点あり）

●応募状況

年度＼人数	募集人員	出願者	受験者	合格者	入学者
2019	若干名	0	0	0	0
2020	若干名	0	0	0	0

●備考

静岡草薙キャンパス…教育学部、外国語学部、経営学部、社会環境学部
静岡水落キャンパス…法学部
浜松キャンパス…経営学部、健康プロデュース学部
※経営学部は2キャンパス制のため、静岡草薙キャンパスと浜松キャンパスのどちらかを選べます。

私立 共学

愛知（あいち）大学

（担当：企画部入試課）
〒461-8641
愛知県名古屋市東区筒井2-10-31
TEL 052-937-8113 FAX 052-937-8154
URL http://www.aichi-u.ac.jp/nyushi/

●入学時期 4月

●募集学部（学科）・募集人員

法学部（法学科）、経済学部（経済学科）、経営学部（経営学科、会計ファイナンス学科）、現代中国学部（現代中国学科）、国際コミュニケーション学部（英語学科、国際教養学科）、文学部（歴史地理学科※、日本語日本文学科※、人文社会学科、心理学科）、地域政策学部（地域政策学科） ………………………… 各若干名
※2021年4月新設

●出願資格・条件

［全学部共通］出願時において日本国籍を有する者または日本での永住者資格をもつ外国人及びそれに準ずる者（出入国管理及び難民認定法に定める）で、国内外を問わず学校教育における12年以上の課程を修了（見込み含む）の者

［法学部・経済学部・経営学部・文学部・地域政策学部］外国の教育課程に基づく学校で教育を受け、その学校に2年以上継続して在学した者で、外国の高等学校を2019.4.1から2021.3.31までに卒業（修了）した者または卒業（修了）見込みの者、もしくは現在日本国内の高校（中等教育学校）に在籍し過去に外国の教育課程に基づく学校で教育を受け、その学校に2年以上（見込み含む）継続して在学し、出願時において帰国後6年以内の者で2021.3に卒業見込みの者。または、これらと同等以上の資格があると本学が認めた者

［現代中国学部］次の(1)～(5)いずれかの項目に該当する者

(1) 外国の高校に最終学年を含み2年以上継続して在学し、外国の高校を2019.4.1から2021.3.31までに卒業・修了（見込）の者
(2) 外国の高校に2年以上継続して在学し、日本の高校（中等教育学校）を2019.4.1から2021.3.31までに卒業（見込）の者
(3) 通算3年以上または2年以上継続して外国の教育課程に基づく学校で教育を受け、帰国後日本の高校（中等教育学校）での在籍期間が3年以内で、2019.4.1から2021.3.31までに卒業（見込）の者。なお留学のための休学または留年は在籍期間から除く
(4) 国際バカロレア資格を2019.4.1から2021.3.31までに取得（見込）の者
(5) 上記(1)～(4)と同等以上の資格があると本学が認めた者

※外国の高校には、文部科学大臣が高校の課程と同等の課程または相当する課程を有するものとして、認定または指定した在外教育施設を含む

［国際コミュニケーション学部］現在、日本国内の高校（中等教育学校）に在籍し、2021.3に卒業見込みであり、過去に保護者の海外勤務等で外国の教育課程に基づく学校で教育を受け、その学校に2年以上継続して在学し、出願時において帰国後6年以内の者。または、これらと同等以上の資格があると本学が認めた者

●出願書類 ・入学志願票（出願確認票）・志望理由書・身上書・高等学校等全期間の成績証明書・在籍証明書・出身学校長等推薦書（国際コミュニケーション学部）・卒業証明書等（法、経済、経営、現代中国、文学部、地域政策学部）・そのほか本学が必要と認めた書類

●日程等

出願	試験	発表	選抜方法
郵送 9/23～10/5 必着	10/18	11/1	出願書類、小論文、面接※

※法・経済・経営・文・地域：日本語、現代中国：日本語と外国語（英語または中国語）、国際：日本語と外国語（英語）

●応募状況

年度＼人数	募集人員	出願者	受験者	合格者	入学者
2019	若干名	10	10	5	3
2020	若干名	10	8	5	1

入

私立 女子

金城学院大学

(きん じょう がく いん)

〒463-8521　(担当：入試広報部)
愛知県名古屋市守山区大森 2-1723
TEL 0120-331-791　FAX 052-798-4473
URL http://www.kinjo-gakuin.net

●入学時期　4月

●募集学部（学科）・募集人員

文学部、生活環境学部、国際情報学部、人間科学部
……………………各若干名

●出願資格・条件　保護者の海外在留という事情等で外国の教育を受けた日本国籍を有する女子、または日本国の永住許可を得ている女子で、次のいずれかに該当する者（入学予定年度の4月1日現在）

(1) 外国で国際バカロレア資格、アビトゥア資格、バカロレア資格、またはGCEA資格を取得した者
(2) 学校教育における12年の課程修了者、または修了見込者で、12年の課程のうち通算9年以上外国で外国における教育を受け、帰国後3年以内（ただし日本の小・中・高校在学期間通算3年以内）の者
(3) 学校教育12年の課程修了者、または修了見込者で、日本の高校に相当する期間に外国で通算2年以上外国における教育を受け、帰国後2年以内（ただし日本の高校在学期間1年以内）の者
(4) 学校教育12年の課程修了者、または修了見込者で、日本の中・高校に相当する期間に高校の期間を含め継続3年以上か通算4年以上外国で外国における教育を受け、帰国後2年以内（ただし日本の高校在学期間2年以内）の者

※外国に設置された学校であっても、日本の学校教育法に準拠した教育を施している学校に在学した者についての当該期間は、外国における教育を受けたものとはみなさない

●出願書類　(1) 入学願書 (2) 受験票・写真票 (3) 履歴書 (4) 出願資格を証明する書類（在学証明書・卒業証明書等または任意の出願経過説明書）(5) 海外在留証明書 (6) 最終学校に係わる成績証明書（国際バカロレア資格取得者については、国際バカロレア資格証書の写しおよびIB最終試験の成績証明書・アビトゥア資格取得者は一般的大学入学資格証明書の写し・バカロレア資格者は資格証書の写しおよび成績証明書・GCEA資格取得者については、成績評価証明書の写し※ただし、国内の高等学校に在学したことがある場合は、在学高等学校長の作成した調査書を同時提出のこと）(7) 志望理由書 (8) その他、各国の国家統一試験を受験した者は、当該統一試験の成績証明書を参考資料として提出 (9) 音楽実技カード（文学部音楽芸術学科受験者）(10) 入学検定料払込受付証明書貼付票〔2021年度入学試験要項・願書参照〕

●日程等

出願	試験	発表	選抜方法
10/13～21	11/7	11/13	小論文、面接

※国際情報学部は面接のみ
※音楽芸術学科は音楽実技と面接

●応募状況

年度＼人数	募集人員	出願者	受験者	合格者	入学者
2019	若干名	3	2	2	2
2020	若干名	1	1	0	0

入

私立 共学

中京大学

(ちゅう きょう)

〒466-8666　(担当：入試センター)
愛知県名古屋市昭和区八事本町 101-2
TEL 052-835-7170　FAX 052-835-7171
URL https://nc.chukyo-u.ac.jp

●入学時期　4月

●募集学部（学科）・募集人員

国際学部、心理学部、法学部、経済学部、経営学部、総合政策学部、現代社会学部、工学部、スポーツ科学部
……………………各若干名

●出願資格・条件

1. 次の条件をすべて満たしていること
(1) 1998.4.2から2003.4.1の間に生まれた者。
(2) 日本国籍を有する者。
(3) 2021.3.31までに、日本国内外を問わず、学校教育における12年以上の課程を修了した者（見込みも含む）。
(4) 日本語による講義を理解する能力を有する者（国際学部国際学科GLS専攻を除く）。
(5) 国際学部に出願する者は、以下の英語資格・検定試験のスコアを有する者もしくは2020年内に有する見込みがある者※。
GLS専攻：CEFR B2以上
それ以外の専攻：CEFR B1以上

※資格･検定試験のスコアについての詳細は、入試要項を参照。

2. 上記1に加え、次のいずれかの条件を満たしていること
(1) 外国の教育課程に基づく高等学校に継続して1年以上在学し、2021年3月までに通常の課程による12年に相当する学校教育を修了見込みの者、または修了して2年以内の者。
(2) 帰国後、日本の高等学校に在学し、2021年3月卒業見込みの者または卒業して2年以内の者で、中学校においては2年以上または高等学校においては1年以上継続して外国の教育課程に基づく教育を受けた者。
(3) 帰国後、日本の高等学校に在学し、2021年3月卒業見込みの者で通算6年以上または継続して4年以上外国の教育課程に基づく教育を受け、帰国後の在籍期間が3年以内の者。
(4) スイス民法典に基づく財団法人である国際バカロレア事務局が授与する国際バカロレア資格を有する者。
(5) 文部科学省が高等学校の課程に相当する課程を有するものとして指定もしくは認定した在外教育施設の当該課程を2021年3月卒業見込みの者または卒業して2年以内の者。

●出願書類　・志願票・志願書・志願理由書・調査書（卒業証明書、成績証明書等）・在籍証明書など。
※上記内容の詳細は必ず入試要項を確認してください。

●日程等

区分	出願	試験	発表	選抜方法
前期	9/24～10/2 消印有効	10/24 ※1	11/2	筆記試験、面接 ※2
後期	1/5～8 消印有効	2/9	2/19	筆記試験、面接 ※2

※1　国際学部については10/25が試験日となります。
※2　選抜方法は学部・学科により異なる。
詳細は入試要項を参照してください。

●応募状況

年度＼人数	募集人員	出願者	受験者	合格者	入学者
2019	若干名	30	28	16	8
2020	若干名	26	25	9	3

私立 共学

同朋大学（どうほう）

（担当：入試・広報センター）
〒453-8540
愛知県名古屋市中村区稲葉地町 7-1
TEL 052-411-1247 FAX 052-411-4124
URL http://www.doho.ac.jp/

●入学時期 4月

●募集学部（学科）・募集人員

社会福祉学部（社会福祉学科社会福祉専攻、子ども学専攻）、文学部（仏教学科、人文学科） ……各若干名

●出願資格・条件

(1) 海外において学校教育 12 年の課程（日本における通常の課程による学校教育期間を含む）を修了した者および卒業（修了）見込みの者。ただし外国で最終学年を含め 2 年以上継続して学校教育を受け、また国内外の高校卒業後 2 年未満（2021 年 4 月 1 日現在）の者
(2) 上記（1）に準じ文部科学大臣が指定した者
(3) 文部科学大臣が、高校の課程と同等の課程を有するものとして認定した在外教育施設の当該課程修了者
(4) 国際バカロレア資格、アビトゥア資格、バカロレア資格のいずれかを有し 2021 年 4 月 1 日までに 18 歳に達する者

●出願書類

・入学志願書・志望理由書・推薦書・高校卒業証明書・成績証明書（または受験資格を有することを証明する書類）

●日程等

区分	出願	試験	発表	選抜方法
1期	11/2～10（窓口 11/12）	11/21	12/1	小論文、英語、面接
2期	1/5～22（窓口 1/25）	2/6	2/12	

●応募状況

年度＼人数	募集人員	出願者	受験者	合格者	入学者
2019	若干名	0	0	0	0
2020	若干名	0	0	0	0

私立 共学

名古屋学院大学（なごやがくいん）

（担当：入学センター）
〒456-8612
愛知県名古屋市熱田区熱田西町 1-25
TEL 052-678-4088 FAX 052-682-6827
URL https://www.ngu.jp/

●入学時期 4月

●募集学部（学科）・募集人員

経済学部（経済学科）、現代社会学部（現代社会学科）、商学部（商学科、経営情報学科）、法学部（法学科）、外国語学部（英米語学科）、国際文化学部（国際文化学科）、スポーツ健康学部（スポーツ健康学科、こどもスポーツ教育学科） ……………………各若干名

●出願資格・条件

日本国籍を有し、外国における学校教育を受け、2021 年 4 月 1 日の時点で満 18 歳以上の者で、次のいずれかに該当する者。
ただし、日本語による講義を理解できる程度の能力を有すること。
(1) 外国の高等学校に 2 年以上在学し、2021 年 3 月までに通常の課程による 12 年の学校教育を修了見込みの者または修了して 1 年以下の者。
(2) 日本の高等学校または中等教育学校に在籍し、2021 年 3 月卒業見込みの者で、次のいずれかに該当する者。
①中学校・高等学校または中等教育学校を通じて 2 年以上継続して外国で教育を受け、帰国後の在籍期間が 1 年以下の者。
②通算 6 年以上外国で教育を受け、帰国後の在籍期間が 1 年以下の者。
(3) 国際バカロレア資格、およびバカロレア資格（フランス共和国）を有する者。
(4) ドイツ連邦共和国の各州において大学入学資格として認められているアビトゥア資格を有する者。

●出願書類

・入学志願票・最終出身学校の卒業（見込）証明書・外国の中等教育機関に在学した全期間の成績証明書・国際バカロレア資格、バカロレア資格（フランス共和国）、アビトゥア資格取得者は資格証明書（写）および最終試験の成績証明書・志望理由書・活動報告書

●日程等

出願	試験	発表	選抜方法
1/4～19	2/5	2/19	日本語による小論文、英語、面接、書類審査

●応募状況

年度＼人数	募集人員	出願者	受験者	合格者	入学者
2019	若干名	0	0	0	0
2020	若干名	4	4	0	0

入

私立 女子 寮

名古屋女子大学

〒467-8610 (担当：入試広報課)
愛知県名古屋市瑞穂区汐路町 3-40
TEL 0120-758-206 FAX 052-852-9769
URL https://www.nyusi.nagoya-wu.ac.jp/

●入学時期 4月

●募集学部（学科）・募集人員

健康科学部（健康栄養学科・看護学科・リハビリテーション学科※）、家政学部（生活環境学科）、文学部（児童教育学科）……………………………………各若干名

※ 2022年4月 設置構想中

記載内容は予定であり、変更する場合があります。

●出願資格・条件

日本国籍を有し、保護者の海外勤務に伴い外国に居住し、外国の学校教育を受けている者、または自己の意思で外国の高等学校に留学している者で、次の要件に該当する女子

(1) 外国および日本の正規の学校教育における12年の課程を2020.4.1から2021.3.31までに卒業（修了）した者、または卒業（修了）見込みの者、または本学がこれに準ずると認めた者

(2) 上記12年の課程の最終4か年のうち外国において2年以上継続して正規の学校制度に基づく学校教育を受けている者

●出願書類

・入学志願票一式・出願申請書・成績証明書（高等学校全学年）および卒業証明書（卒業見込証明書）・履歴書

●日程等

区分	出願 ※1	試験	発表※2	選抜方法※3
Ⅰ期	10/19～27 消 ～28 窓	11/7	11/17	小論文、面接、出願申請書、書類審査
Ⅱ期	2/15～22 消 ～24 窓	3/3	3/15	

※1 消＝消印有効
　　窓＝入試広報課窓口のみ受付可（17時まで）

※2 Ⅱ期は合格通知発送日

※3 健康科学部は基礎学力検査（Ⅰ期：化学基礎 Ⅱ期：生物基礎）も実施

●応募状況

年度＼人数	募集人員	出願者	受験者	合格者	入学者
2019	若干名	2	2	1	1
2020	若干名	0	0	0	0

●その他

特別選抜では、受験希望者に対して、出願資格確認のため事前面談を実施します。詳細については、入試広報課にお問い合わせください。
(フリーダイヤル 0120-758-206)

入 編

私立 共学 寮

南山大学

〒466-8673 (担当：入試課)
愛知県名古屋市昭和区山里町 18
TEL 052-832-3119 FAX 052-832-3592
URL https://www.nanzan-u.ac.jp/

●入学時期 4月

●募集学部（学科）・募集人員

人文学部、外国語学部、経済学部、経営学部、法学部、総合政策学部、理工学部、国際教養学部……………………各学科若干名

●出願資格・条件

日本の国籍を有する者（「永住者」の在留資格を有する者および「特別永住者」を含む）で、次のいずれかに該当する者
〈2021年度入試の場合〉

(1) 2021.3.31までに国内外問わず、学校教育における12年の課程を修了（見込）またはこれに準ずる者で次のいずれか

①外国の中等教育機関に最終学年を含み継続して2学年以上在学し、2018.4.1から2021.3.31までに卒業（見込）の者

②外国の中等教育機関に最終学年を含み継続して2学年以上在学し、学校教育における12年の課程修了相当の学力認定試験に合格した者で、2021.3.31までに18歳に達する者。ただし、当該外国の検定の合格日が2018.4.1以降の者

③外国の中等教育機関に最終学年を含み継続して2学年以上在学し、2018.4.1から2021.3.31までに11年以上の課程を修了したとされるものであること等の要件を満たす高等学校に対応する学校の課程（文部科学大臣指定）を修了（見込）の者 ※この要件に該当する場合は必ず事前に入試課へ問い合わせてください。

④外国の中等教育機関に継続して2学年以上在学し、帰国後、日本の高等学校に編入し、2021.3.31までに卒業（見込）の者。ただし、外国の中等教育機関の最終在籍日が2018.4.1以降の者

⑤外国において正規の教育制度に基づく教育を受け、帰国生徒を対象とした入学試験を経て日本の高等学校に在学し、2021.3.31までに卒業見込みの者で、在籍高等学校長より帰国生徒の認定を受けた者

⑥文部科学省が高等学校の課程に相当する課程を有するものとして指定もしくは認定した在外教育施設の当該課程を2018.4.1から2021.3.31までに卒業（見込）の者

(2) 国際バカロレア資格（外国において取得）、アビトゥア資格、バカロレア資格、GCEAレベル（2科目以上合格）のいずれかを有する者

※詳細は要項参照

●出願書類 ・志願票・写真票・入学検定料確認書・志願者調書・志望理由書・高校の卒業（見込）証明書・高校全期間の学業成績証明書・外国の中等教育機関の在籍証明書・外国在留期間を証明するもの（保護者の海外赴任の場合のみ）

※その他は入試要項をご確認ください。

●日程等

出願	試験	発表	選抜方法
9/8～14	10/24	11/2	筆記試験（現代国語・英語）、面接

※理工学部はほかに数学も必須。外国語学部は希望者のみその他の外国語科目も受験可。詳細は要項参照

※出願時点でTOEFL iBT、IELTS、TEAPのいずれかの英語の資格・検定試験スコア等を保持し、基準スコアを満たしている場合は英語の試験の得点を満点と換算し、合否判定を行う。

●応募状況

年度＼人数	募集人員	出願者	受験者	合格者	入学者
2019	若干名	26	23	9	5
2020	若干名	12	11	5	1

●備考 編入学試験を同日程で実施（2・3年次）。詳細は要項参照

入

私立　共学

名城大学
（めいじょう）

〒468-8502　（担当：入学センター）
愛知県名古屋市天白区塩釜口一丁目501番地
TEL 052-832-1151(代)　FAX 052-834-1753
URL https://www.meijo-u.ac.jp/

●入学時期　4月

●募集学部（学科）・募集人員

経営学部（経営学科・国際経営学科）…………若干名
外国語学部（国際英語学科）……………………若干名

●出願資格・条件

次の(1)から(3)を満たし、出願資格の確認を得た者。

(1) 日本の国籍を有する者、または日本に永住する外国人で出入国管理および難民認定法に定める「永住者」の在留資格を有する者で、学校教育における12年以上の課程を修了した者および修了見込みの者
(2) 日本もしくは外国の高等学校を2021年3月卒業見込みの者、または2021年3月31日時点で外国の高等学校を卒業後1年未満の者
(3) 中学校・高等学校を通じて1年以上または1学年以上継続して外国で教育を受けた者

※この試験は専願。事前審査として出願資格確認手続きを要し、出願資格が確認された者が出願できる

●出願資格確認

出願者は出願前に募集要項に定める書類を出願資格確認受付期間内に入学センターに郵送（封筒は任意）し、出願資格の確認を受けなければならない。なお、この出願資格確認の手続きをするときの確認料は無料

●日程等

出願	試験	発表	選抜方法
11/1～11 窓11/12のみ	11/29	12/11	小論文、面接

※出願資格確認期間：9/18 ～ 9/25
※選抜方法の小論文は、日本語の論述力と英語力を問う内容

●応募状況

年度＼人数	募集人員	出願者	受験者	合格者
2019	若干名	8	7	4
2020	若干名	4	3	0

※不明な点は入学センターまで問い合わせのこと

●備考

※新型コロナウイルス感染症の影響で入学試験に変更がある可能性があります。その場合は、本学ホームページ内の「入試情報サイト Meijo Navi」にてその旨おしらせします。

入

私立　共学　寮

名古屋文理大学
（なごやぶんり）

〒492-8520　（担当：入試広報課）
愛知県稲沢市稲沢町前田365
TEL 0587-23-2400　FAX 0587-23-2461
URL http://www.nagoya-bunri.ac.jp/

●入学時期　4月

●募集学部（学科）・募集人員

健康生活学部（フードビジネス学科）…………若干名
情報メディア学部（情報メディア学科）………若干名

●出願資格・条件

日本国籍を有し、外国における学校教育を受け、講義が理解できる程度の日本語の能力を有する者で、次のいずれかに該当する者

(1) 外国の高等学校に2年以上在学し、2021年3月までに通常の課程による12年の学校教育を修了見込みの者、または修了して2年以内の者
(2) 日本の高等学校（中等教育学校の後期課程を含む。以下同じ）を卒業、または2021年3月卒業見込みの者で、中学校・高等学校を通じて2年以上外国で教育を受け、帰国後2年以内の者

●出願書類

・入学願書等・志望理由書・日本国籍を証明するもの（例：パスポートの写し）・出身高等学校調査書または入学資格にかかわる学校の卒業（見込）証明書と成績証明書・入学調書

●日程等

出願	試験	発表	選抜方法
9/23～10/1	10/10	10/21	面接、書類審査

●応募状況

年度＼人数	募集人員	出願者	受験者	合格者	入学者
2019	若干名	1	1	1	0
2020	若干名	1	1	1	1

中部大学

ちゅうぶ

〒487-8501　(担当：入学センター事務部入試事務課)
愛知県春日井市松本町 1200
TEL 0568-51-4715　FAX 0568-52-1156
URL https://www.chubu.ac.jp/

●**入学時期**　4月

●**募集学部（学科）・募集人員**

工学部、経営情報学部、国際関係学部、人文学部、応用生物学部、生命健康科学部、現代教育学部……各若干名

●**出願資格・条件**

日本国籍を有し、保護者の海外在留のため外国で2年以上継続して学び入学時に満18歳に達した者で、次のいずれかに該当する者。ただし、国際関係学部では出願時に日本国籍を有する者、入管法による「永住者」の在留資格をもつ者、または入管特例法による「特別永住者」で、外国で2年以上継続して学び入学時に満18歳に達し、次のいずれかに該当する者（保護者の海外在留は問わない）

(1) 入学時に帰国後2年未満の者で、国の内外を問わず通常の課程による学校教育12年以上を修了した者および2021.3.31までに修了見込みの者
(2) 国際バカロレア資格取得者で、前号(1)に準ずる者
(3) その他文部科学省令の定めるところにより、前各号(1)(2)に準ずる者

※①高等学校の課程と同等の課程を有する在外教育施設の当該課程で学んだ者の出願資格は認める
②成績優秀等で、通常の学校教育12年の課程を「飛び級」や「繰り上げ卒業」により12年に満たずして卒業した者についても出願資格を認める
③「保護者の海外在留」は本人と保護者の在留期間が1年以上で認める（国際関係学部を除く）
④出願資格等の相談は、出願に先立って出願開始日の2週間前までに入学センターへ問い合わせること

●**出願書類**

・入学志願票・写真票・出身高校の卒業（見込）証明書・高校全期間の学業成績証明書（IB資格取得者は資格証書の写しと最終試験の成績評価証明書）・外国で2年以上継続して教育を受けたことを証明する書類・保護者の海外在留証明書（国際関係学部は不要）

※国家試験等の統一試験のある国では、当該試験を受験していることが望ましい。その場合は成績評価証明書と統一試験制度の公式資料等を提出

●**日程等**

区分	出願	試験	発表	選抜方法
A	9/1～9	10/11	10/15	書類審査、面接 + 〈国際関係〉プレゼンテーション 〈他〉小テスト※、小論文
B	12/1～9	2/5	2/17	

A：10月試験、B：2月試験

※出願：窓口受付は出願締切日翌日の9:30～15:00

※小テスト：工学部は数学、その他の学部は英語

●**応募状況**

年度＼人数	募集人員	出願者	受験者	合格者	入学者
2019	若干名	6	6	6	3
2020	若干名	6	4	2	1

私立　共学

名古屋造形大学

なごやぞうけい

〒485-8563　(担当：入試・広報センター)
愛知県小牧市大草年上坂 6004
TEL 0120-977-980　FAX 0568-79-1070
URL http://www.nzu.ac.jp

●**入学時期**　4月

●**募集学部（学科）・募集人員**

造形学部……………………………………………若干名

●**出願資格・条件**

日本国籍を有する者、日本国の永住許可を得ている者で、外国の学校教育を受けている者のうち、次のいずれかに該当する者

(1) 外国の高等学校を卒業（見込み）の者：国の内外を問わず通常の課程による12年以上の学校教育を修め、海外において外国の教育課程に基づく正規の中等教育機関に最終学年を含めて2年以上継続して在学し、卒業して2年以内の者・2021年3月末までに卒業見込みの者。ただし、日本の高等学校における在学期間が1年半未満の者
(2) 帰国後、日本の高等学校もしくは中等教育学校を卒業見込みの者：出願時、当該年度の卒業見込みの者で、国外において外国の教育課程に基づく正規の中等教育機関に2年以上継続して在学し、かつ日本の高等学校における在学期間が1年半未満の者

●**出願書類**

・チェックリスト・誓約書・志願票/受験票・志望理由書・写真・卒業〈見込〉証明書（原本）・成績証明書（原本）・履歴書・パスポートのコピー・海外在留証明書・成績評価証明書

●**日程等**

区分	出願期間	試験	発表
総合型選抜①	9/1～8	9/19・20	9/23
総合型選抜②	11/1～6	11/14	12/1
総合型選抜③	11/1～10	11/21	12/1
一般選抜（前期）	2021.1/5～15	2/4	2/11
一般選抜（後期）	2021.3/1～12	3/24	3/24

※総合型選抜①：専願
　総合型選抜②：併願、学外
　総合型選抜③：併願、学内
※実技試験は、コースにより異なる

●**応募状況**

年度＼人数	募集人員	出願者	受験者	合格者	入学者
2019	若干名	2	2	1	0
2020	若干名	0	0	0	0

私立 女子

桜花学園大学

〒470-1193 （担当：入試広報課）
愛知県豊明市栄町武侍 48
TEL 0562-97-6311 FAX 0562-97-6959
URL https://www.ohka.ac.jp

●入学時期 4月

●募集学部（学科）・募集人員

保育学部（保育学科・国際教養こども学科）、学芸学部（英語学科） ……………………………………各若干名

●出願資格・条件

女子であって、日本国籍を有する者または日本に永住する外国人（在留資格が「出入国管理および難民認定法」に定めるところの「永住者」およびこれに準ずると本学が認めた者）で、保護者の海外在留または出願者の留学により外国に居住し、大学教育を受けるのに十分な日本語の能力を有する者で、次のいずれかの条件を満たしている者

(1) 外国において、学校教育における 12 年の課程を修了した者、および 2021 年 3 月修了見込みの者またはこれに準ずる者で文部科学大臣の指定したもの
(2) スイス民法典に基づく財団法人である国際バカロレア事務局から国際バカロレア資格証書を授与された者で 18 歳に達した者
(3) 外国において、2 年以上継続して正規の教育制度に基づく学校教育を受け、日本の高等学校の第 2 学年または第 3 学年に編入学を認められた者で、2021 年 3 月卒業見込みの者
(4) 外国の高等学校に卒業年次を含む 3 か年のうち 2 年以上継続して在籍した者で、帰国後 2 年未満の者

●出願書類

・写真票・志願票・調査書・卒業（見込み）証明書・志望調査書

●日程等

出願	試験	発表	選抜方法
10/27～11/4	11/29	12/8	※

※保育学部：書類審査、小論文、面接
　学芸学部：書類審査、小論文（英語と日本語）、面接（英語と日本語）

●応募状況

年度＼人数	募集人員	出願者	受験者	合格者	入学者
2019	若干名	0	0	0	非公表
2020	若干名	1	1	1	非公表

私立 共学 寮

愛知工業大学

〒470-0392 （担当：入試センター）
愛知県豊田市八草町八千草 1247
TEL 0565-48-5011 FAX 0565-48-0024
URL https://www.ait.ac.jp/

●入学時期 4月

●募集学部（学科）・募集人員

工学部、経営学部、情報科学部………………各若干名

●出願資格・条件

日本国籍を有し、保護者の海外勤務等の事情により外国の学校教育を受けた者で、次のいずれかに該当する者

(1) 外国の中等教育施設に 2 年以上在学し 2021 年 3 月までに通常の課程による 12 年の学校教育を修了見込みの者
(2) 外国の中等教育施設に 2 年以上在学し通常の課程による 12 年の学校教育を修了して 2 年以内の者
(3) 外国において、通常の学校教育 12 年の課程修了と同等またはそれ以上の学力があると認められた者で、帰国後 2 年以内の者
(4) 日本の高等学校に在学し 2021 年 3 月に卒業見込みの者で、外国の中等教育施設で 2 年以上継続して教育を受け、帰国後の在籍期間が 2 年以内の者

●出願書類

・入学志願票・日本の高等学校もしくは中等教育施設の卒業（見込）証明書・中等教育施設全期間の学業成績証明書・在留期間証明書・出願要件（3）に該当するものは、これに相当する証明書

※外国の学校の書類について、英文以外の場合は和訳または英訳を添えること

●日程等

出願	試験	発表	選抜方法
9/8～10	9/18	9/29	小論文、面接（口頭試問を含む）

●応募状況

年度＼人数	募集人員	出願者	受験者	合格者	入学者
2019	若干名	4	4	3	1
2020	若干名	1	1	0	0

●備考

詳細については必ず入試センターへ確認のこと

私立 共学

愛知学院大学

〒470-0195　（担当：入試センター）
愛知県日進市岩崎町阿良池12
TEL 0561-73-1111　FAX 0561-73-6769
URL http://www.agu.ac.jp

●**入学時期**　4月

●**募集学部（学科）・募集人員**

文系…文学部、心身科学部、商学部、経営学部、経済学部、法学部、総合政策学部
理系…薬学部、歯学部
…………………各学部・学科若干名

●**出願資格・条件**

日本国籍を有し、外国における学校教育を受け、2021.4.1の時点で満18歳以上の者で、次のいずれかに該当する者。ただし、日本語による講義を理解できる程度の能力を有すること

(1) 外国の高等学校に2年以上在籍し、2021年3月までに通常の課程による12年の学校教育を修了見込みの者または修了して2年以内の者
(2) 日本の高等学校もしくは中等教育学校に在籍し、2021年3月卒業見込みの者で、次のいずれかに該当する者
　①中学校・高等学校もしくは中等教育学校を通じて2年以上継続して外国で教育を受け、帰国後の在籍期間が2年以内の者
　②通算6年以上または継続4年以上外国で教育を受け、帰国後の在籍期間が3年以内の者
(3) 国際バカロレア資格、およびバカロレア資格（フランス共和国）を有する者
(4) ドイツ連邦共和国の各州において大学入学資格として認められているアビトゥア資格を有する者

●**出願書類**

・志願票および入学願書一式・出身高等学校もしくは中等教育学校の卒業証明書または卒業見込証明書・出身高等学校もしくは中等教育学校の学業成績証明書・身上記録書

●**日程等**

出願	試験	発表	選抜方法※
9/10～16	9/27	10/2	英語、小論文（日本語）、面接および書類審査

※面接（個人）は、日本語の会話力の口頭試問を含む
※薬・歯学部は理科（生物・化学・物理から1科目選択）の試験も行う

●**応募状況**

年度＼人数	募集人員	出願者	受験者	合格者	入学者
2019	若干名	6	6	4	非公表
2020	若干名	9	9	5	非公表

私立 女子 寮

椙山女学園大学

〒470-0136　（担当：入学センター）
愛知県日進市竹の山3-2005
TEL 0561-74-1186　FAX 0561-73-4443
URL http://www.sugiyama-u.ac.jp/

●**入学時期**　4月

●**募集学部（学科）・募集人員**

人間関係学部（人間関係学科・心理学科）
…………………各若干名

●**出願資格・条件**　日本国籍を有する女子で、保護者の海外在留もしくは出願者の海外留学により次の各号のいずれかに該当し、帰国後原則として1年未満の者

(1) 学校教育12年の課程を修了または修了見込みの者で、海外において、外国の教育課程に基づく高等学校に最終学年を含めて2か年以上在籍した者
(2) 海外の高等学校の卒業者ではないが、中学校・高等学校を通し3か年以上継続して外国の教育課程に基づく教育を受け、2021年3月日本の高等学校を卒業見込みの者

※学校教育法施行規則第150条第2号により認められた在外教育施設の当該課程を修了または修了見込みの者を除きます。

[注記事項] 下記に該当する方は、出願期間以前に入学センターにお問い合わせください。

・学校教育法施行規則第150条第6号または第7号の規定に基づいて出願しようとする者
・外国の学校等
　①外国において学校教育における12年の課程を修了（見込）した者
　②①に準ずるもので文部科学大臣の指定した者
　なお、外国と日本の高等学校両方に在学していた場合は、日本の高等学校の調査書も必要です。
・文部科学大臣の指定した者

●**出願書類**

①志願票（本学所定用紙）
②志願理由書（本学所定用紙）
③自己推薦書（本学所定用紙）
④高等学校の卒業（見込）証明書
⑤高等学校全学年の成績証明書・高等学校卒業（見込）者以外は国家試験制度またはそれに準ずる制度の試験の成績証明書（試験制度の公式資料を添えて提出）
・外国学校の在籍期間証明書（求める場合がある）

●**日程等**

出願	試験	発表	選抜方法
11/9～13（窓口は11/13のみ※）	11/21	12/1	提出書類、小論文および面接

※9時～17時

●**応募状況**

年度＼人数	募集人員	出願者	受験者	合格者	入学者
2019	若干名	1	1	1	1
2020	若干名	0	0	0	0

●**備考**

入学センターフリーダイヤル　0120-244-887

名古屋外国語大学

(担当：広報企画室)
〒470-0197
愛知県日進市岩崎町竹ノ山57
TEL 0561-75-1747
URL http://www.nagoyagaidai.com

●**入学時期** 4月
●**募集学部(学科)・募集人員**
【外国語学部】 英米語学科(英米語専攻、英語コミュニケーション専攻、英語教育専攻)、フランス語学科、中国語学科
【世界教養学部】 世界教養学科、国際日本学科
【世界共生学部】 世界共生学科
【現代国際学部】 現代英語学科、国際教養学科、グローバルビジネス学科 ……………………………… 各若干名
●**出願資格・条件** 次の(1)～(3)の条件をすべて満たす者又は2021.3.31までに満たす見込みの者
(1) 日本の国籍を有する者、日本への永住を許可された外国人またはこれに準ずる在留資格を有する者
(2) 国の内外を問わず通常の課程による12年の初等・中等教育を修了した者
(3) 次の①～⑧のいずれかに該当する者
①海外において、当該国の教育課程に基づく高等学校に1学年以上継続して在学し、外国の高等学校を2019.4.1以降に卒業(修了)した者で、原則として当該国の学校教育制度に基づく大学入学資格を有するもの。なお、高等学校卒業時に実施される国家試験等の統一試験またはこれに準ずる試験を受験していることが望ましい
②文部科学大臣が高等学校の課程と同等の課程を有するものとして認定した在外教育施設の当該課程に1学年以上継続して在学し、2019.4.1以降に修了した者
③海外におけるインターナショナルスクールの日本の高等学校に相当する学年に1学年以上継続して在学し、2019.4.1以降に卒業(修了)した者で、スイス民法典に基づく財団法人である国際バカロレア事務局が授与する国際バカロレア資格を取得した者
④海外における外国の高等学校に1学年以上継続して在学し、日本の高等学校もしくは中等教育学校を2019.4.1以降に卒業した者
⑤海外において通算6年以上または継続4年以上教育を受け、帰国後、日本の高等学校もしくは中等教育学校を2019.4.1以降に卒業した者
⑥海外において正規の教育制度に基づく教育を受け、国内の帰国子女の受け入れを主たる目的として設置された高等学校または帰国子女の受け入れ枠を設けている高等学校ならびに特別な受け入れ体制を持つ高等学校に在学し、学校長が帰国子女と認めた者で、2019.4.1以降に卒業した者
⑦海外において、スイス民法典に基づく財団法人である国際バカロレア事務局が授与する国際バカロレア資格、ドイツ連邦共和国の各州で大学入学資格として認められているアビトゥア資格、フランス共和国の大学入学資格として認められているバカロレア資格のいずれかを、2019.4.1以降に取得したもの
⑧本学が帰国子女と認めた者。
●**出願書類** ・入学志願票・最終出身学校の卒業(見込)証明書・高校の最終学年を含む3年間の成績証明書・海外在学証明書・志望理由書・帰国子女に関する証明書(出願資格(3)の⑥の該当者)・本人確認できる書類・国家試験等の統一試験の成績評価証明書など ※詳細は受験生サイト参照
●**日程等**

出願	試験	発表	選抜方法
9/30～10/6	10/25	11/1	書類審査、外国語、小論文、面接

●**応募状況**

年度＼人数	募集人員	出願者	受験者	合格者	入学者
2019	若干名	48	27	13	−
2020	若干名	35	19	16	−

私立 共学

日本福祉大学

(担当：入学広報課)
〒470-3295
愛知県知多郡美浜町奥田会下前35-6
TEL 0569-87-2212 FAX 0569-87-5849
URL https://www.n-fukushi.ac.jp/

●**入学時期** 4月
●**募集学部(学科)・募集人員**
社会福祉学部(社会福祉学科［行政専修、子ども専修、医療専修、人間福祉専修］)
教育・心理学部(子ども発達学科［保育・幼児教育専修、学校教育専修〈学校教育コース、特別支援教育コース〉］、心理学科)
健康科学部(福祉工学科［情報工学専修、建築バリアフリー専修］)
経済学部(経済学科)
国際福祉開発学部(国際福祉開発学科)
…………………各若干名
●**出願資格・条件** 次の(1)～(6)のいずれかに該当し、かつ(7)に該当する者
(1) 2021年3月までに高等学校卒業程度認定試験に合格している(ことが可能な)者で、人物および学力ともに優れ、本学で積極的に学ぶ意欲を有している者
(2) 高等学校または中等教育学校を卒業した者、または通常の課程による12年の学校教育を修了した者
(3) 定時制(昼間含む)・通信制課程の高等学校を卒業(2021年3月卒業見込み含む)した者
(4) 文部科学大臣指定の専修学校の高等課程を卒業(2021年3月卒業見込み含む)した者
(5) 日本国籍(永住者を含む)を有し、文部科学大臣が定める大学への入学資格を有する者で、以下の①～⑤のいずれかに該当し、かつ⑥に該当する者
①中学校・高等学校を通じて2年以上(高等学校の在籍期間を必ず含むこと)継続して外国の学校で教育を受けた者
②国際バカロレア資格取得者
③バカロレア資格(フランス共和国)取得者
④アビトゥア資格取得者
⑤ジェネラル・サーティフィケート・オブ・エデュケーション・アドバンスト・レベル資格取得者
⑥2021年3月時点で、帰国後3年未満、かつ高等学校卒業後2年未満の18歳以上の者
(6) 大学において個別の入学資格審査により認めた18歳以上の者
(7) 本学教職員と最低1回の面談を受けた者
＊本学教職員と最低1回の面談は、オンライン個別相談での事前面談を含みます。
※一旦入学を許可された者でも、上記資格を有しないことが判明した場合は入学許可を取り消すことがあります。
●**出願書類** 詳細は本学ホームページ「受験生サイト」をご確認ください。
●**日程等**

出願	試験	発表	選抜方法
11/2～11	11/21	12/1	〈小論文型〉小論文、プレゼン及び面接 〈英語型〉英語、プレゼン及び面接＊

＊英語型は国際福祉学部のみ実施。

●**応募状況**

年度＼人数	募集人員	出願者	受験者	合格者	入学者
2019	若干名	2	2	2	1
2020	若干名	1	1	1	1

※ネット出願のみ。詳細は本学ホームページ「受験生サイト」をご確認ください。

入

私立 共学

四日市大学（よっかいち）

〒512-8512 （担当：入試広報室）
三重県四日市市萱生町1200
TEL 059-365-6711 FAX 059-365-6630
URL https://www.yokkaichi-u.ac.jp/

●**入学時期** 4月

●**募集学部（学科）・募集人員**

環境情報学部（環境情報学科）……………………若干名
総合政策学部（総合政策学科）……………………若干名

●**出願資格・条件**

日本国籍を有し、保護者の海外勤務等の事情により外国における学校教育を受けた者で、次のいずれかに該当する者。ただし、日本語による講義を理解できる程度の能力を有すること(2021.4.1現在18歳以上の者)

(1) 外国の高等学校に2年以上継続して在学し、2021年3月までに学校教育法における12年の課程を卒業（修了）見込みの者、または卒業（修了）して2年以内の者
(2) 日本の高等学校に在籍し、2021年3月卒業見込みの者で、次のいずれかに該当する者
 ①中学校・高等学校を通じて2年以上継続して外国で教育を受け、帰国後の在籍期間が2年以内の者
 ②通算6年以上または4年以上継続して外国で教育を受け、帰国後の在籍期間が3年以内の者
(3) 外国において、スイス民法典に基づく財団法人である国際バカロレア事務局が授与する国際バカロレア資格証書を授与された者

●**出願書類**

・入学志願書・受験票・写真票・最終出身学校の卒業（修了）証明書または見込証明書・最終出身学校の成績証明書・海外在留証明書・健康診断書・IB資格証書の写し（該当者のみ）・出身学校調査書（出願資格（2）の者）

●**日程等**

区分	エントリー受付期間	試験	発表	選抜方法
AO入試	12/14～21	12/23	12/25	書類、作文、面接

●**備考**

本学では現在帰国生徒のみを対象とした入試は行っておりません。
しかし、AO入試では海外留学経験を利点とする入試がございます。
現在（入試時点）で海外におられる方についても自己推薦にて本学が認めたならば受験可能です。
また、個別に入学資格審査を行っております。

入

私立 共学

成安造形大学（せいあんぞうけい）

〒520-0248 （担当：入学広報センター）
滋賀県大津市仰木の里東4-3-1
TEL 077-574-2119 FAX 077-574-2120
URL http://www.seian.ac.jp/

●**入学時期** 4月

●**募集学部（学科）・募集人員**

芸術学部（芸術学科）………………………………若干名

●**出願資格・条件**

日本国籍を有し、海外において学んだ者で、次のいずれかの条件を満たしている18歳以上の者

(1) 外国において、学校教育における12年以上の課程（日本における通常の課程による学校教育の期間を含む）を修了した者、または2021年3月修了見込みの者
(2) 本学において(1)と同等であると認めた者
(3) スイス民法典に基づく財団法人である国際バカロレア事務局が授与する国際バカロレア資格を有し、2021.3.31までに18歳に達する者
(4) ドイツ連邦共和国の各州において大学入学資格として認められているアビトゥア資格を有し、2021.3.31までに18歳に達する者
(5) フランス共和国において大学入学資格として認められているバカロレア資格を有し、2021.3.31までに18歳に達する者
(6) 外国の中学校・高等学校に2年以上継続して在籍し、日本の高等学校または高等専修学校を2021.3.31までに卒業の者、または2021.3.31までに卒業見込みの者。ただし、日本の高等学校在籍期間は最終学年を含め2年以内の者

●**出願書類**

・入学願書・卒業（見込み）証明書・経歴書・出身学校成績証明書・海外在留証明書

●**日程等**

区分	出願	試験	発表	選抜方法
A	11/13～20	12/5または6	12/11	作品持参による面接試験
B	1/5～18	2/6または7	2/12	

※A：前期 B：後期

●**応募状況**

年度＼人数	募集人員	出願者	受験者	合格者	入学者
2019	若干名	0	0	0	0
2020	若干名	0	0	0	0

京都外国語大学
きょうと がいこくご

〒615-8558　（担当：入試センター）
京都府京都市右京区西院笠目町 6
TEL 075-322-6035　FAX 075-322-6241
URL https://www.kufs.ac.jp/

●入学時期　4月
●募集学部（学科）・募集人員
外国語学部 全学科・国際貢献学部 全学科合わせて24名程度
●出願資格・条件
〔A 日程・C 日程 面接重視型、B 日程 英語重視型〕
日本国籍を有する者及び日本国の永住許可を得ている者、またはこれに準ずる者（「出入国管理及び難民認定法」別表第二に定める在留資格を有する者）で、日本または外国において学校教育における 12 年の課程を修了した者、もしくは修了見込みの者で、次の（1）から（5）のいずれかに該当する者
〔A 日程・C 日程 語学検定型〕
日本国籍を有する者及び日本国の永住許可を得ている者、またはこれに準ずる者（「出入国管理及び難民認定法」別表第二に定める在留資格を有する者）で、日本または外国において学校教育における 12 年の課程を修了した者、もしくは修了見込みの者で、次の（1）から（5）のいずれかに該当する者で、かつ (6) を満たし、本学を第 1 志望とする者
(1) 外国の高等学校に 1 年以上継続して在学し、外国の高等学校を 2019 年 4 月 1 日から 2021 年 3 月 31 日までに卒業（修了）した者および卒業（修了）見込みの者
(2) 外国の高等学校に 1 年以上継続して在学し、日本の高等学校もしくは中等教育学校を 2019 年 4 月 1 日から 2021 年 3 月 31 日までに卒業した者および卒業見込みの者
(3) 通算 6 年以上または継続して 4 年以上外国で教育を受け、帰国後、日本の高等学校もしくは中等教育学校を 2019 年 4 月 1 日から 2021 年 3 月 31 日までに卒業した者および卒業見込みの者
(4) 外国において国際バカロレア資格、アビトゥア資格、バカロレア資格のいずれかを、2019 年 4 月 1 日から 2021 年 3 月 31 日までに取得した者および取得見込みの者で、2021 年 4 月 1 日までに 18 歳に達する者
(5) 上記（1）から（4）と同等以上の資格があると本学が認める者
(6) 志望学科の検定試験・基準を 1 つ以上満たす者
（下記 URL 参照）
https://www.kufs.ac.jp/admissions/unv_col/pdf/about.html
※外国の高等学校には、文部科学大臣が高等学校の課程と同等の課程を有するものとして認定または指定した在外教育施設を含みます。
※別表第二に定められる在留資格は、「永住者」「日本人の配偶者等」「永住者の配偶者等」「定住者」になります。
※上表の検定試験・基準は毎年見直します。
●出願書類　詳細は募集要項参照
●日程等

受験方式	出願	試験	発表	選抜方法
A	9/15～23	10/25	11/1	面接重視型：小論文、面接（外国語を含む） 語学検定型：出願書類、面接（外国語を含む）
B	10/5～14	11/19・20	12/1	英語、小論文
C	1/5～12	2/3	2/14	面接重視型：小論文、面接（外国語を含む） 語学検定型：出願書類、面接（外国語を含む）

＊外国語については、英・西・仏・独・葡・中・伊・露のいずれかを出願時に選択

私立　女子　寮

京都華頂大学
きょうと かちょう

〒605-0062　（担当：入学広報室）
京都府京都市東山区林下町 3-456
TEL 075-551-1211　FAX 075-551-1530
URL http://www.kyotokacho-u.ac.jp/

●入学時期　4月
●募集学部（学科）・募集人員
現代家政学部（現代家政学科・食物栄養学科）
……………………若干名
●出願資格・条件
1 年以上の海外在留経験を有し、本学が実施する入学資格審査により出願認定を受けた者で、次のいずれかに該当する女子
(1) 高等学校もしくは中等教育学校を卒業した者、および 2021 年 3 月卒業見込みの者
(2) 通常の課程による 12 年の学校教育またはこれに相当する学校教育を修了した者、および 2021 年 3 月修了見込みの者
(3) 外国において学校教育における 12 年の課程を修了した者、および 2021 年 3 月卒業見込みの者、またはこれらに準ずる者で文部科学大臣の指定した者
(4) 文部科学大臣が高等学校の課程と同等の課程を有するものとして認定した在外教育施設の当該課程を修了した者、および 2021 年 3 月修了見込みの者
(5) 文部科学大臣の指定した者
(6) 高等学校卒業程度認定試験規則による、高等学校卒業程度認定試験に合格した者（旧規程による大学入学資格検定に合格した者を含む）、および 2021 年 3 月 31 日までに合格見込みの者で、18 歳に達する者
(7) 本学における、個別の入学資格審査により、高等学校を卒業した者と同等以上の学力があると認めた者で、18 歳に達した者
●出願書類
・入学願書・卒業（見込み）証明書・成績証明書・写真 など
●日程等

区分	出願	試験	発表	試験方法
A 日程	9/28～10/6	10/10	10/15	自己推薦文（日本語で 800 字程度）、面接、書類審査
B 日程	1/6～18	1/23	1/28	

●応募状況

年度＼人数	募集人員	出願者	受験者	合格者	入学者
2019	若干名	0	0	0	0
2020	若干名	0	0	0	0

●備考
・社会人等（社会人・帰国生徒・外国人留学生）特色タイプ入試として実施
・詳細は入学者選抜実施要項をご確認ください。

京都精華大学

きょうと せいか

〒606-8588 （担当：入試チーム）
京都府京都市左京区岩倉木野町 137
TEL 075-702-5100 FAX 075-722-0838
URL http://www.kyoto-seika.ac.jp/

●**入学時期** 4月

●**募集学部（学科）・募集人員**（※ 2021 年 4 月新設）

国際文化学部※、芸術学部、デザイン学部、マンガ学部、メディア表現学部※……………………………………各若干名

●**出願資格・条件**

2021 年 4 月 1 日時点において、以下の A から C までのすべての条件を満たす者

A（年齢）18 歳以上の者、もしくは 18 歳未満でも文部科学省の定める大学入学資格を有する者

B（国籍）次のいずれかに該当する者

（1）日本国籍を有する者（重国籍者を含む）

（2）入学に際して「留学」以外の適切な在留資格を有する見込みの外国籍者

C（学歴）海外在住期間が継続して 2 年以上もしくは通算 4 年以上の者で、次のいずれかに該当する者。ただし本学入学時に帰国後 2 年以内の者。

（1）海外において、一以上の国の学校教育制度に基づく通算 12 年以上の教育課程を修了した者（12 年未満の場合は、文部科学大臣の指定する準備教育課程または研修施設の課程を修了すること）

（2）外国における 12 年の課程修了相当の学力認定試験に合格した 18 歳以上の者

（3）国際バカロレア（Diploma 取得要 /Course results のみ不可）、GCEA レベル（E 評価以上 /2 科目以上）、アビトゥア（ドイツ）、バカロレア（フランス）のいずれかを保有する者

（4）国際的な評価団体（WASC、CIS、ACSI）の認定を受けた教育施設の 12 年の課程を修了した者

（5）上記以外に文部科学省が定める大学入学試資格を有する者 文部科学省 HP「大学入学資格について」http://www.mext.go.jp/a_menu/koutou/shikaku/07111314.htm

●**出願書類**

・入学志願票・経歴書・志望理由書・高等学校の卒業（見込み）証明書または在学証明書（在籍期間証明書）、成績証明書・パスポートの写し

●**日程等**

出願	試験	発表	選抜方法
9/14～23	10/18	10/23	〈国際文化、メディア表現〉小論文・面接 〈芸術、デザイン、マンガ〉面接および作品審査（コースにより異なる）

●**応募状況**

年度＼人数	募集人員	出願者	受験者	合格者	入学者
2019	若干名	2	2	2	2
2020	若干名	1	0	0	0

●**備考**

［問い合わせ・資料請求先］入試チーム
075(702)5100
※募集要項については本学ホームページに掲載しています。

私立 共学

京都橘大学

きょうと たちばな

〒607-8175 （担当：入学課）
京都府京都市山科区大宅山田町 34
TEL 075-574-4116 FAX 075-574-4123
URL https://www.tachibana-u.ac.jp/admission/

●**入学時期** 4月

●**募集学部（学科）・募集人員**

国際英語学部（国際英語学科）、文学部（日本語日本文学科日本語日本文学コース、歴史学科、歴史遺産学科）、経済学部（経済学科）、経営学部（経営学科）、工学部（建築デザイン学科）、健康科学部（心理学科）
…………………………各若干名

●**出願資格・条件**

日本国籍を有し（日本に永住権を有する外国籍の者を含む）、外国において高等学校段階の教育を 1 年（1 学年）以上受け、下記①～③のいずれかに該当する者。

①高等学校（中等教育学校の後期課程を含む）を 2019 年 4 月以降に卒業した者および 2021 年 3 月に卒業見込みの者。

②通常の課程による 12 年の学校教育を 2019 年 4 月以降に修了した者および 2021 年 3 月に修了見込みの者。

③学校教育法施行規則第 150 条の規定により、高等学校を卒業した者と同等以上の学力があると 2019 年 4 月以降に認められた者＊および 2021 年 3 月 31 日までにこれに該当する見込みの者。

＊の主な例
・高等学校卒業程度認定試験合格者
・専修学校高等課程修了者
・外国の学校等卒業者
・在外教育施設卒業者
・外国の大学入学資格である国際バカロレア、アビトゥア、バカロレア、GCEA レベルを保有する者
・本学において、相当の年齢に達し高等学校を卒業した者と同等以上の学力があると認めた者（インターナショナルスクールや民族学校の卒業者等）

※保護者の海外在留に伴う「帰国子女」に限らず、単身での海外留学者（高等学校段階の 1 学年以上）も出願できます。

●**出願書類** ・入学志願票・写真票・出身学校の卒業証明書または卒業見込証明書・高等学校の 3 年間の成績証明書（日本の高等学校を卒業（見込）の者は調査書・学校長作成の推薦書）・志望理由書・IB 資格取得者は IB 最終試験成績証明書および DIPLOMA（写し可、該当者のみ）・諸外国の国家試験等の統一試験を受験した者はその成績証明書および資格証明書（写し可）・TOEFL を受験している者は成績証明書(写し可)

●**日程等**

出願	試験	発表	選抜方法
2020 年 12 月 9 日(水) ～ 2020 年 12 月 16 日(水)	1/26	2/8	小論文、面接、書類審査による総合判定

●**応募状況**

年度＼人数	募集人員	出願者	受験者	合格者	入学者
2019	若干名	1	1	0	0
2020	若干名	2	2	1	1

京都ノートルダム女子大学

〒606-0847　（担当：入試課）
京都府京都市左京区下鴨南野々神町１番地
TEL 075-706-3747　FAX 075-706-1355
URL https://www.notredame.ac.jp/

●**入学時期**　4月

●**募集学部（学科）・募集人員**

国際言語文化学部（英語英文学科、国際日本文化学科）
現代人間学部（生活環境学科、心理学科、こども教育学科）……………………………………… 各若干名

●**出願資格・条件**

日本国籍を有し、日本人学校以外の在籍者、または日本国の永住許可を得ている者で、下記のいずれかに該当する者。女子に限る

(1) 学校教育における12年の課程を2021年3月31日までに卒業（修了）した者または卒業（修了）見込みの者で、中学校・高等学校を通じて2年以上継続して外国において外国の教育制度に基づく教育機関で教育を受け、原則として帰国後2年を経過していない者
(2) 文部科学大臣が高等学校の課程と同等の課程を有するとして認定した在外教育施設の当該課程を2021年3月31日までに修了、または修了見込みの者
(3) 国際バカロレア資格、バカロレア資格またはアビトゥア資格を有する者

●**出願書類**

・入学志願票・志望理由書・経歴書（本学指定用紙）・卒業証書の写しまたは卒業見込証明書・成績証明書・外国の学校における在籍期間証明書・高等学校推薦書・TOEFL® の成績通知書（TOEFL® の受験者のみ）・住民票（原本）（日本国の永住許可を得ている者のみ）等

●**日程等**

出願（必着）	試験	発表	選抜方法
9/11～10/1	10/10	10/28	課題作文、面接、書類審査

※課題作文は、与えられた課題について800字以内で記述（60分）。面接は個人面接で15分程度

●**応募状況**

年度＼人数	募集人員	出願者	受験者	合格者	入学者
2019	若干名	0	0	0	0
2020	若干名	0	0	0	0

●**備考**

帰国生徒入学試験の出願資格、出願書類等詳細については、必ず本学の入学試験要項で確認のこと

私立　共学

嵯峨美術大学

〒616-8362　（担当：入学広報グループ）
京都府京都市右京区嵯峨五島町１
TEL 075-864-7878　FAX 075-881-7133
URL https://www.kyoto-saga.ac.jp

●**入学時期**　4月

●**募集学部（学科）・募集人員**

芸術学部（造形学科、デザイン学科）…………若干名

●**出願資格・条件**

日本国籍を有し、海外において学んだ者で次のいずれかの条件を満たしている者

(1) 外国において学校教育における12年の課程（日本における通常の課程による学校教育の期間を含む）を卒業（修了）した者、および2021.3.31までに卒業（修了）見込みの者
(2) スイス民法典にもとづく財団法人である国際バカロレア事務局が授与する国際バカロレア資格を有する者
(3) ドイツ連邦共和国の各州において大学入学資格として認められているアビトゥア資格を有する者
(4) 外国の中学校・高等学校に2年以上継続して在籍し、日本の高等学校または高等専修学校を卒業の者、または2021.3.31までに卒業見込みの者。ただし、日本の高等学校の在籍期間は最終学年を含めて2年以内の者
(5) 本学において、個別の入学資格審査により、(1)と同等であると認めた者

●**出願書類**

・入学願書・履歴書・卒業（見込）証明書および成績証明書（日本の高等学校等で修得した科目がある場合は、あわせて当該高等学校等の成績証明書も提出）・海外在留証明書・在留期間が明示されているパスポートの写し

●**日程等**

出願	試験	発表	選抜方法
11/12～19	12/6	12/12	面接 作品持参・1～3点

●**応募状況**

年度＼人数	募集人員	出願者	受験者	合格者	入学者
2019	若干名	0	0	0	0
2020	若干名	0	0	0	0

入

私立 共学

佛教大学

(ぶっきょう)

(担当：入学部)

〒603-8301
京都府京都市北区紫野北花ノ坊町 96
TEL 075-366-5550（入学部直通）
URL https://www.bukkyo-u.ac.jp/

●入学時期 4月

●募集学部（学科）・募集人員

仏教学部（仏教学科）、文学部（日本文学科、中国学科、英米学科）、歴史学部（歴史学科、歴史文化学科）、教育学部（教育学科、臨床心理学科）、社会学部（現代社会学科、公共政策学科）、社会福祉学部（社会福祉学科）
……………………各若干名

●出願資格・条件

日本国籍を有する者で、国内外を問わず学校教育における 12 年の課程を修了した者、または修了見込の者、あるいはそれと同等以上の学力があると本学が認めた者で、次の①から⑤のいずれかに該当する者であり、かつ日本語理解、表現に関する能力を有する者。

※大学入学資格として少なくとも 12 年の教育課程を基本とする国において、「飛び級」等により、通算教育年数 12 年に満たないで卒業（修了）した者または卒業（修了）見込の者を含む。

①外国の高等学校または高等学校相当の課程に 2 年以上継続して在学し、外国の高等学校（または高等学校相当の課程）あるいは日本の高等学校（中等教育学校を含む）を 2021 年 3 月 31 日までに卒業（修了）した者、および卒業（修了）見込の者。

※外国の高等学校には、文部科学大臣が高等学校の課程と同等の課程を有するものとして認定または指定した在外教育施設を含む。

②中学校・高等学校または中学校・高等学校相当の課程を通じ 3 年以上外国の学校で教育を受け、2021 年 3 月 31 日までに日本または外国の高等学校（または高等学校相当課程）を卒業（修了）した者、および卒業（修了）見込の者。ただし日本の高等学校在籍は 2 年以内であること。

③通算 6 年以上または継続して 4 年以上外国で教育を受け、帰国（入国）後、日本の高等学校（中等教育学校を含む）を 2021 年 3 月 31 日までに卒業した者、および卒業見込の者。

④国際バカロレア資格・アビトゥア資格を 2021 年 3 月 31 日までに授与、および授与見込の者。

⑤その他、上記①～④と同等以上の資格があると本学が認めた者（該当する場合は、出願期間前に入学部までご相談ください）。

●出願書類 『2021 年度 入学試験要項』を参照すること

●日程等

出願	試験	発表	選抜方法
9/28～10/2	10/18	11/2	小論文、面接、書類審査

●応募状況

年度＼人数	募集人員	出願者	受験者	合格者	入学者
2019	若干名	2	2	1	非公表
2020	若干名	0	－	－	－

●備考

詳細は『2021 年度入学試験要項』を必ず参照のこと

入

私立 女子 寮

平安女学院大学

(へいあんじょがくいん)

(担当：入学センター)

〒602-8029
京都府京都市上京区武衛陣町 221
TEL 075-414-8108
URL http://www.heian.ac.jp/

●入学時期 4月

●募集学部（学科）・募集人員

国際観光学部　国際観光学科……………………若干名
子ども教育学部　子ども教育学科………………若干名

●出願資格・条件

外国に継続して 2 年以上滞在し、その国または日本において高等学校もしくは中等教育学校を卒業した方、または同等以上の学力があると認められた方。ただし、出願時点で帰国後 2 年以内の方。

●出願書類（WEB 出願）

①入学願書
②志望理由書
③成績証明書
外国（および日本）の高等学校のものを提出してください。外国の高等学校に在籍していた方または卒業した方は、外国の学校の卒業証明書および成績証明書の他に、日本の高等学校で取得した分があれば、その成績証明書も提出して下さい。（外国の学校の成績証明書については、別紙をつけて日本語による科目名を明記してください。）
④在留期間および、出願時点で帰国後 2 年以内であることが証明できる書類
上記の内容を証明できる書類の写し（コピー）を提出して下さい。（詳しくは入学センターまでお問い合わせ下さい）

●日程等

区分	出願	試験	発表	選抜方法
Ⅰ期	11/2～12	11/22	12/1	小論文（800 字以内）、面接
Ⅱ期	1/5～18	1/24	1/29	

※国際観光学部：京都キャンパス
子ども教育学部：高槻キャンパス

●応募状況

年度＼人数	募集人員	出願者	受験者	合格者	入学者
2019	若干名	0	0	0	0
2020	若干名	0	0	0	0

私立 共学

龍谷大学（りゅうこく）

〒612-8577　（担当：入試部）
京都府京都市伏見区深草塚本町 67
TEL 075-645-7887 FAX 075-645-4155
URL https://www.ryukoku.ac.jp/admission/

●入学時期　4月（全学部）、9月（国際学部国際文化学科）
●募集学部（学科）・募集人員（2021 年 4 月入学）
国際学部（国際文化学科のみ）
…………………30 名（留学生・中国引揚者等子女含む）
文学部、経済学部、経営学部、法学部、政策学部、先端理工学部、社会学部、農学部、短期大学部…………各若干名
●出願資格・条件（2021 年 4 月入学）
日本国籍を有する者、あるいは日本に永住権を有する者であって、保護者の海外勤務、その他の事情により外国の学校教育を受け、2019 年 4 月 1 日以降に帰国し、次の (1) ～ (6) のいずれかに該当する者。
(1) 外国の高等学校において最終学年を含め 2 学年以上在学し、外国において、学校教育における 12 年の課程（日本の通常課程による学校教育を含む）を 2019 年 4 月 1 日以降に卒業（修了）した者および 2021 年 3 月卒業（修了）見込みの者。
(2) 外国において、スイス民法典に基づく財団法人である国際バカロレア事務局から国際バカロレア資格またはこれに準ずる資格を取得した者。
(3) 日本の高等学校もしくは中等教育学校を 2021 年 3 月卒業見込みの者で次のいずれかに該当する者。①外国の高等学校に 2 学年以上在学した者。②外国の中・高等学校を通じて 3 学年以上在学した者。
(4) 文部科学省の行う高等学校卒業程度認定試験に合格した者、および 2021 年 3 月までに合格見込みの者で、2021 年 3 月 31 日までに 18 歳に達し、かつ、次のいずれかに該当する者。①外国の高等学校に 2 学年以上在学した者。②外国の中学校・高等学校を通じて 3 学年以上在学した者。
(5) 外国において正規の教育制度に基づく教育を受け、公益財団法人海外子女教育振興財団の定める「帰国生徒の受け入れを主たる目的として設置された高等学校」に編入した者で、2021 年 3 月卒業見込みの者。
(6) その他、上記 (1) および (2) と同等以上の資格を有すると認められる者。
※外国に設置された学校等であっても、日本の学校教育法に準拠した教育を行っている学校に在学した者については、その期間は、外国で学校教育を受けたものとはみなされません
※外国の学校教育において「飛び級」または「繰り上げ卒業」により通常の 12 年の課程を満たずして卒業した者については、審査の上、出願を認めることがあります
※詳細は入試要項参照
●出願書類　入試要項参照
●日程等

区分	出願	試験	発表	選抜方法
A	5/12～20	6/20	7/4	書類、小論文、面接
B	10/26～11/6	11/29	12/12	書類、小論文（先端理工は数学または化学、農〈植物生命科、資源生物科、食品栄養〉は化学または生物）、面接

※ A：国際学部［2020 年 9 月入学（参考）］
B：全学部［2021 年 4 月入学］
※先端理工学部で化学を選択できるのは応用化学課程と環境生態工学課程の受験生のみ

私立 共学 寮

同志社大学（どうししゃ）（スポーツ健康科学部）

〒610-0394　（担当：スポーツ健康科学部事務室）
京都府京田辺市多々羅都谷 1-3
TEL 0774-65-6030 FAX 0774-65-6029
URL https://sports.doshisha.ac.jp/

●入学時期　4月
●募集学部（学科）・募集人員
スポーツ健康科学部……若干名
●出願資格・条件　以下の (1) ～ (5) の要件をすべて満たす者
(1) 日本国籍を有する者（出入国管理及び難民認定法による「永住者」の在留資格を持つ者を含む）
(2) 国の内外を問わず、通常の学校教育における 12 年の課程を修了した者および 2021.3.31 までに修了見込みの者。
※ 12 年の課程とは、高等学校を卒業した者および 2021.3 までに卒業見込みの者
※文部科学大臣の指定した者。
※その他、本学において、高等学校を卒業した者と同等以上の学力があると認めた者で、2021.3.31 までに満 18 歳に達する者（対象者は 2020.9.17 までに書類の提出が必要）
(3) 次の a.b のいずれかを満たす者
a. 外国の学校教育制度に基づく初等・中等教育機関の在学期間が、通算して 4 年 6 ヶ月以上に達する者および 2021.3.31 までに達する見込みの者
b. 外国の学校教育制度に基づく中等教育機関の在学期間が、通算して 2 年 6 ヶ月以上に達する者および 2021.3.31 までに達する見込みの者
(4) 次の a,b,c のいずれかを満たす者
a.TOEFL iBT® テストのスコアが 68 点以上（Test Date スコアのみ可。My Best™ スコアは認めない）
b.TOEIC®LISTENING AND READING テストのスコアが 650 点以上（TOEIC®LISTENING AND READING テスト (IP)) は対象としない）
c.IELTS（アカデミック・モジュール）のスコアが 5.5 以上
(5) 各種競技においてスポーツ経験がある者（ただし競技期間及び成績は問わない）
※外国にあるインターナショナルスクールを卒業した場合、そのことにより外国の正規の学校教育における 12 年目の課程を修了したと認められれば出願資格に該当する。文部科学大臣が認定した在外教育施設に在籍した者、日本に設置されているインターナショナルスクール・アメリカンスクール等の外国の高校に在籍した者については、その期間を外国において学校教育を受けた期間とみなさない。日本の中等教育機関における海外協定等に基づく生徒の海外修学については、当該校が認める在学留学期間を外国において学校教育を受けた期間に含める。初等教育（小学校）、中等教育（中学校および高等学校）については、日本の教育制度に換算して本学部で判断する
●出願書類　・入学志願票等一式・高等学校の卒業（見込）証明書・高等学校全期間の成績証明書（調査書）・外国の学校における在籍期間証明書・パスポートの写し・TOEFL iBT® テスト、TOEIC®LISTENING AND READING テストまたは IELTS の成績証明書・就学歴確認書・志望理由書・自己アピール書
●日程等

出願	試験	発表	選抜方法
10/1～12	11/21	12/5	小論文、面接、書類審査

●応募状況

年度＼人数	募集人員	出願者	受験者	合格者	入学者
2019	若干名	10	7	1	1
2020	若干名	7	5	3	3

入

私立　女子　寮

同志社女子大学（どうししゃじょし）

（担当：広報部入学課）

〒 610-0395
京都府京田辺市興戸
TEL 0774-65-8811　FAX 0774-65-8460
URL https://www.dwc.doshisha.ac.jp/

●入学時期　4月

●募集学部（学科）・募集人員

学芸学部（※）、現代社会学部（※）、薬学部、看護学部（※）、表象文化学部、生活科学部……………………………………若干名

※学芸学部国際教養学科では、2年次から3年次にかけて、英語圏の大学への1年間の留学を義務づけている

※現代社会学部現代こども学科の保育士養成課程の定員は50名。入学後に希望調査を行い、希望者が50名を超えた場合は選考を行う

※看護学部看護学科の保健師国家試験受験資格を得るために必要な科目の履修については、定員を10名と定めています。3年次秋学期に選考を行います。

●出願資格・条件　日本国籍を有し（日本に永住権を有する外国籍の者を含む）、次のいずれかに該当する女子

(1) 2021年3月31日までに外国において学校教育における12年の課程を修了または修了見込みの者で、外国の教育課程に基づく高等学校に最終学年を含めて2ヵ年以上継続して在籍し、卒業後原則として1年未満のもの（文部科学大臣が認定した在外教育施設を除く）

(2) 外国の高等学校の卒業者ではないが、中学校・高等学校を通し3ヵ年以上継続して外国で教育を受け、日本の高等学校を2021年3月卒業見込みの者で、外国の高等学校転出後原則として1年未満のもの（文部科学大臣が認定した在外教育施設を除く）

(3) その他、本学が適当と認めた者　例）外国において国際バカロレア事務局から国際バカロレア証書を授与された者・ドイツ連邦共和国のアビトゥア資格を有する者・フランス共和国のバカロレア証書を授与された者　等

●出願書類

・入学志願票・高等学校の成績証明書（ただし出願資格（2）に該当する者は出身中学校・高等学校の全在籍期間の成績証明書）・高等学校の卒業（見込）証明書

※その他は入試要項参照

●日程等

学部	学科	出願	試験	発表	選抜方法
学芸	音楽（演奏）	1/4 ～ 13 (13日の消印有効)	1/26 ～ 29 ※	2/8	楽典、コールユーブンゲン、専門実技、面接
	音楽（音楽文化）				楽典、コールユーブンゲン、ピアノ、小論文、面接
	メディア創造				英語、国語、面接
	国際教養				英語、面接
現代社会	社会システム				英語、国語、面接
	現代こども				英語、国語、面接
薬	医療薬				英語、化学、小論文、面接
看護	看護				英語、国語、面接
表象文化	英語英文				英語、面接
	日本語日本文				国語、面接
生活科	人間生活				英語、国語、面接
	食物栄養科				英語、化学または生物、面接

※ 1/26：現代社会学部（現代こども学科）、薬学部（医療薬学科）、表象文化学部（英語英文学科）、1/27：学芸学部（国際教養学科）、現代社会学部（社会システム学科）、生活科学部（食物栄養科学科）、1/28：学芸学部（メディア創造学科）、看護学部（看護学科）、表象文化学部（日本語日本文学科）、生活科学部（人間生活学科）、1/27 ～ 29：学芸学部（音楽学科）

※学芸学部国際教養学科のみ、面接は日本語および英語で行う

●応募状況

年度＼人数	募集人員	出願者	受験者	合格者	入学者
2019	若干名	0	0	0	0
2020	若干名	4	4	0	0

入

私立　共学

大阪工業大学（おおさかこうぎょう）

（担当：入試部）

〒 535-8585
大阪府大阪市旭区大宮 5-16-1
TEL 06-6954-4086　FAX 06-6956-8101
URL https://www.oit.ac.jp

●入学時期　4月

●募集学部（学科）・募集人員

工学部、ロボティクス＆デザイン工学部、情報科学部、知的財産学部……………………………各学部・学科若干名

●出願資格・条件

日本国籍を有し、保護者の海外在留などの事由により外国で学んだ者で、次の各項のいずれかに該当する者

(1) 外国の高等学校（在外教育施設を含む）に原則として最終学年を含み継続して2年以上在学し、2021.3.31までに通常の課程による12年の学校教育を修了見込みの者および修了してのち1年半未満の者

(2) 原則として上記（1）に準ずる者で、スイス民法典に基づく国際バカロレア資格を有する者

(3) 原則として上記（1）に準ずる者で、ドイツ連邦共和国のアビトゥア資格を有する者

(4) 原則として上記 (1) に準ずる者で、フランス共和国のバカロレア資格を有する者

(5) 上記（1）に準ずると本学において認めた者

●出願書類

・志願票・履歴書・出願理由書（本学所定用紙）・最終出身校の卒業（修了）証明書または卒業（修了）見込証明書・出身高等学校の成績証明書・海外在留証明書（書式自由。在外公館または保護者の所属する機関の長による海外在留証明書。滞在期間、在留地、保護者とともに海外在留したことを明記したもの）

※書類はすべて日本語で記入すること

●日程等

出願	試験	発表	選抜方法
9/28～10/5	10/17	11/2（郵送）	面接および書類審査

●応募状況

年度＼人数	募集人員	出願者	受験者	合格者	入学者
2019	若干名	2	2	2	2
2020	若干名	2	2	1	0

私立 共学　※設置認可申請中

おお さか しん あい がく いん

大阪信愛学院大学（仮称）

（担当：設置準備室）
〒536-8585
大阪府大阪市城東区古市 2-7-30
TEL 06-6939-4391（代表）
URL https://univ.osaka-shinai.ac.jp

大阪信愛学院大学（仮称）［男女共学］
（2021 年 4 月開学予定）設置認可申請中

●募集学部（学科）
教育学部教育学科
看護学部看護学科

●出願資格・試験日程・選抜方法等
設置認可後にお問い合わせください。

私立 女子

おお さか じょ がく いん

大阪女学院大学

（担当：アドミッションセンター）
〒540-0004
大阪府大阪市中央区玉造 2-26-54
TEL 06-6761-9369　FAX 06-6761-9373
URL http://www.oj-navi.net

●入学時期　4 月

●募集学部（学科）・募集人員
国際・英語学部……………………………若干名（女性に限る）

●出願資格・条件
日本国籍を有する方及び日本国の永住許可を得ている方で、外国において 2 年以上継続して外国の学校教育を受けている方のうち、次のいずれかに該当する女性。ただし、2019.3.31 以前に帰国（一時的な帰国を除く）した方を除く。

(1) 外国の教育機関において、最終学年を含め 2 学年以上継続して学校教育を受け、12 年の課程（日本の通常の課程による教育期間を含む）を、2019.4.1 ～ 2021.3.31 までに卒業（見込み）の方（大学入学資格として少なくとも 12 年の教育課程を基本とする国で、「飛び級」等により、通算 12 年に満たないで卒業（見込み）の方を含む）。なお、当該国で大学入学資格を有する中等教育の課程の修了まで 11 年の国からの帰国生については、文部科学大臣が指定した「大学入学に関し高等学校を卒業したものと同等以上の学力があると認められるものに係る基準を満たした」高等学校において最終学年を含め 2 学年以上継続して学校教育を受け、卒業（修了）した方もしくは 2021 年 3 月 31 日までに卒業（修了）見込みの方

(2) 外国において、上記 (1) と同等以上の学力を有するかどうかに関する認定試験であると認められる当該国の検定（国の検定に準ずるものを含む）に合格した方で、2021.3.31 までに 18 歳に達する方

(3) 国際バカロレア、アビトゥア、バカロレア、または、GCEA レベルを保有する方で、2021.3.31 までに 18 歳に達する方

●出願書類　・入学願書一式・卒業（見込み）証明書・高等学校 3 年間の成績証明書・IB 資格、アビトゥア資格、バカロレア資格、GCEA レベルを取得した方はそれぞれの資格証明書と成績評価証明書・出身学校等の教員が作成した推薦書・エッセイ・過去 2 ヵ年以内に受験した TOEFL 結果証明書（受験している場合のみ）

●日程等

出願	試験	発表	選抜方法
(WEB) 11/24～30	12/6	12/11	面接（日本語・英語）

●応募状況

年度＼人数	募集人員	出願者	受験者	合格者	入学者
2019	若干名	0	0	0	0
2020	若干名	0	0	0	0

●備考　専願入試合格者は入学金が免除される。詳細はアドミッションセンターへ

入

私立　共学

相愛大学

そう あい

〒559-0033　（担当：入試課）
大阪府大阪市住之江区南港中4-4-1
TEL 06-6612-5905　FAX 06-6612-6090
URL https://www.soai.ac.jp

●入学時期　4月

●募集学部（学科）・募集人員

人文学部（人文学科）、人間発達学部（子ども発達学科、発達栄養学科）……………………………各若干名

●出願資格・条件

日本国籍を有する者で、次のいずれかに該当し、入学後の学修および日常生活に支障がない程度に日本語の素養を持っている者

(1) 帰国後、日本の高等学校を卒業見込みの者
外国において原則として2年以上継続して正規の教育制度に基づく学校教育を受け、日本の高等学校の第2学年または第3学年に編入学を認められた者で2021年3月卒業見込みの者

(2) 外国の高等学校を修了および修了見込みの者
外国において最終学年を含め原則として2年以上継続して正規の教育制度に基づく学校教育を受け、外国において学校教育における12年の課程（日本における通常の期間を含む）を2019.4.1から2021.3.31までに修了した者および修了見込みの者

(3) 高等学校を卒業した者と同等以上の学力があると認められる者。国際バカロレア資格、アビトゥア資格またはバカロレア資格を有し、2021.3.31までに18歳に達した者

(4) 上記と同等以上の資格があると本学が認めた者

※上記(1)(2)の「2年以上」という期間には、在外日本人学校で教育を受けた期間は算入しない

※飛び級をしたために通常の学校教育を12年未満で終えた者の出願は認める

●出願書類

・入学願書一式・調査書等・出願資格の該当者であることを証明できる書類（詳細は本学入試課へ問い合わせのこと）

●日程等

出願	試験	発表	選抜方法
11/2～9	11/23	12/1（郵送）	小論文（日本語）、面接試験

※出願受付最終日消印有効

●応募状況

年度＼人数	募集人員	出願者	受験者	合格者	入学者
2019	若干名	0	0	0	0
2020	若干名	1	0	0	0

入

私立　共学

桃山学院大学

もも やま がく いん

〒594-1198　（担当：入試課）
大阪府和泉市まなび野1-1
TEL 0725-54-3131　FAX 0725-54-3204
URL http://www.andrew.ac.jp/

●入学時期　4月

●募集学部（学科）・募集人員

経営学部（経営学科）、国際教養学部（英語・国際文化学科）、社会学部（社会学科、社会福祉学科）、法学部（法律学科）、経済学部（経済学科）……………………………各若干名
※ビジネスデザイン学部（ビジネスデザイン学科）は除く

●出願資格・条件

Ⅰ．合格した場合、必ず本学に入学する意志がある者（専願）で下記Ⅱ・Ⅲの出願区分のいずれかに該当する者。

Ⅱ．日本国籍を有する者または日本に永住する外国人で、下記の(1)～(3)のいずれかに該当する者

(1) ［外国の高等学校卒業（修了）または卒業（修了）見込みの者］外国において、正規の教育課程に基づく高等学校に1年6ヵ月以上継続して在籍し、日本における通常の課程における学校教育期間を含めて12年の課程を卒業（修了）、もしくは2021.3.31までに卒業（修了）見込みの者

(2) ［日本の高等学校もしくは中等教育学校を卒業または卒業見込みの者］外国において、正規の教育課程に基づく中学校・高等学校の課程に2年以上継続して在籍、もしくは小・中学校の課程に通算6年以上または継続して4年以上（中学校の課程を1年以上含む）在籍し、日本の高等学校もしくは中等教育学校を卒業または2021.3.31までに卒業見込みの者

(3) ［IB等の資格取得者］外国において、国際バカロレア資格、フランス共和国のバカロレア資格およびドイツ連邦共和国のアビトゥア資格、イギリスのGCEAのいずれかを取得した者

Ⅲ．中国帰国生徒として日本の高等学校に入学し、日本の高等学校を卒業または2021.3.31までに卒業見込みの者

〔注〕a. 外国に設置された学校には、日本の学校教育に準拠した教育をおこなっている学校（在外教育施設）を含む。
b.12年の正規教育課程における繰り上げ卒業（早卒業）者については、12年の課程を修了したものと認める

●出願書類　入試要項参照

●日程等

＜総合型選抜（専願制）＞

区分	出願	試験	発表	選抜方法
1次	9/15～23	10/4	10/8	基礎能力検査、課題レポート、プレゼンテーション、面接等
2次	10/8～15	10/25	11/1	

第一次選考合格者のみ第二次選考に出願可
※選抜方法は学科により異なる

＜総合型選抜（併願制12月）＞

区分	出願	試験	発表	選抜方法
1次	12/7～10	12/20	12/25	基礎能力検査、課題レポート、プレゼンテーション、面接等

●応募状況

年度＼人数	募集人員	出願者	受験者	合格者	入学者
2019	若干名	0	0	0	0
2020	若干名	3	1	1	1

●備考　海外帰国生対象の入試は「総合型選抜（専願制）」および「総合型選抜（併願制12月）」でのみ実施

私立 共学

追手門学院大学

おうてもんがくいん

〒567-8502 （担当：入試課）
大阪府茨木市西安威 2-1-15
TEL 072-641-9165 FAX 072-641-9169
URL https://www.otemon.ac.jp/

●**入学時期** 4月

●**募集学部（学科）・募集人員**

経済学部、経営学部、地域創造学部、心理学部、社会学部、国際教養学部……………………………各学科若干名

●**出願資格・条件**

日本国籍を有する者または日本に永住する外国人およびそれに準ずる者で、次の (1) から (6) のいずれかに該当し、2021.4.1 までに 18 歳に達する者。

(1) 外国の高等学校に継続し 1 年以上在学し、外国の高等学校を 2021.3.31 までに卒業（修了）見込みの者、または 2019.4.1 以降に卒業（修了）した者

(2) 外国の高等学校に継続して 1 年以上在学し、日本の高等学校を 2021.3.31 までに卒業見込みの者、または 2019.4.1 以降に卒業した者

(3) 通算 6 年以上または継続して 4 年以上外国で教育を受け、帰国後の日本の高等学校での在籍期間が 3 年以上の者で 2021.3.31 までに卒業見込みの者、または 2019.4.1 以降に卒業した者

(4) 帰国生徒の受け入れを主たる目的として設置された高等学校またはこれに準ずる高等学校の在籍者で、在籍高等学校長より帰国生徒としての認定を受けた者で、2021.3.31 までに卒業見込みの者、または 2019.4.1 以降に卒業した者

(5) 外国においてスイス民法典に基づく財団法人である国際バカロレア事務局が授与する国際バカロレア資格を 2021.3.31 までに取得見込みの者、または 2019.4.1 以降に取得した者

(6) 上記 (1) から (5) と同等以上の資格があると認められる者

［注］外国の高等学校には、高等学校の課程と同等の課程または相当する課程を有するものとして、文部科学大臣が認定または指定した在外教育施設を含む

●**出願郵送書類**（出願はインターネットを通じて行う）

・写真（出願時にデータをアップロードした場合は郵送不要）・志望理由書・入学志願調書・出身高等学校の卒業（修了）証明書または同見込証明書・在籍高等学校（日本国外および日本）の在学全期間の学業成績証明書

※その他は入試要項参照

●**日程等**

出願	試験	発表	選抜方法
10/5(月)～12(月)	10/24(土)	11/13(金)	英語、面接

●**応募状況**

年度＼人数	募集人員	出願者	受験者	合格者	入学者
2019	若干名	5	5	5	非公表
2020	若干名	2	2	1	非公表

●**備考** 詳細は入試要項を参照のこと

私立 女子 寮

梅花女子大学

ばいかじょし

〒567-8578 （担当：入試センター）
大阪府茨木市宿久庄 2-19-5
TEL 072-643-6566(直) FAX 072-643-6137
URL http://www.baika.ac.jp/

●**入学時期** 4月

●**募集学部（学科）・募集人員**

文化表現学部（情報メディア学科、日本文化学科、国際英語学科）、心理こども学部（こども教育学科、心理学科）、食文化学部（食文化学科）、看護保健学部（口腔保健学科※）※Ⅰ期のみ………………… 各若干名

●**出願資格・条件**

外国の教育機関（在外認定された教育機関は除く）に最終学年を含め 2 年以上継続して在籍した者で日本国籍を有するか、または日本に永住する外国人、またはそれに準ずる者で、以下の (1) ～ (3) のいずれかに該当する本学を専願とする女子

(1) 外国において通常の課程による 12 年の学校教育を 2020 年 4 月 1 日から 2021 年 3 月 31 日までに修了した者、または修了見込みの者

(2) 帰国後 1 年半未満の者で 2021 年 3 月に日本の高等学校を卒業見込みの者

(3) 学校教育法施行規則第 150 条の規定により、高等学校を卒業した者と同等以上の学力があると認められる者、または 2021 年 3 月 31 日までにこれに該当する見込みの者

●**出願書類**

・入学願書一式・出身（在学）高等学校の卒業証明書または卒業見込証明書〔日本語または英語のいずれかで記入されたものが望ましい〕・出身（在学）高等学校の全課程の成績証明書（日本の高等学校出身者は調査書）〔日本語または英語のいずれかで記入されたものが望ましい〕・学歴〔小学校入学から高等学校卒業（または卒業見込み）まで〕を明記した履歴書・志望理由書

●**日程等**

区分	出願	試験	発表	選抜方法
Ⅰ期	11/16～26	12/5	12/11	書類審査、小論文、面接（口頭試問を含む）
Ⅱ期	2/15～3/6	3/12	3/19	

●**応募状況**

年度＼人数	募集人員	出願者	受験者	合格者	入学者
2019	若干名	0	0	0	0
2020	若干名	0	0	0	0

私立 共学

帝塚山学院大学
（てづかやまがくいん）

〒589-8585　（担当：アドミッションセンター）
大阪府大阪狭山市今熊 2-1823
TEL 072-368-3108　FAX 072-368-3112
URL http://www.tezuka-gu.ac.jp

●**入学時期**　4月、10月

●**募集学部（学科）・募集人員**

リベラルアーツ学部（リベラルアーツ学科）、人間科学部（心理学科）……………………………各若干名
心理学科は秋季入学なし

●**出願資格・条件**

［リベラルアーツ学部（男女）、人間科学部（男女）］
日本国籍を有する者、もしくは日本に永住する外国人で、2021年（A：2020年）3月31日までに18歳に達し次の項目に該当する者

(1) A：学校教育の12年の課程を、外国の学校に最終学年を含み2年以上在学し、2019年10月1日以降2020年9月12日までに卒業（修了）した者
B：学校教育の12年の課程を、外国の学校に最終学年を含み2年以上在学し、2020年4月1日以降2021年3月31日までに卒業（修了）見込みの者

※A：2020年10月入学（参考）、B：2021年4月入学

(2) 大学教育を受けるのに十分な日本語能力を持っている者

※受験資格について疑問がある場合は、出願開始日の2週間前までに問い合わせること

●**出願書類**

・志望理由書（本学所定用紙）(10月入学のみ)
・高等学校の全在学期間にわたる卒業証明書または卒業見込証明書
・高等学校の全在学期間にわたる学業成績証明書（高等学校が複数にわたるときは、それぞれの学校において発行したもの）
・帰国後の居住先（住所・電話番号等）、本人の小学校から高等学校までの学歴（学校名・所在地・設置者〈私立等〉）のそれぞれを記載した書類

●**日程等**

区分	出願	試験	発表	選抜方法
A	7/14～21	8/1	8/7	面接、書類審査
B	2/1～15	2/22	3/2	作文、面接

※A：2020年10月入学（参考）
　B：2021年4月入学

●**応募状況**

年度＼人数	募集人員	出願者	受験者	合格者	入学者
2019	若干名	0	0	0	0
2020	若干名	2	2	0	0

私立 共学

羽衣国際大学
（はごろもこくさい）

〒592-8344　（担当：入試センター）
大阪府堺市西区浜寺南町 1-89-1
TEL 072-265-7200　FAX 072-265-8202
URL https://www.hagoromo.ac.jp/

●**入学時期**　4月

●**募集学部（学科）・募集人員**

現代社会学部（現代社会学科、放送・メディア映像学科）、
人間生活学部（人間生活学科、食物栄養学科）… 各学科若干名

●**出願資格・条件**　日本国籍を有する者及び日本国の永住許可を得ている者、またはこれに準ずる者（「出入国管理及び難民認定法」別表第二に定める在留資格を有する者）で、日本または外国において学校教育における12年の課程を修了した者、もしくは修了見込みの者で、次の(1)から(5)のいずれかに該当し、2021年3月31日までに18歳に達する者。

(1) 外国の高等学校に1年以上継続して在学し、外国の高等学校を2019年4月1日から2021年3月31日までに卒業（修了）した者および卒業（修了）見込みの者。
(2) 外国の高等学校に1年以上継続して在学し、日本の高等学校もしくは中等教育学校を2019年4月1日から2021年3月31日までに卒業した者および卒業見込みの者。
(3) 通算6年以上または継続して4年以上外国で教育を受け、帰国後、日本の高等学校もしくは中等教育学校を2019年4月1日から2021年3月31日までに卒業した者および卒業見込みの者。
(4) 外国において国際バカロレア資格、アビトゥア資格、バカロレア資格のいずれかを、2019年4月1日から2021年3月31日までに取得した者および取得見込みの者。
(5) 上記(1)から(4)と同等以上の資格があると本学が認める者。

●**出願書類**

①「入学志願書」②「履歴書」③「卒業（修了）証明書」または「卒業（修了）見込証明書」④「調査書」または「成績証明書」⑤「在学証明書」または「在籍期間証明書」⑥「パスポートの写し」⑦「その他」次に該当する者は、必要書類を提出してください。

●出身（高等）学校卒業後、大学等へ進学した者はその学校の成績証明書
●国際バカロレア資格を取得した者は、IBディプロマと最終試験6科目の成績評価証明書
●アビトゥア資格を取得した者は、成績評価証明書と資格証明書の写し
●バカロレア資格を取得した者は、成績評価証明書と資格証明書の写し

【注意】※日本語または英語以外の言語で記載されたものには、日本語または英語の訳文を添付してください。

●**日程等**

区分	出願	試験	発表	選抜方法
前期	11/1～6	11/14	11/21	※
後期	2/5～15	2/25	3/2	

※現代社会学科、放送・メディア映像学科、人間生活学科：小論文、面接、書類審査
　食物栄養学科：国語（必須）、生物又は化学又は生物基礎・化学基礎、面接、書類審査

●**応募状況**

年度＼人数	募集人員	出願者	受験者	合格者	入学者
2019	若干名	0	0	0	0
2020	若干名	0	0	0	0

私立 共学 寮

関西大学

〒 564-8680 (担当：入試センター入試・高大接続グループ)
大阪府吹田市山手町 3-3-35
TEL 06-6368-1121(代) FAX 06-6368-0066
URL https://www.nyusi.kansai-u.ac.jp/

●入学時期 2021 年度春学期、2020 年度秋学期

●募集学部（学科）・募集人員

総合情報学部（高槻キャンパス）…………………10 名
※春入学：5 名、秋入学：5 名

●出願資格・条件（春入学）

日本国籍を有する者あるいは日本に永住する外国人（在留資格が特別永住者、または「出入国管理及び難民認定法」第 2 条の 2 に規定する別表第 2 による在留者と認められる者）のうち、次の要件（ア）および（イ）を満たす者

（ア）国の内外を問わず、学校教育における 12 年の課程を修了した者または修了見込みの者。あるいは、上記と同等以上の学力があると教授会の議を経て学長が認めた者。

（イ）(1) 外国の高校に最終学年を含み継続して 2 年以上在学した者、
(2) 帰国時に日本の高校（もしくは中等教育学校）に編入学した場合、その時点から逆算して継続して 2 年以上外国で教育を受けた者、
(3) 外国での教育が小学校 4 年次以上において継続して 4 年以上の者、
(4) 外国での教育が小学校 1 年次以上において通算して 6 年以上の者、

上記 (1) ～ (4) のいずれかに該当し、大学入学時 (2021.4.1) までに高等学校もしくは中等教育学校を卒業（修了）見込みの者または 2020.4.1 以降に卒業（修了）した者。

※詳細はホームページや募集要項参照

●出願書類 詳細は募集要項で確認のこと

●日程等 （参考）2021 年度春学期〈総合情報学部〉

※今後の新型コロナウイルス感染症の状況によっては、選考方法等を変更する場合がありますので、必ず関西大学入学試験情報総合サイト Kan-Dai web の「最新情報」もあわせてご確認ください。

出願	試験	発表	選抜方法
10/19～23	11/21	11/27	出願書類、小論文および面接（口頭試問含む）の結果をあわせて考査して選抜

●応募状況（春入学分）

年度＼人数	募集人員	出願者	受験者	合格者	入学者
2019	5	11	–	3	–
2020	5	15	–	3	–

●備考 2021 年度秋学期（9 月）入学の入学試験詳細については、2021 年 4 月下旬頃に関西大学入試センター入試・高大接続グループまで問い合わせのこと（なお、出願資格等詳細は、春・秋共ほぼ同じ内容）
（参考）2020 年度秋学期（9 月）入学の入学試験

出願	試験	発表	選考方法
6/8～16	7/5	7/9	出願書類、小論文および面接（口頭試問含む）の結果をあわせて考査して選抜

私立 共学

大和大学

〒 564-0082 (担当：入試広報部)
大阪府吹田市片山町 2-5-1
TEL 06-6155-8025 FAX 06-6385-8110
URL http://www.yamato-u.ac.jp

●入学時期 4 月

●募集学部（学科）・募集人員

教育学部（教育学科（英語教育専攻））……… 若干名

●出願資格・条件

日本国籍を有する者、あるいは日本に永住権を有する者であって、保護者の海外勤務、その他の事情により外国の学校教育を受け、2019 年 4 月 1 日以降に帰国し、次の (1) から (5) のいずれかに該当する者

(1) 外国の高等学校において、最終学年を含め継続して 2 学年以上在学し、外国において、学校教育における 12 年の課程（日本における通常の課程による学校教育を含む）を 2019 年 4 月 1 日以降に卒業（修了）した者および 2021 年 3 月 31 日までに卒業（修了）見込みの者

(2) 外国において、スイス民法典に基づく財団法人である国際バカロレア事務局から国際バカロレア資格またはこれに準ずる資格を取得した者で、2021 年 3 月 31 日までに 18 歳に達する者

(3) 日本の高等学校もしくは中等教育学校を 2021 年 3 月卒業見込みの者で次のいずれかに該当する者
①外国の高等学校に 2 学年以上在学した者
②外国の中学校・高等学校を通じて 3 学年以上在学した者

(4) 文部科学省の行う高等学校卒業程度認定試験に合格した者、および 2021 年 3 月 31 日までに合格見込みの者で、2021 年 3 月 31 日までに 18 歳に達し、かつ上記（3）の①・②のいずれかに該当する者

(5) その他、上記（1）および（2）と同等以上の資格を有すると認められる者

●出願書類

・入学願書・高等学校の卒業（見込み）証明書・高等学校卒業程度認定試験の合格証明書または合格成績証明書・高等学校等の成績証明書

●日程等

出願	試験	選抜方法
随時		面接

※出願前に必ず入試広報部にご連絡下さい。入試についての詳細をお伝えします。

●応募状況

年度＼人数	募集人員	出願者	受験者	合格者	入学者
2019	若干名	0	0	0	0
2020	若干名	0	0	0	0

入

私立 共学

大阪産業大学

おおさかさんぎょう

〒574-8530 （担当：入試センター）
大阪府大東市中垣内 3-1-1
TEL 072-875-3001 FAX 072-871-9765
URL https://www.osaka-sandai.ac.jp/

●入学時期 4月

●募集学部（学科）・募集人員

国際学部（国際学科）、スポーツ健康学部（スポーツ健康学科）、経営学部（経営学科、商学科）、デザイン工学部（情報システム学科、建築・環境デザイン学科、環境理工学科）、工学部（機械工学科、交通機械工学科、都市創造工学科、電子情報通信工学科）…各学科1名
経済学部（経済学科、国際経済学科）……………1名
※経済学部は学部一括募集。入学後、3年次から原則として自分にあった学科を選択する。

●出願資格・条件

次の各項のいずれかに該当する者
(1) 日本国籍を有し、外国の高等学校を修了した者または修了見込みの者
(2) 日本の高等学校に在籍し、2021年3月卒業（修了）見込みの者で、次の各号のいずれかに該当する者
 ①中学校・高等学校を通じて2年以上継続して外国で教育を受け、帰国後の在籍期間が2年以内の者
 ②通算6年以上または、継続4年以上外国で教育を受け、帰国後の在籍期間が3年以内の者
 ③帰国生徒の受入れを主たる目的として設置された高等学校またはこれに準ずる課程を有する高等学校の当該課程在籍者で、在籍高等学校長より帰国生徒として認定を受けた者
 ④在籍高等学校長から中国引揚者等子女として認定を受けた者で、日本国籍を取得している者、または定住権を得ている者
(3) 特に本学が上記の条件と同等と認めた者

●出願書類

・入学願書・外国の高等学校の修了証明書または修了見込証明書・外国の高等学校の成績証明書（日本の高等学校を卒業または卒業見込みの者は調査書も提出すること）・履歴書（その他、入学試験要項を確認下さい）

●日程等

出願	試験	発表	選抜方法
(郵) 11/24～30	12/12	12/23	小論文、面接

●応募状況

年度＼人数	募集人員	出願者	受験者	合格者	入学者
2019	12	3	3	2	1
2020	12	2	2	2	1

入

※設置認可申請中

私立 共学

大阪医科薬科大学（薬学部）

おおさかいかやっか

〒569-1094 （担当：大阪薬科大学 入試課）
大阪府高槻市奈佐原 4-20-1
TEL 072-690-1019 FAX 072-690-1058
URL https://www.oups.ac.jp/admission/

●入学時期 4月

●募集学部（学科）・募集人員

薬学部………………………………………………若干名

●出願資格・条件

次のいずれかに該当する者
(1) 学校教育における12年の課程のうち、外国における教育課程に基づく高等学校（在外教育施設はこれに該当しない）に最終学年を含め2年以上在籍し、令和2（2020）年度中に卒業見込みの者あるいは平成31（2019）年度中に卒業した者
(2) 外国において国際バカロレア資格又はフランス共和国のバカロレア資格もしくはドイツ連邦共和国のアビトゥア資格、英国のGCEA資格を2019年又は2020年に取得した者

●出願書類

・入学願書一式・英文で記載された成績証明書及び離日前に在籍していた高等学校があればその調査書・英文または和文で記載された最終学校長の推薦書・志望理由書
※インターネット出願後、上記書類を郵送すること

●日程等

出願	試験	発表	選抜方法
11/24～30	12/13	12/23	〔理科〕化学（化学基礎・化学）、生物（生物基礎・生物）から1科目選択、〔英語〕、〔数学〕数学Ⅰ・Ⅱ・A・B（数列、ベクトル）〔面接〕

●応募状況

年度＼人数	募集人員	出願者	受験者	合格者	入学者
2019	若干名	2	2	2	1
2020	若干名	0	0	0	0

●備考

詳細については、必ず募集要項で確認してください

私立 共学

大阪電気通信大学

おおさかでんきつうしん

〒572-8530　（担当：入試部）
大阪府寝屋川市初町18-8
TEL 072-813-7374　FAX 072-825-4589
URL https://www.osakac.ac.jp/

●入学時期　4月

●募集学部（学科）・募集人員

工学部、情報通信工学部、医療健康科学部、総合情報学部……………………………各学科ごとに若干名

●出願資格・条件

保護者の海外勤務等の事情により外国の学校教育を2年以上受けた方で、次のいずれかに該当する方。

(1) 学校教育における12年の課程のうち、外国において最終学年を含む課程に2年以上継続して在学し、2019年4月1日から2021年3月31日までに卒業または卒業見込みの方。ただし、外国に設置された学校であっても、日本の学校教育に準拠した教育を行っている学校に在学して教育を受けた期間は算入から除く。

(2) 日本の高等学校または中等教育学校を2021年3月卒業見込みの方のうち、中・高等学校を通じて3年以上外国の学校に在籍し、かつ日本の高等学校在籍期間が2年未満の方。

(3) 国際バカロレア、アビトゥア、バカロレア、GCEAレベルのいずれかの資格を有している方。

(4) 修業年限が12年に満たない国からの帰国者については、本学において高等学校を卒業した方と同等以上の学力があると認められる方で2021年3月31日までに満18歳に達する方。

●出願書類

(1) 入学願書一式（本学所定の用紙）(2) 海外在留証明書 (3) 高等学校または中等教育学校の卒業（見込）証明書および成績証明書 (4) 外国の学校（中・高等学校）に在籍した期間を証明する在籍証明書等 (5) 国際バカロレア、アビトゥア、バカロレア、GCEAレベルのいずれかの資格取得者については、資格証書の写し（コピー）と成績評価証明書（出願資格（3）に該当する者のみ提出）

※外国語様式の証明書については、原本と日本語訳の提出が必須

●日程等

区分	出願	試験	発表	選抜方法
A日程	9/18～25必着	11/14	11/25	書類審査、適性検査（数学と外国語または理科、国語と外国語※学部によって、受験科目が異なる）、面接
B日程		11/15		

※A日程・B日程両日受験可

●応募状況

年度＼人数	募集人員	出願者	受験者	合格者	入学者
2019	若干名	0	0	0	0
2020	若干名	1	0	0	0

私立 共学 寮

摂南大学

せつなん

〒572-8508　（担当：入試部）
大阪府寝屋川市池田中町17-8
TEL 072-839-9104　FAX 072-826-5100
URL http://www.setsunan.ac.jp/

●入学時期　4月

●募集学部（学科）・募集人員

法学部、外国語学部、経済学部、経営学部、理工学部、薬学部、看護学部、農学部………………各学部若干名

●出願資格・条件

本学の教育理念および各学部・学科の3つのポリシーを十分理解するとともに、日本の国籍を有し、つぎの各項のいずれかに該当する者とします。

(1) 外国において、高等学校に原則として2年以上継続して在学し、2021年3月31日までに通常の課程による12年以上の学校教育を修了見込みの者または修了してのち2年以内の者 ただし、日本の高等学校の在学期間が原則として1年半以内の者

(2) 外国において、スイス民法典に基づく財団法人である国際バカロレア事務局より国際バカロレア資格を取得した者

(3) ドイツ連邦共和国の各州において大学入学資格として認められているアビトゥア資格を有する者

(4) フランス共和国において大学入学資格として認められているバカロレア資格を有する者

(5) 上記(1)～(4)に準ずると本学において認めた者

【注意】1. 高等学校の教育課程に相当する課程を有する在外教育施設は、出願を認めます。
2. 本入試は、保護者の海外在留に伴う「帰国生徒」に限らず、単身留学者にも適用します。

●出願書類

(1) 入学志願票 (2) 受験票・宛名票 (3) 志望理由書・学修計画書・卒業後の進路目標 (4) 最終出身学校の調査書または成績証明書[原本](5) 最終出身学校の卒業・修了(見込)証明書

●日程等

出願	試験	発表	選抜方法
11/9～20(郵)	12/12	12/24	学科試験※、小論文、面接

※学科試験の科目は学部により異なる

●応募状況

年度＼人数	募集人員	出願者	受験者	合格者	入学者
2019	若干名	3	3	1	0
2020	若干名	3	3	1	1

●備考

選抜方法の詳細は摂南大学入試部へご確認ください。

私立 共学 寮

四天王寺大学

（しいてんのうじ）

〒583-8501　（担当：入試・広報課）
大阪府羽曳野市学園前 3-2-1
TEL 072-956-3183（直通）　FAX 072-956-7231
URL http://www.shitennoji.ac.jp/ibu/

●**入学時期**　4月、9月

●**募集学部（学科）・募集人員**

人文社会学部、教育学部、経営学部 ………各若干名

●**出願資格・条件**

日本国籍を有する者および日本に永住する外国人で、次に該当する者

(1) 外国において学校教育における12年の課程を修了した者、または、外国の学校において最終学年を含み継続して2年以上在学し、かつ卒業（修了）した者および卒業（修了）見込みの者
(2) 海外での学校教育の最終在籍日から、本学の入学試験日までの期間が1年半以内の者
(3) 大学教育を受けるのに十分な日本語の能力を有すると本学が認めた者
(4) 本学の入学時点で満18歳に達する者
(5) 外国に設置された学校で、日本の学校教育法に準拠した学校に在学した者
(6) その他、本学が上記(1)と同等以上の資格を有すると認めた者

●**出願書類**

・入学志願票等・同意書・帰国生徒入学願書・帰国生徒入学志望理由書・最終出身学校の卒業（修了）証明書または卒業（修了）見込証明書・出身高等学校（海外および国内）の在学全期間の成績証明書・最終出身学校長または担当教員（海外）の推薦書・IB資格取得者はIBディプロマとIB最終試験成績証明書（日本語訳を添付）・国家試験等の統一試験（SAT、GCEなど）を受験している者は、その成績証明書・海外在留証明書またはパスポートのコピー（本人に関する記載事項および出入国の記録）

●**日程等**

区分	出願	試験	発表	選抜方法
9月入学	郵送 8/3~6 締切日消印有効	8/22	8/27	「日本語」「英語」の筆記テスト、面接・書類審査
4月入学	郵送 1/4~8 締切日消印有効	2/6	2/13	

●**応募状況**

年度＼人数	募集人員	出願者	受験者	合格者	入学者
2019	若干名	0	0	0	0
2020	若干名	0	0	0	0

私立 共学

近畿大学（法学部）

（きんき）

〒577-8502　（担当：法学部事務部）
大阪府東大阪市小若江 3-4-1
TEL 06-4307-3041　FAX 06-6724-5035
URL http://www.kindai.ac.jp/law/

●**入学時期**　4月

●**募集学部（学科）・募集人員**

法学部（法律学科）…………………………………若干名

●**出願資格・条件**

日本国籍を有する者または日本に永住する外国人およびそれに準ずる者（出入国管理および難民認定法に定める「永住者」）で、次の(1)～(4)のいずれかに該当し、入学時点で満18歳に達する者

(1) 外国の教育制度に基づく教育機関において、12年の課程（日本における通常の課程による学校教育の期間を含む）を卒業（修了）した者、または2021年3月までに卒業（修了）見込みの者。ただし、外国において最終学年を含めて2年以上継続して学校教育を受けていること。既卒者の出願は原則卒業後1年以内とする
(2) 外国の教育課程に基づく学校に2年以上継続して在籍したが、事情により日本の大学入学資格を得られないため、帰国後2年以内に文部科学大臣の行う大学入学資格検定に合格した者、または2021年3月31日までに合格見込みの者。ただし、資格取得後の経過年数が1年未満の者
(3) 国際バカロレア（IB）資格、アビトゥア資格、バカロレア資格を取得できる外国の学校に2年以上継続して在籍し、同資格の認定証明書を取得した者。ただし取得後の経過年数が1年未満の者
(4) 上記と同等以上の資格があると本学が認める者

●**出願書類**　・入学志願調書・〈資格(1)〉最終出身学校の卒業証明書または卒業見込証明書〈資格(2)〉合格成績証明書〈資格(3)〉IB資格取得者は最終試験6科目の成績証明書と資格調書（IBD）の写し、アビトゥア資格取得者は一般的大学入学資格証明書の写しと成績評価証明書、バカロレア資格取得者は資格証書の写しと資格試験成績証明書

※出願書類が日本語または英語以外の場合は日本語訳または英語訳を添付すること・在籍期間証明書

※提出された書類に基づいて事前審査を行う。その結果は出願者全員に10/13までに通知。事前審査（出願資格の審査）受付期間：9/28～10/2

●**日程等**

出願	試験	発表	選抜方法
10/16～30	11/21	12/2	書類審査、小論文、面接

●**応募状況**

年度＼人数	募集人員	出願者	受験者	合格者	入学者
2019	若干名	0	0	0	0
2020	若干名	1	1	1	1

大阪国際大学

〒570-8555 (担当：入試・広報部)
守口キャンパス：大阪府守口市藤田町 6-21-57
TEL 06-6907-4310(直通) FAX 06-6907-4330
URL http://www.oiu.ac.jp/

●入学時期 4月

●募集学部（学科）・募集人員

[守口キャンパス]
経営経済学部（経営学科、経済学科）、人間科学部（心理コミュニケーション学科、人間健康科学科、スポーツ行動学科）、国際教養学部（国際コミュニケーション学科、国際観光学科）……………………………各若干名

●出願資格・条件

日本の国籍を有する者または日本国の永住許可（もしくは定住許可）を得ている者で、次の（1）から（5）のいずれかに該当する者。2021.4.1 現在満 18 歳に達する者。

(1) 外国の高等学校に 1 年以上継続して在学し、外国の高等学校を 2019.4.1 から 2021.3.31 までに卒業（修了）した者および卒業（修了）見込みの者
(2) 外国の高等学校に 1 年以上継続して在学し、日本の高等学校（文部科学大臣の指定した帰国生徒の受け入れを主たる目的として設置された高等学校またはこれに準じる教育機関を含む）を 2019.4.1 から 2021.3.31 までに卒業した者または卒業見込みの者
(3) 通算 6 年以上または継続して 3 年以上外国で教育を受け、帰国後の日本の高等学校の在籍期間が 3 年以内の者で、2019.4.1 から 2021.3.31 までに卒業した者および卒業見込みの者
(4) 外国において、国際的に認められる「大学入学資格検定」相当の資格を 2019.4.1 から 2021.3.31 までに取得した者および取得見込みの者
(5) 前項までの各項と同等以上の資格があると本学が認めた者

※外国の高等学校には、文部科学大臣が高等学校と同等の課程と認定、または相当の課程を有するものとして指定した在外教育施設を含む。
※詳細は出願期間の 2 週間前までに入試・広報部までお問い合わせください。

●出願書類

入学願書一式・出身高等学校の卒業証明書または卒業見込証明書・調査書または成績証明書・志願者の履歴書（本学所定用紙）・住民票

●日程等

区分	出願	試験	発表	選抜方法
帰国生	10/5～14 窓口受付 10/15 9：00～15：00	10/25	11/3	小論文（作文）、面接

●応募状況

年度＼人数	募集人員	出願者	受験者	合格者	入学者
2019	若干名	−	−	−	−
2020	若干名	−	−	−	−

●備考 詳細は入試・広報部までお問い合わせください。

私立 共学 寮

関西外国語大学

〒573-1001 (担当：入試広報企画部)
大阪府枚方市中宮東之町 16-1
TEL 072-805-2850 FAX 072-805-2871
URL http://www.kansaigaidai.ac.jp/

●入学時期 4月

●募集学部（学科）・募集人員

外国語学部（英米語学科・スペイン語学科）、英語国際学部（英語国際学科）……………………各若干名

●出願資格・条件

次の (1)、(2) の条件を満たし、なおかつ (3) のいずれかに該当する者

(1) 日本国籍を有する者または日本に永住する外国人。
(2) 国の内外を問わず、学校教育における 12 年以上の課程を修了した者、および修了見込みの者。
(3) ①海外で外国の教育制度に基づく中等教育機関に最終学年を含め 2 年以上継続して在学し、2019.4.1 から 2021.3.31 までに卒業（修了）した者、および卒業（修了）見込みの者②海外で外国の教育制度に基づく中等教育機関に 2 年以上継続して在学し、帰国後、日本の高等学校または中等教育学校に編入学し、2021.3 卒業見込みの者（日本の高等学校または中等教育学校での在籍期間が 2 年半以内の者）③文部科学大臣が高等学校の課程と同等の課程を有するものとして認定した在外教育施設の当該課程を最終学年を含め 2 年以上継続して在学し、2019.4.1 から 2021.3.31 までに修了した者、または修了見込みの者④外国において、国際バカロレア資格、アビトゥア資格、バカロレア資格を取得した者（ただし取得後、入学試験日までの期間が 1 年未満であること）⑤本学において、個別の入学資格審査により、上記と同等であると認めた者で、2021 年 3 月 31 日までに 18 歳に達するもの。

●出願書類 ・入学志願票・入学調書（本学所定用紙）・出身学校の成績証明書・出身学校の卒業証明書または卒業見込証明書・出身学校長もしくは担当教員作成の推薦書（本学所定用紙）・IB 資格、アビトゥア資格、バカロレア資格を取得した者はそれぞれの資格証明書

●日程等

出願	試験	発表	選抜方法
9/25～10/2	10/18	10/24	英語※、小論文（日本語）、面接

※外国語学部スペイン語学科の場合、英語に代えてスペイン語でも受験可

●応募状況

年度＼人数	募集人員	出願者	受験者	合格者	入学者
2019	若干名	20	14	5	2
2020	若干名	15	13	7	4

●備考

出願資格、条件について不明な点がある場合は、必ず出願前に入試広報企画部へ問い合わせること

私立 共学

阪南大学（はんなん）

〒580-8502　（担当：入試広報課）
大阪府松原市天美東 5-4-33
TEL 072-332-1224(代) FAX 072-335-7522
URL https://www.hannan-u.ac.jp/

●**入学時期**　4月

●**募集学部（学科）・募集人員**

国際コミュニケーション学部、国際観光学部、経済学部、流通学部、経営情報学部……………………各若干名

●**出願資格・条件**

日本の大学入学資格を有し、次の (1) から (4) のいずれかに該当し、かつ日本国籍 (出入国管理および難民認定法の別表二に掲げる者含む) を有する者。

(1) 外国の高等学校を修了または修了見込みの者
外国の正規の学校教育制度に基づく教育機関において、継続して1年以上の学校教育を受け、日本における正規の課程による学校教育期間を含めて12年の課程を修了見込みの者、または修了して2021年4月1日現在で2年以内の者

(2) 日本の高等学校を2021年3月卒業見込みの者、または2019年3月以降に卒業した者で、次の各号のいずれかに該当する者
①外国の高等学校に継続して1年以上在学し、帰国後の在籍期間が2年以内の者
②通算6年以上または継続4年以上海外で教育を受け、帰国後の日本の高等学校での在籍期間が3年以内の者
③帰国生徒の受け入れを主たる目的として設置された高等学校またはこれに準ずる課程を有する高等学校の当該課程在籍者で、在籍高等学校長が帰国生徒として認定した者

(3) 国際バカロレア資格、バカロレア資格、アビトゥア資格のいずれかを有する者
原則として上記 (1) に準ずる者

(4) 特に本学が上記の条件と同等と認めた者

●**出願書類**

入学願書・調査書・外国の教育機関に在籍したことを証明する書類・日本国籍を有することを証明する書類・志望理由書

●**日程等**

出願	試験	発表	選抜方法
10/13～26 【持参受付】10/27 17：00まで	11/8	11/18	個人面接および 提出書類

●**応募状況**

年度＼人数	募集人員	出願者	受験者	合格者	入学者
2019	若干名	4	4	4	2
2020	若干名	3	3	2	2

●**備考**　内容に変更が生じる可能性があります。
事前に本学ホームページをご確認ください。

私立 共学

大阪経済法科大学（おおさかけいざいほうか）

〒581-8511　（担当：入試課）
大阪府八尾市楽音寺 6-10
TEL 072-943-7760 FAX 072-943-7035
URL http://www.keiho-u.ac.jp/

●**入学時期**　4月

●**募集学部（学科）・募集人員**

経済学部（経済学科）……………………………若干名
経営学部（経営学科）……………………………若干名
国際学部（国際学科）……………………………若干名
法学部（法律学科）………………………………若干名

●**出願資格・条件**　日本国籍を有する者あるいは日本に永住する外国人で以下のいずれかに該当する者。

1) 外国の高等学校を卒業（修了）した者、または2021年3月卒業（修了）見込みの者。
2) 日本の高等学校もしくは中等教育学校を卒業して（高等学校卒業程度認定試験の合格を含む）3年以内の者または2021年3月卒業見込みの者で、外国の高等学校に継続して1年以上在学した者。
3) 日本の高等学校もしくは中等教育学校を2021年3月卒業見込みの者で、通算6年以上または継続4年以上、外国で教育を受け、帰国後の日本の高等学校等での在籍期間が3年以内の者。
4) 帰国生徒の受け入れを主たる目的とする課程を有する日本の高等学校等を卒業した者、または2021年3月卒業見込みの者で、当該学校長が帰国生徒として認定した者。
5) 日本の高等学校もしくは中等教育学校を卒業した者、または2021年3月卒業見込みの者で、当該学校長が中国引揚者等子女として認定した者。
6) 日本国外において国際バカロレア資格を取得した者、またはドイツ連邦共和国の各州において大学入学資格として認められているアビトゥア資格を取得した者。
7) 上記以外の者で、1) ～ 6) と同等以上の学力があると本学が認定した者。

●**出願書類**　・入学志願票・卒業（見込）証明書・成績証明書・調査書・志望理由書・経歴書など（出願資格に応じて必要な書類が異なる）

●**日程等**

区分	出願	試験	発表	選抜方法
前期	10/9～11/2	11/8	12/1	志望理由書 (600字)、面接
後期	1/5～19	1/25	2/13	

●**応募状況**

年度＼人数	募集人員	出願者	受験者	合格者	入学者
2019	若干名	4	4	1	1
2020	若干名	0	0	0	0

●**備考**

・入学までに取得した資格に応じて、入学後に最大20万円の奨学金を給付する「資格取得奨学金」の対象入試です。
・入学試験要項は本学ホームページにアップロードしています。

私立 共学

甲南大学

〒658-8501 （担当：アドミッションセンター）
兵庫県神戸市東灘区岡本 8-9-1
TEL 078-435-2319 FAX 078-431-2908
URL https://www.konan-u.ac.jp/admission/

●入学時期 4月

●募集学部（学科・コース）・募集人員

文系…経済学部、法学部、経営学部、マネジメント創造学部……………………………………各若干名

理系…理工学部、知能情報学部、フロンティアサイエンス学部……………………………………各若干名

●出願資格・条件

［経済学部・法学部・経営学部・マネジメント創造学部・理工学部・知能情報学部・フロンティアサイエンス学部］

日本国籍を有する者あるいは日本に永住する外国人であって、国の内外を問わず、わが国の高等学校に相当する正規の教育機関の教育課程を修了した者及び2021年3月までに修了見込みの者で、大学教育を受けるのに十分な日本語の能力を有し、2019年10月以降のTOEFLのスコアがTOEFL®PBTテスト500点またはTOEFL iBT®テスト61点以上で、かつ次のいずれかに該当する者

①日本国外において、わが国の高等学校に相当する正規の教育機関に2年以上継続して在籍した者及び在籍見込みの者。または、わが国の中学校もしくは高等学校に相当する正規の教育機関に3年以上在籍した者及び在籍見込みの者

②日本国外において国際バカロレア資格を取得した者

③上記①または②と同等以上の資格があると当該学部が認めた者

●出願書類

顔写真・卒業（見込）証明書・外国で在籍していた教育機関における成績証明書・TOEFLの成績証明書など

その他詳細は募集要項を確認

●日程等

出願	試験	発表	選抜方法
9/3～9	10/10	10/16	試験結果及び出願書類により総合的に行う

※選抜方法は学部により異なる

●応募状況

年度＼人数	募集人員	出願者	受験者	合格者	入学者
2019	若干名	6	3	2	非公開
2020	若干名	10	6	4	非公開

※詳細は募集要項で確認して下さい

私立 女子 寮

甲南女子大学

〒658-0001 （担当：入試課）
兵庫県神戸市東灘区森北町 6-2-23
TEL 078-431-0499 FAX 078-451-3680
URL http://www.konan-wu.ac.jp/admission/

●入学時期 4月

●募集学部（学科）・募集人員

国際学部（国際英語、多文化コミュニケーション）、文学部（日本語日本文化、メディア表現）、人間科学部（心理、総合子ども、文化社会、生活環境）……………………………各若干名

●出願資格・条件

次の条件(1)～(3)をすべて満たす女子

(1) 外国の高等学校において1年6カ月以上在学した者で、入学時（2021.4.1）において帰国後1年未満の者および中国引揚者の子女（外国の高等学校には、文部科学大臣が高等学校の課程と同等の課程を有するものとして認定した在外教育施設を含む。また中国引揚者の子女においては、帰国後小学校4年以上の学年に入学した者であること）

(2) 国内及び国外において、通算12年の学校教育の課程を修了した者及びこれに準ずる者

(3) 大学教育を受けるのに充分な日本語の能力を有する者

●出願書類

・入学願書・写真データ・自己経歴書・志望理由書・中国引揚者の子女についてはそれを証明する書類・高等学校の全期間の学業成績証明書・高等学校の卒業（見込）証明書またはこれに準ずる書類

●日程等

出願	試験	発表	選抜方法
10/13～21	11/14	11/24	日本語による小論文、志望理由書、書類審査および面接

●応募状況

年度＼人数	募集人員	出願者	受験者	合格者	入学者
2019	若干名	0	0	0	0
2020	若干名	0	0	0	0

●備考

詳細は募集要項を確認のこと

入

私立 女子

神戸海星女子学院大学
（こうべかいせいじょしがくいん）

〒657-0805 （担当：アドミッションセンター）
兵庫県神戸市灘区青谷町 2-7-1
TEL 078-801-4117 FAX 078-801-3553
URL https://www.kaisei.ac.jp

●**入学時期** 4月

●**募集学部（学科）・募集人員**

現代人間学部（英語観光学科、心理こども学科）
……………………各学科若干名

●**出願資格・条件**

次の条件のいずれかに該当し、授業を受けるに足る日本語の能力を有している女子

(1) 外国における学校教育 12 年の課程を修了した者、又は 2021 年 3 月までに修了見込みの者で、最終学年を含み継続して 2 年以上外国の学校に在学し、帰国後原則として 1 年未満の者
(2) 外国の高等学校の卒業者ではないが、中学校・高等学校もしくは中等教育学校を通じ、3 年以上継続して外国で教育を受け、2021 年 3 月に日本の高等学校もしくは中等教育学校を卒業見込みの者で、帰国後原則として 1 年未満の者
(3) その他本学が認めた者　例）・外国において国際バカロレア事務局から国際バカロレア証書を授与された者・ドイツ連邦共和国のアビトゥア資格を有する者・フランス共和国のバカロレア証書を授与された者　等

●**出願書類**

・入学志願票・受験票・写真票・履歴書（本学所定用紙）・成績証明書（外国で就学していた教育機関において作成・発行したもの）・出身学校の卒業証明書又は卒業見込証明書（出身学校において作成・発行したもの）・滞在証明書（外国に滞在していたことを証明する在外公館等の発行する書類、又はこれに準ずるもの）・調査書（開封無効 ※出願資格 (2) のみ）・英検 2 級相当以上の資格のある者は、資格取得認定の証明書及び申請書の提出で授業料免除の制度あり

●**日程等**

区分	出願	試験	発表	選抜方法
前期	10/26～11/18	11/22	11/27	小論文、面接
後期	1/5～20	1/24	1/29	

※選抜方法
・小論文（60 分。与えられたテーマに関して日本語で記述する）
・面接（個人面接）

●**応募状況**

年度＼人数	募集人員	出願者	受験者	合格者	入学者
2019	若干名	0	0	0	0
2020	若干名	0	0	0	0

入

私立 共学

神戸学院大学
（こうべがくいん）

〒651-2180 （担当：入学・高大接続センター）
兵庫県神戸市西区伊川谷町有瀬 518
TEL 078-974-1972 FAX 078-976-7294
URL https://www.kobegakuin.ac.jp/

●**入学時期** 4月

●**募集学部（学科・専攻・コース）・募集人員**

文系…法学部……………………………………………2 名
経済学部、経営学部、人文学部、心理学部、現代社会学部、総合リハビリテーション学部（社会リハビリテーション学科）、グローバル・コミュニケーション学部（英語コース・中国語コース）………各学部・学科・コース若干名
理系…栄養学部、薬学部……………………………各学部若干名

●**出願資格・条件**

日本国籍を有する者、あるいは日本に永住する外国人で、次の条項のいずれかに該当

(1) 外国での学校教育 12 年の課程で、最終学年を含み 2 年以上継続して学校に在籍し、2019.4.1 ～ 2021.3.31 までに卒業（修了）または卒業（修了）見込みの者
(2) 外国における学校教育 12 年の課程のうち、中・高を通じて 3 年以上継続して外国で教育を受け、帰国後わが国の高校に編入し、2 年未満在籍して 2019.4.1 ～ 2021.3.31 までに卒業または卒業見込みの者
(3) 中・高を通じ数カ年継続して外国で教育を受け、海外子女教育振興財団の定める帰国生の受け入れを主たる目的として設置された高等学校に編入し、2021.3.31 までに卒業（修了）見込みの者
(4) 文部科学省が高等学校の課程に相当する課程を有するものとして指定もしくは認定した在外教育施設の当該課程を 2019.4.1 ～ 2021.3.31 までに卒業または卒業見込みの者
(5) 国際バカロレア資格を取得した者
(6) アビトゥア資格を有する者
(7) 前項までの各項と同等以上の資格があると本学が認めた者（出願資格認定のため、出願書類を 2020.10.9 までに提出すること）

●**出願書類**

入学試験志願票・最終出身学校の卒業（修了）証明書または卒業（修了）見込証明書・最終出身学校の校長または指導を受けた教員の推薦書・履歴書・志望理由書（グローバル・コミュニケーション学部のみこれに代えて自己調査書）・学業成績証明書など　※詳細は入試要項参照

●**日程等**

区分	出願	試験	発表	選抜方法
A	11/6～18	12/5	12/9	書類審査、筆記審査＊、面接
B	1/13～21	2/10	2/19	

A：全学部、 B：法、現代社会、グローバル・コミュニケーション学部のみ
※本人が有瀬キャンパスまたはポートアイランド第 1 キャンパスに来学して出願すること
＊法、経済、経営、人文、心理、現代社会、総合リハビリテーション、薬学部は小論文（日本語）と面接。
グローバル・コミュニケーション、栄養学部は英語と小論文（日本語）と面接。

●**応募状況**

年度＼人数	募集人員	出願者	受験者	合格者	入学者
2019	若干名	3	1	0	0
2020	若干名	3	3	1	1

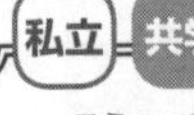
◀神戸芸術工科大学学生専用マンション

神戸芸術工科大学
（こうべげいじゅつこうか）

〒 651-2196　（担当：広報入試課）
兵庫県神戸市西区学園西町 8-1-1
TEL 078-794-5039(直)　FAX 078-794-5027
フリーダイヤル 0120-514-103
URL https://www.kobe-du.ac.jp/

●入学時期　4月

●募集学部（学科）・募集人員

芸術工学部（環境デザイン学科、プロダクト・インテリアデザイン学科、ビジュアルデザイン学科、映像表現学科〔デジタルクリエーションコース、映画コース、アニメーションコース〕、まんが表現学科、ファッションデザイン学科、アート・クラフト学科）……若干名

●出願資格・条件

日本国籍を有する者、あるいは日本に永住する外国人（在留資格が「出入国管理及び難民認定法」別表第2に定める「永住者」他）で、下記の項目のいずれかに該当する者

(1) 外国における高等学校に1年6ケ月以上継続して在学し、学校教育における12年の課程（日本における通常の課程による学校教育の期間を含む）を2020.4.1から2021.3.31までに卒業（修了）した者、または卒業（修了）見込の者で、かつ日本の高等学校の在籍期間が2年未満の者。

(2) 外国において学校教育における12年の課程を修了した者、または2021年3月修了見込みの者。

(3) 外国の大学入学資格である国際バカロレア資格、アビトゥア資格、バカロレア資格、GCEAレベル資格のいずれかを有し、資格取得後の経過年数が本学入学（2021年4月1日）時点で1年未満である者。

●出願書類

・インターネット志願票・履歴書・志望理由書・出身高等学校の卒業（修了）証明書または卒業（修了）見込証明書（または外国における大学入学資格を取得したことを証明する書類）・高等学校在学全期間の成績証明書（外国における大学入学資格試験の成績評価証明書）

●日程等

出願	試験	発表	選抜方法
11/16～26	12/5	12/11	書類審査、表現力試験（持参作品）、面接 ※上記項目を総合評価

※映像表現学科の募集はコースごとに行う

●応募状況

年度＼人数	募集人員	出願者	受験者	合格者	入学者
2019	若干名	1	1	1	1
2020	若干名	1	1	1	0

●備考

進学相談：平日 9:00 ～ 17:30　土曜 9:00 ～ 17:00

私立　共学

神戸国際大学
（こうべこくさい）

〒 658-0032　（担当：入試広報センター）
兵庫県神戸市東灘区向洋町中 9-1-6
TEL 078-845-3131　FAX 078-845-3600
URL http://www.kobe-kiu.ac.jp/

●入学時期　4月

●募集学部（学科）・募集人員

経済学部（経済経営学科）……………………………20名
　　　　（国際文化ビジネス・観光学科）……………17名
リハビリテーション学部（理学療法学科）…………12名
※ AO入試〔学費減免型〕〔スタンダード型〕〔スポーツ型〕〔マネージャー型〕で受け入れる。「帰国子女特別選抜」は行わない。下記の説明は、帰国子女に関連する部分。詳しくは募集要項を参照のこと

●出願資格・条件

(1) 下記の①～③のいずれかに該当する者
①高等学校を卒業した者、および2021年3月卒業見込の者。
②通常の課程による12年の学校教育を修了した者、および2021年3月修了見込の者。
③学校教育法施行規則第69条の規定により、高等学校を卒業した者と同等以上の学力があると認められる者、および2021年3月31日までにこれに該当する者。該当者は以下のとおり。
・外国において学校教育における12年の課程を修了した者、および2021年3月31日までに修了見込の者、またこれらに準ずる者で文部科学大臣の指定した者。
・文部科学大臣が高等学校の課程と同等の課程を有するものとして認定した在外教育施設の当該課程を修了した者、および2021年3月31日までに修了見込の者。
・文部科学大臣の指定した者。
・高等学校卒業程度認定試験規則により、文部科学大臣が行う高等学校卒業程度認定試験に合格した者、および2021年3月31日までに合格見込の者。（または大学入学資格検定合格者）
・文部科学省が大学入学資格を認めた専修学校高等課程の修了者、および2021年3月修了見込の者。〔大学入学資格が付与された年度以後の修了（見込）者〕
・その他、相当の年齢に達し、高等学校を卒業した者と同等以上の学力があると本学が認めた者。
(2) 本学を専願する者に限る
(3) 高校時代に校内で・校外で2年以上スポーツ活動に取り組んでいた者。（AO入試〔スポーツ型〕のみ）
(4) 高校時代に校内・校外で2年以上クラブ団体のマネージャー活動に取り組んでいた者（AO入試〔マネージャー型〕のみ）

●出願書類

・志願票・写真票・調査書・大学入学希望理由書など

●日程等

区分	出願登録期間	持参受付日	試験	発表	選抜方法
Ⅰ期	10/1～16	10/17	10/25	11/3	※
Ⅱ期	11/23～12/4	12/5	12/13	12/22	

※【経済学部・リハビリテーション学部】
①基礎学力テスト（2科目）
試験科目：外国語（コミュニケーション英語Ⅰ・Ⅱ及び英語表現Ⅰ）、国語（国語総合）、数学（数学Ⅰ・A）のうち2科目選択
＊数学Aは「場合の数と確率」・「整数の性質」・「図形の性質」より2問選択問題となります。
＊国語総合は古文・漢文除く。
②面接　③評定平均値

入

私立 女子 寮

神戸松蔭女子学院大学
（こうべしょういんじょしがくいん）

〒657-0015 （担当：入試・広報課）
兵庫県神戸市灘区篠原伯母野山町1-2-1
TEL 078-882-6123 FAX 078-882-6343
URL https://www.shoin.ac.jp/

●入学時期 4月

●募集学部（学科）・募集人員

教育学部（教育学科〈幼児教育専修、学校教育専修〉）、文学部（英語学科〈英語プロフェッショナル専修・グローバルコミュニケーション専修〉、日本語日本文化学科）、人間科学部（都市生活学科〈都市生活専修・食ビジネス専修〉、食物栄養学科、ファッション・ハウジングデザイン学科、心理学科、）………各若干名

●出願資格・条件

外国で学んだ者で、本学の授業を受けるに十分な日本語能力を有し、以下の条件をすべて満たす女子

①国内外において学校教育における12年の課程を修了した者（見込者）およびそれに準ずる者で本学が適当と認めた者

②外国における高等学校在学期間が1年6カ月以上であること

③帰国後、本学の入試日までの期間が1年6カ月未満であること

●出願書類

・志願票（本学所定）・外国の高等学校を卒業または卒業見込みの者は当該高等学校の成績証明書および卒業（修了）証明書または卒業（修了）見込証明書・日本の高等学校を卒業または卒業見込みの者は日本の当該高等学校の調査書・学業経歴書（本学所定）・本人の帰国年月日を証明できる書類（例えばパスポートの写し）

●日程等

出願	試験	発表	選抜方法
10/12～30	11/8	11/14	基礎学力試験※（マークセンス方式）、面接試問、書類審査

※英語学科は英語。日本語日本文化学科は英語・国語から1教科。教育学科、都市生活学科、ファッション・ハウジングデザイン学科、心理学科は英・国・理・数から1教科。食物栄養学科は理科。

●応募状況

年度＼人数	募集人員	出願者	受験者	合格者	入学者
2019	若干名	1	1	0	0
2020	若干名	1	1	1	1

●備考

入試の詳細は、入試・広報課までお問い合わせ下さい

入

私立 女子 寮

神戸親和女子大学
（こうべしんわじょし）

〒651-1111 （担当：アドミッションセンター）
兵庫県神戸市北区鈴蘭台北町7-13-1
TEL 078-591-5229(直) FAX 078-591-7960
フリーダイヤル 0120-864024
URL https://www.kobe-shinwa.ac.jp/
E-mail: nyushi@kobe-shinwa.ac.jp

●入学時期 4月

●募集学部（学科）・募集人員

文学部（国際文化学科、心理学科）、
発達教育学部（児童教育学科、ジュニアスポーツ教育学科）
………………各学部各学科若干名

●出願資格・条件

日本国籍を有する者あるいは日本に永住する外国人で、次の全項目に該当する女子

(1) 外国の高等学校（文部科学大臣が高等学校の課程に相当する課程を有するものとして指定した在外教育施設を含む）に2年以上在学した者で、出願時において帰国後2年未満の者

(2) 国内および国外において、通算12年の学校教育の課程を修了した者および修了見込みの者

(3) 大学教育を受けるのに必要な日本語の能力を有する者

●出願書類

・写真1枚
・卒業証明書（厳封）
・成績証明書または調査書（厳封）
・出入国期日が明記されているパスポートの写し
・自己経歴書・志望理由書（本学所定用紙※アドミッションセンターに請求するか本学ホームページからダウンロード。写真が別途1枚必要）

●日程等

出願	試験	発表	選抜方法
1/5～20	1/29	2/5	小論文、面接

※小論文と面接は日本語によることとし、日本語運用能力も審査する

●応募状況

年度＼人数	募集人員	出願者	受験者	合格者	入学者
2019	若干名	0	0	0	0
2020	若干名	0	0	0	0

流通科学大学

〒651-2188　　（担当：入試部）
兵庫県神戸市西区学園西町 3-1
TEL 078-794-2231　FAX 078-794-2036
URL https://www.umds.ac.jp/

●入学時期　4月

●募集学部（学科）・募集人員

商学部（マーケティング学科、経営学科）、経済学部（経済学科、経済情報学科）、人間社会学部（人間社会学科、観光学科、人間健康学科）……………………各学科若干名
（志願者が多ければ積極的に受け入れる）

●出願資格・条件

(1) 日本国籍を有し、外国において学んだ者で、次のいずれかに該当する者
①学校教育における 12 年の課程を修了した者および修了見込みの者で、中学校から高等学校の間に 2 年以上継続して外国で教育を受けた者。または小学校から高等学校の間に、通算 4 年以上外国で教育を受けた者
②国際バカロレア資格またはアビトゥア資格を有する者で、2021 年 3 月 31 日までに 18 歳に達する者
(2) 中国引揚者の子女（日本に永住権または定住権を持つ者）で、学校教育における 12 年の課程を修了した者および 2021 年 3 月 31 日までに修了見込みの者

※資格・条件の詳細については入試課へ問い合わせること

●出願書類

・入学願書一式・出身学校の卒業（修了）証明書または卒業（修了）見込証明書・最終卒業（修了）学校の成績証明書・IB 資格を取得した者は IB ディプロマの写しと IB 最終試験 6 科目の成績評価証明書・アビトゥア資格を取得した者はその証明書と成績証明書・志望理由書・海外在留証明書

●日程等

区分	出願	試験	発表	選抜方法
A	10/27～11/10	11/21	12/1	小論文、面接、出願書類
B	2/8～3/2	3/10	3/17	

※ A．前期型、B．後期型

●応募状況

年度＼人数	募集人員	出願者	受験者	合格者	入学者
2019	若干名	0	0	0	0
2020	若干名	0	0	0	0

私立　女子

園田学園女子大学

〒661-8520　　（担当：入試広報部）
兵庫県尼崎市南塚口町 7-29-1
TEL 06-6429-9903　FAX 06-6429-5433
URL http://www.sonoda-u.ac.jp

●入学時期　4月

●募集学部（学科）・募集人員

人間健康学部……………………………………各学科若干名
人間教育学部……………………………………各学科若干名

●出願資格・条件

下記のいずれにも該当する女子
(1) 外国の学校に 1 年以上在学した者
(2) 国内および国外において、学校教育 12 年以上の課程を修了した者、またはこれに準ずるとして本学が認めた者

●出願書類

・入学願書一式・最終学校の卒業（見込）証明書・最終学校の成績証明書・健康診断書（出願前 3 カ月以内に受診したもの）
・高等学校卒業程度認定試験または大学入学資格検定の合格者は「合格証明書」「合格成績証明書」を提出

●日程等

出願	試験	発表	選抜方法
10/5～26	11/1	11/6	書類審査、小論文（800 字）、面接

●応募状況

年度＼人数	募集人員	出願者	受験者	合格者	入学者
2019	若干名	0	0	0	0
2020	若干名	0	0	0	0

私立 共学

甲子園大学（こうしえんだいがく）

〒665-0006　（担当：入試企画室）
兵庫県宝塚市紅葉ガ丘 10-1
TEL 0797-87-2493　FAX 0797-87-1022
URL http://www.koshien.ac.jp

●入学時期　4月

●募集学部（学科）・募集人員

心理学部（現代応用心理学科）……………………若干名
※募集人員は社会人・外国人留学生を含む

●出願資格・条件

日本の国籍を有し、海外で学校教育を受け（中国在留日本人孤児を含む）、次の各項のいずれかに該当し、大学教育を受けるのに充分な日本語の能力を有する者

(1) 外国の高等（中等教育）学校を卒業（修了）または卒業（修了）見込みの者。外国の正規の教育制度に基づく教育機関において、最終学年を含め1年以上継続して学校教育を受け、12年の課程（日本における通常の課程による学校教育の期間を含む）を卒業（修了）見込みの者または卒業（修了）して2年以内の者

(2) 文部科学大臣が高等学校の課程と同等の課程を有するものとして認定した在外教育施設の当該課程を修了した者および2021年3月までに修了見込みの者

(3) 日本の高等（中等教育）学校を2021年3月に卒業した者および2021年3月卒業見込みの者で、次のいずれかに該当する者
　①高等（中等教育）学校において1年以上継続して外国の教育を受け、帰国後の在籍期間が2年以内の者
　②通算6年以上または継続して4年以上外国の教育を受け、帰国後の在籍期間が4年以内の者

(4) 国際バカロレア資格を取得し、2021年4月1日までに満18歳に達する者

(5) その他特に本学が上記の条件と同等と認めた者

●出願書類

・入学志願票等・調査書またはこれに代わる証明書類（卒業証明書および成績証明書で出身高等学校長が証明し厳封したもの。外国の学校の場合、原本および日本語訳を提出）・履歴書（所定用紙）・志望理由書（所定用紙）

●日程等

区分	出願	試験	発表	選抜方法
前期	10/1～19	10/28	11/6	書類審査、小論文、面接
後期	1/25～2/9	2/19	3/2	

●応募状況

年度＼人数	募集人員	出願者	受験者	合格者	入学者
2019	若干名	0	0	0	0
2020	若干名	0	0	0	0

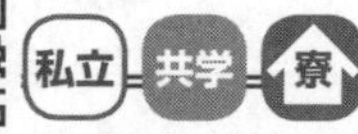

関西学院大学（かんせいがくいんだいがく）

＜西宮上ケ原キャンパス＞　（担当：入試課）
〒662-8501
兵庫県西宮市上ケ原一番町 1-155
TEL 0798-54-6135　FAX 0798-51-0915
URL https://www.kwansei.ac.jp/

●入学時期　4月

●募集学部（学科）・募集人員　神学部、社会学部、法学部、経済学部、商学部、人間福祉学部、教育学部、総合政策学部、理学部※、工学部※、生命環境学部※、建築学部※…各若干名、文学部、国際学部…10名
※2021年4月開設

●出願資格・条件　次の①②③の要件をすべて満たす者

①日本国籍を有する者、あるいは日本に永住する外国人
②国の内外を問わず、学校教育における12年以上の課程を修了（見込み）の者、あるいは上記と同等以上の学力があると本学が認めた者
③神学部、文学部、社会学部、法学部、経済学部、商学部、人間福祉学部、教育学部、理学部※、工学部※、生命環境学部※、建築学部※は1、2のいずれかに該当（※2021年4月開設）
　1. 外国の中等教育機関に最終学年を含み継続して2学年以上在学し、2019.4.1から2021.3.31までに卒業（見込み）の者
　2. 外国の中等教育機関に継続して2学年以上在学し、帰国後、日本の高等学校に編入し2021.3.31までに卒業（見込み）の者。ただし、外国の中等教育機関の最終在籍日が2019.4.1以降。
　総合政策学部・国際学部は、1～4のいずれかに該当
　　1. 外国の中等教育機関に最終学年を含み継続して2学年以上在学し、2021.3.31までに卒業（見込み）の者
　　2. 外国の中等教育機関に継続して2学年以上在学し、帰国後、日本の高等学校の2年次または3年次に編入し、2021.3.31までに卒業（見込み）の者
　　3. 外国の中等教育機関に通算して4学年以上在学し、2021.3.31までに卒業（見込み）の者
　　4. 外国の初等・中等教育機関に通算して6学年以上在学し、2021.3.31までに卒業（見込み）の者

※外国に設置された高校で、日本の学校教育法に準拠した教育を実施している学校に在籍した者は、その期間を外国で学校教育を受けた期間とはみなさない。学部によりその他の条件もあるので必ず募集要項を参照し確認すること

●出願書類　募集要項で確認のこと

●日程等

区分	出願	審査日	発表	2次審査日	2次発表
社会学部 経済学部 商学部 人間福祉学部 国際学部	9/1～11	10/4	10/9	－	－
文学部	9/1～11	10/4	10/9	10/17	11/2
教育学部	9/1～11	10/4	－	10/17	11/2
神学部 法学部	9/1～11	10/17	11/2	－	－
総合政策学部	9/1～11	9/26	10/2	－	－
理学部 工学部 生命環境学部 建築学部	9/18～30	10/17	10/21	10/31	11/16

※選抜方法は各学部で異なります。詳細は募集要項で確認。

●応募状況（4月入学のみ）

年度＼人数	募集人員	出願者	受験者	合格者	入学者
2019	若干名+35	87	85	50	－
2020	若干名+35	135	125	89	－

神戸女学院大学

こうべじょがくいん

〒662-8505 （担当：入学センター）
兵庫県西宮市岡田山 4-1
TEL 0798-51-8543 FAX 0798-51-8583
URL https://www.kobe-c.ac.jp/

●入学時期 4月

●募集学部（学科）・募集人員

文学部（英文学科、総合文化学科）、人間科学部（心理・行動科学科、環境・バイオサイエンス学科）…………各若干名

●出願資格・条件

外国で学校教育を受けた者で、次の各項のいずれかに該当する女子（外国に設置されている学校でも文部科学大臣の認定した在外教育施設に在籍していた者については、その期間を外国において学校教育を受けた期間とはみなさない）

(1) 外国において、学校教育における 12 年の課程を 2020 年 4 月から 2021 年 3 月末までに修了した者および修了見込みの者で、最終学年を含めて 2 年以上継続して外国の学校に在籍した者、またはこれらに準ずる者で文部科学大臣の指定した者
(2) 国際バカロレア資格またはアビトゥア資格を有し、原則として上記 (1) に準ずる者
(3) 外国において、学校教育における 12 年の課程を通じ、継続して 2 年以上外国の学校に在籍し、引き続き日本の高等学校等の 2 年生以上に編入学し、2021 年 3 月末までに卒業見込みの者

※出願資格について疑問がある場合は、事前に入学センターまで問い合わせのこと。
※ TOEFL、TOEIC あるいは IELTS をあらかじめ受験し、スコアを提出すること（環境・バイオサイエンス学科を除く)。TOEFL (iBT45 点、ITP453 点)、TOEIC450 点、IELTS4.5（英文）/4.0（総合文化、心理・行動科学）以上であること。スコアは出願締切日を基準に、取得後 1 年以内のものとする（IP も可）

●出願書類

志願票・高等学校の卒業証明書または卒業見込証明書・高等学校 3 年間の成績証明書（日本の高等学校に在籍したことのある場合は当該高等学校長の作成した調査書または成績証明書も併せて提出）・出身学校長または教員の推薦書・IB 資格取得者は・IB 最終試験の成績評価証明書および DIPLOMA ※その他は入試要項参照

●日程等

出願	試験	発表	選抜方法
10/13～23 (消印有効) 海外から郵送の場合は 10/23 必着	11/14	11/20 (郵送)	学科別小論文※、面接

※英文学科を除く。環境・バイオサイエンス学科は英文読解を含む

●応募状況

年度＼人数	募集人員	出願者	受験者	合格者	入学者
2019	若干名	1	1	1	1
2020	若干名	3	2	1	0

私立 共学

姫路獨協大学

ひめじどっきょう

〒670-8524 （担当：入試センター）
兵庫県姫路市上大野 7-2-1
TEL 079-223-6515 FAX 079-223-6508
URL http://www.himeji-du.ac.jp/

●入学時期 4月

●募集学群（学類）・学部（学科）・募集人員

人間社会学群（国際言語文化学類、現代法律学類、産業経営学類）……………………………………………………10 名

※上記の募集人員は社会人入試・外国人留学生特別選抜を含む

●出願資格・条件

日本国籍を有する者、あるいは日本に永住する外国人（在留資格が出入国管理及び難民認定法に定める「永住者」）で、次の各号のいずれかに該当する者

(1) 学校教育における 12 年の課程のうち、外国において最終学年を含めて 2 年以上継続して在学し、2019 年 4 月 1 日から 2021 年 3 月 31 日までに修了又は修了見込みの者
(2) スイス民法典に基づく財団法人である国際バカロレア事務局が授与する国際バカロレア資格を 2019 年度又は 2020 年度に授与された者
(3) フランス共和国において大学入学資格として認められているバカロレア資格を 2019 年度又は 2020 年度に授与された者
(4) ドイツ連邦共和国の各州において大学入学資格として認められているアビトゥア資格を 2019 年度又は 2020 年度に授与された者
(5) 中・高等学校を通じて 2 年以上外国の学校で教育を受け、帰国後日本の高等学校を 2019 年 4 月 1 日から 2021 年 3 月 31 日までに卒業又は卒業見込みの者。ただし、日本の高等学校における 2021 年 3 月 31 日までの在学期間が原則として 1 年半を超えない者
(6) 本学において、「個別の入学資格審査」により、高等学校を卒業した者と同等以上の学力があると認めた者

※外国に設置されたものであっても、日本の学校教育法に準拠した教育を行う学校にあっては、その在学期間は外国において学校教育を受けた期間とはみなさない

●出願書類 ・入学願書・写真（1 枚）・出身学校長が作成した卒業・修了（見込）証明書・出身学校長が作成した成績証明書・国際バカロレア、バカロレア、アビトゥア資格証明書の写し等・推薦書

●日程等

区分	出願	試験	発表	選抜方法
前期	11/16～12/2	12/12	12/21	書類審査、小論文、面接
後期	1/22～2/10	2/20	3/1	

※出願期間の最終日のみ窓口出願可

●応募状況

年度＼人数	募集人員	出願者	受験者	合格者	入学者
2019	10	0	0	0	0
2020	10	0	0	0	0

入

私立 共学

帝塚山大学

〒631-8585 （担当：学生生活課（国際交流））
奈良県奈良市学園南 3-1-3
TEL 0742-41-4303 FAX 0742-88-6031
URL http://www.tezukayama-u.ac.jp/

●入学時期 4月

●募集学部（学科）・募集人員

文学部、経済経営学部、法学部、心理学部、現代生活学部、教育学部 ……………………………… 各若干名

●出願資格・条件

日本国籍を有する者で、次の(1)～(5)のいずれかに該当する者。2021.4.1までに満18歳以上である必要はない

(1) 外国の高校に1年以上継続して在学し、外国の高校を2019.4.1～2021.3.31までに卒業（修了）した者および卒業（修了）見込みの者。ただし、日本国内における学校の在学歴がない者は除く

(2) 外国の高校に1年以上継続して在学し、日本の高校（文部科学大臣の指定した帰国生徒の受け入れを主たる目的として設置された高校またはこれに準じる教育機関を含む）を2019.4.1～2021.3.31までに卒業した者及び卒業見込みの者

(3) 通算6年以上または継続して3年以上外国で教育を受け、帰国後の日本の高校の在籍期間が3年以内の者で、2019.4.1～2021.3.31までに卒業した者及び卒業見込みの者

(4) 外国で、国際的に認められる「大学入学資格検定」相当の資格を2019.4.1～2021.3.31までに取得した者及び取得見込みの者

(5) 前項までの各項と同等以上の資格があると本学が認めた者

※外国の高校には、文部科学大臣が高校の課程と同等の課程または相当する課程を有するものとして、認定または指定した在外教育施設を含む。

●出願書類

・志願票・志望理由書・履歴等調書・最終出身校の卒業（修了）証明書または卒業（修了）見込証明書・高校における在学全期間の学業成績証明書・日本の高校を卒業（見込）の場合は調査書・出願資格(4)に該当する者は、資格取得証明書および成績証明書・本人確認できる書類

●日程等

区分	出願	試験	発表	選抜方法
前期	2020/10/22～11/2	11/28	12/4	書類審査、面接
後期	2021/1/12～21	2/16	2/26	

●応募状況

年度＼人数	募集人員	出願者	受験者	合格者	入学者
2019	若干名	0	0	0	0
2020	若干名	3	1	1	1

●備考 入学試験実施の詳細については学生生活課（国際交流）まで照会すること

入

私立 共学 寮

天理大学

〒632-8510 （担当：入学課）
奈良県天理市杣之内町 1050
TEL 0743-62-2164 FAX 0743-63-7368
URL https://www.tenri-u.ac.jp/

●入学時期 4月

●募集学部（学科）・募集人員

人間学部、文学部、国際学部（地域文化学科日本研究コースを除く）、体育学部 ………各学科・専攻若干名

●出願資格・条件

日本国籍を有する者、または日本国の永住許可を得ている者で、次の各号の一に該当する者

(1) 外国において高等学校に2年以上継続して在学した者で、外国の高等学校を2019.4.1から2021.3.31までに卒業・修了（見込）の者

(2) 外国において高等学校に2年以上継続して在学した者で、日本の高等学校を2020年3月から2021年3月までに卒業（見込）の者

(3) 通算6年以上または継続して4年以上外国で教育を受け、帰国後日本の高等学校での在籍期間が3年以内の者で、2020年3月から2021年3月までに卒業・修了（見込）の者

(4) 国際バカロレア資格、アビトゥア資格、バカロレア資格のいずれかを2019年または2020年に取得した者で、18歳（2021.4.1現在）に達した者

(5) その他、上記(1)ないし(4)と同等以上の資格を有すると本大学が認めた者（なお、前記(5)により出願を希望する者は、2020.9.18～2020.9.30までに個別の入学資格審査を行う※事前に問い合わせること）

●出願書類

・志願書・志願理由書・最終出身学校の卒業（修了）証明書または卒業（修了）見込証明書（出願資格(4)による出願者は同資格証書の写し）・調査書（外国の高等学校卒業者および卒業見込みの者にあっては学業成績証明書、出願資格(4)による出願者は同資格成績証明書）・競技成績証明書（体育学部志願者のみ）

※英文または日本文以外のものは日本文の翻訳を添付

●日程等

出願	試験	発表	選抜方法
10/23～30	11/19	12/1	課題小論文（日本語）、面接

●応募状況

年度＼人数	募集人員	出願者	受験者	合格者	入学者
2019	若干名	2	2	1	1
2020	若干名	0	0	0	0

岡山理科大学（おかやまりか）

〒700-0005　（担当：入試広報部）
岡山県岡山市北区理大町 1-1
TEL 086-256-8415　FAX 086-256-9750
URL https://www.ous.ac.jp/

●**入学時期**　4月

●**募集学部（学科）・募集人員**

理学部、工学部、総合情報学部、生物地球学部、教育学部、経営学部、獣医学部 ……………………………各若干名

●**出願資格・条件**

保護者の海外勤務等の事情により外国の学校教育を2年以上受けた者で次のいずれかに該当する者

(1) 学校教育における12年の課程のうち、外国において最終学年を含む課程に2年以上継続して在学し、2019.4.1から2021.3.31までに卒業した者および卒業見込みの者。外国に設置されたものであっても、日本の学校教育法に準拠した教育を行っている学校に在学して教育を受けた期間は算入しない

(2) 日本の高等学校（中等教育学校の後期課程を含む）を2021年3月卒業見込みの者のうち、中・高等学校を通じて3年以上外国の学校に在籍し、かつ日本の高等学校在籍期間が2年未満の者

(3) 国際バカロレア、アビトゥア、バカロレア、ジェネラル・サーティフィケート・オブ・エデュケーション・アドバンスト・レベル資格を有すること

●**出願書類**

・入学願書・基礎資料・成績証明書・卒業証明書・経歴書

●**日程等**

区分	出願	試験	発表	選抜方法
前期	9/1～18	10/3	10/22	書類審査、面接、試問（面接に含む学科あり）
後期	1/12～29	2/18	2/27	

※入試会場は獣医学部は今治キャンパス、獣医学部以外は岡山キャンパス。

※外国語で書かれた証明書等は、日本語の翻訳を添付すること

●**応募状況**

年度＼人数	募集人員	出願者	受験者	合格者	入学者
2019	若干名	3	3	2	1
2020	若干名	1	1	0	0

●**備考**

出願にあたっては入試広報部まで相談のこと
E-MAIL：nyushi@office.ous.ac.jp

私立　共学

就実大学（しゅうじつ）

〒703-8516　（担当：入試課）
岡山県岡山市中区西川原 1-6-1
TEL 086-271-8118　FAX 086-271-8260
URL https://www.shujitsu.ac.jp

●**入学時期**　4月

●**募集学部（学科）・募集人員**

人文科学部（表現文化学科、実践英語学科、総合歴史学科）、教育学部（初等教育学科、教育心理学科）、経営学部（経営学科） ……………………………各若干名

●**出願資格・条件**

日本国籍を有し、外国において学んだ者で、次の各項のいずれかに該当する者

(1) 外国における高等学校に原則として2年以上在学した者で、出願時に学校教育12年の課程を修了した者、または修了見込みの者。ただし修了してのち1年未満であること（外国に設置されたものであっても、日本の学校教育法に準拠した教育を施している学校に在学した者については、その期間を、外国において学校教育を受けたものとはみなさない）

(2) 国際バカロレア資格を授与され、2021.4.1までに満18歳に達する者で、資格を授与されてのち1年未満であること

(3) アビトゥア資格を有する者で、2021.4.1までに満18歳に達する者。ただし資格を授与されてのち1年未満であること

●**出願書類**

・入学志願票・受験票・高等学校の卒業・修了（見込）証明書・出身中学校、高等学校在学全期間の成績証明書・IB資格取得者はIB最終試験6科目の成績評価証明書およびIB資格証明書の写し・アビトゥア資格取得者は一般的大学入学資格証明書の写し

●**日程等**

区分	出願	試験	発表	選抜方法
一期	9/15～23	10/4	10/9	小論文、面接 書類審査
二期	2/9～19	2/27	3/3	

●**応募状況**

年度＼人数	募集人員	出願者	受験者	合格者	入学者
2019	若干名	0	0	0	0
2020	若干名	1	1	0	0

私立 女子

ノートルダム清心女子大学

(せいしんじょし)

〒700-8516　(担当：入試広報部)
岡山県岡山市北区伊福町 2-16-9
TEL 086-255-5585　FAX 086-255-4117
URL https://www.ndsu.ac.jp/

●入学時期　4月

●募集学部（学科）・募集人員

文学部、人間生活学部……………………各学科若干名

●出願資格・条件

日本国籍を有し、保護者の海外在留に伴い海外で教育を受け、次のいずれかに該当する女子

(1) 外国の高校に原則2年以上在学し、出願時までに学校教育12年の課程を修了（見込）の者。ただし修了して1年未満

(2) 国際バカロレア、アビトゥアまたはバカロレア資格を有し18歳に達した者

(3) 外国の高校卒業者ではないが中高を通じ数か年継続して外国で教育を受け、2021年3月日本の高校卒業見込みで、帰国後2021.3.31までの在籍期間が原則1年半未満の者、および帰国子女受け入れを主目的に設置された高校、およびこれに準ずる高校に編入学した者

※（1）保護者の帰国後、引き続き海外に単身で残り上記出願資格を得た者は、残留期間が3か月以内の者に限り出願資格を認める（2）外国の学校教育において飛び級・繰り上げ卒業で通常課程を12年を満たさず卒業した場合も出願資格を認める（3）文部科学大臣が高校の課程と同等の課程を有するものとして指定した在外教育施設の当該課程修了（見込）者は原則として出願資格は認めない

●出願書類

入学志願票・健康診断書・学歴・海外在留証明書・卒業（修了）証明書または同見込証明書（厳封されたもの）・IB資格取得者はIB最終試験6科目の成績評価証明書とDIPLOMAの写し・アビトゥア資格またはバカロレア資格取得者は成績評価証明書・その他当該国実施の大学入学資格試験、又は統一試験の成績評価証明書等・出身中高在学全期間の学業成績証明書（厳封されたもの）※日本文・英文以外は和訳・英訳を添付

●日程等

出願	試験	発表	選抜方法
9/15～28	10/24	11/2	小論文※、面接

※各学科共通試験の小論文（海外在留経験に基づき解答する内容の論述式試験）と、各学科別試験の小論文（基礎学力問題を含む）がある

●応募状況

年度＼人数	募集人員	出願者	受験者	合格者	入学者
2019	若干名	0	0	0	0
2020	若干名	0	0	0	0

私立 共学

比治山大学

(ひじやま)

〒732-8509　(担当：入試広報室)
広島県広島市東区牛田新町 4-1-1
TEL 082-229-0150　FAX 082-229-8603
URL https://www.hijiyama-u.ac.jp/

●入学時期　4月

●募集学部（学科）・募集人員

現代文化学部（言語文化学科、マスコミュニケーション学科、社会臨床心理学科、子ども発達教育学科）、健康栄養学部（管理栄養学科）……………………各若干名

●出願資格・条件

日本国籍を有し、次のいずれかに該当する者

(1) 外国において、学校教育における12年の課程（日本における通常の課程による学校教育の期間を含む）を2019.4.1から2021.3.31までに卒業・修了（もしくは見込）の者で、最終学年を含め原則として2年以上継続して正規の教育制度に基づく学校教育を外国において受けている者

(2) 外国において、原則として2年以上継続して正規の中等教育（中学校または高等学校に対応する学校における教育）を受け、日本の高等学校の第2学年もしくは第3学年に編入学を認められた者で、2021年3月に卒業見込みの者

(3) 国際バカロレア資格、アビトゥア資格、バカロレア資格またはジェネラル・サーティフィケート・オブ・エデュケーション・アドバンスト・レベル資格のいずれかを2019年または2020年に取得した者

※（1）(2) にいう「原則として2年以上」の期間には、在外日本人学校で日本の学校教育法に準拠した教育を受けた在学期間は算入されない

●出願書類

・入学志願書一式・最終出身学校の卒業・修了（もしくは見込）証明書＊・出身学校長が作成した高等学校3年間の成績証明書＊（日本の高等学校に在学したことがある場合には調査書をあわせて提出）（IB資格・アビトゥア資格・バカロレア資格・GCEAレベル資格を取得した者は資格証明書と成績証明書を提出）・最終出身学校長作成の推薦書＊

＊英語以外の外国語の場合、日本語訳を添付

●日程等

出願	試験	発表	選抜方法
12/1～12/14	12/19	12/24	書類審査、小論文（日本語）、面接

●応募状況

年度＼人数	募集人員	出願者	受験者	合格者	入学者
2019	若干名	0	0	0	0
2020	若干名	0	0	0	0

私立 共学

広島工業大学

〒731-5193 （担当：入試広報部）
広島県広島市佐伯区三宅 2-1-1
TEL 0120-165-215 FAX 082-921-8946
URL http://www.it-hiroshima.ac.jp/

●入学時期 4月

●募集学部（学科）・募集人員

工学部、情報学部、環境学部、生命学部
……………………全学部若干名

●出願資格・条件

日本国籍又は日本国の永住権を有し、保護者の海外在留あるいは自己の意志による海外留学により、外国の学校に学び出願資格確認期間において出願資格の有無及び提出書類の確認を行った者で、次の項目のいずれかに該当する者

(1) 外国の学校又はこれと同等の学校に、最終学年を含めて2年以上在学し、2019.4.1から2021.3.31までに通常の学校教育課程12年以上を修了（見込み）の者
(2) 外国の中学・高等学校を通じ、継続して2年以上の教育を受け、帰国後、日本の高等学校（中等教育学校の後期課程を含む）の第2・3学年に編入学し、2021.3.31までに卒業見込みの者
(3) 文部科学大臣が指定した在外教育施設の当該課程を2021.3.31までに卒業見込みの者
(4) 国際バカロレア資格、アビトゥア資格若しくはフランス共和国バカロレア資格証書を有する者又はその他文部科学大臣の認定した者

●出願書類

履歴書・外国において在学した学校長が作成した在学期間すべての成績証明書・最終学校の卒業（見込）証明書・志望理由書・その他、本学が必要と認める書類
※外国語で書かれた証明書等には、日本語訳を添付すること

●日程等

出願資格確認期間	出願	試験	発表	選抜方法
10/19～30	11/30～12/9（※1）	12/19	12/26	適性検査（※2）、面接

※1 登録期限は最終日17時、提出書類は最終日の消印有効
※2 適性検査は、数学及び外国語（英語）

●応募状況

年度＼人数	募集人員	出願者	受験者	合格者	入学者
2019	若干名	0	0	0	0
2020	若干名	0	0	0	0

●備考

受験希望者は出願期間前に必ず、本学入試広報部に問い合わせたうえ、出願のこと

私立 共学 寮

広島国際大学

〒739-2695 （担当：入試センター）
広島県東広島市黒瀬学園台 555-36
TEL 0823-70-4500 FAX 0823-70-4518
URL http://www.hirokoku-u.ac.jp/

●入学時期 4月

●募集学部（学科）・募集人員

保健医療学部（診療放射線学科、医療技術学科［臨床工学専攻・臨床検査学専攻］、救急救命学科）、総合リハビリテーション学部（リハビリテーション学科［理学療法学専攻・作業療法学専攻・言語聴覚療法学専攻・義肢装具学専攻］）、健康スポーツ学部（健康スポーツ学科）、健康科学部（心理学科、医療栄養学科、医療経営学科、医療福祉学科［医療福祉学専攻・介護福祉学専攻・保育福祉学専攻］）、看護学部（看護学科）
……………………各学科・専攻若干名

●出願資格・条件

日本の国籍を有し外国で学んだ者で、次の各項のいずれかに該当する者

(1) 学校教育の12年の課程を外国の学校に最終学年を含み2年以上在学し修了した者、および2021.3.31までに修了見込みの者。ただし、出願時にすでに学校教育の12年の課程を修了している者は、修了した後1年半以内であること
(2) 国際バカロレア資格を有し原則として上記(1)に準じる者
(3) ドイツ連邦共和国アビトゥア資格を有し、原則として上記(1)に準じる者
(4) フランス共和国バカロレア資格を有し、原則として(1)に準じる者
(5) イギリスジェネラル・サーティフィケート・オブ・エデュケーション・アドバンス・レベル資格を有し、原則として上記(1)に準じる者
(6) 上記(1)(2)(3)(4)(5)に準じると本学において認めた者で、18歳に達した者

●出願書類

・入学志願票・出身高等学校卒業（見込）証明書および成績証明書・推薦書・海外在留証明書

●日程等

区分	出願	試験	発表※	選抜方法
前期	10/19～11/9	11/21	12/1	書類審査、面接
後期	1/7～20	2/6	2/15	

※合否通知書発送日およびインターネットによる合格者発表日

●応募状況

年度＼人数	募集人員	出願者	受験者	合格者	入学者
2019	若干名	0	0	0	0
2020	若干名	0	0	0	0

●備考

日本国外から出願する場合は、日本在住の保護者または代理連絡人が手続きを代行してください。

私立 共学

広島修道大学

ひろ しま しゅう どう

〒731-3195 （担当：入学センター）
広島県広島市安佐南区大塚東 1-1-1
TEL 082-830-1100 FAX 082-830-1305
URL http://www.shudo-u.ac.jp/

●**入学時期**　4月

●**募集学部（学科）・募集人員**

商学部、人文学部、法学部、経済科学部、人間環境学部、健康科学部、国際コミュニティ学部………………各若干名

●**出願資格・条件**

当該学部・学科・専攻入学を強く希望し、合格した場合には入学する意志を明確にもつ者で、日本の国籍を有する者、または日本に永住する外国人およびそれに準ずる者で、次の各項のいずれかに該当する者

(1) 外国において学校教育における 12 年の課程（日本における通常の課程による期間を含む）を 2019.4.1 から 2021.3.31 までに修了または修了見込みの者で、外国において最終学年を含め原則として 2 年以上継続して正規の教育制度に基づく学校教育を受けた者または受けている者

(2) 外国において、原則として 2 年以上継続して正規の教育制度に基づく学校教育を受け、日本の高等学校の第 2 学年または第 3 学年に編入学を認められた者で、2021 年 3 月に卒業見込みの者

上記のほか、国際バカロレア資格等を授与された者も出願可。この場合、本学が出願資格を認定するので、2020.9.18 までに入学センターに照会すること

※外国に設置されたものであっても、日本の学校教育法に準拠した教育を施している学校に在学した者については、その期間は外国において学校教育を受けたものとはみなしません

●**出願書類**

入学志願票・志望理由書または自己申告書・卒業（見込）証明書・成績証明書・国外の高等学校が発行する在籍期間証明書等

※学部・学科により異なる。詳細は要項を参照

●**日程等**

出願	試験	発表	選抜方法
10/2～9	10/24・25	11/2	出願書類、小論文、面接等※

※〔商学部〕小論文、面接〔人文学部人間関係学科〕（社会学）小論文、面接〔人文学部英語英文学科〕英語力試験、面接〔法学部〕ゼミナール（報告要旨、見解説明、集団討論）〔経済科学部〕講義理解力試験、面接〔人間環境学部〕（レポート方式）志望理由書、レポート、筆記試験、質疑応答審査（プレゼンテーション方式）志望理由書、筆記試験、プレゼンテーション審査、（活動実績方式）志望理由書、活動実績書・活動実績証明資料、小論文、面接〔健康科学部心理学科〕筆記試験、集団活動試験、集団討論〔健康科学部健康栄養学科〕課題レポート、集団活動試験、集団討論〔国際コミュニティ学部〕（課題図書方式）小論文、面接

※試験日は学部・学科（方式）により異なる

●**応募状況**

年度＼人数	募集人員	出願者	受験者	合格者	入学者
2019	若干名	1	1	1	1
2020	若干名	0	0	0	0

●**備考**　全学部帰国生選抜として実施

私立 女子

広島女学院大学

ひろ しま じょ がく いん

〒732-0063 （担当：入試課）
広島県広島市東区牛田東 4-13-1
TEL 082-228-8365 FAX 082-228-7815
URL https://www.hju.ac.jp/

●**入学時期**　4月

●**募集学部（学科）・募集人員**

人文学部（国際英語学科（GSE〈Global Studies in English〉コース含む）、日本文化学科）

人間生活学部（生活デザイン学科、管理栄養学科、児童教育学科）……………………各若干名

●**出願資格・条件**

日本国籍を有し、外国の高等学校段階に 2 年以上学んだ者で、次のいずれかに該当する女性

(1) 外国において、高等学校またはこれと同等の学校に在学し、2019.4.1 から 2021.3.31 までに修了（見込）の者

(2) 外国の学校教育を受け、帰国後、日本の高等学校に編入学し、2021.3.31 までに卒業見込みの者。原則として帰国後 1 年未満の者

(3) 文部科学大臣が高等学校課程相当と指定した在外教育施設の当該課程を修了した者および 2021.3.31 までに修了見込みの者

(4) 国際バカロレア資格を有する者

●**出願書類**

・志願票一式・志望理由書・調査書または成績証明書（外国において在学した期間すべてのもの）・就学記録最終学校の卒業（見込）証明書

●**日程等**

区分	出願	試験	発表	選抜方法※
A	12/1～14	12/20	12/26	英語、小論文（日本語）、面接、書類審査
B	2/16～3/1	3/6	3/11	

（区分）A：第 1 回、B：第 2 回

※ GSE コースは、エッセイライティング（英語）と面接（英語と日本語）。なお（小論文も受験することで）第 2 志望として国際英語学科も出願できる。

●**応募状況**

年度＼人数	募集人員	出願者	受験者	合格者	入学者
2019	若干名	2	2	2	1
2020	若干名	0	0	0	0

●**備考**

詳細は本学 HP または学生募集要項（帰国生徒特別入試）参照のこと

私立　共学　寮

梅光学院大学

（ばいこうがくいん）

（担当：入試広報部）

〒750-8511
山口県下関市向洋町 1-1-1
TEL 083-227-1010　FAX 083-227-1100
URL http://www.baiko.ac.jp

●入学時期　4月

●募集学部（学科）・募集人員

文学部（人文学科［日本語・日本文化専攻／英語コミュニケーション専攻／国際ビジネスコミュニケーション専攻／東アジア言語文化専攻〈中国語・韓国語〉］）子ども学部（子ども未来学科［児童教育専攻／幼児保育専攻］）……………………………………各若干名

●出願資格・条件

日本国籍を有し、次のいずれかに該当する者

(1) 家族とともに外国に在留し、学校教育における12年の課程のうち、外国の学校に最終学年を含め1年以上継続して在学し、当該課程を2019.4.1から2021.3.31までに修了（見込）の者

(2) 国際バカロレア資格取得者、アビトゥア資格取得者、バカロレア資格（フランス共和国）取得者で、満18歳に達した者

●出願書類

・入学願書一式・卒業（修了）証明書または卒業（修了）（見込）証明書〈IB資格等の取得者は資格証明書の写し〉・成績証明書〈IB資格等の取得者は最終試験の成績評価証明書〉

※日本語・英語以外の証明書は、日本語または英語の訳文を添付

●日程等

出願	試験	発表	選抜方法
1/6～25	1/30	2/3	文学部人文学科「小論文」「面接」※子ども学部子ども未来学科「面接」

※英語コミュニケーション専攻、国際ビジネスコミュニケーション専攻は面接において英語の力を問う

●応募状況

年度＼人数	募集人員	出願者	受験者	合格者	入学者
2019	若干名	0	0	0	0
2020	若干名	0	0	0	0

四国大学

（しこく）

（担当：広報課）

〒771-1192
徳島県徳島市応神町古川字戎子野 123-1
TEL 088-665-9906　FAX 088-665-9907
URL https://www.shikoku-u.ac.jp

●入学時期　4月

●募集学部（学科）・募集人員

文学部、経営情報学部、生活科学部、看護学部
……………………………若干名

●出願資格・条件

日本国籍を有し、保護者の海外勤務の為に海外に在住し、外国で教育を受けた者で、次のいずれかに該当する者。

(1) 外国の高等学校の在学期間が継続して1年半以上あり、その高等学校を令和2年4月1日から令和3年3月31日までに卒業または卒業見込みの者。

(2) 外国の高等学校の在学期間が継続して1年半以上あり、帰国後、日本の高等学校の在学期間が1年半未満でその高等学校を令和3年3月31日までに卒業見込みの者。

(3) 国際バカロレア資格取得者、アビトゥア資格取得者およびバカロレア資格（フランス共和国）取得者。

(注) 外国に設置されたものであっても、日本の学校教育法に準拠した教育を実施している学校に在学した者については、その期間は外国において学校教育を受けたものとはみなさない。

●出願書類

・志願票・履歴書・写真票・受験票・入学検定料納付書提出用・高等学校の卒業（見込）証明書・高等学校3年間の成績証明書（外国における高等学校段階の成績証明書を含む）・国家試験等の統一試験を受験している者は、その資格証書（写）とその成績証明書・海外在留証明書・入学検定料〈30,000円〉・通知用宛名ラベル

●日程等

区分	出願	試験	発表	選抜方法
Ⅰ期	9/1～25	10/17	11/3	提出書類 小論文、面接
Ⅱ期	11/2～19	12/12	12/22	
Ⅲ期	1/7～1/28	2/14	2/25	

●応募状況

年度＼人数	募集人員	出願者	受験者	合格者	入学者
2019	若干名	1	1	1	1
2020	若干名	1	0	0	0

入

徳島文理大学
とくしまぶんり

〒770-8514　（担当：教務部）
徳島県徳島市山城町西浜傍示 180
TEL 088-602-8700　FAX 088-655-9323
URL http://www.bunri-u.ac.jp/

●入学時期　4月

●募集学部（学科）・募集人員

薬学部、人間生活学部、保健福祉学部、総合政策学部、音楽学部、短期大学部、香川薬学部、理工学部、文学部……………………………各若干名

●出願資格・条件

日本国籍を有し、保護者の海外在住のために外国において、日本の高等学校教育課程に相当する期間のうち2年以上を継続して在学した者で、次のいずれかに該当する者とする。

(1) 日本の高等学校もしくは中等教育学校又はこれに相当する外国の教育機関を卒業見込みの者
(2) 前記所定の高等学校又は教育機関を卒業した者で、帰国後出願時までの期間が原則として1年未満の者

●出願書類

・入学願書（所定の用紙）
・最終出身校の卒業証明書又は同見込み証明書（外国において大学入学資格又は大学受験資格を取得した者はその証明書）
・日本の高等学校等及びそれに相当する外国の教育機関の全在学期間の成績証明書
・外国在留証明書（保護者の所属する機関の長による海外在留証明書）

●日程等

区分	出願	試験	発表	選抜方法
Ⅰ期	11/2～11	11/21	12/1	小論文、面接
Ⅱ期	2/1～12	2/21	3/2	

※音楽学部・短期大学部音楽科は小論文にかえて実技とする

●応募状況

年度＼人数	募集人員	出願者	受験者	合格者	入学者
2019	若干名	0	0	0	0
2020	若干名	0	0	0	0

入

私立　共学　寮

四国学院大学
しこくがくいん

〒765-8505　（担当：入試課）
香川県善通寺市文京町 3-2-1
TEL 0120-459-433　FAX 0877-63-5353
URL https://www.sg-u.ac.jp/

●入学時期　4月

●募集学部（学科）・募集人員

文学部、社会福祉学部、社会学部………各学部若干名

●出願資格・条件

外国で2年以上学校教育を受け、入学時点で18歳以上に達した者で、次のいずれか一つの条件に該当する者

(1) 外国において学校教育における12年の課程を修了した者、または、これに準ずる課程を修了した者で、修了日から本学入学日まで2年未満の者、または出願時に修了見込みの者
(2) 外国の高等学校卒業後、本学の入学日まで2年未満の者、または出願時に修了見込みの者
(3) 外国の高等学校に2年間以上在学し、日本の高等学校を卒業後、本学の入学日まで2年未満の者、または、出願時に卒業見込みの者

●出願書類

・本学所定の入学志願票・出身学校調査書・外国の高校に2年以上在学していたことを証明する書類など

●日程等

区分	出願	試験	発表	選抜方法
A	11/2～16	11/25	12/4	語学審査（日本語）、書類審査、口頭試問を含む面接
B	9/15～3/12	9/28～3/16	11/2(月)以降随時	書類審査、口頭発表、口頭試問 / 面接

※ A: 特別推薦選抜、 B: 総合型選抜（特別推薦選抜）
※ Bの選考日は、出願受付後入試課より連絡します
※詳細は入試課までお問い合わせ下さい

●応募状況

年度＼人数	募集人員	出願者	受験者	合格者	入学者
2019	若干名	0	0	0	0
2020	若干名	0	0	0	0

松山大学

〒790-8578 (担当：入学広報部 入学広報課)
愛媛県松山市文京町 4-2
TEL 089-926-7139 FAX 089-925-7167
URL https://www.matsuyama-u.ac.jp/

●入学時期 4月

●募集学部（学科）・募集人員

経済学部、経営学部、人文学部（英語英米文学科、社会学科）、法学部 ……………………………各若干名

●出願資格・条件

日本国籍を有する者、または日本に永住する外国人およびそれに準ずる者で、次のいずれかに該当する者

(1) 外国で外国の教育課程に基づく高校に 1 学年以上在籍し、日本の高校を 2020.4.1 から 2021.3.31 までに卒業見込みの者

(2) 外国で日本の教育課程に基づく高校に 2 学年以上在籍し、日本の高校を 2020.4.1 から 2021.3.31 までに卒業見込みの者

(3) 外国で外国の教育課程に基づく高校に 1 学年以上在籍し、2019.4.1 から 2021.3.31 までに学校教育 12 年以上の課程を外国で修了（見込）の者

(4) 外国で日本の教育課程に基づく高校に 2 学年以上在籍し、2019.4.1 から 2021.3.31 までに学校教育 12 年以上の課程を外国で修了（見込）の者

(5) 外国で国際バカロレア資格を 2019.4.1 から 2021.3.31 までに取得（見込）の者

※ (3)(4) に該当する方は事前に出願資格の審査が必要です。

※出願資格が (1) から (4) の者で、新型コロナウイルス感染拡大の影響により上記の在籍期間を満たさない場合には、入学広報課までお問い合わせ下さい。

●出願書類　・写真・志望理由および学修計画書・最終出身学校の卒業（見込）証明書・最終出身学校の成績証明書（日本の高校卒業者は全学年の成績が記入された最新の調査書）・外国学校の在学期間中の成績証明書（日本の高校卒業者のみ）・日本の高等学校在学期間中の成績証明書（外国の高等学校修了〈見込〉の者で日本の高等学校に在学したことのある者のみ）・IB 資格取得者は資格証書の写しと成績評価証明書・パスポートの写し（日本国籍を有する者のみ）

●日程等

区分	出願	試験	発表	選抜方法
A	11/2～13	11/28	12/9	書類審査、小論文、面接
B		11/29		

※ A・経済、経営学部、B：人文、法学部

※人文学部英語英米文学科は小論文に代えて英語の能力を見るテストがある

●応募状況

年度＼人数	募集人員	出願者	受験者	合格者	入学者
2019	若干名	1	1	1	非公表
2020	若干名	0	0	0	非公表

●備考　インターネット出願のみとなります。詳細はホームページをご確認ください。

私立　女子

松山東雲女子大学

〒790-8531 (担当：入試課)
愛媛県松山市桑原 3-2-1
TEL 0120-874044 FAX 089-934-9055
URL https://college.shinonome.ac.jp/

●入学時期 4月

●募集学部（学科）・募集人員

人文科学部（心理子ども学科〈子ども専攻、心理福祉専攻〉）……………………………各専攻若干名

●出願資格・条件

日本国籍を有する女子で、次のいずれかに該当する者

(1) 外国において学校教育における 12 年の課程（日本における通常の課程による学校教育の期間を含む）を 2019.4.1 から 2021.3.31 までに卒業（修了）または卒業（修了）見込みの者で、最終学年を含めて原則として 2 年以上継続して正規の教育制度に基づく学校教育を受けている者。

(2) 外国において原則として 2 年以上継続して正規の中等教育（中学校または高等学校に対応する学校における教育）を受け、日本の高等学校に編入学を認められた者で、2021 年 3 月に卒業見込みの者。

(3) 国際バカロレア資格証明書を 2019 年度または 2020 年度に授与された者。

(4) アビトゥア資格証明書を 2019 年度または 2020 年度に授与された者。

※ (1)、(2) の「原則として 2 年以上」には、在外日本人学校で日本の学校教育法に準拠した教育を受けた期間は算入されない

●出願書類

・入学願書・写真票・出身学校長が作成した卒業・修了（見込）証明書（国際バカロレア資格およびアビトゥア資格取得者は資格証書の写し）と在籍中の成績証明書（日本の高等学校に在学したことがある場合は当該高等学校長が作成した調査書も提出・国際バカロレア資格およびアビトゥア資格取得者は当該成績証明書）・志願理由書・履歴書・推薦書（本学所定用紙）

●日程等

区分	出願	試験	発表	選抜方法
Ⅰ期	11/1～13	11/21	12/1	出願書類、面接、小論文
Ⅱ期	12/2～14	12/19	12/25	
Ⅲ期	1/4～25	2/1	2/5	
Ⅳ期	2/8～22	3/3	3/5	

●応募状況

年度＼人数	募集人員	出願者	受験者	合格者	入学者
2019	若干名	1	1	1	0
2020	若干名	0	0	0	0

入

私立 共学 寮

西南学院大学
（せいなんがくいん）

〒814-8511 （担当：入試部入試課）
福岡県福岡市早良区西新 6-2-92
TEL 092-823-3366 FAX 092-823-3388
URL http://www.seinan-gu.ac.jp/

●入学時期 4月

●募集学部（学科）・募集人員

神学部、外国語学部、商学部、経済学部、法学部、人間科学部、国際文化学部……………………各学科若干名

●出願資格

日本の国籍を有し、外国の学校に学んだ者で、次のいずれかに該当する者

(1) 外国において、高等学校またはこれと同等の学校に２年以上在学し、2019.4.1 から 2021.3.31 までに通常の学校教育課程 12 年以上を修了または修了見込みの者

(2) 日本の高等学校を 2021 年３月に卒業見込の者で、外国の高等学校およびこれと同等の学校に２年以上在学し、日本の高等学校の在学期間が２年未満の者

(3) 国際バカロレア資格、アビトゥア資格、バカロレア資格のいずれかを取得後２年未満の者

※飛び級により通常の学校教育課程を 12 年未満で終えた者の出願は認める

※外国において、日本の学校教育制度に準拠した教育を行っている中等教育機関の卒業（見込）者の出願は認めない

●出願書類

・入学志願書・履歴書・志望理由書・出身学校の卒業証明書または卒業見込証明書と高校在学全期間の成績証明書・IB 資格取得者は IB 最終試験 6 科目の成績評価証明書と資格証書の写し・諸外国の国家試験等の統一試験を受験した者は成績評価証明書等

●日程等

出願	試験	発表	選抜方法
9/24～10/2	10/24	10/29	外国語、日本語による小論文、面接

※外国語の試験において英語を選択する者は以下のいずれか１つを満たすことを条件とし、英語の筆記試験は実施しない（フランス語・ドイツ語・中国語については実施）。

a.TOEFL-iBT 54 点以上の者（ITP は除く）。ただし外国語学部は TOEFL-iBT 72 点以上の者（ITP は除く）

b.TOEIC L&R 600 点以上の者（IP は除く）。ただし外国語学部は TOEIC L&R 785 点以上の者（IP は除く）

c.IELTS4.5 以上の者。ただし外国語学部は IELTS 5.5 以上の者

※ａ～ｃの資格については、2018 年 10 月以降に取得した者

●応募状況

年度＼人数	募集人員	出願者	受験者	合格者	入学者
2019	若干名	11	8	8	6
2020	若干名	7	6	4	3

私立 共学 寮

中村学園大学
（なかむらがくえん）

〒814-0198 （担当：入試広報部）
福岡県福岡市城南区別府 5-7-1
TEL 092-851-6762 FAX 092-851-2539
URL https://www.nakamura-u.ac.jp/

●入学時期 4月

●募集学部（学科）・募集人員

栄養科学部、教育学部、流通科学部…………各若干名

●出願資格・条件

日本国籍を有する者で、保護者とともに２年間以上継続して外国に在留し、次のいずれかに該当する者

(1) 外国において、高等学校またはこれと同等の学校に２年間以上在学し、2019.4.1 から 2021.3.31 までに通常の学校教育課程 12 年以上を修了（見込）の者

※外国において日本の学校教育制度に準拠した教育を行っている中等教育機関の卒業（見込）者の出願は認めない

(2) 国際バカロレア資格証明を有する者で、2021.3.31 までに満 18 歳に達する者

●出願書類

・入学志願書（本学所定のもの）・出身高等学校の卒業証明書または卒業見込証明書および在学全期間の成績証明書・IB 資格を取得した者はその資格証書の写しおよび IB 最終試験の成績評価証明書・保護者の海外勤務期間の証明書・写真１枚・各国の教育制度による国家試験等の統一試験を受験した者は、その成績評価証明書など

●日程等

出願	試験	発表	選抜方法
9/23～10/8	10/24	11/4	英語、国語（現代文）、面接、書類審査

●応募状況

年度＼人数	募集人員	出願者	受験者	合格者	入学者
2019	若干名	0	－	－	－
2020	若干名	0	－	－	－

福岡大学（ふくおか）

〒814-0180（担当：入学センター）
福岡県福岡市城南区七隈 8-19-1
TEL 092-871-6631 FAX 092-861-9865
URL http://www.fukuoka-u.ac.jp/

●入学時期 4月

●募集学部（学科）・募集人員

人文学部（教育・臨床心理学科を除く）、法学部、経済学部、商学部、商学部第二部、理学部、工学部、医学部（看護学科）、薬学部、スポーツ科学部……………………………各若干名

●出願資格・条件

日本の国籍を有する者又は日本国の永住許可を得ている者のうち、外国の学校（在外教育施設は除く）に学んだ者で、次のすべてに該当する者

1. 国の内外を問わず、通常の学校教育課程 12 年以上を修了（見込み）の者
2. ①～⑦のいずれかに該当する者

①外国において高等学校またはこれと同等の学校（在外教育施設は除く）に最終学年を含み継続して2年以上在学し、平成31年4月1日から令和3年3月31日までに卒業（見込み）の者

②外国において高等学校またはこれと同等の学校（在外教育施設は除く）に継続して2年以上在学し、帰国後、日本の高等学校または中等教育学校に編入学し、令和3年3月31日までに卒業（見込み）の者。
なお、外国の学校での最終在籍日が、平成31年4月1日以降であること

③スイス民法典に基づく財団法人である国際バカロレア事務局が授与する国際バカロレア資格を、平成31年4月1日以降授与された者

④ドイツ連邦共和国の各州において大学入学資格として認められているアビトゥア資格を、平成31年4月1日以降取得した者

⑤フランス共和国において大学入学資格として認められているバカロレア資格を、平成31年4月1日以降取得した者

⑥グレート・ブリテン及び北部アイルランド連合王国において大学入学資格として認められているジェネラル・サーティフィケート・オブ・エデュケーション・アドバンスト・レベル資格を、平成31年4月1日以降取得した者

⑦文部科学大臣の指定した者

●出願書類

・入学志願票・卒業（修了）証明書または卒業（修了）見込証明書〔最終出身学校の学校長が証明したもの。ただし、国際バカロレア資格取得者は資格証書の写しとIB最終試験6科目の成績評価証明書、アビトゥア資格取得者は一般的大学入学資格証明書の写し、バカロレア資格取得者は同資格証書の写し、GCEAレベル資格取得者はその成績評価証明書の写し〕・個人調査書・記録調査書（スポーツ科学部のみ）・諸外国の国家試験等の統一試験を受験した者はその成績評価証明書等

※出願書類については入学試験要項参照のこと

●日程等

出願	試験	発表	選抜方法
11/1～10	※1	12/10	筆記試験※2、小論文（理・工・薬学部除く）、面接、書類審査、体育実技（スポーツ科学部）

※1 試験日は 11/27（スポーツ科学部）、11/22（スポーツ科学部以外）

※2 筆記試験の内容等については入学試験要項参照

●応募状況

年度＼人数	募集人員	出願者	受験者	合格者
2019	若干名	3	3	2
2020	若干名	3	3	0

私立 共学 寮

福岡工業大学（ふくおかこうぎょう）

〒811-0295（担当：入試課）
福岡県福岡市東区和白東 3-30-1
TEL 092-606-0634 FAX 092-606-7357
URL http://www.fit.ac.jp/

●入学時期 4月

●募集学部（学科）・募集人員

工学部、情報工学部、社会環境学部（文系）
……………………………………各若干名

●出願資格・条件

日本国籍を有し、保護者の海外在留に伴い外国の学校に在学した者で、次の(1) (2)いずれかと(3)または(4)に該当する者

(1) 外国において正規の学校教育 12 年の課程（日本における通常の課程による学校教育の期間を含む）を修了（見込）の者、または国際バカロレア資格を取得した者
(2) ドイツ連邦共和国の各州において大学入学資格として認められているアビトゥア資格を有する者
(3) 外国の学校において最終学年を含め2年以上継続して在学した者
(4) 外国の学校において3年以上継続して在学したことがあり、帰国後2年を経過していない者

●出願 インターネット出願

●出願書類

・最終の卒業または在学中の学校の成績証明書（日本の高校に在学したことがある場合は高等学校長の作成した調査書）・卒業（見込）証明書・IB資格取得者は資格証書の写しおよび成績評価証明書・アビトゥア資格取得者は一般的大学入学資格証明書の写し・写真

●日程等

出願	試験	発表	選抜方法
9/22～28	10/17	11/2	書類審査、面接、小論文（30分）

●応募状況

年度＼人数	募集人員	出願者	受験者	合格者	入学者
2019	若干名	0	0	0	0
2020	若干名	0	0	0	0

●備考

※特別の事情がある場合は、外国人留学生の選考基準を準用することがある

※外国人で保護者の日本在留に伴い、日本の学校において最終学年を含めて2年以上在学した者は、本条の帰国子女選抜のための選考基準を準用することがある

入

九州女子大学

〒807-8586 (担当：教務・入試課)
福岡県北九州市八幡西区自由ケ丘 1-1
TEL 093-693-3349 **FAX** 093-603-9816
URL http://www.kwuc.ac.jp/

●入学時期 4月

●募集学部（学科）・募集人員

家政学部（人間生活学科、栄養学科［管理栄養士課程］）
人間科学部（人間発達学科［人間発達学専攻・人間基礎学専攻］）……………………………………各若干名

●出願資格・条件

女子で日本国籍を有し学校教育における12年の課程のうち、外国の学校に最終学年を含めて2年以上継続して在学し、当該課程を修了した者または2021年3月31日までに修了見込みの者

※栄養学科は専願のため合格した場合、必ず入学する者

※人間生活学科、人間発達学専攻、人間基礎学専攻は併願でも可

●出願書類

・入学願書・志望理由書・履歴書（日本語）・出願資格や成績を証する書類（最終出身学校長が作成したもの〈英文または和文で記載されていない書類は、和訳も提出〉）

●日程等

出願	試験	発表	選抜方法
1/6～28	2/4	2/11	「小論文」、「面接」および「志望理由書」による総合判定

●応募状況

年度＼人数	募集人員	出願者	受験者	合格者	入学者
2019	若干名	2	2	1	1
2020	若干名	0	0	0	0

入

久留米大学

〒839-8502 (担当：入試課)
福岡県久留米市御井(みい)町 1635
TEL 0942-44-2160 **FAX** 0942-43-4539
URL https://www.kurume-u.ac.jp/

●入学時期 4月

●募集学部（学科）・募集人員

文学部、人間健康学部、法学部、経済学部、商学部
……………………………各若干名

●出願資格・条件

日本国籍を有し、保護者の海外在留のため外国の学校で学んだ者で、下記の項目のいずれかに該当する者

(1) 外国において、高等学校またはこれと同等の学校に2年以上在学し、2021年3月31日までに通常の12年の学校教育課程を修了見込みの者。または、修了後2年以内の者

(2) 外国の学校教育を受け（経済学部は2年以上）、帰国後、日本の高等学校の第2・3学年に編入学し、2021年3月31日までに卒業見込みの者。または、卒業後2年以内の者

●出願書類

・入学試験志願票・推薦書・履歴書・卒業（見込）証明書・成績証明書・写真票・入学検定料納付票

●日程等

出願	試験	発表	選抜方法
11/2～10	11/21	12/1に通知	〔文・人間健康・法・経済〕基礎学力テスト、面接・書類選考 〔商〕小論文、面接・書類選考

※基礎学力テストは文学部・人間健康学部・法学部が日本語・英語、経済学部が日本語・外国語（英語・ドイツ語・フランス語・中国語・韓国語）・数学のうち2科目選択

●応募状況

年度＼人数	募集人員	出願者	受験者	合格者	入学者
2019	若干名	0	0	0	0
2020	若干名	0	0	0	0

入

私立 共学

西日本工業大学
にし にっ ぽん こう ぎょう

〒800-0394 （担当：入試広報課）
福岡県京都郡苅田町新津1-11（おばせキャンパス）
TEL 0120-231491 FAX 0930-23-8946
URL http://www.nishitech.ac.jp/

●入学時期 4月
●募集学部（学科）・募集人員
工学部（総合システム工学科）デザイン学部（建築学科、情報デザイン学科）……………………各学科若干名
●出願資格・条件
日本の国籍を有する者で、保護者の海外在留により、外国で学校教育を受けたことのある者のうち、次のいずれかに該当する者
(1) 外国において、学校教育における12年の課程のうち、外国の高等学校に2年以上在学し、帰国後1年未満の者
(2) 文部科学大臣の指定した者
●出願書類
志願票（本学所定用紙）・志願者調査書（本学所定用紙）・出身高等学校の卒業（修了）証明書または卒業（修了）見込証明書・最終出身高等学校全期間3ケ年の成績証明書・国際バカロレア資格を有する者は最終試験6科目の成績証明書・健康診断書（本学所定用紙）・海外在留証明書（本学所定用紙、(1) 保護者の所属する機関の責任者による海外在留証明書で、滞在期間、在留地、保護者とともに海外に在留したことを明記したもの (2) 海外在留証明書に志願者本人のパスポートの写し〔海外在留期間を証明するための出国印および帰国印のあるページのコピー〕を添付すること）
●日程等

出願	試験	発表	選抜方法
1/6～19	2/5	2/20	書類審査、基礎学力検査（数Ⅰ）、面接

●応募状況

年度＼人数	募集人員	出願者	受験者	合格者	入学者
2019	若干名	0	0	0	0
2020	若干名	0	0	0	0

●備考
（おばせキャンパス：工学部）
〒800-0394 福岡県京都郡苅田町新津1-11
（小倉キャンパス：デザイン学部）
〒803-8787 福岡県北九州市小倉北区室町1-2-11

入

私立 女子

活水女子大学
かっ すい じょ し

〒850-8515 （担当：入試課）
長崎県長崎市東山手町1-50
TEL 095-820-6015 FAX 095-820-6015
URL http://www.kwassui.ac.jp/university/

●**入学時期** 4月
●**募集学部（学科）・募集人員**
国際文化学部、音楽学部、健康生活学部 ………20名
（総合型選抜全体として）
●**出願資格・条件**
日本の国籍を有し、保護者の海外在留などにより、外国の教育を受けた者で、次のいずれかに該当する女子
(1) 外国で2年以上継続在学卒業後2年以内（外国の教育制度に基づく学校教育12年の課程を修了）および卒業見込みの者
(2) 日本の高校卒業見込みの者
①外国で2年以上継続在学
②帰国後、日本の高校在学期間が2年未満
(3) 国際バカロレア資格を2019年4月1日から2021年3月31日までに取得した人、および取得見込みの人
●**出願書類**
・入学願書（本学所定用紙）・卒業証明書または卒業見込証明書（IB資格取得者はIB最終試験6科目の成績評価証明書）・成績証明書（出願資格・条件(1) および(2) に該当するもの）
●**日程等 ー総合型選抜 帰国子女型ー**

区分	出願期間	試験	発表	選抜方法
Ⅰ期	10/5～23	随時	11/6	課題、面談
Ⅱ期	11/9～20		11/27	
Ⅲ期	11/30～12/11		12/18	
Ⅳ期	1/25～2/5		2/12	
Ⅴ期	3/1～19		3/26	

※消印有効
●**応募状況**

年度＼人数	募集人員	出願者	受験者	合格者	入学者
2019	16※	0	0	0	0
2020	18※	0	0	0	0

※ AO（課題型）入試全てを含む

長崎総合科学大学

ながさきそうごうかがく

〒851-0193 (担当：入試課)
長崎県長崎市網場町 536
TEL 095-838-5121 FAX 095-839-3113
URL https://nias.ac.jp/

●**入学時期** 4月

●**募集学部（学科）・募集人員**

工学部、総合情報学部………各学科、コース共若干名

●**出願資格・条件**

日本の国籍を有し、保護者の海外在留のため外国の学校に学んだ者で、次のいずれかに該当する者

(1) 外国の高等学校またはこれと同等の学校に最終学年を含めて2年以上在学し、学校教育における12年の課程を2019年4月1日から2021年3月までに修了および修了見込みの者

(2) 外国の高等学校またはこれと同等の学校に2年以上在学し、日本の高等学校の第2学年または第3学年に編入した者で、2020年3月までに卒業または2021年3月に卒業見込みの者

※外国に設置された学校であっても、日本の学校教育法に準拠した教育を行っている学校に在学した者については、本出願資格の対象としない

●**出願書類**

・入学願書一式・出身高等学校の卒業（見込み）証明書（コピーでも可）・履歴書（市販のもので可）

●**日程等**

出願	試験	発表	選抜方法
1/6～1/29 (必着)	2/6	2/15	面接、書類審査

●**応募状況**

年度＼人数	募集人員	出願者	受験者	合格者	入学者
2019	若干名	0	0	0	0
2020	若干名	0	0	0	0

私立 共学 寮

熊本学園大学

くまもとがくえん

〒862-8680 (担当：入試課)
熊本県熊本市中央区大江 2-5-1
TEL 0120-62-4095 FAX 096-366-8194
URL http://www.kumagaku.ac.jp/

●**入学時期** 4月

●**募集学部（学科）・募集人員**

商学部、経済学部、外国語学部、社会福祉学部（ライフ・ウェルネス学科を除く）…………………………各若干名

●**出願資格・条件**

日本国籍を有し、保護者の海外在留というやむを得ない事情で外国の学校に学んだ者で、次のいずれかに該当する者

(1) 外国の正規の学校教育における12年の課程（日本における通常の課程による学校教育の期間を含む）を平成31年4月1日から令和3年3月31日までに修了した者および修了見込みの者。ただし、外国において最終学年を含めて2年以上継続して学校教育を受けている者に限る

(2) 通算6年間以上または4年以上継続して外国の学校教育を受け、帰国後、日本の高校の第2、第3学年に編入学し、令和3年3月31日までに卒業見込みの者

(3) 外国においてスイス民法典に基づく財団法人である国際バカロレアの資格証明書を平成31年および令和2年に授与された者で、令和3年3月31日までに18歳に達する者

(4) 文部科学大臣が高校課程相当と指定または認定した在外教育施設の当該課程を令和3年3月31日までに卒業見込みの者

●**出願書類**

・入学願書一式・海外在留証明書・証明書等（卒業証明書・成績証明書・IB資格証明書等）

●**日程等**

出願	試験	発表	選抜方法
10/26～11/5	11/22	12/1	書類審査、小論文、面接

●**応募状況**

年度＼人数	募集人員	出願者	受験者	合格者	入学者
2019	若干名	0	0	0	0
2020	若干名	0	0	0	0

●**備考**

E-mail：nyusi@kumagaku.ac.jp

べっぷ
別府大学

〒874-8501　（担当：入試広報課）
大分県別府市北石垣 82
TEL 0977-66-9666 FAX 0977-66-4565
URL http://www.beppu-u.ac.jp/

●入学時期　4月

●募集学部（学科）・募集人員

文学部、国際経営学部、食物栄養科学部
…………………………各学部若干名

●出願資格・条件

日本の国籍を有し、保護者の海外在留のため外国の学校に学んだ者で、次の (1) ～ (3) のいずれかに該当する者

(1) 外国において、高等学校またはこれと同等の学校に継続して 2 年以上在籍し、2021 年 3 月末日までに卒業した者、または卒業見込みの者
(2) スイス民法典に基づく財団法人である国際バカロレア事務局が授与する国際バカロレア資格を有する者で 18 歳に達した者
(3) ドイツ連邦共和国の各州において大学入学資格として認められているアビトゥア資格を有する者で 18 歳に達した者

●出願書類

・志願票・出身高等学校の卒業証明書または卒業見込み証明書・海外在留証明書・履歴書・出身高等学校の成績証明書

●日程等

出願	試験	発表	選抜方法
11/2～11	11/21	12/1	面接、小論文※、書類選考

※文学部国際言語・文化学科は小論文／マンガ（イラスト）／鉛筆デッサンから 1 つ選択

●応募状況

年度＼人数	募集人員	出願者	受験者	合格者	入学者
2019	若干名	0	0	0	0
2020	若干名	0	0	0	0

りつめいかん　たいへいよう
立命館アジア太平洋大学(APU)

〒874-8577　（担当：アドミッションズ・オフィス）
大分県別府市十文字原 1-1
TEL 0977-78-1120 FAX 0977-78-1199
URL http://www.apumate.net
受付時間：月～金曜日（祝日除く）9:00 ～ 17:30

●入学時期　4月、9月

●募集学部（学科）・募集人員

アジア太平洋学部（APS）／国際経営学部（APM）
〈活動実績アピール入試〉
　APS…66 名、APM…39 名
〈海外就学経験者（帰国生）入試〉
　APS…30 名、APM…14 名

●出願資格・条件

入試方式によって出願資格等が異なります。
詳細は 2021 年入学試験要項ををご確認ください。
ダウンロードページ：
http://www.apumate.net/information/download.html
＜4月入学＞
【活動実績アピール入試】P12-15
【海外就学経験者（帰国生）入試】P16-17
＜9月入学＞
【秋期・活動実績アピール入試】P24-27
【秋期・海外就学経験者（帰国生）入試】P28-29

●日程等

区分	出願	試験	発表	選抜方法
A	9/15～28	10/24 または 25	11/2	書類（英語エッセイ含む）、面接
	10/29～11/9	11/28 または 29	12/8	
	12/4～14	1/23	2/2	
B	9/1～28	10/21～23	11/2	書類（英語エッセイ含む）、面接※
	10/22～11/23	12/16～18	1/12	
	11/26～12/11	1/20～22	2/2	
C	11/6～16	12/19 または 20	1/12	書類（英語エッセイ含む）、面接
	3/9～26	4/24	5/11	
	6/1～11	7/10 または 11	7/20	
D	10/1～11/2	11/25～27	12/8	書類（英語エッセイ含む）、面接※
	11/26～12/11	1/20～22	2/2	
	2/5～26	3/24～26	4/6	
	3/24～4/23	5/19～21	6/8	

A：活動実績アピール入試
B：海外就学経験者（帰国生）入試
C：秋期・活動実績アピール入試
D：秋期・海外就学経験者（帰国生）入試
※対面での面接は海外では行わないがオンラインでの面接は行っている
※不測の事態（新型コロナウイルス感染症〈COVID-19〉の影響等）によって、やむを得ず入学試験要項に示した内容（試験の日程や実施方法等）を変更する可能性があります。変更する場合は本学の受験生サイト（http://www.apumate.net/）にて告知いたしますので、必ず最新の情報をご確認の上で出願してください。

●応募状況（4月入学／両学部）

年度＼人数	募集人員	出願者	受験者	合格者	入学者
2019	45	140	140	65	34
2020	45	141	141	75	40

私立 共学 寮

宮崎産業経営大学（みやざきさんぎょうけいえい）

〒880-0931 （担当：入試広報課）
宮崎県宮崎市古城町丸尾100
TEL 0985-52-3139 FAX 0985-54-8069
URL http://nyushi.miyasankei-u.ac.jp/

●**入学時期** 4月

●**募集学部（学科）・募集人員**

法学部、経営学部……………………………各若干名

●**出願資格・条件**

日本国籍を有し、外国の学校で学んだ者で、次のいずれかに該当する者

(1) 外国において高等学校または、これと同等の学校に2年以上在学し、通常有効の学校教育課程12年以上を修了または修了見込みの者
(2) 日本の高等学校を卒業見込みの者で、外国の高等学校およびこれと同等の学校に2年以上在学し、日本の高等学校の在学期間が2年未満の者
(3) 国際バカロレア資格等を取得または取得見込みの者

●**出願書類**

・入学志願票（本学所定のもの）・出身高等学校の卒業証明書または卒業見込証明書・出身高等学校の在学全期間の成績証明書・志望理由書（本学所定のもの）・履歴書

※日本語以外の言語で記載されている書類は、日本語訳も添えて提出のこと

●**日程等**

区分	出願	試験	発表	選抜方法
特別入試	2/15～25	3/5	3/11	書類審査、面接、小論文

●**応募状況**

年度＼人数	募集人員	出願者	受験者	合格者	入学者
2019	若干名	0	0	0	0
2020	若干名	0	0	0	0

私立 共学

南九州大学（みなみきゅうしゅう）

〒880-0032 （担当：学生支援課）
宮崎県宮崎市霧島5-1-2
TEL 0985-83-3406 FAX 0985-83-3383
URL http://www.nankyudai.ac.jp/

●**入学時期** 4月

●**募集学部（学科）・募集人員**

健康栄養学部（管理栄養学科、食品開発科学科）、環境園芸学部（環境園芸学科）、人間発達学部（子ども教育学科）……………………………各若干名

●**出願資格・条件**

日本の国籍を有し、海外在留が継続して2年以上の帰国生徒で、次のいずれかに該当する者

(1) 帰国後2年以内に日本の高等学校を卒業、または2021年3月卒業見込みの者
(2) 外国において、日本の12年の学校教育に相当する教育課程を修了見込みの者、および修了した者で、帰国後2年以内の者
(3) 国際バカロレア資格を取得した者で、帰国後2年以内の者

●**出願書類**

・入学願書・志望理由書・履歴書・出身校にて作成し厳封された調査書（高等学校卒業程度認定試験および大学入学資格検定合格者は合格証明書。ただし、外国の学校を卒業した者および卒業見込みの者は、卒業（見込）証明書および成績証明書を提出すること）

●**日程等**

区分	出願	試験	発表	選抜方法
Ⅰ期	10/26～11/12	11/22	12/2	小論文、面接、書類審査
Ⅱ期	2/15～26	3/5	3/10	

●**応募状況**

年度＼人数	募集人員	出願者	受験者	合格者	入学者
2019	若干名	0	0	0	0
2020	若干名	0	0	0	0

私立 共学 寮

宮崎国際大学

〒889-1605 （担当：入試広報部）
宮崎県宮崎市清武町加納丙1405
TEL 0120-85-5931 FAX 0985-84-3396
URL https://www.mic.ac.jp/

●入学時期 4月、10月（秋季入学選考として）
※教育学部は秋季入学選考を行っていない

●募集学部（学科）・募集人員
国際教養学部、教育学部……………………各若干名

●出願資格・条件
次のいずれかに該当する者
(1) 国内外において、日本の中等教育に相当する教育課程に原則として2年以上継続して在籍し、かつ2021.3.31までに通常の12年の学校教育課程を卒業（修了）または卒業（修了）見込みの者
(2) 中・高等学校を通じて2年以上外国の教育を受け、2021.3.31までに日本の高等学校を卒業および卒業見込みの者
※高等学校には中等教育学校を含む
(3) 国際教養学部は①総GPA 3.0以上②TOEFL iBT 69点以上、またはそれに準ずる英語標準テストの得点を有する者

●出願書類
・入学志願書・調査書（成績証明書）・志願理由書・在学期間を証明する書類・英語標準テストの得点を証明する書類のコピー（国際教養学部志願者で該当者のみ）・バカロレア資格証書のコピー（国際教養学部志願者で該当者のみ）

●日程等

出願	試験	発表	選抜方法
1/7～29	2/6	2/18	[国際教養] 面接（日本語及び英語）、書類審査 [教育] 小論文、面接（日本語）、書類審査

●応募状況

年度＼人数	募集人員	出願者	受験者	合格者	入学者
2019	若干名	0	0	0	0
2020	若干名	1	0	0	0

●備考
※国際教養学部ではほとんどの授業を英語で行っているので、英語圏からの帰国子女にとって受験しやすいと考える。編入学・転入学選考も実施。詳細は入試広報室まで問い合わせること
※国際教養学部の秋季入学選考は別途問い合わせること

私立 共学 寮

鹿児島国際大学

〒891-0197 （担当：入試・広報課）
鹿児島県鹿児島市坂之上8-34-1
TEL 099-261-3211 FAX 099-261-3299
URL https://www.iuk.ac.jp/

●入学時期 4月

●募集学部（学科）・募集人員
経済学部（経済学科、経営学科）、福祉社会学部（社会福祉学科、児童学科）、国際文化学部（国際文化学科、音楽学科）……………………………各若干名

●出願資格・条件
日本国籍を有し、保護者の海外勤務などの事情により海外において教育を受けた者で、次のいずれかに該当する者
(1) 外国において、高等学校又はこれと同等の学校に2年以上在学し、2019.4.1から2021.3.31までに通常の学校教育課程12年以上を修了又は修了見込みの者
(2) 日本の高等学校を2021年3月に卒業見込みの者で、外国の高等学校又はこれと同等の学校に2年以上在学し、日本の高等学校の在学期間が2年未満の者
(3) スイス民法典に基づく財団法人である国際バカロレア事務局から国際バカロレア資格証書を2019年又は2020年に授与された者
(4) 本学が上記(1)～(3)と同等の資格があると認めた者
※外国に設置されたものであっても、日本の学校教育法に準拠した教育を施している学校に在学した者については、その期間は、外国において学校教育を受けたものとはみなさない

●出願書類
・志願票・受験票・卒業（修了）証明書又は同見込み証明書など・最終卒業（修了）学校などの成績証明書・身上記録など（本学所定）・写真・宛名シール・レターパックライト（返送用）・実技試験カード※音楽学科のみ

●日程等

出願	試験	発表	選抜方法
1/4～1/29	2/8	2/22	書類審査、小論文、面接、実技試験（音楽学科のみ）

●応募状況

年度＼人数	募集人員	出願者	受験者	合格者	入学者
2019	若干名	0	0	0	0
2020	若干名	1	1	1	1

私立 共学 寮

志學館大学

〒890-8504　(担当：入試広報課)
鹿児島県鹿児島市紫原 1-59-1
TEL 099-812-8501　FAX 099-257-0308
URL http://www.shigakukan.ac.jp

●入学時期　4月

●募集学部（学科）・募集人員

人間関係学部（心理臨床学科、人間文化学科）、法学部 ……………………………各若干名

●出願資格・条件

日本国籍を有する者で、次のいずれかに該当する者

(1) 外国において高等学校またはこれと同等の学校に最終学年を含めて2年以上継続して在学し、外国において学校教育における12年の課程（日本における通常の課程による学校教育の期間を含む）を2019年4月1日から2021年3月31日までに修了又は修了見込みの者

(2) 外国において2年以上の学校教育を受け、日本の高等学校の第2学年又は第3学年に編入学した者で、2020年3月に卒業した者及び2021年3月卒業見込みの者

(3) 文部科学大臣が高等学校の課程と同等の課程を有するものとした在外教育施設の当該課程を2019年4月1日から2021年3月31日までに修了又は修了見込みの者

(4) スイス民法典に基づく財団法人である国際バカロレア事務局が授与する国際バカロレア資格を2019年又は2020年に取得した者

(5) ドイツ連邦共和国の各州において大学入学資格として認められているアビトゥア資格を2019年又は2020年に取得した者

(6) フランス共和国において大学入学資格として認められているバカロレア資格を2019年又は2020年に取得した者

(7) グレート・ブリテン及び北部アイルランド連合王国において大学入試資格として認められているジェネラル・サーティフィケート・オブ・エデュケーション・アドバンスト・レベル資格を2019年又は2020年に取得した者

●出願書類

・入学志願票一式・調査書（日本の高等学校を卒業する者）・修了証明書及び成績証明書（外国の学校を修了する者）・IB資格証書等の写し及び成績証明書（IB資格等を取得した者）

●日程等

出願	試験	発表	選抜方法
1/25～2/12	2/19	3/3	書類審査、小論文、面接

●応募状況

年度＼人数	募集人員	出願者	受験者	合格者	入学者
2019	若干名	－	－	－	非公表
2020	若干名	－	－	－	非公表

私立 共学

沖縄キリスト教学院大学

〒903-0207　(担当：教学支援部入試課)
沖縄県中頭郡西原町字翁長 777
TEL 098-945-9782　FAX 098-946-1241
URL https://www.ocjc.ac.jp/

●入学時期　4月、10月

●募集学部（学科）・募集人員

人文学部（英語コミュニケーション学科）………若干名

●出願資格・条件

日本語による授業を受ける基礎的な日本語運用能力があり、人物・学業ともに優れ、高等学校長・教師・上司等の推薦のある者。日本国籍を有し、2021.4.1現在満18歳に達し、次のいずれかに該当する者。

(1) 外国において、学校教育における12年の課程を修了した者

(2) 外国で中等教育を含めて2年以上の学校教育を受けた者で、日本の大学入学資格を有する者

(3) 文部科学大臣の指定した者

(4) 外国の高等学校を卒業した者

●出願書類

・入学願書・成績証明書または調査書（日本語訳を添付）・卒業証明書・推薦書・自己申告書等（詳細は大学Webサイト参照）

※推薦書と自己申告書は日本語または英語。TOEIC、TOEFL、IELTS等を受験した者は、受験結果（写し）を提出

●日程等

出願	試験	発表	選抜方法
11/4～11	11/28	12/11	※

※選考方法は、書類審査、面接（日本語または英語）、英語での自己アピール、日本語作文、英作文の成績を総合的に判断して行う

※日本語作文免除：
①日本の高等学校を卒業した者、または2021年3月卒業見込みの者
②日本語を母語とする者で、日本の高等学校に在学したことがある者

※英作文免除：
①英語を母語とする者
②英語圏の高等学校を卒業した者、または2021年3月卒業見込みの者
③主たる教育を英語で受けた者

●応募状況

年度＼人数	募集人員	出願者	受験者	合格者	入学者
2019	若干名	0	0	0	0
2020	若干名	0	0	0	0

●備考

入学資格等の確認のため、出願する前（入学検定料を銀行に振り込む前）に、入試課へお問い合わせください。

短期大学編

この一覧にある短期大学は、2021 年度学生募集要項を
もとに作成しておりますが、詳細については
必ず当該短期大学にご確認ください。
なお、「(共学)」と記載されていない短期大学は、
女子のみの募集です。また、出願期間の
「(郵)」は「郵送」、「(窓)」は「窓口」の略です。
（会 は JOES の「学校会員」校）

学校名 問い合わせ先	募集学科	人員	出願期間 （試験日）	選抜方法
＜ 公 立 ＞				
山形県立米沢女子短期大学 〒992-0025 山形県米沢市通町 6-15-1 教務学生課 TEL 0238-22-7330（代表） http://www.yone.ac.jp/	国語国文学科 英語英文学科 日本史学科 社会情報学科	各若干名	11/2～12 (11/19)	書類 小論文 面接
岐阜市立女子短期大学 〒501-0192 岐阜県岐阜市一日市場北町 7-1 入試係 TEL 058-296-3131（代表） http://www.gifu-cwc.ac.jp	英語英文学科 国際文化学科 食物栄養学科 生活デザイン学科	各若干名	11/24～12/3 (12/13)	出願書類 小論文 面接
倉敷市立短期大学（共学） 〒711-0937 岡山県倉敷市児島稗田町 160 入試係 TEL 086-473-1860 http://www.kurashiki-cu.ac.jp/	保育学科 服飾美術学科	各若干名	11/2～11 (11/19)	小論文 面接 調査書 活動報告書
＜ 私 立 ＞				
札幌国際大学短期大学部 〒004-8602 北海道札幌市清田区清田 4 条 1-4-1 入学センター TEL 011-881-8861（直通） http://www.siu.ac.jp	総合生活キャリア学科 幼児教育保育学科	各若干名	(郵)11/16～27 (12/19)	面接（日本語） 書類
北星学園大学短期大学部（共学） 〒004-8631 北海道札幌市厚別区大谷地西 2-3-1 入試課 TEL 011-891-2731（代表） http://www.hokusei.ac.jp/	英文学科 生活創造学科	各若干名	(郵)1/12～25 (英文：2/7) (生活創造：2/6)	〈英文〉 書類、英語、面接 〈生活創造〉 書類、小論文、面接
北海道武蔵女子短期大学 〒001-0022 北海道札幌市北区北 22 条西 13 入試広報課 TEL 011-726-3141（代表） 0120-634-007（直通） http://www.musashi -jc.ac.jp/	教養学科 英文学科 経済学科	各若干名	(郵)1/7～18 (2/10)	1 次：書類 2 次(1 次合格者)： 筆記（英語）、作文(日本語)、面接
北翔大学短期大学部（共学） 〒069-8511 北海道江別市文京台 23 アドミッションセンター TEL 011-387-3906（直通） http://www.hokusho-u.ac.jp	ライフデザイン学科 こども学科	各若干名	11/2～10 (11/22)	書類 面接
釧路短期大学（共学） 〒085-0814 北海道釧路市緑ヶ岡 1-10-42 入試事務局 TEL 0154-68-5124（直通） http://www.midorigaoka.ac.jp/kushirojc/	生活科学科 幼児教育学科	各若干名 (一 般・特別入学の募集定員)	1/20～2/3 (2/6)	小論文 面接 履歴書

短大

学校名 問い合わせ先	募集学科	人員	出願期間 （試験日）	選抜方法
聖和学園短期大学（共学） 〒981-3213 宮城県仙台市泉区南中山 5-5-2 入試センター TEL 022-376-3151（代表） http://www.seiwa.ac.jp	キャリア開発総合学科 保育学科	各若干名	1/6～13 (1/20) 2/19～26 (3/5)	出願理由書 面接
高崎商科大学短期大学部（共学） 〒370-1214 群馬県高崎市根小屋町 741 広報・入試室 TEL 027-347-3379 https://www.tuc.ac.jp	現代ビジネス学科	若干名	Ⅰ：11/1～10(11/25) Ⅱ：12/7～16 (12/23) Ⅲ：2/22～3/11 (3/17)	書類 小論文 面接
新島学園短期大学（共学） 〒370-0068 群馬県高崎市昭和町 53 入試室 TEL 027-326-1155（代表） https://www.niitan.jp/	キャリアデザイン学科 コミュニティ子ども学科	各若干名	1：11/2～9 (11/14) 2：12/1～7 (12/12) 3：1/20～2/2(2/10)	小論文 面接
城西短期大学（共学） 〒350-0295 埼玉県坂戸市けやき台 1-1 入試課 TEL 049-271-7711 http://www.josai.ac.jp/education/college/	ビジネス総合学科	若干名	(郵)10/12～29 (11/7)	書類 小論文(日本語) 面接
埼玉女子短期大学 〒350-1227 埼玉県日高市女影 1616 広報室 TEL 042-986-1516（直通） http://www.saijo.ac.jp	商学科 国際コミュニケーション学科	各入学定員の約4%（社会人・留学生含）	Ⅰ：1/19～26 (2/5) Ⅱ：2/2～9 (2/17) Ⅲ：2/16～24 (3/3)	書類 志願理由書 面接
植草学園短期大学（共学） 〒264-0007 千葉県千葉市若葉区小倉町 1639 番 3 入試・広報課 TEL 043-239-2600（直通） http://www.uekusa.ac.jp/	こども未来学科 （「福祉学科 児童障害福祉専攻」は、2021 年度学科名を変更します。）	各若干名	1/18～27 (2/1)	書類 面接（10 分）
東京経営短期大学（共学） 〒272-0001 千葉県市川市二俣 625-1 入試広報室 TEL 047-328-6161 http://www.tokyo-keitan.ac.jp	経営総合学科 こども教育学科	若干名	Ⅰ：11/10～12/7 (12/13) Ⅱ：12/8～1/18 (1/24) Ⅲ：2/1～18 (2/23) Ⅳ：2/19～3/5(3/10)	書類審査 小論文(日本語) 面接(プレゼンテーション含む)
千葉敬愛短期大学（共学） 〒285-8567 千葉県佐倉市山王 1-9 事務室入試係 TEL 043-486-6781（直通） http://www.chibakeiai.ac.jp/	現代子ども学科	若干名	1/8～28 (2/6)	書類 小論文 面接

学校名 問い合わせ先	募集学科	人員	出願期間 （試験日）	選抜方法
聖徳大学短期大学部 〒271-8555 千葉県松戸市岩瀬 550 入学センター TEL 047-366-5551（直通） フリーダイヤル 0120-66-5531 https://www.seitoku-u.ac.jp/	保育科第一部 保育科第二部 総合文化学科	各若干名	A：10/26～11/4（11/8） B：11/24～12/8（12/13） C：2/25～3/11（3/15）	書類審査 日本語（作文） 面接
帝京大学短期大学（共学） 〒173-8605 東京都板橋区加賀 2-11-1 帝京大学入試センター フリーダイヤル 0120-335933 http://www.teikyo-u.ac.jp/ （キャンパスは八王子）	人間文化学科 現代ビジネス学科	各若干名	(WEB) 12/17～1/20 (1/31)	書類 日本語または 小論文（日本語） 英語（必須） 面接
東京家政大学短期大学部 〒173-8602 東京都板橋区加賀 1-18-1 アドミッションセンター TEL 03-3961-5228（直通） https://www.tokyo-kasei.ac.jp/	保育科 栄養科	各若干名	(郵)8/27～9/7 (9/13)	書類 小論文（日本語） 面接
実践女子大学短期大学部 会 〒150-8538 東京都渋谷区東 1-1-49 学生総合支援センター 入学支援課 TEL 03-6450-6820 https://www.jissen.ac.jp	日本語コミュニケーション学科 英語コミュニケーション学科	各若干名	11/2～23 (11/29)	小論文、面接、 英語（英語コミュニケーション学科のみ）
女子美術大学短期大学部 〒166-8538 東京都杉並区和田 1-49-8 女子美入試センター TEL 042-778-6123 https://www.joshibi.ac.jp	造形学科	若干名	●出願期間（ネット出願になります） 10/26(月)10:00～11/3(火)13:00 ●書類送付締切（ネット出願後、書類を本学へ郵送） 11/4(水)必着 (11/29)	提出書類 小論文（日本語） 面接（参考資料持参）
共立女子短期大学 〒101-0003 東京都千代田区一ツ橋 2-6-1 入試事務室 TEL 03-3237-5656 http://www.kyoritsu-wu.ac.jp/	生活科学科 文科	各若干名	(郵)11/2～9 (11/15)	書類 小論文 面接
日本大学短期大学部（共学） 会 〒102-8275 東京都千代田区九段南 4-8-24 学務部入学課 TEL 03-5275-8311 http://www.nihon-u.ac.jp/admission_info/application/returnee/	ビジネス教養学科 食物栄養学科	各若干名	ビジネス教養、食物栄養： (郵)8/1～1/22 (2/12)	〈ビジネス教養、食物栄養〉記述試験（日本語）、面接（日本語による）
戸板女子短期大学 〒105-0014 東京都港区芝 2-21-17 入試・広報部 TEL 03-3451-8383（直通） http://www.toita.ac.jp/	服飾芸術科 食物栄養科 国際コミュニケーション学科	各若干名	1/12～22 (2/1)	作文（日本語） 面接 ※国際コミュニケーション学科のみ英語で出題し、日本語で記述

学校名 問い合わせ先	募集学科	人員	出願期間 （試験日）	選抜方法
小田原短期大学 〒250-0045 神奈川県小田原市城山 4-5-1 アドミッションセンター TEL 0465-22-0285（代表） https://www.odawara.ac.jp/	食物栄養学科 保育学科	各若干名	10/5～14 (10/24)	書類 小論文 面接
清泉女学院短期大学 〒381-0085 長野県長野市上野 2-120-8 入試広報課 TEL 026-295-1310（直通） http://www.seisen-jc.ac.jp	幼児教育科 国際コミュニケーション科	各若干名	1/6～22 (1/29) 新型コロナウイルス感染症への対応 <代替試験日程> 出願期間：2/2～17 試験日：2/24	書類 小論文（日本語800字・60分） 個人面接
松本大学松商短期大学部（共学） 〒390-1295 長野県松本市新村 2095-1 入試広報室 TEL 0263-48-7201（直通） 0120-507-200 www.matsumoto-u.ac.jp/	商学科 経営情報学科	各若干名	11/30～12/8 (web出願後書類郵送) (12/12)	書類審査 小論文 個人面接
愛知学院大学短期大学部 〒464-8650 愛知県名古屋市千種区楠元町 1-100 入試センター TEL 0561-73-1111（代表） http://www.agu.ac.jp/	歯科衛生学科	若干名 （女子のみ）	(郵)9/10～16 (9/27)	書類 英語 小論文(日本語) 個人面接 (日本語会話力の口頭試問含)
名古屋女子大学短期大学部 〒467-8610 愛知県名古屋市瑞穂区汐路町 3-40 入試広報課 0120-758-206（直通） https://www.nyusi.nagoya-wu.ac.jp/	生活学科 保育学科	各若干名	Ⅰ：(郵)10/19～27 (窓)10/19～28 (11/7) Ⅱ：(郵)2/15～22 (窓)2/15～24 (3/3)	書類審査 小論文 面接 出願申請書
名古屋短期大学 〒470-1193 愛知県豊明市栄町武侍 48 入試広報課 TEL 0562-97-6311（直通） https://www.nagoyacollege.ac.jp	保育科 英語コミュニケーション学科 現代教養学科	各若干名	(郵)10/27～11/4 (11/29)	〈保育〉 書類、小論文(800字程度)、面接(30分) 〈英語コミュニケーション〉 書類、面接（20分） 〈現代教養〉 書類、面接（20分）
華頂短期大学 〒605-0062 京都府京都市東山区林下町 3-456 入学広報室 TEL 075-551-1211（直通） http://www.kacho-college.ac.jp/	幼児教育学科 総合文化学科	各若干名	Ⅰ：9/28～10/6 (10/10) Ⅱ：1/6～18 (1/23)	自己推薦文（日本語で800字程度） 面接 書類審査
嵯峨美術短期大学（共学） 〒616-8362 京都府京都市右京区嵯峨五島町 1 入学広報グループ TEL 075-864-7878（直通） https://www.kyoto-saga.ac.jp	美術学科	若干名	11/12～19 (12/6)	面接 （作品持参・1～3点）

学校名 問い合わせ先	募集学科	人員	出願期間 （試験日）	選抜方法
龍谷大学短期大学部（共学） 〒612-8577 京都府京都市伏見区深草塚本町 67 入試部 TEL 075-645-7887 http://www.ryukoku.ac.jp/	社会福祉学科 こども教育学科	各若干名	10/26～11/6 (11/29)	書類 小論文 面接
大阪女学院短期大学 会 〒540-0004 大阪府大阪市中央区玉造 2-26-54 アドミッションセンター TEL 06-6761-9369 http://www.oj-navi.net	英語科	専願・併願 各若干名	(Web) 11/24～30 (12/6)	面接 （日本語・英語）
四天王寺大学短期大学部（共学） 〒583-8501 大阪府羽曳野市学園前 3-2-1 入試・広報課 TEL 072-956-3183（直通） http://www.shitennoji.ac.jp/ibu/	保育科 生活ナビゲーション学科	各若干名	4 月入学： (郵)1/4～8（2/6） 9 月入学（2020 年度参考）： (郵)8/3～6（8/22）	書類審査 日本語 英語 面接
関西外国語大学短期大学部（共学） 会 〒573-1001 大阪府枚方市中宮東之町 16-1 入試広報企画部 TEL 072-805-2850（直通） http://www.kansaigaidai.ac.jp/	英米語学科	若干名	(郵)9/25～10/2 (10/18)	英語 小論文（日本語） 面接
大阪国際大学短期大学部（共学） 〒570-8555 大阪府守口市藤田町 6-21-57 入試・広報部 TEL 06-6907-4310（直通） http://www.oiu.ac.jp/oic/	幼児保育学科 栄養学科 ライフデザイン学科	各若干名	(郵)10/5～14 （窓口受付）10/15 9：00～15：00 (10/25)	小論文（作文） 面接
園田学園女子大学短期大学部 〒661-8520 兵庫県尼崎市南塚口町 7-29-1 入試広報部 TEL 06-6429-9903（直通） http://www.sonoda-u.ac.jp/	生活文化学科 幼児教育学科	各若干名	10/5～26 (11/1)	小論文 面接 書類
大手前短期大学（共学） 〒664-0861 兵庫県伊丹市稲野町 2-2-2 アドミッションズオフィス TEL 0798-32-7541（直通） https://college.otemae.ac.jp/	ライフデザイン総合学科 歯科衛生学科	若干名 1 名	(郵)1/5～15 (1/27)	書類 （志望アンケート） 小論文（日本語） 個人面接 （日本語）
就実短期大学（共学） 〒703-8516 岡山県岡山市中区西川原 1-6-1 入試課 TEL 086-271-8118（直通） https://www.shujitsu.ac.jp/	幼児教育学科 生活実践科学科	各若干名	Ⅰ：9/15～23 (10/4) Ⅱ：2/9～19 (2/27)	書類 小論文 面接

学校名 問い合わせ先	募集学科	人員	出願期間 （試験日）	選抜方法
四国大学短期大学部（共学） 〒771-1192 徳島県徳島市応神町古川字戎子野 123-1 広報課 TEL 088-665-9906 https://www.shikoku-u.ac.jp/	ビジネス・コミュニケーション科 人間健康科 幼児教育保育科 音楽科	若干名	Ⅰ：9/1 ～ 25 (10/17) Ⅱ：11/2 ～ 19 (12/12) Ⅲ：1/7 ～ 28 (2/14)	書類 小論文 面接
松山東雲短期大学 〒790-8531 愛媛県松山市桑原 3-2-1 入試課 TEL 089-931-6211（代表） フリーダイヤル 0120-874044 https://college.shinonome.ac.jp/	保育科 現代ビジネス学科 食物栄養学科	保育：5名 現代ビジネス：1名 食物栄養：10名（社会人含）	Ⅰ：11/1～13 (11/21) Ⅱ：1/4～25 (2/1) Ⅲ：2/8～22 (3/3)	出願書類 面接（口頭試問を含む）
福岡女学院大学短期大学部 〒811-1313 福岡県福岡市南区日佐 3-42-1 入試広報課 TEL 092-575-2970（直通） https://www.fukujo.ac.jp/university/	英語科	若干名	2/8～18 (3/7)	書類審査 小論文 面接
九州女子短期大学 〒807-8586 福岡県北九州市八幡西区自由ケ丘 1-1 教務・入試課 TEL 093-693-3349 http://www.kwuc.ac.jp/	子ども健康学科	若干名	1/6～28 (2/4)	小論文 面接 志望理由書
福岡女子短期大学 〒818-0193 福岡県太宰府市五条 4-16-1 入試広報課 TEL 092-922-2483（直通） http://www.fukuoka-wjc.ac.jp/	健康栄養学科 音楽科 文化教養学科 子ども学科	各若干名	WEB 登録期間 1/12～29 書類提出期間 1/20～2/1 (2/6)	健康栄養、文化教養、子ども：書類、小論文、面接 音楽：書類、小論文、実技、面接
別府大学短期大学部（共学） 〒874-8501 大分県別府市北石垣 82 入試広報課 TEL 0977-66-9666（直通） http://www.beppu-u.ac.jp	食物栄養科 初等教育科	各若干名	2/1～10 (2/16)	書類 小論文 面接
南九州短期大学（共学） 〒880-0032 宮崎県宮崎市霧島 5-1-2 学生支援課 TEL 0985-83-3406 http://www.mkjc.ac.jp	国際教養学科	若干名	Ⅰ：10/26～11/12 (11/22) Ⅱ：2/15～26 (3/5)	書類 小論文 面接
沖縄キリスト教短期大学（共学） 〒903-0207 沖縄県中頭郡西原町字翁長 777 入試課 TEL 098-945-9782 https://www.ocjc.ac.jp/	英語科 保育科	各若干名	特別推薦型選抜： 11/4～11 (11/28)	〈英語〉書類、英作文、日本語作文、面接（日本語または英語）英語での自己アピール 〈保育〉書類、日本語作文、面接（日本語または英語）

短大

その他の学校編

● 各種学校 ●

掲載されているインターナショナルスクールは
文部科学省から高等学校相当として指定されていて、
12 年の課程を修了すると大学入学資格が付与される
コロンビアインターナショナルスクール
〜
沖縄クリスチャンスクールインターナショナル

● 大学校 ●

学校教育法によらない学校のひとつ
行政官庁直轄の教育機関が多い
水産大学校

● 外国学校　日本校 ●

外国に拠点を置く学校で、日本においてプログラムを
実施している学校
東京インターハイスクール
〜
テンプル大学（ジャパンキャンパス）

● その他 ●

NIC 高校部

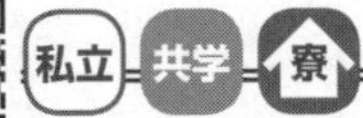

受入開始　1988年度

コロンビアインターナショナルスクール

（担当：森亦哲也）
〒359-0027
埼玉県所沢市松郷153
▶▶（JR武蔵野線東所沢駅）
TEL 04-2946-1911　FAX 04-2946-1955
URL http://www.columbia-ca.co.jp

生徒数　男40　女32　合計72（10～12年生）
※年少～9年生もあり

帰国子女在籍者数	10年	11年	12年	計
	1	2	1	4

入学

●出願資格・条件
海外のインターナショナルスクールや日本人学校、または現地の学校に通学経験のある者。滞在期間や帰国後の年数は不問、日常の学校生活の営みに特別な補助や介助を必要とする障害の無いこと

●出願書類　・入学願書（所定のものに全項目記入）・学校長、アドバイザー、もしくは教師作成の推薦書（海外の学校からの場合）・過去3年間の通知表のコピー（通学通園の記録または成績証明書）

●日程等

募集	出願	試験	発表	選考方法
若干名	定員に空きがある場合に随時受付	個別指定日	試験日翌日	面接（本人・保護者）、英語力試験、エッセイ（作文）

●応募状況

年度＼人数	募集人員	出願者	受験者	合格者	入学者
2019	若干名	0	0	0	0
2020	若干名	2	1	1	1

編入学

●編入学時期・定員　〔10～12年生〕9、12、4月。定員に空きがある場合に随時受付。若干名

●出願資格　日常の学校生活の営みに特別な補助や介助を必要とする障害が無いこと

●出願書類・選考方法　入学に準じる

● 2019年度帰国子女編入学者数

10年	0	11年	1	12年	0

受入後

●教育方針
国際基準のスタディスキルを身につけ、世界各国で活躍できるだけの基礎力を養う。受け身の姿勢を改め、自ら積極的に活動するための環境を提供している。

●特色
カナダ・オンタリオ州教育省認可、WASC認可のプログラムを通して、国際基準で自らの成長を促している。2010年4月学校法人取得。

●進学特例条件
条件を満たしている生徒は、TOEFL免除や書類審査のみで北米大学に進学。奨学金を受けられる場合もある。

●卒業生（帰国生徒）の進路状況
海外の大学：コロンビア大、ウィスコンシン・マディソン大、カリフォルニア大（以上、米）、トロント大、UBC、マギル大、アルバータ大、クイーンズ大、ビクトリア大（以上、加）、メルボルン大、シドニー大（以上、豪）
日本の大学：筑波大、早稲田大、慶應義塾大

私立　共学

受入開始　2003年度

ケイ・インターナショナルスクール東京（とうきょう）

（担当：内藤佐代子、Craig Larsen）
〒135-0021
東京都江東区白河1-5-15
▶▶（東京メトロ半蔵門線・都営大江戸線清澄白河駅）
TEL 03-3642-9992　FAX 03-3642-9994
URL http://www.kist.ed.jp

生徒数　男314　女298　合計612

入学

●出願資格・条件
海外のインターナショナルスクールや、現地校にて就学し、帰国後も引き続きインターナショナルスクールでの教育を望む者。滞在期間や、帰国後の年数は不問。

●出願書類
・入学願書・生年月日を証明できるもの・学校調査票・パーソナルステートメント・過去3年間分の成績証明書の正式なコピー
※必要書類は、学校のホームページよりダウンロード可能

●日程等

募集	出願	試験	発表	選考方法
若干名（欠員次第）	随時	個別指定日	試験日1週間後	面接（本人・保護者）、英語、数学

※願書他、書類審査を通過した者を対象に、面接、テストを実施

編入学

●編入学時期・定員　〔10・11年生〕随時（11年生の9月末まで）※12年生のDP（ディプロマ・プログラム）への中途編入については事前に要確認

●出願資格・条件・出願書類・選考方法
入学に準ずる

● 2019年度帰国子女編入学者数

10年	－	11年	－	12年	－

受入後

●教育方針
バックグランドに関係なくやる気に満ちた生徒が、偏見や不公平のない人を育む環境の中で、質の高い国際教育を受け、卒業後有益で有能な見識を持った国際社会の一員となるよう育成。学問的優秀さ、国際理解、ならびに生涯学習で名高い教育機関であり続ける。

●特色
国際バカロレア認定校。9～10年生はIGCSEプログラムを履修、11～12年生はDPプログラムを履修。DP試験合格により、日本を含め世界中の大学への入学資格を取得。DP資格は、世界的に高評価を得ているプログラム。

●卒業生（帰国生徒）の進路状況
東大、慶應大、早稲田大、ICU、上智大、東京医科歯科大、ソウル大、ボストン大、プリンストン大、シカゴ大、オックスフォード大、インペリアル大、ロンドンエコノミクス大、トロント大、UBC　他

受入開始　1976 年度

アオバジャパン・インターナショナルスクール

（担当：木村愛）
〒179-0072
東京都練馬区光が丘 7-5-1
▶▶（大江戸線　光が丘駅）
TEL 03-4578-8832　FAX 03-5997-0091
URL www.aobajapan.jp
生徒数　男 290　女 280　合計 570

帰国子女在籍者数	10 年	11 年	12 年	計
	7	3	3	13

入 学

●出願資格・条件
・年齢相応の基礎的な学力と英語力を有する者。
・すべての国籍を対象。
・本校の教育方針を理解し、自己成長のために積極的に行動できる意欲を有する者。
・保護者の英語力は問わないが、あった方が望ましい。
●出願書類　・入学願書（入学希望者と保護者の写真添付）・推薦状（前学校で教わった教師に記入を依頼し、学校から直接本校へ郵送または FAX）・健康診断書（入学出願者の親族以外の医師により入学願書提出日より遡って 3 カ月以内に作成されたもの）・質問書・支払確認書・成績証明書（過去 2 年分の成績表のコピー）・パスポートのコピー
●日程等

募集	出願	試験	発表	選考方法
特に定めず	随時	随時	随時	書類審査、面接（本人・保護者）、筆記試験

受 入 後

●指導
・グローバルな視座を持ち、思いやりがあり、協力的で、学ぶことに深い喜びを感じ、リスクを恐れず新しいことに挑戦し世の中を変えていくことのできる生徒を育成。
・英語または日本語のサポートが必要な学生には、EAL プログラムに基づいて、英語集中強化クラスや専任のチューターによる指導がある。
●教育方針
・国際人になるために生徒一人ひとりの最大の可能性、潜在能力を引き出すことを重視。
・学ぶことに貪欲で、絶えず変化する世の中において常に意欲的にチャレンジする姿勢を育成。
・国際的なものの見方や異文化理解を育める教育環境と学習スタイルで、真の国際人としてのマインドとスキルを持つ人材を育成。
●特色
・国際バカロレア認定校（IBPYP、IBMYP、IBDP における正式認可を受けた学校）。
・CIS/NEASC 認定校（卒業後は日本の高校卒業生と同程度の学力を持つものとみなされ、日本の大学への一般入試も受験可能。
・3 歳から 18 歳まで継続した国際的教育カリキュラムを提供し、グローバルリーダーやアントレプレナー、社会に革新をもたらす人材を育成。
・教職員も常に授業研究を行い、子どもたちに効果的な学習を提供することを追求するとともに、コミュニケーション力や問題解決力、リスクマネジメントスキルの習得と指導にも力を入れている。特に IB を通して以下の力を育成。①楽観的に、かつ心を開いて「チャレンジすること」をとらえる②自分自身やその考えなどに自信を持つ③理論的な意思決定を行う④互いに共有する人間性を尊重し仲間になる⑤現実の世界や複雑で予測不可能な状況から学んだことを応用することができる
●卒業生（帰国生徒）の進路状況　同志社大学、明治学院大学、テンプル大学、上智大学、University for the Creative Arts, Farnham, Surrey (UK), California College of the Arts, Otis College of Art and Design (CA), University of Adelaide, Hawaii University, Manoa (HA), University of Northern Colorado, Saint Leo University, Saint Andrew's University, Imperial College London, University of Sydney

私立　共学

受入開始　1902 年度

アメリカンスクール・イン・ジャパン

（担当：Angie McCullough）
〒182-0031
東京都調布市野水 1-1-1
▶▶（西武多摩川線多磨駅）
TEL 0422-34-5300　FAX 0422-34-5339
URL http://www.asij.ac.jp
生徒数　男 312　女 271　合計 583（9～12 年生）

帰国子女在籍者数	10 年	11 年	12 年	計
	16	11	10	37

入 学

●出願資格・条件
各学年のレベルに応じた学力と英語能力がある者。保護者は、英語で学校とコミュニケーションが取れること
●出願書類　・入学願書（オンラインで出願）・推薦書及び健康診断書（本校所定用紙）・成績証明書・学力テストの成績
●日程等

募集	出願	試験	発表	選考方法
特に定めず	随時	随時	随時	－

※メール、電話、オープンキャンパス、学校見学にて入学相談を実施。書類一式を提出後、選考のためスクリーニングやその他書類の提出を求められる場合がある

編 入 学

●編入学時期・定員　随時
●出願資格・条件・出願書類・選考方法　入学に準ずる
● 2019 年度帰国子女編入学者数

10 年	3	11 年	4	12 年	2

受 入 後

●指導
スクールカウンセラーによる進路相談や個別指導がある。
●教育方針
思いやりの心、探究心、国際的な責任感を有する生徒を育成する。
●特色
WASC、NAIS 正式認可校。1902 年創立以来、幼稚園年少から 12 年生（高校 3 年生）までの一貫教育を行い、海外のみならず日本でも活躍できる学力、語学力、想像力を兼ね備えた人材を育成。帰国生をはじめとする日本人のほかに 40 カ国以上の国籍を持つ生徒が 1600 名以上在籍。過去 2 年間、18 カ国からの帰国生が入学。米国の教育法令に基づき、英語で授業を行い、高校では大学進学に備え AP コースを設けている。帰国後もアメリカ式の教育を継続し日本にいながらにして卒業後の進路を海外もしくは日本の一流大学への進学を目指すことができる。
●卒業生（帰国生徒）の進路状況
東京大、早稲田大、国際基督教大、上智大、慶應義塾大、大阪大、名古屋大、イェール大（米）、コロンビア大（米）、スタンフォード大（米）、ニューヨーク大（米）、ハーバード大（米）、ブラウン大（米）、プリンストン大（米）、MIT（米）、UCLA（米）、トロント大（加）、ブリティッシュコロンビア大（加）、オックスフォード大（英）、ケンブリッジ大（英）、メルボルン大（豪）他多数

受入開始　1964年度

名古屋国際学園（なごやこくさいがくえん）

〒463-0002　（担当：Erik Olson-Kikuchi、渡邊香代子）
愛知県名古屋市守山区中志段味南原2686
▶▶（JR中央本線高蔵寺駅）
TEL 052-736-2025　**FAX** 052-736-3883
URL http://www.nis.ac.jp
生徒数　男55　女58　合計113（10～12年生）

帰国子女在籍者数	10年	11年	12年	計
	3	5	7	15

入学

●出願資格・条件
・年齢相応の学力及び英語力を有する者
・本校のミッションを理解し、学習及びその他の活動に真摯に取り組む姿勢と意欲を持つ者

●出願書類
・入学願書一式・成績証明書（過去2年分）・推薦状
・パスポートのコピー又は住民票の写し・家族写真
※書類は全て英文で提出すること、英語以外の言語の場合は翻訳も添付すること

●日程等　随時
出願書類を郵送又はEメールにて提出。選考方法は書類審査、面接（保護者同伴）。必要に応じて英語力のテストを実施

編入学

●編入学時期　随時
●出願資格・条件、出願書類、選考方法　入学に準ずる

受入後

●指導
(NIS Mission)
創造的にかつ洞察力を持って考え、生涯学習を追求し続け、積極的かつグローバルに社会に貢献する人間を育成する。

●教育方針
・夢を掲げ、その実現のために創造力を持って積極的に行動する
・自信に満ち、絶えず疑問を持って思考し、知識、能力、理解の向上への意欲を示す
・常にそれぞれのコミュニティに貢献する姿勢を持つ

●特色
全課程でWASC、CIS、さらに国際バカロレア機構（IBDP、IB MYP、IB PYP）の正式認可を受けたインターナショナルスクール。3歳から17歳までの、30カ国以上約460名の生徒を対象に、すべての授業を英語で行っている。卒業すればアメリカのハイスクール卒業の資格が得られるとともに、国際バカロレア資格を取得するチャンスもある。ほとんどの卒業生が英語圏の大学に進学するが、近年では早稲田大学、上智大学、名古屋大学など、英語のプログラムのある日本の大学に進学した生徒もいる。

●卒業生（帰国生徒）の大学合格実績
大阪大、慶應義塾大、国際基督教大、名古屋大、上智大、早稲田大、法政大、アマースト大、アメリカン大、オベリン大、クレアモント大、サンディエゴ州立大、ジョージタウン大、ダートマス大、トロント大、ボストン大、ワシントン大、UCLA

▷▷ 小64P

受入開始　2011年度

同志社国際学院国際部（どうししゃこくさいがくいんこくさいぶ）

Doshisha International School,Kyoto (DISK)

〒619-0225　（担当：Admission Office）
京都府木津川市木津川台7-31-1
▶▶（近鉄京都線新祝園駅、JR学研都市線祝園駅）
TEL 0774-71-0810　**FAX** 0774-71-0815
URL http://www.dia.doshisha.ac.jp
生徒数　男6　女10　合計16（10～12年生）

帰国子女在籍者数	10年	11年	12年	計
	1	0	4	5

※2018年9月入学者から募集を停止している。なお、在学生のいる学年への転入生募集は継続する。今後、在学生が存在しなくなった時点で国際部は廃止とする。

編入学

●編入学時期・定員　随時。1学年で25名まで
●出願資格・条件　基本的に海外からの直接入学とする。
●出願書類、選考方法　詳しくはお問い合わせ下さい。
● 2019年度帰国子女編入学者数

10年	1	11年	0	12年	2

受入後

●指導
基本的に海外の主要大学への進学を目指す指導を行う。

●教育方針
「Learning for Life, Learning for the World, Learning for Love」をモットーとして掲げた教育を行う。

●特色
国際バカロレア（IB）のプライマリーイヤープログラムについては2014年1月に、ディプロマプログラムについては、2012年3月に認定校になっている。
同志社大学への指定校推薦入学制度も整備している。すべて英語で授業を行う一貫校。

入 編

京都インターナショナルユニバーシティアカデミー

〒610-0311　　(担当：山本晴代、南雄平)
京都府京田辺市草内一ノ坪 1-1
▶▶(近鉄京都線 新田辺駅、JR 学研都市線 京田辺駅)
TEL 0774-64-0804　FAX 0774-64-0805
URL http://kiua.kyotoiu.ac.jp
生徒数　男 36　女 33　合計 69 (10～12年生)

帰国子女在籍者数	10 年	11 年	12 年	計
	3	3	3	9

入 学

●出願資格・条件
・年齢相応の学力を有すること
・日本語または英語で授業を受け、コミュニケーションが取れること
・本校のミッション・理念を理解していること

●出願書類
1) 入学願書（本校ウェブサイトからダウンロード可）
2) 最終学校の卒業証書および成績表の写し（通知簿など）
※出願時までの全学年におけるもの
3) 証明写真 2 枚（2.4cm × 3cm）
4) 検定試験の成績（所持者のみ）
※ TOEFL/STEP/Achievement Test 等の成績の写し
5) その他個々の状況により必要と判断されるもの

●備考　選考・入学は随時
第 1 次選考　書類審査
第 2 次選考　面接（出願者は保護者同伴で面接を受けてください）
※面接時に、英語と数学のクラス分けテストを実施

編 入 学

●編入学時期　随時
●出願資格・書類・選抜方法　入学に準ずる

受 入 後

●指導　少人数制の中で、個々の能力や習熟度に合ったクラスを割り振り、生徒の状況に合わせたきめ細やかな指導・ケアを行っている。教員の約 1/2 が英語ネイティブであるため、帰国生が海外で培ってきた英語力を維持・向上させることができる。

●教育方針
キリスト教理念に基づき、自ら考え行動する国際人を育む

●特色　ACSI 正式認可校、高等学校等就学支援金対象校
2003 年 高等部・大学部において学校法人（各種学校）認可取得。バイリンガル教育を実施。高等部生徒の約 50%、全校生徒の約 40%が外国にルーツを持つ国際的かつ多様な環境。

●進学特例条件　同一キャンパス内の大学部（各種学校）にて、11 年生以上（高校 2 年牛相当）で一定の条件を満た している生徒は高校に在籍しながら、大学クラスの単位が取得可能。北米等の大学進学時に単位を移行できる。また、高校卒業後に大学部に内部進学した後に、北米等の大学に編入することもできる。海外進学時の奨学金取得実績が豊富。

●卒業生（帰国生徒）の進路状況　※約半数が海外進学
海外：（アメリカ）ウィートン大学・カーネギーメロン大学・カリフォルニア大学・ジョージタウン大学・スタンフォード大学・ノースウェスタン大学・ボストン大学・マイアミ大学・南カリフォルニア大学（イギリス）イーストアングリア大学・ケンブリッジ大学 - キングスカレッジ・ロンドン大学 - ゴールドスミスカレッジ（オーストラリア）クイーンズランド大学（中国）清華大学・香港中文大学（韓国）高麗大学校・延世大学（カナダ）ブリティッシュ・コロンビア大学 他
日本：大阪大学・関西学院大学・京都大学・慶應義塾大学 (SFC)・国際基督教大学・国際教養大学・中央大学・テンプル大学日本校・同志社大学・名古屋大学・奈良県立医科大学・明治大学・立命館大学・上智大学 他

入 編

受入開始　1988 年度

大阪 YMCA インターナショナルハイスクール
(大阪 YMCA 国際専門学校国際高等課程国際学科)

〒550-0001　　(担当：桐山泰典、立花 祐里彩)
大阪府大阪市西区土佐堀 1-5-6(4F)
▶▶(地下鉄四つ橋線肥後橋駅)
TEL 06-6441-0848　FAX 06-6443-7544
URL http://www.osk-ymca-intl.ed.jp/ihs/
生徒数　男 37　女 49　合計 86

帰国子女在籍者数	1 年	2 年	3 年	計
	2	9	6	17

入 学

●出願資格・条件　2003 年 4 月 2 日～2006 年 4 月 1 日の間に生まれ、下記の (1) ～ (3) のいずれかに該当する者
(1)2021 年 3 月に国内中学校を卒業の見込、もしくはすでに卒業している人
(2) 国内外の学校教育において 9 か年の課程を修了の見込、もしくはすでに修了している人
(3) 文部科学大臣の指定を受けた海外の日本人学校中学部を 2021 年 3 月に卒業の見込、もしくはすでに卒業している人

●出願書類　・入学願書一式（所定用紙）・在留期間の証明書類・帰国後国内の中学に在籍した者はその調査書

●日程等

区分	募集	出願	試験	発表	選考方法
1 次	30	12/8～14	12/17	12/17	2 教科方式（英・国）または英語推薦方式、自己推薦方式
2 次		1/20～26	1/30	1/30	
3 次		2/10～16	2/20	2/20	
4 次		3/10～16	3/19	3/19	2 教科方式（英・国）

※ 2 教科方式は、英語（聞き取り含む）、国語（作文含む）、面接（日本語・英語）。英語推薦方式は、国語（作文含む）及び面接（日本語・英語）。自己推薦方式は、国語（作文含む）、面接（日本語・英語）。
【出願条件】
英語推薦方式：英検 3 級以上または同等資格を保持している者。
自己推薦方式：入学後にボランティア活動や社会貢献活動に取り組む意欲が強く、10 月より実施の事前面談時に課される作文を、面談日より 1 週間以内に提出し、出願資格を認められた者。
※ 12/17 と 3/19 は専願のみ
※筆記試験の内容は一般の受験生と同一。合格基準（特に国語）は別途定める。受験者の日本語レベルによっては国語の筆記試験のかわりに日本語の試験を行うこともある
※合否の通知は受験当日に郵送にて送付

編 入 学

●編入学時期・定員〔1 ～ 3 年生〕随時。若干名
●出願資格・条件　中学卒業者・高校中退者・高校や高等専修学校在籍者
●出願書類・選考方法　入学に準ずる※選考は 2 教科方式（英・国）のみ

● 2019 年度帰国子女編入学者数

1 年	0	2 年	0	3 年	0

受 入 後

●指導　基本的に一般生と同じ。レベル別に分けられた英語クラスや個別の日本語指導を行う場合がある。

●教育方針　「英語（国際）教育」に力を入れ、互いの多様性を認め合う中で、自分を表現できるようになることを目指した教育を行っている。生徒が自律し、自己決定でき、責任感を養うことを目指している。

●特色　外国人・日本人教員による少人数授業。全授業のうち外国人教員による授業を最大 8 割受講できる。英語による一般科目（理科・保健体育等）の他、国語・社会・情報・多分化理解・ボランティア活動・行事なども生徒の自主性を大切に、積極的に行っている。国際交流クラブがあり、海外との交流体験が豊富。国や府の授業料軽減対象校。

●進学特例条件　国際基督教大（ICU）のキリスト教推薦など。

●卒業生（帰国生徒）の進路状況　ほとんどが海外・国内の大学・短大・専門学校に進学。コロンビア大、テンプル大、ハワイ大、大阪大、関西学院大、関西大、京都外国語大、関西外国語大、桃山学院大、上智大、国際基督教大（ICU）、立命館大、立命館アジア太平洋大 (APU)、同志社大、同志社女子大等。

受入開始　1989 年度

関西インターナショナルハイスクール（関西外語専門学校国際高等課程）

〒 545-0053　（担当：滝本、井上）
大阪府大阪市阿倍野区松崎町 2-9-36
▶▶（JR・大阪メトロ 天王寺駅、近鉄南大阪線あべの橋駅）
TEL 06-6621-8108　FAX 06-6621-1880
URL https://www.kihs.jp

生徒数　男 55　女 111　合計 166

帰国子女在籍者数	1 年	2 年	3 年	計
	2	1	4	7

入学

●出願資格・条件
国内・国外で 9 年間の学校教育を修了した者または修了見込みの者あるいは本校校長が中学校を卒業したものと同等以上の学力があると認めた者で、海外在留期間が 1 年以上の者（小学校 4 年生以降に渡航していること）※推薦入試は要事前相談

●出願書類　・入学志願書（本校指定用紙）・受験申込書（本校指定用紙）・海外教育機関の成績証明書・推薦書（推薦入試のみ）・資格試験の合格書等のコピー（該当者のみ）

●日程等

区分	募集	出願	試験	発表	選考方法
推薦入試	若干名	12/11～17	学科 12/18 面接 19	12/21	英語、国語(作文・漢字)面接（保護者同伴）
Ⅰ期	若干名	1/8～14	1/15	1/15	
Ⅱ期	若干名	2/10～17	2/17	2/17	
Ⅲ期	若干名	3/15～22	3/22	3/22	

※推薦入試においては、筆記試験の合格基準において配慮がなされることがある

●応募状況

年度＼人数	募集人員	出願者	受験者	合格者	入学者
2019	若干名	1	1	1	1
2020	若干名	5	5	5	2

編入学

●編入学時期・定員　〔1・2 年生〕随時〔3 年生〕4 月。若干名
●出願資格・条件・出願書類・選考方法　新入学に準ずる（英語・国語（作文・漢字）、面接）※判定基準に配慮する

● 2019 年度帰国子女編入学者数

1 年	0	2 年	0	3 年	2

受入後

●教育方針　英語が使える真の国際人の育成を教育目標として、総合的英語運用力 (Listening,Speaking,Reading,Writing) の養成とともに、国際力の育成に努めている。TOEIC を毎年受験し、卒業時に 900 点を超える生徒もいる。少人数制によるディスカッション形式の授業スタイルを取り入れ、問題発見・解決能力の開発にも力を入れている。また、国語力の育成にも努めている。3 年次には国連の運営形式に則って英語で討論・解決を図る〝模擬国連大会〟に全員参加。2015 年度からは模擬国連大阪を本校が主催している。

●特色　外国人教員が全授業の 4 割を担当し、アメリカ・イギリスの高校教科書を使いながら英語で授業を進めている。英語科目（総合英語、TOEIC など）は習熟度別授業を行っているため、無理なく効果的に学習を進められる。また個性を尊重する校風であるので、帰国生徒もうまく溶け込んでいる。

●進学特例条件　科学技術学園高校との併修により、本校卒業と同時に同高校卒業も可能である。

●卒業生（帰国生徒）の進路状況　California State University、De Anza College、国際教養大学、早稲田大学、上智大学、関西学院大学、同志社大学、立命館大学、関西大学、京都女子大学、関西外国語大学、神戸松蔭女子学院大学 など。

私立　共学　寮

受入開始　2011 年度

コリア国際学園高等部

（担当：宋貞淑、金正泰）
〒 567-0057
大阪府茨木市豊川 2-13-35
▶▶（大阪モノレール豊川駅）
TEL 072-643-4200　FAX 072-643-4401
URL http://kiskorea.ed.jp

生徒数　男 22　女 23　合計 45

帰国子女在籍者数	1 年	2 年	3 年	計
	0	1	0	1

入学

●出願資格・条件
・年齢相応の学力を有すること。
・英語または日本語または韓国語でコミュニケーションが取れること。
・本校の建学の精神および教育理念を理解していること。

●出願書類
・入学願書・受験票・検定料振込領収書・調査書（又は成績証明書又は通知表の写し）・作文・返信用封筒

●日程等

募集	出願	試験	発表	選抜方法
特に定めず	11/16～12/4	12/12	12/14	調査書、作文、面接に基づく総合判定
	1/12～22	1/31	2/1	学科試験、調査書、作文、面接に基づく総合判定
	3/1～23	3/24	3/25	調査書、作文、面接に基づく総合判定

※帰国日などの都合で上記の日程に試験が受けられない場合は個別対応いたします。

●応募状況

年度＼人数	募集人員	出願者	受験者	合格者	入学者
2019	若干名	1	1	1	1
2020	若干名	0	0	0	0

編入学

●編入学時期　随時。
●出願資格・条件・出願書類　入学に準ずる
●選考方法　作文・筆記試験・面接
（英語または日本語または韓国語または中国語）

● 2019 年度帰国子女編入学者数

1 年	0	2 年	0	3 年	0

受入後

●指導　本校では多様な文化的背景を持つ生徒たちが学んでいます。生徒一人ひとりの言語能力、学力に合わせて、日本語指導、教科補習、特別カリキュラムなど個別対応します。

●教育方針　越境人、多文化共生、人権と平和、自由と創造。

●特色　日本人、韓国人、中国人、アメリカ人の生徒たちが楽しく学んでいます。3 言語の習得と国際感覚、問題解決能力の育成に力を入れています。コリア国際コース、国際バカロレアコース、日本留学コースがあります。

●過去の進路実績　〈日本〉大阪大学／筑波大学／京都工芸繊維大学／大阪市立大学／横浜市立大学／慶應義塾大学／早稲田大学／同志社大学／立命館大学／関西学院大学／関西大学／立命館アジア太平洋大学／京都女子大学／京都外国語大学 など他多数
〈韓国〉ソウル大学／延世大学／高麗大学／成均館大学／漢陽大学／梨花女子大学／西江大学 など他多数
〈欧米〉The University of British Columbia（カナダ）/ University of the Arts London（イギリス）/KU Leuven University（ベルギー）／ University of Central Arkansas（アメリカ）など他多数

私立 共学

受入開始 1972 年度

ふくおか
福岡インターナショナルスクール

〒814-0006 （担当：ヒューム）
福岡県福岡市早良区百道 3-18-50
▶▶（地下鉄藤崎駅）
TEL 092-841-7601 **FAX** 092-841-7602
URL http://www.fis.ed.jp
生徒数 男 37 女 36 合計 73(10～12年生)

帰国子女在籍者数	10年	11年	12年	計
	4	2	2	8

入学

●出願資格・条件
・日本国内、海外の中学校を卒業した者
・日本国内、海外の高等学校に在籍中の者
・英語力がある者

●出願書類
・入学願書・過去２年分の成績表・パスポートのコピー・その他、所定の入学書類

●日程等

募集	出願	試験	発表	選考方法
特に定めず	随時	随時	随時	書類審査、学力試験（英語・数学）、面接

編入学

●編入学時期・定員
[10・11・12 年生] 随時。特に定めず

●出願資格・条件、出願書類
入学に準ずる

●選考方法
書類審査、学力試験（英語・数学）、面接

● 2019 年度帰国子女編入学者数

10年	1	11年	0	12年	0

受入後

●教育方針
国際的に通用する高い水準の学力を身につけるための学習環境を整え、個人を尊重し、生徒一人ひとりの能力にあった教育を提供している。多様な文化の融合モデルとなるよう努力している。

●特色
WASC、国際バカロレア資格（ディプロマプログラム）認定校。授業はすべて英語で行う。

●卒業生（帰国生徒）の進路状況
海外の大学進学が主だが、日本国内の大学受験資格も認められている。

私立 共学

受入開始 2014 年度

おきなわ
沖縄クリスチャンスクールインターナショナル

〒904-0301
沖縄県中頭郡読谷村字座喜味 1835
TEL 098-958-3000 **FAX** 098-958-6279
URL http://www.ocsi.org/
生徒数 男 240 女 236 合計 476

帰国子女在籍者数	10年	11年	12年	計
	−	−	−	−

入学

●出願資格・条件 英語による読み書き能力が、本校が希望する学年相応であること。海外又はすでに英語による教育を受けてきた者

●出願書類
・入学申し込み書（オンライン）
・出身学校からの成績証明書（過去３年分未開封のもの）
・予防接種記録 / 健康診断書

●日程等

募集	出願	試験	発表	選考方法
特に定めず	随時	随時	随時	PC テスト、面接

※入学申請（オンライン）後、面接日を設定し、校長との面接、テストにより合否判定

編入学

●編入学時期・定員 随時

●出願資格・条件、出願書類、選考方法
海外又はインターナショナルスクールにてすでに英語教育を受けていること。

受入後

●教育方針 キリストを中心に安全で健全な学習環境を提供。世界に影響を与え活躍する人材を育成する。

●特色 1957 年創立。沖縄県内で唯一 WASC、ACSI の２団体より認可を受け学校法人としても登録されている。米国のカリキュラムを導入し、聖書の真理に基づき優良な教育環境をの提供。授業、コミュニケーションは全て英語で行われる。小学生からコーディングの授業や実際にロボット製作を行ったり、これからの時代に対応できる能力を学習します。高校生は大学レベルのアドバンスクラス取得も可能。北米、ヨーロッパ、オセアニア、アジアの大学進学に備えています。日本語の授業もありバイリンガルとして活躍できる様指導している。クラブ、スポーツ活動も充実しており海外のインターナショナルスクールや米軍基地の学校が参加する大会に毎年出場している。

●卒業生（帰国生徒）の進路状況 ウェルズリー大、エンブリーリドル航空大、サヴァンナ芸術工科大、カリフォルニア大、ノートルダム大、バークリー音楽大、バージニア工科大、ワシントン大、クイーンズランド大（豪）、クイーンズランド工科大（豪）、復旦大学（中）、ヨンセ大（韓）、慶応、国際基督教、上智、筑波大、法政、明治大、早稲田大、大阪大、タルトゥ大（エストニア）

国立　共学　寮

すい さん
水産大学校

（担当：教務課）

〒759-6595
山口県下関市永田本町 2-7-1
TEL 083-286-5371（入試専用）FAX 083-286-2294
URL http://www.fish-u.ac.jp/

●**入学時期**　4月

●**募集学科・募集人員**
水産流通経営、海洋生産管理、海洋機械工、食品科、生物生産……………………………各学科若干名

●**出願資格・条件**
日本国籍を有し、保護者の海外勤務等のため外国の学校で学んだ者（保護者の帰国等により単身で在留する場合も含む）のうち、次のいずれかに該当し、入学を希望する年の4月1日に満18歳に達している者
①外国において学校教育における12年の課程を修了した者または修了見込みの者。ただし、最終学年を含めて2年以上継続して在学し、修了後出願までの期間が2年以内であること（外国に設置された学校であっても日本の「学校教育法」に準拠した課程によるものは外国で教育を受けた期間には含まない）
②外国において国際バカロレア資格、アビトゥア資格及びバカロレア資格（フランス共和国）のいずれかを平成31年又は、令和2年に取得した者

●**出願書類**
・入学志願書一式（本校所定用紙）・健康診断書・海外在留証明書・成績証明書・国家統一試験のスコア（受験者のみ。任意）
※外国語で作成された書類には、日本の在外公館の翻訳（和文）証明、または日本の公証人の公証を受けた和文を添付

●**日程等**

出願	試験	発表	選抜方法
10/19～29	11/14	12/3	書類審査、面接、基礎学力試験（コミュニケーション英語Ⅰ、数学Ⅰ·A）

●**応募状況**

年度＼人数	募集人員	出願者	受験者	合格者	入学者
2019	若干名	1	1	0	0
2020	若干名	1	1	0	0

編入学

●**編入学時期・定員**　4月。学科定員に欠員がある場合、若干名

●**出願資格**　大学卒業相当

●**出願書類**　成績証明書、健康診断書など

●**選考方法**　学力試験（共通基礎科目、水産一般科目、外国語）、小論文

受入後

●**指導**　一般学生と同じクラスで指導する

※募集要項の内容に変更が生じた場合は、本校ホームページでお知らせしますので、必ず最新情報をご確認ください。

（株）　共学

受入開始　2000年度

とうきょう
東京インターハイスクール

（担当：宮澤はな）

〒150-0002
東京都渋谷区渋谷 1-23-18 ワールドイーストビル 4F
▶▶（JR・東京メトロ・東急・京王各線渋谷駅）
TEL 03-6427-3450　FAX 03-6427-3451
URL http://www.inter-highschool.ne.jp

生徒数　男 51　女 68　合計 119

帰国子女在籍者数	10年	11年	12年	計
	18	23	27	68

入学（編入学を含む）

●**出願資格・条件**
・日本国内または海外の中学校もしくはこれに準ずる学校の中学校2年生(Grade8)を修了した者または2020年に修了見込みの者
・現在国内または海外の高等学校に在籍中の者または中退者
※ジュニアコースへの入学希望者は中学1、2年生であれば入学可

●**出願書類**　・入学願書・学校履歴一覧・学習興味調査書・保護者調査書・成績証明書・単位修得書・自己アピール

●**日程等**

募集	出願	試験	発表	選考方法
150	随時	随時	随時	書類審査、面接、作文

※毎月入学・卒業可

●**応募状況**

年度＼人数	募集人員	出願者	受験者	合格者	入学者
2019	50	50	50	50	50
2020	50	50	50	50	50

●**2019年度帰国子女編入学者数**

10年	5	11年	8	12年	8

受入後

●**指導**　個々に学習目標を立てて、自分なりのゴールを目指す自立学習者を育成する。日本語と英語で学習できる。完全マンツーマンの担任制で、学習コーチが卒業までをサポート。在校生の半数が海外経験者や帰国生なので指導経験が豊富。

●**教育方針**　帰国生の特性を伸ばす学習環境とカリキュラムを徹底して実践する。個人の違いを認めお互いを尊重し合いながら目標を目指す努力ができる人材を育成する。

●**特色**　米国ワシントン州認可オルタナティブスクールの日本キャンパス（東京・渋谷）。担任が日本語または英語で生徒の目標（例えば進学、留学）に沿って個別指導する。国内外の前籍校で習得した単位を振り替えて最短6か月で卒業することができる。残り単位数が少ない場合は高3秋に帰国後、当校の特進コースに編入し、翌年3月に卒業して私立大の国際教養学部に現役で進学したケースもある。日本語又は英語で学習可。

●**特進コースの概要**　大手英語塾トフルゼミナールのオンライン教材でSATやTOEFLのスコアアップを図る。それらが当校の単位となる。受験対策がそのまま高校卒業に向けた履修単位となり、時間的または経済的に効率よく帰国生の高校卒業と進学ができる。

●**卒業生（帰国生徒）の進路状況**　東京慈恵会医科大、山梨大（医）、琉球大（法）、東京外国語大（言語文化）、千葉大（工）、秋田国際教養大、早稲田大、慶應義塾大、国際基督教大、上智大、東京理科大、同志社大、成蹊大、立命館アジア太平洋大、法政大、青山学院大、中央大、獨協大、明治学院大、聖心女子大、フェリス女学院大、学習院女子大、東洋英和女学院大、多摩美術大、武蔵野美術大、東京造形大、東海大、山梨学院大、関西学院大、米ハーバード大、ニューヨーク大、ペンシルバニア州立大、シンガポール国大、ロンドン大、バークリー音楽大、ミネルバ大、他多数

入 編

私立 共学 寮

テンプル大学ジャパンキャンパス

〒154-0004 (担当：アドミッション・カウンセリング)
東京都世田谷区太子堂 1-14-29
TEL 03-5441-9800 FAX 03-5441-9811
URL http://www.tuj.ac.jp/

●入学・編入学時期 5月、8月下旬、1月

●募集学科
国際ビジネス学科、国際関係学科、心理研究学科、経済学科、政治学科、アジア研究学科、教養学科、日本語学科、アート学科、コミュニケーション学科

●出願資格・条件
学部課程に入学を希望する出願者（高校卒業見込み、高校既卒、短大、大学在学中又は既卒、社会人）で下記A、B、Cのすべてに該当する者

A. 高校卒業またはそれに相当する資格
高等学校を卒業した者および卒業見込みの者、国際バカロレア資格証書・General Certificate of Education (GCE) 保持者または高等学校卒業程度認定試験（高卒認定）に合格した者で、移行可能な大学レベルの単位を15単位以上取得している者

B. 学業成績
5段階評価で評定平均3.0以上、4段階評価で評定平均2.0以上であること

C. 英語能力
TOEFL PBT 550点以上、TOEFL iBT 79点以上、またはIELTS 6.0以上、PTE 53点以上

※上記テストスコアは本学への出願日から2年以内に受験したものが必要

※TOEFL ① iBT 53～78 ② PBT 475～549 ③ IELTS 5.0または5.5 ④ PTE 40～52を対象にBridgeプログラム（条件付入学）有り

●出願書類
・入学願書・自己紹介文（約250～400語、英文タイプ）・TOEFLもしくはIELTS、PTEのスコア票（本学への出願日から起算して2年以内に受験したもののみ有効）・英文の成績証明書
※出願書類により審査・選考を行い、合否を判定

●日程等

区分	出願	選抜方法
夏学期（5月入学）	～4/1	書類選考
秋学期（8月下旬入学）	～7/1	
春学期（1月入学）	～11/1	

※3学期のうち、入学を希望する学期に出願することができる。また、通年で願書を受けつける「ローリング・アドミッション」により、最高で3学期先の学期まで随時出願可能

※奨学金を申請する場合の出願締切りは異なる。詳細は問い合わせること

●総学生数（2019年秋学期）
1,337名（米国人36%、日本人44%、その他20%）

●備考
日本国内・外を問わず、大学・短期大学からの学生の編入学を積極的に受け入れている。編入学試験は行わず、一般出願と同様に入学審査により合否を判定

入 編

私立 共学 寮

受入開始 2012年度

NIC高校部

NIC International High School

〒160-0022 (担当：近松修一)
東京都新宿区新宿 5-9-16
▶▶(都営地下鉄新宿三丁目駅)
※大阪キャンパスもあり
TEL 03-5379-5551 FAX 03-5379-5550
URL https://www.nicuc.ac.jp/hs/
生徒数 男11 女10 合計21

帰国子女在籍者数	10年	11年	12年	計
	0	0	0	0

入学

●出願資格・条件
・中学校を卒業見込みの者
・国内外の高等学校に在籍中または中退者

●出願書類
・入学願書・調査書・入学希望理由書・受験票

●日程等

募集	出願	試験	発表	選考方法
20	入試日の前日まで	毎月1回	入試日の3日後	英語（筆記）、英作文、面接（日本語）

※詳細は毎年3月に改訂される募集要項参照

●応募状況

年度＼人数	募集人員	出願者	受験者	合格者	入学者
2019	20	0	0	0	0
2020	20	0	0	0	0

編入学

●編入学時期 随時

●出願資格・条件、出願書類、選考方法 入学に準ずる

●2019年度帰国子女編入学者数

10年	0	11年	0	12年	0

受入後

●指導 パーソナルアドバイザーが一人ひとりについている。また、チュータリングも随時行って、勉強面、生活面のサポートを行っている。カウンセリングも毎日行っている。

●教育方針 ひとりひとりが世界で活躍するチェンジメーカーに育ってもらうために海外の大学を卒業するまで、そして就職まで全てをサポート。世界に貢献できる人間力のある人を育成する。

●特色 海外大学（アメリカ、イギリス、オーストラリア、カナダ、スイス、アジア、ヨーロッパ）へ進学するために特化した高校。英語力が高い場合は、アメリカの大学の単位も一部履修可能。1クラスが15～20名の少人数授業は全て英語。初級から最上級まで6レベルあるため、自分にあったレベルで学べる。提携の鹿島朝日高校の広域通信制高校課程を修了することで、文部科学省認定の高校卒業資格も取得。

●進学特例条件 海外大学への進学は、高校部での成績と、併設されているNIC International Callege in Japanでの成績修了基準を満たせば可能。

●卒業生の進路状況
卒業生は全員が海外の大学へ進学。

その他

私立在外教育施設編

日本国内の学校法人等が母体となり、日本国内の学校教育と同等の
教育を行うことを目的として海外に設置された全日制の教育施設。
文部科学大臣から、国内の小学校、中学校、若しくは高等学校と
同等の課程を有する旨の認定又は、相当の課程を有する旨の指定を
受けており、私立在外教育施設の中学部の卒業者は国内の高等学校の
入学資格を、高等部卒業者は国内の大学の入学資格をそれぞれ有している。

如水館バンコク（高等部）

（担当：田中千也）

11/53 Moo 13,Suvinthawong Rd,Sansaeb, Minburi,Bangkok 10510 Thailand

TEL +66-2-918-2343　FAX +66-2-918-2342

URL http://www.josuikan-bkk.com

生徒数　男 14　女 24　合計 38

学年別在籍者数	高1	高2	高3	計
	13	12	13	38

入学

●**出願資格・条件**
本校の建学の精神に基づく人間教育及び高等学校教育を履修しうると認められた者で下記の要件を満たす者。
・2021 年 3 月末の時点で、日本国内の中学校及び在外教育施設の中等部の課程を修了もしくは修了見込みの者で、保護者の海外在留に伴いタイ王国バンコク都に在住する者

●**出願書類**　・入学願書・調査書（本校所定用紙）

●**日程等**

区分	募集	出願	試験	発表	選考方法
第1回	30	11/2～13	11/21	11/27	学科試験（国語、英語、数学）、面接
第2回	若干名	詳細は 11 月中旬に HP にて発表			

※詳しくはホームページ参照

編入学

●**編入学時期**
〔1 年生〕8、1 月〔2 年生〕4、8、1 月〔3 年生〕4 月
欠員がある場合

●**出願資格・条件**
日本国内の高等学校に在籍する者で、保護者の海外在留に伴いタイ王国バンコク都に在住する者

●**出願書類**　・編転入学照会（在籍校作成）・在籍証明書（在籍校作成）・成績証明書（在籍校作成）

●**選考方法**　筆記試験（国語・英語・数学）、面接

● **2019 年度帰国子女編入学者数**

1年	1	2年	3	3年	0

受入後

●**指導**　カリキュラムは広島県にある如水館高等学校に準じており、日本の大学進学に対応した構成となっています。また、国・数・英では習熟度別クラス編成による授業を展開し、少人数制の授業により、きめ細かいサポートを大切にしています。

●**教育方針**
建学の精神「水の如くなくてならない人になれ」
自らの進路目標に到達できる学力を身に付け、主体的に判断・行動できる力を養い、タイの生活環境を活かし、グローバル社会に対応できる生徒の育成をめざす。

●**特色**　英・数・国 3 教科は習熟度別授業を実施。また、隔週土曜日には、希望制による各教科の基礎講座・発展講座、各種検定講座、小論文講座、入試演習講座など、幅広い学力層に対応した講座制授業を実施。

●**卒業生の進路**　早稲田大学、横浜市立大学、熊本大学、拓殖大学、東海大学、日本大学、東洋大学、千葉工業大学、中京大学、武蔵野大学、山梨学院大学、関西学院大学、武庫川女子大学、立命館アジア太平洋大学、タマサート大学、バンコク大学など

私立　共学　寮

早稲田大学系属早稲田渋谷シンガポール校

57 West Coast Road, Singapore 127366

TEL +65-6773-2950　FAX +65-6773-2951

URL http://www.waseda-shibuya.edu.sg/

生徒数　男 171　女 155　合計 326

学年別在籍者数	高1	高2	高3	計
	107	107	112	326

入学

●**出願資格・条件**
保護者が就労ビザを取得して海外で就労及び居住（もしくは予定）しており、かつ次の条件のいずれか一つを満たす者
(1) 海外日本人学校中学部修了見込みの者（もしくは修了者）
(2) 日本国内の中学校を修了見込みの者（もしくは修了者）
(3) 外国の学校教育においてグレード 9 を修了見込みの者（もしくは修了者）
(4) 相当学齢に達し、本校校長が中学校卒業と同等以上の学力があると認めた者

●**出願書類**　詳しくは募集要項を参照

●**日程等**

区分	募集	出願	試験	発表	選考方法
第1回	100	11/2～13	12/5	12/10	筆記試験（国語、英語、数学）、面接試験
第2回		1/11～22	2/6	2/11	

※本年は第 1 回、第 2 回入試とも会場はシンガポールと東京のみ
※英語外部試験利用入試あり

●**応募状況**

年度＼人数	募集人員	出願者	受験者	合格者	入学者
2019	100	274	272	161	107
2020	100	247	247	161	108

編入学

●**編入学時期**　欠員がある場合

●**出願資格**　保護者が就労ビザを取得して海外で就労および居住（もしくは予定）しており、かつ以下のいずれかの条件を満たし、第一志望であることが条件。合格した場合には必ず入学する者
①日本国内の高等学校に在籍する生徒
②日本国外の学校教育を受けている生徒（在外教育施設や国際校・現地校などに在籍する場合）
③相当学齢に達し、本校校長が編入希望学年の生徒と同等以上の学力があると認めた者

●**出願書類**　募集要項参照

●**選考方法**　筆記試験（国語・英語・数学）、面接試験

● **2019 度帰国子女編入学者数**

1年	0	2年	3	3年	0

受入後

●**指導**　各教科、科目における習熟度別クラス編成。2 年次からの理系・文系の 2 コースによる複線型カリキュラム。2 年次、3 年次の選択授業枠。全学年を対象に夏期・冬期講習会の実施。シラバス（年間学習計画の冊子）の全生徒への配布。年 5 回の定期試験、年 3 回の実力考査、および外部模擬試験の実施。

●**教育方針**　「自調自考」の力を伸ばす。倫理観を正しく育てる。国際人としての資質を養う。

●**特色**　早稲田大学開発のチュートリアルイングリッシュの実施（3～4 対 1 の少人数制英会話授業）。一歩校外へ出ると広がる英語実践の場。早稲田大学唯一の海外校。多民族・異文化理解促進のため、年間 20 回以上の国際教育・交流活動。海外大学受験の為の SAT 授業も実施。希望進路に応じたきめ細かな習熟度別授業。

●**進学特例条件**　早稲田大系属校推薦（81 名）、関西学院大協定校推薦（27 名）、その他（同志社大、立命館大、関西大、明治大、立教大、法政大、中央大、成城大、成蹊大、南山大、東京理科大等多数）

●**卒業生（帰国生徒）の進路状況**
2020 年度実績（早稲田大学、関西学院大学、東京大学　文科一類、東工大　理学院、香川大　医学部　など）

けいおうぎじゅく　がくいん

慶應義塾ニューヨーク学院

（担当：教務・入試担当）

3 College Road,Purchase,NY 10577 U.S.A.

TEL (+1-) 914-694-4825

FAX (+1-) 914-694-4830

URL http://www.keio.edu

生徒数　男 160　女 162　合計 322

9年	10年	11年	12年	計
34	92	96	100	322

入学

●出願資格・条件

募集は、第9学年と第10学年のみ。編入制度は設けていない。詳細は、入試募集要項を参照のこと。

●出願書類

・入学志願書・活動報告書・エッセイ・ペアレント・ステートメント・推薦状・在籍していた学校からの必要書類など

※入学募集要項の記載内容を確認すること

●日程等

区分	募集	出願	試験	発表	選考方法
A	秋季・春季あわせて約90（予定）	9/7～25	★	12/28	※
B		◎	◎	◎	

＊区分A：秋季アドミッションズ　B：春季アドミッションズ

★秋季試験日　NY:12/5～12/6　東京：12/12～12/13

◎春季アドミッションズの出願期間、試験日（NY・東京）、発表日は決まり次第、学院ホームページにてお知らせします。

※A・B　第一次選考：書類審査

　　　　第二次選考：筆記試験（英語・数学・日本語）面接（日本語と英語）

＊詳細は学院ホームページ参照

●応募状況

年度＼人数	募集人員	出願者	受験者	合格者	入学者
2018	9年・10年あわせて約100名	206	197	101	101
2019		241	238	85	81

受入後

●教育方針

日米教育それぞれの長所を生かした「バイリンガル・バイカルチュラル教育」を実践。少人数教育の長所を生かし、米国文化を肌で感じる機会を提供しながら、既成の価値観にとらわれずに自分の考えを発信できる人材の育成を目指す。習熟度別クラスなどを設けて、きめ細やかな学習サポートを行っており、生徒が教職員と密にコミュニケーションを取れる環境も特長。大学受験にとらわれない教育を行い、大学の授業の予習や早期キャリアガイダンスなども実施。

●特色

慶應義塾唯一の在外一貫教育校として1990年に開校した。ニューヨーク市内からおよそ1時間の閑静な住宅地であるパーチェスに位置し、世界約30ヶ国の学校から生徒が入学。約90%の在校生が寮で生活している。クラブ活動が盛んであり、バーシティスポーツは選抜制で3シーズン制のトーナメントに参加して現地校と対戦し、ハウススポーツは様々なスポーツの機会を提供します。文化系クラブでは現地企業や地域イベントでの茶道・書道などの実演を行っている。文化交流やボランティア活動などにも積極的に取り組んでおり、ニューヨークという地理的な利点を生かし、日本にある学校では実現できない文化体験・社会貢献を通した学習を重視している。

●卒業生の進路状況

卒業後は原則、学院長の推薦により慶應義塾大学10学部のいずれかの学部に進学できる。米国ニューヨーク州からも認可されているので、米国の大学への進学も可能。

私立　共学

にしやまとがくえん

西大和学園カリフォルニア校

（担当：六本木、荒牧）

2458 Lomita Blvd Lomita CA 90717 U.S.A.

TEL +1-310-325-7040　**FAX** +1-310-325-7621

URL http://www.nacus.org

生徒数　男 43　女 45　合計 88（小・中合計）

小1	小2	小3	小4	小5	小6	中1	中2	中3	計
9	7	15	7	14	11	5	9	11	88

入学

●出願資格・条件

［小学校1年生］ひらがなの読みができ、幼稚園レベルの基本的な語彙が身についていること。幼稚園卒園児程度の生活態度が身についていること

［中学校1年生］小学校6年生の3月までの学習範囲の内容で、基本的な学力を身につけていること。小学校卒業程度の生活態度が身についていること

●出願書類　・オンライン出願・生年月日が確認できる書類（パスポート、出生証明書等）のコピー・成績証明書あるいは通知簿のコピー

●日程等

募集	出願	試験	発表	選考方法
各学年定員20名以内	1/9頃	3月末（4月の渡米者は個別対応）	試験後2～3日以内	※

※新1年生：簡単な筆記試験と面接、新2～6年生：国語・算数、面接、新7～9年生：国語・数学・英語（新7年除く）、面接。各学年において、場合によっては保護者との面接あり

●応募状況

年度＼人数	募集人員	出願者	受験者	合格者	入学者
2019	20	7	7	7	7
2020	20	5	5	5	5

編入学

●編入学時期　［小1～中3］随時

●出願資格・条件

日本の公立学校における当該学年までの学習範囲での基本的な学力を習得できていること。学年相応の生活態度が身についていること

●出願書類、選考方法　入学に準ずる

受入後

●指導

(1) 学習指導要領の趣旨を踏まえて、授業時間数を確保し、ゆとりのある、しかも充実した学習指導を展開し、基礎学力の定着を図る

(2) 一人ひとりの子どもに学習する喜びと意欲を持たせ、個々の能力を最大限に開花させ、帰国後の進路保障をより確かなものにしている

●教育方針　日本の教育の素晴らしい部分である「道徳指導」を始め、日本語で70% 英語で30%の教科を指導しバランスのとれたバイリンガル育成を目指している。

●特色　小学校では毎日1時間、中学校では毎週3時間、ELDと呼ばれる英語のクラスを導入し、学年が低くても高い英検級に合格させる取り組みを行っている。また、副教科（図工や美術、家庭科、音楽）の授業を英語で行って、英語に触れる時間を長く取り、早い時期に英語に慣れる環境を整えている（英語初級者にはアシスタントがつく）。グローバルリーダー養成講座を開講し、南カリフォルニアで活躍する方々から、海外でのリーダーシップについて学ぶ機会を設けている。

●進学特例条件　奈良県の西大和学園への推薦制度がある。小学校卒業時に英検2級、中学校卒業時に準1級を保持していると、学校推薦制度が利用できる（在籍年数など条件あり）。

●卒業生の進路状況　慶應義塾女子、茗溪学園、国際基督教大、駿台甲府、青山学院、立命館宇治、桐蔭学園、福岡中央、慶應義塾湘南藤沢、福岡大附大濠、慶應義塾、東福岡、慶應義塾志木、早稲田大本庄、早稲田実業、早稲田大高等学院、海城、渋谷教育学園幕張、同志社国際、その他県立高校など

くもんがくえん

スイス公文学園高等部

（担当：広報室）

＜広報室＞
〒108-0074　東京都港区高輪 4-10-18-12F
TEL 03-6836-0078　FAX 03-6836-0251
＜スイス＞　CH1854 Leysin,Switzerland
TEL +41-24-493-5335 FAX +41-24-493-5300
URL https://www.klas-ac.jp/

生徒数　男 64　女 63　合計 127

学年別在籍者数	1 年	2 年	3 年	計
	43	44	40	127

入学

●出願資格・条件
2020.3.31 の時点で以下の (1) ～ (3) のいずれかの要件を満たすか、あるいは満たすと見込まれる者が出願資格を有する (1) 日本国内の中学校を卒業している (2) 在外教育施設の中等部の課程を修了している (3) 本校の校長が上記 (1) に相当すると認める外国の教育制度に基づく学校の課程を修了している

●出願書類　・入学願書・成績通知表の写し・任意提出書類（英検の資格証明など）

●日程等

募集	出願	試験	発表	選考方法
45	12/7～17	12/20	12/21	国語･数学･英語、面接（本人のみ）

※横浜、大阪で実施。筆記試験、面接、出願書類の総合評価による選考

●応募状況

年度＼人数	募集人員	出願者	受験者	合格者	入学者
2019	45	62	59	52	47
2020	45	61	59	48	43

編入学

●編入学時期　[1・2 年生] 7、9、1 月。
●出願資格　［第 1 学年 1 学期］入学に準ずる
［その他］高等学校及び在外教育施設高等部に在籍歴がある者で、本校の校長によってその履修状況・単位取得状況が本校課程に対応すると認められた場合、対応を認められた学年及びその前の学年への出願資格を有する
※上記は国内外の教育機関（インターナショナルスクールなど）に在籍歴を有する者にも準用する
●出願書類　［第 1 学年 1 学期］入学に準ずる
●選考方法　英語・数学・国語、作文（日本語）、面接（本人）、出願書類

● 2019 年度帰国子女編入学者数

1 年	1	2 年	0	3 年	0

受入後

●指導
・一般生徒と同じクラスで指導。英語は少人数授業（約 10 人）で行い、レベルに合わせて伸長する・教員もネイティブスピーカーが全体の半数を占める。また、充実した英語による他教科の授業がある
・英語だけでなく、国際人として自国の文化をしっかり学ぶことを考え、日本語や日本史等の授業も充実、バイリンガル教育も実践・大学で学ぶ力を身につけるために、一部科目で米国大学認定単位が取得できる Advanced Placement の授業や、早稲田大学との高大連携プログラムなどを用意。第 3 学年 1 学期には欧米の大学で学べる Summer Abroad Program に参加することが可能。
●教育方針　［国際教育］ヨーロッパ・スイスに位置する立地と多文化を特長とする本校の環境を生かし、異文化に触れる体験や交流を通して国際感覚を育む。
［英語教育］学習者の特性を把握したネイティブスピーカーによる少人数制の授業と、日常の学校生活の中で英語を使う環境を通して、高度な英語運用能力を育成する。
［人間的な成長］「自由と自己責任」を重視した生徒指導と全寮制の特長を生かして、生徒の社会性や自立性を育成する。
●特色　全寮制で男女共学のスイスにある、1990 年に開校した私立在外教育施設･学校の公用語は「英語」で、掲示物や放送も英語で行われる･ヨーロッパの中心部にある立地を生かし、多彩なスクールトリップが用意されている（オプショナルトリップや個人企画旅行もある）・ハーグで行われる模擬国連や国際音楽祭への参加など世界各国の生徒との交流の機会が多数ある・学校のあるスイス・レザンはアメリカンスクールなどもある国際学園都市であり、さらにウィンタースポーツが盛んなリゾート地。
●卒業生の進路状況　国際教養大、東北大、東京医科歯科大、慶應義塾大、早稲田大、上智大、津田塾大、青山学院大、立教大、中央大、法政大、関西学院大、立命館大、名城大、立命館アジア太平洋大、東海大（医）、関西医科大、など多彩な日本の大学へ進学するだけでなく、University of British Columbia や Mcgill University、Miami University、American University、University of Melbourne など世界各地の大学へも進学する。

入 編

ていきょう　がくえん

帝京ロンドン学園高等部

（担当：教頭）

Framewood Road,Wexham,Bucks.
SL2 4QS U.K.
TEL +44-1753-663712　FAX +44-1753-663819
E-mail teikyo.school@teikyofoundation.com
URL http://www.teikyofoundation.com

生徒数　男 31　女 17　合計 48

入学

●出願資格・条件
① 2021 年 3 月までに中学校を卒業した者または卒業見込みの者
② 日本国外において上記と同等の学年に在学する者
③ 寮に入ることを希望する者は、寮生活に適応していける者

●出願書類　・入学願書・調査書

●日程等

区分	募集	出願	試験	発表	選考方法
国内	50	11/24～12/7	12/18	12/22	国語・英語・数学、実技、面接
		1/18～29	2/6	2/9	
在英		1/18～29	2/6	2/9	国語･英語･数学、面接

編入学

●編入学時期　4 月、9 月
●出願資格・条件　問い合わせること

受入後

●指導・教育方針・特色
当学園は、生徒一人ひとりの個性を尊重し、柔軟に人間形成を築くことに主眼を置いた高等教育と指導を行っている。
・実践的な英語教育に重点をおいた授業（英語や英会話だけでなく、英国文化や歴史を知る授業等）
・英国にあることを生かしたプログラム（週末ホームステイ、現地校への授業参加や文化交流）
・普通科サッカーコース、アートコースを併設
・校外での職場体験、地域へのボランティア活動や行事参加等
・欧州への修学旅行を通じ、ヨーロッパの歴史に直接触れる学習
・特定の外部大学への併願も可能な帝京大学グループ校への推薦入学（ただし校長推薦者に限る。また、推薦入学は医学部を除く）
・男女寮とも全室「個室」を完備し、集中した学習への取り組みが可能
・週末はグループ単位でロンドン市内への外出が可能。さらに、学園内外での個人授業やレッスンにも参加可能

●卒業生の進路状況　お茶の水女子大、慶應義塾大、上智大、明治大、明治学院大、立教大、法政大、関西学院大、関西外国語大、京都外国語大、同志社大、立命館大、女子美術大、京都女子大、帝京大、帝京平成大、帝京科学大、King's College London

立教英国学院
(りっきょうえいこくがくいん)

GUILDFORD ROAD,RUDGWICK,
WEST SUSSEX,RH12 3BE ENGLAND

TEL +44-1403-822107 **FAX** +44-1403-822079
URL http://www.rikkyo.co.uk
生徒数 男 91 女 101 合計 192

学年別在籍者数	小5	小6	中1	中2	中3	高1	高2	高3	計
	4	8	15	13	12	49	48	43	192

入学

●出願資格・条件 2021年3月に日本の中学校・小学校あるいは海外の日本人学校中学部・小学部を卒業見込みの者、または2021年3月までに外国の学校教育における9カ年（6カ年）の課程を修了した者、または修了見込みの者

●出願書類 ・入学志願書・入学志願者調査書（高等部のみ）（以上学校所定用紙）・過去3年間の成績表またはこれに代わるもの（中学部のみ。コピー可）
※所定の志願書類および詳細は募集要項で要確認

●日程等

区分	募集	出願	試験	発表	選考方法
中A	約10	11/9～27	12/13	12/17	国算、面接（保護者同伴）
中B	約5	1/6～15	1/24	1/28	
高A	約20	11/9～27	12/(12)·13	12/17	国数英（リスニング含む）、面接
高B	約10	1/6～15	1/24	1/28	

※入試の詳細はHPを確認

●応募状況

年度＼人数	募集人員	出願者	受験者	合格者	入学者
2019 中/高	約15/約30	14/73	14/73	12/41	11/32
2020 中/高	約15/約30	24/57	24/55	15/36	10/33

編入学

●編入学時期 ［小5・小6］4、9月［中1］9、1月
［中2・中3］4、9、1月［高1］9月［高2］4、9月

● 2019年度編入学者数

小5	0	小6	2	中1	0	中2	2
中3	5	高1	2	高2	3	高3	0

受入後

●特色 テニスコート3面分の大体育館、図書館、理科実験棟、大食堂、チャペル、寄宿寮、400メートル陸上トラック、サッカーグラウンド3面、テニスコート8面など充実した施設を完備。授業は日本のカリキュラムによって帰国後の進学に対応する他、イギリス人教員によるScienceの授業を必修科目として取り入れ、I.G.C.S.E（イギリス中等教育試験）のScience試験やCambridge英語検定、日本の実用英語技能検定などの資格試験を校内で実施。語学教育を重視し、通常の英語授業の他にイギリス人による少人数制英会話（必修）や英国大学進学も視野に入れたHistory / Literature / Critical Thinking（選択授業）などもある。

●進学特例条件（指定校推薦枠）
立教大25、関西学院大6、立命館アジア太平洋大2、同志社大2、千葉工業大2、聖心女子大2、早稲田大2、聖路加国際大2、東京理科大1、上智短大1、学習院大1、ICU 1、南山大1、SURREY大若干名、UCL若干名 等

●卒業生の進路状況（2020年実績）
東京大1、新潟大1、立教大25、早稲田大2、立命館アジア太平洋大2、慶應義塾大1、ICU1、明治大1、同志社大1、聖路加国際大1、東北医科薬科大（医学部）1、King's College大2 等

資料編

寮のある学校一覧

（小学校・中学校・中等教育学校・高等学校）

※各学校からの回答に基づいて作成しております。
※本書において寮の印のある学校の一覧です。男子のみ可、土日は閉寮など、入寮の条件がある場合があります。
詳細については各学校へお問い合わせください。

種　別	都道府県	都市名	学　校　名	ページ
小学校	千葉県	木更津市	暁星国際小学校	40
	福岡県	太宰府市	リンデンホールスクール小学部	73
中学校	北海道	札幌市	札幌聖心女子学院中学校	74
		函館市	函館ラ・サール中学校	74
	宮城県	仙台市	東北学院中学校	75
		仙台市	秀光中学校	76
	茨城県	つくば市	茗溪学園中学校	77
	埼玉県	飯能市	自由の森学園中学校	85
	千葉県	木更津市	暁星国際中学校	91
		君津市	翔凜中学校	91
	東京都	文京区	郁文館中学校	131
		東久留米市	自由学園中等科	146
	神奈川県	横浜市	公文国際学園中等部	153
		足柄下郡	函嶺白百合学園中学校	170
	富山県	富山市	片山学園中学校	171
	長野県	佐久市	佐久長聖中学校	172
	岐阜県	瑞浪市	麗澤瑞浪中学校	173
	静岡県	静岡市	静岡聖光学院中学校	174
		裾野市	不二聖心女子学院中学校	174
		浜松市	浜松修学舎中学校	176
		藤枝市	藤枝明誠中学校	177
	大阪府	茨木市	早稲田摂陵中学校	190
		箕面市	関西学院千里国際中等部	195
	奈良県	河合町	西大和学園中学校	203
	岡山県	倉敷市	清心中学校	205
	広島県	広島市	AICJ 中学校	206
		広島市	広島城北中学校	206
		廿日市市	山陽女学園中等部	208
		東広島市	武田中学校	208
		福山市	英数学館中学校	209
		三原市	如水館中学校	210
		三原市	広島三育学院中学校	210
		山県郡	広島新庄中学校	211
	愛媛県	松山市	愛光中学校	211
	高知県	高知市	土佐塾中学校	212
		須崎市	明徳義塾中学校	212
	福岡県	福岡市	福岡女学院中学校	214
	佐賀県	唐津市	早稲田佐賀中学校	215

中学校	熊本県	熊本市	熊本マリスト学園中学校	215
	大分県	大分市	岩田中学校	216
	沖縄県	那覇市	沖縄尚学高等学校附属中学校	216
中等教育学校	茨城県	土浦市	土浦日本大学中等教育学校	217
	神奈川県	横浜市	桐蔭学園中等教育学校	221
	愛知県	蒲郡市	海陽中等教育学校	222
	岡山県	岡山市	朝日塾中等教育学校	224
	福岡県	筑紫野市	リンデンホールスクール中高学部	224
高等学校	北海道	札幌市	札幌聖心女子学院高等学校	256
		旭川市	旭川明成高等学校	256
		江別市	とわの森三愛高等学校	257
		江別市	立命館慶祥高等学校	257
		北広島市	札幌日本大学高等学校	258
		函館市	函館ラ・サール高等学校	258
	宮城県	仙台市	仙台育英学園高等学校	259
		仙台市	東北学院高等学校	260
		仙台市	宮城学院高等学校	260
	山形県	米沢市	九里学園高等学校	261
	茨城県	鹿嶋市	鹿島学園高等学校	261
		つくば市	茗溪学園高等学校	262
		土浦市	土浦日本大学高等学校	263
	埼玉県	飯能市	自由の森学園高等学校	274
		深谷市	正智深谷高等学校	275
		本庄市	早稲田大学本庄高等学院	276
	千葉県	市川市	昭和学院高等学校	279
		柏市	麗澤高等学校	282
		木更津市	暁星国際高等学校	282
		君津市	翔凜高等学校	283
	東京都	杉並区	文化学園大学杉並高等学校	303
		文京区	郁文館高等学校	318
		文京区	郁文館グローバル高等学校	318
		文京区	東京音楽大学付属高等学校	321
		小金井市	国際基督教大学高等学校	328
		東久留米市	自由学園高等科	333
	神奈川県	横浜市	関東学院六浦高等学校	339
		横浜市	桐蔭学園高等学校	341
		横浜市	白鵬女子高等学校	342
		足柄下郡	函嶺白百合学園高等学校	352
	新潟県	新潟市	敬和学園高等学校	352
		胎内市	開志国際高等学校	353
	富山県	富山市	片山学園高等学校	353
	山梨県	甲府市	駿台甲府高等学校	354
		甲府市	山梨英和高等学校	354

高等学校	長野県	佐久市	佐久長聖高等学校	355
	岐阜県	瑞浪市	麗澤瑞浪高等学校	356
	静岡県	静岡市	静岡聖光学院高等学校	356
		裾野市	不二聖心女子学院高等学校	357
		浜松市	オイスカ高等学校	358
		浜松市	浜松修学舎高等学校	359
		藤枝市	藤枝明誠高等学校	361
	愛知県	岡崎市	光ヶ丘女子高等学校	366
		豊橋市	桜丘高等学校	368
	三重県	津市	青山高等学校	370
	京都府	宇治市	立命館宇治高等学校	375
		京田辺市	同志社国際高等学校	376
	大阪府	茨木市	早稲田摂陵高等学校	382
		箕面市	関西学院千里国際高等部	388
	兵庫県	神戸市	啓明学院高等学校	389
		神戸市	滝川第二高等学校	392
		西宮市	武庫川女子大学附属高等学校	397
	奈良県	大和高田市	奈良文化高等学校	399
		河合町	西大和学園高等学校	399
	和歌山県	伊都郡	高野山高等学校（全日制）	400
		橋本市	初芝橋本高等学校	400
	岡山県	岡山市	岡山学芸館高等学校	401
		倉敷市	清心女子高等学校	401
	広島県	廿日市市	山陽女学園高等部	402
		東広島市	武田高等学校	403
		福山市	英数学館高等学校	403
		三原市	如水館高等学校	404
		山県郡	広島新庄高等学校	405
	愛媛県	松山市	愛光高等学校	405
	高知県	高知市	土佐塾高等学校	406
		須崎市	明徳義塾高等学校	406
	福岡県	福岡市	福岡女学院高等学校	408
		柳川市	柳川高等学校	409
	佐賀県	唐津市	早稲田佐賀高等学校	409
	熊本県	熊本市	熊本マリスト学園高等学校	410
	大分県	大分市	岩田高等学校	410
	沖縄県	那覇市	沖縄尚学高等学校	411
高等学校（通信制）	北海道	札幌市	星槎国際高等学校	486
	兵庫県	淡路市	AIE 国際高等学校	490
	沖縄県	うるま市	N 高等学校	492
高等専門学校	北海道	旭川市	旭川工業高等専門学校	494
		釧路市	釧路工業高等専門学校	494
		函館市	函館工業高等専門学校	495

高等専門学校	青森県	八戸市	八戸工業高等専門学校	495
	福島県	いわき市	福島工業高等専門学校	496
	茨城県	ひたちなか市	茨城工業高等専門学校	496
	栃木県	小山市	小山工業高等専門学校	497
	東京都	町田市	サレジオ工業高等専門学校	497
	富山県	射水市	富山高等専門学校	498
	石川県	金沢市	国際高等専門学校	498
	長野県	長野市	長野工業高等専門学校	499
	岐阜県	本巣市	岐阜工業高等専門学校	499
	静岡県	沼津市	沼津工業高等専門学校	500
	三重県	鈴鹿市	鈴鹿工業高等専門学校	500
		鳥羽市	鳥羽商船高等専門学校	501
	山口県	宇部市	宇部工業高等専門学校	501
	徳島県	阿南市	阿南工業高等専門学校	502
	香川県	高松市	香川高等専門学校	502
	愛媛県	越智郡	弓削商船高等専門学校	503
	福岡県	北九州市	北九州工業高等専門学校	503
	熊本県	八代市	熊本高等専門学校	504
	宮崎県	都城市	都城工業高等専門学校	504
	鹿児島県	霧島市	鹿児島工業高等専門学校	505
	沖縄県	名護市	沖縄工業高等専門学校	505
その他	埼玉県	所沢市	コロンビアインターナショナルスクール	674
	東京都	新宿区	NIC 高校部	681
		世田谷区	テンプル大学（ジャパンキャンパス）	681
	大阪府	大阪市	関西インターナショナルハイスクール （関西外語専門学校国際高等課程）	678
		茨木市	コリア国際学園高等部	678
	山口県	下関市	水産大学校	680
私立在外教育施設	Singapore	Singapore	早稲田大学系属早稲田渋谷シンガポール校	684
	U.S.A.	New York	慶應義塾ニューヨーク学院（高等部）	685
	Switzerland	Leysin	スイス公文学園高等部	686
	U.K.	Bucks	帝京ロンドン学園高等部	686
		West Sussex	立教英国学院	687

高校３年生での編入学試験を実施している学校

※各学校からの回答に基づいて作成しております。編入学による受入体制は学校により様々です。
詳細については該当ページをご確認の上、各学校にお問い合わせください。

都道府県	都市名	学　校　名	ページ
北海道	札幌市	星槎国際高等学校	486
	江別市	とわの森三愛高等学校	257
	北広島市	札幌日本大学高等学校	258
	函館市	函館ラ・サール高等学校	258
山形県	米沢市	九里学園高等学校	261
宮城県	仙台市	東北学院高等学校	260
	仙台市	宮城学院高等学校	260
茨城県	鹿嶋市	清真学園高等学校	262
栃木県	宇都宮市	作新学院高等学校	265
埼玉県	さいたま市	浦和実業学園高等学校	268
	さいたま市	淑徳与野高等学校	270
	春日部市	春日部共栄高等学校	271
	坂戸市	山村国際高等学校	273
	狭山市	西武学園文理高等学校	273
	所沢市	コロンビアインターナショナルスクール	674
	北葛飾郡	昌平高等学校	277
	比企郡	大妻嵐山高等学校	277
千葉県	柏市	麗澤高等学校	282
	木更津市	暁星国際高等学校	282
	船橋市	東葉高等学校	284
東京都	板橋区	帝京高等学校	290
	板橋区	東京家政大学附属女子高等学校	290
	北区	駿台学園高等学校	293
	江東区	かえつ有明高等学校	294
	江東区	中村高等学校	295
	江東区	ケイ・インターナショナルスクール東京	674
	品川区	品川エトワール女子高等学校	296
	品川区	品川女子学院高等部	297
	渋谷区	関東国際高等学校	299
	渋谷区	渋谷教育学園渋谷高等学校	300
	渋谷区	東京インターハイスクール	680
	渋谷区	富士見丘高等学校	300
	渋谷区	さくら国際高等学校	487
	渋谷区	代々木高等学校	488
	新宿区	NIC 高校部	681
	新宿区	目白研心高等学校	301
	新宿区	わせがく高等学校	488
	杉並区	佼成学園高等学校	302
	杉並区	文化学園大学杉並高等学校	303
	世田谷区	国本女子高等学校	304
	世田谷区	佼成学園女子高等学校	305
	世田谷区	三田国際学園高等学校	309
	千代田区	三輪田学園高等学校	311
	中野区	宝仙学園高等学校　共学部理数インター	316
	練馬区	アオバジャパン・インターナショナルスクール	675
	練馬区	東京学芸大学附属国際中等教育学校	220
	文京区	昭和第一高等学校	320
	目黒区	トキワ松学園高等学校	326
	昭島市	啓明学園高等学校	327
	国立市	NHK 学園高等学校	489
	調布市	アメリカンスクール・イン・ジャパン	675

東京都	調布市	桐朋女子高等学校	330
	八王子市	穎明館高等学校	331
	八王子市	共立女子第二高等学校	332
	八王子市	工学院大学附属高等学校	332
神奈川県	横浜市	英理女子学院高等学校	338
	横浜市	関東学院高等学校	339
	横浜市	白鵬女子高等学校	342
	鎌倉市	鎌倉女学院高等学校	346
	鎌倉市	鎌倉女子大学高等部	346
	逗子市	聖和学院高等学校	349
山梨県	甲府市	駿台甲府高等学校	354
静岡県	浜松市	浜松学芸高等学校	359
	浜松市	浜松修学舎高等学校	359
	浜松市	浜松日体高等学校	360
愛知県	名古屋市	金城学院高等学校	362
	名古屋市	名古屋国際高等学校	364
	愛西市	清林館高等学校	365
	豊田市	南山国際高等学校	369
三重県	津市	青山高等学校	370
京都府	木津川市	同志社国際学院国際部	676
	京田辺市	京都インターナショナルユニバーシティアカデミー	677
大阪府	大阪市	大阪 YMCA インターナショナルハイスクール	677
	大阪市	関西インターナショナルハイスクール (関西外語専門学校国際高等課程)	678
	茨木市	コリア国際学園高等部	678
	堺市	香ヶ丘リベルテ高等学校	383
	堺市	八洲学園高等学校	489
	摂津市	大阪薫英女学院高等学校	384
	東大阪市	樟蔭高等学校	386
	箕面市	関西学院千里国際高等部	388
兵庫県	相生市	相生学院高等学校	490
	淡路市	AIE 国際高等学校	490
	神戸市	神戸国際高等学校	389
	神戸市	神戸山手女子高等学校	390
	神戸市	松蔭高等学校	391
	神戸市	須磨学園高等学校	392
	神戸市	滝川第二高等学校	392
	尼崎市	百合学院高等学校	395
	姫路市	東洋大学附属姫路高等学校	398
奈良県	大和高田市	奈良文化高等学校	399
	河合町	西大和学園高等学校	399
和歌山県	伊都郡	高野山高等学校	400
岡山県	倉敷市	清心女子高等学校	401
広島県	廿日市市	山陽女学園高等部	402
	福山市	福山暁の星女子高等学校	404
	三原市	如水館高等学校	404
高知県	高知市	土佐塾高等学校	406
	須崎市	明徳義塾高等学校	406
福岡県	福岡市	福岡インターナショナルスクール	679
	福岡市	西南学院高等学校	407
	福岡市	福岡海星女子学院高等学校	407
沖縄県	那覇市	つくば開成国際高等学校	491
	うるま市	N 高等学校	492
	中頭郡	沖縄クリスチャンスクールインターナショナル	679
Singapore	―	早稲田大学系属早稲田渋谷シンガポール校	684

日本における国際バカロレア認定校

学校名	都道府県	PYP	MYP	DP	ページ
北海道					
※市立札幌開成中等教育学校	北海道		○	◎	
宮城県					
※仙台育英学園高等学校	宮城県		○	◎	259
東北インターナショナルスクール	宮城県	○			
※秀光中等教育学校（2021 年 秀光中学校 申請中）	宮城県		○		76
茨城県					
つくばインターナショナルスクール	茨城県	○	○	○	
※茗溪学園高等学校	茨城県			◎	262
※開智望小学校	茨城県	○			
群馬県					
※ぐんま国際アカデミー	群馬県			○	37·79·267
埼玉県					
※昌平中学校・高等学校	埼玉県		○	◎	86·277
※筑波大学附属坂戸高等学校	埼玉県			◎	272
東京都					
アオバジャパン・インターナショナルスクール	東京都	○	○	○	675
アオバジャパン・バイリンガルプリスクール 晴海キャンパス	東京都	○			
アオバジャパン・バイリンガルプリスクール 芝浦キャンパス	東京都	○			
アオバジャパン・バイリンガルプリスクール 早稲田キャンパス	東京都	○			
インディア・インターナショナルスクール・イン・ジャパン	東京都			○	
※開智日本橋中学・高等学校	東京都		○	◎	119
カナディアン・インターナショナルスクール	東京都	○			
ケイ・インターナショナルスクール東京	東京都	○	○	○	674
サマーヒルインターナショナルスクール	東京都	○			
シナガワインターナショナルスクール	東京都	○			
清泉インターナショナルスクール	東京都	○		○	
セント・メリーズ・インターナショナルスクール	東京都			○	
※玉川学園中学部・高等部	東京都		○	○	148·335
東京インターナショナルスクール	東京都	○	○		
※東京学芸大学附属国際中等教育学校	東京都		○	◎	220
※東京都立国際高等学校	東京都			○	438
みずほスクール	東京都	○			
ウィローブルックインターナショナルスクール	東京都	○			
※武蔵野大学附属千代田高等学院	東京都			◎	311
※町田こばと幼稚園	東京都	○			
神奈川県					
※神奈川県立横浜国際高等学校	神奈川県			◎	440
サンモール・インターナショナルスクール	神奈川県			○	
ホライゾン・ジャパン・インターナショナルスクール	神奈川県			○	
横浜インターナショナルスクール	神奈川県	○	○	○	
※法政大学国際高等学校	神奈川県			◎	343
※聖ヨゼフ学園小学校	神奈川県	○			53
キッズ大陸よこはま中川園	神奈川県	○			
三浦学苑高等学校	神奈川県			◎	
山梨県					
※山梨学院幼稚園	山梨県	○			
※山梨学院小学校	山梨県	○			
※山梨学院高等学校	山梨県			◎	
※山梨県立甲府西高等学校	山梨県			◎	
長野県					
※インターナショナルスクール・オブ・アジア軽井沢	長野県			○	
インターナショナルスクールオブ長野	長野県	○			

学校名	都道府県	PYP	MYP	DP	ページ
※松本国際高等学校	長野県			◎	
岐阜県					
※サニーサイドインターナショナルスクール	岐阜県	○			
静岡県					
※加藤学園暁秀高等学校・中学校	静岡県		○	○	175・357
※エンゼル幼稚園	静岡県	○			
※静岡サレジオ幼稚園	静岡県	○			
※静岡サレジオ小学校	静岡県	○			
愛知県					
江西インターナショナルスクール	愛知県	○			
名古屋インターナショナルスクール	愛知県	○	○	○	676
※名古屋国際中学校・高等学校	愛知県			○	181・364
※東海学園高等学校	愛知県			◎	
アップビートインターナショナルスクール	愛知県	○			
滋賀県					
※滋賀県立虎姫高等学校	滋賀県			◎	
京都府					
京都インターナショナルスクール	京都府	○			
※同志社国際学院初等部	京都府	○			64
同志社インターナショナルスクール国際部	京都府	○		○	676
※立命館宇治中学校・高等学校	京都府			○	185・375
大阪府					
アブロード・インターナショナルスクール大阪	大阪府	○			
大阪 YMCA インターナショナルスクール	大阪府	○			677
関西学院大阪インターナショナルスクール	大阪府	○	○	○	
コリア国際学園	大阪府			◎	678
※大阪女学院高等学校	大阪府			◎	377
※大阪教育大学附属池田中学校	大阪府		○		189
※大阪市立水都国際中学校・高等学校	大阪府			◎	378・461
兵庫県					
カナディアン・アカデミー	兵庫県	○	○	○	
関西国際学園	兵庫県	○		○	
神戸ドイツ学院	兵庫県	○			
マリスト国際学校	兵庫県			○	
※ AIE 国際高等学校	兵庫県			◎	490
岡山県					
※岡山理科大学附属高等学校	岡山県			◎	
アブロードインターナショナルスクール　岡山	岡山県	○			
広島県					
※英数学館小・中・高等学校	広島県	○		◎	71・209・403
※ AICJ 高等学校	広島県			○	
広島インターナショナルスクール	広島県	○	○	○	
福岡県					
福岡インターナショナルスクール	福岡県	○		○	679
※リンデンホールスクール中高学部	福岡県			○	224
※福岡第一高等学校	福岡県			◎	
沖縄県					
沖縄インターナショナルスクール	沖縄県	○	○		
※沖縄尚学高等学校	沖縄県			◎	411

(2020 年 6 月 30 日現在)

※…学校教育法第 1 条に規定されている学校
◎…日本語 DP 実施校

ウェブサイト『文部科学省 IB 教育推進コンソーシアム』より掲載。
https://ibconsortium.mext.go.jp/ib-japan/authorization/
最新の情報はサイトをご確認ください。

海外での入学試験を実施している学校

種　別	都道府県	都市名	学　校　名	ページ
中学校	茨城県	つくば市	茗溪学園中学校	77
	群馬県	太田市	ぐんま国際アカデミー中等部	79
	千葉県	木更津市	暁星国際中学校	91
	東京都	江東区	芝浦工業大学附属中学校	102
		品川区	青稜中学校	104
		品川区	文教大学付属中学校（オンライン試験）	105
		渋谷区	富士見丘中学校	107
		新宿区	目白研心中学校	108
		杉並区	佼成学園中学校	110
		杉並区	文化学園大学杉並中学校	111
		世田谷区	国本女子中学校（オンライン試験）	112
		中野区	大妻中野中学校	128
		中野区	宝仙学園中学校（現地・オンライン試験あり）	129
		港区	山脇学園中学校（オンライン試験）	138
		小金井市	武蔵野東中学校（オンライン試験）	140
		八王子市	工学院大学附属中学校	145
	愛知県	名古屋市	名古屋国際中学校	181
	京都府	京都市	京都聖母学院中学校	184
		宇治市	立命館宇治中学校	185
	大阪府	箕面市	関西学院千里国際中等部	195
	兵庫県	神戸市	啓明学院中学校	195
		神戸市	神戸国際中学校	196
		神戸市	親和中学校	197
	奈良県	河合町	西大和学園中学校	203
	高知県	須崎市	明徳義塾中学校	212
中等教育学校	茨城県	土浦市	土浦日本大学中等教育学校	217
	愛知県	蒲郡市	海陽中等教育学校	222
高等学校	北海道	旭川市	旭川明成高等学校	256
		江別市	立命館慶祥高等学校	257
		北広島市	札幌日本大学高等学校	258
		函館市	函館ラ・サール高等学校	258
	茨城県	つくば市	茗溪学園高等学校	262
		土浦市	土浦日本大学高等学校	263
	群馬県	太田市	ぐんま国際アカデミー高等部	267
	千葉県	木更津市	暁星国際高等学校	282
	東京都	江東区	芝浦工業大学附属高等学校	294
		品川区	青稜高等学校	297
		品川区	文教大学付属高等学校（オンライン試験）	298

高等学校	東京都	渋谷区	富士見丘高等学校	300
		新宿区	目白研心高等学校	301
		杉並区	佼成学園高等学校	302
		杉並区	文化学園大学杉並高等学校	303
		中野区	宝仙学園高等学校　共学部理数インター	316
		港区	東京女子学園高等学校（編入海外受験のみオンライン可）	324
		八王子市	工学院大学附属高等学校	332
	神奈川県	横浜市	英理女子学院高等学校	338
	静岡県	浜松市	オイスカ高等学校	358
	愛知県	名古屋市	名古屋国際高等学校	364
	京都府	宇治市	立命館宇治高等学校	375
	大阪府	大阪市	建国高等学校	379
		東大阪市	樟蔭高等学校	386
		箕面市	関西学院千里国際高等学校	388
	兵庫県	神戸市	啓明学院高等学校	389
		神戸市	神戸国際高等学校	389
		神戸市	親和女子高等学校	391
	奈良県	奈良市	育英西高等学校	398
		河合町	西大和学園高等学校	399
	高知県	須崎市	明徳義塾高等学校	406
大学	東京都	港区	明治学院大学	591
		町田市	桜美林大学	597
	新潟県	新発田市	敬和学園大学	609
	滋賀県	大津市	成安造形大学	623
その他学校	東京都	渋谷区	東京インターハイスクール	680
私立在外教育施設	Thailand	Bangkok	如水館バンコク（高等部）	684
	Singapore	Singapore	早稲田大学系属早稲田渋谷シンガポール校	684
	U.S.A.	New York	慶應義塾ニューヨーク学院（高等部）	685
	Switzerland	Leysin	スイス公文学園高等部	686
	U.K	Bucks	帝京ロンドン学園高等部	686
	ENGLAND	West Sussex	立教英国学院	687

※各学校からの回答に基づいて作成しております。
※実施日時・場所などの詳細は各学校へお問い合わせください。

※(注)この索引は学校名(～立は除く)の五十音順に並べてあります

小学校

＜あ＞

＜か＞

＜さ＞

＜た＞

＜な＞

＜は＞

中　学　校

<さ>

<ま>

<や>

<ら>

<わ>

中等教育学校

学校区分別総索引

高等学校

<さ>

<た>

<な>

<は>

高等専門学校

大学

<あ>

<か>

<さ>

<た>

<な>

短　期　大　学

その他の学校

私立在外教育施設

学校会員一覧

(2020 年 9 月末現在)

愛光中学・高等学校
愛知工業大学明電中学校・高等学校
愛知高等学校
アオバジャパン・インターナショナルスクール
青山学院
青山学院横浜英和中学高等学校
旭川明成高等学校
朝日塾中等教育学校
アサンプション国際中学校高等学校
跡見学園
育英西中学校・高等学校
郁文館夢学園
市川学園
岩田中学校・高等学校
上野学園中学校・高等学校
鶯谷中学・高等学校
宇都宮海星学園
AIE 国際高等学校
栄徳高等学校
英理女子学院高等学校
江戸川学園
NIC International High School
NHK 学園高等学校
N 高等学校
LCA 国際小学校
桜美林中学校・高等学校
鷗友学園女子中学高等学校
大阪学芸高等学校附属中学校
大阪女学院
大阪市立水都国際中学校・高等学校
大阪 YMCA 国際専門学校
大妻多摩中学高等学校
大妻中学校
大妻中野中学校・高等学校
大妻嵐山中学校・高等学校
岡山理科大学附属高等学校
沖縄尚学高等学校・附属中学校
小野学園（品川翔英中・高）
開志国際高等学校
海城中学・高等学校
開成中学校・高等学校
開智小学校（総合部）

海陽学園
嘉悦学園
学習院
鹿島学園
春日部共栄中学高等学校
加藤学園
神奈川大学附属中・高等学校
鎌倉学園
鎌倉女子大学中等部・高等部
カリタス女子中学高等学校
川村中学校・高等学校
関西インターナショナルハイスクール
関西大倉中学校・高等学校
関西大学
関西学院
関西学院千里国際中等部・高等部
環太平洋大学
神田女学園中学校高等学校
関東学院小学校中学校高等学校
関東学院六浦小学校
関東学院六浦中学校・高等学校
関東国際学園
九州大学
暁星国際学園
京都インターナショナルユニバーシティーアカデミー
京都外国語大学
京都聖母学院小学校
京都聖母学院中学校・高等学校
共立女子学園
金城学院中学校高等学校
金蘭千里中学校・高等学校
国本学園
公文学園
クラーク記念国際高等学校
ぐんま国際アカデミー
慶應義塾湘南藤沢中・高等部
慶應義塾女子高等学校
慶應義塾ニューヨーク学院
京華中学・高等学校
京華女子中学・高等学校
恵泉女学園
啓明学院

啓明学園
敬和学園高等学校
工学院大学附属中学校・高等学校
攻玉社学園
麴町学園女子中学校・高等学校
佼成学園女子中学高等学校
佼成学園中学校・高等学校
神戸国際中学校・高等学校
神戸野田高等学校
神戸龍谷中学校高等学校
高野山高等学校
国際学園（星槎国際高等学校）
国際基督教大学
国際高等専門学校
駒込中学校・高等学校
コリア国際学園高等部
コロンビアインターナショナルスクール（高等部）
栄東中学・高等学校
佐久長聖中学・高等学校
桜丘中学・高等学校
自修館中等教育学校
実践学園中学・高等学校
実践女子学園
品川エトワール女子高等学校
品川女子学院中等部・高等部
芝浦工業大学附属中学高等学校
渋谷教育学園
志満育英会(シンガポール日本人幼稚園)
上海美しが丘モンテッソーリ幼稚園
秀光中学校・仙台育英学園高等学校
自由の森学園中学校・高等学校
淑徳中学校・高等学校
順天学園
十文字中学・高等学校
松蔭中学校・高等学校
樟蔭中学校・高等学校
頌栄女子学院
城西大学附属城西中学・高等学校
上智学院
聖徳学園中学・高等学校
湘南学園小学校
湘南白百合学園中学・高等学校

昌平中学・高等学校
昭和学院中学校・高等学校
昭和女子大学附属昭和小学校
昭和女子大学附属昭和中学校・高等学校
女子聖学院中学高等学校
白百合学園
親和女子高等学校・親和中学校
巣鴨中学校・高等学校
逗子開成学園
須磨学園
聖学院
清教学園中学校・高等学校
成蹊学園
成城学園中学校高等学校
聖心女子学院
清泉女学院
聖ドミニコ学園中学高等学校
西武学園文理小学校
西武学園文理中学・高等学校
西武台千葉中学校・高等学校
聖ヨゼフ学園中学校・高等学校
青稜中学校・高等学校
聖和学院
洗足学園
捜真女学校中学部・高等学部
高輪学園
滝高等学校
玉川学園
千葉大学
中央大学
中京大学
中京大学附属中京高等学校
中部大学
筑波大学附属坂戸高等学校
土浦日本人学学園
鶴学園（なぎさ公園小学校）
鶴学園（広島なぎさ中学校・高等学校）
帝京大学小学校
帝京中学校・高等学校
帝京ロンドン学園
テンプル大学ジャパンキャンパス
田園調布学園中等部・高等部
桐蔭学園高等学校・中等教育学校・中学校
東京インターハイスクール
東京学芸大学
東京家政大学附属女子中学校・高等学校
東京女学館
東京女子学院中学校高等学校
東京成徳大学中学・高等学校
東京都市大学等々力中学校・高等学校
東京都市大学付属中学校・高等学校
東京都立白鷗高等学校附属中学校
東京都立大学
桐光学園
同志社
桐朋学園
東邦大学付属東邦中学校高等学校
東洋学園大学
東葉高等学校
東洋大学附属姫路中学校・高等学校
トキワ松学園中学校・高等学校
豊島岡女子学園中学校・高等学校
ドルトン東京学園中等部・高等部
中村中学校・高等学校
名古屋国際学園
名古屋国際中学校・高等学校
名古屋中学校・高等学校
南山学園
西大和学園
新渡戸文化学園
日本女子大学附属中学校・高等学校
日本大学
ノートルダム女学院
白鵬女子高等学校
函館ラ・サール学園
八王子学園
はつしば学園小学校
初芝立命館中学校・高等学校
浜松開誠館中学校・高等学校
東山中学・高等学校
ヒューマンキャンパス高等学校
広尾学園
広尾学園小石川中学校・高等学校
福岡雙葉中学校高等学校
不二聖心女子学院中学校・高等学校
富士見丘学園
富士見中学高等学校
藤村女子中学・高等学校
文化杉並学園
文京学院大学女子中学校高等学校
法政大学
法政大学国際高等学校
宝仙学園
堀越学園（穎明館中学・高等学校）
幕張インターナショナルスクール
聖園女学院中学校・高等学校
三田国際学園中学校・高等学校
宮城学院中学校高等学校
明星学園小学校
明星学園中学校・高等学校
武庫川女子大学附属中学校・高等学校
武蔵野大学附属千代田高等学院
武蔵野東学園
茗溪学園
明治大学
明星学苑
明徳義塾
明法中学高等学校
目白学園
森村学園中等部・高等部
柳川高等学校
山中学園（如水館中学高等学校）
山脇学園中学校・高等学校
横浜中学校・高等学校
横浜雙葉学園
立教池袋中学校・高等学校
立教英国学院
立教女学院中学校
立命館中学校・高等学校
立命館宇治中学校・高等学校
立命館守山中学校・高等学校
リンデンホールスクール
ルネサンス高等学校
麗澤中学・高等学校
麗澤瑞浪中学・高等学校
わせがく高等学校
早稲田佐賀中学校・高等学校
早稲田渋谷シンガポール校
早稲田摂陵中学校・高等学校
早稲田大学
和洋九段女子中学校高等学校

MEMO

MEMO

帰国子女のための　**学校便覧 2021**

定価 3,630 円（本体価格 3,300 円＋税）

発行日　2020 年 10 月 30 日

編集・発行　公益財団法人
海外子女教育振興財団

<東　京>　〒105-0002 東京都港区愛宕 1-3-4
愛宕東洋ビル 6 階
TEL　03 (4330) 1341 (代表)
FAX　03 (4330) 1355

<関西分室>　〒530-0001 大阪市北区梅田 3-4-5
毎日新聞ビル 3 階
TEL　06 (6344) 4318
FAX　06 (6344) 4328

URL https://www.joes.or.jp

E-mail service@joes.or.jp

制　作　株式会社トック企画

印刷製本：株式会社トック企画

ISBN 978-4-902799-43-9